Andreas Gryphius (1616–1664)

Frühe Neuzeit

Studien und Dokumente zur deutschen Literatur
und Kultur im europäischen Kontext

Herausgegeben von
Achim Aurnhammer, Wilhelm Kühlmann,
Jan-Dirk Müller, Martin Mulsow und Friedrich Vollhardt

Band 231

Andreas Gryphius (1616–1664)

Zwischen Tradition und Aufbruch

Herausgegeben von
Oliver Bach und Astrid Dröse

DE GRUYTER

Gedruckt mit Unterstützung der Fritz Thyssen Stiftung für Wissenschaftsförderung.

ISBN 978-3-11-077679-9
e-ISBN (PDF) 978-3-11-066489-8
e-ISBN (EPUB) 978-3-11-066376-1
ISSN 0934-5531

Library of Congress Control Number: 2019948940

Bibliografische Information der Deutschen Nationalbibliothek
Die Deutsche Nationalbibliothek verzeichnet diese Publikation in der Deutschen Nationalbibliografie; detaillierte bibliografische Daten sind im Internet über http://dnb.dnb.de abrufbar.

© 2021 Walter de Gruyter GmbH, Berlin/Boston
Dieser Band ist text- und seitenidentisch mit der 2020 erschienenen gebundenen Ausgabe.
Satz: Integra Software Services Pvt. Ltd.
Druck und Bindung: CPI books GmbH, Leck

www.degruyter.com

Inhaltsverzeichnis

Oliver Bach, Astrid Dröse
Zur Einleitung: Neue Perspektiven der Gryphius-Forschung —— 1

I Konstellationen

Klaus Garber
‚Heimatkunde'. Der schlesische Lebensraum des Dichters im Zeichen von Konfessionalismus und Gegenreformation —— 23

Julia Amslinger
„Es geht auf den Setzling über". Die literarische Verbindung von Andreas und Christian Gryphius —— 55

Stefanie Arend
Figuren des Paradoxen in Andreas Gryphius' Trauerspielen: *Catharina von Georgien* und *Papinian* —— 71

II Neues Wissen – Veraltete Theologie?

Johann Anselm Steiger
„Die Schlang erschrickt / der Grund der Höll erkracht". Andreas Gryphius und das Protevangelium —— 87

Dirk Niefanger
Gnade für Leo Armenius? Andreas Gryphius und Johann Conrad Dannhauer —— 120

Wilhelm Kühlmann
Protest, Glaube und Trost. Gryphius' Arbeit an Luthers Psalter. Beobachtungen zur Ode (I, 7) *Domine usque quo* als Psalmlied —— 132

Friedrich Vollhardt
Gemäßigter Spiritualismus? Zur Kontroverse um den ‚Arndtianismus' in der religiösen Lyrik des Andreas Gryphius —— 148

Martin Mulsow
Gryphius und die Ägyptologie. Zum Handexemplar des Dichters von Lorenzo Pignorias *Mensa Isaica* —— 162

Franz Fromholzer
Verrückte Wahrheiten. Zur Diagnostik von Liebeswahn, Besessenheit und prophetischem Enthusiasmus bei Gryphius —— 189

III **Politische Theologie und Anthropologie**

Gideon Stiening
„wenn alles hin". Gryphius' *Papinianus* **im Spannungsfeld politischer Philosophie und politischer Theologie der Frühen Neuzeit** —— 213

Mirosława Czarnecka
„Räume der Unaufmerksamkeit". Zur Interdependenz der Analysekategorien Gender, Stand (soziale Herkunft), Bildung (Zugang zu exklusivem Wissen), Kommunikation und Alter in sozialen Räumen des Andreas Gryphius und in seinen Werken —— 246

Nicola Kaminski
Brandaufklärung versus Gottesstrafe? Ein konfessionspolitisches *close reading* **von Gryphius'** *Fewriger Freystadt* —— 265

Oliver Bach
„Ein Weib / doch die geherrscht". Gryphius' Trauerspiel *Catharina von Georgien* **und die** *gender history* **von Recht und Politik** —— 281

IV **Poetik**

Dirk Werle
Andreas Gryphius' *Olivetum* **und die Traditionen des** *carmen heroicum* **im 17. Jahrhundert** —— 311

Michael Multhammer
„Das müsse Gott im Himmel erbarmen! das ist die 3. Sau". Eschatologie und implizite Poetik in Andreas Gryphius' *Absurda Comica* —— 328

Robert Seidel
Der *Parnassus renovatus* (1636) von Andreas Gryphius. Lateinische Fingerübung oder poetologisches Manifest? —— 345

Thomas Borgstedt
Emphatische Überbietung und argute Subversion. Poetische Grenzüberschreitung bei Gryphius und Hoffmannswaldau (mit einem Exkurs zur Überlieferungslage der Grabschriften Hoffmannswaldaus) —— 363

Constanze Baum
„Unter diesen Worten öffnet sich der innere Schau-Platz". Der Nebentext als Bedeutungsträger in Andreas Gryphius' Dramen —— 390

V Intertextualität – Interkulturalität

Barbara Mahlmann-Bauer
Gryphius und die Jesuiten. *Carolus Stuardus* und Nicolaus Avancinis *Pietas victrix* —— 413

Jörg Robert
„Begriff der Welt". Andreas Gryphius in Rom —— 459

Astrid Dröse
Transformationen des Komischen. Gryphius' Übersetzung der italienischen Komödie *La Balia* von Girolamo Razzi —— 482

Marie-Thérèse Mourey
Andreas Gryphius' Verhältnis zur französischen Literatur. *Imitatio* oder Ironisierung? —— 507

Anna Sebastian
Zum Einfluss der Übersetzungen Richard Bakers auf die theologische Konzeption der Sonn- und Feiertagssonette des Andreas Gryphius —— 521

VI Intermedialität

Achim Aurnhammer
Aspekte der Opernästhetik im Werk des Andreas Gryphius —— 555

Gudrun Bamberger
Geisterexperimente in Andreas Gryphius' *Cardenio und Celinde* —— 576

Irmgard Scheitler
Gryphius und die Musik —— 601

Personenregister —— 639

Oliver Bach, Astrid Dröse
Zur Einleitung:
Neue Perspektiven der Gryphius-Forschung

1 Zwischen Tradition und Aufbruch

Andreas Gryphius gilt heute – neben Grimmelshausen – als die „bedeutendste Stimme der Literatur des deutschen 17. Jahrhunderts".[1] Bereits die Zeitgenossen würdigten ihn als Gelehrten – unter anderem als Herausgeber der Glogauer Landesprivilegien (1653) oder als kundigen Berichterstatter über eine Mumiensektion (1662) –, aber auch seine politische Dramatik sowie seine Lyrik wurden bald als große Leistungen auf dem Gebiet der jungen deutschsprachigen Kunstpoesie wahrgenommen.[2] Dem Selbstverständnis des *poeta doctus* verpflichtet, bewegte sich Gryphius virtuos und zweisprachig zwischen Späthumanismus und der neuen europäischen Moderne, kombinierte literarische Traditionsbestände mit der „Sprachgewalt und dem Glaubenspathos der lutherischen Predigttradition"[3] und schloss zugleich an das neue Repertoire der Jesuitendichtung an. In seinen deutschsprachigen Werken prägt er einen charakteristischen, rhetorisch elaborierten Sprachstil aus, der eine Orientierung an der späthumanistischen Neolatinität erkennen lässt. Diese sprachlich-stilistischen und poetologischen Innovationen verbinden sich in Gryphius' Werk inhaltlich mit theologischen und rechtsphilosophischen Reflexionen sowie aktuellen politischen Themen und anderen Wissensdiskursen seiner Zeit. Zielstrebig verfolgt Gryphius dabei eine Werkpolitik:[4] Konsequent werden die respektablen, antiken/humanistischen wie modernen Gattungen (v. a. Drama, Epos, Epigramm, Sonett, Ode) bedient. Bereits nach der Rückkehr von seiner großen Italien- und Frankreichreise bereitete Gryphius 1644 in

---

1 Thomas Borgstedt: Nachwort. In: Andreas Gryphius: Gedichte. Hg. von dems. Stuttgart 2012, S. 206.
2 Die zeitgenössische Wirkungsgeschichte wird konzise zusammengefasst von Jörg Wesche: Zeitgenössische Rezeption im 17. Jahrhundert. In: Gryphius-Handbuch. Hg. von Nicola Kaminski und Robert Schütze. Berlin, Boston 2016, S. 767–778; vgl. auch Ralf Georg Bogner: Der Autor im Nachruf. Formen und Funktionen der literarischen Memorialkultur von der Reformation bis zum Vormärz. Tübingen 2006 (Studien und Texte zur Sozialgeschichte der Literatur 111), S. 142–156.
3 Borgstedt (Anm. 1), S. 213.
4 Zu diesem Konzept vgl. Steffen Martus: Werkpolitik. Zur Literaturgeschichte kritischer Kommunikation vom 17. bis ins 20. Jahrhundert; mit Studien zu Klopstock, Tieck, Goethe und George. Berlin, New York 2007.

https://doi.org/10.1515/9783110664898-001

Straßburg seine erste Werkausgabe vor, zahlreiche überarbeitete Neuauflagen folgten. Eine Ausgabe letzter Hand erschien 1663.[5] Entscheidend werden dann die Bemühungen um eine Gesamtausgabe durch seinen Sohn Christian, die die Kanonisierung Gryphius' bereits im frühen 18. Jahrhundert sicherstellte.[6]

Wie kaum ein anderer deutscher Autor repräsentiert Gryphius damit sowohl als Dichtertypus als auch mit seinem Werk die Umbruchprozesse des 17. Jahrhunderts, der Phase zwischen Früher Neuzeit und Aufklärung, traditionsgebundener Gelehrsamkeit und moderner Empirie. Gryphius ist Zeitdiagnostiker, zugleich neugieriger Naturforscher, fasziniert von den *new sciences*, von Astronomie, Anatomie und Medizin, doch bleibt er dabei dem Denken *sub specie aeternitatis* verpflichtet. Die Welt ist auch für Gryphius ein *mundus symbolicus*, dessen emblematische Verweisstrukturen der Dichter aufzeigt und deutet.[7]

Die Welthaltigkeit und zugleich konsequent heilsgeschichtliche Perspektivierung seiner Dichtung erklärt sich aus Gryphius' intellektueller Biographie, seiner Herkunft aus einem lutherischen Pastorenhaus, seinen bewegten Kindheits- und Jugendjahren im kriegsgebeutelten Schlesien, der juristischen Ausbildung in Leiden, seiner Weltgewandtheit, die ihm im Zuge seiner akademischen Reisen durch Europa zuteil wurde, schließlich seiner Aktivität als Syndikus der Glogauer Landstände an einem Brennpunkt der konfessionspolitischen Auseinandersetzungen. Gryphius blieb gleichwohl ein literarischer Solitär, der Opitz weitgehend folgte, ohne ihm zu huldigen,[8] der sich keinem Dichterkreis anschloss und trotz vielfältiger, auch internationaler Kontakte in den literarischen Netzwerken der Zeit bemerkenswert schwach integriert war.

---

5 ANDRÆ GRYPHII Freuden und Trauer-Spiele auch Oden und Sonnette. Jn Breßlau zu finden Bey Veit Jacob Treschern Buchhändl. Leipzig / Gedruckt bey Johann Erich Hahn. Jm Jahr 1663.
6 Vgl. den Beitrag von Julia Amslinger im vorliegenden Band.
7 Vgl. die klassischen Studien von Albrecht Schöne: Emblematik und Drama im Zeitalter des Barock. München 1964, Hans-Jürgen Schings: Die patristische und stoische Tradition bei Andreas Gryphius. Untersuchungen zu den *Dissertationes funebres* und Trauerspielen. Köln, Graz 1966 (Kölner germanistische Studien 2) und Peter-André Alt: Begriffsbilder. Studien zur literarischen Allegorie zwischen Opitz und Schiller. Tübingen 1995 (Studien zur deutschen Literatur 131), zu Gryphius S. 205–265. Zur notorischen ‚Transzendenz vs. Immanenz-Frage' der Gryphius-Forschung vgl. Nicola Kaminski: Transzendenz/Immanenz. In: Kaminski und Schütze (Anm. 2), S. 724–739.
8 Zu bedenken sind hier die biographischen Kontexte: Opitz war Sekretär des katholischen Breslauer Landeshauptmanns, als der junge Gryphius mit Familie ins Exil gehen musste. Seine Zurückhaltung gegenüber Opitz mag nicht zuletzt hierin begründet sein.

Die zeitgenössische Wertschätzung blieb Gryphius dennoch nicht verwehrt. Sie manifestiert sich nicht zuletzt in seiner Aufnahme in die Fruchtbringende Gesellschaft: „Der Unsterbliche / hat mit sonderbarer Glükkseligkeit / etliche Traur- und Freudenspiele auch andere schöne so wol Geist- als Weltliche Gedichte und Lieder / geschrieben / und ist billich unter die geschikkteste und tieffsinnigste Poeten zu rechnen," vermerkt Georg Neumark im *Neu-Sprossenden Teutschen Palmbaum*.[9] „Der Unsterbliche" – dieser Gesellschaftsname, den die Sozietät Gryphius verlieh, präfigurierte gleichsam die nahezu kontinuierliche Rezeption im Folgenden: Die Gottsched-Generation würdigt ihn als Dramatiker, der den Vergleich mit Shakespeare nicht scheuen brauche.[10] Die romantische Gryphius-Begeisterung zeigt sich nicht nur in Ludwig Tiecks Aufnahme des *Peter Squentz*, des *Horribilicribrifax* und von *Cardenio und Celinde* in seine Dramen-Sammlung *Deutsches Theater*,[11] sondern strahlte bis weit ins 19. Jahrhundert aus – man denke allein an die *Cardenio und Celinde*-Adaptationen von Sophie Brentano, Achim von Arnim und Karl Immermann oder an Gustav Schwabs Bearbeitung des *Carolus Stuardus*. Das 20. Jahrhundert entdeckte dann den Lyriker Gryphius neu – bevorzugt in den Krisenzeiten zwischen den Weltkriegen und nach 1945. Die Epoche des Dreißigjährigen Krieges schien sich hier in der eigenen Gegenwart zu spiegeln, Gryphius' Vanitas-Sonette wurden für die Nachkriegsgeneration zur literarischen Lebenshilfe, Gryphius selbst zum Zeitgenossen, zu einem Dichter der „metaphysischen Obdachlosigkeit".[12] Diese literaturgeschichtlichen Rezeptionslinien führten zu einer spezifischen Kanonbildung, die in der Konsequenz zur Vernachlässigung großer Teile des Gesamtwerks führte. Den Status eines ‚Klassikers' sicherten Gryphius neben den immer wieder neuaufgelegten und zusammengestellten Gedichten (v. a. den Sonetten)[13] seine Dramen. Davon zeugt nicht zuletzt die Edition im

---

9 Georg Neumark: Der Neu-Sprossende Teutsche Palmbaum. Oder Ausführlicher Bericht / Von der Hochlöblichen Fruchtbringenden Gesellschaft Anfang [...]. Nürnberg, Weimar 1668, S. 473 f.
10 Man denke hier vor allem an Johann Elias Schlegels Abhandlung „Vergleichung Shakespears und Andreas Gryphs" (1741), der zunächst in Gottscheds *Critischen Beyträgen* erschien; dazu: Benedikt Jeßing: „Critische" Rezeption in der (Früh-)Aufklärung. In: Kaminski und Schütze (Anm. 2), S. 779–790, hier S. 787–790.
11 Deutsches Theater. Hg. von Ludewig Tieck. Zweiter Band. Berlin 1817, S. 83–144, S. 145–231 und S. 233–271. Vgl. hierzu eingehend: Dieter Martin: Rezeption durch die Romantiker. In: Kaminski und Schütze (Anm. 2), S. 791–801.
12 Borgstedt (Anm. 1), S. 206.
13 Vgl. die rund 20 Anthologien, die das Gryphius-Handbuch aufführt (S. 827 f.).

Deutschen Klassiker Verlag, wo Gryphius neben Grimmelshausen die deutschsprachige Literatur des 17. Jahrhunderts repräsentiert.[14]

2 Tendenzen und Desiderate der Forschung

Die Forschung hat indes nicht alle Teile von Gryphius' Werk gleichermaßen dicht erschlossen:[15] Die klassischen Forschungsarbeiten der ‚goldenen' 1920er Jahre der Barockforschung führten zu einer ersten Auseinandersetzung mit Leben und Werk des Autors – Willi Flemmings Studie *Andreas Gryphius und die Bühne* ist bis heute ein Standardwerk.[16] Walter Benjamins umstrittenes Buch *Ursprung des deutschen Trauerspiels* (1928) wurde relativ spät rezipiert. Seine Thesen von der „Immanenz des Barockdramas", von „Spiel und Reflexion" und dem „Ausfall aller Eschatologie" als Prinzipien des Trauerspiels prägten und spalteten zugleich die Gryphius-Forschung seit den 1980er Jahren.[17]

---

14 Andreas Gryphius: Dramen. Hg. von Eberhard Mannack. Frankfurt am Main 1991 (Bibliothek der frühen Neuzeit 15).
15 Für eine ausführliche Dokumentation und fachgeschichtliche Einordnung der Gryphius-Forschung ist auf Robert Schütze: Barockdichtung. Gryphius als paradigmatischer Autor der Barockforschung seit dem frühen 20. Jahrhundert. In: Kaminski und Schütze (Anm. 2), S. 21–33 zu verweisen. Vgl. außerdem Oliver Bach: Zwischen Heilsgeschichte und säkularer Jurisprudenz. Politische Theologie in den Trauerspielen des Andreas Gryphius. Berlin, Boston 2014 (Frühe Neuzeit 188), S. 11–32.
16 Willi Flemming: Andreas Gryphius und die Bühne. Halle 1921.
17 Feststeht, dass das Trauerspiel-Buch seit den späten 1980er Jahren, v. a. dann seit den 1990er Jahren relativ intensiv rezipiert wird, ohne dass Benjamins geistesgeschichtliche Voraussetzungen dabei konsequent reflektiert worden sind bzw. werden. Auch Schütze (In: Kaminski und Schütze [Anm. 2], S. 24) begrüßt in seinem Forschungsüberblick die anhaltende „Benjamin-Renaissance" (S. 25), trägt jedoch nicht die Argumente vor, die bei der „etablierten Barockforschung" (S. 24) zunehmend zu Skepsis führten. Vgl. den seinerseits vielfach kritisierten Aufsatz von Hans-Jürgen Schings: Walter Benjamin, das barocke Trauerspiel und die Barockforschung. In: Daß eine Nation die ander verstehen möge. Festschrift für Marian Szyrocki. Hg. von Norbert Honsza und Hans-Gert Roloff. Amsterdam 1988 (Chloe 7), S. 663–676. Schings Diktum „Benjamin den Benjaminforschern und die barocken Trauerspiele den Barockforschern" (ebd., S. 611) ist dabei ebenso zu hinterfragen, wie eine Benjamin-inspirierte, poststrukturalistische Barockforschung, die sich der geistesgeschichtlichen und philosophischen Kontexte nicht bewusst ist, denen Benjamins „ganz eigener spekulativer Zugang zum Trauerspiel" (Achim Geisenhanslüke: Trauer-Spiele. Walter Benjamin und das europäische Barockdrama. Paderborn 2016, S. 11) entspringt. Der Vorwurf, der einer Benjamin-skeptischen Barockforschung bisweilen gemacht wird – „vielfach herausgelöst aus dem geschichts- und kunstphilosophischen Argumentationszusammenhang" seien häufig „einzelne Zitatbruchstücke zum Stein des Anstoßes" geworden (Kaminski in: Kaminski und Schütze [Anm. 2], S. 724) – ließe sich bisweilen auch umdrehen. Zugleich ist aber daran zu erinnern, dass

Eine erste Welle produktiver Gryphius-Forschung bewirkte das große Editionsprojekt von Marian Szyrocki und Hugh Powell (1963/64).[18] In deren Zentrum standen – neben biographischen Abhandlungen (Szyrocki) – nicht selten die politisch-obrigkeitskritischen wie auch herrschaftsstabilisierenden Momente der politischen Trauerspiele sowie die diesseitskritischen Eitelkeitsverdikte der Sonettdichtung.[19] Diese Produktivität nahm im Zeichen der ,rhetorischen Wende' und eines sozialgeschichtlichen Interesses der Frühneuzeitforschung in den 1970er[20] und

---

gerade die sozialhistorische Gryphius-Forschung zentrale Impulse von Benjamin (v. a. durch das Kapitel „Immanenz des Barockdramas") erhielt. Vgl. auch Klaus Garber: Rezeption und Rettung. Drei Studien zu Walter Benjamin. Tübingen 1987; Heinz Drügh: Allegorie. In: Kaminski und Schütze (Anm. 2), S. 604–614 sowie Bach (Anm. 15), S. 13, S. 593–595.
18 Andreas Gryphius: Gesamtausgabe der deutschsprachigen Werke. Bd. 1: Sonette. Hg. von Marian Szyrocki. Tübingen 1963 (Neudrucke Deutscher Literaturwerke, Neue Folge 9); Bd. 2: Oden und Epigramme. Hg. von Marian Szyrocki. Tübingen 1964 (Neudrucke Deutscher Literaturwerke, Neue Folge 10); Bd. 3: Vermischte Gedichte. Hg. von Marian Szyrocki. Tübingen 1964 (Neudrucke Deutscher Literaturwerke, Neue Folge 11); Bd. 4: Trauerspiele I. Hg. von Hugh Powell. Tübingen 1964 (Neudrucke Deutscher Literaturwerke, Neue Folge 12); Bd. 5: Trauerspiele II. Hg. von Hugh Powell. Tübingen 1965 (Neudrucke Deutscher Literaturwerke, Neue Folge 14); Bd. 6: Trauerspiele III. Hg. von Hugh Powell. Tübingen 1966 (Neudrucke Deutscher Literaturwerke, Neue Folge 15).
19 Siehe die exhaustive Bibliographie von Robert Schütze: Bibliographie. In: Kaminski und Schütze (Anm. 2), S. 823–894, hier S. 830–894. Hervorzuheben sind aus dieser Fülle: Marian Szyrocki: Andreas Gryphius. Sein Leben und Werk. Tübingen 1964; Heinz Ludwig Arnold: Andreas Gryphius. (Text + Kritik 7/8) Aachen 1965 (2. rev. u. erw. Aufl. München 1980); Willi Flemming: Andreas Gryphius. Eine Monographie. Stuttgart 1965 (Sprache und Literatur 26); Dietrich Walter Jöns: Das ,Sinnen-Bild'. Studien zur allegorischen Bildlichkeit bei Andreas Gryphius. Stuttgart 1966 (Germanistische Abhandlungen 13); Dieter Nörr: Papinian und Gryphius. Zum Nachleben Papinians. In: Zeitschrift der Savigny-Stiftung für Rechtsgeschichte. Romanistische Abteilung 83 (1966), S. 308–333; Schings: Die patristische und stoische Tradition (Anm. 7); Elida Maria Szarota: Künstler, Grübler und Rebellen. Studien zum europäischen Märtyrerdrama des 17. Jahrhunderts. Bern, München 1967; Wilhelm Voßkamp: Untersuchungen zur Zeit- und Geschichtsauffassung im 17. Jahrhundert bei Gryphius und Lohenstein. Bonn 1967 (Literatur und Wirklichkeit 1); Gerhard Kaiser (Hg.): Die Dramen des Andreas Gryphius. Eine Sammlung von Einzelinterpretationen. Stuttgart 1968; Marian Szyrocki: Die deutsche Literatur des Barock. Eine Einführung. Reinbek bei Hamburg 1968.
20 Gustaf Klemens Schmelzeisen: Staatsrechtliches in den Trauerspielen des Andreas Gryphius. In: Archiv für Kulturgeschichte 53 (1971), S. 93–126; Hans-Henrik Krummacher: Der junge Gryphius und die Tradition. Studien zu den Perikopensonetten und Passionsliedern. München 1976; Wolfram Mauser: Dichtung, Religion und Gesellschaft im 17. Jahrhundert. Die ,Sonnete' des Andreas Gryphius. München 1976; Gerhard F. Strasser: Andreas Gryphius' *Leo Armenivs*. An Emblematic Interpretation. In: The Germanic Review: Literature, Culture, Theory 51 (1976), S. 5–12; Harald Steinhagen: Wirklichkeit und Handeln im barocken Drama. Historisch-ästhetische Studien zum Trauerspiel des Andreas Gryphius. Tübingen 1977 (Studien zur deutschen Literatur 51); Karl-Heinz

1980er[21] Jahren zu. Dass die Gryphius-Forschung sich dabei auf den ‚kanonischen' Teil des Gesamtwerkes – sprich: die Trauer- und Lustspiele sowie die Vanitas-Lyrik – konzentrierte, hat nicht zuletzt mit der Editionslage zu tun: Zum lateinischen Werk liegen erst seit wenigen Jahren kritische Editionen vor. Zu nennen sind hier die von Ralf Georg Czapla besorgten Ausgaben der lateinischen Epen und Casualia (1999, 2001)[22] sowie die Edition der *Dissertationes Funebres*

Habersetzer, Gerhard F. Strasser: Zum Löwen-Orakel in Andreas Gryphius' *Leo Armenius*. In: Wolfenbütteler Barock-Nachrichten 5 (1978), S. 186–188.

21 Manfred Beetz: Disputatorik und Argumentation in Andreas Gryphius' Trauerspiel *Leo Armenius*. In: LiLi 10 (1980), S. 178–203; Gerald Gillespie: Andreas Gryphius' *Catharina von Georgien* als Geschichtsdrama. In: Geschichtsdrama. Hg. von Elfriede Neubuhr. Darmstadt 1980 (Wege der Forschung 485), S. 85–107; Wilhelm Kühlmann: Der Fall Papinian. Ein Konfliktmodell absolutistischer Politik im akademischen Schrifttum des 16. und 17. Jahrhunderts. In: Daphnis 11 (1982), S. 223–252; Günter Berghaus: Andreas Gryphius' *Carolus Stuardus*. Formkunstwerk oder politisches Lehrstück? In: Daphnis 13 (1984), S. 229–274; Günter Berghaus: Die Quellen zu Andreas Gryphius' Trauerspiel *Carolus Stuardus*. Studien zur Entstehung eines historisch-politischen Märtyrerdramas der Barockzeit. Tübingen 1984 (Studien zur Deutschen Literatur 79); Werner Lenk: Absolutismus, staatspolitisches Denken, politisches Drama. Die Trauerspiele des Andreas Gryphius. In: Studien zur deutschen Literatur im 17. Jahrhundert. Hg. von Werner Lenk u. a. Berlin, Weimar 1984, S. 252–351; Udo Sträter: Sir Richard Baker und Andreas Gryphius, oder: Zweimal London-Breslau via Amsterdam. In: Wolfenbütteler Barock-Nachrichten 2 (1984), S. 87–89; Karl-Heinz Habersetzer: Politische Typologie und dramatisches Exemplum. Studien zum historisch-ästhetischen Horizont des barocken Trauerspiels am Beispiel von Andreas Gryphius' *Carolus Stuardus* und *Papinianus*. Stuttgart 1985 (Germanistische Abhandlungen 55); Gerhard Spellerberg: Recht und Politik. Andreas Gryphius' *Papinian*. In: Der Deutschunterricht 37 (1985), S. 57–68; Reinhold Grimm: Hugo Peter, der Ketzerchor und die Religion. Zur Deutung des *Carolus Stuardus* von Gryphius. In: The Germanic Review 61 (1986), S. 3–10; Janifer Gerl Stackhouse: The Constructive Art of Gryphius' Historical Tragedies. Bern u. a. 1986 (Berner Beiträge zur Barockgermanistik 6); Walter Jens: Ein Friedenstraum in dunkler Zeit. Andreas Gryphius. In: Jahrbuch der Bayerischen Akademie der Schönen Künste 1 (1987), S. 13–27; Rolf Tarot: Recht und Unrecht im barocken Trauerspiel, am Beispiel des *Carolus Stuardus* von Andreas Gryphius. In: Simpliciana 9 (1987), S. 215–237; Peter Brenner: Der Tod des Märtyrers. ‚Macht' und ‚Moral' in den Trauerspielen von Andreas Gryphius. In: DVjs 62 (1988), S. 246–265; Das Schicksal der Regenten. Zur Trauerspielkonzeption des Andreas Gryphius. In: Daß eine Nation die ander verstehen möge. Festschrift für Marian Szyrocki zu seinem 60. Geburtstag. Hg. von Norbert Honsza und Hans-Gert Roloff. Amsterdam 1988 (Chloe 7), S. 497–514; Will Hasty: The Order of Chaos. On ‚Vanitas' in the Work of Andreas Gryphius. In: Daphnis 18 (1989), S. 145–157.

22 Andreas Gryphius: Herodes. Der Ölberg. Lateinische Epik. Übers., komm. u. hg. von Ralf Georg Czapla. Berlin 1999 (Bibliothek seltener Texte 4); ders.: Lateinische Kleinepik, Epigrammatik und Kasualdichtung. Hg., übers. u. komm. v. Beate Czapla und Ralf Georg Czapla. Berlin 2001 (Bibliothek seltener Texte 5).

durch Johann Anselm Steiger (2007),[23] die eine zu Unrecht vernachlässigte, weil im Umfang wie auch im Inhalt reichhaltige, literatur- wie wissenschaftsgeschichtliche Quelle der Barockforschung darstellen, sowie jüngst Katja Reetz' kommentierte zweisprachige Edition von Gryphius' *Mumiae Wratislawienses*.[24]

Im Bann der Paradigmen der Barockforschung der 1970er und 1980er Jahre tat und tut sich die Gryphius-Forschung indes schwer, neue Akzente zu setzen. Kulturwissenschaftliche und ideengeschichtliche Fragestellungen wurden lange nicht produktiv aufgenommen, neue Kontexte und Konstellationen kaum erschlossen. Neben Nicola Kaminskis einführender Werkbiographie (1998)[25] boten Publikationen der *Internationalen Andreas Gryphius Gesellschaft* erste Neuperspektivierungen. Hier ist vor allem der von Thomas Borgstedt und Knut Kiesant herausgegebene Band *Text und Konfession. Neue Studien zu Andreas Gryphius* (1999) zu nennen, dessen Anliegen die präzise Einordnung des Schlesiers in den Kontext der konfessionellen Auseinandersetzungen vor und nach dem Westfälischen Frieden war.[26]

Erst in jüngster Zeit sind Versuche unternommen worden, eine differenzierte Verortung des Gryph'schen Werks, z. B. im Spektrum der praktischen Philosophie, Theologie und der Rechtsgeschichte seiner Zeit vorzunehmen. Den *State of the Art* dokumentiert das von Nicola Kaminski und Robert Schütze herausgegebene Gryphius-Handbuch (2016). Neben ‚klassischen' Handbuch-Kapiteln zu Leben, einzelnen Werksegmenten (Lateinische Werke, Lyrik, Trauerspiele, Lustspiele, Festspiele und Prosa sowie Übersetzung) und Wirkung weist das neue Standardwerk achtzehn Artikel zu „diskurgeschichtlichen Rahmenbedingungen" und „systematischen Aspekten" des Werks auf. Gryphius' Texte aus den Entstehungsbedingungen ihrer Zeit zu verstehen, bildet somit den konzeptuellen Fluchtpunkt des Handbuchs.

Diese Kontextualisierungsarbeit setzt der vorliegende Band fort. Das Format bietet Raum für interdisziplinäre Explorationen und konzentrierte Einzelanalysen. Dennoch bleiben Desiderate: Es fehlen z. B. Einzelstudien, die die Verbindung zur Geschichte frühneuzeitlicher *sapientia* untersuchen wie insbesondere

---

[23] Andreas Gryphius: Gesamtausgabe der deutschsprachigen Werke. Bd. 9: *Dissertationes funebres* oder Leichabdankungen. Hg. von Johann Anselm Steiger. Tübingen 2007 (Neudrucke Deutscher Literaturwerke, Neue Folge 51).
[24] Andreas Gryphius: Mumiae Wratislavienses. Komm. übers. und mit einer Werkstudie hg. von Katja Reetz. Berlin, Boston 2019 (Frühe Neuzeit 225).
[25] Nicola Kaminski: Andreas Gryphius. Stuttgart 1998, vgl. dazu auch Bach (Anm. 15), S. 11 f.
[26] Thomas Borgstedt, Knut Kiesant (Hg.): Text und Konfession. Neue Studien zu Andreas Gryphius. Beiträge zur ersten Tagung der Internationalen Andreas-Gryphius-Gesellschaft. Daphnis 28 (1999), H. 3–4.

Forschungen zu Gryphius' Position zur theoretischen Philosophie. Der ideengeschichtliche Ort des Gryph'schen Gesamtwerkes ist ebenso unterbestimmt wie seine Situierung im gesamteuropäischen Kontext. Hier ist erneut auf Gryphius' lateinisches Werk hinzuweisen, das ein breites Spektrum diverser Textsorten wie Epos, Panegyrik, Epigramm und Vorreden umfasst, aber auch auf seine (deutsche wie lateinische) Gelegenheitsdichtung, die Übersetzungsarbeiten (aus dem Lateinischen, Niederländischen, Italienischen, [eventuell] Englischen und Französischen) sowie seine Wissenschaftslyrik.[27] Gleiches kann für die intermedialen Dimensionen seines Werkes konstatiert werden – Gryphius' Verhältnis zu den bildenden Künsten, textuelle Referenzen auf Bilder und Skulpturen sowie musikalische Aspekte sind erst in Ansätzen erforscht.

Blickt man auf das Gros der Interpretationen, so scheint es, als stünde Gryphius' (deutschsprachiges) Werk ganz im Zeichen der poetischen Vorgaben Martin Opitz', thematisch unter dem Eindruck des Dreißigjährigen Krieges und der individualethischen Konsequenzen, die aus ihm zu ziehen seien. Zwar ist unbestreitbar, dass Gryphius in Opitz' Nachfolge weitgehend zur Volkssprache übergeht, und unbestreitbar auch, dass der Dreißigjährige Krieg für ihn Kulminationspunkt persönlicher, aber eben auch interpersonaler Probleme war. Gleichwohl widerspricht seine Dramendichtung formal den Poetiken anderer namhafter Exponenten der Fruchtbringenden Gesellschaft, wenn Gryphius etwa körperliche Gewalt auf der Bühne darstellen bzw. in plastischen Botenberichten eindrucksvoll schildern lässt.[28] Generell ist eine „produktive Ausgestaltung von Normierungslücken" erkennbar.[29] Ebenso zeigt Gryphius ein rechtliches, politisches und zeithistorisches Interesse an den komplexen Problemkonstellationen, die im Dreißigjährigen Krieg, aber auch in der Englischen Revolution kulminieren. Die Extension poetischer Lizenz bei Gryphius zu analysieren, d. h. was Dichtung zwischen poetologischen Vorgaben, historischer Authentizität, rechtlichem Interesse und moraldidaktischem Zweck darf – und muss –, gehört zu den spannendsten Aufgaben der Gryphius-Forschung.

---

27 So ist es kein Zufall, dass der Theologe Johann Anselm Steiger die *Dissertationes Funebres* erstmals wissenschaftlich edierte. Siehe hierzu programmatisch Johann Anselm Steiger: Die Edition von Andreas Gryphius' *Leichabdankungen*. Ein Projekt zur interdisziplinären Verklammerung der germanistischen Frühneuzeit-Forschung mit der Historischen Theologie. In: Kulturgeschichte Schlesiens in der Frühen Neuzeit. Hg. von Klaus Garber. Bd. 2. Tübingen 2005 (Frühe Neuzeit 111), S. 1049–1060.
28 Vgl. Bach (Anm. 15), S. 600 f.
29 Jörg Wesche: Literarische Diversität. Abweichungen, Lizenzen und Spielräume in der deutschen Poesie und Poetik der Barockzeit. Tübingen 2004 (Studien zur deutschen Literatur 173), S. 175; zu den Spielräumen und entsprechenden Gestaltung der Reyen: S. 184–196.

Wie Gryphius' politische Positionen im Hinblick auf seine bedingte Anerkennung der habsburgischen Obrigkeit, seine vehemente Ablehnung der englischen Republik und seine zurückhaltende Befürwortung von Frauen auf dem Thron[30] zu verstehen sind, wie seine politiktheoretische Stellung zwischen Bejahung eines passiven und Ablehnung eines aktiven Widerstandsrechts, zwischen theonomer Geltungstheorie und säkularen Ansprüchen der Tagespolitik als mehr denn nur unvermittelte Widersprüche zu plausibilisieren sind: all dies sind nach wie vor unterbeleuchtete Themenkomplexe in der Auseinandersetzung mit dem Schlesier. Gleiches gilt für die Erforschung des Wissenschaftlers Gryphius: Obwohl von seinem Kolloquium zur aristotelischen Philosophie und „philosophia neoterica" in Leiden 1638–1644 die Leichabdankung Baltzer Siegmund von Stoschs Kunde gibt,[31] ist nie analysiert worden, wie weit die Kritik an Aristoteles' Entelechie und die Rezeption des cartesianischen Kausalismus tatsächlich reichen. Inwiefern vertragen sich Gryphius' Rezeption des Rationalismus René Descartes', des Empirismus Francis Bacons sowie seine intime Kennerschaft der Schriften Athanasius Kirchers?[32] Die Gryphius-Forschung hat zwar in diesem Feld durchaus Impulse gesetzt; diese jedoch datieren inzwischen weit zurück[33] und die Revisionen der Philosophiegeschichte insbesondere seit den 1980er Jahren wurden nach wie vor nicht berücksichtigt.[34] Eine Analyse der Leichabdankungen, die den philosophiehistorischen Erkenntnissen der vergangenen 40 Jahre angemessen Geltung verschafft, steht vor diesem Hintergrund ebenso noch aus wie die Re-Lektüre von Gryphius' Wissenschaftslyrik (*Uber die Himmels Kugel*, *Uber die Erd = Kugel* etc.). Es ist jedoch auch die große Bedeutung der Patristik-Rezeption bei Gryphius, die in seinen *Dissertationes Funebres* mit den

---

30 Vgl. Peter-André Alt: Der Tod der Königin. Frauenopfer und politische Souveränität im Trauerspiel des 17. Jahrhunderts: Frauenopfer und Politische Souveränität. Berlin 2004 (Quellen und Forschungen zur Literatur- und Kulturgeschichte 30).
31 Baltzer Siegmund von Stosch: Last- und Ehren- auch Daher immerbleibende Danck- und Denck-Seule / Bey vollbrachter Leich-Bestattung Des Weiland Wol-Edlen / Groß-Achtbarn und Hochgelehrten Herrn ANDREÆ GRYPHII, Des Fürstenthums Glogau treugewesenen von vielen Jahren SYNDICI, In einer Abdanckungs-Sermon aufgerichtet. Beigebunden in: Andreas Gryphius: *Dissertationes Funebres*, Oder Leich-Abdanckungen. Frankfurt an der Oder, Leipzig 1698, S. 32.
32 Siehe hierzu die Hinweise bei Bach (Anm. 15), S. 213–223, 229–243, 271–282.
33 Vgl. Hugh Powell: Andreas Gryphius and the ‚New Philosophy'. In: German Life and Letters 5 (1952), S. 274–278; Schings: Die patristische und stoische Tradition (Anm. 7); Peter Rusterholz: Theatrum Vitae Humanae. Funktion und Bedeutungswandel eines poetischen Bildes. Berlin 1970 (Philologische Studien und Quellen 51), S. 47, Anm. 83; Eberhard Mannack: Andreas Gryphius. Stuttgart 1968, S. 11.
34 Vgl. erste Hinweise diesbezüglich von Stefanie Arend: Rastlose Weltgestaltung. Senecaische Kulturkritik in den Tragödien Gryphius' und Lohensteins. Tübingen 2003 (Frühe Neuzeit 81), S. 42.

Errungenschaften der neuen Wissenschaften verbunden wird: Inwiefern findet damit also eine Säkularisierung theologischer Deutungsmuster oder umgekehrt eine theologische Einhegung profaner Wissensbestände statt? An dieser Stelle wird die Dringlichkeit der Frage nach Gryphius' Position zwischen Tradition und Aufbruch besonders deutlich.[35]

Gleiches gilt für die intertextuellen Bezugnahmen und interkulturellen Verflechtungen: Die Leidener Einflüsse beschränken sich nämlich nicht auf praktische und theoretische Philosophie sowie Anatomie, sondern erstrecken sich auch auf die Herodes-Dichtung Daniel Heinsius', das jesuitische Schuldrama und die politischen Schriften Claude Saumaises und Marcus Boxhornius'. In gleicher Weise sind die französischen und italienischen Einflüsse, die auch mit Gryphius' *peregrinatio academica* zusammenhängen weiter in komparatistischer und transkultureller Perspektive zu untersuchen: Gryphius orientiert sich beispielsweise für sein *Verlibtes Gespenste* (1660/61) an der *tragi-comédie* des französischen Hoflibrettisten Philippe Quinault (*Le Fantôme amoureux*, 1656), sein Schäferspiel *Der Schwermende Schäfer Lysis* (1661) stellt eine Bearbeitung von Thomas Corneilles *Le berger extravagant* (1639) dar, Gryphius übersetzt Girolamo Razzis Gelehrtenkomödie *La Balia* (1560; *Seugamme oder Untreues Haußgesinde*, 1663) und adaptiert in seinen Lust- und Festspielen Elemente der *commedia dell'arte* und der Oper.[36]

3 Konzeption und Struktur des Bandes

Im Zentrum des vorliegenden Tagungsbandes steht die ästhetische, zeithistorische, wissensgeschichtliche, theologische und staatsphilosophische Kontextualisierung des Gryph'schen Werkes und dessen eigenwillige Position im spannungsvollen Feld zwischen christlich-transzendenter Perspektive, ‚säkularer' Zeitdiagnostik und Welterfahrung, zwischen universellem, theologischem Sinnhorizont und konkretem, aktuellem Realitätsbezug. Damit setzt der Band im Anschluss an gegenwärtige Tendenzen der Frühneuzeitforschung einen neuen Akzent innerhalb der Gryphius-Forschung, die seit den 1970er Jahren unter geringer Beachtung diskursgeschichtlicher Zusammenhänge oft auf die rhetorische und emblematische Dimension der Texte fokussiert war und zugleich einen problematischen Dualismus zwischen theologischer und

---

35 Vgl. Schings: Die patristische und stoische Tradition (Anm. 7), S. XX.
36 Vgl. Achim Aurnhammer: Melpomene musiziert. Vom Einzug der Oper in das Schlesische Schauspiel des Barock. In: Wort und Ton. Hg. von Günter Schnitzler und Achim Aurnhammer. Freiburg im Breisgau u. a. 2011 (Litterae 173), S. 43–57.

säkularer Deutung etablierte. Einen Schwerpunkt bilden zudem Aspekte der Übersetzung und Transkulturalität: Gryphius war auf seinen akademischen Reisen mit der rezenten französischen, italienischen und niederländischen Literatur und Kultur bekannt geworden. Deren Rezeption spielt in seinem lyrischen, epischen und dramatischen Werk eine größere Rolle, als dies bislang von der Forschung reflektiert wurde. Auch die Adaptationen zeitgenössischer Jesuitenliteratur sind nicht umfassend untersucht, wie überhaupt eine Würdigung des lateinischen Werkes aussteht. Ein dritter Schwerpunkt wird auf den Bereich der Intermedialität gelegt, insbesondere auf Gryphius' Verhältnis zu den Bühnenkünsten und der musikalischen Aspekte, die in der Gryphius-Forschung bislang kaum berücksichtigt worden sind. Schließlich rückt auch der Autor selbst ins Zentrum. Die sozialgeschichtliche Perspektive vieler Beiträge erhellt die konkrete Lebenswelt des Andreas Gryphius – familiäre, freundschaftliche und gelehrte Konstellationen, die politische Situation in seiner Heimat, seine Reisen, seine Bibliothek und Lektüren.

Das Vorhaben, Andreas Gryphius' literaturgeschichtliche Bedeutung neu und polyperspektivisch zu konturieren, konnte daher allein aus interdisziplinärer Perspektive erfolgen. Dies machte die entsprechende Zusammenarbeit von internationalen Expertinnen und Experten sowie Nachwuchswissenschaftlerinnen und Nachwuchswissenschaftlern aus Germanistik, Theologie und Philosophie mit Kompetenzen in den Bereichen Latinistik, Romanistik, Geschichts- und Theater- sowie Musikwissenschaft notwendig. Konzeptuell setzt der vorliegende Band die Reihe autorenzentrierter Sammelbände fort (zu Simon Dach,[37] Philipp von Zesen,[38] Georg Philipp Harsdörffer,[39] Paul Fleming[40] und Johann Rist[41]), die in den letzten Jahren die Frühneuzeit-Forschung enorm vorangetrieben haben.

Vorab anzumerken ist, dass den Autorinnen und Autoren die Entscheidung überlassen wurde, nach zeitgenössischen Ausgaben zu zitieren[42] oder sich auf

---

[37] Axel Walter (Hg.): Simon Dach (1605–1659). Werk und Nachwirken. Tübingen 2008 (Frühe Neuzeit 126).
[38] Maximilian Bergengruen, Dieter Martin (Hg.): Philipp von Zesen. Wissen – Sprache – Literatur. Tübingen 2008 (Frühe Neuzeit 130).
[39] Stefan Keppler-Tasaki, Ursula Kocher (Hg.): Georg Philipp Harsdörffers Universalität. Beiträge zu einem uomo universale des Barock. Berlin, New York 2011 (Frühe Neuzeit 158).
[40] Stefanie Arend, Claudius Sittig (Hg.): Was ein Poëte kan! Studien zum Werk von Paul Fleming (1609–1640). Berlin, New York 2012 (Frühe Neuzeit 168).
[41] Johann Anselm Steiger, Bernhard Jahn (Hg.): Johann Rist (1607–1667). Profil und Netzwerke eines Pastors, Dichters und Gelehrten. Berlin, Boston 2015 (Frühe Neuzeit 195).
[42] Diesen Weg wählt das Gryphius-Handbuch. Diese Entscheidung hat Vorteile: Das Zitieren der ausschließlich „unverstellten frühneuzeitlichen Druck[e]", die durch Digitalisierung einfach zugänglich sind, ermöglicht zum einen den „Eintrit[t] in einen spezifisch frühneuzeitlichen Raum,

vorliegende Editionen zu beziehen. Dennoch ist hervorzuheben: Die Herausgeberin und der Herausgeber verstehen das Erstellen von kritischen Editionen auch im Zeichen einer ‚Rückkehr der Philologie' als Kernbereich und Basis literaturwissenschaftlicher Forschung. Gerade bei Gryphius zeigt sich, dass editorische Entscheidungen die Arbeit mit den Texten nicht behindern, sondern für dieselbe auch notwendig sind.[43]

Der Band gliedert sich in sechs Sektionen: „Konstellationen", „Neues Wissen – Veraltete Theologie?", „Politische Theologie und Anthropologie", „Poetik", „Intertextualität – Interkulturalität" und „Intermedialität".

Die erste Sektion des Bandes („Konstellationen") wird eröffnet mit dem Beitrag *Heimatkunde. Der schlesische Lebensraum des Dichters* von KLAUS GARBER. In seinen Ausführungen zeichnet Garber ein detailliertes Bild der konfessionellen, politischen und kulturellen Situation Schlesiens zu Beginn und im Verlauf des Dreißigjährigen Krieges unter besonderer Berücksichtigung der spezifischen Verhältnisse im Herzogtum Glogau.

JULIA AMSLINGER widmet sich Gryphius' Verhältnis zu seinem Sohn Christian Gryphius sowohl in biographischer als auch in werkpolitischer Hinsicht. Denn Christian machte nicht nur als Professor des renommierten Breslauer Elisabethgymnasiums sowie als späterer Rektor des nicht weniger traditionsreichen Maria-Magdalenen-Gymnasiums ebendort Karriere, sondern stärkte als Herausgeber der Neuausgabe 1698 den Status des Werks seines Vaters im kulturellen Gedächtnis

---

in dem nicht nur Texte, sondern auch Bücher, Ausgaben, Drucke in ihrer Materialität aufeinander Bezug nehmen, sich zitieren, kommentieren oder dementieren." Zum anderen ist die Forscherin/ der Forscher z. B. im Fall mehrerer Auflagen nicht mehr „an die editorische Entscheidung für einen edierten Text gebunden." Kaminski und Schütze (wie Anm. 2), S. XII.

43 Als prominentes Beispiel kann der Erstdruck der überarbeiteten Fassung des *Carolus Stuardus* (1663) gelten: Andreas Gryphius: Ermordete Majestät. Oder Carolus Stuardus König von Groß Britanien. Trauer-Spil. In: ders.: Freuden und Trauer-Spile auch Oden und Sonnette. Leipzig 1663, S. 333–453. Darin sind mehrere Verszahlen entweder falsch wiedergegeben oder falsch zugeordnet: S. 365, II. Abhandelung, Vers 430 wird als Vers 460 ausgewiesen; S. 370, III. Abhandelung, Verszahl 5 wird Vers 6 zugewiesen; ebd., Verszahl 10 wird Vers 11 zugewiesen; S. 373, III. Abhandelung, Verszahl 90 wird Vers 94 zugewiesen; ebd., Verszahl 95 wird Vers 99 zugewiesen; ebd., Verszahl 100 wird Vers 104 zugewiesen; S. 387, III. Abhandelung, Vers 525 wird als Vers 325 ausgewiesen; ebd., Vers 530 wird als Vers 330 ausgewiesen; ebd., Vers 535 wird als Vers 335 ausgewiesen; ebd., Vers 540 wird als Vers 340 ausgewiesen; ebd., Vers 545 wird als Vers 345 ausgewiesen; ebd., Vers 550 wird als Vers 350 ausgewiesen; scheint es sich hierbei um einen Folgefehler zu handeln, so wird gleichwohl Vers 555 auf derselben Seite korrekt mit der Verszahl 555 ausgewiesen; S. 404, IV. Abhandelung, bei Vers 255 fehlt die Verszahl. Diese offensichtlichen Druckfehler sind einerseits druckgeschichtlich aufschlussreich; andererseits erschweren sie unter Interpreten des Trauerspiels die Verständigung über den Text erheblich.

und positionierte sich zugleich durch sein eigenes poetisches Schaffen als Dichter von Rang. Dabei zeigt Amslinger, dass die gesuchte Nachfolge von Christian Gryphius in zwei Buchpublikationen des Jahres 1698 doppelt thematisch wird und die verwandtschaftliche Verbindung die literarische Produktion beider Autoren als Teil der Familiengeschichte vereinigt.

Der Beitrag von STEFANIE AREND arbeitet entlang der Trauerspiele *Catharina von Georgien* und *Papinian* die systematische Bedeutung von Paradoxien in Gryphius' Denken und Werk heraus. Insbesondere für den Trugschluss, den Paralogismus, konnte die Frühe Neuzeit an aristotelische ebenso wie stoische Fehlschluss-Theorien anknüpfen und diese theologisch nutzbar machen: Gerade in seinen Dramendialogen treibt Gryphius die Frage nach dem *sub specie creationis* nicht verfügbaren Wissen auf die Spitze. Es gibt für einen theologischen Philosophen wie Gryphius eben Inhalte, die man nur glauben kann, weil sie im *lumen naturae* ebenso wie im *lumen gratiae* den Status des bloß Wahrscheinlichen unmöglich übersteigen.

Die Beiträge der zweiten Sektion („Neues Wissen – Veraltete Theologie?") befassen sich mit dem Verhältnis neuer Wissensbestände und prima vista überholter theologischer Traditionen in Gryphius' Werk. Den Blick auf die Soteriologie bei Gryphius schärft die Studie JOHANN ANSELM STEIGERS, indem diese das Gedicht *Auf die Christnacht* vor dem Hintergrund des Protevangeliums des Jakobus, ein frühchristliches Marienleben, analysiert. Mit Blick auf die antik-christliche ebenso wie die frühneuzeitliche Auslegung des Protevangeliums, insbesondere bei Martin Luther, weist Steiger nach, wie Gryphius den Weissagungscharakter der alttestamentlichen Verfluchung der Schlange steigert. Die Verfluchung und Tötung der Schlange in Gen 3,14–15 weisen auf Jesu Erlösungstat nicht nur voraus, sondern bei Gryphius ist derjenige, „der ihren Kopf zutritt" und „uns des Himmels-Tor Eröffnet", ein und derselbe: Jesus Christus. Von nicht zu unterschätzender Bedeutung ist dabei Gryphius' Synthese emblematischer und homiletischer Strategien: Dem emblematischen Verweis*verfahren* von Passagen mit vorwiegend bildlicher Funktion und vermehrt explikativen Passagen einerseits korrespondiert der Verweis*charakter* des Protevangeliums auf die Geburt des Erlösers.

An die von Stefanie Arend herausgearbeitete Paradoxie-Problematik bei Gryphius schließt DIRK NIEFANGER mit seinem Beitrag an. Dabei hebt Niefanger mit Blick auf das Problem des Widerstandsrechts im Allgemeinen und den *Leo Armenius* im Besonderen einen bislang vernachlässigten Kontext hervor: Der Straßburger Theologe und Rhetoriker Johann Conrad Dannhauer (1603–1666) war Gryphius nicht nur persönlich bekannt, sondern macht darüber hinaus in seiner *Catechismusmilch* (1642) hermeneutische Angebote zu dem von Luther abgelehnten Tyrannizid, die zwischen dem Usurpator Leo Armenius und dem Tyrannenmörder Michael Balbus zu differenzieren erlauben.

Einen Beitrag zur Erforschung der bislang weitgehend vernachlässigten Oden-Dichtung liefert WILHELM KÜHLMANN. Im Zentrum steht die in zwei Fassungen vorliegende Ode *Domine usque quo*. Es handelt sich hierbei um eine lyrische Bearbeitung des 12. Psalms (bei Luther der 13. Psalm); somit gehört Gryphius' Ode in den großen Komplex der frühneuzeitlichen Psalmdichtung, deren spezifische ,Poetik der Affekte' Kühlmann zunächst ausgehend von Luthers Psaltervorrede herausarbeitet. Die Detailanalyse der Ode zeigt, wie einfallsreich und virtuos Gryphius seine Vorlage adaptiert – auf metrisch-formaler, aber auch auf inhaltlicher Ebene: Die Dialektik der Lutherischen Theologie – Anfechtung und Leid auf der einen, Gnadenzusage und Gnadenerfahrung auf der anderen Seiten – werden von Gryphius rhetorisch auf die Spitze getrieben, um schließlich die Gnade Gottes umso deutlicher hervorzuheben. Am Ende steht die „prekäre Koinzidenz von Glauben, Wollen und Wissen".

Eine sowohl theologie- als auch wissenschaftsgeschichtliche Perspektive nimmt der Artikel FRIEDRICH VOLLHARDTS ein: Anhand des Sonetts *An die Sternen* und des Epigramms *Uber Nicolai Copernici Bild* wird gezeigt, dass Gryphius einen durch Johann Arndt geprägten Spiritualismus mit dem neuen wissenschaftlichen Weltbild weniger konfrontierte als vermittelte. Bei Arndt nämlich verliert der aus mystischen Texten des Mittelalters und hermetischen Traditionen stammende Spiritualismus seine strikt antiinstitutionelle Ausrichtung; er wird in gewisser Weise entradikalisiert und damit auch für die Autoren des 17. Jahrhunderts attraktiv. Insofern nämlich der Geist in der Natur geoffenbart ist, ist Naturwissenschaft neuerer Prägung zum einen möglich, *ohne* der göttlichen Autorität durch unbotmäßige *curiositas* zu nahe zu treten; zum anderen werden die vermehrt kausallogischen Erklärungsmuster der cartesianischen Wissenschaftsphilosophie in die Geisttheologie integriert.

MARTIN MULSOWS Artikel präsentiert und analysiert einen neuen Quellenfund: Das Forschungszentrum Gotha hat 2014 ein Exemplar von Lorenzo Pignorias *Mensa Isaica* angeschafft. Es handelt sich nachweislich um das Handexemplar des Andreas Gryphius, das dieser 1641 erworben hatte. Die zahlreichen Anstreichungen und Randnotizen aus seiner Feder erlauben vielfältigen Aufschluss über seine Position zu bestimmten Theoremen der Zeit: Mulsow zeigt, dass Gryphius sich in seinen kritischen Notizen dabei nicht nur als bewundernder Leser dieses ersten bedeutenden ägyptologischen Werks erweist, sondern auch als eigenständiger wissenschaftlicher Denker mit polemischem Selbstbewusstsein.

Die zweite Sektion wird von FRANZ FROMHOLZER mit einer Untersuchung des Verhältnisses von Theologie, Medizin und Seelenlehre beschlossen. Vor dem Paradigmenwechsel durch Descartes' *Traité sur les passions de l'âme* verwiesen Mediziner und Theologen nämlich noch auf einander: Körperliche Gebrechen wurden auch als Effekte religiöser Verfehlungen interpretiert. Die *perturbationes animi* eines kranken Geistes galten mithin als Strafinstrument eines belasteten Gewissens. Kontrovers gestaltete sich daher der Diskurs über die therapeutischen Möglichkeiten und Befugnisse des Arztes: Wurde nämlich die Diagnose der äußeren Symptome ohne weiteres der empirischen Medizin zugestanden, so musste die Heilung gerechten Wahnsinns selbst als ungerecht gelten. Anhand der ‚Wahnsinnsszenen' in *Catharina von Georgien*, *Papinian* und *Carolus Stuardus* arbeitet Fromholzer den doppelten Charakter der *perturbatio* heraus, die als *casus conscientiae* den Tyrannen sowohl seiner gerechten Strafe zuführt als auch zur weiteren Amtsausübung unfähig macht.

Die dritte Sektion befasst sich mit Gryphius' politischer Theologie und Anthropologie. Sie wird eingeleitet von GIDEON STIENINGS Studie über *Aemilius Paulus Papinianus*: Das darin von Gryphius spannungsvoll dargestellte Verhältnis theologischer und philosophischer Elemente der Politik- und Rechtsbegründung wird vor dem Hintergrund der Natur- und Staatsrechtsgeschichte von Francisco de Vitoria über Hugo Grotius und Samuel Pufendorf bis Thomas Hobbes erläutert. Dabei stellt sich einerseits die Dramenfigur Laetus als erstaunlich radikaler Staatspragmatiker heraus: Seine Forderung, der Souverän sei nicht nur vom positiven Gesetz, sondern „von *allen* Banden frey", ist unter Gryphius' Zeitgenossen nur vom missliebigen Hobbes geäußert worden. Ihm steht jedoch, so zeigt Stiening, die Titelfigur Papinian als nicht minder radikaler Rechtsfanatiker gegenüber, welcher zur Einhaltung der göttlichen *lex naturalis* auch seinen Sohn zu opfern bereit ist.

MIROSŁAWA CZARNECKA führt in ihrem genderhistorischen Artikel werk-, autor- und sozialgeschichtliche Perspektiven zusammen. Einerseits nämlich wurde Gryphius durch das frühe Ableben sowohl seines Vaters als auch seines Ziehvaters Michael Eder zu einem nicht unerheblichen Anteil von Frauen erzogen und geprägt. Gerade seine junge Stiefmutter Maria Rißmann verehrte Gryphius ebenso wie später seine Gattin. Allen diesen Frauen hat er huldigende Kasualwerke gewidmet. Bei seiner Ehe mit der Fraustädter Kaufmannstochter Rosina geb. Deutschländer handelte es sich um eine durchaus intellektuelle Lebensgemeinschaft; nach dem Tod ihres Mannes betätigte Rosina sich als Herausgeberin einiger seiner Werke. In seinem Werk bleibe, so das Ergebnis der Analyse, Gryphius – trotz heroischen Frauenfiguren wie Catharina von Georgien oder den Frauenporträts in den *Dissertationen Funebres* – androzentrischen und misogynen Gesellschaftsmodellen verpflichtet; mitunter werden diese noch gefestigt und durch bestimmte Topoi der Geschlechterpolemik, wie etwa der Topos der ‚alten Vettel', perpetuiert.

NICOLA KAMINSKIS Studie analysiert die Schrift *Fewrige Freystadt* und entwickelt auf dieser Grundlage Gryphius' spezifisches Konzept politischer Theologie. Die Schrift über den großen Brand im niederschlesischen Freystadt im Jahre 1637 bietet nicht nur eine empirische Studie über das Ausmaß der Zerstörung der Stadt, sondern zeigt auch, wie Gryphius die Konsequenzen seiner politischen Theologie reflektiert. Anders nämlich als ‚konventionelle' rechtstheologische Entwürfe, die sowohl die Verurteilung *als auch* die Aufklärung immenser Verbrechen der Gottesinstanz überantworten, befreit aus Gryphius' Perspektive die Prämisse einer göttlichen Geltungs- und Strafinstanz den Menschen noch nicht von der kriminologischen Aufgabe.

Mit einem gender- und rechtshistorischen Beitrag zu *Catharina von Georgien* schließt Oliver Bach die Sektion. Gryphius' zweites Trauerspiel thematisiert nicht nur das Herrschaftsrecht von Frauen (*ius dominationis*, Gynäkokratie) und seine Verletzung durch Catharinas Gegner, sondern es veranschaulicht auch, inwiefern dieses Recht durch die zwar wohlgemeinten, aber unsachgemäßen Bemühungen ihrer Gefolgsleute und Verbündeten gebrochen wird. Im Rahmen eines ökonomischen Vertrages zwischen Persien und Russland wird Catharina zur Ware objektiviert und ist insofern austauschbar. Gerade der Bündnispartner Russland aber wäre nach grotianischem Völkerrecht verpflichtet, Catharina zu befreien und Chach Abbas im Rahmen eines *bellum iustum* zu bestrafen.

Die vierte Sektion widmet sich Gryphius' Poetik. Den Anfang macht Dirk Werles Untersuchung des lateinischen Epos *Olivetum* und der Traditionen des *carmen heroicum* im 17. Jahrhundert. Anders nämlich als häufig angenommen, lässt sich Gryphius' Gattungs- und Sprachwahl nicht immer angemessen mit der Kategorie des Frühwerks erklären: Im Unterschied zu *Herodis Furiae & Rahelis lachrymae* (1634) und *Dei Vindicis Impetus et Herodis Interitus* (1635) datiert das Bibelepos *Olivetum* aus der Reifezeit des Dichters (1648). Werle plädiert daher dafür, von einer bewussten Wahl der lateinischen Sprache ebenso wie der Epenform auszugehen, die sich insbesondere durch den belehrenden Charakter der Ölberggedichtung plausibilisieren lässt. Gryphius setzt sich selbst in ein bestimmtes Traditionsverhältnis, das sich nicht zuletzt durch eine kritische Haltung gegenüber Opitz' Dichtungsreform auszeichnet und eine Alternative zu dessen *carmen heroicum*-Konzept anbietet.

Der impliziten (Komödien-)Poetik des Andreas Gryphius nimmt sich Michael Multhammer an. Sein Beitrag bestätigt Dirk Werles These, der zufolge Gryphius' Dichtung keineswegs strikt von Opitz' Dramentheorie dominiert ist. So werde im *Peter Squentz* eine ebenso satirische wie kenntnisreiche Verhandlung der aristotelischen Poetik präsentiert. Laut Multhammer liefern insbesondere die spielenden Handwerker detailreiche Aristoteles-Reminiszenzen, die zugleich konterkariert werden. Dabei stehen abermals eschatologische Überlegungen im Zentrum, die sich mit der *theatrum mundi*-Vorstellung verbinden: Sie bilden den Fluchtpunkt der impliziten poetologischen Reflexionen.

Der Frage nach Konventionalität und Status eines weiteren, bislang vernachlässigten Frühwerks Gryphius' widmet sich ROBERT SEIDEL. Der 1636 verfasste *Parnassus renovatus* folgt einerseits den konventionellen Topoi der Panegyrik, andererseits wird das Lob auf Gryphius' Lehrer Georg Schönborner in das Gewand eines satirisch gefärbten Epyllions gehüllt: In Anbetracht des katastrophalen Zustands der Poesie beschließen die Götter des Olymps, bei Schönborner Rat zu suchen. Gryphius zeigt sich hier virtuos im Umgang mit rhetorischen Mitteln, wartet mit metrischen Experimenten auf, integriert poetologische Diskurse und nutzt den Text zur geschickten Selbstinszenierung: Der Dichter – das Alter Ego des Verfassers – wird von Merkurs Schelte schlechter, weil formelhaft dichtender Autoren ausgenommen. Nicht von ungefähr übernimmt Schönborner ein Jahr später selbst diese Kritik, um bei Gryphius' Dichterkrönung dessen Leistungen hervorzuheben.

Dem zeitgenössischen poetischen Spielraum, insbesondere den Optionen der Lyrik im 17. Jahrhunderts widmet sich der Beitrag THOMAS BORGSTEDTS. Er verbindet diese Fragestellung mit der Forderung nach einer genaueren Analyse interpersonaler Konstellationen, wobei insbesondere Gryphius' enges Verhältnis zu seinem Zeit- und Altersgenossen sowie Landsmann Christian Hoffmann von Hoffmannswaldau (1616–1679) analysiert wird. Die sehr verschiedene poetische Faktur, Stilistik und Traditionsbindung der beiden Autoren erklärt Borgstedt aus sozialhistorischer bzw. biographischer Perspektive: Gryphius' Status als mitteloser Glogauer Pfarrerssohn und Hoffmannswaldaus Herkunft aus dem reichen Hause eines hohen Breslauer Beamten bedingten ihre unterschiedlichen poetischen Wege. Seine Überlegungen illustriert Borgstedt anhand vergleichender Analysen u. a. von Gryphius' formexperimentellem Sonett *Die Hölle* und Hoffmannswaldaus *Grab-Schrifften*.

Die Studie CONSTANZE BAUMS beschließt die vierte Sektion und untersucht die Formen und Funktionen der Nebentexte in Gryphius' Dramen. Dabei wird die Frage gestellt, inwiefern bestehende Interpretationsansätze angesichts dramenstruktureller Überlegungen bestätigt oder erweitert werden können. Um 1650 kommt es in der Dramatik zu einem erhöhten Aufkommen von Nebentexten: Gryphius' dramatisches Schaffen fällt genau in diese Phase und bestätigt diese Tendenz. Baum analysiert typographische (Größe der Schrifttype) und stilistische Besonderheiten (Verwendung des Irrealis) sowie die Funktion des im Nebentext angezeigten Medienwechsel (Intermezzi, Ballette) und Einbrüche des Irrationalen (v. a. bei *Carolus Stuardus*, *Leo Armenius*). Gryphius nutzt den Nebentext dramenstrategisch und innovativ dort, wo das Drama an Höhe- oder Wendepunkten steht, wo Monologsituationen, Kohärenzkonflikte oder schwierige Sprechzustände ein Eingreifen in die Textregie notwendig machen.

Die fünfte Sektion des Bandes widmet sich dem intertextuellen und inter- bzw. transkulturellen Status von Gryphius' Werk. BARBARA MAHLMANN-BAUER eröffnet die Abteilung mit einer Untersuchung der irenischen und friedenspolitischen Gehalte im Schaffen Andreas Gryphius', insbesondere anhand des *Carolus Stuardus*. Gerade die konfessionspolitische Ausnahmesituation in Schlesien verdeutlicht das zunehmende Auseinandertreten von *religio* und *pax*: Das jesuitische Programm einer *Ecclesia militans* traf auf den Widerstand des evangelischen Breslauer Rates gegen die Einrichtung eines jesuitischen Konvikts sowie eines Jesuitentheaters in Breslau. Gleichwohl lässt sich Gryphius auch ob dieser Umstände nicht von seiner anti-monarchomachischen Haltung abbringen. Mithilfe seiner Übersetzung von Nicolaus Causinus' SJ *Felicitas* versucht Gryphius, das jesuitische Programm siegreicher Frömmigkeit mit der lutherischen Lehre vom duldenden Gehorsam zu versöhnen. Der *Carolus Stuardus* (1663) kann insofern als Antwort auf Nicolaus Avancinis *Pietas victrix* von 1659 gelten. Mit diesem Projekt propagiert Gryphius zugleich politischen Frieden in Schlesien und will die Überlegenheit protestantischer Frömmigkeit dokumentieren.

JÖRG ROBERT widmet sich in seinem Artikel der römischen Reise, einer der am wenigsten erforschten biographischen Phasen des Dichters. Dabei lässt sich vor dem Hintergrund gerade dieser Etappe seiner *peregrinatio academica* zeigen, wie der Blick des Mediziners und Anatoms jene Texte prägt, die auf den Aufenthalt in der Heiligen Stadt Bezug nehmen. Analysiert werden die vier berühmten Rom-Sonette, die zunächst dem modernen Rom, schließlich dem christlichen Rom, der *Roma sotteranea*, gelten sowie die kaum bekannten Rom-Stücke in den *Epigrammen oder Bey-Schrifften*. Hier publizierte Gryphius erstmals eine Reihe von Texten, die Eindrücke des Romaufenthaltes reflektieren. *Uber die Leiche der heiligen Caecilien* sowie *Uber die Marter Catharine Königin von Georgien* belegen dabei Gryphius' tiefe Prägung durch den römischen Märtyrer- und Heiligenkult. Zugleich manifestiert sich im Cäcilia-Epigramm Gryphius' anatomisch-naturwissenschaftliches Interesse: Der realistische Impetus hinter dem Text ist spürbar; der unversehrte Körper der Heiligen erscheint als Phänomen zwischen Leben und Tod.

Der Beitrag von ASTRID DRÖSE befasst sich mit dem Lustspiel *Seugamme oder das untreue Hausgesinde*. Der Vergleich der Übersetzung mit dem italienischen Original, der *commedia erudita La Balia* (1560) des Florentiner Gelehrten und späteren Abts von Santa Maria degli Angeli Girolamo Razzi, steht im Zentrum. Dabei wird gezeigt, dass Gryphius den Ausgangs- und Zielkontexten (beispielsweise bei der Wiedergabe der *motti fiorentini*) der Gelehrtenkomödie Rechnung trägt. Insbesondere macht sich Gryphius' Intention bemerkbar, die moraldidaktische Tendenz des Stücks zu intensivieren. Eine Analyse der lateinischen Vorrede verdeutlicht dies. Zugleich wird Gryphius' poetisches bzw.

poetologisches Interesse an der komplexen Intrigenstruktur der italienischen Komödie erkennbar. Die Übersetzungsarbeit ist zugleich ein ‚training in comedian diction'.

Die Studie von MARIE-THÉRÈSE MOUREY bietet einen Überblick über die Rezeption französischer Literatur im Werk Gryphius', die zwischen *imitatio* und Ironisierung zu verorten ist. Gryphius kam auf seiner Reise als Begleiter Wilhelm Schlegels selbst nach Frankreich und hielt sich unter anderem in Paris, Angers, Orléans, Tour, Lyon und Marseille auf. In seinem Werken sind Reflexionen auf diese Aufenthalte erkennbar: So nimmt Gryphius auf Pierre Corneilles Theater, das er in Paris kennengelernt hatte, Bezug (*Leo Armenius*) und fertigt eine Übersetzung von Thomas Corneilles *Le Berger extravagant* an. Ironische Distanz zum Gebrauch französischer Fremdwörter wird in der Komödie *Horribilicribrifax* genommen.

Der Beitrag von ANNA SEBASTIAN widmet sich interkonfessionellen Fragestellungen. Gryphius' Rezeption und Übersetzung des Erbauungsschrifttums Sir Richard Bakers kann als interkonfessioneller Kontakt gelten, der sich weder ausschließlich durch Gegnerschaft noch allein durch Gemeinschaft auszeichnet. Das pietistische Denken Bakers war für den Lutheraner Gryphius nicht ohne weiteres zustimmungsfähig. Als vermittelnde Instanz wirken die Frömmigkeitskonzepte Johann Arndts, deren breite Wirkung innerhalb des deutschen Luthertums die Empfänglichkeit der Leser auch für den englischen Pietismus präformierte. Zwischen orthodoxem Luthertum und radikalem Spiritualismus bot dieses Bedingungsgeflecht Spielräume, von denen Gryphius profitieren konnte, und zwar zum Zweck seiner lutherischen Agenda im schlesischen Kontext.

Die sechste und letzte Sektion gilt den intermedialen Aspekten von Gryphius' Œuvre. Sie wird eingeleitet durch den Beitrag von ACHIM AURNHAMMER. In seiner Studie bietet Aurnhammer zunächst einen umfassenden Überblick über opernästhetische Aspekte in Gryphius' Dramen. Insbesondere die Festspiele zeigen, wie sehr der Autor von der höfischen Opernästhetik beeinflusst war, während die Forschung oft zu allgemein die Prägung durch das Jesuitentheater hervorgehoben hat. Im zweiten Teil seines Beitrags widmet sich Aurnhammer dem 1653 anlässlich der Krönung Ferdinands IV. uraufgeführten Freudenspiel *Majuma* und weist an diesem Beispiel die Tendenz zur Veroperung nach. Zugleich bietet der Beitrag eine erste Auswertung von Gryphius' selten beachtetem Bibliotheksverzeichnis mit Blick auf die Italica, die Gryphius Kenntnis der italienischen Opernliteratur eindrücklich belegen. Auf diese Weise gelingt es, die bislang unbekannte italienische Vorlage von *Majuma* zu identifizieren: Es handelt sich um die Fiorentische Oper *La Flora* (1628) des Andrea Salvadori.

GUDRUN BAMBERGER unternimmt den Versuch, die übersinnlichen Erscheinungen in *Cardenio und Celinde* im Kontext zeitgenössischer Dämonen- und Gespenster-Diskurse zu verstehen. Die Gespenster, die sogar unter den *dramatis personae* geführt werden, greifen in die Handlung ein, sie fungieren als ‚Schockelement', erfüllen als Gewissensrepräsentationen aber auch eine belehrende Funktion. In einem Exkurs stellt der Beitrag vor, welche bühnentechnischen Möglichkeiten zur Gespenster-Darstellung im 17. Jahrhundert zur Verfügung standen.

Die letzte Sektion wird beschlossen von IRMGARD SCHEITLERS Studie über das Verhältnis von Gryphius zur Musik, zu welcher der Dichter immer wieder Verbindung suchte. Unter seinen Lyrica sind die liedhaften Formen am meisten musikaffin. Viele Strophenlieder, aber auch ein mehrsätziges Kirchenstück sind als Kontrafakturen auf vorhandene Melodien geschrieben. Geistliche Lieder erhielten in verschiedenen Gesangbüchern neue Generalbasskompositionen. Der Gothaer Komponist Wolfgang Carl Briegel schuf zu zehn Oden des Gryphius kunstvolle Ritornellarien. Doch auch die Sonette und pindarischen Oden darf man sich nicht per se als reine Sprechgedichte vorstellen. Vertonungen oder Kontrafakturen sind immerhin denkbar, wie Beispiele zeigen. Auch Gryphius' Dramen integrieren Bühnenmusik, Tanz und Zwischenaktmusik. Im 20. und 21. Jahrhundert entdeckten Tonsetzer insbesondere Sonette als lohnende Kompositionsvorlagen, sodass Gryphius, wohl auch wegen seiner allgemeinen Hochschätzung seit dem Ersten Weltkrieg, zu den in der Moderne meistvertonten Barockdichtern gehört.

Der vorliegende Band geht auf eine Tagung zurück, die mit großzügiger Unterstützung der *Fritz Thyssen Stiftung* und der *Carl Friedrich von Siemens Stiftung* vom 12. bis 14. Oktober 2016 in München stattfand. Beiden Institutionen gilt der besondere Dank der Herausgeberin und des Herausgebers. Für die Unterstützung bei der Durchführung der Tagung danken wir insbesondere Dr. Gudrun Kresnik (*Siemens Stiftung* München) sowie den Münchner und Tübinger Lehrstühlen von Friedrich Vollhardt und Jörg Robert. Bei der Schlussredaktion waren uns Marisa Irawan, M.A., und Paula Furrer, M.A., (beide Tübingen) wichtige Stützen. Für die Finanzierung der Drucklegung gilt erneut der *Fritz Thyssen Stiftung* großer Dank. Wir danken Dr. Jacob Klingner und Anne Stroka vom Verlag De Gruyter für die kompetente Betreuung bei der Entstehung und Fertigstellung dieses Bandes.

München und Tübingen, Juli 2019

I Konstellationen

Klaus Garber
‚Heimatkunde'

Der schlesische Lebensraum des Dichters im Zeichen von
Konfessionalismus und Gegenreformation

Gryphius wurde in Glogau geboren und starb in Glogau. Er hat außerhalb Glogaus in Schlesien gelebt und reisend wie ein jeder Humanist in- und ausländische politische und gelehrte Zentren kennengelernt. Danzig, das Landgut Georg von Schönborns, Leiden, Straßburg und Stettin bezeichnen wichtige Stationen seiner Vita. Frankreich und Italien lernte er gleichfalls kennen. Bestimmender beruflicher und privater Lebensraum blieben Fürstentum und Stadt Glogau. Und das mit Konsequenzen für sein Werk. Das rechtfertigt nicht nur, sondern gebietet die eingehendere Vergegenwärtigung von Fürstentum und gleichnamiger Hauptstadt.[1]

---

[1] Dazu ist es vonnöten, eine gute Kenntnis der einschlägigen Quellen und der wissenschaftlichen Literatur zu besitzen. Und hier ist gleich eingangs die Feststellung zu treffen, die in aller Regel voranzustehen hat, sofern vonseiten der Forschung schlesisches Gebiet betreten wird. Die überwiegende Anzahl titularisch vielversprechender Quellen ist im Status des Manuskripts verblieben. Es reicht hin, einen Blick in das Kapitel ‚Vom Fürstenthume Glogau' in dem unter Anm. 6 aufgeführten bibliographischen Handbuch von Thomas aus dem Anfang des 19. Jahrhunderts – dem nach wie vor besten Auskunftsorgan für jedwede auf Schlesien gerichtete historisch-kulturwissenschaftliche Arbeit – zu werfen, um sich auch hinsichtlich Glogaus der Triftigkeit dieser Bemerkung zu versichern.

Die ältere Literatur zum Fürstentum Glogau ist Legion, ohne dass sie m.E. in der Gryphius-Forschung zureichend präsent wäre. Mit Gewissheit hat Gryphius vielfältigen Kontakt mit der ersten Kapazität der schlesischen Landeskunde Nikolaus Henel von Hennenfeld gehabt. Dessen *Silesiographia* erschien in einem schmalen Bändchen bereits im Jahr 1613. Henel arbeitete sein Leben lang weiter an dem Werk. Zum Druck befördern konnte er es nicht mehr. Aus späthumanistischem Geist erwachsen, ist es das erste regionale Medium der Wahl geblieben. In Form von Abschriften hat es sich zumal in der ehemaligen Stadtbibliothek Breslau und nunmehrigen Biblioteka Uniwersytecka (BU) in Wrocław erhalten. Hier findet sich etwa in der Handschrift R [hediger] 569 unter dem Titel *Nicolai Henelii Silesiographia Renovata: Ad Annum M.DC.XXXVI. continuata* in dem sechsten Kapitel, ‚Urbes, Oppida, Arces, Monasteria, et Pagi Silesiae', auf den Seiten 136–137 der Eintrag zu ‚Glogavia Major' und auf den Seiten 137–138 der Eintrag zur ‚Glogavia Minor' im Fürstentum Oppeln. Beide sind dann übergegangen in den posthumen Druck der *Silesia Renovata,* den der Prälat Fibiger zu Anfang des 18. Jahrhunderts veranstaltete, indem er die Landeskunde mit der gleichfalls unpubliziert gebliebenen Gelehrtenkunde *Silesia Togata* Henels kontaminierte: Nikolaus Henel von Hennenfeld: Silesiographia Renovata, Necessariis Scholiis, Observationibvs Et Indice Avcta. Pars I–II. Breslau, Leipzig: Bauch 1704. Hier findet sich im zweiten Teil des ersten Bandes (mit gesonderter Paginierung!) der Eintrag zum Fürstentum ‚Glogavia Major, ejusque Encomia' (§ 46, S. 142–169) sowie der Stadt ‚Glogavia Minor, olim

Und das selbstverständlich mit Ausblicken auf die genannten Ortschaften und Regionen, angefangen bei dem angrenzenden Großpolen selbst, mit Lissa und Fraustadt im Zentrum. Diesem für Schlesien und seine Intelligenz schlechterdings wichtigsten Anrainer, ohne dessen Existenz das gelehrte wie das dichterische Leben in Schlesien sich gänzlich anders ausnehmen würde. Es gehört

Ducum sedes' (§ 47, S. 169–179). Auch der Name des Andreas Gryphius findet Erwähnung (S. 165). Vgl. im zweiten Teil des Werkes auch die beiden §§ 131 und 132 (S. 622–627) mit den Dokumenten zu den feudalen Privilegien des Fürstenhauses und deren Grenzen.

Sodann ist selbstverständlich das ungemein reichhaltige landeskundliche Werk von Friedrich Lucae heranzuziehen. Schon in Lucaes noch in der Art eines gelehrten Gesprächs angelegten *Fürstenkrone* aus dem Jahr 1685 gibt es einen Abschnitt ‚Von Ober = und Nieder = Schlesiens Fürstenthümern/ und den vier Standes Herrschafften' (S. 263–497), in dem auch Glogau behandelt wird, und zwar bis zum Erlöschen des selbständigen Herzogtums und dem Übergang zum Erbfürstentum unter der Krone Böhmens. Vgl. Friedrich Lucae: Schlesische Fürsten = Krone/ Oder Eigentliche/ warhaffte Beschreibung Ober = und Nieder = Schlesiens. Frankfurt am Main: Knoch 1685, S. 386–399. Für die jüngere Zeit ist folglich das große Nachfolgewerk aus dem Jahr 1689 heranzuziehen: Friedrich Lucae: Schlesiens curieuse Denckwürdigkeiten, oder vollkommne Chronica von Ober = und Nieder = Schlesien. Frankfurt am Main: Knoch 1689. Der vierte Teil des insgesamt sieben Teile umfassenden Werkes ist den Fürstentümern in Niederschlesien gewidmet. Hier findet sich auf den Seiten 1000–1072 das Kapitel ‚Von dem Glogauischen Fürstenthum', dem auch ein Abschnitt über ‚Stadt und Herrschafft Beuthen [an der Oder]' inkorporiert ist (S. 1022–1033). Die größte Stärke des von Materialien und zeitgenössischen Mitteilungen nur so strotzenden Werkes von Lucae liegt auf dem Gebiet der Konfessionsgeschichte. Vgl. zu Näherem unten Anm. 10.

Noch ein drittes Werk möchte ich gerne namhaft machen, von dem wir wünschten, dass es inskünftig in der Forschung Berücksichtigung finden möge. Es handelt sich um ein Werk aus der Feder des zweitältesten Sohnes des Stadtphysikus von Breslau und gekrönten Dichters Caspar Cunrad (vgl. VL XVI/2 (1012), 75–85). Es ist gleichfalls im Status des Manuskripts verblieben. Die Titel der aus der Staats- und Universitätsbibliothek Breslau (IV F 148) in die BU Wrocław gelangten Werke: *Johannes Henrici Casparis Med. Doct. Filii Cvnradi Silesi-Poli[o]-graphia. Erster [und] Zweyter Theil*. De facto liegt nur ein erster Teil vor, wie aus einer Zwischenüberschrift zur Fortsetzung des ersten Teils hervorgeht: *Johannis Henrici Casparis Med. Doct. Filii Cunradi Silesi-Poliographiae Voluminis Primi Pars posterior oder Des Ersten Theils Continuatio und Fortsetzung*. Es bleibt also zu klären, ob ein zweiter Teil zustande gekommen und womöglich überliefert ist. Eine nähere Charakteristik des Werkes muss an dieser Stelle unterbleiben. Es handelt sich um die konziseste Landes-, Städte- und Personenkunde, die wir zu Schlesien besitzen. Die Einträge reichen bis in das Todesjahr Johann Heinrich Cunrads 1685. Es ist davon auszugehen, dass sich sowohl Lucae als auch Fibiger des Werkes bedienten. Cunrad gelingt es, die Präsentation der Fürstentümer, der in ihnen liegenden Städte und der in ihnen tätigen Personen in einem Eintrag zu vereinen. Der hier allein relevante Eintrag zum Fürstentum Glogau steht auf den Seiten 582–669, derjenige zur Stadt Groß-Glogau auf den Seiten 609–628. Unter den in Glogau Geborenen, mit dem wie stets die städtischen Porträts schließen, findet sich selbstverständlich auch der Name von Gryphius. Auch für Beuthen (S. 628–632), Fraustadt (S. 633–635) und Freystadt (S. 635–644) enthält der Eintrag wichtige Informationen. Eine Edition

zu den Rätseln der Kulturgeschichtsschreibung des mittelöstlichen Europa, dass gerade diese Region bisher nicht entfernt jene forscherliche Aufmerksamkeit gefunden hat, die sie verdiente.²

Ich vertraue mich im Folgenden einem Gewährsmann an, der auch in der Gryphiusforschung bislang – wenn überhaupt – eher am Rande figuriert, Siegismund

---

des in der Regel gut lesbaren Manuskripts wäre sehr erwünscht und stellt eine Ehrenpflicht gegenüber dem vor allem um die schlesische Prosopographie verdienten Autor dar; sie sollte neben die gleichfalls aus seinem Nachlass herausgegebene *Silesia Togata* (1706) treten. Neben Henels großer Städtekunde in seiner *Silesia Renovata* ist es das zweite einschlägige Dokument dieses landeskundlichen Zweiges, und wir schätzen uns glücklich, es unter den Handschriften-Beständen der BU Wrocław wiederentdeckt zu haben.

Nun zur neueren und zumal stadtgeschichtlichen Literatur. Hier liegt eine grundlegende und nicht überholte Darstellung aus der Vorkriegszeit vor, die dankenswerterweise einen Reprint erfuhr: Julius Blaschke: Geschichte der Stadt Glogau und des Glogauer Landes. Glogau: Hellmann 1913. Reprint Hannover: Glogauer Heimatbund 1982. Die Geschichte der nachmittelalterlichen Zeit Glogaus beginnt mit dem Kapitel ‚Die Anfänge des Protestantismus im Fürstentum Glogau', S. 189ff. Im Folgenden gelangen alle einschlägigen Ereignisse aus dem Umfeld der Konfessionalisierung eingehend zur Sprache. Vgl. vor allem den großen Abschnitt ‚Die Zeit des dreißigjährigen Krieges', S. 254–295, sowie ‚Die Zeit der Gegenreformation', S. 295–346. Hier auch ein Kapitel zu Gryphius, S. 317–324. Vorausgegangen waren: Ferdinand Minsberg: Geschichte der Stadt und Festung Groß = Glogau. Band I: Mit einem Urkundenbuch. Band II: Mit Urkunden und Dokumenten. Glogau: Gottschalk 1853; Robert Berndt: Geschichte der Stadt Gross = Glogau während der ersten Hälfte des 17. Jahrhunderts namentlich während des dreissigjährigen Krieges. Groß-Glogau: Müller's Nachf. (R. Walter) 1879. Sodann: Glogau im Wandel der Zeiten. Głogów poprzez wieki. Bearbeitet von Werner Bein, Johannes Schellakowsky und Ulrich Schmilewski. Würzburg 1992. Hierin Ewa Pietrzak: Andreas Gryphius in Glogau (1650–1664), S. 283–289 (mit eingehender Charakteristik von Gryphius' Edition der Landesprivilegien des Fürstentums Glogau). Schließlich sei verwiesen auf zwei im vorliegenden Zusammenhang wichtige Quellen: Zur Belagerung Groß-Glogau's 1634. Mitgetheilt von Alphons Schuster. In: Zeitschrift für Geschichte und Alterthum Schlesiens 24 (1890), S. 365f. sowie: Ein Bericht des Raths zu Gr. Glogau über die Belagerung der Stadt 1642. Mitgetheilt von Alphons Schuster. In: ebd., S. 366–369. Aufschlussreiches Material auch an einer nicht zu vermutenden Stelle: Christian David Klopsch: Geschichte des Geschlechts von Schönaich. 4. Heft: Das Leben Johannes des Unglücklichen und Sebastians darstellend. [Nebentitel: Karolat und Glogau zur Zeit des dreißigjährigen Krieges]. Glogau: Gottschalk 1856. Vgl. auch unten Anm. 10. Als instruktive Fallstudie: Tomasz Andrzejewski: Die Herren von Rechenberg im Herzogtum Glogau während des 16. und 17. Jahrhunderts. Familie, Wirtschaft, Politik, Kunst. Aus dem Polnischen von Andreas R. Hofmann. Würzburg 2012 (Wiss. Schriften des Vereins für Geschichte Schlesiens 7).

2 Die Literatur zu Großpolen ist verstreut, und der entscheidende Zeitraum um 1600 nur unzureichend erschlossen. In dem jüngsten Sammelband: Jerzy Strzelczyk (Hg.): Slawen, Deutsche und Dänen in zwei historischen Grenzregionen (Schleswig-Holstein und Großpolen). Poznań 2001 (Publikacje Instytutu Historii UAM 38) fehlt bezeichnenderweise ein eigener Beitrag zu Großpolen

Justus Ehrhardt, dem verdienten Presbyterologen Schlesiens. Und das nicht zuletzt, weil Religion und Konfession die bestimmenden Lebensmächte auch für die humanistische Intelligenz blieben – sei es auch nur, weil diese sich kritisch mit deren zeitgenössischem Gebaren auseinanderzusetzen hatten. Auch ein Gryphius

---

auf der Wende vom 16. zum 17. Jahrhundert, obwohl da der lebhafteste Austausch zwischen den Grenzregionen herrschte. Vgl. auch die in Anm. 10 aufgeführten Untersuchungen.

Die Geschichte Großpolens und zumal Lissas im einschlägigen Zeitraum ist neben Jan Amos Comenius vor allem verknüpft mit den Geschlechtern der Leszczynskis und der Ostrorógs, die beide für die Schlesier eine große Bedeutung besaßen. Vgl. Wilhelm Bickerich: Raphael-V. Leszczynski. Lissa [1912] (Aus Lissas Vergangenheit. Quellen und Forschungen zur Geschichte Lissas 1). Vgl. dazu jetzt, um nur einen weiteren Titel zu nennen, die hervorragend in die Zeit hineinführende jüngere Studie mit reicher Literatur von Kate Wilson: The Politics of Toleration Among the Szlachta of Great Poland: Rafał Leszczyński (1579–1636) and Krzysztof Opaliński (1609–1655). In: Slovo. An Interdisciplinary Journal of Russian, Eurasian, Central and East European Affairs 14 (2002), S. 134–156. Dazu Zedler XVII (1738), Sp. 501: „Raphael Leszinski, Graf von und auf Lissa oder Lesno, Woywode zu Bels, nahm die aus Schlesien verjagten Lutheraner auf, verstattete ihnen die freye Uebung ihres Gottesdienstes, nebst Kirchen = und Schulen = Bau, massen unter seinem Schutz die erste Lutherische Kirche in Lissa im Jahre 1635. inauguriret worden."
Zu den Ostrorógs vgl. die große Studie von Theodor Wotschke: Stanislaus Ostrorog. Ein Schutzherr der grosspolnischen evangelischen Kirche. In: Zeitschrift der Historischen Gesellschaft für die Provinz Posen, zugleich Zeitschrift der Historischen Gesellschaft für den Netzedistrikt zu Bromberg [ZHGPP] 22 (1907), S. 59–132. Zum Sozinianismus vor Ort sei aus der reichen Literatur verwiesen auf: Ernst Luckfiel: Der Socinianismus und seine Entwicklung in Großpolen. In: ZHGPP 7 (1892), S. 115–187.

Für Gryphius und seine Zeitgenossen waren – genau wie für Opitz und seine Freunde – die Blicke nach Großpolen und vor allem nach Lissa und Fraustadt gerichtet. Die ältere Forschung um Gillet (s. u.) wusste darum noch. Es ist das Verdienst der polnischen Literaturwissenschaft, die Erinnerung daran wieder in das Bewusstsein gerufen zu haben. Die genaue Kenntnis der Literatur zu den beiden Städten ist für die Erkenntnis der schlesischen Literatur in den Dezennien vor und nach 1600 unerlässlich. Im Folgenden werden daher eine Reihe wichtiger Untersuchungen namhaft gemacht, und auch hier gilt, dass die in Anm. 10 weiteren aufgeführten Arbeiten heranzuziehen sind.

Zu Lissa liegt eine reichhaltige polnische Literatur vor, die hier im Einzelnen nicht aufgeführt werden kann. Vgl. darüber hinaus von Wilhelm Bickerich: Visitationen der evangelischen Kirchen in Lissa durch den Bischof von Posen. In: ZHGPP 21 (1906), S. 21–41. Eindrucksvoll auch der Beitrag von Paul Voigt: Alte Lissaer Grabdenkmäler. In: ZHGPP 20 (1905), S. 111–148. Sehr wichtig geblieben ist die Studie von Theodor Wotschke: Das Lissaer Gymnasium am Anfange des siebzehnten Jahrhunderts. In: ZHGPP 21 (1906), S. 161–197. Für die Jahre bis zur Zerstörung Lissas vgl. in Gottfried Smend: Evangelisches Schulwesen in Lissa. Ein Beitrag zur Entwicklung der Volksschule in der Provinz Posen. Lissa [1913] (Aus Lissas Vergangenheit. Quellen und Forschungen zur Geschichte Lissas 2), S. 2–5 das Kapitel ‚Im Schatten des reformierten Gymnasiums. 1633–1656'. Eine detailliertere Darstellung ist ein dringendes Desiderat. Vgl. auch A.[dalbert] Ziegler: Beiträge zur älteren Geschichte des Königlichen Gymnasiums zu Lissa. In: Zur

macht davon keine Ausnahme. Der dritte Band des mächtigen, nicht zum Abschluss gelangten Werkes von Ehrhardt ist Glogau und Jauer gewidmet.³

Das Fürstentum Glogau gehörte – genau wie die Fürstentümer Breslau, Schweidnitz-Jauer, Oppeln-Ratibor, Münsterberg und Sagan – zu den immediaten Fürstentümern auf schlesischem Boden. Sie unterstanden also direkt dem

---

dreihundertjährigen Jubelfeier der ehemaligen Schule, des nachherigen Gymnasiums der reformierten Brüder-Unität, jetzigen Königlichen Gymnasiums zu Lissa [...]. Progr. Lissa 1855, S. I–XLII sowie Alfred von Sanden: Zur Geschichte der Lissaer Schule 1555–1905. Festschrift zur 350jährigen Jubelfeier des Königlichen Comenius-Gymnasiums zu Lissa. Lissa 1905.

Zu Fraustadt vgl. die quellenkritisch hervorragend fundamentierte Studie von Hugo Moritz: Geschichte Fraustadts im Mittelalter. In: ZHGPP 19 (1904), S. 195–244; ders.: Reformation und Gegenreformation in Fraustadt. Teil I–II. Progr. Königl. Friedrich Wilhelms-Gymnasium zu Posen 1907–1908. Vgl. des Weiteren die beiden reichhaltigen Dokumentationen: Samuel Friedrich Lauterbach: Fraustädtisches Zion. Das ist Historische Erzehlung, desjenigen, Was sich von A. 1500. bis 1700. im Kirch = Wesen zu Fraustadt in der Cron Polen, zugetragen. Leipzig: Gleditsch 1711; Gottfried Förster: Analecta Freystadiensia, Oder Freystädtische Chronica. Lissa: Presser 1751, hier insbesondere das kirchengeschichtliche Material im zweiten Teil, S. 149–232. Ergiebig auch der von Franz Lüdke und Wilhelm Bickerich gestaltete Gedenkband: Valerius Herberger und seine Zeit. Zur 300. Wiederkehr seines Todestages. Fraustadt 1927 (Quellen und Forschungen zur Heimatkunde des Fraustädter Ländchens 1). Zur Schulgeschichte: Moritz Friebe: Geschichte der ehemaligen Lateinschulen Fraustadts. Progr. Fraustadt 1894.

Reiches Material schließlich auch zu Lissa und Fraustadt bei J.[ohann] F.[ranz] A.[lbert] Gillet: Crato von Crafftheim und seine Freunde. Ein Beitrag zur Kirchengeschichte. Nach handschriftlichen Quellen. Erster [und] Zweyter Teil. Frankfurt am Main: Brönner 1860. Zum Kontext: Theodor Wotschke: Geschichte der Reformation in Polen. Leipzig 1911 (Studien zur Kultur und Geschichte der Reformation 1). Reprint Leipzig 1972; ders.: Die Reformation im Lande Posen. Lissa 1913; ders.: Das Evangelium unter dem Kreuz im Lande Posen. Posen 1917 (Die Reformation im Lande Posen 2); ders.: Der Aufbau der großpolnischen Kirche nach Erlangung der Religionsfreiheit. In: Deutsche Wissenschaftliche Zeitschrift im Wartheland 27 (1933), S. 1–90. Des Weiteren: Arthur Rhode: Geschichte der evangelischen Kirche im Posener Lande. Würzburg 1956 (Marburger Ostforschungen 4).

3 Siegismund Justus Ehrhardts, Pastors der Pfarr = Kirche zu Beschine, der Patriotischen Sozietät in Schlesien ordentlichen, vnd der Lateinischen Gesellschaft zu Jena Ehren = Mitglieds, Kirchen = und Prediger = Geschichte des Fürstenthums Gros = Glogau. Auf Kosten des Verfassers, 1783. Liegniz, gedruckt bey Johann Gottfried Pappäsche. So der Titel des Exemplars, das dem Verfasser dankenswerterweise von Pfarrer Johannes Grünewald als einem der ersten Sachkenner der schlesischen Presbyterologie zur Verfügung gestellt wurde, da ein solches in der SUB Göttingen seinerzeit überraschenderweise nicht verfügbar war. Der den übrigen Bänden des Werkes analoge Titel, wie er in anderweitigen Exemplaren aktenkundig ist, lautet dementsprechend: Siegismund Justus Ehrhardts [...] Presbyterologie des Evangelischen Schlesien, Dritten Theil Erster Haupt = Abschnitt, welcher die Protestantische Kirchen = und Prediger = Geschichte der Stadt und des Fürstenthums Gros = Glogau in sich begreift. Auf Kosten des Verfassers, 1783. Liegniz, gedruckt bey Johann Gottfried Pappäsche. Exemplar z. B. in

böhmischen König und vermittelt über ihn dem habsburgischen Kaiser. Das unterschied sie fundamental vor allem von den piastischen Fürstentümern in Liegnitz und Brieg, zeitweilig auch in Bernstadt und Oels. Hier regierten Fürsten mit vielfach autarken Rechten, die in ganz anderer Weise als in den Erbfürstentümern Ansprüche der katholischen Obrigkeit von ihren Untertanen abwehren konnten. Die Balance blieb auch hier freilich eine prekäre je nach augenblicklicher machtpolitischer Lage, die immer neu auf die Probe gestellt und austariert werden musste. Erst mit dem Aussterben der Piasten entfiel diese Besonderheit. Gryphius erlebte das ebenso dramatische wie folgenreiche Ereignis nicht mehr. Dass ihn eine Ahnung der Gefahren gestreift hatte, bewies er in seinem *Piastus* und seinem Mischspiel *Majuma*.[4]

---

der BU Wrocław (355670/III). Ich zitiere nach dem Exemplar Grünewalds. Zu Ehrhardt selbst vgl. Heinrich Schubert: Sigismund Justus Ehrhardts Leben und Schriften. In: Zeitschrift für Geschichte und Altertumskunde Schlesiens 28 (1894), S. 81–98; 31 (1897), S. 276–284; ADB 5 (1877), S. 713 (Schimmelpfennig). In der NDB ist der Name Ehrhardts nicht mehr präsent. Das Werk hat einen erschreckenden personellen Substanzverlust erlitten. Vgl. auch die folgenden Einträge mit Schriftenverzeichnis: Karl Konrad Streit: Alphabetisches Verzeichnis aller im Jahr 1774 in Schlesien lebender Schriftsteller. Breslau: Korn 1776, S. 33–35; Nekrolog für Freunde deutscher Literatur. 3. Stück 1793 (1797), S. 70–74; Johann Georg Meusel: Lexikon der vom Jahr 1750 bis 1800 verstorbenen teutschen Schriftsteller 3 (1804), S. 49–52; Clemens Alois Baader: Lexikon verstorbener Baierischer Schriftsteller des achtzehenten und neunzehenten Jahrhunderts I/1 (1824), S. 130–132; Heinrich Döring: Die gelehrten Theologen Deutschlands im achtzehnten und neunzehnten Jahrhundert 1 (1831), S. 354–355. Zu Ehrhardt vgl. schließlich auch das schöne Porträt, das Thomas in seiner unter Anm. 6 aufgeführten Literaturkunde Schlesiens dem großen Presbyterologen gewidmet hat (S. 332).
4 Vgl. Joachim Bahlcke: Die Geschichte der schlesischen Territorien von den Anfängen bis zum Ausbruch des Zweiten Weltkrieges. In: Schlesien und die Schlesier. Hg. von Joachim Bahlcke. München 2000 (Vertreibungsgebiete und vertriebene Deutsche 7), S. 14–154. Die Grundlagen für die territoriale Besonderheit Schlesiens wurden im Mittelalter gelegt. Dazu der glänzende Artikel von Peter Moraw: Das Mittelalter (bis 1469). In: Deutsche Geschichte im Osten Europas. Schlesien. Hg. von Norbert Conrads. Berlin 2002, S. 37–176. Der gleich wichtige Anschluss-Artikel ‚Schlesiens frühe Neuzeit (1469–1740)' (S. 177–344) stammt von dem Herausgeber Norbert Conrads. Es darf an dieser Stelle mit diesen Hinweisen sein Bewenden haben. Zur Historiographie wiederum mit reicher Literatur: Joachim Bahlcke (Hg.): Historische Schlesienforschung. Methoden, Themen und Perspektiven zwischen traditioneller Landesgeschichtsschreibung und moderner Kulturwissenschaft. Köln u. a. 2005 (Neue Forschungen zur Schlesischen Geschichte 11). Speziell zu Liegnitz und Brieg gleichfalls mit reicher historischer Literatur jetzt Klaus Garber: Das alte Liegnitz und Brieg. Humanistisches Leben im Umkreis der Piastenhöfe. Köln u. a. 2020. Für Oels ist immer wieder zu verweisen auf die großartige Dokumentation von Johann Sinapius: Olsnographia, Oder Eigentliche Beschreibung Des Oelßnischen Fürstenthums Jn Nieder = Schlesien/ welche in zwey Haupt = Theilen/ so wohl insgemein Dessen Nahmen/ Situation, Regenten/ Religions = Zustand/ Regiments = Wesen und andere notable Sachen/ Als auch insonderheit Die Städte und die Weichbilder des

Auf die Jahre 1616 bis 1628 und 1650 bis 1664 ist die Anwesenheit von Gryphius in Glogau zu datieren, kleinere Unterbrechungen und mögliche zwischenzeitliche Besuche nicht eingerechnet. Zunächst also zur temporalen Philosophie, wie sie für die Zeit um 1600 mit jeder in das Blickfeld tretenden Persönlichkeit wiederum neu und ohne Scheu vor Redundanzen anzustellen ist. Gryphius ist knapp zwanzig Jahre jünger als Opitz. Fast wäre man versucht, diesen Hiat von einer Generation mit epochalen Epitheta zu versehen, Späthumanismus dort, Barock hier. Aber das ist selbstverständlich ebenso unzulässig wie töricht. Stattdessen ist nüchtern und doch mit aller gebotenen geschichtsphilosophischen Stringenz auf die einschlägigen Daten zu rekurrieren und aus ihnen die epochale Metaphysik herauszuspinnen. Opitz steht am Beginn des dritten Lebensjahrzehnts, als der gravierendste, von langer Hand vorbereitete politische Schachzug erfolgt, auf den hin recht verstanden der Beginn des Dreißigjährigen Krieges in einem inneren Sinn zu datieren ist, zu dem der Prager Fenstersturz allenfalls eine symbolkräftige Ouvertüre bildet. Gryphius ist zu diesem Zeitpunkt auf der Welt, aber eben ein Kind. Was besagt diese generationsspezifische Scheide, wie sie für eine Reihe verwandter Geister gleichfalls in Anschlag zu bringen ist?[5]

Oelßnischen Fürstenthums mit Jhren Denckwürdigkeiten vorstellet/ Ausgefertigt von Johanne Sinapio, Rectore der Fürstl. Schule und Bibliothecario zur Oelße. Leipzig, Frankfurt am Main: Brandenburger (Witwe) 1707; ders.: Olsnographiae, Oder: Beschreibung des Oelßnischen Fürstenthums in Nieder = Schlesien/ Andrer Theil/ Ausgefertigt von Joh. Sinapio, R. u. B. O.- Leipzig: Brandenburger (Witwe) 1706. Im Übrigen bleibt es nach wie vor erhellend, die großen Werke der älteren historischen Schule zu konsultieren. Vgl. Felix Rachfahl: Die Organisation der Gesamtstaatsverwaltung Schlesiens vor dem dreißigjährigen Kriege. Leipzig 1894 (Staats- und sozialwissenschaftliche Forschungen 13/1), fortgeführt durch Hans Hübner: Die Gesamtstaatsverfassung Schlesiens in der Zeit des 30jährigen Krieges. Diss. phil. Frankfurt am Main 1922 (masch.). Extrakt unter dem Titel: Die Verfassung und Verwaltung des Gesamtstaats Schlesien in der Zeit des Dreißigjährigen Krieges. In: Zeitschrift für Geschichte Schlesiens 59 (1925), S. 74–89.
5 Vgl. das Kapitel ‚Vom Prager Generallandtag bis zur Schlacht am Weißen Berge' bei Christine Eickels: Schlesien im böhmischen Ständestaat. Voraussetzungen und Verlauf der böhmischen Revolution von 1618 in Schlesien. Köln u. a. 1994 (Neue Forschungen zur Schlesischen Geschichte 2), S. 315–400. Nunmehr die einschlägigen Beiträge in: Peter Wolf u. a. (Hg.): Der Winterkönig. Friedrich V. Der letzte Kurfürst aus der Oberen Pfalz. Amberg – Heidelberg – Prag – den Haag. Katalog der Bayerischen Landesausstellung in Amberg 2003. Augsburg 2003 (Veröffentlichungen zur Bayerischen Geschichte und Kultur 46/3). Hier eine gediegene Literaturauswahl S. 371ff. Auch unter dem Titel: dies. (Hg.): Der Winterkönig. Friedrich von der Pfalz, Bayern und Europa im Zeitalter des Dreißigjährigen Krieges. Stuttgart 2003. Dazu begleitend: Annette Frese u. a.(Hg.): Der Winterkönig. Heidelberg zwischen höfischer Pracht und Dreißigjährigem Krieg. Remshalden 2004. Zuletzt die wiederum einschlägigen Beiträge in:

Opitz und seine etwa gleichaltrigen Weggefährten haben aktiven Anteil an der Formierung der politischen Lager, wie sie mit den nomenklatorischen Kürzeln ‚Liga' dort und ‚Union' hier nur eben und durchaus provisorisch indiziert ist. Schon im nächsten Schritt, wie er im gleichen Atemzug zu erfolgen hat, ist zu spezifizieren, und zwar in dem Sinn, dass die konzeptionelle wie die de facto organisatorische Vorreiterrolle aufseiten der sog. ‚Union' bei den Reformierten lag. Nur sie verfügten über das strategische Potential und nur sie waren weit über den deutschen Sprachraum hinaus international vernetzt. Das Luthertum ist gerade in dieser Hinsicht inzwischen in das zweite Glied getreten. Es bahnt sich eine Auseinandersetzung zwischen international agierendem Katholizismus und international agierendem Reformiertentum an und genügend einschlägige Zeugnisse auch aus den poetisch votierenden Kreisen der Späthumanisten sind verfügbar, die um eben diese Frontlinie als um die einschlägige wissen. Das Luthertum ist, will man es denn sehr drastisch artikulieren, marginalisiert und politisch depotenziert; in der Rolle, die Sachsen als lutherische Führungsmacht in den kommenden Dezennien spielen wird, tritt dies – mit allen verhängnisvollen Konsequenzen für die ‚Union' – augenfällig in Erscheinung.[6]

Opitz und die Seinen, wenn abgekürzt weiterhin so gesprochen werden darf, haben Anteil und wirken mit an der Errichtung eines konfessionspolitischen Riegels gegenüber dem aufbrandenden gegenreformatorischen Katholizismus und begleiten die entsprechenden politischen Maßnahmen mit einer lebhaften Publizistik. Sie erfolgt am massivsten gleichermaßen aus Böhmen und den böhmischen Nebenländern im Osten wie aus den reformierten Hochburgen

---

Wilhelm Kreuz u. a. (Hg.): Die Wittelsbacher und die Kurpfalz in der Neuzeit. Zwischen Reformation und Revolution. Regensburg 2013.

6 Grundlegend: Irene Dingel: Concordia controversa. Die öffentlichen Diskussionen um das lutherische Konkordienwerk am Ende des 16. Jahrhunderts. Heidelberg 1996 (Quellen und Forschungen zur Reformationsgeschichte 63). Des Weiteren: Thomas Kaufmann: Konfession und Kultur. Lutherischer Protestantismus in der zweiten Hälfte des Reformationsjahrhunderts. Tübingen 2006 (Spätmittelalter und Reformation. Neue Reihe 29). Vgl. von Kaufmann auch: Geschichte der Reformation. Frankfurt am Main, Leipzig 2009. Speziell im Hinblick auf Schlesien die Dokumentation der ‚theologischen Streitschriften' in dem äußerst gehaltreichen (und zu selten konsultierten) Werk von Johann George Thomas: Handbuch der Literaturgeschichte von Schlesien. Eine gekrönte Preisschrift. Hirschberg 1824, S. 83–87. Das Exemplar dieses grundlegenden Werkes aus der Bibliothek der Schlesischen Gesellschaft für Vaterländische Cultur, eingegangen in die Königliche und nachmalige Staats- und Universitätsbibliothek Breslau (Cod Ms. Schles. Gesch. I Qu 4) und heute verwahrt im Schlesisch-Lausitzischen Kabinett der BU Wrocław (Akc. 1949 KN 847) enthält auch für diesen Passus zahlreiche handschriftliche Zusätze. Eine Neuedition unter Einarbeitung der Zusätze bleibt ein Desiderat.

in Mitteldeutschland und im Westen, also Anhalt hier, der Pfalz und dem Oberrhein dort. Und das im Kontext des europäischen Generalstabs, wie Alexander van Schelven ihn tituliert hat und wie er in den Niederlanden und Frankreich, am Rande in England im Westen sowie in Ungarn, Großpolen und eben in Böhmen und den böhmischen Nebenländern seine schlagkräftigsten Bastionen besitzt. In diesem Kräftefeld seinen Platz einzunehmen heißt, von Impulsen durchströmt zu werden, die zu weitreichendsten Plänen, Projekten, Visionen ermuntern und in der Literatur tiefe Spuren hinterlassen haben. Die Geschichte der Literatur des europäischen Späthumanismus unter dieser Leitidee bleibt zu schreiben und die Schlesier haben an ihr einen bedeutenden Anteil.[7]

Die Zäsur bildet die verlorene Schlacht am Weißen Berge bei Prag im November des Jahres 1620. Sie zeitigt die herbsten Konsequenzen in dem Herzland des Aufstandes selbst, eben in Böhmen, sodann in verschiedenen Graden und Abstufungen in den böhmischen Nebenländern, massiv des Weiteren in der Pfalz selbst, von der der Vorstoß den Ausgang nahm, schließlich aber auch in wiederum verschiedener Dimensionierung im internationalen Reformiertentum. Nach 1620 ist nicht nur im Osten und Westen des alten deutschen Sprachraums alles anders als zuvor, auch die reformierten Anrainer, wenn wiederum so gesprochen werden darf, sind mit dem Verlust der Bündnispartner in Ost und West geschwächt und zu Umdispositionen und Neuorientierungen gezwungen. Auch dies ein Thema, das man gerne in vergleichender Optik auch aus literarhistorischer Perspektive einmal vergegenwärtigt sehen würde. Wir

---

[7] Es sei verwiesen auf die europäisch angelegten Sammelbände, in denen freilich fast durchweg immer noch erkleckliche Lücken klaffen. Vgl. Menna Prestwich (Hg.): International Calvinism. 1541–1715. Oxford 1985; Andrew Pettegree u. a. (Hg.): Calvinism in Europe. 1540–1620. Cambridge 1994; Ábrahám Kovács u. a. (Hg.): Calvinism on the Peripheries. Religion and Civil Society in Europe. Budapest 2009; Gijsbert van den Brink, Harro M. Höpfl (Hg.): Calvinism and the Making of the European Mind. Boston, Leiden 2014 (Studies in Reformed Theology 27). Vgl. auch: Robert M. Kingdon: International Calvinism. In: Handbook of European History 1400–1600. Late Middle Ages, Renaissance and Reformation. Vol. II: Visions, Programs and Outcomes. Hg. von Thomas A. Brady Jr. u. a. Leiden u. a. 1995, S. 229–247. Hinzuzunehmen der gehaltreiche Ausstellungskatalog: Ansgar Reiss, Sabine Witt (Hg.): Calvinismus. Die Reformierten in Deutschland und Europa. Eine Ausstellung des Deutschen Historischen Museums Berlin und der Johannes-a-Lasco-Bibliothek Emden. Dresden 2009. Schließlich mit Schwerpunkt auf Deutschland der seinerzeit erstmals großangelegte Versuch einer Synopsis, in der auch der Literatur Anteil eingeräumt wurde: Heinz Schilling (Hg.): Die reformierte Konfessionalisierung in Deutschland. Das Problem der ‚Zweiten Reformation'. Gütersloh 1986 (Schriften des Vereins für Reformationsgeschichte 195). Hierin Klaus Garber: Zentraleuropäischer Calvinismus und deutsche ‚Barock'-Literatur. Zu den konfessionspolitischen Ursprüngen der deutschen Nationalliteratur, S. 307–348. Eingegangen in ders.: Literatur und Kultur im Deutschland der Frühen Neuzeit. Gesammelte Studien. Paderborn 2017, S. 919–954.

aber haben diese kleine polito-mentale Revue ja nur angestellt, um zu einem Repräsentanten der nachfolgenden Generation in Gestalt von Andreas Gryphius den Zugang zu bahnen.[8]

Für einen jeden unter den in Wort und Schrift sich Artikulierenden lohnt sich die Frage, welche Spuren die Zeit des angedeuteten Aufbruchs um 1600 in seinem öffentlichen Agieren hinterlassen hat. Es ist eine solche, die allemal tief hineinführt in das Werk. Für eine Gestalt wie Opitz mehren sich die Beiträge, die der Bedeutung des böhmisch-pfälzischen Coups nachgehen und dessen konstitutive Rolle für einzelne Werke und Werkgruppen aufzudecken suchen.[9]

---

8 Die Bedeutung dieses Ereignisses hervorragend herausgearbeitet bei Hans Sturmberger: Aufstand in Böhmen. Der Beginn des Dreißigjährigen Krieges. München, Wien 1959 (Janus-Bücher 13). Zu den literatur- und kulturhistorischen Konsequenzen dieses Schlüsseldatums der deutschen Geschichte vgl. Klaus Garber: Der deutsche Sonderweg – Gedanken zu einer calvinistischen Alternative um 1600. In: Kulturnation statt politischer Nation? Akten des VII. Internationalen Germanisten-Kongresses Göttingen 1985. Band IX. Hg. von Gerhard Schulz u. a. Tübingen 1986, S. 165–172. Eingegangen in ders.: Literatur und Kultur im Deutschland der Frühen Neuzeit (Anm. 7), S. 909–917. Vgl. in diesem Zusammenhang gleichfalls Klaus Garber: Der junge Martin Opitz. Umrisse einer kulturpolitischen Biographie. In: Wege in die Moderne. Historiographische, literarische und philosophische Studien aus dem Umkreis der alteuropäischen Arkadien-Utopie. Hg. von dems., Stefan Anders und Axel E. Walter. Berlin, Boston 2012, S. 77–145. Hier vor allem die Kapitel: Der Aufbruch des Pfälzer Kurfürsten nach Prag in konfessionspolitischer Perspektive: Luthertum und Calvinismus – Dialektik der Pfälzer Böhmen-Politik – Die verlorene Schlacht am Weißen Berg als historische Wende von europäischer Dimension – Politische Publizistik im Umkreis des ‚Winterkönigs' – Das Zincgrefsche ‚Epos' auf den Pfälzer Kurfürsten – Zincgrefs *Quodlibetischer Weltkefig* – Opitzens *Oratio ad Fridericum Regem Bohemiae*, S. 127 ff. mit der gesamten einschlägigen älteren Literatur. Die entsprechenden Abschnitte mit aktueller Literatur sind eingegangen in das in der folgenden Anmerkung zitierte Werk des Verfassers.
9 Die Literatur zusammengeführt bei Klaus Garber: Der Reformator und Aufklärer Martin Opitz. Ein Humanist im Zeitalter der Krisis. Berlin, Boston 2018. Zum Kontext ders.: Der Ursprung der deutschen Nationalliteratur zu Beginn des Dreißigjährigen Krieges. In: 1648. Krieg und Frieden in Europa. Band I: Ausstellungskatalog. Band II: Textband I: Politik, Religion, Recht und Gesellschaft. Textband II: Kunst und Kultur. Hg. von Klaus Bußmann und Heinz Schilling. [o. O.] 1998, Textband II, S. 311–318; ders.: Späthumanistische Verheißungen im Spannungsfeld von Latinität und nationalem Aufbruch. In: Germania latina – Latinitas teutonica. Politik, Wissenschaft, humanistische Kultur vom späteren Mittelalter bis in unsere Zeit. Hg. von Eckard Keßler und Heinrich C. Kuhn. Band I–II. München 2003 (Humanistische Bibliothek, Reihe I: Abhandlungen 54), S. 107–142; ders.: Zur Archäologie nationalliterarischer Diskurse in der Frühen Neuzeit. In: Neulateinisches Jahrbuch 6 (2004), S. 51–67; ders.: Erwägungen zur Kontextualisierung des nationalliterarischen Projekts in Deutschland um 1600. In: Der Genfer Psalter und seine Rezeption in Deutschland, der Schweiz und den Niederlanden. Hg. von Eckard Grunewald u. a. Tübingen 2004 (Frühe Neuzeit 97), S. 185–194; ders.: Faktoren der klassizistischen Dichtungsreform im Deutschland um 1600. Eine Einleitung zur

Für einen Nachgeborenen wie Gryphius ist ein derartiger Zugang unvergleichlich viel schwieriger zu bahnen. Genug, wenn er als legitimer anerkannt und versuchsweise erprobt wird. An dieser Stelle ist nicht mehr angängig als die Feststellung zu treffen, dass sich die Formation des Werkes auch eines Andreas Gryphius unter *toto coelo* veränderten geschichtlichen Voraussetzungen vollzieht, die von vornherein einen anders gearteten poetischen Duktus zeitigen müssen. Eine offensive poetisch-rhetorisch-publizistische Verlautbarung in der agitatorischen Façon, wie sie der Opitz-Generation selbstverständlich war, ist nicht mehr zu gewärtigen. Eine tonale, eine mentale Umrüstung, so die vorgängige Vermutung, dürfte statthaben, welche eben nicht zuletzt jenem epochalen Umschwung geschuldet wäre, wie wir ihn in wenigen Sätzen andeuteten.

Wir verzichten bewusst auf eine generelle Skizze der Situation nach 1620 und vertrauen uns dem lokalspezifischen Detail an, blicken also herüber auf die Stadt und das Fürstentum Glogau, die Räume des Wirkens von Gryphius, just so, wie seine ersten Biographen es auch gerne hielten. Und da will es gleich zu Beginn etwas besagen, dass die Stadt Glogau eine der letzten in Niederschlesien war, in der sich der Übergang zum evangelischen Glauben vollzog. Domstift und Klöster profitierten davon, dass Ludwig II. bis 1526 und sodann Kaiser Ferdinand I. bis 1564 die Oberherrschaft über Stadt und Land behaupteten. Übergänge zum Luthertum sind vereinzelt zumal in der Oberschicht seit 1530 bezeugt, doch sie vollzogen sich notgedrungen im Verborgenen. Hilfe wurde den Kryptolutheranern, um auch diesen Begriff einmal zu riskieren, aus der Nachbarschaft zuteil, durch Karl I. von Münsterberg-Oels und insbesondere durch Friedrich II. von Liegnitz und Brieg, gar nicht zu reden von der Kommunikation über Lutherdrucke und Predigten aus den fortgeschritteneren Ortschaften wie Breslau oder Freystadt. Der Kaiserliche Hof reagierte frühzeitig und entschlossen. Die Glogauer Statthalterschaft wurde den Piasten entzogen und einem Katholiken die Hauptmannschaft schon in den vierziger Jahren übertragen. Erst 1581 erhielten die Evangelischen die Nikolaikirche vor Ort zu ihrem Gebrauch. Die Verhältnisse wichen also entschiedenen von denen in Breslau und in den Piastenherzogtümern,

---

Geschichte der deutschen Schäfer- und Landlebendichtung des 17. Jahrhunderts. In: Realität als Herausforderung. Literatur in ihren konkreten historischen Kontexten. Festschrift für Wilhelm Kühlmann zum 65. Geburtstag. Hg. von Ralf Bogner u. a. Berlin, Boston 2011, S. 181–198; ders.: Schlesisch-pfälzischer Brückenschlag um 1600 im Zeichen von Späthumanismus und Konfessionalismus. In: Schlesien und der deutsche Südwesten um 1600. Späthumanismus – reformierte Konfessionalisierung – politische Formierung. Hg. von Joachim Bahlcke und Albrecht Ernst. Heidelberg u. a. 2012 (Pforzheimer Gespräche zur Sozial-, Wirtschafts- und Stadtgeschichte 5), S. 13–39.

auch aber in Münsterberg-Oels ab – mit gehörigen Konsequenzen für die Physiognomie der Glaubensgestalt selbst.[10]

Anders sah es auf dem Land aus, wo der zum evangelischen Glauben übergegangene Adel seine Patronatsrechte auch in Religionsdingen wahrnahm, ausdrücklich berechtigt dazu seit der Passauer Übereinkunft aus dem Jahr 1552. Der

---

[10] Ich beziehe mich im Folgenden auf die detaillierteste Darstellung, welche zur Religionsgeschichte Glogaus und speziell zur Geschichte der evangelischen Kirche in Stadt und Fürstentum vorliegt, diejenige von Siegismund Justus Ehrhardt, welche in Anm. 3 zitiert wurde. Ehrhardt hat eine Fülle einschlägiger Manuskripte benutzen können, die ihm vielfach über Amtsbrüder zukamen. In einem einleitenden ‚Historischen Vorbericht' hat er darüber im Einzelnen Auskunft gegeben. Es würde sich gewiss lohnen, dem Verbleib dieser Manuskripte nachzugehen. Auch die Gryphius-Forschung dürfte davon profitieren. Zu einem Exempel vgl. unten Anm. 33.

Sodann ist das Werk Lucaes aus dem Jahr 1689 heranzuziehen (vgl. oben Anm. 1). Lucae behandelt die Geschichte der römisch-katholischen Kirche und die der Reformation parallel und kann so den wechselseitigen Prozessen nachgehen, während er der Geschichte der Reformierten auf schlesischem Boden ein eigenes großes Kapitel vorbehalten hat, welches das instruktivste geblieben ist, das wir bis dato besitzen. Das erstere ist betitelt ‚Von dem Wachsthum der Römisch =Catholischen Kirchen/ wie auch von dem Anfang und Fortgang der Lutherischen Religion/ unter dem Bischoff Jacobo biß auff [...] Herren Frantz Ludwig/ Pfaltz-Graffem bey Rhein/ Bischoffen.' Es steht auf den Seiten 291–486. Zu den Ereignissen in Glogau vgl. vor allem S. 409 ff. sowie S. 454 ff. Das Kapitel zu den Reformierten schließt sich an: ‚Von dem Auffwuchs und Abnehmen der reformirten Religion im Hertzogthum Ober = und Nieder = Schlesien', S. 486–545. Es findet hier auch Erwähnung, weil es zahlreiche Beispiele für den erschreckenden Umgang der Anhänger der beiden jungen Bekenntnisse miteinander dokumentiert. Vgl. dazu oben Anm. 6.

Speziell für Glogau liegt des Weiteren eine sehr konzise Darstellung vor in: C.[hristian] D.[avid] Klopsch: Geschichte der evangelischen Gemeine augsburgischen Bekenntnisses zu Groß = Glogau. Progr. Glogau 1817. Exemplar im Schlesisch-Lausitzischen Kabinett der BU Wrocław (28239 III). Vgl. auch: Geschichte der Evangelisch-Lutherischen Kirche zu Groß-Glogau. Hg. von dem Kirchen-Collegio am Schifflein Christi. Progr. Glogau 1852. Des weiteren [Johannes] Soffner: Die Kircheneinziehung im Fürstenthum Glogau in den Jahren 1653/54. In: Schlesisches Pastoralblatt 12 (1891), S. 10–140 (in 16, hier nicht im Einzelnen zu spezifizierenden kleinen Abschnitten), sowie Ulrich Hutter-Wolandt: Aus der Geschichte der evangelischen Gemeinde in Glogau. In: Bein, Schellakowsky und Schmilewski (Anm. 1), S. 342–357. Urkundliche Dokumente auch in: Andreas Gottlob Beling: Historische Nachricht Von Den Evangelisch Lutherischen Lehrern, Welche der Gemeine zu Großglogau Sowohl in als ausser der Stadt von A. C. 1564 bis 1751 Die Wahrheiten des Reichs Gottes verkündet haben. Bey dem Hundertjährigen Andenken der durch die Güte des HErrn 1651 errichteten Hütte GOttes Vor Großglogau. Glogau: Schweickhardt 1751. Exemplar aus dem Steinwehrschen Legat der Universitätsbibliothek Breslau heute in der BU Wrocław (445830). Reiches – und vielfach erschütterndes – Material auch in: Loci Communes Schlesischer Gravaminum Drauß zuersehen Ob die vereinigten Evangel: Fürsten vnd Stände in Schlesien neben der Stad Breßlaw vnrecht gethan/ vnd vrsache gehabt/ die angebotene hülffe Königl: Mayt: vnd der Cron Schweden/ vnnd der beyden Churfl: Durchl: zu Sachsen vnnd Brandenburg zu acceptiren/ vnd sich vnter gewisse maß mit den

illustre Name Joachim vom Berge auf Herrendorf mag dafür stellvertretend einstehen. Hier geht es um die Lebenszeit von Gryphius und also vor allem um den Umschwung, wie er für weite Teile Schlesiens die Jahre 1628 und folgende bezeichnet. Der Majestätsbrief Rudolfs II. aus dem Jahr 1609 schien den religiösen Parteiungen – die Reformierten freilich immer ausgenommen – die ungestörte Ausübung ihres Glaubens zu gewährleisten. „Die Evangel. Kirchen u. deren Patronen" – so unser Gewährsmann –

> hielten sich auch dadurch aufs höchste versichert, und, wer hätte es denken sollen, daß jemals, wider den klaren Buchstaben dieser Religions=Assecuranz, Eingriffe in die

---

Evangl: allyrten Reichs = Ständen zu Conjungiren. Zusammen getragen durch Christianum Trewlich/ vnd außgedruckt in Breßlaw Anno 1634. Exemplare z. B. in der SUB Göttingen (8° H SIL 3159 (2), sowie – aus der Heidelberger Palatina! – in der BSB München (4° Ded. 245). Ehrhardt hat seine im folgenden zitierten Schilderungen über die Ereignisse in Glogau und Umgebung aus eben dieser Quelle entnehmen können, die ausdrücklich von dem gewissenhaften Historiker namhaft gemacht wird. Vgl. zu Glogau in den *Gravamina* vor allem die Passagen Bl. G1ff. Der Kommentar von Thomas (Anm. 6), S. 76: „Handelt von den Religionsverfolgungen, welche die Evangelischen in den Fstth. Glogau, Jauer und Schweidnitz zu erdulden hatten. Man hält den Juristen Christian Lauterbach für den Verfasser dieses Buches, andre meinen, es sey Caspar Titschard, Prediger an der Mar. Magdal. Kirche in Breslau. Die 2te seltene Ausgabe erschien zu Basel in 12mo ohne Jahreszahl." Es ist auch an dieser Stelle ersichtlich, wie wichtig die Schaffung einer gediegenen historischen Quellenkunde – einschl. Manuskripte! – für Schlesien wäre.

Verwiesen sei sodann auf Werner Eberlein: Die Friedenskirche zu Glogau. Das Schifflein Christi. Ulm-Donau 1966. Zur Präsenz der Jesuiten in Glogau vgl. Hermann Hoffmann: Die Jesuiten in Glogau. Breslau 1926. Hier das Kapitel ‚Die österreichische Zeit. 1625–1740', S. 13–23. Von Hoffmann stammt auch eine interessante Abhandlung: Fürst Carolath contra Glogauer Jesuiten. In: Archiv für Schlesische Kirchengeschichte 1 (1938), S. 167–201. Zur Geschichte der Reformierten in Glogau vgl. die Darstellung von dem Glogauer Oberhofprediger Johann Michael Döbell: Des Evangel. Reformirten Kirchen = Wesens in Groß = Glogau Erster Anfang und Fortgang nebst einigen feierlichen Reden bei Einweihung der neuen Königl. Hof = Kirche daselbst den 11 Julii gehalten. Glogau: Schweickhardt 1751. Exemplar in der BU Wrocław (445832). Aus der neueren Literatur: Ulrich Hutter-Wolandt: Geschichte der reformierten Gemeinde zu Wohlau (1742–1945). Darstellung und Quellen. In: Die evangelische Kirche Schlesiens im Wandel der Zeiten. Studien und Quellen zur Geschichte einer Territorialkirche. Hg. von dems. Dortmund 1991 (Veröffentlichungen der Forschungsstelle Ostmitteleuropa 43), S. 86–126. Auch in die Schulgeschichte spielen die konfessionellen Querelen hinein. Vgl. Michael Morgenbesser: Geschichte der evangelisch = lutherischen Schule zu Groß = Glogau. Glogau 1809. Die Arbeit wurde unter dem Rektorat von Christian Friedrich Paritius verfasst. Ein Exemplar im Schlesisch-Lausitzischen Kabinett der BU Wrocław (40511/I). Ergänzend hinzuzunehmen: [Hermann] Söhnel: Zur Kirchengeschichte des Fürstentums Glogau. In: Correspondenzblatt des Vereins für Geschichte der evangel. Kirche Schlesiens 13 (1912), S. 129–146; 14 (1915), S. 409–427; 15 (1916), S. 59–86. Hier vor allem auch die abschließenden Bemerkungen Folge III, § 11, S. 92–96: Die Glogauer evang. Schule unter schwedischem Schutze bis zur Aufhebung 1651.

Religions=Freyheiten der Protestanten, oder, noch weniger offenbare Gewaltthätigkeiten und Verfolgungen der Evangel. Bekenner, in diesem grosen Fürstenthume sich äußern durften? Dennoch brachen dergleichen auch hier, seit 1628 u. f. gewaltsam aus. Es ist Schuldigkeit, daß man die Nachrichten, welche man davon noch izt in Händen hat, der Nachwelt, zum Gedächtnis jener schauervollen Epoche, aus der Zerstreuung, überliefre.[11]

Und eben dies ist in kaum noch vertretbarer Abbreviatur auch unsere Aufgabe, wenn es denn um den Lebens- und Glaubensraum des Gryphius als Mikrokosmos geschichtlicher Erfahrung und ästhetischer Transformation gehen soll. 1629 lag das berüchtigte Restitutions-Edikt Ferdinands II. vor,

durch welches alle Besitzungen aller Protestanten aller Orten an die Katholischen auf einmal zurückgegeben und die Evangel. Religions=Uebung überall den lezten Stoß erhalten solte. Dies war das eigentliche Signal zu den grosen u: Landverderblichen Unruhen, die in der algemeinen u. besondern Kirchen=Geschichte würkliche Epochen machten, u. im ganzen 30jährigen Kriege, nach dem verschiednen Kriegs=Glück der zwey grosen Kriegs=Partheyen, abwechselnd fortgesetzt wurden.[12]

Es ist, um es zu wiederholen, nur noch die Epoche in der Endphase des Lebens von Opitz und seiner Weggefährten, hingegen jedoch – von wenigen Zäsuren beispielsweise in Gestalt der Altranstädter Konvention abgesehen – für die Generation von Gryphius, seiner Weggefährten und ihrer Nachfolger die allgegenwärtige und schicksalshaft über das Dasein sich legende konfessionspolitische Verfasstheit des Landes bis hin zum Übergang Schlesiens an Preußen im neuen Jahrhundert.

Im Jahr 1619 lebten in Glogau, um darauf den Fokus zu richten, 967 evangelische Bürger und 140 katholische. Der Besitz von Kirchen stand im umgekehrten Verhältnis dazu, die Katholiken besaßen sieben, die Evangelischen eine, eben die Nikolaikirche. Im Stichjahr 1628 ging auch sie verloren. Es will etwas

---

[11] Ehrhardt: Presbyterologie III/1 (Anm. 3), S. 18. Zu dem angesprochenen Majestätsbrief vgl. Anton Gindely: Geschichte der Ertheilung des böhmischen Majestätsbriefes von 1609. Prag: Tempsky 1858. Immer noch höchst lesenswert auch das monumentale Zeitgemälde von dems.: Rudolf II. und seine Zeit. 1600–1612. Band I–II. Prag: Bellmann 1863–1865. Hinzuzunehmen die klassische Abhandlung von Colmar Grünhagen: Schlesien unter Rudolf II. und der Majestätsbrief 1574 bis 1609. In: Zeitschrift für Geschichte und Alterthum Schlesiens 20 (1886), S. 54–96.
[12] Ebd. Zum Restitutionsedikt Ferdinands II. vgl. neben der in Anm. 1 sowie in Anm. 14 und 15 zitierten Literatur auch den wichtigen Beitrag von Martin Heckel: Das Restitutionsedikt Kaiser Ferdinands II. vom 6. März 1629. Eine verlorene Alternative der Reichskirchenverfassung. In: Wirkungen europäischer Rechtskultur. Festschrift Karl Kroeschell zum 70. Geburtstag. Hg. von Gerhard Köbler und Hermann Nehlsen. München 1997, S. 351–376. Zum Kontext die gleichfalls wichtige Abhandlung von Hermann Palm: Der Vorstoß Ferdinands II. gegen die Piastenherzöge 1629. In: Zeitschrift für Geschichte Schlesiens 48 (1914), S. 89–112.

besagen, dass nicht nur Georg Rudolf von Liegnitz einer Kommission fernblieb, in der die Angelegenheit vorbereitet werden sollte, sondern auch Opitzens derzeitiger Dienstherr Karl Hannibal von Dohna, der dann freilich alsbald umschwenkte. Der Hauptmann Graf von Oppersdorf peitschte die Sache durch und das mit Hilfe der berühmt-berüchtigten Lichtensteiner Dragoner, die sog. Seligmacher. Dank unseres Chronisten ist ein zeitgenössischer handschriftlicher Bericht überliefert. Da wird eine andere Sprache laut als in den Geschichtsbüchern. Politische und kirchliche Macht bedienen sich einer halbkriminellen Soldateska, die gnadenlos zuschlägt. Was da in Glogau in der Nacht des 26. Oktober 1628 abläuft, erinnert erschreckend an Parallel-Aktionen in der Mitte des 20. Jahrhunderts. Der junge Gryphius hat sie miterlebt.

> Dies war die Nacht, in welcher Christus und seine Gliedmassen solten verrathen und verkauft werden, deshalben viele [...] sehr geschäftig und unruhig waren [...]. Der Abrede nun gemäß, wurden die Soldaten des Lichtensteinschen Regiments durchs Schlos, durch etliche Verräther, in Glogau von hinten zu in der Nacht eingelassen, da sich die armen Leute im Schlaf ganz und gar nichts befahreten. Jn der Stadt aber wars, durch andre Verräther, schon also angestellt, daß niemand anders dieselbe Nacht als Päbstische die Wache hielten, also die Soldaten, unvermerkt der Evangelischen, nicht allein in die Stadt=Mauern, sondern auch auf alle 4 Gassen u. Ecken in der Stille geführt u. eingetheilt, auch genau auf alle Häuser Achtung gegeben ward, daß kein Burger zum andern kommen, oder Nachricht erhalten könne, woher das Volk eingelassen oder was es bedeuten würde? Was dieses (Procedere) Verfahren vor Schrecken, Furcht u. Angst verursachet, gebe ich Jedweden zu consideriren. Als es nun begunte Tag zu werden, konnte Jedweder bald merken, wohin es angesehen? Denn man fragte nicht nach der streitigen Kirche oder Steinhauffen, sondern nach den Evangel. Bürgern, wo dieselben wohnten etc. Auf diese wurden die Quartiere gegeben: diese solten den Soldaten, nach seinem Willen u. Belieben, traktiren, u. mit Geld, Wein, Konfekt u. dem besten Traktement contentiren; die Papisten u. Mamelucken u. Apostaten, die sich bey Zeiten akommodirt hatten, blieben von Soldaten unbelegt, frey u. verschont. Es wusten es auch die Soldaten gar wohl (weil sie vorhin allezeit zur Deformation gebraucht worden, u. solch Handwerk aus dermassen wohl verstanden,) wozu es angesehen, u. was hiedurch gesucht wurde: derentwegen sie nicht allein mit grossem Ungestüme, Fluchen u Schelten, als leibhafte Teufel, in die Häuser einfielen, mit Schnarchen u. Schlagen den Wirth übel traktirten, und so viel Geld, als keinem möglich zu geben, forderten, sondern zugleich die alternativam dabey setzten: Wolle er Quartier frey seyn, und nicht so übel geplaget u. gehalten werden, so solle er beichten oder nur Beicht=Zettel holen, und sich Katholisch erklären, sonst wäre ihm nicht zu helffen. Dannenhero ihrer viele aus Furcht, Angst und Schrecken, viele aus Unverstand u. Unwissenheit, viele aber auch aus Leichtsinnigkeit hinlieffen, sich beym Hr.v.Dohna = = (als General-Seligmacher = =) angaben, der ihnen denn alsobald einen Beichtzettel unterschrieben ertheilte, welcher, wenn er vorgezeigt ward, räumte der Soldat das Haus u. logirte sich bey einem andern, der noch keinen Beichtzettel genommen, ein. Und ward die Menge (solcher Beichtzettel=hohlenden) in einer dergleichen volkreichen Stadt, wegen der geschwinden unverhofften Uebereilung und der übermachten Quaal und Pein = = so groß, daß sie einander um die Zettel schlugen u. drückten, und unterschiedene viel Pfaffen, die auf den Seiten saßen, nicht genugsam schreiben noch der Dohna unterschreiben konnte.

Aber je mehr sich die Zahl der Abgefallenen vermehrte, je mehr vergrösserte sich die Angst, Quaal u. Pein der Andern, so beständig vermeinten zu bleiben. Denn so viele (Soldaten) von jenen weggenommen, so viele wurden diesen auf den Hals gelegt, also, daß zulezt denjenigen, die sich eyfrig u. beständig erzeigten, wohl ganze Compagnien u. mehr einquartirt worden. Nun war dies nicht Einquartirung wie sonst gebräuchlich, da der Soldat muß zufrieden seyn, wenn der Wirth giebt was er vermag u. so viel er hat; sondern, wenn hier ein Mann schon alles gab, was er hatte, u. was er zu borgen vermochte, halfs ihm doch nichts, wo er nicht dabey zusagte Katholisch zu werden. Jnzwischen aber ward er geprügelt, geschlagen, im Haus u. auf der Gassen auf u. nieder gejagt, daß er Wein, Tractement u. Geld schaffen muste, solange bis er bewilligte zu beichten oder einen Beichtzettel zu holen, also, daß auch viel vornehme Leute, in dieser Noth u. Zwang übereilet wurden.[13]

So weit unser Augenzeuge namens Caspar Titschard in einem Manuskript, betitelt *Christ. Trewlichs) Loc. Commun. Schlesis. Gravaminum etc.* (S. 5, Anm. [f]), das über den Dekan Gottfried Hoppe und sein *Evangelium Silesiae*, gleichfalls ein Manuskript, an den Historiker der Evangelische Kirche in Schlesien Johann Adam Hensel gelangte, dort partiell benutzt wurde, und nun angesichts seiner offenkundigen Bedeutung erstmals in vollem Wortlaut im Eingang zu Ehrhardts Glogau-Kapitel zitiert wurde.[14] Es dürfte keinen zweiten Platz im alten deutschen

---

13 Ebd., S. 20 f.
14 Der Titel zitiert ebd., S. 5, Anm. (f). Zum Rekurs auf Hensel vgl. dessen urkundlich glänzend fundiertes Werk: Johann Adam Hensel: Protestantische Kirchen = Geschichte der Gemeinen in Schlesien Nach allen Fürstenthümern, vornehmsten Städten und Oertern dieses Landes, und zwar vom Anfange der Bekehrung zum christlichen Glauben vor und nach Huß, Lutheri und Calvini Zeiten bis auf das gegenwärtige 1768ste Jahr, Nebst einem vollständigen Verzeichniß aller itzt lebenden Geistlichen bey den evangelischen Kirchen, in acht Abschnitten abgefasset und mit einer Vorrede versehen von Friedrich Eberhard Rambach, Königlich Preußischem Ober = Consistorialrath und Jnspector der Kirchen und Schulen in Schlesien. Leipzig und Liegnitz, Jm Verlag David Siegerts, 1768. Exemplar in der BU Wrocław (360010). Hier vor allem einschlägig der vierte Abschnitt, betitelt ‚Von der böhmischen Unruhe im Jahr 1618 an bis zu dem grossen westphälischen Frieden im Jahr 1648, nach welchem die alten Erbfürstenthümer alle ihre Kirchen verloren haben', S. 243–332, insb. S. 272–275, S. 292–300, S. 312–318 sowie der fünfte Abschnitt, betitelt ‚Von dem westphälischen Frieden 1648 an bis zum Tode Georg Wilhelms, als letzten Herzogs zu Liegnitz, Brieg und Wohlau, welcher 1675 grosse Veränderungen nach sich gezogen'. S. 333–480, insb. S. 337–343. S. 410–420.
Das Schicksal der Evangelischen auf schlesischem Boden ist eines der ergreifendsten, das die Kulturgeschichte der Frühen Neuzeit kennt. Man muss in die einschlägigen Werke hineingeschaut haben, um sich ein Bild zu machen von dem geschichtlichen ‚Trauerspiel', welches auf der Ebene der Literatur sein Äquivalent fand. Vgl. dazu unten Anm. 37. Dass die meisten Darstellungen von evangelischer Seite kamen, ist nur allzu verständlich und tut insbesondere dem dokumentarischen Wert keinen Abbruch. Hier sei zusätzlich zu der in Anm. 3 aufgeführten Literatur verwiesen auf: [Philipp Balthasar Sinold von Schütz:] Schlesische Kirchen = Historie worinnen der Schlesier unterschiedliche Religionen und GOttes = Dienste [...] kürtzlich vorgestellet wird, [...]. Frankfurt

Sprachraum gegeben haben, in dem gleich viele Manuskripte zirkulierten wie eben in Schlesien – Folge der singulär dastehenden gelehrten Infrastruktur und ihrer Kulmination eben im 18. Jahrhundert. Die Mehrzahl von ihnen, darunter die wichtigsten, gelangten nicht zum Druck. Im vorliegenden Fall war es ausnahmsweise anders. Offensichtlich bestach der Passus durch seine Prägnanz. Der Umgang mit ihm und verwandten Zeugnissen im vorliegenden und also literaturwissenschaftlichen Zusammenhang ist in jedem Fall wenigstens ein doppelter. Sie sind als historische Quelle zu inspizieren und sie sind in einen genuin werkbezogenen Kontext zu rücken. Eben dies letztere und natürlich schlechterdings entscheidende ist ausdrücklich heute nicht unsere Aufgabe, nur einige wenige methodische Erwägungen sollen am Schluss angestellt werden.

---

am Main: Selbstverlag 1708; ders.: Der Schlesischen Kirchen = Historie Anderer Theil/ Worinnen Was der Schlesischen Religions = Angelegenheiten halber Vor der Hohen Käyserl. und Königl. Schwedischen Commission [...] Kürtzlich enthalten/ Und Mit unpartheyischer Feder entworffen Von Irenico Ehrenkron.- Freyburg: Selbstverlag 1709. Die Gegenseite bekanntlich aktenkundig in: Michael Joseph Fibiger: Das In Schlesien gewalthätig eingerissene Luthertum/ Und die dadurch erfolgte schwere Verfolgung Der Römischen Kirchen und Geistligkeit [...]. Teil I–III. Breslau: Müller 1723–1724. Des weiteren Daniel Gomolcke: Der heutigen Schlesischen Kirchen = Historie Erster Theil [bis] Dritter Theil. Oels: Welcher 1748–1754. Während der erste Teil – noch vor Ehrhardt – eine Presbyterologie bietet, führt der zweite, geschichtliche Teil bis an das 17. Jahrhundert heran. Der dritte Teil stammt von Benjamin Gottfried Schmied. Er erschien 1754 ohne Angabe eines Ortes und eines Verlages bzw. Druckers und behandelt die Zeit von 1611 bis 1648, und zwar als eine unablässige Folge von Gräueltaten, die den Evangelischen zugefügt wurden. Auch die Ereignisse in Glogau sind selbstverständlich präsent.
  Noch im 19. Jahrhundert klang das Leid der Evangelischen vielfältig nach. Vgl. die Darstellung und Dokumentation des Superintendenten in Sagan Johann Gottlob Worbs: Die Rechte der evangelischen Gemeinden in Schlesien an den ihnen im 17. Jahrhunderte gewalthättig genommenen Kirchen und Kirchengütern. Sorau: Julien 1825. Daran anschließend die in gewisser Weise doch wohl als abschließend zu betrachtende, urkundlich reich ausgestattete und nochmals ergreifende Darstellung des Pfarrers der Gemeinde Langhelwigsdorf in der Diözese Bolkenhain J. Berg: Die Geschichte der schwersten Prüfungszeit der evangelischen Kirche Schlesiens und der Oberlausitz, d. i. der Zeit von Einführung der Reformation bis zur Besitznahme Schlesiens durch Friedrich d. Gr. Jauer: Opitzsche Buchdruckerei (H. Vaillant) 1857. Berg macht alleine für das Fürstentum Glogau siebzig Kirchenruinen namhaft (S. 418–421); das ist die höchste Zahl in Schlesien. Eine explizit nach Fürstentümern gegliederte ‚Geschichte der Reformation in Schlesien' (Breslau: Aderholz 1887) bietet Johannes Soffner. Hier zum Fürstentum Glogau S. 294–339. Mit allem Nachdruck ist jedoch nochmals darauf zu verweisen, dass auch in den voranstehenden Arbeiten Glogau selbstverständlich stets mit zur Darstellung gelangt. Weitere reiche Literatur einschl. Manuskripte und seitenweisen handschriftlichen Nachträgen in dem Exemplar des oben (Anm. 6) aufgeführten Werkes von Thomas, S. 74–79.

Ein Staat hatte sich mit allen ihm verfügbaren Machtmitteln in den Dienst von Zwangskonversionen gestellt. Die Instrumente, haarscharf an der Grenze zur Folter, waren delegiert, selbstverständlich aber wusste man in Wien bis in die höchsten Spitzen um die Praktiken. Ein momentaner militärischer Siegeszug in Schlesien wurde genutzt, um ineins mit der militärischen Überrollung des Landes sogleich konfessionelle Uniformität zu erzwingen. Und das ungeachtet vertraglicher Übereinkünfte, die keinen Deut mehr zählten, als die Übermacht sich unversehens in der zweiten Hälfte der zwanziger Jahre eingestellt hatte. Jetzt, 1628 ff., wurden die Früchte von 1620 geerntet und das nirgendwo radikaler als in den schlesischen Mediatfürstentümern mit Stadt und Fürstentum Glogau womöglich an der Spitze. Siegreiches Kaiserhaus und gegenreformatorisch gestärkte und institutionell über den Jesuitenorden überall in der Region präsente Kirche gingen vereint gegen die Abtrünnigen vor, denen keine Chance blieb. Gewaltsam herbeigeführte Konversion berechtigte zum Verbleib in der glaubensförmig umgepflügten Heimat, Behauptung des evangelischen Bekenntnisses bedeutete Emigration, nicht selten Tod – das klassische Märtyrer-Schicksal. In diesen Monaten wurde auch im Fürstentum Glogau die anderwärts zumindest temporär erreichte Trennung von Staat und Kirche und damit die Duldung verschiedener Formen des Glaubens auf einem Staatsgebiet Makulatur, eine politisch wie vor allem eben auch juristisch zukunftsfähige staatsrechtliche Konstruktion kassiert und für null und nichtig erklärt.[15]

---

[15] Dazu jetzt einschlägig Jörg Deventer: Gegenreformation in Schlesien. Die habsburgische Rekatholisierungspolitik in Glogau und Schweidnitz 1526–1707. Köln u. a. 2003 (Neue Forschungen zur Schlesischen Geschichte 8). Zum Kontext: Heinrich Ziegler: Die Gegenreformation in Schlesien. Halle an der Saale 1888 (Schriften des Vereins für Reformationsgeschichte 24); Georg Loesche: Zur Gegenreformation in Schlesien. Troppau, Jägerndorf, Leobschütz. Neue archivalische Aufschlüsse. Band I: Troppau, Jägerndorf. Band II: Leobschütz. Leipzig 1915–1916 (Schriften des Vereins für Reformationsgeschichte. Jahrgang 32/1–2, Nr. 117–118; Jahrgang 33/1; Nr. 123); Dorothee von Velsen: Die Gegenreformation in den Fürstentümern Liegnitz – Brieg – Wohlau. Ihre Vorgeschichte und ihre staatsrechtlichen Grundlagen. Leipzig 1931 (Quellen und Forschungen zur Reformationsgeschichte 15); Arno Herzig: Reformatorische Bewegungen und Konfessionalisierung. Die habsburgische Rekatholisierungspolitik in der Grafschaft Glatz. Hamburg 1966 (Hamburger Veröffentlichungen zur Geschichte Mittel- und Osteuropas 1). Vgl. auch die schöne Studie von Joachim Köhler: Das Ringen um die Tridentinische Erneuerung im Bistum Breslau. Vom Abschluss des Konzils bis zum Sieg der Habsburger in der Schlacht am Weißen Berg 1564–1620. Köln u. a. 1973 (Forschungen und Quellen zur Kirchen- und Kulturgeschichte Ostdeutschlands [12]). Zum Kontext: Joachim Bahlcke, Arno Strohmeyer (Hg.): Konfessionalisierung in Ostmitteleuropa. Wirkungen des religiösen Wandels im 16. und 17. Jahrhundert in Staat, Gesellschaft und Kultur. Stuttgart 1999 (Forschungen zur Geschichte und Kultur im östlichen Mitteleuropa 7); Albrecht Ernst, Anton Schindling (Hg.): Union und Liga 1608/09. Konfessionelle Bündnisse im Reich – Weichenstellungen zum

Bewegen wir uns weiterhin noch für einen Moment auf der Ebene des Faktischen, so ist zu konstatieren, dass sich ein Ereignis wie das im Oktober des Jahres 1628 in unregelmäßigen Abständen und selbstverständlich mit Modifikationen wiederholte. Noch im gleichen Jahr ließen mehrere Evangelische ihr Leben, als sie sich der Enteignung der ihnen verbliebenen Nikolaikirche in Glogau widersetzten. Sie wurden öffentlich hingerichtet. Der Pfarrer der Kirche wurde vor die Wahl gestellt, seinem Glauben vor dem Kruzifix abzuschwören oder das bereitliegende Schwert zu ergreifen. Seine Frau soll ihm zu dem letzteren geraten haben. Rat und Gemeinde der Stadt mussten ein Revers unterzeichnen, dass sie freiwillig zum alten Glauben zurückgekehrt seien. Den renitenten Evangelischen wurden Bürgerrecht und Nahrung entzogen. Sie flohen in aller Regel nach Polen. Der schon herangezogene Augenzeuge weiß zu berichten, dass die Entrechteten laut Klage geführt hätten am kaiserlichen Hof und das mit folgenden Worten:

> Sie hielten nicht dafür, daß die zehn grosen Verfolgungen (in den 3 ersten Jahrh.) ärger und schmerzhafter seyn können, als diese ihrer (der Glogauschen) Städte Deformation, weil man dorten den Christen das Leben genommen, hier aber viele den Tod gerne gelitten hätten, wenn es ihnen nur hätte so gut werden können.[16]

Bittvorstellungen wurde eine harsche Abfuhr erteilt. Im Visier lagen dem Kaiser die Städte. „Was der Kayser mit den Städten vorhabe, das gehe das Land nichts an: die Dorfschaften würden nicht bedrängt werden", so der Bescheid. Und dann der nur allzu beredte Zusatz: „Der Kayser wolle nur eine Religion in seinen Städten haben, damit er ihrer Treue recht versichert seyn könne."[17] Die Durchsetzung der einen Religion hatte indes keinerlei theologische Grundlage oder Legitimation mehr. Reines politisches Kalkül war am Werk; es ging um nichts als die Absicherung von Macht. Der immer verleugnete politische Impetus hinter dem konfessionellen trat nackt und bloß zutage.

„Doch, in der grösten Noth, erbarmte sich der Allerhöchste seiner äuserst gedrückten Evangel. Kirche in Schlesien."[18] So unser Führer durch die religionspolitischen Wirren in und um Glogau, die Zeitgenossen in Bann und Not haltend. Die Gustav Adolf und Wallenstein-Episode hob an. Gryphius erlebte

---

Religionskrieg? Stuttgart 2010 (Veröffentlichungen der Kommission für geschichtliche Landeskunde in Baden-Württemberg. Reihe B: Forschungen 178).
16 Ehrhardt: Presbyterologie III/1 (Anm. 3), S. 24. Zur Geschichte der Glogauer Nikolaikirche vgl. die oben Anm. 1 sowie unten Anm. 22 zitierte Literatur. Hinzuzunehmen die wichtige Arbeit von Franz Heiduk: Andreas Gryphius, Glogau und die Herren von Oppersdorff. In: Schlesien 1978/II, S. 74–79.
17 Ebd., S. 29.
18 Ebd.

sie in Glogau, kurzfristig in Görlitz und sodann vor allem im polnischen Fraustadt, wohin der Stiefvater ausgewichen war. Sie blieb eine temporäre und zeitigte für die Evangelischen in Schlesien am Ende ein desaströses Fazit in Gestalt des Separatfriedens zwischen Kursachsen und dem Kaiser, der die Glaubensgenossen im Nachbarland zum Dasein von Vogelfreien verurteilte. Jetzt gab es im ganzen Land kein Halten mehr und auch Breslau sowie die Piastenfürstentümer hatten größte Mühe, kaiserliche und jesuitische Übergriffe abzuwehren.[19]

Brutal hatte die Hand Dohnas über Stadt und Fürstentum Glogau gelegen. Damit war es vorbei, als er 1632 aus Breslau fliehen musste und ein Jahr später unter offensichtlich weiterhin ungeklärten Umständen starb. Opitz war bis 1632 in seinen Diensten verblieben. Wie konnte es sein – so die ständige Frage während des Studiums der Ereignisse in Glogau –, dass er sich ohne Gesichtsverlust zu halten vermochte, ja am Ende mit der Übersetzung von Grotius' Traktat über das wahre Christentum dem Befehlshaber der Seligmacher auch noch ein letztes Mal beisprang? Diese Frage stellt sich im Lichte der geschilderten Ereignisse neu.[20]

Wir befinden uns immer noch in der Lebenszeit des jungen Gryphius. Die geschilderten Ereignisse lieferten einem werdenden Dramatiker allemal gehörigen Anschauungsstoff. Einem Heranwachsenden blieb genügend Zeit zum Einsammeln geschichtlichen Materials – von den tausendfältigen Formen der Verarbeitung gar nicht zu reden. Doch darum geht es an dieser Stelle nicht. Zu berichten ist vielmehr zunächst, dass die Drangsalierung der Evangelischen gleich nach der Ermordung Wallensteins auch in Glogau wieder einsetzte. Und neuerlich trat eine Atempause ein, als der sächsische Feldherr Hanns Georg von Arnim 1634 – Gryphius befand sich auf dem Weg nach Danzig – Glogau zurückeroberte. Doch auch jetzt war es mit der momentanen Beruhigung gleich nach dem Abzug der Sachsen in Gefolge des erwähnten Separatfriedens im Jahre 1635 vorbei, denn nun setzte eine zweite Welle der von Gewalt flankierten kirchlichen Enteignung ein.

---

19 Zum Separatfrieden von 1635 vgl. das berühmte Werk von Adam Wandruszka: Reichspatriotismus und Reichspolitik zur Zeit des Prager Friedens von 1635. Eine Studie zur Geschichte des deutschen Nationalbewusstseins. Köln, Graz 1955 (Veröffentlichungen des Instituts für Österreichische Geschichtsforschung 17). Zur Vorgeschichte die buchförmige Abhandlung von Hermann Palm: Die Conjunction der Herzöge von Liegnitz, Brieg und Oels sowie der Stadt und des Fürstentums Breslau mit den Kurfürsten von Sachsen und Brandenburg und der Krone Schweden in den Jahren 1633 bis 1635. In: Zeitschrift für Geschichte und Alterthum Schlesiens 3/2 (1861), S. 227–368.

20 Vgl. zuletzt das Kapitel: ‚Zwischen den Fronten. Der Dichter im Schlesien nach der Katastrophe'. In: Garber: Martin Opitz (Anm. 9).

Von Oppersdorf erhielt die Landeshauptmannschaft zugesprochen und über eine Religions-Kommission wurde der Einzug der verbliebenen evangelischen Pfarreien betrieben. Sichtbarstes Zeichen des Umschwungs blieb der neuerliche Verlust der Nikolaikirche. Die Liste der Zwangsmaßnahmen im Fürstentum Glogau füllt Seiten, kein Flecken blieb ausgespart, eine flächendeckende Flurbereinigung wurde vorgenommen und hinter jeder Maßnahme an jedem Ort verbarg sich das je einzelne Schicksal eines Gläubigen und der den Evangelischen ergebenen Pfarrerschaft. Binnen drei Tagen hatten die Prädikanten gemäß kaiserlichem Reskript und entsprechender Anordnung gegenüber von Oppersdorf ihre Pfarreien zu räumen und die Stadt zu verlassen. Auf Restitution des vorreformatorischen Zustandes waren die von höchster Stelle anbefohlenen Maßnahmen gerichtet. Die durchweg erhaltenen kaiserlichen Anweisungen sprechen eine eindeutige Sprache. Stadt und Region sollten von dem eingerissenen reformatorischen Unwesen ein für alle Mal gereinigt und konfessionelle Homogenität herbeigeführt werden – notfalls mit militärischer Unterstützung. Man kann nicht häufig und eindringlich genug betonen, was es für die Entwurzelten bedeutete, dass sie vor allem im nahen polnischen Fraustadt ein zeitweiliges Unterkommen fanden, wie ja auch am Beispiel Gryphius' bzw. Eders sinnfällig.

Es ist hier nicht unsere Aufgabe, den Bestimmungen des Westfälischen Friedensschlusses näherzutreten. Für Stadt und Fürstentum Glogau war insofern eine besondere Situation eingetreten, als mit dem siegreichen Eingreifen des schwedischen Feldherrn Torstensen im Jahre 1642 verlorene evangelische Bastionen zurückgewonnen worden waren. Auf eine denkwürdige Weise griffen die Bestimmungen von Münster und Osnabrück im fernen Schlesien jedoch vielfach nicht. Und so auch im Hinblick auf unseren Beobachtungsstandort. Gryphius waltete als Syndikus der Landstände daselbst seit 1650 seines Amtes, war also in seiner dienstlichen Funktion unmittelbar betroffen und immer wieder herausgefordert von den Nachwehen des Friedensschlusses.[21]

Gleich nach dem Abzug der schwedischen Garnison im August 1650 wurden die den Evangelischen zwischenzeitlich eingeräumten Freiheiten wieder aufgehoben. Die evangelischen Prediger wurden ausgewiesen, den Gemeindemitgliedern wurde eine zweistündige Frist zugestanden, ihre mit der Schließung ihrer Gotteshäuser verbundenen Angelegenheiten zu ordnen. Es erging

---

21 Zum Westfälischen Frieden im Blick auf Schlesien vgl. Norbert Conrads: Die Bedeutung des Westfälischen Friedens von 1648 für die schlesische Geschichte. In: Schlesien in der Frühmoderne. Zur politischen und geistigen Kultur eines habsburgischen Landes. Hg. von dems. und Joachim Bahlcke. Köln u. a. 2009 (Neue Forschungen zur Schlesischen Geschichte 16), S. 53–69.

ein Druckverbot für theologische Schriften in der Stadt. Selbst Gryphius' Schrift über die Privilegien der Glogauer Landstände kam bezeichnenderweise 1653 nicht in Glogau selbst, sondern im polnischen Lissa zum Druck. Eine Kirche vor den Toren der Stadt war den Evangelischen im Friedensvertrag von 1648 zugestanden worden. Präzise war gemäß kaiserlichem Erlass darauf zu achten, dass nur Holz für den Bau verwendet wurde. Noch bevor der Bau aufgerichtet war, wurde Gottesdienst auf freiem Feld abgehalten und dies, wie bezeugt, unter Freudentränen. Der Altar stand unter einer bretternen Hütte. Und hier war es, dass Gryphius im Dezember des Jahres 1651 das Wort ergriff und – wie ausdrücklich bezeugt – eine freie Rede hielt. Was gäbe man darum, Näheres über sie in Erfahrung zu bringen. Der Platz war fortan ein geweihter und erhielt einen eigenen Namen: Hütte Gottes vor Glogau. Ob sich eine Spur von ihr im Werk des Gryphius erhalten hat?[22]

Genau ein Jahr später war die erste der drei Westfälischen Friedenskirchen unter großen Opfern zuwege gebracht (die beiden anderen stehen bekanntlich in Jauer und Schweidnitz). Sie stürzte allerdings schon knapp zwei Jahre später ein und musste neu errichtet werden. Was im evangelischen Glaubensleben sich regte, spielte sich vor den Toren der Stadt in einem provisorischen Bau ab und Gryphius wird ihn mehr als einmal betreten haben. Ob er selbst noch einmal das Wort ergriff? Den Predigern wurde ausdrücklich und wiederum seitens des Kaisers der Zutritt zur Stadt untersagt. Eine evangelische Schule durften die Gläubigen nicht errichten. Detaillierteste Bestimmungen im schönsten Behördendeutsch regelten den Verkehr zwischen der Stadt und der Kirche vor ihren Toren anlässlich von Trauungen, Todesfällen etc. Die Glaubensspaltung hatte bis in das örtliche Lokal hinein ihre sinnfällige Manifestation erfahren. Wo in Glogau mag Gryphius in seiner Eigenschaft als Landes-Syndikus residiert haben?[23] Das Resümee unseres Gewährs- und Gottesmannes:

---

22 Zum Folgenden vgl. Norbert Conrads: Die Durchführung der Altranstädter Konvention in Schlesien 1707–1709. Köln u. a. 1971 (Forschungen und Quellen zur Kirchen- und Kulturgeschichte Ostdeutschlands 8). Hierin hervorzuheben die Kapitel: ‚Das reformierte Bekenntnis in Schlesien und die Altranstädter Konvention', S. 151–164 sowie: ‚Die Verhandlungen um die schlesischen Gnadenkirchen', S. 198–225. Vgl. auch den Exkurs 1: ‚Die Anfänge der Gnadenkirchen', S. 252–270.
23 Die wichtigste publizistische Verlautbarung von Gryphius in Bezug auf Glogau ist bekanntlich seine sorgfältig erarbeitete Quellenpublikation in seiner Eigenschaft als Syndikus von Glogau: Glogauisches Fürstenthumbs Landes Privilegia aus denn Originalen an tag gegeben Von Andrea Gryphio. [Lissa: Wigand Funck 1653]. Vgl. dazu die Exemplarbeschreibungen und die Namhaftmachung der Auflagen sowie der handschriftlichen Einträge von Gryphius bei Ulrich Seelbach, Martin Bircher: Autographen von Andreas Gryphius. In: Daphnis 23/1 (1994), S. 109–179, S. 152f. Vgl. auch Victor Manheimer: Gryphius-Bibliographie. In: Euphorion 11

> Wenn man überhaupt bedenkt, wie feindselig der katholische Theil der Stadt Glogau gegen seine Evangel. Mitbrüder, auch nach der Zeit, als wegen der Religions=Verfassung der leztern alles gehörig bestimmt war, verfuhr, so muß man iezt darüber erstaunen, und findet hierinn den sichern Beweis, daß ein Herz ohne Liebe gegen seinen Nächsten würklich ein Greuel ist vor Gott u. der Ehrliebenden Welt. Wie lange machte man den Evangelisch= Eingebohrnen das Bürgerrecht dieser Stadt streitig? Wie sehr erschwehrte man den Evangel. den freyen Zugang zu ihrer Kirche auser den Mauern an Sonn= u. Festtagen? Wie hart hielt es, ehe Glogau eine Luthr. Schule u. zwar erst 1708 durch die Alt=Rannstädter Convention erhielt? und, wie ungestüm verfuhr bisweilen der Katholik mit den Ev. Predigern? Doch, da jene traurige [!] Zeit, GottLob, lange schon vorüber ist, hat man dies alles, nur im Kurzen, hier berühren wollen, um den ieztlebenden Protestanten die Wohlthat der öffentlich=freyen Religions=Uebung desto gröser und wichtiger vorstellen zu können.[24]

So gab sich also auch Ehrhardt als treuer Anhänger des Preußenkönigs zu erkennen. Und wen sollte es wundern, nachdem sich auch die Altranstädter Konvention neuerlich als ein nur kurzfristig wirkungsvolles Instrument der Befriedung erwiesen hatte. Im Rückblick und in Vorausschau nehmen die Dinge sich freilich anders aus, um auch diesem Gedanken wenigstens in einem Satz Raum zu geben. Der Überfall auf Schlesien war durch nichts gerechtfertigt und die angeblichen Rechtsansprüche Friedrichs allesamt nichtig. Wie merkwürdig aber, dass sich ein Jahrhundert später Ähnliches noch einmal auf schlesischem Boden wiederholen sollte, nun aber mit fatalen Nachwirkungen. 1866 ist 1938 antizipiert – mit allen bekannten Folgen. So bleibt Schlesien ein Brennspiegel unserer Geschichte und das durchaus auch bereits in der Gryphius beschiedenen Zeit.[25]

Ihm war es, wie erwähnt, erspart, das Aussterben der Piasten zu erleben, für die er in der letzten Phase seines Schaffens doch noch so eindrucksvoll in Komödie und Schäferspiel tätig geworden war. Was in Gryphius' Heimat sich zugetragen hatte, wurde nun nach dem Wegfall der fürstlichen Schutzmacht der Evangelischen zur alltäglichen Erfahrung in Niederschlesien, die eine Hochburg Breslau stets ausgenommen.[26] Das Bild der Geschichte, das der Dichter seit langem im Herzen getragen haben muss, hätte aber gewiss keine Wandlung mehr erfahren. Er war Zeuge und Zeitgenosse von Jahrzehnten, deren

---

(1905), S. 406–419, S. 705–718, S. 416 f. sowie Dünnhaupt III (1991), S. 1869, Nr. 28. Eine kommentierte Edition dieses wichtigen Textes ist ein dringendes Desiderat.
24 Ehrhardt: Presbyterologie III/1 (Anm. 3), S. 63 f.
25 Dieser Gedanke ist in der borussophilen Historiographie natürlich verpönt gewesen. Auf das Nähere kann an dieser Stelle nicht eingegangen werden.
26 Zu den Piasten und zum Untergang des Hauses vgl. mit der gesamten einschlägigen Literatur die Kapitel: ‚Martin Opitz und die Piasten. Ein schlesischer Dichter und die Rückkehr der Literatur nach Europa' sowie: Über die Zeiten hinweg. Gedenken im Zeichen der Piasten und das Werk Daniel Casper Lohensteins. In: Garber: Das alte Liegnitz und Brieg (Anm. 4).

Grausamkeit nicht mehr überboten werden konnte. In den Jahren zwischen 1526 und 1740 oder wenn man denn will 1798 war auf schlesischem Boden nichts Vergleichbares geschehen. Die in diesen Dezennien erfahrene Lektion reichte hin, um eine unverrückbare Anschauung von politischer Macht und ihrer Verstrickung in die Belange der Religion zu gewinnen. Darüber sogleich ein letztes Wort.

Zuvor aber gilt es einen Gedanken zu diskutieren, der sich bei diesem Vergleich von Neuem einstellt, und zwar mit Blick auf Opitz und seine Weggefährten. Auch sie waren Zeugen heftiger konfessioneller Konflikte. Die einprägsamsten aber erlebten sie in ihrer Heimat aufseiten der Anhänger des jungen evangelischen Glaubens selbst. Wohin man blickt, in Kirche, Schule und Pfarrei tobten Auseinandersetzungen zwischen Lutheranern und Reformierten, die Verdächtigungen nahmen kein Ende und zumeist richteten sie sich gegen die Anhänger der zweiten Reformation und ihre mehr oder weniger offenkundigen Sympathisanten. Der Verdacht des Kryptocalvinismus war im Schwange und zeitigte theologische Expertisen und existentielle Krisen ohne Ende.[27]

Wenn Opitz und die Seinen sich davon fernzuhalten wussten, so bedeutet dies doch nicht, dass sie nicht auf ihre Weise an ihnen teilhatten und längerfristig Konsequenzen zogen. Eine an den verschiedensten Stellen zum Ausdruck gelangende postkonfessionelle Gläubigkeit brach sich unterirdisch Bahn, gegründet auf wenige allgemeine christliche Glaubenssätze und vor allem auf einen Primat von Praxis. Dieser im Umkreis des Späthumanismus sich artikulierenden Gläubigkeit im Gefolge der innerreformatorischen Auseinandersetzungen einmal darstellerisches Relief zu verleihen, will uns als eine verlockende Aufgabe der Zukunft erscheinen.[28]

Eine Generation später hatten sich die Verhältnisse in Schlesien grundlegend gewandelt. Nun erfuhren die Evangelischen das katholische Kaiserhaus und seine Bevollmächtigten als den Aggressor und Erzfeind ihres Glaubens. An

---

27 Dazu zuletzt die beiden aufeinander Bezug nehmenden Arbeiten von Klaus Garber: Krise des Luthertums in einer heterodoxen religiösen Landschaft. Schlesien und das östliche Europa am Vorabend des 30jährigen Krieges. In: Luther – zeitgenössisch, historisch, kontrovers. Hg. von Richard Faber und Uwe Puschner. Frankfurt am Main 2017 (Zivilisationen & Geschichte 50), S. 499–529; ders.: Vernetzung und Austausch zwischen Ost und West im alten deutschen Sprachraum als theologisches und geistesgeschichtliches Phänomen in der Zeit nach Luther. In: Die Reformation im östlichen Mitteleuropa 1: Reformatorische Netzwerke im östlichen Europa. Hg. von Irene Dingel und Ulrich A. Wien. [i.V.].
28 Als Fallstudie Klaus Garber: Religionsfrieden und praktizierte Toleranz um 1600. Eine irenische Stiftungsurkunde im Zeichen des ‚vhralten Catholischen Christlichen Glaubens' aus dem Gymnasium Schoenaichianum zu Beuthen an der Oder. In: Toleranzdiskurse in der Frühen Neuzeit. Hg. von Friedrich Vollhardt unter Mitarbeit von Oliver Bach und Michael Multhammer. Berlin, Boston 2015 (Frühe Neuzeit 198), S. 87–131.

den Rand getreten waren die innerprotestantischen Verwerfungen. Der evangelische Glaube als solcher wollte behauptet sein. Die Figur des Märtyrers erlebte aus seiner Mitte heraus eine Wiederauferstehung und dies, wie vernommen, durchaus im Wissen um die Schicksale der Christen in den ersten drei Jahrhunderten der neuen Zeit. Wird Gryphius immer wieder ein standhaftes Luthertum attestiert – eine undenkbare Attribution im Blick auf Opitz –, so wähnen wir eben jene ganz anders geartete Erfahrung der Selbstbehauptung der Evangelischen seit den zwanziger Jahren des 17. Jahrhunderts dafür mitverantwortlich. Und dies durchaus im Einklang mit unverkennbaren mystischen Zügen, die sehr wohl der nämlichen Erfahrung erzwungener Konfessionalisierung geschuldet sein können.

Umrisse einer fundamentalen existentiellen Glaubensgewissheit werden erkennbar, die charakteristisch abweichen von den im Späthumanismus länderübergreifend sich herauskristallisierenden Positionen.[29]

Wir sind auftragsgemäß von der historischen Situation in Schlesien ausgegangen und bewusst daselbst verblieben, angelockt in der Rolle des Amateurhistorikers von der Chance mikrologischer Erkundungen vor Ort. Was aber gäben wir darum, auf seinen Pfaden jenseits Schlesiens folgen zu dürfen, so wie wir dies für Opitz immer wieder getan haben. Gewiss in anderer Form, doch mit dem gleichen Erkenntnisziel, wären die von Gryphius berührten Räume zu erschließen. Und das angefangen in der unmittelbaren Nachbarschaft mit Fraustadt und Lissa und ihrem unverkennbaren reformierten Einschlag, vor allem aber der Präsenz von böhmischen bzw. polnischen Brüdern, am Rande sogar von Sozinianern, und sodann weiter über Thorn hin nach Danzig, beide Städte wie das zwischen ihnen liegende Elbing ausgestattet mit hervorragenden Gymnasien und illustren Lehrkörpern, teilhabend an den besonderen Verhältnissen auch gerade im Bereich der Religion, wie sie für das Preußen Königlich-Polnischen Anteils im Gegensatz zum benachbarten lutherischen Herzogtum in rasch wechselnden Konstellationen typisch blieben, um ihm sodann zu folgen auf seinem Weg in die Niederlande, der womöglich doch wichtigsten Station seines außerschlesischen Lebens, überall aber auch in Frankreich und Italien Anregungen assimilierend.[30]

Das alles gehört der Gryphius-Biographie an. Was aber an diesen Orten zum Tragen käme, wären die wissensarchäologischen Erkundungen und damit

---

29 Diese Glaubensfigur scheint bislang nicht angemessen entschlüsselt zu sein. Vgl. unten Anm. 33.
30 Zum Preußen königlich polnischen Anteils sei hier verwiesen auf die einschlägigen Beiträge in: Sabine Beckmann, Klaus Garber (Hg.): Kulturgeschichte Preußens königlich polnischen Anteils in der Frühen Neuzeit. Tübingen 2005 (Frühe Neuzeit 103).

die Arbeit an der Errichtung eines zweiten und wenn man denn will eines metahistorischen Pfeilers im Rahmen der Rekonstruktion von Leben und Werk. Für den Barock- bzw. den Frühneuzeitforscher, der nun seit einigen Jahrzehnten im Geschäft ist, gehört es zu den schönsten Erfahrungen, den Aufstieg einer neuen Disziplin miterleben zu dürfen. Die Erforschung von Wissenskulturen, wie sie so lebhaft seit einigen Dezennien statthat, verspricht allenthalben den reichsten Ertrag für die Erkundung gerade auch der literarischen Werke, und Beispiele dafür sind inzwischen ja auch durchaus verfügbar.[31] Vorsicht ist geboten mit Relationierungen und Hierarchisierungen und das vorzüglich auf einem vergleichsweise jungen Forschungsfeld. Und doch will es uns scheinen, dass die Fülle der Anregungen, die ein Autor wie Gryphius insbesondere auf seiner *peregrinatio academica* zwischen den frühen dreißiger und den späten vierziger Jahren empfangen konnte, nur wenige Parallelen unter den Dichtern des 17. Jahrhunderts haben dürfte. So gut wie alle kurrenten innovativen Entwicklungen hat er beobachtend und rezipierend verfolgen und seinem Werk zuführen können. Auf diesem Feld also, so steht zu vermuten, wird besonders reichhaltiger Ertrag in der kommenden Zeit zu erwarten sein.

Wir aber sind für Schlesien verpflichtet worden. Und da bleibt es willkommen, dass auch auf diesem zweiten nur eben angetippten Sektor dem Dichter das Glück beschieden war, reiche Anregungen in seiner Heimat zu empfangen. Wenn die junge Disziplin der Politik womöglich für eine Weile eine Spitzenstellung behauptete, ja als Königsdisziplin sich geben durfte, so hätte der Dichter auf diesem Feld keine lebhaftere Anschauung erhalten und keine tiefere Einsicht nehmen können als während seiner Zeit auf Gut Schönborn bei Georg Schönborner. Hier entwickelte sich politische und staatsrechtliche Theorie und

---

31 Vgl. beispielsweise Wilhelm Schmidt-Biggemann: Topica universalis. Eine Modellgeschichte humanistischer und barocker Wissenschaft. Hamburg 1983 (Paradeigmata 1); Helmut Zedelmaier: Bibliotheca universalis und Bibliotheca selecta. Das Problem der Ordnung des gelehrten Wissens in der frühen Neuzeit. Köln u. a. 1992 (Archiv für Kulturgeschichte, Beihefte 33); Martin Mulsow: Prekäres Wissen. Eine andere Ideengeschichte der Frühen Neuzeit. Berlin 2012. Vgl. auch den Bericht von Helmut Zedelmaier: ‚Historia literaria'. Über den gelehrten Ort epistemologischen Wissens in der ersten Hälfte des 18. Jahrhunderts. In: Das achtzehnte Jahrhundert 11 (1998), S. 11–21. Neben den Monographien hervorzuheben sind die folgenden Sammelbände: Martin Mulsow, Helmut Zedelmeier (Hg.): Skepsis, Providenz, Polyhistorie. Jakob Friedrich Reimann (1668–1743). Tübingen 1998 (Hallesche Beiträge zur europäischen Aufklärung 7); Wilhelm Schmidt-Biggemann, Theo Stammen (Hg.): Jacob Brucker (1696–1770). Philosoph und Historiker der europäischen Aufklärung. Berlin 1998 (Colloquia Augustana 7); Helmut Zedelmaier, Martin Mulsow (Hg.): Die Praktiken der Gelehrsamkeit in der Frühen Neuzeit. Tübingen 2001 (Frühe Neuzeit 64); Ralph Häfner (Hg.): Philologie und Erkenntnis. Beiträge zu Begriff und Problem frühneuzeitlicher ‚Philologie'. Tübingen 2001 (Frühe Neuzeit 61).

ihre Umsetzung in die Praxis im Angesicht der ungeheuren Herausforderungen, wie sie aus den geschilderten geschichtlichen Umbrüchen erwuchsen. Es nimmt Wunder, dass eine Figur wie Schönborner nicht oder nur am Rande Eingang gefunden hat in die in Umlauf befindlichen Lehr- und Handbücher.

Seine *Politicorum libri septem*, 1609 und also noch vor der schlesischen Krise erschienen, sind das bedeutendste staatsrechtliche Kompendium geblieben, das auf schlesischem Boden zustande kam. Eine fulminante Bibliothek stand Schönborner für seine Arbeit zur Verfügung, zu der bekanntlich auch Gryphius stetigen Zugang hatte. Da das gesamte zeitgenössische Schrifttum von Schönborner verarbeitet und dokumentiert wurde, erhielt schon der junge Gryphius eine Schulung, die ihm als späterer Syndikus der Glogauer Landstände nach eigenem Bekunden ungemein zugutekam. Es lohnt sich also, auch auf schlesischem Boden systematisch nach den wissensförmigen Anregungen Ausschau zu halten, welche für Gryphius bedeutsam werden mochten.[32]

---

[32] Georgii Schönborner/ Silesii, Phil. et J. U. Doctoris Consiliarii & Cancellarii Zollerini Politicorum Libri VII. Lignicii Silesiorum Sumptibus Auctoris. Ex officina Typ. Nicolai Sartorii 1609. Das Werk ist Johann Georg von Hohenzollern gewidmet. Seit der zweiten Auflage von 1614, die nunmehr in Leipzig erschien, trat Hans Ulrich von Schaffgotsch an dessen Stelle. Es erschien auch eine Ausgabe für den Schulgebrauch, die der Rektor des Gymnasiums zu Anhalt besorgte: Institutionum Politicarum Libri III. E Septem Georgii Schonborneri, Icti, Libris a capite ad calcem resolutis, in praecepta & Commentarios, secundum artis normam, distinctis, explicatis, contractis, auctis: Olim in privati Collegij usum, a Marco Friderico Wendelino [...]. Francofurti, Sumptibus Clementis Schleichij, & Consortum, Typis Caspari Rotelii 1638. Zu Schönborner vgl. zur ersten Information den Eintrag in der ADB XXXII (1891), S. 282 f. (Inama). Vgl. auch das eingehende Porträt Schönborners bei Marian Szyrocki: Der junge Gryphius. Berlin 1959 (Neue Beiträge zur Literaturwissenschaft 9), S. 109–131, S. 151–154 (Anmerkungen). Jetzt ist vor allem der Beitrag heranzuziehen, der Schönborner in seiner Eigenschaft als Pfalzgraf und damit seiner Berechtigung zur Dichterkrönung gilt. Vgl. den entsprechenden Eintrag nebst Werkverzeichnis bei John L. Flood: Poets Laureate in the Holy Roman Empire. A Bio-Bibliographical Handbook. Vol I–IV. Berlin, New York 2006, Bd. IV, S. 1879 f. Aus der Fachwissenschaft vgl. den Eintrag zu Schönborner bei Michael Stolleis: Geschichte des öffentlichen Rechts in Deutschland. Band I: Reichspublizistik und Policeywissenschaft 1600–1800. München 1988, S. 118 f.

Wie immer tut man gut daran, zu den zeitgenössischen Auskunftsinstrumenten zurückzugehen. Es erstaunt nicht, dass Nikolaus Henel von Hennenfeld seinen in beruflicher Nähe tätigen Kollegen würdigte. Und das gleichermaßen in seinen beiden unpublizierten Werken, mit denen er die schlesische Landes- und Personenkunde auf eine neue Grundlage stellte, seiner *Silesia Togata* und seiner *Silesiographia Renovata* (vgl. oben Anm. 1). In der kontaminierten Version Fibigers aus dem Jahr 1704 findet man den Eintrag zu Schönborner in dem städtekundlichen Kompendium in § 37 unter dem Stichwort ‚Freistadium', Teil I, Folge 2 (mit separater Paginierung) S. 127–136, hier S. 136, s. Georgius Schoenborner. Der Redaktor Fibiger weist im Register zu seinem Werk korrekterweise darauf hin, dass er den Eintrag wie ungezählte andere aus der *Silesia Togata* Henels übernommen habe. Vgl. auch die Schönborner-

Und das auch im dichtungsgeschichtlichen Kontext selbst. Wir lenken für einen Moment den Blick zu Daniel von Czepko. In der einzigartigen Handschriftensammlung der alten Breslauer Stadtbibliothek, die im Zweiten Weltkrieg so schwer getroffen wurde, befanden sich Zeugnisse eines Gedicht- und Briefwechsels zwischen Gryphius und Czepko. In der Rhedigerschen Sammlung wurden sie unter der Signatur R 2195 verwahrt. Samuel Benjamin Klose hatte auch von dieser Position eine Abschrift gefertigt, gehörte sie doch in den Umkreis der reichen Czepko-Handschriften, die die Stadtbibliothek ihr eigen nannte. Diese Abschrift – Klose Nr. 185 – ist wie so viele und oftmals unersetzliche Abschriften verschollen. Die Handschrift selbst jedoch aus der Rhedigerschen Bibliothek hat sich fast wie durch ein Wunder erhalten, sind die Czepko-Einbußen doch auch in Breslau immens. Was gäben wir darum, sie ebenso wie andere erhaltene Handschriften nach dem Untergang der Fürstensteinschen Bibliothek in ihrem literaturgeschichtlichen Gehalt ausgeschöpft zu sehen. Auch die Gryphius-Philologie würde davon mit Gewissheit profitieren.[33]

Reminiszenz im sechsten Kapitel des Werkes, den ‚Ingenes et Mores' der Schlesier gewidmet, wo Henel im Abschnitt ‚Silesiorum Habitus externus' auf Schönborner zu sprechen kommt (§ 6, S. 681–683).

Auch in Lucaes Landeskunde aus dem Jahr 1689 (vgl. oben Anm. 1) findet sich eine Bemerkung zu Schönborner: „Cuntzdorff war vor diesem der Herren Necker Rittersitz/ und Zissendorff gehörete erblich Herrn Georgio Schonbornero, dem weitberühmten Politico und Juristen." (S. 1019) Genau diese Formulierung Lucaes kehrt wieder in dem eingehenden Porträt, das man dem verdienstvollen Historiker des schlesischen Adels zu danken hat. Vgl. Johann Sinapius: Schlesischer Curiositäten Erste Vorstellung, Darinnen die ansehnlichen Geschlechter Des Schlesischen Adels [...] aus alten brieflichen Urkunden und bewährten MSCtis zum Vorschein gebracht werden. Leipzig: Große, Breslau, Liegnitz: Rohrlach. Druck: Fleischer 1720; Des Schlesischen Adels Anderer Theil/ Oder Fortsetzung Schlesischer Curiositäten, Darinnen Die Gräflichen, Freyherrlichen und Adelichen Geschlechter/ So wohl Schlesischer Extraction, Als auch Die aus andern Königreichen und Ländern in Schlesien kommen/ Und entweder darinnen noch floriren, oder bereits ausgangen, Jn völligem Abrisse dargestellet werden. Leipzig, Breslau: Rohrlach 1728. Hier liest man unter dem Eintrag ‚Die von Schönborn' im zweiten Teil des Werkes eingangs: „DIeses berühmte Schles. Hoch = Adel Geschlecht hat sein größtes Wachstum zu dancken dem weitberühmten Politico und Juristen Georgio Schönborner." Sinapius kannte Gryphius' *Brunnen-Discurs* zu Ehren von Schönborner. Schließlich sei das Schönborner gewidmete Distichon aus der *Silesia Togata* Caspar Cunrads mitgeteilt, die sein Sohn Johann Heinrich in Obhut nahm und die schließlich im Jahr 1706 zum Druck gelangte: „Fons hercle es pulcer Themidosque gregisque noveni, / Unde lepos & epos manat utrique suum" (S. 270 f.).

33 Vgl. zum Angedeuteten die Arbeit von Carl Theodor Strasser: Aus Czepkos Kreise. In: Münchener Museum 1 (1911/12), S. 241–245, der die Handschrift R 2195 benutzte und den zu Gryphius führenden Spuren nachging. Dass dies nicht sorgfältig genug geschah, zeigte der Czepko-Mitherausgeber Ulrich Seelbach: Andreas Gryphius' Sonett ‚An einen höchstberühmten

Czepko hatte im benachbarten Immediatfürstentum Schweidnitz-Jauer ganz ähnliche Erfahrungen wie Gryphius in Glogau machen müssen. Er war unermüdlich damit befasst, in historischen und staatstheoretischen Schriften bezogen vor allem auf seinen Wirkungsort Schweidnitz, das geschichtliche Drama publizistisch zu verarbeiten und zugleich in seiner Funktion als Rat des Fürstentums Brieg die Belange der Evangelischen am Kaiserhof zu vertreten. Es muss ein lebhafter Austausch zwischen den beiden Dichtern und politischen Praktikern bestanden haben. Womöglich kulminierte er in der Aussprache über Glaubensfragen. Czepkos pastoral kostümiertes, einzig dastehendes Versepos *Corydon und Phyllis ist* zugleich Zeugnis für einen Gestus mystisch tingierter Frömmigkeit, wie er nur als Antwort auf die konfessionellen Verwerfungen begriffen werden kann und einen Dichter wie Gryphius mit Gewissheit angesprochen hat.[34]

Feldherrn/ bey Uberreichung des Carl Stuards.' In: Wolfenbütteler Barock-Nachrichten 15/1 (1988), S. 11–13. Vgl. auch Andreas Gryphius: Lateinische und deutsche Jugendgedichte. Hg. von Friedrich-Wilhelm Wentzlaff-Eggebert. Stuttgart 1938 (Bibliothek des Literarischen Vereins in Stuttgart 287). Reprint Darmstadt 1961, S. 231–233. Dort heißt es: Die „von K. Th. Strasser aus unleserlichen Stellen erschlossenen Textergänzungen habe ich nach Einsicht in die Hs. nicht übernehmen können." (S. 231, Anm.). Welche Dimensionen in diesem Zusammenhang berührt werden, geht aus einer Seitenbemerkung der in Anm. 34 zitierten Monographie von Milch hervor: „Durch die Hinweise auf Czepko wird [...] Gryphius als religiöser Dichter aus seiner Isolierung befreit. Gryphius mußte bis jetzt als Außenseiter gelten. [...] Betrachtet man nun die Kunst des Eklektikers Czepko, die ebenso an das Virtuosenlied wie an die Tradition des lutherschen Kirchenliedes anschließt, um daraus etwas einzigartig Neues zu schaffen, so hat man die Verbindung, die zwischen der Kunst des Gryphius und der übrigen Literatur des 17. Jahrhunderts vermittelt. Und gerade in den Jahren, in denen uns Zeugnisse von der engen Beziehung Czepkos und Gryphius übermittelt sind, entstehen jene eigenartigen religiösen Erlebnislieder, die Czepkos wie die des Gryphius, die Kirchenlied sein wollen und doch nicht in die Tradition der Reihe Gerhardt – Heermann hereinpassen." So Milch S. 120 f. unter Bezug auf die erwähnte Publikation Strassers.
34 Zu Czepko ist vor allem zu verweisen auf die Monographie des Wiederentdeckers dieser zentralen Gestalt der Literatur und Mystik des 17. Jahrhunderts. Vgl. Werner Milch: Daniel von Czepko. Persönlichkeit und Leistung. Breslau 1934 (Einzelschriften zur Schlesischen Geschichte 12). Von Milch stammt auch das Czepko-Porträt im vierten Band der *Schlesischen Lebensbilder* (1931), S. 151–160, wiederabgedruckt in: Werner Milch: Kleine Schriften zur Literatur- und Geistesgeschichte. Mit einem Nachwort von Max Rychner. Hg. von Gerhard Burkhardt. Heidelberg u. a. 1957 (Veröffentlichungen der Deutschen Akademie für Sprache und Dichtung 10), S. 105–113. Milch hat auch die erste Czepko-Ausgabe geschaffen: Daniel von Czepko: Geistliche Schriften. Hg. von Werner Milch. Breslau 1930 (Einzelschriften zur Schlesischen Geschichte 4); Daniel von Czepko: Weltliche Dichtungen. Hg. von Werner Milch. Breslau 1932 (Einzelschriften zur Schlesischen Geschichte 8). Reprint der zweibändigen Ausgabe: Darmstadt 1963. Im Krieg wurden zahlreiche Czepko-Handschriften und -Abschriften vor allem aus der Hochbergschen Majoratsbibliothek in Fürstenstein vernichtet. Die neue Czepko-Ausgabe der Nachkriegszeit hat zusammengeführt, was sich in Handschrift und Druck erhalten hat. Vgl. Daniel Czepko: Sämtliche Werke. Unter Mitarbeit von Ulrich Seelbach hg. von Hans-Gert Roloff und Marian Szyrocki.

Wir wüssten gerne Näheres und gewiss würde auch eine diesbezügliche Gryphiusstudie dazu beitragen, das Interesse an Czepko zu befördern. Er steht, so weit wir sehen können, singulär da in der literarischen Landschaft Schlesiens in der ersten Hälfte des 17. Jahrhunderts. Auch diese schöne Aufgabe also wäre unter dem Stichwort Präsenz und Verarbeitung von Wissenskulturen zu buchen. Wie das Beispiel aber zeigt, hängen auch an ihr fundamentale Fragen der Grundlagenforschung. Wenn wir irgend recht sehen, ist gerade auf diesem Sektor noch viel Arbeit auch für Gryphius zu investieren.

Doch nun abschließend nach unserer kleinen historischen Expertise in religions- und propädeutischer werkspezifischer Absicht ein womöglich etwas überraschender Schwenk, die Rolle des Amateurhistorikers verlassend. Denn nun ginge es für uns Literaturwissenschaftler selbstverständlich um Werkerkundung und das mit dem Ziel, Spuren der ästhetischen Verarbeitung eben dieses Lebensraumes auszumachen. Und das, wie angedeutet, in gehöriger Balance mit Erkundungen hinsichtlich der ästhetischen Verarbeitung von kurrenten Wissensbeständen. Es bedurfte vorsätzlicher energischer Askese, diesen zweifachen Schritt nicht zu tun. Und wenn er nicht erfolgte, so vor allem, um ihn durch improvisierte Manöver nicht zu gefährden und in Misskredit zu bringen. In der Erkundung historisch triftiger Werkschichten ist Einlässlichkeit eben das A und O, wollen doch die unscheinbarsten Signale registriert und in ihrem semantischen Potential ausgeschöpft werden.

Vermag ein historischer Ansatz der angedeuteten Art ästhetische Relevanz zu gewinnen, so muss er zur Aufdeckung historischer Werkgehalte führen. Über den leichten Scheiten des Erlebten und den schweren Scheiten des Gewesenen gilt es, den Worten Benjamin gemäß, den Wahrheitsgehalt der Werke dingfest zu machen, der ihre leuchtende Flamme über die Zeiten hinweg birgt.[35] Benjamin

---

Band I–VI [Band I und II jeweils in zwei Teilbänden]. Berlin, New York 1980–1997. An dieser Stelle darf auch verwiesen werden auf ein großes und inzwischen abgeschlossenes Czepko-Kapitel, mit dem der zweite, dem 17. Jahrhundert gewidmete Band der in Vorbereitung befindlichen Studie des Verfassers zur europäischen Arkadien-Utopie beschlossen wird. Hier findet man eine eingehende Interpretation der vier Bücher von *Corydon und Phyllis* sowie die Verarbeitung der einschlägigen Literatur.

35 Vgl. die womöglich exponierteste Äußerung Benjamins im Eingang zur Abhandlung über Goethes *Wahlverwandtschaften*, der philosophischen Exposition von Sachgehalt und Wahrheitsgehalt sowie den darauf bezogenen Rollen des Kommentators und des Kritikers gewidmet. Im Nachleben der Werke treten Sach- und Wahrheitsgehalt zunehmend auseinander. Damit aber kann erst der letztere „die kritische Grundfrage stellen, ob der Schein des Wahrheitsgehaltes dem Sachgehalt oder das Leben des Sachgehaltes dem Wahrheitsgehalt zu verdanken sei. Denn indem sie im Werk auseinandertreten, entscheiden sie über seine Unsterblichkeit. In diesem Sinne bereitet die Geschichte der Werke ihre Kritik vor und daher vermehrt die historische Distanz deren Gewalt.

aber – und nur deshalb dieser letzte kleine Schwenk – hatte auch in seinem Trauerspielbuch ein Beispiel solcher Gehaltserkundung gegeben. In guter kantischer Manier begrifflich synthetisiert wurden die abseitigsten – in Benjamins Worten: die extremen – der am Werk zutage tretenden und mit semantischem Potential begabten Phänomene der Idee des Trauerspiels zugeführt. Deren kunstphilosophische Exposition bleibt eine virtuelle, denn erst am Ende der Geschichte liegt auch die Idee einer Kunstform vollendet da und das Mysterium der *ponderación misteriosa* mag statthaben.[36]

Wenn wir im Vorgetragenen an der einen oder anderen Stelle aus dem 17. Jahrhundert in das 20. herüberschauten, so auch, um der Philosophie der Vor- und Nachgeschichte der Werke im Sinne der erkenntnistheoretischen Vorrede des Trauerspielbuchs eingedenk zu bleiben. Wenn es sich immer noch lohnt, diesen quer in der Forschungslandschaft stehenden Philosophen auch für die Erkenntnis des Werkes von Gryphius zu mobilisieren, so deshalb, weil Benjamin in der Exposition und Semantik der formbestimmenden Werkschichten des barocken Trauerspiels, kulminierend in der Philosophie der Allegorie, stets auch ästhetische Formbestimmtheiten der Avantgarde im Blick hatte. Zeugnisse hatte er beigebracht, in denen der Lauf des Weltgeschehens, wie er den Zeitgenossen vor Augen stand, explizit als ‚Trauerspiel' sich darbot.[37]

Will man, um eines Gleichnisses willen, das [in der Nachgeschichte] wachsende Werk als den flammenden Scheiterhaufen ansehn, so steht davor der Kommentator wie der Chemiker, der Kritiker gleich dem Alchemisten. Wo jenem Holz und Asche allein die Gegenstände seiner Analyse bleiben, bewahrt für diesen nur die Flamme selbst ein Rätsel: das des Lebendigen. So fragt der Kritiker nach der Wahrheit, deren lebendige Flamme fortbrennt über den schweren Scheitern des Gewesenen und der leichten Asche des Erlebten." Walter Benjamin: Goethes Wahlverwandtschaften. In: Neue Deutsche Beiträge. Hg. von Hugo von Hofmannsthal. 2. Folge 1924, H. 1, S. 83–138; 1925, H. 2, S. 134–168. Hier das vorgelegte Zitat S. 84. Vgl. dazu Klaus Garber: Der Einbruch des Wahren in das Schöne. Grundzüge der ästhetischen Theorie Benjamins. In: Zum Bilde Walter Benjamins. Studien – Porträts – Kritiken. Hg. von dems. München 1992, S. 13–66.

36 Vgl. Klaus Garber: Gerettete Phänomene und Begriffe von Extremen. Walter Benjamins ästhetische Theorie der Idee in der Vorrede zum *Ursprung des deutschen Trauerspiels*. Für den Druck vorbereitete Studie.

37 ‚Geschichte als Gehalt des Trauerspiels' lautet gleich die dritte Kolumne im ersten Teil des Trauerspielbuchs, dem Verhältnis von ‚Trauerspiel und Tragödie' gewidmet. Dort liest man: „Wie die Benennung ‚tragisch' heutzutag so – und mit mehr Recht – galt das Wort ‚Trauerspiel' im XVII. Jahrhundert vom Drama und historischen Geschehen gleichermaßen. Sogar der Stil bezeugt, wie nahe sich im zeitgenössischen Bewußtsein beide standen. Was man als Bombast in den Bühnenwerken zu verwerfen pflegt – in vielen Fällen ließe es sich besser nicht als mit den Worten beschreiben, in denen Erdmannsdörffer den Ton der historischen Quellen in jenen Jahrzehnten kennzeichnet: ‚In allen Schriftstücken, die von Krieg und Kriegsnoth sprechen, gewahrt man eine zur stehenden Manier gewordene Überschwänglichkeit fast winselnder Klagetöne; eine fortwährend, sozusagen, händeringende Ausdrucksweise ist allgemein

Unter der von ihm statuierten Idee des Trauerspiels gewann er den Texten ihren historischen Gehalt im Gegensatz zu der auf den Mythos gegründeten Tragödie ab. Im Werk erst gibt die Geschichte, um die wir uns mit ein paar Strichen bemühten, ein Bild ab, in dem geschichtliche und metageschichtliche Züge sich kreuzen. Eben jene Doppelheit begründete die Prädisposition für eine neue Erfahrung im Umgang mit Texten aus dem Barock wie Benjamin sie mit seinem Trauerspielbuch im 20. Jahrhundert eröffnete. Wenn also unser kleiner historischer Bilderreigen einen irgend gearteten literarhistorischen Nutzen mit sich führen sollte, so nur in dem Sinne, vorzubereiten auf die Freilegung von historischen Werkgehalten. In diesem Sinn und nur in diesem scheint uns dann auch der ehemals mit dem unglücklichen Terminus ‚sozialhistorisch' belegte Ansatz immer noch mit werkaufschließender Kraft ausgestattet zu sein.

---

gebräuchlich geworden. Während das Elend, so groß es war, doch seine wechselnden Grade hatte, kennt für die Beschreibung desselben das Schrifttum der Zeit fast keine Nuancen.' Die radikale Konsequenz der Angleichung der theatralischen an die historische Szenerie wäre gewesen, daß für das Dichten selbst vor allen andern der Mandatar historischen Vollzuges selber wäre aufgerufen worden." Walter Benjamin: Ursprung des deutschen Trauerspiels. Berlin 1928, S. 53 f., unter Bezug auf: Bernhard Erdmannsdörffer: Deutsche Geschichte vom Westfälischen Frieden bis zum Regierungsantritt Friedrichs des Großen 1648–1740. Band I. Berlin 1892, S. 102. Vgl. dazu Klaus Garber: Benjamins Bild des Barock. In: Rezeption und Rettung. Drei Studien zu Walter Benjamin. Hg. von dems. Tübingen 1987 (Studien und Texte zur Sozialgeschichte der Literatur 22), S. 59–120, hier S. 81–120: Konfession, Politik und Geschichtsphilosophie im *Ursprung des deutschen Trauerspiels.*

Julia Amslinger
„Es geht auf den Setzling über"
Die literarische Verbindung von Andreas und Christian Gryphius

Im Jahr 1698 erschien an den Druckorten Frankfurt und Leipzig ein Buch, dessen Autor schon 35 Jahre tot war: *Andreae Gryphii um ein merckliches vermehrte Teutsche Gedichte*.[1] Die Ausgabe besorgte Christian Gryphius, der älteste Sohn des Dichters, der auch in drei prominenten „zeitgenössischen oder [...] zeitlich doch recht nahen"[2] Texten über seinen Vater Erwähnung findet. Als „biographisches Dreigestirn"[3] stabilisieren Baltzer Sigmund von Stosch (*Danck- und Denck-Seule des Andrea Gryphii*, Druck 1665), Johannes Theodor Leubscher (*Ad Virum Nobilissimum et Amplissimum Christianum Gryphium*, Druck 1704) und Christian Stieff (*Andrea Gryphii Lebens-Lauff*. In: *Schlesisches historisches Labyrinth*, Druck 1737) in jeweils differenter Verschaltung von Leben und Werk die Kanonisierung des schlesischen Dichters. Das Interesse der Autoren an Andreas Gryphius wurde auch durch die Figur des Sohnes motiviert. Wie Christian Gryphius sich zum Werk seines Vaters positionierte und welchen Umgang er mit dessen Nachlass praktizierte, soll im Folgenden skizzenhaft nachgezeichnet werden.[4] Dabei wird sich zeigen, dass die gesuchte Nachfolge von Christian Gryphius in zwei Buchpublikationen des Jahres 1698 doppelt thematisch wird und die verwandtschaftliche Verbindung die literarische Produktion beider Autoren als Teil der Familiengeschichte vereinigt.

---

[1] Christian Gryphius (Hg.): Andreae Gryphii / um ein merckliches vermehrte / Teutsche Gedichte. Mit Käyserl. und Churfürstl. Sächsischen / allergnädigstem Privilegio. Breßlau und Leipzig / In Verlegung der Fellgiebelischen Erben / 1669.
[2] Nicola Kaminski: Andreas Gryphius. Stuttgart 1998, S. 9.
[3] Jörg Wesche: Zeitgenössische Rezeption. In: Andreas Gryphius. Leben – Werk – Wirkung. Hg. von Nicola Kaminski und Robert Schütze. Berlin, Boston 2016, S. 773.
[4] Vgl. zu Christian Gryphius: Paul Moser: Christian Gryphius. Würzburg 1936; Dietrich Eggers: Die Bewertung deutschen Sprache und Literatur in den deutschen Schulactus von Christian Gryphius. Meisenheim am Glan 1967.

1

Andreas Gryphius traf am Nachmittag des 16. Juli 1664 in einer Ratssitzung ein „plötzlicher und starcker Schlag-Fluß, daß er unter den Handen der erschrockenen Anwesenden sein Leben mit 48. Jahren weniger 11 Wochen beschlossen und mitten in seinen Amts-Verrichtungen Todes verblichen".[5] Dass er so jäh verstarb, warf auch in Hinblick auf das Werk des Dichters Fragen auf. Stosch, ein Freund von Andreas Gryphius, griff für die in seiner Abdankungsrede präsentierten Stationen, Orte und Ereignisse im Leben Gryphs auf dessen unveröffentlichte Lebensbeschreibung[6] zurück und verzeichnete neben den gedruckten Schriften des Verstorbenen auch dessen Lehrveranstaltungen, Disputationen, Reden und andere mündliche Formate. Stoschs Text orientiert sich an rhetorischen Mustern und traditionellen Vorgaben der Gattung, ist aber zugleich so detailliert in der Wiedergabe der Lehrtätigkeit, dass angenommen werden kann, Stosch habe privilegierten Zugang zu einem wie auch immer gestalteten Nachlass Gryphs gehabt. Die unter dem Titel *Danck- und Denck-Seule* gedruckte Leichenrede verschiebt unmittelbar nach dem Tod Gryphius' die Frage nach dem praktischen Umgang mit diesem Nachlass vom (lediglich temporären) Verstummen in eine verheißungsvolle Zukunft: „Zugeschweigen / was noch unter des Druckers Hand / oder auch unter seiner Liberey verschlossen / ins künfftige einen herrlichen Anblick vergönnen wird."[7]

Kurz nach dem Tod des Dichters scheint also noch keine Bestandsaufnahme dessen, was in den Druck gegeben werden könnte, möglich. Dass dies aber wünschenswert sei, betont Stosch nachdrücklich. Anders gestaltet sich die

---

5 Christian Stieff zitiert nach Willi Flemming: Andreas Gryphius. Eine Monographie. Stuttgart u. a. 1965 (Sprache und Literatur 26), S. 77.
6 Das lateinische Tagebuch bzw. die „tagebuchähnlichen Aufzeichnungen" (Willi Flemming, Anm. 5) des Andreas Gryphius sind verlorengegangen. Anders als die neuere Forschung berichtet, hatten Leubscher und Stieff Zugang zu diesem Text. Stieff nennt die „eigene lateinisch verfertigte Lebens-Beschreibung" das „curieusest[e] Werk" des Dichters und charakterisiert sie wie folgt: „In welcher er sehr viel nützliches und seltsames von seiner Zeit und besonderen Zufällen mit eingemischt, welches in unserer Landes-Geschichte zu grosser Erläuterung dienen solte, wenn die Arbeit in den Druck käme. Hr. Prof. Leubscher als Eydam des Hrn. Christian Gryphius versprach die Herausgabe davon, ist aber allzufrühzeitig seinem Herrn Schwieger-Vater nachgestorben, und der Druck unterblieben. Ob das Manuscript noch in den Händen der Leubscherischen Erben, ist uns unbekannt." Zitiert nach Flemming (Anm. 5), S. 78.
7 Bei der Zitation beziehe ich mich auf die Übersetzungen, wie sie im Text + Kritik-Band zu Andreas Gryphius (Heinz Ludwig Arnold: Andreas Gryphius. München 1980) präsentiert werden. Diese Texte sind aber, wie Nicola Kaminski bemerkt, „philologisch nicht immer zuverlässig." (Kaminski [Anm. 2], S. 7), hier: Stosch in: Arnold, S. 9.

Situation in den Beiträgen von Leubscher und Stieff, die sorgsam die Desiderata weiterer Gryphius-Ausgaben auflisten und Teile des handschriftlichen Erbes Andreas Gryphius' benennen, das noch nicht im Druck gesichert, sondern „im geschriebenen Concept zurückgeblieben"[8] sei. Stieff bindet die große Zahl der unveröffentlichten Texte an die Schreibpraxis des Autors, die nicht zentral auf die Veröffentlichung zielt, und unterlegt sie mit zeittypischem *Vanitas*-Colorit und der Überforderungs-Trope eines vielbeschäftigten Mannes:

> Was er gedichtet, schrieb er ohne abgesetzte Vers-Zeilen in eine Reihe nach einander fort, daß also hier ein vernünftiger Abschreiber erforderlich. Die Ursache war seine Zeit-Kürtze, die ihn zwang, im ersten Gemüths-Feuer seine Gedanken hinzusetzen, ohne sichere Hoffnung, sie bei müßigeren Stunden weiter durch zulesen und auszubessern; konnte solchergestalt des Horatii Warnung: nonumque prematur in annum carmina, ques&c. nicht beachten, welches anderen in wichtigen Aemtern lebenden Männern oftmals mit ihren eilfertigen Nebendingen auch so ergeht.[9]

In Rückgriff auf einen anzitierten, aber nicht vollständig abgedruckten Vers aus der *Ars poetica* (388) des Horaz kritisiert Stieff unterschwellig den Umgang von Andreas Gryphius mit seinen Papieren. Nicht nur die knappe Ressource Zeit, sondern auch das Versagen Gryphs, am unveröffentlichten Teil seiner Produktion weiter zu feilen oder diesen bei Nichtgefallen turnusmäßig zu vernichten, wird als problematisch herausgestellt.[10] Was aber genau zu diesem unveröffentlichten Werk gehören könnte, scheint für die Verfasser nicht einfach zu klären, und dies, obwohl die Texte von Leubscher und Stieff nach 1698 geschrieben wurden, also nach der durch Christian Gryphius besorgten Nachlassedition.

Als Scharnierfigur im Umgang mit der schriftlichen Hinterlassenschaft seines Vaters wird Christian von den Biographen in eine genealogische Reihe gestellt, die ihn in mehrfacher Hinsicht als Erben legitimiert. Schon Stosch artikuliert am Ende seiner biographischen Darstellung die Hoffnung, dass „GOtt [...] an dem Sohne / *tanquam traducere* die edelen Gaben Väterliches Namens fortpflanzen" möge. Gott wird hier also als Kraft adressiert, durch die der poetische *genius* des Vaters sich im Sohn reproduzieren soll. Wie zur Bestätigung

---

8 Stieff in: Arnold (Anm. 7), S. 29.
9 Ebd.
10 Bei Horaz heißt es: Quintus Horatius Flaccus: Ars poetica. In: ders.: Sämtliche Werke. Lat. u. dt. Hg. u. übers. von Hans Färber, Wilhelm Schöne. 9. Aufl. München, Zürich 1982, S. 252, v. 385–390: „Tu nihil invita dices faciesve Minerva; id tibi iudicium est, ea mens: si quid tamen olim scripseris, in Maeci descendat iudicis aures, et patris, et nostras; nonumque prematur in annum. Membranis intus positis, delere licebit quod non edideris: nescit vox missa reverti."

dieser Erwartung ist in der Ausgabe der *Dissertationes Funebres* aus dem Jahr 1667 nicht nur Stoschs Text, sondern zum Beschluss des Bandes auch ein Gedicht von Christian Gryphius abgedruckt. Durch die nachgestellte Erläuterung: „Mit diesem wenigen betrauerte den zwar frühzeitigen / doch seeligsten Todesfall seines / hoechst werthesten Herren Vaters / dessen schmerzlich verwaeyseter Sohn / Christianus Gryphius",[11] endet der Band mit der Namenssignatur des Sohnes auf der letzten Seite und verweist so auf die Möglichkeit einer Fortsetzung. Das lyrische Lamento Christians bleibt konventionell[12] – „Oh Schmerz! Der mein Gemüth biss auf den Tod verletzt" –, doch der Anspruch lyrischer Nachkommenschaft ist im Druckbild verbürgt.

2

Die Texte von Leubscher und Stieff sollen hier nicht ohne ihre sozialgeschichtliche Dimension betrachtet werden – sind doch beide Verfasser mit dem Sohn des Dichters auf unterschiedliche Weise lebensweltlich verbunden. Der Magister der Philosophie Theodor Leubscher war Christian Gryphius' Schwiegersohn. Mit dessen Tochter Susanne Rosina verheiratet, verfasste er den biographischen Abriss über Andreas Gryphius, um Christian Gryphius zu würdigen und ihn als Nachfolger seines Vaters zu inszenieren. Dementsprechend betont Leubscher besonders die Gelehrsamkeit des Vaters, die sich auf den Sohn Christian – und darin liegt die implizite Pointe des Textes – in besonderer Weise übertrug. Leubschers Text endet deswegen auch nicht mit der Schilderung des Todes von Andreas Gryphius, sondern mit seiner Hochzeit und der Geburt des ersten Kindes Christian, die unter Verweis auf den Namenstag des Erzengels Michael in einen heilsgeschichtlichen Rahmen eingepasst wird: „Aus dieser ebenso glücklich begonnen wie fruchtbaren Ehe ging noch im gleichen Jahr, am 29. September, grade am Festtage des Heiligen Erzengels Michael, zur einzigartigen Freude der Eltern, in Fraustadt Christian Gryphius hervor."[13]

---

[11] Andreae Gryphii Dissertationes Funebres, Oder Leich-Abdanckungen [...] Nebst seinem letzten Ehren-Gedaechtnueß und Lebens-Lauff. Breslau 1667, S. 118.
[12] Vgl. dazu: Ralf Georg Bogner: Der Autor im Nachruf. Formen und Funktionen der literarischen Memorialkultur der Reformation bis zum Vormärz. Tübingen 2006 (Studien und Texte zur Sozialgeschichte der Literatur 111), S. 202.
[13] Leubscher, in: Arnold (Anm. 7), S. 22.

Der Polyhistor Christian Stieff wiederum gilt als „Lieblingsschüler"[14] von Christian Gryphius, den dieser „wie einen Sohn liebte"[15] – vielleicht nicht zuletzt, weil sich Stieff in vielfältiger Weise um das Werk von Christian bemühte. Stieff und Gryphius wechselten zwischen 1698 und 1705 zahlreiche Briefe. Diese umfangreiche, bisher nicht edierte Korrespondenz befindet sich heute in der Universitätsbibliothek Wrocław.[16]

3

Der 1649 geborene Christian Gryphius gilt als bedeutender Gelehrter, Übersetzer, Autor, Rektor und Bibliothekar am Ausgang des 17. Jahrhunderts. Sein Lebenslauf ist bis zur Mitte der 1670er Jahre vor allem durch häufige Studienortswechsel gekennzeichnet. Glogau, Jena, Gotha, Straßburg sind nur einige der Städte, an denen er seine *Artes*-Ausbildung erwarb und sich auch für Rechtswissenschaft immatrikulierte. Krankheitsbedingt verzichtete er jedoch auf die für Gelehrte fast obligatorische Bildungsreise und „kehrte nach Schlesien zurück, wo er sich nach einer mehrere Monate währenden Schonung um eine Festanstellung bemühte."[17] Am renommierten Elisabeth-Gymnasium in Breslau erhielt Christian im September 1674 eine Professur für Griechisch und Latein, 1681 stieg er zum *Professor tertius in ordine primo* auf und wurde am 8. August 1686 schließlich Rektor des ebenfalls angesehenen Magdalenen-Gymnasiums. Er war Beiträger zu den berühmten Zeitschriften *Acta eruditorum*, der *Miscellanea Lipsiensia* und der *Nova Litteraria Germaniae alliorumque*

---

14 Wesche (Anm. 3), S. 773.
15 Hermann Markgraf: Stieff, Christian. In: Allgemeine Deutsche Biographie. Hg. von der Historischen Kommission bei der Bayerischen Akademie der Wissenschaften. Band 36 (1893), S. 174–176.
16 Bis heute sind nur kleine Teile dieses Briefwechsels publiziert. Dietrich Eggers schreibt 1967 dazu: „Dieser nahezu unbekannte Briefwechsel aus den Jahren 1698 bis 1705, wie auch der deutsche Actus von 1692, sind in Photokopien im Privatbesitz von Herrn Professor Wentzlaff-Eggebert. Für die Entzifferung der etwa 1500 Seiten benötigte ich mehr als ein Jahr [...]." Eggers (Anm. 4), S. 1. Eggers addiert für die Seitenzahl-Summe hier Actus und Briefwechsel, in der Bibliothek Wrocław lagert der Briefwechsel unter der Signatur R 399. Vol. I umfasst ca. 270 Seiten, Vol. II ca. 260 Seiten und Vol. III ca. 180 Seiten. Zu diesem Konvolut gehören auch Briefe von Leubscher. Für diese Informationen bedanke ich mich bei Herrn Jan Marian Przytulski, Handschriftenabteilung, Universitätsbibliothek Wrocław.
17 Dietrich Eggers, James Hardin: Vorwort. In: Christian Gryphius. Poetische Wälder. Faksimiledruck der Ausgabe von 1707. Hg. von dens. Bern u. a. 1985 (Nachdrucke deutscher Literatur des 17. Jahrhunderts 24), S. 5*–111*, hier S. 8*.

regnorum collecta Hamburgi,[18] und vor allem Verfasser verschiedener Actus für das Breslauer Schultheater. Intensiv betätigte er sich als Sammler und erhielt im Jahr 1699 auch noch das Amt des Breslauer Bibliothekars in der Nachfolge Christoph Köhlers, was er gegenüber Stieff in einem Brief vom 18. September 1699 polemisch kommentierte: „Ob mir hirüber zu gratulieren oder zu condulieren sey, weiß ich selbst nicht."[19] Zunächst veröffentlichte Christian Gryphius nur seine Leich-Abdankungen unter seinem Namen; seine polyhistorischen Sammelschriften publizierte er anonym oder unter dem Pseudonym „Aletofili Dienstholden" mit fiktivem Druckort („gedruckt in der Presse der Musen / durch Hans Mentelin / und Consorten / Junker Hans Guttenberg und Hans Fausten") – nach einer positiven Rezension seiner *Geist- und Weltlichen Ritterorden* (1697) in Wilhelm Ernst Tentzels *Monatliche Unterredungen einiger guten Freunde von allerhand Büchern und andern annemlichen Geschichten* fasste er den Entschluss, auch Werke dieser Gattung unter seinem Namen zu publizieren.

Die Jahre 1697 bis 1699 scheinen prägend für Christian Gryphius' Konzept von Autorschaft[20] gewesen zu sein. In diesen Zeitabschnitt fallen wenigstens zwei Buchprojekte, die es näher zu betrachten lohnt, wenn man sich für die Inszenierungspraktiken des Autors interessiert. Schon im Jahr 1695 stellte Erdmann Neumeister in seiner lateinischen Dissertation *De poetis Germanicis* Christians Werk über das des Vaters. Neumeister bezog sich auf die Beerdigungs-Gedichte und Epicedien. In den 1690er Jahren war Christian also ein über die Grenzen Schlesiens hinaus bekannter Dichter. Als Herausgeber zeichnete er im Jahr 1698 verantwortlich für die Nachlassausgabe der Dichtungen seines Vaters (*Andreae Gryphii um ein merckliches vermehrte Teutsche Gedichte*) und als Autor für Dichtungen aus seiner eigenen Hand (*Christianii*

---

18 Vgl. dazu: Andreas Gryphius. In: Die deutschsprachige Presse. Ein biographisch-bibliographisches Handbuch, bearb. von Bruno Jahn. München 2005, S. 377.
19 Eggers, Hardin (Anm. 17), S. 12*. Vgl. zu dem Gesamtwerk von Christian Gryphius: James Hardin: Christian Gryphius Bibliographie. Eine Bibliographie der Werke von und über Christian Gryphius. Bern u. a. 1985 (Berner Beiträge zur Barockgermanistik 5). Verschiedene Rezensenten loben zwar das das Projekt der Christian Gryphius-Bibliographie, weisen aber im Detail Ungenauigkeiten nach, so etwa: „Man wird gezwungen, nach der bibliographischen Verfahrensweise zu fragen, die der Auswahl der aufzunehmenden Werke hinterliegt." Giles R. Hoyt: Review. Christian Gryphius Bibliographie. Eine Bibliographie der Werke von und über Christian Gryphius by James Hardin. In: The German Quarterly 60/2 (1987), S. 280–281.
20 Autorschaft ist natürlich für das 17. Jahrhundert ein anachronistischer Begriff: „Das Abstraktionsnomen Autorschaft kommt (mit zunächst ironischer Komponente) um 1750 (bei Rabener) auf." Erich Kleinschmidt: Autor. In: Reallexikon der deutschen Literaturwissenschaft. Bd. I. Hg. von Klaus Weimar u. a. Berlin, New York 2007, S. 176–180, hier S. 177.

Gryphii Poetische Wälder). Autor- und Herausgeberfunktion verschmelzen also auf einer Metaebene, denn beide Bücher sind unter den explizit in ihren Paratexten bekannt gegebenen genealogischen Bedingungen als aufeinander bezogen zu verstehen. Besonderen Stellenwert haben dafür die Vorworte beider Ausgaben, die genauso „zum zeremoniellen Element der barocken Buchkunst" gehören wie „Titelbild, Titel, Widmungsformel, Widmungszuschrift und Ehrengedichte."[21] Ein spezifisch modernes „Nachlassbewusstsein"[22] kann bei Christian Gryphius nicht aufgespürt werden, aber die Nachlass-Edition und die Präsentation seines eigenen dichterischen Schaffens lassen Gryphius als Akteur eines Publikationszusammenhangs erscheinen, in dem Schreib-, Druck- und Editionspraktiken hochreflexiv zur Stilisierung der eigenen Autorschaft eingesetzt werden.

Die Ausgabe der Werke des Vaters besteht eigentlich aus zwei Bänden, die zu einer Einheit zusammengefasst sind (*Andreae Gryphii um ein mercklisches vermehrte Teutsche Gedichte*, 959 Seiten; *Andreae Gryphii Poetische Wälder Anderer Band*, 509 Seiten). Im Vorwort zum Werk des Vaters schreibt Christian:

> Mir steht als einem Sohne nicht an, von dem Werth dieser Gedichte viel Worte zu machen; Genug daß Teutschland / und absonderlich unser werthestes Schlesien / dem Urheber die Ehre angethan / und Ihn unter diejenigen gezehlet / welche der Teutschen Poesie / sonderlich dem Trauer-Spiel / einigen Glantz und Zierrath gegeben.[23]

Diese Aussage ist typisch für die publizierten Äußerungen des Sohnes, ob „auf Grund ängstlicher Bescheidenheit"[24] oder anderer Intentionen kann nicht geklärt werden. Auffallend ist jedoch, dass ein gemeinsames Persönlichkeitsmerkmal von Vater und Sohn hervorgehoben wird: „Bescheidenheit" wird so zum genealogischen Erbe und zivilisatorischen Schliff gleichermaßen codiert, wenn es von Andreas Gryphius heißt, er habe seinen von Herzog Wilhelm zu Sachsen-Weimar verliehenen Titel aus „geziemender und Ihm fast angebohrnen Bescheidenheit"[25] nicht getragen.

Auch wenn es Christian „als einem Sohne nicht" ansteht, den Vater zu wortreich zu loben, so gibt es doch an vielen unterschiedlichen Stellen in seinem Werk Bezugnahmen auf den Vater und dessen Œuvre. Eine Nachlassedition, die explizit Andreas' Werk umfasst, wird aber erst Ende der 1690er Jahre thematisch und

---

21 Burkhard Moennighoff: Vorwort. In: Reallexikon Bd. 3 (Anm. 20), S. 809–812, hier S. 811.
22 Vgl. Kai Sina, Carlos Spoerhase (Hg.): Nachlassbewusstsein. Literatur, Archiv, Philologie 1750–2000. Göttingen 2017 (marbacher schriften 13).
23 Christian Gryphius (Anm. 1), Vorrede.
24 Eggers (Anm. 4), S. 139.
25 Christian Gryphius (Anm. 1), Vorrede.

dieses späte Engagement wiederum von der Forschung als Bescheidenheit Christians gegenüber seinem Vater gewertet. Auch die Sorge vor unautorisiertem oder falschem Abdruck mag aber für die beiden Buchprojekte leitend gewesen sein. In der Vorrede der *Poetischen Wälder* gibt Gryphius an, dass eines seiner Gedichte in der Neukirchschen Sammlung unter anderem Namen (und zwar unter dem Hoffmannswaldaus) abgedruckt sei[26] und setzt sich in zwei Fällen auch gegen die falsche Nennung seines Vaters als Autor zur Wehr. Erbost schreibt Christian am 22. Februar 1698 an Stieff, dass die Abkürzung A. G. von einem Herausgeber als Andreas Gryphius aufgelöst wurde: „Ich möchte wohl wißen, wer der Fantaste ist, der eine geistliche Rednerkunst unter meines Vaters nahmen herausgegeben"[27] und droht dem Drucker mit Konsequenzen, sollte keine Korrektur erfolgen. Im Briefwechsel mit Stieff geht Christian auf den Verbleib einer Schrift seines Vaters über Gespenster ein und geriert sich hier als intimer Kenner des Nachlasses, der von ihm schon kurz nach dem Tod von Andreas gesichtet wurde:

> Der seel. H. von Hofmannswaldau hat mich mehr als einmal versichert, daß er den bewusten Tractat de Spectris in den Händen gehabt, und gelesen, wie es nun mit selbigem zugehen wird, weiß Gott. Mir zum wenigsten ist bei erster Revidierung der Väterlichen Bibliotheken nichts unter Händen kommen, da ich doch schon damals capabel genug gewest, wenn was dergleichen verhanden seyn sollen, achtung darauf zu geben. Es ist also gantz leicht zu vermuthen, der seel. Mann werde es bey seinem Leben weggelehnet, und nachmals nicht wiederbekommen haben.[28]

Die Vorrede an den Leser datiert in der Ausgabe der väterlichen Schriften auf den „16. Tag des Herbst-Monats des 1697sten Heyl-Jahres" und gibt nicht nur genaue Auskunft über die präsentierten, zum Teil erstmals publizierten Werke, sondern auch über den Teil aus Andreas' Nachlass, der nicht in den Band aufgenommen werden konnte. Würde sein Vater noch leben, so Christian, „würden sich Heinrich der Fromme / welcher fast gantz / und die Giboniter / welche bis auf die fünffte Abhandlung verfertigt / wie auch Ibrahim / den er unter den Haenden hatte / bey den Traurspielen gezeigt haben."[29] Das Prinzip, auf dem die Edition basiert, scheint das Streben nach einer wie auch immer gearteten Vollständigkeit zu sein. Für die Trauerspiele mit ihrem stark formalisierten Aufbau kann die Bearbeitungs-

---

26 Vgl. Franz Heiduk: Die Dichter der galanten Lyrik. Studien zur Neukirchschen Sammlung. Bern, München 1971, S. 54.
27 Christian Gryphius an Stieff, zitiert nach: Eggers (Anm. 4), S. 141.
28 Ebd., S. 142.
29 Christian Gryphius (Anm. 1), Vorrede.

stufe durch Strukturmerkmale geklärt werden und Christian stellt in Aussicht, das Stück über Heinrich II. eventuell selbst zu beenden, da es fast fertig sei. Auch seine positive Auswahl begründet der Herausgeber:

> Indessen habe ich die Trauerspiele mit dem absonderlich herausgegangenen Papinian / und die Lustspiele mit dem noch nie gedruckten Piast zu vermehren vor rathsam befunden / wuerde auch die Fischer darzugethan haben / wen nicht ein gantz verwirrtes Concept, und die in dem ungluecklichen Glogauischen Brande verzehrten Abschrifften / meinen Vorsatz gehemmet. Der Gibeoniter Stelle hat eine von Ihm aus Vondels Niederländischem Trauerspiel in Eyl gesetztes Dollmetschung vertreten muessen.[30]

Zudem erscheint in der Ausgabe ein Buch mit Sonetten, bestehend aus 72 neuen, bisher nicht abgedruckten Gedichten aus dem Nachlass. Grundlegend für die Anstrengung ist Sammlung und Erstellung eines verbindlichen Bezugspunktes. Verstreut Publiziertes wird gebündelt, bekannte Werke werden mit den geläufigen Kupferstichen präsentiert und neue Texte aufgenommen – eine regelrechte Werkausgabe durch die Hand des Sohnes.

Das Vorwort schließt mit einer Gegenwartsdiagnose, die durchaus ambivalent ausfällt:

> Lebewohl / Hochgeehrter Leser / und wuendsche / daß die nach Gryphii Tod vollens / fast zu der hoechsten Vollkommenheit gediehene Teutsche Poesie / sich nicht etwas / wie es leider! Das Ansehen gewinnen will / und wie es vormahls der Roemischen / und noch heutiges Tages der Welschen wiederfahren / durch einen mercklichen Abfall verringere / und indem man gar zu sehr darueber kuensteln / ja selbst der Natur gleichsam Trotz bieten will / in ein / obgleich hochtrabendes / doch gezwungenes und ziemlich unteutsches Geschwaetze verwandele.[31]

In fast paralleler Konstruktion nimmt das Vorwort der *Poetischen Wälder* auf die zeitgenössische Lage der Dichtung Bezug und bringt das Stilideal der Natürlichkeit gegen die „bisweilen allzusehr gekünstelte Schreibens-Art" in Stellung.[32]

Das genealogische Interesse Christians verdichtet sich in den neunziger Jahren und auch der Nachlass des Vaters als Teil der Familiengeschichte wird ausgewertet. In zahlreichen Briefen an Stieff legt Christian diesem seine Überlegungen zur Familiengeschichtsschreibung dar. Zeitgleich zur Publikation des Nachlassbandes und dem Band der eigenen Dichtungen wird eine umfassende, ebenfalls zu publizierende Geschichte der Familie Gryphius in Schlesien projektiert. Die Arbeit am literarischen Stammbaum beginnt Christian 1698,[33] kann

---

30 Ebd.
31 Ebd.
32 Christian Gryphius: Poetische Wälder (Anm. 17), Vorrede.
33 M. Joannis Theodori Leubscheri De claris Gryphiis Schediasma. Brigae Silesiorum 1702.

diese aber aufgrund einer Bindehautentzündung nicht abschließen und überträgt die Aufgabe seinem Schwiegersohn.[34]

Auch aus diesen Kontextinformationen erschließt sich das Frontispiz der ersten Ausgabe der *Poetischen Wälder* des Christian Gryphius.

Abb. 1: Frontispiz aus Christian Gryphius: *Poetische Wälder*. Breslau 1698, Besitz der BSB München (Signatur: P.o.germ. 529 d).

---

34 Eggers, Hardin (Anm. 17), S. 17*.

Ganz im Sinne des gattungstypologischen Programms des Titels *Poetische Wälder* ist auf dem Blatt im Vordergrund ein einzelner Baum zu sehen, während die Horizontlinie durch Zypressen und Sträucher markiert wird, die ein kleines Wäldchen vor einer sanften Hügelkette bilden. Es handelt sich bei dem in Szene gesetzten Baum um einen jungen Lorbeer, der allegorisch auf das Dichtertum verweist und dieses in einen genealogischen Zusammenhang stellt. Das Spruchband „TRANSIT IN PROPAGINEM"[35] („Es geht auf den Setzling über") deutet einerseits darauf hin, dass dem Setzling selbst etwas vorausging: Dieser wächst in einer arkadischen Landschaft und hat antike Wurzeln. Im Rückgriff auf den Begründer der *Silven*-Dichtung, Statius, wird der Anschluss an eine Tradition versinnbildlicht, die Martin Opitz auch in deutscher Sprache etabliert hatte. Dem konservativen Erbe verpflichtet, ordnet das Bild den folgenden Text bereits in eine Reihe mit Statius und Opitz ein. Schon im Bild kündigt sich also Christians Widerstand gegen die Zeitgenossen Schoch, Neumark und von Lohenstein an,[36] der im Vorwort ausgeführt wird.

Andererseits verweist der Setzling auch auf die Familie Gryphius. Stieff interpretiert das Bild folgendermaßen: „Christian Gryphius ließ [...] auf dem kupfer titel einen Baum stechen auff welchen ein Propf Reiss gesetzet mit dem Beyworte transit in propaginem umb anzudeuten daß die poetische Kraft seines H. Vaters auf ihn gefallen."[37] Aber das Bild zeigt nicht einen Pfropfreis, sondern auf gleicher Höhe in der unteren Hälfte der Baumkrone zwei Reiser. Wie ist dies zu erklären? Anscheinend handelt das Bild von der Koppelung von *natura* und *ars*. Der ikonische Baum der Dichtung, aus dem auch die Krone des *poeta laureatus* gefertigt wird, tritt hier als verbesserungswürdige Pflanze auf: Er wird durch zwei Pfropfreiser verdichtet. Das Pfropfen wird seit dem Mittelalter zur Veredelung von Gehölzen – meistens von Obstbäumen – verwendet. Dass auf einen Baum die eigenen Äste wieder aufgepfropft werden, ist ein botanisch unübliches Verfahren – und dies muss auch dem Kupferstecher des Frontispizes bewusst gewesen sein. Die

---

35 Ein erster Nachweis für propagines in biographischer Einpassung findet sich bei Cornelius Nepos in seiner Schilderung der Tätigkeit des Atticus, der die Familienstammbäume der römischen Beamten verzeichnete. Cornelius Nepos, Atticus, 18,1–18,2.: „Moris etiam maiorum summus imitator fuit antiquitatisque amator, quam adeo diligenter habuit cognitam, ut eam totam in eo volumine exposuerit, quo magistratus ordinavit. nulla enim lex neque pax neque bellum neque res illustris est populi Romani, quae non in eo suo tempore sit notata, et, quod difficillimum fuit, sic familiarum originem subtexuit, ut ex eo clarorum virorum propagines possimus cognoscere."
36 Vgl. dazu Wolfgang Adam: Poetische und kritische Wälder. Untersuchungen zu Geschichte und Formen des Schreibens „bei Gelegenheit". Heidelberg 1988 (Euphorion 22), S. 200 ff.
37 Christian Stieff: Kurtz gefasster Unterricht von der deutschen Poesie, ohne Datum, S. 34. Hier zitiert nach Moser (Anm. 4), S. 33.

pictura bleibt in ihrer Verweisstruktur rätselhaft und auch der Text der *Poetischen Wälder* liefert keine Auflösung des Bildprogramms. Als poetologische Metapher kann der junge Lorbeerbaum durchaus im Sinne der *imitatio* gefasst werden. Für diese Verwendung gibt es im 18. Jahrhundert eine Reihe an Beispielen, am prominentesten vielleicht eine Stelle bei Edward Young. Ungefähr siebzig Jahre später wird dieser in seinen *Conjectures on Original Composition* die Lorbeerzweige zur Signatur einer impotenten Dichtkunst erklären, wenn er den Nachahmer kritisiert, „der die Lorbeerzweige nur verpflanzet, welche oft bey dieser Versetzung eingehen, oder doch allezeit in einem fremden Boden schwächer fortkommen."[38] 1698 scheint die Metaphorik des kleinen Lorbeerbaums aber noch stark poetische und dynastische Verbindlichkeit zu besitzen. Die auf den Baum gepfropften Reiser könnten auch auf die Ähnlichkeitsbeziehung zwischen Texten verweisen. Statius und Opitz sind schon genannt, für die stilistische Ebene drängt sich aber auch Andreas Gryphius auf, wenn Christian in Form des Zitats auf seinen Vater rekurriert.[39]

Ich schlage vor, die beiden Pfropfreiser auch als Stellvertreter für die beiden Buchveröffentlichungen des Jahres 1698 zu interpretieren, die Teil daran haben, dass der Name Christian Gryphius untrennbar mit der literarischen Familientradition verbunden wird. Das erste Pfropfreis symbolisiert die Edition *Andrea Gryphii um ein merckliches vermehrte Teutsche Gedichte*, das andere Reis bezöge sich auf die Ausgabe *Poetische Wälder* von Christian Gryphius. In diesem Sinne wird das vorliegende Buch von seinem Titelkupfer selbst in Bezug zu einem größeren Ganzen gesetzt. Die Krone des Lorbeerbaums gewinnt gerade dadurch an Weite, dass ihr zwei ältere Äste – zum einen die väterliche Edition, zum anderen die gesammelten, älteren Dichtungen Christians selbst – aufgepfropft werden. Im Setzling vereint sich das Werk beider Gryphs. Dass dieser junge Baum in eine antike Landschaft gepflanzt wurde, lokalisiert Vater und Sohn gleichermaßen in einer Un-Zeit zwischen Tradition und Aufbruch. Neubeginn und Beharren, Eigenes und Fremdes, Identität und Differenz sind in dem Bild untrennbar aufeinander bezogen und

---

38 Edward Young: Gedanken über die Original-Werke. Faksimiledruck nach der Ausgabe von 1760. Aus dem Englischen übersetzt von H. E. von Teubern. Heidelberg 1977, S. 16.
39 Vgl. beispielsweise: „Was aber sinn' ich viel den zarten Blumen nach? Muß Stein und Marmor doch den Untergang erfahren. Wie manche Koenigs-Burg /manch Fuerstliches Gemach / Manch hochgefuehrter Thurm verfiel in wenig Jahren! *Was dieser heute baut / reißt jener morgen ein* [...]." Christian Gryphius, Trost-Gedancken über Hr. B. H. v. S. fruehzeitigem Abschied. In: ders.: Poetische Wälder (Anm. 17), S. 291.

lassen das Motto: „Es geht auf den Setzling über" als paradoxes genealogisches Programm erscheinen.

Widersprüchlich ist diese Rezeptionsanweisung auch deswegen, weil Christian in der Vorrede zu den *Poetischen Wäldern* seine eigene dichterische Produktion für abgeschlossen erklärt: „Schlueßlich versichere ich / daß von mir / wenngleich der Allerhoechste noch etliche Zeit Leben und Kraefte fristen moechte / keine oder doch gar wenige Poesien mehr zu erwarten [...]."[40] Das letzte Gedicht, das im Buch abgedruckt ist, heißt „Ungereimtes Sonnett":

    LXIV.
    Ungereimtes Sonnett.
Ob gleich Cloridalis auf ihre Marmor-Kugeln /
    Die / wie ein ieder sagt / der Himmel selbst gewölbt /
    Und auf ihr Angesicht / das Sternen gleichet / trozt /
Ob schon / wie sie vermeynt / des Paris goldner Apfel
Vor sie allein gemacht / ob gleich viel altes Silber
    In ihrem Kasten ruht / doch ists ein eitler Wurf /
    Den sie nach mir gethan; ich bin gleichwie ein Felß,
Und lieb ein kluges Buch mehr als der Venus Gürtel.
Die Liebe reimet sich so wenig mit Minerven /
    Als eine Sterbe-Kunst zu Karten und zu Würffeln /
    Das Braut-Bett in die Gruft / Schalmeyen zu der Orgel /
Ein Mägdchen und ein Greiß / als Pferde zu den Eseln /
Als Meßing zum Smaragd / als Rosen zu den Disteln /
Als diese Verse selbst / ja fast noch weniger.
ENDE[41]

August Langen spricht hier – im biologistischen Deutungsparadigma und in fragwürdiger Begrifflichkeit – von „Entartung [...] des Sonetts in dem Generationsgegensatz der beiden Gryphius"; und weiter: „Für Andreas ist es eine höchste Kunstform, gedanklich schwer befrachtet, kompositionell und sprachlich gemeistert. Christian, der Sohn, schreibt am Jahrhundertende ein ‚ungereimtes Sonett', das in witziger Parodie Ethos und Stilmittel der Form verneint."[42] Anders als Langen vermutet, negiert das ungereimte Sonett nun gerade nicht die Traditionslinie zum Vater, sondern arbeitet an einer produktiven Differenz zur galanten Dichtung.

---

40 Ebd., Vorrede.
41 Christian Gryphius: Poetische Wälder (Anm. 17), S. 826.
42 August Langen: Deutsche Sprachgeschichte vom Barock bis zur Gegenwart. In: Deutsche Philologie im Aufriss. 2. überarbeite Auflage. Hg. von Wolfgang Stammler. Berlin 1957, Sp. 931–1396, hier Sp. 1006.

Die Schäferin Cloridalis kann den Dichter nicht beeindrucken, er entwirft sich hier in dem Schluss-Gedicht – ganz in väterlicher Tradition, aber unter veränderten-formal-ästhetischen Vorzeichen – erneut als Gelehrter, der den Gürtel der Venus für ein kluges Buch hintansetzt. Die *Poetischen Wälder* arbeiten genau an dieser Schnittstelle zwischen produktiver Differenz und gesuchtem Anschluss an eine stabilisierende Familiengeschichte. Dass diese Familiengeschichte unbedingt von äußeren, den Lorbeer verunreinigenden Elementen freigehalten werden muss, zeigt in besonderer Weise die Kontroverse um den Abschnitt „Pietas Gryphiana". Hier finden sich vier Trauergedichte anlässlich der Tode von Verwandten („Auf das Absterben seines eigenen Söhnleins"; „Auf seiner juengsten Tochter Susanne Mariae Absterben"; „Ueber seiner Schwester / Jungfer Annae Rosinae Gryphien / Absterben"; „Ode ueber das Absterben naher Anverwandten"). In dieses Segment der *Poetischen Wälder* hatte nun der Drucker ein Gedicht eingerückt, das eigentlich das Kapitel „Leichen-Gedichte" beschließen sollte: „Auf George Zoellners / eines zwar bloedsinnigen / aber doch lustigen Menschens Absterben." Christian befahl, dass der Drucker „alle 3. Seiten p 589. 590. 591 umbdrucke"[43] und „das schon gedruckte durchgehends in allen 13. Hundert Exemplarien zerreißen und cassieren" müsste, damit er „unter meinen Anverwandten keinen Narren wissen mag."[44]

Den Zugang zum Gryphschen Lorbeerbaum regeln harte Gesetze: „Narren" dürfen keinesfalls zu der Familie gerechnet werden. Auch so ist wohl zu erklären, dass dem Gedicht über Christians Schwester ein langes Prosa-Proömium vorgesetzt ist, in dem sowohl die schwere Krankheit als auch die ausgezeichnete Begabung Rosinas betont werden.

Die Sorge um die eigene Überlieferung ist also bei Christian Gryphius mit der Sorge um die Überlieferung der Familiengeschichte verbunden. Im Fall der Werke Andreas Gryphius' richtet sich diese Sorge aber auch ganz materialiter auf den physischen Bestand der hinterlassenen Papiere, die der Sohn sichtet und in die neue Form der Werkausgabe bringt. Mit der Werkausgabe, der Publikation der *Poetischen Wälder* und der Familiengeschichte der Gryphs ist ein wirkmächtiger Buchverbund geknüpft, der die Etablierung sowohl Andreas' als auch Christians befestigt. Christians Kanonpolitik der Verbindung von Familiengeschichte, väterlicher Produktion und eigenem Autornamen sollte jedoch nicht von dauerhaftem Erfolg sein. Im Jahre 1706 stirbt Christian, wenige Monate später auch sein Schwiegersohn Leubscher, der sich ebenfalls, wie beschrieben, als Zuträger und Herausgeber stark engagierte.

---

43 Christian Gryphius an Stieff, zitiert nach: Eggers (Anm. 4), S. 55*.
44 Ebd.

Nach dem Tod des Vaters (und des Ehemanns) geht die Verantwortung für den Nachlass auf die Tochter Susanne Rosina über. Sie publiziert 1708 den Schulactus *Der deutschen Sprache unterschiedene Alter und Wachsthum* von Christian Gryphius. Das Stück thematisiert in großem historischen Bogen und mit Blick auf die europäische Sprachkonkurrenz die Entwicklung der deutschen Sprache und Literatur. In diesem bereits 1690 aufgeführten deutschen Schulactus berichtet am Schluss der im Stück erzählten Entwicklung die Figur des „Geschicht-Schreiber[s]" über ein Werk, das verbrannt worden sei:

> Ich weiß auch wohl / was sonst aus übriger Bescheidenheit einer unvergleichlichen Feder in die Asche begraben worden; will aber lieber schweigen / und nur beseufftzen / daß dieser andere Virgil nicht wie der Erste einen August gefunden / der seine köstliche Geburt von der Flamme / wozu sie die Hand eines allzustrengen Vaters gewidmet / errettet hatte.[45]

Zweierlei ist an dem Textauszug bemerkenswert: Zum einen weist Christian auf ein verloren gegangenes Epos seines Vaters hin, d. h. ihm war wohl schon 1690 der nichtpublizierte Teil des Werks sehr vertraut. Die „verschlossene Liberey", von der Stosch berichtet, hat Christian geöffnet, jedoch widerspricht diese Anekdote dem Bild, das Stieff (*Andrea Gryphii Lebens-Lauff*) zeichnen sollte. Die „allzustrenge" Hand revidiert, korrigiert, vernichtet und radikalisiert damit Horaz, anstatt ihn zu missachten. Andreas Gryphius erscheint als harter Zensor seiner selbst. Zum anderen ist die Figurenrede bemerkenswert, weil der Bescheidenheitstopos schon 1690 von Christian gebraucht wird, um – ohne den Namen zu nennen – den vom „Geschicht-Schreiber" erwähnten Autor als Andreas Gryphius zu identifizieren. Der Ehrentitel des „Teutschen Sophocles" (so Daniel Casper von Lohenstein über Andreas) wird hier gemäß den Gattungsgrenzen verdoppelt und der Epenschreiber Andreas zum zweiten Vergil stilisiert.

1708 wird dieses Stück in eine veränderte Rezeptionssituation entlassen. Andreas Gryphius' Rang als bekanntester Trauerspielautor Schlesiens ist unbestritten. Wie zu Beginn des 18. Jahrhunderts Christian Gryphius' erinnert wird, ist jedoch nicht leicht zu rekonstruieren. Seine persönliche Habe wird schnell aufgeteilt: Wie schon die Bibliothek seines Großvaters – auch davon berichten die biographischen Quellen –, wird auch Christians umfangreiche Bibliothek nach dessen Tod zerstreut, darunter auch sein eigener handschriftlicher Nachlass und der seines Vaters. Bücher und Papiere scheinen, wenn auch nicht „von der

---

45 Christian Gryphius: Der deutschen Sprache unterschiedene Alter und Wachsthum. Faksimiledruck der Ausgabe von 1708. Hg. und eingeleitet von Dietrich Eggers, James N. Hardin. Frankfurt am Main 1985 (Nachdrucke deutscher Literatur des 17. Jahrhunderts 18), S. 171.

Asche begraben", so doch dermaßen umständlich aufgeteilt worden zu sein, dass ihr Verbleib nur in Einzelfällen geklärt werden kann. Christian Gryphius' Wunsch, dass sich dichterisches Ingenium in einer reichen Familientradition bewahren würde, erfüllte sich nicht. In besonderer Weise gilt dies für seine Person. Denn der Ruhm des Vaters ging in der Literaturgeschichtsschreibung eben nicht „auf den Setzling über" – schon im 18. Jahrhundert wird Christian nicht als verheißungsvoller Fortführer, sondern im Zeitalter der strengen Subjektivität als Epigone präjudiziert. Genieästhetik und Familienbande stehen in einem unauflösbaren Gegensatz zueinander. Der „deutsche Horaz" Karl Wilhelm Ramler entbindet im Jahr 1780 Andreas unter Verweis auf dessen Gesellschaftsnamen aus jeglicher genealogischer Beziehung und etabliert ihn als Originalgenie des 17. Jahrhunderts: „Die so genannte fruchtbringende Gesellschaft hat ihm den Ehrennahmen des Unsterblichen gegeben."[46] Dieser Name verweist nicht mehr auf ein sich fortpflanzendes, sondern auf ein statisches Prinzip. Unsterblichkeit bedeutet eben auch überzeitlich oder klassisch; Attribute, die Ramler Christian Gryphius nicht zugesteht: „Man muss ihn von seinem Sohne Christian Gryphius wohl unterscheiden, welcher sich gleichfalls durch Gedichte bekannt gemacht hat, aber nicht mehr unter die guten Dichter Schlesiens gerechnet werden kann."[47] So tilgt Ramler die poetische Verbindung zwischen Andreas und Christian Gryphius, an deren Etablierung der Sohn lange gearbeitet hatte.

---

46 Karl Wilhelm Ramler (Hg.): Christian Wernikens Überschriften. Nebst Opitzens, Tschernings, Andreas Gryphius und Adam Olearius epigrammatischen Gedichten. Berlin 1780, S. 394.
47 Ebd.

Stefanie Arend
Figuren des Paradoxen in Andreas Gryphius' Trauerspielen: *Catharina von Georgien* und *Papinian*

Gryphius' Werk mit dem Begriff ‚paradox' zu bezeichnen, liegt nicht selten nahe. Dieser Begriff ist im Folgenden terminologisch zu schärfen und fruchtbar zu machen für einen Blick auf Gryphius' Dramen *Catharina von Georgien. Oder Bewehrete Beständigkeit* (1657) und *Großmüttiger Rechts=Gelehrter/Oder Sterbender Aemilius Paulus Papinianus* (1659). Der Ausgangspunkt wird bei Ciceros *Paradoxa Stoicorum* (46 v. Chr.) gesucht, die in der Frühen Neuzeit, nicht zuletzt im Rahmen einer umfänglichen Cicero-Rezeption, reichlich Aufnahme fanden. Welche Probleme sich allerdings für die christliche Rezeption von Ciceros *Paradoxa* ergaben, soll anhand von Lipsius' *Manuductio ad Stoicam Philosophiam* (1604) dargelegt werden. Von dieser Schrift ausgehend ist es sodann möglich, Gryphius' *Catharina* und *Papinian* als Metatexte zum Begriff des Paradoxen zu lesen, als dramatische Kommentare zu Cicero und Lipsius, in denen Figuren mit Hilfe von Paradoxa und zugleich über diese miteinander kommunizieren.

1 Das heidnisch-antike Vorbild: Ciceros *Paradoxa Stoicorum*

Die *Paradoxa Stoicorum* schrieb Cicero 46. v. Chr. nieder, nicht als ein lupenreines philosophisches Manifest, sondern eher als eine rhetorisch-gedankliche Übung. Ihr Erscheinen markiert den Beginn einer Phase, in der sich Cicero intensiv der rhetorischen und philosophischen Schriftstellerei zuwendete. Im selben Jahr wie die *Paradoxa* verfasste er u. a. den *Brutus* und den *Orator*, 45 v. Chr. folgen die *Tusculanae disputationes*, ein Jahr später *De officiis*. Einen Impuls für die Abfassung der *Paradoxa* bildeten auch die Ereignisse um Catos Selbstmord bei Utica und die Sorge um den Niedergang der Republik und ihrer Werte. Vielleicht wollte Cicero mit seiner kleinen Schrift an die Sitten der Vorväter, den *mos maiorum* und Tugenden wie *constantia*, *fides*, *honestas*

erinnern.¹ Aber Cicero interessierten die Paradoxa auch und besonders aus rhetorischer Perspektive. Im Allgemeinen entfalten Paradoxa ihre besondere Wirkung, weil sie „zunächst der geläufigen Meinung oder Erwartung als alogisch, widersprüchlich und widersinnig" erscheinen, provozieren und dazu anregen, die „bisher gültigen Vorstellungen und Begriffe zu überdenken"² und im Idealfall umzudenken. Wenn das Paradoxe so funktioniert, dann besitzt es eine „erkenntniskritische" und sogar eine „erkenntnisfördernde Funktion".³ In diesem Sinne möchte Cicero sein Publikum mit folgenden sechs Paradoxa aufrütteln:
1. Nur das Sittliche ist ein Gut.
2. Niemandem, der die Tugend besitzt, fehlt etwas zum glücklichen Leben.
3. Verfehlungen sind ebenso einander gleich wie gute Taten.
4. Jeder Dummkopf ist wahnsinnig.
5. Nur der Weise ist frei, und jeder Dummkopf ist ein Sklave.
6. Nur der Weise ist reich.⁴

Die kurze, sehr interessante Widmungsvorrede an Brutus gibt Aufschluss über Ciceros Verständnis des Paradoxen. Er erinnert an Cato, dem es gelungen sei, in seinen Reden vor dem Senat „gewichtige philosophische Sätze", die an sich ungeeignet seien für den öffentlichen Gebrauch, so vorzubringen, dass sie dem Volk „probabilia", vorkamen, d. h. wahrscheinlich.⁵ Dies sei deshalb so bemerkenswert, weil Cato ein „vollendeter stoischer Philosoph" sei, der Meinungen

---

1 Vgl. Wilfried Stroh: Cicero. Redner, Staatsmann, Philosoph. München 2008, S. 87 f. Von Catos Selbstmord im April 46 wusste Cicero wohl noch nicht, als er die Schrift verfasste. Vgl. Rainer Nickel: Einführung zu: Marcus Tullius Cicero: De legibus. Paradoxa stoicorum/ Über die Gesetze. Stoische Paradoxien. Lateinisch und deutsch. Hg., übersetzt und erläutert von Rainer Nickel. München, Zürich 1994, S. 281–296, hier S. 294.
2 Martina Neumeyer: Art. Paradoxe, das. In: Historisches Wörterbuch der Rhetorik. Hg. von Gert Ueding. Bd. 6. Tübingen 2003, Sp. 516–524, hier Sp. 516. Vgl. auch Roland Hagenbüchle: Was heißt „paradox"? Eine Standortbestimmung. In: Das Paradox. Eine Herausforderung des abendländischen Denkens. Hg. von Paul Geyer, Roland Hagenbüchle. Würzburg 2002, S. 27–43.
3 Ebd. Zu den Definitionen von ‚paradox' als etwas, was der ‚Meinung' oder der ‚Erwartung' entgegen gesetzt ist vgl. Arist. *Topik*, 104b. Zit. nach: Aristoteles: Topik. Neu übersetzt und mit einer Einleitung und erklärenden Anmerkungen versehen von Dr. theol. Eugen Rolfes. 2. Aufl. Leipzig 1922 (Philosophische Bibliothek Bd. 12. In: Aristoteles: Philosophische Werke. Bd. 3). Vgl. Arist. *Rhet.*, 1412a. Zit. nach: Aristoteles: Rhetorik. Übersetzt und erläutert von Christof Rapp. Erster Halbband. Darmstadt 2002 (Aristoteles: Werke in deutscher Übersetzung. Bd. 4). Die rhetorischen Paradoxa werden seit Aristoteles von den logischen unterschieden.
4 Cicero: Paradoxa (Anm. 1), hier S. 203, 211, 215, 221, 227, 237.
5 Ebd., S. 201 (im Wortlaut der Übersetzung ‚annehmbar').

vertrete, die normalerweise keinen Beifall fänden.⁶ Cato sei Anhänger jener Lehre, die „auf rhetorischen Schmuck keinen Wert" lege und „auf eine ausführliche Beweisführung" verzichte und „mit spitzfindigen Schlußfolgerungen wie mit Nadelstichen ihr Beweisziel" erreiche.⁷ Cicero plädiert aber dafür, mehr Redekunst anzuwenden. Denn nichts sei so unglaublich, dass es nicht durch Reden wahrscheinlich gemacht werden könne: „Sed nihil est tam incredibile, quod non dicendo fiat probabile [...]."⁸ Dass das so ist, will Cicero zeigen, indem er diejenigen Gemeinplätze oder Hauptlehrsätze, die die Stoiker, so auch Cato, unter sich selbst und „in der Abgeschiedenheit ihrer Schulen" behandelten, „in allgemeinverständliche Sätze" fasst („in communes locos").⁹ Cicero gibt zu verstehen, dass er diese Hauptlehrsätze, die die Stoiker als Paradoxa bezeichneten und die „im Widerspruch zur allgemeinen Meinung" stünden, lieber „admirabilia" nennen möchte, „Aussagen", die „Verwunderung hervorrufen".¹⁰ Ihm selbst, so betont Cicero, erschienen diese Aussagen „ganz besonders sokratisch" „longeque verissima", von einem besonders großen Gehalt an Wahrheit.¹¹ Die Paradoxa richten sich an jenen idealtypischen *proficiens*, an den im stoischen Sinne Voranschreitenden, der irgendwann versteht, diese *admirabilia* als mindestens *probabilia* erkennt und nach ihnen handelt. Sie sind mithin Voraussetzung für das glückselige Leben in der Zeit. Das ist Ciceros praktische Philosophie. Es geht darum, handlungsfähig zu sein, *theoria* mit Leben zu erfüllen, im Bewusstsein, dass es Dinge gibt, die sich uns niemals vollständig erschließen, so dass wir uns mit dem Schein des Wahren zufrieden geben müssen.

An diesem Punkt könnte sich ein Problem für die Gestaltwerdung des Paradoxen in der Frühen Neuzeit ergeben, das seine wesentliche Energie aus der angenommenen Diastase zwischen Mensch und Gott schöpft, die niemals in der Zeitlichkeit überwunden werden kann. Der disjunktiven „Logik des Entweder-Oder" bringen Paradoxa Widerstand entgegen, weil sie suggerieren, dass binäre Oppositionen wie Zeit/Ewigkeit, Tod/Leben, Licht/Finsternis, Gott/Mensch sich auflösen könnten.¹² Die menschliche Sprache kann aber das Ineinsfallen dieser Gegensätze, die *coincidentia oppositorum* nicht ausdrücken. Die aus dieser Koinzidenz resultierende vollkommene Glückseligkeit ist aus christlicher Sicht erst nach

---

6 Ebd.
7 Ebd.
8 Ebd.
9 Ebd.
10 Ebd., S. 203.
11 Ebd.
12 Paul Geyer: Das Paradox. Historisch-systematische Grundlegung. In: Das Paradox (Anm. 2), S. 11–24, hier S. 12.

dem Tod im neuen Leben erfahrbar, im besten Fall für den Mystiker im Moment des *nunc stans*. Ciceros Paradoxa zielen aber auf ein gutes und glückseliges Leben unter den Vorzeichen der Eudaimonie in der Zeitlichkeit. Cicero bereitet sie auf in der Meinung, dass er sie verständlich machen, dass er das, was Philosophen nur in ihren Schulen thesenartig erörtern, der Allgemeinheit fassbar machen kann. Gerade aufgrund ihres praktischen Anspruchs konnten die stoischen Paradoxa im Rahmen eines christlichen Humanismus Aufnahme finden.

2 Christlich-humanistische Cicero-Rezeption: Justus Lipsius' *Manuductio*

Im Zuge der umfangreichen Cicero-Rezeption in der Frühen Neuzeit wurden die *Paradoxa* häufig gedruckt und erschienen auch in Einzelausgaben.[13] In Augsburg erschien eine offenbar erste deutsche Übersetzung mit Kommentaren von Simon Schaidenreisser im Jahre 1538 mit dem schönen Titel: *Paradoxa. Das seind wunderbarliche und in dem gemainen wone oder verstand vnglaubliche sprüch*.[14] Schaidenreisser nennt in seiner Widmungsvorrede die Paradoxa ein „verborgen/

---

13 Vgl. etwa: Marcus Tullius Cicero: Paradoxa. [Leipzig], Melchior Lotther 1518. Die umfangreiche Cicero-Rezeption bereitete auch den Weg für literarische Nachahmungen, etwa in Gestalt des paradoxen Encomions, des Lobes auf etwas vermeintlich Negatives oder Geringzuschätzendes wie Erasmus' *Lob der Torheit*. Enkomien auf die Armut, die Trunkenheit, die Blindheit oder die Fliege und das Schwein grenzen an das Komische und sind bisweilen auf dem Feld der Argutia-Rhetorik zu verorten. Vgl. Heinrich F. Plett: Das Paradoxon als rhetorische Kategorie. In: Das Paradox (Anm. 2), S. 89–104, hier S. 95. Vgl. die Sammlung von Caspar Dornavius: Ampitheatrum. Sapientiae Socraticae Joco-Seriae. Schauplatz scherz- und ernsthafter Weisheiten. Neudruck der Ausgabe Hanau 1619. Hg. und eingeleitet von Robert Seidel. Goldbach 1995 (Texte der Frühen Neuzeit 9). Die Forschung spricht von einer *Paradoxia epidemica* in der Renaissance. Vgl. Rosalie L. Colie: Paradoxia epidemica. The Renaissance Tradition of Paradox. Princeton, New Jersey 1966. Ernsthafte Kontroversen indes werden in den großen Fakultäten bis in das 17. Jahrhundert hinein in zahlreichen, heute kaum erschlossenen Abhandlungen ausgetragen, die sich juridischen, logisch-mathematischen, medizinischen oder theologischen Paradoxa widmen. Vgl. etwa die Sammlung von Sebastian Franck: Paradoxa ducenta octoginta. Zweyhundert und achtzig Wunderreden [...] 1541. Giovanni Battista Magone: Paradoxa iudicalia (1617), Andreas Kinderling: Disputatio logica de enunciationibus in genere et in specie de absolutis (1642) Jean-Claude de La Curvée: De nutritione foetus in utero paradoxa (1655), Jacob Schaller: Paradoxon de tortura in christiana republica non exercanda (1658).
14 Paradoxa: Das seind wunderbarliche vnd in dem gemainen wone oder verstand unglaubliche sprüch/ durch den aller redsprechsten hochweysisten Oratorn vnd Philosophum/ Marcum Tullium Ciceronem/ in latein disputirt vnnd geschriben/ jetzo in teutsche sprach tranßferiert/ Vor nie gesehen/ ainem ieden trostlich vnnd nutzbarlich zu lesen. [Augsburg], o. D., 1538.

scharpf/ vnd tieffgegrundtes bûch", das „wunderbarliche widerwäninge sprüche" enthalte.[15] Das „tranßferieren" sei „nit on schwerhait" zu Wege gebracht worden, der Übersetzer habe sein Möglichstes angesichts „so schwärer vngewonlicher materien" getan.[16] Vielleicht möchte der Übersetzer eine leichte Distanz zu einem Text ‚heidnischer Ethik' andeuten und damit einen Vorbehalt gegenüber Cicero formulieren, der im Zuge seiner Rezeption häufiger laut wurde: Wie kann ein römischer Redner, der vorchristliche Ethik verkündete, zum Leitbild einer Redekunst unter christlichen Vorzeichen werden? Diese Frage reflektierte Erasmus auf humoristische Weise in seinem Dialog *Der Ciceronianer* (1528) in der Figur des Nosoponus, der kränkelnd und blass der Ciceromanie und der Buchversessenheit verfallen ist. Im Hintergrund dieser Satire auf einen Gelehrten, der vor lauter Cicero-Begeisterung zu einem Sonderling geworden ist und Körperpflege und Nahrungsaufnahme vergisst, steht die zentrale Frage, ob es möglich ist, in einem ‚heidnischen Stil' christliche Glaubengrundsätze zu vermitteln.[17] Warum gerade Ciceros *Paradoxa* nicht bruchlos in die christliche Ethik Eingang finden konnten, macht Lipsius in seiner *Manuductio ad Stoicam Philosophiam* deutlich.

Das gesamte dritte Buch der *Manuductio* versammelt insgesamt, in Erweiterung von Cicero, 22 Paradoxa, die raumgreifend mit Zitaten antik-christlicher Autoritäten belegt werden. Die stoischen Paradoxa seien „praeter opinionem multorum" und besäßen den Geist des Neuen und Verwunderlichen.[18] Deshalb würde Cicero den Begriff *admirabilia* verwenden.[19] Lipsius wirft Cicero vor, nur wenige Paradoxa von vielen erklärt zu haben. Außerdem habe er sie auf zu kurze Weise behandelt. Die Paradoxa müssten sorgsam einzeln durchgegangen, abgewogen und untersucht werden. Überhaupt sei Cicero als ein Akademiker, das heißt ein Anhänger der skeptischen Lehre und Verfechter des Wahrscheinlichen, ein Feind der Stoa.[20] Aus der Sicht von Lipsius trägt Cicero dazu bei, die Lehre der Stoa zu verwässern, zu suggerieren, dass man ihre grundlegenden ethischen Prämissen auf wenigen Seiten durch geschickte Rede erklären, eben ‚probabilia' machen kann. Lipsius geht es gerade darum, Paradoxa nicht bloß als *admirablilia* zu begreifen, sondern zu zeigen, dass an

---

15 Ebd., unpag.
16 Ebd.
17 Vgl. Desiderius Erasmus: Dialogus cui titulus Ciceronianus sive de optimo dicendi genere/ Der Ciceronianer oder der beste Stil, ein Dialog. In: ders.: Ausgewählte Schriften. Acht Bände. Lateinisch-deutsch. Hg. von Werner Welzig. Darmstadt 1995, Bd. 7, S. 2–355, hier S. 325.
18 Justus Lipsius: Manductionis ad stoicam philosophiam libri tres: L. Annaeo Senecae, aliique scriptoribus illustrandis. Paris: Hadrian Perier, 1604, S. 107^v.
19 Ebd.
20 Ebd., S. 108^v.

ihnen die Grenzen menschlicher Erkenntnis deutlich werden. Ciceros Prämisse, dass nichts so unglaublich sei, dass es nicht durch Reden wahrscheinlich gemacht werden könnte, bestreitet Lipsius vor allem dadurch, dass er in seinen Paradoxa den Weisen fast unmenschliche Züge annehmen lässt:

3. Das Paradoxon, dass der Weise sich selbst gleich ist und immer in Freude lebt.
4. Das Paradoxon, dass der Weise auch in Gefahren glückselig ist.
5. Das Paradoxon, dass der Weise leidenschaftslos und nicht zu erschüttern ist.
6. Das Paradoxon, dass der Weise sich nichts einbildet, dass er immer erkennt, dass er keinen Fehler macht und nicht lügt.
9. Das Paradoxon, dass der Weise alles hat und dass er allein als reich zu betrachten ist.
10. Das Paradoxon, dass allein der Weise frei ist und alle anderen als Sklaven zu betrachten sind.
11. Das Paradoxon, dass allein der Weise König ist.
12. Der Weise ist dem Gott gleich: Das ist ein Paradoxon, und auch ein Paralogum.
13. Das Paradoxon, dass der Weise alles richtig macht [...] und ohne Sünden ist.

Das 12. Paradoxon bildet, gemeinsam mit dem 13., im Zentrum dieses dritten Buches der *Manuductio* wohl das wichtigste. Es verweist auf den Kern paradoxchristlicher Rede. Dass die Diastase zwischen Mensch und Gott in der Figur des christlichen Weisen aufgehoben sei, kann die menschliche Vernunft nicht begreifen. Dieses 12. Paradoxon ist unlogisch, *paralogum*, und nicht mit menschlicher Rede zu erläutern, nicht einmal so, dass es den Schein der Wahrheit, *probabile*, erhält. Dieses Paradoxon tatsächlich nachvollziehen zu können, logisch aufzulösen, ist nicht Lipsius' Anliegen, sondern – wie auch im Fall der anderen Paradoxa – ziert er es durch eine Reihe zum Teil langer Zitate, vor allem aus Senecas Feder, u. a. aus den *Epistolae morales*, aus *De constantia sapientis* oder *De providentia* oder aus Ciceros *De natura deorum*. Weil aber in diesen antiken Zitaten der Weise auf die Stufe der Götter gestellt wird, als Kamerad der Götter oder Kamerad Gottes bezeichnet wird,[21] bekräftigt Lipsius diese nicht – wie in fast allen anderen Erläuterungen – durch Autoritäten wie etwa Augustinus, Ambrosius, Thomas von Aquin oder direkte Bibelzitate, etwa aus dem Buch der Weisheit. Interessanterweise beginnt die Erklärung zu diesem 12. Paradoxon damit,

---

21 Vgl. ebd., S. 138^{r}f.

dass der fingierte Zuhörer fragt, ob er, Lipsius, den Weisen nicht über die Menschen stelle. Worauf Lipsius antwortet, dass er maßvoll keine Gleichstellung, sondern einen Vergleich vornehme.[22] Ohne weitere Umschweife folgen zahlreichen Belege der Alten, besonders viele aus Senecas Schriften.

Cicero erhebt den Anspruch, seine Paradoxa im Sinne von *admirabilia* mit eigenen Worten argumentativ zu entschlüsseln, um sie wahrscheinlich zu machen. Lipsius verfolgt insgesamt eine andere Strategie. Indem er Zitat an Zitat reiht, will er das Unglaubliche und Exklusive im Verhalten des Weisen, der sämtliche Schwächen menschlichen Daseins abgelegt hat, wieder und wieder zementieren. Anders als Cicero zeichnet uns Lipsius insgesamt einen Weisen, der ‚alles richtig macht', ohne Sünden ist, der folglich kaum unter uns Menschen weilen kann, der die Grenzen zu einem Wissen überschritten hat, das eben paralogisch ist. Das wird in den Erläuterungen zu den einzelnen Paradoxa belegt durch viele Blütenlesen, Zitatanhäufungen und Verweise, die sich gegenseitig beglaubigen, mit- und durcheinander wandeln, um das Paradoxon, dass der Weise zwar Mensch, aber in seiner Unfehlbarkeit wie Gott ist, ins Gedächtnis einzumeißeln. Begriffe hellenistisch-christlicher Anthropologie und Ethik geben einander die Hand – u. a. *virtus*, *natura*, *gaudium*, *hilaritas*, *patientia*, *conscientia*, *fides*, *euphrosyne*, *euthymia*, *ataraxia* –, um einen Gleichklang unter antiken Philosophen und Kirchenvätern zu erzeugen. Weil der unfehlbare, von Sünden freie Weise so sehr durch antike Zitate ins Rampenlicht gerückt wird, nimmt Lipsius' *Manuductio*, wie Abel sich ausdrückt, „die Versöhnung von Stoa und Christentum vom Standpunkt der Stoa aus vor".[23] So gelingt es pikanterweise, das christliche Paradoxon, dass Mensch, d. h. hier der Weise, Gott werden kann, provokativ auf die Spitze zu treiben.

So verwandelt Lipsius Ciceros ‚heidnische' *admirabilia*, die er durch Reden wahrscheinlich, *probabilia*, machen will, in extrem unwahrscheinliche stoisch-christliche Paradoxa, die in der Figur des Weisen das nicht sagbare Zusammenfallen von Mensch und Gott andeuten. Die Figur des Weisen ist – übrigens wie in Senecas Schriften – gewissermaßen eine Kunstfigur, vor allem eine „regulative Idee",[24] die zum Fortschreiten anregen soll, in dem Wissen, ihr niemals ganz gleichkommen zu können.

---

[22] Vgl. ebd., S. 138ʳ: AUD. Valde in altum sustulisti Sapientem: non potest scandere, nisi vt hominem transcendat. LIPS. Audebo hoc etiam dicere? nostri faciunt: sed dicam, non asseram, & à Modestia, id est matre Sapientiae, non abibo. Vereor ut illi, cum clamant, *Sapientem Deo parem*. Ah, quae non dicam aequiparatio, sed comparatio est? Tamen faciunt: & audiendiae voces vel Senecae nostri [...]. (Hervorhebung im Original).
[23] Günter Abel: Stoizismus und Frühe Neuzeit. Zur Entstehungsgeschichte modernen Denkens im Feld von Ethik und Politik. Berlin, New York 1978, S. 89.
[24] Ebd., S. 78. Zur Figur des Weisen bei Seneca vgl. Verf.: Glückseligkeit. Geschichte einer Faszination der Aufklärung. Von Aristoteles bis Lessing. Göttingen 2019 (Das achtzehnte Jahrhundert. Supplementa 23), S. 42–56.

3 Dramatische Verhandlung des Paradoxen in *Catharina* und *Papinian*

Werfen wir nun einen Blick auf Gryphius' Trauerspiele: So manche Figuren scheinen nach dem Modell dieser Paradoxa gezeichnet zu sein. Sie konfrontieren ihre Mitspieler mit paralogischen Reden und Verhaltensweisen, so dass Konflikte unausweichlich sind. Am deutlichsten ist dies wohl in der *Catharina von Georgien* gelungen, die eben gerade nicht als *figura probabilis* geschweige denn als *figura verissima* erscheinen soll, sondern als paradox. Immer mehr bewegt sie sich aus der Struktur binärer Oppositionen wie Leben/Tod, Licht/Finsternis, Gott/Mensch hinaus und beweist eben gerade dadurch ihren ‚Bund mit Gott' (vgl. IV, 166),[25] ihre Treue und Festigkeit im Glauben. Die Grundlage ihrer Beständigkeit liegt in dem Wissen jenseits der Grenzen des Entweder-Oder. Deswegen kann sie noch unter tödlicher Folter sagen: „Wir haben überwunden/ Wir haben durch den Tod das Leben selbst gefunden" (V, 121 f.). Aufgrund ihres exklusiven Wissens können die Überzeugungs- oder Überredungsversuche nicht greifen, weil der Kern christlicher Paradoxien eben nicht gesagt werden kann, Zeit und Ewigkeit sind einerlei und keine Antipoden. Die Widersacher Catharinas könnten sich um Kopf und Kragen reden, ohne etwas zu erreichen, denn sie steht für etwas ein, das gerade nicht durch Reden glaubhaft, *probabile*, gemacht werden könne. Deshalb gibt es auch keine Schnittmenge, mit Blick auf welche der Graben zumindest durch Symbole oder Metaphern halbwegs geschlossen werden könnte. Nicht einmal der Anschein der Verständigung könnte erreicht werden. Denken wir an den Dialog mit Imanculi im vierten Akt. Dieser in vielerlei Hinsicht interessante Dialog trägt in sich auch immanent eine Theorie paradoxer Rede. Er zeigt, dass – wie Luhmann es in seiner Studie *Reden und Schweigen* formuliert –, die paradoxe Rede „inkompatibles zugleich verwenden möchte und sich dadurch der Anschlußfähigkeit" beraubt.[26] Er zeigt auch den, nach Luhmann, „operative[n] Effekt" des rhetorischen Paradoxon, das die „Kommunikation ins Oszillieren" bringt.[27] Beides ist besonders dann der Fall, wenn Geistliches als etwas prinzipiell Unverfügbares mit ins Spiel gerät, wie in diesem Dialog mit Imanculi. Catharina bringt ihren

---

25 Zitiert wird nach: Andreas Gryphius: Catharina von Georgien (1657). In: Gesamtausgabe der deutschsprachigen Werke. Hg. von Hugh Powell. Bd. 6. Tübingen 1966 (Neudrucke Deutscher Literaturwerke, Neue Folge 15), S. 131–227. Vgl. Oliver Bach: Zwischen Heilsgeschichte und säkularer Jurisprudenz. Politische Theologie in den Trauerspielen des Andreas Gryphius. Berlin, Boston 2014 (Frühe Neuzeit 188), S. 443.
26 Niklas Luhmann, Peter Fuchs: Reden und Schweigen. Frankfurt am Main 1989, S. 8.
27 Ebd.

Widerstand gegen das Systemdenken des Entweder-Oder in ihrer appellativen Rede auf den Punkt, so dass Aspekte stoisch-christlicher Paradoxa deutlich zu erkennen sind: „Nemmt Kercker für Paläst/ für Freiyheit; Ketten an/ Für Reichthumb/ kiest Verlust vnd was ergetzen kan verwächselt mit der Qual" (IV, 175–177). Auffällig ist die Figur des Chiasmus, der sich besonders gut dafür eignet, Paradoxien zu erzeugen. Zudem versinnbildlicht er das Kreuz und durchkreuzt vom Glauben abweichende Zuordnungen. Imanculi hält sich tapfer und führt einen klugen Dialog, in dem er Catharina schnell ins Zentrum christlicher Heilslehren lockt und das für ihn unlogische Paradoxon, dass Mensch Gott geworden sei, zur Sprache bringt. Catharina kontert mit einigen für ihn wiederum widersinnigen Thesen: „Zeit vnd Ewigkeit" (IV, 188) seien in der Menschwerdung Gottes aufgehoben,[28] Christus habe durch seinen „Tod das Leben vns erworben" (IV, 190) und sei am „am dritten Tag auß eigner Macht" erwacht (vgl. IV, 192). Auch durchkreuzt sie die irdisch-pragmatische Hierarchie von Werten. Während Imanculi sie auffordert, „für Ubel grosses Gutt" zu wählen, antwortet sie: „Wir thuns! vnd wagen frisch für Gut die handvol Blutt" (IV, 223 f). Catharina hängt Imanculi mit ihrer geistlich fundierten paradoxen Rede ab, um schließlich in ihrem baldigen Tod „das höchste Glück" vorauszusehen (IV, 264). Die Ästhetik der Stichomythien, der schnellen Wechselrede, bildet metatextuell die Problemlage ab: Catharinas Rede entfaltet ihre Wirksamkeit gerade in ihrer Kürze, die den Paradoxa insofern angemessen ist, als diese nicht erklärt, sondern geglaubt werden müssen. Zugleich führen die Stichomythien kunstvoll in die Irre: Es reden zwei Figuren miteinander, immer gleichmäßig sich abwechselnd, so dass die Struktur der Zweiheit, der binären Opposition durchscheint und eine klare Ordnung suggeriert, um die gestritten wird, um das eine oder das andere. Genau dieses aufzuheben, darum aber geht es Catharina. Während sie klimaxartig ihre Position immer weiter zuspitzt, bleibt dem zunehmend ratlosen Imanculi angesichts ihrer für ihn paradoxen und paralogischen Rede nichts anderes, als einen „Wahn" zu konstatieren (IV, 181). Er sinniert über den „Vnfall" wohl ihres Urteilsvermögens, den er gerne „wenden" würde (IV, 250), was ihm aber – das weiß er selbst – keinesfalls mehr gelingen kann. Die Szene zeigt, dass Paradoxa des Glaubens eben nicht durch Reden *probabilia* gemacht werden können. Allerdings funkeln und verstören sie, je mehr sie zum Einsatz kommen. Sie üben Faszination aus, je mehr sich Catharina mit Lust der Folter nähert. Wie der Weise in Lipsius' *Manuductio* den Rezipienten in seiner Vortrefflichkeit und

---

28 Vgl. Gerald Gillespie: Time and Eternity in Andreas Gryphius' *Catharina von Georgien*. In: Garden and Labyrinth of Time. Studies in Renaissance and Baroque Literature. Hg. von dems. New York 1988 (Germanic Studies in America 56), S. 169–191.

Unfehlbarkeit entrückt erscheinen könnte, auf einer Stufe mit Gott, als einer, der keine menschlichen Schwächen mehr aufweist, so wirkt Catharina ihrer Umwelt zunehmend als unverständlich. Die Basis ihrer Rede und ihres Tuns liegt dabei auch im stoischen Paradoxon, dass der Tod kein Übel ist, das aber christlich gewendet noch einmal Zuspitzung erfährt: Der Tod ist dem Leben nicht nur gleichgültig, sondern öffnet die Tür zum Leben, zur Ewigkeit und ist allem Irdischen vorzuziehen.

Der Dialog mit Imanculi zeigt, was passieren kann, wenn gerade geistlich konnotierte Paradoxa zum Gegenstand der Kommunikation werden. Er zeigt, dass es keine angemessene Sprache gibt, die den Kern ihres Wahren trifft und die überzeugen könnte.

Ein anderes Beispiel findet sich im ersten Akt. Catharina und Salome reden zwar miteinander, aber, recht besehen, zunehmend aneinander vorbei. Catharina nimmt die Rosen, die Salome ihr als Zeichen des Sommers bringt, zum Anlass, von ihrem Traum zu erzählen. Schrittweise entfaltet sie den heilsgeschichtlichen Sinn dieses Zeichens, das ihr „höchste Qual" (I, 342), den Foltertod, aber zugleich Freiheit, die Kron der Ewigkeit verkündet.[29] Im Traum fühlte Catharina, dass sich plötzlich die Gegensätze auflösen, dass Gefangenheit und Tod das eigentliche Leben bedeuten werden. Sie drückt es aus in dem fast unmerklichen Satz: „Ich fiel gantz von mir selbst" (I, 345). Danach ist die sagbare Wissensordnung außer Kraft gesetzt, der Fall bedeutet zugleich eine Schönheit und Hoheit, für die es keine Worte gibt (vgl. I, 347 f.). Mitzudenken ist das stoische Paradoxon ‚nur allein der Weise ist König', wenn Catharina erzählt, wie sie nach ihrem Fall in ihrem „weissen Kleid [...] von Diamanten schüttern" steht, vor ihr Chach Abas „voll von Furcht" vor ihren Füßen zitternd (I, 349 f.). Catharina sieht sich selbst im Traum, als Sinnbild stoisch-christlicher Beständigkeit, als eine, die im Martyrium Gott gleich geworden ist, was eben – wie Lipsius es in seinem 12. Paradoxon formuliert – *paralogum* ist. An dieser Stelle

---

29 Zu Catharinas Martyrium vgl. etwa Peter-André Alt: Der Tod der Königin. Frauenopfer und politische Souveränität im Trauerspiel des 17. Jahrhunderts. Berlin, New York 2004 (Quellen und Forschungen zur Literatur- und Kulturgeschichte 30 = 264), hier S. 60–83. Ferdinand van Ingen: Andreas Gryphius' *Catharina von Georgien*. Märtyrertheologie und Luthertum. In: Studien zur deutschen Literatur des 17. Jahrhunderts. Gedenkschrift für Gerhard Spellerberg (1937–1996). Hg. von Hans Feger. Amsterdam 1997 (Chloe 27), S. 45–70. Zum Zeichen der Rose als ‚Kippfigur' in dieser Szene vgl. Thomas Borgstedt: Catharina von Georgien. Poetische Sakralisierung und Horror des Politischen. In: Interpretationen. Dramen vom Barock bis zur Aufklärung. Stuttgart 2000, S. 37–62, hier S. 42 f. Allgemeiner vgl. Barbara Becker-Cantarino: „Die edlen Rosen leben so kurtze Zeit". Zur Rosen-Metaphorik bei Gryphius, Góngora und den Quellen. In: Studien zur Literatur des 17. Jahrhunderts. Gedenkschrift für Gerhard Spellerberg (1937–1996). Hg. von Hans Feger. Amsterdam 1997 (Chloe 27), S. 11–33.

ist gut zu sehen, dass die Figur des Weisen dazu dient, vor Augen geführt zu werden, sie ins Gedächtnis einzuprägen. Sie ist eine, wenngleich künstliche, aber ideale Zielvorstellung, komponiert durch kunstvolle, eben paradoxe Rede. Diese Funktion erfüllt die Traumfigur aber vor allem für Catharina selbst, von der sie erzählt wird. Gryphius stellt ihr effektvoll die ahnungslose Salome gegenüber, die den Traum nicht im Ansatz begreift und die ihr erzählten Bilder anders auslegt. Sie deutet dieses „Gesichte" als ein Zeichen, dass die „Freyheit" heimrufe (I, 357), d. h., dass Catharina aus den Händen des Chachs befreit werden.[30] Ab diesem Punkt der Kommunikation scheiden sich zunehmend die Geister. Während die pragmatische Salome davon erzählt, wie sie die Wachen durch einen Schlaftrunk überlistet hat, um den Gesandten den Weg zu bahnen, ist Catharina schon in anderen Welten und fühlt sich in Ketten „[n]eu gebohren" (I, 405).

Stoisch-geistliche Paradoxa bilden in der *Catharina von Georgien* die ästhetische Leitlinie der Figurenrede. Sie machen den eigentlichen Reiz dieses Stückes aus, von dem wir ja schon von Beginn an wissen, wie es ausgeht, es aber dennoch immer wieder lesen. Die Unaussprechlichkeit seiner Hauptfigur macht Gryphius von Anfang an zum Programm. Statt ‚bewehrete Beständigkeit' hätte er als Untertitel wählen können ‚unaussprechliche Beständigkeit', der aber vielleicht die Leser verwirrt hätte und zu voraussetzungsreich gewesen wäre. Bereits in der Vorrede an den *Großgünstigen Leser* bezeichnet er Catharina direkt zu Beginn als Beispiel „vnaußsprechlicher Beständigkeit".[31] Er unterstreicht damit den paradoxen Zug dieser Figur, dass ihr Beispiel auf das Paralogische verweist, dass die Diastase zwischen Menschlichem und Göttlichen sich schließen könnte, in einem Augenblick, in dem Zeit und Ewigkeit zusammenfallen, der nicht mit menschlicher Begriffssprache plausibel gemacht werden kann. Wenige Sätze später gesteht er zu, dass seine „Feder zu schwach/ so hohe Geduld/ so hertzhafte Standhafftigkeit/ so fertigen Schluß das Ewige dem Vergänglichen vorzuziehen/ [...] nach Würden herauß zustreichen."[32] Dass trotzdem geschrieben werden muss, resultiert aus der Energie des Paradoxen, das fasziniert und anzieht, dazu anregt, es zu begreifen, zugleich in dem Wissen, es niemals fassen zu können. Dieses Dennoch- oder Weiterreden kennen wir von der Meisterin paradoxer Rede, von Catharina Regina von Greiffenberg, die gerade

---

30 Zu diesem Dialog vgl. auch Verf.: Rastlose Weltgestaltung. Senecaische Kulturkritik in den Tragödien Gryphius' und Lohensteins. Tübingen 2003 (Frühe Neuzeit 81), S. 103–117.
31 Gryphius: Catharina von Georgien (Anm. 25), hier die Vorrede an den Großgünstigen Leser, S. 133.
32 Ebd.

im Bewusstsein dessen, sich angesichts des Wunders nicht ausdrücken zu können, immer weiter redet und die Unsagbarkeit immer wieder herausstellt.[33]

Der Figur Papinian ist sich etwas anders anzunähern, da der deutliche geistliche Kontext fehlt, wenngleich er hin und wieder aufscheint, etwa im Gedanken des ewigen Rechts. Die Problematik des rechtlichen Standpunkts ist in jüngster Zeit wieder eingehend beforscht worden.[34] Auf diese ist hier nur am Rande einzugehen, wenngleich für die Formulierung von Papinians Rechtsauffassung stoische Paradoxa eine Rolle spielen. Sie werden bereits im ersten *Reyen der Hofe= Junckern Papiniani* gegen Ende angedeutet: Der Weise hält den Tod für kein Übel, er lebt in Gemeinschaft mit den Göttern (vgl. I, 431–433).[35] Die Strophe schließt mit einem Chiasmus, der besagt, dass wir das hoch schätzen, was uns immer wieder verletzt und das als niedrig bewerten, was uns erquickt. Der Chiasmus plädiert hier für das Paradox, im Niedrigen oder Unauffälligen das eigentlich Wichtige zu erkennen – ein Appell, der aus geistlichen Diskursen bekannt ist. Papinian macht sich einige der hier formulierten Paradoxa zu eigen, sie sind die Basis seines Widerstands. Sein Widerstand wird ihn politisch zu Fall bringen, seine Haltung ist für seine Widersacher unverständlich. Ein Lehrstück stoischer paradoxer Rede bildet im dritten Akt der Dialog mit Cleander. Papinian weigert sich, den Brudermord an Geta mit einer öffentlichen Schrift zu beschönigen. Als Cleander versucht, ihn dazu zu bewegen, wird er mit der Haltung konfrontiert, die keiner Argumentation zugänglich ist. Besonders unverständlich ist für Cleander, dass Papinian meint zu dienen, indem er sich verweigert. Um der „Götter ewig Recht" (III, 486) zu verteidigen, so erklärt Papinian, diene er dem Bassian

---

33 Vgl. Verf.: Begriff des Unbegreiflichen. Rhetorik des Paradoxen in Text und Bild. In: Das Wunderpreisungsspiel. Zur Poetik von Catharina Regina von Greiffenberg (1633–1694). Hg. von Mireille Schnyder. Unter Mitarbeit von Damaris Leimgruber. Würzburg 2015 (Philologie der Kultur 11), S. 47–59.
34 Vgl. etwa Oliver Bach: Zwischen Heilsgeschichte und säkularer Jurisprudenz (Anm. 25), Kap. 5.3. Friedrich Vollhardt: Klug Handeln? Zum Verhältnis von Amtsethik, Natur und Widerstandsrecht im Aemilius Papinianus von Andreas Gryphius. In: ‚Natur', Naturrecht und Geschichte. Hg. von Simon de Angelis. Heidelberg 2010 (Beiträge zur neueren Literaturgeschichte 283), S. 237–255. Wilfried Barner: Der Jurist als Märtyrer. Andreas Gryphius' *Papinianus*. In: Literatur und Recht. Literarische Rechtsfälle von der Antike bis in die Gegenwart. Hg. von Ulrich Mölk. Göttingen 1996, S. 229–242. Gerhard Spellerberg: Recht und Politik. Andreas Gryphius' *Papinian*. In: Der Deutschunterricht. Bd. 35/5 (1985), S. 57–68. Schon in der Frühen Neuzeit war der historische Papinian ein Gegenstand gelehrter juristischer Debatten. Vgl. Wilhelm Kühlmann: Der Fall Papinian. Ein Konfliktmodell absolutistischer Politik im akademischen Schrifttum des 16. und 17. Jahrhunderts. In: Daphnis 11 (1982), S. 222–252.
35 Zit. wird nach: Gryphius: Großmüttiger Rechts=Gelehrter/ Oder Sterbender Æmilius Paulus Papinianus (1659). In: Gesamtausgabe der deutschsprachigen Werke. Hg. von Hugh Powell. Bd. 4. Tübingen 1964 (Neudrucke Deutscher Literaturwerke, Neue Folge 12), S. 161–269.

"mit Hertzen/ Seel und Hand" (III, 440), indem er sich weigert, mit „Rath und Reden" (III, 437) die Sache zu bemänteln, wie Cleander es von ihm verlangt. Ein solches Dienen, wendet Cleander ein, zielt nicht auf das Leben, sondern ist auf den Tod ausgerichtet (vgl. III, 469–471), aber gerade dieser ist für Papinian mindestens ein Nichts. Wenn er im Dienst des ewigen Rechts erfolgt, dann ist er sogar einem „schimpfflichen Leben" vorzuziehen (III, 514). Das Leben als solches ist kein Gut, der Tod ohnehin kein Übel. Cleander ist außer Stande, das zu denken und zu erwägen, ob Papinian nicht gerade dadurch, dass er sich weigert, pflichtgemäß auf eine wichtige Instanz aufmerksam macht, das ungeschriebene Gesetz. Für ihn bleibt Papinians Haltung unpragmatisch und verwegen, paradox und paralogisch. Natürlich gelingt es ihm nicht, den Verfechter des ‚ewigen Rechts' mit dem Hinweis auf den möglichen Verlust seines „Standes" und seines „Gutes" und gegebenenfalls zukünftiger Belohnungen zu beeinflussen (I, 475). Dies ist alles für Papinian „leeres Kinder=werck", das „schlechte Geister" angehe (I, 476), denn er lebt das Paradoxon: Nur der Weise ist reich. Papinians Reichtum ist nicht messbar und nicht zählbar, sondern resultiert, ähnlich wie im Fall der Catharina, aus exklusivem Wissen. Dieser Reichtum an Wissen, der für Cleander nicht zugänglich ist, macht Papinian unantastbar, die Positionen unvermittelbar. Wieder bilden hier die Stichomythien metatextuell die Unvereinbarkeit der Standpunkte besonders auch über rechtliche Fragen ab. Die Kürze der Sätze verweist darauf, dass auch mit noch mehr Reden, auf das sich Papinian durchaus versteht, keine Überzeugung geleistet werden kann. Auch hier scheint es, wie im Gespräch zwischen Catharina und Imanculi, als würden die Dialogpartner zunehmend aneinander vorbeireden. Cleander verliert offenbar den Anschluss. Gegen Papinians Paradoxa kann er mit Reden nicht gewinnen. Am Ende muss er zugestehen: „Ade! Ich red umbsonst" (III, 519).

4 Fazit: Das Paradoxon zwischen Vermittelbarkeit und Provokation

Die Figuren Catharina und Papinian verweisen darauf, dass es eben doch Dinge gibt, die durch Reden nicht wahrscheinlich gemacht werden können, die nicht nur *admirabilia* sind, sondern tatsächlich paradox, weil in ihnen vermeintlich Unvereinbares zusammenfällt. Die Haltung, die aus diesen Paradoxa resultiert, beruft sich auf ein exklusives Wissen, auf etwas Drittes, das das Denken in binären Oppositionen übersteigt, die wichtigsten sind wohl Leben und Tod, Zeitlichkeit und Ewigkeit. Gryphius umstellt seine Hauptfiguren mit Mitspielern, die dieses Übersteigen nicht nachvollziehen, nicht nachvollziehen können oder wollen. Ist es auch die Aufgabe von Imanculi und von Cleander, ihre vergeistigten Weisen zu überzeugen, müssen sie doch in jedem Fall scheitern, weil etwas ins Spiel gerät, das der Sprache nicht verfügbar ist. Beide Trauerspiele zeigen, wie Paradoxa in geistlichen und politischen Diskussionen genutzt werden können. Sie sind keinesfalls nur Schmuck, sondern Träger von Ideen und Konzepten, die Korrektive sein können in einer durchökonomisierten Welt, vielleicht aber keine echten Alternativen. Gryphius zeigt, was passieren kann, wenn, besonders im Sinne von Lipsius' Verständnis des Paradoxen, Paralogisches in einer Welt der Vernunft und prudentistischen politischen Praxis verhandelt und dieses Paralogische mit dem Postulat der Wahrheit vertreten wird. Ciceros Plädoyer für das *probabile*, das Wahrscheinliche, hat Vorteile: Es ermöglicht, Zugeständnisse zu machen, auf Absolutheit und Rigorismus verzichten zu können. Damit aber – so macht Gryphius wie Lipsius deutlich – wird etwas aufgegeben und verliert das Paradoxe seine provokative, seine anregende, seine oszillierende und im besten Fall seine regulative Energie. In den Trauerspielen aber stellt sich die Frage, wohin diese Energie in der Welt der Politik führt. Die Leistung des Paradoxen besteht hier darin, auf Bedeutung und Verlust desjenigen Wissens hinzuweisen, das durch Sprache nicht kommunizierbar ist. Wohin mit diesem Wissen? Was bleibt davon? Diese Fragen beantworten die Trauerspiele absichtlich nicht. Sie verhandeln das Für und Wider einer christlichen Verwandlung stoischer Paradoxa und unterstreichen, dass diese zwar als Korrektive wirken könnten, aber zugleich politisches Handeln erschweren, Konsensfindung sogar unmöglich machen.

II **Neues Wissen – Veraltete Theologie?**

Johann Anselm Steiger
„Die Schlang erschrickt / der Grund der Höll erkracht"

Andreas Gryphius und das Protevangelium

1 Einleitung

Der Sündenfall Adams und Evas, so berichtet es die Genesis (3,16–19), hatte weitreichende Folgen. Er trug nicht nur den Erzeltern, sondern allen ihren Nachkommen den Verlust des Paradieses und die Sterblichkeit ein, er bescherte dem weiblichen Geschlecht die Geburtsschmerzen und dem männlichen die Mühsal der Ackerwirtschaft. In Gen 3,14 liest man überdies folgende Worte, die Gott nach dem Sündenfall an die Schlange richtete, um sie zu verfluchen, nachdem diese die Erzeltern zum Abfall von Gott überredet hatte: „DA sprach Gott der HERR zu der Schlangen/ Weil du solches gethan hast, Seistu verflucht fur allem Vieh und fur allen Thieren auff dem felde/ Auff deinem Bauch solltu gehen/ und erden essen dein leben lang." Entscheidend aber ist die Fortsetzung dieser Gottesrede in Gen 3,15, wo es heißt: „VND JCH WILL FEINDSCHAFT SETZEN ZWISCHEN DIR VND DEM WEIBE/ VND ZWISCHEN DEINEM SAMEN VND JREM SAMEN/ DER SELB SOL DIR DEN KOPFF ZUTRETTEN/ VND DU WIRST JN IN DIE VERSCHEN STECHEN." Dieser Ausspruch Gottes wird von Luther und der frühneuzeitlich-lutherischen Tradition als die früheste *promissio evangelica* angesehen, als erste Verheißung des Messias Christus, der durch sein Leiden und Sterben die verderblichen Mächte Sünde, Tod und Teufel überwinden wird. Seit dem ausgehenden 16. Jahrhundert wird für Gen 3,15 zunächst auf lutherischer Seite die Benennung ‚Protevangelium'[1] üblich, gewiss auch, um dem innerhalb der römisch-katholischen Konfession äußerst beliebten apokryphen *Protevangelium Jacobi* einen kanonischen Text entgegensetzen zu

---

[1] Die theologischen Lexika widmen diesem Lemma nur selten (verbesserungswürdige) Artikel. Vgl. Johann Michl, Karl Rahner: Art. Protoevangelium. In: Lexikon für Theologie und Kirche² 8 (1963), Sp. 832–834 sowie Heinrich Petri: Art. Protoevangelium. In: Lexikon für Theologie und Kirche³ 8 (1999), Sp. 666–668. Zur Auslegungsgeschichte vgl. Tiburtius Gallus: Interpretatio Mariologica Protoevangelii (Gen 3,15) Tempore Postpatristico Usque Ad Concilium Tridentinum. Rom 1949 sowie ders.: Der Nachkomme der Frau in der altlutheranischen Schriftauslegung. 2 Bde. Klagenfurt 1964–1973; ders.: „Der Nachkomme der Frau" (Gen 3,15) in der evangelischen Schriftauslegung. Bd. 3: Von der Aufklärungszeit bis in die Gegenwart. Anschließend eine Synthese. Klagenfurt 1976. Eine begriffsgeschichtliche Untersuchung zum Terminus ‚Prot(o)evangelium' steht freilich noch aus.

https://doi.org/10.1515/9783110664898-005

können. Der früheste bislang recherchierte Beleg für die Bezeichnung von Gen 3,15 als ‚Protevangelium' findet sich in einer gegen Calvin gerichteten kontroverstheologischen Schrift des am Ende des 16. Jahrhunderts führenden Wittenberger Theologen Aegidius Hunnius (1550–1603) und stammt aus dem Jahr 1593.[2] In Buchtiteln taucht ‚Protevangelium' erstmals 1613 in einer Schrift des Gießener Theologieprofessors Christoph Helwig (1581–1617)[3] und ein Jahr später im Druck einer sich mit dem Sozinianismus kritisch befassenden Disputation auf, der der Wittenberger Theologe Wolfgang Franzius (1564–1628) vorgesessen hatte.[4]

2 Zur Auslegung des Protevangeliums bei Luther

Martin Luther zollte Gen 3,15[5] höchste Wertschätzung und vertrat (seit 1522[6]) die Ansicht, dieser kurze Text sei „das aller erst Euangelion gewest auff erden",[7] kennt

---

[2] Aegidius Hunnius: CALVINVS IVDAIZANS, Hoc est: IVDAICAE GLOSSAE ET CORRVPTELAE, QVIBVS IOHANNES CALVINVS illustrissima Scripturae sacrae loca & Testimonia, de gloriosa Trinitate, Deitate CHRISTI, & Spiritus sancti, cum primis autem vaticinia Prophetarum de Adventu Messiae, nativitate eius, passione, resurrectione, ascensione in coelos & sessione ad dextram Dei, detestandum in modum corrumpere non exhorruit. Addita est corruptelarum confutatio. Wittenberg 1593 (BSB München Exeg. 1358 w Beibd. 4), S. 70.
[3] Christoph Helwig: DESIDERIUM MATRIS EVAE, E PROTEVANGELIO PARADISI CONCEPTUM, SEU EXPLICATIO DICTORUM GENES. IV. vers. 1. & Genes. 3. v. 15. OPPOSITA Variis corruptelis, Judaeorum, Calvini, Parei, Piscatoris, Papistarum [...]. Gießen 1613 (BSB München 4 Diss. 2207 Beibd. 6).
[4] Wolfgang Franzius (Praes.), Dionysius Frideborn (Disp.): DISPUTATIONUM THEOLOGICARUM De SACRIFICIIS SATISFACTIONIS CHRISTI PRO PECCATIS TOTIUS MUNDI PRAESTITAE, TYPIS CERTISSIMIS ET FIRMISSIMIS. Adversus recentiores Arianos seu Photinianos Satisfactionem CHRISTI omnem pernegantes SECUNDA Quòd sacrificia non priùs, nisi cum promulgato Protevangelio de semine mulieris contrituro caput serpentis coeperint [...]. Wittenberg 1614 (FB Gotha Theol. 4° 698c/5 [1b]).
[5] Vgl. die Hinweise bei Heinrich Bornkamm: Luther und das Alte Testament. Tübingen 1948, S. 87 und 170; Jörg Baur: Sola Scriptura – historisches Erbe und bleibende Bedeutung. In: Luther und seine klassischen Erben. Hg. von dems. Tübingen 1993, S. 46–113, hier S. 95; Ulrich Asendorf: Lectura in Biblia. Luthers Genesisvorlesung (1535–1545). Göttingen 1998 (Forschungen zur Systematischen und Ökumenischen Theologie 87), S. 68 f. Ausführlicher: Reinhard Schwarz: Martin Luther. Lehrer der christlichen Religion. Tübingen 2015, S. 47–54.
[6] S. u. S. 95.
[7] Martin Luther: Werke. Kritische Gesamtausgabe. 73 Bde. Weimar 1883–2009 (fortan zit. WA unter Angabe von Bd.-, Seiten- und Zeilenzahl), hier: WA 11,317,11 (Daß Jesus Christus ein geborener Jude sei 1523). Vgl. auch die Marginalie zu Gen 3,15 in Luthers Bibelübersetzung: „Dis ist das erst Euangelium vnd Verheissung von Christo geschehen auff Erden/ Das er solt/ Sünd/ Tod vnd Helle vberwinden vnd vns von der Schlangen gewalt selig machen. Daran Adam

den *terminus technicus* ‚Protevangelium' indes noch nicht. Ähnlich verhält es sich im Œuvre Melanchthons.[8] In Luthers Schriften, nicht zuletzt in seinen Predigten, aber auch andernorts, begegnet Gen 3,15 äußerst häufig und an prominenten Stellen. Dies ist etwa in Luthers Vorrede zum Neuen Testament (1522)[9] und in derjenigen zum Römerbrief[10] der Fall, aber auch in der 1522 publizierten *Kirchenpostille*, mithin in der Sammlung von Musterpredigten, die der Reformator auf der Wartburg zu Papier gebracht hatte und die in einer Flut von Drucken Verbreitung fand. Hier heißt es in der Predigt am Sonntag nach Weihnachten:

> Das ist nu der same des weybs, das kind Marie, der da ficht wider die schlangen, zuuortilgen die sund und den todt. Darumb spricht der text, das der same soll tzurtretten der schlangen den kopff; on zweyffell hatt er die schlangen gemeynet, die Heua vorfurt, das war der teuffel ynn der schlangen. Und Adam mit Heua habens auch gewißlich alßo vorstanden; wer wil sonst antzeygen eynen ßon oder samen, der den kopff tzurtrette? sollts von eynem pur menschen gesagt seyn, ßo hett Adam auch ßo wol dasselb tretten gehabt, als yemand seyner kind. Aber es solt nit Adam noch Adams, ßondern nur eynß weybs, eyner iungfrawen kind thun. Und ist feyn geteyllt, das dißer same des teuffells kopff, da alle seyn leben ynnen ist, zurtritt. Aber der teuffel widderumb tzurtrit nit dissem samen

---

gleubet mit allen seinen Nachkomen/ Davon er Christen vnd selig worden ist von seinem Fall." Martin Luther: Die gantze Heilige Schrifft Deudsch. Wittenberg 1545. Letzte zu Luthers Lebzeiten erschienene Ausgabe. Hg. von Hans Volz unter Mitarbeit von Heinz Blanke. Textredaktion Friedrich Kur. München 1972, S. 29. Nach dieser Ausgabe richtet sich der Wortlaut der in vorliegendem Aufsatz zitierten Bibelstellen.
8 Vgl. Philipp Melanchthon: Loci Communes 1521. Lateinisch – Deutsch. Übers. und mit kommentierenden Anmerkungen versehen von Horst Georg Pöhlmann. Hg. vom Lutherischen Kirchenamt der Vereinigten Evangelisch-Lutherischen Kirche Deutschlands. Gütersloh 1993, S. 162/164. Gen 3,15 bezeichnet Melanchthon als „prima promissio" und „primum evangelium".
9 Vgl. Martin Luther: Werke. Kritische Gesamtausgabe. Die Deutsche Bibel. 12 Bde. Weimar 1906–1961 (fortan zit. WA.DB unter Angabe von Band-, Seiten- und Zeilenzahl), hier WA.DB 6,6, 24–34: „Nu hat Gott solchen glawben zu stercken, dises seyn Euangelion vnd testament viel felltig ym alten testament durch die propheten versprochen, wie Paulus sagt Ro .1. Jch byn aussgesondert zu predigen das Euangelion Gottis, wilchs er zuuor verheyssen hat durch seyne propheten ynn der heyligen schrifft, von seynem son der yhm geporn ist von dem samen etc. Vnnd das wyr der etlich antzihen, hat ers am ersten versprochen, da er sagt zu der schlangen Geñ. 3. Jch will feyndschafft legen zwischen dyr vnd eynem weyb, zwisschen deynem samen vnd yhrem samen, der selb soll dyr deyn hewbt zutretten, vnd du wirst yhm seyn solen zutretten, Christus ist der same dises weybs, der dem teuffel seyn heubt, das ist, sund, tod, helle vnd alle seyne krafft zurtretten hatt, Denn on disen Samen kan keyn mensch der sund, dem todt, der hellen entrynnen."
10 Vgl. WA.DB 7,8,3–9: „Da her Christus alleyne den vnglauben sund nennet, da er spricht Johan. 16 der geyst wirt die welt straffen vmb die sund, das sie nicht glewben an mich, darumb auch, ehe denn gutte odder bose werck geschehen, als die gutten oder bosen fruchte, mus zuuor ym hertzen da seyn, glawbe odder vnglawb, als die wurtzel, safft vnd heubt krafft aller sunde, wilchs ynn der schrifft auch darumb des schlangen kopff vnd allten trachen hewbt heyst, den des weybs samen Christus, zutretten mus, wie Adam versprochen wart."

> den kopff, ßondern seyne verßen oder füßsolen, das ist: der boß geyst schendet und macht tzu nicht und todtet wol das eußerlich, leyplich leben Christi und seynen wandell odder werck, Aber das hawbt bleybt leben, die gotheyt, und erweckt auch die füßsolen, die menscheyt, vom teuffell tzurttretten, wider auff.[11]

Luther richtet den Blick nicht nur auf die Überwindung des Satans durch den in Gen 3,15 verheißenen siegreichen Christus. Vielmehr zeigt der Reformator – konsequent in der Perspektive der *theologia crucis* – ein besonderes Interesse daran, dass der Schlangentreter vom Teufel erheblich in Mitleidenschaft gezogen wird, indem er sich dem schwersten nur denkbaren Leiden unterzieht und anstelle der Menschen deren Sündhaftigkeit und den Tod auf sich nimmt, was freilich nicht dazu führt, dass der Sohn Gottes von den Verderbensmächten besiegt wird. Eine ähnliche Konstellation macht Luther hinsichtlich der Relation des Teufels und der Glaubenden namhaft, die von ersterem bis zum Jüngsten Tag zwar noch angefochten und in äußere und innere Leiden gestürzt, aber letztendlich nicht besiegt werden:

> Alßo auch ynn allen Christen tzurtritt er [scil. der Teufel] yhr solen, schendet und todtet yhr leben und werck, aber den glawbenn, das hewbt, muß er lassenn, dadurch auch die werck und das leben wirtt widderbracht. Aber widderumb bleyben yhm seyne füß, seyn eußerlich weßen ist starck und wütet. Aber seyn kopff, die sund und das ynnerliche weßen, wirt zurtretten, drumb mussen auch tzuletzt seyne füß tzurtretten werden, und er gantz sterben ewiglich mit der sund und mitt dem todt. Sihe, alßo hatt gott die alltten alle durch seyn wortt und yhrn glawben erlost und erhalten von sunden und der gewalt des teuffels, auff den tzukunfftigen Christus [...].[12]

Luther zufolge kommt dem Protevangelium nicht nur die Würde zu, „das aller erst Euangelion" zu sein,[13] sondern stellt überdies eine äußerst kontrakte Zusammenfassung der gesamten später in den Texten des Alten und Neuen Testaments entfalteten evangelischen Botschaft dar. Und mehr noch: Gen 3,15 bildet die Grundlage sämtlicher göttlicher *promissiones* im Alten wie im Neuen Bund, die letztlich nichts anderes als Auslegungen dieses ‚Urtextes' sind.[14] Das

---

11 WA 10/I,1,418,19–419,13 (Kirchenpostille 1522).
12 WA 10/I,1,419,13–22.
13 WA 11,317,11 (Daß Jesus Christus ein geborener Jude sei 1523).
14 Ähnlich Daniel Cramer: SCHOLA PROPHETICA, ARTICULORUM Symboli Apostolici è Prophetis excerptorum: DE JESU CHRISTI INCARNATIONE, MINISTERIO, PASSIONE, MORTE, SEPULTURA, DESCENSU AD INFEROS, ASCENSIONE AD COELOS, SESSIONE AD DEXTERAM DEI, ET MISSIONE SPIRITUS S. SEX CLASSIBUS Comprehensa ac distincta nunc denuo revisa [...]. EDITIO NOVA ET EMENDATIOR. Frankfurt am Main, Leipzig 1714 [¹1606–1612] (Privatbesitz), S. 3. Gen 3,15 ist „primaevum & antiquissimum evangelium: in quo primo omnium promissio facta est primis nostris parentibus, & in lumbis ipsorum toti generi humano, de Christo & regno ipsius, qui

Protevangelium fungiert demnach u. a. als Basis für die Verheißung an Abraham in Gen 22,18 „DURCH DEINEN SAMEN SOLLEN ALLE VÖLCKER AUFF ERDEN GESEGENET WERDEN" und für diejenige an David in 2Sam 7,12: „WENN NU DEINE ZEIT HIN IST/ DAS DU MIT DEINEN VETERN SCHLAFFEN LIGST/ WIL ICH DEINEN SAMEN NACH DIR ERWECKEN/ DER VON DEINEM LEIBE KOMEN SOL/ DEM WIL ICH SEIN REICH BESTETIGEN."[15] Dieser Sicht der Dinge zufolge sind also sämtliche in der Heiligen Schrift begegnenden *promissiones Dei* geprägt von ihrer Rückbezüglichkeit auf das Protevangelium. Zugleich aber tragen in umgekehrter Perspektive letztere, wie Luther betont, zur Erläuterung, Erklärung und damit auch Erhellung des äußerst knappen und somit enigmatischen Wortlauts („es sind finstere wort"[16]) des Protevangeliums bei.[17] Diesem evangelischen Grundtext bescheinigt Luther, paradoxerweise sowohl höchst klar bzw. verständlich als auch sehr dunkel zu sein.[18] Diese Paradoxie ist aufs engste verknüpft mit der dialektischen Vermitteltheit von extremer, eben göttlicher *brevitas* der in Gen 3,15 vorliegenden Verheißung und deren letztlich allumfassender Tragweite, die auch durch ausführlichste homiletische *amplificatio* niemals sachgemäß zu Gehör gebracht werden kann:

---

assumpturus esset massam carnis humanae, & conflicturus cum Diabolo, & destructurus mortem & infernum [...]." Jegliche alttestamentliche Prophetie fußt demnach auf dem Protevangelium: „Hoc evangelium fons est omnium prophetiarum subsequentium." Vgl. auch Salomon Glassius: Prophetischer Spruch-Postill Erster Theil/ Darinnen auff alle vnd iede Fest- vnd Feyr-Tage durchs gantze Jahr/ zweene Prophetische Sprüche/ Einer aus dem Esaia/ der ander aus der folgenden Propheten einem/ erkläret/ mit dem gewöhnlichen Evangelio verglichen/ vnd zu Christlichem Nutzen/ im Glauben vnd Leben/ angeführet werden. Am Ende ist die Erklärung des LIII. Capitels Esaiae/ von dem Leiden/ Sterben/ vnd Aufferstehung Christi; wie auch das XXXIII. Cap. Ezechielis/ von dem H. Predig-Ampt vnd andern Lehr-Puncten/ angefüget [...]. Jena 1642 (Erscheinungsjahr 1643 [laut Kupfertitel]) (Theologische Bibliothek der Universität Hamburg G VI v 331), S. 288: Die Schriften Alten Testaments sind Glassius zufolge letztlich nichts anderes als eine fortgesetzte Erläuterung von Gen 3,15, dem „schönen Evangelischen Machtspruch": „Welches hernach von einer Zeit zur andern/ ie mehr vnd mehr durch die H. Patriarchen/ Propheten vnd Männer Gottes/ erläutert vnd erkläret worden", so z. B. in den Psalmen und in Jes 53.
15 Vgl. WA 12,456,2–23 (Predigten des Jahres 1523, Nr. 6).
16 WA 24,109,11 (Predigten über das 1. Buch Mose 1527).
17 Vgl. WA 12,456,16–22: „Do gab got Abraham ein leichtern spruch und macht im die verhaissung ein wenig klerer und spricht ‚In deinem samen sollen gebenedeyet werden alle völcker' [Gen 22,18]. Da örtert Got einen stammen, davon das kindlein entspringen solt, und was eben die vorig verhaissung, allain das sy lauterer was. Das behielt nun Abraham und fußt auch darauff fort an, biß zu der zeyt David, do kame die verhaissung aber leichter."
18 Vgl. WA 42,144,19 f. (Vorlesungen über 1. Mose 1535–1545): „Ad hunc modum promissio haec et comminatio apertissima est. Sed est eadem quoque obscurissima."

> So sihestu, wie Gott mit so kurtzen worten reden kan, das man ein wort nicht genugsam ausbreitten kan, wenn man gleich lang davon predigt. Ynn den worten ist begriffen und verfasset Christus zukunfft von der Junckfrawen, leiden, sterben und aufferstehen, sein Reich und Euangelion, Wer künd es so mit kurtzen worten fassen odder darynne finden? Darümb heist es billich Gottes wort, das es anders redet und höher ding denn menschen wort.[19]

Das Protevangelium ist laut Luther jedoch auch hinsichtlich seines Inhalts von einer tiefgreifenden Paradoxie bestimmt. Sie rührt daher, dass Gott den Erzeltern im Rahmen der Verkündigung eines Gerichtsurteils zugleich das Evangelium zu Gehör bringt, mithin für die rechte Unterscheidung zwischen und Balance von *lex* und *euangelium* sorgt, indem er einerseits den Verlust der paradiesischen Existenz und die Sterblichkeit allen Fleisches verhängt und andererseits gewissermaßen *uno actu* die Verheißung des Weibessamens promulgiert, der dereinst Tod, Sünde und Teufel überwinden wird. Doch nicht allein diese *promissio* hat evangelische, mithin konsolative Relevanz, sondern auch die Weise, in der Gott den *lapsus Adae* sanktioniert, worin deutlich wird, dass auch der göttlichen Handhabung der *lex* bereits das Evangelium eingelagert ist. Denn Barmherzigkeit und Gnade Gottes werden Luther zufolge darin konkret, dass er Adam und Eva nicht ewig verdammt und sie schlicht in die Hölle fahren lässt, sondern die von diesen verdiente ewige Strafe in eine zeitliche verwandelt.[20] Solche Zusammengehörigkeit, ja mehr noch: solch Ineinander von Sanktion und Trost, von Gesetz und Evangelium kommt auch bildmedial zum Tragen, etwa in der druckgraphischen Ausstattung von Luthers *Betbüchlein*, insofern hier dem Holzschnitt, der die Vertreibung aus dem Paradies darstellt, zitatweise das Protevangelium beigegeben ist.[21] Die Botschaft von Gen 3,15, die in derjenigen der durch Christus erworbenen Sündenvergebung und endzeitlichen *resurrectio carnis* kulminiert, freilich ist, so Luther, mit den Kapazitäten der natürlichen Vernunft nicht zu begreifen, sondern nur im Glauben, mithin *sola fide* zu fassen. Dass die Erzeltern das Protevangelium glaubend ergriffen, ist demzufolge *conditio sine qua non* für deren Fortexistenz nach dem Sündenfall: Nur so konnten sie dem Tod entrinnen,

---

19 WA 24,110,14–20.
20 Vgl. WA 24,107,27–32: „Da scheidet sichs ynn der letzten straffe, und wird so bald gnedig, das er die ewige wandlet ynn eine zeitliche als ein gnediger und freundlicher vater. Die man meynet, er werde sie nicht straffen, die straffet er am greulichsten, Widderümb wilche man meynet, das er werde am hertisten straffen, die strafft er am gnedigsten, Es scheinet, als habe er den Adam am hertisten angegriffen, und schonet sein doch am meisten."
21 Vgl. WA 10/II,460,1–4 [ohne Wiedergabe des Holzschnitts] (Betbüchlein 1522).

wiederbelebt werden[22] und „in media morte" leben – hoffend auf das ewige Leben, womit Adam und Eva Prototypen aller Glaubenden sind, die sich bis zum Jüngsten Tag in eben dieser Situation befinden.[23] Die paradoxe Simultaneität von göttlicher Verfluchung und Trostbotschaft indes konnte Adam nur darum glaubend fassen, weil er eine entscheidende Stufe der Schule des Glaubens bereits durchlaufen und zuvor erfahren hatte, dass Gott aus dem Nichts (*ex nihilo*[24]) zu schaffen die Macht hat:

> Adam sol durch des Weibes Samen vom Tod erlöset sein und leben. Und Adam sol sterben und zu Erden werden. Und keine Vernunfft kan diese ungleiche Sprüche vereinigen und zusamen stimmen. Aber Adam vergleichet sie also, das er mit festem Glauben im Hertzen fasset das Wort von der Verheissung von Christo und gleubet, das er werde leben, wenn er gleich stirbt. Jn solchem Glauben lebt und stirbt er, behelt die Hoffnung auch im Tode, das er leben werde. Er hette auch nach der Vernunfft dencken mögen: Was wil daraus werden? Sol ich leben und doch zu Erden werden? Wie ist das müglich? Wer wil die zum leben bringen, so von Würmen gefressen werden? Aber er dencket nicht also, Sondern er helt sich an das Wort der verheissung: Des Weibes Samen sol der Schlangen den Kopff zutreten, und spricht also: Weil Gott, der dis Wort gered hat, Allmechtig ist und alle ding aus nichts gemacht hat, wie ich an der Schepffung aller Creatur gelernet und erfaren hab, so gleube ich, das er auch den Menschen, ob er auch schon gestorben ist, wider lebendig machen könne. Hat mich Gott aus Erden geschaffen, so kan er mich auch von der Erden erwecken und aus dem Tod bringen.[25]

Dem Protevangelium ist – so Luther – letztlich bereits der gesamte zweite Glaubensartikel eingelagert, auch mit Blick auf die sog. Zweinaturenlehre, der zufolge Jesus Christus ganz Mensch und zugleich ganz Gott ist. Denn der Nachkomme Evas, von dem in Gen 3,15 die Rede ist, muss ja ein Mensch sein, muss aber auch, wenn er denn Tod, Sünde und Satan soll überwinden können, zugleich vollkommen Gott sein, weswegen der Reformator in Gen 3,15 eine gewissermaßen präventive Argumentation erblickt, die sich zugleich gegen die Leugnung der wahren Gottheit durch Arius und gegen die Bezweiflung der wahren Menschheit Jesu seitens der Manichäer wendet:

> Wenn dieser Artikel rein und unverkeret bleibet, können wir fest darauff bawen und erkennen, was fur ein herrlichen, unaussprechlichen schatz uns der Vater geschenckt hat, sonst stehen wir eben in der gefahr, darinnen ist Arrius, der Ketzer, der Christo die Gottheit

---

22 Vgl. WA 42,146,18 f.
23 Vgl. WA 42,147,25–27: „Interim vita nostra est vita in media morte, et tamen etiam in media morte spes vitae retinetur, sic docente, iubente et promittente verbo."
24 Vgl. zum Kontext Johannes Schwanke: Creatio ex nihilo. Luthers Lehre von der Schöpfung aus dem Nichts in der großen Genesisvorlesung (1535–1545). Berlin u. a. 2004 (Theologische Bibliothek Töpelmann 126).
25 WA 49,402,24–41 (Predigten des Jahres 1544, Nr. 14).

entzogen, und Manichaeus, der jn der Menscheit beraubete. Wo es nu dahin kömet, da ist dieser schatz schon verloren, ob man denn lang schreiet: ‚Ein Kind ist uns geboren, ein Son ist uns gegeben' [Jes 9,6], Jtem er hat sich selbs fur unser Sünde gegeben etc. [Eph 5,2; Röm 4,25] so sinds doch leidige hülsen oder schalen, das gewichte ist dahin, wo man die Gottheit verleuret in der person Christi, und denn wird allein eine Creatur fur unser Sünde gegeben, und als denn so ist der Teufel unser mechtig, und wir müssen in unsern Sünden sterben und ewiglich verderben. Wenn aber die hülse vol ist und dieser kern in der schalen noch ist, das GOTTES Son sich selber fur unser Sünde gegeben hat, jtem sein leben zur bezalung fur uns gelassen und sein Blut, das Gottes blut ist [Apg 20,28], fur uns vergossen, so ist das gewicht so starck, das es der Schlangen den kopff zutrit und zerknirschet, die Sünde vertilget, den Tod erwürget, die Helle auffreisset und zubricht.[26]

3 Zur Vielgestaltigkeit der Auslegung des Protevangeliums im antiken Christentum und in der Frühen Neuzeit

Der junge Luther hatte – im deutlichen Kontrast zu seiner späteren Auffassung – eine anthropologische Deutung von Gen 3,15 vertreten, wonach die Feindschaft zwischen der Schlange und dem Weibessamen den Konflikt zwischen Fleisch und Geist („bellum spiritus et carnis"[27]) des sündigen Menschen bezeichnet.[28] Im Jahre 1520 wandte sich Luther im *Sermon von dem Neuen Testament* sodann zunächst der mariologischen Lesart zu, die in Übereinstimmung mit der Vulgata

---

26 WA 49,252,9–24 (Predigten des Jahres 1544, Nr. 10).
27 WA 7,103,37 (Assertio omnium articulorum M. Lutheri per bullam Leonis X. novissimam damnatorum 1520). Vgl. auch WA 7,331,3–13 (Grund und Ursach aller Artikel D. Martin Luthers, so durch römische Bulle unrechtlich verdammt sind 1521): „Den solchen streit unszers fleissches und geistes mit widderspenstigen begirden legt got auff allen, die er tauffet und beruffen lesset, wie Gen. iij. vorkundet ist, da er zu der schlangen sagt ‚Ich wil ein feintschafft zwisschen dyr und einem weib machen, und zwisschen deinem samen und yhrem samen. Sie sol dyr dein hewbt zu tretten, und du wirst lauren auf yhren fusz'. Das ist, das geist und fleisch widdernander streitten, aber der geist, wie wol mit muhe und erbeit sol oben ligen und das ungehorsam fleisch unterdrucken, wie Paulus Gal. v. sagt: ‚Alle die Christen sein oder christum angehoren, die creutzigen yhr fleisch mit seinen lusten und lastern'. Und S. Petrus ‚lieben bruder enthaltet ewch von den fleischlichen lusten, wilch nur alzeit widder die selen streiten'."
28 Vgl. z. B. WA 1,649,7–10 (Ad dialogum Silvestri Prieratis de potestate papae responsio 1518): „Caro concupiscit adversus spiritum et spiritus adversus carnem. Haec enim sibi adversantur, ut non ea quae vultis faciatis. Istae sunt inimicitiae, quas posuit deus inter semen serpentis et semen mulieris, id est inter carnem et spiritum, inter concupiscentiam et charitatem."

Maria als Schlangentreterin profiliert.[29] Seit 1522 indes gab Luther mit Blick auf Gen 3,15 dem Wortlaut des hebräischen Textes den Vorzug. Seither spiegelt sich in Luthers Interpretationen des Protevangeliums die bereits beschriebene konsequent soteriologisch ausgerichtete Christozentrik seines theologischen Ansatzes. Die Biblia Hebraica bezieht bekanntlich den relativen Anschluss, in dem von der Zerknirschung des Kopfes der Schlange die Rede ist, auf den Samen des Weibes, während die Vulgata diese Aussage mit dem Relativpronomen „ipsa" auf „mulierem" fokussiert, woraus sich der Sinn ergibt, nicht Christus, sondern die Muttergottes Maria sei die Schlangentreterin. Allerdings geht es an den auslegungshistorischen Fakten vorbei, wenn neuerdings – die komplexen auslegungsgeschichtlichen Fakten simplifizierend – behauptet wird: „Daß er [scil. Luther] in Gen 3,15 eine direkte Messias-Verheißung erkannte, war jedenfalls für die abendländische Tradition ein Novum."[30] Denn der historische Befund sieht komplexer aus: Sowohl in der patristischen als auch in der mittelalterlichen Exegese von Gen 3,15 finden sich (freilich mit je unterschiedlichen Gewichtungen) beide Lesarten, die christologische und die mariologische – ein Faktum übrigens, das in den frühneuzeitlich-konfessionellen Debatten um die angemessene Interpretation des Protevangeliums durchaus präsent war.[31] Vertreter der christologischen Entzifferung von Gen 3,15 sind z. B. Irenaeus,[32] Hieronymus[33] und

---

29 Noch 1520 trug Luther allerdings die mariologische Deutung von Gen 3,15 vor. Vgl. z. B. WA 6,356,20–25 (Ein Sermon von dem Neuen Testament 1520): „Alßo wart Adam noch seynem fall ein zusagung than, da got zur schlangen sprach ‚Ich will zwischen dir und dem weyb ein feintschafft setzen, zwischen yhrem samen und deynem samen, sie sol dir dein haubt zurtretten und du wirst lauren auff yhren fuß', In wilchen worten, wie wol tunckel, got vorspricht hulff der menschlichen natur, das durch ein weyb der teuffell solt wider uberwunden werden." Vgl. Schwarz (Anm. 5), S. 49 f.
30 Schwarz (Anm. 5), S. 48.
31 Vgl., um nur zwei Beispiele zu nennen, Johann Gerhard: COMMENTARIUS super GENESIN, IN QVO Textus declaratur, quaestiones dubiae solvuntur, observationes eruuntur, & loca in speciem pugnantia conciliantur. Editio novißima & emendatior. Jena 1653 (Privatbesitz), S. 110 sowie Abraham Calov: COMMENTARIUS IN GENESIN [...]. Wittenberg 1671 (BSB München 4 Exeg. 141m), S. 413 f. u. ö. Zu Calovs Deutung von Gen 3,15 vgl. Volker Jung: Das Ganze der Heiligen Schrift. Hermeneutik und Schriftauslegung bei Abraham Calov. Stuttgart 1999 (Calwer theologische Monographien B 18), S. 186–199.
32 Irenaeus von Lyon: Adversus haereses. Gegen die Häresien I–V. Übers. und eingel. von Norbert Brox. Freiburg im Breisgau u. a. 1993–2001 (Fontes Christiani 8/1–5), hier v. a. lib. 3, cap. 23, 7.
33 Vgl. Sophronius Eusebius Hieronymus: Opera omnia. Bd. 2. Paris 1883 (Patrologia latina 23), Sp. 943B: „Ipse servabit caput tuum, et tu servabis ejus calcaneum. Melius habet in Hebraeo: Ipse conteret caput tuum, et tu conteres ejus calcaneum: quia et nostri gressus praepediuntur a colubro: et Dominus conteret Satanam sub pedibus nostris velociter."

Rupert von Deutz.[34] Bernhard von Clairvaux[35] hingegen favorisiert die mariologische Deutung, während Rabanus Maurus sich für beide Lesarten erwärmen kann.[36] Darüber hinaus war in dem durchaus pluralen Mix an exegetischen Traditionen, auf die in der Frühen Neuzeit zurückgegriffen werden konnte, eine weitere Variante zuhanden, das Protevangelium zu entziffern, nämlich die anthropologische bzw. ekklesiologische, der (wie dargelegt) auch Luther zunächst zugetan war. Dieser Auffassung zufolge ist es Sache des Glaubenden, mithin des Christus Nachfolgenden bzw. der Kirche, dem göttlichen Schlangentreter imitatorisch nachzueifern. Diese Sicht der Dinge, die sich v. a. in der reformierten Exegesetradition recht starker Rezeption erfreute (etwa bei David Pareus [1548–1622][37]), wird innerhalb der christlichen Antike z. B. von Origenes, Basilius d. Gr.[38] und Paulinus von Nola[39] vertreten. Der Genfer Reformator Johannes Calvin indes greift die

---

34 Vgl. Rupert von Deutz: Liber de divinis officiis. Der Gottesdienst der Kirche. Teilbd. 2. Hg. von Helmut und Ilse Deutz. Freiburg im Breisgau u. a. 1999 (Fontes Christiani 33/2), lib. 4, cap. 6, S. 514, Z. 21–24: „Victoria namque redemptoris nostri iam tunc promissa est, qui cum sit semen mulieris, inimicitias contra draconem antiquum in tantum exercuit, ut caput eius contereret et omnem potestatem ei auferret."
35 Vgl. z. B. Bernhard von Clairvaux: Opera omnia. Bd. 2. Paris 1854 (Patrologia latina 183), Sp. 63B: „Et si adhuc dubitas quod de Maria non dixerit, audi quod sequitur: Ipsa conteret caput tuum (Gen. III, 15). Cui haec servata victoria est, nisi Mariae? Ipsa procul dubio caput contrivit venenatum, quae omnimoda maligni suggestionem tam de carnis illecebra, quam de mentis superbia deduxit ad nihilum."
36 Vgl. Rabanus Maurus: Opera omnia. Bd. 1. Paris 1864 (Patrologia latina 107), Sp. 495D–496B.
37 Vgl. David Pareus: IN GENESIN Mosis COMMENTARIVS [...]. Frankfurt am Main 1609 (Staatliche Bibliothek Regensburg 999/Script. 895), Sp. 588 f.: „Quod dicitur de capite, participatione pertinet ad totum corpus. In Christo enim capite Satan mordet calcaneum totius corporis: Christo patiente & moriente omnes passi & mortui sumus, patimur & morimur cum Christo. In Christo igitur capite contrivimus & ipsi Satanam: Virtute victoriae Christi quotidie pugnamus adversus peccatum, mortem, Satanam, mundum & vincimus Roman. 8. Sub hoc igitur semine, quod est Christus, etiam omnes fideles continentur."
38 Vgl. Gallus 1949 (Anm. 1), S. 6 f.
39 Vgl. Paulinus von Nola: Epistulae. Briefe. Teilbd. 2. Hg. von Matthias Skeb. Freiburg im Breisgau 1998 (Fontes Christiani 25/2), epistula 24. Aus der Rüstkammer des Sohnes Gottes („armamentarium Christi", S. 606, Z. 5 f.) sind Paulinus zufolge die Waffen des Lichts zu beziehen, mit denen die Verderbensmächte besiegt werden können. Wie dies zu tun ist, lehrt der Apostel Paulus, der als Waffenträger und Fahnenträger („armiger" und „signifer" S. 606, Z. 10) fungiert. Durch die „virtus Christi" ist der Christ in der Lage, der Schlange den Kopf zu zertreten: „Nec a morsu metuens subditum serpentis inimici caput ipso, quod insidiosus observat, calcaneo conteram. Quod quidem non de meae infirmitatis audacia adrogans loqui vindico, sed omni fideli de virtute Christi promittere [...]" (S. 606, Z. 19–23).

christologische wie die anthropologische Exegesetradition gleichermaßen auf.[40] Eine Sonderrolle nimmt, wie so häufig, der zwischen Luthertum, Spiritualismus und Paracelsismus changierende Johann Arndt (1555–1621)[41] ein. Er weicht in seiner enorm verbreiteten Erbauungsschrift *Von wahrem Christenthumb* deutlich sowohl von Luthers seit 1522 favorisierter Lesart von Gen 3,15, die sich im frühneuzeitlichen Luthertum durchsetzte, als auch von derjenigen Calvins und seiner Schüler ab,[42] indem er im ‚Samen der Schlange' nicht zuvörderst die Verderbensmächte, sondern (wie der junge Luther) die das sündliche Fleisch und die Existenz des alten Adam repräsentierende Macht des *amor sui* verkörpert sieht, der sich im Widerstreit mit der wahrhaft geistlichen Existenz befindet.[43]

---

40 Vgl. Johannes Calvin: Inst. lib. 2, cap. 13, 2. In: ders.: Opera Selecta. Hg. von Peter Barth und Wilhelm Niesel. Bd. 3. München ²1957, S. 453, Z. 15–20. „Neque enim de uno duntaxat Christo illic sermo habetur, sed de toto humano genere. Quoniam acquirenda nobis erat a Christo victoria, generaliter pronuntiat Deus posteros mulieris superiores fore Diabolo. Unde sequitur, Christum ex humano genere esse progenitum:"
41 Vgl. Hans Schneider: Art. Arndt, Johann. In: Frühe Neuzeit in Deutschland 1520–1620. Literaturwissenschaftliches Verfasserlexikon. Hg. von Wilhelm Kühlmann u. a. Bd. 1. Berlin u. a. 2011, Sp. 146–157.
42 Anders sieht dies in Arndts Evangelienpostille aus, in der er eine Lesart von Gen 3,15 vorträgt, die stark an diejenige Luthers erinnert. Vgl. Johann Arndt: POSTILLA: Das ist/ Außlegung vnd Erklärung der Evangelischen Texten/ so durchs gantze Jahr an den Sontagen vnd vornehmen Festen/ auch der Apostel Tagen gepredigt werden: Mit sondern Fleiß/ zu Fortpflantzung deß wahren Glaubens/ Vbung der reinen Liebe/ Bekräfftigung der lebendigen Hoffnung/ Ernewrung deß jnwendigen Menschens/ Erweckung wahrer Gottseligkeit/ vnd eines heiligen Christlichen Lebens/ auch Erbawung deß wahren Christenthumbs: Auff jedes Evangelium 2. 3. auch jeweilen 4. Predigten gerichtet: Neben Erklärung der Histori deß heiligen Leydens vnd Sterbens CHristi JEsu vnsers HERRN: [...] Jetzo nach deme vom Authore selbsten revidirt- vnd augirten Exemplar/ abermahls mit Fleiß vbersehen/ die vormahls kürtzlich angezogene Sprüche H. Schrifft ergäntzet/ die Dicta Patrum verteutscht/ vnd mit vielen schönen Kupfferstücken gezieret. [...]. 4 Teile. Frankfurt am Main 1642f. (Theologische Bibliothek der Universität Hamburg), Teil 1, S. 17.
43 Vgl. Johann Arndt: Von wahrem Christenthumb. Die Urausgabe des ersten Buches (1605). Kritisch hg. und mit Bemerkungen versehen von Johann Anselm Steiger. Hildesheim u. a. 2005 (Philipp Jakob Spener: Schriften, Sonderreihe 4 = Johann Arndt-Archiv 1), S. 31: „Daher die Schrifft alle die/ so in eigener Liebe ersoffen seyn/ nennet Otterngezüchte/ Matth. 3. vnnd Schlangensamen/ die deß Teuffels Art an sich haben/ Gen. 3. Jch wil Feindschafft setzen zwischen der Schlangen Samen/ vnnd deß Weibes Samen. Auß diesem Schlangensamen kan nun nicht anderst wachsen/ denn ein solche grewliche Frucht/ die da heist deß Sathans Bilde/ Kinder Belial/ deß Teuffels Kinder/ Joh. 8. Denn gleich wie ein natürlicher Same verborgener Weise in sich begreifft deß gantzen Gewächses Art vnd Eigenschafft/ seine Grösse/ Dicke/ Länge/ vnnd Breite/ seine Zweige/ Blätter/ Blüht vnd Früchte/ daß man sich billich verwundern muß/ dz in einem kleinen Sämlein so ein grosser Baum verborgen ligt/ vnnd so viel vnzehliche Früchte: Also ist in dem gifftigen bösen Schlangensamen/ in dem Vngehorsam vnd

Auf diese Weise avanciert bei Arndt der Konflikt zwischen Christus und dem Satan, wie ihn die lutherische Tradition in den Vordergrund stellt, zu einem solchen, der sich im Inneren des Menschen im Gegeneinander von Fleisch und Geist, von *linea Adami* und *linea Christi*[44] abspielt. Diese Interpretation von Gen 3,15 greift u. a. der spiritualistische Arndt-Rezipient Christian Hoburg (1607–1675) auf.[45] Wie komplex und vielschichtig (man könnte auch sagen: plural) nicht nur die vorreformatorische, sondern auch die frühneuzeitliche exegesehistorische Situation ist, wird noch deutlicher, wenn man Valentin Weigels (1533–1588) Schriften heranzieht, die eine weitere Spielart der Interpretation des Protevangeliums vorzuweisen haben: Weigel vertritt ein präsentisch-protologisches Verständnis von Gen 3,15. Nicht erst Christus habe der Schlange den Kopf zertreten, vielmehr realisiere sich die Besiegung des Teufels bereits zu dem Zeitpunkt, als Adam gleichsam von sich selbst abfiel, sich hasste und verleugnete, sich mithin selbst abstarb. Diese von Adam praktizierte *abnegatio sui* ist Weigel zufolge die Voraussetzung nicht nur für die Wirksamwerdung der göttlichen Gnade, sondern für die Menschwerdung Gottes in Adam gewesen. Glaube und Gelassenheit, so Weigel, führten Adam wieder zu Gott und restituierten in ihm die *imago Dei*:

> Nun Adam war gefallen in Sünde Todt vnd verdamnus, wie oben gesagt, da kam die Göttlihe [sic!] gnade, vnnd lernete in, das durch den weibes samen diser schlangen, der Kopff müesse zertretten werden, das ist, durch Christum. Solhes [sic!] geschah alsbalt in Adam, denn wie Er vonn sich abfielle vnnd nimmer sein selbst sein wolte, sich hasset vnnd verlaugnette, starb im selber ab, hielt sich als ob er nicht mehr lebete [...], da gieng gnadt ein, da wardt Gott selber der Mensch, da bekamb Gott widerumb sein Regiment, vnnd volkommene Herrschung, da wardt Adam Gottes, vnd nicht mehr sein selbst, dann die glassenheit oder glaub füerete Adam ganz wider zu Gott, tradt wider in die bildtnuß [...].[46]

Was nun die frühneuzeitliche römisch-katholische Sicht der Dinge anlangt, ist eine an Intensität zunehmende (wenngleich nicht ausschließliche) Favorisierung

---

eigener Liebe deß Adams/ so auff alle Nachkommen durch fleischliche Geburt geerbet/ so ein gifftiger Baum verborgen/ vnd so vnzehlige böse Früchte/ daß in jhnen das gantze Bilde deß Sathans mit aller bösen Vnart vnd Boßheit erscheinet."

44 Vgl. hierzu Thomas Illg: Ein anderer Mensch werden. Johann Arndts Verständnis der imitatio Christi als Anleitung zu einem wahren Christentum. Göttingen 2011 (Studien zur Kirchengeschichte Niedersachsens 44), bes. S. 91 f.

45 Vgl. Christian Hoburg: PRAXIS ARNDTIANA, Das ist/ Hertzens-Seuffzer Uber die Bücher Vom Wahren Christenthum des sel. Johann Arndts/ Den Kern/ Marck und Safft der Lehre dieses hocherleuchteten und geistreichen Lehrers allen andächtig-GOtt-ergebenen Seelen einfältig vorstellend und erklärend [...]. Frankfurt am Main 1724, S. 16 f.

46 Valentin Weigel: Vom Gesetz oder Willen Gottes. Gnothi seauton. Hg. von Horst Pfefferl. Stuttgart-Bad Cannstatt 1996 (Sämtliche Schriften 3), S. 125, Z. 26 – S. 126, Z. 7.

des mariologischen Verständnisses von Gen 3,15 zu beobachten, die sich übrigens nicht nur in Textmedien, sondern auch in Bildwerken niederschlug. Diese Entwicklung dürfte zu verstehen sein als Reaktion auf die protestantische, bezüglich Gen 3,15 dezidiert antimariologische Positionierung, die sich bereits bei Luther findet. In seiner letzten Wittenberger Predigt beispielsweise hatte sich der Reformator nicht nur erneut von dem Bildmotiv der *Maria lactans*,[47] sondern mit aller Deutlichkeit auch von demjenigen der Muttergottes als Schlangentreterin distanziert, weil nur so der Tatsache Rechnung getragen werden könne, dass nicht Maria, sondern allein dem dreieinigen Gott Anbetung gebühlt:

> Also wenn wir vom glauben predigen, das man nichts sol anbeten denn allein Gott, der da ist ein Vatter unsers Herren Jhesu Christi, wie wir im glauben sprechen: Jch gleube in Gott den Vatter, almechtigen unnd in Jhesum Christum, da bleiben wir bey dem Tempel zu Hierusalem, ‚Dis ist mein geliebter Son, den höret' [Mt 17,5], ‚Jhr werdet jhn finden in der Krippen' [Lk 2,12], der sols allein thun. Aber die vernunfft sagt hie das widderspiel: Sol man denn allein Christum anbeten? Ei sol man die heilige Mutter Christi nicht auch ehren? Die ist das weib, welches der Schlangen hat den kopff zutretten, Erhöre uns, Maria, Denn dein Son ehret dich also, das ehr dir nichts kan versagen.[48]

4 Das Protevangelium in der frühneuzeitlich-lutherischen Ikonographie: zwei Beispiele

Nicht nur in überaus zahlreichen frühneuzeitlich-lutherischen Texten, sondern auch in der Ikonographie hat sich Luthers Verständnis des Protevangeliums niedergeschlagen, so z. B. besonders eindrücklich in der sog. Allegorie auf den Naumburger Vertrag (1554).[49]

---

47 Vgl. Johann Anselm Steiger: Fünf Zentralthemen der Theologie Luthers und seiner Erben. Communicatio – Imago – Figura – Maria – Exempla. Mit Edition zweier christologischer Frühschriften Johann Gerhards. Leiden u. a. 2002 (Studies in the History of Christian Thought 104), S. 224 f.
48 WA 51,128,19–27 (Predigten des Jahres 1546, Nr. 3).
49 Vgl. ausführlicher Johann Anselm Steiger: Gedächtnisorte der Reformation. Sakrale Kunst im Norden (16. bis 18. Jahrhundert). 2 Bde. Regensburg 2016, S. 704–706. Jan Drees: Allegorie auf den Naumburger Vertrag von 1554. Die Versöhnung zwischen der ernestinischen und albertinischen Linie des Hauses Sachsen 1561. In: Jahrbuch des Schleswig-Holsteinischen Landesmuseums Schloß Gottorf NF 2 (1990), S. 94–96; ders.: Zwei Seitentafeln zur Allegorie auf den Naumburger Vertrag von 1554, um 1600? In: Jahrbuch des Schleswig-Holsteinischen Landesmuseums Schloß Gottorf NF 3 (1992), S. 108 f.

Abb. 1: Allegorie auf den Naumburger Vertrag (1554), Schleswig-Holsteinisches Landesmuseum Schloß Gottorf.[50]

Im Zentrum des Gemäldes (Abb. 1), das von einem unbekannten, wohl aus dem Umkreis der Cranach-Werkstatt stammenden Künstler geschaffen wurde, ist der Crucifixus und unter ihm ein Altartisch zu sehen, auf dem eine Patene sowie eine aufgeschlagene Bibel (bzw. Agende) positioniert sind, die dem Betrachter die Worte der Einsetzung des Abendmahls darbieten. Hinter dem Tisch steht links der Apostel Paulus, der Wein in einen Kelch gießt (Abb. 2).

Der aus der Seitenwunde des Gekreuzigten hervortretende Blutstrahl zielt in den Kelch, womit die genuin lutherische Lehre von der wahrhaften Präsenz des Blutes Jesu Christi im Abendmahlswein ins Medium Bild übersetzt wird. Der (im Anschluss an Joh 19,34) ebenfalls aus der Seite Jesu hervorbrechende Wasserstrahl hingegen mündet in ein Taufbecken, das im Bildhintergrund zu sehen ist. Rechts

---

50 Abb. 1–6, 8,9: Photographien © Johann Anselm Steiger.

Abb. 2: Detail aus Abb. 1.

vom Kreuz stehen diejenigen Evangelisten, deren Evangelien Berichte über die Einsetzung des Abendmahls enthalten: Matthäus, Markus und Lukas. Unterhalb des Tisches ist der rechte Fuß des auferstandenen Christus ins Bild gesetzt – das Wundmal des Nagels ist gut sichtbar (Abb. 3).

Der Fuß schickt sich an, den Tod, den roten Teufel und die Schlange, von der in Gen 3,15 die Rede ist, zu zertreten. Der rechte Fuß unter dem Altartisch korrespondiert mit der rechten Hand, die auf der anderen Seite der Bildachse

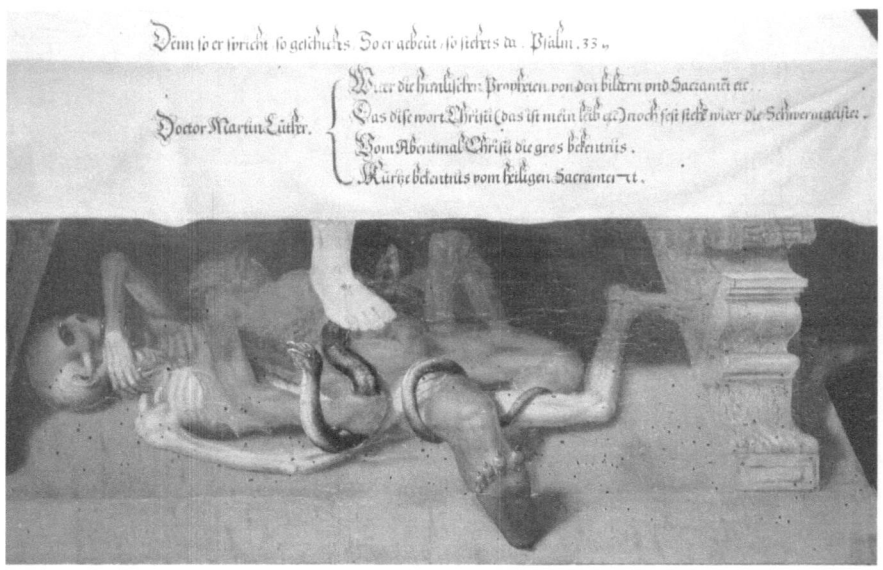

Abb. 3: Detail aus Abb. 1.

Abb. 4: Detail aus Abb. 1.

über dem Kreuz zu sehen ist und mit Hilfe eines überaus großen Schlüssels die Tür zum Himmel aufschließt (Abb. 4).

Hierin könnte sich Luthers Aussage spiegeln, die er im Rahmen der Auslegung von Gen 3,15 in seiner Genesisvorlesung tätigt: Christus, der Schlangentreter, sei „exitus mortis [...], qui liberat oppressos a morte et transfert in aeternam vitam."[51] Die leibliche Gegenwart Christi im Sakrament des Altars und dessen nicht nur die Sünden vergebende, sondern auch das ewige Leben stiftende und mithin den Tod tötende Valenz könnte kaum sinnfälliger zur bildlichen Darstellung gebracht werden.

Ein weiteres Beispiel für eine lutherische Visualisierung des Protevangeliums findet sich am Epitaph für Gerdt Oemeken (1572) in St. Marien zu Güstrow (Abb. 5).[52] Abgebildet ist Christus zu dem Zeitpunkt, an dem er am Ostermorgen dem Grab entsteigt und bereits mit dem ersten Schritt der teuflischen Schlange, die einst die Erzeltern zum Abfall von Gott überredete, den Kopf zertritt und sie zusätzlich mit dem Kreuzstab, an dem eine Siegesfahne hängt, zur Strecke bringt. Zwar folgt das Gemälde in der Frühen Neuzeit weit verbreiteten ikonographischen Traditionen. Gleichwohl ist auffällig, dass es den durch den Tod und die Auferstehung Christi besiegten Verderbensmächten besonders extensive Aufmerksamkeit widmet: Im Vordergrund rechts ist der noch Feuer speiende Höllenschlund zu sehen, dessen Maul jedoch mit Hilfe einer äußerst kurzen viergliedrigen Kette bereits verschlossen ist (vgl. Apk 20,1–3).

Links daneben liegen – ebenfalls überwunden – Satan und Tod. Doch (anders als in vielen verwandten Bildern) ist in der Nähe von Tod und Teufel die bildliche Repräsentation einer weiteren zu Boden geschlagenen Macht zu entdecken: Der Reichsapfel, der zur Seite gekippt ist, und eine der kaiserlichen Herrschaftsinsignien darstellt. Auf diese Weise wird visuell sinnfällig, dass gemeinsam mit Sünde, Tod und Teufel auch die sündige Welt zu ihrem Ende kommt, womit auf Jesu Worte aus einer seiner Abschiedsreden Bezug genommen wird, die er an seine Jünger richtete: „JN DER WELT HABET JR ANGST/ ABER SEID GETROST/ JCH HABE DIE WELT VBERWUNDEN" (Joh 16,33).

In der frühneuzeitlichen römisch-katholischen Bildtradition finden sich mehrere Varianten des Schlangentreter-Motivs: Mal ist es Christus, der der Schlange das Haupt zertritt, mal die Muttergottes, mal der Jesusknabe in Begleitung seiner Mutter, mal Maria mit dem Jesuskind auf dem Arm. Eine unzweifelhaft katholisch geprägte konfessionelle Markierung des Sujets liegt stets dann vor, wenn Maria als diejenige dargestellt wird, die die Schlange zermalmt (bzw. an diesem Akt maßgeblich beteiligt ist), wodurch die *immaculata conceptio Mariae*[53] und – hiermit

---

51 WA 42,147,31 f.
52 Vgl. Steiger: Gedächtnisorte (Anm. 49), S. 341–343.
53 Vgl. Jean Fourneé: Art. Immaculata conceptio. In: Lexikon der christlichen Ikonographie 2 (1970), Sp. 338–344.

Abb. 5: Epitaph für Gerdt Oemeken (1572), St. Marien zu Güstrow.

eng verbunden – deren aktive Teilnahme am Erlösungswerk in Szene gesetzt wird. Dies ist z. B. in der Liebfrauenkathedrale zu Antwerpen der Fall, wo die bekrönte Muttergottes vollplastisch als Mondsichelmadonna und Schlangentreterin dargestellt ist (Abb. 6). Sie trägt den Christusknaben auf dem Arm, der mit einem Kreuzstab in den Kopf der satanischen Schlange sticht.

Abb. 6: Maria als Mondsichelmadonna und Schlangentreterin, Liebfrauenkathedrale zu Antwerpen.

5 Andreas Gryphius' lyrische Verarbeitung des Protevangeliums zwischen Luthertum, Rekatholisierung und Antitrinitarismus

In Gryphius' geistlicher Dichtung begegnet das Protevangelium mehrfach – und dies durchgängig in einer unbezweifelbar lutherischen Ausrichtung. Besonders prominent und ausführlich ist dies in einem Weihnachtsgedicht mit dem Titel *Auf die Christnacht*[54] der Fall, das erstmals postum in der von Christian Gryphius veranstalteten Ausgabe der *Um ein merckliches vermehrten*

---

54 Andreas Gryphius: Gesamtausgabe der deutschsprachigen Werke. Bd. 3: Vermischte Gedichte. Hg. von Marian Szyrocki. Tübingen 1964 (Neudrucke deutscher Literaturwerke NF 11), S. 117 f.

Teutschen Gedichte (1698) gedruckt wurde.[55] Dieses Poem nimmt nicht nur, wie dies etwa in Gryphius' Ode *Vber die Geburt des HERRN*[56] oder auch bei Martin Opitz der Fall ist,[57] eher beiläufig Bezug auf das Protevangelium, sondern stellt es derart ins Zentrum, dass Luthers Würdigung dieser ersten evangelischen *promissio* konsequent lyrisch Rechnung getragen wird. Die Weihnacht, mithin der Termin der Menschwerdung Gottes in Christus, wird sogleich in den drei Eingangsstrophen als der Bezugspunkt ausgemacht, auf den sich der durch die Promulgation des Protevangeliums gestiftete Glaube, die Hoffnung und die Sehnsucht der Erzeltern von Beginn an richteten:

> DJe seelge Nacht der Wunsch der ersten Zeit
> Des Hoffens Zweck/ des Lebens Zuversicht/
> Der Thränen Ziel/ das Pfand der Ewigkeit
> Die alle Macht der Finsternüß zubricht;
>
> Die schöne Nacht begrüst die müde Welt/
> Die Adam hat in grimster Angst begehrt/
> Als GOtt ob ihm ein schweres Urtheil fällt/
> Und ihn die Glut des rauen Grimms verzehrt.
>
> Die Nacht tritt ein/ nach welcher Heva rufft
> Schon jenen Tag/ als sie den Garten ließ
> Aus dem nach Angst nach Schmerzen Pein und Grufft
> Der Schöpfer sie in langes Elend stieß.

Die vierte Strophe präsentiert den neugeborenen Jesus nicht nur im Anschluss an Lk 1,32 als „des Höchsten Kind", sondern tituliert diesen zudem in Übereinstimmung mit dem nicänokonstantinopolitanischen Credo[58] und in deutlicher impliziter Abgrenzung von jeglichen arianischen, auch zeitgenössisch antitrinitarischsozinianischen Auffassungen als „GOTT und Licht von Licht". Die weihnachtlich-paradoxe Gleichzeitigwerdung von wahrer göttlicher und wahrer menschlicher Natur in Christus prägt diese Strophe genauso wie die *oppositiones* von Nacht und

---

[55] Andreas Gryphius (Verf.), Christian Gryphius (Hg.): Um ein merckliches vermehrte Teutsche Gedichte. Breslau, Leipzig 1698 (Staatliche Bibliothek Regensburg 999/Germ. 20), S. 293–295.
[56] Andreas Gryphius: Gesamtausgabe der deutschsprachigen Werke. Bd. 2: Oden und Epigramme. Hg. von Marian Szyrocki. Tübingen 1964 (Neudrucke deutscher Literaturwerke NF 10), S. 57, Z. 39.
[57] Vgl. z. B. Martin Opitz: Teutsche Poemata. Abdruck der Ausgabe von 1624 mit den Varianten der Einzeldrucke und der späteren Ausgaben. Hg. von Georg Witkowski. Halle an der Saale 1902, S. 175, Z. 67–69.
[58] Vgl. Die Bekenntnisschriften der Evangelisch-Lutherischen Kirche. Vollständige Neuedition. 2 Bde. Hg. von Irene Dingel. Göttingen 2014, Bd. 1, S. 49.

Licht einerseits und Fluch und Freispruch andererseits. Im nächtlichen Stall zu Bethlehem kommt derjenige zur Welt, der nicht ein Licht unter anderen, sondern Licht vom Licht, mithin wahrer Gott von wahrem Gott ist, wie es besagtes Glaubensbekenntnis formuliert, und den Menschen den Freispruch von sämtlichen Sünden erwirkt.

> Die Nacht bricht an und bringt des Höchsten Kind
> Mit in das Licht das GOTT und Licht von Licht
> Doch als ein Mensch für aller Menschen Sünd
> Sich opffert und vom Fluch uns ledig spricht.

Mit der Formulierung „und vom Fluch uns ledig spricht" ist der soteriologische *locus classicus* Gal 3,13 aufgerufen, der besagt, dass der Sohn Gottes die Verfluchung der sündigen Menschheit behebt, nicht nur indem er sich verfluchen lässt, sondern selbst zur leidenden Personifikation des göttlichen Fluchs wird: „CHRISTUS ABER HAT VNS ERLÖSET VON DEM FLUCH DES GESETZES/ DA ER WARD EIN FLUCH FÜR VNS (DENN ES STEHET GESCHRIEBEN/ VERFLUCHT IST JEDERMAN DER AM HOLTZ HANGET)."

Die folgenden fünf Strophen lassen die Bezugnahme auf das Protevangelium nun *in extenso* explizit werden und inszenieren das angesichts der Inkarnation Gottes sich einstellende Erschrecken der teuflischen Schlange, für das mit der sechsmal sich wiederholenden Einleitung „weil der nun da [...]" eine sechsfache Kausalität namhaft gemacht wird:

> Die Schlang erschrickt/ der Grund der Höll erkracht:[59]
> Die Erde nimmt des Weibes Saamen an:
> Der Himmel reist; was himmlisch singt und wacht/
> Weil der nun da/ der GOTT versöhnen kan.
>
> Weil der nun da/ der auf der Schlangen Haupt
> Ob sie die Zähn auf seine Fersen wetzt
> Ob schon der Grimm des Abgrunds raßt und schnaubt/
> Den steiffen Fuß mit starcken Kräfften setzt.
>
> Weil der nun da/ der ihren Kopff zutritt
> Und/ was uns hielt/ in Band und Ketten legt.

---

[59] Vgl. den Beginn des „Reyen[s] der Priester vnd Jungfrawen" am Ende des vierten Aktes von Gryphius' *Leo Armenius*, wo es – freilich ohne Bezugnahme auf das Protevangelium – heißt: „Die Frewdenreiche Nacht: | Jn der das ware Licht selbstendig vnß erschienen, | Jn welcher der/ dem Erd/ vnd See/ vnd Himmel dienen | Vor dem die Höll erkracht/ | Durch den was athem holt muß leben/ | Sich in das Thränenthal begeben/ | Jn welcher Gott kam von der Wolcken zelt; | Die werthe Nacht erquickt die grosse Welt." Andreas Gryphius: Gesamtausgabe der deutschsprachigen Werke. Bd. 5: Trauerspiele II. Hg. von Hugh Powell. Tübingen 1965 (Neudrucke deutscher Literaturwerke NF 14), S. 75.

> Weil der nun da/ der durch Verdienst und Bitt
> Des Vatern Hertz zu erster Huld bewegt.
>
> Weil der nun da/ der uns des Himmels-Thor
> Eröffnet/ und den Weg ins Leben weist/
> Durch den uns GOtt vergönnt ein gnädig Ohr/
> Durch den uns GOtt selbst seine Kinder heist.
>
> Weil der nun da/ der in mein Fleisch verhüllt
> Mein Bruder ist und mir das Heil erwirbt/
> Der Noth und Angst und Schmertz und Wehmuth stillt/
> Ja selbst vor mich/ damit ich lebe/ stirbt.

Das Erschrecken des Teufels rührt daher, dass der im Protevangelium bereits in Aussicht gestellte Messias und „Weibes Saamen" nun auf den Plan tritt als ein solcher, der die *reconciliatio* Gottes mit den Menschen bewerkstelligen wird („der GOTT versöhnen kan"), mit „steiffe[m] Fuß" der Schlange den Kopf zermalmt und den Satan „in Band und Ketten legt" – ganz so, wie es im Anschluss an Apk 20, 1–3 auf dem Epitaph für Gerdt Oemeken dargestellt ist. Erschreckend ist die Geburt des Friedensfürsten für den Satan auch insofern, als nun derjenige präsent ist, der – hier formuliert Gryphius unter konsequenter Bezugnahme auf die lutherische Definition des hohepriesterlichen Amtes Jesu Christi – „durch Verdienst und Bitt", d. h. durch die Erwerbung eines unendlichen *meritum* und durch die Fürsprache (*intercessio*) bei Gott für dessen Aussöhnung mit den Menschen und die Epiphanwerdung seiner Barmherzigkeit sorgt. Ganz in Übereinstimmung mit der sog. Allegorie auf den Naumburger Vertrag korrespondieren auch in Gryphius' Gedicht der Tritt des Schlangentreters mit der Eröffnung des zu Gottvater führenden Himmelstores wie Ursache und Wirkung – nur mit dem Unterschied, dass zur Profilierung dieses Zusammenhangs dort ikonographische und hier lyrische Mittel eingesetzt werden. Die Freudenbotschaft der Weihnacht gereicht dem Teufel letztendlich deswegen zur Terrornachricht, weil sie in der paradoxen Aussage kulminiert, dass der neugeborene Gottmensch dadurch ewiges Leben erwirbt, dass er die Verderbensmächte auf sich nimmt, diese in ihr Gegenteil verkehrt und mithin als *mors mortis* in Erscheinung tritt,[60] so dass das in Strophe 9 erstmals auftretende glaubende Ich sagen kann: „Ja selbst vor mich/ damit ich lebe/ stirbt."

---

[60] Vgl. hierzu und mit Bezug auf das Protevangelium eine Passage in Gryphius' Leichabdankung auf Marianne von Popschitz: Andreas Gryphius: Dissertationes funebres oder Leichabdankungen (1666). Hg. von Johann Anselm Steiger. Tübingen 2007 (Gesamtausgabe der deutschsprachigen Werke 9 = Neudrucke deutscher Literaturwerke NF 51), S. 87, Z. 28 – S. 88, Z. 7: „Gleichwol will uns obliegen daß wir auch betrachten die Freuden vollen Augen der um den Oeleberg stehenden Jünger. Sie schauen ja daß der HErr nunmehr zu seiner Herrligkeit eingehet/ daß er den Thron einnimmt dessen Besitz er durch seinen so herben Tod erworben. Sie verspüren daß er nunmehr

Das Gedicht mündet mit den vier letzten Strophen in einen ausführlichen doppelten Willkommensruf, der sich zunächst auf die – schon zu Beginn des Textes artikulierte – seit dem Sündenfall sehnlichst herbeigewünschte Weihnacht bezieht und sodann denjenigen willkommen heißt, der im Stall zu Bethlehem geboren wurde. Der Text des Gedichts erfährt in den letzten zwei Strophen eine höchst dynamische, geradezu stakkatoartige Verdichtung, indem das lyrische Ich eine Fülle von dem Sohn Gottes zugedachten Namen kumuliert, die größtenteils biblischen Ursprungs sind.

> Willkommen Fürst[61]! du Mann/ du Horn[62]/ du Port
> Gewünschter Ruh/ du Trost der grossen Welt[63]/
> Des Abrahms Wonn[64]/ und Jacobs Heil und Hort[65]
> Der Kirchen Haupt[66]/ des Davids Sohn[67] und Held.[68]
>
> Du Kind und HErr/ der keuschen Jungfer Frucht
> Messia/ Freund und Retter in der Not;
> Des Höchsten Wort[69]/ und Uhrsprung heilger Zucht;
> Erlöser[70]/ Fels[71]; [...]

Die Klimax des Gedichts jedoch bildet eine *exclamatio*, die gewissermaßen als Summarium des ganzen Textes fungiert und die altkirchliche Zweinaturenlehre in kürzer nicht denkbarer Form – in nur einem Halbvers – auf den Punkt bringt: „Willkommen Mensch und GOtt!"

---

auff Erden alles erfüllet/ daß dieser Abschied gut vor sie/ weil anderwerts der versprochene Geist des Trostes/ der Warheit und der Weißheit nicht zu ihnen kommen würde. Sie versichern sich beyneben/ daß er voran ziehe/ um sie dermaleins nachzuholen. Denn/ wie könten sie nunmehr an seiner Zusage zweiffeln: weil alles andere so er bißher versprochen/ reichlich erfüllet. Weil er denn sitzet zu der rechten Hand des Allmächtigen GOttes/ gläuben sie fest/ daß sie auch neben ihm sitzen werden/ auff Stühlen/ und richten die zwölff Geschlechte Jsrael. Sie überlegen wasermassen alle seine überstandene Marter nunmehr in unerforschliche Freude verwandelt. Daß er hinfort nicht mehr sterben könne/ sondern die Schlange zutreten/ die Hölle zustöret/ den Teuffel und das Gefängnüß gefangen geführet/ des Todes Pfeile zubrochen/ ja den Tod selbst getödtet."

61 Vgl. Jes 9,5.
62 Ps 18,3.
63 Hag 2,8.
64 Joh 8,56.
65 2 Sam 22,47.
66 Eph 5,23.
67 Mt 9,27 u. ö.
68 Jes 9,5.
69 Vgl. Joh 1,1f.
70 Hiob 19,25.
71 2 Sam 22,2.

Gryphius' Gedicht steht in der Tradition der lutherischen Interpretation von Gen 3,15, führt diese jedoch einer lyrischen Zuspitzung entgegen, insofern das Protevangelium gewissermaßen den *cantus firmus* des gesamten Textes bildet. Solch argute Textstrategie dürfte nicht allein, aber doch ganz wesentlich der Tatsache geschuldet sein, dass im Zuge der in Schlesien bekanntermaßen mit Vehemenz betriebenen Rekatholisierung[72] dem Motiv der Maria als Schlangentreterin eine durchaus hervorgehobene Rolle zukam. Diese äußerte sich in der im 17. Jahrhundert auch in Schlesien üblich werdenden ikonographischen Machart zahlreicher Mariensäulen[73] und anderer Bildwerke. Mit Blick auf den breitenwirksamen Kirchengesang ist in diesem Zusammenhang der zweite Teil des von dem Katholiken Johann Leisentritt (1527–1586) 1573 in Bautzen publizierten Gesangbuchs von Bedeutung: In ihm ist eine Bearbeitung des Ave Maria zu finden, die unter Verwendung des Motivs der Schlangentreterin die Muttergottes als *corredemptrix* profiliert, ihr also eine recht weitgehende Teilnahme am Erlösungswerk bescheinigt:

> Aber du durch dein ghorsamkeit/
> vnd Gott gfellig demütigkeit/
> hast dem Teuffel zerknirscht sein Haupt/
> vnd jhn all seiner macht beraubt.[74]

---

[72] Vgl. Christian-Erdmann Schott: Art. Schlesien. Kirchengeschichte. In: Theologische Realenzyklopädie 30 (1999), S. 189–198, hier: S. 191. Hellmut Eberlein: Schlesische Kirchengeschichte. Goslar ³1952 (Das Evangelische Schlesien 1), bes. S. 70 ff. Heinrich Ziegler: Die Gegenreformation in Schlesien. Halle an der Saale 1888 (Schriften des Vereins für Reformationsgeschichte 6/3), bes. S. 42 ff. Ludwig Petry: Politische Geschichte unter den Habsburgern. In: Geschichte Schlesiens. Bd. 2: Die Habsburger Zeit 1526–1740. Hg. von dems. und Josef Joachim Menzel. Stuttgart ³2000, S. 1–99, bes. S. 48–89. Norbert Conrads: Schlesiens frühe Neuzeit. In: Deutsche Geschichte im Osten Europas: Schlesien. Hg. von dems. Berlin 1994, S. 177–344, hier: S. 269–279, 290–302. Arno Herzig: Der Zwang zum wahren Glauben. Rekatholisierung vom 16. bis zum 18. Jahrhundert. Göttingen 2000, S. 72 f.
[73] Vgl. zum Bildtypus Robert Born: Marien- und Dreifaltigkeitssäulen. In: Religiöse Erinnerungsorte in Ostmitteleuropa. Konstitution und Konkurrenz im nationen- und epochenübergreifenden Zugriff. Hg. von Joachim Bahlcke u. a. Berlin 2013, S. 396–409.
[74] Johann Leisentritt: Das Ander Theil Geistlicher lieder von der allerheiligsten Jungfrawen Maria/ der Außerwelten Mutter Gottes/ Auch von den Aposteln/ Martyren/ vnd anderen lieben Heiligen/ mit vorgehenden gar schönen/ vnd jtziger zeit zu wissen notwendigen vnterweisungen/ Aus heiliger Schrifft vnd derselben Lehren/ Gott zu lob vnd seiner geliebten Mutter/ auch allen Heiligen Gottes zu ehren/ mit schüldigstem Catholischem fleis zusammen bracht gemehret vnd gebessert. [...]. Bautzen 1573 (BSB München Liturg. 697-1/2), fol. 19ʳ.

Blickt man in die zeitgenössische lutherische Kontroverstheologie, etwa in Salomon Glassius' (1593–1656)[75] Disputation über das Protevangelium,[76] zeigt sich exemplarisch, dass diesem Leisentrittschen Gesang auf lutherischer Seite ein beachtlich hohes Maß an kritischer Aufmerksamkeit zuteilwurde. Ob in Gryphius' Gedicht auch eine Antwort auf Jacob Baldes (1604–1668)[77] 1643 erstmals gedruckte[78] lyrische Beschreibung des (heute in der Alten Pinakothek in München ausgestellten) Hochaltargemäldes von Peter Paul Rubens (1577–1640) im Dom zu Freising[79] vorliegen könnte, mag in Erwägung gezogen werden. Sowohl Rubens'

---

75 Vgl. Johann Anselm Steiger: Art. Glassius, Salomon. In: Killy Literaturlexikon. Autoren und Werke des deutschsprachigen Kulturraumes. 2., vollständig überarbeitete Auflage. Hg. von Wilhelm Kühlmann u. a. Bd. 4 (2009), S. 241 f. Veronika Albrecht-Birkner: Art. Glassius, Salomon. In: Religion in Geschichte und Gegenwart⁴ 3 (2000), Sp. 936 f. Vgl. weiter Johann Anselm Steiger: Die Rezeption der rabbinischen Tradition im Luthertum (Johann Gerhard, Salomo Glassius u. a.) und im Theologiestudium des 17. Jahrhunderts. Mit einer Edition des universitären Studienplanes von Glassius und einer Bibliographie der von ihm konzipierten Studentenbibliothek. In: Das Berliner Modell der Mittleren Deutschen Literatur. Beiträge zur Tagung Kloster Zinna 29.9.–01.10.1997. Hg. von Christiane Caemmerer u. a. Amsterdam 2000 (Chloe 33), S. 191–252. Vgl. ferner die sich mit Glassius befassenden Aufsätze in: Hebraistik, Hermeneutik, Homiletik. Die *Philologia Sacra* im frühneuzeitlichen Bibelstudium. Hg. von Christoph Bultmann und Lutz Danneberg. Berlin, Boston 2011 (Historia Hermeneutica. Series Studia 10).
76 Vgl. Salomon Glassius: DISPUTATIO DE PROTEVANGELIO Genes. III, 15. In: ders.: PHILOLOGIA SACRA, QUA TOTIUS SS. VETERIS ET NOVI TESTAMENTI SCRIPTURAE TUM STYLUS ET LITERATURA, TUM SENSUS ET GENUINAE INTERPRETATIONIS RATIO ET DOCTRINA LIBRIS QUINQUE expenditur ac traditur [...]. Leipzig 1713 [¹1623–1636] (Theologische Bibliothek der Universität Hamburg G VI v 330), Sp. 1395–1424, hier Sp. 1397. Vgl. zum Zusammenhang auch Salomon Glassius: Dissertatio II. [– IV.] de Protevangelio. In: ders.: CRISTOLOGIAS MOSAICAE, Quâ Verba, dicta, & typi, quibus JESUS CHRISTUS, FILIUS DEI in Pentateucho Mosis proponitur, exegeticè, elencticè & practicè, pio studio expenduntur, DISSERTATIONUM PENTAS, Ex primis Geneseos capitibus, quibus antediluviana historia describitur [...]. Jena 1649 (HAB Wolfenbüttel 463. 17. Theol. [3]), S. 56–142.
77 Vgl. Jacob Balde im kulturellen Kontext seiner Epoche. Zur 400. Wiederkehr seines Geburtstages. Hg. von Thorsten Burkard. Regensburg 2006 (Jesuitica. Quellen und Studien zu Geschichte, Kunst und Literatur der Gesellschaft Jesu im deutschsprachigen Raum 9).
78 Jacob Balde: LYRICORVM Lib. IV. EPODON Lib. vnus. München 1643 (Staatliche Bibliothek Regensburg 999/Lat. rec. 738), S. 299–302. Neuedition in: Jacob Balde: Liber Epodon. Hg. von Ulrich Winter. München u. a. 2002 (Bibliotheca scriptorum Graecorum et Romanorum Teubneriana o. Nr.), S. 46–50.
79 Vgl. hierzu Günter Hess: Ut pictura poesis. Jacob Baldes Beschreibung des Freisinger Hochaltarbildes von Peter Paul Rubens. In: Der Tod des Seneca. Studien zur Kunst der Imagination in Texten und Bildern des 17. und 18. Jahrhunderts. Hg. von dems. Regensburg, Rom 2009 (Jesuitica. Quellen und Studien zu Geschichte, Kunst und Literatur der Gesellschaft Jesu im deutschsprachigen Raum 10), S. 166–180.

Gemälde als auch Baldes *Descriptio Virginis, qualem in mentis excessu viderat*[80] stellen die Muttergottes als diejenige vor Augen, die den Sieg über die Schlange davonträgt. Klar jedenfalls dürfte sein: Gryphius bezieht eine genuin konfessionell-lutherische Position, ohne freilich gegen die katholische Sicht der Dinge zu polemisieren. Mag der frömmigkeitstheologische Ansatz Johann Arndts in bestimmten Bereichen des literarischen Schaffens des Gryphius eine wichtige Rolle spielen, was durch die Studien von Hans-Henrik Krummacher[81] und Friedrich Vollhardt[82] eindrücklich belegt ist, so ist zugleich deutlich, dass sich dies hinsichtlich des Umgangs mit dem Protevangelium nicht zu bestätigen scheint.

Doch Gryphius' Gedicht stellt nicht nur mit Blick auf die römisch-katholische Konfession ein unverkennbar lutherisches Votum dar, sondern auch hinsichtlich des in Schlesien überaus virulenten antitrinitarischen Sozinianismus,[83] der bekanntlich (hierin Michael Servet [gest. 1583] folgend) nicht nur die Lehre von der *triunitas Dei*, sondern auch die wahre *divinitas Christi* in fundamentaler nicht denkbarer Weise in Abrede stellte. Dass sich Gryphius in vorliegendem Gedicht von der sozinianischen Position distanziert, wird darin deutlich, dass er Jesus Christus als *vere Deus, vere homo* tituliert, ihn unter Rückgriff auf den Text des Nicänokonstantinopolitanums als „Licht von Licht" profiliert, um ihn abschließend mit der *exclamatio* „Willkommen Mensch und GOtt!" als Gottmenschen im Sinne des *Symbolum Chalcedonense* (451) zu akklamieren. Hinzu aber kommt,

---

80 Jacob Balde: OPERA POETICA OMNIA [...]. Bd. 1. München 1729 (BSB München Res/ P. o. lat. 69-1/2), S. 289–291, hier S. 291, wo es am Ende des Gedichts heißt: „Vive, vale. Sed, cum Serpens antiquus ab Orco | Redibit illaetabili; | Eripe nos etiam, mansurisque instrue pennis | Tecum volaturum Gregem."
81 Vgl. Hans-Henrik Krummacher: Der junge Gryphius und die Tradition. Studien zu den Perikopensonetten und Passionsliedern. München 1976 sowie ders.: Andreas Gryphius und Johann Arndt. Zum Verständnis der *Sonn- und Feiertags-Sonette*. In: Walter Müller-Seidel (Hg.): Formenwandel. Festschrift zum 65. Geburtstag von Paul Böckmann. Hamburg 1964, S. 116–137.
82 Vgl. den Beitrag Friedrich Vollhardts in diesem Band.
83 Vgl. folgende neuere Literatur: Friedrich Vollhardt: Gefährliches Wissen und die Grenzen der Toleranz. Antitrinitarismus in der Gelehrtenkultur des 17. Jahrhunderts. In: Konfessionelle Ambiguität. Uneindeutigkeit und Verstellung als religiöse Praxis in der Frühen Neuzeit. Hg. von Andreas Pietsch und Barbara Stollberg-Rilinger. Gütersloh 2013 (Schriften des Vereins für Reformationsgeschichte 214), S. 221–237. Sascha Salatowsky: Die Philosophie der Sozinianer. Transformationen zwischen Renaissance-Aristotelismus und Frühaufklärung. Stuttgart-Bad Cannstatt 2015 (Quaestiones. Themen und Gestalten der Philosophie 18). Kęstutis Daugirdas: Die Anfänge des Sozinianismus. Genese und Eindringen des historisch-ethischen Religionsmodells in den universitären Diskurs der Evangelischen in Europa. Göttingen u. a. 2016 (Veröffentlichungen des Instituts für Europäische Geschichte Mainz 240).

dass die Sozinianer – hiermit Hugo Grotius (1583–1645)[84] zuvorkommend – dem alttestamentlichen Text Gen 3,15 die Würde einer *promissio Messiae* vehement absprachen. So behauptet z. B. der führende Sozinianer und Verfasser des Rakauer Katechismus[85] Valentin Schmalz (1572–1622) in seiner 1608 veröffentlichten Schrift *De divinitate Jesu Christi*, Gen 3,15 könne keine von Christus handelnde Verheißung sein, da nirgendwo im Neuen Testament explizit auf diese Textstelle Bezug genommen werde.[86] Der erste, der im Alten Bund eine *promissio Messiae* vernommen habe, sei Abraham, nicht aber die Erzeltern.[87]

Die spezifisch schlesische Situation, die durch eine massive Infragestellung des Luthertums seitens der habsburgischen Rekatholisierung und des Antitrinitarismus geprägt war, dürfte mithin entscheidend dazu beigetragen haben, dass Gryphius dem Protevangelium ein eigenes Gedicht widmete, während der Wedeler Pastor und geistliche Dichter Johann Rist (1607–1667)[88] solches unterließ – und dies auffälliger Weise selbst im ersten Teil seines *Neuen Musikalischen Seelenparadieses*,[89] das 82 geistliche Lieder über Kerntexte des Alten Testaments enthält, nicht aber über Gen 3,15, was angesichts der diesem Text als Basis allen Evangeliums erzeigten lutherischen Wertschätzung doch einigermaßen erstaunlich ist. Anders sieht dies jedoch in Johann Michael Dilherrs *Heilig-Epistolischem Bericht/ Licht/ Geleit und Freud* aus.[90] Das mit zahlreichen Emblemen ausgestattete

---

84 Vgl. Hugo Grotius: OPERA OMNIA THEOLOGICA, IN TRES TOMOS DIVISA. [...]. Amsterdam 1679 (Reprint 1972). Bd. 1, S. 5. Grotius vertritt die Ansicht, in Gen 3,15 sei allgemein von der Feindschaft zwischen Menschen und Schlangen sowie von derjenigen der Menschen untereinander die Rede. Vgl. hierzu sowie zu Abraham Calovs Entgegnung Johann Anselm Steiger: Philologia Sacra. Zur Exegese der Heiligen Schrift im Protestantismus des 16. bis 18. Jahrhunderts. Neukirchen-Vluyn 2011 (Biblisch-theologische Studien 117), S. 111.
85 Sozinianische Bekenntnisschriften. Der Rakower Katechismus des Valentin Schmalz (1608) und der sogenannte Soner-Katechismus. Hg. von Martin Schmeisser. Berlin u. a. 2012 (Quellen und Darstellungen des Antitrinitarismus und Sozinianismus in der Frühen Neuzeit 1).
86 Vgl. Valentin Schmalz: DE DIVINITATE JESU CHRISTI. Rakau 1608 (BSB München 4 Dogm. 516), S. 4.
87 Vgl. ebd.
88 Vgl. Johann Rist (1607–1667). Profil und Netzwerke eines Pastors, Dichters und Gelehrten. Hg. von Johann Anselm Steiger und Bernhard Jahn. Berlin u. a. 2015 (Frühe Neuzeit 195).
89 Johann Rist, Christian Flor: Neues Musikalisches Seelenparadies Alten Testaments (1660). Kritisch hg. und kommentiert von Johann Anselm Steiger. Kritische Edition des Notentextes von Oliver Huck und Esteban Hernández Castelló. Berlin u. a. 2016 (Neudrucke deutscher Literaturwerke NF 87).
90 Johann Michael Dilherr: Heilig-Epistolischer Bericht/ Licht/ Geleit und Freud. Das ist: Emblematische Fürstellung/ Der Heiligen Sonn- und Festtäglichen Episteln: Jn welcher Gründlicher Bericht/ von dem rechten Wort-Verstand/ ertheilet; Dem wahren Christenthum ein helles Licht furgetragen; Und ein sicheres Geleit/ mit beigefügten Gebethen und Gesängen/ zu der himmelischen Freude/ gezeiget wird [...]. Nürnberg 1663 (Privatbesitz).

Andachtswerk enthält auch ein neun Strophen umfassendes geistliches Lied[91] aus der Feder eines ungenannten Dichters, in dem das lyrische Ich mit dem Schlangentreter ins betende Gespräch kommt (siehe Textanhang). Der von Georg Strauch (1613–1675)[92] entworfene und von Melchior Küsel (1626–ca. 1683)[93] gefertigte Emblemkupferstich (Abb. 7),[94] der der betreffenden Andacht vorangestellt ist, visualisiert das Ergebnis der Aktivität des Schlangentreters Christus, nicht aber diesen selbst: Zu sehen sind geköpfte Schlangen sowie der durch göttliche Intervention überwundene Teufel, der in Gestalt eines an die Kette gelegten Höllenhundes mit drei Köpfen vor Augen gestellt wird.

Bekannt, wenngleich viel zu wenig erforscht, ist, dass die konfessionell geprägten Orthodoxien erstaunlich rasch und in einer Vielzahl zunächst von Disputationsthesenreihen und im weiteren Verlauf auch von Programmschriften auf die antitrinitarisch-sozinianische Unterminierung des antik-gemeinchristlichen Trinitätsdogmas reagierten. Gryphius' Gedicht freilich veranschaulicht beispielhaft, dass man in die Erforschung dieser historisch-theologischen Konstellation auch andere Textsorten wird einbeziehen müssen. Ähnliches – daran dürfte kein Zweifel aufkommen – gilt hinsichtlich der geistlichen Ikonographie.

---

91 Ebd., S. 624.
92 Zu Georg Strauch vgl. den kurzen Eintrag bei Joachim von Sandrart: L'Academia Todesca. della Architectura, Scultura & Pittura: Oder Teutsche Academie der Edlen Bau- Bild- und Mahlerey-Künste: Darinn enthalten Ein gründlicher Vnterricht/ von dieser dreyer Künste Eigenschafft/ Lehr-Sätzen und Geheimnissen/ von den Bau-Steinen und fünfferley Bau-Arten/ von den Statuen und ihrer Zugehör/ von der Erfind- und Zeichnung/ von Maaß und Proportion der Leiber/ vom Fresco- Stein- Landschafft- Bild- und Historien-Mahlen/ von Nacht-Stücken/ vom Mahlen mit Oel- und Wasser-Farben/ von den Affecten und Gewändern/ von der Perspectiv, und vom Mahl-Zimmer/ auch von den Farben/ deren Gebrauch/ Ursprung/ Natur und Bedeutung: Durch langen Fleiß und Erfahrung ergriffen/ und Auff inständiges Erinnern hoher und vornehmer Personen/ allen Kunst- und Tugendliebenden zu Ehren und Nutzen; Neben Aller Egyptischen/ Griechischen/ Römischen/ Jtaliänischen/ Hoch- und Nieder-Teutschen/ auch anderer Alten und Neuen Virtuosen/ Leben und fürnehmsten Kunst-Wercken beschrieben/ Auch Mit 38. Platten von der Architectur, 68. Alt-Römischen Statuen/ gantz und halben Bildern/ 74. Medaglionen/ 180. Contrafäten/ durch die Hand der besten heutigen Künstlere/ in Kupffer gezieret [...]. Nürnberg, Frankfurt am Main 1675 (HAB Wolfenbüttel Xb 2° 6), Buch 3, S. 373 f. Eine elektronische Edition steht unter sandrart.net zur Verfügung. Vgl. ferner Hannshubert Mahn: Lorenz und Georg Strauch. Beiträge zur Kunstgeschichte Nürnbergs im 16. und 17. Jahrhundert. Reutlingen 1927 sowie Art. Strauch, Georg. In: Allgemeines Lexikon der bildenden Künstler von der Antike bis zur Gegenwart 32 (1938), S. 169 f.
93 Vgl. Art. Küsel, Melchior. In: Allgemeines Lexikon der bildenden Künstler von der Antike bis zur Gegenwart 22 (1928), S. 73 f.
94 Dilherr: Heilig-Epistolischer Bericht (Anm. 89), S. 616.

Abb. 7: Emblemkupferstich, entworfen von Georg Strauch, gefertigt von Melchior Küsel.[95]

Klar jedenfalls ist: Die Erarbeitung einer breitangelegten, methodisch multimedial ausgerichteten auslegungshistorischen Monographie zum Protevangelium ist längst überfällig. Eine solche Studie hätte mit Blick auf die Frühe Neuzeit nicht nur die jeweils werdenden konfessionellen Profile herauszuarbeiten, sondern auch der Tatsache ansichtig zu werden, dass trotz aller protestantischer Kritik an bestimmten Grundsätzen und Motiven der altgläubigen Marienverehrung nicht nur Darstellungen von Mondsichelmadonnen in lutherischen Kirchenräumen erhalten blieben,[96] sondern offenbar auch Bildwerke, die Schlangentreterinnen präsentieren. Ein Beispiel für solch ikonographische Kontinuität ist das spätmittelalterliche Altarretabel aus der 1539 lutherisch gewordenen (und 1945 zerstörten) Kirche des

---

95 In: Johann Michael Dilherr: Heilig-Epistolischer Bericht/ Licht/ Geleit und Freud. [...]. Nürnberg 1663, S. 616 (Privatbesitz).
96 Vgl. Steiger: Gedächtnisorte (Anm. 49), S. 172 f., 380–382, 899–901.

Grauen Klosters zu Berlin. Das ca. 1520 geschaffene Retabel, das heute in der Klosterkirche in Heiligengrabe (Brandenburg) zu besichtigen ist, zeigt dem Betrachter eine Madonna im Strahlenkranz. Sie steht auf einer Mondsichel und zertritt zugleich eine Schlange, die über ein menschlich-weibliches Gesicht[97] verfügt (Abb. 8 und 9).

Abb. 8: Altarretabel (ca. 1520), Klosterkirche in Heiligengrabe (Brandenburg).

---

97 Bereits der mittelalterliche Theologe und Pariser Professor Petrus Comestor (gest. 1179/80) hatte hervorgehoben, dass sich der Satan im Paradiesesgarten listigerweise in eine Schlange mit menschlicher Gestalt verwandelt und sich auch der menschlichen Sprache bedient habe, da ihm bewusst war, dass sich ähnliche Dinge anziehen („similia similibus applaudunt"). Petrus Comestor: Historia scholastica, liber Genesis, cap. 21. Paris 1855 (Patrologia latina 198), Sp. 1072.

Abb. 9: Detail aus Abb. 8.

Textanhang

Geistliches Lied über das Protevangelium in: Johann Michael Dilherr: Heilig-Epistolischer Bericht/ Licht/ Geleit und Freud. Das ist: Emblematische Fürstellung/ Der Heiligen Sonn- und Festtäglichen Episteln [...]. Nürnberg 1663, S. 624.

        Gesänglein.
    Jm Ton deß 6. Psalms.
Jn deinem grossen Zoren/ etc.

          1.
HERR JEsu Schlangen-tretter/
Mein Heiland und Erretter/
    Mein Hort und schönster Held!
Wo ist ein solcher Kämpffer/
Und starcker Riesen-dämpffer;
    Als Du/ o Licht der Welt?

          2.
Du hast den Hund der Höllen/
Der vor/ mit seinem Bellen/
    Die gantze Welt geschreckt/
Besiegt und überwunden/
Mit Ketten ihn gebunden/
    Und uns die Ruh erweckt.

3.
Du hast dem alten Drachen
Den feurig-roten Rachen/
  Mit deinem Fuß/ erdrückt:
Die grad' und krumme Schlangen
Hat dein Verdienst gefangen;
  Hingegen uns geschmückt.

4.
Wiewol ein solches Kriegen/
Und ritterliches Siegen/
  Gekostet Dich viel Blut;
So dir/ aus deinen Wunden/
Womit Du uns verbunden/
  Floß/ als wie eine Flut:

5.
So ist diß Blut doch/ eben
Diß Blut/ das ist mein Leben/
  Jst meiner Sünden Tod/
Deß Todes Grab und Leiche/
Der Höllen ihre Seuche/
  Deß Satans schwere Noth.

6.
Vor solches für mich streiten/
Wil ich mein Hertz bereiten
  Dir/ treuer HErr! zu Danck.
Zu Danck wil ich dir bringen
Das Hertz/ das bey dem Singen
  Der allerschönste Klang.

7.
Weil ich diß Hertz dir gebe/
O Hertz! dadurch ich lebe!
  So nim/ was dein ist/ hin:
Nim/ was du hast erstritten;
Und richt es/ auf mein Bitten/
  Nach deinem Wunsch und Sinn.

8.
Erfreu doch und verneue/
Verneu doch und erfreue
   Diß Hertz/ durch deinen Geist!
Und lehr es gleichfals kriegen/
Und nach dem Kriegen siegen;
   Wie dein Exempel weist.

9.
Wie kan man aber siegen/
Bey solchem Seelen-kriegen?
   Durch Glauben: in Gedult
Und Hoffnung/ muß man streben
Nach jenem Freuden-Leben.
   Das helff' uns deine Huld!

Dirk Niefanger
Gnade für Leo Armenius?
Andreas Gryphius und Johann Conrad Dannhauer

Das Trauerspiel *Leo Armenius* gehört zweifellos zu den meistinterpretierten Texten von Andreas Gryphius. Vielleicht ist es, da im Grunde schon alles Wesentliche gesagt ist, etwas vermessen, hier erneut eine Lektüre seines ersten Dramas vorzulegen. Wenn ich es dennoch wage, so deshalb, weil ich der Überzeugung bin, dass die Forschung einen wichtigen Gewährsmann der Straßburger Zeit bislang noch zu wenig in ihre Diskussion einbezogen hat. Dies nachzuholen kann freilich vorerst nur kursorisch und thesenartig erfolgen. Die künftige Forschung wird hier an der einen oder anderen Stelle noch nacharbeiten müssen.

Das Drama *Leo Armenius* von Andreas Gryphius hat buchstäblich seit seinem Erstdruck unterschiedliche Deutungshorizonte wachgerufen. Schon die auffällig unterschiedlichen Titelvarianten[1] der Ausgaben von 1650, 1652, 1657 und 1698 zeigen verschiedene Auffassungen vom Hauptanliegen des Stücks. Die nicht-autorisierte Erstausgabe *Ein Fürsten=Mörderisches Trawer=Spiel / genant. Leo Armenius* (1650)[2] bestimmt den Fall des armenischen Herrschers lediglich als prinzipiell austauschbares Exempel für historische Vorfälle, bei denen ein Staatsoberhaupt unrechtmäßig zu Tode kommt. Ein angeblich „seitengetreuer Nachdruck dieser Erstausgabe",[3] der Straßburger Druck, dreht den Doppeltitel um und lässt den unbestimmten Artikel, der den Exempelcharakter anzeigt, weg: *Leo Armenius / Oder Jaemerlichen Fuersten-Mords Trauer-Spiel.* (1652).[4] Der Einzelfall selbst wird im Titel so zum mitteilungswürdigen Ereignis. Die späteren Sammelausgaben lassen dann das wertende Adjektiv weg: *Leo Armenius, Oder Fürsten=Mord Trauerspiel* (1657, 1663).[5] Der

---
1 Vgl. Dirk Niefanger: Dramentitel im 17. Jahrhundert. Zur Nutzung des VD 17 zur literaturwissenschaftlichen Feldforschung. Eine Projektskizze zum Barockdrama als Lesetext. In: Schmelze des barocken Eisbergs? Das VD 17 – Bilanz und Ausblick. Beiträge des Symposiums in der Bayerischen Staatsbibliothek München am 27. und 28. Oktober 2009. Hg. von Claudia Fabian. Wiesbaden 2010 (Jahrbuch Bibliothek und Wissenschaft 43), S. 73–92.
2 Andreas Gryphius: Teutsche Reim = Gedichte. Darein enthalten: I. Ein Fürsten = Mörderisches Trawer = Spiel / genant. Leo Armenius [...]. Frankfurt am Main 1650.
3 Andreas Gryphius: Dramen. Hg. von Eberhard Mannack. Frankfurt am Main 1991, S. 882.
4 Andreas Gryphius: Leo Armenius / Oder Jaemerlichen Fuersten-Mords Trauer-Spiel. Straßburg 1652 (z. Zt. verschollen).
5 Andreas Gryphius: Deutscher Gedichte / Erster Theil. Breslau 1657, unpag.: Leo Armenius, Oder Fürsten = Mord Trauerspiel. Und: Andreas Gryphius: Freuden und Trauer = Spiele auch Oden und Sonnette. Leipzig 1663, unpag.: Leo Armenius, Oder Fürsten = Mord Trauerspiel.

https://doi.org/10.1515/9783110664898-006

Grund der Mitteilungswürdigkeit wird getilgt; damit bleibt nun erst einmal unklar – insbesondere angesichts der Frage nach der Legitimität des oder eines Tyrannenmords[6] –, wie die gewaltsame Tötung des Fürsten bewertet werden soll. Die posthume Sammelausgabe von Christian Gryphius bringt den gleichen Titel wie die Ausgabe letzter Hand, nur führt sie zwischen „Trauer" und „Spiel" einen Bindestrich ein: *Leo Armenius, Oder Fürsten=Mord / Trauer=Spiel* (1698).[7] Der Setzer hat die beiden zusammengesetzten Nomen in dieser Ausgabe mittig platziert, so dass Fürsten / Trauer und Mord / Spiel eine vertikal lesbare Einheit bilden. Man könnte deshalb die etwas verwegene These vertreten, dieser Dramentitel markiere den aristotelischen Jammer um den Fürstenmord wenigstens in Ansätzen, weil das tragische Moment optisch dem Fürsten zugeordnet wird. Hier weiter zu spekulieren, soll aber nicht meine Aufgabe sein.

Ausgangspunkt vieler Diskussionen um das Drama ist Walter Benjamins viel zitierte Gegenüberstellung von Monarch und Tyrann:

> Die erhabne Stellung des Kaisers auf der einen Seite und die verruchte Ohnmacht seines Handelns auf der anderen lassen im Grunde unentschieden, ob ein Tyrannendrama oder eine Märtyrerhistorie vorliegt. [...] In diesen Dramen ist es die Struktur, die jene stoffliche Schablone außer Kraft setzt. Nirgends freilich mehr als im ‚Leo Armenius' zum Nachteil einer deutlich konturierten sittlichen Erscheinung.[8]

Die von Benjamin angesprochene Strukturfrage scheint unumstritten: Der Machtwechsel vollzieht sich genau in der Mitte des Dramas,[9] auch wenn Leo erst in der letzten Abhandlung ermordet wird; Protagonist und Antagonist werden genau die Hälfte der Verse als Herrscher- und Intrigenraum geschenkt. Die politischen Positionen und die theologischen Begründungen ihrer Herrschaft scheinen weitestgehend austauschbar. Anfang und Ende des Dramas, gescheiterte Verschwörung und Gefangenschaft auf der ersten Seite, erfolgreicher Putsch und Thronbesteigung auf der letzten, zeigen die Umkehrbarkeit der Macht und führen vor, wie

---

6 Vgl. hierzu etwa Werner Lenk: Absolutismus, staatspolitisches Denken, politisches Drama. Die Trauerspiele des Andreas Gryphius. In: Werner Lenk u. a.: Studien zur deutschen Literatur im 17. Jahrhundert. Berlin, Weimar 1984, S. 252–351, Andreas Solbach: Politische Theologie und Rhetorik in Andreas Gryphius' Trauerspiel *Leo Armenius*. In: Wahrheit und Wort. FS Rolf Tarot. Hg. von Gabriela Scherer und Beatrice Wehrli. Bern u. a. 1996, S. 409–425 oder Harald Steinhagen: Wirklichkeit und Handeln im barocken Drama. Historisch-ästhetische Studien zum Trauerspiel des Andreas Gryphius. Tübingen 1977 (Studien zur deutschen Literatur 51).
7 Andreae Gryphii um ein mercklichess vermehrte Teutsche Gedichte. Hg. von Christian Gryphius. Breslau, Leipzig 1698, unpag.: Leo Armenius, Oder Fürsten = Mord / Trauer = Spiel.
8 Walter Benjamin: Ursprung des deutschen Trauerspiels. Hg. von Rolf Tiedemann. Frankfurt am Main ²1982, S. 54 f.
9 Vgl. Dirk Niefanger: Geschichtsdrama der Frühen Neuzeit. 1495–1773. Tübingen 2005 (Studien zur deutschen Literatur 174), S. 187 f.

jeweils Sieger die Geschichte deuten, während eine eindeutige christliche Bewertung des Fürstenmords offenbar dem Leser bzw. Zuschauer und seiner Allegorese-Fähigkeit überlassen bleibt. Aber bleibt sie deshalb auch im Unklaren? Um den letzten Satz Benjamins rechtet daher die Forschung bis heute: Gibt es eine klare ethische oder wenigstens religiöse Aussage im *Leo Armenius*? In der Forschung kann man dementsprechend von zwei dominierenden Deutungssträngen sprechen, einem, der dem Trauerspiel eine eindeutig theologische Aussage zuweist und einem, der im Stück, an Benjamins oben zitierte Deutung anschließend, eine ambivalente Entfaltung des Fürstenmords erkennt.

(1) Die erste Interpretationstradition hat am stärksten Gerhard Kaisers These geprägt, laut der Gryphius Joseph Simons Stück vom Sturz des Bilderstürmers Leo Armenus[10] auf der Basis der lutherischen Gnadenlehre umgestaltet habe; die immer noch strittige Frage, ob Gryphius das Jesuitendrama in Rom habe sehen oder lesen können, sei hier ausgeklammert.[11] Kaisers These: „Er [Gryphius] stellt dem Drama des Gerichts das Drama der Gnade, dem Drama des Tyrannen das Drama des sola fide erhöhten Kaisers gegenüber."[12]

Rekapitulieren wir, was den Kern der lutherischen Gnadenlehre ausmacht: Anders als die spätmittelalterlichen, später römischen Lehren, legt Luther Wert auf die Alleinwirksamkeit der Gnade, die durch menschliches Handeln nicht befördert werden kann. Die einzig angemessene Haltung des Menschen ihr gegenüber ist der Glaube; mit Luthers bekannten Worten der Vorlesung über den Hebräerbrief (1517/18): „fides iam est gratia iustificans."[13] Der Glaube allein rechtfertigt die Gnade. Nur dem Gläubigen wird die Gerechtigkeit zuteil, ihm aber ist sie durch Christi Kreuzestod ganz und unteilbar geschenkt; sie wird allein als *favor* – als Gottes Zuwendung – gedacht. Daher kann sie nicht durch gute Taten erworben werden.

Wie ist diese Vorstellung nun auf *Leo Armenius* zu beziehen? Die Gnadenlehre bringt es mit sich, dass Leos sündhafte und partiell unmoralische Herrschaft dann unerheblich wird, wenn er im aufrichtigen Glauben zu Gott findet. Dies berichtet bekanntlich und eindeutig der Bote, als er von der Ermordung Leos in der Christnacht erzählt. Er wird von Michael Balbus und seinen Schergen beim Gebet am

---

10 Joseph Simon: Leo Armenus Seu Impietas Punita [1645]. In: Willi Harring (Hg.): Andreas Gryphius und das Drama der Jesuiten. Halle an der Saale 1907 (Hermaea 5), S. 74–126.
11 Vgl. Nicola Kaminski: Andreas Gryphius. Stuttgart 1998, S. 94 f.
12 Gerhard Kaiser: Leo Armenius, Oder Fürsten = Mord. In: Die Dramen des Andreas Gryphius. Eine Sammlung von Einzelinterpretationen. Hg. von Gerhard Kaiser. Stuttgart 1968, S. 3–34, hier S. 33.
13 Martin Luther: Werke. Kritische Gesamtausgabe [Weimarer Ausgabe]. Weimar 1883 ff., Bd. 57^{III}, S. 191, 24.

Altar der Kirche angegriffen. Als die Übermacht zu stark wird, bleibt dem Besiegten allein das Vertrauen auf Gott. Er ergreift das Kreuz und küsst es schließlich im Sterben. Der Botenbericht tendiert zur Legende, die den – wie Christus am Kreuz blutenden und sterbenden – Kaiser als Märtyrer stilisiert:

> Vmbsonst: weil man auff jhn von allen seitten drang/
> Dem nun das warme Blut aus Glied und Adern sprang /
> Als er das Holtz ergriff / an welchem der gehangen
> der sterbend uns erlöst / dem Baum an dem die Welt
> Von ihrer Angst begfrey't / damit der Tod gefällt /
> Für dem die Hell erschrickt: denckt / rufft er / an das Leben /
> Daß sich für eure Seel an dieser Last gegeben?[14]

Der Bote bezeugt Leos Glauben an die Gnade Gottes im Augenblick seines Ablebens. Er nutzt das Altarkreuz auch, um sich und die auf ihn eindringenden Schergen an die Verpflichtung christlichen Glaubens zu mahnen. An den Versatzstücken der Erzählung (Holz von der Golgatha-Stätte, Heilsversprechen) und sogar einzelnen Vokabeln (Blut, Seite) erkennt der kundige Leser oder Zuschauer die biblisch-christologische Deutung der Szene. Eberhard Mannack konstatiert in seinem Kommentar zum Drama daher „die Umwandlung des ewig verdammten Leo zum Begnadeten".[15]

(2) Zweifel an der eindeutigen Gnadenerteilung regen sich schon relativ früh. Peter Rusterholz formuliert sie prominent in seinem Nachwort zur Reclam-Ausgabe des Stückes. In *Leo Armenius* werde „das Problem der Textauslegung aktuell, das Verstehen des geistigen Sinnes der Schrift wie der Geschichte".[16] Es zeigt sich deutlich in der indirekten Präsentation der Todesszene; sie wird uns von einem Boten erzählt, nicht unmittelbar auf der Bühne erlebt. Nun könnte man argumentieren, Gryphius halte sich lediglich an Horaz und seinen Vorbehalt gegen unrealistische und brutale Aufführungen.[17] Gryphius selbst verweist ja in einer Anmerkung zum *Carolus Stuardus* ausdrücklich auf diese Theaternorm. Sie besage, dass es „in Traur-Spilen gebräuchlich" sei „dies alles" – nämlich

---

14 Gryphius: Dramen (Anm. 3), S. 99.
15 Eberhardt Mannack: Struktur und Gehalt. In: Gryphius: Dramen (Anm. 3), S. 888–894, hier S. 891.
16 Peter Rusterholz: Nachwort. In: Gryphius, Andreas: Leo Armenius. Trauerspiel. von Peter Rusterholz. Stuttgart 1971, S. 127–146, hier S. 129.
17 Vgl. Horaz: De arte poetica 180–184: „Doch wirst du nicht, was besser im Innern sich abspielen sollte, auf die Bühne bringen, wirst vieles den Augen entziehen, was die Beredsamkeit allen verkündet: damit ihre Kinder vor allem Volke Medea nicht schlachte." (Übersetzung: Quintus Horatius Flaccus: Ars Poetica. Die Dichtkunst. Lateinisch und deutsch. Übers. von Eckart Schäfer. Stuttgart 1992, S. 645).

Gräueltaten wie den Königsmord – „durch einen Boten vorzubringen".[18] Aber es gibt Indizien, die der Botenüberlieferung ein weitergehendes Gewicht zumessen. So rechtet Theodosia mit dem anwesenden Priester in raschen Stichomythien um die Auslegung des Botenberichts, der dadurch geradezu den Status eines heiligen Textes bekommt. Ein Beispiel:

> THEODOSIA. Der Fürst muß vor der Zeit in sein betrübtes Grab.
> PRISTER. Der stirb't nicht vor der Zeit / der seine Zeit beschlossen.
> THEODOSIA. Mit Blut / das in der Kirch' auf Gottes Tisch vergossen.
> PRISTER. Man stirbt nicht wie man wündscht / nur wie der Höchste will!
> THEODOSIA. Will denn der Höchste Mord / und solche Jammer-Spil?
> PRISTER. Kann wer / der sterblich ist wol sein Gericht begreiffen?
> THEODOSIA. Sprecht so! und lehrt das Volck vom Throne Printzen schleiffen.[19]

Die Theodizee-Frage, die Theodosia an den Priester angesichts des Botenberichts richtet, kann man, weil sie den Titel des Trauerspiels anzitiert, metadramatisch lesen. Das Drama selbst thematisiert ein unbegreifliches Geschehen, das der christologischen Auslegung bedarf. Denn das Verständnis der ungeheuerlichen Vorfälle hat unmittelbare Auswirkung, so Theodosia, auf den Umgang des Volkes mit staatlicher Raison. Damit ist eine Brücke zur berühmten *Vorrede an den Leser* geschlagen, wo Gryphius das Abfassen seines Dramas mit der konkreten Erfahrung des Dreißigjährigen Krieges begründet:

> Jndem unser gantzes Vatterland sich nuhmer in seine eigene Aschen verscharret / vnd in einen Schauplatz der Eitelkeit verwandelt; bin ich geflissen dir die Vergänglichkeit Menschlicher Sachen in gegewertigem / und etlich folgenden Trawerspielen vorzustellen. Nicht zwar / weil ich nicht etwas anders und dir vielleicht angenehmers unter Händen habe: Sondern weil mir noch dieses mal etwas anders vorzubringen so wenig geliebet / als erlaubet.[20]

Mit seiner ausdrücklichen Anrede an den einzelnen Leser beziehungsweise Zuschauer fokussiert Gryphius nicht eine abstrakte Geschichte und ihre heilsgeschichtliche Auslegung, sondern den einzelnen Menschen in seiner historischen Situation; um die Veränderung seines Weltbezugs geht es ihm; er (und kein abstraktes Vaterland) soll in seinem Handeln die Vergänglichkeit des Menschlichen mit bedenken.[21]

---

18 Gryphius: Dramen (Anm. 3), S. 574 (B-Fassung, Anm. zu Vers 285).
19 Ebd., S. 101 f.
20 Ebd., S. 11.
21 Vgl. hierzu: Dirk Niefanger: Die Krisenpoetik des barocken Trauerspiels. In: Die Krise in der Frühen Neuzeit. Hg. von Philip R. Hoffmann-Rehnitz u. a. Göttingen 2016 (Historische Semantik 26), S. 265–284.

Später bemerkt die Vorrede, dass der sterbende Kaiser vermutlich gar nicht das Golgatha-Kreuz umfasst habe, wie es der Bote berichtet, sondern dieses Detail in poetischer Lizenz zugefügt worden wäre. Damit wird die Glaubwürdigkeit – nicht so sehr des Dramas, denn dieses hat ja die „Freyheit"[22] ästhetisch zu gestalten –, sondern des faktualen Botenberichts in Frage gestellt. Er – nicht das Bühnengeschehen – behauptet ja die Identität des Holzes.

Analog zur Vorrede, die das Drama, seine Quellen und die Gegenwart in einen konkreten Auslegungsbezug setzt, ist schließlich generell die dem Drama angehängte *Erklärung etlicher dunckeln Oerter* zu verstehen. Sie führt – wie die Vorrede – als autornaher Paratext eine Textauslegung mit Blick auf die außerfiktionale Realität und die Quellen vor. Die Anmerkungen sind bei Gryphius also nicht nur als Nachweise und gelehrte Exkurse zu verstehen, sondern praktizieren immer wieder und exemplarisch die Dramenlektüre als Auslegungsprozess. Die anderen Gryphius-Dramen verfahren ja ganz analog.

Aufbauend auf solchen oder ähnlichen Indizien hat sich in den letzten Jahren ein Verständnis durchgesetzt, das die Hermeneutikprobleme von *Leo Armenius* betont und deutliche theologische oder ethische Positionen eher verneint. Heinz Drügh konstatiert, dass „die Heilsgewißheit [...] bei genauerem Blick auf Gryphius Text zu bezweifeln" sei.[23] Nicola Kaminski glaubt, dass die Antwort des Dramas auf „das lutherische *sola fide, sola gratia* [...] keine heilsgewisse" sei, sondern für den Leser oder Zuschauer im Ungewissen bleibe.[24] An anderer Stelle heißt es, *Leo Armenius* erweise sich als „hermeneutisches Chamäleon",[25] das nur den Anstrich eines Märtyrerdramas habe. Peter J. Burgard argumentiert ähnlich, wenn er die „Dissimulation"[26] als zentrales Moment des Dramas auf unterschiedlichen Ebenen begreift, das zu einem Gleichgewicht der beiden Hauptfiguren führe. Die Skepsis gegenüber einer klaren theologischen oder politischen Position folgt schließlich auch Albrecht Koschorke im *Gryphius-Handbuch*. Er glaubt,

---

22 Gryphius: Dramen (Anm. 3), S. 12.
23 Heinz Drügh: Was mag wol klärer seyn? – Zur Ambivalenz des Allegorischen in Andreas Gryphius' Trauerspiel Leo Armenius. In: Künste und Natur in Diskursen der Frühen Neuzeit. Hg. von Hartmut Laufhütte. Wiesbaden 2000 (Wolfenbütteler Arbeiten zur Barockforschung 35), S. 1019–1031, hier S. 1027.
24 Kaminski: Andreas Gryphius (Anm. 11), S. 97.
25 Nicola Kaminski: Martyrogenese als theatrales Ereignis. Des Leo Armenius theaterhermeneutischer Kommentar zu Gryphius' Märtyrerdramen. In: Daphnis 28 (1999), S. 613–630, hier S. 614.
26 Peter J. Burgard: König der Doppeldeutigkeit: Gryphius' Leo Armenius. In: Barock. Neue Sichtweisen einer Epoche. Hg. von Peter J. Burgard. Wien 2001, S. 121–141, hier S. 121.

im Drama sei „das Prinzip der Unentscheidbarkeit"[27] in den Konflikten der beiden Hauptfiguren bis hin zu ihrer Austauschbarkeit ausbuchstabiert.

> Damit rückt schlechthin alles politische Tun ins Zeichen einer rückhaltlosen, sich selbst ermächtigenden, im Maß der Souveränsetzung zugleich entleerenden Dezision. Eben das führt Gryphius' Trauerspiel vor, aber nicht auf triumphalistische Weise, sondern in der Trauer über einen haltlosen Dezisionismus, der auf eine ebenso entleerte Arbitrarität des Göttlichen trifft.[28]

Koschorke radikalisiert die hermeneutische Uneindeutigkeit des Dramas, indem er behauptet, seine „Sinnproduktion" laufe „ins Leere".[29] Man gewinnt den Eindruck, dass die neueren Lektüren des Trauerspiels sich in ihrer Infragestellung identifizierbarer Positionen überbieten wollen.

Nun wurde – muss man ergänzen – von Anfang an auf die Macht der Rede und ihre Thematisierung im Trauerspiel verwiesen. Barner und Bogner haben darüber gerechtet.[30] Stefanie Arend hat den entscheidenden ersten Reyen des Stücks klug im Kontext neuer Wissensordnungen diskutiert und daran erinnert, dass der Theologie hier nur eine ungeordnete, gar dienende Stellung eingeräumt wird. Dies resultiere aus dem Primat eines naturrechtlichen Denkens, das sich allmählich von christlich-stoizistischem Gedankengut absetze. In der Politik erscheine so das problematische Ideal einer allein rationalen Erwägungen folgenden Verhaltenslehre, die auf möglichst viel Wissen beruhe, um Unwägbarkeiten ausblenden zu können.[31] Die Begrenztheit menschlichen Wissens, die letztlich klare Entscheidungen unmöglich macht, weist beide Protagonisten in ihre Schranken. Sie scheitern an unklaren Deutungsoptionen.

Stimmt es aber, dass die vielschichtige und an unterschiedlichen Stellen des Dramas aufweisbare Thematisierung von hermeneutischen Problemen zu einer unklaren theologischen und politischen Position des *Leo Armenius* führt? Ich zweifle das an. Und ich meine dabei – wohlgemerkt – die Position, die das Drama selbst dialektisch entfaltet, nicht die Haltung eines Protagonisten oder die des Autors.

---

27 Albrecht Koschorke: Leo Armenius. In: Gryphius-Handbuch. Hg. von Nicola Kaminski und Robert Schütze. Berlin, Boston 2016, S. 185–202, hier S. 202.
28 Ebd.
29 Ebd., S. 201.
30 Vgl. Wilfried Barner: Gryphius und die Macht der Rede. Zum ersten Reyen des Trauerspiels *Leo Armenius*. In: DVjs 42 (1968), S. 325–358 und Ralf Georg Bogner: Die Bezähmung der Zunge. Literatur und Disziplinierung der Alltagskommunikation in der frühen Neuzeit. Tübingen 1997 (Frühe Neuzeit 31).
31 Vgl. Stefanie Arend: Rastlose Weltgestaltung. Senecaische Kulturkritik in den Tragödien Gryphius' und Lohensteins. Tübingen 2003 (Frühe Neuzeit 81), S. 43–51.

Meine These hat zwei aufeinander beziehbare Dimensionen: (1) Das Stück weist natürlich auf die Begrenztheit menschlicher Erkenntnis in theologischen Fragen hin und damit auf das Grundproblem christlicher Hermeneutik in der Frühen Neuzeit. Die Welt ist mit Bibelhermeneutik und der Übertragung religiösen Wissens auf das Weltgeschehen allenfalls spekulativ, nicht aber eindeutig erklärbar. (2) Davon unberührt ist aber das Vertrauen auf die christliche Gnadenlehre, die insofern vor den Fallen einer unentscheidbaren Hermeneutik rettet, als ihr eine Entscheidung für den Glauben vorgängig ist. Dieser Aspekt, obwohl er zum Grundbestand lutherischen Denkens in der Frühen Neuzeit gehört, wird bei Koschorke vollständig ausgeklammert und bei vielen neueren Interpreten, meines Erachtens, vernachlässigt. Natürlich ist es unangenehm, das Gryphius-Drama in die lutherische Orthodoxie zurückzuholen; lieber wäre uns, seine unzeitgemäße Modernität zu bejubeln. Das aber gibt der Text nun mal nicht her. Allerdings könnten meine Ausführungen vielleicht zur Vermittlung beider Interpretationsstränge zum *Leo Armenius* beitragen.

Den entscheidenden Hinweis, meine These zu begründen, finde ich bei Rusterholz.[32] Er nennt den richtigen Referenzautor, begründet aber nicht seine Relevanz für *Leo Aremnius* und bezieht sich leider auf den falschen, weil zu spät erschienenen Text. Gemeint ist der lutherische Theologe und Rhetorikprofessor Johann Conrad Dannhauer.[33] Er hat in Marburg, der Nürnberger Universität Altdorf und Jena studiert und war seit 1633 Professor für Theologie in Straßburg, Pfarrer am dortigen Münster, Präses des Kirchenkonvents und Dekan des Thomasstifts. Ein wichtig Mann der lutherischen Gelehrsamkeit[34] also, mit dem Gryphius 1646/47, während der Abfassung des Dramas in Straßburg, intensiv diskutiert hat. Hierfür gibt es zwei zeitgenössische Zeugnisse: (1) Der Gryphius-Biograph Stosch (1663–1679) nennt den Theologen in der Liste derjenigen Professoren, deren „Freundschafft" der Dichter „genossen" habe und die ihn gern „in ihrer *Conversation* gewüntschet" hätten.[35] (2) In seinem Hochzeitsgedicht an Georg Fehlau erinnert sich Gryphius an die intensiven Diskussionen mit Dannhauer:

---

32 Vgl. Rusterholz: Nachwort (Anm. 16), S. 129.
33 Vgl. zuletzt Stefanie Arend: Intertextualität. In: Kaminski und Schütze (Anm. 27), S. 632–642, hier S. 639 mit Verweis auf Rusterholz.
34 Zur Wichtigkeit für den jungen Gryphius vgl. auch: Hans-Henrik Krummacher: Der junge Gryphius und die Tradition. Studien zu den Perikopensonetten und Passionsliedern. München 1976, S. 477–500.
35 Balthasar Sigismund Stosch: Dank = und Denk = Seule des ANDREAE GRYPHII [1665]. In: Andreas Gryphius. Hg. von Heinz Ludwig Arnold. München 1980 (Text + Kritik 7/8), S. 2–11, hier S. 8.

> Zu Straßburg da uns offt so manche schöne Stunde
> Ein rein Gespräch ergötzt! Wann aus Dannhauers Munde
> Ein reiffgelehrter Spruch mit meiner Meinung stritt:
> Und ich zuletzt bewegt von meinem Vorsatz glitt.[36]

Dannhauer sei also einer jener Denker gewesen, die nach intensiver Debatte zu überzeugen wussten. Das sagt Gryphius explizit über sonst keinen der Straßburger Lehrer. Wunderlich ist es also, dass kein Forschungsbeitrag – soweit ich sehe – an diese wichtige Figur der Entstehungszeit des Dramas erinnert, zumal von ihm unser Fachbegriff ‚Hermeneutik' stammt. Er wurde – nach Erscheinen des Dramas – durch seine *Hermeneutica sacra* (1654) verbreitet. Den Begriff verwendet Dannhauer allerdings seit 1629 in seiner Rhetorikvorlesung an der Reichsuniversität Straßburg und könnte von Gryphius also schon gekannt worden sein. Er bezeichnet eine universale wissenschaftliche Verfahrensweise, die auf aristotelischer Basis zu einem adäquateren Textverständnis beitragen sollte. Seine Hermeneutik zielt eher darauf, die Logik von Argumentationen zu überprüfen, als den dahinter stehenden Sinn zu finden. Er unterscheidet daher zwischen bloß konventionalisierten und argumentativ schlüssigen Aussagen. Auf letztere müsse der Hermeneut komplexe Texte zurückführen, um zu zeigen, dass der Sinn einer Aussage richtig oder falsch sei. Ihm ist die immanente Folgerichtigkeit eines Textes also wichtiger als eine Interpretationskunst, die sich mit dunklen, nicht selten sogar unlogischen Passagen beschäftigt. Insofern unterscheidet sich die Dannhauersche *Hermeneutica sacra* erheblich von der modernen Hermeneutik seit Schleiermacher.

Trotzdem erscheint mir Dannhauers Hermeneutik für das Verständnis des *Leo Armenius* von Gryphius relevant. Ich greife aber nicht auf seine nach dem Drama erschienene *Hermeneutica sacra* zurück, sondern auf die ersten Bände seiner viel gelesenen *Catechismusmilch* (I: 1642, II: 1643, III: 1646), die Gryphius vermutlich in Straßburg rezipiert hat. Der erste Band beginnt mit drei Eingangstexten, die das Verfahren der Bücher begründen. Sie enthalten eine Art hermeneutisches Programm im Anschluss an den neutestamentlichen Brief an die Hebräer, der in der Frühneuzeit noch als paulinisch angesehen wurde. Es ist bezeichnenderweise jener Brief, der innerhalb der lutherischen Theologie die Unmöglichkeit der Buße belegt, und damit Gott als alleinige Gnadeninstanz stärkt. Dannhauer geht es darum, die Demut bei der Selbsteinschätzung eigener Erkenntnisfähigkeit zu stärken und vor Selbstüberschätzung zu warnen; sein biblisches Credo lautet daher (5,12): „Und die Ihr soltet längest meister sein / bedörfet Ihr widerumb / das man Euch die erste Buchstaben der Göttlichen

---

[36] Andreas Gryphius: Poetische Wälder Anderer Band. Hochzeit-Gedichte (Anm. 7), S. 71.

Wort lehre / vnd daß man Euch Milch gebe / vnd nicht starcke Speyse (Hebräer 5, 12).“[37] Die „Catechismusmilch", die seine Erbauungsbücher vermitteln, richtet sich an jene, die die „starcke Speyse", den gelehrten Diskurs nicht vertragen. Das ist vorhanden das einfache Volk, das muttersprachlich Auslegungshilfen bei der Bibellektüre bekommen soll: „Es können nicht alle Apostel / Lehrer vnd Propheten sein; sondern *ratione scientiæ* wegen der Wissenschaft [...] / der zeit nach / die jhr in Gottes Schul zugebracht / in deren jhr [...] sattsam seyt vnterrichtet worden."[38] Dannhauer argumentiert hier nach dem ersten Korintherbrief (12, 28–31), wo Paulus deutlich macht, dass nicht jeder mit gleicher Qualität zur Auslegung berufen ist: „Können Sie alle auslegen?" fragt er hier (1 Kor 30). Bezieht man dies auf unser Drama *Leo Armenius* wundern die Deutungsdifferenzen der Figuren wenig, denn – so die Binsenweisheit – zuerst Glauben, dann Bildung, göttliche Inspiration und Talent bringen es mit sich, dass man unterschiedlich gut im Sinne der christlichen Theologie auslegen kann.

Gryphius hebt dies übrigens in der Vorrede zum vierten Teil seiner *Oden* hervor. Er räumt hier ein, dass die Poesie nicht für jeden in gleicher Weise begreifbar sein muss:

> [D]aß man einwenden will / es könten solche Stellungen nicht alle verstehen / schleust so viel als nichts: Wollte ich wol sagen / daß das hohe Lied nicht heilig / weil ich es nicht verstehe? Daß die letzte Gesichter Ezechiels nicht vortreflich / weil sie mir zu dunkel? [...] Man sihet wie hoch [...] die leidend= und streitende Kirche sich bemühet die heiligen Gesichte / die vornehmsten Gründe unsers Glaubens: den Zweck unserer Hoffnung durch solche Art zu beschreiben vnd vnters Volk zu bringen. [...] Diese und mehr seliger Seelen wurden zu jener Zeit gelobet: Da wir hergegen itzund alles tadeln und verwerfen / was nur etlicher massen geistreich scheinet.[39]

Geistreiche Rede, die nicht jeder verstehe, habe es schon immer und gerade in Zeiten der Konfessionsstreite gegeben. Geistliche Dichtung gebe aber auch Trost und Erquickung, wenn man ihr nicht vollständig folgen könne. Denn allein durch prächtige Reime und wohlklingende Rede habe sie die „Krafft unsere Leiber und Gemütter zu verändern".[40] Auch wenn zusammen mit *Leo Armenius* nur die ersten beiden Oden-Bände erscheinen, zeigt die Vorrede eine Dannhauersche Position: Auslegungsfähigkeiten und -möglichkeiten sind so unterschiedlich wie die Wege, Gottes Wort und seine Gnade zu erfahren.

---

37 Johann Conrad Dannhauer: Catechismusmilch [...] Erster Theil. Straßburg 1642, S. 1.
38 Ebd., S. 5.
39 Andreas Gryphius: Freuden und Trauer-Spiele auch Oden und Sonnette. Breslau 1663. Oden, Das Virdte Buch, S. 607–615, hier S. 611.
40 Ebd., S. 615.

Dannhauer setzt wie die Vorrede zum *Leo Armenius* bei der historischen Situation im Alten Reich an; sie bringe es mit sich, dass den Menschen an sich Gottes Wort zugänglich sein sollte:

> So hat auch der fromme vnd gütige Gott vnser Vatterland Teutscher Nation mit einem grössern und klärendem schein seiner Göttlichen Wahrheit begnadet / als in vorigen Jahren vnsern vorfahren begegnet: Also daß freylich wir samptlich stärckere speiß gewohnt / vnd allbereit längst hetten sollen Meister sein.[41]

Hermeneutische Fähigkeiten sind anthropologisch festgelegt, aber sozial bedingt. Leider schöpfen die Menschen nur ihr Potential nicht aus; daraus begründet Dannhauer sein – jeweils angemessenes – Auslege- und Erklärungsverfahren in der *Catechismusmilch*:

> Aber Trägheit / Vnverstand vund Undanck muß man den meysten nachsagen / vnd klagen [/] daß sie noch kaum ABC Schuler / die ersten Elementa Christlicher Religion noch nicht gnugsam gefaßt: Daher es manchmal kommen / daß wann man schwerere vnd höhere von Gott selbst offenbarte vnd in Heiliger Schrift gegründete Lehren vnd geheimnussen / vff die Cantzel gebracht / man es wohl / als allzuhochgelehrte / subtile / dem gemeinen Mann vnerbawliche Sachen veracht / vnd von der Cantzel auff die Schulcatheder gewiesen.[42]

Die Zumutung an seine Leser und Zuschauer mag beim Drama *Leo Armenius* höher sein als bei der *Catechismusmilch*, doch gleich ist beiden Texten, das Bewusstsein von unterschiedlichen Fähigkeiten Sachverhalte zu erkennen, im Sinne der Heiligen Schrift zu deuten und christliche Texte zu verstehen. Diese Unterschiede entbinden aber nicht von der hermeneutischen Pflicht; mit Dannhauer: „Ist in Gottes Wort vielfältig befohlen / *suchet / forschet in der Schrift*[43] als in einer reichen Fundgrub je länger je mehr / find jhr eine Goldader / so lasset nit nach / *forschet / wachset in der Gnad vnnd Erkandnis vnsers Herzen Jesu Christ.*"[44] Christliche Hermeneutik erscheint als Pflicht; sie erarbeitet nicht allein ein Verständnis des Wortes, sondern wirkt wesentlich durch den Glauben bestimmt, den sie optimistisch im Sinne eines „Von-Gott-Verstanden-Seins" begreift.[45] Das heißt, die hermeneutische Tätigkeit des Christen zielt ausdrücklich – wie Dannhauer es deutlich macht – auf die Gnade Gottes. Mit diesen gläubigen Exegeten konkurrieren diejenigen, die aus Anmaßung die Hermeneutik als eine Art säkulares

---

41 Dannhauer: Catechismusmilch (Anm. 37), S. 6.
42 Ebd.
43 Die größere Type im Druckbild wird an dieser Stelle mit Kursivierungen angezeigt.
44 Ebd., S. 7.
45 Ulrich H. Körtner: Art. Hermeneutik, systematisch-theologisch. In: Lexikon der Bibelhermeneutik. Begriffe – Konzepte – Theorien. Hg. von Oda Wischmeyer u. a., Berlin, New York 2009, S. 248 f., hier S. 248.

Weltverständnis vom Glauben lösen; mit Dannhauer: „*Unverstand deß Glaubens macht stoltze Häuchler vnd Kätzer / wann sie gleich noch ein schönen Tugendschein von sich leuchtenn liessen.*"[46] Es fällt nicht schwer, diese Unterscheidung einer auf Glauben fußenden und einer anmaßenden Hermeneutik auf das Drama *Leo Armenius* zu übertragen. Bei der Bewertung hermeneutischer Aussagen, ist es – so meine These – aus Sicht des Dramas nämlich nicht egal, wer der Urheber von Aussagen ist und in welcher Beziehung er zum rechten Glauben steht. Denn davon hängt, nach Dannhauer, die Gnade Gottes ab.

Insofern ist die Entscheidung aus dieser Perspektive vollkommen klar und deutlich, wer am Ende des Dramas die rechte Deutung vorbringt, die gläubige Theodosia oder Michael und die Verschworenen. Wenn sich Michael am Ende auf das „Volck"[47] beruft, wissen wir – mit Dannhauer – um dessen leider noch begrenzten, aber prinzipiell möglichen Zugang zum rechten Wissen. Daher kann ich die Antwort von Theodosia perspektivisch verstehen; wenn das Volk erst begriffen hat, wird es, Michael Balbus, „über dich zu letzt auch Vrthel hegen".[48] Deshalb ist Theodosias Vision für den christlichen Zuschauer natürlich kein Wahnsinn, sondern ein Vorschein von Gottes Gerechtigkeit und Gnade – mithin eine hermeneutische Leistung, die auf dem Glauben fußt.

In ihrer Vision wird sie der Gnade teilhaftig, mit der Gott Leo Armenius als Gläubigen angenommen hat. Dass die Verschworenen und Michael Balbus auf der Seite der falschen Hermeneuten stehen, zeigen die vollkommen säkularen Schluss-Sätze des Dramas. Michael und die Verschworenen eilen einzig und allein der Kirche zu, um eine weltliche Macht – symbolisiert auch durch die Nennung der Burg – zu legitimieren, nicht aber um demütig inne zu halten und sich der Beschränktheit eigener Erkenntnisfähigkeit bewusst zu werden. Während Leo die Kirche in der Stunde seines Todes noch zum Beten nutzte, okkupiert oder missbraucht sie – wenig später – Michael Balbus als Raum seiner Inthronisierung. So einfach ist die *Catechismusmilch*, die das Drama, mit Dannhauer gelesen, uns eingibt.

---

46 Dannhauer: Catechismusmilch (Anm. 37), S. 10.
47 Gryphius: Dramen (Anm. 3), S. 108.
48 Ebd.

Wilhelm Kühlmann
Protest, Glaube und Trost

Gryphius' Arbeit an Luthers Psalter. Beobachtungen zur Ode (I, 7) *Domine usque quo* als Psalmlied

1

In dem vor kurzem erschienenen Gryphius-Handbuch wird von Benedikt Jeßing der Forschungsstand im Blick auf Gryphius' Odendichtung als defizitär gekennzeichnet:

> Einerseits scheint die literaturwissenschaftliche wie schulische Rezeption der Sonette in ihrer Dominanz die der Oden zu verhindern; andererseits sind die Oden als größerenteils Bibelparaphrasen oder ‚geistliche' Gedichte anscheinend als ‚uninteressant' markiert und fallen aus der Wahrnehmung des Lyrikers Gryphius bedauerlicherweise heraus.[1]

Unter diesen Auspizien, die ein tatsächliches Desiderat feststellen, widmet sich der folgende kleine Beitrag der 7. Ode in Gryphius' erstem Odenbuch (1643), gedruckt unter dem heute eher erratisch wirkenden Titel „DOMINE VSQUE QUO", damals sofort erkennbar als Beginn der Vulgatafassung des 12. Psalms (bei Luther des 13. Psalms). Als diese Ode schon vorher als formal abweichendes Schlussgedicht der *Festtags Sonnete* (1639) gedruckt wurde, war der Bezug zu dem genau bestimmten Prätext schon im Titel klargestellt: „THRENEN-KLAGE, aus dem XIII. Psalm." Die Frage ist, was das Wörtlein „aus" bedeutet, auch welche Unterschiede, schon in exemplarischer Synopse der ersten beiden Strophen, zwischen beiden Fassungen festzustellen sind. Antworten auf diese Fragen werfen ein Schlaglicht auf Gryphius' poetisches Bewusstsein, die Konturen seiner rhetorisch-expressiv symbolisierten Frömmigkeit wie auch seine mikrostilistische Feinfühligkeit. Dies gilt auch für einen Vergleich unter anderem mit Luthers Psalterübersetzung, die Gryphius im Wortlaut immer wieder anklingen, also als autoritativen Vergleichstext fortlaufend durchscheinen lässt.[2]

---

[1] Nicola Kaminski, Robert Schütze (Hg.): Gryphius-Handbuch. Berlin, Boston 2016, hier Kap. II.4.2 (S. 113–130) von Benedikt Jeßing: Oden, das Zitat auf S. 114. Hier so gut wie nichts zu der im Folgenden behandelten Ode (kurze Erwähnung des Reimschemas, S. 119).
[2] Dass Gryphius auch lateinische Psalmdichtungen und den entsprechenden Terminus der Psalm-‚Paraphrase' kannte, geht hervor aus der Überschrift von Ode II, 8: „Paraphrasis Psalmi CXXV. juxta latinos."

Wenn Jeßing, wie oben zitiert, die Odendichtung als „Bibelparaphrase" bezeichnet, ist dieser Begriff zwar korrekt, unterschlägt aber divergente Ausgangspositionen des Autors. Denn es ist ein Unterschied, ob, wie im Rahmen der Perikopenlyrik, ein biblischer Prosatext metaphrastisch in ein lyrisches Formschema wie das des Sonetts transponiert wurde oder ob wir, wie in diesem Fall, ein ‚Psalmlied' vor uns haben, dessen ästhetische Einschätzung von der spätestens seit Petrarca formulierten Überzeugung abhing, dass der Psalter als lyrische Lieddichtung auf den alttestamentarischen Sängerkönig David zurückgehe. In den Psalmliedern wurde, wie auch immer ästhetisch überarbeitet, der postulierte, genuin biblische Textsinn durchaus erfüllt. Dabei ist davon auszugehen, dass Psalmdichtungen im Wettstreit von „Athen und Jerusalem" (J. Dyck),[3] also in der Nachfolge des altisraelischen Sängerkönigs, mit der paganen Dichtung konkurrierte und eine herausgehobene, nicht nur literarische, sondern auch liturgische und religiös-diätetische Dignität besaß.[4] Es waren die deutsche Prosaübersetzung Luthers (zuerst 1524, überarbeitet 1531), eingebettet in exegetische Arbeiten und fortgeführt in literarisch-pastoralen Bemühungen (Psalmlieder,[5] Predigten, Summarien, die Psalmenvorlesung von 1513/15),[6] bald auch die calvinistischen Psalmlieder, die weit über ein Jahrhundert lang den bislang bibliographisch zwar in ersten Ansätzen kartographierten, keinesfalls aber philologisch erschlossenen

---

[3] Joachim Dyck: Athen und Jerusalem. Die Tradition der argumentativen Verknüpfung von Bibel und Poesie im 17. und 18. Jahrhundert. München 1977, hier bes. Kap. III: Dichtungsapologie im Namen der Bibel; vgl. etwa S. 35 zu Petrarca als Verfechter des Psalters als Versdichtung und somit auch als Dichtung der Christen.
[4] Im Folgenden rekapituliere ich (als Einleitung) einige Passagen meiner Studie: Wilhelm Kühlmann: Luthers Psaltervorrede von 1528 als poetologische Urkunde frühneuzeitlicher Lyrik und der lateinische Psalter des Eobanus Hessus. In: Vom Humanismus zur Spätaufklärung. Ästhetische und kulturgeschichtliche Dimensionen der frühneuzeitlichen Lyrik und Verspublizistik in Deutschland. Hg. von Wilhelm Kühlmann u. a. Tübingen 2006, S. 44–56.
[5] Zu den Psalmliedern (darunter der Bearbeitung der Bußpsalmen) im Zusammenhang der Lutherschen Liederdichtung s. Gerhard Hahn: Das Evangelium als literarische Anweisung. Zu Luthers Stellung in der Geschichte des deutschen kirchlichen Liedes. München 1981 (Münchener Texte und Untersuchungen zur deutschen Litratur des Mittelalters 73), S. 246–283.
[6] Zu Luthers Revision der Psalter-Übersetzung, auch zur neuen Vorrede von 1528, s. die zusammenfassende Darstellung von Martin Brecht: Martin Luther. 3 Bde. Studienausgabe. Stuttgart 1994, hier Bd 3: Die Erhaltung der Kirche 1532–1546, bes. S. 108–113; vgl. hier auch das Gesamtregister sub verbo *Psalmen*, *Psalter*. Lehrreich zum weiteren humanistischen Kontext: Gerd Gesigora: Ein humanistischer Psalmenexeget des 16. Jahrhunderts: Jacopo Sadoleto (1477–1547). Paradigmatische Studien zur Hermeneutik und Psalmenexegese des 16. Jahrhunderts. Frankfurt am Main u. a. 1997 (Europäische Hochschulschriften, Reihe III, Bd. 556); Ulli Roth: Die philologische Freiheit des Humanisten Johannes Reuchlin. Interpretation und Edition von Reuchlins Übersetzung der Psalmen 110–115. In: Daphnis 31 (2002), S. 55–105.

Kontinent der lateinischen und muttersprachlichen Psalmdichtung[7] maßgeblich beeinflussten. Dieser Gesamtkomplex der Psalmdichtung umfasste ein Gestaltungsspektrum, das von möglichst wortgetreuer Translation bis hin zu ausdeutender und amplifizierender, ja bewusst ästhetisch nobilitierter Paraphrase und freien Nachdichtung reichte.

Selbstverständlich blieb die Psalmdichtung des 16. und 17. Jahrhunderts grundsätzlich an den Bibeltext gebunden. Sie konnte sich eigentlich auch nicht wie im Fall antikisierender Poesie auf das humanistische Theorem der literarischen *aemulatio*, also des innovativen ‚Wettbewerbs' mit einem Bezugsautor (in diesem Falle also David), einem Bezugstext oder einem kanonischen Textmodell berufen.[8] Dies verbot sich bei einem von Gott ‚verbal inspirierten' Text, berührte allerdings die teils latente, teils explizite Frage nach dem poetischen Freiraum, der sich dem modernen Psalmdichter in der Wahl der biblisch nicht abgedeckten Formen und des individuellen stilistischen Aufwandes, also des ‚ästhetischen Mehrwertes', anbot.[9] Der Reiz der Psalmdichtung, auch ihr Gebrauchswert, ergab sich – abgesehen von der religiös-kulturellen, also gesellschaftlichen Anerkennung des Prätextes – auch dadurch, dass der Psalter in sich verschiedenste Sprechhaltungen, also rhetorisch-lyrische Textgenera und kommunikative Verhältnisse abbildete, zudem verschiedene Modi der rezeptiven Aneignung ermöglichte:

---

[7] Vgl. Johannes A. Gaertner: Latin Translations of the Psalms 1520–1620. In: Harvard Theological Review 49 (1956), S. 271–305; eine (im Blick auf die Frühe Neuzeit sehr vorläufige) Übersicht bieten Inka Bach und Helmut Galle: Deutsche Psalmendichtung vom 16. bis 20. Jahrhundert. Untersuchungen zur Geschichte einer lyrischen Gattung. Berlin, New York 1989 (Quellen und Forschungen zur Sprach- und Kulturgeschichte der germanischen Völker, N. F. 95). Ins 17. Jahrhundert führen Hans-Peter Ewald: Engagierte Dichtung im 17. Jahrhundert. Studie zur Dokumentation und funktionsanalytischen Bestimmung des „Psalmendichtungsphänomens". Stuttgart 1975 (Stuttgarter Arbeiten zur Germanistik 6); Angelika Reich: Übersetzungsprinzipien in den deutschsprachigen liedhaften Gesamtpsaltern des 16. und 17. Jahrhunderts. Regensburg 1977; Hubert Heinen: Paul Fleming's Bußpsalmengedichte und ihre Eigenart als Paraphrasen. In: Opitz und seine Welt. Festschrift für George Schulz-Behrend zum 12. Februar 1988. Hg. von Barbara Becker-Cantarino und Jörg-Ulrich Fechner. Amsterdam, Atlanta, GA 1990 (Chloe 10), S. 233–250; hier auch – im Hinblick vor allem auf den 130. Psalm – ein Vergleich zwischen Fleming, Opitz und Luther.
[8] Vgl. umfassend Barbara Bauer: Aemulatio. In: Historisches Wörterbuch der Rhetorik. Hg. von Gert Ueding. Bd. 1. Tübingen 1992, Sp. 141–187.
[9] Vgl. zu diesem Thema Hans-Henrik Krummacher: Der junge Gryphius und die Tradition. Studien zu den Perikopensonetten und Passionsliedern. München 1976, bes. „Dritter Teil", S. 393 ff. Die hier akzentuierte strenge Rückbindung der geistlichen Dichtung an den biblischen Text bedürfte, abseits der apologetischen Äußerungen, weiterer vergleichender Untersuchungen.

a) in der Bandbreite von ‚performativem' Vollzug (als Gesang und Gebet der Gemeinde, Gruppe oder eines angefochtenen Individuums; in der alten Kirche auch weiterhin im Breviergebet) bis hin zur still gelesenen Andachtslyrik[10] oder gar einem in seiner neuen Faktur durchaus ästhetisch gemeinten und auch so genossenen Lyrikwerk;
b) in der Spannung von publikumsbezogenen (erbaulichen, katechetischen, agitatorischen oder konsolatorischen) Schreibhaltungen und jenen auktorialen Motiven, für die sich in der Arbeit an der Psalmparaphrase oft ganz unabhängig von Autorenehrgeiz und publizistischen Absichten ein Akt der spirituellen Konzentration und Heilsaneignung vollzog.

In diesem literaturgeschichtlichen Radius bildete die im weiteren Sinne lyrische Psalmdichtung der postreformatorischen Ära den Kernbereich einer *sacra poesis*, der sich nur wenige Autoren entzogen. Dabei ist zu unterscheiden:
a) die zitathafte, eher punktuelle, einzelne Formulierungen, Gedanken, Haltungen und Motive aufgreifende Anlehnung an diesen oder jenen Psalm in liturgischen Texten, auch in Gemeinde- und Andachtsliedern;
b) die Ausbildung eigener Psalmlieder, also die bearbeitende Übertragung eines Psalms oder ganzer Psalmgruppen in Liedform (etwa Luthers „Aus tiefer not schrey ich zu Dir" nach Psalm 130, einem der sieben Bußpsalmen),[11] sei es in Form zunächst einzelner, auch als Flugblatt verbreiteter Exempel, sei es in der späteren Zusammenstellung zu mehr oder weniger kompletten Liedcorpora. Luther wurde im muttersprachlichen Bereich hier zum Vorbild für eine ganze Reihe von Liederdichtern (unter ihnen Burkard Waldis und Nikolaus Selnecker[12]); der Hugenottenpsalter, verdeutscht von Paul Schede Melissus und dann endgültig in der Version des Ambrosius Lobwasser kanonisiert, bildete für das lutheranische Liedgut den mächtigsten calvinistischen Konkurrenztext.[13]

---

10 Zur Psalmdichtung im Rahmen des frühneuzeitlichen Andachtsliedes s. Irmgard Scheitler: Das Geistliche Lied im deutschen Barock. Berlin 1982 (Schriften zur Literaturwissenschaft 3) – unter anderem zu Opitz' Psalmdichtungen (S. 175–180) und zu Gryphius' Oden (S. 273–300).
11 Siehe zu „Aus tiefer Not" ausführlich, auch zur Entstehungs- und Wirkungsgeschichte: Hansjakob Becker u. a. (Hg.): Geistliches Wunderhorn. Große deutsche Kirchenlieder. München 2009, S. 124–134.
12 Dazu ausführlich mit einem Kapitel zu „Luthers Konzeption des Psalmliedes": Guido Fuchs: Psalmdeutung im Lied. Die Interpretation der „Feinde" bei Nikolaus Selnecker (1530–1592). Göttingen 1993 (Veröffentlichungen zur Liturgik, Hymnologie und musikalischen Kirchenliedforschung 25).
13 Wichtig, gründlich und weiterführend zu den europäischen Dimensionen der Verbreitung und Adaption des calvinistischen Psalters die diesbezüglichen Tagungsakten (hier Lars

c) die Masse der lateinischen Psalmdichtungen, beginnend mit dem nicht nur von Luther und Melanchthon hochgerühmten poetischen Psalter (vollständige Fassung im Erstdruck: Marburg 1537) des Helius Eobanus Hessus (1488–1540).[14] Die lateinische Psalmdichtung gliederte sich mit Hessus allein schon formal (durch die Wahl des elegischen Distichons) aus der strophischen Sangdichtung aus und bildete so eine eigene, in antikisierenden Formen (später auch Odenstrophen und jambische Verse nach Horaz) geschriebene Gruppe der geistlichen humanistischen Lyrik, die dadurch auch in den lateinischen Schulunterricht zu integrieren war und hier die gewollte Einheit von *eruditio* und *pietas* befestigen sollte.[15]

Kessner zu Lobwasser und Ralf Georg Czapla zu Schede Melissus) Eckhard Grunewald u. a. (Hg.): Der Genfer Psalter und seine Rezeption in Deutschland, der Schweiz und den Niederlanden. Tübingen 2004 (Frühe Neuzeit 97). Nach wie vor gültig Erich Trunz: Ambrosius Lobwasser. Humanistische Wissenschaft, kirchliche Dichtung und bürgerliches Weltbild im 16. Jahrhundert. In: Euphorion 29 (1928), S. 578–617 (ND in Erich Trunz: Deutsche Literatur zwischen Späthumanismus und Barock. Acht Studien. München 1995, S. 83–186).

14 Zu Leben und Werk des Hessus mit einer zweisprachigen kommentierten Textauswahl und umfassender Forschungsbibliographie: Humanistische Lyrik des 16. Jahrhunderts. Lateinisch und deutsch [...], ausgew., übers., erl. und hg. von Wilhelm Kühlmann u. a. Frankfurt am Main 1997 (Bibliothek der Frühen Neuzeit 5), S. 247–338, 1097–1143; die maßgebliche zeitgenössische Hessus-Biographie ist leicht greifbar: Joachim Camerarius: Narratio de Helio Eobano Hesso [...]. Lateinisch und deutsch. Übers. von Georg Burkard, hg. und erl. von Georg Burkard, Wilhelm Kühlmann. Heidelberg 2003 (Bibliotheca Neolatina 10). Zu Hessus' Psalmdichtung kurz und vollkommen verständnislos Carl Krause in seiner sonst oft noch maßgeblichen Biographie: Carl Krause: Helius Eobanus Hessus. Sein Leben und seine Werke. Ein Beitrag zur Cultur- und Gelehrtengeschichte des 16. Jahrhunderts. 2 Bde. Gotha 1879 (ND Nieuwkoop 1963), hier Bd. 2, S. 204–207, spez. 205 f.: „Was in jener Zeit für den höchsten Triumph der humanistischen Wissenschaft galt, erkennen wir jetzt als ein im Prinzip verfehltes, den ureigentümlichen Geist der hebräischen Poesie vernichtendes Werk. Der Sinn für die Eigenart des nationalen Elementes in den Dichtungen der Völker war damals noch nicht geweckt, und außerdem überwog der praktische Gesichtspunkt alle übrigen. Wir begegnen daher solchen Uebersetzungsversuchen in Menge, die sich aber meist nur auf einzelne Psalmen beschränkten." Zu Hessus' Arbeit am Psalmwerk und der Kooperation mit Luther, Melanchthon und anderen nun anhand der Quellen (vor allem der Briefe) instruktiv, allerdings noch ohne Eingehen auf die poetischen Texte Gerlinde Huber-Rebenich: Der lateinische Psalter des Eobanus Hessus und das Ideal der *docta pietas*. In: Die Musen im Reformationszeitalter. Hg. von Walther Ludwig. Leipzig 1999 (Schriften der Stiftung Luthergedenkstätten in Sachsen-Anhalt 1), S. 289–303; ferner Bach-Galle (Anm. 7), S. 28–34.

15 Bach-Galle (Anm. 7), S. 134–143, behandeln exemplarisch von den lateinischen poetischen Psaltern die Werke von Johann Spangenberg (wie bei Hessus in Distichen); Nikolaus Selnecker (verschiedene Versbindungen, darunter auch Odenstrophen) und Sebastian Hornmolt (in Jamben). Direkt in die Nachfolge von Hessus stellte sich der zuletzt als Kirchenrat in Heidelberg wirkende ‚Kryptocalvinist' Friedrich Widebram (1532–1585): Psalterium Davidis integrum, carmine redditum. Straßburg 1579 (nicht erwähnt bei Bach-Galle [Anm. 7]). Die ausführliche Widmungsvorrede an Landgraf

Gerade die humanistisch-lateinische Psalmdichtung, aber auch ihr muttersprachliches Pendant erfordert es, Psalmdichtung nicht primär als Gegenstand der Hymnologie zu begreifen, sondern in die Geschichte der frühmodernen Lyrik einzuordnen. Dies mit umso größerem Anreiz, als wir im Fall der antikisierenden Humanistendichtung nur über wenige gattungstheoretische und poetologisch reflektierende Zeugnisse verfügen, weil eher nach Autorenmodellen gedichtet wurde, während die Psalmdichtung in der Bibelexegese, in der Predigt und in der Vorredenliteratur auf ein altes theoretisches Fundament zurückgreifen konnte, das die Bedeutung des Psalters in Gehalt, Rhetorik, Gattungsprofil und geistlichem Wirkungsanspruch thematisierte. In diesem Sinne stellt Luthers ausführliche Vorrede zum Psalter (in dieser Form zuerst gedruckt 1528)[16] nicht nur ein katechetisches und rezeptionshistorisches Dokument, sondern auch die Grundurkunde einer Theorie und Hermeneutik der frühmodernen geistlichen Lyrik dar.

Luther wollte mit seinem deutschen Psalter, auch in Berufung auf die Kirchenväter, die spätmittelalterliche Legenden- und Exempelliteratur verdrängen, zielte also auf eine Veränderung der Lektüregewohnheiten und des Lektürepensums: ein Paradigmenwechsel, der in mancher Hinsicht auch einen Wechsel der literarischen Textfunktionen mit sich bringen sollte. In beiden Fällen diente die Aneignung des geistlichen Textes der frommen Bewusstseinsbildung, der spirituellen Erziehung und damit auch der praktischen Lebensführung im Sinne einer musterhaften Modellierung des inneren und äußeren geistlichen Habitus. In den Stichworten „andacht" und „krafft" (S. 964) sind textadäquate, durch den Text erzeugte oder bestärkte Empfindungen angesprochen. Sie übersetzen in einen leserpsychologischen Effekt, den in „Lere" und „Gebot" (ebd.) mitgedachten dogmatischen Gehalt des Psalters, der selbstverständlich – wie seit den ‚Vätern' – in typologischer Vorausdeutung auf Christus, sein Heilswirken, ja auf „stand und wesen der gantzen Christenheit" bezogen werden soll. In diesem Sinn gilt Luther der Psalter als „kurtze Bibel", als biblische „Summe", als frommes „Handbuch" und „Exempelbuch" (S. 964), inspiriert vom Heiligen Geiste.

Wilhelm von Hessen resümiert fast alle einschlägigen Argumente zur Empfehlung der Bibel- und Psalmdichtung im allgemeinen und der lateinischen poetischen Psalmparaphrase im besonderen. Ich kann hier nicht weiter darauf eingehen.

16 Abgedruckt (neben den früheren Vorreden und mit allen philologischen Hinweisen) in: D. Martin Luthers Werke. Kritische Gesamtausgabe. Die Deutsche Bibel. 10. Band. Erste Hälfte. Weimar 1956, S. 99–105 nach dem Druck von 1545; hier zitiert (ebenfalls auf der Basis der Ausgabe von 1545) mit Angabe der Seitenzahl nach der Taschenbuchausgabe: D. Martin Luther: Biblia. Das ist die gantze Heilige Schrift Deudsch auffs new zugericht. Wittenberg 1545. Hg. von Hans Volz u. a. 3 Bde. München 1974, hier Bd. 2, S. 964–968.

Entscheidend für die besondere Wertschätzung der Psalmen ist aber nicht ihr dogmatischer Gehalt, sondern ihre sprachliche Bewegung. Der Psalter, so erkennt Luther, bildet Sprachhandlungen, das Reden und Beten mit Gott, vor, während die gewohnten Erbauungswerke viel von Werken der Heiligen, „gar wenig aber von jren Worten sagen" (S. 965). Die Abwehr älterer Werkgerechtigkeit paart sich hier bei Luther mit Axiomata der genuin humanistischen Anthropologie: Es sind die Worte, die Fähigkeit der Rede, die den Menschen zum Menschen machen und ihn vom Tier unterscheiden. Damit ist der argumentative Grund gelegt für eine spezifisch literarische Würdigung der Psalmdichtungen. Es geht hierbei nicht um eine spezifische Werkästhetik, sondern um eine spezifische Form, Intensität und Varietät der menschlichen Rede. Man darf wohl sagen: Ohne Bezug auf Theoreme einer antikisierenden Poetologie und abseits der gelehrt-rhetorischen Dichotomie von *res* und *verba* umschreibt Luther in seiner Psaltervorrede nichts anderes als die Intensität und Variationsbreite jener sprachsymbolischen Artikulationsmöglichkeiten, die im Verständnismodell expressiver, unmittelbarer, ja subjektiver ‚Lyrik' eine Zukunft weit über das humanistisch-rhetorische Paradigma hinaus besitzen werden. Der Psalter bietet dem Leser nämlich nicht einfach die „schlechte gemeine rede der Heiligen", sondern in ihrer „ernsten Rede mit Gott" den tiefen Einblick in die bewegte Psyche des Redenden (S. 965):

> Da mit er nicht allein jr wort vber ir werck / Sondern auch jr hertz vnd gründlichen schatz jrer seelen uns furlegt / Das wir in den grund vnd quelle jrer wort vnd werck / das ist in jr hertz sehen können / was sie fur gedancken gehabt haben / Wie sich jr hertz gestellet vnd gehalten hat/ in allerley sachen / fahr vnd not.

Zu beachten ist demnach also nicht die Artistik des rhetorischen *ornatus* oder die bisweilen ängstliche Anlehnung an antike Stil- und Formstrukturen, sondern eine in der Sprache geborgene Offenbarung des Inneren, des „Hertzens", in der ganzen Bandbreite gedanklicher und emotionaler Reaktionen zwischen Glück und Unglück, Furcht, Anfechtung, Traurigkeit und Freude. Die Sprache des Psalters, mittelbar also auch der ihn nachdichtenden Lyrik, entspricht nach Luther in ihrer Vielfalt unmittelbar allen Schwankungen der emotionalen Befindlichkeit, offenbart alle Arten der seelischen Erschütterung. Wer den Psalter liest oder hört, dem widerfährt in der Rede der biblischen „Heiligen", man darf es wohl so sagen, das Erlebnis direkter authentischer Rede, insofern auch eine besondere Art der frommen Vergewisserung und einer quasi existenziellen Selbstfindung, die, wie viele Äußerungen belegen, gerade den Psalter von Jugend auf zum biblischen Lieblingsbuch Luthers gemacht hatte (S. 965 f.):

> [...] das wir gewis sein können / wie jr hertz gestanden / vnd jre wort gelautet haben / gegen Gott und jedermann. Denn ein menschlich Hertz ist wie ein Schiff auf eim wilden

Meer / welchs die Sturmwinde von den vier örtern der Welt treiben. [...] SOlche Sturmwinde aber leren mit ernst reden vnd das hertz öffenen / und den grund eraus schütten. Denn wer in furcht vnd not stecket/ redet viel anders von vnfal/ denn der in freuden schwebt. Vnd wer in freuden schwebt/ redet und singet viel anders von freuden/ denn der in furcht steckt. Es gehet nicht von hertzen / (spricht man) wenn ein Trawriger lachen / oder ein frölicher weinen sol / das ist / Seines hertzen grund stehet nicht offen / vnd ist nicht er aus. Was ist aber das meiste im Psalter / denn solch ernstlich reden / in allerley Sturmwinden?

Der Psalter also ein Werk, das mit „ernst" redet, „von hertzen gehet", rhetorische Artistik und damit ästhetische Distanz zugunsten unmittelbarer Identifikationsmöglichkeiten vernachlässigt. Luther gruppiert die Psalmen, ältere Traditionen aufgreifend, demgemäß in einzelne Gruppen nach dem Kriterium der gefühlshaften Sprachbewegung (Lobpsalmen, Dankpsalmen, Klagepsalmen). Sie übertreffen in ihrer sprachlichen Emotionalität das Wirkungskalkül der in Cicero metonymisch gedachten antiken Rhetorik, übertreffen als quasi mimetische Sprachgemälde (offenbar im Rahmen des ut-pictura-poesis-Theorems assoziiert) auch die repräsentative Evidenz und Unmittelbarkeit bildkünstlerischer Affektgemälde (S. 966): „Also auch / wo sie von furcht und hoffnung reden / brauchen sie solcher wort / das dir kein maler also kündte Furcht oder Hoffnung abmalen / und kein Cicero oder Redkündiger also furbilden." Der Leser des Psalters findet „drinnen wort / die sich auff seine Sachen reimen / und jm so eben sind / als weren sie allein umb seinen willen also gesetzt" (S. 966 f.). Insofern bietet die Aneignung der Psalmen nach Luther die Gewähr einer neuen, einer biblischen gegründeten „Gemeinschaft der Heiligen", „weil sie ein Liedlin alle mit jm singen" (S. 966). Christliche Nachfolge in der Psalterlektüre beruht auf dem affektiven Vollzug gleicher Gesinnung und gleicher Rede in allen möglichen Lebenssituationen. Nicht das elegante Kunstwerk ist gemeint, sondern ein literarisch vermitteltes „Gnotiseauton" (ebd.). Der besagte Humanist Eobanus Hessus setzte die Akzente ein wenig anders. Auch für ihn bieten die Psalmen literarische und gebetshafte Affektgemälde, doch ist es kein Zufall, dass Hessus gerade in der kurzen Prosavorrede zu seiner lateinischen Fassung von Psalm 13, also zu der hier behandelten Vorlage von Gryphius, neben der heilsdiätetischen Textfunktion „contra spiritum tristitiae, & animi moerorem" vorab die Kategorie der stilistischen ‚Eleganz' hervorhebt.[17]

---

17 Psalterium Davidis Carmine Redditum Per Eobanum Hessum [...]. Leipzig 1548, S. 26: „Est elegantissimus Psalmus, qui continet uehementem & affectibus plenam precationem contra spiritum tristitiae, & animi moerorem, qui aut peccatum aut poenam peccati sequi solet. De hac tentatione sapiens: Spiritus tristis exiccat ossa."

2

Gryphius kannte gewiss Luthers Psaltervorrede und konnte ausgehen von Luthers Übersetzung des 13. Psalms, den ich im Folgenden (unter A) abdrucke, gefolgt von den beiden Fassungen der Ode I 7 (B und C), wobei die ältere Fassung (B) hier nur mit den beiden ersten Strophen angeführt wird. Was lässt sich bei dem hier angebotenen Einblick in Gryphius' literarische Werkstatt erkennen, das heißt: Welche Modalitäten der formalen wie auch im weitesten Sinne stilistischen bzw. gedanklichen Bearbeitung auf Grund welcher sichtbarer Schreibstrategien lassen sich hier im Detail verfolgen?

A Übersetzung Luthers:[18]

¹ Ein Psalm Dauids / vor zu singen.
² HERR / WIE LANG wiltu mein so gar vergessen? Wie lange verbirgestu dein Andlitz fur mir?
³ Wie lange sol ich sorgen in meiner Seele / vnd mich engsten in meinem hertzen teglich? Wie lange sol sich mein Feind vber mich erheben?
⁴ SChaw doch vnd erhöre mich HERR / mein Gott / Erleuchte meine augen / das ich nicht im Tode entschlaffe.
⁵ Das nicht mein Feind rhüme / Er sey mein mechtig worden / Vnd meine Widersacher sich nicht frewen / das ich niderlige.
⁶ ICh hoffe aber dar auff / das du so gnedig bist / Mein hertz frewet sich / das du so gerne hilffest.
⁷ Ich will dem HERRN singen / Das er so wol an mir thut.

B Fassung des Drucks von 1639 in Gryphius' Sonettkorpus (Strophen 1–2):[19]

I.
Ach wie lang! wie lang! wie lang! wie lange,
  Wiltu dich mein Gott, weg von mir kehren,
  Und mich keiner bitt gewehren?
Ach wie ist mir doch so hefftig bange,
  Das du mich nun ganz aus deinem hertzen   5
  Schleust, und in grundlosen schmertzen
  Ohne trost versincken läst.
Sol ich den dein antlitz nicht mehr schawen?
  Und ist gar vergebens mein vertrawen,
  Das auf dich gebawet fest?   10

---

18 Abgedruckt nach D. Martin Luther: Die gantze Heilige Schrifft. Wittenberg 1545. Hg. von Hans Volz unter Mitarbeit von Heinz Blanke. Textredaktion Friedrich Kur. Bd. 1–3. München 1974, hier Bd. 2, S. 976.
19 Abgedruckt nach Andreas Gryphius: Sonette. Hg. von Marian Szyrocki. Tübingen 1963 (Gesamtausgabe der deutschsprachigen Werke 1), S. 181–183. Der Kursivdruck bei Syzrocki wird nicht nachvollzogen.

II.
Wie lang sol in tausentfachen plagen,
 Unter deines grimmes donnerkeilen,
 Und der hellen schwefelpfeilen
Ich mein immerwehrendt weh beklagen?
Ach, wie laß ist meine Seel' von sorgen? 15
Weil sie plötzlich alle morgen
 Angst und elendt uberfelt,
Ist wol eine trübsall zu ersinnen,
VVirdt man auch ein ungluck finden können,
Das mich nicht in klawen helt? 20

C Ode I, 7: DOMINE VSQUE QUO:[20]

1.
ACh wie lang / O Gott! mein Gott wie lange /
Wiltu dich von meinen threnen kehren /
Vndt keiner bitte mich gewehren!
Ach! wie ist mir doch so heftig bange!
Das du mich nun gantz aus deinem hertzen / 5
Schleust vndt in grundlosen schmertzen /
Ohne trost versincken läst.
Soll ich Herr / dein antlitz nicht mehr schawen?
Hab ich nicht ô Heilandt!) mein vertrawen
Stets auff dich gegründet fest? 10

2.
Ach! wie lange soll in tausendt plagen /
Vnter deines grimmes donnerkeilen /
Vnter der Hellen schwefel pfeilen
Ich mein immerwehrendt weh beklagen?
Ach wie müd' ist mein gemütt von sorgen! 15
Welches plötzlich alle morgen /
Angst vnd elendt vberfält.
Ist woll eine trübsall zu ersinnen /
Wirdt man auch ein vnglück finden können
Das mich nicht in klawen hält? 20

3.
Doch ich möchte dis noch alles leiden:
Das sich aber meine feind' erheben

---

20 Abgedruckt nach Andreas Gryphius: Oden und Epigramme. Hg. von Marian Szyrocki. Tübingen 1964 (Gesamtausgabe der deutschsprachigen Werke 2), S. 14 f. Gegenüber Szyrocki sind hier die Umlautschreibungen modernisiert (nicht durch überschriebenes e, sondern durch Trema).

Weil ich in höchster qual mus leben /
Das so frölich jaüchtzen / die mich neiden;
Dis / dis will mir leib vndt geist durchdringen / 25
Vndt mich zum verzweifeln bringen.
Mein Gott! ach mein grosser Gott!
Wofern dein gemütte zu erweichen:
Wofern eine gnade zue erreichen:
Schawe doch auff meine noht. 30

4.
Welt ade! es ist vmb mich geschehen!
Meine krafft weicht / vndt die augen brechen /
Die zunge kan kein wortt mehr sprechen:
Der todt hatt mich ihmb zum raub' ersehen.
Ach Herr! einen strall nur / deiner gütte / 35
Wündtscht mein sterbendes gemütte
Brich doch an du lebens licht!
Mein feind wird es seiner macht zue schreiben /
Wo ich mus im staube liegen bleiben.
Dulde doch sein pochen nicht. 40

5.
Nun ich weis / du wirst mir nicht abschlagen /
Was ich itzt / mitt halberstarter zungen /
Vnd pfnüchtzend habe vorgedrungen.
Deine gnade kennet kein versagen /
Alle welt weis deine trew zue preisen / 45
Die du pflegest zue erweisen /
Wen kein mittell mehr zu sehn!
Herr ich glaub' ich will nach so viell schreyen /
Vber deiner wolthatt mich erfrewen!
Ja ich weis es wirdt geschehn! 50

Auf verschiedene Weise erweitert Gryphius gegenüber Luthers Übersetzung den Textbestand wie auch den argumentativen Radius um ein Beträchtliches, so dass wir es in beiden Fassungen (B, C) mit fünf zehnzeiligen Strophen zu tun haben, die Sangbarkeit suggerieren, ohne dass Gryphius wie andere Autoren geistlicher Lieder auf eine dem Publikum bekannte Melodie hinweist.[21] Das hat wohl auch damit zu tun, dass diese Ode in ihrem Skansions- und Reimschema sich so außergewöhnlich und offenbar bewusst mit originellen Details darbietet, dass selbst in Hans-Joachim Francks *Handbuch der deutschen Strophenformen* darüber

---

[21] Scheitler (Anm. 10), S. 277 verweist darauf, dass die Ode I 7 mit 11 anderen Oden von Gryphius von dem Gothaer Kapellmeister Wolfgang Briegel als Soloarien komponiert wurde.

nichts zu finden ist, allenfalls die Verwandtschaft mit den häufiger anzutreffenden geistlichen Lieder in trochäischen bzw. jambischen zehnzeiligen Vierhebern festzustellen ist, wie sie beispielsweise Johann Rist benutzte.[22] Es schälen sich bei Gryphius zwei Vierergruppen von Versen heraus, die durch ein gereimtes Verspaar getrennt werden. Die Vierergruppen werden durch den umarmenden Reim zusammen gehalten, wobei nur in den jeweils abschließenden Rahmenversen die männliche Kadenz aktualisiert wird. Die Skandierung, d. h. die in der standardsprachlichen Rezitation realisierbare Verteilung von Hebungen und Senkungen ist nur grundsätzlich zu bestimmen, da durch sprachliche Affektindikatoren, d. h. Exklamationen wie das mehrfache „Ach" (V. 1, 4, 27, 35) und außergewöhnlich häufige Monosyllaba, deren expiratorische Wertung kontextuell wechselt, der Unterschied zwischen dem trochäischen und jambischen Versschema, ja das alternierende Betonungsprinzip überhaupt schon bald verschwimmen. Es dominiert der trochäische Fünfheber, der aber in Vers 3 durch den jambischen Auftakt abgelöst, später auch durch daktylische Komponenten (V. 12) aufgelockert wird; gelegentlich sogar wegen der Häufung von Monosyllaba ganz aus der metrisch einsehbaren Fügung in eine Art von schwebender Betonung geraten kann: wie in C, V. 34, der analog zu den anderen Strophen als fünfhebiger Trochäus zu lesen wäre, aber nicht so, ja überhaupt nicht in sinnvoller Hebungsalternation zu lesen ist: „Der todt hatt mich ihmb zum raub' ersehen." Es fällt auf, dass Gryphius bei diesem Vers die ältere Fassung (B) unverändert stehen lässt (bis auf das den Opitzschen Regeln entsprechende Apostroph-Zeichen für den ausgefallenen Endvokal bei „raub'"), während der vorhergehende Vers behutsam in puncto sprachlicher und metrischer Eleganz verbessert wird. Aus der Fassung B („Meine zung kan nicht mehr sprechen") wird: „Die zunge kan kein wortt mehr sprechen." So wird die die farblose Verneinung „nicht mehr" ersetzt durch die präzise gesteigerte Fassung mittels des nominalen Objekts „kein wortt", wodurch auch die nicht gekennzeichnete Elision des Schlussvokals in B („zung") vermieden ist. Die so ersichtliche metrische Lockerheit des Textes erscheint noch dadurch verstärkt und unterstützt, dass der anfangs tonangebende fünfhebige Trochäus an regelmäßigen Stellen der Strophe durch Vierheber ersetzt wird (V. 3, 6, 7 und 10),

---

22 Horst-Joachim Franck: Handbuch der deutschen Strophenformen. München 1980, zu den zehnzeiligen Strophen S. 691–716, spez. S. 703 f. zu trochäischen Vierzeilern von Rist und anderen Autoren; jambische Zehnzeiler mit einer gegenüber Gryphius leicht abgewandelten Reimordnung (Kreuzreim in den ersten vier Versen) hat Rist in seinem *Neuen Musikalischen Seelenparadies Neuen Testaments* verwendet: Johann Rist, Christian Flor: Neues Musikalischen Seelenparadies Neuen Testaments. Hg. und komm. von Johann Anselm Steiger. Berlin, Boston 2017 (Neudrucke deutscher Literaturwerke N. F. 89), hier 10. Andacht, S. 177–180 und 22. Andacht, S. 252–255.

so dass sich, gemessen an der Hebungszahl, eine komplexe Reihe ergibt (554–554–4554), die quer zum Reimschema steht. Die Melodie eines bekannten Kirchenliedes konnte und wollte Gryphius offenbar nicht auf die derart raffinierte Struktur dieser Ode projizieren, die nicht für den Gesang der Gemeinde, sondern, als Leselyrik, für die exemplarische Meditation und literarische Therapie der seelischen Notlage des angefochtenen, im gesamten Text sowohl als Aussagesubjekt wie auch als Aussageobjekt dominierenden „Ichs" gedacht war, das in einen Scheindialog mit dem „Du" eines sich verhängnisvoll entziehenden Gottes tritt: eigentlich ein Monolog ohne Antwort, da sich diese zuletzt allein im wissenden biblisch gegründeten Glauben des Ichs und „aller welt" (V. 45) an den letzthin als „treu" beschworenen Gott kundtut.

Die ersten beiden Strophen paraphrasieren und amplifizieren die ersten drei knappen Fragen (V. 2–3a) von Luthers Übersetzung, wobei die Differenzen der stilistischen Arbeit im jeweils ersten Vers von B und C ins Auge fallen. Luthers Formel „wie lange" wird von Gryphius in B durch den Affektindikator „Ach" (V. 1 und 4; so auch in C) und recht schlicht durch die vierfache Wiederholung „wie lang!" (zuletzt ohne Apokope, also „wie lange") quasi durch iterativ-gleichförmige Dehnung des klagenden Frage-Kolons versinnlicht. Anders in C, wo nach dem gleichlautenden Verseingang das zweite „wie lange" ans Versende tritt, wodurch ein Rahmen entsteht, in dem die doppelte Anrede an Gott, gesteigert durch einen zweiten Affektpartikel („O") und durch die Personalität des Pronomens „mein" (ähnlich V. 27, hier gesteigert durch ein zweites Attribut: „mein grosser Gott") Platz findet, so dass sich ein eleganter syntaktischer Chiasmus ergibt, dessen artistischer Stilgestus dem in einer Reihe von Zentralworten nahegebrachten hohen Thema von Anfechtung und Bangnis (V. 4), von „Schmerzen" (V. 6) und Trostlosigkeit (V. 7), Wehklagen (V. 14), Sorgen (V. 15) „Angst und Elend" (V. 16), von „Trübsal" (V. 18), ja „Verzweiflung" (V. 26) angemessen erscheint. In den Schlussversen wird retrospektiv neben der neu gewonnenen Glaubenszuversicht geklärt, um welchen Sprechmodus es sich in den ersten vier Strophen handelt, nämlich in der Formel „nach so viel schreyen", wodurch das „De profundis clamavi ad te, domine" von Psalm 130 (einem der sog. Bußpsalmen) zu assoziieren ist.

In Gryphius' Ode wird nicht nur über einen Gott geklagt, der sich, ganz anthropomorph gedacht, von dem durch „threnen" (V. 2) symbolisierten Leiden des Ichs abkehrt, sondern es wird auch protestiert im Sinne einer Anklage, weil ein begründetes „Vertrauen" (V. 9) auf den „Heilandt", die Erwartung an die „Treue Gottes" (aufgegriffen in V. 45), ohne Antwort und Erfüllung bleibt. Der Wortlaut des Psalmisten (Ps. 13, V. 3) von den „engsten in meinem hertzen" klingt zwar an, wird aber total umgebogen, so dass in kühner, eher unbiblischer Formulierung die Rede ist vom „hertzen" Gottes, aus welchem der Klagende und Verzweifelnde ohne erkennbaren Grund, jedenfalls ohne textuell umschriebene Sündenlast oder Sündenschuld „ausgeschlossen" wird. So ist es schlüssig, dass anstelle des gnädigen Gottes in Strophe zwei zunächst der zornige Gott erscheint, drohend mit den „donnerkeilen", die einst auch dem *Iupiter tonans* zu Gebote standen, und mit den „Schwefelpfeilen" der Hölle (mit Anspielungen auf Ps. 11, 6 und Off. 9, 17), die hier offenbar nicht eschatologische Bestrafungen, sondern lebensweltliche, vom einem zornigen *deus absconditus* verursachte Heimsuchungen und Anfechtungen signieren. Wenn Gryphius (V. 48) schreibt „nach so viel schreyen", greift er nicht auf Luthers biblische Übersetzung des Beginns von Ps. 130 zurück, sondern zitiert wörtlich aus Luthers Frühwerk, nämlich aus der zuerst 1517 erschienenen *Auslegung der sieben Bußpsalmen*, wo Ps. 130 in deutscher Fassung beginnt: „O Gott, zu dir habe ich geschrien aus den Tiefen, | O Gott erhöre mein Geschrei! | Ach daß deine Ohren achtgeben wollten | auf das Geschrei meines Bittens!"[23] Luthers Kommentar zu diesen und den folgenden Versen entspricht nicht nur der seit Laktanz wider heidnische, besonders epikureische Einwände gerichteten Zulassung einer Zusammengehörigkeit von Gottes Affekten in der Zweiheit von Zorn und Gnade,[24] sondern darüber hinaus auch der theologischen Dialektik einer Interdependenz von Anfechtung, Gottesferne, Leiden einerseits, Gnadenzusage und Gnadenerfahrung andererseits, mit der sich auch diese Ode des Gryphius quer stellt zu einem verharmlosten Gottesbild, das seit der Aufklärung und auch in mancher Verlautbarung des diesjährigen Lutherjubiläums für Luther in bisweilen kurioser Unverfrorenheit usurpiert wird:

> Geschrei bedeutet nichts anderes als ein sehr starkes, ernstliches Begehren der Gnade Gottes, welches in einem Menschen nicht entsteht, er sehe denn, in welcher Tiefe er liegt. [...] Das heißt: du [d.i. Gott, W.K.] schweigest, du verläßt, du verachtest mein elendes Geschrei, und doch kann mir hier niemand helfen als du allein. Darum laß deine Ohren Acht geben auf mein Geschrei und es wahrnehmen. [...] Wer sich nicht fürchtet, der schreit nicht. Wer nicht schreit, der findet keine Gnade. Darum muß in einem gerechten Menschen allezeit die Furcht vor dem Gericht Gottes sein, und zwar um des alten Menschen willen, dem Gott feind und zuwider ist, und neben dieser Furcht die Hoffnung auf die Gnade angesichts der Barmherzigkeit, die dieser Furcht zugetan ist um des neuen Menschen willen, der dem alten auch feind ist und also mit Gottes Gericht übereinstimmt,

---

[23] Ich zitiere nach der sprachlich leicht modernisierten Fassung von Luthers *Auslegung der sieben Bußpsalmen* in Martin Luther: Theologie des Kreuzes. Hg. von Georg Helbig. Stuttgart 1962, S. 25–108, spez. 90–92. Vgl. in der Weimarer Ausgabe von Luthers Werken. 1. Band. Weimar 1883, S. 154–220, spez. 206–211.
[24] Dazu die klassische Abhandlung von Laktanz: De Ira Dei. Lat./dt. Übers. und komm. von Heinrich Kraft, Antonia Wlosok. Darmstadt 1971 (Texte zur Forschung 4).

und gleichwie das Gericht Gottes die Furcht bewirkt, also wirkt die Furcht das Geschrei, das Geschrei aber erlangt die Gnade.[25]

Der im hebräischen Psalter immer wieder und speziell in Vers 3b von Ps. 13 berufene „Feind"[26] wird bei Gryphius in Strophe drei in betonter Steigerung der „Qual" (V. 23) und „noht" (V. 30) mit der Antithese von Verzweiflung und dem „fröhlichen Jauchzen" der Feinde und Neider evoziert. Wer dieser Feind ist, wird zunächst nicht klar. Es liegt nahe, an die Bedrängnisse im Gefolge der Rekatholisierung Schlesiens zu denken, unter denen bekanntlich Gryphius und seine Familie zu leiden hatten. Doch diese konkrete konfessions- und sozialhistorische Aufladung des Terminus *Feind* greift zu kurz. Denn in Strophe vier, die mit einem „Adieu Welt" anhebt, geht die Rede über den „Feind" und seine „Macht" (V. 38) aus von dem nachdrücklichen Gemälde eines physischen Verfalls, der Sprachlosigkeit impliziert (V. 33) und sogar den Tod (V. 34) vorwegnimmt, gleichzeitig eine psychische Krise bedeutet („sterbendes gemütte", V. 36) und im Ganzen Bildern und Reflexionen entspricht, die Gryphius in seinem bekannten Sonett „Thrçnen in schwerer Krankheit"[27] entwirft.[28] Nachdem die Antithese von Tod und Leben (V. 34-37) ausgesprochen ist und Gryphius' Blick sich richtet auf „mein[en] feind" und „seine Macht" (V. 38), konnte diese Passage der Ode kaum anders verstanden werden als im latenten Bezug auf Luthers bekannte Beschwörung des „alt bösen Feindes" in seinem bekannten Psalmlied „Ein feste Burg" (nach Psalm 46). Für das, was den Autor in seiner Ode umtrieb, darf mit Fug auch Augustinus' Kommentar zu Ps. 12 = 13, 3 herangezogen werden; für ihn war der „inimicus meus" in lapidarer Erläuterung nichts anderes als „vel diabolus, vel consuetudo carnalis".[29] Es ist diese „consuetudo carnalis", die unschwer mit der oben zitierten Äußerung Luthers

---

25 Luther 1962 (Anm. 23), S. 91 f.
26 Vgl. dazu Fuchs (Anm. 12).
27 Andreas Gryphius: Sonette (Anm. 19), S. 59; vgl. hier auch die thematisch verwandten Gedichte S. 8 f., 60 f. und 78.
28 Dazu materialreich und nach wie vor gültig Wolfram Mauser: Dichtung, Religion und Gesellschaft im 17. Jahrhundert. Die ‚Sonette' des Andreas Gryphius. München 1976, bes. S. 138-149, sowie ders.: Was ist dies Leben doch? Zum Gedicht „Thränen in schwerer Krankheit" von Andreas Gryphius. In: Gedichte und Interpretationen. Bd. 1. Renaissance und Barock. Hg. von Volker Meid. Stuttgart 1982, S. 223-230, sowie Wilhelm Kühlmann: Selbstverständigung im Leiden. Zur Bewältigung von Krankheitserfahrungen im versgebundenen Schrifttum der Frühen Neuzeit (P. Lotichius Secundus, Nathan Chytraeus, Andreas Gryphius). In: Weltgeschick und Lebenszeit: Andreas Gryphius, ein schlesischer Barockdichter aus deutscher und polnischer Sicht. Hg. von der Stiftung Gerhart-Hauptmann-Haus. Düsseldorf 1993, S. 13-32 (ND in Kühlmann: Vom Humanismus zur Spätaufklärung [Anm. 4], S. 153-182).
29 Augustinus: Enarratio in Psalmos, hier zitiert nach Augustini Opera Omnia. Accurante Jean-Paul Migne. Tom IV, Pars Prior. Paris 1841, Sp. 140.

über den „alten Menschen" koordiniert werden kann, die aber in Gryphius' Ode, anders als der Feind-Begriff, im Sinne einer ererbten oder notorischen Sündhaftigkeit nicht erwähnt oder gar dargestellt wird. Es ist das gläubige und Gott vertrauende Ich, dem sich Gott in unbegreiflicher und schmerzhafter Weise entzieht. Die Spannungen von Luthers Theologie, mithin auch der Anthropologie, werden hier bis zum widergöttlichen Protest auf die Spitze getrieben.

3

Gerade indem Gryphius auf diese Weise die geistig-geistliche, physische und psychische Hinfälligkeit akkumuliert, Erfahrungen, die auf Gottferne, Verstummen, Leiden und Tod verweisen, wird im Anschluss an die Konfrontation des ‚Feindes' mit der Bitte um Gottes Hilfe (V. 40) der Umschlag des Gedichtes in seiner letzten Strophe bewirkt. Von der Gottferne spannt sich nun der Bogen zu einem Wissen um die „Treue" Gottes (unter anderem nach Ps. 86, 15), der sich dem schluchzenden („pfnüchtzend", V. 43) Bitten gerade in einer scheinbaren Ausweglosigkeit (V. 46) nicht „versagt" (V. 44). Am Ende kommt es zu einer sehr genau formulierten, im Grunde durchaus prekären Koinzidenz von Glauben, Wollen und Wissen (V. 47–50). Es ist dies die Antwort auch auf die zunächst trostlosen Fragen der ersten beiden Strophen. Gryphius vollzieht musterhaft im Akt der poetischen Rede, wie die Anfechtungen der erlebten und erlittenen Gottesferne notwendige Erschütterungen bedeuten, die Gottes „Gnade" (V. 44) hervorrufen und erfahrbar machen. Gryphius nähert sich so dem bei Luther artikulierten Paradoxon der gläubigen Existenz, wie Luther es in der besagten Auslegung des 130. Psalms formulierte:[30]

> Denn Hoffnung und Verzweiflung sind wider einander, und doch müssen sie in der Verzweiflung hoffen, denn Furcht ist nichts anderes als ein anhebendes Verzweifeln und Hoffnung ein anhebendes Gerettetwerden, und diese zween Dinge, die ihrem Wesen nach einander entgegengesetzt sind, müssen in uns sein: der alte und der neue Mensch.

---

30 Luther 1962 (Anm. 23), S. 93.

Friedrich Vollhardt
Gemäßigter Spiritualismus?

Zur Kontroverse um den ‚Arndtianismus' in der religiösen Lyrik des Andreas Gryphius

> In der Forschung ist umstritten, ob das Luthertum den Wurzelboden [von Johann Arndts] Anschauungen bildete oder ob [seine] Theologie sachgemäßer vor dem Hintergrund eines mystischen Spiritualismus zu verstehen [ist]. Drängte Arndt nur auf eine Verinnerlichung der Rechtfertigungslehre und ihre notwendige praktisch-ethische Ergänzung durch die Heiligung (die Lehre ‚ins Leben verwandeln') oder entfaltete er – zwar im äußeren Rahmen des luth[erischen] Kirchentums verbleibend – die Konzeption eines alternativen, dem schlichten Kirchenglauben überlegenen *wahren* Christentums und einer der Schultheologie entgegengesetzten Erfahrungstheologie mit deutlich spiritualistischen Konturen [...]?[1]

Diese Frage hat Hans Schneider, der wohl beste Kenner des Arndtschen Werkes, unlängst noch einmal gestellt, ohne sie abschließend zu beantworten. Der Streit dauert an, er beschäftigt seit einiger Zeit auch die Nachbarfächer, nicht zuletzt die Germanistik. Ich werde versuchen, den Stand der Kontroverse im Blick auf Gryphius zu beschreiben, der zu den aufmerksamen Arndt-Lesern gehörte.[2] Was mich zudem interessiert, ist der Begriff des Spiritualismus; wie lässt er sich explizieren und wie weit darf er gefasst werden? Und: kann er etwas zum Verständnis der religiösen Lyrik von Andreas Gryphius beitragen?

---

1 Siehe Hans Schneider: Der fremde Arndt. Studien zu Leben, Werk und Wirkung Johann Arndts (1555–1621). Göttingen 2006 (Arbeiten zur Geschichte des Pietismus 48), S. 61–63. Zum Stand der Arndt-Forschung vgl. ders.: [Art.] Arndt, Johann. In: Frühe Neuzeit in Deutschland 1520–1620. Literaturwissenschaftliches Verfasserlexikon [VL 16]. Hg. von Wilhelm Kühlmann u.a. Band 1. Berlin, Boston 2011, Sp. 146–157. – Zu der genannten Streitfrage auch Eric Lund: *modus docendi mysticus*. The Interpretation oft he Bible in Johann Arndt's Postilla. In: Hermeneutica Sacra. Studien zur Auslegung der Heiligen Schrift im 16. und 17. Jahrhundert. Hg. von Torbjörn Johansson u.a. Berlin, Boston 2010 (Historia Hermeneutica 9), S. 223–245, bes. S. 244: „Arndt was not a profound theologian in the sense that his friend Johann Gerhard was. He was an innovative synthesizer who set out to recover some edifying resources for use in the Lutheran tradition."
2 Unverzichtbar Hans-Henrik Krummacher: Andreas Gryphius und Johann Arndt. Zum Verständnis der „Sonn- und Feiertags-Sonette". In: Formenwandel. Festschrift zum 65. Geburtstag von Paul Böckmann. Hamburg 1964, S. 116–137; wieder abgedruckt in ders.: Lyra. Studien zur Theorie und Geschichte der Lyrik vom 16. bis zum 19. Jahrhundert. Berlin, Boston 2013, S. 419–438. Ergänzend dazu Elke Axmacher: Johann Arndt und Paul Gerhardt. Studien zur Theologie, Frömmigkeit und geistlichen Dichtung des 17. Jahrhunderts. Tübingen, Basel 2001, S. 53ff.

1 Hermetismus – Spiritualismus – Arndtianismus

Mein Ausgangspunkt ist der 2016 unter dem Titel *Hermetik – das ‚Andere' im Luthertum* erschienene Diskussionsbeitrag von Hans-Georg Kemper, eine fast 300 Seiten umfassende Monographie, in der Gryphius zum Zeugen aufgerufen wird,[3] um die Grundannahmen der Kemperschen Geschichte der *Deutschen Lyrik der frühen Neuzeit* zu verteidigen, die in zehn Bänden zwischen 1987 und 2006 veröffentlicht wurde.[4] An deren Konzeption hat der Autor festgehalten, unbeeindruckt von den Einwänden, die ihm von Kritikern wie Wilhelm Kühlmann oder Theodor Verweyen bereits nach dem Erscheinen der ersten Bände vorgehalten wurden.[5] Lässt sich eine solche Geschichte unter Ausschluss der neulateinischen Lyrik schreiben? Wohl kaum. Über solche konzeptionellen Fragen ist – zu Recht – ausführlich diskutiert worden. Weniger Beachtung fand dagegen eine ins Grundsätzliche führende Frage, die einen inhaltlichen Aspekt betrifft. Denn Kemper erzählt seine von der Reformation bis in die Goethezeit reichende Geschichte als einen Prozess der Säkularisierung.[6] Die Lyrik des Barock erschließt sich für ihn nur unter dem Vorzeichen der religiösen Abweichung oder der Heterodoxie, Gryphius nicht ausgenommen. Gefragt wird nach den Voraussetzungen der neuen Naturlyrik, wie sie sich am Ende des 18. Jahrhunderts im Kreis um Goethe herausbildet. Wo liegen die Ursprünge dieser pan(en)theistischen Naturfrömmigkeit?

Eine Antwort findet Kemper in der über zwei Jahrhunderte früher einsetzenden Wirkung einer Sammlung von griechischen Texten der Spätantike, die Hermes Trismegistos, einem legendären ägyptischen Weisen, zugeschrieben wurden. Die von Marsilio Ficino ins Lateinische übersetzten Schriften (1463/71) sorgten für großes Aufsehen nicht nur unter den Florentiner Humanisten, sondern auch unter den Dichtern der Renaissance, die sich von den *Hermetica* inspirieren ließen. Da man über die ältesten Quellen des Wissens – noch aus

---

[3] Hans-Georg Kemper: Hermetik – das ‚Andere' im Luthertum. Zur Diskussion um die Anfänge deutscher Naturlyrik. Frankfurt am Main 2016 (Zeitsprünge 20), S. 119–128. Rezensiert von Friedemann Stengel: Arbitrium 37 (2019), S. 63–68; vgl. auch ders.: Reformation, Renaissance und Hermetismus: Kontexte und Schnittstellen der frühen reformatorischen Bewegung. In: Archiv für Reformationsgeschichte 104 (2013), S. 35–80.
[4] Ders.: Deutsche Lyrik der frühen Neuzeit. 10 Bde. Tübingen 1987–2006; zu Gryphius namentlich Bd. 4/1: Barock-Humanismus. Krisen-Dichtung. Tübingen 2006, S. 202–321.
[5] Wilhelm Kühlmann: Rezension von Hans-Georg Kemper: Deutsche Lyrik der frühen Neuzeit. In: Jahrbuch für Internationale Germanistik 20/2 (1988), S. 137–144; Theodor Verweyen: Rezension von Hans-Georg Kemper: Deutsche Lyrik der frühen Neuzeit. Bd. 1–3. In: Arbitrium 9/3 (1991), S. 295–306.
[6] Hans-Georg Kemper: Deutsche Lyrik der frühen Neuzeit. Bd. 1: Epochen- und Gattungsprobleme. Reformationszeit. Tübingen 1987, S. 16–23.

der Zeit vor Moses – zu verfügen glaubte, wirkte der von Isaac Casaubon 1614 geführte Nachweis, dass die Zeugnisse frühestens aus dem ersten nachchristlichen Jahrhundert stammen konnten, ernüchternd. Der reformierte Philologe korrigierte das Alter der Texte auch in der Absicht, keine Prophetien anzuerkennen, die den Vorrang der Bibel in Frage stellen konnten.[7]

Die Geschichte des Hermetismus war damit jedoch nicht zu Ende. Denn nördlich der Alpen verband sich das *Corpus Hermeticum* mit der Alchemie als einer antiakademischen pharmazeutischen Praxis und Alternative zur Schulmedizin.[8] Damit entwickelte sich in Nordeuropa ein von der italienischen Rezeption abweichendes (und ästhetisch weniger fruchtbares) Verständnis des Hermetischen. Mit dem Paracelsismus entstand eine Flut alchemischer und naturmagischer Schriften, die theologisch einflussreich wurden, während die Enthüllungen Casaubons nur wenig Beachtung fanden. Um sich in diesem nur schwer überschaubaren Diskursgelände nicht zu verlieren, verteidigt Kemper auch in seiner jüngsten Publikation einen Begriff der Hermetik, dessen „ideengeschichtliche Kohärenz"[9] aus der Betrachtung der spätantiken Quellen – eben dem *Corpus Hermeticum* – und nicht aus den frühneuzeitlichen Aneignungen und Umdeutungen gewonnen wird. Auf diese Weise soll das „Transformierte in der Transformation" erkennbar werden;[10] durch Rückgriffe auf die hermetische Tradition habe sich das ‚Andere' im Luthertum gebildet, eine der Ketzerei verdächtige Naturphilosophie, die im Widerspruch zu den offiziellen kirchlichen Lehren steht.

Plausibel erscheint dieses Verfahren nur, so lange bestimmte Fragen nebensächlich erscheinen oder nur am Rande gestellt werden. Der Berliner Literaturwissenschaftler Volkhard Wels ist diesen keineswegs belanglosen Fragen in einer umfangreichen Abhandlung nachgegangen.[11] Denn wie sollen wir zu einem his-

---

[7] Siehe Anthony Grafton: Protestant versus Prophet. Isaac Casaubon über Hermes Trismegistos. In: Das Ende des Hermetismus. Historische Kritik und neue Naturphilosophie in der Spätrenaissance. Dokumentation und Analyse der Debatte um die Datierung der hermetischen Schriften von Genebrard bis Casaubon (1567–1614). Hg. von Martin Mulsow. Tübingen 2002 (Religion und Aufklärung 9), S. 283–304; auch Martin Mulsow: Ideologien der Anciennität, philologische Kritik und die Rolle der ‚neuen' Naturphilosophie. In: ebd., S. 1–13.
[8] Siehe Martin Mulsow: Epilog. Das schnelle und das langsame Ende des Hermetismus. In: Das Ende des Hermetismus (Anm. 7), S. 305–310. Eine Explikation des Begriffs im weiteren Zusammenhang liefert Wilhelm Kühlmann: Der ›Hermetismus‹ als literarische Formation. Grundzüge seiner Rezeption in Deutschland. In: Scientia Poetica 3 (1999), S. 145–157.
[9] Kemper: Hermetik (Anm. 3), S. 27.
[10] Ebd.
[11] Volkhard Wels: Zwischen Spiritualismus, Hermetik und lutherischer ‚Orthodoxie'. Zu Hans-Georg Kempers Vorgeschichte der Naturlyrik. In: Zeitsprünge 16/3-4 (2012), S. 243–284. Siehe

torisch adäquaten Verständnis des hermetischen Denkens in der frühen Neuzeit kommen, wenn von einer Textsammlung ausgegangen wird, die im deutschen Sprachraum nur selten direkt, vielfach aber in Verbindung mit anderen neuplatonischen und – das ist von entscheidender Bedeutung – spiritualistischen Strömungen rezipiert worden ist?[12] Bevor ich zum Spiritualismus und der von Wels vertretenen These komme, noch zwei Bemerkungen zum Philologischen:

(1) Es ist schwierig, eine Rezeption des *Corpus Hermeticum* im 16. und 17. Jahrhundert nachzuweisen. Eine Druckgeschichte gibt es im deutschsprachigen Raum praktisch nicht. Weder Patrizis Edition von 1591 noch Ficinos Übersetzung stießen auf größere Resonanz. Was an Zitaten für den protestantischen Raum nach 1518 nachzuweisen ist, bleibt marginal, von Sebastian Franck einmal abgesehen, der sich um eine Übersetzung bemüht hat, die jedoch Fragment geblieben ist.[13] Einzelne Erwähnungen finden sich bei Heinrich Khunrath und Abraham von Franckenberg.[14] Selbst wenn noch einige weitere Stellen zu finden sein werden, steht dieser Befund immer noch in einem denkbar ungünstigen Verhältnis zu der Bedeutung, die Kemper dieser Tradition zuspricht. Mit dem Paracelsismus hat es dagegen eine hermetische Bewegung gegeben, deren Bedeutung schon allein von ihrer immensen Textproduktion her kaum zu überschätzen ist.[15] Doch selbst wenn Paracelsus als der neue Hermes verehrt wurde – was tatsächlich der Fall war (Gerhard Dorn) –, lassen sich die beiden Theoriekonfigurationen nur schwer aufeinander beziehen. Festzuhalten ist, dass in den späten Schriften Arndts von Hermes Trismegistus „nirgends die Rede" ist.[16] Einzelne Erwähnungen finden sich zwar im Umkreis Arndts, etwa bei Christoph Hirsch und Melchior Breler, doch scheint für die

---

auch ders.: Manifestationen des Geistes. Frömmigkeit, Spiritualismus und Dichtung in der Frühen Neuzeit. Göttingen 2014 (Berliner Mittelalter- und Frühneuzeitforschung 17).
12 Wels: Zwischen Spiritualismus, Hermetik und lutherischer ,Orthodoxie' (Anm. 11), S. 253f.
13 Ebd., S. 254.
14 Ebd.
15 Wilhelm Kühlmann, Joachim Telle (Hg.): Corpus Paracelsisticum. Dokumente frühneuzeitlicher Naturphilosophie in Deutschland. 3 Bde. Tübingen 2001–2013 (Frühe Neuzeit 59, 89, 170); Wilhelm Kühlmann: Paracelsismus und Hermetismus. Doxographische und soziale Positionen alternativer Wissenschaft im postreformatorischen Deutschland. In: Antike Weisheit und kulturelle Praxis. Hermetismus in der Frühen Neuzeit. Hg. von Anne-Charlott Trepp und Hartmut Lehmann. Göttingen 2001 (Max-Planck-Institut für Geschichte 171), S. 17–39.
16 Carlos Gilly: Hermes oder Luther. Der philosophische Hintergrund von Johann Arndts Frühschrift „De antiqua philosophia et divina veterum Magorum Sapientia recuperanda". In: Frömmigkeit oder Theologie. Johann Arndt und die „Vier Bücher vom wahren Christentum". Hg. von Hans Otte und Hans Schneider. Göttingen 2007 (Studien zur Kirchengeschichte Niedersachsens 40), S. 163–199, hier S. 191.

deutschen Verhältnisse der Paracelsismus von ungleich größerer Bedeutung gewesen zu sein.[17] Mit kulturpolitischem Selbstbewusstsein hat man diesen auch gegenüber den Gelehrten in Florenz vertreten, wie eine auf den 7. März 1563 datierte Widmungsvorrede Adam Bodensteins an Cosimo de Medici (zu der Edition von Paracelsus' *Libri quinque de causis*) zeigt.[18]

(2) In seinem neuen Buch versucht Kemper diesen Einwänden mit dem Hinweis auf eine indirekte Vermittlung des antiken Hermetismus zu begegnen, etwa bei den Cambridger Neuplatonikern. Doch diese Möglichkeit wird nur zaghaft angedeutet, da das in diesem Zusammenhang wichtigste Werk, Ralph Cudworths *True Intellectual System of the Universe* (1678),[19] seine Wirkung in Deutschland erst Jahrzehnte später entfalten konnte, nachdem es Johann Lorenz Mosheim ins Lateinische übersetzt und mit umfangreichen Kommentaren versehen hat.[20] Ähnlich verhält es sich bei den von dem orthodoxen Theologen Daniel Colberg vorgenommenen Observationen des – wie es im Titel vielversprechend heißt – *Platonisch-hermetischen Christentums*.[21] Doch der Titel täuscht; der Platonismusvorwurf sollte nur die traditionelle Schwärmerkritik vertiefen. In der christlichen Übernahme der antiken Philosophie lokalisierte Colberg die historische und konzeptionelle Grundlage der innerchristlich-schwärmerischen Häresien – das *Corpus Hermeticum* spielte

---

17 Vgl. zu den genannten Autoren im Horizont von Paracelsismus und Spiritualismus Wilhelm Kühlmann: Deutschland als Augiasstall. Synkretistisches Reformbegehren und Theologie der Natur vor dem Dreißigjährigen Krieg. In: Ideengeschichte um 1600. Konstellationen zwischen Schulmetaphysik und hermetischer Spekulation. Hg. von Wilhelm Schmidt-Biggemann und Friedrich Vollhardt. Stuttgart-Bad Cannstatt 2017 (problemata 158), S. 267–310.
18 Abgedruckt in: Corpus Paracelsisticum Bd. 1 (Anm. 15), S. 303–323.
19 Ralph Cudworth: The true intellectual system of the universe: The first part; wherein, all the reason and philosophy of atheism is is confuted; and its impossibility demonstrated. London 1678.
20 Radulphus Cudworthus: Systema intellectuale huius universi seu de veris naturae rerum originibus commentarii: quibus omnis eorum philosophia, qui deum esse negant, funditus evertitur [...] Ioannes Laurentius Mosheimius [...] omnia ex Anglico Latine vertit, recensuit, variisque observationibus et dissertationibus illustravit & auxit. Jena 1733.
21 Daniel Ehregott Colberg: Das Platonisch-Hermetisches Christenthum: Begreiffend Die Historische Erzehlung vom Ursprung und vielerley Secten der heutigen Fanatischen Theologie, unterm Namen der Paracelsisten, Weigelianer, Rosencreutzer, Quäcker, Böhmisten, Wiedertäuffer, Bourignisten, Labadisten und Quietisten. Frankfurt am Main, Leipzig 1690. Zur Konzeption des Werkes vgl. Friedrich Vollhardt: »Pythagorische Lehrsätze«. Schwärmerkritik und Konsensdenken bei Daniel Colberg, Heinrich Wilhelm Clemm und Friedrich Christoph Oetinger. In: Offenbarung und Episteme. Zur europäischen Wirkung Jakob Böhmes im 17. und 18. Jahrhundert. Hg. von Wilhelm Kühlmann und Friedrich Vollhardt. Berlin, New York 2012 (Frühe Neuzeit 173), S. 363–383, sowie Giovanna Varani: Pensiero ,alato' e modernità. Il neoplatonismo nella storiografia filosofica in Germania (1559–1807). Padova 2008, S. 192–204.

für ihn dabei jedoch nur am Rande eine Rolle, was Kemper nicht recht einzuschätzen weiß, da ihm das über die Forschung vermittelte Werk des Kontroverstheologen „selbst leider nicht vorgelegen habe".[22]

Ich breche hier ab, um Johann Arndt ins Spiel zu bringen. Nur kurz zur Erinnerung: Arndt hat mit seinen *Vier Büchern von wahrem Christenthumb* – die erste Gesamtausgabe ist 1610 gedruckt worden[23] – einen Bestseller der Erbauungsliteratur verfasst, der, nach einigen Kontroversen, in das Luthertum integriert wurde und eine breite Frömmigkeitsbewegung auslöste. Der Autor studierte zunächst Medizin in Basel, wo er sich eng an Paracelsus angeschlossen hat und auch die Philosophie Ficinos kennenlernte. Daraus lassen sich einige naturphilosophische Anteile seines später entstandenen Werkes erklären, von denen her jedoch nicht auf einen völligen Bruch mit der Schultheologie zu schließen ist. Das vierte Buch des *Wahren Christenthumbs* behandelt titelgebend, „[w]ie das grosse Weltbuch der Natur von GOtt zeuget / vnd zu GOtt führet".[24] Anders als der Titel vermuten lässt, enthält dieser *liber naturae* kein geschlossenes System einer natürlichen Theologie, sondern kompiliert Versatzstücke aus verschiedenen Quellen zu ganz verschiedenen Zwecken: Am Beginn steht eine aus Ficinos Kommentar zum Werk von Dionysius Areopagita entlehnte Kosmologie und Lichtmetaphysik;[25] darauf wird zurückzukommen sein. Das zweite Buch enthält in den Kapiteln 6 bis 40 einen Exzerpt aus dem *Liber creaturarum seu Liber de homine* (1434–1436) des Raimundus Sabundus, der eine Apologie des Christentums bietet.[26]

---

22 Kemper: Hermetik (Anm. 3), S. 17, Anm. 14.
23 Johann Arndt: Von wahrem Christenthumb. 4 Bde. Magdeburg 1610.
24 Ders.: Das Vierdte Buch vom wahren Christenthumb. Liber Naturae. Wie das grosse Weltbuch der Natur/ nach Christlicher Außlegung/ von Gott zeuget/ und zu Gott führet/ wie auch alle Menschen Gott zu lieben/ durch die Creaturen gereitzet/ und durch ihre eigen Hertz uberzeuget werden. Magdeburg 1610.
25 Ebd., S. 1–18.
26 Ders.: Das ander Buch vom wahren Christenthumb/ Wie Christi Menschwerdung/ Liebe/ Demuht/ Sanfftmuht/ Gedult/ Leyden/ Sterben/ Creutz/ Schmach vnd Todt/ vnser Artzney vnd Heylbrunnen/ Spiegel/ Regel vnd Buch vnsers Lebens sey/ Vnd Wie ein wahrer Christ/ Sünde/ Todt/ Teuffel/ Helle/ Welt/ Creutz/ vnd alle Trübsal durch den Glauben/ Gebet/ Gedult/ Gottes Wort vnd Himlischen Trost vberwinden sol/ Vnd dasselbe alles in Christo Jesu durch desselben Krafft/ Stercke/ vnd Sieg in vns. Magdeburg 1610, S. 74–473; siehe zum Beispiel in der Staatsbibliothek München die Ausgabe von Raimundus Sabundus: Liber creaturarum sive de homine compositus a reverendo raymundo sebeydein artibus et medicina magistro. et in sacra pagina egregio professore regente in alma universitate tholosiana. [Lyon 1488 (Offizin Guillaume Balsarin)]; als übliche Ausgabe gilt ders.: Theologia naturalis seu liber creaturarum. Faksimile der Ausg. Sulzbach 1852. Eing. u. hg. von Friedrich Stegmüller. Stuttgart-Bad Cannstatt 1966. Zu den von Arndt in seinem

Wichtiger als die *Theologia naturalis* aus dem frühen 15. Jahrhundert oder der Florentiner Neuplatonismus war für Arndt wohl doch jene von Kemper zwar zur Kenntnis genommene, aber nicht eingehender untersuchte „mystische[ ] Tradition",[27] auf die sich bereits Sebastian Franck berufen hatte, um das Verhältnis zu Gott als ein Selbstverhältnis zu entwerfen. In seiner gewohnt groben Art hat Martin Luther den früheren Weggefährten wüst beschimpft:

> Nu ist Bastian Franck solch ein bös lästerlich Maul, das nichts kann denn lästern und schänden, und über alle Maß gern das Ärgste von jedermann schreibet und redet, als wäre er des Teufels eigen und liebstes Maul. [...] so ist er ein Enthusiast oder Geister, dem nichts gefället denn Geist, Geist, Geist, der vom Worte, Sacrament, Predigtamt nichts hält, sondern nach dem Geist soll man leben, das ist ein solch Leben, da der Müntzer seine Bauern auch hinbracht.[28]

Was den Wittenberger Reformator so sehr reizte, war die Berufung auf einen allein durch die persönliche Erfahrung eröffneten Zugang zum Göttlichen, der keiner Vermittlung durch das Wort der Bibel oder das kirchliche Lehramt bedurfte – also eine den Individualismus begünstigende Religion für den Laien. Auch für Arndt soll die Theologie eine „lebendige Erfahrung" sein, keine Kunstlehre, wie sie „jetzo hochgelarte Leute" pflegen:

> Viel meinen/ die *Theologia* sey nur eine blosse Wissenschafft vnnd Wortkunst/ da sie doch eine lebendige Erfahrung vnnd Vbung ist. Jederman studiret jetzo/ wie er hoch und berümbt in der Welt werden möge/ aber from seyn wil niemand lernen. Jederman sucht jetzo hochgelarte Leute/ von denen er Kunst/ Sprachen und Weißheit lernen möge/ aber von vnserm einigen Dortore IEfu Chrifto/ wil niemand lernen Sanfftmut vnnd hertzliche Demut/ da doch sein heiliges lebendiges Exempel/ die rechte Regel und Richtschnur unsers Lebens ist/ Ja die höchfte Weißheit und Kunst.[29]

Liber naturæ nicht kenntlich gemachten Zitaten vgl. Carl-Alfred Zell: Untersuchungen zum Problem der geistlichen Barocklyrik mit besonderer Berücksichtigung der Dichtung Johann Heermanns (1585–1647). Heidelberg 1971 (Probleme der Dichtung 12), S. 123 f.

27 Kemper: Hermetik (s. Anm. 3), S. 154; dazu auch Schneider: [Art.] Arndt (s. Anm. 1), Sp. 150 sowie Johannes Wallmann: Johann Arndt und die protestantische Frömmigkeit. Zur Rezeption der mittelalterlichen Mystik im Luthertum. In: Frömmigkeit in der frühen Neuzeit. Studien zur Literatur des 17. Jahrhunderts in Deutschland. Hg. von Dieter Breuer. Amsterdam 1984 (Chloe 2), S. 50–74 und Friedrich Vollhardt: Zweite Reformation? Die Mystik des späten Mittelalters und der Spiritualismus um 1600. In: Ideengeschichte um 1600 (s. Anm. 17), S. 33–60; im Blick auf Arndt vgl. hierzu auch den ersten Teil der wichtigen Studie von Hermann Geyer: Verborgene Weisheit. Johann Arndts Vier Bücher vom Wahren Christentum als Programm einer spiritualistisch-hermetischen Theologie. Teil 1. Berlin, New York 2001, S. 11–50.

28 Zit. n. Will-Erich Peuckert: Sebastian Franck. Ein deutscher Sucher. München 1943, S. 534 f.

29 Johann Arndt: Vier Bücher von wahrem Christenthumb/ Heilsamer Busse/ Hertzlicher Rewe vnd Leid vber die Sünde vnd wahrem Glauben: auch heiligem Leben vnd Wandel der

Seit Ernst Troeltsch bezeichnet man die Vertreter einer solchen Erfahrungstheologie, die sich auf dem ‚linken' Flügel der Reformation sammelten, als Spiritualisten.[30] Arndt steht in dieser Tradition, er wird zu dem vielleicht wichtigsten Zeugen, den Kemper für seine Annahme aufzubieten hat, dass die Spielformen der protestantischen Mystik im 17. Jahrhundert „zum entscheidenden ‚tertium comparationis' zwischen pantheistischer Hermetik und Luthertum geworden" seien.[31] Aus der Gegnerschaft von Hermetik und Orthodoxie habe sich eine antiakademische Frömmigkeit und Naturandacht entwickelt, die – so die teleologische Schlussfolgerung – sowohl die physikotheologische Lehrdichtung des frühen 18. Jahrhunderts als auch den religiösen Individualismus der Goethezeit vorbereiten half. Für Kemper ist die Hermetik das „trojanische Pferd der Aufklärung".[32]

Derart gewagte Behauptungen fordern natürlich zum Widerspruch heraus. So hat Volkhard Wels daran erinnert, dass es wohl eher die Gegner Arndts waren, die zu den Vorläufern der Aufklärung gezählt werden können, etwa die irenischen Calvinisten, die Nachfolger Melanchthons wie Georg Calixt oder die Altdorfer Sozinianer. Die von Arndt angestoßenen Reformen haben dagegen zwei unterschiedliche „Rezeptionsstränge" hervorgebracht, eine gemäßigte sowie eine stärker zur Häresie neigende Richtung mit separatistischen Tendenzen.[33] Bei Arndt selbst verliert der Spiritualismus seine strikt antiinstitutionelle Ausrichtung, er wird in gewisser Weise entradikalisiert und damit auch für die Dichter des 17. Jahrhunderts, überwiegend „theologisch unauffällige Protestanten",[34] attraktiv. Arndt kommt den Forderungen nach innerkirchlichen Reformen entgegen, Glaubensfragen werden bei dem späteren Superintendenten nicht nur als Beschlussvorlage behandelt. Das lasse ich hier beiseite und frage stattdessen, welcher der beiden von Arndt ausgehenden Strömungen Andreas Gryphius zuzurechnen ist.

---

rechten wahren Christen [...] Das Erste Buch. Magdeburg 1610, f. A iij^{r-v}. Siehe Volkhard Wels: Unmittelbare göttliche Offenbarung als Gegenstand der Auseinandersetzung in der protestantischen Theologie der Frühen Neuzeit. In: Diskurse der Gelehrtenkultur in der Frühen Neuzeit. Ein Handbuch. Hg. von Herbert Jaumann. Berlin, New York 2011, S. 747–808, hier S. 781.
30 Ernst Troeltsch: Die Sozialheren der christlichen Kirchen und Gruppen. Tübingen 1912, S. 860–862.
31 Kemper: Hermetik (Anm. 3), S. 65.
32 Hans-Georg Kemper: „Eins in All! Und all in Eins!" ‚Christliche Hermetik' als trojanisches Pferd der Aufklärung. In: Aufklärung und Esoterik. Rezeption – Integration – Konfrontation. Hg. von Monika Neugebauer-Wölk. Tübingen 2008 (Hallesche Beiträge zur europäischen Aufklärung 50), S. 28–52.
33 Wels: Zwischen Spiritualismus, Hermetik und lutherischer ‚Orthodoxie' (Anm. 11), S. 278.
34 Ebd., S. 259.

2 Gemäßigter Arndtianismus im Sonett *An die Sternen*

Kemper plädiert in seiner neuen Studie noch einmal, wenn auch abgeschwächt, für die radikale Variante. Als Beleg dient ihm, wie schon in früheren Untersuchungen, das berühmte Sonett *An die Sternen* aus der Leidener Ausgabe von 1643:

> XXXVI. An die Sternen.
> IHr Lichter / die ich nicht auff Erden satt kan schauen /
> Ihr Fackeln / die ihr Nacht und schwartze Wolcken trennt
> Als Diamante spilt/ und ohn Auffhören brennt;
> Ihr Blumen / die ihr schmückt des großen Himmels Auen:
> Ihr Wächter / die als Gott die Welt auff-wolte-bauen;
> Sein Wort die Weißheit selbst mit rechten Namen nennt
> Die Gott allein recht misst / die Gott allein recht kennt
> (Wir blinden Sterblichen! was wollen wir uns trauen!)
> Ihr Bürgen meiner Lust / wie manche schöne Nacht
> Hab ich / in dem ich euch betrachtete / gewacht?
> Herolden diser Zeit / wenn wird es doch geschehen /
> Daß ich / der eurer nicht allhir vergessen kan /
> Euch / derer Libe mir steckt Hertz und Geister an
> Von andern Sorgen frey werd unter mir besehen?[35]

In der Forschung ist mehrfach auf die strenge Gliederung des Gedichts hingewiesen worden, in dem Natur- und Heilsordnung in einem engen Zusammenhang stehen.[36] Die beiden Quartette sind durch den Reim und das auffällige Satzzeichen am Ende des vierten Verses miteinander verbunden, auch wenn die Anrufung der Sterne auf verschiedenen Sinnebenen erfolgt: Im ersten Quartett ist sie der natürlichen Anschauung verpflichtet, mit schmuckreichen, die Naturschönheit zum Ausdruck bringenden Bildern (Lichter, Fackeln, Diamante, Blumen), während am Beginn des zweiten Quartetts die Funktion der

---

35 Andreas Gryphius: An die Sternen. In: ders.: Gedichte. Hg. von Thomas Borgstedt. Stuttgart 2012, S. 28.
36 Erich Trunz: Andreas Gryphius' Gedicht *An die Sternen*. In: Interpretationen. Bd. 1: Deutsche Lyrik von Weckherlin bis Benn. Hg. von Jost Schillemeit. Frankfurt am Main, Hamburg 1965, S. 19–27; Jochen Schmidt: Die Opposition von contemplatio und curiositas. Ein unbekanntes Denkmuster, seine Tradition und seine poetische Gestaltung durch Andreas Gryphius im Sonett *An die Sternen*. In: Deutsche Vierteljahresschrift für Literaturwissenschaft und Geistesgeschichte 77/1 (2003), S. 61–76; Bruno Rieder: Contemplatio coeli stellati. Sternenhimmelbetrachtung in der geistlichen Lyrik des 17. Jahrhunderts. Interpretationen zur neulateinischen Jesuitenlyrik, zu Andreas Gryphius und zu Catharina Regina von Greiffenberg. Bern u. a. 1991 (Deutsche Literatur von den Anfängen bis 1700 11), S. 119–148.

Himmelskörper in der göttlichen Schöpfung angesprochen wird: sie sind die Kustoden der jenseitigen Welt und der kosmischen Ordnung, die nur Gott kennt und vermessen kann.

Im Hintergrund könnte hier die Annahme eines unbegrenzten Weltalls stehen, wie sie durch die neuartigen Vakuumexperimente aufgeworfen wurde, welche die Grundannahmen der aristotelischen Physik in Frage stellten: das waren *die* naturphilosophischen Problemstellungen der Zeit![37] Der von diesem Wissen ausgeschlossene Mensch kann nur ehrfürchtig in den Makrokosmos hineinblicken und dabei – nun folgt der herausgehobene Klammersatz am Ende der gesamten Betrachtung und des zweiten Quartetts – seine der Sünde verdächtige Neugier zügeln. In den beiden Terzetten wird die Schau der Schöpfung zu einer meditativen Betrachtung gesteigert, in die sich der Mensch – Mikrokosmos – einordnet: Die Sterne werden zu liebenden „Bürgen" (wofür?) und „Herolden" (wann?) für das, worauf zu hoffen ist: die Erlösung und ein Leben nach dem Tod.

Meine Annäherung an das Gedicht entspricht, wie bemerkt, den Standard-Interpretationen, von denen sich Kemper ganz entschieden abzugrenzen versucht. Seine erste Beobachtung betrifft das *curiositas*-Verdikt, das unmittelbar auf die Erwähnung der Macht des göttlichen Wortes folgt, weshalb – so die Schlussfolgerung – sich der Vorbehalt „gegen *alle* selbstgewisse oder autoritätserheischende und -hörige Wissenschaft"[38] richte, und folglich auch gegen die orthodoxe Theologie! Das also wäre „die entscheidende radikale Pointe des Oktetts",[39] und erst von ihr her werde die Provokation verständlich, mit der das Gedicht zu Beginn des Sextetts zum Buch der Natur zurückkehrt und die Sterne unbeirrt als „Ihr Bürgen meiner Lust" apostrophiert; „[...] wie manche schöne Nacht / Hab ich / in dem ich euch betrachtete / gewacht?" Welche Deutungsmöglichkeiten sieht Kemper in diesem Zweizeiler angelegt? Auch er sieht ihn zunächst als Sinnbild der Kontemplation. Soweit diese sich auf den Sternenhimmel richtet, ist sie zwar alt, aber sie gewinnt im Zeitalter des Konfessionalismus dann Züge einer nicht nur spezifisch theologischen, sondern überkonfessionellen Frömmigkeit. Eine analoge meditative und kontemplative Haltung findet Kemper in der Spiritualität eines Ignatius

---

[37] Das habe ich an anderer Stelle genauer ausgeführt: Otto von Guerickes Magdeburger Versuche über den leeren Raum: Untersuchungen zum Verhältnis von Naturerkenntnis und Literatur im 17. und 18. Jahrhundert. In: Prolegomena zur Kultur-und Literaturgeschichte des Magdeburger Raums. Hg. von Michael Schilling und Gunter Schandera. Magdeburg 1999, S. 165–185.
[38] Kemper: Krisen-Dichtung (Anm. 4), S. 238, Hervorhebung F.V.
[39] Ebd.

von Loyola oder im Sternenlob Friedrich von Spees: „Es ist eine Naturmystik, eine Mystik mit offenen Augen [...]."⁴⁰

Um in diesem erweiterten Bildfeld zu bleiben: Was nun in den Blick gerät, ist der für die Hermetik und den Neuplatonismus grundlegende Begriff der göttlichen ‚Kraft', Gottes emanatistisches und allwirksames Licht, durch das er schaffend und erhaltend wirkt. Der gesamte Makrokosmos sei, wie Gryphius verschlüsselt andeute, in gradualistischer Stufung von diesem göttlichen Licht und der Grundkraft der Sympathie durchwirkt. Als Beleg wird Arndt zitiert, der an einer Stelle von der „Lebens = Kraft in allen Kreaturen" als dem „Wort der Schöpfung" spricht,⁴¹ wodurch das orthodoxe Schriftverständnis zweitrangig werde.⁴² Die Erinnerung an den neuplatonischen Weg zur Rückkehr ins Göttlich-Schöne und Göttlich-Gute als Selbsterlösung durch kontemplative Selbstvervollkommnung bietet für Kemper den wichtigsten Schlüssel nicht nur zum Verständnis dieses Gedichts, sondern zahlreicher anderer, die Gryphius im Geist des Arndtschen Hermetismus geschrieben habe. Zusammenfassend heißt es in dem 2016 erschienenen Buch, dass der Konflikt zwischen den beiden Offenbarungen Gryphius Kompromisse abverlangte, die „das wörtliche Bibelverständnis seiner lutherischen Konfession um Arndtsche ‚Licht'-Jahre" überstiegen habe".⁴³ Dazu möchte ich zweierlei anmerken:

Erstens war die gesuchte Übereinstimmung leichter zu finden, als es die auf Konkurrenz abzielende Darstellung Kempers vermuten lässt. Denn Arndt denkt, das hat die Studie von Hanns-Peter Neumann gezeigt, Verstand und göttliche Weisheit in einem engen analogen Verhältnis zueinander, wobei Weisheit allerdings nicht wie bei Ficino mit platonischem Idealismus assoziiert wird. Sie ist Teil der Schöpfung und des Menschen zugleich und dient als Vermittlerin Gottes:⁴⁴

> Aus diesem Grunde heißt Erkenntnis bei Arndt vor allem Erfahrungserkenntnis, d.i. das unmittelbare Wahrnehmen der göttlichen Weisheit in Mensch und Natur, das die abstrakte begriffliche Erkenntnis menschlicher Rationalität höchstens sprachlich einzufangen, aber nicht zu erklären weiß. Der Verstand wird durch den Glauben angeregt, den Geist Gottes in sich und in den Dingen erfahrend zu erkennen. Wenn Arndt dann von Christus, dem inkarnierten Logos [...], als von „der göttlichen, ewigen Weisheit" spricht, wird der Zusammenhang

---

40 Ebd., S. 239.
41 Siehe Geyer: Verborgene Weisheit (Anm. 27), S. 263.
42 Kemper: Hermetik (s. Anm. 3).
43 Ebd., S. 126.
44 Hanns-Peter Neumann: Natura sagax – Die geistige Natur. Zum Zusammenhang von Naturphilosophie und Mystik in der frühen Neuzeit am Beispiel Johann Arndts. Tübingen 2004 (Frühe Neuzeit 94), S. 16–74.

zwischen der Weisheit im Menschen, dem Keim des Glaubens in Jesu Christus bzw. dem Keim des neuen Menschen, und der Weisheit in der Natur deutlich. Die Weisheit Gottes wirkt auf unterschiedlichen hierarchischen Ebenen, die zueinander in einem dynamischen Verhältnis stehen: „Sein Wort die Weißheit selbst mit rechten Namen nennt" – der Christus in uns öffnet [...] den gläubigen Sinn, dem sich daraufhin der Geist Gottes in der Natur offenbart.[45]

So könnte das *Sternen*-Sonett im Rückbezug auf das vierte Buch des *Wahren Christentums* vielleicht schlüssiger gedeutet werden: im Sinne eines gemäßigten Spiritualismus.

Zweitens lässt sich ohne Berücksichtigung der Bibelsprache auch dieses Sonett nicht adäquat verstehen. Welche Bedeutung die Tradition der Perikopendichtung und -auslegung für Gryphius hatte, ist seit Krummachers Untersuchungen bekannt,[46] wobei nicht nur die Beschäftigung mit Arndts *Paradiesgärtlein* zu erwähnen ist. Die einschlägigen Stellen etwa im Buch Jesus Sirach (Kapitel 43), wo „das ganze himmlische Heer" beschrieben wird, die durch „Gottes Wort" ihre Ordnung halten und wachen[47] – diese Motive konnte Gryphius in einer der Konkordanzen nachschlagen, er konnte sie aber auch im vierten Buch von Johann Arndts *Wahrem Christentum* finden, wo sie im vierten Kapitel *Von dem vierten Tagewerk Gottes, von der Sonne, Mond und Sternen des Himmels* angeführt werden:

> DIe Sternen sind Himlische Cörper unnd Liechter/ einer Himlischen essentz, durchs Allmechtige Wort Gottes an die Feste deß Himmels gesetzet/ die Erden zuerleuchten/ Tag und Nacht zuscheiden/ zu geben Zeichen/ Zeiten/ Tage und Jahre/ und den gantzen Himmel zu zieren: Unnd geben Naturzeichen/ Zornzeichen/ und Gnadenzeichen. [Marginalien: 1. Cor. 15, Gen. 1, Syr. 43][48]

Versucht man dies in die Betrachtung einzubeziehen, gewinnt man zugleich Aufschluss über das Kempersche Verfahren der Auslegung.[49]

---

45 Ebd., S. 191.
46 Hans-Henrik Krummacher: Der junge Gryphius und die Tradition. Studien zu den Perikopensonetten und Passionsliedern. München 1976.
47 Sir 43,9–10: „Des Himmels Schönheit und Pracht sind die Sterne, / ein strahlender Schmuck in den Höhen Gottes. Durch Gottes Wort stehen sie geordnet da / und ermatten nicht bei ihrer Nachtwache."
48 Arndt: Das Vierdte Buch (Anm. 24), S. 79; siehe Trunz: Gryphius' Gedicht „An die Sternen" (Anm. 36), S. 26.
49 Verweyen: Rezension (Anm. 5), S. 303 f.: „Das ‚hermeneutische' Verfahren Kempers ist hier folgender Art: Vorgeordneter Problemrahmen – nachgeordneter Textbezug – Partialisierung des Textes – „problemerörternde", thematisch fixierte Deutung der atomisierten Textpartien."

3 Schluss: Gryphius über Kopernikus, oder die Integrationskraft des gemäßigten Spiritualismus

Das Beispiel des Sternen-Sonetts ist repräsentativ, das explizierte Verfahren signifikant, wofür abschließend ein weiteres Beispiel zitiert sei, nämlich das Epigramm *Uber Nicolai Copernici Bild* in der Fassung von 1643:

> Du dreymall weiser geist / du mehr den grosser Mann
> Dem nicht die nacht der zeit / dem nicht der blinde wahn
> Dem nicht der herbe neidt die sinnen hart gebunden:
> Die sinnen die den lauff der schnellen erden funden.
> Der du der alten träum und dünckel widerlegt
> Und vns recht dargethan was lebt vndt was sich regt.
> Schaw' itzund blüht dein rhumb / den als auff einem wagen
> Der kreis auf dem wir sind mus umb die Sonnen tragen.
> Wen dis was irdisch ist wird mit der zeit vergehn;
> Sol unbewegt dein lob mitt seinem himmel stehn.[50]

Schon in der Anrede entdeckt Kemper den Hermetiker Kopernikus: „Du dreymall weiser geist" und „mehr den grosser Mann" erinnere an den Beinamen des Hermes Trismegistos, worauf die aus dem Sternen-Sonett bekannte Charakterisierung von Nacht und Blindheit folge, welche zusammen mit dem „neidt" die „sinnen", das heißt die sinnliche Erkenntnis, gebunden hatte. Der „blinde wahn" und „der alten träum und dünckel" beziehen sich auf das alte, von der Orthodoxie vertretene ptolemäische Weltbild, dem ein Bekenntnis zum Heliozentrismus gegenübergestellt wird. Gesucht werde, so das Fazit, ein Erlösungsweg über den Makrokosmos.[51]

Dass eine Analyse der in dem Kopernikus-Gedicht verwendeten Argumentationskategorien auch zu einem ganz anderen Ergebnis kommen kann, ist bekannt. Denn ein Vergleich mit thematisch ähnlichen Beispielen der Personalpanegyrik zeigt, dass nicht die Erfolge der modernen Empirie, sondern die „Haltung des Wissenschaftlers, seine Tugendleistung"[52] und sein Beitrag zur Welterkenntnis den

---

50 Andreas Gryphius: Uber Nicolai Copernici Bild. In: Gesamtausgabe der deutschsprachigen Werke. Bd. 2: Oden und Epigramme. Hg. von Marian Szyrocki. Tübingen 1964 (Neudrucke Deutscher Literaturwerke, N. F. 10), S. 152.
51 Kemper: Hermetik (Anm. 3), S. 258.
52 Wilhelm Kühlmann: Neuzeitliche Wissenschaft in der Lyrik des 17. Jahrhunderts. Die Kopernikus-Gedichte des Andreas Gryphius und Caspar Barlaeus im Argumentationszusammenhang des frühbarocken Modernismus. In: Ders.: Vom Humanismus zur Spätaufklärung.

Lobpreis des Gedichts begründen. Auch für Gryphius bleibt die Naturerkenntnis dabei eingebunden in einen Sinnzusammenhang, der sich nur im Rahmen der christlichen Heilsordnung erschließt. Das ist, wie ich mit dem *mainstream* der Forschung betonen möchte, vormodern; es ist jedoch zugleich Ausdruck einer Frömmigkeitsbewegung, welche die kopernikanische Tat zu würdigen wusste – sie ist Ausdruck eines gemäßigten Spiritualismus. Dass dieser noch bis ins 18. Jahrhundert eine Wirkung entfaltete, darf angenommen werden, auch wenn die literaturgeschichtlichen Anschlusspunkte noch genauer zu untersuchen sind.

Ästhetische und kulturgeschichtliche Dimensionen der frühneuzeitlichen Lyrik und Verspublizistik in Deutschland. Hg. von Joachim Telle, Hermann Wiegand und Friedrich Vollhardt. Tübingen 2006, S. 519–545, hier S. 520.

Martin Mulsow
Gryphius und die Ägyptologie

Zum Handexemplar des Dichters von Lorenzo Pignorias *Mensa Isaica*

1 Das Buch

Vor zweieinhalb Jahren habe ich über das *Zentralverzeichnis antiquarischer Bücher* (*zvab*) ein Buch des italienischen Gelehrten Lorenzo Pignoria aus dem Jahr 1605 gekauft. Es ist ein schmaler Band mit dem Titel *Vetustissimae Tabulae Aeneae Sacris Aeqyptiorum Simulacris coelatae accurata Explicatio* (Abb. 1) und gilt als erstes ägyptologisches Buch überhaupt: der Versuch, eine „akkurate Erklärung für die eingeritzten sakralen Schriftbilder auf einer sehr alten Bronzetafel" zu geben.[1]

Auf dem Titelblatt fiel mir der winzig kleine Eintrag des Vorbesitzers auf, der nur mit einer Lupe gut zu lesen ist und dem Antiquar in Dornburg entgangen war. Dort steht (Abb. 2): „M < agistri > Andreae Gryphii Philosophi et Poetae Musis Consecrat < um > Lugduni Batavor < um > MDCX [und hier fehlen weitere Ziffern durch weggeschnittenen Rand]", also: Den Musen des Philosophen und Dichters, Magister Andreas Gryphius, geweiht.

Das Buch ist nicht umfangreich, etwa 100 Seiten, und enthält zahlreiche Abbildungen von Gemmen und Kleinplastiken, allerdings nicht die große Ausfalt-Illustration, die ohnehin nur in wenigen Exemplaren vorhanden war. Diese Illustration zeigt die berühmte bronzene Tafel von 126x75 cm Größe, die nach dem Sacco di Roma von Kardinal Bembo erworben worden war (daher auch „Tabula Bembina") und dann in den Besitz der Gonzaga in Mantua überging (Abb. 3).[2]

Dort untersuchte sie der Paduaner Gelehrte Lorenzo Pignoria, damals erst gut dreißig Jahre alt, und stellte erstmals auf breiterer Basis quellengestützte Überlegungen zur ägyptischen Religion („superstitio") und den Hieroglyphen

---

[1] Lorenzo Pignoria: Vetustissimae Tabulae Aeneae Sacris Aeqyptiorum Simulacris coelatae accurata Explicatio. Venedig 1605. Das Buch wurde von mir am 8.4.2014 beim Antiquariat Dieter Trüjen erworben. Vgl. auch die Nachdruck-Ausgabe der Brüder Johann Theodor und Johann Israel de Bry: Characteres Aegyptii, hoc est Sacrorum, quibus Aegyptii utuntur, simulachrorum accurata delineatio et explicatio. Frankfurt am Main 1608.
[2] Vgl. Enrica Leospo: La mensa isiaca di Torino. Torino 1978 (Museo Egizio 4); zu Bembo vgl. Carol Kidwell: Pietro Bembo. Lover, Linguist, Cardinal. Montreal 2004.

https://doi.org/10.1515/9783110664898-009

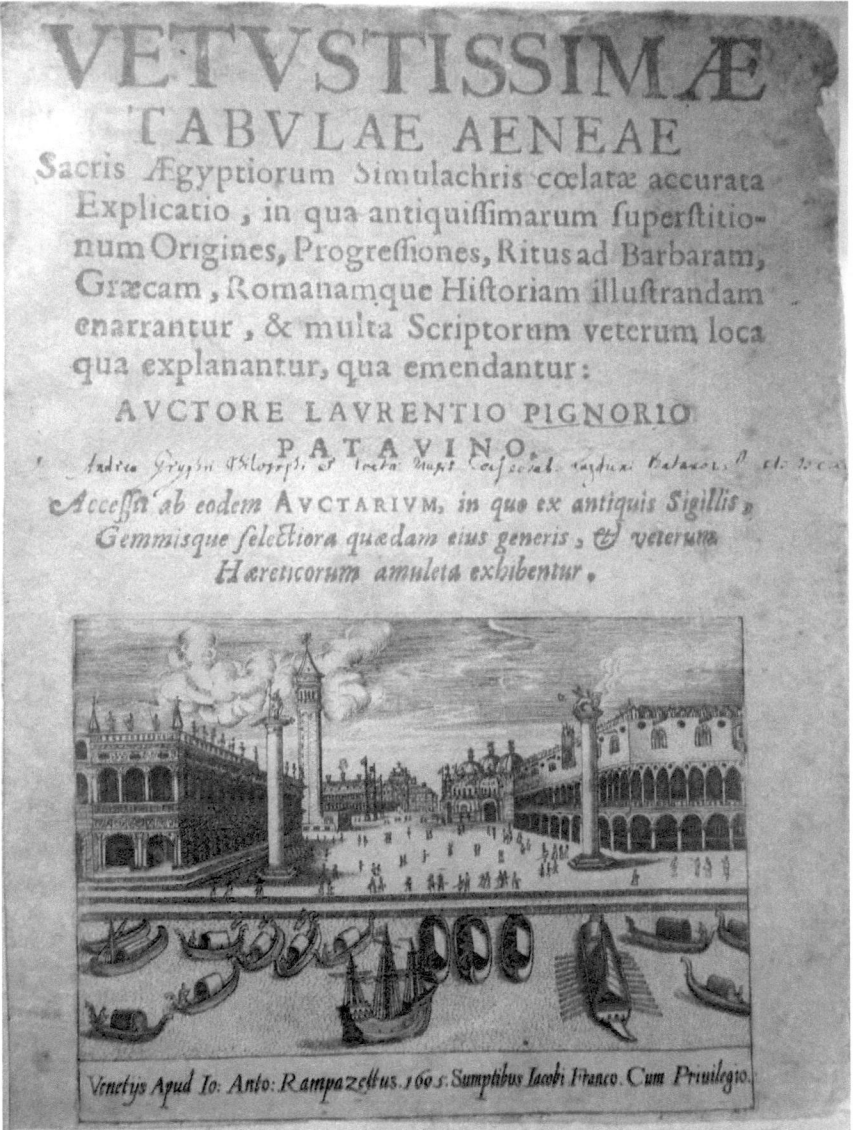

Abb. 1: Gryphius' Exemplar von Lorenzo Pignorias *Vetustissimae Tabulae Aeneae Sacris Aeqyptiorum Simulacris coelatae accurata Explicatio*, 1605, Titelkupfer.[3]

---

3 Privatbesitz Martin Mulsow.

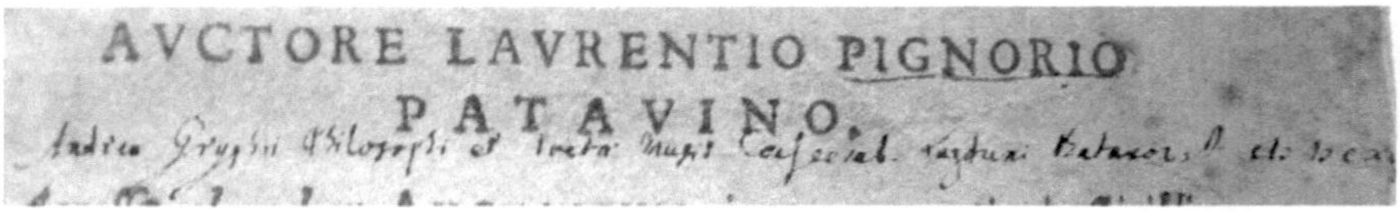

Abb. 2: Andreas Gryphius' Besitzvermerk auf dem Titelkupfer.

Abb. 3: Mensa Isaica, auch: Tabula Bembina.⁴

an.⁵ Die Tafel zeigt die Göttin Isis inmitten einer Reihe ihr zugeordneter Symbole und Rituale. Heute weiß man, dass die Tafel wohl sehr spät ist, nämlich

---

4 Museo Egizio, Turin, Italien.
5 Zu Pignoria vgl. Don Cameron Allen: Mysteriously Meant. The Rediscovery of Pagan Symbolism and Allegorical Interpretation in the Renaissance. Baltimore 1970, S. 120 f.; Ralph Häfner: Götter im Exil. Frühneuzeitliches Dichtungsverständnis im Spannungsfeld christlicher Apologetik und philologischer Kritik (ca. 1590–1736). Tübingen 2003 (Frühe Neuzeit 80), S. 110 f.; Martin Mulsow: Antiquarianism and Idolatry. The "Historia" of Religions in the Seventeenth Century. In: Historia. Empiricism and Erudition in Early Modern Europe. Hg. von Gianna Pomata und Nancy G. Siraisi. Cambridge, Mass. 2005, S. 181–210; Robin Raybould: Emblemata. Symbolic Literature of the Renaissance. New York 2009, S. 92–95; Paola von Wyss-Giacosa: Through the Eyes of Idolatry. Lorenzo Pignoria's argument on the conformité of ethnographic objects from the West and East Indies with Egyptian idols. In: Through your eyes. The Reception of the „Religious Other" in Intercultural Exchange (16th–18th Centuries). Hg. von Giovanni Tarantino und Paola von Wyss-Giacosa. Leiden 2020 (i.D.).

aus dem ersten nachchristlichen Jahrhundert, und womöglich in Süditalien hergestellt, also ägyptisierend und keineswegs in allen Punkten authentisch.[6] Zu dieser Zeit verstand man ja längst nicht mehr die Hieroglyphenschrift.

Im 16. Jahrhundert aber war sie das prominenteste archäologische Relikt Ägyptens, und die Antiquare – wie Pierio Valeriano Bolzanio oder Enea Vico – bemühten sich an ihr, den Sinn der Hieroglyphen und der ägyptischen Mysterien zu ergründen.[7] Ägypten war einerseits das Anti-Israel, der Ursprung der Idolatrie und des Aberglaubens, auf der anderen Seite faszinierte es als der Hort der ursprünglichen Weisheit. Der Hermetismus der Renaissance hat das seine getan, diese Weisheit als der christlichen äquivalent und ebenbürtig erscheinen zu lassen.[8]

Pignoria ist gegenüber den platonisierenden Hermetikern als nüchtern bekannt, als strenger Antiquar, der sich von den Spekulationen à la Pierio Valeriano absetzte. Sein klarer gegenreformatorischer Katholizismus bewahrte jederzeit Distanz zum ‚idolatrischen' Inhalt, und er versuchte, die Mythen der Ägypter als im Kern astrale Idolatrie zu entlarven, also als Verehrung von Sonne, Mond und Gestirnen. Wir werden noch sehen, dass diese Einordnung eine Rolle spielt, wenn wir die Randbemerkungen des Lesers dieser Schrift zu verstehen versuchen.

Wie man weiß, sind Gryphius-Autographen äußerst selten. Seelbach und Bircher verzeichnen in ihrem Artikel von 1994 lediglich 40 Stück, die meisten davon kurze Buchbesitzeintragungen, dazu ein paar Stammbuchblätter und wenige Briefe.[9] Daher lohnt es sich, einige Sorgfalt auf mögliche Lesespuren von Gryphius im Buch aufzuwenden. Datieren wir zunächst seine Erwerbung, da ja wegen des abgeschnittenen Randes die Jahreszahl nicht vollständig erhalten ist. Das Datieren ist nicht schwer, weil wir durch die vorzügliche Arbeit von Seelbach und Bircher die Formulierung, die Gryphius wählt, mit den anderen vergleichen können, die überliefert sind. Dann zeigt sich schnell, dass es nur 1640/41 gleichlautende Bucheinträge gibt. 1639 schreibt Gryphius noch: „Poetae et Juris Consulti", 1642 hingegen lässt er das „Philosophi et Poetae" weg.[10] Eine genaue Übereinstimmung

---

6 Vgl. Leospo: La mensa isiaca (Anm. 3).
7 Vgl. etwa Erik Iversen: The Myth of Egypt and its Hieroglyphs in European Tradition. Kopenhagen 1961; Guido Bodon: Enea Vico fra memoria e miraggio della classicità. Roma 1997 (Le rovine circolari 1).
8 Vgl. Frances A. Yates: Giordano Bruno and the Hermetic Tradition. Chicago 1964; Martin Mulsow (Hg.): Das Ende des Hermetismus. Historische Kritik und neue Naturphilosophie in der Spätrenaissance. Eine Dokumentation zu der Debatte um die Datierung der Hermetischen Schriften von Genebrard bis Casaubon. Tübingen 2002 (Religion und Aufklärung 9).
9 Ulrich Seelbach und Martin Bircher: Autographen von Andreas Gryphius. In: Daphnis 23 (1994), S. 109–179.
10 Ebd., S. 128–142.

hingegen gibt es mit drei Anschaffungen: Nr. 15 Matthew Gwinne: *Nero, Tragoedia Nova*: (1640), Nr. 17 Cesare Baronio: *Annales Ecclesiatici* in 12 Bänden – eine enorm teure Anschaffung – (1641) und Nr. 18 Ulisse Aldrovandi: *Historia Naturalis* (1641).[11] Bei Aldrovandi sieht man auch die Gewohnheit von Gryphius, seinen Besitzeintrag oftmals zwischen die Zeilen zu setzen, in die Mitte des Titelblatts.

Was machte Gryphius im Jahr 1641? Er war damals seit drei Jahren in Leiden, um zu studieren, in der Mitte seines langen Aufenthaltes. Die genannten Buchkäufe zeigen schon die enorme Breite seiner Interessen: Er hatte angefangen, Philosophie und Jura zu studieren, zunehmend kam auch die Naturkunde und Medizin hinzu, daneben übersetzte er Vondel und schrieb eigene Gedichte.[12] Seit 1639 schon hielt er eigene kleine Kollegs, um sich Geld zu verdienen. Seine Lehrer Daniel Heinsius, Otto Heurnius, Jacob Golius, Constantin L'Empereur, Marcus Boxhorn, Claudius Salmasius waren europäische Größen und haben sicherlich für seine Buchkäufe die Anregungen und Stichworte gegeben.[13] Vor allem Heurnius, mit dem Gryphius engen Umgang hatte, war an allem Ägyptischen hoch interessiert, kaufte und sezierte – wie später Gryphius selbst – Mumien aus Ägypten und versuchte die Bräuche und das Denken der altorientalischen Kulturen zu verstehen.[14] Aber auch der Gräzist und Polyhistor Salmasius war wichtig:[15] So kann man sich vorstellen, dass seine Vorlesungen Gryphius motiviert haben, schon 1639, im Jahr nach der Ankunft, die

---

[11] Ebd., S. 130–133. Zu Aldrovandi vgl. Paula Findlen: Possessing Nature. Museums, Collecting, and Scientific Culture in Early Modern Italy. Chicago 1994 (Studies on the history of society and culture 20); zu Baronio: Angelo Roncalli (Hg.): Il cardinale Cesare Baronio. Roma 1961; Romeo de Maio u. a. (Hg.): Baronio storico e la controriforma. Sora 1982 (Fonti e studi baroniani 1).
[12] Vgl. Stefan Kiedron: Das Treffen in Leiden. Andreas Gryphius und Christian Hoffmann von Hoffmannswaldau als Studenten in Holland. In: Brückenschläge. Eine barocke Festgabe für Ferdinand van Ingen. Hg. von Martin Bircher und Guillaume van Gemert. Amsterdam 1995 (Chloe 23), S. 55–88.
[13] Zum Leidener akademischen Milieu vgl. Theodoor Herman, Lunsingh Scheurleer (Hg.): Leiden University in the Seventeenth Century. An Exchange of Learning. Leiden 1975; für die Bedeutung für deutsche Studenten vgl. immer noch Heinz Schneppen: Niederländische Universitäten und deutsches Geistesleben. Von der Gründung der Universität Leiden bis ins späte 18. Jahrhundert. Münster 1960 (Neue münstersche Beiträge zur Geschichtsforschung 6).
[14] Otto Heurnius: Barbaricae Philosophiae Antiquitatum. Leiden 1600; die zweite Auflage erschien unter dem Titel: Babylonica, Indica, Aegyptia etc. Philosophiae primordia. Leiden 1619; zu Heurnius vgl. den Eintrag in Wiep van Bunge u. a. (Hg.): The Dictionary of Seventeenth and Eighteenth-Century Dutch Philosophers. London 2003, S. 430–432; C. W. Blackwell, Giovanni Santinello (Hg.): Models of the History of Philosophy. From its origins in the Renaissance to the *historia philosophica*. Den Haag 1993 (International Archives of the History of Ideas 135), S. 106 f.
[15] Zu Salmasius vgl. D.J.H. ter Horst: Isaac Vossius en Salmasius. Een episode uit de 17de-eeuwsche geleerdengeschiedenis. Den Haag 1938.

Exercitationes de rebus sacris et ecclesiasticis von Isaac Casaubon zu kaufen, in der Ausgabe Frankfurt 1615. Das waren die berühmten Angriffe des calvinistischen Philologen auf die gegenreformatorischen *Annales ecclesiastici* von Kardinal Baronius, der monumentalen Kirchengeschichte, der Casaubon Leichtgläubigkeit und zahlreiche Fehler vorwarf. Am bedeutendsten war Casaubons Entlarvung der Bücher des Hermes Trismegistos als pseudepigraphische Fälschungen der frühen nachchristlichen Jahrhunderte.[16]

Dass Gryphius sich kurz danach die 12 Bände Baronius' anschaffte, ist einerseits folgerichtig, andererseits auch verwunderlich nach der harten Kritik von protestantischer Seite. Die Anschaffung macht aber deutlich, dass da jemand genau nachvollziehen wollte, ob Casaubon recht hatte und wie der Baronius im Lichte der Kritik zu lesen sei. Und Gryphius hat seinen Baronius nachweislich auch für seine späteren Dramen herangezogen; für den *Carolus Stuardus* beispielsweise hat er ihn benutzt.[17] Auch der Pignoria-Kauf gehört, wie wir sehen werden, in diesen Anschaffungskontext, denn Pignorias Buch ist wiederum Baronius gewidmet und steht im weiteren Horizont von Antike, Hermetismuskritik, Ägypten und frühem Christentum.

2 Die Anstreichungen

Von dieser Erkenntnis ausgehend können wir uns dem Inneren des Pignoria-Exemplars zuwenden, den Randbemerkungen und Anstreichungen. Natürlich gibt es da immer Unsicherheiten. Der Pignoria war schon 35 Jahre vor Gryphius' Kauf erschienen, es muss also kein Neuexemplar gewesen sein, es kann auch einen Vorbesitzer gegeben haben. Und es hat natürlich Nachbesitzer gegeben, von Christian Gryphius angefangen bis heute. Ob die Lesespuren im Buch von Andreas Gryphius selbst stammen, kann am ehesten ein Vergleich mit anderen Büchern aus seinem Besitz zeigen. Das Casaubon-Exemplar in der Zentralbibliothek Zürich ist zu Zeiten von Seelbach/Bircher nicht auffindbar gewesen, aber eine jetzige Kontrolle hat gezeigt, dass das Buch wieder aufgetaucht und also noch vorhanden ist. (Abb. 4) Allerdings gibt es im Buch nur wenige und unwesentliche Anstreichungen (Abb. 5).

---

[16] Anthony Grafton: Protestant versus Prophet. Isaac Casaubon on Hermes Trismegistus: In: Defenders of the Text. The Traditions of Scholarship in an Age of Science, 1450–1800. Hg. von dems. Cambridge, Mass. 1991, S. 145–161; dt. Übers. in Mulsow: Das Ende des Hermetismus (Anm. 8), S. 283–303.

[17] Günter Berghaus: Die Quellen zu Andreas Gryphius' Trauerspiel *Carolus Stuardus*. Studien zur Entstehung eines historisch-politischen Märtyrerdramas der Barockzeit. Tübingen 1984 (Studien zur deutschen Literatur 79).

Abb. 4: Gryphius' Exemplar von Isaac Casaubon *Exercitationes de rebus sacris et ecclesiasticis*, 1615.[18]

---

18 Isaac Casaubon: Exercitationes de rebus sacris et ecclesiasticis. Frankfurt am Main 1615. Zentralbibliothek Zürich, Signatur: AB 279. Vgl. Bircher, Seelbach: Autographen (Anm. 9), S. 128 Nr. 13. Ich danke Paola von Wyss-Giacosa dafür, dass sie sich die Mühe gemacht hat, das Exemplar in Zürich zu bestellen und einzusehen.

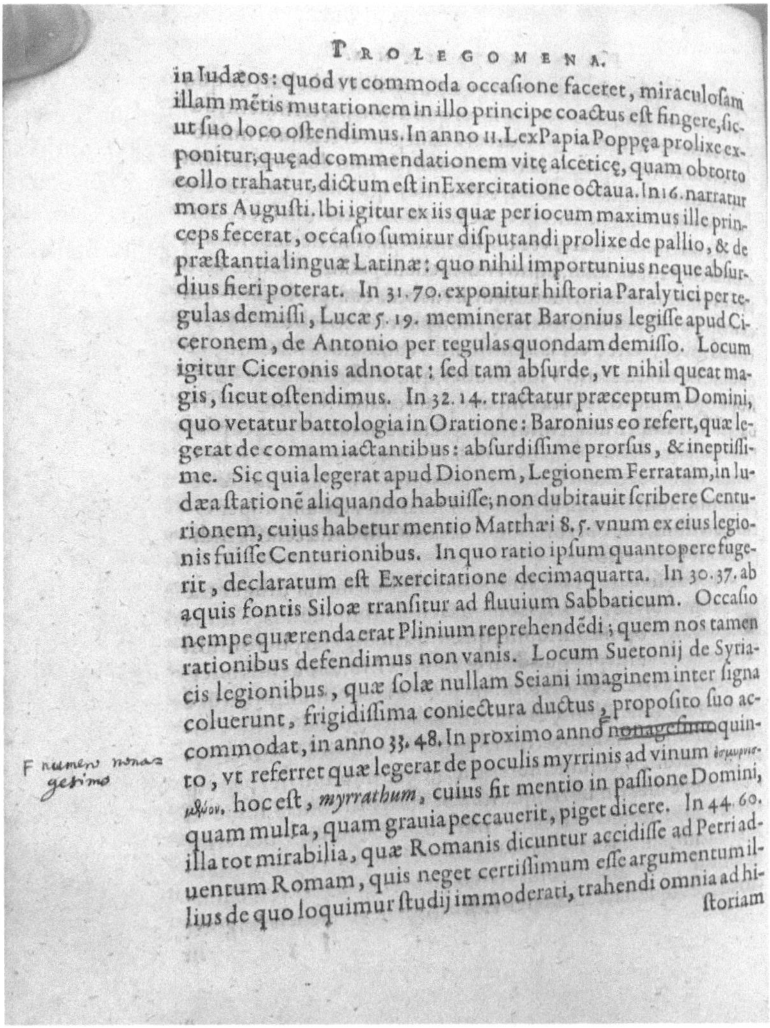

PROLEGOMENA.

in Iudæos: quod vt commoda occaſione faceret, miraculoſam illam mẽtis mutationem in illo principe coactus eſt fingere, ſicut ſuo loco oſtendimus. In anno 11. Lex Papia Poppęa prolixe exponitur; quę ad commendationem vitę aſceticę, quam obtorto collo trahatur, dictum eſt in Exercitatione octaua. In 16. narratur mors Auguſti. Ibi igitur ex iis quæ per iocum maximus ille princeps fecerat, occaſio ſumitur diſputandi prolixe de pallio, & de præſtantia linguæ Latinæ: quo nihil importunius neque abſurdius fieri poterat. In 31. 70. exponitur hiſtoria Paralytici per tegulas demiſſi, Lucæ 5. 19. meminerat Baronius legiſſe apud Ciceronem, de Antonio per tegulas quondam demiſſo. Locum igitur Ciceronis adnotat; ſed tam abſurde, vt nihil queat magis, ſicut oſtendimus. In 32. 14. tractatur præceptum Domini, quo vetatur battologia in Oratione: Baronius eo refert, quæ legerat de comam iactantibus: abſurdiſſime prorſus, & ineptiſſime. Sic quia legerat apud Dionem, Legionem Ferratam, in Iudæa ſtationẽ aliquando habuiſſe; non dubitauit ſcribere Centurionem, cuius habetur mentio Matthæi 8. 5. vnum ex eius legionis fuiſſe Centurionibus. In quo ratio ipſum quantopere fugerit, declaratum eſt Exercitatione decimaquarta. In 30. 37. ab aquis fontis Siloæ tranſitur ad fluuium Sabbaticum. Occaſio nempe quærenda erat Plinium reprehendẽdi; quem nos tamen rationibus defendimus non vanis. Locum Suetonij de Syriacis legionibus, quæ ſolæ nullam Seiani imaginem inter ſigna coluerunt, frigidiſſima coniectura ductus, propoſito ſuo accommodat, in anno 33. 48. In proximo anno ~~nonageſimo~~ quinto, vt referret quæ legerat de poculis myrrinis ad vinum ἐσμυρνισμένον, hoc eſt, *myrrathum*, cuius fit mentio in paſſione Domini, quam multa, quam grauia peccauerit, piget dicere. In 44. 60. illa tot mirabilia, quæ Romanis dicuntur accidiſſe ad Petri aduentum Romam, quis neget certiſſimum eſſe argumentum illius de quo loquimur ſtudij immoderati, trahendi omnia ad hiſtoriam

Abb. 5: Anstreichungen Gryphius' in seinem Exemplar der *Exercitationes* Casaubons.[19]

19 In: Casaubon (Anm. 18), ohne Paginierung.

Gryphius' Exemplar von Caesar Baronius' *Annales ecclesiastici* hingegen, das sich in Breslau erhalten hat, kann hier bessere Dienste tun.[20] In ihm gibt es eine ganze Reihe von Anstreichungen und Marginalien. Diese zeigen, dass das Werk tatsächlich im Lichte von Casaubon gelesen worden ist, der vor allem den *Apparatus* kurz und klein zerlegt hat, den Baronius seinem Buch voranstellte, um dort grundsätzliche Fragen der Chronologie und des Kontexts zu klären. Zu Spalte 19 im *Apparatus* etwa, in der es um einen Konsul Antonius Romanus geht, bemerkt der Buchbesitzer gereizt (Abb. 6): „Crassus error vel potius Sphalma

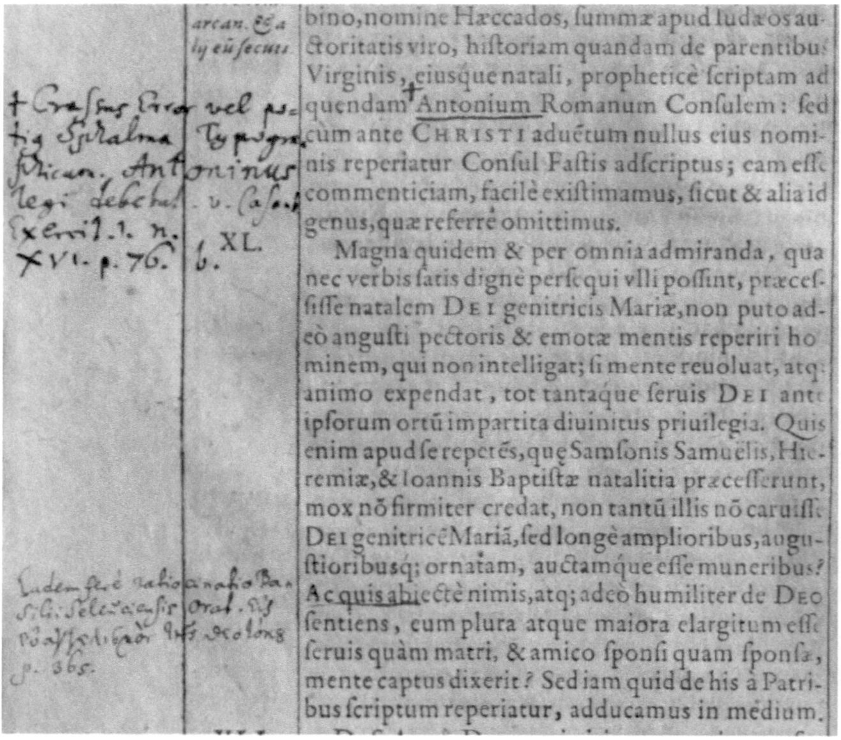
bino, nomine Hæccados, summæ apud Iudæos au-
ctoritatis viro, historiam quandam de parentibus
Virginis, eiusque natali, prophetice scriptam ad
quendam Antonium Romanum Consulem: sed
cùm ante CHRISTI aduentum nullus eius nominis reperiatur Consul Fastis adscriptus; eam esse
commenticiam, facilè existimamus, sicut & alia id
genus, quæ referre omittimus.
Magna quidem & per omnia admiranda, qua
nec verbis satis dignè persequi vlli possint, præces-
sisse natalem DEI genitricis Mariæ, non puto adeò angusti pectoris & emotæ mentis reperiri ho
minem, qui non intelligat; si mente reuoluat, atq;
animo expendat, tot tantaque seruis DEI ant
ipsorum ortū impartita diuinitus priuilegia. Quis
enim apud se repetēs, quę Samsonis Samuelis, Hie-
remiæ, & Ioannis Baptistæ natalitia præcesserunt,
mox nō firmiter credat, non tantū illis nō caruisse
DEI genitricē Mariā, sed longè amplioribus, augu-
stioribusq; ornatam, auctamque esse muneribus?
Ac quis abiectè nimis, atq; adeò humiliter de DEO
sentiens, cum plura atque maiora elargitum esse
seruis quàm matri, & amico sponsi quam sponsæ,
mente captus dixerit? Sed iam quid de his à Patri-
bus scriptum reperiatur, adducamus in medium.

Abb. 6: Anstreichungen Gryphius' in seinem Exemplar Caesar Baronius' *Annales ecclesiastici*.[21]

20 Ebd., S. 132 f. Caesar Baronius: Annales ecclesiastici. Mainz 1601–1603. BU Wroclaw 506770/1–7. Vgl. auch die Eintragung im Catalogus Bibliothecae Gryphianae. Breslau 1707, Nr. 32–38. Ich beziehe mich im Folgenden auf Bd. 1.
21 In: Baronius (Anm. 20), Sp. 19.

Typographicum. Antoninus legi debebat. [„Das ist ein grober Fehler oder wohl eher ein Druckfehler. Er musste Antoninus heißen"] V. Causaub. Exercit. 1 n. XVI p. 76."

An der von Gryphius angegebenen Stelle hatte schon Casaubon selbst von einem groben Fehler gesprochen.[22] Natürlich kann auch ein späterer Besitzer des Baronius in Breslau das Buch mit dem Casaubon in der Hand gelesen haben, doch es ist sehr wahrscheinlich, dass diese Bemerkung von Gryphius selbst stammt, der ja das Werk extra im Anschluss an seinen Casaubon-Kauf erworben hat.

Diese Marginalie und der schwarze Strich unter dem Namen Antonius können uns helfen, die Anstreichungen im Pignoria zu bewerten. Doch zuvor noch einige Beobachtungen zum Baronius-Exemplar. Es ist seltsam, dass bei dem ungeheuer gründlichen und verdienstvollen Aufsatz von Seelbach/Bircher nur von Besitzvermerken, aber kaum von Marginalien oder Anstreichungen in den Exemplaren die Rede ist. Es scheint, als hätten sie sich nur um die Titelblätter gekümmert, nicht aber um das Innere der Bücher. Im Fall des Baronius allerdings weisen die Autoren darauf hin, dass Hans-Henrik Krummacher über die Randbemerkungen von Gryphius in den Bänden berichten wolle; er ist aber, wie er mir bestätigt hat, nicht dazu gekommen, diese Arbeit auszuführen.[23]

Als ich kürzlich einen Freund in Breslau bat, sich die Bände anzusehen,[24] fielen dort zwei Zettel heraus, die mit Notizen beschrieben waren, die sich zum Teil auf die betreffende Seite im Baronius beziehen. Der erste (Abb. 7) ist „In nomine Jesu" überschrieben und behandelt in Stichworten Fragen wie „Wie wir auf den Weg der Gerechtigkeit kommen können" und andere hinsichtlich „Nostra in Coelis Conversatio". Bezüglich der ersten Frage wird empfohlen, dem Apostel Paulus zu folgen und Leben und Lehre in Übereinstimmung zu bringen.

Auch von Pseudogelehrten solle man sich fernhalten und unter Kollegen einig sein. Die zweite Frage, nach dem Umgang miteinander im Himmel, führt den Schreiber auf eine Visionvon vollständiger Freiheit – von Sünde, von Lastern, von

---

22 Isaac Casaubon: Exercitationes (Anm. 18), S. 76: „Antoninus, ut vere ait Baronius, (etsi crasso errore in ejus editionibus, quas vidi, legitur Antonius) nullus reperitur in Romanis Fastis Consul ante natum Christum."
23 Brief vom 25 Januar 2017. Herr Krummacher schreibt mir: „Ihr Text bestätigt meine frühe Erwartung, der ich dann leider nicht mehr nachgehen konnte, daß handschriftliche Spuren von Gryphius in Büchern aus seinem Besitz als Quellen seiner geistigen Welt lohnend sein müssen [...]." Vgl. aber auch Ursula Kiermeier: Handschriftlich gekennzeichnete Bücher aus dem ‚Catalogus Bibliothecae Gryphianae' in der Universitätsbibliothek Wrocław. Ein Zwischenbericht. In: Acta Universitatis Wratislaviensis No. 1227, Germanica Wratislaviensia LXXXVIII (1989), Microfiche 8, S. 302–325.
24 Ich danke Lukasz Bieniasz herzlich für sein Engagement.

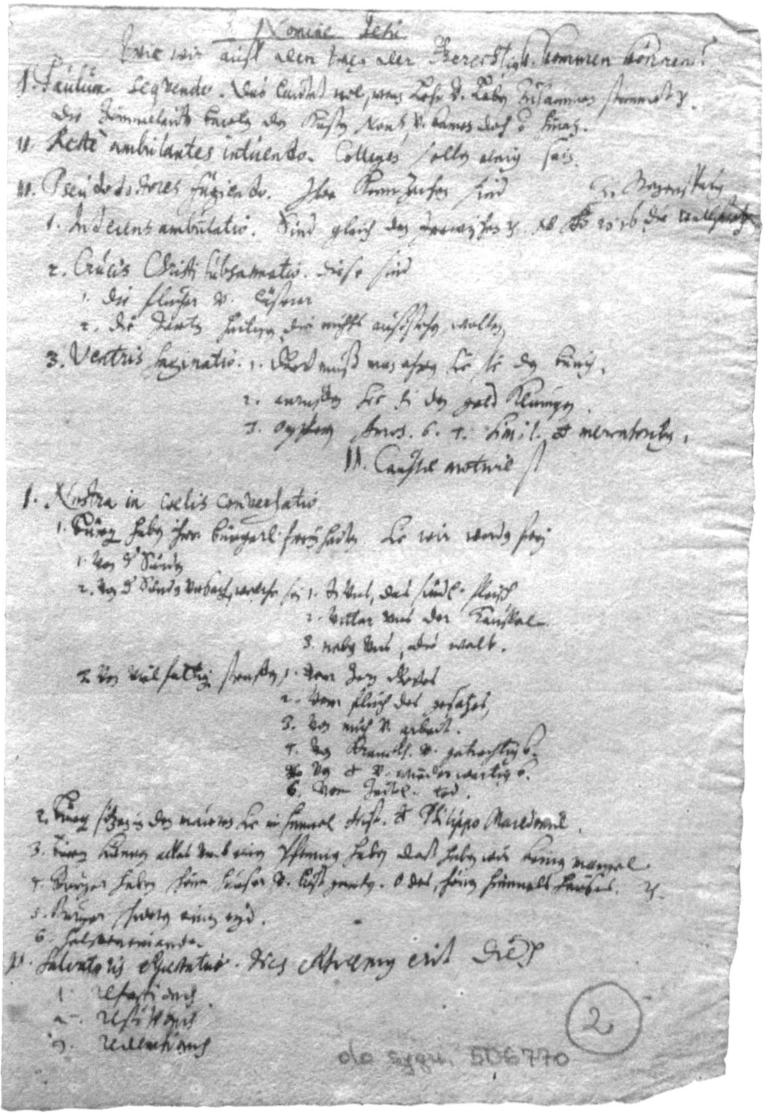

Abb. 7: Notizzettel aus Gryphius' Exemplar von Caesar Baronius' *Annales ecclesiastici*.[25]

---

25 Scan Martin Mulsow.

Strafen –, ein Leben ohne Mangel und mit „schönen Häuser und Lustgerten".[26] Ob dieser Zettel von Gryphius stammt, ist ungewiss. Er nimmt auch auf keine Stelle im Baronius Bezug, sondern scheint aus anderen Kontexten zu stammen und vielleicht zufällig in das Buch gelangt zu sein.

Der zweite Zettel hingegen (Abb. 8) ist tatsächlich eine längere Notiz zu Seite 291 in Baronius' Annalen, Paragraph 251. Es geht darum, dass die Apostel einem Brauch der Jerusalemer Juden gefolgt seien. Es sei auch zu notieren, dass Baronius nur drei wahrhaft kanonische den Aposteln zuschreibe. Zum

---

26 Ich danke Johann Anselm Steiger für seine Transkription:
In Nomine Jesu
Wie wir auf den Weg der Gerechtigk. kommen können?
I. Paulum sequendo. Das lauitet wol, was Lehr u. Leben zusammen stimmet u.
die Zimmerleut baueten den Kasten Noah u. kamen doch nicht [= Kürzel] hinein.
II. Rectè ambulantes intuendo. Colleges sollen einig sein.
III. Pseudodoctores fugiendo. Ihre Kennzeichen sind
   1. Indecens ambulatio. Sind gleich den Irrwischen u. ##
   2. Crucis Christi subsamatio. diese sind
      1. die Flucher u. Lästerer
      2. die gantz?? heiligen, die nichts außstehen wollen,
   3. Ventris saginatio.   1. Gott muß man ehren wie sie den bauch.
                        2. anruffen wie sie den gold klumpen
                        3. Opffern Amos. 6. 7. simil. de mercatoribus.
                II. Caussae notorie sunt [= Kürzel]
1. Nostra in Coelis Conversatio
   1. Bürger haben ihre bürgerl. Freyheiten. Wie wir werden frey
      1. von der Sünden
      2. von der Sünden Ursachen, welche sein   1. In uns, das sündl. Fleisch
                                                    2. Unter uns der Teuffel.
                                                    3. neben uns, die Welt.
      3. von vielfeltigen straffen   1. vom Zorn Gottes
                                        2. vom fluch des gesetzes,
                                        3. von müh u. arbeit.
                                        4. von Kranckh. u. gebrechlig[keiten]
                                        5. von + [= Kreuz] v. wiederwertig[keiten]
                                        6. vom zeitl. tod.
   2. Bürger sitzen in den mauren wie im himmel Hist. de Philippo Macedonil.
   3. Bürger können alles vmb einen Pfennig haben dort haben wir keinen mangel.
   4. Bürger haben schöne Häuser u. lust gerten. O des schönen Himmels Hauses.
   5. Bürger schweren einen eyd.
   6. Sel#
     IV. Salvatoris effectatio. Dies extremus erit dies
        1. refectionis.
        2. U#resti[tu]tionis.
        3. redemtionis.

Vergleich wird Johann Gerhard mit seiner *Confessio catholica* von 1634–37 angeführt. Auch zum von Baronius genannten Werk von Athanasius über die Jungfräulichkeit solle man Gerhard vergleichen, wo man lesen könne, dass das Werk ein untergeschobenes sei. So sei das ebenfalls in André Rivets *Critici sacri specimen* von 1612 zu lesen. Außerdem hätten alle von Baronius angeführten Autoren nicht von öffentlichen, sondern von privaten Gebeten der Gläubigen gesprochen.[27]

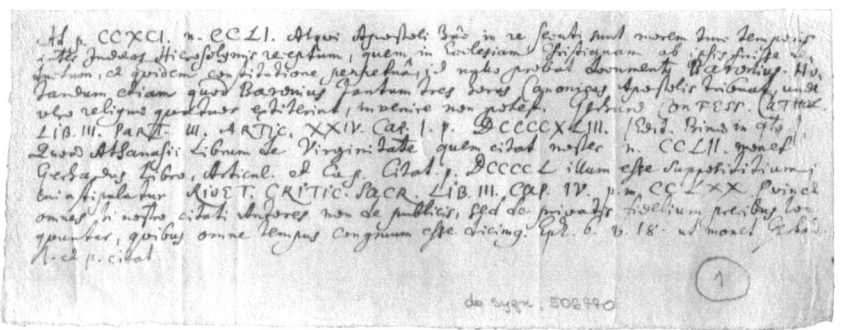

Abb. 8: Notizzettel aus Gryphius' Exemplar von Caesar Baronius' *Annales ecclesiastici*.[28]

Das ist eine kritische Korrektur, die durchaus zu den sonst von Gryphius am Baronius-Text geübten passt. Hier ist nicht Casaubon der Maßstab, sondern der lutherische Theologe Johann Gerhard, der ja bekanntermaßen für Gryphius wichtig gewesen ist, und der Calvinist Rivet, der strenge Textkritik gegenüber den katholischen Ansprüchen walten ließ.[29] Beide Zettel sind im übrigen in unterschiedlicher Schrift geschrieben, doch zeigen alle Schriftproben, die wir von Gryphius haben, Unterschiede, je nach Anlass und Zeit, in der sie verfasst sind, daher sind solche Unterschiede nicht prima facie als Ausschlusskriterium zu werten.

---

27 Johann Gerhard: Confessio catholica, in qua doctrina catholica et evangelica, quam ecclesiae Augustanae confessioni addictae profilentur, ex Romano-catholicorum scriptorum suffragiis confirmatur. 4 Bde. Jena 1634–37; André Rivet: Critici sacri specimen. [Leipzig] 1612.
28 Scan Martin Mulsow.
29 Zu Johann Gerhard vgl. Johann Anselm Steiger: Johann Gerhard (1582–1637). Studien zu Theologie und Frömmigkeit des Kirchenvaters der lutherischen Orthodoxie. Stuttgart 1997 (Doctrina et pietas 1); zu Rivet vgl. Nicholas Hardy: Criticism and Confession. The Bible in the Seventeenth-Century Republic of Letters. Oxford 2017, bes. S. 206–219.

Doch kommen wir zurück zu den Lesespuren im Pignoria-Buch. Es gibt Spuren unterschiedlicher Art. Am durchgängigsten sind Striche mit schwarzer Tinte, die vertikal neben dem Text Passagen markieren, die der Leser für wichtig gehalten hat. Gelegentlich gehen diese Striche über fünf, sechs, sieben Zeilen (Abb. 9).

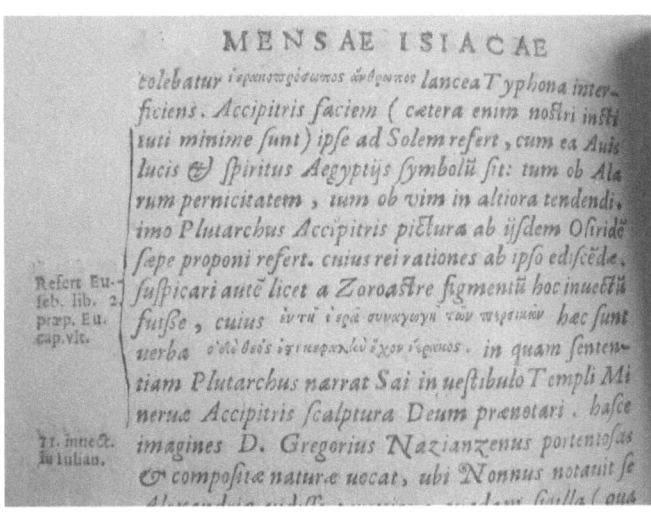

Abb. 9: Anstreichung in Gryphius' Exemplar von Pignorias *Vetutissimae Tabulae [...] Explicatio*.[30]

Manchmal sind auch Begriffe oder Namen direkt schwarz unterstrichen, ganz so wie im Baronius (Abb. 10).

Wohl von der gleichen Hand stammen einige wenige Randbemerkungen – vier an der Zahl –, denen wir uns noch zuwenden werden, die bestimmten Unterstreichungen entsprechen. Schließlich aber gibt es noch einige Lesespuren mit einem Rötelstift. So ist im Namen-Index, der dem Buch vorangestellt ist, der Name von Thermutis unterstrichen (Abb. 11), der Tochter des Pharao, der Mose übergeben wird.

An einer anderen Stelle, Blatt 8^v, gibt es etwas Auffälliges (Abb. 12): dort ist fein säuberlich ein Stück des Randes weggeschnitten worden. Nicht ausgeschlossen, dass sich da ein Autographensammler ein Stück Handschrift von

---

30 Pignoria: Vetustissimae Tabulae (Anm. 1), fol. 31^v.

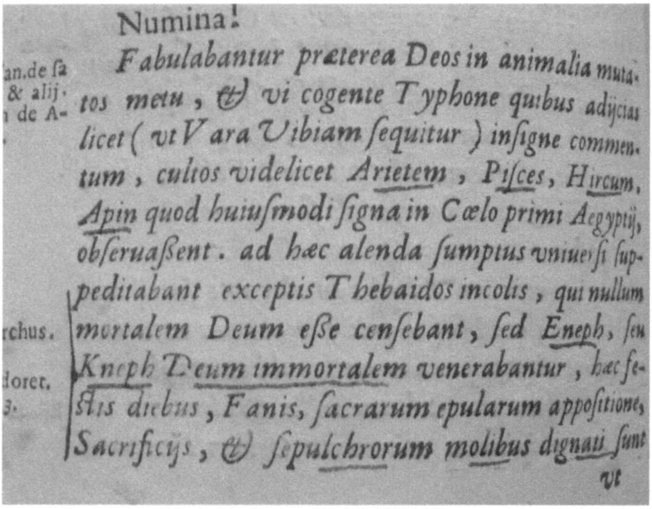

> Numina!
> Fabulabantur præterea Deos in animalia muta-
> tos metu, & vi cogente Typhone quibus adijcias
> licet (vt Vara Vibiam sequitur) insigne commen-
> tum, cultos videlicet Arietem, Pisces, Hircum,
> Apin quod huiusmodi signa in Cælo primi Aegyptij,
> obseruassent. ad hæc alenda sumptus vniuersi sup-
> peditabant exceptis Thebaidos incolis, qui nullum
> mortalem Deum esse censebant, sed Eneph, seu
> Kneph Deum immortalem venerabantur, hæc fe-
> stis diebus, Fanis, sacrarum epularum appositione,
> Sacrificijs, & sepulchrorum molibus dignati sunt
> vt

Abb. 10: Unterstreichungen in Gryphius' Exemplar von Pignorias *Vetutissimae Tabulae [...] Explicatio*.[31]

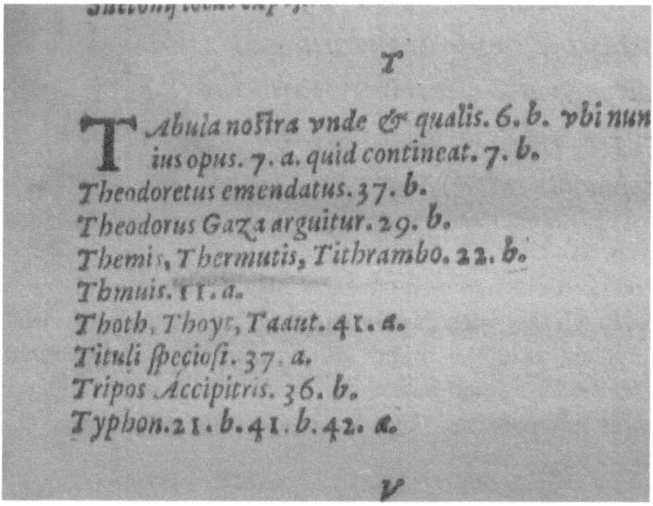

> T
> Tabula nostra vnde & qualis. 6. b. vbi nun
>   ius opus. 7. a. quid contineat. 7. b.
> Theodoretus emendatus. 37. b.
> Theodorus Gaza arguitur. 29. b.
> Themis, Thermutis, Tithrambo. 22. b.
> Thmuis. 11. a.
> Thoth, Thoyt, Taaut. 41. a.
> Tituli speciosi. 37. a.
> Tripos Accipitris. 36. b.
> Typhon. 21. b. 41. b. 42. a.
> V

Abb. 11: Unterstreichung in Gryphius' Exemplar von Pignorias *Vetutissimae Tabulae [...] Explicatio*.[32]

---

31 Ebd., fol. 3ᵛ.
32 Ebd., Index, unpaginiert, *sub* „T". Thermutis kommt etwa bei Heliodor: Theagene und Charicle, Buch 2, vor.

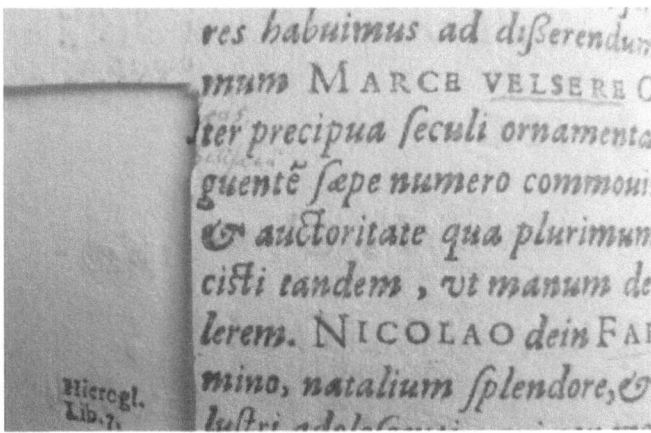

Abb. 12: Unterstreichung und Notiz in Gryphius' Exemplar von Pignorias *Vetutissimae Tabulae* [...] *Explicatio*.[33]

Gryphius sichern wollte. Es ist der Rand zu einer Passage, in der Pignoria eine Reihe von befreundeten Gelehrten nennt, die ihm Ratschläge gegeben hatten. Zu sehen ist noch, dass mit dem Rotstift zwischen die Zeilen, in denen vom Augsburger Antiquar Marcus Welser die Rede ist, das Wort ‚Belisar' gekritzelt wurde.

In der Tat wurden die Welser in Spanien „Belzares" genannt, woraus dann genealogische Fabeln von einer uralten Herkunft aus „Belisar" gesponnen wurden.[34] Ob darüber noch mehr am Rand zu lesen war, und ob zu den anderen Genannten und Unterstrichenen wie Nicolo Fabrizio, Federico Contarini und Giovanni Mocenigo etwas gesagt ist, wissen wir nicht.

Kommen wir aber zu den wichtigeren, schwarzen Anstreichungen. Sie scheinen mir auf jeden Fall von Gryphius zu stammen, denn sie verraten nicht nur, dass der Band von vorn bis hinten intensiv durchgearbeitet wurde, sondern haben auch Ähnlichkeiten mit den Anstreichungen im Baronius. Auf Blatt 4^v (Abb. 13) gibt es eine längere markierte Passage zur Geheimhaltung bei den ägyptischen Mysterien.

---

[33] Ebd., fol. 8^v.
[34] Vgl. Peter Geffcken: Die Welser und ihr Handel 1246–1496. In: Die Welser. Neue Forschungen zu Geschichte und Kultur des oberdeutschen Handelshauses. Hg. von Johannes Burkhardt und Mark Häberlein. Berlin 2002 (Colloquia Augustana 16), S. 27–167, hier S. 29 f.

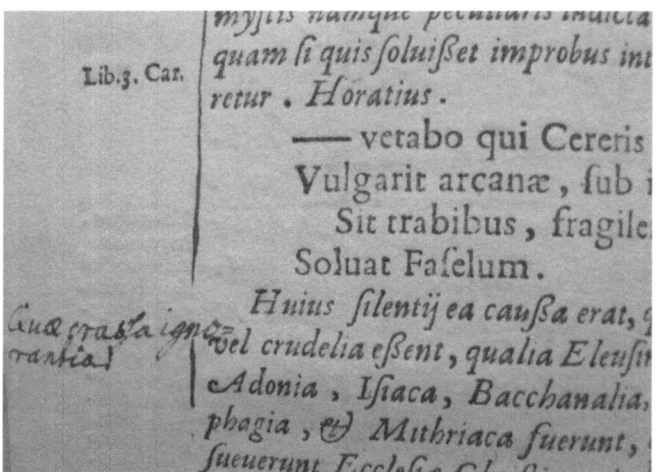

Abb. 13: Anstreichung und Notiz in Gryphius' Exemplar von Pignorias *Vetutissimae Tabulae [...] Explicatio*.[35]

Das sei so, sagt Pignoria, wie wenn sich jemand als unverschämt erwiesen habe und für ehrlos erachtet würde.[36] Und er zitiert den Horazvers: „vetabo qui Cereris sacrum / Vulgarit arcabae, sub iisdem [...] " – „Ich verbiete dem, der der Ceres Geheimnisse bekanntmacht, mit mir unter denselben Balken zu wohnen und in demselben zerbrechlichen Boote abzufahren."[37] Dazu kommentiert Pignoria: „Der Grund für dessen Schweigen war, daß diese [Mysterien] entweder dumm oder grausam waren [...]."[38] Pignoria übernimmt also die kirchliche Linie, die auf jenen Kirchenvätern basierte, welche die heidnischen Mysterien als unanständig und belanglos abgewertet haben. Hier schreitet der Leser ein

---

35 Pignoria: Vetustissimae Tabulae (Anm. 1), fol. 4ᵛ.
36 Ebd.: „Mystis namque peculiaris indicta fuit taciturnitas, quam si quis soluisset improbus intestabilisque censeretur."
37 Horaz: Carminum liber III, Ode II. Ich zitiere die deutsche Übersetzung von P.F.A. Nitsch.
38 Pignoria: Vetustissimae Tabulae (Anm. 1), fol. 4ᵛ: „Huius silentii ea causa erat, quod haec vel turpia vel crudelia essent, qualia Eleusinia, Pessinuntia, Adonia, Isiaca, Bacchanalia, Ityphallica, Omophagia, et Mithraica fuerunt, quae exagitare consuerunt Ecclesiae Christianae indefessi Praedicatores Iustinus, Hieronymus, Augustinus, Ambrosius, Cyprianus, et allii, a quibus pete mi lector si tenebras illas cum magno fructu pietatis, et eruditionis discutere lubet, hasce instituti mei remoras consulto recensui ea mente [...]."

und schreibt verächtlich an den Rand: „Quae crassa ignorantia!" – „Welch grobe Unwissenheit!" Das ist ähnlich kraftvoll und ähnlich geschrieben wie im Baronius das „Crassus error!".

Der Leser, von dem wir nun annehmen, dass es Gryphius war, liest also das Pignoria-Buch mit einer gewissen kritischen Distanz. Er hält offensichtlich viel mehr von den Ägyptern und ihren Mysterien als der Paduaner Katholik. Ein anderer ärgerlicher Ausruf findet sich schon auf Blatt 2^v (Abb. 14). Dort heißt es über die Göttin Isis, von der eine Inschrift auf einem Marmorstein in Capua zitiert wird, es sei bei ihr nicht klar, ob Osiris ihr Ehemann, ihr Bruder oder ihr Sohn gewesen sei. Diodor nämlich und Marcianus sprächen von Ehemann, Plutarch von Bruder und Ehemann, Laktanz und Minucius Felix von Bruder und Eusebius von Ehemann, Bruder und Sohn.[39] Die letzten Wörter sind unterstrichen, und am Rand hat Gryphius ärgerlich notiert: „Das ist ein und dasselbe!"[40]

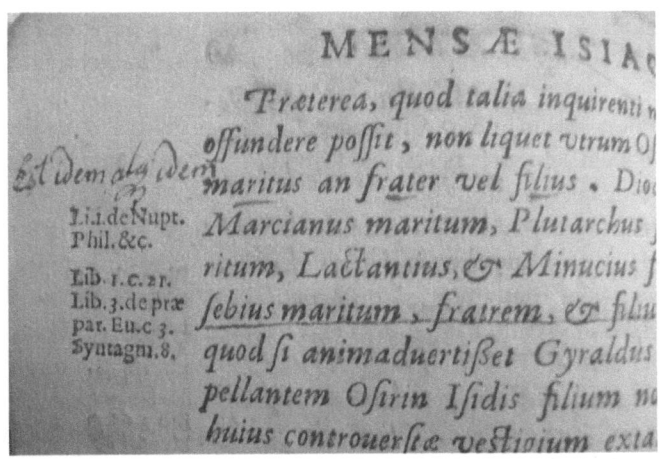

Abb. 14: Unterstreichungen und Notiz in Gryphius' Exemplar von Pignorias *Vetutissimae Tabulae [...] Explicatio*.[41]

---

39 Ebd., fol. 2^v: „Praeterea, quod talia inquirenti maiores tenebras offundere possit, non liquet utrum Osiris fuerit Isidis maritus an frater vel filius. Diodorus enim, et Marcianus maritum, Plutarchus fratrem et maritum, Lactantius, et Minucius felix filium, Eusebius maritum, fratrem, et filium fuisse scribunt."
40 Ebd.: „Est idem atque idem."
41 Ebd.

Was meint er damit? Er kann wohl nur sagen wollen, dass die Identität der Rollen gerade ein wesentliches Merkmal dieses Mythos sei, was der pedantische Antiquar aus Padua offenbar nicht in der Lage war zu erfassen.

Aus den Randbemerkungen spricht ein ziemliches Selbstbewusstsein. Da liest einer, der nicht nur seinen Casaubon intus hat, sondern auch sonst bereits ziemlich bewandert im Bereich des ägyptischen Mythos ist – und nicht nur bewandert, sondern der auch über mythische Verhältnisse nachgedacht hat. Als einen, „der sich von Kindheit an mit unglaublicher Begierde mit den religiösen Riten und Sitten der Völker des Orients beschäftigte", hat sich Gryphius einmal bezeichnet.[42] Auf Blatt 3^v (Abb. 15) findet sich wiederum eine Stelle, in der Pignoria die Ägypter abwertet und lächerlich machen will, diesmal wegen ihrer tierköpfigen Götter. Er zitiert Flavius Josephus mit dem Ausspruch, wenn die Erde von den Ägyptern ihre Heiligtümer empfangen hätte, sie binnen Kurzem ein ganzes Bestiarium gehabt hätte. Die Heiden, fügt Pignoria an, haben den Wahnsinn der Mysterien damit zu kaschieren versucht, dass sie, wie Porphyrius lächerlicherweise philosophiere, behaupteten, die Göttlichkeit würde nicht so sehr durch den Menschen, sondern auch durch alle Tiere vermittelt.[43] Da schreibt Gryphius an den Rand, erneut aufgebracht: „Und das zu recht!"[44]

Er verteidigt also Porphyrius in der Auffassung, Göttliches lasse sich durch Tiere ausdrücken. Er hat ein sehr viel tieferes und sympathetischeres Verständnis der ägyptischen Religion als Pignoria.

Einige weitere Stellen will ich nur kurz streifen. Auf Blatt 17^v (Abb. 16) ist Pignoria längst in der Beweisführung, dass bestimmte Götter als bestimmte Gestirne zu dechiffrieren seien. Hier zitiert er die *Georgica* von Vergil, und sagt mit ihm: „– vos o clarissima Mundi / Lumina, labentem caelo quae ducitis annum / Liber, et alma Ceres –" (Ihr strahlenden Lichter des Weltalls, die ihr in gleitendem Zuge das Jahr umlenket am Himmel; Liber und nährende Ceres).[45] „Liber, et alma ceres" hat Gryphius nicht nur unterstrichen, sondern er hat auch das Sonnensymbol über Liber (dem Gott der Fruchtbarkeit) und das Mondsymbol

---

42 Andreas Gryphius: Mumiae Wratislavienses. Breslau 1662, S. 3: „Cum a teneris incredibili aviditate Gentium Orientis ritus ac sacra scrutatus [...]."
43 Pignoria: Vetustissimae Tabulae (Anm. 1), fol. 3^{r-v}: „Et hoc fundamento nitebantur iusta et legitima Iosephi contra Apionem ratiocinatio, Orbem Terrarum si Aegyptiorum sacra suscepisset, brevi bestiarum plenum, inanem hominum futurum. Conabantur quidem ipsi velamento mysteriorum insaniam obtegere, dicentes (ut ridicule Porphyrius philosophatur) divinitatem non per hominem tantum, sed et per omnia animalia pertransivisse."
44 Ebd., fol 3^v: „Et hoc recte."
45 Publius Vergilius Maro: Georgica. In: ders.: Hirtengedichte/Bucolica. Landwirtschaft/Georgica. Hg. u. übers. von Niklas Holzberg. Berlin, Boston 2016, S. 113–254, hier S. 114 (I, 5–7).

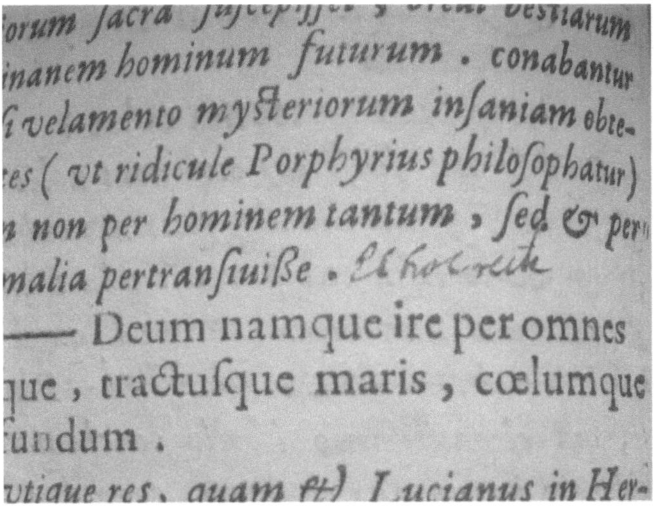

orum sacra suscepisse ... bestiarum
inanem hominum futurum . conabantur
ſi velamento mysteriorum insaniam obte-
es (vt ridicule Porphyrius philosophatur)
n non per hominem tantum , sed & per
nalia pertransiuiße . Et hoc reſt
—— Deum namque ire per omnes
que , tractusque maris , cœlumque
undum .
vtique res, quam ƒH) Lucianus in Her-

Abb. 15: Notiz in Gryphius' Exemplar von Pignorias *Vetutissimae Tabulae [...] Explicatio*.[46]

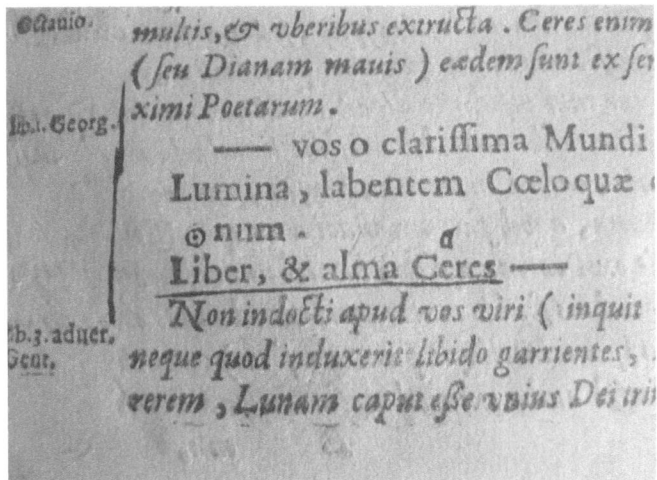

Abb. 16: Anstreichungen und Zeichnungen in Gryphius' Exemplar von Pignorias *Vetutissimae Tabulae [...] Explicatio*.[47]

---

46 Ebd.
47 Pignoria: Vetustissimae Tabulae (Anm. 1), fol. 17ᵛ.

über Ceres (der Göttin des Ackerbaus) gezeichnet, ganz nach der Erklärung, die Pignoria dann mit Martianus Capella anführt.

Auch auf Blatt 10ʳ (Abb. 17) geht es um solche Rückführungen, die Gryphius sichtlich interessieren. Er schreibt dort an den Rand: „Osiris est agens et sol, Isis vero patiens, luna, materia, foemina." Er kennt wohl auch bereits John Seldens *De Diis Syris* von 1617, den er später im Anhang zum *Leo Armenius* anführt, und auch Selden hat die Herkunft der Idolatrie in der Gestirnverehrung gesehen.[48]

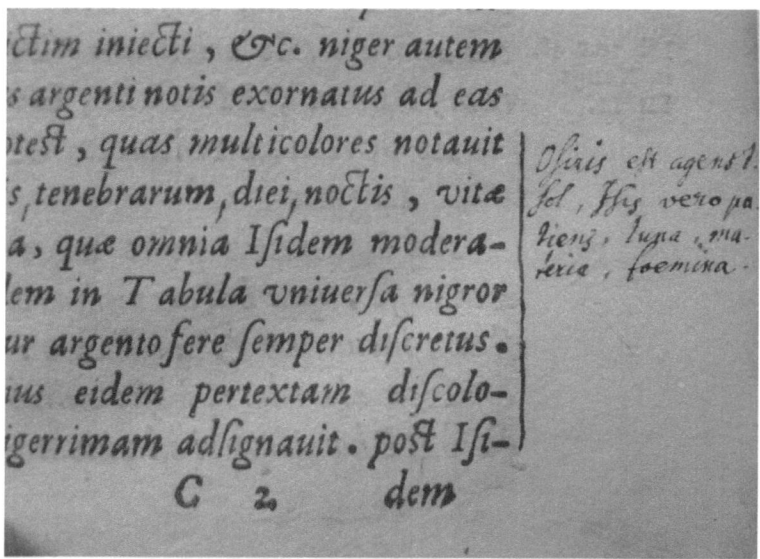

Abb. 17: Anstreichung und Notiz in Gryphius' Exemplar von Pignorias *Vetutissimae Tabulae [...] Explicatio*.[49]

---

48 John Selden: De Diis Syris syntagmata duo. London 1617. Vgl. Martin Mulsow: John Seldens *De Diis Syris*. Idolatriekritik und vergleichende Religionsgeschichte im 17. Jahrhundert. In: Archiv für Religionsgeschichte 3 (2001), S. 1–24; Gerald Toomer: John Selden. A Life in Scholarship. Oxford 2009, S. 211–256. Vgl. Gryphius: Leo Armenius. In: ders.: Dramen. Hg. von Eberhard Mannack. Frankfurt am Main 1991, S. 115.
49 Pignoria: Vetustissimae Tabulae (Anm. 1), fol. 10ʳ.

3 Der Empiriker

Pignoria, Selden, Casaubon, Baronius – gibt es noch andere Autoren zu Ägypten, die im *Catalogus Bibliothecae Gryphianae* verzeichnet sind?[50] Sicherlich. Heraus sticht Athanasius Kircher, der zwar im Jahr 1641, als Gryphius Pignoria las, erst mit dem *Prodromus coptus* von 1636, sonst aber noch kaum in Erscheinung getreten war. Das sollte sich allerdings bald ändern. Man wusste, dass Kircher dabei war, die Hieroglyphen zu entschlüsseln.[51] 1646 hat Gryphius denn auch Kircher in Rom besucht, auf seiner Italienreise.[52] Und er hat anschließend viele der ägyptologischen Schriften Kirchers gekauft, vor allem natürlich den dreibändigen *Oedipus aegyptiacus* von 1652–54, der ebenfalls im *Leo Armenius* erwähnt ist.[53]

Die Ägyptenfaszination hat Gryphius also weiter begleitet. Einen gewissen Höhepunkt und Abschluss findet sie in der Publikation seines Mumienbuches, den *Mumiae Wratislavienses* von 1662 (Abb. 18), nachdem Gryphius vier Jahre zuvor öffentlich in einer Apotheke in Anwesenheit von etwa 20 Männern zwei Mumien seziert hatte.[54]

In diesem Buch beschreibt er nicht nur genauestens die Sektion, sondern gibt zahlreiche gelehrte Verweise auf Einbalsamierungen und Mumifizierungen in der antiken Literatur, so dass er auch Nebenthemen verfolgen kann. Ich kann mich hier dankbar auf die Übersetzung des Textes stützen, die Katja Reetz erstellt und inzwischen zusammen mit einer monographischen Behandlung publiziert hat.[55]

---

50 Catalogus (Anm. 20). Vgl. allg. zur Bibliothek Artur Pilak: Catalogus Bibliothecae Gryphianae. Próba analizy zawartości księgozbioru. In: Acta Universitatis Wratislaviensis 121, Bibliotekoznawstwo 6 (1970), S. 129–164.
51 Vgl. Daniel Stolzenberg: Egyptian Oedipus. Athanasius Kircher and the Secrets of Antiquity. Chicago 2013.
52 Siegmund von Stosch: Christlicher Lebenslauff A. Gryphii. In: Caspar Knorr: Signaculum Dei, das ist, Der hochschätzbare Pitschafft-Ring Gottes. Glogau 1665, S. 35; vgl. John Edward Fletcher: A Study on the Life and Works of Athanasius Kircher. Leiden u. a. 2011 (Aries book series 12), S. 367–370.
53 Athanasius Kircher: Oedipus aegyptiacus. 3 Bde. Rom 1652–1654; Ndr. hg. von Wilhelm Schmidt-Biggemann. Hildesheim 2013. Vgl. die Anmerkungen zum Leo Armenius Act IV. II,81,109, in Gryphius: Dramen (Anm. 48), S. 114 f.
54 Gryphius: Mumiae Wratislavienses (Anm. 42).
55 Katja Reetz: Andreas Gryphius: Mumiae Wratislavienses. Kritische Edition, kommentierte Übersetzung und Werkstudie mit ausführlicher wissensgeschichtlicher Einleitung. Berlin 2019 (Frühe Neuzeit Bd. 225) . Vgl. dies.: Andreas Gryphius' Mumiae Wratislavienses im Kontext der Frühneuzeitlichen Mumienkunde. In: Slaska Republika Uczonych – Schlesische Gelehrtenrepublik – Slezská vedecká obec, Bd. 7, hg. von Marek Halub und Anna Manko-Matysiak. Dresden / Wroclaw 2016, S. 71–82.

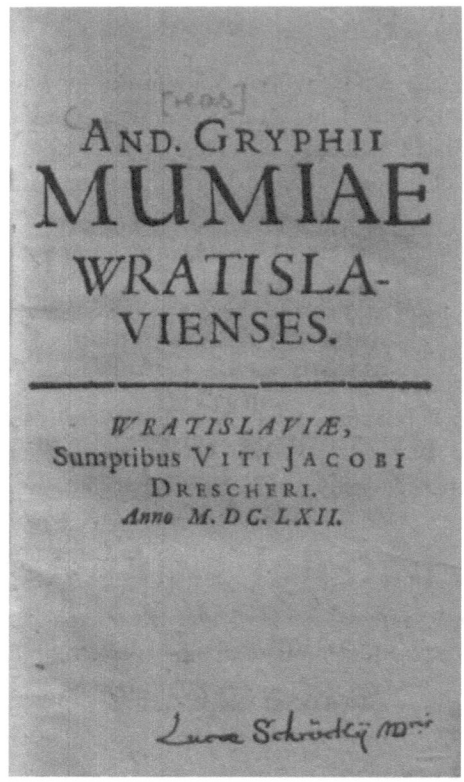

Abb. 18: Andreas Gryphius' *Mumiae Wratislavienses*, 1662, Titelkupfer.[56]

Der Mumientext ist insofern interessant, als die kritische und selbstbewusste Attitüde, die wir bei Gryphius als Leidener Student festgestellt haben, sich hier fortführt und konkrete Formen annimmt. Ich spreche vor allem von den letzten Seiten des Buches, in denen sich Gryphius mit der Ansicht auseinandersetzt, Mumien würden Stürme heraufbeschwören, wenn man versucht, sie per Schiff über das Meer zu transportieren.[57] Er hatte schon zu Beginn des Buches den Bericht von Fürst Nicolaus Christoph Radziwill zitiert, nachdem dieser versucht hatte, heimlich eine Mumie auf ein Schiff zur Überfahrt zu schmuggeln, dann das Schiff aber in Seenot geraten war; und erst als Radziwill

---

56 Bayerische Staatsbibliothek München, Signatur 037/Alt 260. urn:nbn:de:bvb:12-bsb11232974-0.
57 Mumiae Wratislavienses (Anm. 42), „Notae", S. 93 ff. Vgl. Karl H. Dannenfeldt: Egyptian Mumia. The Sixteenth Century Experience and Debate. In: The Sixteeth Century Journal 16 (1985), S. 163–180.

gestanden hatte, dass eine Mumie an Bord war und sie ins Meer geworfen wurde, legte sich der Sturm. Am Ende kommt er noch einmal auf das Thema zurück und nennt auch Jean Bodin, der im *Theatrum naturae* (und übrigens auch im *Colloquium heptaplomeres*) ganz ähnliches berichtet hatte.[58] Gryphius hingegen ist skeptisch gegenüber solchen Geschichten.[59]

Bemerkenswert ist seine Argumentation. Er deutet an, dass er sich schon länger mit solchen Fragen beschäftigt und sogar vorhat, darüber ausführlich zu publizieren. „In der Tat", sagt er, „ist es auch nicht abwegig, dass es Menschen gibt, die derartigen Schreckensgespenstern mehr als andere ausgesetzt sind. Ich hoffe (so Gott und das Schicksal es wollen), dem Leser zu diesem Thema bald in einer umfangreicheren Abhandlung Genüge zu tun."[60] Auch im Anhang zum *Leo Armenius*, der „Erklärung etlicher dunckeln Oerter", heißt es – noch nicht 1658, aber in der Ausgabe letzter Hand 1663:

> Was ferner vor Zeiten durch solche Opffer [nämlich Menschenopfer] gesuchet / wie auch was von dérogleichen Erscheinungen und Weissagungen zu halten / haben sich vil zu erklären bemühet: Unsere Meynung führen wir weitläufftiger aus in unserem Bedencken von den Geistern: welche wir mit ehestem / da Gott will / hervor zu geben gesonnen.[61]

In dieser Abhandlung, wenn sie denn zustande gekommen ist und veröffentlicht worden wäre, ging es also um die Existenz von Gespenstern und Geistern und um die Kulturgeschichte des Glaubens an sie. Wie stand Gryphius zu ihr, und welche Rolle spielte die Ägyptologie dabei? Sehen wir auf seine Argumente.

---

58 Mumiae Wratislavienses (Anm. 42), S. 108 ff. Vgl. Jean Bodin: Universae naturae theatrum. Lyon 1596, Lib. II, S. 172. Vgl. Christian Friedrich Garmann: De miraculis mortuorum. Dresden 1709, S. 1044 f., auch zu Gryphius. Zu Bodin vgl. Ralph Häfner: Die Geisterlehre Jean Bodins und der literarische Stil des Colloquium heptaplomeres. In: Bodinus polymeres. Neue Studien zu Jean Bodins Spätwerk. Hg. von Ralph Häfner. Wiesbaden 1999 (Wolfenbütteler Forschungen 87), S. 179–196; zum Theatrum vgl. Ann Blair: The Theater of Nature. Jean Bodin and Renaissance Science. Princeton 1997.
59 Katja Reetz: Andreas Gryphius' Mumiae Wratislavienses (Anm. 55). Vgl. auch Hania Siebenpfeiffer: „Malgré la mort, je vis encore". Mumien und Gespenster als Manifestationen des Unheimlichen im 17. Jahrhundert. In: Gespenster. Erscheinungen, Medien, Theorien. Hg. von Moritz Baßler u. a. Würzburg 2005, S. 105–126, hier S. 114. Vgl. weiter Jean B. Neveux: Andreas Gryphius et les momies. In: Etudes Germaniques 19 (1964), S. 451–462; Joachim Sliwa: Andreas Gryphius und die Breslauer Mumien. Ein Beitrag zur Kulturgeschichte Schlesiens im 17. Jahrhundert. In: Wolfenbütteler Barock-Nachrichten 30 (2003), S. 3–15.
60 Gryphius: Mumiae Wratislavienses (Anm. 42), S. 118 f.: „Nec enim vero absonum, dari mortales prae aliis, ejusmodi terriculamentis mage obnoxios. Qua de re, (si Deus ac fata) pleniore dissertatione lectori me satis facturum spero." Ich benutze hier und im Folgenden die Übersetzung von Katja Reetz.
61 Gryphius: Dramen (Anm. 48), S. 115.

„Wie gegenstandslos ist dagegen die Leichtgläubigkeit in unserer Zeit!", sagt Gryphius und erläutert wie folgt:

> Wie viele Verbrecher, die sich ungestraft gegen den Himmel verschworen haben, wie viele Mörder, durch welche Schandtat auch immer versündigt, haben die Meere wohl schon getragen! Wie vielen schließlich, obwohl sie doch Christen sind, sind menschliches und göttliches Recht, ja auch die Hölle zu nichts wert als Spott? Was soll ich über die Scharen von Piraten sagen, die von fremdem Schweiß leben und in Blut schwelgen? Schau schließlich die Scharen derer an, die das Gesetz und ein Richter den Rudern übergeben haben. Ich werde wohl richtig liegen, dass es nicht die Sittensamen und Unbescholtenen sind, die nicht einmal die Strafen für die Schandtaten von den Schandtaten abhalten. Ich sage nichts unbekanntes, wenigstens nicht für die, die einige Tage mit derlei Schiffen gereist sind.[62]

Dann kommt Gryphius auf den Versuch, die Mumienabscheu auf Schiffen anders zu erklären:

> Woher schließlich haben wir überall so viele Mumien, wenn die Meere den Käufern derselben Waren den Zugang verwehren? Nichtig ist deswegen doch dieser alte Aberglaube und, wenn mich nicht alles täuscht, daher entstanden, dass die Seeleute menschliche Leichname schon seit langem zurückweisen, und zwar aus der Notwendigkeit heraus. Wer nämlich würde unter Seekrankheit als Gefangener des Meeres, unter Nässe und Gestank der Schiffsjauche überdies die abscheulichen Gerüche eines Körpers ertragen, der sich in seine Elemente auflöst? Hinzu kam mit der Zeit der Aberglaube, dass man das dem Meer übergibt, was dem Wohl der Passagiere dient. Wer hat nicht gesehen, dass die Leichname von Fürsten und reicheren Leuten tagtäglich hierhin und dorthin zu Wasser transportiert werden? Mit Recht wohl würde ich den auslachen, der meint, dass der Körper eines einst vornehmeren Menschen in einer anderen Fäulnis zerfällt als der des Ruderknechts am Ruder oder des Bettlers an der Wegkreuzung. Wie wenige allerdings von denen, die die Meere durchfahren, erlebten niemals widrige Winde? Daher geschah es leicht, dass man dem Leichnam anlastete, was der Luft, die vom Sturm der tobenden Winde und Wirbel aufgewühlt wurde, zugeschrieben werden muss.[63]

---

62 Gryphius: Mumiae Wratislavienses (Anm. 42), S. 116: „At quam haec vana seculo nostro credulitas. Ec quot vexere maria impune coniuratas in coelum manus, quot impiatos quovis plagitio parricidas! Quot denique eorum, quibus DEUS, jus, fas, avernus; nauci, ludibrio, nihili. Quid agmina loquar piratarum, qui alieno vivunt sudore, luxuriant sanguine! Inspice denique turmas eorum, quos remis lex mancipavit atque praetor; censebimus ne morum integros ac vitae, quos ne flagitiorum quidem poenae, flagitiis absterrent. Haut ignota loquor, iis saltem qui navium ejuscemodi vectura paucos dies usi."

63 Ebd., S. 116–118: „Unde denique nobis tot ubique locorum mummiae, si aditum emptoribus earundem mercium maria non pandunt. Vana itaque haec Religio antiqua tamen, et nisi me omnia fallunt inde enata, quod cadaver humanum jam olim recusarunt Nautae, et quidem adacti necessitate. Quis etenim ferat inter nauseam marini carceris, inter ulignem foetoremque sententiarum insuper adominandos odores, corporis in sua se primordia solventis? Accessit dein temporum diurnitate superstitio creditumque aequori id dari: quod salubritati vectorum. Principum sane et opulentiorum funera, in dies huc illuc mari delata, quis non vidit. Ridendum vero jure censeam, qui credit alio putore fatiscere artus atque membra

Das ist eine ganze Kaskade von Gründen rationaler und empirischer Art, die sich leicht zu einer Geschichte des Aberglaubens anreichern könnten. Traditionell war die böse Wirkung von Mumien durch die Götterbilder, die Idole, erklärt worden, die in ihnen enthalten waren. Es ging also um scheinbare Wirkungen von Talismanen und Statuetten, ganz wie sie Pignoria in seinem Buch abgebildet hatte (Abb. 19).

Gryphius ist hier aber gnadenloser Empiriker. Hätte er im 18. Jahrhundert gelebt, würde man sagen, hier schreibe ein Aufklärer.[64] Dabei gibt es Vorläufer im empirischen Umgang mit Ägypten. Zu erinnern ist an Prospero Alpino, den großen Paduaner Botaniker, Zeitgenosse Pignorias, der 1591 sein Buch *De medicina Aegyptiorum* und 1592 die Studie *De plantis Aegypti* veröffentlicht hat.[65] Erstaunlicherweise besaß Gryphius diese Bücher nicht (soweit man das aus der Abwesenheit eines Eintrags im Bibliothekskatalog schließen kann); er zitiert auch nicht Alpinos *De balsamo dialogus,* der doch im Kontext der Mumieneinbalsamierung von Interesse gewesen wäre.[66] Alpino war jemand, der skeptisch der leichtgläubigen Ägyptenfaszination seiner Freunde gegenüberstand. Er glaubte nicht ohne Weiteres an uralte Weisheit und wunderhafte Geschichten, sondern befragte gegenwärtige ägyptische Ärzte nach ihren Techniken.[67] Ganz

---

hominis olim lautioris, ac remigis de scalmo; vel mendicabuli de trivio. Quotusquisque vero eorum qui maria sulcant; tempestates nunquam habuit adversas? Hinc facile factum, cadaveri ut imputarent, quod ascribendum aeri, fuentium ventorum turbinumque procella commoto." Konkret auf Radziwills Geschichte bezogen fährt Gryphius fort (ich zitiere hier nur die Übersetzung): „Wer möchte trotzdem an dem festhalten, was der berühmte Radziwill behauptet, dass die bösen Geister der Mumien erschienen seien und den Priester heftig geplagt hätten? Was, wenn (was denkbar ist für allzu verstimmte Schutzgeister) es geschehen ist, um diesen Aberglauben zu bestätigen? Was, wenn ein Diener Radziwills, beim ersten Anblick der Leichname in Ägypten von einem unbehaglichen Entsetzen ergriffen und im Glauben, dass er wegen der heimlich fortgeschafften Leichname dem Unglück ausgesetzt sei, Sühne suchend, es dem Priester unter der Beichte offenbarte? Sei es, dass der Verstand dieses Mannes, der, soweit aus der Erzählung hervorgeht, eher brav als weitsichtig war, durch den Eindruck, den tiefe Sorgen hinterlassen hatten, gequält wurde, sei es, dass jener ewige Feind unseres Menschengeschlechts ihn genarrt hat." Mumiae Wratislavienses (Anm. 42), S. 118.
64 Vgl. Martin Pott: Aufklärung und Aberglaube. Die deutsche Frühaufklärung im Spiegel ihrer Aberglaubenskritik. Tübingen 1992 (Studien zur deutschen Literatur 119).
65 Prospero Alpino: De medicina Aegyptiorum. Venedig 1591; ders.: De plantis Aegypti. Venedig 1592.
66 Prospero Alpino: De balsamo. Venedig 1592. Die Schrift ist zusammen mit De plantis Aegypti (Anm. 66) gedruckt worden.
67 Nancy Siraisi: Hermes Among the Physicians. In: Das Ende des Hermetismus (Anm. 8), S. 189–212.

Abb. 19: Gemmentafel in Pignorias *Vetutissimae Tabulae [...] Explicatio.*[68]

so hätte es auch Gryphius gehalten, wenn er die Chance gehabt hätte, Ägypten zu bereisen. Das seit seiner Jugend anhaltende ägyptologische Interesse hat ihn nicht dazu verführt, den alten Legenden anzuhängen. Im Gegenteil, es hat ihn nur um so kritischer ihnen gegenüber gemacht. Der Kauf des Pignoria-Buches war eine Etappe auf diesem Weg.

---

[68] Pignoria: Vetustissimae Tabulae (Anm. 1), nach fol. 43.

Franz Fromholzer
Verrückte Wahrheiten

Zur Diagnostik von Liebeswahn, Besessenheit und prophetischem Enthusiasmus bei Gryphius

> In Abydos soll ein geistig Verwirrter ins Theater gegangen sein und viele Tage geschaut haben, als ob gespielt würde, und auch Beifall geklatscht haben. Als er wieder zu Verstand kam, behauptete er, dies sei die angenehmste Zeit in seinem Leben gewesen.
>
> Aristoteles, *Mirabilia 31*

1 Der perturbierte Herrscher: Diagnosen – vor Descartes

Als der Habsburgerkaiser Rudolf II. zusehends von irrationalen Ängsten geplagt wurde, halluzinierte, vor Anwesenden psychisch zusammenbrach, geriet auch das Heilige Römische Reich in eine schwere Führungskrise. Tobsuchtsanfälle, Angriffe auf Menschen in seiner Umgebung sind ebenso überliefert wie melancholische Rückzugsphasen. In der Forschung werden sie heute teils als manische Depression, teils als Schizophrenie diagnostiziert.[1] Insbesondere dem päpstlichen Nuntius Giovanni Stefano Ferreri und seinem Bericht an den römischen Kardinal San Giorgio ist es zu verdanken, dass diese psychische Krankheit zeitgenössisch als Abfall vom katholischen Glauben gedeutet wurde, wenn nicht gar weit gravierender als teuflische Besessenheit. Nach Auslassungen über die Zauberkünste des Kaisers gibt Ferreri die Rede Rudolfs italienisch wieder: „Io mi conosco perso et morto et so certo che sono del diavolo; vo pensando che sarebbe meglio che io mi avelenasse da me per finirla."[2] Diplomatische Verstimmungen mögen diesen Bericht

---

[1] Vgl. Jaroslava Hausenblasová: Der Hof Kaiser Rudolfs II. Eine Edition der Hofstaatsverzeichnisse 1576–1612. Prag 2002 (Fontes Historiae Artium 9), S. 23.
[2] Nuntiaturberichte aus Deutschland. Siebzehntes Jahrhundert nebst ergänzenden Aktenstücken. Die Prager Nuntiatur des Giovanni Stefano Ferreri und die Wiener Nuntiatur des Giacomo Serra (1603–1606). Bearbeitet von Arnold Oskar Meyer. Berlin 1911, S. 333. Vgl. hierzu Natalia Neverova: The Emperor and Diplomatic Relations. Rudolph II through the Eyes of Foreign Ambassadors. In: The Image and Perception of Monarchy in Medieval and Early Modern Europe. Hg. von Sean McGlynn und Elena Woodacre. Cambridge 2014, S. 131–147, insbesondere S. 135–139.

mitmotiviert haben.³ Der Hofkammerpräsident Unverzagt jedenfalls hatte schon Jahre zuvor eine solche Diagnose der krankhaften Verhaltensweisen des Kaisers unternommen und berichtet an Erzherzog Ferdinand von Steiermark detailliert, wie sehr der Kaiser vor Kruzifixen und Kreuzzeichen zurückschrecke und beim Gottesdienst wegen vielfacher Anfechtungen kaum die Haltung bewahren könne.⁴ Die Frömmigkeit des Herrschers war schon seit Längerem bezweifelt worden. Der Hof Rudolfs II. hatte als Zentrum des Späthumanismus zahlreiche Gelehrte angezogen, die nicht im Ruf der Rechtgläubigkeit standen. Ihnen wurde Einfluss auf den von Neuplatonismus, Pansophie und Alchemie faszinierten Kaiser nachgesagt: Die Astronomen Johannes Kepler und Tycho Brahe, die Botaniker Carolus Clusius und Pierandrea Matthioli oder auch der Bibliothekar Hugo Blotius seien hier nur als einige prominente Figuren im Umkreis Rudolfs genannt.⁵ Weitere Gelehrte ließen durch ihre Anwesenheit in Prag an Rudolfs Gottesfurcht zweifeln. Die englischen Alchemisten John Dee und Edward Kelly offenbarten als Medien Gottes die polnische Königsnachfolge und forderten den Kaiser auf, sich ihren göttlichen Anweisungen zu unterwerfen (ohne Erfolg).⁶ Der Wittenberger Anatomie-Professor Johannes Jessenius veranstaltete im Jahr 1600 eine für Aufsehen sorgende, fünftägige öffentliche Leichensektion, die erste überhaupt an der Karlsuniversität, ein Tabubruch. Jessenius dokumentierte diesen in der Wittenberger Schrift *Anatomia pragensis* von 1601.⁷ Die Krise im Haus Habsburg, die durch die Kinderlosigkeit des Herrschers einen Konflikt um die Thronfolge initiierte, erreichte in jenem Jahr 1600 ihren ersten Höhepunkt. Der Streit um die Nachfolgeregelung und die Krankheit des Kaisers lassen sich als „kommunizierende Röhren"⁸ beschreiben, der ‚Bruderzwist' bahnte sich an. Gerade der Kreis um Rudolfs Bruder Matthias

---

3 Bevorzugte Rudolph protestantische Gesandte gegenüber den päpstlichen Diplomaten (wie heutige Historiker vermuten)? Vgl. Walther Pohl, Karl Vocelka: Die Habsburger. Eine europäische Familiengeschichte. Hg. von Brigitta Vacha. Graz 1999, S. 174.
4 Vgl. Gertrude von Schwarzenfeld: Rudolf II. Ein deutscher Kaiser am Vorabend des Dreißigjährigen Krieges. 2. Auflage. München 1979, S. 148 f.
5 Vgl. etwa Nicolette Mout: The Court of Rudolf II and Humanist Culture. In: Rudolf II and Prague. The Court and the City. Hg. von Eliška Fučková u. a. Prag 1997, S. 220–222, hier S. 221.
6 Vgl. hierzu instruktiv Joachim Telle: John Dee in Prag. Spuren eines elisabethanischen Magus in der deutschen Literatur. In: Konzepte des Hermetismus in der Literatur der Frühen Neuzeit. Hg. von Peter-André Alt und Volkhard Wels. Göttingen 2010 (Berliner Mittelalter- und Frühneuzeitforschung 8), S. 259–295.
7 György E. Szönyi: Scientific and Magical Humanism at the Court of Rudolf II. In: Rudolf II and Prague. The Court and the City. Hg. von Eliška Fučková u. a. Prag 1997, S. 223–230.
8 Hausenblasová (Anm. 1), S. 25.

habe den Kaiser als „regierungsunfähigen Psychopathen"[9] darzustellen versucht, so der Historiker Karl Vocelka.

Diese komplexe Gemengelage aus naturwissenschaftlichem Forscherdrang, konfessioneller Rechtgläubigkeit und konkretem Machtinteresse am Prager Hof ist besonders aufschlussreich dafür, wie an der Schwelle zum siebzehnten Jahrhundert psychische Erkrankungen beschrieben, therapiert, aber natürlich auch propagandistisch instrumentalisiert wurden. In der Krise des Jahres 1600 trafen sich in Schottwien die Brüder Rudolfs, um einer etwaigen Erklärung der Regierungsunfähigkeit zuvorzukommen und Maßnahmen einzuleiten. In einem Schriftstück *Kurzer Discurs, wie der R. ksl. M^t. in ihrem izigen anliegen vor ihre person und sonsten zu helfen sein möchte*,[10] das unsigniert bleiben sollte, wurden die Beobachtungen und Ratschläge der Geheimen Räte in Prag aus dem Umfeld Rudolfs festgehalten.[11] Bemerkenswert ist, dass

> melancolische schwere perturbationes I. M^t herz allgemach ausnagen und im haubt grosse blödigkeit, schwindel und fluess dergestalt erwecken und inwendig kurzer zeit den tod verursachen werden, inmassen man schwerlich bei beharrung dieser beschwerung glauben kann, das I. M^t über ein viertel jahr leben mögen.[12]

Unter Konsultation ärztlicher Expertise wurden im *Discurs* bezeichnende Schlüsse gezogen: Dem Kaiser verordnete man einerseits eine medizinische Kur – dies hieß Aderlässe, Kräuterwein und eine spezielle, mäßige Ernährung. Zwar sei der Kaiser durchaus „von geistern etwas angefochten",[13] jedoch könne durch die richtige medizinische Behandlung der melancholische Humor, in dem die Geister ihre Wohnung hätten, abgeschafft werden. Medizinische Diagnosen standen unter dem Vorzeichen humoralpneumatischer Theoreme noch bis Mitte des siebzehnten Jahrhunderts in der Tradition Galens,[14] der metaphorisch von einer rußenden Öllampe gesprochen hatte: Die Lebensgeister würden im Gehirn vom Rauch erhitzter Säfte verdunkelt und so sei auch der Verstand

---

9 Karl Vocelka: Rudolf II. und seine Zeit. Wien 1985, S. 10.
10 Abgedruckte Auszüge des *Discurs* in: Felix Stieve: Die Verhandlungen über die Nachfolge Kaiser Rudolfs II. in den Jahren 1581–1602. München 1880 (Historische Klasse 15,1), S. 137–140.
11 Vgl. hierzu insbesondere H. C. Erik Midelfort: Verrückte Hoheit. Wahn und Kummer in deutschen Herrscherhäusern. Aus dem Amerikanischen von Peter E. Maier. Stuttgart 1996, S. 182–187.
12 Stieve (Anm. 10), S. 137.
13 Ebd.
14 Vgl. hierzu insbesondere Michael Kutzer: Anatomie des Wahnsinns. Geisteskrankheit im medizinischen Denken der frühen Neuzeit und die Anfänge der pathologischen Anatomie. Hürtgenwald 1998 (Schriften zur Wissenschaftsgeschichte 16), S. 113–119.

getrübt.¹⁵ Zwischen medizinischer Diagnose und Geisterbesessenheit besteht allerdings kein Widerspruch. „Es zeigt sich, dass zwischen religiösen und dämonologischen Vorstellungen einerseits und empirisch-rationalen Theorien der Medizin andererseits in vormodernen Zeiten kein klarer Trennungsstrich gezogen werden kann."¹⁶ Medizingeschichtlich gilt dies nicht allein für Mittelalter und Frühe Neuzeit, bereits in der Antike konkurrierten „mythisch-tragische und medizinisch-psychologische Ausdeutungen des Wahnsinns",¹⁷ so dass eine Vielzahl an kulturellen Deutungsmustern den Autoren zur Verfügung standen.

Mit anderen Worten: Rudolfs Krankheit beruhte den Räten zufolge in erster Linie auf körperlichen Gebrechen, die dämonische Besessenheit auch nur in begrenztem Ausmaß zuließ. Den vom Ordensgeneral der Kapuziner, Laurentius von Brindisi, angebotenen Exorzismus lehnte der Kaiser ab.¹⁸ Doch damit nicht genug: Von den Räten wurde des Weiteren empfohlen, den Kaiser zum Abklingen der *perturbationes*¹⁹ von bösen Leuten, die nur böse Gedanken einflößten, fernzuhalten.²⁰ Die psychische Erkrankung hat damit auch eine soziale Ursache, die im Umfeld des Kaisers auszumachen ist. Die Relativierung, der Kaiser sei „etwas besessen", könnte auch, so die Schlussfolgerung, auf eine Hexe zurückzuführen sein. Hier sollten in der Folge verdächtige Frauen im Hofstaat ins Verhör genommen werden. Und nicht zuletzt: Der Beichtvater Rudolfs fordert zur Abhilfe gegen die *perturbationes* Gebet, Beichte, Kommunion und Konsolation durch vornehme Theologen. Sollte Rudolf nicht von den *perturbationes* geheilt werden, so der Beichtvater, drohten allerdings Revolution und Zerfall des Reichs. Denn: Ein „geschrei, so von I. Mᵗ und dero hauptblödigkeit (aber Gott

---

15 Vgl. Burkhart Brückner: Delirium und Wahn. Geschichte, Selbstzeugnisse und Theorien von der Antike bis 1900. Bd. 1: Vom Altertum bis zur Aufklärung. Hürtgenwald 2007 (Schriften zur Wissenschaftsgeschichte 22), S. 279.
16 Heinz Schott, Rainer Tölle: Geschichte der Psychiatrie. Krankheitslehren. Irrwege. Behandlungsformen. München 2006, S. 26.
17 Dirk Matejovksi: Das Motiv des Wahnsinns in der mittelalterlichen Dichtung. Frankfurt am Main 1995, S. 23.
18 Vgl. von Schwarzenfeld (Anm. 4), S. 148.
19 Der von den Ärzten und Räten verwendete Fachbegriff, der die psychische Krankheit des Kaisers als Verwirrung der Seele beschreibt, lässt sich auf die stoische Affektenlehre vor allem Ciceros zurückführen. Da es sich über die Diagnose bei Rudolph hinaus bis hin zum hier interessierenden Andreas Gryphius um einen etablierten zeitgenössischen Fachbegriff handelt, soll dieser im vorliegenden Beitrag als sprachlicher Ausgangspunkt der Diagnosen dienen. Vgl. instruktiv zum Begriff Karl Bormann: Zur stoischen Affektenlehre. In: Pathos, Affekt, Gefühl. Hg. von Ingrid Cramer-Ruegenberg. Freiburg im Breisgau, München 1981, S. 79–102, insbesondere S. 92–99.
20 Vgl. Stieve (Anm. 10), S. 137.

lob falscher weise) durch ganz Teutschland ausgeschollen ist"[21] bereitet den auf Verschwiegenheit bedachten *Discurs*-Verfassern große Sorgen. Es ist erstaunlich, mit welcher Vielfalt an medizinischen, religiösen und sozialen Praktiken der *Discurs* auf die Erkrankung des Kaisers zu reagieren suchte, um einer öffentlichen Diskreditierung zuvorzukommen.

Der Aspekt einer Diskreditierung von Personen mittels Wahnsinnsdiagnose, durchaus nicht nur im politischen und konfessionellen, sondern auch im ethischen Sinn, begegnet auch bei Andreas Gryphius. Es sind die Gegenspieler der Märtyrer und Glaubensheroinen in seinen Trauerspielen, die einer *perturbatio animi* verfallen. Doch wie im Falle Rudolfs II. können für psychische Erkrankungen bei Gryphius ebenfalls unterschiedliche Diagnose- und Deutungsverfahren herangezogen werden, die auf komplexe Weise ineinander verflochten sind: Theologische, medizinische, juristische und letztlich auch rhetorische und ästhetische Erwägungen lassen sich rekonstruieren. Im Zeitalter vor Descartes stellte es keine Seltenheit dar, dass Mediziner und Theologen wechselweise auf die Expertise der anderen verwiesen, sollten die eigenen Heilmethoden scheitern. Bei Descartes finden die Affekte eine deutliche Aufwertung und sind vor allem allein auf den Körper bezogen, wobei jedoch die Seele aus dem Körper lernen könne. In diesem Sinne sind alle Affekte von Natur aus als gut zu betrachten.[22]

Im Neustoizismus galt es hingegen, emotionale Erregung zu vermeiden: „Zielt der Neustoizismus entschieden auf die Vermeidung jener Seelenstörungen (*perturbationes animi*, die aus dem Spiel der Affekte resultieren (die *perturbatio* bildet den höchsten Grad der Affekterregung), so strebt er damit zugleich eine umfassende Beherrschung des Körpers an."[23] Der Affekt reizt in diesem Sinne auch die Vorstellungskraft und setzt so die Regeln des Verstandes außer Kraft, die „psychische Erkrankung ist eine nach Ätiologie und Grundverfassung primär affektive Störung".[24] Entgegen einer Annahme, der Neustoizismus eines Lipsius stelle den dominierenden Blick auf die Affektenlehre des siebzehnten Jahrhunderts dar, soll hierzu vorab aber auch auf die positive Bedeutung von

---

21 Vgl. ebd., S. 138.
22 Vgl. hierzu Lutz Danneberg: Die Anatomie des Text-Körpers und Natur-Körpers. Das Lesen im liber naturalis und supernaturalis. Berlin, New York 2003 (Säkularisierung in den Wissenschaften seit der frühen Neuzeit 3), S. 37.
23 Peter-André Alt: Der fragile Leib. Körperbilder in der deutschen Literatur der Frühen Neuzeit. In: Von der Schönheit zerbrechender Ordnungen. Körper, Politik und Geschlecht in der Literatur des 17. Jahrhunderts. Hg. von dems. Göttingen 2007, S. 31–58, hier S. 42.
24 Wolfram Schmitt: Die Darstellung der Geisteskrankheit in der Barockliteratur. In: Heilkunde und Krankheitserfahrung in der frühen Neuzeit. Studien am Grenzrain von Literaturgeschichte und Medizingeschichte. Hg. von Udo Benzenhöfer und Wilhelm Kühlmann. Tübingen 1992 (Frühe Neuzeit 10), S. 270–282, hier S. 273.

Emotionalität in der protestantischen Tradition verwiesen werden: „Luther loved the psalms for their sincerity and naked emotionality."[25] Auch die paulinischen Briefe vermittelten ein positives Leitbild gläubiger Leidenschaftlichkeit. Melanchthons Seelenlehre unterteilte in *De anima* die Affekte in gute und schlechte Leidenschaften, die stoische Ethik wurde einer vehementen Kritik unterzogen.[26] Generell ist bei Luther und Melanchthon eine „Kritik der Marginalisierung der Affekte in der Ethik"[27] zu veranschlagen.

Darüber hinaus ist für diesen historischen Kontext Foucaults wirkungsmächtige These aus *Wahnsinn und Gesellschaft* kurz in Erinnerung zu rufen: Das Mittelalter erscheint bei Foucault fast idealisiert: Die Narren sind unter uns, psychisch Kranke in der Gesellschaft anzutreffen.[28] In der Mitte des siebzehnten Jahrhunderts setze hingegen in Frankreich eine absolutistische Sozialpolitik ein, die unter dem Vorzeichen aufgeklärter Vernunft Arme, Vagabunden, aber eben auch Blinde oder psychisch Kranke interniert, von der Gesellschaft trennt, diszipliniert und bestraft. Für Foucault sind es dabei die „geheiligten Kräfte der Arbeit", die zu einer moralischen Verurteilung des Wahnsinns führen:

> Bis zur Renaissance war die Sensibilität für den Wahnsinn mit der Gegenwart imaginärer Transzendenzen verbunden. Von der französischen Klassik an – und erstmals – wird der Wahnsinn durch eine ethische Verurteilung des Müßiganges und in einer sozialen Immanenz, die durch die Gemeinsamkeit der Arbeit garantiert ist, perzipiert. Diese Gemeinsamkeit der Arbeit erringt eine ethische Kraft der Trennung, die ihr ermöglicht, alle Formen sozialer Nutzlosigkeit wie in eine andere Welt zurückzuwerfen.[29]

---

25 Richard Strier: Against the Rule of Reason. Praise of Passion from Petrarch to Luther to Shakespeare to Herbert. In: Reading the Early Modern Passions. Essays in the Cultural History of Emotion. Hg. von Gail Kern Paster, Katherine Rowe und Mary Floyd-Wilson. Philadelphia 2004, S. 23–42, hier S. 31.
26 Vgl. Erwin Rotermund: Der Affekt als literarischer Gegenstand. Zur Theorie und Darstellung der Passiones im 17. Jahrhundert. In: Die nicht mehr schönen Künste. Grenzphänomene des Ästhetischen. Hg. von Hans Robert Jauß. München 1968 (Poetik und Hermeneutik 3), S. 239–269, hier S. 243 f.
27 Bernd Wannenwetsch: Affekt und Gebot. Zur ethischen Bedeutung der Leidenschaften im Licht der Theologie Luthers und Melanchthons. In: Passion, Affekt und Leidenschaft in der Frühen Neuzeit. Bd. 1. Hg. von Johann Anselm Steiger. Wiesbaden 2005 (Wolfenbütteler Arbeiten zur Barockforschung 43), S. 203–215, hier S. 206.
28 „Eine dominierende Einstellung im Umgang mit Geisteskranken scheint eine Art nüchterner Sozialpragmatismus gewesen zu sein, der sich primär um den kostenminimalisierten Erhalt der öffentlichen Ordnung und Sicherheit sorgte." Matejovski (Anm. 17), S. 75.
29 Michel Foucault: Wahnsinn und Gesellschaft. Eine Geschichte des Wahns im Zeitalter der Vernunft. Frankfurt am Main 2007, S. 92.

Werk und Wirken von Andreas Gryphius sollten nach dieser Foucaultschen These also in eine Übergangszeit fallen, die in einem wohl als telelogisch zu bezeichnenden Modell bereits eine beginnende Segregation und Disziplinierung der psychisch Kranken erkennen lasse. Breslau zählte in der Tat zu den ersten Städten im Reich, die ein Zucht-, Korrektions- oder Arbeitshaus errichteten – ein „Armen- und Zuchthaus", das im Jahr 1668, vier Jahre nach dem Tod von Gryphius, eröffnet wurde.[30]

Der vorliegende Beitrag fokussiert allerdings keine potentiellen Kandidaten für Arbeits- und Zuchthäuser, sondern die gesellschaftliche und politische Spitze des Staatswesens, die Fürsten. Psychische Erkrankungen bei regierenden Herrschern in der Frühen Neuzeit stellten keinesfalls eine Seltenheit dar. Wie die Krise des Habsburgerreichs in Böhmen vor Ausbruch des Dreißigjährigen Krieges zeigt, sind psychisch kranke Fürsten sogar im Zentrum des Konflikts an entscheidenden Schaltstellen anzutreffen. Dies sei an einem weiteren Beispiel verdeutlicht, um den Blick auf die psychischen Leiden der Gryphschen Trauerspielfiguren noch zu schärfen. Bei einem Zeitgenossen Rudolfs II., Herzog Albrecht Friedrich von Preußen, legten die behandelnden Ärzte ein Schlussgutachten unter dem Titel *Medicorum rationes, car dux Prussiae curari non possit* vor – Gründe der Ärzte also, warum der preußische Herzog nicht zu heilen sei.[31] Dort diagnostizieren die Mediziner, dass Albrecht Friedrich Calvinisten in seinem Reich gewähren habe lassen, der Vater seiner Frau Marie Eleonore zum Katholizismus übertrat, Albrecht Friedrich Gebete nicht in nötiger Demut sprechen würde. Aus diesen Gründen sei es folglich den Ärzten unmöglich, ein geeignetes Heilverfahren für den Herzog zu finden. Albrecht Friedrich, so das Fazit, sei der Sünde verfallen, eine Therapie könne nur mit Gott beginnen, letztlich sei Christus hier der rechtmäßige und allein heilende Medicus.[32] Carlos Watzka spricht aus diesem Grund von „‚klerikaler Medizin', die gerade für den Umgang mit psychisch Kranken von beachtlicher Bedeutung war".[33] Hätte der gläubige Protestant Andreas Gryphius Jahrzehnte später eine solche

---

30 Vgl. Klaus Dörner: Bürger und Irre. Zur Sozialgeschichte und Wissenschaftssoziologie der Psychiatrie. 2. Auflage. Frankfurt am Main 1999, S. 20 f.; Gustav Roland: Vollständige Topographie Breslaus nach den besten Quellen bearbeitet. Breslau 1840, S. 101 f.
31 Zu diesen Ausführungen vgl. Midelfort (Anm. 11), S. 105–131.
32 Zentral zu diesem Aspekt Johann Anselm Steiger: Medizinische Theologie. Christus medicus und theologia medicinalis bei Martin Luther und im Luthertum der Barockzeit. Boston, Leiden 2005 (Studies in the History of Christian Traditions 121).
33 Carlos Watzka: Vom Hospital zum Krankenhaus. Zum Umgang mit psychisch und somatisch Kranken im frühneuzeitlichen Europa. Köln u. a. 2005 (Menschen und Kulturen 1), S. 42 f.

Diagnose und Argumentation abgelehnt, letztendlich die Medizin gar gleichberechtigt neben die Theologie als heilende Wissenschaft gestellt?

2 Liebeswahnsinn

Der letzte Auftritt von Chach Abas in *Catharina von Georgien*, „eine epilogartige Wahnrede",[34] gehört zu den anschaulichen Beispielen, wie Gryphius unter dem Vorzeichen eines schuldigen Tyrannen die *perturbatio animi* inszeniert. Abas erkennt im Tod Catharinas vor allem sein Scheitern als Liebhaber. Der enttäuschte Verehrer als Liebeswahnsinniger findet sich nicht nur in Ariosts *Orlando furioso*, er findet sich auch im zeitgenössischen Schelmenroman – etwa in Beers *Jucundi Jucundissimi* („die Lieb hat ihn dergestalt perturbiert und ihm das Gehirn verrückt, daß er alle Katzen für Damen und Jungfrauen hält"[35]). Die populäre Begegnung mit Geisteskrankheit „innerhalb von Strukturen der Komödie",[36] der Dialog von Gesunden mit Kranken zur Belustigung, ist Gryphius' Trauerspiel – trotz der Grausamkeit des Tyrannen – dennoch eingeschrieben. Die stoische Philosophie (bei Cicero und Seneca, aber auch bei Laktanz) sieht in der Veranschaulichung der Lächerlichkeit von Affektraserei ja ein wesentliches Therapeutikum, von eben dieser geheilt zu werden.[37] Die *perturbationes* des persischen Herrschers im letzten Auftritt lassen sich zweifelsohne in diesen Kontext einordnen. Das geschaute Gespenst ist der therapeutischen Komisierung von Abas keineswegs abträglich. „[E]itel Phantasy"[38] oder göttliche Offenbarung, die Erscheinung Catharinas verbleibt mindestens ambivalent. Der französische Arzt Jacques Ferrand etwa hatte in seiner mehrfach aufgelegten *La maladie d'amour ou mélancolie érotique* (erstmals 1612) den Pulsschlag von Patienten beim Anblick junger Frauen untersucht und Traumgesichte, die geliebte Person zu besitzen, bei seinen Liebeskranken mit melancholischen Zuständen durch schwarze Dämpfe im Gehirn in Verbindung gebracht.[39] Abas' ‚Phantasy' in Gryphius' Trauerspiel widerspricht empirischen Beobachtungen der Fachmedizin seiner Zeit keineswegs, die drastische Selbstaffektation des Tyrannen unterstützt vielmehr

---

34 Nicola Kaminski: Andreas Gryphius. Stuttgart 1998, S. 105.
35 Zitat nach Wolfram Schmitt (Anm. 24), S. 275.
36 Ebd., S. 282.
37 Vgl. Bormann (Anm. 19), S. 99 f.
38 Andreas Gryphius: Catharina von Georgien. In: ders.: Dramen. Hg. von Eberhard Mannack. Frankfurt am Main 1991 (Bibliothek der frühen Neuzeit 15), S. 117–226, hier S. 222.
39 Vgl. Werner Leibbrand, Annemarie Wettley: Der Wahnsinn. Geschichte der abendländischen Psychopathologie. Freiburg im Breisgau, München 1961 (Orbis Academicus 2/12), S. 241.

die Krankheitssymptome („Wie schrecklich hängt die abgezwickte Brust!"[40]), die einer humoralen Erklärung zugeführt werden kann. Im Fall des Fürsten, der als Liebeswahnsinniger endet, ist ein konsolatorisches Moment für die niederen Stände enthalten.[41] Der Wahnsinn des Chach Abas macht hier insbesondere auch die Fallhöhe kenntlich.

Darüber hinaus ist es bezeichnend, dass Abas in seinem finalen rhetorischen Rasen der bereits toten geliebten Herrscherin als Dialogpartnerin gegenübersteht, und somit ein theatraler Ausblick auf das Jenseits gegeben wird. Stoizistische Affektkontrolle ist folglich bei Gryphius am Jenseits orientiert und nicht an irdischer Weltklugheit: Das Trauerspiel ist „als Heilmittel gegen die neostoisch grundierte Wahnvorstellung, die ‚ratio politica' könne das Leid der Welt lindern und damit die christliche Weltunsicherheit verringern",[42] konzipiert. Der letzte Auftritt des Herrschers ist mithin auch eine dezidierte Absage an eine beunruhigend machtfixierte politische Klugheit und damit eine Relativierung der absolutistischen Allmachtsphantasien.

In diesem fortschreitenden Monolog erkennt Abas in Catharina das personifizierte rechte Recht, das aus den Wolkenfesten auf die Erde scheint, ihn verurteilt und den weiblichen Körper Catharinas verklärt. Diese Vision rückt den Wahnsinnigen in die Nähe des Propheten, dem es möglich ist, ins Jenseits zu blicken. Der Wahnsinn selbst wird nun unweigerlich mit dem Schuldgefühl verbunden. Aus dieser Position heraus begreift Abas seinen vorherigen Eifer und die wahrhaften Gründe seiner Liebestollheit: Es waren die Scharen der Hölle, von denen er besessen gewesen sei. Eine dämonologische Deutung des Verhaltens steht damit im Raum.

Anstelle eines Exorzismus ist Abas' Monolog aber durch das christliche Bußschema strukturiert. Es vollzieht sich eine *conversio* des Herrschers. Als Catharinas Geist als wiederhergestellter Körper auf der Bühne erscheint, hat sich Abas in einen reuevollen Sünder verwandelt: Er kniet vor Catharina: „Vergib dem welcher seine Rew mit ewig-bitterm Kummer zeiget!",[43] so Abas. Bereits zuvor war das Sündenbekenntnis gegenüber Catharina erfolgt. Bußtheologisch sind mit *confessio* und *contritio* damit aus protestantischer Sicht die wichtigsten

---

[40] Gryphius (Anm. 38), S. 220 (V. 377).
[41] Vgl. hierzu mit Bezug auf *Papinian* Cora Dietl: Das frühe deutsche Drama. Von den Anfängen bis zum Barock. Helsinki 1998, S. 177.
[42] Peter Burschel: Sterben und Unsterblichkeit. Zur Kultur des Martyriums in der frühen Neuzeit. München 2004 (Ancien Régime. Aufklärung und Revolution 35), S. 112 f.
[43] Gryphius (Anm. 38), S. 222 (V.430).

Voraussetzungen einer *conversio* erbracht.⁴⁴ Die Liebesreue von Abas hingegen kann nicht als ein Leiden gedeutet werden, das ihn auf das Wort Gottes und eine Sündenvergebung hin orientiert. Die schmerzhafte Reue ist vielmehr göttliches Gesetz, der Affekt Ausdruck einer *sententia damnationis*. Die Faszination am Wahnsinn hat theaterpraktische Konsequenzen, der *furor amoris*, „eine überaus beliebte Modediagnose",⁴⁵ wird zur Vermittlung theologischer Lehrinhalte funktionalisiert. „Recht so! Princessin! recht!"⁴⁶ eifert Abas und wünscht sich selbst als Opfer am Altar darzubringen. Hier zeigt sich eine rhetorische Selbstaffektation des Herrschers. So forderte Abas auch von seiner noch abwesenden Gesprächspartnerin: „entzünde diß Gemütte/ Mit immer-neuer Rew und Schmertzen!"⁴⁷ Die Affekte treiben den Wahnsinnigen zu immer weiteren Affektausbrüchen, sein Gefühlszustand gerät immer mehr außer Kontrolle, bis er schließlich ein Gespenst der Ermordeten halluziniert.

Die artikulierten Selbstvernichtungs- und Selbsttötungswünsche verweisen jedoch auch auf die affektive, körperliche Komponente einer Herrschaft des übernatürlichen, göttlichen Rechts. Oliver Bach hat zu Recht daraufhin gewiesen, dass göttliches Recht und göttliche Strafe folglich in das politische Kalkül des Herrschers einzubeziehen seien.⁴⁸ Göttliche Rechtsordnung und Bestrafung im *forum internum* des Gewissens sind in der *perturbatio animi* als identisch zu erkennen.

Am Ende zeigt sich Abas wieder als Liebhaber Catharinas, nicht als Tyrann, nicht als Heide. Die *conversio* zum bußfertigen Rechtsanbeter ist nur bedingt gelungen. Abas trägt, dies ist hier besonders bemerkenswert, die Konstitution zur Liebesbereitschaft weiterhin in sich. Es kann gefolgert werden: Die geradezu dämonische Liebesleidenschaft des Herrschers, die Catharina in den Tod trieb, ist auch weiterhin körperlich zu diagnostizieren. Die Affektrasereien des Tyrannen – Ängste, Liebestaumel, körperlicher Schwindel, Halluzinationen, Visionen, sadomasochistische Unterwerfungswünsche, wie man aus heutiger Sicht urteilen würde – zeigen eine *persona* auf, die sich gleichsam multipliziert und damit auch verschiedene Deutungszugänge eröffnet.

Ansätze, die im siebzehnten Jahrhundert die Bühnenpremiere der Hysterikerin der klassischen Moderne zu entdecken suchen, sollten nicht verkennen, dass

---

44 Vgl. Laurentius Klein: Evangelisch-lutherische Beichte. Paderborn 1961 (Konfessionskundliche und kontroverstheologische Studien 5), S. 28 f.
45 Brückner (Anm. 15), S. 285.
46 Gryphius (Anm. 38), S. 222 (V. 441).
47 Ebd., S. 219 (V. 354 f.).
48 Vgl. Oliver Bach: Zwischen Heilsgeschichte und säkularer Jurisprudenz. Politische Theologie in den Trauerspielen des Andreas Gryphius. Berlin, New York 2014 (Frühe Neuzeit 188), S. 460–463.

Gryphius Affektrasereien damit als spezifisch männliche Disposition in den Blick nimmt.[49] Die „Botschaft von der instabilen Physis des Menschen",[50] die Peter-André Alt bei Gryphius hervorgekehrt hat, verkündet vor allem der männliche Herrscher. Bei Chach Abas gruppiert Gryphius um den Liebeswahnsinn die Offenbarung einer göttlichen Rechtsordnung und das christliche Schema von *confessio* und *contritio*. Somit befindet sich der persische Herrscher im Zustand seiner höchsten Erregung auch im Zustand seiner größten theologischen und juristischen Erkenntnismöglichkeiten. „Eine visionär untermauerte Glaubenserfahrung unterscheidet sich hinsichtlich ihres Wahrheitsgehaltes von einem deliranten Glaubenserlebnis nur durch die Glaubwürdigkeit des Verkünders."[51] Als Glaubwürdigkeit suggerierender äußerer Rahmen dieser weitreichenden Visionen fungiert dabei das zerrissene Herz des leidenschaftlichen Liebhabers („Als daß Wir / Feindin / dich auch Todt stets müssen liben"[52]). Die Physis des Herrschers, die dem Naturrecht und den Naturgesetzen unterworfen ist, beglaubigt letztlich seine Liebe.

3 Pathogenese des Staates

Das von Andreas Gryphius 1659 in Druck gegebene Trauerspiel *Großmüttiger Rechts-Gelehrter Oder Sterbender Aemilius Paulus Papinianus* behandelt den Konflikt des Rechtsexperten Papinian mit Kaiser Bassian. In diesem Kontext ist von besonderem Interesse, dass Bassian keineswegs von Anfang an als Tyrann zu disqualifizieren ist. Vielmehr kann der Zuschauer die Entwicklung hin zu einem rechtverachtenden Herrscher auf der Bühne nachverfolgen, der zusehends auch mit psychischen Problemen zu kämpfen hat. Eine Krankengeschichte wird vorgelegt.

Bassian lässt seinen Bruder Geta ermorden, um die Herrschaft über das römische Reich allein auszuüben. Mit dem Brudermord ist gemäß der Augustinischen Theologie die Gründung irdischer Herrschaft schlechthin angesprochen: Kain und Abel, Romulus und Remus, der Brudermord etabliert die *civitas terrena*, den irdischen Staat, der nicht mit dem Gottesstaat, der *Civitas Dei*, in Einklang gebracht werden kann:

> Der erste Gründer des irdischen Staates also war ein Brudermörder, denn er tötete, von Neid übermannt, seinen Bruder, der als Bürger des ewigen Staates auf dieser Erde ein

---

49 Vgl. Bernhard F. Loges: Heiliger Wahnsinn auf der Bühne. Die Figur der Hysterika in der Belcanto-Oper. München 2010 (aesthetica theatralia 8), S. 33–35.
50 Alt (Anm. 23), S. 37.
51 Brückner (Anm. 15), S. 400.
52 Gryphius (Anm. 38), S. 222 (V. 447).

Fremdling war. So ist es kein Wunder, daß lange hernach bei Gründung der Stadt, die das Haupt des irdischen Staates, von dem wir reden, werden und über so viele Völker herrschen sollte, diesem ersten Vorbild und Archetyp, wie die Griechen es nennen, das Abbild in seiner Art entsprach.[53]

In der politischen Philosophie Machiavellis steht der Brudermord wiederum an zentraler Stelle, worauf Friedrich Vollhardt hinweist: „Selbst der Brudermord ist ein legitimes Mittel, um die Souveränität des Regenten zu begründen und damit die Voraussetzungen zu schaffen, daß mit politischer Klugheit gehandelt werden kann."[54] Die Gründe für das immer mörderischere Treiben sind bei Gryphius einerseits einer fatalen Machtdynamik zuzuschreiben. Darüber hinaus vertraut die Dramenkonzeption jedoch einer überirdisch verankerten gerechten Ordnung von Natur und Welt. Dieser göttliche *ordo* wendet sich in der körperlichen Verfasstheit des Tyrannen gegen diesen selbst. Bereits in der zweiten Abhandlung steigt vom Himmel herab die Gerechtigkeitsgöttin Themis auf die Erde und entlässt ihre „Schwestern",[55] die Furien. Die Furien sollen, so ist es der Wunsch der Göttin, zunächst die Ermordung der beiden Kaiserberater Laetus und Papinian antreiben, um schließlich den Kaiser Bassian selbst zur Strecke zu bringen. Diese Art von Gerechtigkeit, das wird sofort deutlich, ist vom Rachegedanken geleitet und damit in der Vorstellung des Protestanten Gryphius einer der Erbsünde verfallenen irdischen Geschichte geschuldet. Die Furien besetzen in der Tat die Psyche des sündhaften Kaisers. Sie sind damit also zunächst wie die griechischen Erinnyen als extrapsychische Phänomene zu deuten, die nicht als Verdrängtes oder Unbewusstes aus der *persona* des Kaisers hervorgehen. Auch hier spielen also dämonologische Aspekte eine zumindest initiierende Rolle in der psychischen Erkrankung des Herrschers. Bassian wird im Fortgang der Handlung die Hinrichtung von Laetus und Papinian jeweils aus Gründen der Herrschaftssicherung und des *ordo* seines Staatswesens zu rechtfertigen wissen. Diese rhetorisch stets plausibel vorgebrachten Argumente hingegen sind aus der Perspektive der Zuschauer bereits von Anfang an als krankhaft und dämonisch gelenkt diskreditiert. Bassians *persona* ist nach dem Brudermord zusehends von den Furien

---

53 Augustinus: Vom Gottesstaat (*De civitate Dei*). Aus dem Lateinischen übertragen von Wilhelm Thimme. Eingeleitet und kommentiert von Carl Andresen. München 2007, S. 218 (XV. 5).
54 Friedrich Vollhardt: Klug handeln? – Zum Verhältnis von Amtsethik, Natur- und Widerstandsrecht im *Æmilius Paulus Papinianus* (1659) von Andreas Gryphius. In: „Natur", Naturrecht und Geschichte. Aspekte eines fundamentalen Begründungsdiskurses der Neuzeit (1600–1900). Hg. von Simone de Angelis. Heidelberg 2010 (Beiträge zur neueren Literaturgeschichte 283), S. 237–255, hier S. 238.
55 Andreas Gryphius: Andreae Gryphii Grossmütiger Rechts-Gelehrter oder Sterbender Aemilius Paulus Papinianus. Trauer-Spil. In: ders. (Anm. 38), S. 307–441, hier S. 355 (II, 548).

perturbiert. Unkontrollierte Affektzustände nehmen zu. „Die Geißel der Furcht traf vor allem jene, die sich befähigt wähnten, das Drohende zu verhindern."[56] Auch muss er sich fragen: „Wer sind wir"[57] und führt damit seinen Identitätsverlust vor. Die Furien haben die Herrschaft über seine Person übernommen. In der christlichen Tradition wurden die antiken Erinnyen und Furien zusehends als Personifikationen eines schlechten Gewissens umgedeutet und damit ein erster Schritt in Richtung einer Verinnerlichung der Furien unternommen. Andreas Gryphius ist jedoch nur am Rande für eine Verinnerlichung und damit auch Psychologisierung des Furientreibens in Anspruch zu nehmen, im Fokus steht vielmehr das Zusammenspiel von humoraler Disposition und Dämonologie, das sich in der Folge großer Sündhaftigkeit evident entwickelt. Gryphius interessieren folglich mehr die körperlichen Auswirkungen und Leiden eines von den Furien-Dämonen beherrschten Herrschers. In der vierten Abhandlung sind die Furien Alecto, Megaera und Tisiphone auf der Bühne zu sehen, wie sie im daktylischen Rhythmus gemeinsam einen Dolch für den Kaiser schmieden. Der Kaiser selbst liegt dabei schlafend im Vordergrund der Bühne. Die Furien sind Traumgestalten und zugleich interne Herrscher über Bassian. „[L]ebend-tod"[58] (IV, 473), so wünscht sich Tisiphone den Tyrannen. Die psychische Erkrankung soll vor allem also Leid schaffen.

Neben den Furien erscheinen auch die tatsächlich Toten: Bassians Kaiservater Severus und sein Bruder Geta. Die Gespenstererscheinung der Toten ist folglich dem Wirken der Furien geschuldet. Anleihen aus der Oper, in der durch Beschwörungen Gespenster aus der Unterwelt in *Ombra*-Szenen über die Bühne geisterten,[59] sind hier durchaus denkbar. Die genealogische Legitimierung des Herrschers ist bei Bassian pervertiert, Imaginationen von einem väterlichen Mordplan erscheinen dem Verzweifelnden: Theologisch wird damit die *desperatio* als sündiger Zustand auf die Bühne gebracht, eine perpetuierte Sündenverstrickung, die immer weitere Sünden hervorbringt. Augustinus hat diese Sündenlehre, etwa in *Sermo 71*, einflussreich verfochten. „Augustins Betonung der Sündenmehrung durch Verzweiflung wirkte länger als ein Jahrtausend."[60]

---

56 Andreas Bähr: Furcht und Furchtlosigkeit. Göttliche Gewalt und Selbstkonstitution im 17. Jahrhundert. Göttingen 2013 (Berliner Mittelalter- und Frühneuzeitforschung 14), S. 68.
57 Gryphius (Anm. 38), S. 357 (III, 3).
58 Ebd., S. 401 (IV, 473).
59 Vgl. Lorenz Welker: Wahnsinn im Musiktheater zwischen Barock und Romantik. In: Fundamenta Psychiatrica 16 (2002), S. 131–134, hier S. 132.
60 Friedrich Ohly: Desperatio und Praesumptio. Zur theologischen Verzweiflung und Vermessenheit. In: Festgabe für Otto Höfler zum 75. Geburtstag. Hg. von Helmut Birkhan. Wien 1976 (Philologica Germanica 3), S. 499–556, hier S. 508.

Der Vater fordert in der Imagination des Schlafenden den Tod des Sohnes, will den Sohn sogar selbst töten:

> Der Himmel gibt es nach /
> Daß Jch die herbe Schmach
> Daß Jch das Mord-Geschrey
> Daß Jch den Bruder-Mord mit neuem Mord abfege /
> Und dich zu Boden lege![61]

Dem Tyrannen sind Stimmen und innere Bilder von einem göttlichen Strafsystem ohne Gnade eingepflanzt, die er nicht mehr in eine intakte Herrscheridentität integrieren kann. „Des Verzweifelten Auge sieht die Schuld so groß, daß sie die Sicht auf die Gnade ihm verstellt."[62] Festgeschrieben wird also nicht die Tötung in *einem* Gewaltakt, sondern die dauernde Auflösung der Herrscherpersona, eine „Tendenz zur Fragmentarisierung".[63] Bassian ist so zur Tyrannenexistenz verdammt, eine alles um sich und letztendlich sich selbst zerstörende Existenz. Der mörderische und melancholische Herrscher kann damit auch die zeitgenössische Verbindung von Mania und Melancholia veranschaulichen: „Im Barock wird erstmals seit Aretäus von Kappadokien der enge Zusammenhang zwischen Melancholie und Manie wieder gesehen [...]."[64] Am Ende der Geistererscheinung geht Bassian „traurig"[65] ab, wie es im Paratext heißt. „Der lutherische Gott strafte die Sünder, indem er sie in der Sünde beließ",[66] so lautet die Diagnose aus theologisch-orthodoxer Sicht.

Als Melancholiker stünde Bassian jedoch eine Vielzahl an medizinischen Heilmitteln bereit, er wäre therapiefähig im zeitgenössischen medizinischen Diskurs. „Den ‚Melancholikern' wurde auch die meiste ärztliche Aufmerksamkeit hinsichtlich ihres subjektiven Erlebens zuteil",[67] so Watzka, der für das siebzehnte Jahrhundert auf eine ganze Brandbreite von Behandlungsmöglichkeiten im Galenismus verweist. Sozioökonomisch höher gestellte Patienten

---

61 Gryphius (Anm. 38), S. 401 (IV, 476–480).
62 Ohly (Anm. 60), S. 504.
63 Alt (Anm. 23), S. 49.
64 Schmitt (Anm. 24), S. 281.
65 Gryphius (Anm. 38), S. 402.
66 Bähr (Anm. 56), S. 166.
67 Watzka (Anm. 33), S. 49. Allgemein geht man jedoch von Vorgehensweisen aus, wie sie Jütte beschreibt: „Man brachte also entweder die betreffende psychisch gestörte Person, von der Gefahr für die Gemeinschaft ausging, in eines der Stadtgefängnisse und verwahrte sie dort, bis eine vorübergehende Besserung des Geisteszustandes eintrat, um sie dann entweder abzuschieben (falls sie keine Bürger waren) oder sie, wenn keine Aussicht auf Besserung bestand, in ein Hospital einzuliefern." (Robert Jütte: Krankheit und Gesundheit in der Frühen Neuzeit. Stuttgart 2013, S. 171).

wurden bei Hausbesuchen und in gut geführten Privatanstalten behandelt.[68] Jean Starobinski kommt nach einer Sichtung der medizinischen Melancholie-Traktate des frühen siebzehnten Jahrhunderts zum bezeichnenden Schluss:

> Ein solcher Reichtum an Medikamenten soll den Patienten das tröstliche Gefühl von Umhegtheit vermitteln; das Bild einer üppig spendenden wohltätigen Natur spiegelt sich darin. Aus einem drastischen Gegensatz heraus überschwemmt die Medizin mit einer Unmenge von guten Ratschlägen gerade diesen Krankheitszustand, dessen Zeichen die Monotonie, die Absonderung, der Glaube an Verlassenheit und seelische Ausgedorrtheit ist.[69]

Nichts davon bei Gryphius. Volksmedizin, Mirakelmedizin und Fachmedizin kann nicht einmal eine marginale Bedeutung zugesprochen werden (anders bei Lohenstein). Der Krankheitsverlauf, von der Dämonen- bzw. Furienbessenheit initiiert, hin zur melancholischen Handlungsunfähigkeit entspricht allerdings durchaus medizinischen Traktaten der Zeit und hat auch keinesfalls konfessionelle Prägung. Der am Münchner Hof tätige Malachias Geiger vertrat in seinem *Microcosmus hypochondriacus* von 1651 etwa die Auffassung, Dämonen wirkten mit Gottes Erlaubnis auf die Säfte und Affekte der Bösartigen ein. Eine „Mischung von Krankheit mit Dämonie"[70] sei für Melancholiker anzunehmen, der Teufel wirke mit natürlichen Fähigkeiten. Geiger beruft sich heilsgeschichtlich auf die Saul-Episode aus dem Alten Testament und empfiehlt die Behandlung mit Purgantien, die den Teufel vertreiben könnten.[71] – Kein Arzt steht allerdings Bassian im Gryphschen Trauerspiel bei.

Jedoch lässt der letzte Auftritt Bassians nach der Ermordung von Papinian und dessen Sohn keinen Zweifel daran, dass ein Arzt hier gar nicht helfen könne. Was letztlich als die Ursache der Melancholie zu gelten habe, diagnostiziert Bassian selbst: „[W]ir spüren was es sey",[72] lautet seine Diagnose. Johann Anselm Steiger hat einschlägig die Melancholie kenntlich gemacht als eine zu den *casus conscientiae* leiblicher und geistiger Anfechtungen zählende Erfahrung, die auf das *verbum Dei* hören lasse.[73] Beim Heiden Bassian hingegen ermöglicht die Melancholieerfahrung eine Rationalisierung der Furienerscheinungen, die als disziplinierendes Strafsystem gedeutet werden. Bassians politische Klugheit, die Ermordung seines Bruders, des Laetus und Papinians, potenziert die Leiden

---

68 Vgl. Watzka (Anm. 33), S. 53.
69 Jean Starobinski: Geschichte der Melancholiebehandlung. Die Renaissance. In: Melancholie. Hg. von Lutz Walther. Leipzig 1999, S. 107–113, hier S. 113.
70 Leibbrand, Wettley (Anm. 39), S. 237.
71 Vgl. ebd., S. 235–237.
72 Gryphius (Anm. 38), S. 415 (V. 362).
73 Vgl. Johann Anselm Steiger: Melancholie, Diätetik und Trost. Konzepte der Melancholie-Therapie im 16. und 17. Jahrhundert. Heidelberg 1996, insbesondere S. 12 f.

seiner psychischen Krankheit. Lothar Bornscheuer hat das politische Wirken der Furien hervorgekehrt, ohne den dämonologischen Aspekt innerhalb der Krankheitsgeschichte des Kaisers zu berücksichtigen: Die Furien dienten dazu, „Bassians Schuldkonto zunächst noch einmal erheblich zu vergrößern und seinen Mordwahn zu ‚unausprechlicher' Teufelei anzuschüren"[74] – ohne Zweifel ist so die Dynamik einer Sündenlast in Verzweiflung treffend beschrieben. Obwohl Bassians *persona*-Wandel im Trauerspiel auch als medizinische Krankheitsgeschichte eines verfallenden Körpers geradezu empirisch nachgezeichnet werden könnte, die in zusehender Isolation endet, tritt bei Gryphius die Tendenz, Angstzustände, Halluzinationen, Schwindelgefühle als Strafinstrumente einer in der Natur verbürgten Rechtsordnung kenntlich zu machen, nicht in den Hintergrund. Theologisch handelt es sich um einen Zustand der sich dynamisch potenzierenden *desperatio* nach Augustinus: „peccata addere peccatis",[75] ohne Reue und Buße ist dieser Verfallsprozess auch medizinisch nicht umkehrbar. Es ist mithin der wahngefährdete absolutistische Fürst auf der Bühne, der „jenen bedrohenden Raum einer absoluten Freiheit"[76] aufzeigt, den sich nach Foucault der Rationalismus anschickt, zu bewachen und zu kontrollieren. Auch hier ist bei Gryphius die Ethik von der Transzendenz nicht gelöst und die Augustinische Traditionslinie von Affekt und Strafbegründung nur allzu deutlich erkennbar: „Denn das Wort Zorn, von Gott gebraucht, weist hin auf die Strafe, die bewirkt, nicht den Affekt, der erregt wird."[77]

4 Enthusiasmuskritik

Es gehört zu den bemerkenswerten Wendungen in Gryphius' Trauerspiel-Schaffen, dass die der Tyrannenkritik zugehörenden *perturbationes* im *Carolus Stuardus*, dessen Zweitfassung als letztes Trauerspiel von Gryphius gilt, einem historisch unbestimmt bleibenden Richter Poleh gewidmet werden. Polehs *perturbatio animi* lässt sich dabei in drei Einschnitte unterteilen, die jeweils für sich von großem rhetorischen und bühnentechnischen Aufwand zeugen: Zunächst entwirft dieser Poleh – noch bevor Carolus Stuardus hingerichtet wird – in einem

---

[74] Lothar Bornscheuer: Diskurs-Synkretismus im Zerfall der politischen Theologie. Zur Tragödienpoetik der Gryphischen Trauerspiele. In: Studien zur Literatur des 17. Jahrhunderts. Gedenkschrift für Gerhard Spellerberg (1937–1996). Hg. von Hans Feger. Amsterdam, Atlanta 1997 (Chloe 27), S. 489–529, hier S. 519.
[75] Ohly (Anm. 60), S. 508.
[76] Foucault (Anm. 29), S. 153.
[77] Augustinus (Anm. 53), S. 434 (IX. 5).

wirren Monolog das Gemälde einer verlorenen Schlacht. Pantomimisch stellt er fernes Schlachtengetümmel dar, Trompetenklänge und Gewehrsalven werden mit einem Stock vorgeführt. All dies geprägt von rasender Angst, Selbstvernichtungswünschen und körperlicher Orientierungslosigkeit.[78] Im zweiten Teil vollzieht Poleh einen völligen Wechsel der *persona*: Nun tritt er in körperlicher Selbstbeherrschung vor das Publikum, während sich im Hintergrund mehrmals der innere Schauplatz eröffnet. Gerade dieser radikale Wechsel in der psychischen Verfassung der Figur legt es nahe, hier Anleihen an musikalische Inszenierungen, insbesondere die Wahnsinnsszene in der Oper, zu erkennen. Ausgehend von den englischen Bühnen tritt ja unter dem Einfluss von Senecas *Hercules furens* erstmals „die Wahnsinnsszene als etablierter Typus in größerer Zahl in Erscheinung."[79] In der Wahnsinnsszene der Oper waren „unexpected and abrupt shifts between recitative and aria"[80] (wie sie bei Polehs Stimmungswechsel anzutreffen sind) keine Seltenheit.[81] In einer dritten Phase der *perturbatio* ist Poleh abschließend mit den Geistern des toten Wentwort und Laud konfrontiert.[82]

In der ersten Phase des Monologs stehen sprachliche Inszenierungen des Wahnsinns im Vordergrund, teilweise droht Auflösung der rhetorischen Muster in onomatopoetische Phänomene: „Trarara! Trarara / Tra / tra / tra / ra / ra / ra!"[83] In der zweiten Phase hingegen dominieren visuelle Effekte und die Wechsel auf dem inneren Schauplatz. Diese inneren Schauplätze lassen sich unschwer als Visionen Polehs deuten, die der verheerenden Zukunft der Schar Cromwells und seiner Independenten gelten. Gleichsam als didaktisch geschulter Lehrer steht Poleh auf der Bühne und expliziert die Bilder des inneren Schauplatzes.

---

78 Vgl. Andreas Gryphius: Andreae Gryphii Ermordete Majestät. Oder Carolus Stuardus König von Gross Britanien. Trauer-Spil. In: ders. (Anm. 38) Dramen. Hg. von Eberhard Mannack. Frankfurt am Main 1991 (Bibliothek der frühen Neuzeit 15), S. 443–575, hier S. 535.
79 Sieghart Döhring: Die Wahnsinnsszene. In: Die „Couleur locale" in der Oper des 19. Jahrhunderts. Hg. von Heinz Becker. Regensburg 1976 (Studien zur Musikgeschichte des 19. Jahrhunderts 42), S. 279–321, hier S. 280.
80 Amanda Eubanks Winkler: Enthusiasm and Its Discontents. Religion, Prophecy, and Madness in the Music for *Sophonisba* and *The Island Princess*. In: The Journal of Musicology 23.2 (2006), S. 307–330, hier S. 315.
81 Weitergehende Überlegungen in dieser Hinsicht unternahm jüngst Irmgard Scheitler. Irmgard Scheitler: Die Verthönung. Illustration auf dem Theater. In: Intermedialität in der Frühen Neuzeit. Formen, Funktionen, Konzepte. Hg. von Jörg Robert. Berlin, New York 2017 (Frühe Neuzeit 209), S. 21–38.
82 Vgl. Gryphius (Anm. 38), S. 538.
83 Ebd., S. 535 (V, 175).

„Welch scheußlich Anblick!"[84] oder „Seh ich recht?",[85] so appelliert Poleh an die Affekte der Zuschauer. Nach der sprachlich gestalteten Orientierungslosigkeit des ersten Teils der *perturbatio* ist es nun gerade Poleh, der die Befähigung dazu besitzt, das heilsgeschichtliche Wirken Gottes zu erkennen und die Zuschauer im rechten Sehen zu schulen. Mehrmals öffnet sich und schließt sich mit wechselndem Bildmaterial der innere Schauplatz, der vermeintlich besessene Poleh referiert in der Zwischenzeit auch ohne didaktische Anschauungsmittel im Hintergrund ausführlich. Indem Gryphius die übernatürlichen Visionen eines Wahnsinnigen als theatrale Lehrvisionen inszeniert, stellt sich die Frage, ob in dieser Inszenierung nicht auch eine Profanierung oder Säkularisierung visionärer Bilder – „a mere show"[86] anstelle von Heilsgeschichte – stattfindet. Der Affektdruck beim verzweifelten Independenten inszeniert die Macht der inneren Bilder und des inneren Sehens – aber macht auch durch den hohen Medienaufwand auf die entsprechenden Manipulationsmöglichkeiten aufmerksam. Der Kampf um die inneren Bilder ist nicht zuletzt ein zentrales Anliegen militärstrategischer Überlegungen. Militärstrategen des siebzehnten Jahrhunderts, aber auch Lipsius waren sich hinsichtlich ‚psychologischer' Kriegsführung einig: „Es siegte im Kampf, wer die Macht über die inneren Bilder errang."[87]

Die beiden ersten Phasen der Wahnsinnsszene lassen auf geradezu provokative Weise zwei sich widersprechende Auffassungen kenntlich werden: die *perturbatio* als Irrsinn und Sprachohnmacht und die *perturbatio* als Inspiration und Eröffnung einer göttlichen Wahrheit. Letzteres, göttlich offenbarte prophetische Rede, gehörte theologisch zum Kernbestand der Independenten und anderer englischer Sekten der Zeit.[88] Es liegt nahe, im Auftritt Polehs eine polemische Auseinandersetzung mit diesem Anspruch zu erkennen.

Der rhetorische und technische Aufwand, der betrieben wird, um die minutiös geschilderten Sinnesverwirrungen, physischen Orientierungsverluste, *persona*-Wechsel und Theatereffekte (vom Kanonenschuss bis hin zu den Blutspritzern) zu veranschaulichen, entfaltet die *perturbatio* in all ihren Aspekten. Und indem es nun gerade nicht der Tyrann selbst, sondern ein Anhänger der antimonarchischen Partei ist, den die Sinnenverwirrung befällt, liefert Gryphius dem Breslauer Publikum ein besonders zur Affektkontrolle mahnendes Exempel. Nicht allein die seelische Leitung des Gewissens anhand der Heiligen Schrift soll hier vermittelt

---

84 Ebd., S. 537 (V, 213).
85 Ebd., S. 538 (V, 235).
86 Winkler (Anm. 80), S. 329.
87 Bähr (Anm. 56), S. 139. Hier auch eine ausführliche Darlegung einschlägiger Quellen.
88 Vgl. Georges Minois: Geschichte der Zukunft. Orakel, Prophezeiungen, Utopien, Prognosen. Aus dem Französischen von Eva Moldenhauer. Düsseldorf, Zürich 1998, S. 428–430.

werden, sondern auch die minutiöse Selbstbeobachtung des Körpers. In der empirisch genauen Beschreibung der Körper, selbst von der Luftröhre ist anatomisch die Rede,[89] gelingt Gryphius eine detaillierte Darstellung physischer Phänomene des Wahnsinns. Diese empirisch zu leistende Wahrnehmung des Wahnsinns ist zugleich eine auch auf Komik setzende Inszenierung von Affektexzessen (man denke an den drohenden Sprachverlust Polehs im ersten Teil der *perturbatio*). Als Hintergrundfolie dient hier das Auftreten von selbst ernannten Propheten in den Kreisen der Revolutionäre, die sich für göttlich inspiriert erklärten und eine Offenbarung zusätzlich zur Heiligen Schrift postulierten. Die – vermeintlich – göttlich inspirierte Rede der Anhänger Cromwells stellte auch in England eine entschiedene theologische und naturwissenschaftliche Herausforderung dar, die Henry More medizinisch in seinem Werk *Enthusiasmus Triumphatus* als Erkrankung des Gehirns beschrieb. Häresie ist folglich ein körperliches Leiden:

> The Spirit then that wings the *Enthusiast* in such a wonderful manner, is nothing else but that *Flatulency* which is in the *Melancholy* complexion, and rises out of the *Hypochondriacal* humour upon some occasional heat.[90]

Aus empirischer Beobachtung des Körpers lässt sich die ‚falsche' Theologie erkennen, als Wahnsinn lässt sie sich widerlegen. Die Verbindung von göttlich inspirierter Rede und krankhafter Affektraserei war in der zeitgenössischen Auffassung auch eine Kritik an einer enthusiastischen, neuplatonischen Dichtungstheorie, die sich in Konkurrenz zur Regelpoetik positionierte. Volkhard Wels hat darauf hingewiesen, dass – vermittelt durch Melanchthons ‚medizinsches Schulbuch' *De anima* – im Protestantismus das Hören auf das äußere Wort der Bibel vor religiösem Enthusiasmus (und damit Wahnsinn) durch innere Offenbarungen schütze:

> Beim Hören oder Lesen des biblischen Wortes ergießt sich durch die erzeugten Vorstellungsinhalte der spiritus sanctus in die menschlichen spiritus animales und erzeugt dort den positiven Affekt des Glaubens an das geoffenbarte Wort. Wer sich dagegen vom äußeren Wort der Bibel entfernt und auf innere Offenbarungen lauscht, wird – im wörtlichen Sinne – zur Beute des Teufels und seiner dämonischen spiritus.[91]

---

89 Vgl. Gryphius (Anm. 38), S. 536 (V, 185).
90 Henry More: Enthusiasmus Triumphatus (1662). Hg. von Earl Miner, Maximillian E. Novak und Lawrence Clark Powell. Los Angeles 1966 (The Augustan Reprint Society 118), S. 12.
91 Volkhard Wels: ‚Verborgene Theologie'. Enthusiasmus und Andacht bei Martin Opitz. In: Daphnis 36.1–2 (2007), S. 223–294, hier S. 266.

Wels spricht daher konsequent von einer protestantische und katholische Autoren verbindenden „Naturalisierung des Enthusiasmus",[92] der auch hier für die Deutung des Poleh-Aufritts angenommen werden soll. Rhetorischer Enthusiasmus, der sich insbesondere auf die platonische Dichtungstheorie berufen konnte,[93] ließ sich als *perturbatio* diskreditieren, ein Verstoß gegen die poetische Ordnung, reines „Trarara" anstelle gelehrter Regelpoetik.[94] Die Identifikation der geistigen Erkrankung „mit den erstrebenswerten Tugenden der platonischen Weisheit"[95] ist damit ausgeschlossen.

Heilung, so lässt sich bei Gryphius folgern, ist zweifellos in der Heiligen Schrift zu finden. Die präzise Diagnose und Beobachtung der krankhaften Symptome hingegen kann nicht mehr in typologischen Vorbildern der Bibel wie Kain, Achitophel oder Judas gefunden werden. Empirische Verfahren stellen hier ein zuverlässiges Analyseinstrument der Selbsterfahrung zur Verfügung. Die übergeordnete Wahrheit des inneren Schauplatzes, des Gewissens und des in der Schöpfung kodifizierten Naturrechts ist damit letztlich auf die präzise Beobachtung und empirische Diagnose zurückverwiesen. Göttliche Offenbarung als geschaute Vision eines Propheten allerdings ist pathologischer Wahnsinn, auf der Bühne als Medienzauber und „Theatertrick"[96] dechiffriert. Die Inszenierung der *perturbatio animi* kann als Extremfall gescheiterter Affektkontrolle, aber auch als ‚unglaublich' unterhaltsame Show vorgeführt werden. Zur Diskreditierung der Wahnsinnigen setzt Gryphius die aufwändigsten Mittel theatraler Unterhaltung ein.

5 Diagnostik und Krise

Zu Recht hat Carlos Watzka für das siebzehnte Jahrhundert – im Gegensatz zum neunzehnten Jahrhundert! – auf die „Pluralität der Paradigmen"[97] im

---

92 Ebd., S. 274.
93 Vgl. Meike Hillen: Die Pathologie der Literatur. Zur wechselseitigen Beobachtung von Medizin und Literatur. Frankfurt am Main 2003 (Bochumer Schriften zur deutschen Literatur 61), S. 70–73.
94 Vgl. hierzu auch Dietmar Till: Affirmation und Subversion. Zum Verhältnis von ‚rhetorischen' und ‚platonischen' Elementen in der frühneuzeitlichen Poetik. In: Zeitsprünge. Forschungen zur Frühen Neuzeit 4 (2000), S. 181–200.
95 Wolfgang Uwe Eckart: Wahnsinn. In: Enzyklopädie der Neuzeit. Bd. 14. Hg. von Friedrich Jäger. Darmstadt 2011, Sp. 520–525, hier Sp. 522.
96 Kaminski (Anm. 34), S. 119.
97 Carlos Watzka: Interpretationen des Irrsinns. Zur Pluralität der Wahrnehmungs- und Handlungsmuster betreffend psychischen Krankseins im frühneuzeitlichen Europa. In: Archiv für Kulturgeschichte 85.1 (2003), S. 201–242, hier S. 239.

Umgang mit psychisch Kranken hingewiesen. Die drei aufgezeigten Beispiele sollten vor allem die komplexe, nicht aufzulösende Verschränkung medizinischer, theologischer und juristischer Diskurse in der Darstellung von *perturbationes* bei Gryphius veranschaulichen. Es erwies sich insbesondere als bedeutsam, dass Heilige Schrift und Naturrecht sich zusehends an einer empirisch verifizierbaren Wahrheit zu messen haben. Zweifellos gilt bei Gryphius weiterhin: „Luther rejected the idea that sin primarly concerns or emanates from the body."[98] Als Theaterwahrheit tritt die Physis bei Gryphius allerdings in ihr Recht, sind die inneren Wahrheiten und Bilder im Theaterexperiment diagnostisch sichtbar zu machen. Hierin liegt nicht zuletzt die Faszination am Wahnsinn begründet, der Wahrheit im ambivalenten Status des Perturbierten „derart ver-rückt"[99] physisch sichtbar werden lässt. Ex negativo kann dies ohne Zweifel als Aufforderung zur disziplinierenden Körperbeobachtung verstanden werden, die wesentlich zur Affektregulierung beiträgt. In diesem Sinn stünde eine empirisch verfahrende Medizin im Dienste der Sozialdisziplinierung. Alt erkennt in der literarischen Wahrnehmung psychischer Erkrankungen im siebzehnten Jahrhundert einen Anspruch, der erst zu Beginn des 20. Jahrhunderts – nach Descartes – wieder erhoben wird:

> In der literarischen Darstellung von Nervenkrankheiten, Leidenschaftsausbrüchen, Konvulsionen, Ohnmachten und Amnesien wird kenntlich, daß die Physis auch Medium dessen sein kann, was die cartesianische Anthropologie zu beherrschen gesucht hatte: der verstörenden Macht des Nicht-Bewußten.[100]

So wäre der Kampf um die inneren Bilder als frühe polemische Auseinandersetzung um das Nicht-Bewusste zu deuten, das es politisch und konfessionell zu besetzen gilt. Und hierzu bedarf es auch einer empirisch und dämonologisch argumentierenden Medizin.

Nicht übersehen werden sollte dabei, dass die *perturbationes* eine besondere Krisenerfahrung der Zeit, die nicht zuletzt auch als politische Staatskrise zu beschreiben ist, auf die Bühne bringen. Die Geschichte der Staatsgebilde erscheint als Krankengeschichte. Geht man mit Dirk Niefanger davon aus, dass im barocken Trauerspiel eine anthropologisch fundierte Krisenpoetik implizit grundgelegt ist,[101] so sollten die Krisensituationen der *perturbationes* in ihrer

---

98 Strier (Anm. 25), S. 29.
99 Kaminski (Anm. 34), S. 118.
100 Alt (Anm. 23), S. 58.
101 Dirk Niefanger: Die Krisenpoetik des barocken Trauerspiels. In: Die Krise in der Frühen Neuzeit. Hg. von Rudolf Schlögl, Philip R. Hoffmann-Rehnitz und Eva Wiebel. Göttingen 2016, S. 265–284, hier S. 284: „Sowohl die als Krise beschriebene Ausgangsposition der Tragödien

Relevanz für die Zuschauer und ihre Affekte gedeutet werden. Der didaktische Lehrgehalt der in excessu inszenierten Wahnsinnszustände ist folglich keinesfalls allein für Fürstenhäuser bestimmt, die Tyrannenkritik letztlich konkrete Handlungsanleitung für das Theaterpublikum Breslaus. In der rhetorischen Selbstaffektation zur *perturbatio animi*, im detaillierten Ausleuchten der irrationalen Angstzustände und der psychischen Orientierungslosigkeit sind die verstörenden Wahnsinnigen zugleich veranschaulichende *exempla* individueller Krisenmodelle, die aus der Mitte der Gesellschaft nicht hinwegzudenken sind. Carlos Watzka kehrt zwei wichtige Aspekte hervor, die auf die herausgehobene Bedeutung psychischer Erkrankungen im siebzehnten Jahrhundert verweisen, nämlich „die verstärkte Thematisierung von Krankheit als sozialpolitischem Problem im Rahmen der Staatsbildungsprozesse sowie die Suche nach neuen Selbst-Wahrnehmungsmöglichkeiten innerhalb der aufstrebenden bürgerlichen Schichten".[102] Der physische Körper des Herrschers tritt in den Vordergrund. Der Tyrann als Wahnsinniger, dahinter ließe sich also auch ein bürgerlicher Anspruch vermuten, darüber zu entscheiden, wer in der Gemeinschaft als Bedrohung wahrgenommen werden soll. Und dies sind bei Gryphius zuvorderst nicht die arbeitsunwilligen sozialen Randgruppen.

Dass eine Diskreditierung des Tyrannen und des protestantischen Sektierers als Wahnsinnige nicht nur konfessionspolitischer Polemik folgt, sondern auch den hohen Unterhaltungswert der Wahnsinnsszene aus ganz theaterpraktischen Gründen im Blick hat, sollte durch den großen inszenatorischen Aufwand mittels Gespenstern, innerer Schauplätze, Musikeinlagen und Pantomimen deutlich geworden sein. Nicht übersehen werden kann, dass der Herrscher als rasender Wahnsinniger für das bürgerliche und städtische Publikum auch eine Furcht reduzierende therapeutische Funktion erfüllte. In der physischen Darstellung der unbeherrschbar scheinenden Angst lag auch ein wesentliches Heilmittel gegen diese. Grimmelshausen inszeniert in seinem Schelmenroman eine Wahntherapie des Simplicius durch Theatervorführung.[103] Gryphius hat den Wahnsinnsszenen eine zentrale Bedeutung in seinen Trauerspielen zur Diskreditierung der Gegenspieler seiner Märtyrer zugedacht (ob als Schlussmonolog oder als Höhepunkt der Bühneneffekte). Im Wahnsinn sind diese am tiefsten gefallen, die Grenzziehung zur belustigenden Komödie wird durchlässig.

---

als auch die in den Stücken gezeigten historischen Krisen werden strikt in ihrer Relevanz für das einzelne Individuum und seine Affekte gelesen. Insofern agiert die anthropologisch konstruierte Didaxe der barocken Geschichtsdramen ausgesprochen konkret."
102 Watzka (Anm. 33), S. 48.
103 Vgl. hierzu Schmitt (Anm. 24), S. 278.

III Politische Theologie und Anthropologie

Gideon Stiening
„wenn alles hin"

Gryphius' *Papinianus* im Spannungsfeld politischer
Philosophie und politischer Theologie der Frühen Neuzeit

> Erschrecket, ihr verstockten Sünder
> Johann Sebastian Bach

1 Zur Einführung: Rechtsfanatismus und „Stats-Sucht"?

Bei einem der letzten Versuche von staatlicher Seite, Papinian von seiner strikt ablehnenden Haltung gegenüber einer Mitarbeit an des ‚Käysers Willen' zur Rechtsbeugung abzubringen, weist ausgerechnet Macrinus, Nachfolger des Protagonisten im Amt des *praefectus praetorio* und der zeitgenössischen Leserschaft als nachmals skrupelloser Mörder Caracallas bekannt, den Protagonisten des gryphschen Dramas darauf hin, dass er mit seiner Entscheidung nicht allein sich, sondern auch seinen Sohn der Todesgefahr aussetze:

> MACRIN. Bedenckt der Vater denn nicht sein gelibtes Kind? (IV, 309)[1]

Selbst der gewissenlose, zukünftige Mörder des Mörders Bassian,[2] so der Hinweis an dieser Stelle der Tragödie, erschrickt vor den Konsequenzen der Verweigerung jener rechtlichen Legitimation des Brudermordes durch Papinian; fast flehentlich macht der selbst Gewissenlose den schon entlassenen Juristen auf weitere Strafen aufmerksam, die nicht allein ihn, sondern seine Familie betreffen. Aber Papinian hat vorgesorgt; neben seiner Frau, die selbst in dieser Situation lediglich die

---

[1] Der Text des *Papinians* wird zitiert nach: Andreas Gryphius: Großmütiger Rechtsgelehrter oder Sterbender Aemilius Paulus Papinianus. Text der Erstausgabe, besorgt von Ilse-Marie Barth mit einem Nachwort von Werner Keller. Stuttgart 2007.
[2] Siehe hierzu die noch für Gryphius gültige Wertung Macrinus' durch Benvenuto da Imola: „Macrinus, occiso Basiano, arripuit imperium, homo omnium vitiorum, vilissime natus, & vilissimus servus sub Commodo, fuit crudelis, sanguinarius, innentor novarum mortium, sed post annum sui imperii fuit occius, apud Antiochia ab Heliogabalo." In: Benvenuto da Imola: Liber Augustalis. In: Francisci Petrarchae [...] opera quae extant omnia. Bd. 1, Basel 1581, S. 516–530, spez. S. 519.

Tugend ihres Mannes, seine *constantia*, preisen kann,[3] ist es der Sohn des Protagonisten selber, der die strikte und offenbar selbstverständliche Wertehierarchie des Juristen und Familienvaters in das selbstevidente Bild fasst:

> SOHN. Wer nur das Recht ansiht schlägt Kinder in den Wind. (IV, 310)

Eine rechtverstandene Bedeutung des Rechts sowie die Ausrichtung des eigenen Handelns an diesem lässt selbst die Familie – gar das Leben der eigenen Kinder – hinter dessen objektive Geltung und subjektive Verbindlichkeit zurücktreten, d. h. deren Leben dafür aufs Spiel setzen. Für den – nach Gryphius – konsequenten Juristen treten selbst die ‚Bande der Natur' hinter die ‚Bande des Rechts' zurück. Das Stück wird weder diese in rechtspolitischer Gesinnung fundierte Todesverachtung des Kindes noch die väterliche ‚Vernutzung' des eigenen Nachwuchses für die „reine Gesinnung" kritisieren; im Gegenteil rühmt der Vater noch im Angesicht des geköpften Sohnes dessen gelassenen, überzeugten Gesichtsausdruck:

> BASSIAN. Geschadet? Bringt hervor sein abgeschmissen Haubt!
> PAPINIAN. Nun seh Ich / O mein Kind! was Ich von dir geglaubt!
> Ich schaw den hohen Mutt! die unverzagten Sinnen!
> Die nicht durch Furcht / durch Angst / durch dräuen zu gewinnen/
> Die in den frechen Tod sich unerschreckt gewagt.
> Die / ob dem alles bebt / und zittert / nicht verzagt.
> Die standhafft / ob wol zart! vor Threnen / Blutt vergossen /
> Und engen Lebens-Zil / mit weitem Ruhm beschlossen.
> Rühmt Eltern eure Frucht die umb deß Landes Heil
> Für Wund und sterben bot das edle Leben feil!
> Mir bleib es unverwehrt den Sohn recht auszustreichen /
> Der für Recht / Gott / und Land und Vater wolt erbleichen!
> Der meine blühend Ehr ergetzt durch disen Preis!
> Und seine fest gestellt! wie grosser Väter Fleiß /
> Und Glück / und Ruhm ist nicht auff erstes Kind abkommen! (IV, 277–291)

Weder die Leiden des Kindes noch die unerhörte Grausamkeit des Kaisers werden vom Vater bedacht oder angeklagt, vielmehr steht der unverzagte Sinn des überzeugungsstarken Sohnes, der für „Recht / Gott / und Land und Vater" das Leben gelassen hingab und dessen abgeschlagenen Kopf Papinian vor sich betrachtet, im Zentrum seiner Überlegungen – und das im Angesicht des höchsten Übels, das dem Menschen widerfahren kann. Zwar wird er einen „grausen Kummer" ob

---

[3] „Ich kan nichts mehr denn nur von seiner Tugend zeugen" (IV, 308).

dieses Verlustes für sich in Anspruch nehmen; eine eigene Verschuldung aber für diesen vollkommen überflüssigen Tod wird weder die Figur noch das Stück veranschlagen.

Zu Recht hat die Forschung in den Reaktionen des Vaters und Sohnes auf Todesandrohung und tatsächliche Hinrichtung die Reaktualisierung stoischen Gedankenguts in einer spezifischen Einbettung in protestantische Glaubensüberzeugungen festgestellt[4] – ohne allerdings den eigentümlichen ‚Rechtsfanatismus' Papinians in Genesis und Geltung hinreichend zu analysieren.[5] Zwar wurde durchaus festgestellt, dass das Gros der Positionen, *gegen* die Gryphius' Papinian seine stoische bzw. fanatische Rechtslegitimation und -apologie entwickelt, den politischen Klugheitslehren der an Machiavelli anschließenden *Ratio-Status-*Konzeptionen entspringt.[6] Doch selbst in neueren politiktheoriehistorischen Arbeiten wurde kaum zur Kenntnis genommen,[7] dass Papinian einem religiösen

---

4 Dies gilt vor allem für Hans-Jürgen Schings: Großmütiger Rechts-Gelehrter / oder Sterbender Æmilius Paulus Papinianus. In: Die Dramen des Andreas Gryphius. Eine Sammlung von Einzelinterpretationen. Hg. von Gerhard Kaiser. Stuttgart 1968, S. 170–203; Wilhelm Kühlmann: Der Fall Papinian. Ein Konfliktmodell absolutistischer Politik im akademischen Schrifttum des 16. und 17. Jahrhunderts. In: Daphnis 11 (1982), S. 223–252; Winfried Barner: Der Jurist als Märtyrer. Andreas Gryphius' *Papinianus*. In: Literatur und Recht. Literarische Rechtsfälle von der Antike bis in die Gegenwart. Hg. von Ulrich Mölk. Göttingen 1996, S. 229–242 sowie Peter Michelsen: Vom Recht auf Widerstand in Andreas Gryphius' *Aemilius Paulus Papinianus*. In: Simpliciana 17 (1995), S. 45–70, spez. S. 53 f.
5 Zum Begriff des ‚Rechtsfanatismus' vgl. Ernst Bloch: Naturrecht und menschliche Würde. Frankfurt am Main 1977, S. 99 f.; schon Curt Geyer: Der Radikalismus der deutschen Arbeiterbewegung. Jena 1929 verwendet diesen Terminus, wertet ihn aber positiv als Voraussetzung für das politische Engagement gegen politisches Unrecht; aber auch der Nationalsozialismus wertet den Begriff positiv (vgl. Sarah Schräder: Justizkrise und Justizreform im Nationalsozialismus. Das Rechtsjustizministerium unter Reichsjustizminister Thierack [1942–1945]. Tübingen 2009, S. 167); aufgenommen wird der Terminus in einer kritischen Begrifflichkeit dann erneut von Martin Walsers Protagonist Stefan Fink in einer identifizierenden Charakterisierung des Michael Kohlhaas (vgl. Martin Walser: Finks Krieg. Roman. Frankfurt am Main 1991, S. 82 f.).
6 So von Kühlmann (Anm. 4), S. 243 ff.; Barner (Anm. 4), S. 234 ff.; Michelsen (Anm. 4), S. 55 ff.; Friedrich Vollhardt: Klug handeln? – zum Verhältnis von Amtsethik, Natur- und Widerstandsrecht im Æmilius Paulus Papinianus (1659) von Andreas Gryphius: In: ‚Natur', Naturrecht und Geschichte. Aspekte eines fundamentalen Begründungsdiskurses der Neuzeit. (1600–1900). Hg. von Simone de Angelis. Heidelberg 2010, S. 237–255 und Jan-Dirk Müller: Andreas Gryphius et la théorie politique calviniste. In: Calvin et l'Humanisme. Actes du symposium d'Amiens et Lille iii (25–26 novembre 2009). Hg. von Bénédicte Boudou und Anne-Pascale Pouey-Monou. Genf 2012, S. 237–258.
7 So insbesondere bei Oliver Bach: Zwischen Heilsgeschichte und säkularer Jurisprudenz. Politische Theologie in den Trauerspielen des Andreas Gryphius. Berlin, Boston 2014 (Frühe Neuzeit 188), S. 491 ff.

Rechtsfanatismus frönt, der einer besonders konsequenten Variante des – grundlegend verworfenen – Machiavellismus gegenüber gestellt wird, die das Stück anhand mehrerer Figuren entfaltet.[8] Gryphius reflektiert nicht nur das keineswegs abstrakt entgegengesetzte, sondern mehrfach vermittelte Verhältnis von politischer Klugheit und staatlicher Rechtsverbindlichkeit, sondern auch und auf dieser Grundlage das Verhältnis von Rechts- und Tugendpflichten, d. h. von Recht und Ethik überhaupt und damit die Spannung zwischen Rechtstheologie und Rechtsphilosophie. Erst Gryphius' kritische Aufführung und Distanzierung von der reinen Staatsklugheit – nicht zufällig als „Stats-Sucht" (I, 260; III, 491 f.) terminologisch gefasst – erzwingt das konsequente bzw. fanatische, vor allem aber religiöse Rechtsverständnis seines Protagonisten, für das, mehr rechtgläubig als stoisch, *alles*, selbst das Leben des eigenen Kindes, geopfert werden muss.

2 Staatsklugheit und überpositives Recht

Dass der *Ratio-Status*-Diskurs prominente und handlungskonstitutive Auftritte im *Papinian* hat, ist mittlerweile *communis opinio* der Forschung.[9] Weniger klar scheint aber bislang, welche Variante der im 17. Jahrhundert weit ausdifferenzierten Staatsklugheit vorgestellt und welche Kontrapositionen ihr entgegengestellt werden. Dabei inszeniert der Text diese Kontroversen unmissverständlich; so heißt es im frühen Dialog zwischen Bassian und Laetus, der kurze Zeit später auf den Entschluss zur Tötung des Stiefbruders hinausläuft, in wünschenswerter Klarheit:

> BASSIAN. Es ist der Völcker Recht, das Blut mit Blut verbindet.
> LAETUS. Ein Fürst ist von dem Recht, und allen Banden frey.
> BASSIAN. Jhn bindt der Götter Furcht. Diß Band geht nicht entzwey. (II, 68–70)

Zunächst ist auch für eine rechtshistorische Interpretation der Passage, ohne die deren Verständnis unmöglich bliebe, zu berücksichtigen, dass es sich bei diesem Gespräch um einen Verführungsdialog handelt: Laetus will Bassian zum Brudermord überreden, um sich damit nicht nur Getas, sondern auch – gleichsam in

---

[8] Ansätze hierzu bei Peter J. Brenner: Der Tod des Märtyrers. „Macht" und „Moral" in den Trauerspielen von Andreas Gryphius. In: DVjs 62 (1988), S. 246–265.
[9] Vgl. u. a. Andreas Solbach: Amtsethik und lutherischer Gewissensbegriff in Andreas Gryphius' *Papinianus*. In: Daphnis 28.3/4 (1999), S. 631–673; zusammenfassend Vollhardt (Anm. 6), passim sowie Armin Schäfer: Papinianus. In: Gryphius-Handbuch. Hg. von Nicola Kaminski und Robert Schütze. Berlin, Boston 2016, S. 272–288, spez. S. 282 f.

politprudentieller Anwendung des Völkergemeinrechts – Bassians zu entledigen, der ob des Brudermords einer Strafe zugeführt werden müsste. Solcherart Strafe musste nicht nur auf den Bruch mit dem positiven Gesetz, sondern auch mit dem Naturrecht bzw. dem Völkergemeinrecht oder gar den göttlichen Gesetzen folgen, um ihre Geltung zu garantieren, und konnte durch den Staat oder auch jedermann ausgeführt werden.[10] Das lässt sich noch bei Christian Wolff nachlesen, für den die Sanktionierung des Bruchs mit den natürlichen Gesetzen vor allem im Zusammenhang mit Eigentumsfragen jedem Einzelnen, vor allem dem Geschädigten, aber auch dem Staat zustand.[11] Noch Gottfried Achenwall kann Mitte des 18. Jahrhunderts in einem der meistgelesenen Naturrechtskompendien im Kapitel „Über die Verfolgung des Seinen im reinen Naturzustand" festhalten:

> Wer [im Naturzustand] verletzt wird, übt deshalb *rechtmäßig* Zwang gegen den Verletzer aus. Der Zweck dieses Rechtes ist, dass wir nicht gestört werden und dass wir das Unsere, das gestört wird, erhalten; also, dass die Verletzung und der Schaden aufhören und der Verletzer davon abläßt, das Unsere zu stören. Aus dem Zweck dieses Rechts ergibt sich ein Recht auf alle Zwangsmittel, mit denen erreicht wird, dass der Verletzer von der Störung abläßt.[12]

Auf Vergehen folgte bis weit ins 18. Jahrhundert auch im Naturzustand notwendig eine Strafe. Laetus durfte also durchaus mit einer Strafe für Bassians Vergehen an Geta rechnen und konnte folglich mit der Verführung Bassians zum Brudermord beide Konkurrenten zugleich auszuschalten hoffen; doch ist der Intrigant – wie sich zeigen wird – nicht intrigant, d.h. politisch genug.

Durch diesen Kontext wird die rechtspolitische Dimension des Gespräches allerdings umso eigentümlicher: Auf engstem Raum werden nämlich von Bassian selbst nicht nur verschiedene Gesetzesformen aufgeführt, an die auch ein Herrscher gebunden sei,[13] auch wird eine der zentralen Kontroversen frühneuzeitlicher Herrschafts- und Souveränitätstheorie und -praxis thematisiert, nämlich die Frage nach dem Verhältnis eines jeden Princeps *als Gesetzgeber*, als

---

10 Siehe hierzu u. a. Mathias Schmoeckel: Metanoia. Die Reformation und der Strafzweck der Besserung. In: Strafzweck und Strafform zwischen religiöser und weltlicher Wertevermittlung. Hg. von Reiner Schulze u. a. Münster 2008 (Symbolische Kommunikation und gesellschaftliche Wertesysteme 25), S. 29–58.
11 Christian Wolff: Grundsätze des Natur- und Völkerrechts, worinnen alle Verbindlichkeiten und alle Rechte aus der Natur des Menschen in einem beständigem Zusammenhange hergeleitet werden. Halle an der Saale 1754, S. 58 u. S. 179 f. (§ 93 u. § 288); siehe hierzu auch Martin Reulecke: Gleichheit und Strafrecht im deutschen Naturrecht des 18. und 19. Jahrhunderts. Tübingen 2007 (Grundlagen der Rechtswissenschaft 9), S. 70 ff.
12 Gottfried Achenwall, Johann Stephan Pütter: Anfangsgründe des Naturrechts. (Elementa iuris naturae). Hg. und übers. von Jan Schröder. Frankfurt am Main 1995 (Bibliothek des deutschen Staatsdenkens 5), S. 149 f. (§ 461–463).
13 Auch Michelsen (Anm. 4), S. 51.

politischer Herrscher und *als oberster Richter* zu den durch ihn gegebenen, ausgeführten und überprüften Gesetzen sowie zu solchen, die nicht durch ihn gesetzt, sondern vor ihm bzw. unabhängig von seiner Person als Herrscher Geltung beanspruchen können.[14]

Dabei werden als Beispiele des überpositiven Rechts in der zitierten Dialogpassage zum einen das Völkergemeinrecht, zum anderen die göttlichen Gesetze aufgeführt.[15] Das Völkergemeinrecht, das terminologisch hier wie häufig in der Frühen Neuzeit als bloßes ‚Völkerrecht' firmiert, enthält all jene Normen innerhalb einer Rechtsgemeinschaft, die auch bei allen andern Völkern Geltung haben – ohne schriftlich kodifiziert zu sein und dennoch von der staatlichen Zwangsgewalt in ihrer Geltung zu wahren sind, nicht aber von ihr auch gesetzt bzw. erlassen werden.[16] Solches Völkergemeinrecht ist mithin kein *ius inter gentes*, sondern ein *ius intra gentes*, das dem Gewohnheitsrecht durchaus nahe kommt, weil auch dieses nicht kodifiziert ist und doch Geltung beansprucht. Bestimmt wurde diese Rechtsform schon im römischen Recht,[17] und zwar für Regelungsgegenstände, die zwar überpositive Geltung innehatten, nicht aber von Natur aus. So galten Rechte freigelassener Sklaven, die sich von denen der Vollbürger unterschieden, als universell, und doch insofern vom Naturrecht unterschieden, als dieses nur auf alle frei Geborene anzuwenden war.[18] Francisco de Vitoria und Francisco Suárez haben ab dem frühen 16. Jahrhundert diese Binnendifferenzierung des Völkerrechts für die Neuzeit aktualisiert,

---

14 Zur Stellung dieser Frage innerhalb des Ratio-status-Diskurses vgl. Herfried Münkler: Im Namen des Staates. Die Begründung der Staatsraison in der Frühen Neuzeit. Frankfurt am Main 1987, S. 193–198.
15 Beide Gesetzesformen sind im zeitgenössischen Verständnis keineswegs allgemeiner oder abstrakter als positive Gesetze, sondern mit einer anderen Geltungs- und Verbindlichkeitsqualität versehen; vgl. aber die Arbeit von Sarina Tschachtli: Körper- und Sinngrenzen. Zur Sprachbildlichkeit in Dramen von Andreas Gryphius. Paderborn 2017, S. 154 ff., die rechts- und politikgeschichtliche Kontexte nicht beachtet und folglich zu fragwürdigen Thesen gelangt: „Im *Papinian* verwischen sich <sic> die Grenzen zwischen den Figuren nicht nur in der metaphorischen Sprache, sondern auch in der Handlung, so wie sie die agierenden wahrnehmen." (S. 161) Im Gegenteil bleibt in Gryphius' *Papinian* aus politischer und rechtlicher Perspektive stets klar, wer Mörder und wer Opfer ist, wer Schuld auf sich lädt und wer unschuldig bleibt.
16 Siehe hierzu Jan Schröder: Die Entstehung des modernen Völkerrechtsbegriffs im Naturrecht der frühen Neuzeit. In: Jahrbuch für Recht und Ethik 8 (2000), S. 47–71; Norbert Capagna: Völkerrecht. In: Handbuch Rechtsphilosophie. Hg. von Eric Hildendorf und Jan C. Joerden. Stuttgart, Weimar 2017, S. 52–54.
17 Vgl. Dig. I, 1, 1. 4: „Ius gentium est, quo gentes humanue utuntur."
18 Siehe hierzu Institutiones 1. 2.

systematisiert und über Grotius ans 17. Jahrhundert weitergeleitet.[19] Bassian bezieht sich in seinem ersten Argument auf eben dieses Völkergemeinrecht,[20] zu dem beispielsweise auch für Hugo Grotius die „Gebote des Vaters" als Paradigma des Familienschutzes gehören,[21] jenes „Blut", das sich mit anderem Blut nach Völkergemeinrecht verbindet.

Dieser Referenz auf das Völkergemeinrecht zum Beweis der Unrechtmäßigkeit des Mordes an seinem Bruder hält der Intrigant Laetus allerdings entschieden entgegen, ein Fürst, d. h. jeder souveräne Herrscher, sei „von dem Recht" und „allen" weiteren denkbaren „Banden frey". Zunächst wird erkennbar, dass diese Dramenfigur – sieht man genauer zu, das gesamte Stück – einen Rechtsbegriff verwendet, der Recht als Grenze, als „Bande" der Freiheit des Einzelnen begreift, von der allerdings – für die *Ratio-Status*-Vertreter – der Princeps entbunden sei. Damit zeigt sich, dass Gryphius – wie das Gros seiner Zeitgenossen – kaum auf der Höhe der europäischen Rechtsphilosophie argumentiert, hatte Hobbes doch nur einige Jahre zuvor, 1642, ein alternatives Rechtsverständnis entwickelt und begründet, nach dem das Recht die einzig mögliche Verwirklichung äußerer Freiheit und keineswegs seine Begrenzung sei.[22]

---

19 Vgl. hierzu u. a. Frank Grunert: Theologische Norm und der politische Anspruch der Kirche. Völkerrecht bei Francisco de Vitoria. In: „[N]ec evidenter iustum, [...] nec evidenter iniustum"? Francisco de Vitoria De Indis in interdisziplinärer Perspektive. Hg. von Norbert Brieskorn und Gideon Stiening. Stuttgart-Bad Cannstatt 2011 (Politische Philosophie und Rechtstheorie des Mittelalters und der Neuzeit 2.3), S. 171–188; Gideon Stiening: „Quasi medium inter naturale ius, et humanum". Francisco Suárez' Lehre vom *ius gentium* (DL II, 17–20). In: „Auctoritas omnium legum". Francisco Suárez' *De Legibus* zwischen Theologie, Philosophie und Jurisprudenz. Hg. von Oliver Bach, Norbert Brieskorn und Gideon Stiening. Stuttgart-Bad Cannstatt 2013 (Politische Philosophie und Rechtstheorie des Mittelalters und der Neuzeit 2.5), S. 175–194.
20 Selbst jene Interpreten, die erkennen, dass an dieser Stelle auf ein vom Naturrecht unterschiedenes Völkerrecht referiert wird (Schäfer [Anm. 9], S. 277, Michelsen [Anm. 4], S. 51f.) verkennen den spezifischen Bezug auf das Völker*gemein*recht; einzig Bach (Anm. 7), S. 482 erkennt diesen Sachverhalt, allerdings nicht für die oben zitierte Stelle, schlägt aus dieser Einsicht aber kein hermeneutisches Kapital.
21 Siehe hierzu Hugo Grotius: Von Recht des Krieges und des Friedens. Übersetzt und hg. von Walter Schätzel. Tübingen 1950, S. 53: „Das Recht mit engerer Geltung, das von der bürgerlichen Obrigkeit nicht ausgeht, obgleich es von ihr abhängig ist, ist verschieden und umfaßt die Gebote des Vaters, des Sklavenhalters und ähnliches."
22 Siehe hierzu Thomas Hobbes: De Cive. Vom Bürger. Lateinisch / Deutsch. Übersetzt von Andree Hahmann, hg. von dems. und Dieter Hüning. Stuttgart 2017, S. 68/69ff.; vgl. hierzu auch Georg Geismann: Die Grundlegung des Vernunftstaates der Freiheit durch Hobbes. In: Jahrbuch für Recht und Ethik 5 (1997), S. 229–266, zu weiteren Unterschieden zu Hobbes vgl. auch Brenner (Anm. 8), S. 259ff.

Die zitierte Passage zeigt aber vor allem, dass Laetus als konsequenter Machiavellist konzipiert wurde, weil er den Fürsten nicht nur als einen oberhalb des positiven und überpositiven Rechts handelnden, sondern als eine unabhängig von *allen Formen der Normativität* agierende Person versteht.[23] Nach Laetus ist der Fürst frei von „allen Banden", was neben rechtlichen Normen auch solche ethischer Natur impliziert sowie die Gebote der Götter, d. h. hier im tacitistischen Gewande: positive göttliche Gesetze. Erst die auf *alle* Normativität ausgedehnte Geltung dieser Aussage eröffnet, dass Gryphius seinem Intriganten eine für die Zeit zwar ungewöhnliche Position in den Mund legte,[24] im Modus der Kritik aber die Substanz der *Ratio-Status*-Lehre nach Machiavelli erfasst hatte. Denn der Florentiner Meisterdenker hatte unmissverständlich klar gemacht, dass ein erfolgreicher, d. h. innere Stabilität, äußeren Frieden und die eigene Macht garantierender Herrscher unabhängig von rechtlichen, moralischen und religiösen Normen agieren könne, ja sie ggf. als Machtinstrumente einzusetzen in der Lage sein müsse. So heißt es zu den ethischen Gesinnungen des Princeps: „Daher muss ein Fürst, wenn er sich behaupten will, die Fähigkeit erlernen, nicht gut zu sein, und diese anwenden oder nicht anwenden, je nach dem Gebot der Notwendigkeit."[25] Hinsichtlich der positiven Gesetze betont Machiavelli zwar mehrfach, dass sie nebst einer schlagkräftigen Armee zu den entscheidenden Grundlagen jedes stabilen Staates gehören; er hält aber auch deutlich fest, dass diese Gesetze nicht als Realisationen einer Rechtsordnung, sondern als relativ kontingente Instrumente einer stabilen Herrschaft zu denken sind, die sich vom Einsatz einer Armee, als einer unmittelbaren Gewaltanwendung gegen die Untertanen, nicht substanziell unterscheiden:

> Wir haben bereits gesagt, dass eine Herrschaft gute Grundlagen haben müsse; sonst bricht sie zusammen. Die Hauptstütze aller Staaten, der neuen wie der alten und der vermischten, sind gute Gesetze und gute Streitkräfte, und da gute Gesetze nicht ohne gute Streitkräfte bestehen können und da wo gute Streitkräfte sind, auch gute Gesetze sein müssen, so übergehe ich die Gesetze und rede von den Streitkräften.[26]

Gesetze und Streitkräfte sind folglich in ihrer Funktion für die individuelle Herrschaftssicherung und die allgemeine Stabilität des Staates weitgehend

---

[23] Als konsequenter Machiavellist handelt Laetus aber auch nach Gryphius nicht „gegen die Moral" (so aber Bach [Anm. 8], S. 474), sondern unabhängig von, also indifferent gegenüber moralischen Normen.
[24] So auch Michelsen (Anm. 4), S. 51.
[25] Niccolò Machiavelli: Il Principe/Der Fürst. Italienisch/Deutsch. Hg. und übersetzt von Philipp Rippel. Stuttgart 2007, S. 119.
[26] Ebd., S. 95 f.

identisch. Ebenso beurteilt Machiavelli alle Religion im politischen Zusammenhang ausschließlich im Hinblick auf ihre Funktion für die Herrschafts- und Ordnungssicherung:

> Wirklich gab auch niemals ein Mann, ohne zuvor zur Gottheit seine Zuflucht zu nehmen, einem Volke außergewöhnliche Gesetze, da sie sonst nicht angenommen worden wären; denn es gibt viel Gutes und in seinen Folgen Wohltätiges, das ein weiser Mann erkennt, das aber keine so in die Augen springenden Gründe hat, um andere davon zu überzeugen zu können. Kluge Männer nehmen daher zur Gottheit ihre Zuflucht, um diese Schwierigkeit zu beheben.[27]

Konsequent löst Machiavelli den Fürsten aus den ‚Banden' der Normativität, seien sie ethisch, seien sie rechtlich oder religiös; vielmehr erteilt er dem Fürsten die Lizenz, diese Felder des Normativen umfassend für das rein politische Ziel der Herrschaftssicherung zu instrumentalisieren und sie damit gleichsam ihrer normativen Qualität zu berauben. Von diesem unaufhebbaren Verdrängungsverhältnis von politischer Instrumentalität und wirksamer Normativität ist offenbar auch Gryphius überzeugt und lässt an dieser Einsicht seine Figuren teilhaben; den hochreflektierten politischen Rat Laetus lässt er zum Ende des Dialogs mit Bassian aussprechen:

> LAETUS. Wer offt das meiste weiß: gibt wenig auff Gewissen. (II, 99)

Noch wird das Ausschließungsverhältnis von politischem Wissen und moralischem Gewissen quantifiziert; das aber wird sich im Laufe des Stückes ändern. Politische Klugheit und rechtliche, moralische oder religiöse Normativität schließen sich nach Machiavelli, aber auch nach Laetus kontradiktorisch aus. Gleichwohl werden sowohl Papinian als auch sein Vater zwei Modelle einer Bindung von politischer Klugheit an eine juridische Normativität entwickeln, die allerdings ohne jede praktische Konsequenz bleiben.

Ohne jeden Zweifel ist die praktische Umsetzung reinpolitischer Klugheit eine durch das Stück kritisierte Haltung; Laetus wird auf grausame Weise auf offener Bühne hingerichtet; allerdings wird er zuvor Opfer einer idealtypischen machiavellistischen Intrige Bassians, der die Verantwortung am selbstverübten Mord auf seinen Rat abwälzt. Laetus, der selbst die Macht ergreifen wollte, nachdem Bassian für seinen Brudermord zur Rechenschaft gezogen worden wäre, unterliegt also schlicht der größeren Verschlagenheit seines Konkurrenten und

---

[27] Niccolò Machiavelli: Discorsi. In: ders.: Politische Schriften. Hg. von Herfried Münkler. Frankfurt am Main 1990, S. 125–269, hier S. 157.

wird somit Opfer jener „inumana crudeltà", die Machiavelli zur gewichtigen Eigenschaft des erfolgreichen Fürsten erhoben hatte.[28]

Zugleich *inszeniert* Gryphius mit Dialog und Machtkampf zwischen Bassian und Laetus ausnehmend anschaulich ein politikgeschichtliches Problem, das zwar schon Machiavelli *erkannt* hatte, aber erst Immanuel Kant *auf den Begriff zu bringen* vermochte: Kant wird nämlich zwischen moralisch- und technisch-praktischen Imperativen unterscheiden und dabei zeigen, welch substanzielle Differenzen die Reflexionsformen und Begründungsarten ‚politischer Klugheit' und ‚politischer Weisheit' ausweisen: Schon in der *Grundlegung zur Metaphysik der Sitten*,[29] präziser noch in den beiden *Einleitungen zur Kritik der Urteilskraft* unterscheidet Kant zwischen solchen Imperativen, die Regeln zur Erlangung eines bestimmten, empirischen Zweckes formulieren, und solchen, die „die Bestimmung ihrer Handlung, bloß durch die Vorstellung ihrer Form (nach Gesetzen überhaupt), ohne Rücksicht auf die Mittel des dadurch zu bewirkenden Objekts, als notwendig darstellen", und stellt fest, dass nur die letzteren „ihre eigentümlichen Prinzipien (in der Idee der Freiheit) haben". Kant geht in der Unterscheidung der genannten Imperative so weit, deren technisch-praktische Variante zu den „Vorschriften der Geschicklichkeit zur *Technik*, und mithin zur theoretischen Kenntnis der Natur, als Folgerungen derselben" zu rechnen, während die moralisch-praktischen Imperative der praktischen Vernunft angehören.[30] Nur letztere aber sind nach Kant in der Lage, normative Kraft, d. h. objektive Geltung und subjektive Verbindlichkeit, zu entwickeln. Nachdem seit Machiavelli herrschaftspolitisches Handeln zu eben solchen technisch-praktischen Imperativen und damit zu einem ‚Anhang der theoretischen Vernunft' reduziert worden war, suchten viele seiner oben zitierten Kritiker nichts anderes als eine erneute Bindung *dieses* Feldes der Politik an die normativen Fundamente einer praktischen Vernunft herzustellen.[31] Auch Gryphius erkennt nicht nur die substanzielle Differenz zwischen

---

28 Machiavelli: Principe (Anm. 25), S. 132.
29 Immanuel Kant: Grundlegung zur Metaphysik der Sitten. In: Kants Gesammelte Schriften. Hg. von der Preußischen [später: Deutschen] Akademie der Wissenschaften, Berlin 1900 ff. (im Folgenden AA Band, Seitenzahl), hier AA IV, S. 141 ff.
30 Beide Zitate aus: Immanuel Kant: Erste Einleitung in die Kritik der Urteilskraft. Nach der Handschrift. Hg. von Gerhard Lehmann. Hamburg ⁴1990, S. 7 f.; vgl. auch Immanuel Kant: Kritik der Urteilskraft. Hg. von Heiner Klemme. Hamburg 2001 (Philosophische Bibliothek 507), S. 9 f.
31 Siehe hierzu Gideon Stiening: Politisch-theologischer Anti-Machiavellismus. Die Rechtslehren Francisco de Vitorias, Philipp Melanchthons und Francisco Suárez'. In: Die Frühe Neuzeit. Revisionen einer Epoche. Hg. von Andreas Höfele, Jan-Dirk Müller und Wulf Oesterreicher. Berlin, Boston 2013 (Pluralisierung & Autorität 40), S. 357–390.

einer normfreien Klugheit und einer normativen Weisheit, er beteiligt sich mit seinem *Papinianus* an den Versuchen einer Rückbindung der prudentiellen *ratio status* an eine normative *ratio legis*, allerdings nicht ohne die – aus seiner Sicht – mörderischen Konsequenzen der reinen Staatsklugheit vollständig durchreflektiert zu haben.

Die allererst von Kant auf den Begriff gebrachte Distinktion zwischen der ‚Moral' – hier als Inbegriff von unbedingt gebietenden Gesetzen[32] – und der ‚Politik' – hier als rein prudentielle *techné* – als Erscheinungsformen praktischer und theoretischer Vernunft liegt aber der Sache nach schon den Kontroversen über die Staatsräson im 16. und 17. Jahrhundert in Philosophie *und Literatur* zugrunde.[33] *Staatsklugheit* ist als ‚Anhang der theoretischen Vernunft' bar jeder Normativität, sie ist folglich kein Teil der praktischen Philosophie; Gryphius' Laetus ist also der Wahrheit durchaus nahe. Als solche aber, d. h. als Fähigkeit „auf andere Einfluss zu haben, um sie zu seinen [d.i. hier des Staates und/oder des Fürsten] Absichten zu gebrauchen",[34] gehört sie auch für Kant zu den Kernkompetenzen neuzeitlicher Politik. ‚Von allen Banden', d. h. von aller Normativität frei zu handeln, ist für Gryphius wie für Kant – wenngleich grundlegend anders bewertet – die erste Bedingung der Möglichkeit realer Politik der Neuzeit. Dennoch suchen Gryphius und Kant – hierin durchaus verwandt – diesen in sich geschlossenen Bereich technisch-praktischer Imperative der Politik als ganzen an moralisch-praktische teloi zu binden. Allerdings wird Kants Lösung des Problems des Normativitätsdefizits solcher Politik gänzlich anders aussehen als diejenige des Barockdichters.[35]

---

32 Immanuel Kant: Zum ewigen Frieden. In: AA VIII, S. 370.
33 Das aber verkennt Münkler (Anm. 14), S. 46 ff. schon in seiner Rekonstruktion der Kontroverse zwischen Erasmus und Machiavelli. Für den Politologen Münkler, der Kant nicht an einer Stelle seiner Studie erwähnt, scheint es die Distinktion zwischen theoretischer und praktischer Vernunft nicht zu geben, weshalb seine Betrachtung der gesamten Debatte zur Staatsklugheit ungenügend bleiben muss.
34 AA IV, S. 416.
35 Vgl. hierzu Gideon Stiening: Empirische oder wahre Politik? Kants kritische Überlegungen zur Staatsklugheit. In: Kants Entwurf *Zum ewigen Frieden*. Hg. von Dieter Hüning und Stefan Klingner. Baden-Baden 2018, S. 259–276.

3 Princeps legibus solutus – der permanente Ausnahmezustand?

Ein zentraler Regelungsgegenstand für eine Begründung der politische Notwendigkeit jener Befreiung des Princeps von aller Norm bestand darin, dass die Machiavelli nachfolgenden Theoretiker der *ratio status*, aber auch Autoren einer rationalen – nicht lediglich klugen – Staatsrechts- und Souveränitätslehre die Vorgaben des Florentiner Politikers insofern konsequent weiterentwickelten, als der souveräne Gesetzgeber, der im gesamten 17. und noch im frühen 18. Jahrhundert mit der Exekutive und der Judikative identisch war, *über* den Gesetzen stehen musste, um deren Geltung und Verbindlichkeit zu garantieren.[36] Ein kurzer Blick auf Bodin lässt diese Argumentationsbewegung für die Notwendigkeit eines *princeps legibus solutus* erkennen:

> Ist also der souveräne Fürst schon an die Gesetze seiner Vorgänger nicht gebunden, dann erst recht nicht an seine eigenen Gesetze und Anordnungen. Denn es ist zwar durchaus möglich, dass einem von jemandem anderen das Gesetz vorgeschrieben wird, sich selber aber das Gesetz vorzuschreiben, ist von Natur aus ebenso unmöglich wie sich selber etwas zu befehlen, was vom eigenen Willen abhängt. Denn es heißt schon im Gesetz: ‚Nulla obligatio consistere, quae a voluntate promittentis statum cepit.' Dies ist *ein zwingender Beweis* dafür, dass der König seinen eigenen Gesetzen nicht unterworfen sein kann.[37]

Die Auswirkungen dieses „zwingenden Beweises" auf die nachfolgende politische Theorie können kaum überschätzt werden;[38] nicht nur übernehmen namhafte theologische und philosophische Herrschaftstheoretiker diesen *apriorischen* Nachweis des notwendigen Status eines Fürsten *extra* bzw. *supra legem* und erweitern ihn begründungstheoretisch oder prudentiell bis zu einem Grad, der es erlaubt, *contra legem* zu agieren.[39] Vor allem dient diese dem frühneuzeitlichen

---

36 Siehe hierzu u. a. Dieter Wyduckel: Princeps legibus solutus. Eine Untersuchung zur frühmodernen Rechts- und Staatslehre. Berlin 1979 (Schriften zur Verfassungsgeschichte 30).
37 Jean Bodin: Sechs Bücher über den Staat. Übersetzt und mit Anmerkungen versehen von Bernd Wimmer. Eingeleitet und hg. von Peter Cornelius Mayer-Tasch. 2 Bde. München 1981/ 1986, hier Bd. I, S. 214; vgl. hierzu auch Horst Denzer: Bodin. In: Klassiker des politischen Denkens. Hg. von Hans Maier, Horst Denzer und Heinz Rausch. 2 Bde. München 1985, Bd. I, S. 245–265, spez. S. 258.
38 Vgl. hierzu die präzisen Ausführungen von Michael Stolleis: Die Idee des souveränen Staates. In: Entstehen und Wandel verfassungsrechtlichen Denkens. Hg. von Reinhard Mußgenug. Berlin 1996 (Der Staat. Beiheft 11), S. 69–85.
39 Vgl. hierzu die ausführlichen Überlegungen Francisco Suárez' zu diesem Thema in Francisco Suárez: De legibus ac Deo legislatore. Liber III. / Über die Gesetze und Gott den Gesetzgeber. Buch III. Hg., eingeleitet und ins Deutsche übersetzt von Oliver Bach, Norbert Brieskorn, Gideon

Souveränitätsbegriff analytisch zukommende Bestimmung als entscheidende Grundlage dafür, staats- und herrschaftspraktische Klugheitslehren als notwendige Ergänzungen zur Staats*theorie* zu inthronisieren. Es ist erst der *notwendigerweise* über dem Gesetz stehende Fürst, für den eigene, gleichsam transjuridische und -ethische Regeln zu generieren sind, die folglich weder geltendem Recht bzw. geltender Ethik zu entnehmen, noch selbst rechtlich oder ethisch verfasst sind und daher aus utilitaristischen Herrschaftstechniken gewonnen werden können und müssen.[40]

Gleichwohl hat die reine Prudentialisierung der Handlungsmaximen des Herrschers bei Bodin und den meisten *ratio-status*-Vertretern ihre Grenze, denn für den Pariser „Politiker" bleibt jeder Princeps an die Normen zweier Rechtsfelder streng gebunden:

> Den Gesetzen Gottes und der Natur dagegen sind alle Fürsten der Erde unterworfen und es steht nicht in ihrer Macht, sich über sie hinwegzusetzen, ohne sich eines Majestätsverbrechens an Gott schuldig zu machen und damit offen Gott den Krieg zu erklären [...].[41]

Das Naturrecht wie die *leges divinae* begrenzen mithin auch für Bodin die Handlungsmöglichkeiten des ansonsten von keiner Norm eingeschränkten Fürsten. Noch der konfessionell und zeitlich Gryphius näher stehende Arnold Clapmarius wendet sich in seiner Souveränitätstheorie von 1605 zwar von der für den Princeps überzeitlich gültigen Norm des Naturrechts ab,[42] begrenzt den *status supra et contra legem*, den er ihm im Hinblick auf die positiven Gesetze zuschreibt, jedoch deutlich durch die göttlichen Gesetze. Noch für den bis ins späte 17. Jahrhundert einflussreichen Clapmarius[43] gelten folglich irgend normative „Bande", durch die der Fürst in seinem Handeln gebunden ist:

Stiening. 2 Bde. Stuttgart-Bad Cannstatt 2014, Kap. 35, sowie die – allerdings vertragtheoretisch elaborierten – Nachweise bei Thomas Hobbes: Leviathan oder Stoff, Form und Gewalt eines kirchlichen und bürgerlichen Staates. Hg. und eingeleitet von Iring Fetscher. Frankfurt am Main 1984, S. 136–144; zu Letzterem siehe Dieter Hüning: Freiheit und Herrschaft in der Rechtsphilosophie des Thomas Hobbes. Berlin 1998 (Schriften zur Rechtstheorie 185), S. 208–211.
40 Siehe hierzu vergleichbar Münkler (Anm. 14), S. 167 ff.; gerade weil in der Nachfolge Machiavellis keineswegs präzise zwischen den beiden teloi staatskluger Souveränität, der Erhaltung des Staates und der der Machtstellung des Princeps unterschieden wurde, tendiert die Staatsraison keineswegs ausschließlich zur Depersonalisierung der Macht in der Instrumentalisierung des Herrschers (ebd., S. 168), sondern vielmehr ebenso – bis heute – zur Nobilitierung des über allen Normen agierenden politischen Genies.
41 Bodin (Anm. 37), Bd. I, S. 214.
42 Arnold Clapmarius: De Arcanis Rerumpublicarum libri sex. Hg., übersetzt und eingeleitet von Ursula Wehner. Stuttgart-Bad Cannstatt 2014, S. 333 ff.
43 Siehe hierzu Münkler (Anm. 14), S. 285 ff.

> Gesetze zu geben obliegt der höchsten Herrschaftsgewalt, es ist das charakteristische Merkmal dessen, der im Gemeinwesen die erste Stelle einnimmt. Er ist nämlich derjenige, der Gesetze gibt, nicht annimmt, außer vom höchsten Gott.[44]

Auch Gryphius lässt Bassian in seiner Replik auf Laetus an diese Überzeugung einer Bindung jedes Herrschaftshandelns des Fürsten an die göttlichen Gesetze anknüpfen. Denn Bassian sucht seinen Rat zunächst eines Besseren zu belehren, indem er festhält, dass der *status* eines Fürsten *supra legem* entschieden begrenzt sei, nämlich durch die Furcht vor den Göttern, mithin der Angst vor der Übertretung der göttlichen Gesetze, an die sich auch jeder Fürst – wie bei Bodin oder Clapmarius – zu halten habe.[45] Für Bassian gelten zu diesem Zeitpunkt wenigstens noch die göttlichen Gesetze, die ein rein, d. h. ausschließlich prudentielles Handeln präzise einschränken. Dabei ist allerdings von entscheidender Bedeutung, dass es Laetus gelingt, den rechtspolitischen Diskurs vollständig in einen machtpolitischen zu überführen. Denn Bassian wird gegen die von ihm selbst aufgerufenen Rechte – Völkergemeinrecht und göttliche Gesetze[46] – den Bruder tatsächlich morden, ohne als Herrscher von Rechts wegen belangt werden zu können. Vielmehr wird er in der Überbietung der Intriganz seines Rates, der ihn mit Hilfe des politisch instrumentalisierten göttlichen Verbotes des Brudermordes zu beseitigen suchte, diesen ohne jede Referenz auf ein Recht zum eigentlich Schuldigen am Brudermord deklarieren – kraft Amt und Würde des Princeps. Dennoch wird Gryphius ihn an moralischen Skrupeln, jenem „rasend toll Gewissen" (V, 364), leiden lassen – doch dazu später.[47] Es zeigt sich also, wie genau diese kurze Passage durch eine engmaschige Kontextualisierung in die rechts- und staatspolitischen Debatten der Zeit einzupassen

---

44 Clapmarius (Anm. 42), S. 55.
45 Dies ist eine zeitgenössisch übliche Begrenzung der Staatsraison, wie man einer *Dissertatio de Ratione Status* Hermann Conrings aus dem Jahre 1651 entnehmen kann, vgl. hierzu Michel Stolleis: Machiavellismus und Staatsräson. Ein Beitrag zu Conrings politischem Denken. In: Staat und Staatsräson in der frühen Neuzeit. Studien zur Geschichte der öffentlichen Rechts. Hg. von dems. Frankfurt am Main 1990, S. 73–105, spez. S. 79 ff.
46 Bis zu dieser Passage des Stückes ist mithin von Naturrecht (auch dem melanchthonischen), das die zeitgenössische Rechtstheorie deutlich von Völkerrecht und göttlichem Gesetz unterschied, keine Rede; so aber Kühlmann (Anm. 4, S. 230 ff.) und in dessen Fahrwasser bspw. Barner (Anm. 4), S. 235 f.; Michelsen (Anm. 4), S. 49 ff; Nicola Kaminski: Andreas Gryphius. Stuttgart 1998, S. 151; Bach (Anm. 8), S. 474 f.
47 Gerade weil Laetus Bassian von der Notwendigkeit des Brudermordes überzeugt, ist schwer verständlich, warum Schäfer (Anm. 9, S. 277) meint, beide Positionen stünden sich aporetisch gegenüber; vielmehr zeigt der politisch erfahrene Gryphius, dass der Wirkmacht der gewaltlegitimierenden Staatsklugheitslehren keine prinzipientheoretische Referenz auf Normativität gewachsen ist.

ist bzw. wie allererst diese Kontexte den Gehalt des literarischen Textes erläutern können.[48] Dennoch macht die Aussage des Laetus historisch nicht wenig Schwierigkeiten: Ist das Urteil Bassians zur Eingrenzung der Herrschermacht mithilfe von Völkergemeinrecht und göttlichen Gesetzen durch zeitgenössische Kontexte erkennbar gedeckt, so ist aus der Frühen Neuzeit kein Autor – außer Machiavelli – bekannt, der behauptete, der Souverän eines Staates sei „von *allen* Banden frey".[49] Gleichwohl wird diese radikale Variante der *ragion di stato* im Laufe des Stückes noch einmal wiederholt; so führt Cleander an Bassian gewandt über Papinian aus:

> Der unbewegte Geist der nur vor billich hält
> Was Themis leichter Schaar zu scharffer Richtschnur stellt
> Und gar nicht überlegt daß hoher Fürsten Leben
> Nicht der Gesetze Zwang *von jemand* untergeben /
> Entsetzt sich was zu thun das dem zu nahe scheint /
> Das er vor heilig schätzt (IV, 13–18; Hvhb. von mir)

Auch für den kaiserlichen Bediensteten Cleander ist offenkundig unstreitig, dass sich Papinian einerseits unbedingt – „unbewegt" – an die Bestimmungen der juridischen Gerechtigkeit hält, dass er andererseits jedoch übersieht, dass jeder Fürst als Souverän dieser Gerechtigkeit nicht unterworfen ist, und zwar in keiner ihrer Erscheinungsformen. Für Cleander ist das Leben jedes Fürsten keinerlei Zwang, weder dem irdischer noch dem göttlicher Gesetze, unterworfen, also auch für ihn „von allen Banden frey". Diese *politische* Tatsache des *princeps legibus solutus* – deren rechtlicher Charakter, den ihr die zeitgenössische Debatte in Teilen zuschreibt, durch das Stück nicht reflektiert wird[50] – übersieht Papinian. Dafür gibt es Gründe, die in der theonomen Fundierung der Rechtstheorie des römischen Juristen aufzufinden sind. Bevor zu einer Analyse seiner der reinen *ratio status* entgegenstehenden Position überzugehen ist, soll an einem weiteren illustrierenden Kontextualisierungsbeispiel die spezifische Kontur der von Laetus,

---

48 Der rechtshistorische Kontext des Stückes ist folglich nicht gegen anderen Kontexte zu verrechnen, um – mehr den Dogmen des Poststrukturalismus huldigend als einer analytischen Betrachtung des Stückes nachkommend – die Einheit des *Papinianus* zu ‚dekonstruieren' (so aber Kaminski [Anm. 46], S. 153 ff. und Schäfer [Anm. 9], S. 288).
49 So auch Michelsen (Anm. 4), S. 51 ff.
50 So ist für Clapmarius der Status *legibus solutus* ein dem Princeps zukommendes *Recht*; vgl. hierzu Gideon Stiening: Das Recht auf Rechtlosigkeit. Arnold Clapmarius' *De Arcanis rerumpublicarum* zwischen politischer Philosophie und Klugheitslehre. In: Nürnbergs Hochschule in Altdorf. Beiträge zur frühneuzeitlichen Wissenschafts- und Bildungsgeschichte. Hg. von Hanspeter Marti und Karin Marti-Weissenbach. Wien, u. a. 2014, S. 191–211.

dann auch von Bassian und Cleander kultivierten reinen Staatsklugheit veranschaulicht werden.

Denn Laetus' und Cleanders Argumente sind zum einen streng säkular; sie sind zum anderen – wie schon mit Bezug auf Kant entwickelt – ohne Bezüge auf eine praktische Vernunft. Wie skizziert, ist dies eine für das 16. und 17. Jahrhundert bemerkenswerte, ungewöhnliche Position, weil es von Botero über Clapmarius bis hin zu Achenwall und Kant dem Gros der Machiavelli-Kritik darum zu tun war, eine Bindung der *Ratio-Status*-Lehre an spezifische Formen von Normativität herzustellen.[51] Diese Rückbindung politischer Klugheit an tragfähige Normkonzepte wurde nicht allein in der Theorie unternommen; auch politische Praktiker, wie Erzherzog Ferdinand II., begriffen sich zwar als „absolute Fürsten", waren aber zugleich fest davon überzeugt, dass „politischer Erfolg auf christlichen Prinzipien beruhen müsse".[52]

Erst im 20. Jahrhundert scheint eine Position entwickelt worden zu sein, die der strengen Anti-Normativität der gryphschen „Stats-Sucht", die keineswegs eine *Herrschafts*sucht ist, entspricht – allerdings ohne Gegenstand einer Kritik zu sein wie bei Gryphius: Carl Schmitts Lehre vom Ausnahmezustand. Der Berliner Staatsrechtler hatte nämlich in seiner *Politischen Theologie* von 1922 den Ausnahmezustand als zentrale Kategorie der Souveränität dadurch bestimmt, dass er ohne *alle* Normativität sei:

> Weil der Ausnahmezustand immer noch etwas anders ist als eine Anarchie und ein Chaos, besteht im juristischen Sinne immer noch eine Ordnung, wenn auch keine Rechtsordnung. Die Existenz des Staates bewährt hier eine zweifellose Überlegenheit über die Geltung der Rechtsnorm. Die Entscheidung macht sich *frei von jeder normativen Gebundenheit* und wird im eigentlichen Sinne absolut.[53]

Bedeutet für Laetus und Cleander der politische Normalzustand des Souveräns dessen Freiheit von aller Normativität, weil nur der *princeps legibus solutus* die Geltung des Rechts garantieren kann, so ist es für Carl Schmitt der staatspolitische Ausnahmezustand, dessen Beherrschung allerdings zur Bedingung der Möglichkeit echter Souveränität erhoben[54] und von jeder Normativität entbunden wird. Nur diese ‚Freiheit' des Souveräns – recht eigentlich eine

---

51 Michael Behnen: „Arcana – haec sunt ratio status". Ragion di Stato und Staatsräson. Probleme und Perspektiven. In: Zeitschrift für historische Forschung 14 (1987), S. 129–195.
52 So gemäß der exzellenten Studie von Peter H. Wilson: Der Dreißigjährige Krieg. Eine europäische Tragödie. Darmstadt 2017, S. 101.
53 Carl Schmitt: Politische Theologie. Vier Kapitel zur Lehre von der Souveränität. Berlin ⁹2009, S. 18; Hvhb. von mir.
54 Nach der berühmten Festlegung: „Souverän ist, wer über den Ausnahmezustand entscheidet." (Ebd., S. 13).

Berechtigung zur bedingungslosen Willkür – ermöglicht dem Herrscher die Ausrichtung des Handelns am *telos* der Selbsterhaltung, weil nur er – dezisionistisch – entscheiden kann und soll, wie jenes Ziel zu erreichen ist. Schmitt beeilt sich zwar zu betonen, dass diese Legitimität und Kompetenz zur radikalen Dezision dem Souverän nur zugeschrieben wird, damit er die Wiedereinsetzung des rechtlichen Normalzustandes ins Werk setze.[55] Klar bleibt dennoch, dass dem Souverän nach Schmitt die Berechtigung zur Ausrufung, Behandlung und Beendigung des Ausnahmezustands grundsätzlich, also auch und gerade im Normalzustand der Rechtsgeltung zukommen muss. Erreicht Schmitt damit die stets angestrebte Transformation eines Strukturmomentes des politischen Absolutismus in die moderne Staatstheorie, so kann schon ein Blick auf Gryphius' *Papinianus* zeigen, dass die *Legibus-solutus*-Lehre den Ausnahmezustand auf Dauer zu stellen bemüht war. Wird das Recht auf Rechtlosigkeit bei Clapmarius in Schmitts Theorie zur Legitimität und Notwendigkeit einer „Autorität" herangezogen, die, „um Recht zu schaffen, nicht Recht zu haben braucht",[56] so dokumentiert Gryphius, zu welchen Mitteln der im ständigen Ausnahmezustand befindliche Princeps zur Aufrechterhaltung seiner Macht greifen kann und muss. Allerdings hat nicht erst die Schmitt-Kritik des 20. Jahrhunderts,[57] sondern schon Gryphius im *Papinianus* eine grundlegende – d. h. nicht allein politische – Kritik an der These eines Ausnahmezustands bzw. einer Existenz ‚frei von *allen* Banden' entwickelt.

4 Rechts- oder Gewissenspflichten?

Entscheidend ist nämlich, dass die zentrale Figur des Stückes, Papinian, jene von Laetus geforderte, von Bassian letztlich übernommene und von Cleander wiederholte Universalisierung einer rein prudentiellen, am Machterwerb, -erhalt und -ausbau interessierten *prudentia politica* nicht mitträgt – oder mehr noch: dem es in seiner Funktion als politischer Berater des Fürsten darum zu tun ist, dessen Macht durch die Aufrechterhaltung der Geltung überpositiver Normen und Gesetze zu begrenzen. Schon auf die zentrale These aller radikalen politischen Klugheit, die oben zitierte Ersetzung nämlich des Gewissens durch das Wissen entgegnet der dieser Überzeugung gar nicht abgeneigte Bassian:

---

55 Ebd., S. 19.
56 Ebd.
57 Siehe hierzu u. a. Wolfgang Pircher (Hg.): Gegen den Ausnahmezustand. Zur Kritik am Carl Schmitt. Wien 1999.

> LAETUS. Wer offt das meiste weiß: gibt wenig auff Gewissen.
> BASSIAN. Recht. Doch Papinian ist allhir auß zu schlissen. (II, V. 99 f.)

Der im Rahmen einer Universalisierung politischer Klugheit als verstockter Sünder der *conscientia* agierende Papinian ist schon bei der Grundlegung frühneuzeitlicher Politik nicht als Kombattant zu haben; auf sein Gewissen scheint dieser juristische Ratgeber nicht verzichten zu wollen oder zu können. Welches Verhältnis aber entwickelt Gryphius zwischen einer *prudentia politica*, dem Rechtsprinzip und den Gewissenpflichten?

Sieht man sich lediglich die kurze Szene an, in der Papinian gegenüber Cleander seine Gründe dafür erläutert, warum er den Mord des Kaisers an seinem Bruder nicht legalisieren will,[58] ergibt sich zunächst das folgende Bild: Rechtsbruch ist nach Papinian unter keinen Umständen zum Recht zu erklären:

> CLEANDER. Was kann man weiter tun, bei schon verübten Sachen?
> PAPINIAN. Verübte Gräuel nicht zu Recht und Tugend machen.

Nach langwierigen Debatten mehr moralischer Natur und in Auseinandersetzung mit dem historischen Vorbild Nero, also gleichsam *case law*-Argumenten, wird es gegen Ende des Dialogs endlich grundsätzlich: Der Grundsatz, der die Geltung des überpositiven Rechts unter allen Umständen einfordert, richtet sich aber zugleich gegen den Überlebenswillen Papinians. Cleander ist nämlich überzeugt, dass der Rechtsgelehrte mit seinem Leben spielt, sollte er dem politischen Interesse nach Rechtsbeugung nicht nachkommen. Darauf antwortet Papinian mit einem ersten rechtpraktischen Glaubensbekenntnis:

> PAPINIAN. Wer vor die Wahrheit stirbt, pocht aller Zeiten Not. (III, V. 472)

Dieser Grundsatz scheint weniger eine Zurückweisung der Hobbesschen Disjunktion zwischen *veritas* und *auctoritas* zu sein[59] als vielmehr der Hinweis darauf, dass die bestehenden überpositiven Gesetze nicht durch rechtspflegerische

---

58 Es ist von erheblicher Bedeutung zu erkennen, dass sich Papinian keineswegs gegen das politische Begehren des Kaisers wendet, den Mord an Getus zu entschärfen, d. h. politisch zu „beschönigen" (so aber Bach [Anm. 8], S. 491f. u.ö.; ähnlich Albrecht Koschorke: Kap. II.10.5 Märtyrer/Tyrann. In: Kaminski und Schütze (Anm. 9), S. 655–667, hier S. 656, der vom „verbrämen" spricht, sowie Tschachtli [Anm. 15], S. 152); vielmehr wehrt er sich dagegen, diesen Akt der Willkürherrschaft zu *legalisieren*. Der Grund für diese Verweigerung aber ist selber weder politisch noch rechtlich verfasst, sondern ausschließlich religiös.
59 So aber Bach (Anm. 8), S. 488.

Tricks außer Kraft zu setzen sind: Brudermord bleibt Brudermord und damit – nach den Rechtsvorstellungen des Stücks – ein Verstoß gegen das Recht überhaupt und dessen Autorität. Die Papinianische *veritas* ist hier eine praktische mit überpositivem Status, sie ist als Recht heilig, also unantastbar, so dass ein Verstoß gegen sie zugleich Sünde ist, die zu legalisieren vergebene Liebesmüh bleibt. Dies zu verdeutlichen und einzuhalten sieht der Rechtstheologe Papinian als seine Pflicht an:

> PAPINIAN. Ich muss das heilige Recht vor tausend Fürsten ehren (III, V. 474)

Recht ist nach diesem Urteil gegen *jedes* politische Interesse zu schützen, beziehe es sich auf die Gebote zur Einhaltung der Ehre Gottes, auf den Kampf gegen Ungläubige oder auf die Widerrechtlichkeit des Brudermordes. Solche Rechtspflicht, der sich Papinian hier unterworfen sieht, ist die stärkste nur denkbare: sie ist unbedingt – zumindest gegenüber den politischen Interesse der Herrschenden. Dabei ist die Zuweisung des Prädikats ‚heilig' keineswegs auf die Gattung der göttlichen Gesetze beschränkt, sondern bezieht sich offenbar auf alle Gesetzesformen, die heilig, also unantastbar, sind durch politische Absichten.[60] Diese Argumentation kann aber nur allgemeinen Kohärenzkriterien entsprechen, also überzeugend bleiben, wenn es überhaupt so etwas gibt wie überpositives Recht, dem auch jeder Fürst, welche politischen Interesse er auch habe, unterworfen bleibt und das allen anderen Gesetzesformen Geltung und Verbindlichkeit verschafft.[61] Um eben diese Fragen ringt das weitere Gespräch zwischen Papinian und Cleander. In Aufnahme der oben zitierten Problematik zur Stellung des Princeps als Gesetzgeber zu den von ihm erlassenen Gesetzen heißt es nämlich:

> CLEANDER. Der Recht und Satzung gibt, hebt offt die Satzung auf
> PAPINIAN. Nicht die der Völker Schluß erhält in stetem Lauff.
> CLEANDER. Die Römische Taffeln selbst sind durch die Zeit vertrieben
> PAPINIAN. Der Götter ewig Recht ist stets im schwange bliben. (III, 483–486)

Bezieht sich Cleander zunächst auf positives, d. h. gegebenes menschliches Gesetz, das stets wandelbar bleibt – und damit auch, so seine Insinuation, nur

---

60 Das gilt noch für Kant, der selbst in der Aufklärungsschrift von heiligen Rechten der Menschheit (z. B. auf Aufklärung) spricht; vgl. AA VIII, S. 39.
61 Vgl. hierzu vor allem Gerald Hartung: Die Naturrechtsdebatte. Geschichte der Obligatio vom 17. bis 20. Jahrhundert. Freiburg im Breisgau, München ²1999.

Instrument der Rechtssetzungsmacht ist –, so rekurriert Papinian auf Formen überpositiven und daher notwendig unwandelbaren, ewigen Rechts: auf Völkerrecht und göttliches Recht.[62] Papinians rechtspolitische Argumentation zeigt ihn als Vertreter und Verteidiger eines grundlegend göttlichen Rechts, das nur dann seine seit Augustinus akzeptierte Funktion, Maßstab positiven menschlichen Rechts zu sein,[63] erfüllen kann, wenn es den Veränderungen der Zeit *nicht* ausgesetzt ist.

Dieser Status aber – und daran lässt sich der neuzeitliche Weitblick der gryphschen Argumentation ermessen – wird von Cleander noch in Frage gestellt:

> CLEANDER. Es wird [d.i. der Götter ewig Recht], wie was nur ist, in seiner Nacht vergehn. (III, 487)

Das ist eine für die epistemische Situation des mittleren 17. Jahrhunderts bedeutsame Aussage; der der Sphäre des kaiserlichen Herrschers zugehörige Bedienstete Cleander bestreitet hier die Existenz überpositiven Rechts, und zwar der höchsten Form überpositiven Rechts: der göttlichen Gesetze. Denn als zeitlich veränder- ja aufhebbares ist jedes göttliche Recht seiner seit Augustinus entscheidenden Qualität beraubt: ewig zu sein.[64] Gryphius inszeniert mit dieser unerhörten Aussage Cleanders präzise die Erosionsmacht rein prudentieller Politik, die nicht nur – befreit von aller Normativität – deren Geltung und Verbindlichkeit zerstört, so am Beispiel Bassians, dessen früher Positionswechsel die praktische Wirkungslosigkeit von Völker- und Gottesrecht dokumentiert; auch zeigt der Autor des *Papinian* an der Figur des Cleander, dass die *ratio status* notwendig, wie schon bei Machiavelli, auch auf theoretischer Ebene einen enormen Säkularisierungsdruck mit sich bringt, weil sie auf dem Feld normativer Ordnungen die

---

62 Erneut ist darauf hinzuweisen, dass auch Papinian, wie schon Bassian, sich auf das Völkergemeinrecht und das *ius divinum* als überpositive Formen des Rechts bezieht, eine *lex naturalis* bzw. ein *ius naturae* wird auch von ihm nicht bemüht; vgl. hierzu meine Ausführungen in Anm. 46.
63 Vgl. hierzu u. a Gerhard Krieger, Rolf Wingendorf: Christsein und Gesetz. Augustinus als Theoretiker des Naturrechts (Buch XIX). In: Augustinus. De civitate dei. Hg. von Christoph Horn. Berlin 1997, S. 235–258 sowie Gideon Stiening: Lex naturalis est prima participatio legis aeternae. Zum Verhältnis von lex aeterna, recta ratio und lex naturalis bei Francisco Suárez. In: Die Naturrechtslehre des Francisco Suárez. Hg. von Oliver Bach, Norbert Brieskorn und Gideon Stiening. Berlin, Boston 2017, S. 25–62.
64 Siehe hierzu Georg Wieland: Art. Gesetz, ewiges. In: Historisches Wörterbuch der Philosophie. Bd. 3. Hg. von Joachim Ritter. Darmstadt 1974, S. 514–516.

Funktionslosigkeit einer transzendenten Instanz ausführt.[65] Eine Verzeitlichung göttlichen Rechts hebt dessen Substanz auf und damit jegliche rechts-praktische Funktion der Gottesinstanz.[66] Natürlich muss Papinian dieser grundstürzenden Ansicht mit allem Nachdruck entgegnen:

> PAPINIAN. Es wird [d.i. das göttliche Recht], wenn alles hin, in den Gewissen stehn. (III, 488)

Cleanders skandalöser Auffassung von der Verzeitlichung und damit Negation göttlichen Rechts hält der römische Jurist die Instanz des menschlichen Gewissens entgegen, das die raumzeitliche Indifferenz göttlicher Gesetze garantiere. Es ist also eine Konstante praktischer Anthropologie, die offenbar selbstevidente Tatsache der Existenz eines Gewissens in der Natur des Menschen, die die Geltung überpositiven Rechts zu tragen hat; wenn überhaupt, dann verweist diese Wendung auf das 18. Jahrhundert.[67]

Zunächst ist zu dieser zentralen, programmatischen Aussage Papinians und damit des gesamten Stückes festzuhalten, dass deren Gehalt nicht allein die radikale, rein machiavellistische Variante der *legibus solutus*-Theorie in Frage stellte, sondern *ineins damit* die schmittsche Theorie des Ausnahmezustands aushebelte, weil sie deren Grundlage bestreitet: die Möglichkeit eines Zustands bar jeglicher Normativität. Denn selbst „wenn alles hin" – selten ist der Ausnahmezustand prägnanter in eine Formel gefasst worden –, bleibt das Gewissen des einzelnen Menschen als Ort und Wirkmacht normativer Ordnung in Kraft. Einen Ausnahmezustand als Abwesenheit aller Form von Normativität kann es für einen Rechts*theologen* mithin gar nicht geben.[68]

---

65 Siehe hierzu u. a. Kurt Flasch: Das philosophische Denken im Mittelalter. Von Augustinus bis Machiavelli, Stuttgart 1986, S. 575.
66 Vgl. hierzu u. a. Gideon Stiening: Urheber oder Gesetzgeber? Zur Funktion der Gottesinstanz im Naturrecht des Francisco Suárez (DL II. 6.). In: Die Naturrechtslehre des Francisco Suárez (Anm. 63), S. 91–112.
67 Zur Kontroverse in der Forschung über den geistesgeschichtlichen Stand des Barockdichters vgl. u. a. Bach (Anm. 8), S. 464 f. und Schäfer (Anm. 9), S. 273 f.
68 Das ist immerhin allein deshalb bemerkenswert, weil es Schmitt darum zu tun war, alle Rechtstheorie in eine politischen Theologie zurückzuführen; die Theorie vom Ausnahmezustand ist aber durch dessen Definition theologisch nicht einzuhegen, es sei denn man interpretierte ihn ebenfalls radikal theologisch: denn einzig der Moment des Advent Christi ist für das christliche Welt- und Selbstverständnis jener Moment der Umwertung aller Werte und daher für kurze Zeit ‚bar jeder Normativität'; allerdings wäre dann die Annahme, dass über diesen Moment ein politischer Souverän zu befinden habe – wie theologisch seine Souveränität auch immer begründet sein mag – helle Blasphemie.

Das *forum conscientiae* ist aber den Veränderungen des *positiven Rechts* und selbst seiner vollständigen Aufhebung gegenüber nur deshalb indifferent, weil es dem Gros der Moraltheorien der Frühen Neuzeit als innerweltliches *forum dei* galt.[69] So heißt es bei dem Jesuiten Francisco Suárez:

> Ratio autem dubitandi esse potest, quia forum conscientiae est forum Dei; sed homo non potest obligare in foro Dei; ergo nec in foro conscientiae.[70]

Auch für den Protestanten Samuel von Pufendorf gibt es eine unmittelbare Verbindung zwischen der Wirksamkeit des Gewissens und der Geltung religiöser Normen:

> Denn ohne Bindung an das Gewissen wären bei den Herrschern alle Amtspflichten einschließlich des Richterspruches für Geld zu haben.[71]

Für beide Autoren gilt bei aller konfessionellen Differenz, dass das Gewissens *erstens* der Ort und damit die Garantie der innerweltlichen Wirksamkeit Gottes in normativer Hinsicht ist, deren Inhalte folglich notwendig zeitlos sein müssen, und dass die *conscientia zweitens* nicht allein für die Tugendpflichten, sondern auch für die Verbindlichkeit von Rechtspflichten unentbehrlich ist.[72] Eine konsequente Synthese der Theorien zur notwendigen Verbindung von Gesetz und Gewissen lieferte für die zweite Hälfte des 17. Jahrhunderts der anglikanische Theologe Robert Sanderson, der in weitgehender Anbindung an Suárez eine strenge Bindung von göttlichen *und* menschlichen Gesetzen an eine *obligatio in*

---

69 Siehe hierzu auch Okko Behrends: Papinians Verweigerung oder die Moral des Juristen. In: Literatur und Recht (Anm. 4), S. 243–291, hier S. 244.
70 Suárez (Anm. 39), III.2, S. 20.
71 Samuel von Pufendorf: Über die Pflicht des Menschen und des Bürgers nach dem Gesetz der Natur. Hg. und übersetzt von Klaus Luig. Frankfurt am Main 1994 (Bibliothek des deutschen Staatsdenkens 1), S. 57 u.ö.
72 Zu Suárez' Gewissenstheorie vgl. Mathias Perkams: Gesetz und Gewissen. Die historischen Hintergründe der Position des Thomas von Aquin und ihre Rezeption bei Cajetan und Suárez. In: Ethik und Politik des Aristoteles in der frühen Neuzeit. Hg. von Christoph Strosetzki. Hamburg 2016 (Archiv für Begriffsgeschichte. Sonderheft 12), S. 123–146; zu Pufendorf vgl. Hans Welzel: Gesetz und Gewissen. In: ders.: Abhandlungen zum Strafrecht und zur Rechtsphilosophie. Berlin 1975, S. 297–314, hier S. 299 sowie Frank Grunert: Äußere Norm und inneres Gewissen. Das Gewissen in den Naturrechtslehren von Samuel Pufendorf und Christian Thomasius. In: Das Gewissen in den Rechtslehren der protestantischen und katholischen Reformation. – Conscience in the Legal Teachings of the Protestant and Catholic Reformations. Hg. von Michael Germann und Wim Decock. Leipzig 2017 (Leucorea-Studien zur Geschichte der Reformation und der Lutherischen Orthodoxie 31), S. 297–312.

conscientia entwickelte.[73] Veröffentlicht ein Jahr nach Gryphius' *Papinian* und in dessen Geist entwickelt Sanderson in *De Obligatione Conscientiae* auf der Grundlage eines obligationstheoretischen Voluntarismus die strenge Notwendigkeit der Gewissensverpflichtungen auch staatlicher Gesetze.

Vorausgesetzt ist in dieser Argumentation, dass es überhaupt so etwas wie ein Gewissen als Hort wirksamer Normativität gibt und dass diese Instanz unter keinen Umständen durch ein Wissen von den Maximen der Politik aufzuheben ist. Diese Ansicht ist jedoch – wie Hobbes' Texte zeigen – schon ab Mitte des 17. Jahrhunderts keineswegs mehr selbstverständlich.[74] Für Hobbes ist das Gewissen nur mehr ein subjektives Fürwahrhalten, dessen Aufrufen gegen gesetzliche Bestimmungen schlicht als Revolte zu werten ist.[75] Papinian aber hält einige Zeilen später ausdrücklich fest, dass sich sein Gewissen *nicht* durch sein Ich als Wissendes (auch der positiven Gesetze) zwingen lasse. (III, 506) Dazu kann es auch nicht gezwungen werden, denn als *forum dei* ist das Gewissen der unzerstörbare Hort aller Normativität,[76] woran *zum einen* erkennbar wird, dass der Moraltheologie für die Politik- und Rechtstheorien in der Frühen Neuzeit – außer der des Thomas Hobbes – eine konstitutive Bedeutung zukommt. Ethik und Recht werden noch nicht wie in der Aufklärung seit Hobbes unterschieden. *Zum anderen* wird ersichtlich, dass vielen Zeitgenossen noch des späten 17. Jahrhunderts nur durch diese Bindung der rechtlichen und ethischen Normativität an theonome Verbindlichkeitsinstanzen eine Abwehr gegen die Universalität der technisch-praktischen und deshalb säkularen *ratio status* garantiert schien. Zumindest gilt dies für Suárez ebenso wie für Gryphius oder Pufendorf.[77]

Der Grund für die Ignoranz des *prefectus praetorio* gegenüber den auch als politische *und* rechtliche Errungenschaft der Neuzeit interpretierbaren Staatsklugheitslehre[78] ist folglich ein ausschließlich religiöser: Papinians Ausrichten

---

73 Vgl. hierzu Robert Sanderson: De Obligatione Conscientiae. London 1660; zu dessen Bedeutung für eine rechtslogische Funktionalisierung des Gewissens und damit einer Verbindung von Rechts- und Tugendpflichten vgl. Hartung (Anm. 61), S. 74 ff.
74 Hobbes: De Cive (Anm. 22) S. 387 ff. und ders.: Leviathan (Anm. 39), S. 50 f. u. S. 261.
75 Siehe hierzu u. a. Mark Hanin: Thomas Hobbes's Theory on Conscience. In: History of political Thoughts 33.1 (2012), S. 55–85.
76 So auch Schings (Anm. 4), S. 196, für den allerdings das Gewissen „zum Hauptmotiv" des Stückes avanciert; kritische Distanz hätte erkennen lassen, dass der Gewissen-Diskurs nur Mittel ist für die intendierte theologische Botschaft, die gleichwohl durch das Scheitern des Protagonisten auf ganzer Linie pessimistisch grundiert ist.
77 Siehe hierzu die exzellente Studie von Behrends (Anm. 69) S. 243–291.
78 Vgl. hierzu Münkler (Anm. 14), S. 165 ff. sowie Stolleis (Anm. 45), S. 15 ff.

an der Richtschnur der Überzeugungen der Themis hat streng religiösen Charakter, weil er deren Normen „vor heilig" schätzt (IV, 18).[79] Cleander hat also erkannt – und zwar anders als Bassian, der ihn anschließend davon überzeugend will, dass Papinians rechtlicher Absolutismus letztlich politischen Charakter hat –, dass er es bei Papinian mit einem ‚ausübenden Rechtstheologen' zu tun hat, der sein Handeln religiös und theologisch legitimiert, d. h. der das Ausrichten des eigenen Handelns und die Wertung fremder Handlungen an rechtlichen und ethischen Normen nicht im wohlverstandenen Eigeninteresse – der Verwirklichung der eigenen Freiheit bzw. als Bedingung eines sicheren und stabilen Gemeinwesens – vollzieht, sondern als Gehorsam gegenüber den göttlichen Geboten, und für den folglich jeder Gesetzesbruch eine Sünde darstellt. Insofern ist die in der Forschung vorgetragene psychologisierende Analyse, Papinian handele egoistisch, weil es ihm in seiner *constantia* letztlich nur um sein eigenes Seelenheil zu tun sei,[80] nicht allein aus historischer, sondern auch aus theologisch-systematischer Perspektive irrational, weil Verstöße gegen göttliche Gebote – nach Augustinus *die* Definition von Sünde[81] – unter allen Umständen zu vermeiden sind. Und diese Umstände können auch das Leben des eigenen Sohnes betreffen.[82] Erst die Erkenntnis, dass Papinian als gestrenger Rechtstheologe agiert, kann seinen Fanatismus erläutern.[83]

Die in ihrer religiösen Fundierung notwendig kompromisslose Rechtstheologie konfrontiert das Stück mit einer Staatsklugheitskonzeption, die ebenso kompromisslos und konsequent eine säkulare Politkonzeption vertritt. Dabei ist unverkennbar, dass die Sympathien des Stückes und ihres Autors auf Seiten

---

79 So auch Schings (Anm. 4), S. 178 f., der allerdings Gryphius' Zweifel ob der Leistungsfähigkeit jener „transzendenten Macht [...], die die Ordnung des Rechts garantiert", unterschätzt; zwar muss auch Bassian scheitern, aber nicht durch das Wirken der Themis, sondern durch den Arm der ratio status, die sich in der Folge Macrinus' bedient.
80 So u. a. Kaminski (Anm. 46), S. 154 ff.; Stefanie Arend: Rastlose Weltgestaltung. Senecaische Kulturkritik in den Tragödien Gryphius' und Lohensteins. Tübingen 2003 (Frühe Neuzeit 81), S. 147, sowie Franz Fromholzer: Gefangen im Gewissen. Evidenz und Polyphonie der Gewissensentscheidungen auf dem deutschsprachigen Theater der Frühen Neuzeit. München 2013 (Ethik – Text – Kultur 8), S. 178.
81 Augustinus: Contra Faustum manichäum, 22. 27.
82 Insofern ist die Alternative „Politik versus Individualethik" (so Wolfgang Braungart: Vertrauen und Opfer. Zur Begründung und Durchsetzung politischer Herrschaft im Drama des 17. und 18. Jahrhunderts [Hobbes, Locke, Gryphius, J. E. Schlegel, Lessing, Schiller]. In: Zeitschrift für Germanistik NF 2 [2005], S. 277–295, hier S. 286 f.) für den *Papinian* schlicht falsch, weil sich vielmehr eine streng technisch-praktische Staatsklugheit und eine theonome Staatsweisheit gegenüberstehen, die beide – zu Recht – Anspruch auf erfolgreiche Politik haben.
83 So auch – allerdings völlig unkritisch – Schings (Anm. 4), S. 195.

des religiösen Rechtsfanatismus seines Protagonisten liegen und nicht auf Seiten der Vertreter der „Stats-Sucht". Gleichwohl muss man festhalten, dass Laetus nur stirbt, weil er nicht staatsklug *genug* ist,[84] Papinians Rechtstheologie dagegen der Macht der *ratio status* letztlich nicht gewachsen ist, und zwar gerade aufgrund seiner *constantia*, obwohl er buchstäblich *alles* für die Geltung und Verbindlichkeit der entscheidenden Instanz der Heiligkeit des Rechts einzusetzen bereit ist: das Gewissen.[85] Doch auch wenn die Unbedingtheit der Gebote der *conscientia* für Papinian und seinen Sohn tödlich ist, dokumentiert das Stück an einer anderen Stelle, dass dieser Gewissensdogmatismus keineswegs Ausfluss seiner subjektiven Idiosynkrasie ist; vielmehr ist es der durch Laetus zur konsequenten *ratio status* konvertierte und auf dieser Grundlage zum Mörder an seinem Bruder gewordene Bassian, der die mehr als subjektive Geltung und Wirksamkeit dieser Instanz wider Willen belegt: Zwar kann ihn kein positives Gesetz belangen, gemäß seiner und seiner Umgebung Auffassung auch kein überpositives Gesetz, weil es diese Gesetzesgattung – wie gesehen – für die *ratio status* nicht gibt, gleichwohl muss er – dem Wahnsinn nahe – in seiner letzten Aussage eingestehen, dass er die Qualen eines schlechten Gewissens auch als erfolgreicher Politiker nicht loswerden kann:

> Wie wir durch Beil und Stahl zu wütten sind geflissen
> So wüttet in und selbst ein rasend toll Gewissen (V, 363 f.)

Es ist also ausgerechnet der mehrfache Mörder Bassian, der Wahrheit und Wirklichkeit der anthropologischen Voraussetzungen der Rechtstheologie seines ärgsten Feindes durch sein eigenes Beispiel belegen muss: die unabweisbare Tatsache nämlich, dass, selbst „wenn alles hin", die ewigen Normen „in den Gewissen stehn" werden. *Sub specie politicae* mag Bassian allen Gegnern überlegen sein, auch wenn der Zuschauer weiß, dass sein Mörder und damit sein politischer Bezwinger, Macrinus, schon die Bühne betreten hat; *sub specie aeternitatis*, jener „ewig' Ewigkeit" (III, 710) aber ist Papinian unbezwingbar.[86]

Dass es zwischen beiden Positionen keinerlei tragfähige Vermittlung geben kann, illustriert das Stück noch an den beiden scheiternden Versuchen, die *ratio status* mit der *ratio legis* zu ‚versöhnen'.

---

[84] Was ihn keinesfalls zu einen „Märtyrer des Zufalls" macht (so aber Schings [Anm. 4], S. 175), sondern nur zu einem schlechten Politiker.
[85] Es kann nicht häufig genug betont werden, dass Papinians Haltung kein moralischer Egotrip ist, sondern konsequenter Ausdruck jener ‚Ergebenheit in Gott', die noch Lessings *Nathan* feiert.
[86] Vgl. auch Michelsen (Anm. 4), S. 45.

5 Zu den Antinomien einer reinen *ratio status* und einer ‚reinen Rechtslehre'

Papinian argumentiert nämlich keineswegs nur als radikaler Rechtstheologe, sondern *auf dieser Grundlage* auch als echter Politiker, denn er ist davon überzeugt, dass ein rein prudentielles Staats-Handeln nicht nur widerreligiös und daher sündhaft, nicht nur widerrechtlich und daher strafbar ist, sondern eben auch unklug, und d. h. zu einer schlechten, ihre eigentlichen Ziele verfehlenden Politik führt. Cleanders wiederholtem Bekenntnis zu einer staatsklugen Herrschaftsmacht, die über jedem Recht stehe, entgegnet er daher:

> CLEANDER. Die Stats-Sucht wischt das Recht bey allen Völkern auß.
> PAPINIAN. Wo Stats-Sucht herrscht, verfällt der Fürsten Stul und Haus. (III, 491 f.)

Rechtlich unbegrenzte Staatsräson ist nicht nur strafbar und sündhaft, sondern eben auch unfähig, die eigenen Ziele des Machterhalts und der staatlichen Stabilität zu gewährleisten;[87] der sich durch kein Recht gebunden sehende Herrscher ist nach Papinian nicht nur ein Sünder und Straftäter, sondern auch und vor allem ein schlechter Fürst, und zwar im Hinblick auf seine Macht („Stul") und seine Dynastie („Haus"). Der politische Theologe Papinian, so lässt sich diesen Ausführungen entnehmen, setzt in seiner Begründung für die Notwendigkeit überpositiven Rechts also keineswegs ausschließlich auf eine Offenbarung und einen strengen Gehorsam ihr gegenüber. Im Gegenteil nimmt er für sich in Anspruch, mit guten Gründen der *bessere* Politiker, der konsequentere politische Prudentialist zu sein. Erst in der Bindung an ein theonomes Recht kann Politik auch wirklich klug sein – so Papinian.

Dieser Vermittlungsversuch von Staatsrecht und Staatspolitik ist für das späte 17. Jahrhundert keineswegs ungewöhnlich; so beteiligen sich auch Daniel de Priézacs oder Baruch de Spinoza an den Debatten zu dieser Problemlage.[88] Bemerkenswert ist vielmehr, dass Gryphius, dessen Sympathien bei seinem Protagonisten liegen, dieser Vermittlung keinerlei realistische Chance einräumt. Schon die Kontroverse mit Cleander bietet dieser Vermittlungsposition

---

[87] Dass dies der entscheidende Gehalt der Aussage Papinians ist, wird vom Gros der Interpreten verkannt; vgl. bspw. Schings, (Anm. 4), S. 174; Michelsen (Anm. 4), S. 53 f.; Vollhardt (Anm. 6), S. 244; Schäfer (Anm. 9), S. 283.
[88] Vgl. hierzu Daniel de Priézacs: Discours de Politiques. Paris 1652 sowie Baruch de Spinoza: Theologisch-politischer Traktat. Hg. von Günter Gawlick. Hamburg 1985, S. 232–247; insgesamt hierzu Münkler (Anm. 14), S. 261 ff.

keinen Raum, weil der Bedienstete Bassians dem Argument Papinians schlicht ausweicht. Darüber hinaus kommt dieser Hinweis Papinians auf ein recht verstandenes *ratio status*-Argument keinerlei Bedeutung für die weitere Handlung des Stückes zu. Letztlich wird ihm von Gryphius mit der Hinrichtung seines Vertreters der Garaus gemacht.

Dieser überaus problematische Status gilt auch für den ganz anders gelagerten Versuch des Hostilius, seinen Sohn von einer spezifischen Verwirklichung seiner strikt rechtsbewahrenden Position zu überzeugen.[89] Auch Hostilius versucht, eine Vermittlung der durch das Stück als unvermittelbar inszenierten Positionen der *ratio status* und der *ratio legis* zu entwerfen, und zwar vor der Hand, um das Leben seines fanatischen Sohnes zu retten, der Sache nach aber, um der abstrakten Unterschiedenheit zwischen Recht und Macht ein stabiles Drittes zu ermöglichen, das dem Recht durch die Macht zur Herrschaft verhilft. So heißt es in einer kaum je wieder so eindringlich gestalteten Bitte eines Vaters an seinen fanatisierten Sohn:

> HOSTILIUS. Mein Sohn! wehn wollten nicht die hoch-erlauchten Sinnen /
> Der unerschreckte Mutt der grosse Geist gewinnen?
> Welch Vater solte nicht ob einem solchen Sohn
> Sich freuen vilmahl mehr denn über Stab und Cron?
> Doch leide: Daß Ich noch mein schmachtend Hertz außgisse/
> Das über deiner Noth die heisse Schmertzen risse
> Durchfoltert und zuzwickt. Man nennt diß Leiden schön;
> Wahr ists daß Socrates mit Ruhm muß untergehn.
> Callistenes verfil zu deß Pelloeers Schande
> Und immer neuen Schmach. Athen beseufftzt die Bande
> Deß tapffern Phoeions, die / die ihm Gifft gemischt;
> Hat die geschwinde Rach in höchstem Grimm erwischt.
> Der grosse Seneca hat als er auffgeriben /
> Deß Fürsten grause That mit seinem Blutt beschriben.
> Deß freyen Paetus Lob kan nimmermehr verblühn /
> Und Burrhus Redli[ch]keit wird keine Nacht bezihn. (V 71–86)

Auch hier wie in jeder politischen Rede dieser Tragödie ist der unmittelbare Handlungskontext zu berücksichtigen: Hostilius redet mit diesen atemlosen Sätzen um das Leben seines Sohnes;[90] der ärgste Feind dieses Lebens ist allerdings der Sohn selber, der schon bereit ist, seinen eigenen Sohn, Hostilius' Enkel mithin, für seine religiöse Überzeugung zu opfern, und daher sich selbst

---

89 Zum Folgenden vgl. auch Vollhardt (Anm. 6), S. 246 ff.
90 Von diesem konstitutiven kontextuellen Sachverhalt wird zumeist abstrahiert, vgl. u. a. Barner (Anm. 4), S. 236 und Schäfer (Anm. 9), S. 283.

in noch verstärktem Maße zum Opfer machen will – allein um die schon beschlossene Hinrichtung des Sohnes nicht funktionslos werden zu lassen. Dabei richtet Hostilius diese Worte an niemand anderen als an seinen Sohn selbst. Kurz: Der Vater steht seinem fanatisierten Sohn gegenüber, dessen Leben er zu retten sucht, auf verlorenem Posten. Gegenstand und Gegner dieser Kontroverse ist niemand anderes als Papinian – der eigene Sohn.[91]

Gleichwohl gerät die Argumentation dieses Vaters und Staatsbürgers in ungewöhnlicher Weise rational und daher durchaus rekonstruierbar. Zunächst nämlich gibt er seinem Sohn zu, dass eine lupenreine moralisch-politische Gesinnung jedem Vater Stolz und Respekt eingeben müsse, denn „welch Vater solte nicht ob einem solchen Sohn sich freuen"? Auch führt er eine Reihe historischer Beispiele von Sokrates über Seneca bis zu Sextus Afranius Burrus an, die ihren Widerstand gegen eine übermächtige Staatsmacht prinzipientheoretisch begründeten; deren Leiden an der tyrannischen Staatsmacht wird gar ästhetisiert – allerdings nur gemäß einem intersubjektiven Wahrheitskriterium: „*Man* nennt dieß Leiden schön."

Dann aber wird mit dem Anspruch auf eine objektive Schönheitsvorstellung das Verhältnis von Recht und dem dafür einzusetzenden Leben differenziert und diese Differenz quantifiziert:[92]

> Schön ists / mit einem Wort / den Geist vors Recht hingeben/
> Doch schöner Recht und Reich erretten durch sein Leben.
> Wer vor die Tugend fällt: thut wol. Der noch vilmehr
> Der vor die Tugend steht. (V. 87–90)

Zwar sei es schön zu nennen, so Hostilius, für den Wert des Rechts das Leben zu opfern, was verdeutlicht, dass der Vater die Märtyrerideologie des Sohnes durchaus teilt, zu teilen scheint, wenigstens aber erkannt hat. Diesem Urteil setzt er jedoch im folgenden Satz ein „schöner" noch entgegen, also ein im Rahmen der von Vater und Sohn geteilten religiösen Werteordnung bedeutenderes Handeln, das darin bestünde, Recht und Reich mit dem eigenen Leben zu erhalten bzw. aus Gefahr zu erretten. Dabei verknüpft Hostilius geschickt zwei Wertefelder, die durch den Gang der Handlung und die Kontroverse zwischen Bassian und Papinian bislang weitgehend getrennt worden waren: Reich und Recht, d. h. die politische Stabilität des Staates bzw. des Herrschers und die Geltung des Rechts. Dass auch für Papinians Vater eine Verbindung zwischen

---

[91] Es scheint mir bemerkenswert, dass diese dramatische Dimension der Passage kaum je in den Blick genommen wurde; vgl. selbst Vollhardt (Anm. 6), passim.
[92] Siehe hierzu auch Müller (Anm. 6), S. 257 f.

Rechts- und Tugendpflichten besteht, zeigt der nächste Satz, der die Verhältnisform von Tugend und Leben unvermittelt analog zu der zuvor von Recht und Leben entwickelt: Auch für die Tugend ist es besser zu leben als zu sterben.[93]

Die Begründung dafür, dass es besser und schöner sei, für Tugend, Recht und Reich zu leben als zu sterben, leistet Hostilius sodann mithilfe einer Allegorie, die am Beispiel eines durch Sturm in Not geratenen Schiffes die Notwendigkeit eines passiven, d. h. erduldenden Verhaltens der Seemannschaft begründet:

> [...] Wenn Aeolus zu sehr
> Sich gegen Segel setzt / und die getrotzte Wellen
> Mit Schlägen / Schaum und Sand das müde Schiff zuschällen:
> Gibt man den Winden nach / und rudert wie man kan /
> Nimmt keine Strich' in acht / fährt rück- auch seitwerts an /
> Biß sich der Sturm geschwächt; denn eilt man einzubringen
> Was vor auß Noth versäumt. So muß die Fahrt gelingen!
> So bringt man Schiff und Gutt an das gewüntschte Land /
> Wer hir sich widersetzt und durch das freche Band
> Der tollen Klippen rennt: muß sammt dem Mast versinken.
> Es ist / ich geb es nach / schwer / grimmer Fürsten wincken
> Stets zu Gebote stehn / doch kan ein grosser Geist
> Durch Sanfftmut / offt / die Macht die alles trotzt und reist/
> Entwehren: Daß Sie sich als ein Gewitter lindert.
> Man geb umb etwas nach. Wenn man den Strom verhindert
> So reist er strenger durch. Offt hat geringe Zeit /
> Offt ein gelinder Wort / die scharffe Grausamkeit
> Bezwungen und bepfählt. (V. 90–107)

Erst wenn der Sturm abgeflaut sei, könne das Schiff wieder durch aktives Handeln in einen Hafen gerettet werden. Die Anwendung auf das Feld der Politik[94] ist schlicht und wird von Hostilius auch gleich selbst mitgeliefert: In Zeiten stürmisch-wütenden, d. h. normativ rücksichtslosen, rein machtpolitischen Fürstenverhaltens ist es für alle Untertanen einzig sinnvoll, sich zurückhaltend und

---

93 Insofern kann die These, Hostilius' Vorschlag stelle „nicht weniger als Einheit und Eindeutigkeit der Themis" in Frage (Kaminski [Anm. 46], S. 148), nur als schwerwiegendes Missverständnis gewertet werden, weil Hostilius vielmehr die Einheit und Eindeutigkeit nicht allein des Rechts voraussetzt, sondern sogar Einheit und Eindeutigkeit von Recht *und* Politik behauptet und dafür auch noch pragmatische Vorschläge macht, die (nehmen wir nur den Vermittlungsversuch von *ratio status* und *ratio legis*) ihre Aktualität für eine krisengeschüttelte Welt internationaler Beziehungen des 21. Jahrhunderts nicht verloren haben.
94 Diese Allegorie übernimmt Gryphius vermutlich von Lipsius, der die Fährnisse der Politik gerne mit den Gefahren einer Schifffahrt korreliert; vgl. Justus Lipsius: De Constantia / Von der Standhaftigkeit. Lateinisch – Deutsch. Übersetzt, kommentiert und mit einem Nachwort von Florian Neumann. Mainz 1998 (Excerpta classica 16), S. 39, S. 63 u.ö.

defensiv zu verhalten; durch „Sanfftmut" soll der „große Geist" – also jener, der politisch klug zu agieren vermag, ohne die langfristige Orientierung an den Rechtsnormen zu verwerfen – gar in der Lage sein, die Gefahren dieses Herrscherhandelns zu verringern. Ist deren Zorn und Grausamkeit durch „ein gelinder Wort" bezwungen, so schlägt die Stunde des aktiv gestaltenden Politikers, dann scheinen nicht nur politische Wunder möglich, sondern die Rettung von Ländern, Völkern und der eigenen Person:

> [...] Wenn die nun stillen Sinnen /
> Deß heissen Zornes leer: denn kan man vil gewinnen.
> Denn pflantzt man Redli[ch]keit auch Wunder-thiren ein.
> Zäumt Löwen / baut das Heil der sorgenden Gemein.
> Denn rettet man sich selbst / bringt Länder auß verterben.
> Schützt Völcker / bauet Städt / und zeucht auß Fall und Sterben
> Wornach der Tod schon griff. (V, 107–113)

Hostilius offeriert seinem Sohn, dem Rechtsfanatiker,[95] also ein Modell, nach dem der politische Rat sich zu gewissen Zeiten nach reinklugen Maximen verhalten soll, um zu anderen Zeiten die Kultivierung einer nach normativen Ordnungen gestalteten „Gemein" zu ermöglichen. Die Staatsklugheit wird hier folglich als ganze instrumentalisiert, um Zeiten zu überstehen, die eine Ausrichtung staatlichen Handelns an Rechtgrundsätzen erschweren bzw. verunmöglichen. Dass solche Zeiten keineswegs naturbedingt sind, wie Meeresstürme, sondern dem monarchischem Prinzip absolutistischer Herrschaft notwendig eignen, wird von Hostilius wohlweislich verschwiegen. Überhaupt ist seine Allegorie darin bemerkenswert und Ausdruck seines politischen Geschicks, dass er ein Beispiel technisch-praktischer Vernunft, die kenntnisreiche, erfahrungsgesättigte Schifffahrt zum Modell für ein kluges Handeln heranzieht,[96] das allerdings auf ein moralisch-praktisches Verhalten, die Kultivierung einer stabilen Rechtsordnung, hinausläuft. Nach Hostilius ist erst der ein wahrer Politiker, der Prinzipientreue

---

[95] Nur en passent sei hier erwähnt, dass die Debatten über die Frage, ob Papinian als Märtyrer des Rechts konzipiert wurde, letztlich gegenstandslos sind (vgl. zusammenfassend Koschorke [Anm. 58], S. 655–667), weil Gryphius seinen Helden gar nicht als ‚Blutzeugen' inszeniert; denn der Märtyrer setzt für seine Überzeugungen im Extremfall zwar das eigene Leben ein, nimmt aber keineswegs das Opfer anderer für seine Glaubens- und Gewissensreinheit in Kauf; so aber Papinian, der seinen Sohn für seinen Glauben morden lässt und daher als Fanatiker, nicht aber als Märtyrer zu bestimmen ist; zur historischen Semantik des Märtyrer-Begriffs vgl. Thorsten Hoffmann: Sterben für den Glauben. Ursprung, Genese und Aktualität des Martyriums in Christentum und Islam. Paderborn 2017 (Beiträge zur komparativen Theologie 30), S. 8 ff.
[96] So auch Bach (Anm. 8), S. 503.

mit Klugheit so verbindet, dass er – anders als im Modell seines Sohnes – beides auch unabhängig voneinander auszuüben vermag. Zumindest *theoriegeschichtlich* weist dieses komplexe Modell des Hostilius, das die technisch-praktische Vernunft der Staatsklugheit für das Ziel der Kultivierung eines Gesetzesstaates selbst instrumentalisiert, in die Zukunft;[97] Immanuel Kant wird ein vergleichbares Konzept der Vermittlung von Staatsklugheit und Staatsweisheit entwerfen, und zwar gerade für solche Politikfelder – wie die internationalen Beziehungen –, in denen sich die Geltung des Rechts noch nicht vollends durchgesetzt hat.[98]

Praktisch aber trifft Hostilius mit seinem Vorschlag auf die tauben Ohren eines Fanatikers: Mit dem feinen Gespür politkluger Vernunft, die Papinian offenbar durchaus zu bedienen weiß, erkennt der Sohn, dass ihn sein Vater ‚lediglich' aus Vaterliebe, also keineswegs aus politischer Überzeugung zu seinem Modell bewegen will. Nachdem er gegenüber allen anderen Gesprächspartnern stets auf deren Argumentationen eingegangen war, tut er ausgerechnet die Argumente des Vaters als Ausdruck von Privatklugheit ab und wehrt dessen Vorschlag somit energisch ab:

> Genung, ich merck' es schon
> Die Väterliche Lib' und Neigung zu dem Sohn
> Bringt diese Meynung vor (V, 113–115)

Das ist auch gar nicht anders zu denken, weil die Rechtstreue Papinians keineswegs ein Modell säkularer Politik darstellt, sondern eine theologisch gut begründete Glaubenspraxis, die Kompromisse – weder theoretisch noch praktisch – erlaubt. Nichts sündiger als die Vorstellung, ausgerechnet in Zeiten der Krise von Glaubensprinzipien abzuweichen. Weil für Papinian das Recht die innerweltliche Erscheinung der göttlichen Gerechtigkeit ist, kann er von dessen Verfolgung und Verteidigen nicht abrücken.

Folglich werden beide Versuche einer Vermittlung zwischen *ratio status* und *ratio legis* als praktisch unmögliche Formen des Politischen zurückgewiesen: der Macht der reinen Staatsräson ist prinzipiengesteuerte Politik nicht gewachsen und der Zwang strenger Rechtstheologie lässt keinen Kompromiss mit der Staatsklugheit zu; zugleich haben ebendiese Vermittlungsüberlegungen gezeigt, dass sowohl die reine *ratio status* als die reine *ratio legis* theoretische bzw. praktische Widersprüche aufweisen, die sie ihr *telos* notwendig verfehlen lassen.

---

97 Dass es auch in die Vergangenheit verweist, nämlich auf die Wertung des verstockten Rigorismus des historischen Papinians durch Bodin (Anm. 37, S. 472), wurde schon von Kühlmann (Anm. 4), S. 228 f. sowie Behrends (Anm. 69), S. 253 f. herausgearbeitet.
98 Vgl. hierzu Immanuel Kant: Zum ewigen Frieden. In: AA VIII, S. 370–386.

6 *Papinian* zwischen politischer Theologie und politischer Philosophie

Zu Recht hat Heinrich Meier den Begriff der politischen Theologie durch ihren substantiellen Unterschied zur politischen Philosophie wie folgt gefasst:

> *Autorität, Offenbarung* und *Gehorsam* sind aber [...] die entscheidenden Bestimmungen der *Sache* der Politischen Theologie. [...] Während die politische Theologie rückhaltlos auf das *unum est necessarium* des Glaubens baut und in der Wahrheit der Offenbarung ihre Sicherheit findet, stellt die politische Philosophie die Frage nach dem Richtigen ganz und gar auf den Boden menschlicher Weisheit, um sie hier in der grundsätzlichsten und umfassendsten Art und Weise zu entfalten, die dem Menschen *aus eigenen Kräften* zu Gebote steht.[99]

Man könnte noch ergänzen, *tertium non datur*. Aus systematischer Perspektive ist diese strenge Disjunktion auch nicht zu widerlegen. In historiographischer Perspektive scheint diese Disjunktion zwischen politischer Theologie und politischer Philosophie allerdings doch zu ergänzen zu sein, und zwar mithilfe des von Meier nicht erwähnten Hans Blumenberg, der schon in der *Legitimität der Neuzeit*,[100] nachweisen konnte, dass es tatsächlich Theorieformen politischer Philosophie gibt, die sich – ohne ausschließlich auf die Offenbarung zu setzen – theologischer Kategorien bedienen, die zu einer insgesamt theonomen Kontur jener Theorie führen, die allererst von tatsächlich säkularen Konzeptionen, wie der Hobbes oder Kants in den Status politischer Philosophie überführt werden, und zwar gerade in der Lösung von jenen Resten politischer Theologie. Umgekehrt gibt es wie bei Thomas von Aquin oder Francisco Suárez Formen politischer Theologie, die sich als die letztlich systematisch, argumentationslogisch und methodisch bessere Theorie begreifen und damit keineswegs ausschließlich auf die Offenbarung und einen Glauben rekurrieren. Beide Vermittlungsformen mögen gegenüber den reinen Formen der politischen Theologie und Philosophie „leidige Tröster" sein,[101] im Rahmen einer kritischen Ideengeschichte muss man mit diesen Modellen aber rechnen, allein um den Weg von der politischen Theologie zur tatsächlich säkularen politischen Philosophie nachzeichnen zu können. Andreas Gryphius hat die kontroverse Konstellation zwischen politischer Philosophie

---

[99] Heinrich Meier: Was ist politische Theologie? Einführende Bemerkungen zu einem umstrittenen Begriff. In: Politische Theologie zwischen Ägypten und Israel. Hg. von Jan Assmann. München ³2006, S. 7–22, hier S. 11 f. u. S. 18.
[100] Hans Blumenberg: Die Legitimität der Neuzeit. Frankfurt am Main ²1988.
[101] So Kant über die auf theologischen Fundamenten argumentierenden Grotius, Pufendorf und Vattel, AA VIII, S. 355.

und politischer Theologie differenziert und in ihrer zerstörerischen Kraft poetisch gestaltet, der Säkularisierung und Technisierung der Politik antwortet eine radikalisierte politische Theologie, die nicht nur ihre Vertreter, sondern gar deren Söhne opfert. Der Grund dafür, dass Papinian zum Helfershelfer der Mörder seines Sohnes wird, ist aber keineswegs eine psychische Devianz oder Idiosynkrasie, sondern ausschließlich seinen Glaubensüberzeugungen zuzuschreiben.

Mirosława Czarnecka
„Räume der Unaufmerksamkeit"

Zur Interdependenz der Analysekategorien Gender, Stand (soziale Herkunft), Bildung (Zugang zu exklusivem Wissen), Kommunikation und Alter in sozialen Räumen des Andreas Gryphius und in seinen Werken

Diskussionen frühneuzeitlicher Anthropologie der Geschlechter orientieren sich an antiken und christlichen Paradigmen, die in der Forschung als andronormatives, androzentrisches und auch philogynes Modell bekannt sind.[1] Die Autorität dieser normativen Anthropologie geht in ihrer misogynen Version auf Aristoteles, auf die Bibel und die Lehre der Kirchenväter zurück, wird dann seit der Reformation in eine weniger misogyne Version umgewandelt und nicht weniger autoritativ gesetzt. Man kann aber von der Pluralisierung dieser Paradigmen sprechen, wie sie etwa im frühneuzeitlichen Diskurs der ‚Querelle des femmes' deutlich wird, und Resultat prozessualer, zäher und latenter Annäherungsversuche von Frauen an die für sie normativ verschlossenen Kulturräume der Kommunikation, v. a. der Schriftlichkeit, ist. In meinem Beitrag werde ich versuchen, am Beispiel der Lebenswelt und der Werke von Andreas Gryphius die Geschlechterordnung der Frühen Neuzeit als dynamisch und widersprüchlich zu reflektieren, um im Sinne der programmatischen Deklaration des Münchner Sonderforschungsbereichs „Pluralisierung und Autorität", wo es darum geht, „zunächst richtungsoffene und widersprüchliche Vorgänge auf allen Ebenen der frühneuzeitlichen Kultur zu erkennen und zu beschreiben",[2] die „Räume der Unaufmerksamkeit"[3] in den Fokus zu stellen. In der Gryphius-Forschung schenkt man den ‚realen' Frauen aus seiner Lebenswelt gar keine Aufmerksamkeit, aber auch um die Frauenfiguren seiner Werke ist es nicht besser bestellt. Nur Theodosia und Catharina von Georgien fanden bislang

---

1 Texte der *Querelle des femmes*, die diese drei Modelle diskutieren sind neu aufgelegt von Elisabeth Gössmann (Hg.): Archiv für philosophie- und theologiegeschichtliche Frauenforschung. 4 Bde. München 1984–1988.
2 Peter Strohschneider: Pluralisierung und Alterität – Montaigne über Sänften, Pferde und kulturelle Unterschiede. In: Die Frühe Neuzeit. Revisionen einer Epoche. Hg. von Andreas Höfele u. a. Berlin, Boston 2013 (Pluralisierung & Autorität 40), S. 85–112, hier S. 105.
3 Andreas Höfele: Zur Einleitung: Pluralisierung, Autorität und ein Fallbeispiel. In: Die Frühe Neuzeit. Revisionen einer Epoche. Hg. von Andreas Höfele u. a. Berlin, Boston 2013 (Pluralisierung & Autorität 40), S. 9–20, hier S. 13.

https://doi.org/10.1515/9783110664898-012

ein gewisses Interesse im Zuge der Kontextualisierung von Gryphius' machtpolitischer und frömmigkeits-theologischer Position.[4] Die textuelle Basis meiner Untersuchung bilden ausgewählte Sonette, satirische Gedichte, Trauergedichte und Leichenreden von Andreas Gryphius sowie die *Pietas Gryphiana* des Christian Gryphius und Paratexte der Rosina Gryphius und Susanne Leubscher. Methodisch ist für meinen Beitrag eine interdisziplinäre Perspektive relevant, in der v. a. die historische Anthropologie und die intersektional und interdependent geführte Genderforschung zum Tragen kommen und hermeneutische Ausführungen beeinflussen werden.[5]

Bei Andreas Gryphius – so meine These – ist die Interdependenz der Identitätskategorien Geschlecht, Stand (d. h. sozioökonomischer Status), Bildung mit dem Zugang zu exklusivem Wissen und Kommunikation sowie Alter nachweisbar, und zwar am Beispiel der sozialen Räume, in denen er und seine Familie sich bewegen. Auf der Mesoebene werde ich das Pfarrhaus, den Gelehrtenhaushalt und auf der Mikroebene den sich intimisierenden mittelständischen Familienraum analysieren.

1 Zur Geschlechterordnung in Andreas Gryphius' Lebenswelt

Die Historikerin Heide Wunder schreibt über die Geschlechterordnung der Frühen Neuzeit: „Mit dem neuen, an der Schrift ausgerichteten Eheverständnis wurde Ehe zur zentralen gesellschaftlichen Ordnung der Geschlechter, die zugleich als

---

[4] Peter Rusterholz: Andreas Gryphius' *Leo Armenius*. Ist christliche Politik möglich oder ein Widerspruch in sich selbst? In: Memoria Silesiae. Leben und Tod, Kriegserlebnis und Friedenssehnsucht in der literarischen Kultur des Barock. Hg. von Mirosława Czarnecka u. a. Wrocław 2003 (Acta Universitatis Wratislaviensis 2504), S. 117–126; Stefanie Arend: ,Brennen' und ,Schneiden' oder ,Verzeihen'? Die Utopie des sanftmütigen Fürsten in Gryphius' Drama *Leo Armenius* im Kontext von Senecas *De clementia*. In: ebd., S. 127–138.
[5] Zur aktuellen Diskussion über Intersektionalität und Interdependenztheorie in der Geschlechterforschung vgl. Christian Klein, Falko Schnicke (Hg.): Intersektionalität und Narratologie. Methoden – Konzepte – Analysen. Trier 2014 (Schriftenreihe Literaturwissenschaft 91); Katharina Walgenbach: Gender als interdependente Kategorie. In: Gender als interdependente Kategorie. Neue Perspektiven auf Intersektionalität, Diversität und Heterogenität. Hg. von Katharina Walgenbach u. a. Opladen, Farmington Hills 2007, S. 23–64.

erste Ordnung Gottes definiert wurde."[6] Infolge dessen entwickelt der frühneuzeitliche Geschlechterdiskurs ein komplementäres Modell, nach dem Mann und Frau einander ergänzten und zusammen eine Gemeinschaft von Pflichten und Aufgaben bildeten. Die Wirkungsbereiche der beiden Geschlechter wurden dabei generell festgeschrieben und jede Überschreitung wurde als gewalttätig angesehen und gesellschaftlich verpönt (Stichwort: ‚Kampf um die Hose'). Die Leitbilder vom Ehemann und Vater als Vertreter der göttlichen Ordnung in der Struktur des ganzen Hauses und der ihm gehorsam dienenden und über die Kinder wachenden frommen Hausmutter wurden autoritativ gesetzt. Die zwangsläufige Verbindung von Ehe und Mutterschaft legte dabei die Lebenswelten der Frau fest und verlieh zugleich der Frau in ihrer Mutterrolle eine gesellschaftliche Relevanz. Die lutherische Lehre vom Elternamt wertete die Stellung der Frau in der Familie und Gesellschaft auf, obwohl sie sie zugleich stark domestizierte und vom öffentlichen Leben weitgehend ausschloss.[7] Es ist zu fragen, wie diese symbolischen Repräsentationen, also normativ gesetzten Geschlechterrollen und die auf der Mesoebene relevanten Räume sozialer Repräsentanz von Frauen und Männern in der Familie Gryphius gestaltet und gelebt wurden.

1.1 Das Pfarrhaus

Eine Übersicht der biographischen Daten lässt schnell das Pfarrhaus als natürliches Biotop des Dichters erkennen. Die soziale Basis der Pfarrhäuser blieb – so die Historikerin Luise Schorn-Schütte – vom ausgehenden 16. bis ins 19. Jahrhundert hinein gleich: „Während die städtischen Pfarrfrauen mehrheitlich aus dem Bereich der städtischen oder mittleren/höheren Landesverwaltung kamen, im 17. und 18. Jahrhundert auch verstärkt aus Professorenfamilien, blieb der Anteil der ländlichen Pfarrfrauen, die Handwerk oder Handel treibenden Familien entstammten, bemerkenswert stabil."[8] Gryphius' Vater Paul (1560–1621) war in der ersten Ehe mit Barbara Noack aus Neusalza verheiratet, über deren biographische

---

[6] Heide Wunder: „Er ist die Sonn', sie ist der Mond." Frauen in der Frühen Neuzeit. München 1992, S. 67.
[7] Martin Luther: Eine Predigt, dass man Kinder zur Schule halten solle. In: Weimarer Ausgabe. Bd. 30. Weimar 1964, I, S. 147; Vgl. dazu: Gerta Scharffenorth: „Im Geiste Freunde werden." Mann und Frau im Glauben Martin Luthers. In: Wandel der Geschlechterbeziehungen zu Beginn der Neuzeit. Hg. von Heide Wunder und Christina Vanja. Frankfurt am Main 1991, S. 93–108, hier S. 105.
[8] Luise Schorn-Schütte: Gefährtin und Mitregentin. Zur Sozialgeschichte der evangelischen Pfarrfrau in der Frühen Neuzeit. In: Wunder, Vanja (Anm. 7), S. 109–154, hier S. 131.

Hintergründe uns nichts bekannt ist. In der zweiten Ehe nahm er Maria Emlich, die Tochter des Pastors Georg Emlich in Hertwigwalde bei Sagan, zur Frau. Als evangelischer Archidiakon in Glogau ging er – nach Marias Tod – nun die dritte Ehe mit Anna Erhard ein, der Mutter des Andreas.[9] Diese Ehe bedeutete eine Erweiterung des endogamen Heiratskreises, denn Anna entstammte nicht dem Pastorenhaushalt, sondern war „Tochter eines Offiziers des Herzogs von Alba".[10] Nach dem frühen Tod des um zweiunddreißig Jahre älteren Gatten heiratete Anna den Theologen und Lehrer am Glogauer Gymnasium, Michael Eder, der nach ihrem Tod 1628 infolge der oppressiven Rekatholisierung in Glogau die Stadt verlassen musste und Pfarrer im polnischen Driebitz und bald darauf in Fraustadt wurde. Eder ging 1629 eine zweite Ehe mit der jungen Maria Rißmann ein, der Tochter eines Hofrichters und einer Pfarrerstochter. Der Knabe Gryphius lebte im Haus seines Stiefvaters und hatte zu seiner Stiefmutter eine nahe, freundschaftliche Relation. Auch der ältere Halbbruder des Dichters, Paul, mit dem ihn eine enge Beziehung verband, wurde Pastor und gründete durch eine endogame Heirat mit der Pfarrtochter Maria Richter einen Pastorenhaushalt in Freystadt. In dem primären sozialen Raum des jungen Andreas Gryphius, dem Pastorenhaushalt, wurde die Geschlechterordnung zwar durch die Aufgaben des Pfarrers vorbestimmt, aber auch das Modell der „korporativen Ethik" beanspruchte Geltung, in dem Pfarrer und Pfarrfrau in ihrem Amt gleichberechtigt nebeneinander standen.[11] Die historische und theologiegeschichtliche Frühneuzeitforschung hat in diesem Kontext schon profunde Erkenntnisse vorgelegt. „Zur Rolle der Pfarrersfrau gehörte es nicht nur", schreibt die englische Historikerin Olwen Hufton

> dem Gatten die häuslichen Verpflichtungen abzunehmen, so daß er in seinem Arbeitszimmer sitzen und seine Predigten entwerfen konnte, sie sollte nicht nur einer überdurchschnittlich großen Familie das Lesen und Schreiben beibringen, sondern auch der Gemeinde als Vorbild dienen, die Kranken und Armen besuchen, den Dorffrauen Ratschläge erteilen und – in der Stadt – im Vorstand von Waisenhäusern und Institutionen mitwirken, die sich guten Werken

---

9 Willi Fleming: Andreas Gryphius und die Bühne. Halle an der Saale 1921, S. 16; Ralf Georg Bogner: Leben. In: Gryphius-Handbuch. Hg. von Nicola Kaminski und Robert Schütze. Berlin, Boston 2016, S. 3–20, hier S. 3f.
10 Marian Szyrocki: Andreas Gryphius. Sein Leben und Werk. Tübingen 1964, S. 13–14. Vgl. Baltzer Siegmund von Stosch: Last-, und Ehren-, auch daher immerbleibende Danck- und Denck-Seule des [...] Andreas Gryphii. Breslaw 1665. In: Text&Kritik 7/8 (1980), S. 3–11; Johannes Theodor Leubscher: Ad Virum Nobilissimum et Amplissimum Christianum Gryphium [...]. Brieg 1702. In: Text&Kritik 7/8 (1980), S. 13–23; Christian Stieff: Andreae Gryphii Lebens = Lauff. In: Stieff: Schlesisches Labyrinth [...], Breslau und Leipzig 1737. In: Text&Kritik 7/8 (1980), S. 25–31.
11 Schorn-Schütte (Anm. 8), S. 153.

verschrieben hatten. Sie musste auch in der Lage sein, Gäste zu beherbergen. [...] Der Pfarrer und seine Frau wurden als Team angesehen.[12]

Das Pfarrhaus war auch immer ein Raum intellektueller Entwicklung, an der Frauen und Kinder der Familie beteiligt waren. Das Bildungsniveau von Pfarrfrauen lag, so die Ergebnisse der historischen Frauenforschung, weit über dem durchschnittlichen Elementarschulniveau, weil sie an der gelehrten Atmosphäre des Pfarrhauses teilhatten und natürlicherweise einen Zugang zur Bibliothek des Pfarrers besaßen. Der Bildungsprozess im Pfarrhaus basierte meistens auf Unterricht durch den Vater selbst, oder durch einen Präzeptor. Die amerikanische Barockforscherin Cornelia Nieckus-Moore konkludiert dazu:

> Traditionsgemäß bestand eine Verbindung zwischen Pfarrerei und Schule [...]. Die vielen Anweisungen für Pfarrbibliotheken zeigen, daß man vom Pfarrer eine kontinuierliche eigene Fortbildung erwartete. In diesem Milieu war eine Ausbildung für Kinder (Jungen und Mädchen) selbstverständlich.[13]

Als Effekte dieses Bildungsprozesses wurden „[e]in scharfer Verstand und Eifer beim Erwerb geistiger Fähigkeiten [...] keineswegs negativ vermerkt; im 17. und 18. Jahrhundert handelte es sich ganz offensichtlich um positive Tugenden, die auch einer Pfarrfrau gut anstanden."[14] Das gilt auch für den sozialen Mesoraum des Andreas Gryphius. Alle drei Biographen[15] des Dichters schreiben diese Tugenden sowohl der Mutter und Großmutter als auch seiner Stiefmutter zu. Anna Gryphius muss als Tochter eines Offiziers eine städtische Elementarschule für Mädchen besucht haben, was für Mädchen aus Beamten-, Militärs- oder Kaufmannsfamilien die Regel war. Inwieweit sie dann durch das Privileg des Pfarrhauses ihre Ausbildung autodidaktisch verbessern konnte, ist heute nicht mehr nachzuweisen. Allerdings kann die von allen drei Biographen des Dichters wiederholte Bemerkung, dass nach dem frühen Tod des Gatten sie selbst für den weiteren Bildungsweg des jungen Andreas Sorge getragen hatte, ein wichtiges Indiz für ihre bildungsbewusste Haltung sein. Von der intellektuellen Neigung der jungen Maria Eder berichtet Johann Vechner, der Diakon aus Glogau in seiner Leichenpredigt „Desiderium oculorum Oder Augen-Lust" von 1637. Ihr Vater Georg Rißmann war Hofrichter in Großglogau. Die Mutter

---

12 Olwen Hufton: Frauenleben. Eine europäische Geschichte 1500–1800. Aus dem Englischen von Holger Fliessbach. Frankfurt am Main 2002, S. 125.
13 Susanna Elisabeth Zeidlerin: Jungferlicher Zeitvertreiber. Das ist allerhand Deudsche Gedichte [...]. Hg. von Cornelia Niekus Moore. Bern u. a. 2000, S. VII.
14 Schorn-Schütte (Anm. 8), S. 136 und 144.
15 Stieff, Leubscher und Stosch (Anm. 10).

Margarethe war Tochter des Pfarrers Georg Müller in Herrndorff. Maria hatte Zugang zur väterlichen Bibliothek und wuchs in einem bildungsnahen Haus auf. Ihre früh erweckte Vorliebe für Lektüre konnte sie im Ehestand weiter ausleben. Dazu stand ihr die Bibliothek der Kirche ‚Zum Kripplein Christi', die Michael Eder als Nachfolger Zacharias Herbergers im Amt geerbt hatte, zur Verfügung.[16] Diese Bibliothek umfasste 1200 Bände und diente auch Andreas Gryphius im Sommer 1636 zu autodidaktischen Studien. In der zitierten Leichenrede heißt es über Maria als Kunst- und Buchliebhaberin:

> Auch zu Hause sonnabends und sonntags mit Lesung schöner geistreichen Postillen und Bücher/ mit Beten und Singen schöner Lieder/ und sonderlich der Psalmen zubracht. Alle Tage/ Morgens und Abends, die biblischen Capitel gelesen/ und sich neben den Ihrigen Gottes Schutz gäntzlich ergeben.[17]

Diese junge Stiefmutter nennt der 20-jährige Andreas Gryphius im I. Buch der *Lissaer Sonneten* neben seiner Mutter Anna, der Großmutter Margarethe, der Schwester Anna, der Schwägerin Maria und der Freundin und Gönnerin Elisabeth von Schönborner als wichtige, seine Identität prägende Bezugspersonen in seiner Kindheit und Jugend. All diesen starken, mutigen, bildungsbewussten und intellektuell wachen Frauen widmet er diesen Band mit wichtigen Dankworten:

> Ihr Blumen unser Zeit/ die Tugendt hoch gezieret/
> Die Gottesfurcht bestralt/ die Ehr und Zucht regieret/
> Nembt willig von Mir an/ das zwar geringe Pfand/
> Doch das ein danckbar Hertz selbst legt in Ewre Hand/
> Ihr seids durch die Ich bin gewüntschter Ruh' gewehret/
> Wenn mich das grauste Glück mit seinem Pfeil versehret/
> Unnd grimmig auff mich plitzt: Ihr seids/ der trawte Hold
> Mir Hüllf und Rettung both/ da ich versincken wolt:
> Ihr seids/ durch welcher Gunst ich itzt so ruhig bleibe:
> Und ohne Noth die Noth der schweren Zeit vertreibe;
> Ihr seids der hoher Ruhm soll jmmer mit mir gehen/
> So lang der Seelen Fewr mir wird im Hertzen stehn.
> Ich will in kurtzem mich noch gar viel höher schwingen;
> Und Ewrer Tugend Lob/ mir freyem Munde singen.
> Schawt unter des diß an/ Wenn Weyrauch nicht ist dar;
> So strewt man Gerst mit Saltz/ der Juno auffs Altar.[18]

---

[16] Nicola Kaminski: Andreas Gryphius. Stuttgart 1998, S. 24.
[17] Johann Vechner: Desiderium oculorum Oder Augen-Lust Aller frommen Prediger [...]. Zur Polnischen Lissa 1637, S. 56.
[18] Andreas Gryphius: Gesamtausgabe der deutschsprachigen Werke. Bd. I: Sonette. Hg. von Marian Szyrocki. Tübingen 1963, S. 4.

Die Spuren der durch das Pfarrhaus geprägten Weiblichkeitsprojektionen lassen sich leicht in der Gelegenheitsdichtung des Andreas Gryphius aufdecken. In seinen Trauergedichten auf die verstorbene Mutter und Großmutter sowie in den Gedichten mit der performativen Funktion des Frauenzimmerspiegels sind Verstand und Weisheit mit normativen Konzepten wie Demut, Frömmigkeit und Keuschheit gleichwertig gestellt.

1.2 Der Gelehrtenhaushalt

Der Gelehrtenhabitus wandelt sich im 17. Jahrhundert von seinen traditionellen Bestandteilen in deren Gegenteil: Weg von der Einsamkeit des Gelehrten, – zu deren Symbol gleichsam die vom sozialen Umfeld isolierte Studierstube (‚Museum') wurde – und auch weg von seiner Melancholie, verstanden als „die Abstraktion von anderen Menschen und Beziehungsgeflechten, also Geistesabwesenheit", wie es Gadi Algazi ausführlich darstellte.[19] Dieser Wandel wird auch aus der kunsthistorischen Perspektive bestätigt. Martin Warnke schreibt dazu:

> Dieser Sinn der Mitteilungsfähigkeit und Zugänglichkeit des Gelehrten (antike Tradition) hat im 17. Jh. zu einem neuen Bildtypus geführt, der den Gelehrten auch in Beziehung zu Frauen bringt. Es sind nicht mehr die garstigen Frauen, die den Sokrates ins Bande oder den Vergil ins Netz ziehen, sondern die Partnerinnen, die den Gelehrten mit dem Anspruch der Gegenwart konfrontieren.[20]

Im Gelehrtenhaushalt des 17. Jahrhunderts haben wir mit verschiedenen Modellen von Geschlechterrelation zu tun. Einerseits galt immerhin das seit der Renaissance kultivierte Modell des Humanistenehepaars mit dem Paradigma der geistigen Arbeit der Eheleute, „im Sinne der geistigen Partnerschaft", in der – so Heide Wunder – „Frau und Mann [...] einander anregen".[21] Die gelehrte Gattin konnte im Idealfall ihre „Hausfrauenpflichten auf die organisatorischen Aufgaben einschränken und sich mehr Zeit für die eigene Entwicklung verschaffen".[22] Johann Christian Eberti stellt in seinem Lexikon der weiblichen Gelehrsamkeit *Schlesiens hoch- und wohlgelehrtes Frauenzimmer* von 1727 eine

---

[19] Gadi Alzagi: „Geistesabwesenheit". Gelehrte zu Hause um 1500. In: Historische Anthropologie 13 (2005), S. 325–342.
[20] Martin Warnke: Das Bild des Gelehrten im 17. Jahrhundert. In: Res Publica Litteraria. Institutionen der Gelehrsamkeit in der frühen Neuzeit. Bd. 1. Hg. von Sebastian Neumeister und Conrad Wiedemann. Wiesbaden 1987 (Wolfenbütteler Arbeiten zur Barockforschung 14), S. 1–31, hier S. 10–11.
[21] Wunder (Anm. 6), S. 64.
[22] Ebd.

Gruppe von Frauen vor, die durch ihre Ehemänner Zugang zu exklusivem Wissen erhielten, davon profitierten und in der Öffentlichkeit als Mirakel der Gelehrsamkeit bewundert wurden.[23] Ein Beispiel hierfür ist das schlesische Astronomenpaar Elias von Löben und Maria Cunitz, Autorin der astronomischen Tabellen *Urania Propitia* von 1650.[24]

Das Haus des Andreas Gryphius und seiner Frau Rosina Deutschländer in Glogau musste aber wohl nach einem anderen Modell, und zwar dem der mittelständischen Haushalte funktionieren, in dem dem Gelehrten ein Raum für seine Arbeit zur Verfügung stand und die häuslichen Pflichten ihm ganz durch die Gattin und Zugehfrauen abgenommen wurden. In der Zeit seiner Ehe, von 1649 bis zu seinem Tod 1664, erlebte Gryphius in seinem Familienhaus fünfzehn Jahre intensiver geistiger Arbeit als Obersyndicus und Dichter. Eine Zusammenstellung soll dies veranschaulichen:[25]

- 1649 Heirat und Umzug nach Glogau, Gründung des Gelehrtenhaushalts in Glogau
- 1649/50 Umarbeitung der *Catharina von Georgien* und Weiterarbeit an *Leo Armenius*
- 1649–1657 *Carolus Stuardus* und *Cardenio und Celinde*
- 1650, 1652, 1657 und 1663 Publikation der Gedichtbände: Oden, *Epigrammata*, *Kirchhofsgedanken*, *Der Weicher-Stein*
- 1650–1658 Entstehung der Lust- und Festspiele: *Herr Peter Squentz*, *Horribilicribrifax*, *Verlibtes Gespenste. Die gelibte Dornrose* und des Singspiels *Majuma*
- 1653 Juristischer Traktat *Glogauisches Fürstenthumbs Landes Privilegia*
- 1657–1659 Gryphius' letztes Trauerspiel *Papinianus*
- 1660 Entstehung des *Piastus*
- 1660–1663 Übersetzungen aus dem Englischen, Italienischen, Französischen: *Seug-Amme* nach Razzis *La Balia*, *Schwermender Schäffer* nach Thomas Corneilles *Le berger extravagant* und *Betrachtungen über das Gebeth des Herren* nach *Meditations and Disquisitions upon the Lords Prayer* von Sir Richard Baker
- 1662 Niederschrift des lateinischen Texts *Mumiae Wratislaviensis*

---

[23] Johann Caspar Eberti: Schlesiens Hoch- und Wohlgelehrtes Frauenzimmer, nebst unterschiedenen Poetinnen, so sich durch schöne und artige Posien bei der curieusen Welt bekandt gemacht. Breßlau 1727.
[24] Mirosława Czarnecka: Die „verse = schwangere" Elysie. Zum Anteil der Frauen an der literarischen Kultur Schlesiens im 17. Jahrhundert. Wrocław 1997 (Acta Universitatis Wratislaviensis 1882), S. 39.
[25] Zusammengestellt nach Eberhard Mannack: Andreas Gryphius. Stuttgart 1968.

- 1666 (posthum) Publikation der *Dissertationes Funebres* (Leichenreden, die Gryphius seit den 1640ern verfasste)

Diese Zusammenstellung belegt zweierlei: Zum einen macht sie deutlich, dass der Gelehrtenhaushalt des Stadtsyndicus als ‚Arbeitssystem' durch die Hausfrau so gut organisiert war, dass der Hausherr seinen vielen Pflichten und dichterischen Aufgaben relativ ungestört nachgehen konnte. Zum anderen geht daraus klar hervor, dass die Geschlechterordnung im Gelehrtenhaushalt durch die zentrale Stellung des Gelehrten und die damit verknüpften und dadurch vorbestimmten Kommunikationspraktiken reguliert war. War Andreas also das Zentrum dieses Haushalts, so fungierte Rosinae als primäre und oft doch unsichtbare Gefährtin und Garantin seiner Erfolge. Olwen Huften schlussfolgert:

> Kurz gesagt, das Geschäft der „Komplementarität", das Ebnen des Weges durch Förderung des richtigen öffentlichen Images von privater Solidarität, sorgsamer Verwaltung oder sittlicher Strenge war Aufgabe der Frau eines Akademikers oder Freiberuflers. Die richtige Organisation des Haushalts definierte seinen Status innerhalb der Gemeinschaft. Offensichtliche Harmonie in den häuslichen Beziehungen war wichtig.[26]

Über die Gelehrsamkeit Rosina Deutschländers ist leider nichts Verbindliches zu ermitteln. Sie war Tochter des Kaufmanns und Ratsherrn in Fraustadt, Jonas Deutschländer. Ihrer sozialen Herkunft gemäß müsste sie eine städtische Elementarschule für Mädchen besucht haben. Vielleicht war sie durch den Vater in die Buchführung eingeweiht, wie es oft in den kaufmännischen Familien der Fall war. Vielleicht war auch ihr gelehrter Bruder Jonas, der königlich polnische *Leibmedickus*,[27] für ihre intellektuelle Entwicklung bedeutsam. Ihm haben Andreas und Rosina den ältesten Sohn Christian anvertraut, als dieser 1660–1661 in Fraustadt in die Schule ging. Die Biographen des Dichters gehen über ein oberflächliches Bild der frommen und geduldigen Gattin und Witwe Gryphius nicht hinaus, und nur bei Christian Gryphius in seiner *Pietas Gryphiana* lassen sich einige weitere Ergänzungen zum Bild einer durchaus bildungsbewussten und intellektuell wachen Gelehrtenfrau rekapitulieren.[28] Die Mutter wird hier – wie im 17. Jahrhundert üblich – als erste Lehrerin ihrer Kinder erinnert, aber zugleich auch als Gattin, die immer versuchte, dem gelehrten Mann die Sorgen des Familienlebens abzunehmen und ihm die nötige Ruhe zu gewähren. Es war das Gelehrtenhaus, wo die Frau dem

---

26 Hufton (Anm. 12), S. 125.
27 Vgl. Paul Moser: Christian Gryphius. Ein schlesischer Dichter des ausgehenden XVII. Jahrhunderts. Würzburg 1936, S. 3.
28 Christian Gryphius: Pietas Gryphiana. In: Christiani Gryphii Poetische Wälder. Franckfurt 1698, S. 597–620.

Gelehrtenstatus des Mannes Rechnung tragen musste und wo sie einen relativ leichten Zugang zur Schriftlichkeit und zur öffentlichen Sphäre bekommen hatte. Von besonderer Bedeutung war hier die Bibliothek des Gelehrten sowie die zu Hause gepflegte gelehrte Kommunikation, die der Frau Zugang zum exklusivem Wissen ermöglichten. Es gibt keinerlei Verweise darauf, ob und wie Andreas Gryphius seine Gattin in ihren eigenen Studien förderte oder sie zum Dichten anregte, wie dies in anderen bekannten Gelehrtenfamilien der Fall war. Man kann aber wohl annehmen, dass Rosina Gryphius – unter Vorbehalt „gelehrt-detaillierter Einlassungen"[29] – eine Gesprächspartnerin für ihren gelehrten Ehemann war und von ihm Lektürehinweise empfangen hatte. Eine intellektuelle Gefährtenschaft kann also im Hause des Stadtsyndicus sicherlich vorausgesetzt werden. Die Gelehrsamkeit war „in mehrfacher Hinsicht ein Mittel sozialer Distinktion",[30] von der gewiss auch die Ehefrau und die Kinder profitieren mussten. So musste Rosina Gryphius auch bestimmte öffentliche Funktionen erfüllen. Sicherlich begleitete sie ihren Mann bei den Aufführungen seiner Stücke in Glogau, etwa bei der Aufführung des Singspiels *Majuma* im Tanzhaus zu Glogau 1653 und sie war für Gastfreundschaft und Verpflegung der Gäste zu Hause, das den gelehrten Besuchen offen stehen musste, verantwortlich. In der frühneuzeitlichen Stadt wurde der Gelehrte „als eine Attraktion des Ortes"[31] angesehen und das war mit vielen Erwartungen hinsichtlich der perfekten Organisation des Haushalts verbunden. Über die Geselligkeit im Gelehrtenhaushalt des Stadtsyndicus von Glogau ist nicht viel überliefert, aber seine breiten Kontakte innerhalb der *nobilitas literaria et erudita* und seine Reisen erlauben anzunehmen, dass Andreas Gryphius viele Gäste einen Besuch abstatten und gelehrte Gespräche führen wollten, denn der Austausch von gelehrten Informationen war ein primärer, genuiner Teil der ritualisierten Gelehrtenkommunikation. Aus vielen Überlieferungen ist ersichtlich, dass die gelehrte Kommunikation als soziale Praxis im 17. Jahrhundert vor allem im Gelehrtenhaushalt stattfand und nicht an öffentlichen Orten, wie etwa an der Universität oder Bibliothek.[32] Damit erhielt das Gelehrtenhaus die Funktion eines zentralen

---

29 Rüdiger Schnell: Konversationskultur in der Vormoderne. Geschlechter im geselligen Gespräch. Köln u. a. 2008, S. 414.
30 Manfred Beetz: Der anständige Gelehrte. In: Neumeister, Wiedemann (Anm. 20), S. 153–173, hier S. 157.
31 Gabriele Joncke: Gelehrtenkultur – Orte und Praktiken am Beispiel der Gastfreundschaft. Eine Fallstudie zu Abraham Scultetus (1566–1624). In: Frühneuzeitliche Universitätskulturen. Kulturhistorische Perspektiven auf die Hochschulen in Europa. Hg. von Barbara Krug-Richter und Ruth-E. Mohrmann. Köln u. a. 2009 (Archiv für Kulturgeschichte. Beihefte 65), S. 285–312, hier S. 310.
32 Ebd., S. 301.

Raumes der so praktizierten Gelehrtenkultur. Auffallend ist dabei, dass außer dem gelehrten Hausherrn, der immer im Zentrum stand, andere Haushaltsmitglieder kaum oder gar nicht in Erscheinung traten. Aus den Briefen von und an Martin Opitz und die gelehrte Welt lässt sich ein allgemeines Muster ablesen, wo die gelehrten Rituale dominieren und, wenn überhaupt, die Familie des Gelehrten in den spärlichen Grußformeln erwähnt wird. Opitz lässt in seinen Briefen an Georg Michael Lingesheim jedes Mal die Gattin und die Kinder seines Gönners besonders freundlich grüßen, ohne diese allerdings mit Namen zu erwähnen.[33] Der Status der *Invisibility* von Frau und Kindern in der Gelehrtenkommunikation muss freilich hinterfragt werden, denn es gibt auch ganz andere Beispiele. Während wir zum Beispiel über die Rolle der Marianne von Bressler im Gelehrtenhaushalt des Breslauer Ratsherrn, Dichters und Historiographen Ferdinand von Bressler gut informiert sind. Sie war als Muse und talentierte Dichterin bei Besuchen und gelehrten Gesprächen in diesem Haus zugegen und führte eine Art vorbürgerlichen Salon.[34] Im Gegensatz dazu fristet Rosina Gryphius als Gelehrtenfrau eine Schattenexistenz. Unbestritten aber, präsent oder invisibel, war sie Teil dieser Gelehrtenkultur, die sich ja in den Räumen ihres Haushalts entwickelte. Die geistige Gefährtenschaft innerhalb der Ehe erstreckte sich meistens auch auf die Kinder, und besonders auf die Töchter. Christian Gryphius liefert in seiner *Pietas Gryphiana* interessante Informationen über den Bildungsweg der Kinder, die von Andreas Gryphius zu Hause Privatunterricht erhielten. Besonders begabt war die kleine Tochter Anna Rosina, für deren Ausbildung der Vater wohl keine Mühe scheute. Die Tochter konnte also am Lateinunterricht des Sohnes Christian teilnehmen und die Eltern waren stolz auf ihr Gedächtnisvermögen und Talent. Auch Besucher freuten sich darüber, die Tochter war ein Schmuckstück des gelehrten Vaters:

> Es hatte die Armselige in dem fünften Jahr ihres Alters nicht allein schon fertig geredet, sondern auch so herrliche Gemüths-Fähigkeiten von sich spüren lassen, als man kaum jemals an derogleichen Kindern vermercket; Sie wußte die auserlesensten Sprüche und Gebete, und zwar mit sonderbarem Verstande herzusagen, und faßte nur vom blossen Zuhören, und ohne einigen Zwang, allerhand lateinische Redens-Arten, welche mir dazumal vorgetragen wurden: und was ich, nach Art der Jugend, nicht allzuwillig und fertig begriff, das war ihr nur ein Spiel und Zeitvertrieb. Sogar, daß ein vornehmer Medicus denen hierüber zugleich bestürzt und erfreuten Eltern in das Gesicht sagte: Die Tochter würde es bey zunehmenden Jahren dem Sohne weit zu vor thun. Zu geschweigen, daß sie sonst

---

33 Vgl. Martin Opitz: Briefwechsel und Lebenszeugnisse. Kritische Edition mit Übersetzung. Hg. von Klaus Conermann und Harald Bollbuck. Berlin 2009.
34 Czarnecka (Anm. 24), S. 152–171.

mit artigen Geberden und scharffsinnigen Reden etwas zeigte, was kaum bey Erwachsenen zu finden.[35]

Eine schreckliche degenerative Krankheit hemmte die weitere geistige Entwicklung dieses begabten Kindes.

Ähnlich wie im Elternhaus des Andreas Gryphius, so finden sich auch in seinem eigenen Familienhaus keine Nachweise von poetischer Tätigkeit der Frauen, was durchaus zu erwarten gewesen wäre. Rosina Gryphius war aber mit dem literarischen Werk ihres Gatten vertraut, wusste auch seine Bedeutung einzuschätzen und nach dem Tod des Dichters fungierte sie als Herausgeberin der von ihm überarbeiteten und mit eigenen Gedichten bereicherten Sammlung des Josua Stegmann: *Himmel steigende Hertzens Seuffzer*. Rosina schrieb dazu eine Widmung an die Herzogin von Wirtemberg. Dieser Paratext erschließt ein Bild der Witwe Gryphius', das im Witwendiskurs[36] der Epoche neue Akzente setzt:

> Das Eur. Fürstl. Gnaden / ich/ als betrübte Wittib/ samt dreyen unerzogenen Kindern/ vermittelst dieses geistlichen Büchleins fußfällig mich gestelle/ wircket das sonderbare Vertrauen gegen Eurer Fürstl. Gnaden Weltbekandte Sanftmuth/ und dan der/ von meinem lieben seligen Ehemanne/ Andreas Gryph/ bey Lebes-Zeit gefaste Schluß/ dieses Wercklein Ew. Fürstl. Gnaden Händen gehorsambst zuzueignen.[37]

Dieser Text belegt, dass Rosina eine aktive Zeugin von Andreas Gryphius' poetischer Arbeit war, an der sie als Gattin und Freundin wenigstens mittelbar beteiligt war:

> Wo ich etwas von meinem seligen Manne erwehnen darff (E. F. G. verzeihen mir gnädig/ dafern die eheliche Regung in meiner Wehmuth mich zu verwegen machet/) so muß ich nur sagen/ daß nach hingelegten schweren Ambts-Geschäfften Er in nichts mehr seine vergnügliche Abwechslung gesucht/ als himmlichen Dingen nach zu sinnen/ und sein Gemüthe dahin zu schwingen/ wo anietzo seine liebe Seele ungezweifelt seyn wird/ und wohin iedem Christen alle Augenblick zu gedencken oblieget.[38]

Sie war also in die dichterischen Pläne ihres Gatten eingeweiht, wusste genau, worauf die Leistung Gryphius' bei der Bearbeitung der Texte Stegmanns beruhte und bezeugte es sachkundig:

---

35 Christian Gryphius: Pietas Gryphiana (Anm. 28), S. 597.
36 Zum Witwendiskurs vgl. Gesa Ingendahl: Witwen in der Frühen Neuzeit. Eine kulturhistorische Studie. Frankfurt am Main, New York 2006 (Reihe Geschichte und Geschlechter 54).
37 Andreas Gryphius: Gesamtausgabe der deutschsprachigen Werke. Ergänzungsbd. 2/1. Hg. von Marian Szyrocki. Tübingen 1987, S. 3.
38 Ebd.

> Der Grund dieses Werckes ist nicht offtgedachten meines lieben Mannes/ sondern Josuae Stegmans/ so allbereit vor vielen Jahren solches in offentlichen Druck kommen lassen: Ob aber nun denen/ in diesem Büchlein sich befindlichen Gebeten/ und Liedern durch diese andere Hand einige Vollkommenheit/ Anmuth oder Reinigkeit zugewachsen/ lassen ich E. F. G. erläuchtetem Urtheil/ so darüber am besten zu richten wissen werden.[39]

Nicht nur Rosina Deutschländer, sondern einige Jahrzehnte später tritt auch ihre Enkelin Susanna Rosina Leubscher, Tochter des Christian Gryphius und Ehefrau des Gelehrten Johannes Theodor Leubscher, Biograph des Andreas Gryphius, in den öffentlichen Raum von Kultur und Kommunikation ein. Sie war Herausgeberin zweier Drucke ihres verstorbenen Vaters: der *Communionßreden* (1707) und seines letzten Schulactus *Der Deutschen Sprache unterschiedene Alter und Wachsthum* (1708). So können wir von einer weiblichen genealogischen Struktur sprechen, in der die Interdependenz der Kategorien Geschlecht, Kommunikation und Zugang zu exklusivem Wissen sichtbar wird. In den Widmungstexten treten beide Frauen als Witwen auf, die zwar diese Standesbezeichnung nutzen, um gewissermaßen ihre Präsenz in der öffentlichen Kultursphäre zu rechtfertigen, sich zugleich jedoch selbstbewusst in diesem Status zeigen. Beide sind in die Reihe der auf dem Gebiet der Kommunikation wirkenden Frauen in der Frühen Neuzeit einzugliedern, die, wie Sabine Koloch es unlängst darstellte,[40] in die machtdiskursiven Felder der Schriftlichkeit eindringen und sich dort immer bessere Positionen erzwingen. Natalie Zemon Davis hatte bereits 1995 diesen frappierenden Prozess der Transgression der Schriftlichkeitsräume durch Frauen in der Frühen Neuzeit als eine ‚ex-zentrische' Bewegung beschrieben: von den Rändern, von der Peripherie der Gesellschaft zum ihrem Zentrum.[41] Aus der *Invisiblility*, aus der Schattenexistenz heraus ins Zentrum der Schriftlichkeit – ein gravierender Schritt, mit dem die Theorie von der weiblichen Unmündigkeit in der Frühen Neuzeit sowie der Autorschaftsdiskurs der Epoche revidiert werden können.

---

39 Ebd.
40 Sabine Koloch: Kommunikation, Macht, Bildung. Frauen im Kulturprozess der Frühen Neuzeit. Berlin, Boston 2011.
41 Natalie Zemon Davis: Women on the Margins. Three Seventeenh-Century Lives. Drei Frauenleben. Glikl, Marie de l'Incarnation, Maria Sibylla Merian. Aus dem Amerikanischen von Wolfgang Kaiser. Berlin 1996.

1.3 Der sich intimisierende mittelständische Familienraum

Es war der private Raum der Familie, wo Andreas Gryphius, der Ehemann und Vater als *pater familias* und Rosina als seine Gehilfin und selbstlose Mutter auftraten. Das Liebesverständnis und das gegenseitige Verhalten der Eheleute war in dieser Familie Ausdruck der lutherischen Ethik, nach der „Vater- und Mutterstand als Leitbilder gemeinsamer Verantwortung"[42] erscheinen sollten. Die Liebe der Eheleute kann demgemäß als eine vollkommene Freundschaft gedeutet werden. Diese Auffassung drückt das Verlobungsgedicht des Andreas Gryphius vom 12. Januar 1649 deutlich aus:

> Wunsch des Dichters, als er um die neue Jahreszeit verlobet, 1649
> Herr, der du dich mit unserm Fleisch vermählt
> Und wie wir Jahre auf dieser Welt gezehlt,
> Gib daß ich, und die du mir willst verbinden,
> Dich mög in mir und ich in ihr dich finden/
> Und wo wir zwei in Einem Fleische sein:
> So gib vielmehr nur einen Geist uns ein![43]

Aus dieser Ehe sind sieben Kinder hervorgegangen, wobei eins tot zur Welt kam und drei weitere in der frühen Kindheit verstarben. Andreas und Rosina teilten also das Schicksal vieler Eltern im frühneuzeitlichen Europa, wo Totgeburten und hohe Letalität der Neugeborenen ein alltägliches Drama in fast jedem Elternhause waren. Andreas Gryphius verfasste bekanntlich auf den Tod jedes Kindes ein Epicedium.[44] Das Drama im Entbindungszimmer und der Tod der Kleinkinder betrafen im 17. Jahrhundert beide Elternteile und lassen den Wandel in der Geschlechterordnung sichtbar werden, und zwar durch die Präsentation von – so Huftn – „Wechselwirkung zwischen den Überzeugungen darüber, was für Frauen und Männer angemessen war, und dem, was in der Praxis des Alltags geschah".[45] Der intime Familienraum des Dichters wurde ganz besonders durch die Krankheit der begabten Tochter Anna Rosina erschüttert. Sie kam 1653 auf die Welt, erkrankte mit fünf Jahren und verlor das Gedächtnis sowie die Fähigkeit zu sprechen. Andreas Gryphius musste die folgenden sechs Jahre bis zu seinem plötzlichen Tod das Unglück seines Kindes,

---

42 Scharffenorth (Anm. 7), S. 105.
43 Andreas Gryphius: Gesamtausgabe deutschsprachiger Werke. Bd. 2: Oden und Epigramme. Hg. von Marian Szyrocki. Tübingen 1987, S. 205.
44 Vgl. Mirosława Czarnecka: Die Anthropologie der Angst. Andreas Gryphius und die weiblichen Lebenswelten. In: Czarnecka u. a. (Anm. 4), S. 191–202.
45 Hufton (Anm. 12), S. 18.

dem weder die selbstlose Pflege durch die Mutter noch die professionelle medizinische Hilfe, die der Vater ihm durch seine Kontakte innerhalb der Gelehrtenrepublik zukommen ließ, einen Halt bieten konnte, mit ansehen und erleben. Er hatte noch rechtzeitig dafür vorgesorgt, dass die kranke Tochter „nachgehends in das Hospital zu 11 000. Jungfrauen vor Breßlau eingenommen" wurde.[46] Anna Rosina starb erst zweiunddreißig Jahre nach ihrem Vater. Die Mutter pflegte das kranke Kind, noch fünf Jahre nach dem Tod von Andreas, bis sie selbst etwa um 1669 verstarb. Christian Gryphius liefert ein erschütterndes Zeugnis der Familientragödie: „Unter so vielfälltigem Elende giengen Vater und Mutter fort, welche nichts mehr gewünschet, als dieser armselige Tochter vor ihnen ins Grab zu schicken."[47] Diese Erfahrung hatte gravierenden Einfluss sowohl auf die dichterische Kapazität Gryphius', wie es der vorangestellten Zusammenstellung zu entnehmen ist, und auch auf die Auffassung von Geschlechterrelationen in seinem Spätwerk.

2 Die anthropologischen Diskurse im Werk des Andreas Gryphius

Bereits zu Beginn meines Beitrags habe ich darauf verwiesen, dass in der Gryphius-Forschung den realen Frauen aus seiner Lebenswelt gar keine und den Frauenfiguren seiner Werke sehr wenig Aufmerksamkeit geschenkt wird. Mit den beiden Dramenheldinnen Catharina von Georgien und Theodosia schreibt sich Andreas Gryphius nicht nur in den frömmigkeitstheologischen und machtpolitischen Diskurs seiner Epoche ein, wie es die Forschung primär hervorhebt, sondern zugleich auch in den staatsrechtsgeschichtlichen und naturrechtlichen, in dem u. a. Fragen nach der Legitimation der Frauenherrschaft gestellt werden.[48] Der naturrechtliche Diskurs der Epoche war in Fragen der weiblichen Herrscherrolle nicht eindeutig frauenfeindlich, denn neben dominierenden misogynen staatsrechtlichen Traktaten, wie etwa von Jean Bodin (*Six livres de la réepublique*, 1576) oder Henning Arnisaeus (*De Republica*, 1636), gab es auch Autorinnen und Autoren, wie Madeleine de Scudéry mit *Les femmes illustres* (1654) und Pierre Le Moyne mit *La Gallerie des femmes fortes* (1647), die Frauen als Herrscherinnen präsentierten und ihnen heroische Tugenden zuschrieben.

---

46 Christian Gryphius: Pietas Gryphiana (Anm. 28), S. 597.
47 Ebd.
48 Vgl. dazu den Beitrag von Oliver Bach in diesem Band.

Andreas Gryphius, der mit der französischen Literatur vertraut war und während seiner *Peregrinatio academica* durch Frankreich unter anderem den berühmten Traktat von Le Moyne lesen konnte, konstruiert in seinen Dramen heroische Frauenfiguren, die primär in ihrer Rolle als Herrscherinnen und Landesmütter präsentiert werden: Catharina als vorbildhafte Figur der Beständigkeit und Gottestreue; Theodosia als christliche Herrscherin, die den Tyrannen um Milde für den Feind ersucht und somit ein neues Herrscherideal antizipiert. Zu der Reihe heroischer Frauenfiguren muss auch die Märtyrerin Felicitas aus dem gleichnamigen Trauerspiel gerechnet werden, die als unverzagte, großmütige *mater dolorosa* erscheint, die ihren Schmerz überwindet, da sie in ihrer Liebesethik die Gottesliebe über die Mutterliebe stellt.

Die Genderkonzepte in Gryphius' Gelegenheitsdichtung sowie in seiner satirischen Dichtung, scheinen dagegen traditionell dem misogynen Machtdiskurs der Zeit verpflichtet zu sein. Sie generieren negative Weiblichkeitsentwürfe einer alten Vettel, einer Geschminkten, einer widerspenstigen Frau. Als Gegenbild fungieren Gedichte mit traditioneller Frauenspiegelfunktion, wo normative Geschlechterbilder mit traditionellen Zuweisungen reproduziert werden. Der Dichter thematisiert in seiner Frauensatire die Hierarchie der Geschlechter und das Primat der Jugend über das Alter, wobei er das traditionelle Repertoire von anatomisierten Körperbildern mit detaillierter Deskription von verstellter Jugendlichkeit und falscher Schönheit verwendet. Einen beliebten Lachanlass bei Gryphius bilden Darstellungen der alten geschminkten Frau, die den Topos der alten Vettel, also eines wollüstigen, moralisch verdorbenen Weibes, aufgreifen. Die antipetrarkistische, verspottende Zurschaustellung der einzelnen, grotesk entstellten Körperteile verbindet sich hier, wie in den Gedichten *An Cleilen* und *An Jolinden*, mit der Deskription der ‚Verschönerungstechniken', die die Frau anwendet, um jugendlich zu wirken. Ihr Körper wird also zum Ort des ‚schminkkritischen' Diskurses, dessen Zweck die Entwürdigung und im Endeffekt die Ausgrenzung der alten Frau ist.[49] Man muss zugleich hervorheben, dass jenes in der lyrischen Frauensatire des Barock inszenierte Lachen[50] einen gewissen Raum für Transgressionen des androzentrischen Geschlechterdiskurses eröffnete. Bei Andreas Gryphius betrifft es primär den Ehe- und Altersdiskurs, obwohl er auch hier den misogynen Faden

---

[49] Vgl. Mirosława Czarnecka: Misogyne Lachgemeinschaft. Barocke Frauensatire im deutsch-polnischen Vergleich. In: Anthropologie und Medialität des Komischen im 17. Jahrhundert (1580–1730). Hg. von Stefanie Arend u. a. Amsterdam, New York 2008 (Chloe. Beihefte zum Daphnis 40), S. 354–370.
[50] Vgl. Werner Röcke, Hans Rudolf Velten (Hg.): Lachgemeinschaften. Kulturelle Inszenierungen und soziale Wirkungen von Gelächter im Mittelalter und in der Frühen Neuzeit. Berlin, New York 2005 (Trends in medieval philology 4).

verfolgt und vor allem mit dem populären Motiv der ungeratenen Ehe zwischen einer alten Frau und einem jungen Mann operiert, wie im Gedicht *An einen seiner Bekanten, welcher sich in unzeitige Ehe eingelassen*:

> Daß du mein Poete nun die Musen pflegst zu hassen
> Durch Weiber List verführt; auch aller Einsamkeit/
> Und Keuschheit abgesagt/ im Lentzen deiner Zeit
> Und dich durch schnöde Lust/ un Gelt betöhren lassen;
> Meinst Du sey wolgethan/ ja daß auff allen Gassen/
> Ein jeder nur von dir und deinem Glücke schreyt;
> Schaw daß dirs nicht zu bald von Hertzen werde Leid/
> Daß dein verblender Geist/ sich itzt so läst anfassen.
> Was deucht dich/ wenn hernach dir deine Braut vorsingt/
> Das diß Ihr Teller sey/ der auff dem Tische klingt;
> Wenn nicht ihr Tahler wer/ so must du Hunger sterben/
> Wie wird dir seyn zu Mut? Du meinst wie möchts geschehn?
> Sie liebt mich viel zu sehr/ sonst pflegets so zu gehen/
> Wenn nicht ein Ehman kann sein eigen Brod erwerben.[51]

Die Geldheirat eines jungen Poeten mit einer alten reichen Frau ist hier ehrmindernd, aber primär für den Bräutigam und nicht, wie in vielen satirischen Hochzeitsgedichten des Barock, für die alte Braut.

Während in der lyrischen und Prosasatire des deutschen Barock sehr selten Bilder des voranschreitenden Alters am Körper des Mannes beobachtet und beschrieben werden, lassen sich in der Lyrik des Andreas Gryphius einige Gedichte finden, in denen er den Alterungsprozess eines Mannes – und zwar primär eines Gelehrten – thematisiert. Der fortschreitende und immer stärker sichtbare Verlust geistiger und physischer Kräfte wird als besonders schmerzlich für den Habitus des Gelehrten beschrieben, so etwa im Gedicht *Letzte Rede eines Gelehrten aus seinem Grabe*.[52]

Für die Diskussion der Geschlechterordnung sind auch Gryphius' Leichenreden aufschlussreich. Acht von insgesamt dreizehn Texten, die im Band *Dissertationes Funebres* herausgegeben wurden, sind Frauen gewidmet. In allen diesen Leichenreden hebt Gryphius heroische Tugenden der verstorbenen Frauen im Kontext der Kriegserfahrung hervor. Man kann sagen, dass neben dem ‚lebendigen Theater' der Entbindungsstube, es vor allem dramatische Ereignisse des Kriegschaos waren, die die Geschlechterordnung im 17. Jahrhundert weitgehend von einem vertikalen mit festgeschriebenen Hierarchieverhältnissen zu einem

---

51 Gryphius: Gesamtausgabe (Anm. 18), Bd. 1, S. 19–20.
52 Lyrische Gedichte von Andreas Gryphius. Hg. von Julius Tittmann. Leipzig 1880, S. 96.

horizontalen Modell mit gleichwertiger Stellung und partnerschaftlichen Relationen von Mann und Frau gewandelt haben. In den Leichenreden Gryphius' lässt sich dieser Wandel deutlich ablesen. So greift er auf den traditionellen Katalog christlicher und ökonomischer Tugenden (Demut, Frömmigkeit, Keuschheit, Friedfertigkeit, Fleiß und Geduld) zurück, um seine Bewunderung für Frauen, die im Krieg, bei Schicksalsschlägen wie Feuersbrunst und Pestepidemie, bei Kindertod und im Witwenstand unverzagt und großmütig bleiben, auszudrücken. In der Leichenrede auf die 1653 verstorbene Eva Schönborner, der er seit seiner Jugend als Sekretär ihres gelehrten Gatten Georg von Schönborner und später als Begleiter ihrer Söhne auf deren Studienreise nach Holland, freundschaftlich verbunden war, scheut Gryphius sich nicht, dieser Frau ‚männliche' Tugenden wie „vernünfftige Reden" und „[w]ohlbedachte[n] Rath" zuzuschreiben: Sie hatte als Witwe ihren Kindern „allein und sonder anderer Beystand nicht nur der Mutter/ sondern auch Vaters Stelle rühmlich vertreten".[53] Die 1648 verstorbene Barbara Aebel (geb. Gerlach), eine gebildete und wohlerzogene adelige Tochter, Gattin des Gelehrten Philipp Aebel und Mutter von vier Kindern, vergleicht er für ihre in Kriegs- und Verfolgungszeit gezeigte Großmütigkeit mit der Königin Catharina von Georgien, denn

> ihre Geduld und unbewegte Großmutigkeit dennoch ihre Trübsale weit übertroffen, krafft welcher sie die grimmigste Noth unserer Zeiten gepochet, und wie hart ihr die Verwüstung und Plünderung ihrer Gebrutsstadt Die Frey- und Fraustädtische Einäscherung, die Verfolgung und Gewissens Bedrängiß [...] zugesetztet.[54]

Als Opfer des Krieges wird auch Barbara Hoffmann (geb. John) dargestellt, die nach mehreren überstandenen Schicksalsschlägen, wie dem Tod des Ehemanns, dem Verlust des Hauses in Flammen, dem Tod ihrer Kinder, dem Verlust des Vermögens durch das Kriegschaos und ihr Exil, als „Ausländische" zurückkehrt und in Einsamkeit „die Welt großmutig verachtet".[55] Und wenn der Dichter das Leben der 1663 gestorbenen Anna Knorr, als „ein[en] sehr lange[n] und mühseelige[n] Arbeits-Tag"[56] beschreibt, so lässt sich das wie

---

53 Andreas Gryphius: Winter-Tag Menschlichen Lebens. In: Andreae Gryphii Dissertationes Funebres Oder Leich-Abdanckungen [...]. Breslau 1666, S. 225.
54 Andreas Gryphius: Folter Menschliches Lebens. In: Dissertationes Funebres (Anm. 53), S. 346.
55 Andreas Gryphius: Ausländische In dem Vaterland. In: Dissertationes Funebres (Anm. 53), S. 538.
56 Andreas Gryphius: Abend Menschlichen Lebens. In: Dissertationes Funebres (Anm. 53), S. 417.

ein Kommentar auch zum heroischen Alltag seiner eigenen Ehefrau lesen, die es schaffte, die ständige Pflege der kranken Tochter mit ihren sonstigen Haushaltspflichten zu vereinbaren.

3 Fazit

1. Die Rekonstruktion des Soziotops von Andreas Gryphius erlaubt zunächst die Feststellung, dass in seinem Meso- und Mikroraum der Prozess der Pluralisierung von normativ gesetzten Geschlechterrollen und Räumen der sozialen Repräsentanz von Frauen und Männern sichtbar wird. Die traditionelle Geschlechterordnung, wie sie in der Ehe mit der Suprematie des Ehemannes festgelegt worden ist, wird zunehmend in das Modell der Partnerschaft und Komplementarität der Geschlechter umgewandelt, ein Modell, das Andreas Gryphius seit seiner frühen Kindheit hatte beobachten und sich einprägen können.
2. Der Versuch, die ausgewählten Identitätskategorien, wie Geschlecht, Stand, Bildung und Alter in ihrer gegenseitigen Abhängigkeit für das Geschlechterkonzept bei Andreas Gryphius zusammenzudenken, deckte einerseits soziale Macht-, Gewalt- und Wissenshierarchien auf, machte andererseits aber auch deren Transgressionen sichtbar. Es wurde gezeigt, wie in der Lebenswelt des Andreas Gryphius Räume der Unaufmerksamkeit mitunter zu gewissen Freiräumen werden, in denen zum Beispiel weibliche Autorschaft realisiert werden kann. Rosina Deutschländer und ihre Enkelin Susanne Leubscher treten über die Schwelle der Unaufmerksamkeit und *Invisibility* in die Öffentlichkeit der Schriftkultur ein.
3. Diese Erkenntnisse sind aufschlussreich für die Lektüre der Werke Gryphius', wo auch der Diskurs der Geschlechterordnung Relevanz bekommt und in der Spannung zwischen Normativität und Pluralität neu gelesen werden kann.
4. Die Geschlechterbilder, vor allem Gryphius' literarische Frauenbilder sind heterogen und differieren nach der kommunikativen, der rhetorischen Situation und Gebrauchsfunktion der Texte.

Nicola Kaminski
Brandaufklärung versus Gottesstrafe?
Ein konfessionspolitisches *close reading* von Gryphius' *Fewriger Freystadt*

Marie Luisa Allemeyer hat in ihrer 2007 erschienenen Studie *Fewersnoth und Flammenschwert* das Spektrum publizistischen Umgangs mit dem ‚normalen Ausnahmefall' des frühneuzeitlichen Stadtbrands folgendermaßen charakterisiert:

> Auf der einen Seite [...] steht die religiöse Deutung des Stadtbrandes, die häufig von den Pastoren betroffener Städte in sogenannten Brandpredigten ihren Zuhörern nahe gebracht wurde. [...] Die gegenüberliegende Position [...] nehmen Schriften ein, die nicht in erster Linie der Deutung des Ereignisses gewidmet sind, sondern in denen bestimmte, gegen das Feuer zu ergreifende Maßnahmen be- oder vorgeschrieben wurden. In Brandschutzordnungen und Traktaten zu technischen Erfindungen wurde der Stadtbrand als ein Unheil beschrieben, das es mittels bestimmter Vorkehrungen und Maßnahmen zu verhindern oder zumindest in seiner Wirkung zu beschränken galt.[1]

Zwischen den „deutungs-normativen Predigten", die einer bereits erfolgten Brandkatastrophe Sinn zusprechen (als Strafe Gottes für sündhaftes Leben), und den „handlungs-normativen Techniker- und Technokratenschriften",[2] die darauf zielen, künftigen Brandkatastrophen vorzubeugen, macht Allemeyer ein heterogenes Mittelfeld aus, dem sie auch die am 22. September 1637 vom zwanzigjährigen Andreas Gryphius abgeschlossene *Fewrige Freystadt*[3] zurechnet.[4] Auf den ersten Blick scheint es schlüssig, diesem Zwischen eine Semantik geschichtlichen Fortschritts zu unterlegen. Demgegenüber macht Allemeyer je unterschiedliche Funktionen der ‚Brandschriften' in unterschiedlichen Gebrauchszusammenhängen geltend: Wo der Geistliche den von der Katastrophe Betroffenen Unfaßbares verständlich zu machen sucht und sie zugleich zu moralischer Besserung anhält, geht es den Technikern darum, Katastrophenerfahrung in verbesserten Brandschutz zu übersetzen.

---

1 Marie Luisa Allemeyer: Fewersnoth und Flammenschwert. Stadtbrände in der Frühen Neuzeit. Göttingen 2007, S. 16 f.
2 Ebd., S. 17.
3 Fewrige Freystadt / ANDREÆ GRYPHII. Gedruckt zur Polnischen Lissa / bey Wigand Funcken. Jm Jahr 1637. Zitiert wird nach dem Exemplar der Biblioteka Uniwersytecka we Wrocławiu, Signatur: 305072. Auf S. 13 am Ende der „Vor-Schrifft an den Leser" findet sich die Datierung „Schönborn / den XXII. Herbstmonat dieses CIƆ IƆ C XXXVII. Jahres".
4 Zu Gryphius' *Fewriger Freystadt* vgl. Allemeyer (Anm. 1), S. 102–108.

Es liegt in dieser Logik nahe, Gryphius' *Fewrige Freystadt*, in der die Deutung als Strafe Gottes *neben* der konfessionspolitisch grundierten Anprangerung ‚schlechter Policey'[5] steht, von ihrem Gebrauchskontext her zu lesen. Genau in dieser Perspektive bietet der Text sich aber merkwürdig ambig dar – und dies nicht allein, weil zeitgenössisch selbstverständliches Kontextwissen des Chronotopos Freystadt 1637 nicht mehr oder nurmehr unzureichend rekonstruierbar ist. Allemeyer umgeht dieses Problem, indem sie sich – nach einleitend pluraler Funktionsbestimmung: als Gelegenheitsdichtung, Bittschreiben und Brandbericht[6] – ganz auf den Brandbericht im engeren Sinn konzentriert und ihn stringent als theologisch gerahmte „Erörterung der Brandschuldfrage" liest, die Gryphius „in den Dienst politischer Konfliktaustragung" stelle.[7] Wie er dazu kommt, in wessen Auftrag der Zwanzigjährige schreibt, der nicht Freystädter ist, sondern erst seit August 1636 auf dem nahegelegenen Gut Schönborn als Hauslehrer arbeitet und von dort aus Augenzeuge des Brandes wird, bleibt dabei ausgeblendet.

Demgegenüber möchte ich die gebrauchskulturelle Ambiguität der *Fewrigen Freystadt* ernst nehmen, um von da aus nach dem Status der Schrift zu fragen. Zunächst eine knappe Objektbeschreibung: Die *Fewrige Freystadt*, eine 111 Seiten umfassende, heute nur noch in drei Exemplaren überlieferte,[8] im Herbst 1637 bei Wigand Funck im polnischen Lissa gedruckte Schrift, setzt sich aus durchaus unterschiedlichen Bestandteilen zusammen, von denen der eigentliche Brandbericht („Freystädtische Fewerstädt", S. 14–102) nur *einer*, wenn auch der umfangreichste, ist. Voraus geht ein ‚peritextueller Vorspann' aus Titelblatt, drei lateinischen Epigrammen, einer Widmungsvorrede an die Freystädter sowie einer „Vor-Schrifft an den Leser", es folgt auf den Seiten 102–111 ein titelloses, 96 Verse umfassendes Alexandrinergedicht sowie das Impressum. Dirk Niefanger hat die *Fewrige Freystadt* entsprechend als komplexes „Textensemble aus Paratexten, Prosaschrift und Gedicht" beschrieben, das sich erst erschließe, wenn die Teile aufeinander bezogen werden.[9] Daran

---

5 „Schlechte Policey" wählt Allemeyer als Überschrift ihres Gryphius-Abschnitts (ebd., S. 102).
6 Vgl. Allemeyer (Anm. 1), S. 103.
7 Ebd., S. 108.
8 Vgl. hierzu ausführlich Nicola Kaminski: „Vnnd was manch weiser Sinn erforscht / ersehn / erwacht ...". Gryphius' *Fewrige Freystadt* und die Forschung. In: Śląska republika uczonych / Schlesische Gelehrtenrepublik / Slezská Vědecká Obec. Bd. 6. Hg. von Marek Hałub und Anna Mańko-Matysiak. Dresden, Breslau 2014, S. 175–198, sowie Nicola Kaminski: *Fewrige Freystadt*. In: Gryphius-Handbuch. Hg. von Nicola Kaminski und Robert Schütze. Berlin, Boston 2016, S. 400–413, bes. S. 403 f.
9 Dirk Niefanger: „Fewrige Freystadt" – eine Gedächtnisschrift von Andreas Gryphius. In: Zeitschrift für deutsche Philologie 119 (2000), S. 481–497, hier S. 481.

anschließend, möchte ich von der Peripherie her lesen, und zwar zunächst unter der Frage, wen die Schrift adressiert.

Während die von Allemeyer beobachtete Spannung konfligierender *Deutungen* – Handeln des „höchstergrimmeten",[10] „Rach vber vnsre Sicherheit verübe[nden]"[11] oder umgekehrt des „Allergüttigste[n]",[12] „sanfftmüttigste[n] Gott[es]"[13] versus „mangel richtiger Ordnung"[14] und menschliches Versagen –, während diese *interpretative* Spannung sich in der eigentlichen Brand*beschreibung* konzentriert (S. 14–84), an die dann die nüchtern-rationale Diskussion der Brand*ursachen* anschließt, setzen die peritextuell rahmenden Bestandteile eine Spannung des *Gebrauchs* in Szene: Wie ist die *Fewrige Freystadt* gebrauchskulturell zu verstehen? Als okkasionell motivierte Stellungnahme zur Brandaufklärung in einer konfessionspolitisch und juristisch angespannten Freystädter Situation? Immerhin werden gerichtliche Zeugenaussagen akkurat ausgewertet und *ein* Exemplar der *Fewrigen Freystadt* mit einer eigenhändigen Abschrift dieser Zeugenaussagen öffentlich hinterlegt (wo, wäre zu fragen: das Rathaus ist abgebrannt) – dieses Exemplar hat Konrad Gajek 1996 mitsamt den Zeugenaussagen im sog. Depositum Breslau in der Berliner Staatsbibliothek wiederentdeckt.[15] Oder als eine Mischung aus Bitt- und Anklageschrift an eine höhere, ja höchste Instanz auf Reichsebene? Immerhin ist am Ende der „Freystädtischen Fewerstädt" Kaiser Ferdinand III. direkt adressiert.[16] Aber: Gryphius ist noch längst nicht Syndikus des Fürstentums Glogau, sondern ein zwanzig Jahre junger Außenstehender, Halbbruder des Freystädter lutherischen Pfarrers Paul Gryphius, Schützling des konfessionspolitisch zwielichtigen Georg Schönborner.[17] Oder aber ist die Schrift als poetisches ‚Werk' zu verstehen, das über den zeitlich und räumlich begrenzten Anlaß hinaus wirken will, womöglich gar Anspruch auf dichterischen Nachruhm erhebt?

Dafür spricht der äußerste Rahmen der *Fewrigen Freystadt*: Wer im Herbst 1637 das Titelblatt vor Augen hat (Abb. 1), das außer dem prägnant alliterierenden Titel nichts zeigt als den lateinisch flektierten Autornamen, der wird wohl

---

10 Fewrige Freystadt (Anm. 3), S. 24.
11 Ebd., S. 33.
12 Ebd., S. 51.
13 Ebd., S. 76.
14 Ebd., S. 40.
15 Vgl. Konrad Gajek: Andreas Gryphius' Abschrift der Ratsprotokolle von Freystadt (1637). In: Zur Literatur und Kultur Schlesiens in der Frühen Neuzeit aus interdisziplinärer Sicht. Hg. von Mirosława Czarnecka. Wrocław 1998 (Acta Universitatis Wratislaviensis 1968), S. 183–197.
16 Vgl. Fewrige Freystadt (Anm. 3), S. 101 f.
17 Vgl. zu Schönborner nach wie vor Marian Szyrocki: Der junge Gryphius. Berlin 1959 (Neue Beiträge zur Literaturwissenschaft 9), bes. S. 109–131, sowie Nicola Kaminski: *Brunnen-Discurs*. In: Kaminski und Schütze (Anm. 8), S. 427–436.

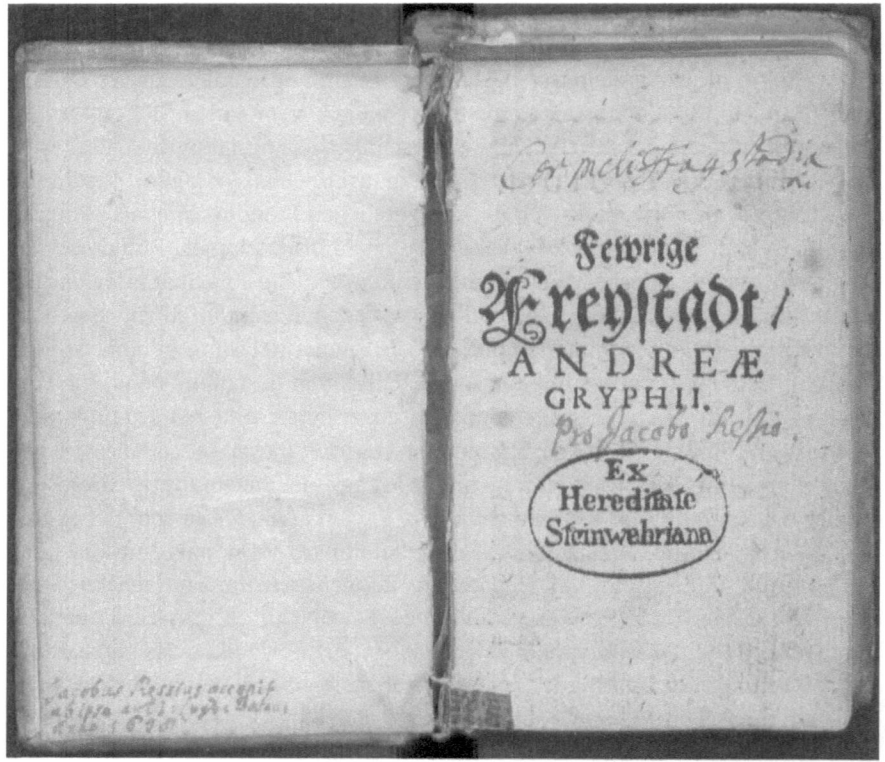

Abb. 1: Andreas Gryphius, *Fewrige Freystadt*, 1637, Titelblatt.[18]

weniger einen Brandbericht erwarten wie etwa die 1615 gedruckte *Glogovia incinerata* von Elias Lange (Abb. 2);[19] vielmehr erinnert das Erscheinungsbild von

---

18 Biblioteka Uniwersytecka we Wrocławiu, Signatur: 305072.
19 Glogovia incinerata. Oder Warhafftige vnd aigentliche Beschreibung / Der geschwinden vnd gantz schrecklichen Fewerß-Brunst zu Grossen Glogaw / Jn welcher den 28. Julii / des verlauffenen 1615. Jahres / jnnerhalb dreyen Stunden / die gantze Wolerbawete vnd Volckreiche Stadt / sampt der Polnischen Vorstadt / jämmerlich verwüstet / vnd in die Asche geleget worden. Beyneben: Was sich vor: vnd nach dem Brande mehr Denckwürdiges verlauffen vnd zugetragen. Alles / zu einem stetswerenden Gedächtniß / auch zu besonderm Dienst vnd gefallen / der allgemeinen Brandbeschädigten Bürgerschafft / in Deutsche Rythmos verfasset vnd gestellet. Durch ELIAM LANGIUM S. Röm: Käy: Mayt: Zoll vnd Biergeldes Vnter-Einnehmer daselbst. Jm Jahr: GroßGLoga VVar DVrCh FeVrß-geVVaLt | In GroßkLage Verkehrt aLßbaLt: | Den AChtzVVantzIgsten Tag JVLI / | Grösser KLagen gehört VVar nIe. Gedruckt zur Lignitz / in Nicolai Schneiders Druckerey / durch Joachim Funcken / Buchdruckern zu GroßGlogaw. Einen Vergleich von Langes *Glogovia*

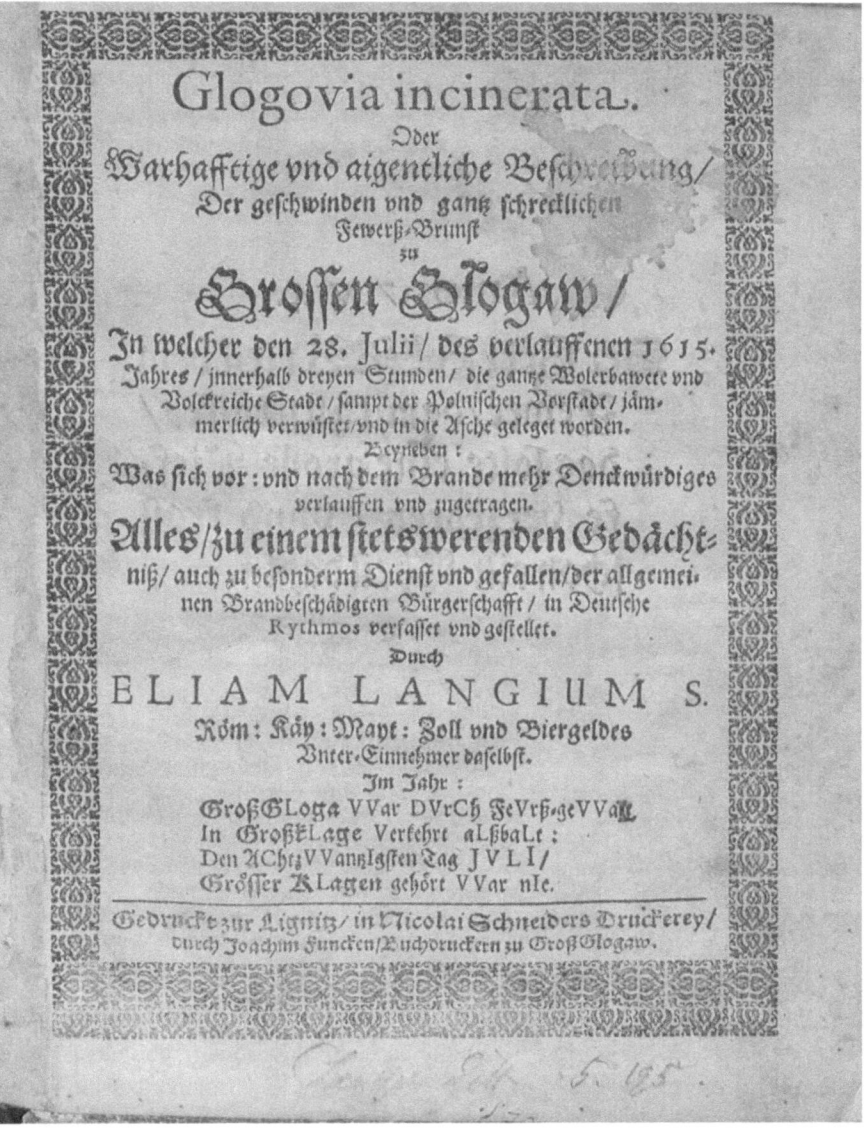

Abb. 2: Elias Lange, *Glogovia incinerata*, 1615, Titelblatt.[20]

---

incinerata und Gryphius' *Fewriger Freystadt* bietet Marian Szyrocki: Andreas Gryphius' „Fewrige Freystadt". In: Orbis litterarum 25 (1970), S. 102–114.
20 Staatsbibliothek zu Berlin; Preußischer Kulturbesitz. Signatur: an: Da 10220 < a >.

Gryphius' *Fewriger Freystadt* an die ebenso lakonisch titulierten *Sonnete* (Abb. 3), die im Frühjahr 1637 als Gryphius' deutschsprachiges Debüt erschienen waren, ebenfalls bei Wigand Funck in Lissa, dessen Impressum beide Drucke beschließt.[21]

Abb. 3: Andreas Gryphius, *Sonnete*, 1637, Titelblatt.[22]

Der überlieferungsgeschichtliche Zufall will es, daß dem Breslauer Exemplar der *Fewrigen Freystadt* ein solcher Gebrauch als nicht okkasionell gebundenes *Werk* seitens ihres Autors abzulesen ist. Denn die Titelseite trägt unmittelbar unter dem Autornamen die lateinische Widmung „Pro Jacobo Ressio", die durch eine ‚Empfangsbestätigung' auf dem vorderen Innendeckel als autograph bezeugt wird:

---

21 ANDREÆ GRYPHII Sonnete. Gedruckt zur Polnischen Lissa / durch Wigandum Funck. Vgl. für die *Fewrige Freystadt* oben Anm. 3.
22 Biblioteka Uniwersytecka we Wrocławiu, Signatur: 541859.

"Jacobus Ressius accepit ab ipso auto[re]: Lugd[uni]: Batau[orum]: Anno 1638" (vgl. Abb. 1). Fernab von Freystadt und wenigstens ein gutes Jahr nach dem Brand schenkt Gryphius im niederländischen Leiden einem Landsmann („Jacobus Ressius Silesius" hat sich in der Leidener Matrikel direkt unter ihm eingetragen[23]) einen ‚Sonderdruck', der offenbar weniger über den Gelegenheitsbezug als über seinen Autor Wert gewinnt. Sieht man von den beiden lateinischen Chronogrammen des Gryphius auf der ersten Doppelseite ab,[24] wie sie vor frühneuzeitlichen Brandschriften durchaus üblich sind, so ist es vor allem das den Druck auf zehn Seiten beschließende deutsche Alexandrinergedicht, auf das sich poetische Reputation gründen läßt – dem Umfang nach immerhin knapp ein Viertel der ‚Lissaer Sonette', Gryphius' bis dahin einziger deutschsprachiger Publikation. Dabei ist nicht die Versrede als solche signifikant (nicht selten bedienen Brandschriften sich versifizierter Darstellung), sondern *wie* Gryphius das tut: Indem er (wie schon in den *Sonneten*) Alexandriner in der Nachfolge der Opitzschen Versreform schreibt, unterschreibt er performativ auch die ‚konfessionspoetischen' Implikationen von dessen „Deutsche[r] Poeterey".[25]

Zerfällt die *Fewrige Freystadt* demnach in zwei relativ unabhängig voneinander zu rezipierende Komponenten? Hier der aktuelle Brandbericht, der ein okkasionell involviertes, vor allem Freystädter Publikum adressiert, dort die poetische Verarbeitung, die sich an eine breitere, räumlich und zeitlich Freystadt 1637 transzendierende Leserschaft richtet und den Kasus *Fewrige Freystadt* als Exemplum von grundsätzlicher Tragweite verhandelt? Die Dopplung von freystadtbezogener Widmungsvorrede und allgemein adressierter „Vor-Schrifft an den Leser"[26] scheint diesen Eindruck zu unterstützen. Bei der Lektüre beider Vorreden wird allerdings ein merkwürdiger Funktionentausch deutlich: die „Vor-Schrifft an den Leser" bezieht, durchaus scharfzüngig, Stellung zu möglichen Anfeindungen gegen den Verfasser in der konkreten Situation, während die Widmungsvorrede an die Freystädter im Gestus allgemeiner Vergänglichkeitsreflexion spricht.

---

23 Vgl. Ulrich Seelbach, Martin Bircher: Autographen von Andreas Gryphius. In: Daphnis 23 (1994), S. 109–179, hier S. 123, Abb. 10a.
24 Vgl. Fewrige Freystadt (Anm. 3), fol. Aij^r; auf der gegenüberliegenden linken Seite steht ein Anagramm von Georg Schönborner auf den Namen „FREISTADIUM" alias „I ARDET FIMUS".
25 Vgl. dazu Nicola Kaminski: Martin Opitz' *Buch von der Deutschen Poeterey* (1624). In: Kaminski und Schütze (Anm. 8), S. 59–67.
26 Fewrige Freystadt (Anm. 3), S. 1–6 und S. 6'–13. (Als S. 6 sind versehentlich zwei Seiten paginiert.)

Folgerichtigkeit erwächst dieser paradoxen Vertauschung freilich, wenn man sich die Zusammensetzung der von Gryphius im Herbst 1637 adressierten Leserschaft vergegenwärtigt:

> Denen Edelen / WolEhren-
> festen / GroßAchtbarn / Hochgelahr-
> ten / Wolweisen / Hoch-Wolbenam-
> ten / Ehrsamen / Vorsichtigen
> Herren
> DOCTORIBUS,
> Bürgermeister /
> Rathmannen /
> Richtern vnd
> Schöppen /
> Geschwornen vnd
> Eltesten /
> Auch allen sämptlichen Bürgern vnd Einwoh-
> nern der Käyserl: vnnd Königl:
> Stadt Freystadt.
> Meinen Hochgeehrten Herren Pa-
> tronen / Befördern / vnd hochwer-
> ten Freunden[27]

– so lautet die eine ganze Seite füllende Dedikation, die von der Stadtobrigkeit über die Bürger und Einwohner bis hin zu des Verfassers persönlichem Gönner- und Freundeskreis Freystadt als Kollektiv beschwört, das durch die „Leyd- vnd Schmertzens-Klagen" um „den gantz verstümmelten / durchrauchten vnnd verbrandten Freystädtischen Cörper"[28] geeint wird. Vor dem Hintergrund der im Herbst 1637 lebensweltlich präsenten Freystädtischen Wirklichkeit wird das kenntlich als schöner Schein. Denn ‚Freystadt 1637' ist dadurch geprägt, daß im Februar 1629 das protestantische Stadtregiment unter militärischem Druck zwangskatholisiert bzw. ausgetauscht wird; daß von dieser Zeit an die Freystädter Bürger teils den gegenreformatorischen Drohungen, Schikanen, aber auch Verlockungen nachgeben und katholisch werden, teils protestantisch bleiben und das beispielsweise durch Einquartierungen büßen müssen; daß im April 1630 in der protestantischen Pfarrkirche als erster katholischer Priester Jakob Schmallandt installiert wird, der auch 1637 noch amtiert, während der lutherische Pfarrer Paul Gryphius seit Ende

---

27 Ebd., fol. Aij^v.
28 Ebd., S. 4 und 2f.

1635 Gottesdienst unter freiem Himmel auf dem Kirchhof bzw. in der „Hütte Gottes" vor den Mauern der Stadt halten muß.[29] Um so markanter hebt der rhetorisch evozierte schöne Schein einer städtischen Leidens- und Trauergemeinschaft sich von der häßlichen Wirklichkeit ab. Die *Fewrige Freystadt* stellt diese Diskrepanz regelrecht aus, indem sie einerseits in der „Vor-Schrifft an den Leser" die beschworene Harmonie mit dem Gegenbild eines zutiefst gespaltenen Kollektivs konfrontiert, in dem „spitzfündig[ ] vnd hönisch[ ]"[30] einer über den andern herfällt. Und indem sie andererseits auch schon in der Widmung durch das harmonische Bild einhelliger Trauer die konfessionell zersplitterte Kommunikationssituation durchscheinen läßt. Das „bittere[ ] Præsent", das er den „Vätern vnnd Gliedern des Vaterlandes"[31] (gemeint ist Freystadt) zu überreichen habe, führt Gryphius nämlich durch *zwei* Exempel ein, die in der Wertung des „Trawr-Geschenck[s]"[32] einander derart widerstreiten, daß sie die Position des Überbringers nicht zu bestimmen erlauben: „Trefflich hart muß die Egyptische Königin Cleopatra betrübet vnd bestürtzet worden seyn", so hebt das erste an,

---

29 Man ist hier, weil zeitgenössisch und auch noch nach dem Westfälischen Frieden bis zur preußischen Besetzung Schlesiens eine protestantisch perspektivierte Kirchengeschichte aus konfessionspolitischen Gründen nicht geschrieben werden konnte, auf die – freilich quellengesättigten – Darstellungen des achtzehnten Jahrhunderts angewiesen. Vgl. besonders Johann Adam Hensels Predigers bey der evangelischen Gemeine zu Neudorf am Grätzberge, Protestantische Kirchen-Geschichte der Gemeinen in Schlesien Nach allen Fürstenthümern, vornehmsten Städten und Oertern dieses Landes, und zwar vom Anfange der Bekehrung zum christlichen Glauben vor und nach Hußi, Lutheri und Calvini Zeiten bis auf das gegenwärtige 1768ste Jahr, Nebst einem vollständigem Verzeichniß aller itzt lebenden Geistlichen bey der evangelischen Kirchen, in acht Abschnitten abgefasset und mit einer Vorrede versehen von Friedrich Eberhard Rambach, Königlich Preußischem Ober-Consistorialrath und Jnspector der Kirchen und Schulen in Schlesien. Mit gnädigster Freyheit. Leipzig und Liegnitz, Jm Verlag David Siegerts, 1768, S. 273–290; ANALECTA FREYSTADIENSIA, Oder Freystädtische Chronica, Theils aus denen in vielen Jahren gesammleten Miscellaneis Herrn M. Johann Gottfried Axts, Weyl. Wohlverdienten Rectoris der Land- und Stadt-Schule vor Freystadt; Theils aus unterschiednen Archiven und güttigem Beytrage Vieler Gönner und Freunde, Auf unabläßliches Verlangen, Sowohl wegen der darinnen vorkommenden alten Uhrkunden des Fürstenthums Glogau bey denen ehmahls zu Freystadt residirenden Hertzogen, Als auch der neuern Merckwürdigkeiten unter der vorigen Römisch-Kayserl. und itziger Königl. Preußischen Regierung in diesem Fürstenthume zur Freystädtischen Chronicke gehörig, Nach der Eintheilung einer besondern Politischen- Kirchen- und Gelehrten-Historie, Vornehmlich zu Freystadt biß auf itzige Zeit, Jn nachstehende Ordnung gebracht, von *M.* Gottfried Förstern. *Frideberg. Siles.* Vorhin gewesnen Schul-Collegen zu Freystadt, und zur Zeit Con-Rectore der Evangel. Luth. Schule zu Lissa. LJSSA, Gedruckt bey Michael Lorentz Pressern [1751], S. 154–157.
30 Fewrige Freystadt (Anm. 3), S. 6'f.
31 Ebd., S. 2.
32 Ebd.

[a]ls Ptolemæus Jhr Bruder vnd Ehegemahl / seinen eigenen von Jhr gebohrnen / vnd damals noch einigen Sohn in Stücken zerhawen / vnd dessen zertheilete glieder obgedachter Mutter [...] vnter anderen Königlichen Trachten / also bluttrieffend auff die Taffel vbersendet.[33]

„Welchem Trawr-Geschenck nicht vngleich", so fährt Gryphius fort, „das jenige" erscheine, „so Hercules [...] dem Licymniæ vbersendet".[34] Hercules nämlich habe, da er dem Vater den ihm anvertrauten, im Krieg gefallenen Sohn Argeus nicht lebend wieder überantworten konnte, „gedachtem Könige die wenige Aschen vnd Gebeine des von Jhm verbrannten[35] Argei zurück [geschickt] / damit Er doch etlicher massen seiner Zusage [...] genüge leisten möchte".[36]

Hier eine grausig-kannibalische Blutmahlzeit aus den Händen des Mörders am eigenen Sohn, dort die in getreulicher Pietät zurückerstatteten Residuen eines Schutzbefohlenen – *tertium* ist auf der Bildebene das zerstückelte „Trawr-Geschenck", auf der Referenzebene aber eben die von Gryphius den Widmungsadressaten überreichte *Fewrige Freystadt*, die ihrerseits nicht nur vom „gantz verstümmelten / durchrauchten vnnd verbrannten Freystädtischen Cörper"[37] spricht, sondern sich auch an ein nicht minder zerstückeltes und zersplittertes Publikum wendet. Unter diesen disparaten Vorzeichen des mehrfach Zerstükkelten, Nicht-Vereinbaren wird potentiell jeder Satz, jedes Wort, jede Namensnennung der nachfolgenden Brandbeschreibung zwiespältig, je nachdem, ob der Lesende sie katholisch oder protestantisch oder katholischgeworden oder auch katholischgeworden-wieder-zum-Protestantismus-zurückgekehrt perspektiviert. An die Stelle der im Titel behaupteten Einheit „Freystadt", die es nur noch auf vergänglich-brennbarem Papier gibt, tritt die Vielheit der zum „Graußhauffen"[38] pulverisierten „Freystädtische[n] Fewerstädt".[39]

Kristallisationspunkt solcher Pluralisierung einander widerstreitender Lesarten sind die Namen, denen aus historischem Abstand, abgesehen vom katholischen Pfarrer Jakob Schmallandt und vom lutherischen Pfarrer Paul Gryphius, nur noch im Einzelfall sicher konfessionelle Zugehörigkeit zugeschrieben werden kann. Etwa im Fall des tragisch zu Tode gekommenen einzig nichteingeschlafenen

---

33 Ebd., S. 1.
34 Ebd., S. 2.
35 Nach Gryphius' handschriftlicher Korrektur im Widmungsexemplar für Ressius verbessert aus „verbanneten".
36 Fewrige Freystadt (Anm. 3), S. 2.
37 Ebd., S. 2f.
38 Ebd., S. 3.
39 So der Titel der ebd., S. 14, beginnenden Prosabrandbeschreibung, den von da an Doppelseite für Doppelseite der Kolumnentitel präsent hält.

Turmwächters Georg Unglaube, der als Protestant dadurch kenntlich wird, daß man ihn zwar auf des katholischen „Herren Bürgermeisters ansinnen / zur Erden bestattet", daß ihm aber „vom H. M. Paulo Gryphio der Evangelischen Gemeine wolverordneten Pfarren" die Leichenpredigt gehalten wird.[40] Gryphius kommentiert diesen Todesfall durch die knappe Bemerkung, Unglaube habe „mit diesem vntergang gelehret / wie gar verborgen die heimblichen Gerichte GOttes" seien,[41] und verzichtet auf eine Auslegung des sprechenden Namens. Aber wie liest sich das mit den Augen eines Freystädter Katholiken oder zum Katholizismus Konvertierten? Als Exempel des ungläubigen Wächters, der sich renitent der wahren, katholischen Kirche verschließt und dafür vom göttlichen Rachefeuer auf dem Turm eingeschlossen wird, als er weltlich gesinnt sein Bettzeug retten will?

Das knappe Beispiel, dem sich zahlreiche weitere, je unterschiedlich plural perspektivierbare an die Seite stellen lassen, ohne daß sie sich auf einer höheren Ebene zu *einer* konsistent protestantischen oder *einer* konsistent katholischen Lesart zusammensetzen, zeigt zum einen eine heillose Vielstimmigkeit und Vielsinnigkeit des geschriebenen „Trawr-Geschenck[s]", die gezielte, rhetorisch effektive Adressierung von vornherein aussichtslos erscheinen läßt. Zum andern zeigt das Beispiel, daß die situativ unausweichliche Zerstückelung des Deutungshorizonts auch vor der vermeintlich unhintergehbaren theologischen Deutung als Gottesstrafe (ja gerade vor ihr) nicht haltmacht. Denn wenn „der Höchste seinen Vngehorsamen vnnd Straffwürdigen die Hände [...] binde[t]",[42] wenn „das wachende Auge des Allerhöchsten Rach vber vnsre Sicherheit verübet",[43] dann folgt sofort die Frage nach der konfessionellen Referenz: *Wen hat Er gestraft, wen nicht?* Was hat es zu bedeuten, wenn die katholischerseits in Beschlag genommene Pfarrkirche bis auf die Grundfesten zerstört wird, „der Evangelischen Gemeine Jhr geringes vnd verachtes Nachthüttlin" hingegen vom „sanfftmüttigste[n] Gott" verschont bleibt,[44] was andererseits durch „sonderliche Hülffe des Allerhöchsten" auch für das „Käyserliche[] Burglehn" gilt?[45] Umgekehrt entgeht auch der Gegenpol zur theologischen Deutung, die rationale Brandaufklärung, wie Allemeyer sie in der *Fewrigen Freystadt* dominieren sieht, nicht der paralysierenden Konfessionalisierung. Denn zwar scheint die an die Brandbeschreibung anschließende Diskussion möglicher Brandursachen nüchtern zu argumentieren; ich zitiere etwas

---

40 Vgl. ebd., S. 56–60, hier S. 59 f.
41 Ebd., S. 58.
42 Ebd., S. 31.
43 Ebd., S. 33.
44 Ebd., S. 76.
45 Vgl. ebd., S. 48–50; Zitate S. 48 und 50.

ausführlicher aus dieser gegen „so mancherley Meynungen vnd Bedencken" sowie „seltzame Vrtheil"⁴⁶ gerichteten Einschätzung:

> Diß ist offen vnd vnlaugbar / daß offtgenandtem Herren Neidlingern etliche zeit zuvor ein mit dem Feber behaffter Soldat eingeleget / welcher im Mangel Raums / vnd denn wegen stetten Frosts Jhme seine Lägerstadt auff dem BackOfen auffgeschlagen / wo Er auch biß auff den 8. Brachmonats verblieben. Dannenher viel schliessen wollen / es habe sich die vber dem Ofen liegende Strew / weiln den Tag zuvor / laut Hans Eckards Gerichtlicher⁴⁷ Aussage / drey Hitzen dar gebacken / von gar zu grosser Wärme entzündet: Ob wol andere muthmassen / weiln der Soldat dar meistentheils seine Zeit mit der Toback-Pfeiffen vertrieben / es möchte sich im Stro etwas von hinweg geschütteter Toback-Asche verhalten / vnd den Schaden verursacht haben. Welches der Warheit vnd Vernunft weit gleichförmiger als leichtfertiger Mäuler plaudern / so kein bedencken getragen / vorzugeben / als were der Stall / in welchem das Baackhaus / von Himmlischen Flammen getroffen: Welcher Vnwarheit Vrsprung daher rühret; Daß etliche den hinter dem Rauch scheinenden Monden / vnd erstes auffschlagen des Lohes von ferne für eine Fewrkugel angesehen [...].⁴⁸

Die Verfechter von „Sterngeschos"- und „Jrrlicht"-Theorien werden nach ausführlicher Widerlegung der Blitzschlag-These als „noch kindischer" abqualifiziert.⁴⁹ Doch ist die rational auf Aussagen und Indizien gegründete Annahme vom auf dem Backofen Feuer fangenden Stroh über den beim Bäcker Neidlinger ‚eingelegten' fieberkranken Soldaten unmittelbar an den Konfessionalisierungsdiskurs zurückgebunden. Aufgerufen wird diese Referenz schon auf den ersten Seiten der Brandbeschreibung in einer großangelegten Fokussierungsbewegung, die ihren Ausgang nimmt von der allgemeinen Vergänglichkeit,⁵⁰ sodann als Beispiel topographisch „vnser Schlesien"⁵¹ herausgreift, den Blick zeitlich scharfstellt auf das, „was die numehr neunzehenjährige verhergung vber gelassen",⁵² um schließlich – typographisch durch Schwabacher hervorgehoben wie auch schon die vorhergehenden Schlüsselformulierungen – bei der

---

46 Ebd., S. 84.
47 Verbessert aus „Gerichlicher".
48 Fewrige Freystadt (Anm. 3), S. 85 f.
49 Ebd., S. 89. Zur Blitzschlag-Theorie: S. 87–89. Als Richtschnur seiner eigenen Einschätzung formuliert Gryphius hier: „denn ob ich zwar nicht in Abrede / daß Gott alles möglich / ist doch auch gewiß / vnd aller Philosophorum einhelliger Schluß / daß Er / wie zur Wolthat / also auch zur Straffe / sich natürlicher Mittel gebrauche" (S. 87).
50 Vgl. ebd., S. 14: „Also ist vnlaugbar / daß alles / was jemals gestanden / widerumb seinem vntergange zugeeylet / vnnd endlich nach verfliessung bestimbter Jahre / gantz vergehen müssen."
51 Ebd., S. 19.
52 Ebd., S. 20.

„vnerträgliche[n] Einqvartirung"⁵³ herauszukommen. Ehe noch Freystadt als Beispiel ‚verheerter' schlesischer Städte überhaupt in den Blick gerückt ist, steht abstrakt die mutmaßliche Brandursache schon am Horizont und mit ihr eine unzweifelhaft konfessionelle Codierung: Indem im katholisch besetzten Freystadt beim Bäcker Neidlinger ein kranker Soldat einquartiert wird, ist unausgesprochen klar, daß der Bäcker Neidlinger Protestant ist. Und wieder stellt sich die Frage: wie ist das zu lesen? Mit protestantischen Augen zweifellos als gegenreformatorische Schikane, die darauf abzielt, den Protestanten Neidlinger durch Druckausübung zur Konversion zu bringen – und ihm so, mit Gryphius' Lissaer Sonett „Trawrklage des verwüsteten Deutschlandes" gesprochen, den „Seelen-Schatz" ‚abzuzwingen'.⁵⁴ Aber wäre dieselbe Einquartierung aus katholischer Sicht nicht gerechtfertigtes Mittel zum heiligen Zweck, den Bäcker Neidlinger wieder der wahren, alleinseligmachenden Kirche zuzuführen? Oder doch wenigstens legitime Strafe für den Renegaten?

In dieser Aporie wechselseitig einander paralysierender konfessionalisierter Lesarten, die auf der „von so viel vnschuldigem vnd schuldigem Blutt durchregnete[n]"⁵⁵ „Freystädtische[n] Fewerstädt" für eine einhellige Position keinen Raum lassen, öffnet Gryphius seine Schrift, indem er den Chronotopos ‚Freystadt 1637' transzendiert. Dies geschieht einmal mehr in einer für die *Fewrige Freystadt* strukturbildenden, zwiespältigen Dopplung: zunächst explizit, durch Adressatenwechsel, sodann implizit, durch einen Wechsel der Diskursform. Begreift man die Adressierung an das utopisch geeinte Kollektiv ‚Freystadt' in der Widmung als zwar scheinhafte, doch textkonstitutive Konstante, so lassen sich diese beiden Auswege aus der kommunikativ verfahrenen Freystädter Situation als Gedankenexperimente an die Freystädtische Stadtobrigkeit und Bürgerschaft lesen, auf dem einen oder aber dem andern Weg zu dem nichtzerstückelten Ganzen zu werden, das vorerst nur schöner Schein auf brennbarem Papier ist.

Die erste Versuchsanordnung entwirft die Schrift, indem sie am Ende der „Freystädtische[n] Fewerstädt" unvermittelt einen anderen, übergeordneten Adressaten ins Spiel bringt und so den peritextuell installierten Freystädter Adressaten gewissermaßen auf einem ‚inneren Schauplatz' ein denkbares Kommunikationsszenario vor Augen stellt. Nach der niederschmetternden Verlustbilanz, die Gryphius wieder bei der „Nichtigkeit vnd vergänglichkeit jrdischer Dinge"⁵⁶ anlangen läßt, beschließt er den Prosabericht mit der Feststellung,

---

53 Ebd., S. 21.
54 Sonnete (Anm. 21), S. 47–49, hier S. 49.
55 Fewrige Freystadt (Anm. 3), S. 5.
56 Ebd., S. 98 f.

> [d]aß nun die vorige Freystadt recht einem Baum zu gleichen / dessen Este von Blitz abgesenget / dessen Stock von Donnerstraalen zurschellet vnnd zerscheitert: Dessen Wurtzel nicht nur berühret / sondern hefftig getroffen / vnd vmb ein zimbliches Jhrer lebenden Seele beraubet. Was noch jrgent Hoffnung eines außkeimens von sich blicken lest: Erwartet einigst vnserer Sonnen / der Käyserl: vnd Königl: Maytt: vnsers Allergenädigsten Käysers / Königes / vnd Herren / welcher nechst Gott alleine mit Landsväterlichen vnd gnädigsten Resolutions-Stralen / nicht allein den betrübten Zustandt des Evangelischen Wesens zu erqvicken / Sondern auch diß auff zurichten vermag / was vielleicht darumb in Graus vnd Aschen gefallen / daß es von so hohen Händen / vnd schier Göttlicher Gunst / möchte erhaben vnd ernewert werden: Welches wir von Höchstgedachter vnd so offt erweisender Käyserl: vnd Königl: Majestät Freundligkeit gewiß glauben / der Elenden vnnd Hochbetrübten Stadt aber auff eheste wüntschen.[57]

Ein starkes Bild, ein klarer Appell, der noch gestützt wird durch das Beispiel des ungarisch-böhmischen Königs Matthias II., der nach dem Stadtbrand 1489 Freystadt mit einem „GnadenBrieffe auffs väterlichste behülfflich war", „[k]rafft welches die Stadt auff zehen Jahr aller Zinsen vnd Stewren [...] entfreyet wurde".[58] Doch krankt dies rettende Szenario an zweierlei: realpolitisch daran, daß die um Gnade angerufene kaiserliche Majestät Ferdinand III. zugleich auch derjenige ist, der die rücksichtslose Rekatholisierungspolitik seines Vaters mit militärischen Mitteln fortführt; poetisch aber daran, daß das ausgemalte Blitzschlagszenario unmittelbar zuvor zugunsten der Einquartierungsthese als kindischer Irrglaube entlarvt worden war.

Die zweite, die *Fewrige Freystadt* formal beschließende, gebrauchskulturell aber auf eine Wirkung als poetisches Werk hin öffnende Versuchsanordnung zeichnet sich vor allem dadurch aus, daß sie von der Prosarede zu Alexandrinern nach Opitzschem Vorbild wechselt. Bedenkt man die weitreichenden ‚konfessionspoetischen' Implikationen der auf Lutherverse und den alternierenden Rhythmus des oranischen Marschschritts gegründeten Opitzschen Versreform,[59] so ist allein dieser Schritt vom Prosabericht zur „Deutschen Poeterey" schon ein Votum, durch das der Option, sich der kaiserlichen Gnade anzuvertrauen, eine Alternative entgegengesetzt wird. Eine utopische Alternative freilich, wie Opitz' *Buch von der Deutschen Poeterey* sie 1624 im Entwurf eines protestantischen Deutschlands *gegen* die realpolitische Niederlage poetisch vorausprojiziert

---

[57] Ebd., S. 100–102.
[58] Vgl. ebd., S. 90 f.; Zitate S. 91.
[59] Vgl. dazu ausführlich Nicola Kaminski: EX BELLO ARS oder Ursprung der „Deutschen Poeterey". Heidelberg 2004 (Beiträge zur neueren Literaturgeschichte 205), bes. S. 16–52 und 69–80.

hatte;[60] eine nicht *nur* utopische Alternative allerdings, wenn man den Blick aus Freystadt über die Grenzen Deutschlands hinaus weitet auf die Generalstaaten der vereinigten Niederlande. Gryphius' Widmung der *Fewrigen Freystadt* an Jacobus Ressius in Leiden hat in dieser Perspektive die Qualität eines symbolischen Akts.

Die in der Opitz-Nachfolge stehenden Alexandriner des Lissaer Drucks gehen so weit nicht – oder womöglich auch weiter, wenn sie den protestantischen und protestantischgewesenen Freystädtern als Alternative zum konfessionspolitischen Selbstmord eine apokalyptisch abgetönte Wiedererstehung ausmalen: „Jst diß dein Vntergang?", heißt es an Freystadt gerichtet,

> [...] must du dir selbst anzünden
> Das letzte Todten-Fewr / drin Zier vnd Gutt verschwinden?
> Hat doch des Himmels Zorn / hat doch das blancke Schwerdt /
> Vnd wilder Feinde Grim dich nie so vmbgekehrt.
> Wie du jtzt selber thust / [...][61]

Das scheint auf die theologisch erwartbare Denkfigur der Gottesstrafe hinauszulaufen („Wann der sonst sanffte GOtt mit solchen Straffen drewt? | Weil doch die Sünden-Glutt vnns solche Brunst erreget. | Die Freystadt eingefewrt / vnd frey in Grauß geleget."[62]). Doch dann geht es unversehens so weiter:

> O daß sich Deutschland noch mit solchen Knoten trägt!
> Die einig Vrsach / daß der Himmel noch drein schlegt.
> Vnd vns zur Wüsten macht. Wenn Boßheit wird verschwinden /
> Denn wird / was jtzund weg / sich reicher widerfinden:
> Denn wirst du todte Stadt auß deiner Aschen Hauff /
> Dein jtztverscharrtes Haupt vnnd Glieder richten auff.
> Denn soll / wo Wolcken jtzt voll Rauch vnd Flammen ziehen /
> Dein auffgebawte Zierd gleich einer Rosen blühen /
> Denn wird was jtzund bricht / durch Fleiß vnd kluger Hand /
> Erlangen seinen Flor / vnd in gewünschtem Stand
> Sich herrlich breiten auß. Es werden deine Mawren
> Nicht mehr voll Jammer seyn: Vnd wo man jtzt thut trawren /
> Vnd Zeter ruffen hört / wo jtzt des Höchsten Grim
> So wunder-schrecklich tobt / da wird die Jubel-Stim
> Erschallen für vnd für: Die newgemawrten Thürme /

---

60 Diese Denkfigur verdanke ich Conrad Wiedemann: Barockdichtung in Deutschland. In: Neues Handbuch der Literaturwissenschaft. Bd. 10. Renaissance und Barock. II. Teil. Hg. von Klaus von See. Frankfurt am Main 1972, S. 177–201, hier S. 180 f.
61 Fewrige Freystadt (Anm. 3), S. 105 f.
62 Ebd., S. 108.

> Zu sampt der Häuser Lust / Wird Sicherheit im Schirme
>   Behalten. Ja der Spieß / Schild / Pantzer / Kolben / Schwerd /
>   Soll denn in Seens / vnd Pflug / vnd Sicheln seyn verkehrt.
> Auch wird die wehrte Trew die Trew / die wir verlohren
> Vnnd Deutsche Redligkeit seyn gleichsamb new gebohren.[63]

Und dann fällt das lyrische Ich sich ins Wort („Was denck Jch doch so weit"[64]) – eine *revocatio*? Dafür spricht das desillusionierte „ENDE": „Was lest der Flammen Raub | Von Freystadt? was du sihst. Ein Heufflin Asch vnd Staub."[65] *Gegen* eine *revocatio* aber spricht, daß auch diese letzte Replik in Gestalt eines Opitzschen Alexandriners daherkommt; und daß die *Fewrige Freystadt* trotz der hohen Wahrscheinlichkeit, selbst in Kürze „[e]in Heufflin Asch vnd Staub" zu werden, geschrieben und gedruckt wird.

---

63 Ebd., S. 108–110.
64 Ebd., S. 110.
65 Ebd., S. 111.

Oliver Bach
„Ein Weib / doch die geherrscht"
Gryphius' Trauerspiel *Catharina von Georgien* und die *gender history* von Recht und Politik

1 Einleitung: „Das rechte Recht" – poetische Gerechtigkeit unter augustinischen Vorzeichen

In der allerletzten Szene des Trauerspiels *Catharina von Georgien Oder Bewehrete Beständigkeit* erscheint dem persischen Schah Abas die Titelheldin, die er zuvor hat grausam hinrichten lassen. Und zur Mahnung an die Grausamkeit seines Handelns tritt die tote Catharina in ebenjener geschundenen Gestalt auf. Noch einmal versucht Gryphius, seinem Leser und Zuschauer durch Figurenrede einen visuell nur schwer zu ertragenden Anblick sprachlich zu vermitteln – und dennoch geht es hier nicht oder nicht nur um den Leib, *verletzt* wurde nicht nur Catharinas Körper:

> O Greuel! O! was trit vns für Gesichte!
> Bist du es / vorhin dises Hertzens Lust?
> Wie schrecklich hängt die abgezwickte Brust!
> Tagen deine bluttige Thränen den Himmel auff vns zu Gerichte!
> Rauff doch! rauff doch nicht ab
> Die versengten Hare
> Wir wündtschen vnser Grab /
> Vnd lauffen nach der Bare /
> Schauet wie sie die entblössten Arme zu dem gestrengen Richter streck' /
> Höret doch wie sie die schlaffende Rache mit vnablößlichem ruffen erweck'.
> Schauet! schaut! der Himmel bricht!
> Die Wolckenfeste reist entzwey /
> Das rechte Recht steht jhrer Sachen bey!
> Das Recht ists selbst das vns das endlich Vrtheil spricht.[1]

Endlich hält das Recht Einzug in das Dramengeschehen. Die tautologische Formulierung, die der Autor Gryphius seinem Abas in den Mund legt, – „das rechte Recht" – verweist auf Augustinus: Dieser hatte in seiner Auslegung des

---

[1] Andreas Gryphius: Catharina von Georgien (1657). In: Gesamtausgabe der deutschsprachigen Werke. Hg. von Hugh Powell. Bd. 6. Tübingen 1966 (Neudrucke Deutscher Literaturwerke, Neue Folge 15), S. 131–224 (im Folgenden abgekürzt GdW 6), V, 6, S. 219 f., v. 375–388.

Psalms 145,7f. konstatiert: „Recht und Unrecht sind Gegensätze. Recht ist nämlich, was gerecht ist."[2] Diese bis in die Frühe Neuzeit ausgesprochen wirksame begriffsanalytische Rechtsdefinition[3] hat selbstverständlich Folgen für alle Arten des Rechts, die Augustinus wiederum in *De civitate Dei* erläutert, wo es heißt, dass „vom Menschen begangenes Unrecht nicht als Recht bezeichnet und angesehen werden kann".[4] Positives Recht ist immer am natürlichen und göttlichen Recht zu bemessen; vor allem aber: Positives Recht, das diesen übergeordneten Rechtsquellen widerspricht, ist nicht etwa bloß schlechtes Recht, sondern es ist schlechterdings gar kein Recht.

Dem von der Forschung gründlich examinierten martyrologischen Moment „Bewehreter Beständigkeit" korrespondiert in der Schlussszene das juridische Moment bestraften Unrechts: Zwischen zwei Souveränen, die nur von ihren eigenen, keineswegs aber den göttlichen Gesetzen losgebunden sind, wird eine Unrechtstat wider das göttliche Recht durch den göttlichen Richter selbst gesühnt. Dabei erschöpft sich die poetische Gerechtigkeit der *Catharina* keineswegs darin, dass der Königin von Georgien und dem Schah von Persien Gerechtigkeit widerfährt; sondern *endlich* geht es überhaupt um das Recht – und sei es auch, dass es Catharinas Ermordung nicht verhindert, sondern diese nurmehr vergilt. Denn was war nicht alles versucht und an Gründen und Argumenten diskutiert worden, um Catharinas Freilassung zu erwirken und ihre Hinrichtung zu verhindern! Mit dem Augustinus-Zitat setzt Gryphius all diese Versuche einem denkbar hohen kritischen Druck aus. Wenn nämlich ausgerechnet Abas erst zum Schluss des Trauerspiels „das rechte Recht" Catharinas „Sachen beistehen" sieht, so lässt Gryphius ihn damit nicht nur seinem eigenen Handeln, sondern auch den Handlungen und Argumenten der übrigen Figuren ein denkbar schlechtes Zeugnis ausstellen. Deshalb muss im Folgenden ein genauerer Blick auf diese Befreiungsargumente geworfen werden.

---

2 Aurelius Augustinus: Enarrationes in psalmos. Hg. von Jacques-Paul Migne. Paris: Migne, 1865 (Patrologia Latina 37), enarratio in psalmum 145, § 15, Sp. 1894: „Jus et injuria contraria. Jus enim est quod justum est."
3 Vgl. Norbert Brieskorn: Lex und ius bei Francisco Suárez. In: Lex und Ius. Hg. von Alexander Fidora, Matthias Lutz-Bachmann und Andreas Wagner. Stuttgart-Bad Cannstatt 2010 (PPR II,1), S. 429–463, hier S. 448.
4 Aurelius Augustinus: De civitate Dei libri XXII. Hg. von Jacques-Paul Migne. Paris: Migne, 1841 (Patrologia Latina 41), lib. 19, cap. 21, Sp. 648: „Quod enim iure fit, profecto iuste fit; quod autem fit iniuste, nec iure fieri potest. Non enim iura dicenda sunt vel putanda iniqua hominum constituta. Cum illud etiam ipsi ius esse dicant, quod de iustitiae fonte manaverit, falsumque esse, quod a quibusdam non recte sentientibus dici solet, id esse ius, quod ei, qui plus potest, utile est."

Die Ausgangslage ist die folgende: Die Königin Georgiens, Catharina, hatte sich nach zähen, von beiden Seiten mit List und Tücke geführten Kämpfen in das persische Lager begeben, um Frieden zu erbitten, und wurde bei dieser Gelegenheit gefangen genommen. Sie aus dieser Lage zu befreien, sehen die georgischen Gesandten Procopius und Demetrius den Staat Georgien selbst weder politisch noch militärisch in der Lage. Von Beginn an setzt daher insbesondere der optimistische Procopius seine größten Hoffnungen in das diplomatische Wirken des russischen Gesandten, denn:

> Solt Ihm / dem man bißher / so viel nicht abgeschlagen
> Ein eingekerckert *Weib* Chach Abas wol versagen?[5]

Der pessimistische Demetrius jedoch entgegnet: „Ein Weib / doch die geherrscht vnd sein gantz Reich gekränckt."[6] Diese Kränkung bestand in einem Hinterhalt, den Catharina ihrem zu den Persern übergelaufenen und zum Islam konvertierten Schwager Konstantin und dessen Truppen gestellt hatte. Dieser Hinterhalt wird in den Verhandlungen zwischen dem Gesandten Russlands und Chach Abbas an erster Stelle stehen. Hier jedoch, in Demetrius' Figurenrede, steht sie nur an zweiter Stelle. Demetrius macht als das entscheidende Problem, vor das er die causa Georgiens gestellt sieht, Catharinas Geschlecht aus: „Ein Weib / doch die geherrscht." Wohlgemerkt: *Dass* Catharina eine verdienstvolle und legitime Herrscherin ist, steht für Demetrius außer Zweifel.

Keineswegs aber selbstverständlich ist die Anerkennung der Gynäkokratie, des Herrschaftsrechts von Frauen, in der Frühen Neuzeit. Mehr noch: Macht man sich in der politischen und rechtlichen Traktatistik der Zeit auf die Suche nach *systematischen* Statements zur Herrschaft von Frauen, so zeigt sich, dass der zeitgenössische Diskurs sich nicht nur mehrheitlich gegen die Herrschaft von Frauen ausspricht, sondern dass sich dieser Diskurs auch durch heterogene Argumente auszeichnet, die keineswegs problemlos nebeneinander stehen. Es sollen daher zunächst die Traditionen einer solchen politischen Delegitimation der Frau verfolgt werden (2), bevor die Argumentationen von Gryphius' *dramatis personae* analysiert werden (3) und damit Schlüsse auf die tragische Volte des Stücks zulassen (4).

---

[5] GdW 6, I,2, S. 143, v. 137 f. Hervorhebung O.B.
[6] GdW 6, I,2, S. 143, v. 139.

2 Die Frau in der Staats- und Rechtslehre der Frühen Neuzeit

„[W]ahrlich, bei dem heraufkommenden Tag, wollen wir ein so großes Wagnis wagen und sehen, ob wir irgendwie die Angelegenheiten der Polis übernehmen können, um der Polis etwas Gutes zu tun", treibt Praxagora, die Protagonistin in Aristophanes' Komödie *Die Frauen in der Vollversammlung* (ca. 392 v. Chr.), ihre Mitstreiterinnen an, um die Frauen im Gemeinwesen an die Macht zu bringen – in Verkleidung zunächst und mit zahlreichen für den Zuschauer komischen Effekten.[7] Gryphius behandelt die politische Partizipation der Frau nicht komisch, sondern tragisch. Die poetische Verhandlung weiblicher (Mit-)Herrschaft als ganze hat mithin zwar eine bis in die Antike zurückreichende Tradition. Gryphius' *Catharina von Georgien* jedoch knüpft an eine spezifisch frühneuzeitliche Diskursentwicklung an. Diese koppelt sich von den antiken Vorbildern beileibe nicht ab: Im Gegenteil nehmen die hier vorgestellten Humanisten Justus Lipsius und Georg Schönborner beide emphatisch Bezug auf die Antike. Ersterer prägte sowohl als Philologe als auch als Politologe das Mind Setting der Jahre 1600–1650 Mitteleuropas; Letzterer war – selbst Lipsianer – Gryphius' Mentor und Lehrer. Es soll gleichwohl gezeigt werden, wie beide einen zum Gutteil funktionalistischen, ja manipulativen Umgang mit ihren antiken Quellen pflegen, wenn es gegen die politische Teilhabe der Frau geht. Auf diese Weise knüpft Gryphius an Entwürfe an, die traditionalistisch in ihrem Gebahren, aber eigenständig in ihrer misogynen Ausrichtung waren – und öffnet mit *Catharina* eine Perspektive, die nicht nur ihrer dramatischen Form wegen gegenüber Lipsius und Schönborner als originell gelten darf.

2.1 Die *politici*: Gynäkokratie als Problem?

Warum bei aller behaupteten Originalität Gryphius' im Folgenden ausgerechnet Justus Lipsius und Georg Schönborner erläutert werden, bedarf folglich einer kurzen Erläuterung: Denn diese beiden Autoren tun sich nicht nur durch ihre konstellative Nähe zu Gryphius hervor, sondern zeichnen sich auch dadurch aus, dass sie überhaupt eigene Abteilungen ihres politischen Schrifttums der Frage weiblicher Herrschaft widmen. Gerade für den Höhenkamm politischer Ideengeschichte gilt dies nicht:

---

[7] Aristophanes: Frauen in der Vollversammlung. Übers. und hg. von Niklas Holzberg. Stuttgart 2017, S. 11.

Beginnt man bei Niccolò Machiavelli, so findet man in seinen 1532 erschienen *Discorsi* die Frage erläutert, „wie durch die Schuld der Frauen ein Staat zugrunde gehen kann". Dabei spricht Machiavelli aber noch nicht einmal von aktiven Tathandlungen, die im moraltheoretischen Sinne von *Schuld* sprechen ließen: Wenn ein Herrscher wegen der Schändung seiner Frau einen selbstzerstörerischen Vergeltungsfeldzug führt, so ist dies für Machiavelli weder dessen Schuld noch die Schuld des Vergewaltigers, sondern die der Frau.[8] Ein Recht der Frau auf politische Herrschaft, d. h. die Gynäkokratie im staatsrechtlichen Sinne bespricht Machiavelli in diesem Kapitel ebenso wenig wie andernorts.

Doch auch bei handlungs- und moraltheoretisch geschulteren *politici* sieht es kaum besser aus: Wo das Staatswesen noch wie bei Aristoteles aus dem Hauswesen abgeleitet wird, dort erscheint auch die politische Unterordnung der Frau unter den Mann nur folgerichtig: So argumentiert beispielsweise Jean Bodin, der mit seinen *Six livres de la république* 1576 als Begründer des Souveränitätsbegriffes gilt.[9] Bodin möchte selbst von anthropologischen sowie theologischen Dimensionen der Geschlechterdifferenz ausdrücklich absehen, um sich zum Zweck einer ausschließlich politischen Argumentation ganz auf das aristotelische Modell einer logischen Folge wachsender menschlicher Vergemeinschaftung zu stützen (Ehe – Herr/Knecht – Haus – Dorf – Staat)[10]:

> Die Befehlsgewalt, die Gott von Anfang an dem Mann über die Frau übertragen hat, hat einen doppelten Sinn und folglich gibt es eine doppelte Befehlsgewalt: Der eine Sinn ist

---

8 Niccolò Machiavelli: Discorsi sopra la prima deca di Tito Livio. Hg. von Corrado Vivanti. Turin 1983, liv. III, cap. 26, S. 462f.: „Come per cagione di femine si rovina uno stato. [...] Sono in questo testo piú cose da notare. Prima si vede come le donne sono state cagioni di molte rovine, ed hanno fatti gran danni a quegli che governano una città, ed hanno causato di molte divisioni in quelle; e come si è veduto in questa nostra istoria, l'eccesso fatto contro a Lucrezia tolse lo stato ai Tarquinii, quell'altro fatto contro a Virginia privò i dieci dell'autorità loro."; ders.: Discorsi. Gedanken über Politik und Staatsführung. Deutsche Gesamtausgabe übers., eingel., erl. und hg. von Rudolf Zorn. 2. Aufl. Stuttgart 2007, III. Buch, 26. Kap., S. 372f., besonders S. 372: „Wie durch die Schuld der Frauen ein Staat zugrunde gehen kann. [...] Über diese Angelegenheit ist Verschiedenes zu bemerken. Zunächst sieht man daraus, daß die Frauen die Ursache manchen Unglücks gewesen sind, den Regierenden viel Schaden zugefügt und viele politische Zwistigkeiten hervorgerufen haben. So sahen wir schon in unserer Geschichte, daß die Schändung der Lucretia die Tarquinier die Herrschaft gekostet hat, und jene andere Schändung der Virginia die Dezemvirn um ihre Machtbefugnisse brachte." Übers. leicht verändert.
9 Horst Denzer: Bodin. In: Klassiker des politischen Denkens. Hg. von Hans Maier, Heinz Rausch und Horst Denzer. München 1985, S. 245–265.
10 Aristoteles: Politik. Übers. und hg. von Olof Gigon. 4. Aufl. München 1981, S. 47–49; Aristoteles: Πολιτικων. In: ders.: Opera Omnia Graece. Ex recensione Immanuelis Bekkeri. Ed. Academia Regia Borussica. Vol. 2. Berlin 1831, 1252a24 –1252b34.

buchstäblich und besteht in der Macht des Ehemannes; der andere Sinn ist moralisch und besteht in der Macht der Seele über den Körper, der Vernunft über die Begierde, welche die Heilige Schrift so gut als immer *Frau* nennt. [...] Überlassen wir jedoch den moralischen Diskurs den Philosophen und Theologen und wenden uns dem Diskurs zu, der politisch ist, also der Macht des Ehemannes über die Frau, welche die Quelle und der Ursprung aller menschlichen Gemeinschaft ist.[11]

Es wird jedoch deutlich, dass Bodins Argumentation nur dann funktioniert, wenn die eigentliche Semantik von „Quelle" („source") und „Ursprung" („origine") überstiegen wird: Es ist nämlich keineswegs selbstverständlich, dass etwas alle Eigenschaften seiner Quelle oder seines Ursprungs innehaben und behalten muss. Bodin scheint Aristoteles' Folgemodell mithin als Stufenmodell zu interpretieren: Genauso wie bei der *scala naturae* jede höhere Stufe alle Eigenschaften der je unteren Stufen innehat und diese um eigene, spezifische Eigenschaften ergänzt,[12] so scheint für Bodin der Staat nicht nur eine bloße Folge, sondern vor allem eine höhere Stufe der Ehegemeinschaft darzustellen und daher unter anderem auch deren androkratische Eigenschaften notwendig innezuhaben.

Hugo Grotius wiederum widmet in seinen drei Büchern *De jure belli ac pacis* 1625 der Gynäkokratie *gar* kein eigenes Kapitel. Dass er der Frage eines Herrschaftsrechts von Frauen gleichwohl keineswegs neutral gegenübersteht, geht aus diversen Textstellen hervor. Wenn Grotius beispielsweise das Tötungsrecht im Kriege behandelt, urteilt er über das diesbezügliche Recht der Frau mit einem Zitat des römischen Dichters Statius: „Das Geschlecht ist ungeübt und kennt den Gebrauch des Eisens nicht."[13] Sofern sich Frauen an den Kampfhandlungen

---

11 Jean Bodin: Les six Livres de la Republique. Paris 1577, liv. 1, cap. 3, S. 21: „Car le commandement qu'il [i.e. Dieu; O.B.] auoit donné au parauant au mari par dessus la femme, porte double sens, & double commandement: l'vn qui est literal de la puissance marital; & l'autre moral, qui est de l'ame sus le corps, de la raison sus la cupidité, que l'escriture saincte appelle quasi toujours femme. [...] Or nous laisserons aux Philosophes & Theologiens le discours moral, & prendrons ce qui est politique, pour le regard de la puissance du mari sus la femme, qui est la source & origine de toute societé humaine." Übers. O.B. Vgl. Claudia Opitz-Belakhal: Jean Bodin: Von der patriarchalen Hausherrschaft zur absoluten Fürstenherrschaft. In: Geschlechterordnung und Staat. Legitimationsfiguren der politischen Philosophie (1600–1850). Hg. von Marion Heinz und Sabine Doyé. Berlin, Boston 2012, S. 43–55, hier S. 49.
12 Malte Hossenfelder: Die Philosophie der Antike. Bd. 3. Stoa, Epikureismus und Skepsis. 2. Aufl. München 1995 (Geschichte der Philosophie 3), S. 83.
13 Hugo Grotius: De jure belli ac pacis libri tres. In quibus jus naturae & Gentium: item juris publici praecipua explicantur. Editio secunda emendatior, & multis locis auctior. Amsterdam 1631, lib. 3, cap. 11, § 9, S. 470: *„sexus rudis insciusque ferri."* Hervorhebung im Text; Übers. O.B.

beteiligten, seien sie im Falle der Niederlage oder im Falle dessen, dass sie in Gefangenschaft geraten, nicht dafür zu bestrafen, denn: „Den Knaben entschuldigt das Alter, die Frau ihr Geschlecht."[14] Frauen sind nicht etwa nur zu schwach, sondern für kriegerische Handlungen schlechterdings nicht verantwortbar zu machen: Sie sind nicht vollumfänglich straffähig.

In Maßen anschlussfähig für Gryphius scheinen da ausgerechnet Denkanstöße der vom Protestantismus sonst so verachteten Zweiten Scholastik zu sein. Der über die Grenzen des Protestantismus hinaus rezipierte Francisco Suárez[15] setzt sich 1612 vom zeitgenössischen Trend der *politici* durch einen deutlich *rechts*theoretischen Primat ab:[16]

> [E]s ist mit den verschiedenen Rücksichten und der Ausrichtung auf verschiedene Zwecke vereinbar, dass der Mann, insoweit er die Macht durch das Recht des Ehebandes innehat, der Ehefrau übergeordnet ist, und zwar auch ihr, die eine Königin ist. Dies gilt in den Angelegenheiten, die die Art, wie man die Ehe lebt, die Leitung der Familie, den Schutz und die Sorge für die Ehefrau, die Erziehung der Kinder etc. betreffen. Die Ehefrau ist indessen in der Rolle der Königin, in Sachen der politischen Regierung also, höher als ihr Ehemann gestellt. Demgemäß muss man auch in Bezug auf die zweite Bekräftigung sagen, dass der Mann keine absolute Macht über seine Ehefrau hat, sondern nur Macht im Hinblick auf das häusliche Leben. Daher vermag er nicht nach seinem Gutdünken über alle ihre Handlungsmöglichkeiten zu bestimmen, auch nicht ihre Versprechen und Gelübde unterschiedslos für nichtig zu erklären, sondern nur jene, die ihm selbst oder seiner Familie oder der Leitung innerhalb des Hauses Schaden zufügen. Deshalb ist die Annahme falsch, dass in diesem Fall die Handlungen der königlichen Gewalt der Ehefrau letztlich von ihrem Ehegatten abhängen [...].[17]

---

14 Ebd., lib 3, cap. 11, § 9, S. 469: *„Puerum aetas excuset, feminam sexus."* Hervorhebung im Text.
15 Vgl. Karl Eschweiler: Die Philosophie der spanischen Spätscholastik auf den deutschen Universitäten des siebzehnten Jahrhunderts. In: Spanische Forschungen der Görres-Gesellschaft 1 (1928), S. 251–325.
16 Oliver Bach, Norbert Brieskorn, Gideon Stiening: „Voluntas est anima et quasi substantia legis". Suárez' Theorie der *leges humanae* in De legibus III. In: Francisco Suárez. De legibus ac Deo legislatore. Über die Gesetze und Gott den Gesetzgeber. Liber Tertius. Drittes Buch. Hg. von Oliver Bach, Norbert Brieskorn und Gideon Stiening. Stuttgart-Bad Cannstatt 2014, Bd. 1, S. XIII–XXVII, hier S. XIV f.
17 Francisco Suárez: De legibus ac Deo legislatore (Anm. 16), Bd. 1, S. 162 f. (lib. 3, cap. 9, § 15): „[S]ub diversis rationibus et in ordine ad diversos fines fieri potest ut vir, quatenus habet potestatem iure coniugii, sit superior uxore etiam regina in his quae spectant ad usum matrimonii, gubernationem familiae, custodiam uxoris, educationem filiorum, etc.; uxor autem, quatenus regina, fit superior in ordine ad politicam gubernationem. Et iuxta haec dicendum etiam est ad secundam confirmationem virum non habere absolutam potestatem in uxorem, sed tantum in ordine ad oeconomicum regimen; unde non potest disponere ad libitum de omnibus actionibus eius, nec vota eius indiscriminatim irritare, sed tantum ea quae sibi vel suae

So distanziert Francisco Suárez sich sichtlich vom aristotelischen Folgemodell bzw. von ihrer Interpretation als Stufenmodell, wie Bodin sie vollzog. Häusliche Herrschaft und politische Herrschaft unterscheiden sich bei Suárez mithin nicht mehr graduell, sondern substanziell. Folglich muss die politische Herrschaft keine der Eigenschaften der häuslichen Gewalt innehaben, auch nicht diejenige der Herrschaft des Mannes über die Frau.

2.2 Justus Lipsius

Der bedeutendste Vertreter des niederländischen – und daher auf den in Leiden studierenden Gryphius eine besonders große Wirkung ausübenden – Renaissance-Humanismus, Justus Lipsius, widmet in seinen berühmten *Politicorum Sive Civilis Doctrinae Libri Sex* (1589)[18] der Geschlechterfrage ein eigenes Kapitel, nämlich „welchem Geschlecht der Prinzipat gebührt".[19] Obwohl Lipsius davon Abstand nimmt, die Terminologie Bodins zu übernehmen, so wird dennoch deutlich, dass er in der Sache von der politischen Souveränität im Sinne Bodins spricht: „Ich bestimme den Prinzipat nämlich als die Herrschaft einer einzigen Person."[20] Im Hinblick auf diesen umfassenden Herrschaftsbegriff mag Lipsius unmittelbar anschließende Feststellung gendergeschichtlich überraschen: „Ich habe also vorausgesetzt, dass es die Herrschaft einer einzigen Person ist; aber des Mannes oder der Frau? Beider."[21] Die deutsche Übertragung von Melchior Haganaeus von 1599 akzentuiert Lipsius' Antwort sogar noch: „Beyder sage ich."[22] Gleichwohl schiebt Lipsius sogleich hinterher: „Aber jenem [d.i. dem Manne; O.B.] am meisten."[23]

---

familiae aut privato regimini praeiudicant; et ideo non oportet ut in eo casu actiones regiae potestatis uxoris a marito in rigore pendeant"; vgl. Oliver Bach: Zwischen Heilsgeschichte und säkularer Jurisprudenz. Politische Theologie in den Trauerspielen des Andreas Gryphius. Berlin, Boston 2014 (Frühe Neuzeit 188), S. 415.

18 Zur Wirkungsgeschichte der lipsianischen Politiklehre im Reich vgl. Michael Stolleis: Lipsius-Rezeption in der politisch-juristischen Literatur des 17. Jahrhunderts in Deutschland. In: Staat und Staatsräson in der frühen Neuzeit. Studien zur Geschichte des öffentlichen Rechts. Hg. von dems. Frankfurt am Main 1990, S. 232–267.

19 Justus Lipsius: Politica Sive Civilis Doctrina. Leyden 1589, S. 34: „Principatus definitio, per partes declaratio. & primum, vtrius sexus ille sit?"

20 Ebd.: „[Q]uem definio, vnius imperium."

21 Ebd.: „Posui primo, vnius imperium. virine, an fœminæ? Vtriusque."

22 Ders.: Von Vnterweisung zum Weltlichen Regimēt: Oder / von Burgerlicher Lehr / Sechs Bücher [...] So fürnemlich auff den Principat oder Fürstenstand gerichtet [...] übergesetzet. Durch Melchiorem Haganaeum. Amberg 1599, S. 32.

23 Lipsius: Politica Sive Civilis Doctrina, S. 34: „sed illius maxime."

Obgleich Frauen also in Lipsius' Augen nicht wesentlich ungeeignet und somit nicht kategorisch von der obersten Herrschaftsgewalt ausgeschlossen sind, ist der Mann nach Möglichkeit vorzuziehen. Das Herrschaftsrecht der Frau wird von Lipsius gradualisiert.

Die Gründe, die Lipsius anführt, sind vordergründig unterschiedlicher Art: Lipsius beruft sich *erstens* auf Aristoteles und dessen anthropologische Behauptung, dass „jedes männliche Wesen von Natur aus mehr zur Herrschaft gemacht ist als ein weibliches".[24] *Zweitens* beruft sich Lipsius auf eine Reihe von Argumenten, die er bemerkenswerter Weise für zugleich rational und theologisch befindet: „Auch die Vernunft befiehlt dies, denn es ist offenbar, dass Gott unser Schöpfer den Frauen ‚die Brust mit List angefüllt hat, ihnen aber die Kraft vorenthielt'."[25] Diesem Seneca-Zitat[26] lässt Lipsius den Hinweis des Properz auf die mangelnde Standhaftigkeit und Tacitus' Thesen von der unzureichenden Klugheit der Frau sowie der weiblichen Neigung zu Ehrgeiz und Tyrannei folgen:

> Und er [d.i. Gott; O.B.] gab ihr auch keine Standhaftigkeit: „Keine Frau besitzt für lange Zeit Festigkeit." Und er verlieh ihr noch nicht einmal umfassend Klugheit und „der meiste weibliche Ratschlag ist minder gut". Und dies betrifft nur die wahrhaften Instrumente der Herrschaft. Beachte aber auch die Laster, denn „dieses Geschlecht ist nicht nur wehrlos und den Mühen der Herrschaft nicht gewachsen, sondern es ist auch, wenn ihm die Erlaubnis erteilt wird, wütend und ehrsüchtig".[27]

Dass Lipsius mit dem Adjektiv *saevus* aller Wahrscheinlichkeit nach eine genuin tyrannische Eigenschaft meint, belegen nicht nur Haganaeus' zeitgenössische Übersetzung mit *zu Tyrannei geneiget*, sondern auch die wort- und begriffsgeschichtlichen Studien Klaus Kipfs zum semantischen Feld von *Wüterich* bzw. *Tyrann*.[28] Die Zweifel, die Lipsius wenngleich nicht kategorisch, so doch tendenziell

---

24 Ebd., S. 34: „Nam quidquid masculum, natura magis factum ad imperandum, fæmineo." Siehe Aristoteles: Politik, S. 65; ders.: Πολιτικων, 1259a1–2.
25 Lipsius: Politica Sive Civilis Doctrina, S. 34: „Etiam ratio. Nam palam est quod ille cōditor nostri deus, fæminis quidem *pectus instruxit dolis / sed vim negauit.*"
26 Lucius Annaeus Seneca: Octavia. In: ders.: Sämtliche Tragödien. Lat. u. dt. übers. u. erl. von Theodor Thomann. Bd. 1. Zürich, Stuttgart 1961, S. 462, v. 868 f.
27 Lipsius: Politica Sive Civilis Doctrina, S. 34: „Nec constantiam dedit: *Nulla diu fæmina pondus habet.* Ne Prudentiam quidem plene. & *plerumque muliebre consilium deterius.* Atqui hæc imperii vera instrumenta. Sed adde & vitia. quia *non imbecillis tantum & impar laboribus hic sexus, sed si licentia adsit, sævus, ambitiosus.*"
28 Johannes Klaus Kipf: Tyrann(ei). Der Weg eines politischen Diskurses in die deutsche Sprache und Literatur (14.–17. Jahrhundert). In: Wort – Begriff – Diskurs. Deutscher Wortschatz und europäische Semantik. Hg. von Heidrun Kämper und Jörg Kilian. Bremen 2012 (Sprache – Politik – Gesellschaft 7), S. 31–48.

mit Blick auf die Eignung der Frau zur souveränen Herrschaft hegt, sind mithin erheblich. Denn sie betreffen eine Eigenschaft, die eine gute Herrschaft nicht nur erschwert, sondern sogar verunmöglicht.

Lipsius' Qualifikation dieser Gründe als zugleich rationale und theologische Argumente ist *erstens* deshalb bemerkenswert, weil sie der Sache nach genauso naturalistisch sind wie das erste an Aristoteles angelehnte: Sie zielen auf die *Natur* der Frau. *Zweitens* entspricht Lipsius' schlichtes Allegieren antiker Autoritäten keinem rationalen Argumentieren, zumal die angeführten Aussagen Senecas, Properz' und Tacitus' in der zitierten Kürze keine Gründe für die weibliche Verschlagenheit, mangelnde Beständigkeit, mangelnde Klugheit, Ehrsucht und Tyrannei angeben, sondern dieselben nur behaupten. *Drittens* sind die zitierten Stellen auch nicht theologisch: Dem vollständigen Satz aus Senecas *Octavia*-Tragödie gemäß ist es nämlich nicht Gott, wie Lipsius behauptet, sondern die Natur, welche der Frau ein listiges Herz gegeben hat – ein Urteil, das darüber hinaus die tyrannische Tragödienfigur Nero fällt.[29] Properz' 25. Elegie vertraut in der Liebesklage zwar dem „Gläubigen" („credule") das Leid über die weibliche Unbeständigkeit an;[30] gleichwohl enthebt die Gattungskonvention das lyrische Ich des Objektivitätsanspruchs. Auch die Ausschnitte aus Tacitus' Annalen setzten die weibliche Unklugheit, Ehr- und Herrschsucht ohne Rekurs auf eine Gottesinstanz.[31] Darum irritiert *viertens* Lipsius' unvermittelte Identifikation rationaler und theologischer Argumente umso mehr, da diese begründungsleeren Setzungen überhaupt keine *tertia comparationis* für eine solche Identifikation hergeben. Auch vor dem Hintergrund frühneuzeitlicher Rationalitätsstandards darf man sich mithin wundern über Lipsius' Gleichsetzung rationaler und theologischer Argumente. Schließlich wurde das in der stoizistischen *logos*-Philosophie verbürgte In-eins-Fallen von Vernunft- und Schöpfungsordnung im Neostoizismus dualistisch gelockert, und zwar nicht zuletzt von Lipsius selbst.[32] Offenbar soll die Autorität der zitierten antiken

---

29 Seneca: Octavia, S. 462, v. 868 f.: „Dedit natura cui pronum malo / animum, ad nocendum pectus instruxit dolis."
30 Propertius: Elegien. Lat. u. dt. Hg. u. übers. v. Wilhelm Willige. 2., verb. Aufl. München 1960, S. 108 f., lib. II, 25, v. 21 f.: „Tu quoque, qui pleno fastus assumis amore, Credule, nulla diu femina pondus habet."
31 Tacitus: Annalen. Lat. u. dt. Hg. u. übers. v. Carl Hoffmann. München 1954, S. 244 f., lib. III, 33 und S. 786 f., lib. XV, 54.
32 Vgl. Günter Abel: Stoizismus und frühe Neuzeit. Zur Entstehungsgeschichte modernen Denkens im Feld von Ethik und Politik. Berlin, New York 1978, S. 95. Zu den Rationalitätsstandards der Frühen Neuzeit vgl. Jürgen Goldstein: Kontingenz und Rationalität bei Descartes. Eine Studie zur Genese des Cartesianismus. Hamburg 2007, der noch bei Descartes den eigentümlichen Bezug frühmoderner Rationalität zu voluntaristischen Theologoumena

Autoren selbst für die Rationalität ihrer Argumente bürgen: Man darf mithin vermuten, dass die Hinwendung zur Antike im Späthumanismus allmählich die Form einer Autoritätshörigkeit angenommen hat, wie sie die Humanisten selbst eigentlich der Scholastik zum Vorwurf machte.[33] Man darf ferner vermuten, dass Lipsius hier ein Beispiel für eine solche Hörigkeit gibt, obwohl gerade er sich selbst die Transformation klassischer Philologie *in* Philosophie zugutehält.[34]

Aufschlussreich ist jedenfalls, wie Lipsius seine Benachteiligung der Frau in politischen Angelegenheiten zu rechtfertigen versucht: Genderanthropologische Setzungen werden als überpositive Bestimmungen der Vernunft ebenso wie des göttlichen Schöpferwillens ausgewiesen und durch Autoritätenanrufung nobilitiert, ohne Widersprüche zwischen philosophischer und theologischer Grundlagentheorie zu scheuen oder auch nur zu beachten. Lipsius gibt mithin ein herausragendes Beispiel dafür ab, wie in der *gender history* nicht nur Konstruktionen *von*, sondern auch der unangemessene Umgang *mit* der Vernunft die für Frauenrechte so fatalen Folgen zeitigte.[35]

2.3 Georg Schönborner

Einer der wenigen Politiktheoretiker der Zeit, die der Frage nach dem Herrschaftsrecht von Frauen ein eigenes Kapitel widmen, ist Andreas Gryphius'

---

herausarbeitet: S. 118: „Die Reflexion des Auseinanderfallens von göttlicher Schöpfungskreativität und humaner Verstandeskapizität soll zur cartesischen Grundbedingung gehören, über die Natur ‚richtig zu philosophieren'. Die Beachtung des theologischen Voluntarismus wird dadurch zu einer Grundbedingung des cartesischen Rationalismus"; S. 120: „Die Gesetzmäßigkeiten der Natur haben für Descartes den Status kontingenter Notwendigkeiten. Die Kontingenz des Notwendigen respektiert die Freiheit Gottes. Die Folge ist eine Entkopplung humaner Rationalität von der göttlichen Intellektualität." Panajotis Kondylis: Die Aufklärung im Rahmen des neuzeitlichen Rationalismus. München 1986, S. 42–53, wo dieser den überzeugenden Vorschlag macht, zwischen einem „Rationalismus als weltanschauliche[r], auf den erwähnten programmatisch-polemischen Annahmen beruhende Grundhaltung [...] vom erkenntnistheoretischen und vom moralischen Rationalismus (Intellektualismus) streng" zu unterscheiden (S. 51).
33 Abel: Stoizismus und frühe Neuzeit (Anm. 32), S. 235.
34 Ebd., S. 70.
35 Dorothea Dornhof: Postmoderne. In: Gender@Wissen. Ein Handbuch der Gender-Theorien. Hg. von Christina von Braun und Inge Stephan. 3., überarb. u. erw. Aufl. Köln u. a. 2013, S. 417–448, hier S. 422–427; Silvia Bovenschen: Die imaginierte Weiblichkeit. Exemplarische Untersuchungen zu kulturgeschichtlichen und literarischen Präsentationsformen des Weiblichen. Frankfurt am Main 1979, S. 117–121.

langjähriger Lehrer und Mentor Georg Schönborner.[36] Ebenso wie die *Politicorum libri septem* (1609) des von der Gryphius-Forschung lange Zeit vernachlässigten Schönborner für die ideengeschichtliche Einordnung von Gryphius' Dramen im Allgemeinen aufschlussreich sind,[37] so liefert auch das darin befindliche Kapitel *Über die Gynäkokratie* einen wichtigen Beitrag zur Bewertung von Gryphius' *Catharina von Georgien* im Besonderen.

So sehr Schönborner mit Blick auf seine Argumentationsführung, sein Aufrufen von Autoritäten und seine Einflechtung auch poetischer Zitate im Ganzen als späthumanistischer *politicus* in der Tradition Lipsius' gelten darf, so sehr geht er in seinen Ausführungen zur Herrschaft von Frauen doch eigene Wege. Anders als Justus Lipsius nämlich referiert Gryphius' Mentor ausführlich die Befürworter eines Herrschaftsrechts für Frauen. Die ihnen gemeinsame These dabei laute:

> So behaupten manche, die Gynäkokratie muss zugelassen werden; denn, weil die Macht zu herrschen von der Tugendhaftigkeit abhängt, steht sie den Frauen ebenso wie den Männern zu. „Die Tugend nämlich ist niemandem verschlossen, sie steht allen offen und sucht weder einen bestimmten Vermögensstand noch ein bestimmtes Geschlecht aus." Sen[eca; O.B.].[38]

---

36 Marian Szyrocki: Der junge Gryphius. Berlin 1959 (Neue Beiträge zur Literaturwissenschaft 9), S. 109–131; ders.: Andreas Gryphius. Sein Leben und Werk. Tübingen 1964, S. 25; Wolfram Mauser: Dichtung, Religion und Gesellschaft im 17. Jahrhundert. Die ‚Sonnete' des Andreas Gryphius. München 1976, S. 9; Karl-Heinz Habersetzer: Politische Typologie und dramatisches Exemplum. Studien zum historisch-ästhetischen Horizont des barocken Trauerspiels am Beispiel von Andreas Gryphius' Carolus Stuardus u. Papinianus. Stuttgart 1985 (Germanistische Abhandlungen 55), S. 90; Eberhard Mannack: Andreas Gryphius. 2., vollständig neubearbeitete Aufl. Stuttgart 1986, S. 7; Siegfried Wollgast: Philosophie in Deutschland. 1550–1650. 2. Aufl. Berlin 1993, S. 854; Nicola Kaminski: Andreas Gryphius. Stuttgart 1998, S. 29 f.; Stefanie Arend: Rastlose Weltgestaltung. Senecaische Kulturkritik in den Tragödien Gryphius' und Lohensteins. Tübingen 2003 (Frühe Neuzeit 81), S. 19; vgl. auch Lothar Noack, Jürgen Splett: Bio-Bibliographien. Brandenburgische Gelehrte der Frühen Neuzeit. Berlin-Cölln 1640–1688. Berlin 1997 (Veröffentlichungen zur brandenburgischen Kulturgeschichte der Frühen Neuzeit), S. 178.

37 Obwohl Schönborner der Gryphiusforschung wie gesagt bekannt ist, gibt es Untersuchungen von dessen Denken bislang nur bei Henri Plard: La sainteté du pouvoir royal dans le Leo Armenius d'Andreas Gryphius (1616–1664). In: Le Pouvoir et le Sacré. Hg. von Luc de Heusch u. a. Brüssel 1962 (Annales du Centre d'études des religions 1), S. 159–178; Bach (Anm. 17), S. 148–154, S. 192–205, S. 323–334.

38 Georg Schönborner: Politicorum libri septem. 7. Aufl. Amsterdam 1650, S. 112: „Gynæcocratiam admitti debere, quidam autumant: quod cum imperandi potestas ex virtute dependere debeat, ea tam fœminis quam maribus communiter competat: Nulli enim præclusa est virtus, omnes admittit, nec censum, nec sexum eligit. Sen."

Schon bei diesem Seneca-Zitat verfährt Schönborner gegenüber Lipsius genau umgekehrt: Lipsius stärkte die antiken Autoren als Gewährsmänner seiner Position, indem er deren Aussage verkürzend wiedergab und damit seine extensive Interpretation ermöglichte. Schönborner ändert den tatsächlichen Seneca-Text ab, um zunächst die philogyne Position seiner Gegner zu stärken. An der entsprechenden Stelle von Senecas *De beneficiis* ist nämlich keineswegs von Geschlechtern die Rede, sondern von Sklaven und Freien: Der in Rede stehenden Tugend des *beneficium* seien nicht nur Freie, sondern auch Sklaven fähig, denn diese Tugend wähle „nicht das Haus und den Vermögensstand aus".[39] Nicht um die Geschlechterdifferenz also geht es Seneca, sondern um die äußere Freiheit als Bedingung moralischer Verantwortung. Nachdem Lipsius den römischen Stoiker anhand von dessen *Octavia* noch zur Leitautorität misogyner Tugendethik gemacht hatte, setzt Schönborner Seneca an die Spitze philogyner Tugendlehren.

Dieser These Senecas lässt Schönborner zweiundzwanzig Beispiele wehr- und tugendhafter Frauen aus mehreren frühen ethno- und geographischen Schriften von Pomponius Mela über Marcus Iunianus Iustinus bis hin zu Tacitus folgen.[40] Die Reihe der angeblichen Befürworter lässt Schönborner allerdings mit einer päpstlichen Dekretale *De rescriptis* enden: „Sogar nach kanonischem Recht folgen sie [d.i. Frauen; O.B.] in königlichen Würden nach, wie in X 1,3,36 zu sehen. All diese Autoritäten scheinen eine weibliche Spitze zu befürworten."[41] Die zitierte Dekretale spricht tatsächlich nur davon, dass Geldforderungen gegen weltliche Herrscher sich unter Umständen nur auf deren Person, nicht aber auf deren möglichen Nachfolger erstrecke; die Anfrage zu jener Dekretale erging von einer Fürstin, die ihrem verstorbenen Bruder im Amt nachgefolgt war und gegen die Forderungen seiner Gläubiger vorzugehen versuchte.[42] Die Dekretale setzt mithin die Möglichkeit weiblicher Herrschaft an dieser Stelle schlicht voraus, und zwar durch die schlichte Akzeptanz ihrer Tatsache; sie diskutiert die Gynäkokratie jedoch nicht, weshalb die Dekretale *De Rescriptis*

---

39 Lucius Annaeus Seneca: De beneficiis/Über die Wohltaten. In: ders.: Philosophische Schriften. Bd. 5. Hg. von Manfred Rosenbach. Darmstadt 1989, S. 95–594, hier S. 244–246, lib. III, 18: „Nulli praeclusa uirtus est; omnibus patet, omnes admittit, omnes inuitat et ingenuos et libertinos et seruos et reges et exules; non eligit domum nec censum, nudo homine contenta est."
40 Schönborner (Anm. 38), S. 112–114.
41 Ebd., S. 114: „Quinimo Jure Can[onico; O.B.] succedunt in dignitatibus regalibus. *c. significavit in pr. de Rescript.* Quæ omnia muliebre fastigium suadere videntur."
42 X 1,3,36 (Corpus juris canonici emendatum et notis illustratum. Gregorii XIII. pont. max. iussu editum. Romae: In aedibus Populi Romani, 1582, vol. 2, Sp. 77 f.).

weniger als juridischer denn als empirischer Beleg von Gynäkokratie zu gelten hat.

Es ist mithin ein reicher Schatz empirischer Belege weiblicher Herrschaftspraxis, den Schönborner einerseits durch eigene Interpretamente stärkt, gegen den er andererseits seine Ablehnung der Gynäkokratie umso stärker ausargumentieren muss:

> Ich hingegen bin nicht bewogen zu glauben, dass für das Wohl des Staates gesorgt ist, wenn er den Frauen überlassen wird. Die Frage ist im Ganzen, ob es sich um eine Erbmonarchie oder eine Wahlmonarchie handelt. Wenn es in einer Erbmonarchie Gewohnheit ist, dass Frauen auf den Thron nachfolgen, so muss dafür Sorge getragen werden, dass eine Frau die Regierung versieht, die mit männlicher Tugend ausgestattet ist; und dies gilt auch nur unter der Voraussetzung, dass ein staatliches Recht dem zustimmt, das die Frau mit gleichem Recht zur Thronfolge aufruft und damit die alte Unterscheidung zwischen Mann und Frau in der Erbfolge aufhebt, wie in den Institutionen 3,1,15 geschehen. Eine solche alte Sitte ist wie ein Gesetz anzusehen und von ihr darf man sich nicht entfernen. Wenn die Gewohnheit einer Region diese Sitte nicht vorweisen kann, wie es z.B. in Frankreich zu geschehen pflegt, so ist die Frau in keiner Weise zur Thronfolge zuzulassen.[43]

Allein als Gewohnheitsrecht möchte Schönborner die weibliche Herrschaft dulden, und dies erstens nur in Erbmonarchien und zweitens auch nur dann, wenn die weibliche Erbfolge auch im staatlichen Recht festgeschrieben wurde. Das Gewohnheitsrecht als ungeschriebenes positives Recht muss zu geschriebenem positivem Recht werden: Genau dies sei – so insinuiert Schönborner – im Falle des römischen Rechts, der *Institutionen* Justinians, geschehen. Schönborner verschweigt jedoch *erstens*, dass Inst. 3,1,15 gegen ein altes positives Gesetz gerichtet ist, das nach dem Stammlinienprinzip weibliche Erben stark benachteiligte; mithin verschweigt Schönborner, dass für die justinianischen Rechtsgelehrten die Unterscheidung zwischen Mann und Frau in der Erbfolge ihrerseits eine Setzung ist. Mehr noch: Schönborner verschweigt darüber hinaus *zweitens*, dass Inst. 3,1,15 selbst nicht positivrechtlich, sondern naturrechtlich argumentiert: „[D]ie göttlichen Kaiser haben ein solches der Natur widersprechendes Unrecht

---

[43] Schönborner (Anm. 38), S. 114: „Verum enimvero non adducor ut credam Reipubl. esse prospectum, si fœminis ea committatur. Omnis quæstio est, aut dde regno Successivo, aut de Electivo. In successivo si consuetudo est succedere fœminas, ferendum est mulierem mascula virtute præditam gubernationi rerum præfici, suffragante etiam ratione juris civilis, quo fœmina pari jure ad successionem vocatur, sublato veteri inter masculos & fœminas quoad successionem discrimine § 15, *Inst. de haered. Quæ ab intest.* Et mos ille antiquus instar legis habendus est, nec ab eo recendum: si consuetudo regionis hoc non ferat, qualiter in Gallia fieri solet, nullo modo ad successionem regni admittenda est mulier."

nicht ohne angemessene Verbesserung lassen wollen."⁴⁴ Die Folge dessen war zwar nicht die volle Gleich-, aber immerhin Besserstellung der Frau in der Erbfolge. Nicht etwa müsste eine unnatürliche Besserstellung der Frau durch Gewohnheit und positivrechtliche Setzung allererst legitimiert werden; sondern die natürliche und damit je schon legitime Besserstellung der Frau muss gegen alte positivrechtliche Setzungen durchgesetzt werden. Nicht nur Lipsius also zeichnet sich durch einen eigenwilligen Umgang mit seinen Quellen aus; sondern auch Schönborner scheut nicht davor zurück, unter genderpolitischen Interessen das gelehrte Recht gegen dessen eigenen Wortlaut zu instrumentalisieren.

Unter anderem durch Funktionalität zeichnet sich auch Schönborners anschließende eigene Argumentation aus. Seine These lautet: „Die Gynäkokratie ist eine nicht zu duldende Knechtschaft und ein Zeichen dafür, dass der Staat bald untergehen wird."⁴⁵ Schönborners drei Argumente gegen die Herrschaft der Frau sind erstens „das Urteil Gottes", zweitens „die Eingebung der Sittlichkeit" und drittens der weibliche „Mangel an Kräften, Klugheit und Tugend".⁴⁶ Zum *ersten* Argument: Jenes Urteil Gottes wird für Schönborner in Jes 3,11 f. gefällt, wo es heiße, „durch das Urteil Gottes gilt derjenige Staat als elend, dessen Zügel eines Frau führt".⁴⁷ In der Tat gibt Gott in Jes 3 Jerusalem zur Strafe Kinder als Herrscher, die wiederum von ihren Müttern beherrscht werden⁴⁸ – insbesondere die Vulgata spricht von „effeminierten Kindern".⁴⁹ Zum *zweiten* Argument: Die Sittlichkeit (*honestas*) diktiere, dass es „gegen die dem Geschlecht angemessene Sittsamkeit verstößt, sich in männliche Versammlungen und Aufgaben einzumischen". Zum einen führt Schönborner als Beleg zu diesem Argument nicht etwa einen Traktat der Sittenlehre an, sondern rechtshistorische Quellen, laut denen Cato der Ältere sowie Livius Frauen schon von der Herrschaft über private Dinge und daher umso mehr

---

44 Corpus iuris civilis. Text und Übersetzung. Bd. 1: Institutionen. Hg. v. Okko Behrends. 2., verb. und erw. Aufl. Heidelberg 1997, S. 138: „divi autem principes non passi sunt talem contra naturam iniuriam sine competenti emendatione relinquere."
45 Schönborner (Anm. 38), S. 115: „Gynæcocratia intolerabilis est servitus, & signum Reipub. mox interituræ."
46 Ebd.: „Arcentur autem ab imperii tutela. 1. Judicio ipsius Dei 2. Honestatis intuitu. 3. Ob defectum virium, prudentiæ & virtutis."
47 Ebd.: „Iudicio Dei misera censetur esse Resp. cujus habenas moderatur fœmina, *Esa. 3. v. 11.*"
48 Jes 3,4 (Martin Luther: Die gantze Heilige Schrifft Deudsch [Wittemberg 1545]. Letzte zu Luthers Lebzeiten erschiene Ausgabe. Hg. von Hans Volz. Darmstadt 1972): „Vnd wil jnen Jünglinge zu Fürsten geben / vnd Kindische sollen vber sie herrschen."; sowie Jes 3,12: „Kinder sind Treiber meines volcks / vnd Weiber herrschen vber sie."
49 Jes 3,4 (Biblia sacra: iuxta Vulgatam versionem. Hg. v. Robert Weber, Roger Gryson. 4., verb. Aufl. Stuttgart 1994): „dabo pueros principes eorum et effeminati dominabuntur eis."

von der Herrschaft über öffentliche Angelegenheiten ausgeschlossen wissen wollten.[50] Zum anderen schließt Schönborners Argument die Frau von der Herrschaft aus, indem er Politik als je schon „männliche Versammlung und Aufgabe" bestimmt. Eine Begründung indessen, warum Politik schon ihrem Begriffe nach männlich sei, bleibt Schönborner schuldig; sein vorgebliches Sittlichkeits-Argument gründet auf einer *petitio principii*. Zum *dritten* Argument: Den weiblichen Mangel an Kräften, Klugheit und Tugend belegt Schönborner u. a. mit dem schon von Justus Lipsius verwendeten Seneca-Zitat, dass „Gott ihnen [i.e. den Frauen; O.B.] die Brust mit List angefüllt hat, ihnen aber die Kraft vorenthielt".[51] Die Zitatfälschung, dass nicht wie im senecaischen Original die Natur, sondern Gott der Frau die notwendigen Kräfte vorenthalte, übernimmt Schönborner offensichtlich von Lipsius – der kreative Umgang mit Quellen hat Tradition bekommen. Im Übrigen versucht Schönborner, sein Argument, Frauen entbehrten der für die Regierung notwendigen Kraft, Klugheit und Tugend, *zum einen* wie Lipsius mit der Allegation antiker Autoritäten zu begründen:[52] Auch diese antiken Aussagen paraphrasiert Schönborner so knapp, dass sie selbst über den Status bloßer Behauptungen nicht hinauskommen und damit dem Positivismus seiner misogynen Argumentation nichts an Begründungsleistung hinzufügen. *Zum anderen* versucht Schönborner – anders als Lipsius – sein Argument von den Mängeln der Frau durch eine Neigungsanthropologie zu begründen: Das weibliche Geschlecht „werde leicht vom Bösen zum Guten bzw. vom Guten zum Schlechten gelenkt" und Frauen „neigen zu nahezu allen Lastern, die Befehlshabende wie gefährliche Klippen meiden müssen".[53] Schönborner unterlässt nicht nur jeden Bezug auf zeitgenössische Anthropologien; sondern er kann auch nicht plausibilisieren, warum sich die Frau durch ihre Triebausstattung vom Mann unterscheidet. Selbstverständlich sind die männlichen und weiblichen Triebe für Schönborner ihrem Gehalt nach unterschiedlich: Der Mann neigt zur Tugend, die Frau zum Laster. Blickt man aber auf Schönborners Kapitel über die Entstehung der Tyrannis, so wird deutlich, dass auch ein männlicher Herrscher dem Laster verfallen kann.[54] Aus ebendiesem Grunde ist es Schönborners Anliegen im

---

50 Schönborner (Anm. 38), S. 115: „Romani ne privatam quidem rem agere fœminas sine auctoritate voluerunt: quemadmodum disserit Cato Censorius, apud Liv. *lib. 4. bell. Mac.* Multo minus publicam."
51 Ebd.: „*Deus iis pectus instruxit dolis, Sed vim negavit.*" Hervorhebung im Text.
52 Ebd., S. 116.
53 Ebd.: „facile deflectitur vel de malo ad bonum, vel de bono ad malum. [...] in omnia fere vitia, quæ imperantes velut scopulos evitare debent, inclinant."
54 Schönborner (Anm. 38), S. 171–174.

Kapitel über die Ausbildung des Herrschers, der Lasterhaftigkeit männlicher Herrscher durch Ausbildung vorzubauen, statt auf ihre natürliche Triebausstattung zu vertrauen.[55] Das männliche Geschlecht ist also bei genauerem Hinsehen bei Schönborner ebenso wenig vor der Neigung zum Laster gefeit, wie die Frau von der Tugendhaftigkeit ausgeschlossen wäre: Schönborner gesteht dem weiblichen Geschlecht nämlich durchaus die Fähigkeit zu, „leicht vom Bösen zum Guten gelenkt zu werden").[56] Was Schönborner der Frau mithin als Sprunghaftigkeit („leicht lenkbar") negativ zur Last legen will, ist dem anthropologischen roten Faden nach, den er durch die *Politicorum libri septem* verfolgt, eigentlich eine pädagogische Chance.

Schönborner liefert mithin keinen differenzbildenden Grund, warum das weibliche Geschlecht im Unterschied zum männlichen nicht in der Lage sein soll, seine angeborenen schlechten Neigungen durch verstandesmäßige Disziplinierung zu unterdrücken. Schönborners als Konklusion daherkommendes Urteil, „das Herrschaftsamt bleibt folglich nur den Männern",[57] ist daher wie jedes einzelne seiner vorausgegangenen Argumente eine bloße Setzung.

3 Ökonomisierung der Politik – Vergegenständlichung der Frau

Wendet man sich nun wieder Gryphius' Dramentext zu, so fällt auf, dass selbst in den Figurenreden der georgischen Gesandten bei aller Bewunderung für ihre Königin eine grundsätzliche Geringschätzung der Frau zum Ausdruck kommt. Sie setzen sogar auf den minderen Tauschwert der Frau: Insbesondere Procopius sieht seine Hoffnung auf baldige Freilassung der Königin in dem *a fortiori*-Argument bestärkt, dass Chach Abas dem russischen Gesandten, „dem man bißher / so viel nicht abgeschlagen / Ein eingekerckert Weib" wohl kaum „versagen" werde.[58] Dem widerspricht Demetrius nicht anthropologisch, sondern verweist allein auf die Tatsache von Catharinas Regentschaft: „Ein Weib / doch die geherrscht." Das göttliche Recht souveräner Herrschaft wird der Natur geradezu enthoben.[59] Und wo dies getan wird, muss wieder

---

55 Ebd., S. 160–171.
56 Ebd., S. 116.
57 Ebd., S. 117: „Relinquatur ergo solis viris gubernandi provincia."
58 GdW 6, I,2, S. 143, v. 137f.
59 Merio Scattola hatte in seiner *Teologia politica* herausgearbeitet, wie die protestantische Naturrechtslehre *vor* Pufendorf weit weniger anthropologisch argumentierte als die katholische: Merio

vermehrt auf den göttlichen Konkurs gesetzt werden. Es ist daher sowohl folgerichtig als auch weist es auf das Dramenende voraus, wenn Demetrius schon hier auf die Gottesinstanz setzt: „[W]ird vns der Himmel gönnen / Daß wir nach so viel Angst euch werden ehren können?"[60] Der Optimist Procopius indessen sieht gerade im russischen Gesandten das Instrument einer solchen göttlichen Hilfe:

> Ich zweifle nunmehr nicht. Gott gibt vns in die Hand
> Die Schlüssel dieser Kett' / Er reist das feste Band
> Mit starcker Hand entzwey / Er öffnet vns die Thüren
> Vnd zeigt vns Mittel an / die Perle wegzuführen.
> Ihr habt es selbst gehört (traut bitt ich eignem Ohr)
> Wie der Gesandte sich beym Tamaras verschwor;
> Wie hoch Er sich versprach nach Moßkaw nicht zu dencken
> Eh' aller Fleiß versucht ob Abas sey zu lencken.[61]

Diese zweite Szene der ersten Abhandlung und die letzte Szene der letzten Abhandlung bilden also gewissermaßen die politisch-theologische Klammer von Gryphius' zweitem Trauerspiel. Und zwischen der erstmaligen Anrufung einer *präventiv-beschützenden* göttlichen Gerechtigkeit und der schlussendlichen Verwirklichung einer *bestrafenden* göttlichen Gerechtigkeit stehen die von den menschlichen Akteuren selbst unternommenen Versuche, der Gerechtigkeit zum Sieg zu verhelfen und Catharina aus ihrer Lage zu befreien. Es soll gezeigt werden, dass diese Versuche Catharinas Recht als Herrscherin indessen weiter untergraben und verletzen. Gryphius liefert mit seiner Interpretation des historischen Catharina-Stoffes eine eigene Politikkritik, die ganz auf göttliches Recht *als* Recht bauend jede anders geartete Handlungsmaxime verwirft. Und die rechtsphilosophische Perspektive soll hier zeigen, dass die menschlichen Akteure Catharina nicht allein als Frau diskreditieren, sondern sie in der Tat zum Objekt machen.

Scattola: Teologia politica. Bologna 2007 (Lessico della Politica 15), S. 101 f.: „In questa derivazione della signoria politica dal quarto comandamento si trova anche la principale differenza della teologia politica evangelica rispetto a quelle cattolica e riformata. L'autorità passa dai genitori al re in modo diretto, senza cambiare natura, di modo tale che il principe divine il padre della repubblica e gode dello stesso rispetto che nella casa si deve al capofamiglia." Vgl. jüngst auch Oliver Bach: Philipp Melanchthon und Johann Oldendorp. Frühes protestantisches Naturrecht zwischen Jurisprudenz und Theologie. In: Von der Allegorie zur Empirie? Natur im Rechtsdenken des Spätmittelalters und der Frühen Neuzeit. Hg. von Susanne Lepsius, Friedrich Vollhardt und Oliver Bach. Berlin 2018 (Abhandlungen zur rechtswissenschaftlichen Grundlagenforschung 100), S. 104–120.
60 GdW 6, I,2, S. 142, v. 117 f.
61 GdW 6, I,2, S. 142 f., v. 123–130.

Da ist *erstens* die Hoffnung, die Procopius selbst in die russische Initiative bei Abas setzt: Er zählt auf „der Reussen stärck / im fall jhr Grim̅ erwacht".⁶² Die diplomatische Vermittlung der Russen gegenüber Persien besteht in Procopius' Augen letztlich in einer militärischen Drohgebärde. Demetrius wendet dagegen ein: „Chach weiß daß Reussen nicht vmb eine Fraw wird kämpffen."⁶³ Aufgrund der je schon vorausgesetzten Minderwertigkeit der Frau bezweifelt er, dass Russland wegen Catharina einen Krieg riskieren wird. Das Gespräch der beiden georgischen Gesandten, das damit begonnen hatte, „der Reussen stärck" als Druckmittel zur Durchsetzung herrschaftsrechtlicher Ansprüche Catharinas zu nutzen, läuft auf Zweifel daran hinaus, ob Catharina als Frau ein lohnenswerter Gegenstand internationaler Konflikte ist. Es geht nicht mehr um einen *bellum iustum*, einen gerechten Krieg,⁶⁴ sondern um politisches Interessenkalkül. Statt das Ziel rechtlicher Bemühungen zu sein – so Demetrius' Befürchtung –, kann Catharina sehr schnell zum Mittel politischer Interessen verkommen.

Ähnliches gilt für die von Procopius gehegte Hoffnung in die russische Stärke an sich: *Zwar* ist das frühneuzeitliche Völkerrecht nicht erst seit Hugo Grotius, sondern bereits seit Francisco de Vitoria eben darum bemüht, das bislang eher lose, weil bloß *gewohnheitsrechtliche* ius gentium in ein System *natürlicher* internationaler Rechte mit echter Zwangsgewalt umzuwandeln – die militärische Stärke als *vis coerciva* bzw. *vis punitiva* des Völkerrechts gilt in der Tat als eine notwendige Bedingung seiner Geltung. *Gleichwohl* kann die Stärke an ihr selbst unmöglich schon hinreichende *Erfolgs*bedingung des Völkerrechts sein – Demetrius erkennt das ganz genau: Der juridischen Drohgebärde der Strafandrohung korrespondierte so nämlich nur die kriminelle Drohgebärde schwereren Übels: „Wer sich versichert wil / hält fest ob seinem Pfand."⁶⁵ Statt Catharina freizulassen und dem russischen Druck auf diese Weise nachzugeben, könnte Abas sie ebenso umgekehrt als Geisel behalten und so Gegendruck erzeugen. Mit diesem Moment der Wechselseitigkeit erhält eine Logik des Tauschs Einzug in die Debatte um Catharinas Befreiungsmöglichkeiten, die im Folgenden noch deutlich vertieft wird.

---

62 GdW 6, I,2, S. 143, v. 156.
63 GdW 6, I,2, S. 143, v. 157.
64 Vgl. den sowohl historischen als auch systematischen Überblick von Matthias Lutz-Bachmann: Das Recht der Autorität – die Autorität des Rechts. Rechtsphilosophische Überlegungen im Anschluss an Francisco Suárez. In: „Auctoritas omnium legum". Francisco Suárez' *De Legibus* zwischen Theologie, Philosophie und Rechtsgelehrtheit. Hg. von Oliver Bach, Norbert Brieskorn und Gideon Stiening. Stuttgart-Bad Cannstatt 2013, S. 135–152.
65 GdW 6, I,2, S. 140, v. 160.

Diese Logik des Tauschs ist in Demetrius' Augen nämlich nicht nur schlecht, wenn es sich um den Austausch von Drohungen, mithin von Gewalt handelt, sondern auch dann, wenn es um den Austausch von Gunstbezeugungen geht:

> [DEM.] Ist Reussen denn so viel an vnserm Heil gelegen?
> PROCOPIUS. Was bringt durch Gaben man bey Fürsten nicht zu wegē?
> DEM. Gunst durch Geschenck erkaufft fällt durch Geschencke hin.[66]

Ein seinem Wesen nach *ökonomisches* Konzept internationaler Beziehungen kann nicht ihre *rechtlichen* Probleme erledigen: Es gäbe im Naturzustand letztlich keinen Vertrag, weder zwischen Russland und Georgien, noch zwischen Russland und Persien, der ein verpflichtendes rechtsförmiges Verhältnis begründete. An seiner Statt, so Demetrius' durchaus berechtigte Sorge, gäbe es so nur eine „durch Gaben" erworbene „Gunst". Demetrius erkennt den Makel einer solchen ökonomischen Bündnisbasis: „Gunst durch Geschenk erkaufft fällt durch Geschenke hin." Die Eigengesetzlichkeit des Wettbewerbs von Angebot und Nachfrage ist von einer Gradualität von Objekt und Preis gekennzeichnet. Schon dadurch ist ein ökonomischer Handlungsansatz dem eigentlichen Anliegen Georgiens unangemessen: Das Gemeinwohl („unser Heil" – ein *rechts*philosophischer Begriff!) ist Telos des Staats, sein Mittel ist das Recht. Dieses ist von den Strukturen ökonomischer Kausalitäten grundverschieden. Um das Recht gibt es keinen Wettbewerb von Mehr oder Weniger, sondern ein kategoriales Verhältnis von Recht und Unrecht.

Procopius wiederum sieht gerade darin den entscheidenden Kniff, um die Erfolgsaussichten zu steigern. Es geht ihm um *simulatio* und *dissimulatio*: Die eigentliche Klage Russlands gegen Persien träte im Gewande einer Absprache bzw. eines Vertrags zwischen Russland und Persien auf und würde so rhetorisch seiner konfrontativen Wirkung benommen; Chach Abas fühlte sich so nicht als Beklagter in einer asymmetrischen Relation von Richter und Beklagtem behandelt, sondern als Partner einer symmetrischen Vertragssituation. Solange *dissimulatio* gerade Recht geltend zu machen versucht, statt es zu missachten, ist sie im Sinne der sogenannten *prudentia mixta* und damit durchaus legitim.[67] Um es präziser mit dem Gryphius ebenfalls bekannten Francis Bacon zu formulieren: „The advantages of simulation and dissimulation are [...] first, to lay asleep opposition, and to surprise; for where a man's intentions are published, it is an

---

[66] GdW 6, I,2, S. 143, v. 149–151.
[67] Michael Stolleis: Arcana Imperii und Ratio Status. Bemerkungen zur politischen Theorie des frühen 17. Jahrhunderts. In: Staat und Staatsräson in der frühen Neuzeit (Anm. 18), S. 37–72, hier S. 53f. und S. 60; Horst Dreitzel: Protestantischer Aristotelismus und absoluter

alarm to call up all that are against them."⁶⁸ Diese Strategie funktionierte allerdings eben nur solange, wie sich nur Abas in der simulierten Vertragssituation sieht, nicht aber der russische Gesandte: Sobald auch dieser das Gespräch auf Augenhöhe nicht nur vortäuscht, sondern sich selbst den Eigengesetzlichkeiten des Tauschhandelns unterwirft, ist der Tauschvertrag nicht mehr nur kluges Mittel des Rechts, sondern ist selbst der Zweck, und sein Mittel ist Catharina. Ebendies tritt ein, wenn man den den Dialog zwischen dem russischen Gesandten und Chach Abas in der zweiten Szene der zweiten Abhandlung betrachtet.

Schon mit den ersten Versen dieses Dialogs wird deutlich, dass Russland ein eigenes, von der georgischen Causa unabhängiges Interesse am Vertrag mit Persien hat. Dass der Gesandte den anstehenden Friedensschluss mit Persien als den „höchstgewündtschte[n] Tag", als den „offtbegehrte[n] Tag" bezeichnet,⁶⁹ erschöpft sich daher keineswegs in bloßer Formelhaftigkeit „höfischer Rede".⁷⁰ In der Tat hatte das Russland Zar Michails I. in seinen Konflikten mit Schweden und Polen-Litauen Reibungsverluste erlitten, die es durch einen russisch-persischen Friedensschluss zu kompensieren hoffte.

Russland geht es allein um Catharinas Freilassung, nicht aber um den Freispruch von der ihr zur Last gelegten Schuld:

> [...] Es sey; daß Sie verletzt
> Den der sie jtzt noch strafft daß sie sich widersetzt
> Der höhern Majestet wir suchen nicht zu rechten /
> Vil minder jhre Schuld weitläufftig zu verfechten /
> Czar bildet fest' jhm ein daß Abas mehr verzeih'
> Als eine Fraw verwürckt; wie schuldig sie auch sey.⁷¹

Davon, ob Catharinas einstmaliger Hinterhalt gegen Konstantin im Rahmen eines *bellum iustum* gegen Persien erfolgte, davon, ob Russland als Bündnispartner Georgiens mithin selbst zu einem gerechten Krieg gegen Persien nicht allein berechtigt, sondern *verpflichtet* wäre, möchte der russische Gesandte ausdrücklich absehen. Im Lichte des zeitgenössischen Völkerrechts aber wäre

---

Staat. Die *Politica* des Henning Arnisaeus (ca. 1575–1636). Wiesbaden 1970 (Veröffentlichungen des Instituts für Europäische Geschichte Mainz 55), S. 152.
68 Francis Bacon: Essays, Moral, Economical, and Political. London, Edinburgh 1853, S. 5f.; vgl. Jon R. Snyder: Dissimulation and the Culture of Secrecy in Early Modern Europe. Berkeley u. a. 2009, S. 56–59.
69 GdW 6, II,3, S. 169, v. 133 und v. 135.
70 So Eberhard Mannack: Kommentar. In: Andreas Gryphius: Dramen. Hg. von Eberhard Mannack. Frankfurt am Main 1991 (Bibliothek deutscher Klassiker 67), S. 851–1317, hier S. 945.
71 GdW 6, II,3, S. 170, v. 163–168.

genau beides der Fall gewesen: Hugo Grotius steht *erstens* List, Lüge und Betrug zwar sehr skeptisch gegenüber, *gerade* aber die Feinde im Krieg sind für ihn die einzige Ausnahme, denen gegenüber eine solche List wie der Hinterhalt rechtlich erlaubt ist.[72] *Zweitens* sind Bundesgenossen in Hugo Grotius' Augen zum Interventionskrieg verpflichtet. Mehr noch: „Wer das Unrecht von einem Bundesgenossen nicht abhält, wenn er es kann, ist ebenso im Unrecht wie der, der es begeht."[73] Nicht nur also hat Catharina rechtmäßig gehandelt; sondern ihrem Bündnispartner Russland wäre es im Sinne des grotianischen Völkerrechts gar nicht freigestanden, von einer Verurteilung Persiens und einem Krieg gegen Chach Abas abzusehen.

Stattdessen will Russland prospektiv als Bürge eintreten: „Er [d.i. der Zar; O.B.] wo man Bürgen heischt bürgt künfftig für Verbrechen / Die sie verschweren sol [...]."[74] Die Terminologie *bürgen* und die argumentative Stoßrichtung des Gesandten lassen kaum einen Zweifel: Mit seiner Bürgschaft versucht Russland, eine sogenannte *Legalzession* zu erwirken: Die Ansprüche, die seitens Persiens gegen Catharina bestehen, werden von Russland ‚beglichen'. Sie sind damit jedoch keineswegs für Georgien getilgt oder erlassen, sondern gehen auf Russland über.[75] Rechtliche Ansprüche werden nicht geklärt, sondern verschoben, nicht korrigiert, sondern verstetigt. (Darüber hinaus ist die *cessio legis* ein zivilrechtliches Institut, kein Institut des Völker- oder Naturrechts).

Als Catharina in der ersten Szene der dritten Abhandlung vom russischen Gesandten persönlich von dem russisch-persischen Abkommen erfährt, interpretiert sie dasselbe noch als russisches Patronat über Georgien:

> [Ihr] sprecht vns *frey* / vnd last vns eigne Lust empfinden.
> Glaubt Herr das heist auffs new' auff ewig vns *verbinden*.
> Glaubt Herr / dem so vil Müh für vnser Heil behagt;
> Wir bleiben euch *verpflicht* / vnd eures Czaren Magd.[76]

Indem Catharina sich zugleich als frei *und* als Magd des Zaren begreift, schreibt Gryphius ihr offensichtlich eine Lehrmeinung Jean Bodins ein: Dieser nämlich

---

72 Hugo Grotius: De Jure Belli ac Pacis, lib. III, cap. 1 (ed. 1869, Bd. 2, S. 211).
73 Hugo Grotius: De Jure Belli ac Pacis, lib. II, cap. 25 (ed. 1869, Bd. 2, S. 171).
74 GdW 6, II,3, S. 170, v. 169f.
75 Seit Justinian ist der Gedanke einer *cessio legis*, der Übertragbarkeit rechtlicher Ansprüche, durch das Mittelalter hindurch bis in die Frühe Neuzeit tradiert worden. Vgl. Katharina von Koppenfels-Spies: Die cessio legis. Tübingen 2006, S. 38–40; Klaus Luig: Zur Geschichte der Zessionslehre. Köln 1966, S. 6–9; schon Georg Buch: Die Übertragbarkeit von Forderungen im deutschen mittelalterlichen Recht. Breslau 1912, S. 60–62.
76 GdW 6, III,1, S. 179, v. 40–44. Hervorhebung O.B.

folgerte aus einer Schutzherrschaft *nicht* den Souveränitätsverlust des Schützlings. Dieser bleibt gegenüber seinen Untertanen souverän. Wie aber ein solcher Untertan seinem Herrscher verpflichtet sein kann, wenn dieser Befehle erteilt oder Gesetze erlässt, die dem Schutzherren zuwiderlaufen – dieses Problem verhandelt Bodin nicht.[77] Bedenkenswert ist daher die Auffassung Seinel Cans, des Geheimrats des Schahs:

> Die jtzt vor Vbermuth wer Chach vnd sie vergessen;
> Wird wenn sie nur von hir jhr Vnglück recht ermessen;
> Vnd fühlen das sie hir im Kercker mehr denn frey /
> Doch dort in Gurgistan / mehr als gekerckert sey![78]

Gryphius verhandelt mithin einen blinden Fleck der Souveränitätslehre Bodins. Damit teilt er die Bedenken seines Leidener Lehrers Marcus Zuërius Boxhorn (1602/12–1653), der mit Blick auf Bündnisse vor dem Verlust der *vis Majestatis* des schwächeren an den stärkeren Bündnispartner warnte.[79]

Catharinas Souveränitätsrecht ist allerdings bereits gebrochen worden, als sie unrechtmäßig gefangen gesetzt wurde. Die verkürzte Überführung einer Rechtsforderung in einen Vertrag lässt nicht nur Chach Abas' Unrecht außer Acht, sondern er tilgt auch Catharinas Status als Rechtssubjekt. Nicht einmal als Schützling kommt sie mehr in Betracht. Sollte nun nämlich der Vertrag zwischen Russland und Persien gebrochen werden, wäre nach dem naturrechtlichen Prinzip *pacta sunt servanda* nur Russland der Geschädigte, nicht aber Catharina.

So soll es schließlich auch kommen: Als dem russischen Gesandten die Nachricht von Catharinas Hinrichtung überbracht wird, kann Seinel Can ihn schließlich damit besänftigen, dass anstelle Catharinas tausende russische Gefangene freigelassen werden, und damit den russisch-persischen Friedensvertrag retten:

> Sie / war ein frembdes Weib. Eur eigen Nutz ist groß.
> Man gibt für eine Fraw vil tausend Reussen loß![80]

---

77 Bodin: Les six Livres de la Republique, I,7, S. 75; vgl. Bach: Zwischen Heilsgeschichte und säkularer Jurisprudenz, S. 436 f.
78 GdW 6, II,4, S. 174, v. 289–292.
79 Boxhornius: Institutionum Politicarum Libri Duo / Conscripti à Marco Buxhornio Zuerio in Academia Lugdono-Batava quondam Professore publico ab interitu vindicati Accessit in fine Instrumentum Pacis Caesareo-Suecicum. Hildesheim, Goslar 1656, lib. I, cap. XI, S. 86.
80 GdW 6, V,5, S. 218, v. 331 f.

Noch am Dramenschluss bestätigt sich also: Catharina ist nicht Subjekt eines Rechts, sondern Mittel eines Vertrags; und als solches Mittel ist sie austauschbar. Das persische Angebot ist für Russland deshalb so attraktiv, weil es die Frau weit über Wert bezahlt, die männlichen Gefangenen weit unter Wert verkauft.

4 Schluss: Catharinas Herrschaftsrecht – eine Tragödie

Catharinas Recht wird bis zuletzt nicht nur nicht realisiert, sondern nicht einmal angemessen diskutiert. Gryphius klagt mit seinem Trauerspiel also nicht nur die muslimische Bedrohung an; Catharinas Widersacher ist nicht allein ein zum teufelsgleichen Versucher stilisierter Muslim Chach Abas. Gryphius beklagt auch und vor allem die kategorialen Mängel einer Politik, die sich nurmehr von pragmatischen Überlegungen und ökonomischen Aspekten leiten lässt, nicht aber vom Recht.

Wenn man so will, zeigt das Trauerspiel den fatalen Verlauf rechtlicher Auseinandersetzungen, die darum *pseudo*rechtlich sind, weil sie sich nie um tatsächliches, also *subjektives* Recht drehen. Catharina steht nie als Subjekt, sondern immer nur als Gegenstand zur Diskussion. Wie mit einem Kontrastmittel lässt sich also anhand der Objektivierung der Frau beobachten, wie wenig mit einem so zum Gegenstand degradierten Subjekt *Recht* zu haben ist. Mit der Vergegenständlichung der Frau Catharina verschieben sich Rechtsfragen kategorienfalsch zu Ökonomiefragen. Mit mit der Vergegenständlichung der Königin Catharina geht die Bedrohung des gesamten Gemeinwohls einher. Nachdem die menschlichen politischen Akteure auf ganzer Linie versagt haben, muss daher in der letzten Szene die politisch-theologische Klammer geschlossen werden:

> Schauet! schaut! der Himmel bricht!
> Die Wolckenfeste reist entzwey /
> Das rechte Recht steht jhrer Sachen bey!
> Das Recht ists selbst das vns das endlich Vrtheil spricht.

Fraglich bleibt, ob Gryphius damit ein Konzept von *Frau* im Allgemeinen nobilitiert oder nur ein Konzept von Gynäkokratie im Besonderen. Werden Catharina diejenigen Rechte, die Gryphius' Lehrer Schönborner ihr noch abgesprochen hätte, wie dem Manne *als Person* zugestanden oder *als Frau* nur unter der Bedingung, dass sie als Herrscherin für das Gemeinwohl relevant ist?

Genderhistorische Einordnungen von Gryphius' *Catharina* haben mit Blick auf den Dramenschluss das Problem, ob Catharina sich mehr als weibliche oder als christliche Herrscherin bewährt, ob mithin tatsächlich *ihre* Legitimität als Frau positiv gestärkt wird oder ob Abbas' Tyrannei Catharinas Regierung lediglich als opportun erscheinen lässt. Denn *erstens* wird die muslimische Bedrohung zeitgenössisch noch derart stark perhoresziert, dass die Vermutung naheliegen könnte, die Regierung einer christlichen Frau müsse als kleineres Übel erscheinen.[81] *Zweitens* ist eine aus Güterabwägung resultierende und auf Vermeidung eines großen Übels ausgerichtete Politik vor dem Hintergrund der sogenannten *prudentia mixta* schon seit Ende des 16. Jahrhunderts eine Legitimierungsstrategie; d. h. das zeitweilige Missachten bestimmter Normen wird dann für legitim erachtet, wenn übergeordnete Normen dadurch geschützt werden können.[82] Dem Übel muslimischer Herrschaft ist das Übel weiblicher Herrschaft vorzuziehen; sie bleibt aber von Übel und ist nur auf Zeit legitimiert. Peter-André Alt hat auf den Status und die Selbstverortung Catharinas als bloße Stellvertreterin ihres noch minderjährigen Sohnes ebenso hingewiesen wie auf den Ausnahmecharakter einer solchen weiblichen Übergangsregierung.[83] Christliche Misogynie und christliche Gynäkokratie schließen gegen den Chach Abas einen Burgfrieden, der ihre sachlichen Differenzen nicht nivelliert. So sehr dadurch religiöse Interessen einerseits und genderpolitische Interessen andererseits miteinander verknüpft werden, so deutlich werden sie am Dramenende doch wieder differenziert und auf verschiedenen

---

81 Wolfgang Harms: Feindbilder im illustrierten Flugblatt der Frühen Neuzeit. In: Feindbilder. Die Darstellung des Gegners in der politischen Publizistik des Mittelalters und der Frühen Neuzeit. Hg. v. Franz Bosbach. Köln et. al. 1992, S. 141–177; Zsuzsa Barbarics-Hermanik: Reale oder gemachte Angst? Türkenangst und Türkenpropaganda im 16. und 17. Jahrhundert. In: Türkenangst und Festungsbau. Wirklichkeit und Mythos. Hg. v. Harald Heppner und Zsuzsa Barbarics-Hermanik. Frankfurt am Main 2009, S. 43–75. Vgl. bei Gryphius' Zeitgenossen Daniel Casper von Lohenstein und Friedrich Spee: Antje Bräcker: Friedrich Spee, der (islamische) Orient und die Türken. Die religiöse Bewältigung des Fremden. In: Spee-Jahrbuch 16 (2009), S. 7–22, besonders S. 9 f.; Roberto de Pol: Zur Funktion der Türkei in den Dramen Daniel Caspers von Lobenstein. In: Deutsche Kultur und Islam am Mittelmeer. Hg. v. Laura Auteri u. Margherita Cottone. Göppingen: Kümmerle, 2005, S. 175–185, hier S. 182.
82 Vgl. Stolleis (Anm. 67), S. 67; ders.: Lipsius-Rezeption in der politisch-juristischen Literatur des 17. Jahrhunderts in Deutschland. In: ebd., S. 232–267, hier S. 235; Christoph Deupmann: Philosophie und Jurisprudenz. In: Die Literatur des 17. Jahrhunderts. Hg. v. Albert Meier. München, Wien 1999, S. 100–123, hier S. 112.
83 Peter-André Alt: Der Tod der Königin. Frauenopfer und politische Souveränität im Trauerspiel des 17. Jahrhunderts. Berlin, New York 2004 (Quellen und Forschungen zur Literatur- und Kulturgeschichte 30), S. 60 f.

Ebenen befriedigt: Während das religiöse Interesse durch Catharinas Weigerung, zum Islam zu konvertieren, befriedigt wird, wird das genderpolitische Interesse durch Tamaras' Thronfolge befriedigt.

Was aber hat es zu bedeuten, dass die Folge des einen Bedingung des anderen zu sein scheint; dass Catharinas Ermordung Tamaras endgültig zum neuen König macht? Selbstverständlich: Tamaras hat mit der Ermordung seiner Mutter nichts zu tun, sie ist nicht Mittel von Tamaras Inthronisation. Auf Ebene der Figuren und ihrer Intentionen wird die Frage weiblichen Herrschaftsrechts von der Frage der Rechtgläubigkeit nicht berührt. Catharinas Ermordung ist *Resultat* ihrer Weigerung, zum Islam zu konvertieren, nicht *Mittel* von Tamaras Weg zur Macht. Catharinas Ermordung ist eine Handlung der Figur Abas, nicht der Figur Tamaras. Auf der Ebene poetischer Gerechtigkeit allerdings stellt sich ein Vermittlungsdruck ein: Geht man nämlich von Andreas Kablitz' Bestimmung poetischer Bedeutung aus, so steigt gerade im Rahmen fiktionaler Rede die Kohärenzerwartung:

> Ihre [d.i. der fiktionalen Rede] Wahrheitsindifferenz bringt eine Freiheit von externer Determination der von ihnen dargestellten Sachverhalte mit sich, die Kohärenzerwartungen an den Text steigert. Insoweit alles, was ein fiktionaler Text zum Inhalt hat, auch anders sein könnte, weil es keine externe Konditionierung gibt, die erklären könnte, warum es so und nicht anders ist, kommt die Frage auf, was es bedeutet, daß es so – und nicht anders – ist. Fiktionale Rede bringt insoweit ein Verhältnis der Komplementarität mit sich: Referenz wird durch eine Erwartung semantischer Kohärenz ersetzt.[84]

Was also hat es zu bedeuten, dass das Herrschaftsrecht Catharinas zu Dramenbeginn juridisch thematisiert, im Dramenverlauf prudentiell ignoriert und im Dramenschluss hinter religiösen Erwägungen und politischen Entwicklungen irrelevant wird? Kablitz' apriorischer Begriff poetischer Bedeutung zwingt diese Frage nach dem Dramenzusammenhang auf, so indifferent diese Handlungsschritte ihrem sachlichen Zusammenhang nach auch sein mögen. Kablitz' Kohärenzpostulat meint nun nicht, dass die sachliche Indifferenz der genderjuridischen, prudentiellen, religiösen und politischen Handlungsschritte behoben würde. Kablitz' Kohärenzpostulat führt vielmehr zu der Frage, was es zu bedeuten hat, dass das Herrschaftsrecht von Frauen im Dramenverlauf eben an Relevanz verliert.

Die Vermittlung scheint im teleologischen Rechtsverständnis der Zeit zu liegen: Die Ausrichtung des Rechts auf einen Zweck, der außer ihm selbst liegt,

---

[84] Andreas Kablitz: Kunst des Möglichen. Theorie der Literatur. Freiburg im Breisgau 2013, S. 197.

macht ohnehin jedes Recht zum Mittel desselben.[85] Die Legitimität eines Rechts wird damit nicht mit Notwendigkeit schon dann bestätigt, wenn dieses Recht beachtet wird; sondern der Legitimität wird dann genüge getan, wenn der übergeordnete Zweck allen Rechts erreicht wird. Ob aber als Mittel dieses Zweck das einzelne Recht realisiert wird oder nicht, ist nur eine Frage des zweiten Schritts: Ist der Rechtszweck nur durch *ein* bestimmtes Recht als sein Mittel zu erreichen? Dies gilt nun im Falle der *Catharina von Georgien* weder für den Staatszweck, das Gemeinwohl (*bonum commune*), noch für den Zweck göttlichen Rechts, das höchste Gut (*summum bonum*). Für das Staatswohl Georgiens ist gute Regierung notwendig. Gute weibliche Regierung ist zwar für dasselbe hinreichend, aber nicht auch notwendig und deshalb nicht alleiniges Mittel, das *bonum commune* Georgiens zu erzielen. Das Staatswohl kann auch durch Tamaras' Herrschaft erzielt werden. Catharinas Herrschaft wird von Abas und den Russen zwar verletzt; diese spezifische Rechtsverletzung gefährdet jedoch den georgischen Gemeinwohlzweck nicht mehr, sobald Tamaras als alternatives Mittel des Staatswohls auftritt. Für das *summum bonum* nun ist Rechtgläubigkeit und moralische Unbestechlichkeit notwendig. Weibliche christliche Regierung ist für Catharinas Seelenheil solange notwendig, wie sie dieses Amt innehat und es auszufüllen ihre Pflicht ist; weibliche christliche Regierung ist jedoch ab dem Augenblick weder mehr notwendig noch hinreichend, in dem sie muslimische Regentin werden soll. Catharinas *summum bonum* kann nicht durch Konversion zum Islam erzielt werden.

Mit Blick auf die höheren Zwecke von Catharinas Herrschaftsrecht werden durch den Dramenverlauf drei Status dieses Rechts durchgegangen: 1.) Ihr Herrschaftsrecht als Frau ist mit Blick auf Georgiens Staatswohl *verletzbar*, solange Georgien nicht anders als durch sie regiert werden kann. 2.) Catharinas Herrschaftsrecht als Frau wird mit Blick auf seinen Zweck *irrelevant*, sobald dieser Zweck, das Staatswohl, von Tamaras realisiert werden kann; ihr Herrschaftsrecht ist mit Blick auf das Staatswohl nunmehr *unverletzlich*. 3.) Catharinas Herrschaftsrecht als Frau zu gewährleisten, würde ihr Seelenheil als höchstes Gut *verletzen*, sobald sie nur als Muslimin Herrscherin bleiben könnte; ihr Herrschaftsrecht ist mit Blick auf seinen Zweck nun selbst *verletzend* geworden.

In einem teleologischen Rechtsdenken steht die Geltung besonderer Rechte a priori zur Disposition. Die Geltung des besonderen Herrschaftsrechts von Frauen steht mithin auch dort, wo es befürwortet wird, nur ebenso zur Disposition. Ob ein

---

85 Julius Ebbinghaus hat den Charakter – und die Probleme – dieses Verständnisses von Recht herausgearbeitet: Julius Ebbinghaus: Die Idee des Rechts. In: Julius Ebbinghaus: Gesammelte Schriften. Bd. 2. Praktische Philosophie 1955–1972. Hg. von Hariolf Oberer und Georg Geismann. Bonn 1988, S. 141–198, besonders S. 165–167.

Recht zur Geltung kommt oder irrelevant ist, verletzt wird bzw. selbst verletzend wirkt, bestimmt sich nach dem gemeinen und höchsten Gut, nicht nach dem besonderen Regelungsgegenstand, der Rechtsmaterie. Hier liegt der Schlüssel zur Bedeutung der *Catharina von Georgien*: Das Drama behandelt die Zweckrationalität allen Rechts am Beispiel des Herrschaftsrechts der Frau. Wer sich mit der *gender legal history* zur Zeit des teleologischen Rechtsbegriffs beschäftigt, findet nicht eigentlich eine *Rechts*geschichte der Frau vor, sondern vielmehr eine *Rechtsmaterien*geschichte der Frau. Wenn Gryphius' *Catharina von Georgien* dem heutigen Leser als Drama erscheint, das eine Rechtsgeschichte der Frau nur widersprüchlich und unvollständig behandelte, so stellt sich *Catharina* vor zeitgenössischem Hintergrund als Drama dar, das die Frau als Rechtsmaterie behandelt, und zwar kohärent und folgerichtig mit Blick auf den Rechtszweck des gemeinen und höchsten Guts. Die Bedeutung von Gryphius' Tragödie erhellt mit Blick auf die Teleologie des frühneuzeitlichen Rechts; und aus dieser Zweckrationalität generiert auch sein tragisches Potenzial: Denn die Fallhöhe Catharinas generiert aus ihrem Recht, das unter höheren Zwecken fallen kann und fallen muss. Gryphius' *Catharina von Georgien* ist in der Tat die Tragödie der Gynäkokratie.

IV Poetik

Dirk Werle
Andreas Gryphius' *Olivetum* und die Traditionen des *carmen heroicum* im 17. Jahrhundert

„[...] non dubito re diligenter perpensa contendere Gryphium multis rebus Klopstockii Messiam superasse, inferiorem esse paucis." – „Ich bin, nachdem ich eingehend darüber nachgedacht habe, überzeugt, dass Gryphius in vielerlei Hinsicht Klopstocks *Messias* übertrifft und nur in wenigen Dingen hinter ihm zurücksteht." Dieser Satz findet sich in einer 1858 veröffentlichten Abhandlung des Danziger Literaturhistorikers Friedrich Strehlke mit dem Titel *De Oliveto Andreae Gryphii*, „Über das *Olivetum* des Andreas Gryphius".[1] Strehlke behandelt in diesem zwölfseitigen Traktat einen der weniger bekannten Texte des berühmten schlesischen Dichters des 17. Jahrhunderts, sein zuerst 1646 in Florenz, dann 1648 in zweiter Auflage in Lissa erschienenes Epos über die in den Evangelien überlieferten Ereignisse im Garten Gethsemane und am Ölberg.[2] Der Hauptgrund, warum dieses Epos weitaus weniger bekannt ist als Gryphius' als epochal gefeierte Sonette und Trauerspiele, liegt auf der Hand; Blake Lee Spahr hat ihn 1993 klar benannt in Verbindung mit dem Ausdruck des Bedauerns darüber angesichts der von ihm hervorgehobenen hohen literarischen Qualität des Texts: „Gryphius's Latin epics are among the most moving and dramatic works which he has produced, and it is an eternal shame that the barrier of the language will prevent them from ever becoming well-known".[3] Wenn Spahr von den „Latin epics" im Plural spricht, dann meint er damit außer dem

---

[1] Friedrich Strehlke: De Oliveto Andreae Gryphii. In: Gymnasii Gedanensis sacra saecularia tertia diebus XIII., XIIII., XV. M. Junii a. 1858 rite celebranda. Hg. von Friedrich Wilhelm Engelhardt. Danzig 1858, S. 1–12, hier S. 1.
[2] Andreas Gryphius: Olivetum Libri Tres. Florenz: Franceschini 1646; ders.: Olivetum Libri Tres. Lissa: Daniel Vetter 1648. Im Folgenden wird das Epos im laufenden Text mit der Sigle *Oliv.* nach der modernen, von Ralf Georg Czapla verantworteten Edition zitiert, deren Text der Lissaer Ausgabe folgt: Andreas Gryphius: Herodes. Der Ölberg. Lateinische Epik. Hg., übersetzt und kommentiert von Ralf Georg Czapla. Berlin 1999 (Bibliothek seltener Texte in Studienausgaben 4).
[3] Blake Lee Spahr: Andreas Gryphius. A Modern Perspective. Columbia 1993 (Studies in German literature, linguistics, and culture), S. 22 f.

Olivetum die beiden bereits 1634 und 1635 erschienenen Herodes-Epen.[4] Abweichend von Strehlkes früher und Spahrs späterer Hochschätzung von Gryphius' lateinischen Epen dominierte in der Gryphius-Forschung lange Zeit eine abweichende Beurteilung, die mit einer auf den ersten Blick einleuchtenden Geschichte verknüpft war: Gryphius' lateinische Epen seien unreife Jugenddichtungen, in denen er sich in der Sprache der Tradition an den literarischen Beständen der Tradition abgearbeitet habe. Der Wechsel vom Lateinischen zum Deutschen sei Ausdruck einer dichterischen Emanzipation,[5] und dementsprechend seien Gryphius' deutsche Dichtungen Ergebnisse einer Reifephase, die lateinischen Dichtungen seien dem vorgelagert und verdienten daher nicht dieselbe Beachtung wie die deutschsprachigen Gedichte und Trauerspiele – oder allenfalls als deren Vorstufen: Verschiedentlich wurden an den Epen dramatische Aspekte und Elemente beobachtet, die, so das Narrativ, auf die späteren Dramen vorausverwiesen, die aber eben erst die konsequente generische Umsetzung von Gryphius' dramatischem Stil seien.

Dass dieses Narrativ zu schön ist, um wahr zu sein und zumindest auf das *Olivetum* nicht recht zutreffen kann, belegt der äußere Umstand, dass der Text zum ersten Mal 1646 und dann in einer zweiten Ausgabe 1648 erschienen ist. Bei Erscheinen war Gryphius 30 Jahre alt und damit schon länger kein Jüngling mehr. Die deutschsprachigen *Lissaer Sonette*, die Gryphius' Ruhm als Lyriker begründeten, waren 1637 erschienen,[6] und das erste deutschsprachige Trauerspiel, *Leo Armenius*, wurde 1646 vollendet,[7] also im Jahr der ersten Publikation des *Olivetum*. *Catharina von Georgien*, Gryphius' zweites Trauerspiel, entstand 1647/48, also zwischen dem Erscheinen der ersten und der zweiten Auflage des *Olivetum*.[8] Nun hat zwar Friedrich-Wilhelm Wentzlaff-Eggebert 1938 die These

---

4 Andreas Gryphius: Herodis Furiae, & Rachelis lachrymae. Carmine Heroico. Cantatae, Ploratae [...]. Glogau: Wigand Funck o. J. [1634]; ders.: Dei Vindicis Impetus et Herodis Interitus. Herôo Carmine [...] celebratus. Danzig: Georg Rhete d. J. o. J. [1635]. Vgl. auch Blake Lee Spahr: Herod and Christ. Gryphius' Latin Epics. In: Problems and Perspectives. A Collection of Essays on German Baroque Literature. Hg. von dems. Frankfurt am Main, Bern 1981 (Arbeiten zur mittleren deutschen Literatur und Sprache 9), S. 151–159.
5 In diesem Sinne programmatisch der Untertitel des Buchs von Friedrich-Wilhelm Wentzlaff-Eggebert: Dichtung und Sprache des jungen Gryphius. Die Überwindung der lateinischen Tradition und die Entwicklung zum deutschen Stil. Zweite, stark erweiterte Auflage. Berlin 1966 [¹1936]. Zum *Olivetum* ebd., S. 34–46.
6 Andreas Gryphius: Sonnete. Lissa: Wigand Funck [1637].
7 Erstdruck 1650: Andreas Gryphius: Teutsche Reim-Gedichte Darein enthalten I. Ein Fürsten-Mörderisches Trawer-Spiel/ genant Leo Armenius [...]. Frankfurt am Main: Johann Hüttner 1650.
8 Erstdruck 1657: Andreas Gryphius: Catharina von Georgien. Oder Bewehrete Beständigkeit. Trauer-Spiel. O. O., Dr. u. J. [Breslau: Johann Lischke und Veit Jakob Trescher 1657].

aufgestellt, das *Olivetum* sei deutlich vor seinem Erscheinen verfasst worden, nämlich nicht später als 1643, seiner Vermutung nach sogar bereits 1637,[9] aber diese These ist unbewiesen und beruht lediglich auf eher punktuell belegten stilistischen Mutmaßungen. Gegen das Narrativ von der epigonalen lateinischen Jugenddichtung, die der reifen deutschsprachigen Dichtung vorausging, ist also die Vermutung zu wagen, dass Gryphius intendiert und reflektiert die Entscheidung traf, seine epische Versdichtung über die Ereignisse am Ölberg auf Lateinisch zu verfassen. Die Frage ist nur, warum?

Zur Beantwortung dieser Frage ist anzuknüpfen an zwei neuere Forschungsbeiträge zum *Olivetum*. An erster Stelle ist hier der Name von Ralf Georg Czapla zu nennen. Mit seiner kommentierten Edition und Übersetzung von Gryphius' lateinischer Epik hat er 1999 die Grundlage für jede weitere Erforschung dieser schwierigen Texte bereitet, und in einem kenntnisreichen, später verschiedentlich in erweiterter Form als Aufsatz wieder publizierten Nachwort macht er zweifelsfrei plausibel, dass Gryphius' lateinische Bibeldichtungen, nicht zuletzt auch durch den schulmäßigen Einsatz von Vergleichen, Reden und traditionellen Wendungen, „als Epen im Sinne der antiken Definition" zu verstehen sind, dass Gryphius „bei der Komposition seiner frühen *carmina heroica* den Konventionen epischer Dichtkunst gerecht zu werden suchte".[10] In seiner monumentalen Studie zum Bibelepos in der frühen Neuzeit bettet Czapla Gryphius' lateinische Epen in ihren unmittelbaren gattungshistorischen Kontext ein.[11] Gryphius entspricht, wie Czapla gezeigt hat, mit seinen Herodes-Dichtungen und mit dem *Olivetum* ganz den antiken Anforderungen an ein Epos, wie sie durch die wohl in der

---

9 Andreas Gryphius: Lateinische und deutsche Jugenddichtungen. Ergänzungsband mit einer Bibliographie der Gryphius-Drucke. Hg. von Friedrich-Wilhelm Wentzlaff-Eggebert. Leipzig 1938, S. XXXIf. Vgl. auch in Verbindung mit der tendenziösen Bewertung in Wentzlaff-Eggebert (Anm. 5), S. 34 f.: „Das lateinische Hexametergedicht ist spätestens im Jahre 1643 entstanden, bestimmt in Gryphius' Leidener Zeit, und so haftet dem Olivetum noch die Absichtlichkeit der Kunstdichtung, deutlicher gesagt der Gelehrtendichtung an."
10 Ralf Georg Czapla: Nachwort. In: Gryphius. Herodes. Der Ölberg. Lateinische Epik (Anm. 2), S. 327–349, hier S. 347 f. Vgl. auch ders.: Epen oder Dramen? Gattungstheoretische Überlegungen zu Andreas Gryphius' lateinischer Bibeldichtung. In: Jahrbuch für Internationale Germanistik 32 (2000), S. 82–104 sowie ders.: Der junge Gryphius. Herodes- und Ölberg-Dichtung im Lichte der Gattungsfrage. In: Kulturgeschichte Schlesiens in der Frühen Neuzeit. Hg. von Klaus Garber. Bd. 2. Tübingen 2005 (Frühe Neuzeit 111), S. 1027–1048.
11 Ralf Georg Czapla: Das Bibelepos in der Frühen Neuzeit. Zur deutschen Geschichte einer europäischen Gattung. Berlin, Boston 2013 (Frühe Neuzeit 165), S. 390–472. Vgl. auch ders.: Lateinische Werke. In: Gryphius-Handbuch. Hg. von Nicola Kaminski und Robert Schütze. Berlin, Boston 2016, S. 68–89. Dabei zeigt Czapla, dass das *Olivetum*, gerade wenn man die Widmungsvorrede der Lissaer Ausgabe berücksichtigt, auch als Friedensdichtung verstanden werden muss, mit der das Ende des Dreißigjährigen Krieges gefeiert wird.

zweiten Hälfte des vierten Jahrhunderts n. Chr. entstandene *Ars grammatica* des Diomedes kanonisiert worden waren: Einheitlichkeit der Fabel, erheblicher Textumfang, Wechsel von erzählter Handlung, Reden und Schilderungen im Sinne des *genus mixtum*, Einsatz von Sonderstilmitteln sowie idealtypische Bestimmung zum mündlichen Vortrag vor einem Publikum.

Czaplas Ausführungen sind vollkommen konzise und überzeugend. Ein Punkt in seiner Argumentation lässt jedoch aufmerken. Die auf die Antike zurückgehende Bestimmung des Epos als Ausprägung des *genus mixtum* trenne es, so Czapla, vom Lehrgedicht nach dem Vorbild der *Georgica* Vergils oder des Lukrezischen *De rerum natura*. Daher zeuge Martin Opitz' Bestimmung des heroischen Gedichts im *Buch von der Deutschen Poeterey*, die das Heldenepos im Stile Homers und von Vergils *Aeneis* in einem generischen Kontinuum mit epischer Lehrdichtung sehe,[12] „von einem völlig diffusen Gattungsverständnis".[13] Das leuchtet aus der Perspektive der Klassischen Philologie ein,[14] aber das vor allem durch Opitz kanonisierte Gattungsverständnis war für die deutsche Poesie des 17. Jahrhunderts bekanntermaßen ausgesprochen einflussreich. Könnte es sein, dass das auch für Gryphius gilt? Hier kommt nun der zweite neuere Forschungsbeitrag zu Gryphius' lateinischer Bibeldichtung ins Spiel, nämlich die Ausführungen zu diesen Texten in Oliver Bachs großer Studie zur politischen Theologie in Gryphius' Trauerspielen.[15] Bach liest Gryphius' lateinische Epen als Quellen theologischen und rechtstheoretischen Wissens. Nach seiner überzeugenden Darstellung führt insbesondere das *Olivetum* erstens vor, dass das durch Luzifer – in Gryphius' Worten: „Carceris inferni Princeps" (*Oliv.* 2, 401)[16] – verkörperte Böse keine eigene Wesenheit darstellt, sondern dass es die Privation des Guten ist. Zweitens demonstriert der Text nach Bach am Beispiel des Judas, dass und warum man als Mensch auch vor dem Hintergrund der Annahme für seine bösen Taten verantwortlich zu machen ist, dass sie durch

---

12 Vgl. Martin Opitz: Buch von der Deutschen Poeterey (1624). Studienausgabe. Hg. von Herbert Jaumann. Stuttgart 2002, S. 26–30.
13 Czapla: Nachwort (Anm. 10), S. 334.
14 Auch im Mittelalter galt das *carmen didascalicum* als eigene, vom *carmen heroicum* zu unterscheidende Gattung. Vgl. Thomas Haye: Das lateinische Lehrgedicht im Mittelalter. Analyse einer Gattung. Leiden u. a. 1997 (Mittellateinische Studien und Texte 22).
15 Oliver Bach: Zwischen Heilsgeschichte und säkularer Jurisprudenz. Politische Theologie in den Trauerspielen des Andreas Gryphius. Berlin, Boston 2014 (Frühe Neuzeit 188), S. 282–298.
16 Alternativ: „stygij moderator Auerni" (*Oliv.* 1, 434); „Carceris vmbrosi Rector" (*Oliv.* 2, 113).

übermenschliche Mächte befördert worden sind.[17] Bach liest das *Olivetum* mithin als Lehrgedicht, und die Frage stellt sich, ob nicht für die Rezeption der Zeitgenossen eine ähnliche Lektürerichtung nahelag.

Aufbauend auf den erwähnten neueren Forschungsbeiträgen zum *Olivetum* möchte ich auf die Frage, warum Gryphius 1646 und 1648 das lateinische Epos über die Ereignisse am Ölberg veröffentlichte, eine Antwort in Gestalt einer These plausibel zu machen versuchen, die einerseits an die übergreifende Thematik des vorliegenden Tagungsbandes anknüpft – *Gryphius zwischen Tradition und Aufbruch* – anderseits an die Thematik der Sektion I der Münchner Tagung: „Neues Wissen – veraltete Theologie?". Wenn Gryphius, so die These, im Jahr 1646 in Florenz, vor allem dann aber nochmals 1648 in Lissa ein Epos in lateinischer Sprache über die biblischen Ereignisse am Ölberg veröffentlicht, dann positioniert er sich auf spezifische Weise in der Gattungsgeschichte des *carmen heroicum*. Dabei legt er ein Traditionsverhalten an den Tag, das sich nicht nur imitierend auf die antiken Modelle und poetischen Vorgaben bezieht, sondern auch auf die zeitgenössische Poetik, wie sie an erster Stelle in Gestalt des *Buchs von der Deutschen Poeterey* maßgeblich geworden war, und auf zeitgenössische Versuche, auf deren Basis der Gattung des *carmen heroicum* in angemessener Form gerecht zu werden. Die zeitgenössische Vorstellung des *carmen heroicum*, wie sie durch Opitz kanonisch geworden war, sah ein generisches Kontinuum von Heldenepos und Lehrgedicht vor; es ging stets darum, in poetischer Gestalt wahres Wissen zu vermitteln, insbesondere solches historischer und theologischer Art.[18]

Zur Plausibilisierung dieser These bietet sich eine Perspektive an, die bereits durch das eingangs zitierte Diktum Strehlkes nahegelegt wird, nämlich eine vergleichende Perspektive. Strehlke vergleicht Gryphius mit Friedrich Gottlieb Klopstock, und so fragwürdig die Wahl dieses Vergleichs in streng historischer Perspektive erscheinen mag – wird Gryphius doch dadurch anachronistisch als Vorläufer Klopstocks dargestellt –, so nahe liegt sie doch auch. Die Grundideen von Klopstocks *Messias* sind dieselben wie die von Gryphius' *Olivetum*. Es geht darum, in der im Gattungssystem am höchsten angesiedelten Gattung den höchsten

---

17 Allerdings trifft die starke These, „dass die entscheidenden epischen Beobachtungskategorien die von Recht und Unrecht" seien und dass das „durch den gesamten Text- und Handlungsverlauf" belegt werde (Bach [Anm. 15], S. 285), meines Erachtens nicht zu. In diesem Falle hätte Gryphius vielleicht besser ein Judas- als ein Christus-Epos geschrieben.

18 Vgl. dazu Dirk Werle: Von hohem Wesen. Zu Wahrheitsanspruch und Gattungspoetik epischer Versdichtungen im 17. Jahrhundert (am Beispiel von Caspar von Barth und Georg Greflinger). In: Zeitschrift für Germanistik. Neue Folge 28 (2018), S. 10–24.

denkbaren Gegenstand zu behandeln und damit sowohl der Gattung als auch dem Gegenstand dichterisch optimal gerecht zu werden.[19] Angesichts der von Czapla bibliographierten immensen Menge frühneuzeitlicher Bibelepen kann man annehmen, dass dieses Ziel nicht nur Gryphius und Klopstock, sondern viele weitere Dichter teilten. Es handelt sich aber unabhängig von der Frage nach der Individualität des Unterfangens um eine eminent überzeugende dichterische Grundidee. Darüber hinaus teilen Klopstock und Gryphius die Idee, Christi übermenschliche Entscheidung, die Sünden der Welt auf sich zu nehmen, als existenzielle Entscheidung eines Menschen mit Zweifeln und Empfindungen zu präsentieren und diese Entscheidungssituation als Zentrum eines kosmischen, noch unentschiedenen Kampfes zwischen Gut und Böse darzustellen – „Extremo res summa loco", beschreibt der Flußgott Kedron gegen Ende von Gryphius' Epos die Situation (*Oliv.* 3, 456). Nicht umsonst wählt Klopstock die Szene in Gethsemane, die das Zentrum der Handlung von Gryphius' Epos darstellt, als Ausgangspunkt auch seiner Darstellung.[20] Und Gryphius wie Klopstock eröffnen neben der durch das Neue Testament vorgegebenen irdischen Handlungsebene – in nachahmender Überbietung antiker Epik – eine zweite Ebene des Kampfes auf der göttlichen Ebene.

Die genannten Grundideen sind, wie man sieht, im Falle Klopstocks weniger innovativ, als manche Vertreter der Klopstock-Forschung meinen mögen, und sie basieren vermutlich auch im Falle von Gryphius eher auf einer Auseinandersetzung mit der Gattungstradition, die ja mit Blick auf die lateinische Epik eine europäische war und die bereits zahlreiche Bibelepen kannte. Gleichwohl ist die Entscheidung für diese Grundideen in jedem historischen Einzelfall aufgrund ihrer großen poetischen Plausibilität und Stimmigkeit zu würdigen, insbesondere wenn man sich fragt, was für Alternativen denn zu Gebote standen. Wenn im Folgenden ein vergleichender Blick auf Gryphius' *Olivetum* und einige andere *carmina heroica* der Zeit geworfen wird, dann geschieht das nicht, weil behauptet werden soll, Gryphius setze sich intentional mit jedem dieser Epen auseinander und von ihm ab,[21]

---

19 Vgl. für das *Olivetum* bereits Czapla: Bibelepos (Anm. 11), S. 447 sowie für Klopstock ausführlicher Bernd Auerochs: Die Unsterblichkeit der Dichtung. Ein Problem der „heiligen Poesie" des 18. Jahrhunderts. In: Begründungen und Funktionen des Kanons. Beiträge aus der Literatur- und Kunstwissenschaft. Hg. von Gerhard R. Kaiser, Stefan Matuschek. Heidelberg 2001 (Jenaer germanistische Forschungen. Neue Folge 9), S. 69–87.
20 Friedrich Gottlieb Klopstock: Der Messias. Bd. 1: Text. Hg. von Elisabeth Höpker-Herberg. Berlin, New York 1974 (Werke und Briefe. Historisch-kritische Ausgabe. Hg. von Horst Gronemeyer u. a. Abt. Werke, Bd. 4, 1), S. 2–4 (Erster Gesang, V. 43–144).
21 Um eine in dieser Hinsicht methodologisch ‚härtere' Beziehungsanalyse zu bewerkstelligen, müsste man als erstes einen Blick in das postum angelegte Verzeichnis der Bibliotheken Gryphius' und seines Sohnes Christian werfen, um zu sehen, ob Gryphius möglicherweise Ausgaben der relevanten Texte besessen hat: Catalogus Bibliothecae Gryphianae. Breslau: Baumann o. J.

sondern es geschieht in einer allgemeineren gattungsgeschichtlichen Perspektive. Die Hintergrundvorstellung ist die, dass deutsche Autoren des 17. Jahrhunderts sich gerade vor dem Hintergrund der einflussreichen Überlegungen, wie sie vor allem in Opitz' deutscher Poetik angestellt werden, an dem Problem abarbeiten, wie man ein gutes, den Gattungsvorgaben adäquates *carmen heroicum* schreibt. Auch Gryphius positioniert sich hier in spezifischer Weise, und dies vor dem Hintergrund, dass stets auch alternative Möglichkeiten zu Gebote standen, die in der Zeit auch großenteils realisiert wurden. Der vergleichende Blick wird im Folgenden über das Genre des Bibelepos im engeren Sinne hinausgehen, dessen Geschichte Czapla bereits mustergültig aufgearbeitet hat.

Wenn man Opitz als für Gryphius relevante Referenzfigur anerkennt, dann liegt es nahe, zunächst einen Blick auf den Text zu werfen, den Opitz im *Buch von der Deutschen Poeterey* als Modell eines zeitgenössischen deutschsprachigen *carmen heroicum* inthronisiert, nämlich seine eigenen *Trostgedichte in Widerwärtigkeit des Krieges*, die zum ersten Mal erst 1633 veröffentlicht wurden, aber 1624 bereits soweit fertiggestellt waren, dass Opitz in seiner Poetik die ersten Verse daraus beispielhaft zitieren konnte: „DEß schweren Krieges Last/ den Teutschland jetzt empfindet/ | Und daß Gott nicht umbsonst so hefftig angezündet | Den Eyffer seiner Macht/ auch wo in solcher Pein | Trost her zuholen ist/ sol mein Gedichte seyn."[22] Bei Gryphius klingt es so: „Sanguinei moeroris opus, motumque barathri | Agmen & horrenteis luctus, vinctamque Tonantis | Progeniem; tristi frontem squallente cupresso | Pandimus." (*Oliv.* 1, 1–4)

In der Übersetzung Czaplas: „Singen will ich ein Werk blutiger Trauer, den Aufruhr der Höllenschar, furchtbaren Jammer und die Fesselung des Gottessohnes, nachdem ich meine Stirn mit düsterer Zypresse bekränzt habe."[23] Auf den den Anforderungen an ein *carmen heroicum* entsprechenden Einstieg, in dem der Sänger das Thema seines Gesangs bündig zusammenfasst, folgt der ebenso den Anforderungen entsprechende Musenanruf. Hier ersetzt Opitz den Anruf der Muse durch den Anruf des Heiligen Geists, eine ingeniöse Entscheidung, ist

---

(Den Hinweis auf diesen seltenen Katalog verdanke ich Achim Aurnhammer, Freiburg im Breisgau). Allerdings könnte mit dieser Recherche die Analyse erst anfangen, denn selbst wenn sich Hinweise auf Exemplare der Texte in Gryphius' Bibliothekskatalog befänden, wäre noch keineswegs gesagt, dass er sie bereits besessen hätte, als er das *Olivetum* schrieb. Und selbst wenn sich keine Hinweise auf Exemplare der Texte im Bibliothekskatalog fänden, könnte es trotzdem sein, dass Gryphius sie gelesen hätte.

22 Martin Opitz: Trostgedicht In Widerwertigkeit Deß Kriegs: In vier Bücher abgetheilt/ Und vor etlichen Jahren anderwerts geschrieben. In: ders.: Geistliche Poemata 1638. Hg. von Erich Trunz. 2. überarbeitete Auflage. Tübingen 1975 (Deutsche Neudrucke. Reihe Barock 1), S. 334–408, hier S. 337.
23 Gryphius: Ölberg, Übersetzung Czapla (Anm. 2), S. 165.

doch der Heilige Geist im christlichen Rahmen die Instanz, die die Gabe verleiht, in Zungen zu reden; er stellt also die angemessene Überbietung der antiken Muse dar. Gryphius trifft hier eine spezifisch andere Entscheidung: Er ruft nicht den Heiligen Geist allein – „par flamma DEO" (*Oliv.* 1, 9) –, sondern im Verbund mit Gottes Sohn an – „Nate Patris" (*Oliv.* 1, 6) –, der damit zugleich Thema und Inspirationsquelle der folgenden epischen Dichtung ist.

Opitz' *Trostgedichte* sind ganz entsprechend den Ausführungen im *Buch von der Deutschen Poeterey* eine Mischform. Vorderhand handelt es sich um ein Lehrgedicht im Gefolge der *Georgica*, was bereits durch die Disposition in vier Bücher angedeutet wird. Der Lehrgehalt sind Trostmittel angesichts der Leiden des Krieges, die Didaxe zielt ab auf die philosophische Erläuterung dieser Trostmittel. Gleichzeitig enthalten die *Trostgedichte* auch Elemente der Heldenepik homerischer Prägung, etwa die Evokation der Schrecken des Krieges durch drastische Beschreibungen und detaillierte Vergleiche. Opitz ruft die Helden der antiken Epen, Achilles und Odysseus, in Erinnerung und stellt sie als gänzlich unheldische Figuren dar, die ihr Heldentum lediglich prätendieren. Demgegenüber entwirft er ein alternatives Modell von Heldentum, das aber nicht an eine Figur geknüpft, sondern abstrakt entwickelt wird: das Modell eines duldenden Helden, der die ihm vom Schicksal auferlegten Prüfungen standhaft erträgt – *constantia* ist das Schlagwort, das den neostoischen Hintergrund des von Opitz entworfenen Heldenideals umreißt. Opitz' Lehrgedicht ist mithin gleichzeitig ein Heldengedicht, aber ein Heldengedicht ohne Helden, das ein alternatives, auf *constantia* gegründetes Heldenideal entwirft.[24]

Ganz anders stellt sich der Zusammenhang in Gryphius' *Olivetum* dar, aber es läuft auf eine ähnliche Konzeption hinaus: Das *Olivetum* steht vorderhand in der Tradition des Heldengedichts nach dem Vorbild von *Ilias*, *Odyssee* und *Aeneis*, aber es ist auch ein Lehrgedicht, das darüber belehrt, wie ein alternatives Heldenideal aussehen könnte. Es ist das durch Christus verkörperte Ideal des christlichen Märtyrers – Spahr hat von dem Gryph'schen Christus als dem „Urmärtyrer" gesprochen[25] –, der sich wie der Opitz'sche Held vor allem durch seine *constantia* auszeichnet, die in Gestalt der Versuchung durch die höllischen Mächte herausgefordert wird, aber am Ende triumphiert. Wie Opitz entwirft Gryphius also in einem den Opitz'schen Vorgaben entsprechenden Mischtyp aus Lehr- und Heldengedicht ein gegenüber der antiken Tradition alternatives Heldenideal, das auf der Tugend der *constantia* basiert. In dieser

---

24 Vgl. Dirk Werle: Knowledge in Motion between Fiction and Non-Fiction. Epic Poems and Didactic Poetry in the Seventeenth Century (Martin Opitz and Georg Greflinger). In: Daphnis 45 (2017), S. 563–577 und die dort angegebene Forschungsliteratur.
25 Spahr: Andreas Gryphius (Anm. 3), S. 20.

Hinsicht ließe sich Gryphius' Epos gegenüber dem Opitz'schen als alternativer Versuch beschreiben, den zeitgenössischen Anforderungen an ein *carmen heroicum* gerecht zu werden. Gryphius versucht, ein *carmen heroicum* zu schaffen, das anders als Opitz' Lehrgedicht wirklich in der Tradition von Homers und Vergils Epen steht, aber analog zu Opitz ein alternatives, christliches Heldenideal propagiert.[26]

Opitz war nicht der einzige Autor, der sich in den 20er Jahren des 17. Jahrhunderts in programmatischer Weise daran gemacht hatte, ein deutschsprachiges *carmen heroicum* zu dichten. Aus der Feder von Opitz' zeitweiligem Freund und langjährigem Konkurrenten Caspar Barth erschien 1626 der *Teutsche Phoenix*.[27] Der Späthumanist Barth war in erster Linie Philologe, kein Dichter. Wenn er dichtete, dann eigentlich immer in lateinischer Sprache. Das Spätwerk des *Teutschen Phoenix* bildet hier eine Ausnahme. Dieses in Alexandrinern verfasste Langgedicht besingt in aufwändiger Gestaltung den Vogel Phoenix als Allegorie. Der Phoenix fungiert bei Barth als Symbol des größten Wunders der Christenheit, der Wiederauferstehung Jesu Christi, deren Großartigkeit nicht im Mindesten in Frage steht und die gerade deshalb durch Allegorisierung zu erfassen versucht wird. Der Phoenix wird in Barths Gedicht als ein Tier beschrieben, dessen Kraft zur immer erneuerten Metamorphose eigentlich unbeschreiblich ist. Die Vermutung liegt nahe, dass Barth hier Ovid-*aemulatio* betreibt. Dem Lehrgedicht der heidnischen Mythologie wird ebenfalls in einem Lehrgedicht eine christliche Mythologie entgegengestellt, die nicht auf Pluralität, sondern auf Vielheit in der Einheit beruht. In der impliziten Poetik von Barths Gedicht ist die Dichtung der religiösen Wahrheit verpflichtet, aber sie ist nur eine der Offenbarung Gottes vorgeordnete Stimme. Die Wahrheit wird als Gottes Natur adressiert, zu der die

---

26 Klaus Garber hat herausgearbeitet, dass Opitz' *Trostgedichte* auch in der Hinsicht an Vergil anknüpfen, dass sie den Anspruch artikulieren, ein Nationalepos zu sein. Vgl. Klaus Garber: Konfessioneller Fundamentalismus und späthumanistischer Nationalismus. Die europäischen Bürgerkriege in der poetischen Transformation um 1600: Opitzens *Trost-Getichte in Widerwärtigkeit des Krieges*. In: Konfessioneller Fundamentalismus. Religion als politischer Faktor im europäischen Mächtesystem um 1600. Hg. von Heinz Schilling und Elisabeth Müller-Luckner. München 2007 (Schriften des Historischen Kollegs 70), S. 23–46. In dieser Hinsicht schließt Gryphius gerade nicht an Opitz an.

27 Caspar Barth: Deutscher Phoenix. Frankfurt am Main: Daniel und David Aubry, Clemens Schleich 1626. Im Folgenden zitiert nach der modernen Ausgabe: Caspar von Barth: Teutscher Phoenix [1626]. In: Johannes Hoffmeister: Kaspar von Barths Leben, Werke und sein *Deutscher Phoenix*. Mit einem Manulneudruck des *Deutschen Phoenix*. Heidelberg 1931, S. [1]–[94]. Für das in den folgenden beiden Absätzen Gesagte stütze ich mich auf Werle: Von hohem Wesen (Anm. 18), S. 13–16.

Dichtung allenfalls hinführen kann. Sie ist die Leiter, die man wegwerfen kann, wenn man oben angelangt ist.

Trotz des so artikulierten Wahrheitsanspruchs leugnet der *Phoenix*-Dichter nicht, einen fiktionalen Text geschrieben zu haben. Das wird deutlich, wenn er die Konzeption seines Texts als Lehrgedicht erläutert, dabei das auf Lukrez zurückgehende Bild des Medizinbechers, dessen Rand mit Honig bestrichen ist,[28] aktualisiert und die in der Zeit relevanten Termini aufruft: Er habe eine Fabel verfasst, um dem Leser die Wahrheit durch Exempel zu vermitteln.[29] Dabei ist zu vermuten, dass die Wahl der Allegorie als Darstellungsverfahren eine Reaktion auf das Problem darstellt, wie man mit einem dichterischen Text die Wahrheit sagen kann. Diese Reaktionsmöglichkeit war durch die Gattungstradition und die damit verbundene Tradition poetologischer Reflexion vorgegeben: Oliver Primavesi hat gezeigt, dass schon in der griechischen Antike die Allegorisierung als Verfahren zum Einsatz kam, um den in Misskredit geratenen Referentialitätsanspruch des Epos zu rehabilitieren. Diese Allegorisierung fand freilich auf der Rezipientenseite statt: Die in Homers Epen gestalteten Ereignisse wurden allegorisch gedeutet.[30] Barth übernimmt nun die Allegorisierung als Produktionsprinzip. Allerdings ist die Allegorisierung bei Barth tendenziell uferlos. Er folgt einem Darstellungsprinzip, bei dem die *copia verborum* eine Eigendynamik gewinnt, im Sinne einer poetischen Formung der Realität, die tendenziell eine Eigenwirklichkeit erzeugt. Barth betreibt mithin etwas, das Eberhard Müller-Bochat in einem bereits etwas älteren, aber immer noch lesenswerten Beitrag als Grundtendenz des frühneuzeitlichen Epos beschrieben hat: Es geht nicht nur um Wissensvermittlung, sondern vor allem um „Bewältigung von Wissen durch literarische Formgebung".[31]

Legt man nun Gryphius' *Olivetum* vergleichend neben Barths *Teutschen Phoenix*, dann wird deutlich, dass hier in anderer Hinsicht als im Falle von Opitz' *Trostgedichten* konzeptionelle Ähnlichkeiten bestehen, aber die Mittel, mit denen die Konzeption umgesetzt wird, wieder unterschiedlich sind. Auch Gryphius geht es mit seinem Text offensichtlich darum, religiöse Wahrheiten zu verkünden, und wie Barth scheint er die Dichtung als Hilfsmittel zum Verständnis der biblischen Wahrheiten zu verstehen. Nicht selten hat man den Eindruck, das Gedicht liefere Kausalzusammenhänge und psychologisierende Erklärungen für die in der

---

[28] Lucrez: De rerum natura. Buch IV, Z. 1–25.
[29] Barth: Teutscher Phoenix (Anm. 27), S. [12] f.
[30] Oliver Primavesi: Zum Problem der epischen Fiktion in der vorplatonischen Poetik. In: Fiktion und Fiktionalität in den Literaturen des Mittelalters. Jan-Dirk Müller zum 65. Geburtstag. Hg. von Ursula Peters und Rainer Warning. München 2009, S. 105–120, hier S. 115 f.
[31] Eberhard Müller-Bochat: Die Einheit des Wissens und das Epos. Zur Geschichte eines utopischen Gattungsbegriffs. In: Romanistisches Jahrbuch 17 (1966), S. 58–81, hier S. 73.

Bibel enthaltenen nüchternen Tatsachenberichte nach; so erklärt etwa Judas an einer Stelle, warum er zu Jesus gehen und ihn küssen wird: „Illum ego, ne facies dubios peregrina moretur | Amplexu impediam" (*Oliv.* 3, 136 f.).[32] Und auch das in der Forschung immer wieder hervorgehobene Pathos der Darstellung sowie die Rhetorik des Schreckens und der Überwältigung bei Gryphius, vielleicht in der Nachfolge Lukans, lassen sich vor diesem Hintergrund verstehen. Exemplarisch sei ein Teil der ausführlichen Beschreibung des personifizierten Todes zu Beginn des zweiten Buchs zitiert: „[...] at vacuos oculis extorribus orbes | Exesae fugere genae, fractusque lacunis | Nasus hiat, nec iniqua putres sedilia dentes | Nec mentum cutis ulla ligat, patet auribus orbum | Tempus, & exertis cervix crepat ossea nodis [...]." (*Oliv.* 2, 61–65)[33] Wie bei Barth lässt sich auch bei Gryphius in diesem Zusammenhang ein Prinzip der Allegorisierung feststellen; es funktioniert aber ganz anders. Bei Barth ist die Allegorie das primäre Darstellungsprinzip; bei Gryphius fungiert sie wie der genannte Einsatz von Pathos, die Schreckensrhetorik, aber auch die genretypischen Vergleiche und Reden als Hilfsmittel, um die Evangelienberichte dem Leser näher zu bringen und verständlicher zu machen. Dabei ist allerdings auch im Falle des *Olivetum* punktuell eine Form von Entgrenzung zu beobachten, wenn nämlich Allegorien in Allegorien auftauchen.

Den Ort der Allegorien wählt Gryphius wiederum in gattungsgeschichtlich kongenialer Weise: Verrat, „Proditio" (*Oliv.* 1, 454), Rache, „Vindicta" (*Oliv.* 1, 86), und weitere allegorische Personifikationen abstrakter Entitäten agieren auf der Ebene des Götterapparats. Das macht freilich den Götterapparat bei Gryphius zu einem merkwürdigen Gebilde: Nicht nur wird die antike Götterwelt durch den christlichen Gott mit seinem höllischen Widersacher und ihrer jeweiligen Entourage ersetzt; daneben treten Allegorien, die eigentlich in der christlich-göttlichen Sphäre nichts verloren haben. Es wäre also zu einfach zu sagen, dass hier ein heidnisch-antiker Götterapparat durch einen christlichen ersetzt wird; es handelt sich um einen eigenwilligen Götterapparat, zu dem auch quasi-göttliche, allegorische Gestalten gehören. Das ist vermutlich zu erklären vor dem skizzierten poetologiegeschichtlichen Hintergrund, dass die Frage nach der Rolle der Allegorie in der Dichtung im Allgemeinen und im *carmen heroicum* im Besonderen bereits

---

[32] Übersetzung Czapla: „Ich selbst werde ihn umarmen, damit das fremde Gesicht euch nicht verunsichert." Gryphius: Ölberg (Anm. 2), S. 233.

[33] Übersetzung Czapla: „[...] die hohlen Wangen fliehen die leeren Höhlen, in denen die Augen fehlen. Gebrochen gähnt in leerer Öffnung die Nase. Weder vermag das schiefe Kieferbett die morschen Zähne noch irgendeine Haut das Kinn mehr zu halten. Der Ohren beraubt klaffen die Schläfen und, von den Muskeln entblößt, knackt knöchern das Genick." Ebd., S. 199.

eine Vorgeschichte hatte. Es ging um das Problem des Referentialitätsanspruchs des Epos, das schon von Barth und dann auch von Gryphius gelöst wurde im Sinne einer Bewältigung von Wissen durch literarische Formgebung. Dabei wählte Gryphius aber anders als Barth nicht die Ovid-*aemulatio*, bei der die Allegorisierung als Überbietung des mythischen Verwandlungskonzepts fungierte, sondern die Homer- und Vergil-*aemulatio*, bei der der heidnische Götterapparat durch einen eigenwilligen christlich-allegorischen Götterapparat ersetzt wurde.

Der Vergleich mit einem dritten Prätext ist vielleicht in der Lage, die gattungsgeschichtlichen Besonderheiten des *Olivetum* noch weiter zu konturieren. Es handelt sich um ein Beispiel, das zeigt, wie die Gattung Epos in der ersten Hälfte des 17. Jahrhunderts auf eine Weise aktualisiert werden konnte, die eine ähnliche Kongenialität besitzt wie die Aktualisierung als Epos über Jesus Christus. Gemeint ist die Aktualisierung des Epos als Heldengedicht, das durch die Einbettung in eine hochbewertete Gattungstradition aktuelle, zeithistorische Figuren als Helden antiken Zuschnitts inszenierte. Diese Form der Aktualisierung lag in Kriegszeiten besonders nahe, insbesondere weil man dadurch polemische und ideologische Zwecke verfolgen konnte, indem man nämlich durch die Inszenierung einer bestimmten Figur als Held Position innerhalb der die kriegerischen Auseinandersetzungen begleitenden und unterstützenden publizistischen Auseinandersetzungen bezog. Eine in dieser Hinsicht zeitgeschichtlich polarisierende Figur war der Schwedenkönig Gustav Adolf, dessen Tod 1632 in der Schlacht bei Lützen unmittelbar eine Flut publizistischer Reaktionen auf den Plan rief,[34] darunter auch Gestaltungen des Lebens Gustav Adolfs in Form von Heldenepen. Zu nennen sind hier etwa die bereits im selben Jahr, 1632, erschienenen *Gustavidos libri IX* des Wenceslaus Clemens und die unter demselben Titel veröffentlichten drei Bücher des Johannes Narsius.[35] Zu nennen ist hier auch ein ebenfalls 1632 als Flugschrift erschienener *Achilles Germanorum*, in dem die Kriegsereignisse von 1618 bis zur Gegenwart in vergleichende Beziehung zum Trojanischen Krieg gesetzt wurden.[36] Ein Jahr später, 1633, veröffentlichten Adam Olearius eine *Sieges- und Triumffs-*

---

34 Vgl. dazu Werner Milch: Gustav Adolf in der deutschen und schwedischen Literatur. Breslau 1928 (Germanistische Abhandlungen 59); Frank Liemandt: Die zeitgenössische literarische Reaktion auf den Tod des Königs Gustav II. Adolf von Schweden. Frankfurt am Main u. a. 1998.
35 Wenceslaus Clemens: Gustavidos libri IX. Leiden: Franciscus Hegerus 1632; Johannes Narsius: Gustavidos, sive de bello Sueco-Austriaco Libri Tres [...]. Hamburg: Jakob Rebenlein 1632.
36 Achilles Germanorum. Retter der Deutschen Freyheit. O. O. u. Dr. 1632.

Fahne Gustavi Adolphi Magni und Johann Sebastian Wieland einen *Held Von Mitternacht*.[37]

In diese Reihe fügt sich auch ein Langgedicht in 101 sechsversigen Alexandrinerstrophen aus der Feder Georg Rodolf Weckherlins ein, das ebenfalls auf 1633 datiert ist, aber erst 1648 veröffentlicht wurde; es trägt den Titel *Des Grossen Gustav-Adolfen, etc. Ebenbild*[38] und wurde zuletzt von Achim Aurnhammer als heroisierendes Epicedium beschrieben.[39] In diesem Text greift Weckherlin auch Elemente der Gattungstradition des Epos auf und macht sie für seine Zwecke nutzbar, etwa das Motiv der Sirenen, das er aber gegenüber der Darstellung in der *Odyssee* umwertet: Die Gustav Adolf bei der Überfahrt über den Belt begegnenden Sirenen versuchen nicht, den Helden zu betören und zu verderben, sondern sie verhalten sich ihm gegenüber förderlich, wie insgesamt die Natur bei Weckherlin Gustav Adolfs Unternehmen begünstigt. Die Sirenen bei Weckherlin sind gleichzeitig Seherinnen, die ihm künftiges Heldentum prophezeien. Gustav Adolf wird darüber hinaus als gottesfürchtiger Held analog zu Vergils *pius Aeneas* gezeichnet, der bei seiner Ankunft in Deutschland ähnlich wie Aeneas bei seiner Ankunft in Latium als erstes ein Dankgebet spricht. Auch weitere Elemente wie epische Bilder und Vergleiche sowie Städtekataloge wecken die Vermutung, Weckherlin könne mit seinem Gedicht vielleicht ähnlich wie Opitz und Barth versucht haben, eine Antwort auf die Frage zu geben, wie man um 1630 eine angemessene Aktualisierung der Gattung *carmen heroicum* realisieren könne. Dazu gehört auch, dass Gustav Adolfs Deutschlandfeldzug wie eine Aristie mit der unausweichlichen Katastrophe bei Lützen gestaltet ist. Auch bei Weckherlin ist das Ideal der *constantia*

---

37 Ascanius Olivarius [d.i. Adam Olearius]: Sieges- vnd Triumffs-Fahne Gustavi Adolphi Magni [...]. Leipzig: Abraham Lamberg 1633; Johann Sebastian Wieland: Der Held Von Mitternacht: Das ist/ der Aller Durchleuchtigste/ Großmächtigste/ Fürst und Herr/ Herr Gustavus Adolphus [...]. Mit Newen Teutschen Versen/ nach Art der Frantzösischen [...] Beschrieben [...]. Heilbronn: Christoph Krause 1633.
38 Georg Rodolf Weckherlin: Des Grossen Gustav-Adolfen/ etc. Ebenblid [sic]/ Zu Glorwürdigster vnd vnvergänglicher Gedechtnus Seines so schnellen als hellen Lebens-Laufs/ Aufgerichtet [...]. In: ders.: Gaistliche vnd Weltliche Gedichte. Amsterdam: Johann Jansson 1648, S. 602–631. Moderne Ausgabe in: ders.: Gedichte. Hg. von Hermann Fischer. Bd. 2. Tübingen 1895, S. 271–295. Vgl. dazu und zum Folgenden ausführlicher Dirk Werle: Weckherlin und das Versepos. Zu *Des Grossen Gustav-Adolfen, etc. Ebenbild*. In: Privatmann – Protestant – Patriot – Panegyriker – Petrarkist – Poet. Neue Studien zu Leben und Werk Georg Rudolf Weckherlins (1584–1653). Hg. von Heiko Ullrich. Passau 2018, S. 271–296.
39 Achim Aurnhammer: Der intermediale Held. Heroisierungsstrategien in den Epicedien auf König Gustav II. Adolf von Paul Fleming, Johann Rist und Georg Rudolf Weckherlin. In: Heroen und Heroisierungen in der Renaissance. Hg. von dems. und Manfred Pfister. Wiesbaden 2013 (Wolfenbütteler Abhandlungen zur Renaissanceforschung 28), S. 303–332.

eine leitende Größe für die Charakterisierung des Helden. Wichtig für den Vergleich mit dem *Olivetum* ist darüber hinaus der Umstand, dass Gustav Adolf zu Beginn als unsterblicher Gott beschrieben und gegen Ende des Gedichts als Analogie Jesu Christi gestaltet ist, der seinen Getreuen verspricht, sein Blut und seinen Leib für sie opfern zu wollen, und der nach seinem Tod eine Himmelfahrt unternimmt.

Berücksichtigt man diesen gattungsgeschichtlichen Hintergrund, für den Weckherlins Gedicht nur eines von vielen Beispielen ist, dann wird deutlich, dass Gryphius mit seinem *Olivetum* wohl auch auf diese in der Zeit verbreitete Art reagiert, die Gattung des *carmen heroicum* zu aktualisieren. Gryphius greift die Möglichkeit auf, die pragmatische Textsorte des Epicedium mit der traditionsreichen Gattung Heldenepos zu verknüpfen; aber gegen die Heroisierung von zeitgenössischen Kriegshelden, die allenfalls im übertragenen Sinne als gottgleich oder auch Jesus-analog beschrieben wurden, und gegen das damit verbundene Herrscherlob setzt er im buchstäblichen Sinne die epische Darstellung des christlichen Helden schlechthin, Jesu Christi, der gleichsam das unerreichbare Vorbild aller als christliche Helden gestalteten Figuren der Zeitgeschichte darstellt. Der Krieg, den Jesus zu führen hat, wird dabei als ein ganz anderer, nämlich übermenschlicher Krieg präsentiert: Der menschgewordene Gott Jesus Christus kämpft nicht gegen andere Menschen, sondern er kämpft für die Menschheit gegen die höllischen Heerscharen – „missa phalanx Acheronte profundo", „obscaena profundi | [...] acies" (*Oliv.* 2, 354; 3, 145 f.) –, und das tut er nicht mit dem Schwert in der Hand, sondern indem er sich in die Hand seiner menschlichen Feinde begibt und sich ihnen ausliefert. Das ist der Weg, die höllischen Heere zu besiegen.[40]

Nicola Kaminski argumentiert in ihrem Gryphius-Geburtstagsartikel in der *Zeitschrift für Germanistik* dafür, das Geburtstagskind nicht monothematisch als den Dichter der *vanitas* zu sehen, sondern etwa auch als Dichter des Ruhms, der das Thema Dichterruhm in seinen Gedichten gestaltet und der gleichzeitig und in Verbindung damit Strategien entwickelt, für sich selbst und sein Œuvre langfristigen Ruhm sicherzustellen.[41] Diese These ist kaum zu bezweifeln; es wäre allenfalls zu ergänzen, dass Gryphius mit diesem Charakteristikum nicht allein ist.

---

40 Vgl. zur Problematik des Bibelepos, mit den generischen Vorgaben der antiken Heldenepik adäquat umzugehen, Heinz Hofmann: Von Africa über Bethlehem nach Amerika. Das Epos in der neulateinischen Literatur. In: Von Göttern und Menschen erzählen. Formkonstanzen und Funktionswandel vormoderner Epik. Hg. von Jörg Rüpke. Stuttgart 2001 (Potsdamer Altertumswissenschaftliche Beiträge 4), S. 130–182, hier S. 173.
41 Nicola Kaminski: Andreas Gryphius (1616–1664). Zum 400. Geburtstag des „Unsterblichen". In: Zeitschrift für Germanistik. Neue Folge 26 (2016), S. 634–637.

Die Thematisierung des Dichterruhms und der Versuch von Dichtern, denselben auch für sich selbst zu ergattern, sind alte, seit der Antike verbreitete und bis in das zwanzigste Jahrhundert weiterlebende Phänomene; in der Generation vor Gryphius wären vor allem Opitz und Paul Fleming als Autoren zu nennen, die in einigen ihrer Texte mit Gryphius vergleichbar agiert haben.[42] Und noch eine weitere Eigenschaft hat Gryphius mit Fleming und Opitz, aber auch mit vielen anderen Autoren von der Antike bis ins zwanzigste Jahrhundert gemein: Er versucht, über das von Kaminski Gesagte hinaus, noch auf eine andere Weise seinen Ruhm sicherzustellen, und zwar vielleicht eine etwas andere Art des Ruhms, nämlich indem er sich zu vorliegenden literarischen Traditionen ins Verhältnis setzt, indem er also eine bestimmte Form von Traditionsverhalten an den Tag legt.

Der Vergleich mit drei früheren Texten der Tradition epischer Versdichtung im deutschen Kulturraum sollte nicht suggerieren, Gryphius reagiere mit seinem *Olivetum* genau und ausschließlich auf diese drei Texte. Der Vergleich sollte stattdessen die These plausibilisieren, dass Gryphius mit dem *Olivetum* auf einen gattungshistorischen Problemzusammenhang reagiert, nämlich auf das in der zeitgenössischen Poetik exponierte Problem, wie man ein angemessenes *carmen heroicum* verfassen kann, und dass hier unterschiedliche Möglichkeiten zu Gebote standen, von denen Gryphius nicht zufällig eine bestimmte realisiert: Er versucht, ein *carmen heroicum* zu schaffen, das anders als Opitz' Lehrgedicht wirklich in der Tradition von Homers Epen und Vergils *Aeneis* steht, das aber analog zu Opitz ein alternatives, christliches Heldenideal propagiert. Wie Barth geht es auch Gryphius um das Problem des Referentialitätsanspruchs des Epos, das beide Autoren im Sinne einer Bewältigung von Wissen durch literarische, insbesondere allegorisierende Formgebung lösen. Dabei wählt Gryphius aber anders als Barth nicht die Ovid-*aemulatio*, bei der die Allegorisierung als Überbietung des mythischen Verwandlungskonzepts fungierte, sondern die Homer- und Vergil-*aemulatio*, bei der der heidnische Götterapparat durch einen eigenwilligen christlich-allegorischen Götterapparat ersetzt wurde. Der Vergleich mit Weckherlin schließlich zeigt, dass Gryphius mit seinem *Olivetum* wohl auch auf die in der Zeit verbreitete Art reagiert, die Gattung des *carmen heroicum* in Gestalt aktualisierender Heldenepen zu adaptieren. Gryphius greift die Möglichkeit auf,

---

42 Vgl. im größeren Rahmen Dirk Werle: Ruhm und Moderne. Eine Ideengeschichte (1750–1930). Frankfurt am Main 2014 (Das Abendland. Neue Folge 38), zu Opitz und Fleming ebd., S. 163–166.

Epicedium und Heldenepos zu verknüpfen, aber gegen die Heroisierung von zeitgenössischen Kriegshelden, die allenfalls im übertragenen Sinne als gottgleich oder auch Jesus-analog beschrieben wurden, setzt er im buchstäblichen Sinne die epische Darstellung des christlichen Helden schlechthin, Jesu Christi.

Die drei zum Vergleich mit Gryphius' *Olivetum* herangezogenen Texte haben eine Eigenschaft gemeinsam: Es handelt sich durchweg um deutschsprachige Texte. Diese Wahl ist in vielerlei Hinsicht anfechtbar; sicher wäre es geboten, das lateinischsprachige *Olivetum* auch und an erster Stelle in Bezug zur lateinischen Tradition zu setzen.[43] Ein Gutes hat die Wahl der deutschsprachigen Prätexte jedoch; sie zeigt nämlich, dass eine bestimmte Sichtweise auf das Verhältnis zwischen deutschsprachiger und lateinischer Tradition epischer Verdichtung korrigiert werden muss. Jan-Dirk Müller hat diese Sichtweise luzide und ein wenig polemisch vorgetragen: Die lateinische Tradition sei weitenteils einem wenig innovativen, hergebrachte Muster wiederholenden Klassizismus verpflichtet; die volkssprachliche Tradition hingegen ermögliche mit dem Übergang in einen anderen Sprachbereich auch neue, kreative Aneignungen der Traditionen antiker Epik.[44] Diese These ist an sich nicht falsch, aber das Beispiel Gryphius zeigt, dass hier nicht von einer einfachen Dichotomie auszugehen ist: Manches spricht dafür, dass er sich bewusst dafür entscheidet, sein Epos über die Ereignisse am Ölberg in lateinischer Sprache abzufassen, anders als etwa seine Jahre vorher erschienenen Sonette und die gleichzeitig mit dem *Olivetum* entstehenden Trauerspiele. Er entscheidet sich damit, das zeigt der Vergleich mit Opitz, Barth und Weckherlin, durchaus für einen Klassizismus, aber dies geschieht in einer gattungshistorischen Situation, in der auch andere Möglichkeiten zu Gebote gestanden hätten; es handelt sich also nicht um ein unreflektiertes Imitieren einer überkommenen Tradition, sondern um eine reflektierte Wahl, die denn auch ein zwar klassizistisches, aber durchaus kreatives Ergebnis zeitigt. Wenn Gryphius das *Olivetum* 1646 in Florenz mit einem Widmungsgedicht an den Rat der Stadt Venedig erscheinen lässt, dann ist die Darbietung in lateinischer Sprache folgerichtig: Der deutsche Dichter stellt sich imitierend in die europäische Tradition der Bibelepik, für die italienische Neulateiner wie Marco Gerolamo Vida und Jacopo Sannazaro wegweisende Modelltexte verfasst hatten; von Letzterem stammt mit einem berühmten Venedig-

---

[43] Überblickshaft zur lateinischen Tradition: Hofmann: Von Africa (Anm. 40); Craig Kallendorf: The Neo-Latin Epic. In: Brill's Encyclopedia of the Neo-Latin World. Macropaedia. Hg. von Philip Ford. Leiden 2014, S. 449–460; Florian Schaffenrath: Narrative Poetry. In: The Oxford Handbook of Neo-Latin. Hg. von Sarah Knight und Stefan Tilg. Oxford 2015, S. 57–72.
[44] Jan-Dirk Müller: Viele neue Homere. Alte contra neue Autoritäten. Das volkssprachige Epos und die Antikerezeption. In: Die Frühe Neuzeit. Revisionen einer Epoche. Hg. von Andreas Höfele u. a. Berlin, Boston 2013 (Pluralisierung & Autorität 40), S. 229–253.

Epigramm möglicherweise auch ein Prätext für die panegyrische Vorrede für Gryphius' Epos. Gerade aber wenn Gryphius die redigierte zweite Auflage nochmals 1648 in Lissa zum Erscheinen bringt, dann sind auch und vor allem die deutschsprachigen Prätexte des 17. Jahrhunderts zu berücksichtigen. Insbesondere vor dem Hintergrund dieses Teils der Gattungstradition wird ersichtlich, wie sich Gryphius' Epos in spezifischer Weise zwischen Tradition und Aufbruch bewegt.

Michael Multhammer
„Das müsse Gott im Himmel erbarmen! das ist die 3. Sau"

Eschatologie und implizite Poetik in Andreas Gryphius' *Absurda Comica*

„Das müsse Gott im Himmel erbarmen!",[1] dieser fromme Wunsch wird mehrfach in der ein oder anderen Weise in Andreas Gryphius' *Absurda Comica. Oder Herr Peter Squentz. Schimpfspiel* – so der vollständige Titel – geäußert. Dass diese Welt eine erbarmungswürdige sei, darf vor dem Hintergrund eines barocken Weltbildes vorausgesetzt werden, der Mensch sei gar ein „Wohnhaus grimmer Schmertzen", wie Gryphius in den *Lissaer Sonetten* bereits 1637 formuliert.[2] Die Erlösungsbedürftigkeit des Menschen ist sicherlich ein zentrales Thema bei Gryphius, das er in seinen Trauerspielen vielfach gestaltet.[3] Zu dieser unbedingten Erlösungsbedürftigkeit tritt in aller Regel als deren Komplement eine Heilsgewissheit, oder doch zumindest die Hoffnung auf zukünftiges Heil. Auch wenn man bei Gryphius' Werk gut beraten ist, sich mit pauschalen Einschätzungen zurückzuhalten, so dürfte man diese Weltgestaltung weit eher in der Tragödie denn in der Komödie erwarten, die prominenten Märtyrer- und Tyrannengestalten waren dazu die passenden Stoffe, von der christlichen *Catharina von Georgien* bis zur Standhaftigkeit im Angesicht des Todes im paganen Kontext bei *Papinian*. Besonderes Interesse gilt also dem Moment des Übertritts, der die größte Verzweiflung und mitunter auch Anfechtung mit der Hoffnung auf das Erbarmen des Schöpfers verbindet. Die Stoffe scheinen prädestiniert für die Tragödie. Gestaltet wird so ein Schauspiel, das uns unser aller Ende vor Augen führt, am Ende steht der Tod. Bühne, Welt und Transzendenz berühren sich.

---

[1] Das Drama wird im Folgenden zitiert nach der Ausgabe Andreas Gryphius: Dramen. Hg. von Eberhard Mannack. Frankfurt am Main 1991 (Bibliothek der Frühen Neuzeit, zweite Abteilung, Bd. 3), S. 577–619, hier S. 602.
[2] Andreas Gryphius: Menschliches Elende. In: ders.: Gedichte. Hg. von Thomas Borgstedt. Stuttgart 2012, S. 14.
[3] Siehe hierzu jetzt grundlegend Oliver Bach: Zwischen Heilsgeschichte und säkularer Jurisprudenz. Politische Theologie in den Trauerspielen des Andreas Gryphius. Berlin, Boston 2014 (Frühe Neuzeit 188).

Die oftmals als Metapher gebrauchte Wendung von der Welt als Bühne,[4] dem barocken ‚Theatrum Mundi',[5] kann sicherlich auch als Hintergrund für die Trauerspiele des Schlesiers in Anspruch genommen werden. Die Welt als Theater, das menschliche Leben als bloßes Rollenhandeln,[6] das verweist freilich auch auf die Nichtigkeit des Diesseitigen. Die Topoi sind bekannt.[7] Es handelt sich gerade im Barock um den Versuch der Bewältigung von Kontingenz. Mit der Apostrophierung des Spielcharakters des Diesseitigen ergibt sich die Möglichkeit der Verschiebung des eigentlich Wesentlichen über dieses irdische Leben hinaus. Der Konstruktionscharakter bleibt indes erhalten, die Metapher als solche erkennbar.

Bei der *Absurda Comica* ändert sich das, so die im Weiteren verfolgte Hypothese: Die Welt wird nicht mehr *als* Theater verstanden, sondern die Welt und damit das Leben *ist* Theater. Genau diesem Umstand will das Schimpfspiel um Peter Squentz Ausdruck verleihen. Oder noch einmal anders formuliert: Theater und Welt sind in der Form, wie sie uns in Gryphius' Stück gegenübertreten, in letzter Instanz identisch. Ein signifikanter Unterschied zwischen beiden lässt sich nicht erkennen, die Sphären gehen fließend ineinander über, distinkte Grenzen existieren nicht. Die Konsequenzen, die daraus in einer eschatologischen Perspektive zu ziehen sind, sollen für den

---

4 Immer noch fundamental ist der Beitrag von Richard Alewyn: Der Geist des Barocktheaters. In: Weltliteratur. Festgabe für Fritz Strich zum 70. Geburtstag. Hg. von Walter Muschg und Emil Staiger. Bern 1952, S. 15–38.
5 Zum Kontext der Metapher siehe die grundlegende Arbeit von Peter Rusterholz: Theatrum vitae humanae. Funktion und Bedeutungswandel eines poetischen Bildes (Gryphius, Hofmannswaldau, Lohenstein). Berlin 1970 (Philologische Studien und Quellen 51).
6 In besonderem Maße ernstgenommen wird dies etwa bei Hans Urs von Balthasar in seiner umfangreichen *Theodramatik*, die zugleich eine Begründung einer Theologie sein will, in der Gott tatsächlich der oberste Spielleiter ist und der diesseitige Mensch seine Rolle im Sinne des göttlichen Regisseurs zu spielen hat. Wenig verwunderlich setzt von Balthasar auch den Höhepunkt der europäischen Dramatik im Barock an. Hans Urs von Balthasar: Theodramatik. 4 Bände. Einsiedeln 1971–83.
7 Eine prägnante Erläuterung findet sich in dem immer noch unverzichtbaren Beitrag von Gerhard Kaiser: *Absurda Comica. Oder Herr Peter Squentz*. In: Die Dramen des Andreas Gryphius. Eine Sammlung von Einzelinterpretationen. Hg. von dems. Stuttgart 1968, S. 207–225, hier S. 220: „Durch die Hereinnahme des Spiels ins Spiel, die einen Teil der Schauspieler in die Rolle von Zuschauern einweist, den anderen Teil zu Schauspielern macht, die Schauspieler agieren, wird der Zuschauerraum auf die Bühne genommen, und umgekehrt greift die Bühne in den Zuschauerraum über. Es entsteht ein Ineinander von Illusion und Desillusionierung, von Maske und Wirklichkeit, eine Folge von Spiegelungen, die zum vollkommensten Ausdruck der barocken Welterfahrung wird. Sie sieht die Welt als ein großes Theater, dessen vordergründige Wirklichkeit nur illusionär ist und das seine Wahrheit nur dem offenbart, der diese Illusion durchschaut."

Moment noch einmal hintangestellt werden.[8] Jetzt aber kann schon betont werden, dass die poetologischen Überlegungen im Stück nicht rein selbstreferenziell sind, sondern ihren Fluchtpunkt in einer theologischen Deutung der Welt haben.

Zu erweisen ist demnach im Folgenden also, dass sich die Bereiche des Dramatischen oder Theatralen mit der dargestellten Lebenswirklichkeit innerhalb des Dramas und darüber hinaus nicht trennscharf auseinanderhalten lassen. Es soll versucht werden, die ganz unterschiedlichen Ebenen des Dramatischen näher zu bestimmen, manche Beobachtungen sind auf den ersten Blick durchaus trivial, doch gehören sie zu einem vollständigen Bild. Gelingt dieser Nachweis, dann wird die implizite Poetik, wie wir sie in der *Absurda comica* finden, gleichzeitig zu einer Form von Weltdeutung in religiöser Perspektive.

1 Paratextuelle Beobachtungen

Schon auf der Ebene der Paratexte findet sich eine ineinander geschachtelte Anordnung verschiedener Bedeutungen oder Elemente des Dramatischen bzw. Theatralen. Neben dem eigentlichen Dramentext, wie er uns als Leser in Buchform vorliegt, finden sich weitere Referenzen bereits in einem kurzen aber dafür äußerst dichten Vorwort, das schon einem ersten Vexiergemälde gleicht.[9] So erfährt der Leser hier von einer Tradition des Stoffes auf den Wanderbühnen, die wiederum selbst ein Werk eines gewissen Daniel Schwenters aus Altdorf zur Grundlage habe.[10] Diese doppelte realgeschichtliche Rückbindung, die letztlich wohl eine fiktive ist, sofern sie sich bisher zumindest als blinde Fährte herausstellt,[11] stellt schon erstmals das Prinzip des Dramas deutlich aus. Noch

---

8 Bisher haben einzig Nicola Kaminski und Volkhard Wels – reichlich spät, sieht man sich die lange Interpretationsgeschichte des Stückes an – auf den theologisch-religiösen Gehalt verwiesen. Ich werde im weiteren Verlauf auf diese Positionen zurückkommen.
9 Am ausführlichsten und präzisesten hierzu Nicola Kaminski: Andreas Gryphius. Stuttgart 1998, S. 158–178. Hier finden sich auch weiterführende Literaturhinweise. Zum neuesten Stand der Forschung Bernhard Greiner: *Absurda Comica oder Herr Peter Squentz*. In: Gryphius-Handbuch. Hg. von Nicola Kaminski und Robert Schütze. Berlin, Boston 2016, S. 313–329.
10 Siehe hierzu exemplarisch den Kommentar in der Werkausgabe (Anm. 1), S. 1138–1142. Die Argumente, die gegen eine Verfasserschaft Gryphs sprechen, entwickelte Peter Michelsen: Zur Frage der Verfasserschaft des *Peter Squentz*. In: Euphorion 63 (1969), S. 54–65.
11 Die Diskussion um die wahre Autorschaft des Stückes und die möglichen Vorlagen für selbiges haben lange Zeit die Forschung bestimmt. Eine endgültige Klärung scheint weiter nicht in Sicht. Momentan – bis zur Erbringung weiterer Evidenz – folge ich der auf Grundlage der Quellen (respektive deren Fehlen) der Darstellung von Kaminski (Kaminski: Andreas Gryphius [Anm. 9]), die

weiter getrieben wird die Verwirrung um den Status des Werkes durch die unter dem Pseudonym Philip-Gregorio Riesentod erfolgte Herausgabe desselben. Die Instanz des Herausgebers ist es auch, die einzig über ein Wissen bezüglich von Werkkontexten verfügt – der Name Andreas Gryphius findet sich ja an keiner Stelle – wenn er auf einen weiteren Auftritt des Protagonisten Peter Squentz im *Horribilicribrifax* hinweist.[12] Bemerkenswerterweise bleiben Werkbezüge zu den Trauerspielen unerwähnt – der Referenzrahmen umfasst lediglich die Komödien in ihrer Beziehung zur Welt. Die Vorrede des Herausgebers Riesentod gibt also bereits die Richtung vor – eine klare Trennung der dramatischen und realen Welt wird kontinuierlich und bewusst unterlaufen, Nicola Kaminski spricht ganz zu Recht vom „Spielcharakter" der Vorrede, die „die Grenze zwischen Fiktion und Nicht-Fiktion systematisch verwischt".[13]

Als weiteres paratextuelles Element, das Aufschlüsse über die von Gryphius verfolgte, implizite Poetik geben kann, ist das Figurenverzeichnis zu nennen. Zunächst einmal ist die Zweiteilung auffällig und auch ungewöhnlich – die Figuren werden in ‚Spielende Personen' und ‚Zusehende Personen' unterschieden. Unter ersteren findet sich neben Peter Squentz, der als Schreiber und Schulmeister zu Rumpels-Kirchen eingeführt wird und zugleich *Prologus* und *Epilogus* vorstellt, fünf Handwerksmeister, die als Schauspieler in dem von Squentz verfassten und unter seiner Regie laufenden Stückes mitwirken sollen. Sowohl die Handwerker als auch die Figur des Squentz finden sich bereits in der Shakespearschen Vorlage,[14] der Pickelhäring hingegen, der das Figurentableau auf dieser Seite komplettiert, ist eine Zugabe von Gryphius und wohl der deutschen Tradition geschuldet. Er ist der Profi im Ensemble des Schulmeisters, was sich nicht zuletzt auch dadurch zeigt, dass er der einzige der Mitspieler ist, der seinen Text fehlerfrei beherrscht. Er zeichnet zudem am Ende des Schauspiels für den endgültigen Fiktionsbruch verantwortlich, der eine heilsgeschichtliche Dimension erst eröffnet. Besonders delikat ist der Status dieser Figur: Er ist – so erfährt der Zuschauer – eigentlich Bediensteter am Hof, er unterwandert die Schauspieltruppe der Handwerker um Squentz und ist maßgeblich für einige der Fehler – der sogenannten „Säue" verantwortlich. Dass das Spiel aus den Fugen gerät, ist zu einem Gutteil sein Verdienst. Relevant ist das

---

mir plausibel erscheint. Entsprechend wird in der Darstellung von der Autorschaft Gryphs ausgegangen, mit all den Folgen, die das in einer werkpolitischen Perspektive hat.
12 Gryphius: Absurda Comica, Vorrede (Anm. 1), S. 579 f.
13 Kaminski: Andreas Gryphius (Anm. 9), S. 162.
14 Auf welchem Weg Gryphius zur Kenntnis seiner Vorlage gelangt ist, bleibt weiterhin umstritten. Eine Zusammenfassung der Positionen findet sich ebenfalls bei Kaminski: Andreas Gryphius (Anm. 9).

allem voran in der Beurteilung der Qualität der Aufführung: Handelt es sich rein um ursprünglichen Dilettantismus der Spielenden oder findet hier eine bewusste und vorsätzliche Manipulation und Sabotage statt? Einfach zu entscheiden ist das nicht. Pickelhäring nimmt somit eine Scharnierstellung zwischen den an der Aufführung Beteiligten und dem königlichen Publikum ein.

Komplettiert wird das Figurenverzeichnis im Stück mit der Seite der vermeintlichen Zuseher, wo sich sämtlich tragödienfähiges Personal findet: König und Königin, Prinz und Prinzessin sowie ein Marschall. Hier werden die zwei sich nach Maßgabe der Regeln ausschließenden Figurenkonstellationen gemeinsam auf die Bühne gebracht. Was sich im Paratext noch als zwei getrennte Gruppen begreifen lässt, verliert im Verlauf des Stückes an Geltung, die beiden Sphären verschmelzen, eine Differenzierung von Spielenden und Zusehenden wird *ad absurdum* geführt. Beide Gruppen interagieren in einer gemeinsamen Theaterwelt – später wird man das Verfremdungseffekt nennen und das Theater episch. Doch nicht zusätzliche Distanz wird bewirkt, sondern vielmehr das Ineinandergreifen des bisher Getrennten vorgeführt – hier werden Menschen auf die Bühne gebracht, die eines eint: Sie alle sind den Spielregeln der göttlichen Inszenierung unterworfen. Der allumfassende Rahmen bleibt das Spiel – das ist der hauptsächliche Gegenstand. Auch der Titel zielt in eine ähnliche Richtung. Diese Konfusion oder Vermischung von an sich klar distinkten und voneinander abgrenzbaren Dramenelementen findet ihre deutlichste Ausprägung sicherlich in den Gattungsbezeichnungen, wie sie innerhalb des Stückes vorkommen und diskutiert werden.

2 Gattungsreflexionen und innerdramatische Poetik

Die Reflexion über die korrekte Bezeichnung des Stückes, das Peter Squentz mit seiner aus Handwerksmeistern bestehenden Laientruppe vor der Königsfamilie vorführen möchte, nimmt breiten Raum ein. Trivial ist die Gattungszuschreibung nicht, wie das Drama mit seiner Anlehnung an die Geschichte von Pyramus und Thisbe aus den ovidischen *Metamorphosen* zu nennen sei. Es gibt eine ganze Bandbreite von Vorschlägen innerhalb des spielenden Personenkreises. Der Grund für die Aufführung ist letztlich die Gewissheit, dass der König ein „Liebhaber von allerley lustigen Tragödien und prächtigen Comoedien!"[15] sei – mithin also eine

---

15 Gryphius: Absurda Comica (Anm. 1), S. 583.

Andienung an den vermeintlichen Geschmack des Herrschers. Deshalb sei es die erste Wahl, eine „jämmerlich schöne Comoedi"[16] zu geben, um sich ein wenig Geld zu verdienen. Die Motive sind also eher weltlicher Natur, der eigene Geldbeutel den Protagonisten näher als die hohen Sphären der Kunst. Ganz sicher sind sich die Darsteller indes nicht, wie denn nun die Geschichte um die Liebenden und Sterbenden Piramus und Thisbe einzuschätzen sei. Meister Lollinger, seines Zeichens selbst Meistersinger, verweist auf ein prominentes Vorbild: „Der alte berühmte deutsche Poet und Meister-Sänger Hans Saxe schreibet / wenn ein Spiel traurig ausgeht, so ist es eine Tragoedie, weil sich nun hier 2. erstechen / so gehet es traurig aus / Ergò."[17] Die Reminiszenz an Hans Sachs ist nicht so einfach zu deuten, wie das etwa Gerhard Dünnhaupt nahelegen möchte.[18] Eine bloße Verspottung der Tradition des Meistersangs in der Figur Lollingers ist das sicher nicht.[19] Denn die Beobachtung und Zuordnung ist zunächst einmal ja richtig und mit dem sich anschließenden scholastischen ‚ergo' wird zumindest der Form nach eine gültige Autorität aus der Tradition angeführt. Völlige poetologische Ahnungslosigkeit – wie häufig von Interpretationen unterstellt – herrscht also mitnichten. Dennoch, unwidersprochen bleibt diese Definition oder vielmehr Explikation indes im Stück nicht, Pickelhäring wendet unmittelbar Einspruch ein: „Contrà. Das Spiel wird lustig außgehen / denn die Todten werden wieder lebendig / setzen sich zusammen / und trincken einen guten

---

16 Ebd.
17 Ebd., S. 589.
18 Gerhard Dünnhaupt: Nachwort. In: Andreas Gryphius: *Absurda Comica oder Herr Peter Squentz*. Kritische Ausgabe. Hg. von Gerhard Dünnhaupt und Karl-Heinz Habersetzer. Bibliographisch ergänzte Ausgabe. Stuttgart 2001, S. 65–75, hier S. 68: „Im Mittelpunkt einer Art Nürnberger Lokalposse dürfte die Verspottung des überlebten zunftmäßigen Meistersangs und seines sozialen Dünkels gestanden haben, wie er bei Gryphius nur noch in der Figur des Meistersingers Lollinger kritisch apostrophiert wird."
19 In diese Richtung argumentiert auch Florent Gabaude: Vexierspiel mit Säuen und Brunnen. Bemerkungen zur spöttischen Hans-Sachs-Rezeption in Andreas Gryphius' *Absurda Comica. Oder Herr Peter Squentz*. In: Das Spiel in der Literatur. Hg. von Philippe Wellnitz. Berlin 2013, S. 21–45. Seine These lautet: „Die hauptsächliche Zielscheibe der literarischen Satire [...] sind die Nürnberger Meistersänger, [...], allen voran der Vielschreiber Hans Sachs, [...]." S. 26. Das greift deutlich zu kurz, die komplexen Bezugnahmen auf die Tradition arbeitet Gabaude vorbildlich heraus, dass es sich nur um eine Verspottung handelt, kann er indes nicht glaubhaft machen. Die Bezugnahmen auf die Tradition scheinen im Gegenteil sehr viel raffinierter, wie Dieter Martin an einem kleinen Detail nachgewiesen hat: „equiuoca ist auch ein schmach." Eine Notiz zum *Peter Squentz* des Andreas Gryphius. In: Wolfenbütteler Barock-Nachrichten 21 (1994), S. 53–56. Das Prinzip einer kenntnisreichen Instrumentalisierung zur Erschaffung einer weiteren Bedeutungsebene scheint deutlich zielführender, als bloße Signalwörter für Indizien einer satirischen Absicht zu halten.

Rausch / so ist es denn eine Comoedie."[20] Das ist nicht nur eine geradezu entgegengesetzte Auffassung, sondern auch die Vorwegnahme des späteren Spielgeschehens. Pickelhäring wird also Recht behalten, am Ende erstehen alle wieder von den Toten auf, das Spiel geht gut aus, die erhoffte Belohnung wird gewährt. Durch die Brechung der Fiktion und die Entlarvung des Spiels als Spiel findet ein Ebenenwechsel statt, der die gesamte Handlung in ihrem Ausgang ins Gegenteil verkehrt. Die Beurteilung des Stücks als Komödie ist so nur folgerichtig. Der glückliche Ausgang qualifiziert das Drama den frühneuzeitlichen Poetiken folgend als Komödie. Diese frühe Vorausdeutung Pickelhärings hat ihren Sinn nicht nur im Spiel selbst, sondern wird in einer eschatologischen Lesart zur Botschaft des Dramas.

Die Entscheidung von Peter Squentz in Frage nach der Gattung integriert beide Seiten, er wolle ein „schön Spiel traurig und lustig"[21] tragieren – und schon hier kann man den Bezug zur Welt ausmachen, nicht nur Tragödie, nie allein Komödie. Dergestalt wird die vorgebliche Unsicherheit und poetologische Ahnungslosigkeit zu einer Qualität *sui generis*, da sie im unsicheren Umgang mit den Begrifflichkeiten zu einer Wahrheit vordringt, die die klassische Dramatik so nicht gestalten kann. Der letztgültige Titel erhebt Anspruch auf Vollumfänglichkeit: „Ein schön Spiel lustig und traurig / kurtz und lang / schrecklich und erfreulich von Piramus und Thisbe hat hinten und forn nichts, niemals vor tragieret und noch nie gedrucket / durch Peter Squentz Schulmeistern daselbst."[22] Die Polarität in diesem Spiel ist einzigartig – hinten und vorne nichts – ungebunden in einem doppelten Sinn, ortlos zumal, nur daselbst. Die vorgebliche Konfusion hinsichtlich der Gattungsbezeichnungen des aufzuführenden Stückes auf Seiten der Handwerker ergibt im Subtext eine Kritik frühneuzeitlicher poetischer Positionsbestimmungen. Hier wird unter den Vorzeichen der humoristischen Unwissenheit eine Diskussion vorgestellt, die *recte* nicht möglich erscheint.

Auf Seiten der Gruppe der zusehenden Personen existieren hingegen distinkte Gattungsbegriffe, die höfische Gesellschaft muss sich nicht mit Gelehrtenprätention begnügen wie die Handwerker, sondern ist auf diesem Gebiet im Sinne frühneuzeitlicher Regelpoetik kompetent. Sie ahnen schon anhand des von Peter Squentz eingereichten Titelregisters, unter anderem mit der Komödie von Susanna[23] sowie einer Komödie mit dem Titel *Sodom und Gomorrah*, was

---

20 Gryphius: Absurda Comica (Anm. 1), S. 589.
21 Ebd., S. 590.
22 Ebd., S. 591.
23 Im 16. Jahrhundert findet sich eine Vielzahl von literarischen Bearbeitungen des Susanna-Stoffes, darunter von so prominenten Dichtern wie Hans Sachs, Paul Rebhun und Sixt Birck. Eine Übersicht findet sich bei Robert Pilger: Die Dramatisierungen der Susanna im

sie zu erwarten haben werden.²⁴ Die Erklärung des Stückes im Prolog von Peter Squentz lässt ebenfalls bereits aufhorchen:

> Ein schön Spiel / schön wegen der *Materie*, schön wegen der *Comoedianten* und schön wegen der Zuhörer / lustig und traurig / lustig ists weil es von Liebes-Sachen handelt / traurig weil zwey Mörde drinnen geschehen / kurtz und lang / kurtz wird es euch seyn / die ihr zusehet / uns aber lang / weil wir es auswendig lernen müssen. Schrecklich und erfreulich / schrecklich weil ein grosser Löwe / so groß als ein Affe drinnen ist / dahero es auch wol Affentheuerlich heissen mag. Erfreulich / weil wir von Jhr Gestr. eine gute Verehrung gewertig sind / hat hinten und forn nichts / ihr sehet wie die *Comoedi* gebunden ist / sie hat vornen nichts und hinten auch nichts. Niemals vor *tragiret* und noch nie gedruckt. Jch bin erst vor 3. Tagen mit fertig worden / derowegen ist nicht glaublich / daß sie zuvor *tragiret* oder gedruckt sey.²⁵

Hier findet sich ebenfalls ein Verweis, der auf eine implizite Poetik hindeutet. So wird mit dem Attribut „Affentheuerlich" auf Johann Fischarts erstmals 1575 erschienene *Affentheurliche und Ungeheuerliche Geschichtsschrift* (später unter dem Titel *Geschichtsklitterung*) angespielt, die in gleicher Weise mit Traditionen, Normvorstellungen und Sprachkonventionen spielt.²⁶ Die Zusammenstellung hier – ein Löwe so groß wie ein Affe, deshalb ‚affentheuerlich' – offenbart erneut das Prinzip der vermeintlichen Missverständnisse, die dem kundigen Leser/Zuschauer indes ein intertextuelles Angebot machen. Diese Form des Traditionszitates in poetologischer Absicht ist Programm.

Integriert ist zudem eine Medienreflexion: Das Stück, das Peter Squentz aufzuführen gedenkt, ist ein Original, es existiert nur im Manuskript. Die Komödie ist noch ungebunden, „sie hat vornen nichts und hinten auch nichts", was sich leicht auf den Einband eines Buches beziehen lässt, und ist „noch nie gedruckt". Zudem aber kann diese Ungebundenheit als Chiffre – in einer zweiten Lesart – auf die unbedingte Originalität verweisen, das Stück ist der Darstellung von Peter Squentz folgend aus allen Traditionsbezügen gelöst und unterliegt daher gerade

---

16. Jahrhundert. In: Zeitschrift für deutsche Philologie 11 (1880), S. 129–217. Zu Sixt Birck nun Judith Pfeiffer: Christlicher Republikanismus in den Bibeldramen Sixt Bircks. Theater für eine ‚neu entstehende' Bürgerschaft nach der Reformation in Basel und Augsburg. Berlin, Boston 2016 (Frühe Neuzeit 202), S. 99–185.

24 „Alle diese Dramentitel und -stoffe sind typisch für das 16. Jahrhundert mit seinem Rückgriff auf Bibel, Volksbücher und Historie, meist epische Stoffkreise, die im Barockdrama zurückgedrängt werden. Neun der elf Titel sind von Hans Sachs übernommen." Kaiser: Absurda Comica (Anm. 7), S. 218.

25 Gryphius: Absurda Comica (Anm. 1), S. 594 f.

26 Der Herausgeber Eberhard Mannack attestiert der *Geschichtsklitterung* im Kommentar „ein herausragendes Zeugnis der Sprachentfaltung und des Wortwitzes" zu sein. Gryphius: Absurda Comica (Anm. 1), S. 1161 f.

nicht den üblichen Gattungskonventionen, es unterläuft diese vielmehr. Als wäre das nicht ausreichend, um auf die Einzigartigkeit des Stückes hinzuweisen, wird vor der königlichen Gesellschaft explizit hervorgehoben, dass es sich um eine Premiere handelt, das Stück zuvor noch „[n]iemals vor tragiret" worden. Peter Squentz lässt keine Möglichkeit aus, auf die künstlerische Qualität hinzuweisen, die hier statt hat. Es ist gerade eine modern anmutende Szenerie, die sich einer Poetik verschreibt, wie sie erst knappe hundert Jahre selbstverständlich werden sollte. Wie ist das zu bewerten, ohne in Anachronismen zu verfallen? Die Kappung jeglicher Traditionsbezüge muss vor dem Hintergrund von poetologischen Prämissen von *imitatio* und *aemulatio* zunächst einmal negativ zu Buche schlagen, wird hier aber entgegen aller Erwartbarkeit als eine Qualität *sui generis* verkauft. Die Absichten dabei (bewusst kalkulierend oder doch nur unbeholfen?) bleiben im nebulös Uneindeutigen. Der wiederum ironisch gewendete Nachsatz nimmt diesen Ausführungen vordergründig die Spitze: „Jch bin erst vor 3. Tagen mit fertig worden / derowegen ist nicht glaublich / daß sie zuvor tragiret oder gedruckt sey." Das Vexierspiel wird dergestalt auf die Spitze getrieben. Davon bleibt auch die Königsfamilie nicht unbeeindruckt.

Die Schlussfolgerung, die der König nach diesem Prolog zieht, nimmt erneut die eigenwillige Gattungsmischung zum Anlass für eine erste, spekulative Einschätzung dessen, was zu erwarten ist:

> Bey Gott Herr Marschalck / ihr habet statliche Kurtzweil angerichtet / wo die Tragoedi so anmutig / wie sich der Anfang anlässet / wird unter den Zusehern niemand eines Schnuptuches zu Abtrucknung der Threnen bedürffen.[27]

Darauf erwidert zum einen die Königin:

> CASSANDRA. Es wäre denn daß sie im Lachen hervor dringen.[28]

Zum anderen entgegnet der Marschall:

> Jhre Majestät werden Wunder sehen und hören / ich hätte selbst nimmermehr vermeinet / daß so vortreffliche Geschickligkeit in Herren Peter Squentz vergraben.[29]

Einmal mehr zeigt sich die Unberechenbarkeit dieses Stückes; dass die in der Tragödie, die keine sein will, erwartbaren Tränen fließen, wird nicht geleugnet – allein der Grund sind nicht länger Jammer und Schauer, *eleos* und

---

[27] Gryphius: Absurda Comica (Anm. 1), S. 595.
[28] Ebd.
[29] Ebd., S. 596.

phobos, sondern die Lächerlichkeit der Aufführung. Trotz allen Amüsements, der Verdacht eines bösartigen Verlachens kommt nicht auf, es handelt sich um eine durchweg gutmütige Variante. Die Aufführung wird nie zu einer schmerzhaften und ehrrührigen Vorführung.[30] Peter Squentz' Geschicklichkeit wird sogar ausdrücklich gelobt, das ist nicht bloß ironisch. Denn dramentheoretisch zeigt das Stück ja durchaus seine Wirkung – eine Katharsis im aristotelischen Sinn scheint durchaus im Bereich des Möglichen.

Wenn man über implizite Poetik im Drama spricht und sich an keiner Stelle Anspielungen, Referenzen, oder metapoetische Diskussionen finden würden, die auf Aristoteles *Poetik* Bezug nehmen, sei es ablehnend oder zustimmend, wenigstens doch modifizierend, so wäre das vielleicht eine schlechte Themenwahl. Aristoteles spielt in mehrfacher Hinsicht eine Rolle, die Anspielungen auf die reinigende Kraft des Theaters und die Überlegungen zur Unterscheidung von Komödie und Tragödie sowie die sich daraus ergebenden Schwierigkeiten, was überhaupt auf der Bühne dargestellt werden kann, wurden ja bereits angesprochen. Bei aller Unordentlichkeit, wie sie vorderhand dem Leser präsentiert wird, waltet doch ein Gestaltungswille, der dem Stück des Schulmeisters zugrunde liegt. Denn es soll ein Ganzes vorgestellt werden, ganz wie es bei Aristoteles in Bezug auf die Handlung heißt: ein Ganzes ist das, was Anfang, Mitte und Ende hat.[31] Diese dramatische Grundnotwendigkeit wird eigens reflektiert. Bei der Verteilung der Rollen beansprucht Peter Squentz als Verfasser des Stückes Prolog und Epilog für sich:

> Ja freylich. Weil aber vornemlich ein tapfferer ernsthaffter und ansehnlicher Mann erfordert wird zum *Prologo* und *Epilogo*, so wil ich dieselbe auff mich nehmen / und der Vorreder und Nachreder des Spiles / das ist Anfang und das Ende seyn.[32]

---

[30] Kaiser sieht hier eine Gratwanderung, Gryphius Stück enthalte deutlich grobianischere Züge als die Shakespearsche Vorlage: „Auch im ‚Midsummer-Night's Dream' belustigen sich die höfischen Zuschauer am ungelenken Spiel der kleinen Leute, aber es ist eine Belustigung getragen von Herzlichkeit und Anteilnahme. Bei Gryphius dagegen zeigt die Hofgesellschaft im *Peter Squentz* zwar zuweilen ein gewisses Wohlwollen, aber es ist überheblich-herablassend und wird getragen von der Spottsucht der Überlegenen gegenüber den Unterlegenen. Kaiser: Absurda Comica (Anm. 7), S. 208. Ich denke Kaiser sieht das hier zu eng, denn es bleibt zu bedenken, dass die Ausfälle und unbeabsichtigten Beleidigungen, die Legion sind, ohne weitere Konsequenzen bleiben. Der Verweis auf die Grobianismen der Fastnachtsspiele, die Kaiser selbst anführt, können hierfür unter Umständen als Erklärung herangezogen werden. Die Sanktion devianten Verhaltens wird bewusst ausgesetzt.
[31] Aristoteles: Poetik. Griechisch/deutsch. Übersetzt und hg. von Manfred Fuhrmann. Bibliographisch ergänzte Ausgabe. Stuttgart 1994, S. 25 [= 1450b].
[32] Gryphius: Absurda Comica (Anm. 1), S. 584.

Das ist zum einen die aristotelische Forderung, nach einer vollständigen Form, die hier explizit wird, in sich geschlossen, mit Anfang und Ende. Peter Squentz inszeniert sich hier aber überdies als Erlösergestalt, er ist das Alpha und Omega – der Bezug zur *Offenbarung des Johannes*, 22,13, ist evident.[33] Nimmt man den vorausgehenden Vers der *Offenbarung* noch hinzu – „Vnd sihe / ich kome balde / vnd mein Lohn mit mir / zu geben einem jeglichen / wie seine wercke sein werden" – kommt auch der Aspekt des Lohns, der ja der primäre Antrieb für die Laientruppe ist, mit zum Tragen. Diese Stelle zeigt vielleicht wie keine zweite die typische Verklammerung von poetologischer Reflexion mit einer heilsgeschichtlichen Dimension, die das Stück in Gänze charakterisiert. Die Engführung ist nicht durchweg gegeben, es findet sich aber dennoch beständig ein Nachdenken über poetologische Voraussetzungen der Dramatik.

Dass dieses Anliegen von Peter Squentz vollumfänglich gerechtfertigt ist, wird nicht in Frage gestellt, vielmehr die uneingeschränkte Notwendigkeit betont. Meister Klipperling führt das Wort: „Jn Warheit. Denn weil ihr das Spiel macht / so ist billich / daß ihr auch den Anfang und das Ende dran setzet."[34]

Der Begriff des Spiels kann auch an dieser Stelle des Textes – in der angestrebten Lesart – als doppeldeutig aufgefasst werden, einerseits als Theaterspiel, andererseits jedoch auch als das große ‚Spiel des Lebens', dessen Anfang und Ende nur von göttlicher Warte aus zu bestimmen ist.

Der Forderung nach einem Ganzen kann vermittels eines Prologs und Epilogs auf der Ebene des Theaterstückes noch vergleichsweise einfach nachgekommen werden. Deutlich schwieriger gestaltet sich das bei einer anderen Vorgabe: der Einheit der Zeit. Bei Aristoteles heißt es: „[D]ie Tragödie versucht, sich nach Möglichkeit innerhalb eines einzigen Sonnenumlaufs zu halten oder nur wenig darüber hinauszugehen."[35] Der Tag wird nicht als kompletter gedacht, sondern die Dauer der Handlung soll sich zwischen Sonnenaufgang und Sonnenuntergang abspielen, wie vielfach in Renaissancepoetiken nachzulesen ist. Diese Forderung findet sich etwa bei Francesco Robortello, Julius Scaliger, Lodovico Castelvetro oder Alessandro Piccolomini.[36] Aus dieser Sicht hat sich

---

33 „Jch bin das A vnd das O / der anfang vnd das ende / der erst vnd der letzte." (Lutherbibel, Ausgabe letzter Hand).
34 Gryphius: Absurda Comica (Anm. 1), S. 584.
35 Aristoteles: Poetik (Anm. 31), S. 17.
36 Einen direkten Rezeptionsnachweis für Gryphius gibt es nicht, die Idee indes war im Umlauf, so etwa nachzulesen bei Francesco Robortello: In librum Aristotelis De arte poeticam explicationes. Florenz 1548; Julius Caesar Scaliger: Poetices libri septem. Lyon, Genève 1561; Lodovico Castelvetro: La Poetica d'Aristotele vulgarizzata, et sposta per Lodouico Casteluetro. Wien 1570; Alessandro Piccolomini: Nel Libro Della Poetica d'Aristotele. Vinegia 1575. Zur allgemeinen Einordnung siehe Brigitte Kappl: Die Poetik des Aristoteles in der Dichtungstheorie

Peter Squentz in der Wahl des Stückes des „Heil. alte[n] Kirchen-Lehrer[s] Ovidius" aus „seinem schönen Buch Memorium phosis"[37] keinen Gefallen getan. Das Sujet mit seinem nächtlichen Schauplatz wird zu einem zentralen Problem: Wie kann sichergestellt werden, dass der Mond zur rechten Zeit scheint?[38] Ein Blick in einen hundert Jahre alten Kalender bringt keine Lösung.[39] Hier offenbart sich die ganze Komik des Stückes vor dem Hintergrund aristotelischer Poetik. Aus dem Mond wird kurzerhand eine Figur, die als Handelnde für das Geschick der Liebenden verantwortlich wird – eine pragmatische ‚Notlösung' mit fatalen Folgen für das Spiel. Der Mond muss sich verdunkeln, sobald der Tod der Geliebten eintritt, dramaturgisch wäre das eindrucksvoll. Wie schwierig sich das technisch auf der Bühne umsetzen lässt, wird ausführlich dargestellt und ist Grund für so manche Balgerei zwischen den Spielenden und die ein oder andere „Sau", also Fehler. In der komischen Darstellung dieser Probleme wird eine aristotelische Forderung für die Anlage eines guten Stückes indirekt bekräftigt und deren Sinnhaftigkeit vor Augen geführt.

Ein weiteres Problem mit der Auslegung der aristotelischen *Poetik* besteht in der Intensität des Darzustellenden, wenn man so will. Dass hier bei den Spielenden eine Sensibilität dafür besteht, wie ‚schrecklich' und furchteinflößend ein Drama sein darf, wird explizit anhand der Rolle des Löwen thematisiert:

> M. KLIPPERLING: Wer sol denn den Löwen nu *tragi*ren? Jch halte er stünde mir am besten an / weil er nicht viel zu reden hat.
>
> M. KRIX: Ja mich düncket aber / es solte zu schrecklich lauten / wenn ein grimmiger Löwe hereingesprungen käme / und gar kein Wort sagte / das Frauenzimmer werde sich zu hefftig entsetzen.
>
> M. KLOTZ-GEORGE: Jch halte es auch dafür. Sonderlich wäre rathsam wegen Schwangerer Weiber / daß ihr nur bald anfänglich sagtet / ihr wäret kein rechter Löwe / sondern nur Meister Klipperl. der Schreiner.

---

des Cinquecento. Berlin 2006 (Untersuchungen zur antiken Literatur und Geschichte 83). Ferner unverzichtbar für die Einordnung Volkhard Wels: Der Begriff der Dichtung in der Frühen Neuzeit. Berlin, New York 2009 (Historia Hermeneutica. Series Studia 8).
37 Gryphius: Absurda Comica (Anm. 1), S. 583.
38 Ebd., S. 606: „THEODOR: So wollte ich wünschen den Voll-Mond zu sehen / sage mir doch lieber Monde / warumb hastu keine grössere Kertzen in die Laterne gestecket? / M. KR. über und über: Das Spiel ist kurtz /darumb muß das Licht auch kurtz sein /denn wenn sich Thisbe ersticht / muß das Licht ausgehen /denn das bedeutet /daß der Monde seinen Schein verlohre / das ist verfinstert worden."
39 Ebd., S. 586: „M. LOLL.: Hier habe ich einen / den habe ich von meines Groß-Vatern Muhme ererbet / er ist wohl 100. Jahr alt /und derowegen schier der beste."

PICKELHÄRING: Und zum Wahr-Zeichen lasset das Schurtzfell durch die Löwen Haut hervor schlenckern.[40]

Die Annäherung an ein realistisches Spielen, das dann zu real doch nicht werden darf, bleibt im gesamten Drama eine Ebene der Reflexion. Wie weit, so könnte man noch einmal anders formulieren, dürfen sich Welt und Schauspiel annähern – oder gibt es überhaupt einen Unterschied?

3 Die Aufführung – einige wenige Hinweise zur Theaterpraxis

Hier müssen einige wenige Hinweise genügen. Auffällig ist zunächst einmal die kurze Vorbereitungszeit, sowohl hinsichtlich der Abfassung des Stückes durch Squentz als auch mit Blick auf die unmittelbaren Vorbereitungen zur Aufführung. Fand sich im Shakespeareschen Stück immerhin noch die nächtliche Verabredung zu einer Einübung des Stückes, so entfällt eine Probe hier ganz. Nach der Verteilung der Rollen und der entsprechenden Texte scheint die Vorbereitung abgeschlossen. Alle Schauspieler üben den Text für sich selbst ein, als man am Ende des ersten Aktes auseinander geht, scheint alles Wichtige besprochen. Wie im echten Leben gibt es keine Generalprobe, alles ist schon immer Premiere. Auch die Ausstattung der Schauspieler verweist durchweg auf lebensweltliche Kontexte, eine Kostümierung im eigentlichen Sinne gibt es nicht, im Gegenteil, alle versuchen die Insignien ihres Standes und ihrer Zunft so viel als möglich zu behalten und auszustellen. In eine andere Rolle – im wahrsten Sinne des Wortes – schlüpft niemand. So passt es auch ins Bild, dass das ständige Fallen aus einer Rolle, die man gar nicht ganz eingenommen hatte, zum primären Movens der Handlung wird.[41]

Diese Überschreitung der Bühnengrenze und die Interaktion mit der Königsfamilie, die dergestalt Teil des Spiels wird, kennzeichnen die Aufführung. Wiederum verwischen hier Grenzen, die von Welt und Spiel ebenso wie die zwischen Akteuren und Zuschauern, auch Standesgrenzen scheinen nun nicht mehr unantastbar.

---

40 Ebd., S. 584.
41 Volkhard Wels sieht hier den sprichwörtlichen Teufel am Werk, als „Teil von jener Kraft, die stets das Böse will und stets das Gute schafft." Pickelhäring wird in seiner Rolle zur Personifikation der Versuchung und Anfechtung. Volkhard Wels: Der theologische Horizont von Andreas Gryphius' *Absurda Comica*. In: Anthropologie und Medialität des Komischen im 17. Jahrhundert (1580–1730). Hg. von Stefanie Arend, Thomas Borgstedt und Dirk Niefanger. Amsterdam, New York 2008 (Chloe 40), S. 371–402, hier S. 375.

Squentz vergreift sich des Öfteren im Ton, verfällt wie die anderen Mitglieder der Truppe immer wieder in eine grobianische Ausdrucksweise, selbst wenn er mit den Mitgliedern der königlichen Familie spricht. Eine Deutungstradition, die hier einen Sozialrebellen Gryphius am Werk sieht, der absichtsvoll und am Ende gar anklagend unterschiedliche Stände zusammenbringen will und deren natürliche und gottgegebene Grenzen nivelliert, scheint in Anbetracht der Textbefunde eine allzu sozialromantische Interpretation.[42] Eine andere Erklärung scheint wesentlich plausibler: Hier wird eine poetologisch gezogene Grenze als zumindest fragwürdig vorgestellt, die Grenze zwischen hohem und niederem Personal in Tragödie und Komödie. Auch in diesem Fall kann man weiterfragen, ob die vermeintliche Kritik an den aristotelischen Vorgaben und deren Adaption in der Tradition die Sinnhaftigkeit der Regel nicht eher bekräftigen denn dementieren. Durch vielfältige Irritationen hinsichtlich des Dramatischen werden bestehende Erwartungshaltungen und -horizonte in der *Absurda Comica* nicht nur zufällig und spaßig, sondern vielmehr systematisch unterlaufen.

4 Der Fiktionsbruch als Bindeglied zwischen Bühne und Welt

Im Drama lässt sich zwischen von den spielenden Personen intendierten Fiktionsbrüchen einerseits und vorderhand unbeabsichtigten, auf scheinbarem Unvermögen beruhenden Fehlern andererseits, die allerdings ebenfalls eine Störung im Fiktionskontinuum zur Folge haben, unterscheiden. Für die erste Kategorie wurde bereits ein Beispiel gegeben, etwa die Szene mit dem Löwen, der am Ende nicht so schrecklich sein darf, wie er sein könnte.[43] War hier noch die Sorge um den Zuschauer das motivierende Element, aus der Rolle zu fallen, passiert das deutlich häufiger unbeabsichtigt. Das fehlerhafte Spiel, die Säue, werden zum Charakteristikum der Aufführung und tragen nicht unwesentlich zur Komik des Stückes bei. Bei allem Groll, den der Autor und Regisseur seinen

---

42 Exemplarisch so zu finden etwa bei Hans-Peter Ecker: Andreas Gryphius. *Absurda Comica. Oder Herr Peter Squentz. Schimpff-Spiel*. In: Dramen vom Barock bis zur Aufklärung. Stuttgart 2000, S. 93–144.

43 Gryphius: Absurda Comica (Anm. 1), S. 608: „Jhr lieben Leute erschrecket nicht. | Ob ich gleich hab ein Löwen Gesicht | Jch bin kein rechter Löw bey traun | Ob ich gleich habe lange Klaun. *(monstrat manus)* | Jch bin nur Klipperling der Schreiner / | Ey Lieber glaubts ich bin sonst keiner | Hier ist mein Schurtzfell und mein Hubel. *(monstrat præcinctorium)*."

Mitspielern gegenüber hegt, ist er es, dem der erste Fehler unterläuft. Er vergisst schon nach wenigen Zeilen des Prologs seinen Text:

> Je du diebischer Kopff! hastu den Dreck denn gar müssen vergessen! Nun das ist die erste Sau / der Comoedianten sind 7. Wenn ein jedweder eine macht / so haben wir ein halb Tutzend weniger zwo. Ey hertzer lieber Herr König / habet mir doch nichts für übel / ich habe es zu Hause schlappermentsch wol gekönt / ich wils mit meinem Weibe und allen Mitgesellen bezeugen. Ey. Ey. Ey. Ey.[44]

Die grobianische Redeweise gegenüber der Königsfamilie – hier wird nicht beiseite gesprochen – unterstreicht die Komik zudem. Die Aufführung gerät nach und nach aus den Fugen, bis es sogar so weit kommt, dass sich die Schauspieler auf offener Bühne prügeln. Ausgangspunkt ist wiederum ein Missverständnis, metaphorisches Sprechen wird nicht erkannt, als die Wand, die die beiden Liebenden trennt, von Pickelhäring in der Rolle des Piramus als ‚ehrlos' bezeichnet wird.

> MEISTER BULLA BUTÄIN: Ja ich habe nichts mehr auff meinen Zedel / darff auch nichts mehr sagen / ich wolt es ihm sonst auch wol unter die Nasen reiben.
>
> PIRAMUS: Du lose ehrvergessene Wand. Du schelmische / diebische / leichtfertige Wand.
>
> M. BULLAB BUTÄIN: Ey Pickelhäring / das ist wider Ehr und Redligkeit / es stehet auch in dem Spiel nicht / du kanst es aus deinem Zedel nicht beweisen. Jch bin ein Zunfftmässiger Mann. Mache / daß es zu erleyden ist / oder ich schlage dir die Wand umb deine ungewaschene Gusche.
>
> PIRAMUS: Du rotziger Blasebalckemacherischer Dieb! Solst du mich dutzen? weist du nicht / daß ich ein Königlicher Diener bin? Schau / das gehöret einem solchen Holuncken.
>
> *Pickelhäring schläget Bullabutän in den Hals / Bullabutän schläget ihm hergegen die Wand umb den Kopff / sie kriegen einander bey den Haaren und zerren sich hurtig auff dem Schauplatz herumb / worüber die Wand schier gantz in Stücken gehet. Peter Squentz suchet sie zu scheiden.*
>
> PETER SQUENTZ: Das müsse GOtt im Himmel erbarmen! das ist die 3. Sau. Je schämet ihr euch denn nicht für dem Könige? Meinet ihr / daß er eine Hundsfutte ist? höret auff in aller Hencker Namen / höret auff / höret auff / sage ich. Stellet euch in die Ordnung / sehet ihr nicht / daß *Thisbe* herein kömpt?[45]

---

44 Ebd., S. 597.
45 Ebd., S. 602.

Es passieren noch einige weitere Säue, und schlussendlich, am Ende des Dramas, werden die Schauspieler entlohnt: allerdings nicht, wie zu erwarten wäre, für die Aufführung ihres Stückes, sondern für die Fehler, die sie gemacht haben.

> THEODORUS: Wol wol! Marschalck man befehle dem Schatzmeister / daß man den Comoedianten so vielmal 15. Gülden gebe / als sie Säue gemacht.
>
> PETER SQUENTZ:. Grossen danck / grossen danck lieber Herr König / hätten wir dieses gewüst / wir wolten mehr Säu gemachet haben. Doch ich höre wol / wir bekommen nur Tranckgeld für die Säu / und für die Comoedi nichts. Aber es schadet nicht. Wir sind hiermit wol vergnüget. Gute Nacht Herr König. Gute Nacht Frau Königin: gute Nacht Juncker / gute Nacht Jungfer / gute Nacht ihr Herren alle mit einander / nehmet vor dieses mal mit unsern Säuen vor gut / auff ein andermal wollen wir derer mehr machen / und so grosse / als der grösseste Bauer / der unter dem gantzen Hauffen gewesen.[46]

Die größte aller Säue war aber auf den ersten Blick sicherlich die eigenmächtige Auferstehung der Toten, die das Spiel im Spiel beschließt. Aber unter Umständen ist es gerade dieser Fehler, diese Sau, die umso sicherer auf einen guten Ausgang schließen oder zumindest hoffen lässt.

5 Das Leben ist Komödie – die heilsgeschichtliche Perspektive

Der theologische Gehalt des Stückes wurde lange verkannt. Nicola Kaminski und Volkhard Wels haben diese Dimension des Textes – wenn auch in unterschiedlicher Ausprägung – eindrucksvoll eröffnet. Kaminski weist in ihrer Deutung dem Stück „eine auf der Grenze zur Blasphemie sich bewegende eschatologische Dimension" zu, wenn am Ende die Auferstehung der Toten, angeführt durch Pickelhäring, in Szene gesetzt wird.[47] Das Gotteslästerliche rührt in erster Linie aus dem Moment des Lächerlichen, dem diese eschatologische Szenerie sich annähert. Volkhard Wels hingegen versucht zu zeigen, dass es sich bei der *Absurda Comica* um ein „theologisches Gleichnis in protestantisch-orthodoxem Sinne" handelt.[48] Gemeinsam ist beiden Deutungen die Schlusspointe des Spiels im

---

46 Ebd., S. 619.
47 Kaminski: Andreas Gryphius, S. 176 ff. „Das spielüberschreitende, von Squentz zunächst getadelte ‚Auffstehen' des Schauspielers Pickelhäring gegen die von ihm darzustellende Rolle des ‚todten' Piramus trägt letztlich den Sieg davon über die moralisierende, die körperliche Liebe verurteilende dargestellte Geschichte."
48 Volkhard Wels: Der theologische Horizont (Anm. 41), S. 376, Fn. 5.

Spiel, eine mögliche Öffnung der Handlung in eschatologischer Perspektive. Wels nimmt diese Öffnung sehr viel ernster, seine These, dass die Handwerker „erkennen, dass ihr eigentliches Dasein eine Rolle ist und dass sie in dieser Rolle vor den Augen Gottes ‚bestehen' müssen",[49] leitet seine weitere Untersuchung. Im Zentrum steht für ihn der sündhafte und zugleich immer auch gerechte Mensch der lutherischen Theologie, er wird hier in Gryphius' Spiel vorgeführt. Die Belege, die Wels anführt, machen diese Deutung nicht unwahrscheinlich, allen voran die Engführung von Lukas 9,60 und Matthäus 8,22 – also die Frage nach dem Begräbnis der Toten – mit dem Dramentext, der ja explizit darauf anspielt, kann überzeugen. Keine Rolle hingegen spielen die im Stück angestellten gattungspoetischen Überlegungen, und hier ist der Punkt, an dem meine Kritik einsetzt. In der Deutung von Wels wird die *Absurda Comica* zu einer durchweg ernsten, und eindeutigen Angelegenheit. Sie unterschlägt das hoffnungsvoll Augenzwinkernde, die heitere Gelassenheit, den Umstand, dass hier tränenreich gelacht werden darf. Insofern diese Attribute sowohl für das Stück als auch für das Spiel im Spiel zutreffen, also auf zwei Ebenen verhandelt werden, fallen allzu eindeutige Zuschreibungen schwer.

Man sollte daher beide Seiten nicht getrennt betrachten: Die *Absurda Comica* ist weder ausschließlich ernst noch ausschließlich lustig; sie ist beides und will beides sein, wie in den gattungspoetologischen Überlegungen deutlich wird. Genau aus diesem Grund eignet sie sich als Gleichnis. Theater und Realität nähern sich einander an, bis Leben und Rolle unterscheidbar werden, oder doch der Unterschied nichtig.

Wenn es also stimmt, dass es sich bei der *Absurda Comica* um eine Art Super-Drama handelt, das primär das Theater selbst zum Gegenstand hat und diesen kritisch reflektiert, dann könnte man in Verschränkung mit den inhaltlichen, allen voran eschatologischen Andeutungen auf eine kurze Formel verfallen: Auch wenn der Mensch ein Wohnhaus „grimmer Scherzen" ist, so ist das Leben in letzter Konsequenz doch eine Komödie, wenn auch bisweilen eine absurde, missklingende. Das heißt in aller Konsequenz nicht, dass es ständig lustig zugehen muss, sondern vielmehr, dass man darauf vertrauen kann, dass am Ende alles gut ausgeht. Diese heilsgeschichtliche Dimension korrespondiert mit den Tragödien des Andreas Gryphius und gestaltet ein durchgängiges Thema innerhalb des Werkes aus einer ganz anderen, ja geradezu gegensätzlichen Perspektive. Die Komödie wäre dann kein abstruser, letztlich nicht allzu ernst zu nehmender Versuch von Gryphius, sondern läge auf einer Linie mit der in den Trauerspielen verfolgten Programmatik. Der heilsgeschichtliche Rahmen ist die Ewigkeit und ihre Gestaltung zentrales Thema der Literatur.

---

49 Ebd., S. 376.

Robert Seidel
Der *Parnassus renovatus* (1636) von Andreas Gryphius

Lateinische Fingerübung oder poetologisches Manifest?

Andreas Gryphius' lateinische Frühschrift *Parnassus renovatus* aus dem Jahr 1636 hat bei Germanisten seit jeher eine schlechte Presse. Während die drei ebenfalls in lateinischer Sprache verfassten Bibelepen – *Herodis Furiae et Rahelis lachrymae, Dei Vindicis Impetus et Herodis Interitus* und *Olivetum* – doch schon früh zumindest mit einem gewissen Respekt bedacht wurden, gereichte die 420 Verse umfassende solitäre Hexameterdichtung den Vertretern der germanistischen Zunft lange Zeit zum Anlass kritischer, ja geradezu verachtender Urteile. Dafür mögen zunächst äußerliche Gründe verantwortlich sein: Der Text ist ein Hybrid, halb mythologisch grundiertes Epyllion, halb versifizierter Panegyricus auf Gryphius' Gönner und zeitweiligen Arbeitgeber Georg Schönborner (1579–1637).[1] In letzterer Funktion gehört er zum Bereich der zweckgebundenen Kasualpoesie, die über weite Phasen der Literaturgeschichtsschreibung aus einer falsch verstandenen Idealvorstellung von ‚autonomer' Poesie heraus kategorisch abgelehnt wurde. Schließlich schien man es Andreas Gryphius, dessen deutschsprachiges Œuvre fraglos als kanonisch galt, mehr als seinen Zeitgenossen Opitz, Fleming oder gar dem Jesuiten Balde zu verübeln, dass er in einer Sprache dichtete, die nicht seine Muttersprache und demnach seit Herders Dekret nicht als Medium poetischen Schaffens geeignet war.[2] Victor Manheimer,

---

[1] Über Schönborner, einen im Schlesien seiner Zeit nicht unbedeutenden gelehrten Juristen, informieren neben Gryphius' Leichenpredigt auf den Gönner (*Brunnen-Discurs*, s.u. Anm. 31) diverse ältere silesiographische Lexika und Handbücher, ein knapper Artikel von Theodor Inama von Sternegg in der Allgemeinen Deutschen Biographie 32 (1891), S. 282 f. sowie verstreute Hinweise in der Forschung zur Rechtsgeschichte sowie zu Andreas Gryphius, hier vor allem Marian Szyrocki: Der junge Gryphius. Berlin 1959 (Neue Beiträge zur Literaturwissenschaft 9), S. 110–114. Eine gründliche Behandlung erfährt sein Hauptwerk *Politicorum libri septem* jetzt bei Oliver Bach: Zwischen Heilsgeschichte und säkularer Jurisprudenz. Politische Theologie in den Trauerspielen des Andreas Gryphius. Berlin, Boston 2014 (Frühe Neuzeit 188), passim, hier S. 29 f. eine Dokumentation der Forschung; vgl. außerdem John L. Flood: Poets Laureate in the Holy Roman Empire. A Bio-bibliographical Handbook. Bd. 4. Berlin, New York 2006, S. 1879 f.

[2] Ein Autor, der in einer fremden Sprache dichtet, „kann nie ein *Originalschriftsteller* werden, bei dem *Gedanke und Ausdruck* sich zusammen drängen, um ein vollständiges Bild seiner Seele zu sein". (Johann Gottfried Herder: Über die neuere deutsche Literatur. Fragmente [...],

https://doi.org/10.1515/9783110664898-017

dem immerhin das Verdienst zukommt, das bis heute einzige bekannte Exemplar des *Parnassus* in der Danziger Stadtbibliothek aufgespürt zu haben,[3] resümiert im Jahre 1904: „Die 420 Hexameter sind ohne poetischen Wert und unerfreulich. Eine in der Erfindung unbedeutende Göttergeschichte, die voller Reminiszenzen an Vergilische Wendungen steckt und in einen panegyrischen Schwanz dick aufgetragener Lobhudeleien Schönborns ausläuft [...]."[4] Friedrich-Wilhelm Wentzlaff-Eggebert, der die Schrift erstmals neu ediert hat, beklagt nicht nur, „wie stark die lateinische Tradition noch zu Beginn des 17. Jahrhunderts auf die Zurückdrängung der dichterischen Phantasie einzuwirken vermochte", sondern sieht den Text auch als „Beispiel für die phantasietötende Macht des üblichen, einem Gönner zugedachten lateinischen Lobgedichtes".[5] Völlig befangen in seiner zeittypischen Verkennung des Potentials lateinischer Gelehrtendichtung konstruiert er einen fundamentalen Gegensatz zwischen Gryphius' *Parnassus* und seiner ein Jahr später verfassten, nicht weniger gattungs- und prätextgebundenen, aber eben deutschsprachigen Leichabdankung auf Schönborner, dem *Brunnen-Discurs*: „Die deutsche Prosagrabrede, der Brunnen-Discurs, verträgt keinen Vergleich mit dem lateinischen Hexametergedicht, weniger wegen der Verschiedenheit der Form als

---

die neueste Literatur betreffend. Dritte Sammlung. Riga 1767. In: ders.: Werke 1: Frühe Schriften 1764–1772. Hg. von Ulrich Gaier. Frankfurt am Main 1985, S. 367–539, hier S. 409). Vgl. zum weiteren Kontext Robert Seidel: Die ‚tote Sprache' und das ‚Originalgenie'. Poetologische und literatursoziologische Transformationsprozesse in der Geschichte der deutschen neulateinischen Lyrik. In: Lateinische Lyrik der Frühen Neuzeit. Poetische Kleinformen und ihre Funktionen zwischen Renaissance und Aufklärung. Hg. von Beate Czapla, Ralf-Georg Czapla und Robert Seidel. Tübingen 2003 (Frühe Neuzeit 77), S. 422–448.
3 PARNASSUS | AUSPICE & PRAESIDE | PHOEBO. | SVADENTE & DIRIGENTE | PALLADE. | SPECTANTE & FAVENTE | AUGUSTISSIMO | MVSARVM DEORVMQVE COLLEGIO | VIRTVTE | NOBILISS:^{imi} EXCELLENTISS: MAGNIFICENTISS: | DOCTISS: | CLARISSIMIQVE | DOMINI | GEORGII SCHÖNBORNERI A SCHÖNBORN: | S. CAESAR: MAJESTAT. CONSILIARII, COMMIS- | SARII, COMITIS PALATINI, FISCI PER SI- | LESIAM INFERIOREM PATRONI | FIDELISS: &c. &c. &C. | RENOVATVS. | *Heroô Carmine* | *recensebat* | Andreas Gryphius, Glogov. Siles. | Anno | AVSPICIO FONS PHOEBE TVO TORRENTE REDVNDAT | PARNASSI: RIVOQVE INVADIT PRATA SERENO. | [Trennstrich] | *DANTISCI, Typis RHETIANIS.* [Biblioteka Gdánska PAN: NA 5348₈° (18⁴)].
4 Victor Manheimer: Die Lyrik des Andreas Gryphius. Studien und Materialien. Berlin 1904, S. 226.
5 Friedrich-Wilhelm Wentzlaff-Eggebert: Dichtung und Sprache des jungen Gryphius. Die Überwindung der lateinischen Tradition und die Entwicklung zum deutschen Stil. Zweite, stark erweiterte Auflage. Berlin 1966 (Preußische Akademie der Wissenschaften. Philosophisch-historische Klasse 1936,7), S. 47.

des Inhalts, da echter Schmerz und bis zur Unechtheit übertriebener Dank sich allzu kraß gegenüberstehen."[6]

Wir müssen uns heute mit den Ursachen für eine solche Generalabrechnung, die auf literarhistorische Unkenntnis ebenso wie auf literaturtheoretische Fehleinschätzungen gründet, nicht mehr beschäftigen, zumal Eberhard Mannack und Nicola Kaminski in ihren 1986 bzw. 1998 erschienenen Gryphius-Einführungen zwar nicht näher auf den Text eingehen, aber von einem Verdikt, das eine Reaktion erforderte, doch geflissentlich absehen.[7] Vor allem wurden die lateinischen Schriften von Gryphius und damit auch der *Parnassus renovatus* um die Jahrtausendwende in neuen, kommentierten Editionen herausgegeben und damit von der Fachwissenschaft rehabilitiert. Ralf Georg Czapla, der maßgebliche Herausgeber der *Opera Latina*,[8] hat sich in der Folgezeit intensiv mit den Bibelepen beschäftigt,[9] der *Parnassus* hingegen harrt noch einer genaueren Untersuchung, die auch das jüngst erschienene kompendiöse *Gryphius-Handbuch* nicht bietet.[10] Eine

---

6 Andreas Gryphius: Lateinische Jugenddichtungen. Hg. von Friedrich-Wilhelm Wentzlaff-Eggebert. Leipzig 1938. Ndr. Darmstadt 1961 (Werke: Ergänzungsband), S. XX. – Der Text des *Parnassus* ist hier S. 147–162 gedruckt.
7 Vgl. Eberhard Mannack: Andreas Gryphius. Stuttgart ²1986, S. 33; Nicola Kaminski: Andreas Gryphius. Stuttgart 1998, S. 29.
8 Andreas Gryphius: Herodes. Der Ölberg. Lateinische Epik. Hg., übersetzt und kommentiert von Ralf Georg Czapla. Berlin 1999 (Bibliothek seltener Texte in Studienausgaben 4); Andreas Gryphius: Lateinische Kleinepik, Epigrammatik und Kasualdichtung. Hg., übers. und komm. von Beate Czapla und Ralf Georg Czapla. Berlin 2001 (Bibliothek seltener Texte in Studienausgaben 5). Der *Parnassus renovatus* ist im letzteren Band S. 9–37 nach dem Danziger Exemplar abgedruckt und übersetzt. Abweichungen vom Originaldruck und der Ausgabe Wentzlaff-Eggeberts (Anm. 6) sind S. 129 nachgewiesen; S. 145–154 sind eine Strukturanalyse sowie Erläuterungen zu Einzelstellen beigegeben, die sich vor allem auf Übernahmen aus antiken Prätexten beziehen. – Die vorliegende Studie zitiert grundsätzlich nach dem Originaldruck und gibt eigene Übersetzungen.
9 Ralf Georg Czapla: Epen oder Dramen? Gattungstheoretische Überlegungen zu Andreas Gryphius' lateinischer Bibeldichtung. In: Jahrbuch für Internationale Germanistik 32,2 (2000), S. 82–104; ders.: Der junge Gryphius. Herodes- und Ölberg-Dichtung im Lichte der Gattungsfrage. In: Kulturgeschichte Schlesiens in der Frühen Neuzeit. Hg. von Klaus Garber. Bd. 2. Tübingen 2005 (Frühe Neuzeit 111), S. 1027–1048; ders.: Lateinische Werke. In: Gryphius-Handbuch. Hg. von Nicola Kaminski und Robert Schütze. Berlin, Boston 2016, S. 68–89, hier S. 69–85.
10 Czapla: Lateinische Werke (Anm. 9), gibt S. 85–87 eine knappe Einführung, die nicht weit über die einleitenden Bemerkungen in der Textausgabe (Anm. 8) hinausgeht. Ich danke an dieser Stelle Achim Aurnhammer (Freiburg), der mir ungedruckte Notizen zu einer Studie über den möglichen Einfluss von Traiano Boccalinis *Ragguagli di Parnaso* auf Gryphius mitgeteilt hat. Die seit 1612 im italienischen Original und 1614 auch auf Deutsch publizierten ‚Berichte' vom Parnass weisen mit der Lokalisierung der Götterversammlung auf dem Musenberg und dem Element der göttlichen ‚Eingabe' einige Parallelen zum *Parnassus renovatus* auf. Es ist

solche Detailanalyse soll im Folgenden unternommen werden. Ich rekapituliere kurz die Entstehungsgeschichte und den Inhalt des Textes und versuche dann in vier knappen Schritten seine Bedeutung zu erläutern.

1 Entstehungsgeschichte

Der Lebensgang des jungen Gryphius ist hier in seinen großen Zügen nicht zu referieren. Mit Marian Szyrocki können wir davon ausgehen, dass Gryphius schon von Danzig aus, anlässlich eines Besuches bei seinem Halbbruder Paul, die Bekanntschaft des ehemaligen kaiserlichen Beamten, nunmehr privatisierenden schlesischen Grundherrn Georg Schönborner machte.[11] Der *Parnassus renovatus* wurde jedenfalls 1636 in Danzig gedruckt, und im Sommer desselben Jahres trat Gryphius seine Stelle als Hauslehrer von Schönborners Söhnen an. Die wichtigsten biographischen Stationen, die im Zuge der Textanalyse bedeutsam werden, seien hier der Übersichtlichkeit halber stichwortartig aufgelistet:

seit 1634	Gryphius am akademischen Gymnasium in Danzig
Anfang 1636	Gryphius' Besuch in Schlesien, Bekanntschaft mit Schönborner
1636	Druck des *Parnassus renovatus* in Danzig
Juli 1636	Gryphius' Rückkehr von Danzig nach Schlesien (Fraustadt)
18.8.1636	Gryphius' Übersiedlung auf Gut Schönborn, Übernahme der Hauslehrerstelle
Februar 1637	Druck der *Lissaer Sonette*; darin: „In Bibliothecam G. Schonborneri", „Trawrklage des verwüsteten Deutschlandes"
30.11.1637	Gryphius' Dichterkrönung durch Schönborner, zugleich Verleihung des Magistertitels und des Adelsdiploms
23.12.1637	Schönborner gestorben
29.12.1637	Schönborner bestattet, Vortrag des *Brunnen-Discurs* (Leichabdankung)
1642	10. Auflage von Schönborners *Politicorum libri VII.* (zuerst 1610), wohl von Gryphius veranstaltet

---

zwar nicht nachzuweisen, aber doch auch nicht unwahrscheinlich, dass Gryphius den Text kannte. Von einiger Bedeutung für das Verständnis des *Parnassus renovatus* wäre die Frage, ob die textliche Nähe zweier 'Ragguagli', in denen die personifizierte Treue (‚Fedeltà') auftritt, zur Fama-Episode bei Gryphius so markant ist, dass sich daraus Rückschlüsse für die Anlage dieser Figur ziehen ließen. Die in Abschnitt (2.) meiner Studie dargelegte Analyse der Fama bei Gryphius schließt einen thematischen Bezug der beiden Texte, der über nahe liegende Parallelen im Setting des Göttergespräches hinausginge, eher aus.

11 Vgl. Szyrocki (Anm. 1), S. 114; Kaminski: Gryphius (Anm. 7), S. 25–30.

Wenn man den Text als eine Art literarisches Bewerbungsschreiben für die Ephorenstelle deuten will, wie das zuweilen geschehen ist, dürfte man die intendierte Funktion des *Parnassus* immerhin teilweise richtig erfassen. Denn tatsächlich enthält der Text – auch – lobende Worte auf Schönborner, allerdings setzt der panegyrische Teil erst mit dem letzten Drittel ein. Die Verserzählung beginnt vielmehr mit einem Auftritt der personifizierten Fama, die sich bei Phoebus Apoll darüber beklagt, dass die Musenquelle auf dem Parnass versiegt sei und infolgedessen die Dichter verstummten. Der alarmierte Musengott beruft daraufhin eine Götterversammlung ein, in der über die Ursachen für den Niedergang der Kultur, vor allem der Dichtung, räsoniert wird, wobei literarische wie außerliterarische Gründe zur Sprache kommen. Minerva unterbricht die Debatte mit dem Hinweis darauf, dass es einen Mann gebe, der aufgrund seiner Fähigkeiten und Anlagen, die sie ausführlich preist, in der Lage sei, Apolls Rolle auf der Erde zu übernehmen, nämlich „die verdienten Dichter mit pierischem Laub zu bekränzen und die ungeweihte Masse fernzuhalten" (V. 298–300).[12] Der sogleich auf den Parnass zitierte Schönborner – er ist natürlich gemeint – nimmt die Aufgabe an und Apoll entwirft die Vision einer kommenden literarischen Blütezeit unter Schönborners Ägide. Zugleich ergänzt er den von Minerva vorgetragenen Lobpreis Schönborners, indem er dessen eigene literarische und gelehrte Leistungen aufzählt.

Ich gehe nun auf vier Aspekte des Textes gesondert ein: 1. die prominent in Szene gesetzte Figur der Fama; 2. den Verlauf der Debatte über den Niedergang der Dichtung; 3. die Perspektive des Textes auf Georg Schönborner; 4. die verdeckte Selbstpositionierung des Autors. Aus diesen Detailanalysen könnte sich – sofern sie überzeugend sind – eine integrale Deutung des *Parnassus* ergeben.

2 Fama

Gleich nach dem Proömium, das als Anruf an die offenbar nicht außer Kraft gesetzte Muse Kalliope gestaltet ist, folgt als erste Station des narrativen Teils der Auftritt der Fama, die klagend zu Apoll aufbricht. Die ersten Worte „Exitium jam Fama timens" (V. 15) – Fama befürchtet ihren Untergang – lassen jeden aufhorchen, der die eindrucksvollen Passagen über die personifizierte Fama aus der *Aeneis* und den *Metamorphosen* kennt. Das hervorstechende Merkmal dieser Göttin in der Antike ist bekanntlich, dass sie fortwährend an Kraft

---

12 „[...] fronde coronet | Pieriâ, meritos vates, turbamque profanam | Arceat." Zitate aus dem *Parnassus renovatus* (nach dem Originaldruck Danzig 1636, wie Anm. 3) werden grundsätzlich mit Versangabe im laufenden Text nachgewiesen.

zunimmt: „mobilitate viget virisque adquirit eundo" (*Aeneis* 4,175), wie es bei Vergil heißt.[13] Und natürlich ist Fama auch nicht wie bei Gryphius stumm („muta"; V. 34), sondern ihr Haus, das Ovid metonymisch schildert, hallt stets von unzähligen Stimmen wider: „tota fremit vocesque refert iteratque, quod audit. | nulla quies intus nullaque silentia parte" (*Metamorphosen* 12,47 f.).[14] Es wäre leicht, weitere intertextuelle Verweise zwischen der Fama-Darstellung im *Parnassus* und in den beiden augusteischen Epen herauszuarbeiten, wenn man nur die äußere Erscheinung der Figur gegenüberstellte: hier das gewaltige Ungeheuer („monstrum horrendum ingens"; *Aeneis* 4,181),[15] dort das abgezehrte Weib („marcens sqvallore gravi"; V. 20); hier die zahllosen wachsamen Augen („vigiles oculi"; *Aeneis* 4,182),[16] dort der zu Boden gerichtete Blick („modestos | Heu quantum dejecta Oculos"; V. 20 f.) usw. Auf den ersten Blick scheint der Vergleich nun freilich wenig sinnvoll, denn natürlich geht es bei Gryphius nicht um die allegorische Darstellung einer anthropologischen Grundkonstante, eben jener universalen Leichtgläubigkeit gegenüber Gerüchten und der Bereitschaft, diese durch Ausschmückung zu vergrößern,[17] oder, wie Ovid schreibt: „[...] hi vacuas inplent sermonibus aures, | hi narrata ferunt alio, mensuraque ficti | crescit, et auditis aliquid novus adicit auctor" (*Metamorphosen* 12,56–58).[18] Dies ist nicht Gryphius' Thema, aber die gewaltige Macht der antiken Fama diente ihm offenbar als geeignete Kontrastfolie für eine anders konnotierte Personifikation gleichen Namens, die vor allem als verletzlich dargestellt wird: Auf „Exitium jam Fama timens" wird später Apoll replizieren mit der ähnlich klingenden und gleichbedeutenden Wendung vom „excidium" (V. 134), das Fama drohe und dem es entgegenzusteuern gelte.

---

13 Publius Vergilius Maro: Aeneis. Lat.-dt. Hg. und übers. von Gerhard Fink. Düsseldorf, Zürich 2005, S. 158.
14 Publius Ovidius Naso: Metamorphosen. Lat.-dt. Hg. und übers. von Gerhard Fink. Düsseldorf, Zürich 2004, S. 582.
15 Vergil: Aeneis (Anm. 13), S. 158.
16 Ebd.
17 Vgl. Hans Jürgen Scheuer: Fama. In: Der Neue Pauly. Enzyklopädie der Antike. Bd. 4. Stuttgart, Weimar 1998, Sp. 404 f. Das vielfache Auftreten der ganz anders gearteten Allegorie der Fama in der Literatur des Humanismus kann hier nicht rekapituliert werden, ich verweise nur auf den berühmten *Triumphus Famae* in der Reihe von Petrarcas *Trionfi*. Es ist offenkundig, dass sich Gryphius in sachlicher Hinsicht an diesen neuzeitlichen Konzepten orientiert, doch verdankt sich die Wirkung des kläglichen Auftretens der Figur im *Parnassus* zweifellos dem von den Lesern wahrgenommenen Kontrast zur antiken Vorlage.
18 Ovid: Metamorphosen (Anm. 14), S. 583 f. Übers. R.S.: „Diese füllen die aufnahmebereiten Ohren mit Gerede, jene tragen das Erzählte weiter, das Maß des Erfundenen wächst und jeder neue Urheber fügt dem Gehörten etwas hinzu."

Was aber bezeichnet „Fama" im *Parnassus* genau? Die zentrale Stelle in der Prosopopöie weist Fama als „fortwährende Bezwingerin von Schicksal, Zeit und Tod" aus („Perpetuam [...] casus, aevique necisque | Victricem"; V. 27 f.), damit wäre sie ein Art Garantin des kollektiven Gedächtnisses oder, weiter gefasst, der kulturellen Identität einer vom Sprecher nicht explizit genannten Gruppe. Dieser Begriffsinhalt umfasst jedenfalls mehr als das Gedenken an einen Einzelnen oder, in metonymischer Verschiebung, dessen individuellen Nachruhm. Als Personifikation beklagt Fama, dass man ihr den Beifall verweigere („negatis | Plausibus"; V. 15 f.) und ihr selbst schändliches Schweigen („tetra silentia"; V. 35) auferlegt werde. Früher dagegen habe sie nahezu unumschränkte Macht über Herrscher und Beherrschte ausgeübt („regere imperiis mundum, populoque jacenti | Auspiciis dare jura, feros & stringere Reges"; V. 32 f.). Dies soll doch wohl bedeuten, dass das Bewusstsein historischer Überlieferung – und nicht nur das Ansehen einer hervorragenden Persönlichkeit – Einfluss auf gewichtige Entscheidungen gehabt habe. Damit sei es jetzt jedoch vorbei, da die Dichter („Vates"; V. 36), vielleicht sollte man besser sagen: ‚die kompetenten Autoren', schwiegen, während sich zahlreiche Possenreißer („balatro [...] multus"; V. 37) mit albernen Gesängen hören ließen. Die Klage über die schlechten Schriftsteller wird später in der Götterversammlung wieder aufgenommen, vorläufig hören wir Famas Vorwurf, Apoll lasse es zu, dass die echten Dichter verstummten („animos sterilescere Vatum"; V. 46), und ihre Drohung, sie werde ihre Trompete niederlegen („ponoque tubas"; V. 48), sofern die Existenzbedingungen guter Schriftstellerei, sinnbildlich dargestellt im klaren Fließen der Musenquelle, nicht wiederhergestellt würden. Der Musengott tritt nun im Folgenden mit dem Gestus eines Herrschers auf: Er versichert Fama seiner Fürsorge, hebt die vor ihm Kniende zum Handkuss zu sich empor und beruft eine Götterversammlung ein, wie der Kaiser die Fürsten – explizit „Vt pater imperii *Caesar* [...] | [...] primos procerum (V. 78 f.)" – in schwierigen Angelegenheiten zu einem Reichstag versammelt.

Der Auftritt der Fama erhält somit den Rang eines Antrags, den eine Art Kulturbeauftragte im Namen der Sicherung kollektiver Identität an das oberste Herrschaftsgremium stellt. Ihre äußere Schwäche, deutlich hervorgehoben durch den intertextuell markierten Gegensatz zur imposanten römischen Kontrastfigur, unterstreicht die prekäre Situation, in die die doch so wichtige literarische Kultur gerät, wenn sie nicht angemessen gefördert wird. Am Ende des Textes wird Apoll verkünden, dass Fama und Schönborner, sein neuer Repräsentant auf der Erde, in einer erfolgreichen Beziehung zueinander stünden, ungeachtet des genauen Verständnisses der Worte „tibi FAMA tubas aeternaque debet, | Carmina" (V. 402 f.), also: „Dir, Schönborner, schuldet *oder* verdankt Fama volltönende Klänge und unsterbliche Gedichte." Auf diese Wendung ist noch zurückzukommen. Zu Beginn tritt Fama jedenfalls als erniedrigte Bittstellerin auf, in Gestus und Habitus nicht unähnlich den allegorischen Germania-Figuren, die im 16. und 17. Jahrhundert den Kaiser und die Fürsten zur Erfüllung ihrer Pflichten gegenüber der Nation aufriefen – Paul Flemings *Schreiben vertriebener Frau Germanien* von 1631 steht hier prominent neben anderen, meist lateinischen Texten renommierter Autoren.[19] Die suggestiv vorgetragene Imagination einer krisenhaften Lage stimmt den Leser darauf ein, dass es um etwas existenziell Wichtiges geht, und stimuliert ihn dazu, die formal vertraute, im Detail aber neuartige epische Situation der Götterversammlung aufmerksam zu verfolgen.

3 Über den Niedergang der Dichtung

Die Götterversammlung ist seit der Antike ein gängiges Strukturelement im Epos. Es wird dann eingesetzt, wenn die Entwicklung des Geschehens an einem krisenhaften Punkt angekommen ist. Im Rat der Götter prallen verschiedene Positionen aufeinander, da man uneins darüber ist, wie die aktuelle Situation aufzulösen sei. Es kann, muss aber nicht zu einer eindeutigen Beschlussfassung kommen. In der großen Götterversammlung zu Beginn des 10. Buches der *Aeneis* beispielsweise überlässt Jupiter schließlich dem Schicksal die Entscheidung über den weiteren Erfolg der Trojaner. Wie viele Verfasser neulateinischer Epen setzt auch Gryphius die Götterversammlung ein,[20] in seinen beiden Herodes-Dichtungen gibt es kontrastiv je eine Versammlung der Höllenscharen und eine der himmlischen Instanzen. Im *Parnassus renovatus* nimmt der Konvent der – diesfalls antiken – Götter praktisch den gesamten Text ein, die traditionellen Partien des Einzuges und der Streitreden allein umfassen mit 220 Versen mehr als die Hälfte des Ganzen. Der Empfänger und zentrale Gegenstand der panegyrischen Schrift, Georg Schönborner, ist – abgesehen vom Titel – über zwei Drittel des Textes

---

19 Vgl. Paul Fleming: Schreiben Vertriebener Fr. Germanien an ihre Söhne/ Oder die Churf: Fürsten und Stände inn Teutschlande. In: Paul Fleming: Teutsche Poemata. Lübeck 1642; Ndr. Hildesheim 1969, S. 112–121.
20 Bekannte Beispiele wären etwa die jeweils stark an Vergil angelehnte *Borsias* von Tito Vespasiano Strozzi oder die *Austrias* von Riccardo Bartolini. Vgl. Heinz Hofmann: Von Africa über Bethlehem nach America. Das Epos in der neulateinischen Literatur. In: Von Göttern und Menschen erzählen. Formkonstanzen und Funktionswandel vormoderner Epik. Hg. von Jörg Rüpke. Stuttgart 2001 (Potsdamer altertumswissenschaftliche Beiträge 4), S. 130–182; Florian Schaffenrath: Narrative Poetry. In: The Oxford Handbook of Neo-Latin. Hg. von Sarah Knight und Stefan Tilg. Oxford 2015, S. 57–71, hier S. 58: „divine assemblies (in heaven and in hell) [...] are included in most epic poems."

noch gar nicht präsent, so dass die zentralen Redebeiträge der Göttinnen und Götter schon formal eine gewisse Eigenständigkeit besitzen. Die Debatte wird durch Apoll angestoßen, der das Wüten des Krieges für den Niedergang der Musenkunst verantwortlich macht, dabei Formulierungen nutzend, wie sie sich ganz ähnlich in Gryphius' zeitgleich entstandenem Sonett „Trawrklage des verwüsteten Deutschlandes"[21] finden. Der Appell des Musengottes, den Krieg zu beenden und den Musen ihre frühere Bedeutung zurückzugeben („solitos Musarum inducere cultus"; V. 147), geht allerdings ins Leere, denn der Kriegsgott Mars ist als Adressat der Vorwürfe gar nicht anwesend – ein Hinweis darauf, dass es um die Frage von Krieg oder Frieden hier nicht geht –, und Merkur lenkt die Debatte sogleich auf die poetologische Ebene, indem er unmissverständlich den Rekurs auf äußere Einflüsse als „Vorwand" abtut: „Qvid Furias? qvid acerba piacula MARTIS | Praetexis?" (V. 156 f.). Es sei vielmehr, so Merkur, die wachsende Zahl unbegabter Poetaster, die die Musenquelle verunreinigten, das heißt offenbar: poetologische Standards verzerrten und die Entfaltung einer gelehrten Kunstdichtung hemmten. Worin die Defizite der schlechten Dichter bestehen, wird relativ klar gesagt: Sie sind unbegabt („orbos | Jngenio"; V. 159 f.) und töricht („stupidasque animas, & mentis egentes"; V. 160), besitzen nur beschränkte formale Fähigkeiten und eine oberflächliche Kenntnis der Klassiker, maßen sich jedoch gleichwohl an, auf dem Wege der *imitatio* selbst kompetente Poeten zu werden („qvi transcripto mentitur carmine Vatem"; V. 169). Schon Victor Manheimer hat festgestellt, dass Schönborner in dem Diplom, das er Ende 1637 Gryphius anlässlich der Verleihung des Dichterlorbeers ausstellte, ähnliche Worte für die Abkanzelung schlechter Dichter gefunden hat, möglicherweise angeregt durch eben diese Szene im *Parnassus renovatus*.[22] In unserer Götterversammlung macht nun Merkur dem Musengott wiederholt heftige Vorwürfe, er unterscheide nicht zwischen guten und schlechten Dichtern und lasse so das Unheil geschehen, dabei müsse er doch die Possenreißer vom Parnass verbannen, „wenn es denn

---

21 Kritischer Abdruck des zuerst in den Lissaer Sonetten (1637) publizierten Gedichtes in: Andreas Gryphius: Sonette. Hg. von Marian Szyrocki. Tübingen 1963 (Gesamtausgabe der deutschsprachigen Werke 1), S. 19. Vgl. hier die Verse 9–12 „Dort zwischen Mawr vnd Stad/ rint allzeit frisches Blutt | Dreymal sind schon sechs Jahr als vnser Ströme Flutt | Von so viel Leichen schwer/ sich langsam fortgedrungen. | Ich schweige noch von dehm/ was stärcker als der Todt [...]" mit V. 138–143: „[...] dum miscvit ignibus urbes | MARS ferus & saturas restinxit sanguine flammas. | Non ignota loqvor (spumantia flumina Tabo | Vidimus, & vada Pegasidum, violata cruore | Belligero, leviora qveror) conspeximus atro | Pulvere & ingestis arentem sortibus amnem."
22 Vgl. Manheimer (Anm. 4), S. 227. Die Passage, auf die Manheimer rekurriert, findet sich bei Johann Theodor Leubscher: De claris Gryphiis. Brieg 1702, S. 56, und ist auch bei Czapla: Kleinepik (Anm. 8), S. 149 zitiert.

vorgesehen ist, der Fama ihr Ansehen zurückzugeben" („si reddere FAMAE | Stat decus"; V. 175 f.). Dies lässt sich durchaus als Aufruf zu einer kulturpolitischen Intervention verstehen. Die Verantwortlichen, man könnte auch sagen: die Mäzene sollten bei der Förderung der Künste und speziell der Literatur fachlich angemessene Kriterien anlegen, nur so sei das Ansehen und letztlich auch der Gebrauchswert der Kultur zu heben.

Hier könnte die Götterversammlung ihr Ende finden, denn Merkurs Votum findet allgemeine Zustimmung („toti placuit sententia circo"; V. 180). Doch überraschend nimmt die Debatte noch einmal Fahrt auf, gleich mehrere Göttinnen und Götter treten auf den Plan. Gryphius zeigt hier seine Virtuosität in der Handhabung hexametrischer Dichtung, wenn er etwa als burleskes Zwischenspiel den Auftritt des noch etwas betrunkenen, orientierungslosen Bacchus einbaut (V. 243–262) oder in einer der Reden die Vorwürfe, auf die repliziert wird, wörtlich wiederholen lässt.[23] In der Sache geht es nun an den Kern poetischer Entscheidungen: Während die Unbilden des Krieges von den Autoren nicht zu beeinflussen, allenfalls poetisch zu verarbeiten sind und die Abgrenzung guter und schlechter Dichter der Öffentlichkeit bzw. den Institutionen anheimgestellt ist, liegt die Wahl von Gegenstand und Stil bei den Schriftstellern selbst, wenngleich auch hier die gesellschaftliche Resonanz von Bedeutung ist. Die Göttin Diana, Inbegriff keuscher Sprödigkeit, möchte die „obscoenos [...] Vates" (V. 182) verbannt wissen, vorrangiges Ziel ihrer Angriffe scheint das Theater zu sein, das ja bis weit ins 18. Jahrhundert hinein als kulturelle Institution durchaus umstritten war.[24] Wenn von der schändlichen Ehe des Ödipus („Labdacidae connubia turpia"; V. 185) die Rede ist oder von Schaubühnen, die einstürzen sollen („Florae | Foeda theatra ruant"; V. 185 f.), ist vermutlich eher an die Wandertruppen als an das humanistische Schultheater zu denken, doch mochten sich auch gelehrte Autoren Angriffen theaterfeindlicher Kreise ausgesetzt sehen. Venus, die von Diana als Hüterin der schlüpfrigen Muse ins Visier genommen wurde, verteidigt die Liebesdichtung gegenüber der prüden Rivalin[25] und lenkt ihrerseits die Vorwürfe auf solche Dichter, „die die Schandtaten der üblen Menge mit

---

23 S. u. Anm. 25.
24 Vgl. zur akademischen Debatte vom 16. bis zum 18. Jahrhundert Robert Seidel: Lateinische Theaterapologetik am Vorabend des Sturm und Drang. Die *Vindiciae scenicae* von Philipp Ernst Rauffseysen (1767). In: Das lateinische Drama der Frühen Neuzeit. Exemplarische Einsichten in Praxis und Theorie. Hg. von Reinhold F. Glei und Robert Seidel. Tübingen 2008 (Frühe Neuzeit 129), S. 287–312.
25 Venus repliziert geschickt auf Diana, indem sie entweder die Vorwürfe empört wiederholt („*Per te polluti latices!*" V. 221 nach V. 193) oder sie als Frage abwandelt („num mittere *Vatum* | *In cineres monumenta*, ferisque abolere favillis?" V. 234 f. nach V. 202 f.: „Vos turpia Vatum | Jn cineres monumenta date, atque involvite flammis").

schmutzigen Versen verspotten" („foedi qvi crimina vulgi | Obscoenis taxant numeris"; V. 224 f.). Hierauf wiederum reagiert Pan, mythologisch als Anführer der Satyrn zu verorten, mit einer Legitimation der satirischen Dichtung. Die Abfolge dieser poetologischen Reden und ihrer Argumentation ist bemerkenswert: Diana tritt als Figur wenig einnehmend auf, vertritt selbst keinerlei positive Ansichten zur Dichtung und verstört die Götterversammlung durch ihren Aufruf zur Verbrennung missliebiger Bücher („Vos turpia Vatum | Jn cineres monumenta date, atque involvite flammis"; V. 202 f.). Venus geht mit rhetorischem Geschick auf die Angriffe ein, vertritt vehement ihr eigenes poetisches Ideal und reagiert auf den Vorwurf der Gefährlichkeit ihres Einflusses mit der koketten Gegenfrage (V. 232): „tantumne bonis communibus obsto?" („Stehe ich denn so sehr dem allgemeinen Wohl im Wege?"). Am überzeugendsten tritt – etwas überraschend vielleicht – Pan auf, sogleich als „bedeutender Teil der bedeutenden Versammlung" („magni pars magna senatus"; V. 263) apostrophiert. Er nimmt dezidiert die Satyrn in Schutz und fordert in seiner Stellungnahme, die objektivierend im Modus der indirekten Rede wiedergegeben wird, dass „die schändlichen Untaten der Welt und die bösen Handlungen der Fürsten mit strengen Versen zu tadeln" seien („scelerata crimina mundi | Et fera facta Ducum [...] | [...] rigidis ferienda modis"; V. 267–269). Dabei habe man sich durchaus einer spitzen Feder („severo | [...] stylo"; V. 269 f.) und frechen Spottes („lascivis salibus"; V. 271) zu bedienen.

Doch nun nimmt der Text eine erstaunliche Wendung: Die Forderung Pans nach satirischer, man darf auch sagen: fürstenkritischer Dichtung wurde in fünf knappen, aber in der Sache sehr deutlichen Versen referiert und mit dem Versschluss „docebat" (V. 271) als Autoritätssignal versehen. Daraufhin heißt es, dass die Versammlung schweigt – und Minerva, die „Maxima Divarum" (V. 273), tritt auf, um die Debatte an diesem spannenden Punkt rigoros abzubrechen. Sie tut dies, indem sie einen Diskurswechsel fordert. Die bisherige Auseinandersetzung wird als ungebührlicher „Zank" und „Streit" („rixas", „iurgia"; V. 275) abgetan: „Nicht solchen Wettstreit fordert diese Zeit." („Non hoc ista sibi tempus certamina poscit"; V. 277). Stattdessen werde sie selbst, Minerva, nun kundtun, was ihre Meinung sei, und zwar ebenfalls mit dem Anspruch auf Autorität: Ihre Einleitung umfasst exakt fünf Verse, wie das Referat der Pan-Rede, und sie schließt mit „docebo" (V. 279) als offensichtlicher Replik auf das vorige „docebat".[26] Der poetologische Diskurs ist damit abgebrochen, es wird nicht mehr darüber gesprochen, was die grundsätzliche Aufgabe der Poeten sei. Stattdessen wird mit dem Neueinsatz „Est mihi VIR" (V. 280) das Lob Schönborners eingeleitet, der neben vielen anderen Vorzügen auch – wie sich

---

26 Beide Verbformen stehen am Hexameterschluss, also in metrisch identischer Position.

zeigen wird – die Fähigkeit zur Organisation des Kulturbetriebs mitbringt. Ein befremdlicher Befund: Gryphius konstruiert eine Literaturdebatte, die von der Suche nach äußeren Einflüssen auf die Dichtung sich allmählich bis zur zeitlosen Frage „Was darf Satire?" steigert, um eben diese Debatte dann kategorisch abzubrechen und, salopp gesagt, auf die Ebene des Kulturmanagements auszuweichen.

4 Georg Schönborners Rolle auf dem Musenberg

Ich lasse das vorläufig so stehen und wende mich dem dritten Punkt zu, der Perspektive, aus der heraus der Text die Figur Georg Schönborners entwirft. Die Beschreibung des zunächst noch nicht namentlich genannten „bedeutenden gelehrten Mannes" („VIR praestans studiis") aus dem Munde Minervas beginnt mit Vers 280, also exakt am Beginn des letzten Drittels des *Parnassus renovatus*. Die Aufgabe, die Schönborner im Rahmen der epischen Fiktion auf Antrag Minervas gestellt wird, besteht darin, die Musenquelle wieder zum Fließen zu bringen und im Auftrag Apolls die verdienten Dichter zu bekrönen und die ungeweihte Masse fernzuhalten: „[...] revocet montis Te Praeside lymphas | Phoebe, Tuas gerat ille vices, ac fronde coronet | Pieriâ, meritas vates, turbamque profanam | Arceat" (V. 297–300). Während der erste Teil des Auftrags metaphorisch im Sinne einer mäzenatischen Förderung der Kultur zu verstehen ist, verweist der zweite Teil auf das reale Privileg zur Dichterkrönung, das Schönborner 1633 mit dem Erwerb des Hofpfalzgrafentitels erhalten hatte.[27] Dass es sich dabei um ein kaiserliches Privileg handelt, wird im Text sogar erwähnt („AVGVSTVS rem firmet numine CAESAR"; V. 300); verschwiegen wird allerdings, dass Schönborners Bestallung seine Konversion zum Katholizismus vorausgegangen war.[28] Auf der

---

27 Die Paraphrase Wentzlaff-Eggeberts: Dichtung (Anm. 5), S. 48, stellt den Sachverhalt ungenau dar: „Schönborns Name wird genannt. Natürlich ist er der Dichter, der den Parnaß bewohnen soll." Auch Manheimer (Anm. 4), S. 228, formuliert unklar, Schönborner erkläre sich bereit, „das Dichteramt zu übernehmen". Die den Sinn des Gesamttextes verfehlende Behauptung dürfte durch einen Passus aus der Antrittsrede Schönborners motiviert sein, wo dieser fragt: „qvis talia Vatum | Audeat" (V. 334 f.). Schönborner konnte formell als ‚Dichter' bezeichnet werden, weil er 1603 als Student in Helmstedt zum *Poeta laureatus* gekrönt worden war (Flood, Anm. 1, S. 1879). Tatsächlich betätigte er sich wie jeder Gelehrte zuweilen als Gelegenheitspoet (vgl. u. Anm. 32), aber die ihm zugedachte Rolle in Schlesien war selbstverständlich die eines Mäzens.
28 Vgl. Szyrocki (Anm. 1), S. 112. Schönborner konvertierte zwar 1629 unter dem Druck der katholischen Besatzer Schlesiens, kehrte aber nach einigen Jahren zur lutherischen Konfession zurück. 1635 wurde er aus dem Staatsdienst entlassen. Vgl. Gryphius: *Brunnen-Discurs* (Anm. 31),

Ebene der epischen Fiktion setzt sich das letzte Drittel des *Parnassus* zusammen aus Minervas Antrag, der Vorbereitung von Schönborners Empfang und dessen Eintreffen, der Amtsübergabe durch Apoll, einer kurzen Replik des neuen Amtsträgers, der feierlichen Wiedereröffnung der Musenquelle und einem abschließenden Preislied Apolls auf Schönborner.

Es ist besonders dieser Schlussteil, der die ältere Philologie zu Ausfällen wie „Lobhudeleien"[29] oder „unerträglich"[30] veranlasste. Auch die Leser des 17. Jahrhunderts werden sich ein Urteil über die poetische *inventio*, die Strukturierung nach rhetorischen Gesichtspunkten, die stilistische Angemessenheit usw. gebildet haben, doch anders als die traditionelle Germanistik dürften sie sehr genau auf die Details des Personenlobs geachtet haben. Dieses Lob wird im Text gedoppelt vorgetragen, vor und nach der Inaugurationszeremonie, zuerst durch Minerva und dann durch Apoll. Die Lobtopoi werden teilweise wiederholt bemüht, was bei Manheimer und Wentzlaff-Eggebert die stereotype Formulierung vom ‚dick aufgetragenen' Lob evoziert haben mag. Sinnvoller wäre es eher, von einer Variation oder Amplifikation zu sprechen, die durchaus ihre Pointe besitzt. Verfolgen wir die Argumentationen der Reihe nach: Minerva führt ihren Kandidaten für das Amt des Apoll-Stellvertreters mit allgemeinen Hinweisen auf seine intellektuellen und moralischen Qualitäten ein („praestans studiis"; V. 280; „nec amantior aeqvi | Vivit"; V. 283 f. usw.), wendet sich seinen philosophischen Maximen zu, für die sie mit Sokrates, Demokrit und Pythagoras gleich drei Autoritäten beibringt. Weiter rühmt sie seine fachlichen Kompetenzen: In der Politik verfüge Schönborner über die Kenntnis von Struktur und Kontingenz fürstlicher Macht („normam, viresque regentum | [...] qvae versent fata Monarchas"; V. 287 f.), in der Rhetorik über die Kunst der überzeugenden, bewegenden Rede („dulce loqvendi | Pondus, & attonitas penetrantem vocibus aures"; V. 289 f.) und in der Poesie über die Fähigkeit zu angemessener Wortwahl und Versfügung („Sive libet solido fulgore micantia verba | Promere seu strictos in nodum cogere versus"; V. 291 f.). Die Zeitgenossen wussten, dass der Hinweis auf Schönborners poetische Kompetenzen ebenso konventionell war wie der Vermerk in der Leichabdankung, wo es heißt, dass Schönborner auf dem Gymnasium in Görlitz durch Martin Mylius „sonderlich zu den Poetischen

---

S. 18 f. mit Erläuterungen S. 401 f. Nicola Kaminski: Brunnen-Discurs. In: Kaminski und Schütze (Anm. 9), S. 427–436, hier S. 430, vermutet, dass die Rekonversion zum Protestantismus trotz der im *Brunnen-Discurs* mehrfach wiederholten Bemerkung „bald" doch nicht gar so rasch erfolgt sei, zumindest habe Gryphius kein Datum für die Rückkehr Schönborners zur lutherischen Konfession genannt.

29 Manheimer (Anm. 4), S. 226.
30 Wentzlaff-Eggebert: Dichtung (Anm. 5), S. 48.

Studiis, in welchen er nachmals höchlich excelliret, angetrieben" worden sei.[31] Sie kannten aber gewiss auch seine durchaus bemerkenswerte Produktion lateinischer Kasuallyrik, die für den heutigen Forscher erst durch die europaweit zusammengetragenen Angaben im *Handbuch des personalen Gelegenheitsschrifttums* wieder in repräsentativem Umfang sichtbar wird.[32] Nach der Rede Minervas erscheint der Geehrte demnach als moralisch integrer, vielseitig gebildeter und auf dem Gebiet der Poesie nicht unerfahrener Gelehrter, von dem genau das zu erwarten ist, was uns, überliefert in Theodor Leubschers zeitgenössischem Gedenkbuch *De claris Gryphiis*,[33] in Form der Urkunde zu Gryphius' Dichterkrönung vorliegt: Wir haben dort – mutmaßlich aus der Feder Schönborners selbst – als Einstieg eine kulturkritisch aufmerksame Gegenüberstellung der unbegabten und der echten Dichter (unter welch letztere natürlich Gryphius eingereiht wird), sodann die offiziöse Bestallung Gryphius' zum gekrönten Dichter und, hierin wohl in Überschreitung der Kompetenz, zugleich die Ernennung zum Magister der Philosophie, schließlich sogar einen Adelsbrief (von dem Gryphius allerdings nie Gebrauch gemacht hat) einschließlich der Beschreibung von Wappenschild und Helm; dies alles eigenhändig unterzeichnet

---

31 Andreae Gryphii Brunnen-Discurs. In: Andreas Gryphius: Dissertationes funebres oder Leichabdankungen. Hg. von Johann Anselm Steiger. Tübingen 2007 (Gesamtausgabe der deutschsprachigen Werke 9), S. 6–35, hier S. 13. – Zum *Brunnen-Discurs* vgl. Karl-Heinz Habersetzer: Mors Vitae Testimonium. Zu Form und Absicht in Andreas Gryphius' Leichabdankung auf Georg Schönborner (*Brunnen-Diskurs*). In: Leichenpredigten als Quelle historischer Wissenschaften. Hg. von Rudolf Lenz. Bd. 2. Marburg 1979, S. 254–283; Kaminski: Brunnen-Discurs (Anm. 28).
32 Handbuch des personalen Gelegenheitsschrifttums in europäischen Bibliotheken und Archiven. Hg. von Klaus Garber. Bd. 1 ff. Hildesheim u. a. 2001 ff. – Aus Platzgründen verweise ich hier nur auf Band- und Seitenzahl des Nachweises und erwähne Datum und Genre des poetischen Elaborats aus Schönborners Feder: Bd. 1, S. 302: lateinisches Hochzeitsgedicht (1621); Bd. 2, S. 627: lateinisches Hochzeitsgedicht (1610); ebd., S. 629: lateinisches Hochzeitsgedicht (1610); Bd. 19, S. 163: lateinisches Hochzeitsgedicht (1614); Bd. 28, S. 580: lateinisches Hochzeitsgedicht (1613); ebd.: lateinisches Geleitgedicht zum Abschied von der Universität (1611); ebd., S. 581: lateinischer Beitrag zu einer Sammlung von Gedichten auf den eigenen Amtsantritt als Glogauer Syndicus (1614); ebd., S. 586: lateinischer Geburtstagsglückwunsch (1615). – Wenn sich unter den hier nachgewiesenen wenigen Texten kein Trauergedicht befindet, kann sich der etwas kryptische Hinweis im *Parnassus*, Schönborner liebe es, *„novis titulum [...] praefigere bustis"* (V. 406; „frische Gräber mit einer Inschrift zu versehen"), gleichwohl auf die Produktion von Epicedien beziehen.
33 Leubscher (Anm. 22), S. 55–58. Leubscher stellt ebd., S. 61, einen Bezug zwischen Gryphius' Dichterkrönung durch Schönborner und dem zuvor gedruckten *Parnassus renovatus*, „qvo Lauream meruit", her.

und gesiegelt,[34] mithin ein ebenso feierlicher wie bürokratischer Akt, der allerdings den Gestus einer persönlichen Verbundenheit nicht erkennen lässt, wie ja eben auch im Falle der Minerva-Rede.

Das Gegenstück dazu bildet der Schluss von Apolls ‚Preislied' auf Schönborner, das übrigens in der Forschung als Ganzes so bezeichnet wird (V. 363–418 umfassen den abschließenden, zur Laute vorgetragenen Gesang Apolls), obwohl eigentlich nur die Verse 392 ff. sich direkt auf den Geehrten beziehen. Hier variiert Apoll zunächst im Modus der rhetorischen Frage die bereits von Minerva gebrauchten Lobtopoi. Erneut werden geistige („decus ingenii"; V. 394; „mentis acumen"; V. 396) und ethische Qualitäten („recti memores animos"; V. 396; „Justitiamque"; V. 397) gelobt, bevor als allegorische Figuren die Tugenden und Vorzüge Schönborners aufgezählt werden: Themis, Pietas, Nobilitas, Prudentia und schließlich Gloria. Der Katalog endet mit der vom Beginn des Textes her bekannten Fama, die stärker als die anderen Allegorien ihre personalen Züge entfaltet. Von ihr heißt es in einer raffinierten ambigen Formulierung, dass sie Schönborner erhabene Töne und unsterbliche Gedichte verdanke – oder dass sie sie ihm schulde. Die Formulierung „tibi FAMA tubas aeternaque debet, | Carmina" (V. 402 f.) kann beide Bedeutungen besitzen. Doch wie auch immer man übersetzt, es wird hier auf eigene literarische Leistungen Schönborners referiert, auf die Apoll tatsächlich sogleich eingeht. Die etwas rätselhaft erscheinenden Verse 403–414 werden wenn nicht vollständig, so doch weitgehend auflösbar, sobald man Gryphius' Würdigung seines Dienstherrn im *Brunnen-Discurs* – nur eineinhalb Jahre später formuliert – dagegenhält. Dann wird in den Worten „ob du nun die Amtsgewalt eines Herzogs und die Macht von Herrschenden erläuterst" („sive Ducis fasces viresque Regentum | Depingis"; V. 403 f.) vielleicht das Hauptwerk *Politicorum libri VII* oder eine der ungedruckten und auch nicht überlieferten staatspolitischen Schriften Schönborners greifbar,[35] entweder die *Dissertatio de statu ducatus Jaurini* oder die *Statuta Saganensia*. Mit den Worten „oder ob du das aufrechte Züngelein an der doppelten Waagschale untersuchst" („geminae seu justa examina lancis | Anqviris"; V. 404 f.) könnten seine unpublizierten Studien zum Lehrwerk der Pandekten (*Analysis Pandectarum*) bezeichnet sein. Die ‚Consilia', auf die der Text etwas unbestimmt verweist (V. 407: „Consiliis seu

---

34 In Leubschers Wiedergabe des Diploms sind freilich weder die Abbildung der Insignien, „quemadmodum omnia exactius in medio hujus paginae pictoris manu expressa apparent" (ebd., S. 58), noch Unterschrift und Siegel reproduziert.
35 Die folgenden Titel der Werke Schönborners sind nachgewiesen in Gryphius: *Brunnen-Discurs* (Anm. 31), S. 16.

sceptra beas"), meinen die ebenfalls ungedruckten *Consilia varia Juridica*.[36] Ganz deutlich aufzulösen ist auf der Basis des *Brunnen-Discurs* aber vor allem das ausführlich und prominent am Ende genannte „Ter sanctum [...] opus" (V. 409), in dem Schönborner die „SEPTENA PRECANTVM [...] | SVSPIRIA" (V. 409 f.) darzustellen beabsichtige. Damit ist eindeutig der ebenfalls nicht gedruckte *Tractatus de Septem verbis Domini* gemeint, offenbar eine religiöse Erbauungsschrift, die Schönborner „largis [...] gemmis" (V. 410), also mit großem rhetorischem Aufwand zu gestalten plante.

Damit endet der panegyrische Teil des Textes. Man mag es „Lobhudelei" nennen, wenn der Mäzen, der letztlich fast nur mit seinen – allerdings sehr erfolgreichen – *Politicorum libri VII.* (zuerst 1610, später zahlreiche weitere Auflagen) publizistisch an die Öffentlichkeit trat, als ruhmwürdiger Schriftsteller inszeniert wird, doch scheinen die Hinweise auf eine produktive Schreibtätigkeit des Privatgelehrten ja nicht aus der Luft gegriffen zu sein, und so wird hier relativ glaubwürdig das Idealporträt eines Mäzens gezeichnet, der aktiv am gelehrten und literarischen Diskurs teilnimmt und eben nicht nur vermittelnd, sondern auch durch eigene Werke die „Fama", jetzt also etwas emphatisch formuliert: die Kultur des trotz aller Kriegswirren äußerst produktiven Schlesiens zu befördern hilft.

5 Gryphius' Selbstpositionierung

Die abschließende Frage nach Gryphius' Selbstpositionierung im Text möchte ich nun noch in einigen Sätzen erläutern: Das so genannte ‚Preislied' Apolls, das den *Parnassus renovatus* beschließt, beginnt, wie schon erwähnt, gar nicht mit dem Lob Schönborners, sondern, der Logik der epischen Erzählung entsprechend, mit einem Freudenausruf anlässlich der neu sprudelnden Musenquelle: „Currite perpetuô, crescentes gurgite, lymphae!" (V. 363). Der Sänger imaginiert nun („En video!" V. 369) zunächst künftige Dichter, die sich in den verschiedenen Gattungen hervortun. Nur mit ‚hic' oder ‚ille' und einem knappen Hinweis auf ihr Genre ausgestattet, müssen sie als allgemeine Chiffren für eine kommende Blüte gelehrter Poesie verstanden werden. Elegie, Tragödie, bukolische Dichtung, Epos, Satire, Gedichte in Jamben und Hendekasyllaben werden angeführt, dies alles in sechs knappen Versen. Über zehn Verse erstreckt sich

---

36 Gryphius behauptet an gleicher Stelle, Schönborner hätte die siebte Auflage seiner *Politica* „mit *Consiliis Juridicis* und *observationibus Politicis* vermehret auffs neue/ nebenst vielmehr herrlichen Schrifften hervor gegeben", wenn ihn nicht der Tod ereilt hätte.

hingegen die nachfolgende Vision eines besonders berufenen Poeten („Wer strahlt aber dort hervor?"; „Qvis micat ille autem"; V. 377), der es unternimmt, „heroische Weisen erklingen zu lassen und den gewaltigen Gott in Liedern zu preisen" („Heroasque inflare tubas, DOMINVMQVE TONANTEM | Carminibus celebrare"; V. 379 f.). Der Dichter, den Apoll gut zu kennen vorgibt, wird, so heißt es weiter, in einem Heldenepos von den (angeblichen) Christenverfolgungen unter Kaiser Maxentius künden und zugleich „die schrecklichen Wunden unseres Zeitalters in unsterblichem Gesang beklagen" („horrida nostri | Temporis aeterno plorabit vulnera, cantu"; V. 385 f.). Ein religiöses Epos also, das einen weiten Bogen von den Christenverfolgungen der Spätantike bis zur bedrängten Situation der Protestanten im Reich spannt – schon Victor Manheimer dürfte aufgefallen sein, dass Gryphius hier vermutlich eigene Pläne in der Folge seiner frühen Bibelepen entwickelt.[37]

Jeweils am Schluss der beiden Teile von Apolls Lied steht also, relativ ausführlich dargeboten, der Plan eines größeren literarischen Projektes: Dem Konzept eines christlichen Epos bei Gryphius (V. 377–386) korrespondiert der Entwurf des Traktats über die Sieben Worte Christi am Kreuz bei Schönborner (V. 408–414); der Qualifikation des einen als „aeterno [...] cantu" (V. 386) vorzutragenden Werkes entspricht „Ter sanctum [...] opus" (V. 409) als Attribut des anderen. Zugleich weist der Inhalt von Schönborners Traktat auf weitere Arbeiten von Gryphius, denn mit den Leiden des Gekreuzigten sind thematisch sowohl das 1646 erstmals gedruckte Epos *Olivetum*, dessen Entstehungszeit von einigen Forschern auf 1637 datiert wird, wie auch ein nicht überliefertes, zumindest aber geplantes Epos *Golgatha*[38] verbunden. Über die damit suggerierte Vorstellung einer virtuellen Arbeitsgemeinschaft führt Gryphius die Interessen von Dichter und Mäzen enger zusammen, als es die üblichen Bitten um oder Dankesbezeigungen für materielle Förderung ermöglichen. Nach Ausweis des Musengottes Apoll sind Gryphius und Schönborner gewissermaßen Diener derselben Idee einer gelehrten Literatur, die alle wichtigen Bereiche umfasst: zuvörderst die Religion, dafür stehen die großen Projektpläne beider, dann das Recht und die Politik als Domäne Schönborners, aber auch die Kritik im Medium der Literatur, denn die jäh unterbrochene Forderung nach unverhüllter[39] literarischer Kritik (V. 267–271; s.o.) wird durch die relativ prominente Betonung der kritischen und witzigen Dichtung in Apolls Worten – hier in unmittelbarer Nachbarschaft zu

---

[37] Manheimer (Anm. 4), S. 228, formuliert allerdings nur eine allgemeine Vermutung: „Auch sich selbst oder sein Dichterideal scheint Gryphius da zu zeichnen."
[38] Nachweis bei Czapla: Lateinische Werke (Anm. 9), S. 85.
[39] Deutlich hieß es an der oben zitierten Stelle auch, dass die Verbrechen nicht in undurchdringliches Dunkel gehüllt werden dürften („nec [...] | furvis velanda tenebris"; V. 267 f.).

den Gryphius zugeschriebenen Plänen – wieder aufgenommen: „Dieser verfolgt finstere Verbrechen mit Satiren und tadelt Vergehen mit wütenden Jamben; jener hat mit dem gefälligen Elfsilbler Erfolg. Wer strahlt aber dort hervor? [...]" („Hic scelera atra premit Satyris, & crimina saevis | Perstringit jambis; dulci viget ille Phaleuco, | Qvis micat ille autem? [...]"; V. 375–377). Und auch Gryphius selbst, der seinem Alter ego ein poetisches Junktim zwischen antiker Christenverfolgung und dem (Glaubens)krieg der eigenen Zeit in die Feder diktiert (s.o.), bringt sich verhalten als potenziellen Kämpfer für den in Schlesien seit 1635 erneut massiv bedrohten Protestantismus in Stellung,[40] mithin *cum grano salis* als Vertreter einer kritischen Literatur.

Auch die zweite Deutungsmöglichkeit des „tibi FAMA tubas aeternaque debet, | Carmina" (V. 402 f.) wird im Lied Apolls realisiert, fordert er doch selbst die künftigen Dichter auf, den Namen Schönborners zu verewigen, also dem Mäzen in traditioneller Weise literarisch sein Nachleben zu sichern (V. 387–391). Wenn aber die Dichter dem Mäzen auf diese Weise ihre Schuldigkeit abtragen, ist die Formulierung „Warum sollte ich dir anderen Dank abzustatten versuchen, Schönborner?" („Nam tibi qvid grates alias persolvere tentem | SCHÖNBORNERE?"; V. 392 f.) von einem der Dichter, also doch wohl von Gryphius, gesprochen zu denken. Sprecher gemäß der epischen Konstruktion aber ist hier Apoll. Und Gryphius wäre – wenn diese Pointe am Schluss erlaubt sein soll – insofern tatsächlich Apoll, als er ein raffiniertes Spektakel auf dem Parnass inszeniert, in dem deutlichere poetologische Programmatik und klügeres strategisches Kalkül enthalten sind, als die voreingenommene Germanistik vergangener Zeiten darin sehen wollte.

---

[40] Nach einer kurzen Phase des wiedererstarkenden Protestantismus nach 1630 verloren die protestantischen Schlesier mit dem Prager Frieden von 1635 das Recht der freien Religionsausübung. Die Rekatholisierung des Landes wurde mit großer Härte fortgesetzt.

Thomas Borgstedt
Emphatische Überbietung und argute Subversion

Poetische Grenzüberschreitung bei Gryphius und Hoffmannswaldau (mit einem Exkurs zur Überlieferungslage der Grabschriften Hoffmannswaldaus)

1 Literarische Diversität, Spielräume, individueller Stil

In der älteren literaturgeschichtlichen Wahrnehmung schien zwischen dem lyrischen Werk von Andreas Gryphius und dem von Christian Hoffmann von Hoffmannswaldau ein epochaler Graben zu klaffen, ein Eindruck, der bis heute nicht ganz ausgeräumt ist. Man hat diesen mit Bezeichnungen wie „erster" und „zweiter schlesischer Schule"[1] oder mit „barocker" und „galanter Periode" zu umschreiben versucht und beide Autoren entsprechend unterschiedlichen literaturgeschichtlichen Phasen zugerechnet.[2] Ursache dieser differenten Wahrnehmung ist neben der unterschiedlichen Thematik und dem unterschiedlichen Stil beider Autoren ihre zeitlich versetzte Publikations- und Rezeptionsgeschichte. Dieser Eindruck ihrer historischen Ungleichzeitigkeit hat immer wieder die Tatsache verdeckt, dass beide Autoren im Jahr 1616 geboren wurden, somit gleichaltrig sind und auch beider Jubiläum zusammenfällt.[3] Gryphius und Hoffmannswaldau bilden bei

---

[1] Beispielsweise bei Georg Gottfried Gervinus: Geschichte der poetischen National-Literatur der Deutschen. Dritter Theil: Vom Ende der Reformation bis zu Gottsched's Zeiten. Leipzig 1842, S. 449 und 459; Paul Hankamer: Deutsche Gegenreformation und deutsches Barock. Die deutsche Literatur im Zeitraum des 17. Jahrhunderts. 4. Aufl., Stuttgart 1976 (ursprünglich 1935), S. 229; Peter Schwind: Schlesische Dichterschule. In: Metzler Literatur-Lexikon. 2. Aufl. Hg. von Günther und Irmgard Schweikle. Stuttgart 1990, S. 414; Wolfgang Braungart: Manier, Manierismus. In: Reallexikon der deutschen Literaturwissenschaft. Bd. 2. Hg. von Harald Fricke. Berlin, New York 2000, S. 530–535, hier: S. 533.
[2] Wilhelm Scherer: Geschichte der deutschen Literatur [Anhang von Oskar Walzel]. Mit einer Bibliographie von Josef Körner. Leipzig, Berlin 1928 (zuerst 1883), hier finden sich Gryphius in Kap IX, S. 250–253, Hoffmannswaldau und Lohenstein zusammengestellt in Kap. X, S. 280. Volker Meid begründet die Zurechnung Hoffmannswaldaus zur „Spätphase der ‚barocken' Lyrik" mit dessen verspäteter Rezeption: Volker Meid: Barocklyrik. Stuttgart 1986, S. 118.
[3] Insofern erscheint es bedauerlich, dass es 2016 zwar die hier dokumentierte große Jubiläumstagung zu Andreas Gryphius gegeben hat, sich aber noch niemals – auch anlässlich des

aller biographischen Nähe und bei aller Repräsentativität als barocke Lyriker allerdings einen weitgehenden Kontrast. Wollte man sich über literarische Diversität in der Barocklyrik Anschauungsmaterial verschaffen, es wäre kaum ein geeigneteres Paar denkbar. Sehr plastisch und ganz ohne die sonst üblichen moralischen Abwertungen Hoffmannswaldaus schildert diesen Kontrast bereits Georg Gottfried Gervinus:

> Bei Gryphius prägt sich dabei immer noch die Weltverachtung aus, allein Hoffmannswaldau zeigt sich überall als ein reines Weltkind. Er machte daher gegen Gryphius den vollkommensten Gegensatz des Epicureismus zum Stoicismus, und in ihrer Poesie spiegelt sich dies vortrefflich ab. [...] Gryphius concentrirt seine Gedanken auf den Tod und hält für die einzige Weisheit sterben zu lernen; Hoffmannswaldau aber wünscht ewig auf der Brust seiner Geliebten verparadies't zu leben, die schneegebirgten Engelbrüste seiner Geliebten sind ihm Bilder des großen Bundes Himmels und der Erden; in ihm ist der Leim versteckt, der alle Welt zusammenhält. Wo Gryph auf Kirchhöfen weilt, da wandelt Er unter den freundlichen Göttern der Liebe in Paphos und Cypern. Gegen Gryph's Grabreden voll Ernst und Schauer stehen Hoffmannswaldau's Grabschriften, Epigramme von leichtem Witz. Gryphius schmeckt nur den Wermuth des Lebens, aber Er den Zucker der Liebe; wie die Gleichnisse und Bilder Gryph's voll sind von Grabgedanken, so die seinen von Speisen und Getränken, von Süßigkeit und Schmackhaftigkeit; wie Gryph's allegorische Lieblingsfiguren die Geister, die Tugenden und Laster, die Furien sind, so die seinigen seiner Liebsten Augen, Mund und Brüste.[4]

Gervinus fasst die manifesten thematischen und stilistischen Unterschiede stets auch weltanschaulich und im Sinn einer unterschiedlichen Lebenshaltung auf. Angesichts dessen und angesichts des doppelten Jubiläums will ich mich dem kontrastiven Vergleich nochmals zuwenden und der Frage nachgehen, wie die sich biographisch und persönlich so nahestehenden Autoren eine so unterschiedliche Dichtung hervorbringen konnten und wie man ihre Diversität aus heutiger Sicht festmachen, beschreiben und motivieren kann?

In einem Wolfenbütteler Festvortrag von 1997 hat Wilfried Barner die Frage gestellt, was denn die Poetiken und Rhetoriken der Frühen Neuzeit *nicht* lehrten.[5] Er zielte damit auf die „Spielräume", wie er es nannte, die von den normativen Dichtungslehren der Zeit offen gelassen wurden. Solche Spielräume wären es dann, in denen sich ein „eigener Ton",[6] individuelle stilistische Merkmale und

---

Jubiläumsjahrs nicht – eine wissenschaftliche Tagung mit dem Werk von Christian Hoffmann von Hoffmannswaldau befasst hat.
4 Gervinus (Anm. 1), S. 450 f.
5 Wilfried Barner: Spielräume. Was Poetik und Rhetorik nicht lehren. In: Künste und Natur in Diskursen der Frühen Neuzeit. Hg. von Hartmut Laufhütte. Wiesbaden 2000, S. 33–67.
6 So die Formulierung in Bezug auf Paul Fleming bei Hans Pyritz: Paul Flemings Liebeslyrik. Zur Geschichte des Petrarkismus. Göttingen 1963 (zuerst 1932) (Palaestra 234), S. 278; vgl. dazu

somit auch literarische Differenzen festmachen lassen müssten. Als spezifische Bereiche solcher Spielräume innerhalb der Poetik nannte er neben dem *ingenium* die relativ freie Wahl der *exempla*, die situationsbezogene Bestimmung des jeweiligen *decorum* bzw. *aptum*, aber auch die „Leerstellen" dessen, was in den Poetiken nicht näher festgelegt war.[7] Bereits vorher hatte Conrad Wiedemann auf die Bedeutung der *dispositio* und damit der Komposition von Kunstwerken der verschiedenen Künste hingewiesen.[8] Diese war im ordnungsbesessenen 17. Jahrhundert von erheblicher Bedeutung und wurde doch in den Kunstlehren kaum behandelt.

Ein Begriff wie der von den „Spielräumen" geht bei der literarischen Produktion vom Primat der Poetik und ihrer Normativität aus. Er rekurriert auf ein Regelwerk, das als gleichsam statisch gesetzt erscheint. Jörg Wesche hat in seiner Dissertation über *Literarische Diversität* im Barock zahlreiche Differenzierungen des Begriffsfelds der Spielräume vorgeschlagen.[9] Unter anderem zielt er dabei auf eine Historisierung des Regulierungscharakters der Normpoetiken selbst. Grob gesprochen ist auch deren Normativität im Wandel begriffen. Damit wird die Normpoetik nicht mehr als unverrückbarer Rahmen literarischer Spielräume aufgefasst. Sie wird vielmehr selbst zu einem Player im Spiel des literarischen Wandels. Die Poetik legt nicht nur Grenzen fest, sie reagiert auch auf poetische Grenzverletzungen und Innovationen und steht in einem eher als dialogisch zu begreifenden Wechselverhältnis zur literarischen Produktion.[10]

In ihrer Untersuchung der barocken Vorredenpoetik zeigt Stefanie Stockhorst deren Funktion als „Verlängerung der poetologischen Theoriebildung in einem anderen Medium" auf.[11] Dabei bilden die poetologischen Vorreden gleichsam ein Scharnier zwischen dem einzelnen Werk und der kodifizierten Poetik, indem sie nicht selten eine nachträglich legitimierende Funktion einnehmen, wo das Werk autoritative Vorgaben überschreitet. Gleichwohl vermögen sie diese Probleme

---

auch Verf.: Eleganz und Intimität. Zu Paul Flemings Petrarkismus. In: Was ein Poete kan! Studien zum Werk von Paul Fleming (1609–1640). Hg. von Stefanie Arend und Claudius Sittig. Berlin, Boston 2012 (Frühe Neuzeit 168), S. 47–57.
7 Barner (Anm. 5), S. 54–57.
8 Conrad Wiedemann: ‚Dispositio' und dichterische Freiheit im Barock. In: Innovation und Originalität. Hg. von Walter Haug. Tübingen 1993 (Fortuna vitrea 9), S. 239–250.
9 Jörg Wesche: Literarische Diversität. Abweichungen, Lizenzen und Spielräume in der deutschen Poesie und Poetik der Barockzeit. Tübingen 2004 (Studien zur deutschen Literatur 173), S. 37–90.
10 Ebd., S. 285–294.
11 Stefanie Stockhorst: Reformpoetik. Kodifizierte Genustheorie des Barock und alternative Normenbildung in poetologischen Paratexten. Tübingen 2008 (Frühe Neuzeit 128), S. 416.

nicht wirklich „normativ abzudecken".[12] Insgesamt bleiben „beträchtliche künstlerische Entfaltungsmöglichkeiten",[13] ohne dass die „Spielräume" dafür proskriptiv und unverrückbar festgezurrt wären. Insofern erweist sich die „Spielraum"-Metapher, indem sie an Spiele mit unverrückbaren „Regeln" wie bei Gesellschaftsspielen oder beim Sport denken lässt, im Grunde als zu einseitig gefasst.

Als variabel und kreativ erscheint nicht nur das Verhältnis der Texte zu den Poetiken, sondern ebenso das zu den imitierten Exempeln und Vorläufertexten. Traditionen und Vorbilder werden nicht nur aufgegriffen und nachgeahmt, sie werden in Frage gestellt, neu kontextualisiert, verwandelt und gerade *so* fortgeschrieben.[14] Dahinter stehen Motivationen, die durch kulturelle oder historische Unterschiede bedingt sind. Das Moment der Kritik und der Modifikation von Exempeltexten wirkt immer wieder grenz- und regelüberschreitend. Insofern ist auch dies nicht gut in Begriffen der bloßen Regelerfüllung oder vordefinierter Spielräume zu erfassen. Um literarische Diversität und Individualität auch für frühneuzeitliche Texte zu beschreiben, werden eine Beachtung der jeweiligen Wahl der poetischen Exempel, des stilistischen *aptum* und Entscheidungen der textlichen Komposition wichtig sein. Wirklich aussagekräftig wird all das aber erst, wenn damit eine qualitative hermeneutische Bewertung solcher Differenzen und ihrer Motivationen vor dem Hintergrund der historischen Kontexte verbunden wird.

2 Parallele Leben

Um den historischen Kontext für den Vergleich der Texte der beiden Autoren herzustellen, lohnt ein pointierter Vergleich ihrer Lebensläufe.[15] Beide Dichter sind schlesische Stadtbürger, der eine Pfarrerssohn, der andere Sohn eines kaiserlichen Beamten. Beide verlieren im Alter von vier Jahren ein Elternteil, besuchen das Gymnasium ihrer Heimatstadt, besuchen – nacheinander – das Akademische Gymnasium in Danzig, studieren die Rechte im niederländischen Leiden, wo sie sich kennenlernen, gehen als Begleiter von Adligen auf eine Bildungs- und

---

12 Ebd., S. 420.
13 Ebd., S. 423.
14 Vgl. zum Verhältnis von Poetik und Gattungsgeschichte Verf.: Topik des Sonetts. Gattungstheorie und Gattungsgeschichte. Tübingen 2009 (Frühe Neuzeit 138), S. 86–116, bes. S. 112f.
15 Vgl. als exemplarische Referenztexte für die Biographien für Gryphius Nicola Kaminski: Andreas Gryphius. Stuttgart 1998, S. 7–43, und für Hoffmannswaldau Lothar Noack: Christian Hoffmann von Hoffmannswaldau (1616–1679). Leben und Werk. Tübingen 1999 (Frühe Neuzeit 51).

Kavaliersreise nach Frankreich und Italien, kehren in ihre Heimatstädte zurück, heiraten, gründen eine Familie, werden führende Politiker im städtischen Patriziat und werden als Dichter und insbesondere als Lyriker erfolgreich und berühmt weit über ihr Jahrhundert hinaus.

Vor dem Hintergrund dieser Übereinstimmungen zeichnen sich die Unterschiede um so deutlicher ab. Geboren werden die beiden hochbegabten Jungen im Abstand von wenigen Monaten in Glogau und in Breslau. Pfarrerssohn in Glogau und Sohn eines kaiserlichen Beamten in Breslau machte einen Unterschied mit gewaltigen Folgen. In Glogau schlugen die habsburgischen Rekatholisierungsmaßnahmen mit Wucht zu: 1628 – Andreas war zwölf Jahre alt – besetzten die Liechtensteiner Dragoner die Stadt, vertrieben die lutherischen Pfarrer und Lehrer und zwangen die Bevölkerung zur Konversion oder Flucht.[16] Gryphius' Familienleben und seine Kindheit waren damit schlagartig beendet. Sein Halbbruder und sein Stiefvater mussten als Pfarrer ins Exil, seine Schulbildung wurde auf Jahre unterbrochen. Erst 1632 konnte er sie am Gymnasium im 25 km entfernten polnischen Fraustadt geregelt fortsetzen.

Demgegenüber lebte die Breslauer Stadtbevölkerung weitgehend unbehelligt. Christian besuchte bis 1636 durchgängig das Elisabethgymnasium. Die Familie hatte beste literarisch-gelehrte Kontakte. Sogar Martin Opitz verkehrte im Umkreis des Vaters. Während Andreas heimat- und familienlos zum Exilanten und Bildungsvagabunden wurde, kaufte Christians Vater im Jahr 1630 in Breslau ein Haus. Er ruft seinen Sohn von der Bildungsreise zeitig nach Hause zurück, um seine bürgerliche Existenz zu begründen und seine Ratskarriere voranzutreiben. Da ist Christian 25 Jahre alt. Rudolf Ibel spricht abschätzig sogar von einem ‚glatten Leben'.[17] Der heimatlose Andreas kommt erst nach insgesamt über 20 Jahren nach Glogau zurück, nicht zuletzt wegen fortdauernder Kriegswirren, konfessioneller Unterdrückung und fehlender Perspektiven in der Heimat. Kurz vor Kriegsende taucht er im Alter von 31 Jahren wieder in Fraustadt auf, wo er kurz darauf ebenfalls heiratet.

Feststellen lässt sich ein sehr unterschiedlicher Umgang beider Autoren mit der Schriftstellerei. Andreas beginnt so früh wie möglich mit der Veröffentlichung von poetischen Werken. Er setzt diese auch früh schon für sein berufliches Fortkommen ein. Schon in Danzig veröffentlicht er erste lateinische Texte und bereits während seines Aufenthalts bei Schönborner werden 1637 sein Text zur *Feurigen Freystadt* und die *Lissaer Sonette* in eigentlich noch unvollständigem

---

16 Vgl. für die Schilderung der historischen Zusammenhänge den Beitrag von Klaus Garber in diesem Band.
17 Rudolf Ibel: Hofman von Hofmanswaldau. Berlin 1928, S. 3 (Inhaltsverzeichnis).

Zustand gedruckt[18] – Gryphius ist erst 21 Jahre alt und benötigt die Reputation. Die Dichtung diente ihm als Karriereinstrument. Sie machte ihn bekannt und konnte mangelnden Status und mangelnde Beziehungen ersetzen helfen.

Anders liegt die Sache bei Hoffmannswaldau. Die Karriere wird wesentlich durch die väterliche Protektion vorangetrieben. Seine poetische Tätigkeit setzt ernstlich wohl erst mit der Rückkehr von seiner Studienreise ein. Seine Hervorbringungen gelangen – abgesehen von einigen Kasualgedichten – nicht zum Druck. Der Abschluss der *Poetischen Grabschriften* ist für 1643 dokumentiert, dem Jahr seiner Hochzeit. Im gleichen Jahr ließ Gryphius in Leiden bereits je ein Buch *Sonette*, *Oden* und *Epigramme* drucken.[19] Die *Sonn- und Feiertagssonette* und der Lissaer Band lagen da schon seit ein paar Jahren vor.[20] Hoffmannswaldaus Texte zirkulieren dagegen über Jahrzehnte lediglich innerhalb des persönlichen Umfelds und des städtischen Patriziats. Dies beginnt bereits Jahre bevor er 1647 in den Rat gewählt wird. Auch hier ist eine karrierebezogene Funktion kaum zu bezweifeln. Delikat und erklärungsbedürftig ist dabei lediglich der anstößige Charakter nicht weniger dieser Texte. Gemeinsam ist beiden Autoren wiederum, dass ihre zurückgehaltenen und nachgelassenen Texte viele Jahre nach ihrem Tod in kurzem Abstand ans Licht der Öffentlichkeit treten: die galanten Gedichte Hoffmannswaldaus innerhalb der von Benjamin Neukirch seit 1695 herausgegebenen sogenannten Neukirchschen Sammlung[21] und die nachgelassenen Gedichte von Gryphius im Rahmen der von seinem Sohn Christian 1698 besorgten letzten großen Werkausgabe des Vaters.[22]

Bei aller Differenz der Lebenswege der beiden Dichter sind einige soziale, politische und weltanschauliche Gemeinsamkeiten festzuhalten. Beide verfolgen der Anlage nach einen ähnlichen Bildungsweg. Beide sind schlesische Lutheraner, die wesentlich für die Verteidigung der Freiheit der lutherischen Religionsausübung in den Zeiten der aktiven Rekatholisierungspolitik in ihrer Heimat eintreten. Im Interesse Schlesiens und im Sinne des Lutherschen Staatsverständnisses vertreten sie dies auf der Basis der grundsätzlichen Anerkennung und eines grundsätzlichen Treuebekenntnisses zur habsburgischen Herrschaft. Beide sind zugleich Juristen und staatliche Beamte, die ihre ähnlich gerichteten

---

18 Fewrige Freystadt. Lissa 1637. – Sonnete. Lissa 1637. Vgl. den Beitrag von Nicola Kaminski in diesem Band.
19 Sonnete. Das erste Buch. [Leiden 1643]. – Oden. Das erste Buch. [Leiden 1643]. – Epigrammata. Das erste Buch. [Leiden 1643].
20 Son- undt Feyrtags-Sonnete. 1639.
21 Der Nachdruck rekurriert auf einen Druck von 1697: Herrn von Hoffmannswaldau und andrer Deutschen auserlesener und bißher ungedruckter Gedichte erster theil. Leipzig 1697.
22 Andreae Gryphii um ein merckliches vermehrte Teutsche Gedichte. Breslau, Leipzig 1698.

Ziele als Politiker in ihren jeweiligen Gemeinwesen verfolgen. Und als Dichter schließlich sind beide Anhänger der Opitzschen Dichtungsreform. Dass sie sich schließlich freundschaftlich eng verbunden waren, ist weniger schwer nachzuvollziehen, als die so deutliche Diversität ihres dichterischen Werks.

3 Andreas Gryphius: Sakralisierung und Experiment

In welcher Hinsicht sich das Werk der beiden Autoren unterscheidet, deutet sich bereits mit ihren frühesten poetischen Versuchen an. Gryphius beginnt mit lateinischer Bibelepik, wobei er bereits hochfliegende Pläne zu einem umfassenden Christus-Epos verfolgt.[23] Die Verbindung humanistischer Mustergattungen mit religiösen Gegenständen und erbaulichen Absichten bestimmt den Impuls seines Werks von Beginn an. Auch seine frühen deutschsprachigen Werke folgen diesem Muster. Mit den *Sonn- und Feiertagssonetten* kombiniert er das Exempel der wichtigsten Gattung humanistischer Lyrik in der Volkssprache mit der Tradition der lutherischen Perikopendichtung und damit der gottesdienstlichen Praxis. Auch dispositorisch zielt er bereits ins Große. Nicht nur hier, all seinen Lyrikbüchern wird er eine zahlensymbolische Ordnung unterlegen, die heilsgeschichtliche Bedeutsamkeit signalisiert.

Gryphius orientiert sich bei der Wahl seiner Gattungen und Exempeltexte weitgehend am Programm der Jesuitendichtung: Bibelepik, Märtyrerdramen und geistliche Lyrik bilden den Leitfaden. In sein erstes Sonettbuch bindet er drei Übersetzungen von längeren Epigrammen namentlich bezeichneter jesuitischer Autoren ein. Die Übersetzungen erfolgen als deutsche Sonette. Dies hat Signalcharakter für seinen imitatorischen Überbietungsgestus. Wie die Jesuiten verfolgt er eine Sakralisierung der humanistischen Gattungsprogramme.[24] Auch lehnt er

---

[23] Ralf Georg Czapla: Der junge Gryphius – Herodes- und Ölberg-Dichtung im Lichte der Gattungsfrage. In: Kulturgeschichte Schlesiens in der Frühen Neuzeit. 2 Bde. Hg. von Klaus Garber. Tübingen 2005 (Frühe Neuzeit 111), S. 1027–1048, hier: S. 1030.
[24] Vgl. zum Begriff der Sakralisierung Wolfgang Schieder: Säkularisierung und Sakralisierung der religiösen Kultur in der europäischen Neuzeit. Versuch einer Bilanz. In: Säkularisierung, Dechristianisierung, Rechristianisierung im neuzeitlichen Europa. Bilanz und Perspektiven der Forschung. Hg. von Hartmut Lehmann. Göttingen 1997 (Max-Planck-Institut für Geschichte 130), S. 308–313; Verf.: Andreas Gryphius: *Catharina von Georgien*. Poetische Sakralisierung und Horror des Politischen. In: Dramen vom Barock bis zur Aufklärung. Interpretationen. Stuttgart, S. 37–66; Verf.: Nachwort. In: Andreas Gryphius: Gedichte. Hg. von Thomas Borgstedt. Stuttgart 2012, S. 206–221, bes. S. 210f.

wie diese die frühneuzeitlichen Säkularisierungstendenzen ab, wie sie sich im absolutistischen Staatsräsondenken oder auch in der Überhöhung der sinnlichen Frauenliebe zeigen. Hinsichtlich der Sakralisierungstendenz der Dichtung und der in der Dichtung propagierten Lebenspraxis steht er den Jesuiten nicht nach.

Doch schon mit seiner *imitatio* überschreitet Gryphius vorhandene Grenzen. Bei ihm ist es die rhetorische Emphase, mit der er die eigentlich der mittleren Stillage zugeordnete Sonett- und Odendichtung überformt, sie stilistisch anhebt und mit der Wortgewalt und dem religiösen Pathos der Lutherschen Predigtsprache füllt. Ähnlich gilt das für die meisten seiner Dichtungen. Alles scheint dabei der rhetorischen Wirkung untergeordnet zu werden, die im Dienst der Glaubensverkündigung steht. Nicht nur das *aptum* kümmert ihn wenig. Auch formal ist er experimentierfreudig – man denke neben seinen lyrischen Experimenten an die *Feurige Freystadt* oder an das weder standesadäquate noch tragische Trauerspiel *Cardenio und Celinde*.[25] Bei Hoffmannswaldau kann man eine solche formale Experimentierfreude kaum feststellen.

Elisabeth Rothmund hat in einem instruktiven Aufsatz gezeigt, dass Gryphius die Erweiterung der metrischen Lizenzen, die Philipp von Zesen in seiner 1641 gedruckten Poetik propagierte, sogleich auf breiter Front aufgriff.[26] Im Sonett tauchen neue Versformen, längere und kürzere Verse auf. Ebenso finden sich verstärkt gemischtmetrische Formen. Was bei Zesen allerdings spielerisch-manieristisch wirkt, wird bei Gryphius stets vom Pathos und von der Wucht der Aussage dominiert. Das am weitesten gehende Beispiel solcher metrischer und inhaltlicher Exaltation ist das zentriert gesetzte Höllensonett aus dem zweiten Buch der Sonette von 1650.

Die Hölle.

ACh! und Weh!
Mord! Zetter! Jammer / Angst / Creutz! Marter! Würme! Plagen.
Pech! Folter! Hencker! Flamm! Stanck! Geister! Kälte! Zagen!
Ach vergeh!
Tiff' und Höh'!
Meer! Hügel! Berge! Felß! wer kan die Pein ertragen?
Schluck Abgrund! ach schluck' ein! die nichts denn ewig klagen.

---

25 Vgl. Verf.: *Romeo und Julia, Cardenio und Celinde* – Andreas Gryphius' Umkehrung der novellistischen Liebestragödie. In: Memoria Silesiae. Leben und Tod, Kriegserlebnis und Friedenssehnsucht in der literarischen Kultur des Barock. Zum Gedenken an Marian Szyrocki (1928–1992). Hg. von Mirosława Czarnecka u. a. Wrocław 2003, S. 195–211.
26 Elisabeth Rothmund: Les sonnets d'Andreas Gryphius. Poétique et poésie. In: La Poésie d'Andreas Gryphius (1616–1664). Actes de la journée tenue à la Maison Heine de Paris le 4 février 2012. Hg. von Marie-Thérèse Mourey. Nancy 2012, S. 3–18.

> Je und Eh!
> Schreckliche Geister der tunckelen Hölen / ihr die ihr martret und Marter erduldet
> Kan denn der ewigen Ewikeit Feuer / nimmermehr buessen diß was ihr verschuldet?
> O grausamm' Angst stets sterben / sonder sterben!
> Diß ist die[27] Flamme der grimmigen Rache / die der erhitzete Zorn angeblasen:
> Hir ist der Fluch der unendlichen Straffen / hir ist das immerdar wachsende Rasen:
> O Mensch! Verdirb / umb hir nicht zu verderben.[28]

Das Sonett enthält zweihebige trochäische Verse im Wechsel mit Alexandrinern in den Quartetten und achthebige daktylische mit fünfhebigen jambischen in den Terzetten. Damit geht es metrisch in die Extreme, denn längere und kürzere Verse wird man kaum irgendwo finden. Trotz seiner formalen Verspieltheit strahlt es durch die Intensität seines Wortmaterials höchstes Pathos aus. Es ist eines der Gedichte zu den „Vier letzten Dingen".[29] Die Langverse in den Quartetten bestehen fast ausschließlich aus aneinandergereihten Substantiven. Ein *aptum* gilt hier nicht mehr, allenfalls das *aptum* der Hölle. Reden wir von Spielräumen, dann sind diese in formaler Hinsicht hier aufs Äußerste strapaziert. Es geht dabei aber um kein formales Spiel, sondern um die ins Extrem getriebene poetische Aussprache der eschatologischen Wahrheit.

4 Hoffmannswaldaus *Grabschriften*: Scharfsinn, Satire und Geselligkeit

Ein ähnlicher dichterischer Ehrgeiz wie bei Gryphius ist bei Hoffmannswaldau nicht auszumachen. Erstmals datierbar ist ein größeres Werk 1643. Es handelt sich um seine handschriftlich verbreiteten *Poetischen Grabschriften*, die in

---

[27] In Vers 12 heißt es in der Ausgabe letzter Hand E (1663) und in allen späteren zeitgenössischen Ausgaben „Diß ist Flamme". Dem folgen auch die Auswahlausgaben von Elschenbroich (Andreas Gryphius: Gedichte. Stuttgart 1968, S. 20) und Borgstedt (Andreas Gryphius: Gedichte. Stuttgart 2012, S. 62; im Folgenden zitiert als „Gryphius: Ged." mit Seitenzahl). Zukünftig sollte aufgrund der metrischen Korrektheit gemäß den früheren Drucken C (1650) und D (1657) emendiert werden zu „Diß ist *die* Flamme". Ich danke Achim Aurnhammer für den Hinweis auf die metrische Unstimmigkeit.
[28] Gryphius: Ged. 62 (Sonette II,48).
[29] Vgl. Hans-Henrik Krummacher: „De Quatuor Novissimis". Über ein traditionelles theologisches Thema bei Andreas Gryphius. In: Respublica Guelpherbytana. Wolfenbütteler Beiträge zur Renaissance- und Barockforschung. Festschrift für Paul Raabe. Hg. von August Buck und Martin Bircher. Amsterdam 1987 (Chloe 6), S. 499–577, bes. S. 534–540.

diesem Jahr mit einer Vorrede versehen werden.[30] Er spricht von einer Phase der Einsamkeit, aus der sie hervorgegangen seien – wohl nach seiner Heirat im gleichen Jahr[31] –, dass „nichts geborgtes" an ihnen sei und er sie „der Lust halber" verfasst habe: „mehr der Freundschafft als der Poeterey" wegen.[32] Es sind scherzhaft-satirische Grabschriften, eine Modegattung der Zeit.[33] Der frivole bis obszöne Tonfall, für den der Dichter bekannt ist, findet sich hier bereits voll ausgeprägt. Wie Gryphius stellt Hoffmannswaldau in seiner Dispositio biblische Motive an den Anfang: Adam, Loth, Salomon, Judas werden bedichtet. Nicht Glaubensmotive stehen aber im Zentrum der Grabschriften, sondern der argute, überraschende, nicht selten frivole Witz. Die vierte Grabschrift geht auf den Apostel Petrus und spielt unter anderem mit der Wortbedeutung von Petrus als „Stein", hier in der frühen Fassung eines Raubdrucks von 1662:

> S. Petri des Apostels.
>
> Hier ist der Leichen-Stein/ so diesen Stein beschleust/
> Der nicht mehr/ wie zuvor/ die Thränen von sich geust/
> Doch sol der todte Stein nicht auff das neue weinen/
> So jaget Weib und Hahn von diesen beyden Steinen.[34]

---

30 Vgl. Karl Friebe: Christian Hofman von Hofmanswaldaus Grabschriften. Greifswald 1893, S. V; Lothar Noack: Christian Hoffmann von Hoffmannswaldaus *Poetische Grab-Schrifften* von 1643, ihre Raubdrucke und spätere Umarbeitung. In: Germanica Wratislaviensia/Microfiche 7 (1989) 195–222; Thomas Althaus: Epigrammatisches Barock. Berlin, New York 1996 (Quellen und Forschungen zur Literatur- und Kulturgeschichte 243), S. 285–312.
31 Friebe (Anm. 30), S. V.
32 Die handschriftliche „Zuschrifft" ist verschollen, wurde aber wohl unverändert abgedruckt in den späteren Raubdrucken: Allerhand Kurtzweilige Grab-Schrifften/ C.H.v.B., 1662. In: Hoffmannswaldau: Gesammelte Werke, Bd. II: Curriculum studiorum und andere gedruckte Werke. Hg. von Franz Heiduk. Hildesheim 1993, S. 493–553, die Zuschrift: S. 497 f., hier: S. 498; im Folgenden zitiert als „GW" mit Bandzahl und Seitenzahl; vgl. Noack: Hoffmannswaldau (Anm. 15), S. 140 f.
33 Als ein unmittelbares Vorbild gelten die Scherzepitaphe des Giovanni Francesco Loredano: Il Cimiterio Epitafij Giocosi. [Venezia] 1645. Loredanos Epigramme haben oft verwandte Titel, entbehren aber die erotische Zuspitzung und Pointierung der Gedichte Hoffmannswaldaus. Vgl. zu Loredano: Italo Michele Battafarano: Epitaphia ioco-seria. Loredano und Hallmann. In: Beiträge zur Aufnahme der italienischen und spanischen Literatur in Deutschland im 16. und 17. Jahrhundert. Hg. von Alberto Martino. Amsterdam 1990, S. 133–150; Martin Mulsow: Vom Lohn der Frechheit. Philosophische Innovation aus dem Geist der Satire. In: Die unanständige Gelehrtenrepublik. Wissen, Libertinage und Kommunikation in der Frühen Neuzeit. Hg. von Martin Mulsow. Stuttgart u. a. 2007, S. 87–120, zu Loredano: S. 97.
34 GW II, S. 500 (Allerhand Kurtzweilige Grab-Schrifften, 1662).

Das ist vertrackt und hintersinnig. Nach seiner dreimaligen Verleugnung Christi weinte Petrus nach Auskunft der Evangelien bitterlich (Matth. 26,75). Das daran anknüpfende argute Spiel mit „Stein" und „Tränen" war in der jesuitischen Epigrammatik beliebt, so etwa in einem Epitaph von Jakob Bidermann auf die weinende Statue von St. Peter.[35]

Hoffmannswaldau greift dieses Motiv auf und überbietet es auf eine weniger respektvolle Weise. Mit „Weib und Hahn" zitiert er die beiden Protagonisten der neutestamentlichen Verleugnungsszene: die Magd, der gegenüber Petrus Christus verleugnet hat, und den Hahn, der daraufhin krähte. Zur vollen Geltung kommt die Pointe erst im theologischen Kontext. Im katholischen Verständnis kommt Petrus aufgrund des „Felsenworts" (Matth. 16,18) ein Vorrang unter den Aposteln zu. Auf Petrus gründet sich der Autoritätsanspruch der Römischen Kirche. Das Petrusprimat wird dagegen von den Reformatoren bestritten. Hoffmannswaldaus bösartigen Scherz muss man letztlich so verstehen, dass das sexuell konnotierte Treiben von „Weib und Hahn" auf ebenjenen „Steinen" genau den „Felsen" betrifft, auf dem sich die Römische Kirche erheben soll. Hoffmannswaldaus Petrus-Grabschrift ist ein scherzhaft-satirisches Epigramm mit konfessionspolemischer Pointe. Deutlich ist die Freude an der Komplexität der *argutia* und am erotisch-frivolen Scherz.

Insgesamt war die Frage der Sexualmoral in der Zeit ein beliebtes Feld der konfessionellen Polemik, nicht nur seitens der protestantischen Kritik der klerikalen Doppelmoral. Umgekehrt führten katholische Theologen den Erfolg des Protestantismus darauf zurück, dass sie „im Gegensatz zu den asketischen Forderungen der alten Kirche einen ‚leichteren Glauben' eingeführt" habe. Sie habe den Menschen die Mühen der Askese, der Beichte und der Zeremonien erlassen und sie durch eine „fleischliche Freiheit" verlockt.[36] Die kontroverse Perspektive auf die Frage der sinnlichen Natur des Menschen und deren rationale Beherrschbarkeit bildet die Folie, vor deren Hintergrund sich die erotische Motivik bei Hoffmannswaldau entfaltet.

Die frivole oder gar obszöne Anstößigkeit bildet bei Hoffmannswaldau geradezu ein Ziel der Gestaltung, nicht zuletzt als konfessionelle Spitze. Am deutlichsten zeigt das das bekannte Epigramm, das in der Neukirchschen Sammlung den Titel *Auf eine Nonne* tragen sollte, auch hier in der abweichenden Fassung der *Allerhand Kurtzweiligen Grab-Schrifften*:

---

[35] Jakob Bidermann: Epigrammatum libri tres. Dillingen 1620, S. 14: „Statua S. PETRI, assiduè lacrimantis."

[36] So formuliert es noch ein Text des 18. Jahrhunderts, s. Arno Herzig: Der Zwang zum wahren Glauben. Rekatholisierung vom 16. bis 18. Jahrhundert. Göttingen 2000, S. 81 f., Zitat aus: Archiv des Bistums Passau, Oberamt, Nr. 1749, S. 8, 13.

Einer Nonnen.

Man nahm mir meinen Schmuck und ließ mir Fleisch und Blut.
Man schnitt die Haare weg/ und ließ mir meine Glut/
In Betten hat mir sehr der Glaube stets behaget/
Weil er von Aufferstehung des Fleisches etwas saget.[37]

Hoffmannswaldau war sich der Anstößigkeit seiner Texte bewusst. So hat er das Nonnenepigramm mit anderen kontroversen Texten aus der autorisierten Druckfassung seiner Grabschriften herausgelassen. Es wurde erst in der Neukirchschen Sammlung publiziert, allerdings in einer weniger expliziten Fassung mit „Im Beten" in Vers 3. Letztere ist die allgemein bekannt gewordene Lesart.

5 Exkurs zur Überlieferungslage der *Grabschriften* Hoffmannswaldaus

Hier ist eine Anmerkung zur Überlieferungslage erforderlich. Hoffmannswaldaus Grabschriften sind in mehreren Sammelhandschriften, mehreren anonymen und nicht-autorisierten Drucken aus den 1660er-Jahren, in den vom Autor verantworteten *Deutschen Übersetzungen und Gedichten* von 1679 und einzelne dort zurückgehaltene Texte in der Neukirchschen Sammlung von 1695 und 1697 überliefert.[38] Im Zuge der jüngeren Digitalisierungsprojekte ist im Jahr 2012 ein weiterer anonymer Druck von 1662 aufgetaucht, der bislang weder bibliographisch nachgewiesen war noch in Forschungsarbeiten berücksichtigt wurde.[39] Die Fülle an Textzeugen

---

37 Allerhand Kurtzweilige Grab-Schrifften (Anm. 32), S. 512.
38 Grundlegend: Franz Heiduk: Hoffmannswaldau und die Überlieferung seiner Werke. Eine kritische Untersuchung mit dem Abdruck zweier bisher unbekannter Gedichte sowie einem Gesamtverzeichnis der Handschriften und ersten Drucke. In: Jahrbuch des Freien Deutschen Hochstifts (1975) 1–72, bes. S. 5–7 und S. 41–53.
39 Hundert Grab-Schrifften/ Mit willen in zwey Theile (also daß das eine meist Historische/ daß ander aber ergötzliche Materien vorstelle) getheilet/ Vnd Der untadelhafften Welt zum Zeitvertreib zugeschicket Von Einem Liebhaber der Teutschen Reime-Kunst. o.O. 1662 (http://www.deutsches-textarchiv.de/book/show/hoffmannswaldau_grabschriften_1662 [zuletzt: 17. Mai 2019]). Der bislang unbekannte Druck gehört zum Bestand der Lehrerbibliothek des Christianeums in Hamburg. Er stammt aus dem Besitz von Hans Schröder (1796–1855), Herausgeber eines schleswig-holsteinisch-lauenburgischen und eines Hamburger Schriftstellerlexikons. Der anonym und ohne Ort erschienene Druck der Grab-Schrifften ist der bislang einzige mit dem expliziten Druckdatum 1662.

weist zahlreiche unterschiedliche Zusammenstellungen, Anordnungen und Lesarten mit relevanten Bedeutungsabweichungen auf. Man hat wiederholt versucht, bestimmte Textzeugen zu privilegieren und ihnen gegenüber anderen eine höhere Authentizität zuzusprechen. So wurden die Raubdrucke oft als entstellt betrachtet und gegenüber den Sammelhandschriften abgewertet. Karl Friebe hat 1893 die im Zweiten Weltkrieg verschollene ‚Fürstensteiner Handschrift' näher mit dem Druck der *Centuria Epitaphiorum* (ca. 1662) und dem autorisierten Druck von 1679 verglichen und – mit nicht an jeder Stelle zwingenden Argumenten – aus der größeren Nähe der Handschrift zum autorisierten Druck auf die größere Authentizität der Handschrift geschlossen.[40] Franz Heiduk wiederum hat 1993 drei der Raubdrucke vollständig in seine Faksimileausgabe der Gesammelten Werke aufgenommen mit dem Argument, diese brächten zum Teil „auch authentischere Texte als manche in der autorisierten Ausgabe stark verfremdete, öfter auch ungeschickt abgeschwächte".[41] Lothar Noack dagegen formuliert 1999 in seiner Monographie, die von ihm auf Microfiche veröffentlichte Breslauer Sammelhandschrift IV, F.88 enthalte die „ursprünglichen 100 poetischen Grabschriften".[42]

Andererseits wiederum wird allgemein davon ausgegangen, dass die Grabschriften für die autorisierte Drucklegung bereinigt und ‚entschärft' wurden.[43] Politisch brisante und konfessionell oder moralisch besonders anstößige Texte wurden ausgeschieden oder verändert. Insofern können auch die Druckfassungen nicht als ‚authentische' Fassungen angesehen werden. Tatsächlich bieten die Raubdrucke häufig explizitere und anstößigere Lesarten, als die Handschriften oder die *Übersetzungen und Gedichte*.

Vergleiche und Bewertungen der verschiedenen Lesarten wurden von der Forschung nur vereinzelt und exemplarisch, nicht aber systematisch und vollständig vorgenommen. Die Grundlagen für eine Bewertung aller Textzeugen fehlen. Gleichwohl erscheint es inzwischen zweifelhaft, ob überhaupt ein einzelner ‚authentischer' Text rekonstruierbar wäre. Beim aktuellen Wissensstand ist davon auszugehen, dass mehrere Versionen der Texte parallel im Umlauf

---

40 Friebe (Anm. 30), S. XIX.
41 GW II, S. 622; darin abgedruckt: *Centuria Epitaphiorum*, 1662 (Hundert auserlesene und sinnreiche Grabschriften), S. 457–489; Allerhand Kurtzweilige Grab-Schrifften, 1662; Spielersinnliche Sterbens-Gedancken, 1663, S. 555–618.
42 Lothar Noack: Die Handschrift IV, F.88 – eine handschriftliche Überlieferung der Werke Christian Hoffmann von Hoffmannswaldaus in der UB Wrocław. In: Germanica Wratislaviensia/Microfiche 4 (1987) 160–358; das Zitat: Noack: Hoffmannswaldau (Anm. 15), S. 141, Anm. 51. Ähnlich: Marie-Thérèse Mourey: Poésie et éthique au XVIIe Siècle. Les Traductions et poèmes allemands de Christian Hoffmann von Hoffmannswaldau (1616–1679). Wiesbaden 1998 (Wolfenbütteler Arbeiten zur Barockforschung 30), S. 56.
43 Noack: Hoffmannswaldaus *Poetische Grab-Schriften* (Anm. 30), S. 218 und passim.

waren, sowohl in Handschriften als auch in unautorisierten Drucken. Vermutlich wurden die Texte auch mündlich kolportiert, vielleicht auch spielerisch variiert, verschärft und entschärft. Bei den Zusammenstellungen wurden verschiedene Ordnungsprinzipien ausprobiert. Was von diesen Varianten letztlich auf den Autor zurückgeht, ist beim derzeitigen Forschungsstand völlig unklar und womöglich auch nicht mehr zu ermitteln. Die Lesarten können unterschieden werden nach dem Grad ihrer Explizitheit und Anstößigkeit, nach ihrer poetischen Qualität, ihrer semantischen und arguten Stimmigkeit, kaum aber nach ihrer Authentizität oder ‚Ursprünglichkeit'. Es wurden vermutlich verschiedene Versionen gleichzeitig tradiert und fortgeschrieben.

Man kann diesen Sachverhalt anhand des zuletzt zitierten Nonnenepigramms illustrieren. Es ist die bekannteste der Hoffmannswaldauschen Grabschriften überhaupt. In den autorisierten *Übersetzungen und Gedichten* wurde sie ausgespart. Man macht dafür ihren konfessionspolemischen und obszönen Charakter verantwortlich. In der bekannten Fassung der Neukirchschen Sammlung heißt der dritte Vers: „Im beten hat mir stets der glaube sehr behaget."[44] Identisch lautet der Vers in der Breslauer Handschrift Ms. IV.F.88, die vermutlich nach 1663 entstanden ist.[45] In zweien der vier frühen Raubdrucke von 1662/63 heißt der Vers „In Betten hat mir sehr der Glaube stets behaget".[46] Der neu entdeckte Raubdruck aus Hamburg hat „Im bethen hat mir stets der Glaube wollbehaget", ist also nahe an der Neukirchschen Sammlung.[47] Der vierte Raubdruck, die *Spiel-ersinnlichen Sterbens-Gedancken*, zeigt „In Beten", offenbar ein irgendwie gearteter Druckfehler.[48] Bemerkenswert ist, dass zwei der Raubdrucke mit „In Betten" eine Variante haben, die die Pointe des Epigramms am deutlichsten auf den Punkt bringt und dem Sinn nach überzeugend und konsequent wirkt.[49] Im Vergleich erscheint „Im Beten" als eine Abschwächung, die die Pointe inexplizit werden lässt. Eine Entscheidung über den ‚authentischen' Text ist angesichts dieser

---

44 Benjamin Neukirch: Anthologie. Herrn von Hoffmannswaldau und andrer Deutschen auserlesener und bißher ungedruckter Gedichte erster theil. Hg. von Angelo George de Capua und Erika Alma Metzger. Tübingen 1961 (Neudrucke deutscher Literaturwerke. Neue Folge 1), S. 127; im Folgenden zitiert als „Neukirch" mit Band- und Seitenzahl.
45 Noack: Die Handschrift IV.F.88 (Anm. 42), S. 167. Noack transkribiert fälschlich „Im Beten", während die Handschrift wie die Neukirchsche Sammlung Kleinschrift hat, „Im beten"; Noack: *Poetische Grab-Schriften* (Anm. 30), S. 210.
46 GW II, darin: *Centuria Epitaphiorum*, S. 472; Allerhand Kurtzweilige Grab-Schrifften, S. 512.
47 Hundert Grab-Schrifften (Anm. 39), unpag., Epigramm II,14 (Blatt 16).
48 GW II, Spiel-ersinnliche Sterbens-Gedancken, S. 577.
49 Ohne sich festzulegen hat diese Lesart auch bereits Althaus (Anm. 30), S. 308, als möglicherweise ursprüngliche in Betracht gezogen.

Beobachtungen kaum möglich. Die anstößigere Variante findet sich im Fall des Nonnenepigramms jedenfalls in einigen der Raubdrucke.

Eine Entschärfung in der Druckfassung erfährt auch das Epitaph auf Pietro Aretino. Dass Hoffmannswaldau den scharfzüngigen Renaissancedichter bedenkt, zeigt seine Kenntnis und sein Interesse an dessen Werk und dessen maximaler Anstößigkeit. Aretino ist der Meister der sexuellen Explizitheit.[50] Dass Hoffmannswaldau von dieser Explizitheit weiß, zeigt sein Epitaph:

> Grab Aretini.
>
> Hier liegt ein geiler Mann/ so der verkehrten Welt/
> Den Griff der Schlipffrigkeit hat künstlich vorgestellt/
> *Die Venus/ daß ihr Sohn den Bogen besser dehne/*
> Nam sein verbultes Glied und gab es ihm zur Sehne.[51]

Das ist nicht einmal sehr feindselig gegenüber Aretino. Angeklagt ist die ‚verkehrte Welt', deren „Schlipffrigkeit" dieser lediglich abgebildet habe. Gleichwohl benennt die Pointe Aretinos „Glied" und zielt so auf dessen Obsession mit der konkreten Benennung von Sexualorganen und sexuellen Praktiken – konträr zum Petrarkismus und konträr zum *obscoenitas*-Verbot. Zudem unterzieht Hoffmannswaldaus Pointe dieses „Glied" einer mythologischen Tortur von delikater Präzision. Die poetische Grenzverletzung – das Aussprechen des *verbum mentulatum* – legitimiert sich hier durch die epigrammatische Exempelwahl. Aretino ist Gegenstand und Ermöglicher des Themas und seiner expliziten Behandlung. Dieses Epigramm erscheint gegenüber allen bekannten Raubdrucken und der Manuskriptfassung Ms. IV.F.88 in der Druckfassung von 1679 entschärft. Dort heißt es im letzten Vers: „Nahm sein verbultes *Hertz*."[52] Die sexuelle Explizitheit ist damit eliminiert und argute Schärfe geopfert. Auch die Anspielungstiefe ist deutlich gemindert. Umgekehrt lässt sich daraus schließen, dass die damit zurückgenommene Grenzverletzung ursprünglich wohl sehr bewusst geschehen war.

Hoffmannswaldaus Grabschriften sind meistenteils auf weltliche Gegenstände gerichtet und zielen auf die Vorführung einer ausgeklügelten *argutia*. Moralsatirische, politische und konfessionssatirische Spitzen reizen den Autor. Der frivole erotische Scherz dient nicht selten aber auch als Selbstzweck, wie

---

50 Zu denken ist im vorliegenden Zusammenhang vor allem an seine obszönen Sonette. Eine zweisprachige Ausgabe: Pietro Aretino: I Modi. Stellungen. Die Sonette des göttlichen Pietro Aretino zu den Kupfern Marcantonio Raimondis. Nachgedichtet und mit einem Essay versehen von Thomas Hettche. Frankfurt am Main 1997.
51 Allerhand Kurtzweilige Grab-Schrifften, GW II, 578.
52 GW I,2, 839.

die zuweilen drastischen Tierepitaphe zeigen. Wilfried Barner hatte die Grabschrift „Einer Fliegen" zur Schlusspointe seines Vortrags über die ‚Spielräume' gemacht.[53] Die folgende auf einen Hund steht ebenfalls am Ende der Epigrammsammlung und lautet in der Version des Raubdrucks:

> Eines Hundes.
>
> Das Bette macht ich mir auff meiner Frauen Brust/
> Mein Zünglein war ihr Schwamb/ ihr Bäuchlein meine Lust/
> Nun/ Leser/ wiltu nicht der schlechten Leiche lachen/
> So wil ich dir allein die Lägerstadt vermachen.[54]

Eine Anspielung auf Sodomie ist in Vers 2 nicht von der Hand zu weisen, was heute möglicherweise noch drastischer empfunden wird als damals. Auch dieses Epigramm wurde in der späteren Fassung bis zur Sinnlosigkeit entstellt. In der Druckfassung der *Deutschen Übersetzungen und Gedichte* heißt es im inkriminierten zweiten Vers plötzlich: „ihr Bächlein meine Kost."[55] Dies räumt – auch wenn mancher auch diese Fassung anstößig finden mag[56] – die Sodomieanspielung aus dem Weg, macht aber in Bezug auf den angedichteten menschlichen „Erben" dieser erotischen Situation keinen glaubhaften Sinn mehr.[57] Man fragt sich, ob der Dichter selbst an diesen ‚Korrekturen' tatsächlich mitgewirkt haben kann? Sie wirken allesamt ziemlich dilettantisch.

Selbstverständlich enthalten die Grabschriften nicht nur solche erotischobszön aufgeladenen Texte. Gleichwohl ist gerade diese Art der Scherzdichtung im Zuge seiner Rezeption zu einem entscheidenden Erkennungszeichen des Dichters Hoffmannswaldau geworden. Es handelt sich dabei um eine Tendenz, die man bei Andreas Gryphius selbst in Ansätzen vergeblich sucht.

Es ist viel darüber diskutiert worden, wie sich Hoffmannswaldau dies erlauben konnte. Es scheint der Würde des von ihm schließlich bekleideten Amtes zu widersprechen. Nicht selten hat man seine erotische Dichtung für subversiv

---

53 Barner (Anm. 5), S. 67.
54 Allerhand Kurtzweilige Grab-Schrifften, GW II, 520.
55 GW I,2, 857.
56 Noack hält diese autorisierte Version für obszöner als die der Raubdrucke, worin ich ihm nicht folgen kann. Vielmehr liegt hier erneut ein ungeschickter Versuch der Entschärfung der expliziten Rede vor, der den Reim beschädigt und die Pointe zerstört; Noack: *Poetische Grab-Schriften* (Anm. 30), S. 210 f., Anm. 48.
57 Jörg Wesche sieht hier durch die Tierperspektive einen „unzugänglichen Artikulationsspielraum" eröffnet. Er zitiert allerdings irrtümlich „ihr Bächlein meine Lust", was so nirgendwo vorkommt. Mir scheint die oben wiedergegebene drastischere Fassung tatsächlich „zugänglich" und umso anstößiger zu sein, was ihre nachträgliche Verfälschung erzwungen haben dürfte; Wesche (Anm. 9), S. 113.

oder gar blasphemisch gehalten.[58] Auch war man der Meinung, er habe sich einer Selbstzensur unterworfen, indem er die meisten dieser Texte nicht zum Druck brachte. Zuletzt hat Rainer Hillenbrand bezüglich des *Albanien*-Liedes die These vertreten, Hoffmannswaldau wolle letztlich in moralischer Absicht Lasterexempel präsentieren.[59] So einfach lässt sich die Problematik allerdings nicht auflösen und die Frage nicht beantworten.

Vielleicht hilft zur Beurteilung ein Blick auf die Theorie des komischen Lachens. Conrad Wiedemann sprach einmal vom Herrenwitz-Charakter dieser Texte.[60] Tatsächlich reizt manches davon aufgrund seines überraschenden Witzes zu einem befreienden Lachen: so beispielsweise der wortspielerische Scharfsinn und die Boshaftigkeit des Nonnenepitaphs. Auf den gruppendynamisch verbindenden und nach außen abgrenzenden Charakter des komischen Lachens ist immer wieder hingewiesen worden. Indem das Komische tendenziell soziale und kommunikative Grenzen überschreitet, vermag es, gemeinsame Werthorizonte zu prüfen, zu verschieben und zu bekräftigen. Joachim Ritter spricht in seiner einflussreichen Schrift über das Lachen vom Bekenntnis „der Zugehörigkeit eines [ausgegrenzten, T.B.] Geschehens zu einer bestimmten Lebensordnung".[61] Parallelen zeigen sich auch zu den Grenzüberschreitungen des gelehrten Libertinismus, den Martin Mulsow als typisches frühneuzeitliches Pluralisierungsphänomen analysiert hat. Dieser Libertinismus war in ähnlicher Weise auf soziale Exklusivität „in kleinen, elitären Gruppen"[62] angewiesen, wie Hoffmannswaldaus provokante Gedichte. Der satirische und spielerische Umgang mit autoritativen Positionen dient dazu, solche Positionen zu pluralisieren

---

58 In der Regel im Anschluss an Heinz Schlaffer: Musa iocosa. Gattungspoetik und Gattungsgeschichte der erotischen Dichtung in Deutschland. Stuttgart 1971 (Germanistische Abhandlungen 37).
59 Rainer Hillenbrand: Eine adamitische Ketzerei in Hoffmannswaldaus „Albanie". Zum Problem von Autorperspektive und Lyrischem Ich in der Barocklyrik. In: Wirkendes Wort 62.2 (2012), S. 183–198. Hillenbrand versucht, die Einsichten seiner Forschungen zu Grimmelshausen auf Hoffmannswaldau zu übertragen. Um hier aber in analoger Weise eine moraldidaktische Lesart zu forcieren, sind die sozial- und ideengeschichtlichen Kontexte und die poetologischen Vorstellungen in beiden Textkorpora allzu unterschiedlich.
60 Conrad Wiedemann: Barockdichtung in Deutschland. In: Renaissance und Barock. Teil 2. Hg. von August Buck. Frankfurt am Main 1972 (Neues Handbuch der Literaturwissenschaft 10), S. 197; vgl. auch Verf.: Galanterie und Anakreontik. Optionen der Lyrik im Zeitalter der Aufklärung. In: Die Kunst der Galanterie. Facetten eines Verhaltensmodells in der Literatur der Frühen Neuzeit. Hg. von Ruth Florack. Berlin u. a. 2012 (Frühe Neuzeit 171), S. 413–432, zu Hoffmannswaldau bes. S. 419–425.
61 Joachim Ritter: Über das Lachen. In: Subjektivität. Hg. von dems. Frankfurt am Main 1974, S. 62–92, hier: S. 78.
62 Mulsow (Anm. 33), S. 106.

und zu unterminieren. Es sei „offenbar ein Schwebezustand anvisiert, der den Leser zu eigener jeweiliger Bewertung nötigt, aber gerade damit die subversiv-skeptische, die ‚antiautoritäre' Lesart stützt."[63] Nichts scheint besser zu dieser Analyse zu passen, als die berühmten, völlig gegensätzlichen und sich ausschließenden Gedichte „Die Wollust" und „Die Tugend" von Hoffmannswaldau.[64]

Im Unterschied dazu gehen die satirischen Spottepitaphe über einen unentschiedenen Schwebezustand jedoch hinaus. Hier wirkt das Lachen sehr viel entschiedener im Sinn einer Abgrenzung gegenüber dem konfessionellen Gegner und einer insgeheimen Verständigung im klandestinen Kreis. Im Fall des Nonnenepitaphs geschieht dies über das Betonen der Zugehörigkeit der in der klösterlichen Ethik ausgegrenzten Sexualität zur menschlichen Daseinswelt. Zum befreiten Lachen reizt dieses Betonen in einem sozialen Raum, in dem die entsprechenden Werthorizonte und die zugehörige Anthropologie geteilt werden. Diese Voraussetzung gilt für Hoffmannswaldaus eingeschränkten Leserkreis. Er ist durch soziale Homogenität, durch eine definierte Abgrenzung gegenüber dem konfessionellen und politischen Gegenüber und damit durch einen gemeinsamen Werthorizont gekennzeichnet. In einer solchen positiven Perspektive erscheint es dann durchaus sinnvoll, dass die Texte bloß handschriftlich verbreitet wurden. Die eingeschränkte Leserschaft definiert den sozialen Raum, innerhalb dessen sich der identitätsstiftende Witz entfalten kann.

Wendet man den Blick zum Vergleich auf die Epigramme von Gryphius, dann fällt die deutlichere christlich-moralische Ausrichtung und die geringere argute Subtilität auf. So werden zahlreiche geläufige christliche Paradoxien epigrammatisch aufbereitet:

Die Geburt des HErren.

Der Held wird in dem Stall bey Vih für uns gebohren/
Weil er wie Vih vor uns zum Opfer ist erkohren.[65]

Prominent finden sich bei Gryphius auch Epigramme auf gelehrte Gegenstände wie das bekannte *Uber Nicolai Copernici Bild*.[66] Erotische Scherze muss man suchen, sie fallen in der Regel bei aller *argutia* moralisierend aus:

---

63 Ebd., S. 93.
64 GW I,2, 813–816; vgl. den klassischen Aufsatz von Wolfdietrich Rasch: Lust und Tugend. Zur erotischen Lyrik Hofmannswaldaus. In: Rezeption und Produktion zwischen 1570 und 1730. Festschrift für Günther Weydt zum 65. Geburtstag. Hg. von Wolfdietrich Rasch. Bern, München 1972, S. 447–480.
65 Gryphius: Ged. 133 (Epigramme I,15).
66 Gryphius: Ged. 136 (Epigramme II,2); vgl. Wilhelm Kühlmann: Neuzeitliche Wissenschaft in der Lyrik des 17. Jahrhunderts. Die Kopernikus-Gedichte des Andreas Gryphius und Caspar

Auff den *Levin*.

Man fragt warumb *Levin* zu freyen nicht gesonnen:
Er hat die *Flavien* sein Kind zu lib gewonnen.[67]

Und wo die Gryphschen Epigramme über die Stränge schlagen, gerät dies eher derb als subtil:

Auff den *Levin*.

Dein Schertzen schickt sich nicht/ *Levin* du bist ein Schwein/
Du bist ein grober Bock und wilst ein Affe seyn.[68]

Man kann darin eine Bestätigung der obigen These sehen, dass es eher der Ton Luthers als der einer feinsinnigen *argutia* ist, der auch in den Epigrammen zum Ausdruck kommt. Zumal das letzte Beispiel auch inhaltlich eine Absage an eine erotische Scherzdichtung impliziert, insofern der Affe auf das *imitatio*-Prinzip verweist und der Bock auf die damit verbrämte obszöne Thematik.

6 Pathos und Lieblichkeit des Stils

Will man die Eigenheit eines Dichters beschreiben, dasjenige, das ihn wiedererkennbar macht oder auch seinen Nachruhm begründet, dann landet man nicht selten bei der Sprache und beim Stil. Die geläufigen Stilkategorien sind allerdings meist recht grob.[69] Unsere beiden Autoren gelten beide als exemplarische Barock-Lyriker. Beide stehen für eine intensive Rhetorisierung der Lyrik. So vertreten beide die Überzeugung, dass eine kunstvolle rhetorische Gestaltung auch für die geistliche Dichtung angemessen sei. Ulrich Schulz-Buschhaus hat die barocke Stiltendenz bezogen auf Martin Opitz mit den Stichworten „Emphase und Geometrie" beschrieben.[70] Sein Befund trifft noch sehr viel deutlicher auf die Schreibweise von Andreas Gryphius zu. Gemeint ist einerseits, dass die rhetorische

---

Barlaeus im Argumentationszusammenhang des frühbarocken Modernismus. In: Jahrbuch der deutschen Schiller-Gesellschaft 23 (1979), S. 125–153.
67 Gryphius: Ged. 136 (Epigramme II,5).
68 Gryphius: Ged. 141 (Epigramme III,26).
69 Das Gryphius-Handbuch begnügt sich mit einem Artikel zur Verstechnik des Alexandriners, der in eigenwilliger Weise vor allem Fragen der Metrik behandelt: Andreas Beck: Verstechnik (Alexandriner, *vers communs*). In: Gryphius-Handbuch. Hg. von Nicola Kaminski und Robert Schütze. Berlin, Boston 2016, S. 740–756.
70 Ulrich Schulz-Buschhaus: Emphase und Geometrie. Notizen zu Opitz' Sonettistik im Kontext des europäischen Petrarkismus. In: Martin Opitz (1597–1639). Nachahmungspoetik und Lebenswelt. Hg. von Thomas Borgstedt und Walter Schmitz. Tübingen 2002 (Frühe Neuzeit 63),

Strukturierung der Rede mit der metrischen Ordnung des Verses übereinkommt. Die Rhetorik wird auf diese Weise betont und überdeutlich ausgestellt: „Was sind wir Menschen doch? Ein Wohnhauß grimmer Schmertzen // Ein Ball des falschen Glücks/ ein Irrlicht dieser Zeit."[71] Gryphius' Parallelismen fügen sich exakt in die kurzen Halbverse des Alexandriners ein und sind so deutlich hervorgehoben.

Hoffmannswaldau verfährt in einigen Gedichten zu verwandten Themen durchaus ähnlich. Er wählt liedhafte und elegische Formen, so eine 16-versige Elegie aus *vers communs*:

> Die Welt.
>
> WAs ist die Welt/ und ihr berühmtes glängzen?
> Was ist die Welt und ihre gantze Pracht?
> Ein schnöder Schein in kurtzgefasten Gräntzen/
> Ein schneller Blitz bey schwartzgewölckter Nacht.
> Ein bundtes Feld/ da Kummerdisteln grünen;
> Ein schön Spital/ so voller Kranckheit steckt.
> [...].[72]

Die Perioden führt er dabei im Vergleich zu Gryphius etwas länger durch den gesamten Vers. Wo Gryphius der Eingangsfrage einen Halbvers widmet und in Halbversen ein Stakkato der parallel gebauten Antworten folgen lässt, wiederholt Hoffmannswaldau die Frage in zwei parallelen Ganzversen. Geometrie herrscht auch hier, doch die Perioden fließen länger. Die harsche Rhythmisierung bei Gryphius steigert dagegen die Intensität. Hinzu kommt, was Schulz-Buschhaus „Emphase" nennt, eine massive Intensivierung der Wortwahl auch in den Epitheta: „grimmer Schmerz" – „falsches Glück" – „herbe Angst" – „scharfes Leid". Hoffmannswaldau sagt ähnliches in anmutigeren Worten: „Ein bundtes Feld/ da Kummerdisteln grünen; Ein schön Spital/ so voller Kranckheit steckt." Anstelle der Intensivierung setzt sich bei Hoffmannswaldau ein Spiel mit der Ambivalenz durch. Das Feld mit Disteln *grünt*, das Weltspital ist *schön*. Diese ästhetische Qualität wird nicht negiert wie in den Vanitasgedichten bei Gryphius. Sie bleibt gültig und mündet in eine Pointe, die das Himmelreich ebenfalls in eine Ambivalenz überführt, da „Ewigkeit und Schönheit sich umfast".

S. 73–87, bes. S. 75–82; zu Gryphius auch Verf.: Nachwort (Anm. 24), S. 212–214; sowie Verf.: Sonette. In: Kaminksi und Schütze (Anm. 69), S. 90–112, bes. S. 100 f.
71 Gryphius: Ged. 14 (Sonette I,11: *Menschliches Elende*).
72 GW I,2, 817.

Der flüssigere Ton Hoffmannswaldaus ist nicht bloß ein Ergebnis der Verwendung des *vers communs*, er ist auch im Alexandriner deutlich, wie in der folgenden Elegie zum ähnlichen Thema:

Die Weltlust.
>   WAs ist die Lust der Welt? nichts als ein Fastnachtsspiel/
> So lange Zeit gehofft/ in kurtzer Zeit verschwindet/
>   Da unsre Masquen uns nicht hafften/ wie man wil/
> Und da der Anschlag nicht den Ausschlag recht empfindet.
>   Es gehet uns wie dem/ der Feuerwercke macht/
> Ein Augenblick verzehrt offt eines Jahres Sorgen;
>   Man schaut wie unser Fleiß von Kindern wird verlacht/
> Der Abend tadelt offt den Mittag und den Morgen.
>   […].[73]

Außer im plakativen ersten Vers wird die Zäsur hier konsequent überspielt. Die Perioden laufen sogar gern über zwei Verse hinweg durch einen Anschluss als Relativsatz oder mittels einer Konjunktion wie in den Versen 2 und 4. Zudem erscheint der Stil hier noch schlichter durch weitgehenden Verzicht auf Redeschmuck, *argutia* oder Mythologeme.

Die Zeitgenossen haben Gryphius und Hoffmannswaldau deutlich unterschieden und unterschiedlichen Stillagen zugeordnet. Dazu hat Hoffmannswaldau selbst beigetragen, der in der Vorrede seiner Werkausgabe bekennt, sich „der reinen Lieblgkeit" bedienen zu wollen.[74] Benjamin Neukirch beschreibt den Stil von Gryphius in der Vorrede zu seiner Sammlung als „männlich/ nachdrücklich und donnernd" und in „bewegung und vorstellung der affecten" hervorstechend.[75] Er ordnet ihm also die Stillage des Pathos zu. Von Hoffmannswaldau dagegen heißt es, dass er als erster die „liebliche schreib-art" eingeführt habe, „indem er sich sehr an die Italiäner gehalten".[76] Mourey betont die beispielhafte *elegantia* seines Stils.[77] Wenn Hoffmannswaldau von der rhetorischen Gestaltung geistlicher Lyrik spricht, denkt er folglich auch weniger an Emphase und Geometrie. Seine Texte wirken weniger angespannt und fließen gefälliger.

Unter den geistlichen Texten Hoffmannswaldaus finden sich überraschend viele Bußgedichte. Das gibt es bei Gryphius in dieser Weise nicht. In den Bußtexten wird auffallend häufig der übermäßigen Hingabe an die sinnliche Lust

---

[73] GW I,2, 817 f.
[74] GW I,1, 11.
[75] Neukirch I, 12.
[76] Neukirch I, 13.
[77] Mourey: Poésie et éthique (Anm. 42), S. 108–111.

gedacht. Die mit diesem Thema verbundene Vanitas-Reflexion klingt im Vergleich zu Gryphius verhaltener und abgewogener, wie in der folgenden Strophe einer titellosen Ode:

> 3. Ich liebte bloß das Gläntzen/
> Die Eitelkeit der Welt:
> Die Lust vergaß der Gräntzen/
> So man ihr vorgestelt.
> Mein Auge war ein Spiegel/
> Der alle Formen fing/
> Der frey vom Zaum und Zügel/
> Durch geile Felder ging.[78]

Vom Sprecher bereut werden die „schnöden Flecken der sündlichen Begier" (Str. 1, v. 5f.). Der Dichter lässt sich mehrere Strophen Zeit zu deren Darstellung. Die Perioden fließen immer über zwei der kurzen Verse hinweg, was ihnen Eleganz verleiht. Teilweise wird eine gehäufte, preziöse Metaphorik entfaltet wie die vom Auge als Spiegel, der durch geile Felder ging. Auch hier herrscht der liebliche Stil. Das weltliche „Gläntzen" und die Reize der Sinnlichkeit und Lust werden nicht verdammt, sondern lediglich in ihrem Übermaß getadelt. Hoffmannswaldau ist kein Neustoizist mehr, sondern in seiner Ethik Aristoteliker, das kommt hier deutlich zum Ausdruck.[79]

Bei genauer Betrachtung finden sich bei ihm keine streng durchgeführten Vanitasgedichte, die denen von Gryphius gleichen würden. Bekannter geworden ist das Sonett zur *Vergänglichkeit der schönheit* aus der Neukirchschen Sammlung. Dieses allerdings spielt das Thema im Feld des petrarkistischen Schönheitslobs auf wiederum erotisch anzügliche und zugleich ambivalente Weise durch.

> Sonnet. Vergänglichkeit der schönheit.
>
>   ES wird der bleiche tod mit seiner kalten hand
> Dir endlich mit der zeit umb deine brüste streichen/
> Der liebliche corall der lippen wird verbleichen;
>   Der schultern warmer schnee wird werden kalter sand/
>   Der augen süsser blitz/ die kräffte deiner hand/
> Für welchen solches fällt/ die werden zeitlich weichen/
> Das haar/ das itzund kan des goldes glantz erreichen/
>   Tilgt endlich tag und jahr als ein gemeines band.

---

[78] GW I,2, 776 (*incipit:* „KAn ich mit einem Thone"). Im Druck ist das Lied fortlaufend ohne Zeilensprung gesetzt.
[79] Vgl. Verf.: Galanterie und Anakreontik (Anm. 60), S. 421 f.

> Der wohlgesetzte fuß/ die lieblichen gebärden/
> Die werden theils zu staub/ theils nichts und nichtig werden/
> Denn opfert keiner mehr der gottheit deiner pracht.
> Diß und noch mehr als diß muß endlich untergehen/
> Dein hertze kan allein zu aller zeit bestehen/
> Dieweil es die natur aus diamant gemacht.[80]

Die modernere Orthographie und die Kleinschreibung gehen auf die Überarbeitung für die Neukirchsche Sammlung zurück. Gerade hier auf dem imitatorischen Feld des Petrarkismus sind die Differenzen zu Gryphius erneut besonders markant.

7 Divergente Petrarca-*imitatio*

Wo Hoffmannswaldau keine echte Vanitaslyrik hat, hat Gryphius keinen Petrarkismus, der den Namen verdient. Da gibt es das Sonett über die *Gebeine der außgegrabenen Philosetten,* das die Schönheit in Gottfried Bennscher Manier als verwesten Leichnam präsentiert[81] und mit „O Häßlich' Anblick! ach! wo sind die güldnen Haar!" beginnt.[82] Oder es gibt jenes Eugenien-Sonett, „Was wundert ihr euch noch/ Ihr Rose der Jungfrauen", das ebenfalls zum Vanitasgedicht wird: „Eugenie so gehts/ so schwindet was wir schauen."[83] Es endet auf der Pointe: „Nicht anders gehen wir fort/ so bald wir sind geboren." Bei Gryphius geht die Glaubenswahrheit und damit die Besinnung auf die Vergänglichkeit jeder Form von Frauenlob oder Liebesdichtung voraus. Sein Petrarkismus ist fast immer antipetrarkistisch oder unpetrarkistisch. Auch hier ist die Wahl des Vorbilds und seine Behandlung programmatisch zu verstehen.

Ein in diesem Sinn lange nicht bemerktes, aber exemplarisches Beispiel dafür ist sein berühmtes Einsamkeits-Sonett. Die Forschung hat sich ausführlich mit der Melancholie und Kontemplativität dieses Gedichts beschäftigt. Der naheliegende und zentrale Bezug zu Petrarcas *Solo e pensoso* wurde dagegen ignoriert.[84]

---

80 Neukirch I, 46 f. Vgl. dazu zuletzt Hartmut Laufhütte: Mit der Grenze spielen. Zu Christian Hoffmann von Hoffmannswaldaus Sonett *Vergänglichkeit der Schönheit.* In: Norm – Grenze – Abweichung. Kultursemiotische Studien zu Literatur, Medien und Wissenschaft. Michael Titzmann zum 60. Geburtstag. Hg. von Gustav Frank u. a. Passau 2004, S. 31–48.
81 Vgl. „Schöne Jugend", Gottfried Benn: Gedichte. In der Fassung der Erstdrucke. Hg. von Bruno Hillebrand. 14. Aufl., Frankfurt am Main 2001, S. 22.
82 Gryphius: Ged. 26 (Sonette I,33).
83 Gryphius: Ged. 20 (Sonette I,22).
84 Vgl. exemplarisch: Wolfram Mauser: Andreas Gryphius' „Einsamkeit". Meditation, Melancholie und Vanitas. In: Gedichte und Interpretationen. Bd. 1. Renaissance und Barock. Hg. von

Einsamkeit.

IN diser Einsamkeit/ der mehr denn öden Wüsten/
  Gestreckt auff wildes Kraut/ an die bemoßte See:
  Beschau' ich jenes Thal und diser Felsen Höh'
Auff welchem Eulen nur und stille Vögel nisten.
Hir/ fern von dem Pallast; weit von des Pövels Lüsten/
  Betracht ich: wie der Mensch in Eitelkeit vergeh'
  Wie/ auff nicht festem Grund' all unser Hoffen steh'
Wie die vor Abend schmähn/ die vor dem Tag uns grüßten.
  Die Höl'/ der rauhe Wald/ der Todtenkopff/ der Stein/
  Den auch die Zeit aufffrist/ die abgezehrten Bein.
Entwerffen in dem Mutt unzehliche Gedancken.
  Der Mauren alter Grauß/ diß ungebau'te Land
  Ist schön und fruchtbar mir/ der eigentlich erkant/
Daß alles/ ohn ein Geist/ den Gott selbst hält/ muß wancken.[85]

Der Grund dafür, dass man das Vorbild Petrarcas übersehen hat, liegt offenbar darin, dass Gryphius am Schluss des Gedichts die Figur des Liebesgotts Amor durch die des christlichen Gottes ersetzt. Der in die Einsamkeit der Natur geflohene Protagonist findet dort eben nicht wie bei Petrarca den antiken Amor vor, der ihm weiterhin die Liebe einflüstert: „ragionando con meco, et io co·llui."[86] Bei Gryphius erkennt das Ich vielmehr die Unverzichtbarkeit des Gottesglaubens. Die überbietende *imitatio* Petrarcas ist offensichtlich. Petrarkistisch oder antipetrarkistisch ist dieses Sonett aber nicht mehr. Und die wenig spitzfindige *argutia* der Pointe beschränkt sich wiederum auf die Aussprache des Bekenntnisses zum Glauben, wie meist bei Gryphius.

Für Hoffmannswaldaus Umgang mit dem Petrarkismus ist völlig konträr dazu das Vorbild Giambattista Marinos maßgebend. Er folgt damit einer aktuellen Tendenz der höfisch-scherzhaften erotischen Dichtung. Während die Frauenliebe im ursprünglichen Petrarkismus heilsgeschichtlich eingebunden und überhöht wurde, wird sie dieser Sakralität in der marinesken Dichtung entkleidet und in ihrer kruden Sinnlichkeit vorgeführt. Dieser Verzicht auf die heilsgeschichtliche Dimension des Themas hat mehrere Aspekte. Er dient nicht nur der scherzhaft-satirischen Desavouierung des ursprünglichen Sinnanspruchs des Petrarkismus. Er eröffnet zugleich den Raum einer säkularen Geselligkeitspoesie, die sich unabhängig macht von religiösen Deutungsansprüchen und Tabuisierungen.

Volker Meid. Stuttgart 1982, S. 231–244; zum Petrarca-Bezug auf Canz. 35: Verf.: Topik des Sonetts (Anm. 14), S. 343–348.
85 Gryphius: Ged. 39 (Sonette II,6).
86 Francesco Petrarca: Canzoniere. Edizione commentata a cura di Marco Santagata. Milano 1996, S. 189.

Damit kommt sie dem verstärkt säkularen Selbstverständnis der absolutistischen Hofkultur entgegen.

Hoffmannswaldaus Umgang mit der petrarkistischen Tradition in ihrer marinesken Variante ist bekannt und viel diskutiert. Gegenüber Marino tritt bei ihm die explizite Benennung des Erotischen aber noch deutlicher hervor. Er ist unverhohlener und bleibt selten bei der metaphorischen Anspielung stehen wie zumeist Marino.[87] Bei Hoffmannswaldau kommt etwas hinzu, das ich als argumentative Affirmation des sexuellen Begehrens bezeichnen möchte. In seinen erotischen Oden, längeren Versepisteln und nicht zuletzt in den *Heldenbriefen* wird das sexuelle Begehren und die Forderung nach seiner Erfüllung immer wieder mit einem anthropologischen Argument begründet. Demnach entspreche die Erfüllung des Begehrens der menschlichen Natur und dem göttlichen Gesetz. Schon das „man ließ mir Fleisch und Blut" des Nonnenepitaphs zielt auf diesen anthropologischen Sachverhalt. „Du bist zu schwer/ der erde zu entfliehen/", heißt es in *Seine geliebte wollte ins kloster gehen*;[88] „Welch menschen-satz macht uns dies neue weh?", heißt es in der *Albanie*.[89] Letztere juristisch informierte Formulierung weist darauf hin, dass die Unterdrückung der Sexualität nicht naturrechtlich, sondern bloß positiv rechtlich und damit kulturell bedingt sei.

Es geht in all diesen Texten um die protestantisch motivierte Zurückweisung der asketischen Ethik der alten Kirche. Diese agonale Frontstellung erlaubt es Hoffmannswaldau, sowohl im satirischen Spottgedicht als auch in der Liebeslyrik derart sexuell explizit zu agieren, wie er es tut – immer unter der Voraussetzung des gemeinsamen Werthorizonts innerhalb des geschlossenen Rezipientenkreises einer städtischen, männlichen, lutherischen Zivilgesellschaft, wie sie mit dem Breslauer Patriziat gegeben war.[90] Das Stichwort vom Herrenwitz scheint da durchaus passend zu sein. Verbunden ist dies mit gezielten satirischen Grenzüberschreitungen, mit bewusster Anstößigkeit. Ob man dies als ein bloßes Ausnutzen gegebener Spielräume beschreiben kann, würde ich bezweifeln. Es werden vielmehr durch das Indienstnehmen zeitgenössischer Exempeltexte zu neuartigen Zwecken Spielräume *eröffnet*, die es zuvor in dieser Weise nicht gegeben hat und die sich auch keine Poetik so erträumt hätte.

---

87 Hugo Friedrich: Epochen der italienischen Lyrik. Frankfurt am Main 1964, S. 715 f.
88 Neukirch I,72.
89 Neukirch I,71.
90 Die ältere Forschung betonte stattdessen eher einen vermeintlich höfischen Adressatenkreis dieser Dichtung; vgl. Laufhütte (Anm. 80), S. 45.

8 Emphatische Überbietung und argute Subversion

Wollte man eine zugespitzte Kennzeichnung der unterschiedlichen poetischen Strategien der beiden Autoren formulieren, so würde ich – bei aller unvermeidlichen Verkürzung – im Fall des jungen Gryphius von einem Impuls der emphatischen Überbietung sprechen und bei Hoffmannswaldau von einem der arguten Subversion. Beide entwickeln ihr Werk in der konfessionspolitisch angespannten Situation im Schlesien des Dreißigjährigen Krieges und der darauf folgenden Jahrzehnte. Ihre Herkunft ist sozial und familiär unterschiedlich geprägt, was sich in ihrem Werk deutlich niederschlägt. Gryphius imitiert gleichsam das sakrale Literaturprogramm der Jesuitendichter. Wie diese überformt er die humanistischen Leitgattungen mit geistlichen Inhalten. Er tut dies allerdings in deutscher Sprache mit der Wortgewalt des lutherischen Predigers. Formgesetze werden dabei strapaziert, das *aptum* nicht selten hintangestellt im Dienst größtmöglicher Intensität der Wirkung. Kunstvolle Rhetorik und religiös-emphatische Sprache verbinden sich zu einem bis dato ungehörten Ton.

Bei Hoffmannswaldau findet man kein vergleichbares religiöses Bestreben. Er sucht sich seine Exempel ganz im Gegenteil vor allem in der zeitgenössischen säkularen Dichtung, in der scherzhaft-erotischen Geselligkeitslyrik der europäischen Höfe, in der ebenfalls höfisch geprägten Schäferdichtung, in Versepisteln. Stilistisch strebt er danach, deren *elegantia*-Ideal und den mittleren, lieblichen Stil der Liebesdichtung in der deutschen Sprache zu reproduzieren, ebenso wie die scherzhaft-witzige und satirische *argutia*. In der Behandlung der galanten Thematik aber gewinnt er einen eigenwilligen Zugang, indem er die im Luthertum beheimatete antiasketische Anthropologie zu einer poetisch-spielerischen Affirmation des sexuellen Begehrens nutzt. Er überschreitet damit Grenzen und entwickelt einen spielerisch-geselligen Ton, der zunächst nur im geschlossenen Raum einer homogenen sozialen Gruppe kommunizierbar war.

Beide Autoren haben in einer gemeinsamen historischen Situation eine individuelle poetische Sprache geschaffen, die über ihr Jahrhundert hinaus getragen hat, wenn auch in sehr unterschiedlicher Weise. Bei Gryphius beeindruckt noch heute die sprachliche Gewalt und die Intensität der Schilderung des menschlichen Leidens in der Welt. Der Schriftsteller Uwe Kolbe hat in seinem Nachwort zum *Gryphius-Lesebuch*, das der Fischer-Verlag zum Jubiläumsjahr herausgebracht hat, darauf hingewiesen, dass vor allem jene Gedichte von Gryphius präsent geblieben sind, die universelle Menschheitsthemen ansprechen und auf eine allzu deutliche Frömmigkeit und Glaubensaussprache verzichten:

die Vanitasgedichte, die *Thränen des Vaterlandes*. Diese haben als exemplarische Barockgedichte ikonischen Charakter erlangt.[91]

Analoges kann man von Hoffmannswaldau sagen. Bei ihm sind es der anstößige erotische Scherz und die poetische Affirmation der menschlichen Natur und Sexualität, die seinen Gedichten fortdauernde Aufmerksamkeit verschafft haben. Dabei folgt die positive Rezeption der beiden Autoren geradezu gegenläufigen Konjunkturen. Bei Gryphius sind es Zeiten der Rückbesinnung auf christliche Werte, die Zeitalter der Romantik oder der Weltkriege des 20. Jahrhunderts in Deutschland, bei Hoffmannswaldau sind es die frühe Aufklärung oder die Zeiten der sexuellen Befreiung seit den 1960er-Jahren. Bei beiden Autoren aber dominiert in diesen Hinsichten nicht allein die Tradition und das poetische Regelwerk, sondern nicht zuletzt die Grenzgängerei und die eigenwillige Überschreitung dessen, was die Schule so lehrte.

---

91 Andreas Gryphius: Das große Lesebuch. Hg. von Uwe Kolbe. Frankfurt am Main 2016, S. 379–391, hier S. 382.

Constanze Baum
„Unter diesen Worten öffnet sich der innere Schau-Platz"
Der Nebentext als Bedeutungsträger in Andreas Gryphius' Dramen

> J'ai dit que la Pantomime est une portion du Drame; que l'Auteur s'en doit occuper sérieusement; que si elle ne lui est familiere & présente, il ne saura ni commencer, ni conduire, ni terminer sa scene avec quelque vérité; & que le geste doit s'écrire souvent à la place du discours.[1]

1 Gryphius und der Nebentext

Nebentexte in den Dramen von Andreas Gryphius sind bislang aus literaturwissenschaftlicher Perspektive nicht systematisch und stückübergreifend erforscht worden.[2] Dies wird zum einen durch die Marginalisierung bedingt, die dem Nebentext als Bestandteil des Dramas lange Zeit von der Forschung generell entgegengebracht wurde,[3] und zum anderen durch die implizite Unterstellung,

---

1 Denis Diderot: Œuvres de théatre de M. Diderot avec un discours sur la poésie dramatique. Tome Second, Amsterdam 1772, S. 404.
2 Eine Befundschau positivistischer Manier bietet Siegfried Mauermann: Die Bühnenanweisung im deutschen Drama bis 1700. Berlin 1911 (Palaestra 102); jüngere Forschungen zur Frühen Neuzeit stellen Nebentexte oft nur kursorisch in den Fokus ihrer Beobachtungen. Vgl. auch Constanze Baum: Nebentexte als Bedeutungsträger im Drama der Frühen Neuzeit. In: LiLi 48.3 (2018), S. 445–461.
3 Umfangreich aufgearbeitet ist die Forschungslage von Anke Detken: Im Nebenraum des Textes. Regiebemerkungen in Dramen des 18. Jahrhunderts. Tübingen 2009 (Theatron. Studien zur Geschichte und Theorie der dramatischen Künste 54). Daneben verdient der von Tschauder 1991 vorgelegte Aufsatz Beachtung, der von einer linguistischen Perspektive her argumentierend den Nebentext stark macht. Gerhard Tschauder: Wer „erzählt" das Drama? Versuch einer Typologie des Nebentexts. In: Sprache und Literatur in Wissenschaft und Unterricht 68 (1991), S. 50–67. Ebenfalls der Sache des Nebentexts hinsichtlich seiner vernachlässigten Bedeutung gegenüber aufgeschlossen ist Karl-Ludwig Wetzig: Diskrete Bewegungen des kleinen Fingers. Nebentext im Zusammenspiel des Systems theatralischer Zeichen. In: Geschichte, System, Literarische Übersetzung. Hg. von Harald Kittel. Berlin 1992 (Göttinger Beiträge zur internationalen Übersetzungsforschung 5), S. 142–165, auch wenn dieser in seinen Ausführungen an einer theatersemiotischen Lesart interessiert ist; zuletzt Lily Tonger-Erk, Niels Werber (Hg.): Hauptsache Nebentext. Regiebemerkungen im Drama. Stuttgart 2018 (LiLi 48.3 [2018]).

https://doi.org/10.1515/9783110664898-019

dass das quantitativ geringe Aufkommen von dramateninternen Nebentexten bei Gryphius – und um solche soll es im Folgenden gehen – keine Relevanz hinsichtlich der Kernaussagen des Dramas bereithielte.

Der vorliegende Beitrag möchte dem Phänomen des Nebentextes in Andreas Gryphius' Schaffen eine Chance der Beachtung einräumen und widmet sich daher der Frage, welche Bedeutung Nebentexten im dramatischen Gefüge seiner Werke beigemessen werden kann. Dafür ist neben einer grundsätzlichen Annäherung an die Frage nach dem Nebentext als Bedeutungsträger zu klären, an welchen Stellen und in welcher Form Nebentext bei Gryphius in Erscheinung tritt und welche Funktionen er auf textdramaturgischer Ebene übernimmt. Hierzu sollen einige repräsentative Befunde vorgestellt werden. Des Weiteren wird exemplarisch aufgezeigt, inwiefern bestehende Interpretationsansätze von Gryphius' Schauspielen angesichts solcher dramenstruktureller Überlegungen bestätigt oder erweitert werden könnten. Die in dieser Hinsicht angestellten Beobachtungen und Überlegungen können so die vielfältigen (literatur-)historischen, theologischen oder ideengeschichtlichen Diskurse, die sich mit Gryphius' Werk verbinden lassen, um einen Aspekt ergänzen, der von der Textdramaturgie her kommt und ein kompositorisches, funktionsgebundenes Element des dramatischen Textes aufgreift. Durch diese spezifische Herangehensweise soll die Aufmerksamkeit für eine differenzierte Lesart des fiktionalen Textes und seiner dramatischen Modalitäten geschärft werden. Methodisch gesehen verhandelt eine solche Perspektivierung mit der Betrachtung des Nebentextes ein formkonstituierendes Merkmal des Dramas, seine Einsatzgebiete und Funktionszusammenhänge im fiktionalen Gefüge.[4]

Mit Genette lassen sich alle außerhalb des Kerntextes liegenden Bestandteile des Dramas als paratextuelle Phänomene fassen. Das ist gerade für die Dramatik der Frühen Neuzeit besonders fruchtbar, fallen hierunter doch Vorreden, Widmungen, Inhaltsangaben, Erklärungen, ja sogar Frontispize, die oft Bestandteil des überlieferten Textstandes sind.[5] Diese Paratexte besitzen jeweils eigene Gesetzmäßigkeiten und unterliegen frühneuzeitlichen Gattungs- und Veröffentlichungskonventionen. Sie stehen in einer je spezifischen Relation zur Figurenrede

---

[4] Alexander Weber hat in seiner unlängst vorgelegten Dissertation eine Bresche für eine erneute Beschäftigung mit Nebentexten geschlagen, die er aus einer narratologischen Perspektive betrachtet. Alexander Weber: Die Episierung im Drama. Ein Beitrag zur transgenerischen Narratologie. Berlin, Boston 2017 (Deutsche Literatur. Studien und Quellen 24).

[5] Vgl. insgesamt den in dieser Hinsicht sehr instruktiven Band: Frieder von Ammon, Herfried Vögel (Hg.): Die Pluralisierung des Paratextes in der Frühen Neuzeit. Münster 2008 (Pluralisierung & Autorität 15), besonders den darin enthaltenen Aufsatz von Jörg Krämer: Text und Paratext im Musiktheater, S. 45–78.

und ergeben erst in ihrem komplexen Zusammenspiel das literarische Gesamt von Stimmen bzw. Textschichten in den unterschiedlichsten Modulationen. Es wäre sicherlich ein gewinnbringendes, wenn auch methodisch ambitioniertes Unterfangen, die Gesamtheit der Paratexte in ihren gegenseitigen semantischen Wechselwirkungen und Spannungsverhältnissen in Gryphius' Werken zu untersuchen. Hier sollen lediglich jene Textbausteine im Fokus stehen, die unmittelbar mit der Figurenrede verschliffen sind und die im Folgenden als Nebentexte verstanden werden. Dass ihnen eine besondere Bedeutung zukommt, hat schon Willi Flemming herausgestellt: „Diese Zusätze alle sind einer lebhaften Anschauung entsprungen, der das Wort zum Bild wurde, zum Bühnenbild. [...] Gryphius sah durchaus bühnengemäss, in seinen Originalstücken wie in seinen Übersetzungen sogar."[6] Flemming betont die enge Verzahnung von Text und Inszenierung, die er aus den von Gryphius implementierten Zusätzen herauslesen will. Der Rückschluss auf die Befähigung zu „lebhafte[r] Anschauung" mag als autororientierter Interpretationsansatz veraltet erscheinen, verweist aber auf die Bedeutung, die Nebentexten in Gryphius' Gesamtwerk hier *en passant* beigemessen wird. Demnach ist der Einsatz von Nebentexten in der gesamten Bandbreite von Gryphius' Schaffen als überliefertes Textphänomen zu beobachten.

Es muss an dieser Stelle eingeräumt werden, dass Gryphius in Hinblick auf die Verwendung von Nebentexten keine Ausnahmeerscheinung darstellt. Vielmehr zeugt das Auftauchen von dramatischen Nebentexten von einer Schreibpraxis, die sich im deutschsprachigen, aber auch im lateinischen Drama der Frühen Neuzeit allerorten in unterschiedlichster Ausprägung findet.[7] Nebentext-Partikel, die in Relation zum Sprechtext meist quantitativ geringeren Ausmaßes sind, wachsen sich bei manchen Autoren sogar zu ganzen stummen Spielszenen aus. Eine Spurensuche in der Frühen Neuzeit führt beispielsweise von teils drastischen Handlungseinwürfen in Jacob Ayrers (1544–1605) Dramen über die von Jakob Masen (1606–1681) eingebauten *scenae mutae* bis zu Johann Christian Hallmanns (1640–1716) opulenten „stillen Vorstellungen", die die Haupthandlung als Spiel-im-Spiel gewissermaßen infiltrieren.[8] Dabei tritt eine enorme Palette an möglichen Inanspruchnahmen des Nebentextes zutage: Die

---

6 Willi Flemming: Andreas Gryphius und die Bühne. Halle an der Saale 1921, S. 385.
7 Zur Geschichte des Nebentextes in europäischer Perspektive vgl. sowohl Detken (Anm. 3) als auch Jacob Steiner: Die Bühnenanweisung. Göttingen 1969.
8 Vgl. generell Mauermann (Anm. 2). Eine sehr umfangreiche und verdienstvolle Aufarbeitung von Befunden bietet auch Irmgard Scheitler, die frühneuzeitliche Dramentexte hinsichtlich ihrer musikalischen Elemente erschließt. Irmgard Scheitler: Schauspielmusik. Funktion und Ästhetik im deutschsprachigen Drama der Frühen Neuzeit. Bd. 1: Materialteil. Tutzing 2013 (Würzburger Beiträge zur Musikforschung 2.1); Bd. 2: Darstellungsteil. Beeskow 2015

Ausprägungen reichen von der knappen adjektivischen Bewertung eines Gemütszustands über szenische Deskriptionen eines Settings bis hin zu einfachen oder komplexen Geschehensdarstellungen, die in geschlossenen Handlungssequenzen enthalten sein können. Die Kopplung von Figurenrede und Nebentext kann dabei sowohl Bruch wie Brücke zur Haupthandlung markieren. So materialisiert sich laut Irmgard Scheitler beispielsweise in manch ambitioniertem, allegorisch oder emblematisch aufgeladenen Tableau auf einem ‚inneren Schauplatz' durchaus auch Parallelwissen.[9]

2 Nebentext als politischer Aktionsraum

In Gryphius' Trauerspiel *Carolus Stuardus* tauchen Nebentexte vermehrt in der zweiten Fassung (Fassung B, Ausgabe letzter Hand) von 1663 auf. Das Stück zielt als politisches Zeitdrama *avant la lettre* auf die Konstellation der Cromwell'schen Revolution gegen die Stuarts und rekurriert bei seiner Entstehung um 1650 auf jüngste Ereignisse der europäischen Hofgeschichte, nämlich die 1649 erfolgte Enthauptung Karls I., die Gryphius zum katastrophalen Endpunkt des Dramas macht. Die Aktualität des Stücks war jedoch zum Zeitpunkt seiner Überarbeitung 1663 von den Ereignissen schon wieder überholt worden. Denn die Herrschaft der Stuarts war seit 1660 wiederhergestellt, Karl II. als Nachfolger eingesetzt. Er ließ die Königsstürzer posthum hinrichten: 1661 wurde Cromwell exhumiert und sein Kopf aufgespießt und in London zur Schau gestellt – es war die Inszenierung einer ‚Schaubühne der Aufrührer' im öffentlichen Raum als politischer Akt der Abschreckung. Gryphius trug diesen Entwicklungen Rechnung, indem er die Ereignisse, die damit zu evidenten Bestandteilen des aktualisierten Textes wurden, nachträglich in das Drama einarbeitete und somit letztlich auch die Stoßrichtung der Dramenaussage veränderte bzw. den Cromwell-kritischen Ton der ersten Fassung verschärfte, indem die politischen Folgen des Königsmords Teil des Textes wurden. Der Dramatiker Gryphius stand dabei aber vor der Frage: Wie aktualisiert man ein Zeitdrama und wie relativiert man ein Zeitgeschehen, ohne die Gesamtkomposition des vorhandenen Textes aufzukündigen? Paratexte,

---

(Ortus-Studien 19). Scheitlers Untersuchungsansatz geht jedoch – wie viele andere auch – von einer Aufführungspraxis aus, die sich hier mit der Frage nach der Musikalität bzw. dem konkreten Einsatz von Musik in den Dramen verbindet. Scheitler spricht in diesem Zusammenhang von „theatraler Zurschaustellung" der sog. „Verthönungen" (Bd. 2, S. 38); vgl. dies.: Die Verthönung. Illustration auf dem Theater. In: Intermedialität in der Frühen Neuzeit. Formen, Funktionen, Konzepte. Hg. von Jörg Robert. Berlin, Boston 2017 (Frühe Neuzeit 209), S. 21–38.
9 Vgl. Scheitler: Schauspielmusik (Anm. 8), S. 31.

Nebenhandlungen und Nebentexte scheinen hierfür prädestiniert, da sich durch sie Möglichkeiten eröffnen, andere Handlungs- und Geschehensebenen zu etablieren, ohne den Gang der Haupthandlung empfindlich zu gefährden.[10] So bereichert denn Gryphius den dramatischen Text in der fünften Abhandlung um ein retardierendes Moment, indem er den am Todesurteil des Königs mitverantwortlichen Richter Poleh auftreten lässt, der in Fassung A noch gänzlich fehlt. Die Szene besticht durch die affektgeladene Selbstaussprache und den Einsatz von Nebentexten, die sich sowohl auf Aktionen der Figur Poleh beziehen,[11] als auch in Verbund mit einer Reihe von Vorstellungen im Sinne nonverbaler Spielszenen stehen. Gryphius setzt den Nebentext in der Ausgabe letzter Hand von 1663 in einem Anmerkungsapparat auf dem Papier ‚in Szene', die Schrifttype ist größer gewählt als die des Sprechtextes. Dreimal öffnet und „schleust" sich der Schauplatz in schneller Folge: Ein erstes Mal wird „die Virtheilung des Hugo Peters und Hewleds"[12] vorgestellt. Darauf wird wenige Verse später Cromwells Leiche am Galgen vorgeführt, schließlich die Krönung Karls II. durch den Bischof vollführt. Die Geister der Ermordeten Laud und Wentwort erscheinen und verstellen Poleh den Ausgang. Die Figur wird sozusagen zum Gefangenen des Nebentexts, dem sie nicht entkommen kann. Ein Abgang von der Bühne ist erst möglich, nachdem die Geister, wie im Nebentext angezeigt, verschwunden sind. Niefanger zählt die Poleh-Szene insgesamt zu den „experimentellsten Dramenpassagen, die Gryphius je geschrieben hat".[13] Den drei stillen Vorstellungen wohnt dabei ein extradiegetischer Charakter inne, da das Geschehen in keinem notwendig logischen Kausalzusammenhang zur Haupthandlung steht bzw. eine solche Kausalität erst durch die kommentierende Figurenrede oder den Rezipienten, sei er nun Leser oder Zuschauer, hergestellt wird. Entsprechend richtet sich der Kommentar des Richters Poleh fragend bis zweifelnd an das, was der innere Schauplatz offenbart:

---

10 So wird auch die Handlung um Fairfax und seine Frau in der Fassung B ausgebaut. Zu den anderen, wesentlichen Veränderungen der B-Fassung vgl. Dirk Niefanger: Art. Carolus Stuardus (B-Fassung). In: Gryphius-Handbuch. Hg. von Nicola Kaminski und Robert Schütze. Berlin, Boston 2016, S. 260–271, besonders S. 265 f. Niefanger kann insbesondere aufzeigen, welche kompositorischen Überlegungen die Dynamik der Fassung B prägen.
11 Niefanger spricht von einer überraschenden Körperperformanz, ebd., S. 266.
12 Andreae Gryphii Ermordete Majestät. Oder Carolus Stuardus König von Groß Britanien. Trauer-Spil. In: Andreae Gryphii Trauer-Spiele auch Oden und Sonnette. Leipzig 1663, Signatur: Yi 2020 < a > . Online-Ausgabe [beschränkter Zugriff]: Preußen 17 digital (Digitalisierung des im VD 17 nachgewiesenen Bestandes preußischer Drucke der Staatsbibliothek zu Berlin, 2016): http://resolver.staatsbibliothek-berlin.de/SBB0001468800000000 (zuletzt: 17. Mai 2019), S. 413, Einschub e) zu Vers 193.
13 Niefanger (Anm. 10), S. 266.

Wehn schleifft man? Carrew dich? Wer hengt hir? Horrison?
Wie Hugo fällst du auch in den verdinten Hohn?[14]

Die in Dramentexten der Frühen Neuzeit übliche imperative Deixis („seht", „schaut"), die sich dialogisch an ein ungenanntes, aber plural gemeintes Gegenüber wendet, ist in diesem Monolog Polehs zu einer Infragestellung des Geschauten umgearbeitet. Gepaart ist dies mit dem sukzessive in der Szene fortschreitenden Glaubwürdigkeitsverlust der Figur Poleh selbst, dessen Affektgeladenheit – auch durch die eingestreuten Nebentexte forciert – die monologische Szene in Sprache und Handlung von Beginn an bestimmt. Die wahnhafte Haltung Polehs, die sich in seinem Sprechen durch die gesamte Szene zieht, wird bereits durch den vorangestellten Nebentext determiniert. So heißt es am Szeneneingang: „Poleh. Komt rasend mit halb zurissenen Kleidern und einem Stock in der Hand auff den Schau-platz gelaufen."[15] Die psychisch labile Disposition der Figur wird durch diese Beschreibung im Nebentext fixiert. Sowohl emotional („komt rasend") als auch visuell („mit halb zurissenen Kleidern") und dynamisch („gelaufen") wird ein Setting höchster Spannkraft erzeugt, die sodann auch die Figurenrede prägt, die im Staccato größter Erregung und Atemlosigkeit mit vielen Ausrufen ansetzt:

Umbsonst! Weicht! Es ist aus! Rennt hir ist nichts zu hoffen![16]

Dennoch handelt es sich bei dem sich auf dem Höhepunkt dieser ausgestellten Autosuggestion dreifach eröffnenden Schau-Platz nicht um Introspektion einer wahninfizierten Seele.[17] Denn trotz des vorgeschalteten lautmalerischen und aktionistischen Gestammels mit Stock und Stimme, erweist sich Polehs Reaktion auf die inneren Schauplätze ja auch mittels der vorgebrachten Zweifel als sehr zurechnungsfähige Befragung und Beschreibung.[18] Auch scheinen mir hier weniger „‚personal' gedachte Visionen"[19] gemeint zu sein. Vielmehr etabliert die stumme Szene einen geschickt vom Dramatiker in das Setting montierten, aktualisierten Geschichtsraum. Denn Gryphius hat das zeitgeschichtliche Geschehen als stummes Spiel auf einem inneren Schauplatz in die Tragödie

---

14 Gryphius: Carolus Stuardus (Anm. 12) 1663, S. 414, V. 195–196.
15 Ebd., S. 412, o. Z.
16 Ebd., S. 412, V. 156.
17 Vgl. den Beitrag von Franz Fromholzer in diesem Band.
18 Vgl. ähnlich Oliver Bach: Zwischen Heilsgeschichte und säkularer Jurisprudenz. Politische Theologie in den Trauerspielen des Andreas Gryphius. Berlin, Boston 2014 (Frühe Neuzeit 188), S. 575.
19 Niefanger (Anm. 10), S. 266.

eingearbeitet, um das Handlungsgeschehen nicht revidieren zu müssen. In *Carolus Stuardus B* wird der Nebentext in Verschleifung mit einer irrationalen Grenzüberschreitung zur Aktualisierung von Zeitgeschehen genutzt. Nicht im Sinne einer linear verlaufenden Historie, sondern als eingeschaltete Prolepse wird Geschichte dadurch erfahrbar gemacht. Hier wird also ein doppeltes Spiel betrieben, indem mit dem Nebentext eine Handlungsebene eingezogen wird, die textintern für die Dramenfigur als stumme Vision erscheinen mag, textextern für einen wissenden Rezipienten geschichtliche Evidenz herstellt und zwei Eigenzeiten des Dramas miteinander in einem Moment verschränkt. Durch diese kongeniale Verzahnung von Wahn und Geschichtswirklichkeit mittels Haupthandlung und stummer Spielszene kommt es zum einen zu einer Überforderung der Figur Poleh mit höchster Intensität innerhalb der dramatischen Handlung, die die Bilder der Zukunft kaum auszuhalten vermag, und zum anderen zu einer Anpassung und Beförderung von Weltwissen in Bezug auf das Dargestellte, das in seiner direkten Grausamkeit der Darstellung mit einem sehr ähnlichen Grad an Intensität arbeitet.

Der dramatische Text selbst erweist sich damit geeignet, Tiefen- und Perspektivschichtungen überlappend oder nebeneinander zu präsentieren und so simultan einen mehrfachen Sinn an der Textoberfläche zu präsentieren. Der so eröffnete Schauplatz ist aber nicht – wie dies bei Hallmann und anderen der Fall ist – allegorisch oder emblematisch zu lesen, sondern als politischer Raum zu verstehen. Er legitimiert sich über geschichtliche Ereignisse, die tatsächlich bereits stattgefunden haben, die jedoch für die Eigenperspektive des Handlungsgeschehens noch keine Gültigkeit besitzen und deshalb von der Textwirklichkeit nicht verifiziert werden können. Nicht nur ein Spiel-im-Spiel, sondern auch ein Text-im-Text-Verfahren wird in dieser Szene damit kunstvoll vorangetrieben. Für komische Entlastung wird gesorgt, wenn Poleh einen weiteren Vorgriff leistet, indem er bezeugt: „Weh mir! was schau ich dort? weh mir! die Rach[e] erscheinet!", während der Nebentext „Vnter disen Worten" klarstellt, dass nicht die Rache auftritt, die aber im Schlusstableau des Dramas dann umso wortgewaltiger eingeführt wird, sondern die besagte Vierteilung gezeigt wird.[20] Es entsteht eine Metaebene, die, wie Bernhard Greiner hinsichtlich der Beobachtungen zum Spiel-im-Spiel bei Gryphius ausführt, mindestens zwei Funktionen erfüllt: „als Übungs- und Reflexionsfeld gelingender Repräsentation wie als Feld der Vergewisserung ungewisser Transzendenz [...] erproben

---

[20] „Alle: Rach! Rache! Rache! Rach! Rach! über disen Tod!" Gryphius: Carolus Stuardus (Anm. 12) 1663, S. 424, V. 499.

Gryphius' Dramen die Figur des Spiels im Spiel in immer neuen Versuchsanordnungen."[21] Das lässt sich auf den Nebentext übertragen. Die Versuchsanordnung dieser Szene im *Carolus Stuardus* scheint dabei besonders ausgeprägt hinsichtlich unterschiedlichster Nuancen, die mittels des Nebentextes ausgelotet werden. Auch im Drucksatz lässt sich dies beispielsweise ablesen (Abb. 1).

Die Narration des Nebentextes begleitet gewissermaßen als Untertitel einerseits fortlaufend die Handlung und wird ohne Absätze als Fließtext wiedergegeben; andererseits bildet das Einbringen der Fußnote im Sprechtext einen sprunghaften Rezeptionsakt ab, in dem der Leser angeregt wird, zwischen Haupt- und Nebentext hin- und herzuwechseln. Interessant ist vielleicht auch die Beobachtung, dass der Nebentext eine eigenreferentielle, geschlossene Satzgrammatik aufweist. So heißt es: „b) Er stellet sich als höret er etwas von fern. c) Er geberdet sich mit dem Stock als einer Trompeten. d) Als mit einem Feuerrohr."[22] Anmerkung d) ist ohne den grammatischen Bezug zu c) nicht verstehbar. In der sprachlichen Fassung fällt zudem die Verwendung des Irrealis auf. Das Spiel-im-Spiel ist auf den Körper als Agens einer Verstellung übertragen. In einem weiteren Schritt kann sich auch das Requisit, der Stock, zweifach verwandeln und wird zu Instrument und Waffe.

Der Deutungshorizont des Dramas wird durch diese zahlreichen kleinen und miteinander verwobenen Einschübe und Interventionen erweitert, er ist in den Eröffnungen des inneren Schauplatzes aber vor allem visualisierter politischer Aktionsraum mit einer ähnlichen Kommentarfunktion, wie dies üblicherweise von Reyen oder Chor im Dramentext übernommen wird. Der Nebentext fungiert in dieser Ausformung als eingeschleuster Gegenwartsbezug gegenüber der Haupthandlung und ist durchaus auch als Korrektiv der Handlung verstehbar, als „Verwiesen-Sein in eine heillose geschichtliche Welt, in der alle Versuche einer Sinnstiftung [...] zu relativieren sind"[23] oder besser: in der alle Versuche einer Sinnstiftung bis in eine paradoxale Situation hineingetrieben werden können, um diese Relationalität von geglaubter Machtbefugnis und Handlungsermächtigung an ihren Grenzen erfahrbar zu machen.

---

21 Bernhard Greiner: Metatheater/Spiel im Spiel. In: Kaminski und Schütze (Anm. 10), S. 668–681, hier S. 673.
22 Gryphius: Carolus Stuardus (Anm. 12) 1663, S. 413, V.o. Z.
23 Greiner (Anm. 21), S. 677.

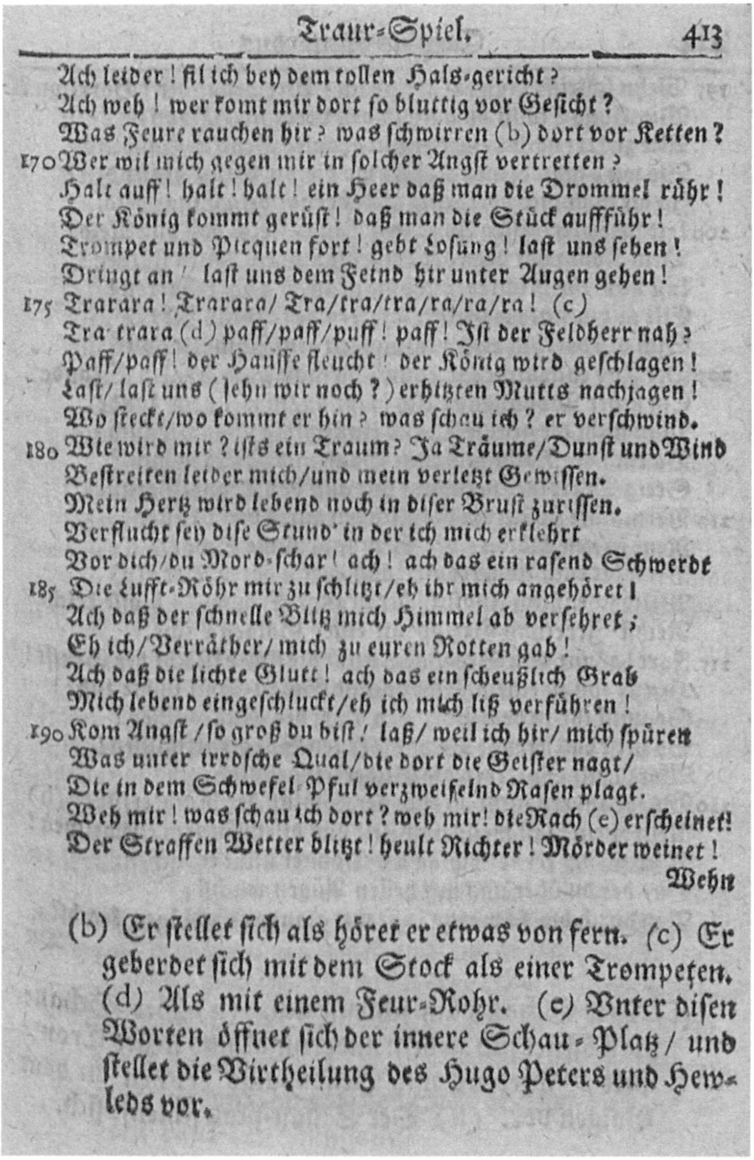

> **Traur-Spiel.** 413
>
> Ach leider! fil ich bey dem tollen Hals-gericht?
> Ach weh! wer komt mir dort so bluttig vor Gesicht?
> Was Feure rauchen hir? was schwirren (b) dort vor Ketten?
> 170 Wer wil mich gegen mir in solcher Angst vertretten?
> Halt auff! halt! halt! ein Heer daß man die Drommel rühr!
> Der König kommt gerüst! daß man die Stück auffführ!
> Trompet und Picquen fort! gebt Losung! last uns sehen!
> Dringt an! last uns dem Feind hir unter Augen gehen!
> 175 Trarara! Trarara/ Tra/tra/tra/ra/ra/ra! (c)
> Tra-trara (d) paff/paff/puff! paff! Ist der Feldherr nah?
> Paff/paff! der Hauffe fleucht! der König wird geschlagen!
> Last/ last uns (sehn wir noch?) erhitzten Muts nachjagen!
> Wo steckt/wo kommt er hin? was schau ich? er verschwind.
> 180 Wie wird mir? ists ein Traum? Ja Träume/ Dunst und Wind
> Bestreiten leider mich/und mein verletzt Gewissen.
> Mein Hertz wird lebend noch in diser Brust zurissen.
> Verflucht sey dise Stund' in der ich mich erklehrt
> Vor dich/du Mord-schar! ach! ach das ein rasend Schwerdt
> 185 Die Lufft-Röhr mir zu schlitz/eh ihr mich angehöret!
> Ach daß der schnelle Blitz mich Himmel ab versehret;
> Eh ich/Verräther/ mich zu euren Rotten gab!
> Ach daß die lichte Glutt! ach das ein scheußlich Grab
> Mich lebend eingeschluckt/eh ich mich liß verführen!
> 190 Kom Angst/ so groß du bist! laß/ weil ich hir/ mich spüren
> Was unter irrdsche Qual/die dort die Geister nagt/
> Die in dem Schwefel-Pful verzweifelnd Rasen plagt.
> Weh mir! was schau ich dort? weh mir! die Rach (e) erscheinet!
> Der Straffen Wetter blitzt! heult Richter! Mörder weinet!
> Wehn
>
> (b) Er stellet sich als höret er etwas von fern. (c) Er geberdet sich mit dem Stock als einer Trompeten. (d) Als mit einem Feur-Rohr. (e) Unter disen Worten öffnet sich der innere Schau-Platz/ und stellet die Virtheilung des Hugo Peters und Hewleds vor.

Abb. 1: Ausschnitt aus Gryphius' *Carolus Stuardus* 1663. Am Seitenende der in größerer Schrift gesetzte Nebentext.[24]

---

24 Gryphius: Carolus Stuardus (Anm. 12) 1663, S. 413.

3 Nebentext als Bedeutungsträger

Bevor noch weitere Textbefunde bei Gryphius zusammengetragen werden, sollen hier einige grundsätzliche Überlegungen nachgeschoben werden, die auf eine Kontextualisierung des Phänomens Nebentext zielen. Die begriffliche Konturierung der hier verhandelten Text-Phänomene ist in der Forschung nicht immer einhellig, vielfach summarisch mit dem Schlagwort „Regieanweisung" umrissen worden.[25] In Editionen der Frühen Neuzeit scheint sich der von Herausgebern häufig verwendete Begriff der „Bühnenanweisung" lange Zeit durchgesetzt zu haben. Der dramatische Nebentext steht in diesen Definitionsansätzen in einer intermedialen Spannung zwischen Textgestalt und Inszenierung, Aufführungspraxis und Rezeption.[26] Denn die Begriffe „Bühnenanweisung" und „Regieanweisung" geben eine deutliche Stoßrichtung zur Einordnung dieser Textsorte vor: Sie implizieren eine Funktionsgebundenheit an den konkreten Ort der Aufführung bzw. an eine konkrete oder intendierte Aufführungspraxis. Zugleich verbindet sich damit die Unterstellung, es handele sich bei diesen Textpartikeln stets um gerichtete, instruktive Anweisungen, denen der tatsächliche Sprachduktus jedoch oft gar nicht entspricht.[27] Damit einher geht die oft in Abrede stehende Funktion des Nebentexts als Bedeutungsträger in der Dramentheorie überhaupt.[28] Es entsteht daher die grundsätzliche Frage, wie belastbar Nebentexte für solche theaterhistorischen Forschungen sind. Schon an der vielzitierten Eröffnungssequenz von Gryphius' *Catharina von Georgien* wird deutlich, dass Rückschlüsse auf die Aufführungspraxis hier kaum greifen können. Albrecht Schöne hat vielmehr dargelegt, wie emblematische Traditionen in den Text hineinwirken

---

25 Vgl. Detken (Anm. 3), S. 7–9; Peter Marx: Regieanweisung/Szenenanweisung. In: Handbuch Drama. Theorie, Analyse, Geschichte. Hg. von Peter Marx. Stuttgart 2012, S. 144 ff. sowie Lily Tonger-Erk, Niels Werber: Nebensächlich? Vorwort zum Nebentext. In: LiLi 48.3 (2018), S. 411–419.
26 Regina Toepfer hat ausgehend von Überlegungen zum geistlichen Spiel des Mittelalters daher zurecht vorgeschlagen, die Dichotomie von Lesetext und Aufführung, von Textualität und Performativität zu überwinden und hat dies auf den Begriff der „impliziten Performativität" gebracht. Auch Toepfer geht es jedoch um eine Inanspruchnahme von Textphänomenen, die – mit Bezug auf die Studien von Neumann und Traude – im Dienste einer intendierten Aufführungsfiktion stehen. Regina Toepfer: Implizite Performativität. Zum medialen Status des *Donaueschinger Passionsspiels*. In: Beiträge zur Geschichte der deutschen Sprache und Literatur 131 (2009), S. 106–132. Vgl. auch Holger Korthals: Zwischen Drama und Erzählung. Ein Beitrag zur Theorie geschehensdarstellender Literatur. Berlin 2003 (Allgemeine Literaturwissenschaft. Wuppertaler Schriften 6), S. 108 f.
27 Vgl. Tschauder (Anm. 3), S. 58.
28 Einen knappen Einblick bietet Korthals (Anm. 26), S. 109, vor allem Anm. 122.

und das Drama an dieser Stelle als Tableau verstehbar wird.[29] Das scheint gerade keine Brücke zur Aufführungspraxis, sondern ein Hinweis auf die Autonomie des Dramentextes zu sein.[30]

Nebentext ist schon allein deshalb als signifikanter und integrativer Bestandteil des dramatischen Texts anzusehen, ohne den dieser an etlichen Stellen womöglich nicht bestehen kann, weil das Drama als Text dann nicht mehr Kohärenz und Eindeutigkeit liefert oder zumindest angebotsärmer ist.[31] Im besten Fall ist der Einsatz oder Nicht-Einsatz von Nebentexten eine intendierte Strategie oder ein Effekt des Dramatikers in der Textmodellierung, die freilich auch Konventionen unterworfen ist. Der Nebentext scheint in dieser Hinsicht mehr zu sein als eine bloße Zutat, die allein der Überführung in die Inszenierung dient, wie das von der Forschung häufig summarisch und unhinterfragt angenommen wird.[32] Oft genug wird aus dem im Nebentext Verhandelten auf eine Theaterpraxis rückgeschlossen, die im Text ihren Nachhall finde. Der dramatische Text selbst gewinnt aber durch den Nebentext überhaupt erst seine spezifische Kontur und damit eine eigene performative Präsenz. Die Markierungen, die durch ihn gesetzt werden, zeichnen ihn als wichtigen Bestandteil des Dramas aus. Er verleiht einer im Text beschriebenen Handlung Evidenz, oder einfach gesagt: Wer im Nebentext abtritt, ist im Text abwesend.

Grundlage meiner Überlegungen ist mithin, dass dieser ‚Handlungsmarker' für den dramatischen Text rückgewonnen werden muss, ohne dass dies im expliziten Widerspruch zu einem direktionalen Verständnis von Nebentexten zu sehen ist. Vielmehr lassen sich beide Lesarten parallel denken. Manfred Jahn schlägt vor: „Also, if stage directions mean different things in different contexts then one is probably facing a *multifunctional* text rather than an ‚oscillating' authorial intention."[33] In der von Jahn konstatierten Multifunktionalität liegt eines der Potentiale des dramatischen Nebentextes. In diesem Sinne soll der Drucktext, und dies schließt den Nebentext unbedingt ein, hier als selbständiges Medium, unabhängig von einer Aufführungs- oder Lesepraxis, verstanden werden.

---

29 Albrecht Schöne: Emblematik und Drama im Zeitalter des Barock. 3. Aufl. mit Anmerkungen. München 1993, S. 196 ff. Allerdings handelt es sich zugleich um eine Form der ‚Verthönung' (vgl. Scheitler, Anm. 8).
30 Vgl. Marx (Anm. 25), S. 145.
31 Für Detken ist der Textraum, der sich aus den verschiedenen Textinstanzen ergibt, konstitutiv für das Drama. Vgl. Detken (Anm. 3), S. 386.
32 Vgl. Jahn, der am Beispiel des englischen Gegenwartsdramatikers Harold Pinter darlegen kann, welche Bedeutung Nebentexten zuwachsen kann. Manfred Jahn: Narrative Voice and Agency in Drama. Aspects of a Narratology of Drama. In: New Literary History 32 (2001), S. 659–679.
33 Ebd., S. 667.

Dramatischer Nebentext gehört zu den paratextuellen Erscheinungen jeder dramatischen Fassung. Vorgestellte *dramatis personae*, wer was spricht, wer auf- oder abgeht und entsprechend auf der Textbühne anwesend ist, das sind die Stammdaten, die das Drama als Nebentexte liefert, um dem Dramatischen Gestalt zu verleihen und dem gesprochenen Wort im Textgefüge gewissermaßen eine Physis zu geben, die das Sprechen in Handlungszusammenhänge und Aktionsräume einbettet und es Sprechern zuordnet. Hierbei handelt es sich um über Jahrhunderte stabile, vertraute und erlernte Strukturen des dramatischen Modus. Das Drama kennt damit außerhalb der Figurenrede liegende Bereiche, die es ermöglichen, eine andere Textinstanz aufzubauen. Diese kann qua sprachlicher Setzung lenkend und vor allem bindend in das Textgeschehen und -gefüge eingreifen. Theoretisch sind diese Modellierungen von Text- und Sprechebenen für das Drama insgesamt bislang nicht mittels einer schlüssigen Terminologie erschlossen worden. Eine Annäherung kann hier allein über die Narratologie erfolgen:[34] Die mitunter syntaktisch unvollständigen Text-Partikel, die den Nebentext bilden, können hinsichtlich ihrer semantischen In-sich-Geschlossenheit als Narreme, kleinste epische Einheiten, innerhalb der Diegese des Dramas bewertet werden. Dies setzt freilich voraus, den dramatischen Text in gewisser Weise als Narrativ zu verstehen. Erzähltheoretisch betrachtet nimmt der Nebentext eine Art extra- oder heterodiegetische und zugleich nullfokalisierte Position gegenüber dem Sprechtext ein.[35] Er stellt eine Erzählinstanz innerhalb des vorhandenen Textgefüges dar, die funktional nicht mit dem Autor gleichgesetzt werden kann. Diese Instanz diktiert, wer wann was spricht und kann den Sprechern handlungsgebende Informationen oder Mitteilungen über physische wie psychische Bewusstseinszustände mitgeben sowie das Sprechszenario insgesamt lenken. Was im Nebentext steht, wird dabei hinsichtlich seiner Glaubwürdigkeit und fiktionalen Zuverlässigkeit nicht oder nur sehr selten in Frage gestellt, denn es ist Teil der akzeptierten Textwirklichkeit des Dramas. Bedeutungsspielräume bezüglich des emotionalen Zustands einer Person oder des Hergangs einer Szene entstehen hingegen immer dort, wo Nebentext zur Fixierung von Eindeutigkeit fehlt – ein relativ häufiges Phänomen im dramatischen Modus. Nebentext gilt, so er auftaucht, als Garant der dramatisch sich entwickelnden Textwirklichkeit, und ist *ein* Indikator der Gattungszuweisung bzw. dient der Sicherstellung, dass ein strukturiert dramatischer Text vorliegt (ebenso wie die Einteilung in Akte und Szenen und die Angabe von Sprechernamen).

---

34 Vgl. Weber (Anm. 4), Kapitel 3.
35 Korthals gibt zu bedenken, dass „sorgfältig geprüft werde[n müsse], ob der Nebentext tatsächlich die Form einer Erzählinstanz komplett oder wenigstens zu großen Teilen übernehmen kann oder ob er damit prinzipiell überfordert ist." Korthals (Anm. 26), S. 106.

Nebentext hat bezüglich der Zuverlässigkeit mehr Gewicht in Hinblick auf die Stabilität der im Drama entworfenen Textwelt als jede Selbst- oder Fremdzuschreibung, die von den Sprechtexten selbst ausgeht. Erwähnt der Nebentext beispielsweise, dass eine Figur „rasend" sei, so gilt dies als unumstößlich gesetzte, nicht hinterfragbare Tatsache. Als Zuschreibung eines Sprechers gegenüber einer dramatischen Figur oder gegenüber sich selbst bleibt ein Rest von Ungewissheit, gerade wenn es um die Bestimmung von Gefühlszuständen oder irrationalen Elementen und Erscheinungen geht. Im *Papinianus* (1659) berichtet Cleander über die Reaktion der Kaiserin beim Anblick der Leiche: „Sie saß / doch war ihr Haubt Mir seitwerts abgewand. / Und die betrübte Stirn lehnt auff der rechten Hand."[36] Die sprecherbezogene Perspektivierung auf den beschriebenen Sachverhalt wird in der Figurenrede deutlich: „Mir seitwerts abgewand" als räumliche Zuordnung und „betrübt" als Einschätzung zum Gemütszustand der Kaiserin sind subjektgebundene Deskriptionen und damit verbundene spekulative Rückschlüsse. Als potentieller Nebentext vorgestellt, würde eine andere Form von Textevidenz erzeugt, wenn es beispielsweise hieße: ‚die Kaiserin sitzt dem Geschehen abgewandt, in betrübter Pose'. Oft genug werden im Drama vermeintliche Evidenzen, die durch Sprecher gesetzt werden, zu tragischen Missverständnissen, die in Katastrophen münden können. So steht auch in diesem Fall viel auf dem Spiel, denn Bassianus fordert die exakte Beschreibung von „Worten" und „Geberd'" von Cleander ein, da hier eben nicht durch den Nebentext Sicherheit über die Reaktion der Kaiserin hergestellt werden kann.[37]

Gryphius weiß in der Textdramaturgie sehr genau zwischen Sprecherevidenz und Textevidenz zu unterscheiden: Die Mikro-Narreme in *Catharina von Georgien*, die Gryphius in der Fassung von 1663 mit Asterisken versehen in den Text montiert, geben hierüber Aufschluss.

Figurenrede und Nebentext fallen an der neuralgischen Stelle auseinander, an der der Geist Catharinas erscheint und verschwindet. Dies ist meines Erachtens ein gezielt eingesetzter, textdramaturgischer Effekt, um durch diese externe Intervention den Erregungszustand von Chach Abas zu markieren, der in der Schlussszene nicht mehr in der Lage ist zu entscheiden, ob er unter Wahnvorstellungen leidet oder einen konkreten Geist als Erscheinung vor sich sieht. Um dies zu verdeutlichen, implementiert Gryphius den Nebentext an geeigneter, nachgeordneter

---

[36] Andreae Gryphii: Großmüttiger Rechts-Gelehrter/ Oder Sterbender Aemilius Paulus Papinianus. Trauer-Spil, Breßlau [1659], unpag., V. 89–90: http://www.deutschestextarchiv.de/book/view/gryphius_rechtsgelehrter_1659/?hl=Haubt&p=66 (zuletzt: 17. Mai 2019).
[37] Vgl. ebd., V. 67–71.

Stelle. Schon in der Szene zuvor war das abgetrennte und verbrannte Haupt der Königin als ‚Requisit' auf die Textbühne gebracht und – nachdem Chach Abas das Haupt geküsst hat – mit einem weißen Schleier bedeckt worden. Abas redet sich im folgenden Monolog in eine introspektive Deixis hinein, die mit dem im Text geschaffenen Setting nicht korrespondiert: „O Greuel! O! Was tritt uns für Gesichte! Bist du es / vorhin dises Herzens Lust? Wie schrecklich hängt die abgezwickte Brust! [...] Rauff doch! Rauff doch nicht ab / Die versengten Hare [...] Schauet wie sie die entblössten Arme zu dem gestrengen Richter streck."[38] Der „Geist erscheinet"[39] aber erst gut vierzig Verse später im Textgefüge bei den Worten „Wie? Oder schreckt uns eitel Phantasy!*".[40] Textregie und Figurenrede klaffen hier irritierend auseinander. Abas schildert eine handelnde Märtyrerin, die sich die verbrannten Haare ausreißt und die Arme in den Himmel reckt, bei gleichzeitiger Präsenz des zerstückelten Leibes und dem Nachklapp der tatsächlichen Erscheinung eines Geistes. Diese Irritation fungiert aber textdramaturgisch als Verstärker, denn ein dreifacher Körper Catharinas kann so aufgerufen werden: der Körper der Agonie und des Widerstands, der zerstörte, abgetrennte Körper und schließlich der transzendentale Körper der Märtyrerin. Diese Art der Mehrschichtigkeit, die vor allem auch mittels des Nebentextes aufgebaut wird, auch wenn dieser hier nur aus kürzesten Einwürfen besteht, korrespondiert mit der Vielschichtigkeit der Figur.

4 Nebentext als inszenierte Leerstelle

Dass durch Nebentext Bedeutung innerhalb des dramatischen Textgefüges erwächst und wie dies von Gryphius strategisch eingesetzt wird, gilt es im Folgenden an einem weiteren Beispiel auszuführen. In Gryphius' Erstlingsdrama *Leo Armenius* finden sich in der Erstausgabe von 1650 keine Nebentexte, die in unmittelbarem Zusammenhang mit der Figurenrede stehen. Wohl aber kennt das Drama das gesamte Arsenal an Paratexten, von der Widmung an den Freund und Reisebegleiter Wilhelm Schlegel, über die Vorrede an den „Großgünstigen Leser", bis zur nachgestellten „Erklärung etlicher dunckelen örter".

---

[38] Andreae Gryphii Catharina von Georgien. Oder Bewehrete Beständikeit. Trauer-Spiel. In: Andreae Gryphii Trauer-Spiele auch Oden und Sonnette. Leipzig 1663, Online Ausgabe [beschränkter Zugriff]: Preußen 17 digital (Anm. 12), S. 178, V. 375–383 (15.09.2017).
[39] Ebd., S. 179, V. 427.
[40] Ebd., o. Z. [Seitenende]. Unter dem paratextuell markierten „ENDE" findet sich der Verweis „Verschwindet", S. 180, V. 440. Der Nebentext hat damit über das Ende des Dramas hinaus das letzte Wort.

In der Ausgabe von 1663 lassen sich jedoch, wenn auch nur sehr vereinzelt, einige außerhalb der Figurenrede liegende Textbausteine ausmachen. Diese können sich freilich nur schwerlich gegenüber der außer Frage stehenden „Macht der Rede"[41] behaupten,[42] die für dieses Drama strukturbestimmend ist, allein ihre Existenz erscheint aber bemerkenswert und bei näherer Betrachtung auch durchaus stimmig und sinnstiftend. Die Nebentexte markieren in allen Fällen einsetzende Traumhandlungen, Schlafszenen oder Geistererscheinungen. Gryphius kennzeichnet demnach durch Nebentexte Einbrüche des Irrationalen und Momente dramatischer Kohärenzkonflikte. In zwei Fällen finden wir die tragischen Hauptpersonen auf einem Stuhl sitzend, schlafend oder einschlafend. Gryphius ergänzt für die Ausgabe 1663 die Eröffnung der fünften und entscheidenden Abhandlung mit einem Nebentext: „Theodosia schlummert auf einem Stull. Vor ihr stehet ihrer Frauen Mutter Geist / wie er allhie beschriben wird / welcher in dem sie erwachet verschwindet."[43] Die Erscheinung des Geistes ist für die handelnde Figur im Zustand des Schlafs nicht präsent und kann demzufolge durch Figurenrede nur im Nachhinein vermittelnd erzählt werden. Interessant ist, dass in der Beschreibung von Theodosia ein komplexes Traum-Setting als Geschehensbeschreibung aufgerufen wird, der Nebentext aber nur auf die Erscheinung der Figur rekurriert. Die Mutter steht sozusagen als Traumrest da. Besonders eindrücklich ist eine ähnliche Szene in der dritten Abhandlung, in der der Kaiser unter „wehrendem Seitenspill und Gesang"[44] einnickt und damit für die kommende Sequenz als stummer Körper im Text präsent bleibt. Auch dies ist eine Zutat zur späteren Ausgabe. Insofern Gryphius das Paradoxon einer Geistererscheinung im Schlaf oder im Traum in der dramatischen Konstellation lösen muss und dies, da es die Krisenhaftigkeit des Protagonisten am Höhepunkt der Dramenhandlung vorführt, nicht als nachträglichen Bericht – nach dem Erwachen – liefern will, legt er die Szene als simultanes Doppelspiel an. Vielleicht um die textinhärente Dramatik dieser Traumszene noch zu steigern, heißt es:

---

41 Vgl. Wilfried Barner: Gryphius und die Macht der Rede. In: Deutsche Vierteljahrsschrift für Literaturwissenschaft und Geistesgeschichte 42 (1968), S. 325–358.
42 Beetz spricht von einem Zurückdrängen dramatischer Handlungselemente zugunsten von Dialogen und zeigt, dass diese für das Drama strukturbestimmend sind. Manfred Beetz: Disputatorik und Argumentation in Andreas Gryphius' Trauerspiel Leo Armenius. In: LiLi 10 (1980), S. 178–203.
43 Andreae Gryphii Leo Armenius, Oder Fürsten-Mord Trauerspiel. In: Andreae Gryphii Trauer-Spiele auch Oden und Sonnette. Leipzig 1663, Online Ausgabe [beschränkter Zugriff]: Preußen 17 digital (Anm. 12), 5. Abhandlung, S. 66, V. o. Z. (15. September 2017).
44 Ebd., 3. Abhandlung, S. 39 [nach V. 32].

> Vnter wehrendem Spill der Geigen / erschallet von ferne eine trawer Drompette / welche immer heller und heller vernommen wird / biß Tarasius erscheinet / umb welchen auff blosser Erden etliche Lichter sonder Leuchter vorkommen / die nachmals zugleich mit ihm verschwinden.[45]

Damit werden sowohl akustische als auch visuelle Elemente in den Dramentext eingeschleust, in einem Moment, in dem die Hauptperson als erklärender Deklamator notgedrungen ausfällt. Der Spiel-Raum im Text weitet sich dadurch über die Figurenrede hinaus, indem neben dem Setting auch Elemente des Irrationalen beschrieben werden können. Überhaupt ist bemerkt worden, dass Krisenhaftigkeit das dramatische Debut Gryphius' bestimmt; mitunter sind die Unstimmigkeiten in der kausalen Logik der Handlungsabfolge in der Forschung als Unvermögen des Erstlingswerks, also als Qualitätsmangel gewertet worden.[46] Mittels des erst in der Überarbeitung gesetzten Nebentextes lässt sich aber vielleicht die These stützen, dass diese Unausgewogenheit dramatisch gewollt ist und deshalb auch in der späteren Fassung keine Korrektur erfährt. In der Debatte um die Frage, ob Theodosia am Ende des Dramas und im Angesicht der Leiche ihres Mannes dem Wahnsinn verfällt oder märtyrerhafte Züge einer Verklärung trägt, kann der Blick auf den Nebentext vielleicht weiterhelfen: Er existiert hier nämlich nicht. Die extradiegetische Möglichkeit der Fixierung eines Tatbestands verweigert Gryphius an dieser Stelle, obschon er in der Nachbearbeitung von 1663 jede Möglichkeit gehabt hätte, hier klärend einzugreifen, wie an den anderen Stellen im Text ja auch nachmodelliert wurde, und obschon gerade die Schlussakte und handlungsaktiven Sequenzen für die Anreicherung durch Nebentexte von Gryphius präferiert werden. In *Leo Armenius* bleiben es die Figuren selbst, die Theodosia den Wahnsinn quasi auf den Leib dichten. Dass diese Unwägbarkeit am Ende des Dramas dem positiven Schlussakkord des Michael Balbus einen schalen Beigeschmack verleiht, erscheint aus der Perspektive des fehlenden Nebentextes an dieser Stelle als dramatisches Kalkül. Die Intervention durch den Nebentext bleibt aus, um einer Festlegung zu entgehen und die Uneindeutigkeit auf der Ebene der Figurenrede als inszenierte Leerstelle stehen zu lassen.[47]

---

45 Ebd., 3. Abhandlung, S. 40, [nach V. 64].
46 Vgl. Peter Rusterholz: Nachwort. In: Andreas Gryphius: Leo Armenius. Hg. von Peter Rusterholz. Stuttgart 1996, S. 127–146, hier S. 140.
47 Mannack merkt im Kommentar seiner Ausgabe diesbezüglich an: „Im Leo-Drama besitzt die Sprache eine Doppeldeutigkeit, die über eine bewußte Täuschung hinausreicht und Äußerungen von Personen zu Wahrheitsaussagen werden läßt, die von den Sprechenden selbst nicht beabsichtigt sind." Eberhard Mannack: Leo Armenius. Struktur und Gehalt. In: Andreas

5 Nebentext als Ausnahmezustand

Eine sehr ähnliche Anlage und Verteilung der dramatischen Nebentexte findet sich in der Tragödie *Papinianus*, die hinsichtlich der Genese der Nebentexte vielleicht ein Drama des Übergangs darstellt, da bereits in der Fassung von 1659 semantisch relevante Nebentexte zu verzeichnen sind. Auch im *Papinianus* wird unter anderem eine Schlafszene beschrieben. In einer Szene dramatischer Intensität wird das stumme Spiel durch den Einsatz der formelhaften, imperativen Deixis eingeläutet, die auch in anderen Dramen der Frühen Neuzeit verbreitet ist und die sowohl dramenintern funktionieren – als an die Figuren innerhalb der Szene gerichtete Ansprache –, als auch an eine handlungsexterne Instanz gerichtet sein kann. So begleitet die Figurenrede das stumme Agieren auch hier mehr oder minder simultan. In der Textregie des *Papinianus* ist der Nebentext als Fußnote mit Asterisk interessanterweise *vor* den Beginn der Figurenrede gesetzt, um der Gleichzeitigkeit von Handlung und Sprache Ausdruck zu verleihen:

> *Schaut an die treue Schaar bringt sie herein getragen.
> Doch beyden/ leider! Sind die Haubter abgeschlagen!
>
> * Beyde Leichen werden auff zweyen Traur-Betten von Papiniani Dinern auff den Schaw-Platz getragen/ und einander gegenüber gestellt. Plautia redet nichts ferner/ sondern gehet höchst-traurig von einer Leichen zu der andern/ küsset zuweilen die Häubter und Hände biß Sie zuletzt auff Papiniani Leichnam ohnmächtig sincket / und durch ihre Staat-Jungfern den Leichen nachgetragen wird.[48]

Auch dieser Nebentext, der sich in seiner Schilderung zu einer kleinen Narration auswächst, ist durch eine Grenzüberschreitung gekennzeichnet. Plautia reagiert auf die Überforderung der Konfrontation mit den Leichnamen schlussendlich mit einer Ohnmacht. Die Figur wird durch die im Nebentext statuierten Handlungen an den Rand ihrer physischen wie psychischen Belastungsgrenze getrieben.[49] Einen inneren Schau-Platz für eine stumme Vorstellung braucht es

---

Gryphius. Dramen. Hg. von Eberhard Mannack. Frankfurt am Main 1991 (Bibliothek der Frühen Neuzeit 15), S. 888–894, hier S. 893.
48 Andreas Gryphius: Papinianus (Anm. 36): http://www.deutschestextarchiv.de/search/ddc/search?q=ohnmächtig+sincket+&book=gryphius_rechtsgelehrter_1659 (zuletzt: 17. Mai 2019), unpag. [V. 412 und folgend o. Z.].
49 Vgl. die ähnliche Situation in der *Felicitas*, wo die Leichen der Kinder präsentiert werden, jedoch ohne dass der Nebentext hier auf den physischen oder psychischen Zustand der Felicitas Bezug nimmt. Es heißt lediglich: „Der Mutter werden die drey Leichen gezeiget." Beständige Mutter/ Oder Die Heilige Felicitas, Aus dem Lateinischen Nicolai Causini. Von Andrea Gryphio übersetztes Trauer-Spiel. In: Andreae Gryphii Trauer-Spiele auch Oden und Sonnette.

hier nicht. Das Schweigen ist emotional begründbares Verstummen in der Konfrontation mit den Leichnamen. Die entscheidende Handlung, die die Krassheit dieser Konfrontation offenbart – das Aufstellen der Leichen, das Küssen der Leichen –, wird in den beschreibenden Nebentext verlagert, um so eine eindringlich emotionale Zuspitzung zu erreichen. Sprachlosigkeit, Schock und Ohnmacht als Seinszustände der Überforderung werden dadurch dramatisch konsequent und unhintergehbar gefasst. In dem Maße, in dem die Figur unter Schock verstummt bzw. ihrer Rede beraubt wird, übernimmt der Nebentext als Ersatzinstanz die Textregie.[50]

6 Nebentext im Kontext

Ich möchte mit einem Einblick und Querschnitt durch das Werk Gryphius die Untersuchung des dramatischen Strukturelements ‚Nebentext' abschließen: Um 1650 kommt es in der Dramatik generell zu einem erhöhten Aufkommen von Nebentexten. Gryphius' zeitlich relativ kurzes dramatisches Schaffen fällt genau in diese Zeit der Konjunktur von Nebentexten im Drama der Frühen Neuzeit, und so erscheint es kaum verwunderlich, dass sich auch in seinem Werk eine Entwicklung hin zu einem vermehrten Auftreten von Nebentexten nachweisen lässt. Dies betrifft alle dramatischen Gattungen gleichermaßen, sowohl seine Tragödien als auch die Lust- und Festspiele und Übersetzungen. Es erscheint bemerkenswert, dass in der sogenannten Ausgabe letzter Hand von 1663 eine Zunahme von Nebentexten oder überhaupt deren erstmalige Existenz gegenüber früheren Ausgaben zu verzeichnen ist. Dies deutet darauf hin, dass Gryphius in der späteren Überarbeitung seiner Werke punktuell und sehr gezielt daran gelegen war, den dramatischen Text um Nebentexte zu ergänzen. Eine Ergänzung, die – wie gezeigt werden konnte – weniger theaterpraktischer Unterweisung diente, sondern vor allem den Text und das Textverständnis in vielerlei Hinsicht weitet und bereichert, ja vielleicht sogar nobilitiert, indem weitere Bedeutungsebenen in den Text eingezogen werden. Weitere Gründe für das Auftauchen und die spezifische Verwendung von Nebentexten bei Gryphius müssen in den europäischen Vor- und Nebenbildern gesucht werden, mit denen Gryphius in seiner Arbeit als Übersetzer konfrontiert war und die

---

Leipzig 1663, Online Ausgabe [beschränkter Zugriff]: Preußen 17 digital (Anm. 12), 5. Abhandlung, S. 240 [nach V. 84, o. Z.], (zuletzt: 15.09.2017).
50 Einzubeziehen wäre hier zudem das Moment der Plötzlichkeit, das in *Cardenio und Celinde* zum Tragen kommt.

ihren Einfluss auf sein eigenes dramatisches Schaffen gehabt haben werden. So kennzeichnet die Übersetzungen aus dem Französischen eine relative Dichte an Nebentexten, ebenso die *Absurda Comica* in ihrer Abhängigkeit von englischen Vorbildern und den Gattungskonventionen des aktionsreichen Rauf- und Rüpelspiels. Dramen, die Anleihen in der Antike suchen, verwenden gemäß der Orientierung an ihrer Vorlage kaum oder nur dezent gestreute Nebentexte.

Relativierend muss eingeschoben werden, dass es sich bei den von Gryphius eingesetzten Nebentexten um einen quantitativ überschaubaren, ja mitunter sehr kleinteiligen Befund handelt, der hermeneutisch nicht überstrapaziert werden sollte. Nichtsdestoweniger sind die wenigen, vor allem in späteren Fassungen eingestreuten Nebentexte wichtige Markierungen innerhalb des dramatischen Gefüges, die oft an neuralgischen Stellen des Dramas sitzen. Auffällig ist die Häufung von Nebentexten in den Schlussakten. Anhand der Untersuchung der Poleh-Szene in *Carolus Stuardus* ist deutlich geworden, dass dramatische Nebentexte als Bedeutungsträger durch Effekte wie Affekte, geschildertes Verhalten oder Motivationen von Figuren, durch die Benennung von Lokalen, Requisiten und Raumkonstitutionen wichtige Inhalte an sich binden können, die in der jeweiligen Relation zum Haupt- und Sprechtext gesehen werden müssen.[51]

In der formalen Präsentation von Nebentext im Text tauchen in den Werkausgaben unterschiedliche Formen auf. So kann eine typographische Unterscheidung von Figurenrede und Nebentext beobachtet werden. Der dramatische Nebentext ist mitunter in deutlich größerer Schrifttype gesetzt.[52] Ob solche Oberflächenphänomene[53] textstrategisch bedacht sind oder in Abhängigkeit von Drucktraditionen stehen, ist m. W. bislang nicht hinreichend untersucht worden. Interessant ist der Befund insofern, als er heute geläufige Zuordnungsgewohnheiten umkehrt: Der so gesetzte Nebentext erlangt typographisch mehr Gewicht bzw. wird gegenüber der Figurenrede akzentuierend abgesetzt. Dies trifft jedoch

---

51 Weber (Anm. 4), S. 187 schlägt eine Kategorisierung von Nebentexten in eine strukturierende, situierende und kommentierende Funktion vor.
52 Sehr akzentuiert tritt dies im *Schwermenden Scheffer* (1663) zutage, vgl. z. B. die zahlreichen Einwürfe im vierten und fünften Aufzug in: Der Schwermende Schäffer: Satyrisches Lust-Spiell. In: Andreae Gryphii Seug-Amme oder untreues Gesind. Breßlau 1663, Online-Ausgabe, http://resolver.staatsbibliothek-berlin.de/SBB0000E12E00000000 (zuletzt: 17. Mai 2019), S. 53–80; ebenso deutlich in: Die gelibte Dornrose. Schertz-Spil. In: Andreae Gryphii. Verlibtes Gespenste: Gesang-Spil. Leipzig 1661, Online-Ausgabe, http://resolver.staatsbibliothek-berlin. de/SBB000187F300000000 (zuletzt: 17. Mai 2019); vgl. allgemein zu diesem Themenkomplex Rainer Falk: Das typographische Dispositiv des Dramas. Konvention – Varianz – Interpretation. In: Typographie und Literatur. Hg. von Rainer Falk und Thomas Rahn. Frankfurt am Main 2016. (Text. Sonderheft 1), S. 35–50.
53 Vgl. hierzu die Einschätzung Webers (Anm. 4), S. 36.

nicht auf alle dramatischen Nebentexte in Gryphius' Werk zu. Eine einheitliche formale Handhabung lässt sich aus dem Befund nicht ableiten, denn es finden sich ebenso Variationen von nicht gesondert markierten Einsprengseln und als Fußnoten gestreuten Text-Partikeln.

In der Frage der Bewertung von Nebentexten sind auch Sprachmuster und Redehaltung miteinzubeziehende Faktoren. Oft herrscht der spezifisch vertraut direktionale und im Präsens gehaltene Sprachduktus bzw. Kurzstil vor.[54] Auffällig ist, dass Potentialis („kann") und Irrealis („als ob") Einsatz finden[55] und so den Text um eine Dimension des Möglichen erweitern, was den Nebentext ebenfalls von einer bühnenpraktischen ‚Anweisung' abhebt.

Die dramatischen Nebentexte beinhalten auch Geschehensdarstellungen im Hinblick auf einen agierenden und damit gleichsam sprechenden Körper.[56] Körpersprache, sei sie emotional, gestisch, kinetisch (als Bewegung im Raum) oder proxemisch (als Konstellation von Körpern in einem Raum) angelegt, ist eine distinkte Äußerung und darf im Zusammenhang mit der Interpretation des Dramentextes ebenso wenig vernachlässigt werden, wie die musikalischen Elemente, die im Zusammenhang mit stummen Spielszenen auftreten können. So vervollständigen Ballette, Intermezzi oder Schlusstableaus die Palette von Möglichkeiten zur textinszenatorischen Anreicherung und Inanspruchnahme durch Nebentexte.[57] Gryphius bedient sich auch dabei bekannter und vertrauter dramatischer Muster. Er schleust mit dem Rekurs auf Tanz und Musik einen Medienwechsel in den dramatischen Text ein, auch wenn dieser unspezifisch und formelhaft bleibt und er möglicherweise eine ironische Brechung zu eingespielten Bühnentraditionen des frühneuzeitlichen Dramas im Text aufklingen lassen will.

---

54 Z. B.: „Die Ewikeit kommet von dem Himmel / und bleibet auff dem Schau-Platz stehen." Gryphius: Catharina (Anm. 38), S. 95, o. Z.
55 „Salme stelt sich, als ob sie betete." In: Die gelibte Dornrose (Anm. 52), S. 48. Der Nebentext markiert hier ein Auseinanderfallen von Aktion und Intention, ein Rollenspiel im Spiel.
56 Ein weiteres Beispiel neben der in diesem Beitrag ausführlich besprochenen Poleh-Szene des *Carolus Stuardus* bietet das Finale des kurzen Lust-Spiels *Piastus*. Dort heißt es: „Piastus stehet eine lange Weile bestuertzet / geberdet sich / als entzuckt / und verwundert / endlich gehet er hinein." Piastus. Lust- und Gesang-Spiel. In: Andreae Gryphii um ein merckliches vermehrte Teutsche Gedichte, Traurspile, Oden, Sonnete. Hg. von Christian Gryphius. Breßlau 1698, Online-Ausgabe, http://resolver.staatsbibliothek-berlin.de/SBB0001997600000000 (zuletzt: 17. Mai 2019), S. 646.
57 So in *Majuma*, im *Horribilicribrifax* und auch im *Piastus*: „Nachmals kan ein Ballet eingefuehret werden / in welchen Popiel von den Christen der ermordeten Vaetern geaengstet / Piasto aber von den zwoelff Fuersten die Cron angetragen wird." (Ebd.).

Gryphius nutzt den Nebentext dramenstrategisch und innovativ dort, wo das Drama an Höhe- oder Wendepunkten steht, wo Monologsituationen, Kohärenzkonflikte oder schwierige Sprechzustände wie Schlaf, Traum oder Wahn ein Eingreifen in die Textregie notwendig machen. Nebentexte erscheinen in Momenten des Prekären, in denen Sinngehalte von Welt nicht mehr gänzlich erklärbar sind oder vielleicht auch, um diese inhärente Form von Ungewissheit und Unsicherheit abbildbar zu machen. Dies kann auch politische Dimensionen haben. Der Einsatz des Nebentextes stiftet dabei in gleichem Maße Evidenz wie Irritation im dramatischen Gefüge.[58] Er erweist sich damit zugleich als ein relevantes Steuerungselement dramatischer Modellierung im Text.

---

58 Besonders deutlich wird dies in der Betrachtung der Nebentexte in der *Absurda Comica*. Hier wird der Nebentext zur Demontage des Sprechtextes eingesetzt, das Auseinanderklaffen von Sprechtext und Nebentext dient der Erzeugung von Komik. Überhaupt wäre darüber nachzudenken, inwieweit die Beschäftigung mit Komödienstoffen Auswirkungen auf den nachträglichen Einsatz von Nebentexten in den Tragödien gehabt haben könnte. Hierfür lassen sich jedoch keine Belege finden.

V Intertextualität – Interkulturalität

Barbara Mahlmann-Bauer
Gryphius und die Jesuiten

Carolus Stuardus und Nicolaus Avancinis *Pietas victrix*

1 Friedenspolitik, Schlesiens Protestanten und die Jesuiten

In den Städten Schlesiens wurde der Frieden erst im Juli 1650 gefeiert, nachdem die schwedischen Truppen, die Schlüsselstellung besetzt hielten, sich für den endgültigen Abzug rüsteten.[1] In Breslau wurden am 24. Juli 1650 Dankgottesdienste und Friedensfeiern veranstaltet. Gryphius hat am Ende des Jahres den ersehnten Frieden in einem Sonett begrüßt:

> XX.
> Schluß des 1650zigsten Jahres.
>
> Nach Leiden / Leid und Ach und letzt ergrimmten Nöthen /
>   Nach dem auf uns gezuckt- und eingestecktes Schwerdt /
>   Indem der süsse Fried ins Vaterland einkehrt.
> Und man ein Danck-Lied hört statt rasender Trompeten :
>   Indem wir eins aus Lust und nicht durch Glut erröthen /

---

[1] Norbert Conrads: Die Bedeutung des Westfälischen Friedens für Schlesien. In: Schlesien in der Frühmoderne. Zur politischen und geistigen Kultur eines Habsburgischen Landes. Hg. von Joachim Bahlcke und Norbert Conrads. Köln, u. a. 2009 (Neue Forschungen zur schlesischen Geschichte 16), S. 53–70, hier 66. Zur Geschichte Schlesiens vgl. außer Conrads' Aufsatzsammlung Arno Herzig: Schlesien. Das Land und seine Geschichte in Bildern, Texten und Dokumenten. Hamburg 2008; ders.: Konfessionalisierung in Schlesien. In: Gryphius-Handbuch. Hg. von Nicola Kaminski und Robert Schütze. Berlin, Boston 2016, S. 45–67; Jörg Deventer: Konfrontation statt Frieden. Die Rekatholisierungspolitik der Habsburger in Schlesien im 17. Jh. In: Kulturgeschichte Schlesiens in der Frühen Neuzeit. Hg. von Klaus Garber. Bd. 1. Tübingen 2005 (Frühe Neuzeit 111), S. 265–283; Franz Machilek: Schlesien. In: Die Territorien des Reichs im Zeitalter der Reformation und Konfessionalisierung. Land und Konfession 1500–1650. Hg. von Anton Schindling und Walter Ziegler. Bd. 2: Der Nordosten. Münster 1990 (Katholisches Leben und Kirchenreform im Zeitalter der Glaubensspaltung 56), S. 102–138; Malgorzata Morawiec: Die schlesischen Friedenskirchen. In: Der Westfälische Friede. Diplomatie – politische Zäsur – kulturelles Umfeld – Rezeptionsgeschichte. Hg. von Heinz Duchhardt. München 1998 (Historische Zeitschrift Beiheft 26), S. 741–756. Eine Zusammenfassung der Forschung zu Schlesien nach 1648 in Derek Croxton, Anuschka Tischer (Hg.): The Peace of Westphalia. A Historical Dictionary. Westport, Ct., London, S. 275.

https://doi.org/10.1515/9783110664898-020

> Schließ ich diß rauhe Jahr und was mein Hertz beschwert:
> Mein Hertz das nicht die Angst die unser Land verhert
> Vermocht durch rauhen Sturm und linde Gifft zu tödten.
> GOtt wir haben diß erlebet was du uns verheissen hast /
> Daß der unerhörte Schmertzen und der überhäufften Last /
> Letztes Ziel ist angebrochen.
> Bißher sind wir todt gewesen / kan nun Fried ein Leben geben /
> Ach so laß uns Friedens König durch dich froh und friedlich leben /
> Wo du Leben uns versprochen.[2]

Das geängstigte Herz hatte trotz Verlust und Schmerzen nur einen Wunsch: ein Leben in Frieden zu erlangen. Die Aussicht auf eine friedliche Zukunft wird im Optativ und unter Voraussetzung einer Bedingung als Gebet formuliert: Allein der diplomatisch ausgehandelte Frieden könnte ein friedvolles Zusammenleben regulieren. Zu diesem Zweck wird der Erlöser angerufen. Wie allerdings der Frieden in Schlesien, dem Erbland des böhmischen Königs, umgesetzt werden konnte, war noch ungewiss.

Im Mai 1650 war Gryphius von den Ständevertretern Glogaus öffentlich in sein neues Amt eingeführt worden.[3] Als Syndicus vertrat er die Interessen der protestantischen Bevölkerung und vermittelte zwischen ihnen und den kaiserlichen Beamten. Im Westfälischen Frieden, zu dessen Verhandlungen schlesische Delegierte keinen Zutritt hatten, waren mit Rücksicht auf einen Zusatz zum Prager Sonderfrieden von 1635 Glogau, Schweidnitz und Jauer die freie Religionsausübung und eigene protestantische Kirchen zugestanden worden. Gleichwohl waren 1650 im Fürstentum Glogau schon 150 evangelische Kirchen geschlossen worden. 1651 wurden protestantische Geistliche aus Glogau vertrieben, und Gryphius half ihnen bei ihrer Übersiedlung. Die Landstände finanzierten den Bau der Friedenskirche in Glogau. Gryphius hielt dort im Dezember 1651 die Einweihungsrede. Baltzer Siegmund von Stosch lobte ihn im

---

2 Andreas Gryphius: Sonette aus dem Nachlaß (1639). In: Gesamtausgabe der deutschsprachigen Werke. Hg. von Marian Szyrocki. Bd. 1. Tübingen 1963 (Neudrucke Deutscher Literaturwerke, Neue Folge 9), S. 93–130, hier S. 104, erwähnt von Conrads: Die Bedeutung (Anm. 1), S. 67.
3 Dirk Lentfer: Die Glogauer Landesprivilegien des Andreas Gryphius von 1653. Bern, Frankfurt am Main 1996, S. 97–102, hier 99. Oliver Bach nennt das Datum 3. Mai 1649: Oliver Bach: Zwischen Heilsgeschichte und säkularer Jurisprudenz. Politische Theologie in den Trauerspielen des Andreas Gryphius. Berlin, Boston 2014 (Frühe Neuzeit 188), S. 159f.; vgl. Baltzer Siegmund von Stosch: Danck- und Denck-Seule des Andreas Gryphii (1667). In: Andreas Gryphius. Hg. von Heinz Ludwig Arnold. München 1973 (Text + Kritik 7/8), S. 3–11, hier S. 9.

Nachruf wegen seiner Standhaftigkeit im Engagement für die lutherischen Protestanten.[4]

Der Westfälische Friede war im Kern ein religionsrechtliches Werk.[5] Er hat aber die Spaltung der Konfessionen dauerhaft verfestigt. In Schlesien ließ sich „das Staatsideal von Reformation und Gegenreformation – der geschlossene Konfessionsstaat" – nicht durchsetzen.[6] Dies war Ziel kaiserlicher Politik seit den dreißiger Jahren. Das Westfälische Friedenswerk schuf allerdings langfristig die Voraussetzung für Religionsfreiheit als Menschenrecht. Wer einer der drei Staatskonfessionen angehörte, genoss Religionsfreiheit; folglich war dies lediglich das Grundrecht der jeweiligen Mehrheit: „Wer als Untertan katholischer Reichsstände im Normaljahr 1624 dem lutherischen oder reformierten Bekenntnis anhing [...], durfte diese Konfession auch weiterhin ausüben oder zu ihr zurückkehren."[7] Für diejenigen, die als Katholiken, Lutheraner oder reformierte Untertanen ihren Glauben 1624 nicht öffentlich oder privat ausüben durften, und für alle, die nach Friedensschluss ihren Glauben wechseln wollten, galt indes, dass sie zwar in häuslichen Andachten und in Gottesdiensten in der Nachbarschaft nicht gestört werden und ihre Kinder in ihrer Religion erziehen durften. Nur ein Recht auf Besuch des Gottesdienstes in einer Kirche ihres Glaubens hatten sie nicht.[8] Wer lieber emigrieren wollte, durfte seinen Besitz mitnehmen. Alle Verhandlungspartner hatten die konfessionellen Gegebenheiten in ihren Ländern gemäß dem Zustand am 1. Januar 1624 wiederherzustellen und die mittlerweile eingetretenen Veränderungen zu revidieren. Rechtlich, politisch oder militärisch an diesen Verhältnissen in Zukunft etwas zu ändern, war verboten.

---

4 Stosch (Anm. 3), S. 9.
5 Gerhard Robbers: Religionsrechtliche Gehalte des Westfälischen Friedens. Wurzeln und Wirkungen. In: 350 Jahre Westfälischer Friede. Verfassungsgeschichte, Staatskirchenrecht, Völkerrechtsgeschichte. Hg. von Meinhard Schröder. Berlin 1999 (Schriften zur Europäischen Rechts- und Verfassungsgeschichte 30), S. 71–81, hier S. 71.
6 Norbert Conrads: Begleitwort. In: Schlesien in der Frühmoderne. Zur politischen und geistigen Kultur eines Habsburgischen Landes. Hg. von dems. und Joachim Bahlcke. Köln u. a. 2009, S. XII.
7 Robbers: Religionsrechtliche Gehalte des Westfälischen Friedens (Anm. 5), S. 72. Dies galt nach Artikel V, §§ 31 f. der Osnabrücker Vereinbarungen und nach § 47 der Münsteraner Verabredungen. Dieser für die religionspolitischen Regelungen einschlägige Artikel ist abgedruckt in: 350 Jahre Westfälischer Friede. Verfassungsgeschichte, Staatskirchenrecht, Völkerrechtsgeschichte. Hg. von Meinhard Schröder. Berlin 1999 (Schriften zur Europäischen Rechts- und Verfassungsgeschichte 30), S. 160–175.
8 Robbers: Religionsgeschichtliche Gehalte (Anm. 5); Franz-Josef Jakobi: Zur religionsgeschichtlichen Bedeutung des Westfälischen Friedens. In: 350 Jahre Westfälischer Friede (Anm. 7), S. 83–98, hier S. 95.

Nach dem westfälischen Friedensschluss dauerte für Protestanten außerhalb von Breslau, Schweidnitz, Jauer und Glogau in Schlesien die politische und religiöse Fremdbestimmung an.[9] Denn für die Habsburger Erblande, zu denen Böhmen und Schlesien gehörten, galt eine Ausnahmeregelung, der die Regelung gemäß dem fünften Artikel des Vertrags einschränkte. Dem Kaiser wurde zugestanden, in Schlesien die rechtmäßig begonnene Rekatholisierung zu vollenden.[10] Besitzansprüche Schwedens auf Schlesien wurden abgegolten durch Abtretung der Erzbistümer Magdeburg und Hamburg-Bremen, wogegen Alexander VII. (Fabio Chigi) vergeblich Protest einlegte.[11] Der Kaiser hatte als Hausherr in Schlesien fortan das Recht, evangelische Kirchen zu „reduzieren", d. h. zu schließen und umzuwidmen und die evangelischen Pfarrer durch katholische Geistliche zu ersetzen. Abgesehen von Breslau, Brieg, Wohlau und Oels wurden die Gotteshäuser rekatholisiert, Prediger vertrieben und die Bevölkerung zur Konversion gezwungen. 1653/54 wurden 656 Kirchen „reduziert" und 500 evangelische Pfarrer ausgewiesen. Der katholisch-habsburgische Reichsadel unterstützte den Kaiser in diesem Prozess.

Die Habsburger hatten den Augsburger Religionsfrieden für Schlesien nie anerkannt, weil sie den Protestantismus in den dem Kaiser subordinierten Piastenstaaten nicht legalisieren und damit die protestantische Partei im Reich nicht stärken wollten. Vergeblich versuchten die protestantischen Fürsten sich die Privilegien des Majestätsbriefs von 1609 bestätigen zu lassen. Vielmehr behielt sich der Kaiser, zumal nach der Schlacht am Weißen Berg im November 1620, das *ius reformandi* in seinen Ländern vor und bestritt es den regionalen Fürsten, die dem Luthertum zuneigten. Im sogenannten Dresdner Akkord von 1621 vermittelte der sächsische Kurfürst eine Vereinbarung, wonach Schlesien zwar Ferdinand II. als rechtmäßigen Landesherrn anerkannte, sich aber gleichwohl die alten konfessionellen Privilegien von Rudolf II. und Matthias bestätigen lassen wollte. Der Prager Sonderfrieden 1635 konzedierte hingegen nur der Stadt Breslau und den Mediatherzogtümern Wohlau-Liegnitz, Brieg und Oels die lutherische Religionsausübung. Zwar erhielten die Protestanten im Artikel V des Westfälischen Friedens von 1648 ihren Konfessionsstatus auf der Basis des Prager Friedens zugebilligt, und fortan war dieser Status Reichsgesetz. Außerhalb Breslaus und der Mediatherzogtümer wurden aber ausschließlich katholische Kirchengemeinden geduldet. Die Friedenskirchen in Schweidnitz, Jauer und Glogau außerhalb der Stadtmauern

---

9 Arno Herzig: Konfessionalisierung in Schlesien (Anm. 1); ders.: Schlesiens Sonderrolle im Reich. In: Kaminski und Schütze (Anm. 1), S. 53–58.
10 Jakobi: Zur religionsgeschichtlichen Bedeutung (Anm. 8), S. 94.
11 Ebd.; Hans Galen (Hg.): Der Dreißigjährige Krieg, Münster und der Westfälische Frieden. Ausstellungskatalog. Münster 1998, S. 102.

waren keine Gemeindekirchen. Nach Artikel V des Westfälischen Friedens stand zwar den protestantischen Herzögen der Status als Reichsstände zu.[12] Verfassungsrechtlich waren die drei Religionsparteien in einem Territorium gleichrangig und legitim. Sie durften ihr Recht im Fall der Verweigerung auf dem Immerwährenden Reichstag geltend machen der bei Religionsverwandten im Ausland um reichsrechtlichen Beistand an die Adresse des Kaisers bitten. Aber die schlesischen Ständevertreter schickten nach 1648 immerfort Beschwerden nach Dresden, Berlin oder Stockholm, dass den Protestanten die 1648 zugestandenen Rechte verweigert würden. Der Wiener Hof reagierte auf derartige Interventionen beim Kaiser mit der Erklärung, „die Vergünstigungen von 1648 seien lediglich Gnadenerweise des kaiserlichen Landesherrn.[13] Vergeblich bemühten sich die Piasten, als Reichsfürsten anerkannt zu werden. Auf dem Ewigen Reichstag standen die Mitgliedschaft der Piasten und damit der schlesische Konfessionskonflikt als Dauerbrenner auf der Agenda. Als Mitglieder des *Corpus Evangelicorum*, der 1653 eingesetzten Vertretung protestantischer Territorialinteressen in der Reichsverfassung, klagten die schlesischen Fürsten immer wieder die im Friedenswerk vereinbarten Konfessionszusagen ein. Der Kaiser, als böhmischer Landesherr über Schlesien, wich ihnen aus. Eine Klage vor dem Reichskammergericht seitens der protestantischen Schlesier war jedoch für Territorien, die kaiserlichem Recht unterstanden, verboten. Die Schlesier setzten in dieser Rechtsfrage daher ihre Hoffnung auf den Einfluss ausländischer Potentaten auf den Kaiser. Tatsächlich vermochte Karl XII. erst 1707 den Kaiser zur Anerkennung der protestantischen Reichsstände zu bewegen. Die Folge der kaiserlichen Rekatholisierungspolitik waren massenhafte Konversionen oder scharenweise Emigration.

Die Jesuiten übernahmen durch die Unterstützung des Kaisers und seiner Beamten die evangelischen Schulen: 1625 in Glogau, 1627 in Troppau, 1629 in Schweidnitz, Sagan und Hirschberg, 1649 in Deutsch Wartenberg, 1668 in Oppeln, 1670 in Teschen und 1681 in Brieg. Seit 1638 missionierten die Jesuiten in Breslau und richteten ein Gymnasium ein, das in den vierziger Jahren erweitert wurde. Der Widerstand des Breslauer Stadtrats gegen die Berufung der Jesuiten 1638 und ihre

---

12 Herzig: Schlesiens Sonderrolle im Reich (Anm. 1), S. 57. Katholische und protestantische Reichsstände stritten sich um die Auslegung des Artikels V. Konfessionelle Antagonismen gehörten auch nach Friedensschluss zum Alltag, im Alten Reich wie auch in Schlesien. Vgl. Frank Kleinehagenbrock: Die Wahrnehmung und Deutung des Westfälischen Friedens durch Untertanen der Reichsstände. In: Pax Perpetua. Neuere Forschungen zum Frieden in der Frühen Neuzeit. Hg. von Inken Schmidt-Voges u. a, München 2010 (Bibliothek Altes Reich 8), S. 177–193.
13 Morawiec: Die schlesischen Friedenskirchen (Anm. 1), S. 756; Robbers: Religionsrechtliche Gehalte des Westfälischen Friedens (Anm. 5), S. 76.

Präsenz blieb wirkungslos. Es kam wiederholt zu Animositäten zwischen den Schülern des Jesuitengymnasiums und denen der zwei älteren protestantischen Schulen. Deren Schülerzahl verdoppelte sich von 1638 bis 1641 auf 200. 1639 und 1641 wurde erstmals im Breslauer Jesuitengymnasium Theater gespielt; Schüler führten *Animae immortalitatis in atheo peccatore declarata* und *Providentia Divina in Josepho Patriarcha Demonstrata* auf.[14] Pater Johannes Wazin stellte die seelsorgerischen Erfolge seines Ordens dem böhmischen Provinzial in schönsten Farben dar: Die Laien und Ordensgeistlichen hingen an den Lippen der leise und versöhnlich auftretenden Prediger, nur der Breslauer Rat blieb unnachgiebig. Neben dem Breslauer Gymnasium entstanden ein Konvikt für die Priesterausbildung und ein Haus für arme Studenten. Bemühungen des Kaisers, den Jesuiten eine dauerhafte Residenz auf Grundstücken zu garantieren, die ihm direkt unterstanden, wurden jahrelang vom Breslauer Rat vereitelt. Der Kaiser betonte in einem Schreiben an den Breslauer Rat 1644, dass gemäß dem Prager Friedensrezess in der Stadt Breslau freie Religionsausübung gelte, daher dürfe der Rat dieses Recht auch den katholischen Bürgern nicht verwehren, weswegen er dem Rat befahl, die Patres der *Societas Jesu* gastlich aufzunehmen. Während der westfälischen Friedensverhandlungen 1644–1646 begehrten jedoch die Vertreter Breslaus mit Unterstützung der sächsischen und schwedischen Diplomaten, dass die Jesuiten aus der Stadt entfernt würden. Der Kaiser teilte den Breslauern durch seinen Bevollmächtigten Graf Maximilian Trautmannsdorf jedoch mit, er wolle sich in Religionsfragen in seinen eigenen Ländern von Protestanten nichts vorschreiben lassen, so wie diese in ihren Ländern ja ebenfalls keine Vorschriften duldeten.[15] 1648 kam es zu Tumulten, als die kaiserliche Kammer das Kloster St. Dorothea, das lange verwaist war

---

14 In der UB Breslau sind nur die Periochen der *Comico-Tragoedia* und der *Tragicomoedia* überliefert (JU 50). Vgl. Zolzisław Lec: Jesuici we Wrocławiu (1581–1776). Breslau 1995; Bernhard Duhr SJ: Zur Geschichte der Jesuiten in den Ländern deutscher Zunge. Bd. 2, 1. Teil. Freiburg im Breisgau 1913, S. 353–375, S. 372. Den Widerstand des Breslauer Rats und seine vergeblichen Versuche, mit Hilfe sächsischer Delegierter während der Osnabrücker Friedensverhandlungen die Jesuiten aus Breslau auszuschließen, rekonstruiert aus den Quellen Carl Adolf Schimmelpfennig: Die Jesuiten in Breslau während des ersten Jahrzehnts ihrer Niederlassung. Teil 1. In: Zeitschrift des Vereins für Geschichte und Alterthum Schlesiens 24 (1890), S. 178–216; über die Händel zwischen den Schülern S. 185–188. Zur Breslauer Schultheateraufführung 1641 vgl. Elida Maria Szarota (Hg.): Das Jesuitendrama im deutschen Sprachgebiet. Eine Periochen-Edition. 7 Bände. Texte und Kommentar. München 1979–1987, Bd. III/2. München 1983, Inhaltsverzeichnis S. 1874, Nr. I,I,6 und 6a.
15 Duhr: Geschichte der Jesuiten (Anm. 14), 2/1, S. 374; zum Streit zwischen dem Breslauer Rat und dem Kaiser bzw. seinen Unterhändlern und zum Inhalt des kaiserlichen Schreibens vom 18. Juni 1644 Schimmelpfennig: Teil 1 (1890), S. 191–193; zu Pater Wazin S. 179 f. Zu Trautmannsdorfs Diplomatie vgl. Fritz Dickmann: Der Westfälische Frieden. Münster 1998, S. 195, 243–259, 316–320 und 353–366 und zur Abfindung Schwedens S. 471–477.

und seit 1612 Franziskanerminoriten beherbergte, den Jesuiten übergeben wollte.[16] In der Folge des Streits wurde den Patres, die damals schon danach strebten, in Breslau eine Universität zu errichten, endlich die alte Kaiserburg eingeräumt. Am 26. September 1659 übergab Kaiser Leopold den Jesuiten schließlich die Burg für ihre dauerhafte Residenz. Am 12. Oktober 1659 wurde dort ein neues Jesuitengymnasium eröffnet.[17] Proteste der Breslauer Bürgerschaft gegen die jesuitenfreundliche Politik des Kaisers waren schlicht illegal.

Die Position des Kaisers war eindeutig: Er begründete den Wunsch nach konfessioneller Einheit in seinen Erblanden damit, dass es nur einen Gott gebe, der in allen Religionen angebetet werde, es daher auch nur eine Religion geben dürfe. Sie sei Fundament aller Republiken und Königreiche, zugleich das Band, wodurch deren Einigkeit erhalten bleibe. „Die Mannigfaltigkeit der Religionen verursachet Neid, Boßheit, Aufruhr, Spaltung, Wiederspenstigkeit, Verachtung der Obrigkeit, Verrätherei, Neurung, Ungehorsamb und noch viel mehr Unheyl."[18] Daher lehnte er die Bitte ab, jeweils auch in den Weichbildern der Erbfürstentümer Schweidnitz und Jauer evangelische Kirchen einzurichten.[19] Am 24. Dezember 1653 erließ Ferdinand III. eine Verfügung an die Reduktions-Kommission Schlesiens, dass sämtliche nichtkatholische Prädikanten zu entlassen, durch katholische Geistliche zu ersetzen und ihnen die Schlüssel zu den Kirchen auszuhändigen seien.[20] Auf Nachfragen des Breslauer Rats erklärte der Kaiser, er behalte sich das Recht vor, den Artikel V des Osnabrücker Friedensvertrags auszulegen.[21] Der Vertragstext wurde zwar nicht angetastet, dem Wunsch der evangelischen Stände auf dem Reichstag nach einer Ergänzung des Friedensvertrags mit Bezug auf alle Protestanten in Schlesiens und nach Anerkennung der schlesischen Ständevertreter als stimmberechtigte Reichstagsmitglieder wurde jedoch nicht entsprochen.

---

16 Gottfried Ferdinand Buckisch (Hg.): Schlesische Religions-Akten 1517 bis 1675, Teil 2. Wien, Köln 1997, Regest Nr. 871, S. 364; zur Kontroverse wegen des Klosters St. Dorotheen vgl. Carl Adolf Schimmelpfennig: Die Jesuiten in Breslau während des ersten Jahrzehnts ihrer Niederlassung. Teil 2. In: Zeitschrift des Vereins für Geschichte und Alterthum Schlesiens 25 (1891), S. 83–103.
17 Duhr: Geschichte der Jesuiten, Bd. 2/1 (Anm. 14), S. 374. Nach Schimmelpfennig erfolgte die kaiserliche Schenkung des Grundstücks mit der Burg an die Patres der SJ erst 1669; vgl. Schimmelpfennig: Die Jesuiten (Anm. 16), S. 102.
18 Buckisch (Hg.): Schlesische Religions-Akten, Teil II (Anm. 16), Regest Nr. 887, S. 371.
19 Ebd.
20 Regest Nr. 914, ebd., S. 381.
21 24. Februar 1654, Entscheidung des Kaisers. Regest Nr. 918, ebd., S. 383.

2 Gryphius, der Ireniker

Gryphius verstand sein Amt in Glogau als Vermittlung zwischen Habsburg und den Ständeinteressen. Es ist zu vermuten, dass der lutherische Jurist mit den Landständen und dem *Corpus Evangelicorum* einig in der Überzeugung war, dass eine von Juristen auszuhandelnde diplomatische Lösung der Religionsfrage in Schlesien eine wichtige Voraussetzung für einen dauerhaften Reichsfrieden sei. Baltzer Siegmund von Stosch hob in seiner Denkschrift auf Gryphius hervor, er habe sich treu zur Augsburgischen Konfession bekannt, „den Mantel [nicht] nach dem Winde gekehret", dabei habe er es vermieden, auch trotz allem Scharfsinn im Disputieren „das Politisiren in Glaubens-Sachen" zu verteidigen.[22] Den Vorwurf, die Patres der *Societas Jesu* seien Gegner der konfessionellen Einigung und Versöhnung, formulierte Gryphius nur in einem Sonett zur Geburt seiner Tochter Maria Elisabeth am Tag der Concordia, das erst postum publiziert wurde. Er machte darin die Jesuiten für die Ursache der schädlichen Kirchenspaltung verantwortlich:

> Komm Pfand der Eintracht komm/ die grimmen Völcker wütten/
> In rasend vollem Zanck/ die Kirche wird getrennt/
> Und zwar von dieser Schaar/ die sich von Christo nennt/
> Du findest nichts allhier/ als ungebundne Sitten.[23]

Christus, der Friedliebende, habe dagegen „einig nur die Eintrachts Mittel" gekannt. Wer um Eintracht und Einigkeit bemüht sei, hüte sich daher vor zornigen Worten (v. 11–12). Ähnliche Töne hatten früher Anhänger Sebastian Francks, Jacob Böhmes und Caspar Schwenckfelds angestimmt: Die reale Kirche war aber – im Gegensatz zu Jesu Liebesgebot – gespalten, christliche Sekten beschuldigten sich gegenseitig des Irrglaubens und der Häresie, während die durch den Missionsbefehl ausgerufene universale Geistkirche doch offen schien für verschiedene Gläubige, auch wenn sie die Ablegung eines Bekenntnisses scheuen.

Vom Antagonismus zwischen den Breslauer Lutheranern und den ausländischen Patres, deren Aktivitäten vom Rat vehement abgelehnt wurden, finden wir in Gryphius' Trauerspielen keine Spur. Kein scharfes Wort lancierte Gryphius in seinen Trauerspielen gegen die Jesuiten in Breslau, obwohl sie den etablierten Schulbühnen der evangelischen Gymnasien bei der Magdalenen-und Elisabethkirche Konkurrenz machten. Gryphius äußerte sich in der Widmung seines

---

[22] Stosch: Danck- und Denck-Seule des Andreas Gryphii (Anm. 3), S. 9.
[23] Andreas Gryphius: Sonette aus dem Nachlaß (Anm. 2), S. 112 (Nr. 35): „Uber seiner Tochter Maria Elisabeth Geburts-Tag/ war das Fest Concordiæ."

Papinian an die Senatoren von Breslau im September 1659 zufrieden mit der Wirkung, die Breslauer Aufführungen der *Felicitas*, des *Leo Armenius* und der *Catharina von Georgien* beim städtischen Publikum und bei Fremden erzielt haben, wohingegen *Carolus Stuardus* gar nicht erwähnt wird.[24]

Gryphius war als Jurist loyal und versöhnlich,[25] der Dichter wetteiferte mit jesuitischen Größen. Jesuitische Dichter wie Nicolaus Caussinus, Joseph Simon und Jacob Balde gaben ihm Anstöße, sein poetisches Talent in der Muttersprache zu erproben. Gryphius besaß ein Exemplar der *Tragoediae sacrae* Caussins SJ in der Ausgabe Köln 1621. Er hatte Caussins Tragödie *Felicitas* ins Deutsche übertragen, sich also – vermutlich vor der Komposition eigener Trauerspiele – mit der bei den Jesuiten beliebten Form des Märtyrerdramas auseinandergesetzt.[26] Wahrscheinlich hatte er in Rom eine Aufführung von Joseph Simons Tragödie *Leo Armenus* miterlebt und ließ sich dadurch zu seinem ersten gedruckten Trauerspiel anregen.[27] Mit Baldes *Enthusiasmus In Coemeterio* (1642) war Gryphius wahrscheinlich ebenfalls in seiner Jugend bekannt geworden; seine deutsche Bearbeitung erschien 1657 in der Sammelpublikation der Deutschen Gedichte.[28] Möglicherweise war die deutsche *Felicitas*, von der das Szenar einer Schüleraufführung in Breslau 1658 überliefert ist,[29] eine *captatio benevolentiae* an die Adresse der habsburgischen Obrigkeit

---

24 In der Widmung des *Papinianus* an die Senatoren der Stadt Breslau dankt Gryphius für die Schulaufführungen des *Leo Armenius*, der *Catharina* und *Felicitas* in dieser Stadt, vgl. Andreas Gryphius: Dramen. Hg. von Eberhard Mannack. Frankfurt am Main 1991 (Bibliothek deutscher Klassiker 67), lateinischer Text auf S. 310, deutsche Übersetzung in Eberhard Mannack: Kommentar. In: ebd., S. 851–1317, hier S. 1023.
25 Vgl. Bach (Anm. 3), S. 94–100, 159–162 und 586–589.
26 Barbara Mahlmann-Bauer: Felicitas. In: Kaminski und Schütze (Anm. 1), S. 162–184, hier S. 165.
27 Barbara Mahlmann-Bauer: Leo Armenius oder der Rückzug der Heilsgeschichte von der Bühne des 17. Jahrhunderts. In: Das Theater des Mittelalters und der frühen Neuzeit als Ort und Medium sozialer und symbolischer Kommunikation. Hg. von Christel Meyer, Heinz Meyer und Claudia Spanily. Münster 2004 (Symbolische Kommunikation und gesellschaftliche Wertesysteme 4), S. 423–465, hier S. 424 f.
28 Johann Anselm Steiger: Gedancken/ Vber dem Kirchhoff und Ruhestädte der Verstorbenen. In: Kaminski und Schütze (Anm. 1), S. 145–161.
29 Von einer Aufführung im Gymnasium Elisabethanum 1658 zeugt ein Szenar mit Inhaltsangaben, das ähnlich wie eine jesuitische Perioche strukturiert ist: *Beständige Mutter Oder Die Heylige FELICITAS, Auß dem Lateinischen Nicolai Causini Von ANDREA GRYPHIO übersetztes Trauer-Spiel / Durch die Studierende Jugend zu St. Elisabet in Breßlaw vorgestellet. ANNO 1658. Druckts Gottfried Gründer / Baumannischer Factor.* Im gleichen Jahr wurde die *Felicitas* noch sechsmal auf die Bühne des Elisabeth-Gymnasiums gebracht. Vgl. Gerhard Spellerberg: Szenare zu den Breslauer Aufführungen Gryphischer Trauerspiele. In: Daphnis 7 (1978), S. 235–265, hier S. 257 f.; Konrad Gajek: Das Breslauer Schultheater im 17. und 18. Jahrhundert. Einladungsschriften zu den

und ihren Beamten und sollte sowohl katholische Adlige und Beamten als auch protestantische Bürger anziehen. Vielleicht förderten der Rektor und der Konrektor am Elisabethanum ebenfalls mit Blick auf die jesuitischen Chroragi auf der Kaiserburg die Aufführungen von *Cardenio und Celinde* 1660 und von *Papinian* 1661. Papinians Weigerung, den Brudermord Bassians juristisch zu verteidigen, entsprach seinem Rechtsgefühl und disponierte ihn zum Martyrium für das misshandelte Recht. Dieses neustoizistische Trauerspiel veranlasste später jesuitische Dichter ihrerseits zu Bearbeitungen des Stoffs für ihre Bühnen.[30] In *Cardenio und Celinde* griff der Dichter auf einen Erzählstoff aus römisch-katholischer Tradition zurück.[31] Von *Carolus Stuardus* ist dagegen zu Lebzeiten des Autors keine Breslauer Schulaufführung bezeugt.[32] Gryphius hat mit der Publikation der ersten, wahrscheinlich schon 1650 fertiggestellten Fassung bekanntlich bis 1657 gewartet und betonte in seiner Widmung der überarbeiteten Fassung an Gottfried Textor, den Sekretär in Liegnitz-Brieg und Wohlau, dieses Drama erfreue sich unter Deutschen – nicht aber in Schlesien? – einer besonders regen Nachfrage.[33] In der Widmung des *Papinianus* an den Breslauer Rat vom September 1659 deutete Gryphius an, dieses Tribunal habe sich von ihm Stücke mit größerem Anklang gewünscht, nicht aber Texte, die Anlass zur Verleumdung gaben und den Autor in Gefahr zu bringen drohten. Hatte sich der Breslauer Rat vom Autor deutlichere Worte gegen den gerade getroffenen Entscheid des Kaisers erhofft, den

---

Schulactus und Szenare zu den Aufführungen ‚förmlicher Comödien' an den protestantischen Gymnasien. Mit einem Nachwort. Tübingen 1994 (Rara ex bibliothecis Silesiis 3), S. 217–220.
30 Papinian-Dramen sind in jesuitischen Periochen erst in der ersten Hälfte des 18. Jahrhunderts (ab 1733) überliefert. Damals setzte sich ein Verständnis von „politisch" in der Titelgebung durch, das wir in der politischen Ratgeberliteratur der zweiten Hälfte des 17. Jahrhunderts (Christian Weise) kennen. Ein Beispiel ist Franciscus Neumayr: Papinianus Juris-Consultus. In: Theatrum politicum sive Tragoediae ad commendationem virtutis et vitiorum detestationem. Augsburg 1760, S. 121–172. Vgl. Wilhelm Kühlmann: Der Fall Papinian. Ein Konfliktmodell absolutistischer Politik im akademischen Schrifttum des 16. und 17. Jahrhunderts. In: Daphnis 11 (1982), S. 223–252, und die Übersicht über die staatstheoretischen Deutungen des Papinian-Casus in Mannack: Kommentar (Anm. 24), S. 1008–1020.
31 Barbara Mahlmann-Bauer: Cardenio und Celinde. In: Kaminski und Schütze (Anm. 1), S. 249–256.
32 Das Trauerspiel von der Hinrichtung des englischen Königs wurde erst im März 1665 auf der Zittauer Schulbühne aufgeführt. Vgl. Mannack: Kommentar (Anm. 24), S. 1081.
33 Vgl. Gryphius' Widmungsschreiben in der Ausgabe von 1663 ebd. S. 445 und in Mannacks Übersetzung: Mannack: Kommentar (Anm. 24), S. 1100. Die Bemerkung spielt vielleicht auf die Klage im Vorwort zum vierten Buch der Oden (1652) an, sein Carolus sei gegen seine Absicht „in viler ja auch Fürstlicher vnd vortrefflicher Personen Händer gerathen". Vgl. Hugh Powell: Einleitung (Anm. 2), Bd. 4, S. VII–XXIV, hier S. VIII und X zur (nicht-autographen) Handschrift des *Carolus Stuardus*, die auf S. 1 die Jahreszahl 1650 trägt.

Jesuiten in Breslau eine dauerhafte Wirkungsstätte zu verschaffen? Hat die frühe Fassung des *Carolus Stuardus* vielleicht bei Elias Major, dem Rektor des Elisabethanums von 1631 bis 1669, wegen zu befürchtender Analogien zwischen Independenten und schlesischen Protestanten Missfallen erregt?[34] Die Klage der Religion im vierten Chor der Tragödie über die Gier der Ketzer, die im Chor sich streiten, um bloß ihr Gewand zu erhaschen, ohne sich um das, was Religion ausmacht, zu kümmern, ließ vielleicht die Protestanten, die aus römisch-katholischer Sicht untereinander heillos zerstritten waren,[35] zumal diejenigen aus Schlesien, die sich um Teilhabe an den Vorrechten von Jauer, Schweidnitz und Glogau bemühten, in einem ungünstigen Licht erscheinen. Der dritte Akt des Trauerspiels bringt die Uneinigkeit der englischen Protestanten über das Schicksal des Königs und die Zukunft Englands in der erweiterten Fassung von 1663 besonders grotesk zum Ausdruck, da sich Hugo Peter, Geistlicher und Führer der Independenten, und Cromwell zur Begründung ihrer königsfeindlichen Politik gleichermaßen auf Gottes Willen berufen. Konnten die sich uneinigen Königsgegner nicht wie eine Karikatur derjenigen schlesischen und böhmischen Protestanten erscheinen, da sie es wagten, an der Politik des rechtmäßigen Landesherrn, des böhmischen Königs und Habsburger Kaisers, Kritik zu üben und ihm das Privileg der Auslegung der Friedensbestimmungen streitig zu machen?[36]

---

34 Andreas Gryphius: Grossmüttiger Rechts-Gelehrter oder Sterbender Aemilius Paulus Papinianus. Trauer-Spil. Widmung an die Senatoren Breslaus. In: Dramen (Anm. 24), S. 307–442, hier S. 309–311, Übersetzung und Kommentar siehe Mannack: Kommentar (Anm. 24), S. 1021–1023. Aus dieser Ausgabe werden im Folgenden, wenn nicht anders angegeben, Gryphius' Trauerspiele zitiert. Gryphius' Bemerkung in seiner Widmung des *Papinian* an die Breslauer Ratsherrn, die Tragödien, die er als junger Mann geschrieben habe, seien wegen ihres mangelnden Anklangs kritisiert worden, hängt bisher in der Luft. Mannack äußert die Vermutung, es könnte sich bei den Anklägern um den Pastor von St. Elisabeth, Ananias Weber, und den Rektor des Elisabeth-Gymnasiums, Elias Major, gehandelt haben. Vgl. ebd., S. 1023 und 1025.
35 Man denke an das Wormser Religionsgespräch 1557, an dessen Scheitern die römisch-katholischen Vertreter der Uneinigkeit der Protestanten die Schuld gaben, sehr zum Leidwesen Melanchthons. Vgl. Benno von Bundschuh: Das Wormser Religionsgespräch von 1557, unter besonderer Berücksichtigung der kaiserlichen Religionspolitik. Münster 1988 (Reformationsgeschichtliche Studien und Texte 124); Barbara Bauer: Die Rhetorik des Streitens. Ein Vergleich der Beiträge Philipp Melanchthons mit Ansätzen der modernen Kommunikationstheorie. In: Rhetorica. A Journal of the History of Rhetoric 14 (1996), S. 37–71.
36 Powell spricht in diesem Zusammenhang von *Carolus Stuardus* als „Sorgenkind" des Dichters und mutmaßt, dass Befürchtungen dieser Art Gryphius davon abgehalten haben könnten, das Trauerspiel früher zu veröffentlichen. Powell: Einleitung (Anm. 33), S. VIII.

3 Der Dramatiker der politischen Krise und seine Märtyrer

Die staatstheoretischen, ethischen und psychologischen Konflikte, die in Gryphius' Trauerspielen verhandelt werden, sind Konsequenzen politischer Instabilität und gefährdeter Ordnung. Herrscher, deren Machtposition bedroht ist, kämpfen gegen Usurpatoren, die ihnen ihren Herrschaftsanspruch streitig machen und selbst nach der Macht streben. Wer von ihnen das Recht auf seiner Seite hat und auf welches Recht sich die Streitenden berufen, ist Gegenstand der Dramendialoge. Konkurrenten und Angehörige verschiedener Fraktionen berufen sich auf ihr Recht. Da kommt es auf den Standpunkt an, welches in einem Staat im Zustand der Krise und Auflösung gerade gilt. Vertreter von Herrschaftsansprüchen werfen sich gegenseitig Rechtsbrüche vor. Wer einmal die Macht errungen hat, kann nicht anders als sie mit unlauteren Mitteln von List und Gewalt zu sichern. Gryphius gab denen, die im Machtkampf unterliegen, das Ansehen von Märtyrern. Sie sind als widerstandslos Leidende bereit, frühere Vergehen zu sühnen und werden von ihren Anhängern als Nachfolger und Zeugen Christi nobilitiert. Der Autor und seine Leser bzw. die Zuschauer wussten, wie die auf der Bühne verhandelten und dargestellten Machtkonflikte ausgegangen sind. Der Lauf der Geschichte schritt scheinbar über die Unterliegenden hinweg, gleich, ob sie moralisch oder theologisch im Recht zu sein glaubten. Gryphius' Königsmärtyrer zeichnet es aus, *simul justus et peccator* zu sein und im Bewusstsein ihrer postlapsarischen Fehlbarkeit nur durch Beständigkeit im Leiden die Nachfolge Christi zu beschreiten.[37]

Das jesuitische Märtyrerdrama kennt dagegen nur unbestechliche Helden, für die ein Leben keine Option ist, das sie zur gottgleichen Verehrung der Christen verfolgenden Caesaren zwingt. Der Sterbende, der seinen Glauben unverdrossen und heldenhaft mit seinem Blut bezeugt, empfängt im jesuitischen Märtyrerdrama die Märtyrerkrone als Lohn und wird in die Schar der Seligen aufgenommen, die im Himmel schon über seine Standhaftigkeit frohlocken, während die Christenverfolger im Höllenfeuer für ihr Unrecht bestraft werden.[38] Ganz so klar und einfach

---

[37] Zu dieser Formel bei Luther, Melanchthon und in den Bekenntnisschriften vgl. Wilhelm Christe: Gerechte Sünder. Eine Untersuchung zu Martin Luthers Simul justus et peccator. Leipzig 2014 (Arbeiten zur systematischen Theologie 6). Teil I dieser Monographie verortet die Formel in Luthers Theologie, Teil III analysiert dazugehörige Bibelbelege.
[38] Als Beispiel sei der *Triumphus Divi Michaelis Archangeli Bavarici* genannt, der zur Einweihung der Münchener Michaelskirche aufgeführt wurde. Vgl. Barbara Bauer und Jürgen Leonhardt (Hg.): Triumphus Divi Michaelis Archangeli Bavarici – Triumph des Heiligen Michael, Patron Bayerns. Einleitung, Text und Übersetzung, Kommentar. München 2000 (Jesuitica 2). Ähnlich spektakuläre

sind die Rollen in Gryphius' Trauerspielen nicht verteilt, weil die königlichen Protagonisten sich während ihrer Herrschaftssicherung angreifbar und schuldig gemacht haben. Außerdem verhandeln die Dramen nicht allein ethisch und theologisch beurteilbare Konflikte, sondern ihre Akteure zeichnen sich durch ihre je unterschiedlich beglaubigten Rechtsansprüche aus. Gemessen an jesuitischen Märtyrertragödien, die Heiligenlegenden des Laurentius Surius dramaturgisch bearbeiten oder Stoffe aus Cesare Baronios *Annales ecclesiastici* aufgreifen, sind Gryphius' Tragödien eigenwillige Experimente mit dieser Form, übertragen auf die Darstellung aktueller staatstheoretischer Konflikte.[39]

Gryphius' Trauerspiele führen idealtypisch Handlungsoptionen von Herrschern in einer politischen Krisensituation vor, die danach beurteilt werden können, ob und wie sie sich am theonomen Staatsrecht und am *ius divinum* orientieren.

Oliver Bach hat die Dispositive der Trauerspiele des Gryphius als Experimente in einem staats- und völkerrechtlichen Zwischenstadium im Übergang von einer alten Ordnung zu einer neuen analysiert. Die dramatische *actio* entzündet sich an der Frage, „was im Falle dessen geschieht bzw. gültig zu erwarten ist, dass das weltliche Oberhaupt nicht mehr dem natürlichen und göttlichen Recht gemäß herrschen will oder kann, d. h. im Falle einer Tyrannis oder eines Umsturzes".[40] „Das göttliche Recht", auf welches sich Herrscher *und* Aufständische im *Leo Armenius* ebenso wie im *Carolus Stuardus* berufen, „verbietet Umsturz und Königsmord", freilich unterscheiden sich die *dramatis personae* in ihrer Überzeugung, was Gott ihnen zu tun befehle oder wozu sie das *ius divinum* legitimiere:

> Was garantiert noch die Einholung des göttlichen Rechts, wenn die Königsmörder in ihrer falschen Überzeugung verharren, sodass sie von ihrem ‚vngehewre(n) Mord und Bubenstück' gar nicht abstehen können? [...] Die ausnehmliche Situation des Herrschers bestimmt die

---

Strafszenen gestaltete auch Nicolaus Caussinus in *Theodoricus Tragoedia* und in seiner *Felicitas*. Nicolaus Caussinus: Tragoediae sacrae. Paris 1629, S. 306–310.

39 Zu Gryphius' Aneignung des Märtyrerdramas vgl. Ferdinand van Ingen: Andreas Gryphius' Catharina von Georgien. Märtyrertheologie und Luthertum. In: Studien zur Literatur des 17. Jahrhunderts. Gedenkschrift für Gerhard Spellerberg (1937–1996). Hg. von Hans Feger. Amsterdam 1997 (Chloe 27), S. 45–70; Nicola Kaminski: Andreas Gryphius. Stuttgart 1998, S. 74 ff.; Thomas Borgstedt: Angst, Irrtum und Reue in der Märtyrertragödie. Andreas Gryphius' *Catharina von Georgien* vor dem Hintergrund von Vondels *Maeghden* und Corneilles *Polyeuchte Martyr*. In: Daphnis 28 (1999), S. 563–594; Peter Brenner: Der Tod des Märtyrers. ‚Macht' und ‚Moral' in den Trauerspielen von Andreas Gryphius. In: Deutsche Vierteljahrsschrift für Literaturwissenschaft und Geistesgeschichte 62 (1988), S. 246–265, und zuletzt Barbara Mahlmann-Bauer: Cardenio und Celinde (Anm. 31), hier S. 232 f.
40 Bach: Zwischen Heilsgeschichte und säkularer Jurisprudenz (Anm. 3), S. 100.

Trauerspiele von Beginn an und führt ohne Umschweife in die Problemkonstellation des entweder gestürzten oder straffällig gewordenen Herrschers. [...] Der gesamte Trauerspielverlauf zehrt von der Nezessität und ihren politischen wie rechtslogischen Aporien [...], schöpft sein Potenzial ganz aus ihnen.[41]

Für den lutherischen Juristen und Staatstheoretiker waren Gewalt und Auflehnung gegen einen Herrscher, der Recht und Macht missbraucht, nicht zulässig. Ebenso wenig war es aber moralisch vertretbar, die Rechtsbrüche und Gewaltexzesse eines Herrschers zu billigen oder gar zu verteidigen. Zwischen diesen beiden Extremen, für die nach lutherischer und Melanchthonischer Tradition häufig Röm 13,1 und das Petruswort in Apg 5,29 als Belege angeführt wurden, lavierten auch die protestantischen Herrscher und Landstände in Schlesien, wenn sie sich den Rekatholisierungsmaßnahmen unter Berufung auf den Westfälischen Frieden zu entziehen versuchten.

Nach Gryphius' Staatsverständnis waren Auflehnung und Rebellion gegen einen Monarchen nicht zulässig, da dieser von Gott eingesetzt sei; noch weniger zulässig war also der Tyrannenmord (*Carolus Stuardus*). Ebenso unzulässig war aber auch die unbedingte Unterwerfung unter das Diktat eines Willkürherrschers, der sich nicht an göttliches Recht und Sittlichkeit hielt, weil dagegen die Stimme des Gewissens revoltieren müsse (*Papinian*). Nicht statthaft ist es für eine christliche Herrscherin, eine Ehe mit einem andersgläubigen ausländischen Tyrannen einzugehen, der die Freiheitsrechte ihres eigenen Volkes ignoriert (*Catharina*). Riskant ist ferner die gutgläubige Hoffnung auf Normalisierung und Akzeptanz eines Regimes, das durch illegitime Usurpation entstanden ist, da die Wege göttlicher Providenz und ausgleichender Gerechtigkeit unbegreiflich sind und Gottes Strafgericht schon im Diesseits erfolgen kann (*Leo Armenius, Carolus Stuardus*). Nicht berechenbar ist das Verhalten eines durch die Usurpation eines Rivalen ausgeschalteten Gegners (*Leo Armenius*) oder einer Gruppe von Independenten, welche den König nicht als kirchliches Oberhaupt anerkennen und die etablierte Hierarchie geistlicher Ämter ablehnen (*Carolus Stuardus*).

Unter welchen Bedingungen eine akute Krisensituation in einen dauerhaften Frieden zum Wohle aller zu überführen wäre, interessierte den Staatstheoretiker und Dramatiker Gryphius, und dazu benutzte er das Märtyrerdrama als „Hohlform" (Mannack). Die Rolle des Märtyrers wird König Leo in der Todesstunde vor dem Altar, als die Attentäter ihn bedrohen, aus der Zuschauerperspektive zugestanden. Catharina ist eher bereit, sich von Chach Abbas hinrichten zu lassen als durch den Ehebund mit ihm ihren Status als souveräne Königin Georgiens zu verlieren, die christliche Religion aufgeben zu müssen und damit die nationale

---

41 Ebd., S. 95, 97 und 98.

Identität ihres Volkes zu verraten. Das Martyrium, das von ihren Jungfrauen als standhaftes Ausharren, wozu ihr Gott die Kraft gegeben habe (V. Abhandlung, v. 69 f. und 89 f.), kommentiert wird, ist als Akt politischen Widerstands zu verstehen. Carolus stellt sich, indem er den Befreiungsakt verweigert und sich dem Todesurteil gefasst fügt, in die Nachfolge Christi.

Elida Maria Szarotas Urteil, dass Gryphius' Theater „die deutsche Replik auf das lateinische Jesuitendrama" gewesen sei,[42] initiierte ein Forschungsprogramm, dem sich besonders Jean-Marie Valentin verschrieben hat.[43] Der gedruckte Text von Joseph Simons Tragödie *Leo Armenus* regte Gryphius zur Komposition seines ersten Königsdramas an. In Simons Tragödie sind die Fronten zwischen Gut und Böse, Weiß und Schwarz, Glaube und Gottlosigkeit aber klarer als in Gryphius' Trauerspiel.[44] Leo Armenus wird als Bilderfeind dargestellt, der die Rechtgläubigen verfolgte. Gryphius hält die religiöse Frage der Bilderverehrung hingegen ganz außen vor. Leo und Michael sind beide als Usurpatoren zur Macht gelangt; ihre Illegitimität steht außer Frage. Aber auch im Falle eines Usurpators ist der Herrschermord keinesfalls zu dulden, sondern ein abscheuliches Verbrechen. Gryphius modellierte Leo, anders als Simon, zu einem mittleren Helden, unsicher, zaghaft, der Bürde seiner Verantwortung bewusst, aber zu skrupulös für ein Amt, in dem er sich seiner Neider bewusst sein musste, und der Ausübung von Gewalt eher abgeneigt. In der Todesstunde empfindet man mit Leo Mitleid, als er, Opfer eines Attentats am heiligen Ort, Christi Kreuz umarmt. Er ist zwar ein unrechtmäßig zur Herrschaft gelangter Kaiser, aber doch ein gläubiger Christ. Michael Balbus dagegen wird von Herrschsucht und Rachegelüsten zum Mordplan geleitet, während Leo gutgläubig seiner Gemahlin die Bitte gewährt, mit der Verurteilung seines Kontrahenten bis nach dem Weihnachtsfest zu warten.

Catharina von Georgien wird von Szarota gleichfalls als „Umkehrung oder Umformung des Jesuitendramas und zwar des Märtyrerdramas" gedeutet. Nur der Prolog sei nach dem Vorbild einer ignatianischen Wahlsituation geschrieben: Catharina, seit Jahren in der Gefangenschaft des Chachs, steht hier vor der Wahl

---

[42] Elida Maria Szarota: Geschichte, Politik und Gesellschaft im Drama des 17. Jahrhunderts. Bern 1976, S. 63.
[43] Jean-Marie Valentin: Le drame de martyr européen et le „Trauerspiel". Caussin, Masen, Stefonio, Galluzzi, Gryphius. In: ders.: L'école, la ville, la cour. Pratiques sociales, enjeux poétologiques et répertoires du théâtre dans l'Empire au XVIIe siècle. Paris 2004, S. 419–460, hier 430–434.
[44] Mahlmann-Bauer: Leo Armenius oder der Rückzug der Heilsgeschichte (Anm. 27), S. 423–465.

zwischen Himmel und Hölle angesichts der Ewigkeit. Sie trifft die rechte Wahl nicht deshalb, weil sie Askese und Weltverachtung für heilsnotwendig hält, sondern aus politischen Gründen, um ihr Land vor Verrat und Preisgabe nationaler Identität zu schützen. Catharina führt für das Existenzrecht ihres georgischen Reichs gegen zwei rivalisierende Großmächte einen vergeblichen Kampf. Sie verkörpert die von Luther idealisierte „christliche Freyheyt" indem sie allein dem Herzen folgt und sich dem Drängen des Massenmörders Chach Abbas, seine Gemahlin zu werden, verweigert. Catharina ist, nachdem sie Wege friedlicher Konfliktlösung zur Wiederherstellung georgischer Selbständigkeit vergeblich gesucht hat, der schier „vnüberwindliche[n] Macht" ihres Gegners ausgeliefert, der sich vermöge politischer und militärischer Überlegenheit nicht an irgendein Völkerrecht zu halten braucht.

Ähnlich wie Georgien zwischen Türken, Russen und Persern, war Schlesien während des Dreißigjährigen Krieges Spielball in Interessenkonflikten zwischen Schweden, dem deutschen Kaiser und Polen.[45] Besonders der protestantische Magistrat Breslaus, der vergeblich bei den Sachsen, Schweden und Polen Unterstützung suchte, schien in einer ähnlichen Klemme wie die Königin Georgiens Catharina (1565–1624) zu sein, die sich einmal von Chach Abbas Rettung vor dem Zugriff der Russen erhoffte, dann aber wieder auf die russischen Gesandten setzte. „Kaum hatte sie ein Bündnis mit den Türken geschlossen, da fielen schon die Perser in ihr Land ein, um es sich zu unterwerfen." Von Chach Abbas, dem gewissenlosen Mörder, hatte die georgische Königin keinen Schutz mehr zu erhoffen. Trotzdem begab sie sich in sein Lager, um Frieden zu erbitten und für ihren Sohn die Restitution in die Herrschaft. Daraufhin wurde sie gefangen genommen und hoffte sodann für ihren Sohn auf Einsprache der russischen Gesandten. Ihnen gegenüber klagt sie:

> Der Türcken Nachbarschafft war freylich uns zu schwer,
> Doch schreckt uns noch vil mehr der Perser streitbar Heer. (Cath. III,1, v. 87 f.)

Szarota vergleicht Catharinas Dilemma mit den Nöten Schlesiens zwischen den Großmachtinteressen. Catharina zielt weniger auf Erhaltung ihres Glaubens, ihr Denken und Handeln ist ganz auf die Bewahrung der politischen Unabhängigkeit Georgiens und Selbstbestimmung gerichtet. Für sie ist das Martyrium eine bessere politische Option als die Ehe mit Abbas, welche die Unterjochung und religiöse Fremdbestimmung der Georgier zur Folge hätte.[46]

---

45 Die historischen Parallelen wurden herausgearbeitet von Szarota: Geschichte, Politik und Gesellschaft im Drama (Anm. 42), S. 128–133.
46 Albrecht Koschorke: Märtyrer/Tyrann. In: Kaminski und Schütze (Anm. 1), S. 655–667.

Die Gefangenschaft Karls I. bestimmt, ähnlich wie in *Catharina von Georgien*, auch die Ausgangslage in *Carolus Stuardus*. Die königliche Macht ist erschüttert, allerdings nur im Inneren, die Souveränität des Königreichs ist folglich gefährdet. Ständevertreter, Bevölkerung und Kirche drohen Spielball rivialisierender Gruppen und daher leicht Beute ehrgeiziger Usurpatoren zu werden. Der Krisenzustand politischer Herrschaft ist schon vor Beginn der dramatischen actio eingetreten, für seine Überwindung fehlen international gültige Spielregeln. Im Falle von *Leo Armenius* und *Papinian* gerät die Monarchie erst durch den sich zuspitzenden Streit um die absolute Macht in die Krise. Der Rechtsgelehrte und kaiserliche Rat Papinian wird mit unvereinbaren Machtansprüchen Bassians und Getas im Wettstreit um die legitime Kaiserherrschaft konfrontiert, wobei sich beide auf das Recht berufen. Da Papinian mit seinem Vorschlag der Reichsteilung nicht durchdringt, entzieht er sich der Zumutung, den Brudermord an Geta rechtlich zu beschönigen, durch seine Bereitschaft, mit ruhigem Gewissen gegenüber Themis zu sterben. Das Martyrium ist die einzig mit dem Gewissen vereinbare Option für einen Hofbeamten, dessen politisches Handeln mit göttlichem Recht und christlicher Moralität im Einklang sein möchte. Sie ist allerdings politisch wenig nachhaltig, aber heilsökonomisch verdienstvoll.

Szarota sieht eine Entwicklungsgeschichte in den Trauerspielen des Gryphius. Sie läuft auf die Emanzipation von der Prägekraft der Jesuitenbühne hinaus und gelangt mit dem zeitkritischen Schauspiel *Carolus Stuardus* zum Abschluss. Die hier folgende Untersuchung, die *Carolus Stuardus*-Fassung in der Dramenausgabe von 1663 als Antwort auf Nicolaus Avancinis *Pietas victrix* von 1659 zu interpretieren versucht, bestätigt Szarotas Sicht. Bisher wurde noch nicht geprüft, ob Andreas Gryphius den erfolgreichen Wiener Theaterdichter Nicolaus Avancini als Konkurrenten angesehen haben könnte. Ist die überarbeitete und erweiterte Fassung des *Carolus Stuardus* vielleicht das Ergebnis einer *aemulatio* mit Avancinis *Pietas victrix*? Die folgende Klärung dieser Frage schließt an frühere Versuche an, *Felicitas* und *Leo Armenius* an ihren von Jesuiten verfassten Prätexten zu messen.[47] Eine ähnliche Strategie verfolgte Eugène Susini, als er die Abweichungen in *Catharina von Georgien* von der römisch-katholischen *Histoires tragiques de nostre temps* Claude Malingres (1641) registrierte, demzufolge die Königin der Georgier vor ihrer

---

[47] Willi Harring: Andreas Gryphius und das Drama der Jesuiten. Halle an der Saale 1907 (Hermaea 5); Mahlmann-Bauer: Leo Armenius oder der Rückzug der Heilsgeschichte (Anm. 27); dies.: Felicitas. In: Kaminski und Schütze (Anm. 1), S. 162–184.

Hinrichtung von einem Augustinerpater zur römisch-katholischen Religion bekehrt worden sei.[48]

Meine These ist, dass die Erweiterung des *Carolus Stuardus* durch die Aufführung und Drucklegung von Nicolaus Avancinis Hofschauspiel *Pietas victrix* veranlasst sein könnte. Autobiographische Quellen dafür fehlen zwar. Aber der Kontrast zwischen der prunkvollen, multimedial inszenierten Verherrlichung Leopolds I. als Nachfolger des ersten Christenkaisers Konstantins des Großen anlässlich der Wiener Kaiserkrönung im August 1658 und Gryphius' Bemühung, die politischen Standpunkte der Königstreuen und der Cromwell-Anhänger getreu den Quellen wiederzugeben und die Illegalität der nur kurzfristig erfolgreichen ‚Regicides' juristisch zu begründen, ist riesengroß. Nirgendwo waren die Bedingungen ungünstiger als in Schlesien, als Bühnenautor Erfolg zu haben und berühmt zu werden; Gryphius' Stücke wurden nur auf der protestantischen Schulbühne gespielt;[49] hingegen profitierte Avancinis dramaturgische und lyrische Kunst von den technischen Möglichkeiten des neuen Hoftheaters in Wien – aus Gryphius' Sicht eine beneidenswerte Situation. Kann jener Kontrast mit den entgegengesetzten Perspektiven erklärt werden, die dem schlesischen Schriftsteller und Juristen der Glogauer Landstände und dem Herrscher über ein Reich eigen sind, in dem verschiedene Völker und Konfessionen unter den Bedingungen des Westfälischen Friedens versöhnlich miteinander auskommen mussten? Relativiert nicht die Perspektive des Juristen, der die Glogauer Landstände „juristisch und diplomatisch gegen die zentralistischen und gegenreformatorischen Bestrebungen der habsburgischen Herrschaft" vertrat[50] und sich insbesondere für die Rechte der protestantischen Bevölkerung einsetzte, die siegesgewisse *pietas austriaca*? Aus religiöser Uneinigkeit entstand der Dreißigjährige Krieg, und religiöser Dissens spaltete auch die englische Monarchie. Die Independenten verlangten die Hinrichtung des Stuartkönigs beharrlich unter Berufung auf Gott und ihre *pietas*.

---

48 Eugène Susini: Claude Malingre, sieur de Saint-Lazare, et son *Histoire de Cathérine de Géorgie*. In: Etudes germaniques 2 (1968), 37–53; Joachim Harst: Catharina von Georgien. In: Kaminski und Schütze (Anm. 1), S. 203–220, hier S. 204 f.
49 Ralf Georg Bogner: Leben. In: Kaminski und Schütze (Anm. 1), S. 3–17, S. 15.
50 Ebd., S. 16.

4 Nicolaus Avancinis *Ludi Caesarei* und die *Pietas victrix*

Der Ruhm der lateinischen *Ludi Caesarei* Nicolaus Avancinis in Wien wird wahrscheinlich zu Gryphius nach Schlesien gedrungen sein. Von der *Pietas victrix* gab es ein anonymes handschriftliches Textbuch von 1659 mit szenischen Anweisungen, das in der ÖNB Wien überliefert ist, und einen Einzeldruck aus dem gleichen Jahr, der ebenfalls Regieanweisungen enthält.[51] Ein Exemplar der deutschsprachigen Perioche ist in der Universitätsbibliothek Breslau überliefert.[52]

Nicolaus Avancini (1611–1686) stammte aus einer Trienter Adelsfamilie, trat 1627 in die *Societas Jesu* ein und absolvierte sein Theologiestudium 1636–1640 in Wien. Dort lehrte er anschließend Philosophie und Theologie. Er war fast 20 Jahre Theologieprofessor an der Wiener Universität und Rektor des Jesuitenkollegs. 1664–1686 hatte er Leitungsämter in seinem Orden inne. Er wurde 1682 Assistent des Ordensgenerals in Rom. Seit seiner Lehrtätigkeit in Triest, Agram und Laibach verfasste Avancini für die Schule Schauspiele; in der Wiener Zeit dichtete er zu offiziellen politischen Anlässen Theaterstücke.

Die Hälfte der zur Aufführung gelangten Schauspiele Avancinis wurde in fünf Bänden der *Poesis dramatica* (Wien 1675/76) gedruckt. Von diesen Dramen bilden die historischen Exempla aus der Antike und dem frühen Christentum die größte Gruppe, sechs Tragödien bringen heidnische Protagonisten auf die Bühne und zwölf sind Märtyrerdramen. Drei Dramen sind allegorischer Natur, sechs bearbeiten alttestamentliche Stoffe und fünf fußen auf Heiligenlegenden. Auch der Ordensheilige Franciscus Xaverius, der 1622 mit Ignatius von Loyola kanonisiert worden war, war Held eines Märtyrerdramas Avancinis. Die Idee der *Ludi Caesarei* Avancinis war panegyrisch und genealogisch: In der dauerhaften Herrschaft der Habsburger gelange die vollkommene christliche Monarchie zur Wirklichkeit. Feinde bedrohten sie nur von außen; im Innern herrschte

---

[51] Lothar Mundt und Ulrich Seelbach (Hg.): Nicolaus Avancini SJ: *Pietas victrix – Der Sieg der Pietas*. Mit Übersetzung und Kommentar. Tübingen 2002 (Frühe Neuzeit 73), hier Editionsbericht S. 318 f. Avancinis Festspiel wurde in den zweiten Band seiner Sammlung *Poesis dramatica*, Pars secunda, Köln 1675, S. 102–252 aufgenommen. Vgl. auch Franz Günter Sieveke: Actio scaenica und persuasorischer Perfektionismus. Zur Funktion des Theaters bei Nikolaus Avancini SJ. In: Die österreichische Literatur. Ihr Profil von den Anfängen im Mittelalter bis ins 18. Jahrhundert (1050–1750). Teil 2. Hg. von Herbert Zeman. Graz 1986, S. 1255–1282, hier S. 1265.

[52] Szarota (Hg.): Das Jesuitendrama im deutschen Sprachgebiet (Anm. 15), Bd. III/2, Gruppe V, Perioche Nr. 7, S. 1049–1061.

religiöse Konformität.⁵³ 25 der insgesamt 27 Stücke waren für ein adeliges und höfisches Publikum konzipiert und wurden mit beträchtlichem technischen Aufwand auf die Bühne gebracht. Drei Festspiele, die Avancini zu großen politischen Anlässen verfasst hat, gingen der Komposition der *Pietas victrix* voraus: *Saxonia conversa sive Clodualdus Daniae princeps cum tota familia a Carolo Magno* kam anlässlich der Krönung Ferdinands IV. zum ungarischen König am 22. August 1647 auf die Bühne.⁵⁴ Das Bibeldrama *Pax imperii anno Domini 1650 sive Josephus a fratribus recognitus* wurde anlässlich der Ratifizierung des Westfälischen Friedens im Herbst 1650 aufgeführt, in Anwesenheit von Ferdinand III., Ferdinand IV., Leopold und Sigismund. Das Drama *Curae Caesarum pro Deo et pro populo sive Theodosius Magnus* feierte 1653 die Krönung Ferdinands IV. zum römischen König.⁵⁵

Da die historische Handlung der *Saxonia conversa* ähnlich strukturiert ist wie diejenige der *Pietas victrix*, gebe ich den Inhalt des Stücks von 1647 nach der deutschen Perioche wieder:

> Clodoaldus Zu sonderbaren Ehren und Gnädigistem Wolgefallen Der zu Hungarn vnd Böhaimb Königl: Mayest: Ferdinandi Quarti Jn Beysein Jhr Mayest: der Königin in Spanien/ Ertzherzogin Mariae Annae, Wie auch Jhr Fürst: Durch Ertzherzogen Leopoldi, &c. Von dem Kays: vnd Academischen der Soc: Jesu Collegio, durch dessen studierende Jugendt auff offentlichem Theatro fürgestellt Jm Jahr Christi 1647 den 22. August-monaths.⁵⁶

Das Schauspiel führt vor, wie das Christentum dank der militärischen Überlegenheit Karls des Großen in das heidnische Sachsen eingeführt wurde. Der Gegensatz zwischen Sachsen und dem Frankenreich Karls ist vergleichbar mit dem zwischen barbarischen Skythen unter einem König Thoas, der von seiner Priesterin Menschenopfer verlangt, einerseits und zivilisierten Griechen andererseits. Im heidnischen Barbarenland droht den verschleppten Findelkindern des dänischen Königs ein Menschenopfer. Ihre Errettung verdanken sie dem göttlichen Lenker der Weltgeschichte. Nach dem Vorbild des Elia in der Konkurrenz mit den Baalspriestern wird eine Götterprobe veranstaltet, in der die

---

53 Volker Meid: Die deutsche Literatur im Zeitalter des Barock. München 2009 (Geschichte der deutschen Literatur von den Anfängen bis zur Gegenwart 5), S. 358.
54 Szarota (Hg.): Periochen-Edition. (Am. 15), Bd. III/1, S. 233–244.
55 Jean-Marie Valentin: Les jésuites et le théâtre (1554–1680). Contribution à l'histoire culturelle du monde catholique dans le Saint Empire romain germanique. Paris 2001, S. 668–671 und 675–680. Die Periochen dieser beiden Dramen hat Szarota nicht in ihre Periochen-Edition aufgenommen.
56 Szarota (Hg.): Periochen-Edition, Bd. III/1 (Anm. 15), Gruppe I, Nr. 21, S. 233–244.

heidnischen Zauberer versagen. Die militärische Operation Kaiser Karls ermöglicht die Befreiung der fremdländischen Geiseln in Sachsen. Dass die neuen sächsischen Untertanen des Kaisers auch seine Religion annehmen, ist nicht nur ein Akt dankbarer Loyalität, sondern wird mit den Vorzügen christlichen Rechts, vor allem der Abschaffung von blutigen Opfern, begründet. Durch christliche Missionare und militärische Überlegenheit der Franken erhält ein Barbarenvolk die Chance, sich zu zivilisieren. Karl der Große beendet die wilden Bürgerkriege, bringt die Familienmitglieder wieder zueinander und stellt den Frieden her, indem er Clodoaldus zu seinem Lehensherrn macht.

Auf das Verhältnis der drei konfessionellen Parteien, die im Westfälischen Frieden in ein Äquilibrium gebracht werden sollten, lässt sich dieses ‚Kolonialmärchen' aus der Geschichte der fränkischen Mission aber gerade nicht übertragen, es sei denn, man stellte sich die *concordia religionum* als *reductio* der Protestanten unter den Schutz des Habsburger Kaisers und den Schirm des Papstes vor.

5 *Pietas victrix* – Konstantin der Große, Begründer der *pietas austriaca*

Mit seinem Constantin-Drama *Pietas victrix sive Constantinus Magnus de Maxentio Victor* feierten die Jesuiten in Anwesenheit des Hofes und im Beisein von 3000 Zuschauern am 21. und 22. Februar 1659 im neuen Universitätstheater die Inthronisation Kaiser Leopolds I., die im August 1658 stattgefunden hatte. „Die Pietas victrix nutzt als erstes Drama das volle Potential der neuen Bühne und wird als erstes Stück der Jesuiten in Wien vor höfischem Publikum inszeniert, seitdem Leopold I. am 1. August 1658 zum Kaiser gekrönt worden war."[57] Der Kaiser bezuschusste die Ausstattung des Schauspiels. Er wurde aber auch zu weniger prunkvollen Schulaufführungen der Jesuiten durchschnittlich sechsmal im Jahr geladen.[58]

Zur Begleitung der prachtvollen Aufführung wurden gedruckte Periochen verteilt, von denen ein Exemplar auch in der UB Breslau überliefert ist:

---

[57] Mundt und Seelbach: Einleitung zu Nicolaus Avancini SJ: Pietas victrix – Der Sieg der Pietas (Anm. 51), S. IX–XXXII, hier S. XXIX.
[58] Ebd., S. XXIXf. Vgl. auch die Analyse in Valentin: Les Jésuites et le théâtre (Anm. 55), S. 648–680.

Obsigende Gottseeligkeit Das ist Flavius Constantinus Der Grosse Nach vberwundenen Tyrann Maxentio Sighafft. Vorgestellt in der Haupt- vnd Kayserlichen Residentz-Statt Wienn Vnd Zum Kayserlichen Ehren-Spill Jhr Römischen Kayserlichen/ wie auch zu Hungern vnd Böhaimb Königlichen Mayestät Leopoldo Von dem Kayserlichen Academischen Collegio der Societet JESV allda allerunderthänigist verehret/ Jm Monat Februario deß 1659. Jahrs.[59]

Avancini griff auf einen berühmten Stoff zurück, den Sieg des Kaisers Constantinus über seinen Rivalen, den Usurpator Maxentius, auf der Milvesischen Brücke 312 und die Entscheidung des Kaisers in der Tetrarchie, die Christen im neu geeinten Reich zu integrieren und der christlichen Kirche staatlichen Schutz zu gewähren, womit er seinen Anspruch auf die Alleinherrschaft in einem durch das Christentum neu geeinten Reich begründet hatte.[60]

Ähnlich wie in der *Saxonia conversa* (1647) und den *Curae Caesarum* (1653) wird das dramatische Geschehen von zwei ungleichen Antagonisten beherrscht, die den Kampf zwischen Tugend und Laster, Gut und Böse in der von der göttlichen Providenz geleiteten Weltgeschichte symbolisieren. Karl der Große und Widukind war das Heldenpaar im Schauspiel von 1647; Kaiser Theodosius hatte in den *Curae Caesarum* den heidnischen Eugenius zum Gegenspieler. In der *Pietas victrix* treffen Kaiser Konstantin, der bereits im ersten Akt als Christ mit seinem bischöflichen Präzeptor Nicolaus von Myra eingeführt wird, und der Tyrann und Usurpator Roms Maxentius aufeinander. Die Peripetie ereignet sich im Oktober des Jahres 312, als dieser auf der Milvischen Tiberbrücke vernichtend geschlagen wird.

Avancini vereinfacht die historischen Verhältnisse im römischen West- und Ostreich der Jahre 306 bis 312 radikal.[61] Die Zuschauer erleben nicht den etappenreichen Aufstieg Konstantins seit der Ausrufung zum Kaiser in Ebracum 306 im Zusammenspiel der Tetrarchen. Der heidnische Tyrann Maxentius ist der einzige Usurpator Roms, der Konstantin militärisch bedroht, aber der Kaiser besiegt ihn kraft seiner Tugenden und durch die Leitung der Vorsehung. Die Handlung steuert auf den Kriegszug bei der von Maxentius errichteten hölzernen Brücke vor Rom zu (Akt IV). Hier fällt Maxentius seiner List selbst zum Opfer, die ihm der Zauberer Dymas als Falle für Konstantin und seine Soldaten angeraten hatte.

---

59 Szarota (Hg.): Periochen-Edition, III/2 (Anm. 15), S. 1049–1061 und S. 2187 ff.
60 Ruprecht Wimmer: Constantinus redivivus. Habsburg im Jesuitendrama des 17. Jh. In: Die Österreichische Literatur (Anm. 51), Teil 2, S. 1093–1116; Jean-Marie Valentin: Le théâtre des Jésuites. 3 Bde. Bern u.a. 1978 (Berner Beiträge zur Barockgermanistik 3), Bd. 2, S. 921–928.
61 Elisabeth Hermann-Otto: Konstantin der Große. Darmstadt 2007, S. 48–58 und 206–208.

Die dramatische *actio*, ein Märchen, das mit dem formelhaften Schluss „Und wenn sie nicht gestorben sind ... " zwar nicht wörtlich, aber multimedial und allegorisch verspiegelt im *genus laudativum* ausklingt, illustriert Konstantins Aristie als gottesfürchtiger, milder Herrscher und klug entschlossener Heerführer und gipfelt in seiner Apotheose. Im fünften Akt bildet Konstantin den Anfang einer dynastischen Reihe, die mit Leopold I. schließt. Die Thronübergabe an den Sohn, Constantinus iunior, dient der realen Inthronisation Leopolds I. zum Spiegel, der seinem Ahnen und Vorbild durch die Formel ‚pietate ac iustitia' verbunden ist.

Konstantin entwickelt sich nicht durch Prüfungen, politische Herausforderungen oder Schicksalsschläge weiter. Er ist immer schon strahlender, unangefochtener Held. Begegnungen mit Antagonisten dienen nur zur Bewährung seiner Tugenden, die vorbildlich für einen christlichen Herrscher sind, der Frieden dem Krieg vorzieht. Er ist schon Christ, von der Vorsehung zum Sieg über die Heiden auserkoren. Er braucht nur auf die personifizierte Vorsehung zu hören: Wenn Providentia ihm die Kriegsführung empfiehlt, kann es sich einzig um ein *bellum iustum* handeln. Konstantin „hat das Auftreten eines Mannes, der weiß, daß er das Richtige wählt und dem alles gelingt. ... Er hatte seine Regierung mit dem Toleranzedikt für die Christen eröffnet ([Laktanz] De morte persecutorum 24)".[62]

Das Stück ist arm an Handlung, aber reich an Bühneneffekten. Nichts erfährt man von dem, was die Protagonisten im Innern bewegt. Konstantin wird wie eine Marionette zum Sieg geleitet, sein Gegenspieler wird vom Dämon eingelullt und vom Zauberer Dymas zu törichten Unternehmungen verführt, worüber die Zuschauer, eingedenk des von Eusebius und Laktanz beglaubigten *felix eventus*, Konstantins' Befriedung des Imperiums durch Institutionalisierung der christlichen Kirche, nur lachen konnten.

Der Inhalt des Stückes gestaltet sich im Detail wie folgt: Ein *Vorspiel* entwirft allegorisch die dramatische Handlung. Providentia beruft Pietas zur Herrschaft. Deren Bedenken, dass ihre Krone von gottlosen Frevlern bedroht werde, zerstreut Providentia und ermahnt Pietas zu Klugheit und Tüchtigkeit („consilium et industria"). Konstantins Sieg wird dank Gottes Gunst vorausgesagt, denn der Zorn seines Gegners weiht das Regime der Impietas zum Untergang. Die Vorausdeutungen des Vorspiels werden im *ersten Akt* in zwei prophetischen Träumen Konstantins und des Maxentius fortgesetzt. Konstantin schaut träumend den Triumphzug, den er in Akt IV selbst in Rom anführen wird. Maxentius lässt sich vom Traumbild Pharaos schrecken, der die fliehenden Israeliten durch das Rote

---

[62] Szarota: Periochen-Edition, Band III/2 (Anm. 15), Kommentar S. 2188.

Meer verfolgt. Traumdeuter legen den Träumenden ihre Gesichte in den nachfolgenden Szenen aus. Konstantin wird von Bischof Nikolaus von Myra darüber belehrt, dass Gott dem Kaiser den Sieg im Krieg gegen Maxentius versprochen habe. Zugleich unterweist der Bischof den jungen Kaiser in den Herrschertugenden und erteilt ihm Lektionen in Prinzipien jesuitischer Theologie, zu denen die Freiheit gehört, das Gute zu wollen und zu veranschaulichen.

Konstantins Ermahnung, Maxentius möge ihm freiwillig Rom übergeben, trifft im *zweiten Akt* auf taube Ohren. Maxentius glaubt lieber teuflischen Beratern, die ihn zur Kriegsführung mit Hilfe von List und Tücke ermuntern. Im *dritten Akt* wird das gute, prospektive Verhältnis Konstantins zu seinen Söhnen mit der konfliktuösen Vater-Sohn-Beziehung des Maxentius und Romulus konfrontiert. Maxentius lässt im *vierten Akt* gemäß dem Rat von Zauberer Dymas die hölzerne Brücke über den Tiber bauen, die unter der Last der gegnerischen Soldaten zum Einsturz kommen sollte. Maxentius geht allerdings mit seinem Ratgeber Dymas so treulos um wie mit seinem eigenen Sohn. Da Dymas ihm aufgrund einer Kometenerscheinung den Untergang voraussagt, entledigt sich Maxentius des unbequemen Helfers einfach. Die Söhne Konstantins greifen den Usurpator in seiner Stadt Rom vom Land und von den Schiffen aus an. Als Maxentius seine ausweglose Lage erkennt, bittet er seinen Sohn vergeblich, ihn zu töten. Da es dieser als Verstoß gegen die natürliche Ordnung ablehnt, beschließt Maxentius auf Rat des Romulus, sich mit den Truppen in die Stadt zurückzuziehen. Bei der Flucht über die hölzerne Brücke finden Maxentius und seine Soldaten den Tod, den sie doch ursprünglich ihren Gegnern bereiten wollten. Die Soldaten des Kaisers werden von dessen Sohn zur Schonung der befreiten Römer ermahnt, um ihre Gewogenheit zu erlangen, anstatt sie zu Widerstand und Aufruhr zu reizen.

Im *fünften Akt* zieht Konstantin in Rom ein und empfängt die Huldigung der Bürger. Der Triumphzug gibt Gelegenheit, den Katalog der christlichen Herrschertugenden vorzustellen. Consilium, industria, justitia und pietas zieren auch die Devisen Ferdinands III. und Leopolds I. Die *translatio imperii* im Verlauf der Jahrhunderte von Konstantin an Leopold wird Mutter Helena von ihrem himmlischen Sitz aus offenbart. Sie schaut die Reihe der Ahnen der künftigen Herrscher aus dem Hause Habsburg, die Leopold I. als letzter beschließt. Der siegreiche Konstantin vernichtet die heidnischen Opferkulte und führt mit dem Kreuz die christliche Religion in Rom ein. Zum Abschluss wird sein Sohn Konstantin der Jüngere zum Kaiser gekrönt und über die Ziele christlicher Herrschaft aufgeklärt. Oberstes Ziel ist, ein einiges Friedensreich zu begründen. Konstantin überreicht seinem gleichnamigen Sohn die Weltkugel, auf deren Pol das Kreuz thront. Auf welche Seite er die Kugel drehen mag, das Kreuz werde immer wunderbar aufrecht stehen. Crispus kommentiert dieses Sinnbild:

„Nempe qui fidit cruci,/ Maior procellis exstat, et nullo valet/ Furore sortis opprimi" (v. 3842–44). Konstantin verheißt ihm, dass Gott die Rechtschaffenen begnadigen und die Ungerechten beugen werde. Er prophezeit, dass Pietas künftigen Herrschern Segen bringen werde, wohingegen eine verbrecherische Regierung nie lange gegen Gottes Willen bestehen könne.

Konstantin prophezeit seinem demütig die ruhmvolle Herrschaft abwehrenden Sohn, wenn die Reste der heidnischen Religion erst beseitigt und die Götterbilder zertrümmert sein werden, dann verschwänden auch umgehend die Laster. Mit dem kaiserlichen Schutz der Religion sei die Voraussetzung für ein glücklich geeintes, friedliches Reich geschaffen (v. 3752–98). Konstantin der Große überreicht seinem Sohn das Kreuz und das Schwert, das Kreuz als „Quell gütiger Strenge und strenger Güte", das Schwert zum Schutz des Friedens der Bürger (v. 3852 und 3855 f.). Der Sohn gelobt, dem Vater zu folgen und sich an seiner Tüchtigkeit ein Beispiel zu nehmen. Die Maxime, die Konstantin seinem Nachfolger für eine gute Herrschaft auf den Weg gibt, wiederholt die Devisen Ferdinands III. und Leopolds I.:

Nate, sic mundum rege
Pietate Patris, atque Iustitia, tua
Industria, atque lege Consilii (v. 3878–80).

Das Bühnenbild zu Akt V, Szene 6 illustriert, wie das Bühnenspiel den Zuschauern die Gleichsetzung des legendären Constantinus mit Kaiser Leopold nahebrachte.[63]

Dargestellt wird die Krönung Konstantins des Jüngeren durch den siegreichen Vater unter dem Triumphbogen. Er wird vom Doppeladler geziert. Darüber führt ein Adler den Knaben durch die Lüfte. Die emblematische Ikonographie Ganymeds, der vom Adler entführt wird, liegt dem Luftsieg der Pietas zugrunde, die im Zwischenspiel vom Adler emporgehoben wird. In diesem Sinnbild wird die Leitidee des Dramas vergegenwärtigt, aber nicht begründet: *Pietas victrix*. Konstantin und seine Postfiguration, Kaiser Leopold I. und die *Pietas austriaca*, erfüllen die Heilsgeschichte.

Avancinis Hauptquellenautoren, Eusebius von Caesarea, Caecilius Firmianus Lactantius und ein anonymer lateinischer Panegyriker, ergriffen aus christlicher Sicht für Konstantin den Großen Partei und dämonisierten seine Gegner. Maxentius ist in ihren Augen der Prototyp des unbeherrschten, unvernünftigen Tyrannen. Schon vor der Taufe, die Konstantin erst sterbend empfing, war der Kaiser

---

63 Vgl. die Abbildung 10 in Mundt und Seelbach: Einleitung zu Nicolaus Avancini SJ: Pietas victrix – Der Sieg der Pietas (Anm. 51), und Sieveke: Actio scaenica (Anm. 51), S. 1279 f.

seiner Gesinnung nach Christ. Im Drama bleibt er sich immer gleich, seine Konversion durch die Vision des himmlischen Kreuzes wird nicht vorgeführt. Christliche Milde gegenüber Feinden und Untertanen und Versöhnungsbereitschaft zeichnen den Kaiser aus und sichern ihm die Herrschaft in einem Reich, in dem die Christen bisher eine verfolgte Minderheit waren, in dem es aber auch nach der Legitimierung der bisher verfolgten Minderheiten-Kirche ältere Religionen gibt.

> Was für Konstantin die Heiden waren, waren für Leopold die Türken. Und wie Konstantin auf den Schilden seiner Soldaten das Monogramm Christi anbringen ließ ([Laktanz] De morte persecutorum 44), also ein einheitliches, alles verbindendes Symbol schaffen wollte, so war Leopolds wichtigstes Anliegen die Einheit der Religion in seinem Reich herzustellen.[64]

Avancinis Dramenhandlung entbehrt der Tragik. Die Figurenkonzeption wie auch die Zeit- und Raumaufteilung folgen nicht der Poetik des Aristoteles.

Seine Schauspiele sollten Stücke für Zuschauer, nicht für Leser sein, erklärte Avancini in der Vorrede zu seinen Schauspielen; eine Textpublikation hatte er nicht beabsichtigt. Er betonte, wie wichtig all jene Mittel seien, die sich an Augen und Ohren der Zuschauer richteten. Der lebhafte Theaterstil kontrastiere mit trockener Buchgelehrsamkeit: „Denn was auf der Bühne gespielt wird, ist lebendig und beseelt; Das Gelesene besteht nur aus Knochen und Leichen."[65]

Besonders wichtig waren Avancini die Chöre, deren allegorisches Personal die dramatische Handlung gleich den *subscriptiones* zu einer *pictura* heilsgeschichtlich deutete.[66] Sie veranschaulichen die Kräfte, die auf das Handeln der *dramatis personae* Einfluss gewinnen wollten bzw. es bestimmten. Im Kampf Konstantins gegen Maxentius behauptete sich Pietas gegen die unlauteren Mittel der Impietas. Wodurch sich Pietas auszeichnet und wieso Impietas ihr unterlegen ist, muss nicht theologisch erklärt. Es geht nicht um dogmatische Orthodoxie oder eine auf Tugend und Werkgerechtigkeit fußende Religiosität, sondern um die vertrauensvolle Haltung des Herrschers der göttlichen Vorsehung gegenüber. Sie schreibt

---

64 Szarota: Periochen-Edition, Bd. III/2 (Anm. 15), S. 2189.

65 Ich zitiere die Stelle im Zusammenhang: „Illum scenae apparatus, oblectamenta aurium, oculorum illecebrae, Actoris lepor & dexteritas condiunt ad delectationem: hic cum extraneis destitutus sit ornamentis, nisi in materia involutiones, in deductione inexpectatas evoluptiones, in varietate miracula, in dictione acumen & sententias, in metro volubilitatem & numerum attulerit: ab ijsdem publicas censuras refert, a quibus privatam tulerat commendationem. Nempe quae in scenâ aguntur, viva sunt & animata; quae leguntur, mera ossa & cadavera." Nicolaus Avancini: Ludi caesarei, Band I, S. a5ᵛ–a6ʳ, zitiert von Sieveke: Actio scaenica (Anm. 51), S. 1261.

66 Ebd., S. 1263.

ihm sein Vorgehen vor, besonders auch ein kriegerisches, das ihrer angeborenen Friedensliebe wegen der Verstocktheit der Impietas widerstrebt. Mit Konstantins Friedensliebe, Milde und Besonnenheit kontrastiert die Auslieferung des von seinen Leidenschaften beherrschten Gegenspielers an teuflische Mächte, die ihm den Verzicht auf vernünftige Einsicht, Klugheit und Kontrolle abverlangen. Impietas vertraut den älteren Formen der Gottesverehrung durch Opfer und hat Freude an der Zerstörung christlicher Kirchen und Irreführung christlicher Soldaten. Zum Entsetzen der Pietas wütet Impietas, indem sie Gotteshäuser zerstört, Altäre verwüstet, Heiligtümer vernichtet und das Recht mit Füßen tritt. Sie erfindet neue Gottheiten und befiehlt die Abkehr vom wahren Gott:

> [...] sine lege furens,
> Templa evertit, diripit aras,
> Sacra confundit, iura sacrilego
> Pede conculcat. Numina fingit
> Ignota polis, exosa solo,
> Verumque iubet migrare DEUM. (Chor vor Akt III, v. 1659–1664)

Diese Schilderung ruft Erinnerungen an das Wüten reformierter Bilderstürmer in den Niederlanden oder in Frankreich wach, verstellt aber den Zugang zu den Ursachen und Auslösern des Böhmischen Krieges. Die sakrilegische Zerstörungswut, die Avancini der brutalen Impietas zuschreibt, kannten schlesische Protestanten allerdings aus eigener Anschauung, als ihre Kirchen massenhaft „reduziert" worden waren. War die Impietas in ihren Augen nicht die von Österreich protegierte Pietas, mit der Leopold I. im September 1659 das Recht in Anspruch nahm, den Jesuiten die Burg für ihr Kolleg zu übergeben?

Gegen ignorante Heiden mussten die Christen allerdings einmütig vorgehen, zumal wenn die pagane Religion mit Aberglauben, Zauberei und barbarischen Opfern gleichgesetzt wird. Impietas agiert im Reich des Bösen, das aber notwendig ist zur Durchsetzung des Guten, so wie der Krieg gegen die Heiden Voraussetzung für den Sieg der Christenheit ist. Zwar wird die friedliebende Pietas gegen ihren Willen zum Krieg genötigt, aber der giftigen Schlange den Kopf zu zertreten, ist heilsgeschichtliche Notwendigkeit.

Die sinnbildliche Deutung von Pietas und Impietas musste unterschiedlich ausfallen, und zwar je nach dem, mit welcher Lehre die orthodoxe Pietas begründet wurde. Der Sieg der Pietas über Impietas wird in Avancinis Chören nicht ethisch oder theologisch begründet, sondern spektakulär vorgeführt. Pietas wird von der auf einem Drachen reitenden Impietas voller Zorn zum Kampf herausgefordert. Nach einer Kanonade von Schimpfwörtern – „Romae exitium, Latii pestis,/ Fax Imperii, Procerum Latro, Exosa polis, invisa solo/ Bellua" (Chorus vor Akt IV, v. 2695–98) – entführt der kaiserliche Adler Pietas vor dem

Zugriff des Drachen der Impietas in die Lüfte: „Sic bona semper Causa triumphat." (Chorus vor Akt IV, v. 2708) Triumph und Sieg werden nicht durch Austausch von Argumenten oder die überlegene Strategie eines gut geführten Heers erfochten, sondern die Vorsehung sorgte für den Sieg der guten Sache vor, die eben deswegen gut war, weil sie der Kirche im römischen Imperium eine Heimstätte gab und mit Konstantin Regentschaft das Modell einer Kooperation zwischen Herrscher und Kirche und die Balance zwischen Kaiser und römischem Bischof gestaltet hat. Dieses Wissen bringen die Zuschauer bereits mit. Dass Leopolds Herrschaft sich in die Tradition des siegreichen, von der Vorsehung begünstigten Konstantin des Großen einfügt, dafür liefern Bühnenbilder, in denen beide zu einer Kunstfigur verschwimmen, und der effektvolle, selbstverschuldete Untergang des Maxentius die Bestätigung.

Die Situation des Thronfolgers Ferdinands III., Leopolds I., der nach dem plötzlichen Tod Ferdinands IV. 1657 legitimer Nachfolger wurde, kann mit Rücksicht auf die Machtverhältnisse mit der Lage Konstantins verglichen werden, der die Politik der Christenverfolgungen seiner Vorgänger zu beenden und die Christen als religiöse Gruppe im Weltreich zu integrieren suchte. Zu dieser Einsicht gelangte Konstantin allerdings in einem langen Prozess, der durch Rückschläge und Enttäuschungen gefährdet war. Seine Präsenz auf dem Konzil von Nicäa 324 und der Synode von Tyros 335 stellte jedoch einen entscheidenden Schritt zur Kooperation mit den geistlichen Anführern dar.

> Wenn man das Christenproblem lösen wollte, an dem seit Decius alle Kaiser gescheitert waren, dann musste man die Christen in Gesellschaft und Staat integrieren, und zwar nicht halbherzig und teilweise, sondern voll und ganz wie alle anderen Religionen und deren Anhänger im Römischen Reich.[67]

Die Lage für das Haus Habsburg als Oberhaupt des konfessionell zerklüfteten, durch den Krieg verwüsteten deutschen Reichs war angesichts äußerer Feinde – vor allem das Bündnis Frankreichs mit der osmanischen Hohen Pforte war bedrohlich – 1658/59 eher ungewiss.[68] Der Westfälische Friede schränkte die Macht Habsburgs ein und verwehrte den Einfluss des Papstes auf das politische Geschehen im Innern. Das von Jacob Masen als wünschbar deklarierte Ziel einer „Meditata Concordia" durch „reductiones" zur Einheitskirche, also dergestalt, dass die Protestanten sich exegetisch von der Nichtigkeit ihrer Sezession seit Luther überzeugen lassen sollten, zur römisch-katholischen Kirche bekehren und

---

67 Elisabeth Hermann-Otto: Konstantin der Große. Darmstadt 2007, S. 57.
68 Vgl. Norbert Conrads: Schlesien und die Türkengefahr. In: Schlesien in der Frühmoderne. Zur politischen und geistigen Kultur eines Habsburgischen Landes. Hg. von Joachim Bahlcke. Köln u. a. 2009 (Neue Forschungen zur schlesischen Geschichte 16), S. 108–119.

die päpstliche Autorität endlich anerkennen würden,[69] war nicht erreicht worden. seit 1663 nahm der Druck der Türken auf das Reich zu, dem Leopold I. seit 1661 standgehalten hat. Der geistige und militärische Widerstand zur Erhaltung christlicher Kultur musste von Habsburg ausgehen, nicht von befreundeten Mächten, denn Frankreich stand auf der Seite der osmanischen Herrschaft und blieb dabei seinen strategischen Zielen treu, die es 1635 zum Kriegseintritt gegen das Reich motiviert hatten.[70] Für Leopold I. bestand die Aufgabe mithin darin, mit den Bestimmungen des Westfälischen Friedens im Inneren Ordnung und Eintracht zu schaffen. Avancini leistete dem Herrscherhaus mit seinen panegyrischen Schauspielen Argumentationshilfe bei der Imagepflege. Religiöse Uneinigkeit oder die Vielfalt der Kulte im Weltreich Constantins oder in einem von Sachsen und Brandenburg dominierten Reich kommen in der *Pietas victrix* nicht zur Sprache.

Konstantins Sieg veranschaulicht die göttliche Lenkung der Reichsgeschichte. Die *domus Austriaca* deutete ihn als Etappe im Vollzug der Heilsgeschichte, die gegenwärtig unter Leopold I. den Höhepunkt erreichte. Konstantin wird als rechtmäßiger Inhaber des römischen Throns dargestellt, nicht obwohl, sondern gerade weil er der erste christliche Kaiser war. Sowohl Konstantin als auch Leopold erhielten ihre Legitimation als Herrscher aufgrund einer Frömmigkeit, die sich durch das Vertrauen auf das Walten der Vorsehung auszeichnete und sich im Bewusstsein, Werkzeug der Vorsehung zu sein, mehr im triumphalen *bellum iustum* als im gemeinsamen Gebet und liturgischen Gesang äußerte. Der hybride, egoistische Despot ist dagegen ein Tyrann, negativer absoluter Herrscher. Ehrsucht, unbändiger Zorn, Gewaltbereitschaft disqualifizieren ihn als Regenten und als Heerführer. Anders als Avancinis Konstantin, der seit dem triumphalen Einzug in Rom keine Feinde mehr kennt, hatte Leopold I. den richtigen Glauben gegen Irrlehren zu schützen, z. B. gegen den Islam an den Ostgrenzen des Reichs; überdies war die Existenz protestantischer Kirchen beispielsweise in den schlesischen Herzogtümern eine Tatsache und im Westfälischen Frieden garantiert. Nicht mit dem Ideal eines Friedenskaisers vereinbar waren die zwangsweisen Reduktionen in Schlesien, die Schließung protestantischer Kirchen und der Druck auf protestantische Gläubige, sich zur römischen Kirche zu bekehren.

Avancinis Festspiel hat die Grenzlinie zwischen didaktischer Vermittlung, jesuitischer politischer Theologie und unkritisch affirmativer Panegyrik überschritten. Die Nobilitierung des jesuitischen Schultheaters als Hoftheater, das

---

69 Jacob Masen SJ: Meditata Concordia protestantivm cvm catholicis in una confessione fidei ex S. Scriptvra desvmpta, [...]. Köln 1662 (ND Köln 1665). Dazu Jean-Marie Valentin: La *Meditata Concordia* de Jacob Masen et le rapprochement des églises en Allemagne au XVIIe siècle. In: Revue d'Allemagne et des pays de langue allemande 13 (1981), S. 238–269.
70 Sieveke: Actio scaenica (Anm. 51), S. 1258.

technisch und durch Einsetzung verschiedener Medien mit der beliebten italienischen Oper konkurrieren wollte, führte in der Geschichte des jesuitischen Schulwesens und -theaters in eine Sackgasse.[71] In den politischen Festspielen wurden nicht mehr die Probleme Heranwachsender verhandelt, die sich, nach dem Plan der *ratio studiorum* in eloquenter Argumentation und Körperbeherrschung auf ihre spätere Karriere als Lehrer, Geistliche oder Politikberater vorbereiten sollten. Avancini hat sich, als Hofbühnendichter, denkbar weit von der hofkritischen Position entfernt, die Nicolas Caussin in *La Cour sainte* vertreten hatte.[72] An keiner Stelle war dagegen im *Triumphus Divi Michaelis Archangeli Bavarici* (1597) der Bayernherzog als Mitkämpfer oder Werkzeug des Erzengels Michael gefeiert worden, obwohl er es war, der den Jesuiten mitten in München das Grundstück für Kolleg und Kirche schenkte und er seinen Bruder Ernst von Wittelsbach militärisch während des Kölner Kriegs 1583 erfolgreich unterstützt hatte. Für Avancini ist der Hof ist nicht länger Ort der Verführung, der Verstellung und des Betrugs oder Schule der Laster. Das Böse bedrohte das Reich und den Kaiser immer nur in Gestalt auswärtiger, irreligiöser und unzivilisierter Feinde. Die *ecclesia militans et triumphans*, deren leidvolles, in der Geschichte stets gefährdetes Schicksal, aber auch deren missionarische Ausbreitung das Thema des *Triumphus Divi Michaelis* war, wird in Avancinis *Pietas victrix* durch den vorbildlichen christlichen Herrscher abgelöst, der sie zu festigen und zu schützen habe.

Das folgende Resumé der Strukturmerkmale der *Pietas victrix* soll zur vergleichenden Analyse des *Carolus Stuardus* überleiten:
1. Avancinis Text mit zwei Antagonisten, deren politisches Kräftemessen für den Entscheidungskampf zwischen Pietas und Impietas steht, und die prunkvolle Hoftheateraufführung der *Pietas austriaca victrix* entsprachen nicht der komplexen konfessionellen Lage in den Habsburger Ländern. Der Wiener Theologieprofessor und Choragus ignorierte den ungelösten Religionskonflikt in Schlesien, das dem Kaiser untertan war, dessen protestantische Landstände aber die freie Religionsausübung auf der Grundlage des Augsburger Religionsfriedens forderten. Die Analogie zwischen Konstantins siegreichem Einzug in Rom und der kaiserliche Übergabe der Breslauer Burg an die Jesuiten trotz der Bürgerproteste wäre schief.
2. Avancinis Parallelhandlung wird vom Gegensatz zwischen christlichem und heidnischem Herrscher bestimmt, und der Ausgang steht von Beginn an fest. Damit unterbietet Avancini die Differenziertheit, mit der schon Joseph Simon

---
[71] Wimmer: Constantinus redivivus (Anm. 60), S. 1116; Valentin: Les Jésuites et le théâtre (Anm. 55), S. 668–674.
[72] Ebd., S. 489.

in *Leo Armenus* seine byzantinischen Helden darstellte. Auch die Rivalität zwischen dem Herrscher Armeniens und Michael Balbus könnte auf diese Weise nicht veranschaulicht werden. Das Trilemma der georgischen Königin zwischen dem Machtanspruch Chach Abbas' und den Interessen der Russen und Osmanen wäre ebenso wenig mit den Oppositionen *pietas – impietas, civitas Christi – civitas diaboli, Christentum – Heidentum* zu fassen gewesen. In *Carolus Stuardus* lenkt Gryphius zwar in den Stichomythien zwischen Königsgegnern und Königsanhängern sowie in den Reden Karls I. die Sympathien der Leser und Zuschauer, aber jede Partei beruft sich auf Gottes Wille und macht Gründe für ihre juristische Beurteilung geltend. Überhaupt gibt es in Gryphius' Trauerspiel *Carolus Stuardus* mehr als zwei Parteien, deren Perspektiven auf Prozess und Urteil über den König zudem durch die Kommentare ausländischer Diplomaten vermehrt werden.

3. Die Kirche und ihre Leitung im Westen und Osten des Imperiums kommen im Avancinis Festspiel nicht vor. Papst Sylvester ist abwesend, Anspielungen auf seinen ‚barocken' Nachfolger zur Zeit Leopolds I. fehlen. Avancinis Bühnenvision eines Kaisers, der es vermag, in weiten Teilen seines Reichs die Kirche zu einen und die Gläubigen vor Angriffen zu schützen, legt die Vorstellung einer Volkskirche als staatlicher Institution nahe, die dem Schutz des Kaisers unterstellt war. Die Kirche, ihre Obersten und ihre Lehre werden aber nur in der Person des geistlichen Prinzenerziehers Nicolaus von Myra vergegenwärtigt, der Konstantin über die Herrschertugenden belehrt. Andere christliche Lehrauffassungen, die ja auf dem Konzil von Nicäa zur Sprache kamen und geregelt wurden, werden ausgeblendet. Die komplexe Realität zu Beginn des 4. Jahrhunderts, als die Christenheit in Sekten und konkurrierende Lehrmeinungen gespalten war und das Imperium auseinanderzubrechen drohte, wird im Festspiel nicht repräsentiert. Die historische Handlung und ihre sinnbildliche Überhöhung zelebrieren die Übereinstimmung von *Pax* und *Pietas*, übergehen dabei aber die Geltungsansprüche derer, die Religion und christliche Lehre anders auffassten.

4. Es hätte nicht zur Aristie Konstantins gepasst, wenn Avancini gezeigt hätte, wie Konstantin seinen Sohn Crispus und dessen Gemahlin Fausta ermorden ließ.[73] Hier wich Avancini mit Rücksicht auf die Gattung des panegyrischen Hoffestspiels von den Quellen ab. In Avancinis Festspiel nimmt Crispus dieselbe Stelle ein wie Ferdinand IV., der ältere Bruder Leopolds. Beide starben vor ihrem Vater, so dass dieser die Thronfolge neu regeln musste. Der jüngere

---

73 Wimmer: Constantinus redivivus (Anm. 60), S. 1115.

Bruder, Constantin der Jüngere bzw. Leopold, folgten als Thronerben.[74] Gryphius entlastet Karl I. nicht auf analoge Weise, sondern lässt ihn seine Schuld bekennen.

6 Gryphius' Umarbeitung des *Carolus Stuardus*

Liefert die stark vereinfachte Fabel und Dramaturgie der *Pietas victrix* einen Schlüssel zum Verständnis der Änderungen, die Gryphius an der Erstfassung des *Carolus Stuardus* vornahm?

Was Gryphius dazu veranlasste, für die Ausgabe seiner Schauspiele 1663 *Carolus Stuardus* neu zu bearbeiten, wissen wir nicht. Dirk Niefanger fasst den Stand der Forschung zusammen: Man geht davon aus, „daß neue Quellen zu den Hintergründen der Hinrichtung und die speziell in England, Deutschland und Holland, dem ehemaligen Exilland des dynastisch legitimierten Thronfolgers Karl II., intensivierte Diskussion des Falls zu einer Umarbeitung des Trauerspiels führten".[75] Das schon im März 1650 fertige Schauspiel hielt der Dichter bis zur Aufnahme in die Sammlung sämtlicher Schauspiele 1657 zurück.[76] Möglicherweise leitete ihn dabei die Rücksicht auf die kontinentalen Königsgegner, welche an den ausführlichen Darstellungen von Motiven und Argumenten der Independenten hätten Anstoß nehmen können. Aber die sorgfältige Aufteilung der fünf Abhandlungen zwischen der Titelfigur samt ihren Getreuen und den zum Königsmord bereiten Independenten entsprach 1657 bereits nicht mehr dem vermehrten Wissensstand über die Ereignisse in England.[77] Niefanger hat die Veränderungen der B-Fassung gegenüber A in sieben Punkten zusammengefasst.[78] Deren Tendenz läuft einer Reduktion juristischer und politischer Komplexität und damit einem Schwarz-Weiß-Tableau gerade entgegen. Gryphius war darum bemüht, die Argumente, die in den Dialogen zwischen Karl, seinen Angehörigen

---

74 Ebd., S. 1116.
75 Dirk Niefanger: Carolus Stuardus. Fassung B. In: Kaminski und Schütze (Anm. 1), S. 260–271, hier 260.
76 Mannack: Kommentar (Anm. 24), S. 1074.
77 Ebd.
78 Niefanger: Carolus Stuardus. Fassung B (Anm. 75), S. 260–271; vgl. auch ders.: Carolus Stuardus (A-Fassung). In: Kaminski und Schütze (Anm. 1), S. 221–232. Die Bezeichnung der Fassungen von 1657 und 1663 mit den Buchstaben A und B nach Powell: Einleitung (Anm. 33), S. VIII. In dieser Ausgabe folgen die beiden Fassungen nacheinander. In der B-Fassung wird links neben dem Text die Zeilennummerierung von A mitgeführt. Auf Powells übersichtliche Edition stützt sich meine Analyse der Erweiterungen in B.

und Getreuen sowie dem Spektrum seiner Gegner zur Sprache kommen, aus einer Vielzahl von Quellen zu belegen. Mindestens drei Dokumentationen aus den Jahren 1660/61 wertete er in den neu hinzugefügten Szenen aus, von denen zwei das Leben und die Hinrichtung Karls I. darstellten und eine über die Prozesse und Verurteilungen der Königsmörder berichtete.[79] Der Anspruch auf realistische Wiedergabe des Geschehens, das zum Tod Karls I. führte, aber den Königsgegnern keinen nachhaltigen Sieg bescherte, wird durch Gryphius' Anmerkungen unterstrichen.[80] Nach der parlamentarischen Ernennung Karls II. zum König im Jahr 1660 wurde den Königsmördern der Prozess gemacht und sie wurden hingerichtet. Cromwell war 1658 eines natürlichen Todes (an Malaria) gestorben, 1661 wurde sein Leichnam aus Westminster Abbey exhumiert und postum gehenkt. In Polehs Reue-Monolog werden als stumme Szenen die Vierteilungen Hugo Peters und Hewletts, die Erhängung Cromwells und zweier Mitverschworenen und die Krönung Karls II. als Visionen eingeblendet, die für die Leser bzw. Zuschauer im Jahr 1663 als ,Weissagung vom Ereignis her' (*vaticinia ex eventu*) erkennbar waren.

Die Vielfalt der politischen Standpunkte in *Carolus Stuardus* und die Unentscheidbarkeit der religiösen Wahrheitsansprüche unterscheiden sich von dem übersichtlich-klaren Antagonismus zwischen Konstantin und dem teuflischen Heidenführer Maxentius in der *Pietas victrix*. Die Independenten, die dem König vorwerfen, er habe seine Macht missbraucht, die Kirche presbyterianisch organisieren wollen und sich dabei auf die Bibel berufen, sind realistischer gezeichnet als Avancinis Heiden, die nur von Leidenschaften getrieben, voller Aberglauben an Zauberei und überhaupt Knechte des Teufels sind. Die Stimmen derer, die Kritik am König übten, werden anlässlich der gut gemeinten Intrige der Gemahlin von Fairfax differenzierter als in der Erstfassung wiedergegeben, was Gryphius in den Anmerkungen unter Berufung auf eine größere Zahl von Quellen begründet.

---

79 Peter Heylyn: Der Entsehlte König Carll von Groß Britannien [...]. Hamburg 1660; Philipp von Zesen: Die verschmähete/ doch wieder erhöhete Majestäht; das ist/ Kurtzer Entwurf der Begräbnüsse Karls des Zweiten [...]. Amsterdam 1661; Afbeeldinge van de Executie, gedaen aen verscheyde Persoonen, die gesetzen hebben over de Doodt von Carl Stuart de I. [...]. o.O. 1660. Vgl. Mannack: Kommentar (Anm. 24), S. 1088–1090 und Günter Berghaus: Die Quellen zu Andreas Gryphius' Trauerspiel *Carolus Stuardus*. Tübingen 1984, S. 247–288. R. J. Alexander hält es für möglich, dass Gryphius sich für die Modellierung Polehs vom sechsten Band des *Theatrum Europaeum* inspirieren ließ, der 1663 erschien, wonach ein Thomas Hople (i. e. Hoyle) aus Yorkshire, der der Verurteilung des Königs beigewohnt habe, sich ein Jahr nach der Hinrichtung selbst erhängt habe. Robert J. Alexander: A Possible Historical Source for the Figure of Poleh in Andreas Gryphius' *Carolus Stuardus*. In: Daphnis 3 (1974), S. 203–207, hier S. 207.
80 Zum Realismus auf der Bühne des *Carolus Stuardus* vgl. Niefanger: Carolus Stuardus. Fassung B (Anm. 75), S. 270 f. und Bach: Zwischen Heilsgeschichte und säkularer Jurisprudenz (Anm. 3), S. 574–576.

Es ist folglich denkbar, dass die erweiterte Fassung des *Carolus Stuardus* als Replik auf Avancinis dramatische Komplexitätsreduktionen entstand und Gryphius der panegyrischen Verharmlosung des immer noch prekären religiösen Status quo im Reich unter dem Habsburger Kaiser mit seiner Darstellung der englischen Revolution ein Problemgefüge gegenüberstellen wollte, das vom westfälischen Frieden unabhängig war und insofern von diesem zu abstrahieren erlaubte. Die Parteien in England stritten mithilfe religiöser Argumente um die Macht. Radikale Geistliche wie Hugo Peters vermochten die Gläubigen gegen den König aufzuhetzen und boten der machiavellistischen Strategie Cromwells, die Macht an sich zu reißen, Argumentationshilfen, obgleich Cromwell das Geschwätz der Geistlichkeit offen verachtete. Zwar berufen sich Cromwell, Peter, Fairfax und die Gesandten gleichermassen auf Gottes vermeintlichen Willen. Fairfax belehrt Cromwell aber, dass dieser Statthalter des Feldherrn jedoch den Ausgang seiner monarchomachischen Politik nicht unter Kontrolle habe, dass also der Gang der Vorsehung unvorhersehbar sei. Folglich war der Geschichtsverlauf erst *post factum* analysierbar, mit Hilfe der Anklageschriften gegen die Königsmörder, die Gryphius ausgiebig benutzt hat, wie aus seinen Anmerkungen hervorgeht. Der Konzeption eines nach Westen und Osten ausgreifenden Imperiums, das Konstantin aufgrund seiner Sympathie für das Christentum und dank seiner Integrationspolitik einte und das dem durch die *Pietas austriaca* geeinigten Habsburgerreich zum Vorbild diente, stellte Gryphius die nach 1648 keineswegs stabile europäische Ordnung gegenüber und ließ ausländische Gesandte zu Wort kommen, die befürchten mussten, dass die politischen Machtkämpfe in England, die auf Abschaffung der Monarchie zugunsten einer als Theokratie maskierten Militärdiktatur zielten, fatale Auswirkungen auf die mühsam erzielte Friedensordnung auf dem Kontinent haben könnten.

In Gryphius' zeitgeschichtlichem Trauerspiel lässt sich nicht durch vergleichendes Studium der Dogmen und Bekenntnisse ausmachen, welcher Glaube der einzig wahre und rechtmäßige sei, denn sowohl Karl als auch die Independenten berufen sich zur Begründung ihres Handelns auf Gott. Hugo Peter preist in seinem Gebet Gott dafür, dass er „der Heiligen Schar Macht Könige zu binden" gebe und geriert sich als Werkzeug göttlicher Gerechtigkeit (IV, v. 233 und 239 f.). Gryphius' Sympathielenkung zugunsten des mit Christus versöhnten, zum Tode bereiten König vermittelt das Bild einer monarchischen Ordnung, in welcher der König in der Todesstunde zum Verzeihen bereit schien und Gewaltanwendung gegenüber seinen Gegnern bereute. Angesichts der Existenz verschiedener christlicher Sekten mit einander ausschließenden Geltungsansprüchen und einer explosiven monarchomachischen Ideologie musste zur Wiederherstellung und dauerhaften Wahrung des Friedens in England eine politische Lösung gefunden werden, welche die Souveränität des Königs über den Religionsparteien unangetastet ließ. Das Recht war aus Gryphius' Sicht auf der Seite des rechtmäßigen Königs, der auf militärische Gegengewalt verzichtete.

Ganz und gar eindeutig ist des Autors Parteinahme für Karl I. aber nicht. Gryphius schrieb kein Tendenzstück, wie zuletzt Niefanger gezeigt hat: „Die argumentierende Form des szenischen Sprechens, die sprechende Struktur des Trauerspiels (etwa das Schweigen des Königs im zentralen dritten Akt), die im Stück breit zugelassenen Ausführungen der Königsgegner (etwa im dritten Akt) und die differenziert argumentierenden Chöre in den Entractes charakterisieren das Stück eher als polyphone Äußerung, die eine eindeutige Tendenz vermeidet oder zumindest mit unterschiedlichen Mitteln immer wieder unterläuft."[81]

7 Vergleiche zwischen Gryphius' Trauerspiel und Avancinis Festspiel

Avancinis heilsgeschichtliche Verklammerung der Vita Konstantins mit der Geschichte der Einsetzung der Habsburger Dynastie als Hüterin der *Pietas austriaca* durch die Vorsehung wird protestantische Augenzeugen der kaiserlich angeordneten Kirchenreduktionen am stärksten irritiert haben. Nur indirekt und *e contrario* lassen sich Bezüge zur Dramaturgie der *Pietas victrix* aufdecken, weil Gryphius die Wege der Vorsehung gerade nicht zeigt, als deren Exekutoren Konstantin und Maxentius von den Chören gedeutet werden. Gryphius führt Charles Stuart gerade nicht als kampfbereiten, unschuldigen Monarchen vor, sondern zeigt den zum Tode Verurteilten bußfertig und demütig.

Was hätte für Gryphius näher gelegen, als den Tod Cromwells und die Thronbesteigung Karls II. als Ergebnisse ausgleichender Gerechtigkeit zu deuten? Gleichwohl warnt Gryphius in seinem lateinischen Epitaphium Cromwells seiner Zweitfassung des *Carolus Stuardus* die Leser davor, „nach den verborgenen Gründen der Sachen und nach wundersamen Worten der göttlichen Macht" zu suchen.[82] Der Tod des Tyrannen dürfe nicht vorschnell als göttliches Strafgericht interpretiert werden. Ein solches wird zwar in der Schluss-Szene von den

---

[81] Dirk Niefanger (Anm. 78): Carolus Stuardus. Fassung A. In: Kaminski und Schütze (Anm. 1), S. 221–232, hier S. 225 f.
[82] Andreas Gryphius: Carolus Stuardus. In: Andreas Gryphius: Dramen (Anm. 24), S. 443–576, hier S. 449, deutsche Übersetzung in Mannack: Kommentar (Anm. 24), S. 1105; vgl. die Interpretation von Bach: Zwischen Heilsgeschichte und säkularer Jurisprudenz (Anm. 3), S. 532–548, bes. S. 531.

Geistern der Ermordeten gefordert, aber wie Gott wirke, ob er Rache an denen üben werde, die seinen Namen zur Rechtfertigung ihrer Verbrechen missbraucht haben, zeigt Gryphius' Schauspiel nicht.

Gryphius arbeitete mit den neu hinzugefügten Anmerkungen dem Eindruck entgegen, er habe ein Drama zur Verteidigung Karls I. verfassen wollen. Er betont, dass die Auswertung neuer Quellen, aus denen er teilweise wörtlich zitierte, eine differenzierte Beurteilung derer ermögliche, welche die Hinrichtung Karls I. wünschten. Zu dem Zweck wertet er besonders die gedruckten Anklagepunkte („Peinliche Anklage") und Zesens Darstellung *Die verschmähete ... Majestäht* aus. Aus Bisaccionis Darstellung von 1655, der *Historia delle guerre civili*, erfuhr Gryphius von der Initiative der Gemahlin Fairfax und ließ sie daher im ersten und dritten Akt zu Wort kommen, wodurch der von Anfang an drohende Vollzug des Urteils an Karl I. spannungsreich retardiert wird.[83] Eine Überhöhung des Rettungsversuchs und oder gar eine Idealisierung von Lady Fairfax unterblieb jedoch. Sie verzweifelt an der Ungewissheit, ob ihr Gemahl etwas unternehmen werde, um die Hinrichtung zu verhindern. Ihr Motiv ist aber rein diesseitig: Sie möchte die Reputation ihres Gemahls retten, da sie durch die Gleichsetzung mit den Anführern der Independenten Schaden zu nehmen drohte. Hoffnung auf eine höhere Gerechtigkeit hegt sie nicht.

In der Zweitfassung hat die dritte Abhandlung gegenüber den übrigen vier Abhandlungen an Dichte und Meinungsvielfalt gewonnen. Hugo Peter wird deutlicher als in der früheren Fassung als radikaler Geistlicher und Anführer der Independenten gekennzeichnet.[84] Er ist es, der Anklage und Urteil des Königs triumphierend als Werk göttlicher Gerechtigkeit darstellt: Er spricht von „Gottes Finger"; Gott reiche den Vollstreckern des Urteils selbst das Beil (v. 69, v. 77). Er, der Geistliche, spricht verächtlich von Leuten seines Stands: „Die Kirchenmacht ist todt" (v. 363). Fairfax äußert sich daher mit Abscheu über Peters leichtfertigen Verrat an Vertretern der Kirche. Er tituliert das geistliche Oberhaupt der Independenten als „aller Schelmen Schelm" und entsetzt sich über den scheinheiligen „Bub" (v. 382 und 385). Dieser Verräter an seinem geistlichen Stand weckt Ängste, Peter könnte ebenso skrupellos nach Fairfax' Stellung und Leben trachten:

---

83 Vgl. Gryphius' Anmerkungen zur Ausgabe 1663: Andreas Gryphius: Carolus Stuardus B (1663). In: Gesamtausgabe der deutschsprachigen Werke (Anm. 33), S. 53–159, hier S. 140–159; Mannack: Kommentar (Anm. 24), S. 1107.
84 Im Personenverzeichnis steht: „HUGO PETER. Ein Geistlicher. Der Urheber der ungebundenen oder freyen Geister Jndependenten genant/ und zugleich Krigs-Obrister". Vgl. in der Edition Powells: Gryphius: Carolus Stuardus B (1663) (Anm. 83), hier S. 60.

> Er der des Herren Wort und Friden solt' ankünden; /
> Eilt mit den Rotten sich boßhafftig zu verbinden/
> Hetzt auff der Cantzel selbst das Volck zum Blutt-bad an/
> Schnaubt Eisen / Büchs und Mord. Ja der verfluchte Man
> Ergriff Helm / Degen/ Stab/ und rännte (trotz Gewissen!
> Trotz Ambt! Beruff und Stand!) zu freveln Bluttvergissen. (III, 393–398)

In den Anmerkungen zur Peter-Figur belegt Gryphius das Bild eines skrupellosen Verräters an Kirche und Geistlichkeit, in dessen Gemach das Mordinstrument, ein „sehr grosses Beil in roten Duppeldaffend eingewickelt hangend gesehen" worden sei (vgl. Kommentar zur 3. Abhandlung, zu v. 77).[85] Aus den *Klage-puncten* und Zesens Schrift *Verschmähete Majestäht* zitiert er zum Vers 317 der dritten Abhandlung Peters Drohung, England würde erst dann „Ruhe haben", wenn „Lords, Levits, Lawyers" beseitigt würden.[86] Cromwell treibe selbst, nach dem Zeugnis der Quellen, mit dem Namen Gottes Spott und habe nur zum Schein zu Gott gebetet, er möge den König beschützen. In Wahrheit habe er aber mehr seinem inneren Geist vertraut, der ihm „durch Göttliche Krafft" zum Gegenteil geraten habe (Anmerkung zu III, v. 675).[87] Die tendenziöse Darstellung Peters wird in der vierten Abhandlung fortgesetzt. Nachdem Carolus den Erlöser um Verzeihung gebeten und um Beistand gebeten hat, schiebt Gryphius neu das Gebet Hugo Peters ein, in dem er das bevorstehende Blutgericht als Gottes Strafgericht deutet:

> Dein Allmacht spür' ich/ Herr! Würckt itzt zu unserm Heil/
> Vnd waffnet Straff und Rach mit dem gerechten Beil. (IV, v. 231 f.)

Gryphius unterlässt es, diese Gottesanrufung des Königsmörders durch Figurenreden zu perspektivieren. Lediglich in der Anmerkung belegt er Peters „Rede" mit einer Stelle aus der „Peinlichen Anklage" (Kommentar zur Vierten Abhandlung, zu v. 225).[88]

Gryphius hat Karl nicht in direkter Rede Züge des leidenden Christus verliehen. Das Decorum schien es zu verbieten, dass sich ein König, der doch für den Tod zweier enger Berater, Wilhelm Lauds, Erzbischof von Canterbury, und Thomas Wentwort, Graf von Strafford und Königlicher Statthalter in Irland, verantwortlich war,[89] der Christusnachfolge rühmte und den unschuldig zum Kreuzestod

---

85 Mannack: Kommentar (Anm. 24), S. 565; in Powells Edition Gryphius' Anmerkungen zur dritten Abhandlung Gryphius: Carolus Stuardus B (1663) (Anm. 83), S. 151–154.
86 Gryphius: Carolus Stuardus (Anm. 82), S. 566.
87 Ebd., S. 569.
88 Ebd., S. 570.
89 Ebd., S. 450; vgl. Mannack: Kommentar (Anm. 24), S. 1110. Die Angaben zu Wentwort und Laud im Personenverzeichnis von A und B unterscheiden sich nicht: Andreas Gryphius: Carolus

Verurteilten imitierte. In der frühen Fassung von 1657 nimmt der König das Todesurteil als Buße für den Frevel an, Wentworts Tod veranlasst zu haben (IV, v. 221; ähnlich V, 319–322). Der König ist – ebenso wie Leo Armenius, der illegitime Usurpator, und ähnlich wie Catharina, die mithilfe einer List ihren Schwager tötete – nicht frei von Schuld, und Carolus gibt dies offen zu; Avancini hingegen führt Konstantin entgegen denjenigen Quellen, die ihm den Mord an Crispus und Fausta ankreiden, als strahlenden Tugendhelden vor. Gryphius teilt seinem Publikum, möglicherweise mit Rücksicht auf das Schuldbewusstsein des Königs als *simul iustus et peccator*, die Aristie des zum Tode demütig Bereiten lediglich durch Botenbericht mit. Der „Erste Graffe" schildert das Verhalten des Königs am Tag vor seiner Hinrichtung im Gespräch mit dem „Hoffmeister des Churfürsten". Der große Geist habe sich gefasst in sein Schicksal ergeben, obwohl man ihn „zu reitzen zu Verdruß" suchte (V, v. 52–54). Als „ein toller Bub" dem verurteilten König ins Gesicht spuckte, habe Karl geschwiegen (v. 55 f.). Er habe das von Fairfax' Gemahlin geplante Projekt zu seiner heimlichen Rettung verworfen, weil es „wider Statt/ und Gotts dinst und Gesetze/ und Freyheit meines Volcks" sei. Sein „Vorspill", das Fairfax mit seinem Rettungsversuch vorbereitet habe, müsste dem Volk nur „den Weg zu Jammer bahnen" und es zu „Auffruhr" reizen. Um der Sicherheit und Freiheit seines Volkes willen wolle der König lieber demütig den Tod erleiden. Würde er in den Plan zu seiner Rettung einwilligen, wäre ein Blutbad zu befürchten, weiß der König doch von den Vorkehrungen Peters und seiner Gesellen, eventuelle Anstalten zur Gegenwehr durch militärische Wachen zu unterbinden. Ferner schildert der Graf des Königs Reaktion, als Bischof Juxton ihm die Bibel vorlegte, in der die „Haubt-Geschicht" der Passion nach Matthäus das Evangelium des Tages sei. „Er schöpffte wahre Lust/ daß Jesus durch sein Leiden/ Sich fast den Tag mit ihm gewürdigt abzuscheiden." (v. 117 f.)

Es scheint, als scheute Gryphius mit Blick auf die neue Quellenlage eine plakative Schwarz-Weiß-Malerei. Als die Independenten sich leichtfertig auf Gottes Willen beriefen, um ihr Vorhaben zu legitimieren, haben sie Argumente mit Gottes Wort und die Berufung auf seine Gerechtigkeit für immer diskreditiert. Ihre Usurpation von Religion und Gottes Namen könnte auch die Glaubwürdigkeit der bühnenwirksamen, gut gespielten *imitatio Christi* durch Karl in der Stunde vor seiner Hinrichtung in Zweifel ziehen.

Die gotteslästerlichen Reden von Peter und Cromwell und der Botenbericht über des Königs Verhalten in der Todesstunde bestätigen einmal mehr, was der

---

Stuardus A (1657). In: Gesamtausgabe der deutschsprachigen Werke (Anm. 83), S. 1–52, hier S. 2; Carolus Stuardus B (1663) (Anm. 83), S. 60. Gryphius' Schreibweise ‚Wentwort' weicht von der Überlieferung des Namens ‚Wentworth' ab; ich übernehme Gryphius' Orthographie.

Chor vor der fünften Abhandlung vorführt. Nur die Ketzer streiten sich laut und heftig um den Besitz der Religion. In Wahrheit erhaschen sie aber nur ihr Gewand. Wer wahrhaft nach der Religion sucht, findet sie „in Gott der Wahrheit ist. / Und der ein reines Herz zum Wohnhauß ihm erkist." (Chor der Religion und der Ketzer, v. 267 f.)

Demnach sind in Avancinis Chören Pietas und Impietas mit den Ketzern in Gryphius' viertem Chor vergleichbar, da sie sich gegenseitig mit Schimpfworten heftig bekriegen und sich den Anspruch auf Besitz der wahren Religion streitig machen. Die Taten, die Pietas der Impietas vorwirft, nämlich Kirchen, Altäre und Heiligtümer verwüstet und vernichtet zu haben, geschahen in Frankreich, den Niederlanden und bei den gewaltsamen Kirchenreduktionen in Schlesien gerade *im Namen* der Religion.

In *Pietas victrix* ist der Bischof von Myra der einzige Geistliche, der Konstantin lehrt, auf die Hinweise der Vorsehung zu achten, indem er ihm seinen Traum auslegt. Der Bischof hat keine Konkurrenz und keine Gemeinde. Die religiöse Diversität, ja Unübersichtlichkeit im west- und oströmischen Reich, über deren Gruppenbildung und Konfliktpotential außer Eusebius auch Socrates und Sozomenos ausführlich berichteten,[90] wird von Avancini ausgeblendet, hätte ihre Darstellung doch Fragen nach dem Umgang mit Andersdenkenden und nach Strategien der Missionierung auf den Plan gerufen.

Auf der Schulbühne der Jesuiten erhalten die Gottlosen, Christenverfolger und Teufelsdiener ihre gerechte Strafe, während die Märtyrer von den ihnen im Sterben Vorangegangenen, schon Seligen ermuntert werden und mit der Marterkrone belohnt, in den Himmel auffahren.[91] Bei Gryphius richtet sich der Königsrichter Poleh dagegen selbst, indem ihn – nach dem Muster des Judas – das schlechte Gewissen zu Verzweiflung und Wahnsinn treibt. Nicht Höllenangst peinigt ihn angesichts seines Schuldbewusstseins, sondern seine Phantasie malt sich aus, was nach der Hinrichtung des Königs geschehen werde; er zittert vor der Strafe, weil er sieht, wie sie an den Königsmördern vollzogen wird.

---

90 Vgl. Hartmut Leppin: Von Constantin dem Großen zu Theodosius II. Das christliche Kaisertum bei den Kirchenhistorikern Socrates. Sozomenus und Theodoret. Göttingen 1997 (Hypomnemata 110); Balbina Bäbler und Heinz-Günther Nesselrath (Hg.): Die Welt des Sokrates von Konstantinopel. München, Leipzig 2001.
91 So z. B. im Münchener *Triumphus Divi Michaelis Archangeli*, der anlässlich der Einweihung der Michaelskirche 1597 von Schülern des Münchner Jesuitengymnasiums im Beisein des Bayernherzogs Wilhelm V. und seiner Familie aufgeführt wurde. Ähnlich auch in Nicolaus Caussinus' Märtyrertragödie *Felicitas*; dazu Mahlmann-Bauer: Leo Armenius und der Rückzug der Heilsgeschichte (Anm. 27), S. 428 f.

Das Wissen vom Ende Cromwells und von der Inthronisation Karls II. wird in die Poleh-Szene so integriert, dass diese Ereignisse als Indizien ausgleichender Gerechtigkeit erscheinen. Hier hat Gryphius sein Publikum mit einer effektvollen Reue- und Racheszene beeindruckt, die vielleicht von Avancinis Untergangsrhetorik im vierten Akt der *Pietas victrix* beeinflusst ist. Auf der Wiener Hofbühne öffneten sich in der Vertikalen Himmel und Hölle und machten überirdisches Geschehen sinnlich erfahrbar. Gryphius operiert dagegen in der Horizontalen mit einer Vorder- und Hinterbühne und seitlichen Öffnungen für überraschende Auftritte, um das psychische Erleben Polehs zu vergegenwärtigen.[92]

Es lohnt sich, Gryphius' Poleh-Szene mit einigen Szenen aus dem vierten Akt der *Pietas victrix* zu vergleichen. Poleh bekennt, wie sehr ihn „Carols Blutt" drücke und wie sein pochend Herz brenne, da der König unschuldig sterbe, während der, der sich anmaßend zum irdischen Richter über den König erhoben habe, das Recht zu leben verwirkt habe. Er beschwört die Strafen des Himmels „auff die verfluchten Glider" und bangt vor „Straff/ und Strang/ und Glutt", die er für seine Tat verdiene. Er registriert seine körperlichen Regungen als Zeichen gewaltiger Angst: „Mein Hertz wird lebend noch in dieser Brust zurissen" (v. 182). Träume jagen ihn und sein „verletzt Gewissen". Eine Traumvision zeigt ihm, wie Carolus geschlagen werde. Er malt sich aus, welche Qual im „Schwefel-Pful" die „Geister" plagen werde (v. 191 f.). Hätte ihn doch rechtzeitig der Blitz getroffen, bevor er sich zur Rotte derer gesellte, die die Hinrichtung des Königs betrieben! Viermal öffnet sich ein innerer Schauplatz vor den Augen Polehs und der Zuschauer. In stummen Szenen erhält der verzweifelte Poleh Einblicke in die Zukunft, die der informierte Zuschauer bzw. Leser 1663 bereits aus der zeitgenössischen Publizistik kennt. Die Vierteilung von Hugo Peters und Hewled erlebt er als Vollzug der Rache und spricht seine Gefährten voller Entsetzen an, indem er schildert, was die Henker mit ihren Körpern anstellen. Ihm ist klar, wie sehr beide diese Strafen verdient haben (v. 196–201). Er wünscht sich, die Richter mögen lieber sogleich mit ihm in die Gruft eilen, anstatt an ihm dieselben Körperstrafen zu vollziehen. Er sieht Dorislaer vermummt auf das Trauergerüst steigen, dem die Henker ihre Klingen durch die Brust stoßen. Er sieht „Cromwells blasse Leiche/ Nebst Jrretons Geripp'" an einer Galgen Eiche" hängen und wünscht Bradshaw dieselbe Schandstrafe, die strenges Recht und der „Schluß der Rach'" verhängen. Als sich der Schauplatz

---

92 Willi Flemming zufolge war die Bühne in eine Vorder- und eine Hinterbühne aufgeteilt. Auf der Hinterbühne öffnen sich die Schauplätze für die lebenden stummen Bilder. Die Vorderbühne hat dagegen zwei Seiten, eventuell mit Türen, und einen Boden, aus dem Geister aufsteigen konnten. Willi Flemming: Andreas Gryphius und die Bühne. Halle an der Saale 1921, S. 186; vgl. auch den Beitrag von Constanze Baum in diesem Band.

auf der Hinterbühne erneut öffnet und zu sehen ist, wie Karl II. gekrönt wird, schreibt Poleh dies „Gottes Hand" zu, denn „der gerechte Gott" setze „[d]en Fürsten wieder ein" (v. 252–254) und somit sei die Bluttat, die Poleh zu spät bereut, ganz vergeblich gewesen. Nur schwankt Poleh, ob die Vision ihm den erwürgten König zeige oder seinen Nachfolger aus dem gleichen Geschlecht der Stuarts. Die folgende stumme Szene hat man sich als überraschendes Erscheinen von Gestalten auf der linken und rechten Seite der Vorderbühne vorzustellen, entweder aus Türen oder aus der Versenkung.[93] Optische Effekte suggerierten dem Redner, dass die Natur verrückt spiele und auf seinen Untergang ziele. Er glaubt, jemand bespritze ihn mit Blutstropfen, unter ihm schwanke der Boden, die Themse brenne schwefelblau, die Sonne zittere und es werde schwarz um ihn. Dies sind aber nur Vorzeichen neuer überraschender Gesichte. Poleh wird nämlich mit der Vergangenheit während der Herrschaft Karls I. konfrontiert. Er erblickt die nicht zur Ruhe kommenden Geister Lauds und Wentworts, an deren unverdienter Ermordung er schuld sei, nun fordern sie zur Rache sein Blut. Er zweifelt, ob diese Erscheinungen real oder nur seiner Einbildung wegen seiner „Hertzens-Angst" entsprungen seien.

Polehs Reden bezeugen, dass er die Bestrafungen der Königsmörder gleichsam körperlich miterlebt und dass auch nach der geschauten Rehabilitierung der Stuarts die zu Unrecht Ermordeten nicht Ruhe geben. Seine angstvollen Ausrufe und Anrufungen haben emblematische Funktion, d. h. sie deuten wie *subscriptiones* die *picturae* aus, die Gryphius den Zuschauer aus der Innenperspektive des vom bösen Gewissen Geplagten miterleben lässt.

Nicht zu sehen ist indes das direkte Wirken von Gottes Gerechtigkeit. Die Strafen des Jüngsten Gerichts werden an Poleh und seinen Gefährten nicht in Anwesenheit des Richters vollzogen. Die Vorspiegelungen des schlechten Gewissens auf dem *forum internum* erlebt Poleh nur wie göttliche Strafen. Der „gerechte Gott", mit dessen Willen die Königsmörder die Hinrichtung Karls I. legitimierten, scheint Poleh allerdings unbegreiflich, da er die Stuarts wieder in ihr königliches Amt einsetzt.

Im vierten Akt der *Pietas victrix* gibt es Szenen, die mit allegorischen Personen und dämonischen Larven den Zuschauern signalisieren, dass sich mit Gottes Zorn nicht spaßen lässt. Die von Konstantins Vorgängern ermordeten Märtyrer verbünden sich und fordern Rache, als deren Vorzeichen ein Komet erscheint (IV,2).[94] Als Dymas Maxentius darüber aufklärt, dass ihm Unheil drohe, tötet der

---

93 Ebd.
94 Avancini: Pietas victrix IV,2, Regieanweisung (Anm. 51), S. 206.

Tyrann seinen Zauberer und wirft ihn in den Tiber (v. 2855 in IV,3).[95] Der römische Fluss wehrt sich jedoch gegen den dämonischen Leichnam. Flammen und Rauch scheinen aus dem Wasser aufzusteigen, von Tritonen und Najaden wird der brennende Fluss mit dem Avernus, dem Orcus gleichgesetzt, während sie nach der Ursache der Katastrophe suchen und schließlich Dymas, als brennendes Ungeheuer, weit über die Ufer an Land schleudern (IV,4).[96] In der folgenden Szene tragen dämonische Geister den Leichnam des Zauberers in den Orcus und deuten diesen Akt als Walten der Nemesis (IV,5).[97] Die Höhlen des Acheron stehen offen, die Hölle öffnet sich, um den Anstifter des Unglücks über Rom und seine Bürger aufzunehmen. Die Larvae geben sich in ihren Kommentaren klar als Kommentatoren göttlichen Zorns zu erkennen. Der bleibe auf keinen Fall aus, mit Gottes Strafe müsse der Frevler rechnen, deren Maß der Schwere der Untat entspreche:

> Est sceleri sua/
> Statuta meta: si nefas auges, tuam/
> Celeras ruinam. Meta quo posita est loco,/
> Illo stat ultrix Nemesis, et flagrum intonat. (IV,5, v. 2921–2924)

In der zehnten Szene des vierten Akts verflucht Maxentius sein Unglück, erweist sich aber gegenüber den Ermahnungen seines Sohnes als uneinsichtig und geht beim Einsturz der hölzernen Brücke mit seinen Soldaten in den Fluten zugrunde. „Supremus ultor a tergo premit" (v. 3176).[98] Mit diesen Worten seines Feldherrn vollzieht sich das Schicksal, das ebenso den Pharao ereilte, als er den fliehenden Israeliten nachjagte, und das Maxentius anfangs in einem Traum angekündigt worden war (I,2).[99]

Die Zuschauer erleben den Vollzug der Rache mit, die sie als gerechte Strafe des Tyrannen längst erwartet haben. Der Untergang von Dymas und Maxentius wird nur von den als Werkzeuge Gottes fungierenden Geistern kommentiert. Angst, Entsetzen und Reue der Gerichteten werden nicht vorgeführt. Ihr Schicksal fordert keine Anteilnahme, sondern verdient eher den Spott derer, die es dank Providentia und siegreicher Pietas immer schon besser wissen konnten.

Die technischen Mittel, mit denen Gryphius in der Poleh-Szene arbeitet, d. h., deren Funktionieren und verblüffende Wirkung er genau beschreibt,

---

95 Ebd., S. 214.
96 Ebd., S. 214–218.
97 Ebd., S. 218–220.
98 Ebd., die ganze Szene S. 236–240, das Zitat 240.
99 2 Mose 14,5–29. Avancini: Pietas victrix, I,2 (Anm. 51), Regieanweisung S. 22 und Anm. der Herausgeber S. 346.

sind mit denen vergleichbar, die Avancini auf der Wiener Hofbühne tatsächlich zum Einsatz brachte. Gryphius setzt eine raffinierte Bühnentechnik voraus, die den Zuschauer mit unerwarteten Schauplätzen überraschen kann, die sich in Kulissenwänden öffnen und schließen; dies jedoch nicht, um ein göttliches Gericht über die Königsmörder zu inszenieren. Die Bühne öffnet sich nicht nach oben und unten, damit sich die Zuschauer über den Höllenrachen und das Höllenfeuer entsetzen, den Bestimmungsort derer, die das Christentum vertilgen wollten. Der schlesische Bühnenautor nimmt ganz die Perspektive des Königsrichters ein, den vergebliche Reue, Gewissensqualen und Entsetzen so peinigen, dass seine Phantasie ihm Gesichte vorzaubert, die er als Rache des gerechten Gottes interpretiert. Dabei traut er weder seinen Sinnen noch seinem Urteilsvermögen, sondern kommentiert den Zustand eines Wahnsinns, in dem das Leben unter solchen körperlich erlebten Augenqualen schmerzlicher empfunden wird als „ein unendlich Sterben" (v. 229). Lieber möchte er der Gruft entgegeneilen, nur um nicht länger zu schauen, was er und seine Genossen angerichtet haben, und um nicht dieselben qualvollen Strafen der Vierteilung oder Erhängung erleiden zu müssen.

Der Ausdruck „innerer Schauplatz" ist weniger ein Terminus für die Bühnentechnik als eine Anspielung auf das Vorstellungstheater, das sich der Exerzitant in den Geistlichen Übungen des Ignatius von Loyola ausmalen sollte, um sich mit Leib und Seele, Denken und Fühlen aus der Herrschaft der Laster zu befreien und sich für Reue und Versöhnung mit dem Gekreuzigten vorzubereiten. Die *Exercitia* geben Anweisungen zur „compositio loci" durch „applicatio sensuum", und zwar aller fünf Sinne. In der fünften Übung der ersten Woche soll sich der Exerzitant die Hölle vorstellen, in der er die Torturen der Sünder sieht, ihre Schreie hört, den Rauch und den Höllengestank riecht, die Bitterkeit der Tränen und Gewissensbisse schmeckt und tastend fühlt, wie die Seelen von den Feuergluten ergriffen werden.[100] Auf ähnliche Weise wird Polehs Seelenqual vermöge der grausigen Szenen, die seine vom schlechten Gewissen angeheizte Phantasie ihm vorgaukelt, nachfühlbar. Der Hyperrealismus dieser Szene leuchtet in seelische Abgründe eines Königsrichters und bezeugt die Existenz eines untrüglichen Gewissens, das davor mit gotteslästerlichen Berufungen auf Religion und Gottes Willen nur zum Schein beschwichtigt worden war. Gryphius affiziert mit Bildern

---

100 Ignatius von Loyola: Geistliche Übungen. Übers. von Adolf Haas, eing. u. hg. von Karl Rahner SJ. Freiburg im Breisgau 1966, S. 65; Valentin: Les jésuites et le théâtre (Anm. 55), S. 30–32.

und angsterfüllter Rede die Sinne der Rezipienten und bereitet sie auf die Schlussszene vor, in der die Geister der Ermordeten Gott um Rache anrufen.

Konstantins Gegner reizt dagegen in seiner vom Teufel verursachten Verblendung zum Lachen. Jesuitenschüler konnten sich dem von Dymas Irregeführten und Übertölpelten dank katechetischer Unterweisung überlegen fühlen. Avancini gab dem Kaiserhaus in der in panegyrischer Absicht historisch stark verkürzten Handlung und ihrer verdoppelnden Simplifizierung durch die Allegorien von Pietas und Impietas keine Direktiven, wie tatsächlich Einheit innerhalb der Christenheit herzustellen, wie mit dogmatischen Differenzen und den Forderungen nach Glaubensfreiheit umzugehen sei. Maxentius war nur eine Karikatur des türkischen Sultans, der sich von Aberglauben und Zauberei teuflischen Ursprungs blenden ließ. Gryphius' Tragödie bringt dagegen das Streben verschiedener Kirchen nach Geltung und ihr Rivalisieren um die Deutungsmacht gegenüber König und Staat zur Anschauung und inszeniert die Todesstunde Karls I. und seine Vorbereitung auf die Hinrichtung als Katastrophe nach einer Peripetie, die den Umschlag von Peters' blasphemischem Gebet in Polehs Verzweiflungsmonolog vorführt. Tragisch ist die englische Geschichte aus der Sicht auswärtiger Mächte und Diplomaten auch deswegen, weil die politisch und juristisch unzulänglich geregelte Religions- und Konfessionsfrage, die den Böhmischen Krieg und den Kriegseintritt Schwedens ausgelöst hatte, nach dem Westfälischen Friedensschluss gleichfalls als Wurzel der Bürgerkriege zwischen Monarch, Parlament und presbyterianischen Independenten erkennbar blieb. Was bei Gryphius die personifizierte Religion gegenüber dem streitenden und gierigen Ketzerchor beklagt und der Autor am Beispiel der selbstgerechten Reden und Gebete Peters und Cromwells belegt, tut Konstantin, indem er der Providentia vertraut: Er usurpiert die Pietas gutgläubig, um sich die Herrschaft über Rom militärisch zu sichern und Andersgläubige in der Annahme, sie seien Lasterknechte, zu besiegen.

8 Ausblick

Welche politische Vision lässt sich aus den dramatisch entworfenen Krisensituationen ableiten, in denen sich Leo, Catharina, Carolus Stuardus und Papinian mehr aus politischen denn aus religiösen Gründen für das Martyrium entscheiden?

Wenn wir die kritischen Ausgangslagen zu Beginn der Trauerspiele, den Verlust von Ordnung und Rechtssicherheit und rivalisierende Herrschaftsansprüche, zum Maßstab nehmen, um den zwar rechtlich geregelten, aber de facto schutzlosen Zustand derer, die in Schlesien Opfer von Reduktionen und Vertreibung wurden, damit zu vergleichen, war dieser nicht so dramatisch. Der böhmische König war im Recht, sich auf das *ius reformandi* stützend die Rekatholisierungspolitik in Schlesien fortzuführen. Das Corpus Evangelicorum durfte gegen Verletzung der garantierten Glaubensfreiheit bei protestantischen Mächten Klage führen, aber wenn Schutzgesuche bei Schweden oder Polen als Verrat gewertet wurde, waren Dulden oder Auswandern die juristisch zulässigen Optionen. Gryphius' Friedensliebe ist verständlich: Während sich die Ketzer um das Gewand der Religion erbittert streiten, entweicht sie himmelwärts. Die konkurrierenden Wahrheitsansprüche der Ketzer sind nur verbrämte Machtinteressen. Werden aber Ansprüche, im alleinigen Besitz religiöser Wahrheit zu sein, nicht anerkannt, sondern als Scheingefecht entlarvt, das die Religion gerade vertreibt, scheint ein zukunftsweisendes Ideal auf: die rechtliche Anerkennung religiöser Diversität und der Gewissensinstanz als untrügliches *forum internum*, das jedem Menschen, gleich welcher Konfession, als Untertan und Bürger sein Handeln vorschrieb.

Für den protestantischen Syndicus Gryphius war ein politisches Modell interessant, das die Ausübung der *Confessio Augustana* in schlesischen Städten und Mediatfürstentümern ungehindert zuließ, ohne dass die Freiheit der Religionsausübung weitere politische Forderungen nach sich zog oder gar die Souveränität des Habsburger Kaisers in Frage stellte. Ein *modus vivendi* für schlesische Protestanten musste ihm wünschenswert erscheinen, der sie einerseits mit Rücksicht auf den Westfälischen Frieden vor Unterdrückung und Verfolgung schützte, andererseits Ungehorsam gegen den legitimen Herrscher, den König von Böhmen und Habsburgerkaiser, unter Strafe stellte. Genau diese zwei Klippen, die der Jurist im real existierenden Fürstentum zu umschiffen empfahl, werden in den Tragödien in ihrer Gefährlichkeit gezeigt: eine Monarchie, die zur Tyrannis mit Gesinnungsterror und Gewissenszwang entartet, und die Auflehnung der Untertanen, die mit dem Unterdrücker ihres Glaubens gleich die Monarchie mit abschaffen wollten.

Was die Realisierung des positiven Ideals gefährdet, waren Leidenschaften, Willkürherrschaft und Gewissenszwang, denn diese reizten zu Ungehorsam, Hypokrisie und Verrat. Derartige Verhältnisse konnten nach Gryphius nur durch klare rechtliche Regeln verhindert werden. Im Kampf der in ihrer Souveränität und Herrschergewalt bedrohten Machthaber gegen Feinde im Innern und im benachbarten Ausland schien, wie Albrecht Koschorke es formulierte, das Martyrium – die Präferenz für das ehrlich-standhafte Aushalten von Torturen mit gutem, reinem, Gewissen – eine politisch und moralisch erstrebenswerte Option, ohne dass der zum Ausharren und Leiden Bereite auch ein Glaubensbekenntnis ablegen müsste.[101] Der Sieg ihres Glaubens, bloß weil er der einzig wahre und anderen Religionen überlegen sei, und die Missionierung der Irrgläubigen sind nicht Ziele, um die Leo Armenius und Michael Balbus ringen oder um die Catharina und Abbas streiten. *Carolus Stuardus* mag als Beispiel dafür dienen, worum es dem unpolemischen Dichter und friedliebenden Syndicus ging: nicht um die Demonstration der Überlegenheit des protestantischen Glaubens als einzig wahren Bekenntnisses im Reich, sondern um den legitimen Spielraum für freie Religionsausübung, unbeschadet der Rechte und Pflichten der Gläubigen als Untertanen und ohne Gefahr für die Monarchie.[102]

---

[101] Koschorke: Märtyrer/Tyrann (Anm. 46), S. 664–667.
[102] Bach: Zwischen Heilsgeschichte und säkularer Jurisprudenz (Anm. 3), S. 162.

Jörg Robert
„Begriff der Welt"
Andreas Gryphius in Rom

1 Italienische Reise

Die italienische Reise des Andreas Gryphius zählt zu den bekanntesten und dennoch rätselhaftesten Lebensstationen des Dichters. Die wichtigsten Quellen zu Datierung und Verlauf der Kavaliersreise,[1] die Gryphius als Hofmeister in der Entourage des Pommerschen Adligen Wilhelm Schlegel antrat, stellen die – im einzelnen voneinander abhängigen – postumen Biographien von Stosch (1665 bzw. 1666),[2] Leubscher (1702)[3] und Stieff (1737)[4] dar; hinzu kommen Angaben aus Jakob Winnemers Leichenpredigt auf Schlegel.[5] Gryphius führte ein Reisetagebuch, das dem ersten Biographen Stosch noch vorlag, jedoch inzwischen verloren ist. Nach den eingehenden Analysen der Viten durch Nicola Kaminski[6] und Johannes Birgfeld[7] zeichnen sich die Konturen der dreijährigen Reise, die am 4. Juni 1644 in Leiden beginnt und mit der Trennung der Gruppe

---

1 Jörg Jochen Berns: Peregrinatio academica und Kavalierstour. Bildungsreisen junger Deutscher in der Frühen Neuzeit. In: Rom – Paris – London. Erfahrung und Selbsterfahrung deutscher Schriftsteller und Künstler in den fremden Metropolen. Ein Symposion. Hg. von Conrad Wiedemann. Stuttgart 1988 (Germanistische Symposien-Berichtsbände 8), S. 155–181; Mathis Leibetseder: Die Kavalierstour. Adelige Erziehungsreisen im 17. und 18. Jahrhundert. Köln u. a. 2004 (Archiv für Kulturgeschichte. Beihefte 56).
2 Baltzer Siegmund von Stosch: Last- und Ehren- auch Daher immerbleibende Danck- und Denck-Seule [...]. 1665, S. 34–37.
3 Johann Theodor Leubscher: De Claris Gryphiis Schediasma. Brieg: Gründer 1702, S. 59f.
4 Christian Stieff: Schlesisches Historisches Labyrinth Oder Kurtzgefaste Sammlung Von hundert Historien Allerhand denckwürdiger Nahmen, Oerter, Personen, Gebräuche, Solennitäten und Begebenheiten Jn Schlesien Aus den weitläufftigen gedruckten Chronicken und vielen geschriebenen Uhrkunden zum Vergnügen allerhand Liebhaber Schlesischer Geschichte, in einem kürtzern und bessern Zusammenhange mit vielfältigen neuen Beyträgen zu der alten und neuen Schlesischen Historie / verfertiget. Breslau, Leipzig: Michael Hubert 1737, S. 811.
5 Jacob Winnemer: MARTHÆ CUM CHRISTO OB MORTEM FRATRIS COLLOQVIUM, Oder Das schöne und tröstliche Gespräch der Marthae / so sie mit Christo gehalten über den Todt ihres Bruders. Alten Stettin: Gözken 1658. (Titelblatt; verso: Widmung; Bogenzählung Aij–Fiij; 48 ungez. Seiten, hier F^r).
6 Nicola Kaminski: Andreas Gryphius. Stuttgart 1998, S. 7–42.
7 Johannes Birgfeld: Trauer(arbeit) auf Reisen. Wolfgang Jacob von Gera, Andreas Gryphius und der Tod sowie Neues von der Kavaliersreise Wilhelm Schlegels mit Gryphius. Mit einer Übersetzung aus dem Lateinischen von Ralf Georg Czapla. In: Daphnis 38,1 (2009), S. 39–89.

in Stettin am 8. November 1647 endet, deutlicher ab: Von Marseille, der letzten Station der vorausgehenden Frankreichetappe (Juli bis November 1644), führt der Weg über Genua nach Florenz, das man am 19. Dezember 1644 erreicht; dort bestaunt man „des Groß-Hertzogs Kunst-Cammer und Raritäten".[8] Von hier aus führt der Weg über Rom nach Neapel, von dort aus erneut nach Rom,[9] sodann nach Tusculum, Bologna, Ferrara, Francolino und Venedig (wo Gryphius dem Senat feierlich den Druck der Schrift *Olivetum libri tres*, 1646, überreicht), schließlich nach Padua und Mailand. Im Mai 1646 begibt sich die Gruppe nach Straßburg, wo Gryphius sich neun Monate aufhalten und sein erstes Trauerspiel *Leo Armenius* vollenden wird. Trotz dieser gesicherten Fakten ist Ralf Bogner zuzustimmen, der betont: „Wie gering aber bis heute [...] das Wissen über die Reise im einzelnen sich darstellt, kann exemplarisch der Rom-Aufenthalt illustrieren."[10] Am umfangreichsten – und zuverlässigsten – sind die Angaben von Stieff, dessen Zusammenfassung des Rom-Aufenthaltes ich hier vollständig zitiere:

> Folgendes Jahr [d. h. 1645; J.R.] giengen sie nach Rom, allwo er mit dem Welt-berühmten P. Athanasius Kircherus S. I. und mit dem sehr bekannten Chymisten, dem Ritter Borrhi in Bekanntschafft gerieth. Den 1sten Martii betrachteten sie zu Tusculano die Aldobrandinischen Gårte, wie auch den vortreflichen Pallast, so ihres gleichen wenig in der Welt haben.[11]

Gryphius' literarischen Rom-Texten lassen sich weitere Angaben entnehmen.[12] Mit zehn Stücken – fünf Sonetten, fünf Epigrammen – stellen sie die größte Gruppe innerhalb der Texte mit explizitem Reisebezug dar. Während die Sonette bereits in der (unautorisierten) Werkausgabe von 1650 erscheinen,[13] werden die Epigramme erst 1663, in den *Epigrammata Oder Bey-Schrifften*[14] gedruckt. In beiden Sammlungen sind die Rom-Texte als Gruppe erkennbar, stärker im Fall der Sonette als in den ja wesentlich später gedruckten deutschen

---

8 Stieff (Anm. 4), S. 811 f.
9 Vgl. Birgfeld (Anm. 7), S. 53 f.
10 Ralf Georg Bogner: Leben. In: Andreas Gryphius. Leben – Werk – Wirkung. Ein Handbuch. Hg. von Nicola Kaminski und Robert Schütze. Berlin, Boston 2016, S. 3–17, hier S. 14.
11 Stieff (Anm. 4), S. 811 f.
12 Vgl. die hilfreiche Zusammenstellung bei Birgfeld (Anm. 7), S. 41 f.
13 Johann Hüttner: Andreas Griphen / Teutsche Reim-Gedichte / Darein enthalten / I. Ein Fürsten-Mörderisches / Trawer-Spiel / genant. / Leo Armenius. / II. Zwey Bücher seiner / ODEN / III. Drey Bücher der SONNETEN / Denen zum Schluß die Geistvolle Opi- / tianische Gedancken von der Ewigkeit / hinbey gesetzt seyn. / Alles auff die jetzt üb- vnd löbliche Teutsche / Reim-Art verfasset. Frankfurt/Main: Hüttner 1650, S. 190–192.
14 Andreas Gryphius: EPIGRAMMATA / Oder / Bey-Schrifften. Breslau: Drescher 1663, S. 10–55.

Epigrammen.[15] Eine Gesamtwürdigung der römischen Dichtungen in ihrem kulturellen sowie kunst- und literarhistorischen Zusammenhang existiert bislang nicht. Der historisch erhellende Beitrag Johannes Birgfelds widmet sich weniger dem römischen als dem Straßburger Abschnitt der Reise und erfasst die relevanten Texte keineswegs vollständig. Während die Rom-Epigramme nahezu völlig unbeachtet blieben, ist unter den Rom-Sonetten vor allem das Abschiedssonett (Nr. XVI) – *Als Er aus Rom geschidn* – mehrfach untersucht worden. Während Ralf Georg Czapla das Gedicht in die Tradition der Romgedichte Ovids[16] und Hildeberts von Lavardin stellt, den Gryphius „bewußt adaptiert" habe,[17] sieht Dieter Breuer in Gryphius den reflektierenden Bewunderer und Vermittler barocker Kunst und Architektur, dessen „geistige Unabhängigkeit"[18] in konfessioneller Hinsicht besonders zu würdigen sei. In Rom empfängt Gryphius entscheidende literarische Anregungen: Er sieht im Februar 1645 den *Leo Armenus* des Jesuiten Joseph Simon, der mit großer Wahrscheinlichkeit den eigenen *Leo Armenius* anregt (1646).

Die vermeintliche Begegnung mit dem „Welt-berühmten P. Athanasius Kircherus S. I."[19] spiegelt diese Haltung transkonfessioneller Neutralität aus intellektueller Neugier wider.[20] Leider bleibt das Zeugnis bei Stieff solitär; weder Kircher noch Gryphius erwähnen eine persönliche Bekanntschaft mit irgendeinem Wort. „Kircher saß", wie Thomas Leinkauf schreibt, am *Collegium Romanum* „jahrzehntelang im Zentrum der Informationsflüsse, die aus aller Welt damals in der Hauptstadt der Christenheit einliefen."[21] Der Universalgelehrte war 1645 mit seiner großen optischen Studie *Ars Magna Lucis et Vmbrae* (Rom:

---

15 Birgfelds entschiedener Feststellung: „Gryphius hatte augenscheinlich kein Interesse, die Reisetexte als (geschlossenen) Werkkomplex zu präsentieren" (Birgfeld [Anm. 7], S. 43), ist nur bedingt zuzustimmen.
16 Zur Nachwirkung vgl. auch Jörg Robert: „Exulis haec vox est". Ovids Exildichtungen in der Lyrik des 16. Jahrhunderts (Caspar Ursinus Velius, Conrad Celtis, Petrus Lotichius Secundus, Joachim Du Bellay). In: GRM 52 (2002), S. 437–461.
17 Ralf Georg Czapla: Zur Topik und Faktur postantiker Romgedichte (Hildebert von Lavardin, Joachim Du Bellay, Andreas Gryphius). Mit einem Exkurs über die Rezeption von Hildeberts „carmen 36 Scott" in der Frühen Neuzeit. In: Daphnis 27 (1998), S. 141–183, hier S. 176.
18 Dieter Breuer: Andreas Gryphius als Bewunderer und Mittler römischer Baukunst. Zu seinem Sonett „Als Er aus Rom geschidn". In: Morgen-Glantz 8 (1998), S. 255–272, hier S. 255.
19 Stieff (Anm. 4), S. 811.
20 Vgl. dazu Oliver Bach: Zwischen Heilsgeschichte und säkularer Jurisprudenz. Politische Theologie in den Trauerspielen des Andreas Gryphius. Berlin, Boston 2014 (Frühe Neuzeit 188), S. 275–282.
21 Thomas Leinkauf: Mundus combinatus. Studien zur Struktur der barocken Universalwissenschaft am Beispiel Athanasius Kirchers SJ (1602–1680). Zweite, durchgesehene und bibliographisch ergänzte Auflage. Berlin 2009, S. 22.

1646) befasst,[22] in der u. a. Funktionsweise und Gebrauch von *Camera obscura* und (in einer späteren Auflage) *Laterna magica* behandelt wurden. Gryphius hat sie in den Leichabdankungen später zweimal zitiert.[23] Irmgard Scheitler hat jüngst gezeigt, wie die Zauberlaterne sich in der zweiten Hälfte des 17. Jahrhunderts als Spezialform der ‚Verthönung' (d. h. der Illustration) auf der Barockbühne etabliert.[24] Klar ist dagegen, dass Gryphius spätestens 1656 Kenntnis von Kirchers ägyptologischer Abhandlung *Oedipus aegyptiacus* (1654)[25] erhielt.

Gegen Kirchers These, die ägyptischen Mumifizierungstechniken seien in römischer Zeit außer Gebrauch gekommen, polemisiert Gryphius in einer gelehrten lateinischen Abhandlung mit dem Titel *Mumiae Wratislawienses* (1662).[26] Es handelt sich dabei um den ausführlichen Bericht über eine am 7. Dezember 1658 eigenhändig durchgeführte Sektion einer altägyptischen Mumie, die in Begleitung mehrerer Ärzte und in Anwesenheit des Dichters Christian Hoffmann von Hofmannswaldau im Haus des Breslauer Apothekers Jakob Krause (Crusius) stattfand. Zweifellos ist Gryphius' Mumienforschung kaum ohne die Anregung Kirchers denkbar; hinzu kam ein anatomisch-physiologisches Interesse, das in die Leidener Studienzeit zurückreichte. Schon in Leiden zeigte er sich fasziniert vom dortigen *Theatrum Anatomicum*, „zu welchem Studio er solche Lust bekommen / daß er selbst hernach etliche Sectiones vorgenommen".[27] Das medizinisch-anatomische Interesse verknüpft nicht nur – vermittelt durch Kircher – die Leidener mit den

---

22 Athanasius Kircher: ARS MAGNA LVCIS ET VMBRAE. In decem Libros digesta. QVIBVS ADMIRANDAE LVCIS ET VMBRAE in mundo, atque adeò vniuersa natura, vires effectusq. vti noua, ita varia nouorum reconditiorumq. speciminum exhibitione, ad varios mortalium vsus, panduntur. Rom: Scheus 1646.
23 Vgl. Bach (Anm. 20), S. 278.
24 Vgl. Irmgard Scheitler: Die Verthönung – Illustration auf dem Theater. In: Intermedialität in der Frühen Neuzeit. Formen, Funktionen, Konzepte. Hg. von Jörg Robert. Berlin, Boston 2017 (Frühe Neuzeit 209), S. 21–38.
25 Athanasius Kircher: Oedipus Aegyptiacus. [...] 3 Bde. Rom: Vitale Mascardo 1652. Vgl. auch den Beitrag von Martin Mulsow in diesem Band.
26 Andreas Gryphius: Mumiae Wratislavienses. Breslau: Drescher 1662; Den Forschungsstand fasst bündig Joachim Śliwa: Mumiae Wratislavienses. In: Kaminski und Schütze (Anm. 10), S. 582–593 zusammen; vgl. u. a. auch Jean B. Neveux: Andreas Gryphius et les momies. In: Etudes Germaniques 19 (1964), S. 451–462; Joachim Śliwa: Andreas Gryphius und die Breslauer Mumien. Ein Beitrag zur Kulturgeschichte Schlesiens im 17. Jahrhundert. In: Wolfenbütteler Barock-Nachrichten 30 (2003), S. 3–21 sowie Hania Siebenpfeiffer: „Malgré la mort, je vis encore" – Mumien und Gespenster als Manifestationen des Unheimlichen im 17. Jahrhundert. In: Gespenster. Erscheinungen – Medien – Theorien. Hg. von Moritz Baßler, Martina Wagner-Egelhaaf und Bettina Gruber. Würzburg 2005, S. 105–126.
27 Stosch (Anm. 2), S. 31; vgl. auch Kaminski (Anm. 6), S. 32.

Breslauer Sektionen. Im Folgenden soll gezeigt werden, wie der Blick des Mediziners und Anatoms *auch* die Rom-Texte prägt. Dazu konzentriere ich mich auf die *Epigrammata Oder Bey-Schrifften*, in denen Gryphius – nur ein Jahr nach der Mumienschrift – eine Reihe von Stücken erstmals publiziert, die sehr spezifische Reflexe des Romaufenthaltes fixieren.[28] Ich gehe dazu in folgenden Schritten vor: Nach einem kursorischen Blick auf die vier eigentlichen Rom-Sonette, die zunächst dem modernen Rom (1), schließlich dem christlichen Rom (2), der *Roma sotterranea* gelten, greife ich aus den *Epigrammata Oder Bey-Schrifften* zwei Stücke heraus, deren Zusammenhang mit der römischen Reise noch nicht erkannt wurde; beide gelten spektakulären Sehenswürdigkeiten: einer exhumierten Heiligen (3) und einem geheimnisvollen menschlichen Fossil (4). Wir werden dabei einen Gryphius kennen lernen, der sich in ganz verschiedenen, teilweise unerwarteten Rollen präsentiert: Als Philo- und Kryptokatholik, als Archäologe und Anatom, als *curiöser* Naturforscher und als scharfsinniger Beobachter paradoxer Grenzphänomene zwischen Leben und Tod.[29]

2 Perspektivismus und Negation – Die Rom-Sonette

Beginnen wir mit dem Bekannten, den vier Rom-Sonetten. Schon im Erstdruck, der unautorisierten Werkausgabe, die 1650 bei Johann Hüttner in Frankfurt am Main erscheint, sind sie als Miniaturzyklus komponiert (Nr. XXXIX–XXXXII).[30] Dieser wird von zwei Sonetten eröffnet, deren Titel – *Auff einen ungeschickten Römer* und *An Cleandrum* – auf die Epigrammatik in der Tradition Martials und Owens verweisen. Beide verfolgen eine ähnliche Strategie: Sie führen zwei Figuren ein, einen namenlosen Römer im ersten, einen gewissen Bibulus im zweiten, die unfähig sind, die herausragende kulturelle Bedeutung Roms zu erkennen. Im ersten

---

28 Diese Texte sind – wenn ich recht sehe – in der Forschung bisher kaum behandelt worden. Das mag auch daran liegen, dass die Rom-Epigramme in den beiden Sammlungen von Adalbert Elschenbroich (Andreas Gryphius. Gedichte. Eine Auswahl. Text nach der Ausgabe letzter Hand von 1663. Hg. von dems. Stuttgart 1968) und in der hervorragenden Neubearbeitung durch Thomas Borgstedt (Andreas Gryphius: Gedichte. Hg. von dems. Stuttgart 2012) nicht aufgenommen wurden. Ich möchte einerseits das Textkorpus zum ersten Mal in seiner Gesamtheit präsentieren, andererseits einige Schlaglichter auf Gryphius' spezifische Perspektiven und konkrete Interessen werfen, die sich bei aller Topik doch abzeichnen.
29 Vgl. Christian Kiening: Das andere Selbst. Figuren des Todes an der Schwelle zur Neuzeit. München 2003, S. 185 f.
30 Vgl. Hüttner (Anm. 13), S. 190–192.

Fall – dem des „ungeschickten Römers" (Nr. XXXIX) – bildet der Kontrast zwischen der römischen Kultur und der „Grobheit" (V. 8) des Römers den roten Faden der arguten Demonstration. Nicht einmal Rom ist in der Lage, aus einem „ungeschickten" (d. h. unbegabten) Menschen einen vernünftigen und gelehrten zu machen:

> XXXIX. *Auff einen ungeschickten Römer.*
>
> KAn Rom dich nicht gelehrt / und nicht geschickter machen /
>   Wo es an keiner Kunst / an keiner Weißheit fehlt /
>   Wo die Scharffsinnigkeit selbst ihren Sitz erwehlt.
> Wo die Vernunfft durchsucht der Fürsten höchste Sachen?
> Was täglich wächst / was steht / was sich dem grimmen Rachen
>   Der Zeit / die alles frist entzeucht; was sich vermählt
>   Der greisen Ewikeit / was lange Jahre zehlt /
> Sihst du; doch wer dich siht / muß deiner Grobheit lachen.
>   Hir haut man Marmel aus / hir schleifft man Diamand /
>   Porfirr / (wie hart er auch) weicht der Gelehrten Hand
> Von welchem Steinriß hat man dein Gehirn genommen?
>   Man glaubt / daß dise Lufft den Frembden schädlich sey:
>   Ich schau das Widerspil / ich bin von Seuchen frey
> Dir ist die Röm'sche Lufft in Warheit nicht bekommen.[31]

Das Ziel der Argumentation ist ein doppeltes. Die Epigrammform gibt dem Rom-Thema eine charakteristische Wendung, die sich dem Thema: Rom als Kulturhauptstadt der Welt nicht in der Form der schulmäßig-topischen *descriptio* oder der *laus urbis*, sondern gleichsam indirekt nähert.[32] Die abschließende Pointe – nur der „Frembd[e]" (V. 12), der Deutsche, erkennt Roms Größe und Bedeutung – verbindet Biographie und patriotische Sendung. Der Kontrast zwischen der Blüte Roms und der Dekadenz des zeitgenössischen *Römers* durchzieht als Leitmotiv die römischen Texte. In einem Epigramm (Nr. LXXIX) liest er sich folgendermaßen:

> LXXIX. *Roma Caput rerum.*
>
> Rom ist das Haupt der Welt / voll Witz wie ich befinde /
> Voll Weißheit / voll Verstand / doch auch voll Läuß und Grinde.[33]

Ein weiteres Epigramm der römischen Reihe nimmt dieses Motiv der Degeneration auf:

---

31 Borgstedt (Anm. 28), S. 58.
32 Auf diesen „Perspektivismus der Darstellung", der „den an sich bekannten *res* eine neue, den Leser überraschende Wendung [gibt]", weist schon Breuer (Anm. 18), S. 264 hin.
33 Borgstedt (Anm. 28), S. 142 sowie EPIGRAMMATA / Oder / Bey-Schrifften (Anm. 14), S. 51.

LXXXV. An *Cleandrum*.

Du fragst warumb ich nicht zu Rom will Bůrger werden:
Weil Rom / von dem du sagst / nicht mehr auff diser Erden.[34]

Dieses Verfahren indirekter Thematisierung ist auch im Fall des zweiten Rom-Sonetts an Cleander (der auch in den Epigrammen erscheint) erkennbar:

XL. An *CLEANDRUM*.

DV fragst / wie *Bibulus* die Zeit zu Rom vertreibe?
  Er sucht kein' alte Schrifft / noch Bild / noch Buch / wie du
  Er kůmmert sich nicht vil / was man zu Hofe thu /
Er fragt nicht / ob der Bapst Bann oder Ablaß schreibe:
Er acht kein *Vatican* / da ich voll Wunder bleibe?
  Er spricht Gesandten nicht / nicht Cardinålen zu:
  Er gönn't Gelehrten wol die hoch-gewůndschte Ruh /
Du weißt / daß er sich nicht an Ketzermeister reibe.
Von Kirchen hålt er nichts; von Gårten nicht zu vil
  Er lacht wenn ich die Grufft der Mårtrer suchen will
Gutt ists / daß er sich nicht auff liben hat verlibet.
  Kein Schauplatz steht ihm an. Kein singen geht ihm ein.
  Er schlåfft wenn man dem Volck' ein kůnstlich Feur-Werck gibet:
Was hålt ihn denn zu Rom lang auff? *Albaner* Wein.[35]

Wie schon das erste Sonett auf den „ungeschickten Römer" lebt auch das zweite von dem Gegensatz zwischen Rom und Römern. Der sprechende Name Bibulus nimmt die Pointe vorweg: Was den römischen Trinker an Rom interessiert, ist einzig der Wein, der außerhalb Roms, in den Albaner Bergen, gedeiht. Das Lob der Stadt wird dem Spott über die Bevölkerung perspektivisch und paradoxal eingeschrieben: Der Text entwirft dabei indirekt und *en passant* ein umfassendes Panorama Roms als „Schauplatz" (V. 12) von Kultur, Kunst und (katholischer) Kirche. Auch wenn die „Grufft der Mårtrer" (V. 10), die Gegenstand des vierten Rom-Sonetts ist, schon hier als neuer Sehnsuchtsort erwähnt wird, so ist es doch vor allem das moderne Rom, das mit seiner Anziehungskraft die unterschiedlichen Personengruppen, Institutionen und sozialen Sphären (Gelehrte, Hof und Diplomatie, Papst und Kardinäle) wie in einem Brennpunkt konzentriert. Obwohl Kernelemente katholischer Religiosität – „Bann oder Ablaß" (V. 4) – genannt werden, wird die konfessionelle Spitze ausgespart. In seiner Bewunderung des kurialen Roms, seiner Kunstwerke und seiner höfischen Kultur („Feuerwerk"), zeigt sich eine Art ästhetischer Katholizismus, der sich in der Faszination für das Jesuitentheater

---

34 Ebd., S. 52.
35 Borgstedt (Anm. 28), S. 58.

fortsetzen wird. Angesichts der Begeisterung für die Pracht- und Machtentfaltung des päpstlichen Rom als *caput mundi* scheint die notorische Frage nach Gryphius' ortho- oder heterodoxem Luthertum obsolet.[36] Die Pointe ergibt sich nicht aus konfessionellen, sondern aus topographischen Gegensätzen. Der kulturelle Gegensatz zwischen Italien und Deutschland, der seit den Tagen des Humanismus schwelt, wird ins Gegenteil verkehrt: Der deutsche Protestant erscheint als Anwalt der römisch-katholischen Welt. Erst der Deutsche erkennt deren wahre Qualitäten und Potentiale, vor denen er „voll Wunder bleib[t]" (V. 5). Der Gryphius der römischen Reise ist ein indifferenter, sozusagen suspendierter Lutheraner, der – anders als Luther 1511 in Rom[37] – der kurialen Kunst- und Bildpolitik, der Heiligenverehrung und dem Aufstieg der Kunstreligion voller Hochachtung gegenübersteht. Auf die Sonette Nr. XXXIX und XL folgen zwei Texte, die auf den ersten Blick ganz unterschiedlich scheinen: Das schon erwähnte Abschiedssonett *Als Er aus Rom geschidn* (Nr. XLI)[38] ist das einzige Stück, das in der Art des Kasualcarmens eine performative und situationale Komponente ins Spiel bringt. Die autobiographische Dimension wird durch die topische Füllung jedoch sogleich relativiert. Ob Gryphius Hildeberts berühmtes Rom-Gedicht kannte, mag dahinstehen. Die Abschiedskonstellation ist nur eine weitere Perspektive, die indirekte Thematisierung durch Nennung (im Modus der *valedictio*) ermöglicht. Wo Hildebert Roms Sturz und Zerstörung als irreversibel beklagt, sieht Gryphius den Wiederaufstieg des nachtridentinischen, modernen Rom aus den „trüben Jahre[n]" (V. 7) nach dem Sacco di Roma (1527).[39] Wie ein Phönix erhebt sich dieses neue Rom, das beinahe schon auf dem Abraum der Geschichte gelandet wäre, erneut aus der „Aschen" (V. 5). Heilsgeschichtliche Assoziationen stellen sich ein, wenn es heißt: „Bist nach dem Fall erhöht / nach langem Ach / genåsen" (V. 8).

Die Terzette nehmen das Panorama der römischen Kunst und Kultur aus den vorangehenden Sonetten auf. Die Formel „Begriff der Welt" (V. 1) wird durch eine atemlose Aufzählung ausgefaltet. Noch einmal defilieren „Kirchen und Pallåst" (V. 9), „Bůcher / Gården / Grůfft'; [...] Bilder / Nadeln / Stein" (V. 12) vor

---

[36] Zu Gryphius' konfessioneller und religiöser Position verweise ich auf die kompakte Gesamtdarstellung bei Hans-Georg Kemper: Deutsche Lyrik der frühen Neuzeit. Bd. 4/I: Barock-Humanismus: Krisen-Dichtung. Tübingen 2006, S. 202–321, hier bes. S. 204 f. (orthodoxes Luthertum). Die jüngere Debatte hat sich dabei an einem Beitrag von Johann Anselm Steiger: Die poetische Christologie des Andreas Gryphius als Zugang zur lutherisch-orthodoxen Theologie. In: Daphnis 26,1 (1997), S. 85–112 entzündet.
[37] Vgl. Michael Matheus, Arnold Nesselrath, Martin Wallraff (Hg.): Martin Luther in Rom. Die ewige Stadt als kosmopolitisches Zentrum und ihre Wahrnehmung. Berlin, Boston 2017 (Bibliothek des Deutschen Historischen Instituts in Rom).
[38] Borgstedt (Anm. 28), S. 59.
[39] Vgl. folgend Breuer (Anm. 18), S. 258–263.

dem inneren Auge des Lesers vorbei. Gryphius' poetische Romführung beruht auf der Macht der Apostrophe, der Evokation durch Enumeration. Die poetische Liste – „Bilder / Nadeln / Stein" (V. 12) – kondensiert und assoziiert die Informationen aus den zeitgenössischen Romführern. Die Betonung des modernen Rom gegenüber dem antiken verweist dabei auf die innere Verwandtschaft der Gryph'schen Romdichtung mit Ciceroni wie dem *Abgebildete[n] NEue[n] Romm*. Wie in den Führern dominieren auch bei Gryphius „Kirchen und Pallåst" (V. 9) über antike Foren und Tempel. So heißt es in dem genannten Führer über den Vatikan:

> Anlanget ihre prächtige Herzligkeit und Fürtrefflichkeit / muß ein jedweder / der den newen Tempel siehet / gestehen / daß noch zuwenig gesaget haben diejenigen / so ihn entweder ein Engels-Werck genennet wegen der Schönheit / oder gewiß gehalten für ein Werck der Riesen / wegen der Grösse: Sintemal diß allerprächtigste Gebäw dermassen groß ist / daß die sieben berümbten Wunder der Welt / damit verglichen / keines verwunderns mehr wehrt seyn [...].[40]

Der *paragone* des alten und des neuen Rom, geführt auf der Grundlage der ästhetischen Leitkategorien Staunen, Wunder und *novitas*, wendet sich klar zugunsten der (christlichen) Moderne. So steht fest, dass „das große *Pantheon* [...] nicht mit einem kleinen Stücklein dieses Tempels kan verglichen werden".[41] Nicht als Antiquar, sondern als Beobachter dieses modernen Rom und seiner urbanen Kulissen betritt auch Gryphius die Ewige Stadt.

3 Civitas subterranea

Der ausgiebigen Darstellung des „Neue[n] Romm" steht die frappierende Ausblendung des antiken gegenüber. In der Rede von der „Aschen", die „man nur nicht vorhin mit Båsen / Auff einen Hauffen kåhrt" (Nr. XLI, V. 5 f.), sind die römischen Ruinen neben den Zerstörungen des Sacco di Roma mitgemeint. In Gryphius' Romtexten kommen Antike und Antiken gar nicht vor, nicht einmal im Modus der *praeteritio* oder der Negation. Mit einer Ausnahme: den Katakomben. Diesen widmet Gryphius ein Epigramm (Nr. LXXIII; *Uber die unterirdischen*

---

40 Abgebildetes NEues Romm / Darinnen Die heute vorhandenen Kirchen / H. Leiber / Reliquien / Ablaß / Klöster / Hospitäle / Beht Capellen / Societäten der Welt-Personen / Collegia, Hohe Schulen / Paläste / Gebäwe / Gemählde oder Schildereyen / Gehawene und geschnitzte Bilder / Bibliothecen / Studir-Kammern / Gårten / Brunnen / Forwercke oder Meyerhöfe / auch Båpste / Cardinåle / Fürsten / [...] vor Augen gestellet werden. Auß dem Jtaliennischen ins Hochteutsche mit fleiß übergesetzet von Alberto Reimaro, Lubecense. Aernheim: Haagen 1662, S. 8.
41 Ebd.

Grůffte der heiligen Mårterer zu Rom) und das vierte der Rom-Sonette (Nr. XLII; *Vber die unterirrdischen Grůffte der Heiligen Martyrer zu Rom*). Das Thema lag, als Gryphius nach Rom kam, sozusagen in der Luft. Die Entdeckung der Priscilla-Katakombe an der Via Salaria am 31. Mai 1578 markierte den Beginn der Katakombenforschung, deren Ergebnisse in Antonio Bosios (1575–1629) monumentale *Roma sotteranea* (postum, Rom 1632–1634; Abb. 1) eingingen.[42]

Bosios Ziel war die enzyklopädische, weithin wissenschaftlich objektive Darstellung und Rekonstruktion jener „subterranea civitas",[43] die sich vor allem in den Katakomben offenbarte. Beschrieben wurden alle Monumente, aber auch Sitten, Gebräuche sowie die materielle Kultur des *christlichen* Rom, vergleichbar den Rekonstruktionen des heidnischen Rom, wie sie seit den Zeiten Raffaels unternommen wurden.[44] In den Paratexten zur *Roma sotterranea* verdichtete sich das Programm zur Idee eines *anderen* Rom, einer *Roma duplex*: „Crede mihi: maiora latent quàm cernis, & intus / Altera sub Roma Roma sepulta iacet [...]."[45] (‚Glaube mir: Größeres als du sehen kannst, liegt [hier] im Verborgenen, und in der Erde liegt unter Rom ein anderes Rom begraben [...].').

Es lässt sich nicht mit Bestimmtheit klären, ob Gryphius das Kompendium Antonio Bosios tatsächlich kannte und verwendete.[46] Sicher ist, dass seine literarischen Rom-Bilder ganz der Idee einer *Roma duplex* verpflichtet waren. Die Sonette zeigen beides nebeneinander: Das sichtbare und das unsichtbare, das moderne und das andere Rom der Katakomben. Rom war für Gryphius zuerst die

---

42 ROMA SOTTERANEA OPERA POSTVMA DI ANTONIO BOSIO ROMANO ANTIQVARIO ECCLESIASTICO SINGOLARE DE' SVOI TEMPI. [Roma: Guglielmo Faciotti, 1632–1634]. Zum Kontext der Katakombenentdeckung zusammenfassend Massimiliano Ghilardi: Le catacombe di Roma dal Medioevo alla *Roma sotteranea* di Antonio Bosio. In: Studi Romani 49 (2001), S. 27–56; ders.: Subterranea civitas. Quattro studi sulle catacombe romane dal medioevo all'età moderna. Roma 2003 sowie Gabriele Wimböck: Guido Reni (1575–1642). Funktion und Wirkung des religiösen Bildes. Regensburg 2002 (Studien zur christlichen Kunst 3), S. 63–89; zu Antonio Bosio s. Michael Thimann: Das unterirdische Rom als Bildraum. Zur *Roma sotterranea* des Antonio Bosio (1632/34). In: Et in imagine ego. Facetten von Bildakt und Verkörperung. Festschrift für Horst Bredekamp. Hg. von Ulrike Feist und Markus Rath. Göttingen 2012, S. 395–421.
43 Cesare Baronio: Annales ecclesiastici a Christo nato ad annum 1198. 12 Bde. Rom 1588–1593, Bd. 2, S. 59.
44 Vgl. Thimann (Anm. 42), S. 402 f.: „In der Tat haben Baronio und Bosio auch die Vorstellung entwickelt, dass sich ein unterirdisches Rom [eine ‚subterranea civitas'] mit Wegen, Straßen, Plätzen und Kapellen unter der heidnischen Metropole erstreckte und damit das spätere, christliche Rom als Sitz des Papsttums, das sich über dem untergegangenen Heidentum erheben sollte, gleichsam präfiguriert habe."
45 Nach Thimann (Anm. 42), S. 420.
46 Nicht in: Ulrich Seelbach, Martin Bircher: Autographen von Andreas Gryphius. In: Daphnis 23,1 (1994), S. 109–179 erwähnt.

Gryphius in Rom — 469

Abb. 1: Antonio Bosio: *Roma sotterranea* (1632), Kupfertitel.[47]

---

47 Anm. 42.

Stadt von „Christus Kirch" (Nr. XLII, V. 9), die auf den Fundamenten der alten Kirche, wie sie die Katakomben darstellten, ruhten. Diese neue Perspektive auf die *Roma sotterranea* spiegelt sich deutlich in den beiden Katakomben-Poesien. Zunächst das – bislang nicht beachtete – Epigramm:

> LXXIII. *Uber die unterirdischen Grůffte der heiligen Mårterer zu Rom.*
>
> Die Grůffte die du schawst / hat dise Schar besessen /
> Die lebend Tod der Welt und ihrer Lust vergessen /
> Und Lånder doch bekehrt / und Hőll und Feind erschreckt /
> Und Wunderwerck erweist und Todten aufferweckt. [15]
> Der heilig-hohe Glantz dem sie hir wollen dinen;
> hat disen Ort bestrahlt und ihr Gemůtt beschinen /
> Itzt jauchtzen sie bey Gott / wir leben in der Welt /
> Wir / dehnen ihre Weiß' und Wohnung nicht gefält.
> Drumb muß bey unserm Tag ihr schönes Licht erbleichen.
> Wir gehn mit Menschen umb ; Drumb hőrt uns keine Leichen.
> Sie wohnten / schaw / wie tieff! Doch stig ihr Geist hinauff.
> Wir bawen hoch! Ach! Ach! Wohin sinckt unser Lauff.⁴⁸

Das Epigramm wendet die Opposition von lebendig und tot ins Kulturkritische. Gryphius versteht die Katakomben weniger als Grabstätten denn als Lebensräume der Märtyrer, die sich als Anachoreten aus der „Welt" (V. 2) in die Unterwelt zurückziehen. In ihr findet die Idee christlicher *humilitas* ihre topologische Entsprechung. Erst „lebend Tod" (ebd.) – so das Paradox – gelangen die Märtyrer zum ewigen Leben. Im Sonett gleichen Titels werden diese Oppositionen von Leben und Tod, Welt und Unterwelt, Höhe und Erniedrigung variiert.

> XLII. *Vber die unterirrdischen Grůffte der Heiligen Martyrer zu Rom.*
>
> HIr beuge Knie und Haupt! die unterirrd'schen Gånge
>   Die Grůffte sonder Licht / die du bestůrtzter Christ /
>   Nicht ohn Entsetzen sihst / die waren als die List
> Vnd Macht Gott Krig anbott / nicht Tausenden zu enge.
> Die Leichen sonder Zahl / der Heilgen Cőrper Menge
>   Sind die / auff die sich Hőll und Welt umbsonst gerůßt /
>   Die Pein und Tod gepocht / die Pfal und Schwerdt gekůßt /
> Die nach der Quaal gerennt mit frőlichem Gedrånge.
> Hir ists wo Christus Kirch / mit feurigen Gebeten /
> Von Blutt und Thrånen naß / Gott vor Gesicht getreten
>   Die stets der Welt abstarb / must unter Leichen seyn.

---

48 EPIGRAMMATA / Oder / Bey-Schrifften (Anm. 14), S. 14 f.

> Die ewig wachsen solt; musst alhir Wurtzel finden /
> In diser finstern Nacht must ihr Licht sich entzůnden /
> Die auff den Fels gegrůndt / wohnt' unter lauter Stein.⁴⁹

Gegenüber den drei vorausgehenden Rom-Sonetten führt das vierte einen neuen Lese- und Rezeptionsmodus ein: An die Stelle des Wunders treten ‚Entsetzen' (*horror*) (V. 3) und ‚Bestürzung' (*stupor*) (vgl. V. 2). Die Unterwelt der Katakomben weckt die literarische Erinnerung an die Tradition des *descensus ad inferos*. Gleichzeitig wird das Sonett konkreter als das Epigramm, denn der literarische Abstieg in die *Roma sotterranea* hat einen präzisen archäologischen Hintergrund. Das Gedicht imaginiert jenen Besuch, den das Sonett an Cleander (Nr. XL; An *CLEANDRUM*) bereits erwähnt hatte. Der Sprecher wird nun selbst zum Führer, der den Leser virtuell in die Unterwelt geleitet, dabei zeigt und deutet, informiert und Reaktionen antizipiert. Trotz der markierten Situationalität („HIr" [V. 1] bzw. „Hir" [V. 9]) bleibt der konkrete Ort unklar; gemeint sind eben die *unterirdischen Grůffte* in ihrer Gesamtheit als *lieu de mémoire* der Christenheit. Anders als im Epigramm erscheinen die Katakomben nun weniger als Eremitage denn als Begräbnis- und Kultstätten der Heiligen („Die Leichen sonder Zahl / der Heilgen Cörper Menge" [V. 5]), an deren Gräbern sich die Urkirche konstituiert. Die Gräber bilden damit jenen „Fels" (V. 14), auf den die wahre Kirche gegründet ist (hier paraphrasiert Gryphius Mt 16,18).

Dass Gryphius mit dieser Deutung der Katakomben als Ruhestätte der Heiligen einer Fehldeutung erliegt, ist das eine. Das andere sind die konfessionellen Implikationen. Die Aufarbeitung der *Roma sotterranea* diente im Horizont der katholischen Reform dem Ziel, „das Altertum der katholischen Kirche sowie die Existenz der Märtyrer bezeugen [zu können], die von protestantischer Seite vehement angezweifelt worden waren."⁵⁰ Gryphius, der Lutheraner, schließt sich – wie auch insgesamt – in den Romgedichten ganz der nachtridentinischen, katholischen Perspektive an, unterstreicht diese mit dem legitimatorischen Passus Mt 16,18 eigens. Dieser pro-katholische Standpunkt entspricht der jederzeit wohlwollenden Neugier gegenüber der zeitgenössischen Papstkirche und ihren Vertretern, die wir in den vorausgehenden Gedichten bereits erkannt haben. Entschieden protestantische Themen und Standpunkte sind nicht zu erkennen. Für Gryphius' Entwicklung als Dichter werden hier jedoch entscheidende Grundlagen gelegt: In den Romgedichten stoßen wir zum ersten Mal bei Gryphius auf eine entschiedene Begeisterung für Heilige und Märtyrer, die sich der in der Folge einsetzenden dramatischen Produktion deutlich einschreiben wird. Der (literarische) Abstieg in die

---

49 Borgstedt (Anm. 28), S. 59.
50 Thimann (Anm. 42), S. 396.

Katakomben wird – neben der Erfahrung des Jesuitentheaters – zur prägenden Urszene für den *Gryphius tragicus*.

4 Die Rückkehr der heiligen Cäcilia

Dieser enge Zusammenhang zwischen römischem Märtyrerkult und dramatischer Produktion wird an unserem letzten Text deutlich.[51] In den unmittelbaren Umkreis der *Roma sotterranea* gehört ein weiteres Stück aus den *Epigrammata Oder Bey-Schrifften*, das 55. Epigramm des ersten Buches:

> LV. Uber die Leiche der heiligen *Cæcilien* welche von feule unversehrt in dem cIɔ Iɔ XCIX [sc. 1599]. Jahre nach Christi Geburt entdecket.
>
> Jung; doch verständig / schön / doch zůchtig / reich / doch reine
> Vermählt; doch Jungfraw schwach / doch stårcker denn die Pein.
> Bey Engeln; auf der Welt geschmissen mit dem Schwerd /
> Dreymal; und nicht enthalst. Vergraben: nicht verzehrt.
> Verdeckt zwölffhundert Jahr; doch nicht verkehrt in Erden.
> Kan was nicht irdisch ist wol Erd und Asche werden.[52]

Das Epigramm auf die heilige Cäcilia von Rom (geb. 200 n. Chr.), die im Jahre 223 das Martyrium erlitt, bildet mit dem darauf folgenden *Uber die Marter Catharine Königin von Georgien* (Nr. LVI)[53] ein Heiligendiptychon, das Gryphius' tiefe Prägung durch den römischen Märtyrer- und Heiligenkult belegt. Während das Catharinen-Epigramm in der Anrede rhetorisches Pathos bemüht („O schönstes Wunderwerck ! O grosse Sinnen Macht!" [V. 1]), ist das Epigramm auf Cäcilia von Rom auf einen schlichteren Ton gestimmt. Beide Frauen unterscheiden sich nach Alter, Stand und gesellschaftlicher Position: Catharina wird als „höchste Königin der ie gekrönten Frawen" angesprochen (V. 2) und der Tod der Königin[54] ist eine öffentliche, theatrale Angelegenheit

---

51 Zum Folgenden vgl. auch J.R.: Leichenwissen und Katakombenpoesie. Andreas Gryphius und die *Roma sotterranea*. In: Antike im Druck. Zwischen Imagination und Empirie. Katalog zur Ausstellung im Museum der Universität Tübingen. Hg. von Johannes Lipps und Anna Pawlak. Tübingen 2018, S. 40–49. Zum Gesamtzusammenhang vgl. Tobias Kämpf: Archäologie offenbart. Cäciliens römisches Kultbild im Blick einer Epoche. Boston, Leiden 2015.
52 EPIGRAMMATA / Oder / Bey-Schrifften (Anm. 14), S. 11.
53 Ebd.
54 Vgl. hierzu Peter-André Alt: Der Tod der Königin. Frauenopfer und politische Souveränität im Trauerspiel des 17. Jahrhunderts. Berlin, New York 2004 (Quellen und Forschungen zur Literatur- und Kulturgeschichte 30).

(„Gantz *Persien* steht und zaget" [V. 6]), die mit rhetorisch-heroischem Pomp zelebriert wird. Dagegen arbeitet Gryphius an Cäcilia den Gegensatz von mädchenhafter Zurückhaltung und Beständigkeit heraus. Dass Cäcilia drei Schwerthiebe ihrer Peiniger überlebte, bevor sie nach drei Tagen im eigenen Hause in Trastevere den Tod fand, gehört zu den markanten Elementen der Cäcilien-Legende, wie sie vor allem die *Legenda aurea* (Nr. CLXIX; *De sancta Caecilia*) überlieferte.[55] Dass diese Beständigkeit sich in einem ganz konkreten Sinn – in der Konservierung des Leichnams über „zwölffhundert Jahr" (V. 5) – spiegelt, wird am Ende deutlich: Cäcilie erlebt ihre innerweltliche Apotheose *im* Fleisch, nicht nur „[b]ey Engeln" (V. 3). Als mumifizierter Körper ist sie „lebend Tod" (Epigramm Nr. LXXIII, V. 2) oder ‚tot lebendig', eine Grenzgängerin zwischen Himmel und Erde, die in beiderlei Gestalt das ewige Leben findet.

Gryphius' Epigramm ist ohne römische Kontexte, ohne die Restitution und Rekonstruktion der frühchristlichen Kirche und der *Roma sotteranea*, kaum verständlich. Im Blickpunkt steht in diesem Fall die Kirche *Santa Cecilia* in Trastevere, die vermutlich im frühen 5. Jahrhundert n. Chr. – nach historischer Legende über dem Haus der Cäcilia – erbaut wurde. Cäcilia, von früher Jugend an Christin, hatte ihren Gatten Valerian und dessen Bruder Tiburtius für Christus gewonnen. Beide erlitten das Martyrium, weil sie in der Christenverfolgung Märtyrer begraben hatten. Cäcilia sollte ihnen unter den genannten Umständen folgen. Die Ereignisse, die um 1600 zu einer regelrechten Cäcilien-Hysterie in Rom führten, waren folgende: Bereits Papst Paschalis I. (817–824) hatte den Leichnam der Cäcilia in den Katakomben entdeckt und in die Cäcilienkirche überführt, wo er zusammen mit den Leichen des Mannes und des Bruders unter dem Altar bestattet wurde. Die Ereignisse um das Jahr 1599 lassen sich einer im folgenden Jahr erschienen Monographie entnehmen, die nicht zufällig ebenfalls von Antonio Bosio verfasst war.[56] Kardinal Paolo Emilio Sfondrati (1560–1618), Titularbischof der Cäcilienkirche, hatte aus religiösem Eifer und Devotion die Exhumierung angeordnet. Man fand die von Papst Paschalis in einer Kiste bestattete Leiche nahezu unverändert vor (Abb. 2 und 3). Bosios Beschreibung des Fundzustandes betont die natürliche, gleichsam spontane Haltung der Heiligen:

---

[55] Jacobus a Voragine: Legenda aurea. vulgo historia Lombardica dicta [...]. Hg. von Th. Graesse. Dresden und Leipzig 1846, S. 777: „Quam [sc. Caeciliam] spiculator tribus ictibus in collo percussit, sed tamen caput ejus amputare non potuit, et quia decretum erat, ne quartam percussionem decollandus acciperet, eam semivivam cruentus carnifex dereliquit. Per triduum autem supervivens omnia, quae habebat, pauperibus tradidit et omnes, quos ad fidem converterat, Urbano episcopo commendavit [...]."
[56] Antonio Bosio: Sanctorum corporum B. Caeciliae [...] detectio. Rom: Stefano Paolino 1600.

Iacebat id corpus in dexterum incumbens latus, paululum contractis cruribus, brachijsque ante proiectis, ceruice autem valde reflexa, facieque ad humum procumbente dormientis instar, eam vt credi potest formam retinens, in qua post trinam percussionem, cui triduum superuixit, animam Deo reddens conciderat [...].[57]

Der Körper lag auf die rechte Seite gestützt, die Knie etwas angewinkelt, das Gesicht zum Boden gedreht, wie eine Schlafende, so dass man denke konnte, sie sei in eben der Stellung verharrt, in der sie nach dem dreifachen Schlag, den sie um drei Tage noch überlebte, zusammengebrochen [...]. [Übersetzung J.R.]

Bosio unterlässt es nicht, auf die Statue hinzuweisen, die Kardinal Sfondrati bei dem römischen Bildhauer Stefano Maderno in Auftrag gab.[58] Offensichtlich besteht zwischen seiner Beschreibung und dem ausgeführten Kunstwerk, einem grandiosen Hauptwerk der römischen Spätrenaissance, ein enger bildpolitisch motivierter Zusammenhang. Eine jüngst von Tomaso Montanari entdeckte Skizze, die den originalen Auffindungszustand belegt, zeigt die Diskrepanz gegenüber Bosios Beschreibung.

Abb. 2: Unbekannter Zeichner: Auffindungszustand des Leichnams der Hl. Cäcilia unter dem Hauptaltar der Cäcilienkirche von Trastevere am 20. Oktober 1599, Rom.[59]

Liest man Bosios Beschreibung genau, so ist von einer Konservierung oder gar Mumifizierung der Leiche, wie sie bei Gryphius insinuiert wird, gar nicht die Rede. Die frappierende Gegenwärtigkeit der Heiligen, die Präsenz ihres Martyriums liegt in ihrem – gegenüber dem Fundzustand korrigierten – Ausdruck und im Erhaltungszustand des seidenen Gewandes. Die Restitution und Revelation

---

57 Ebd., S. 157.
58 Vgl. Anna Lo Bianco: Santa Cecilia in Trastevere. Roma 2007, S. 159–170.
59 Bibliotheca Apostolica Vaticana, Cod. Chig. N. III, c. 428r. (nach Thimann [Anm. 42], S. 413).

der christlichen Antike ist nur durch eine intensive Ästhetisierung zu gewinnen, die schon in Bosios Bericht auf die Wahrnehmung der archäologischen Tatsachen durchschlägt.[60] Indem sie die kümmerlichen Reste der Heiligen zur schlafenden Schönen verklärte und *in situ*, unter dem Hochaltar, den Leichnam physisch substituierte, wurde Madernos Skulptur selbst zum Gegenstand der Devotion. Die Aura der Heiligen übertrug sich auf die Aura des Kunstwerks. Religion und Kunstreligion gingen eine untrennbare Verbindung ein.

Nachdem, so Bosios Bericht, die Nachricht von der wundersamen *revelatio* publik wird, entwickelt sich ein Ansturm auf die Kirche, der sich nur noch durch massiven Einsatz polizeilicher Kräfte eindämmen lässt. Der heilige Körper, dem Kirchenvolk zur frommen Betrachtung aufgebahrt, vollbringt indes unzählige Wunder („plurima sunt patrata miracula" [S. 163]), wobei er einen göttlichen und staunenswert süßen Geruch wie von Lilien und Rosen verströmt. Die alte, auf Paschalis zurückgehende *arca* wird in Anwesenheit zahlloser Kardinäle in einer neuen, silbernen Prunkkiste (*capsa*) verschlossen und versiegelt. Diese doppelte ‚Bergung' ist als symbolischer Akt, in der Tradition der ‚Einkapselung', performativ verwirklicht.[61]

Die ‚Auffindung' der heiligen Cäcilie war ein kirchen- und bildpolitisches Ereignis von hoher publizistischer Mobilisierungswirkung – weit über den engeren örtlichen und zeitlichen Kontext hinaus. Man muss sie als markantes Gegenmodell zur Bergung der *Laokoon*-Gruppe am 14. Januar 1506 eben in Rom verstehen:[62] Als symbolische Wiedergewinnung einer alten Kirche, die durch den unversehrten Leichnam wie konserviert schien – „lebendig Tod" (Epigramm

---

[60] Noch ein weiteres Mal beschwört Bosio den dokumentarischen Charakter der Figur: „Intra hunc loculum statua B. Cæciliae Virginis è Pario marmore candidissimo collocata uisitur, ea omnino forma, qua sacrum eius Corpus intra Arcam veterem compositum, inuentum est [...]." Bosio (Anm. 56), S. 172.

[61] Diese Verbindung von Verhüllen und Zeigen, Bergen und Ent-Bergen erinnert an den Umgang mit altkirchlichen Ikonen, etwa die durch Rubens ausgeführte Einfassung eines archaischen Gnadenbildes durch ‚Einsatzbilder' oder ‚Bildtabernakel' in der Oratorianerkriche *St. Maria in Vallicella e Gregorio Magno* in Rom. Siehe dazu Jörg Robert: Texttabernakel. Jacob Baldes sakrale Ekphrasen und die Krise des religiösen Bildes. In: Jacob Balde im kulturellen Kontext seiner Epoche. Zur 400. Wiederkehr seines Geburtstages. Hg. von Thorsten Burkard u. a. Regensburg 2006 (Jesuitica 9), S. 287–312.

[62] Siehe dazu Sonia Maffei: La fama di Laocoonte nei testi del Cinquecento. In: Laocoonte. Fama e stile. Hg. von Salvatore Settis. Rom 1999, S. 85–230; Anja Wolkenhauer: Vergil, Sadoleto und die ‚Neuerfindung' des Laokoon in der Dichtung der Renaissance. In: Laokoon in Literatur und Kunst. Schriften des Symposions ‚Laokoon in Literatur und Kunst' vom 30.11.2006– 02.12.2006. Hg. von Dorothee Gall und Anja Wolkenhauer. Berlin, New York 2009 (Beiträge zur Altertumskunde 254), S. 160–181 sowie Elisabeth Gilbert: Präsentation und Repräsentation: Die Laokoongruppe in der Literatur des Cinquecento. In: Ebd., S. 182–200.

Abb. 3: Unbekannter Zeichner: Prunkkiste, in der die exhumierten Gebeine Cäciliens 1599 feierlich neu beigesetzt wurden.[63]

Nr. LXXIII, V. 2), „[v]ergraben: nicht verzehrt" (Epigramm Nr. LV, V. 4), wie Gryphius schreiben wird. In dieser paradoxen Zeit- und Geschichtslosigkeit des konservierten Leichnams lag das Faszinosum für die Zeitgenossen, auch noch für Gryphius. Wie eine Zeitmaschine versetzte die heilige Leiche die alte Kirche in die Gegenwart der neuen – und umgekehrt.

5 Das menschliche Fossil

Wir gehen davon aus, dass sich Gryphius im Jahr 1645 in die Phalanx der devoten Verehrer der Heiligen Cäcilia und *eo ipso* der Kunst Madernos eingereiht hat. Sein Epigramm auf die Heilige lässt keine autobiographischen Rückschlüsse zu; es macht keine weiteren Angaben zu Gegebenheiten und Objekten vor Ort (z. B. die Statue Madernos). Unerwähnt bleiben auch die kirchen- und bildpolitischen Hintergründe sowie die Namen der treibenden Akteure. Fokussiert werden in der Überschrift lediglich zwei Dinge: das Datum der Entdeckung und die Leiche selbst. Damit ist der physiologische Tatbestand stärker präsent als bei Bosio, der nicht den Zustand des Körpers, sondern nur seinen Ausdruck beschrieben

---

63 Nach Bosio (Anm. 56), S. 168.

hatte. Gryphius hat ein doppeltes Interesse an seinem Gegenstand: ein religiöses und ein anatomisches. Dieses doppelte Interesse verweist auf den Mediziner Gryphius, auf das *Theatrum Anatomicum* zu Leiden, und es kündigt bereits die Breslauer Mumiensektion an. Die heilige Cäcilie war für Gryphius nicht nur ein Gegenstand der *praxis pietatis*, sondern auch der *medicina curiosa*. Weniger krypto-katholische Neigungen als eine gewisse anatomische Obsession, die sich zur Nekrophilie steigern konnte, motivierten Gryphius' lebenslange, ausgreifende Vorliebe für Leichen und Sektionen bzw. deren literarische Imaginationen (siehe die Folterung Catharinas!).[64] Mitte des 17. Jahrhunderts stand er damit nicht allein: Längst beschäftigte sich eine anatomisch-pathologische Fachliteratur mit Phänomenen der künstlichen oder natürlichen Mumifizierung bzw. Konservierung von Leichen. In den immer wieder aufgelegten *Quaestiones Medico-Legales* des Paolo Zacchia (1651) fand sich etwa eine differenzierte Erörterung *De cadaverum incorruptibilitate, & aliis nonnullis ad ea pertinentibus*.[65] Dabei waren medizinische Neugier und Wunderglauben kaum zu trennen. Postmortale *miracula* und *paradoxa* wie das Fortwachsen von Haaren und Nägeln, die *facies Hippocratica* oder die Feuerresistenz des menschlichen Herzens waren Gegenstand ernsthafter medizinischer Debatten, etwa in der Schrift *De Miraculis Mortuorum* (1660) Christian Friedrich Garmanns, der sich andererseits dagegen verwahrte, wahre Wunder mit medizinischen Beobachtungen bzw. Heiliges mit Naturwissenschaft zu verbinden.[66] So entschieden trennte Gryphius eben nicht. Sein literarischer Mumien-, Märtyrer- und Katakombenkult folgte dem Prinzip „sacra naturalibus combinare" programmatisch. Die Leiche war also nicht nur „oberstes emblematisches Requisit", nicht nur Bedingung und Medium einer „Allegorisierung

---

[64] Alexander Košenina: Anatomie, Vivisektion und Plastination in Gedichten der Frühen Neuzeit (Gryphius, Wiedemann, Brockes). In: Zeitschrift für Germanistik N.F. 19 (2009), S. 63–76. Sarina Tschachtli verzichtet in ihrer Studie (Körper- und Sinngrenzen. Zur Sprachbildlichkeit in Dramen von Andreas Gryphius. Paderborn 2017) auf eine Kontextualisierung von Gryphius' ‚Körpermetaphorik'; stattdessen konzentriert sich die Verfasserin auf ein „close reading" (ebd., S. 28), das assoziativ Analogien zwischen anatomischem Theater und Bühne herstellt.
[65] Paolo Zacchia: Quaestiones medico-legales. [...] Editio tertia. Amsterdam: Joannis Blaev 1651, S. 235: „De cadaverum incorruptibilitate, & aliis nonnullis ad ea pertinentibus."
[66] Christian Friedrich Garmann: De miraculis mortuorum. Leipzig: Kirchner; Chemnitz: Güttner 1670. L. CHRISTIANI FRIDERICI GARMANNI, Martisburgensis, Physici Chemnicensis ordinarii, Academici Curiosi: De MIRACULIS MORTUORUM. Leipzig 1660. Vgl. die Leservorrede, unpag. (S. 3): „Meum praeterea non fuit, miracula vera Physicis observationibus miscere, aut sacra naturalibus combinare. Si quædam fortè è Theologis recito, incidenter ea saltim libo, accuratiorem discursum illis committens. Paradoxa, fateor, quædam inspersi, perpetuis tamen observationibus cùm Physicis tùm Medicis illustrata."

der Physis", wie Benjamin an einer berühmten Stelle seines Trauerspielbuches schreibt.[67]

Dies galt zumal für das Phänomen der *cadaverum incorruptibilitas*, dem sich zwei weitere – auf den ersten Blick erratische – römische Epigramme (Nr. LXXXIII und LXXXIV) widmen:

> LXXXIII. Uber die Leiche eines Menschen / so in Stein verwandelt. Zu Rom in dem Pallast des *Cardinals Ludovisii*.
>
> O Wunderwerck! Das Grab das was man sieht verzehrt;
> Hat deine schwache Leich' in harten Stein verkehrt.
> Ists möglich daß ein Ort dich unvergänglich macht /
> In welchem / was man ehrt und schätzt und wůndscht / verschmacht?
> Sprecht mehr / daß sterbend wir in Staub und nichts vergehn /
> Du kontest lebend nicht / todt wirst du stets bestehn.
>
> LXXXIV. Auf eben dieselbe.
>
> Last ander' Ertz und Erd und Stein zu Gråbern haben:
> die Glider / die du schawst / sind in sich selbst vergraben.[68]

Die Villa Ludovisi, in den 1620er Jahren durch Ludovico Ludovisi, den Neffen Gregors XV. auf dem Gebiet der *Horti Sallustiani* im Nordosten Roms erbaut, zog durch ihre umfangreichen Sammlungen und ausgedehnten Gartenanlagen eine Vielzahl von Rom-Reisenden vom 17. bis 19. Jahrhundert in den Bann. Unter ihnen befanden sich Goethe, der hier die ‚Juno Ludovisi' bestaunte, Stendhal und später d'Annunzio. Die Villa Ludovisi wurde 1884/85 größtenteils abgerissen und überbaut; durch die Gartenanlagen führt jetzt die Via Veneto. Die Gemälde- und Statuensammlungen wurden durch den italienischen Staat aufgekauft; von den übrigen Exponaten verliert sich jede Spur. Die Epigramme beziehen sich auf eine Attraktion der Villa, von der Rom-Reisende bis ins 19. Jahrhundert hinein berichten.[69] Nicht die Antikensammlung, sondern die Kuriosa und „Raritäten"[70] wie das menschliche Fossil ziehen Gryphius an. Schon in

---

[67] Walter Benjamin: Ursprung des deutschen Trauerspiels. Frankfurt am Main 1999 (zuerst 1928), S. 193f.: „Die Allegorisierung der Physis kann nur an der Leiche sich energisch durchsetzen. Und die Personen des Trauerspiels sterben, weil sie nur so, als Leichen, in die allegorische Heimat eingehn. Nicht um der Unsterblichkeit willen, um der Leiche willen gehn sie zu Grunde. [...] Für das Trauerspiel des XVII. Jahrhunderts wird die Leiche oberstes emblematisches Requisit schlechthin."
[68] EPIGRAMMATA / Oder / Bey-Schrifften (Anm. 14), S. 52.
[69] Scipion Breislak: Atlas géologique ou vues d'amas de colonnes basaltiques faisant suite aux Institutions géologiques. Mailand 1818, S. 362.
[70] Stieff (Anm. 4), S. 811.

Florenz waren es „des Groß-Hertzogs Kunst-Cammer und Raritäten",[71] die ihn besonders interessiert hatten.[72] Eines der berühmtesten sollte Athanasius Kircher 1651 – nur gut fünf Jahre nach Gryphius' Besuch – im *Collegium Romanum* eröffnen. Die versteinerte Leiche der Villa Ludovisi jedenfalls, zugleich Statue und Mensch, faszinierte, weil sie die Grenze zwischen *naturalia* und *artificialia* aufhob: „As in the *Wunderkammern*, nature and art converged."[73]

Da keinerlei Zeichnungen oder Fotografien mehr zu existieren scheinen, ist schwer zu bestimmen, worum es sich bei diesem „Wunderwerck" (Nr. LXXXIII, V. 1) einer Metamorphose von Mensch zu Marmor gehandelt haben mag. Den ausführlichsten Bericht verdanken wir dem berühmten Diaristen und Hobby-Anatomen John Evelyn (1620–1706), der 1644 – nur ein Jahr vor Gryphius – die Villa Ludovisi erstmals besuchte:

> In the villa-house is a man's body flesh and all, petrified, and even converted to marble, as it was found in the Alps, and sent by the Emperor to one of the Popes; it lay in a chest, or coffin, lined with black velvet, and one of the arms being broken, you may see the perfect bone from the flesh which remains entire.[74]

Sechs Monate später, anlässlich eines zweiten Besuches in der Villa Ludovisi, spricht Evelyn erneut von einer „petrified human figure".[75] Die präzisierende Formulierung – „found on the snowy Alps"[76] – elektrisiert: Lässt man die –

---

71 Ebd.
72 Zu den verbreiteten Exponaten in den Kunstkammern und Kuriositätenkabinetten des 17. Jahrhunderts zählten Mumien, Monster, Fossilien und andere *lusus naturae*. Vgl. zu diesem Komplex Julius von Schlosser: Die Kunst- und Wunderkammern der Spätrenaissance. Leipzig 1908; Patrick Mauriès: Das Kuriositätenkabinett. Köln 2011; Horst Bredekamp: Antikensehnsucht und Maschinenglauben. Die Geschichte der Kunstkammer und die Zukunft der Kunstgeschichte. 4. Auflage. Berlin 2012 sowie Gabriele Beßler: Wunderkammern – Weltmodelle von der Renaissance bis zur Kunst der Gegenwart. 2., leicht veränderte Auflage. Berlin 2012; knapp im Horizont der *material culture studies*: Karl-Heinz Kohl: Die Macht der Dinge. Geschichte und Theorie sakraler Objekte. München 2003, S. 232–244.
73 Lorraine Daston, Katherine Park: Wonders and the Order of Nature. 1150–1750. New York 2001, S. 291. Gryphius' Epigramme – und dieser Spur lohnte sich nachzugehen – korrespondieren in ihrer *Struktur* der Idee der Wunderkammer in ihrer Verbindung von *varietas* und *descriptio*: Wie die Wunderkammer die Dinge, so versammelt die Epigrammsammlung die Dinggedichte in bunter Folge.
74 John Evelyn: Diary and Correspondence. Author of the „Sylva." To which is subjoined The private Correspondence between King Charles I. and Sir Nicholas, and between Sir Edward Hyde, afterwards Earl of Clarendon, and Sir Richard Browne. Hg. von William Bray. London 1850. Bd. 1, hier S. 110.
75 Ebd., S. 178 f.
76 Ebd., S. 179.

offensichtlich abwegige – Versteinerungsthese außer Acht, so kann kein Zweifel daran bestehen, dass Evelyn und Gryphius in der Villa Ludovisi im Jahr 1644/45 nichts anderes als eine alpine Permafrostleiche, vulgo Gletschermumie, einen veritablen Ötzi des römischen Barock, zu Gesicht bekamen![77] In der Tat ist bekannt, dass sich Gletschermumien selbst bei Zimmertemperatur über lange Zeit konservieren können. Die Verwandlung in Stein bzw. Marmor, die Gryphius und Evelyn bemühen, wird auf Informationen zurückgehen, die den Reisenden vor Ort mitgeteilt wurden. Literarisch war sie durch die Versteinerungsmythen in Ovids *Metamorphosen* (z. B. Atlas, Niobe) inspiriert; optisch-empirisch durch die bräunlich-glänzende Verfärbung des Gewebes im Vorgang der Mumifizierung, ein Effekt, den wir inzwischen von dem weltberühmten jungsteinzeitlichen Mann vom Similaun gut kennen und der sich gewissermaßen ins kollektive Gedächtnis eingebrannt hat.[78]

All das konnte Gryphius nicht wissen. Wie sehr ihn gerade deshalb das Phänomen faszinierte, zeigen die zwei angeführten Epigramme (Nr. LXXXIII und Nr. LXXXIV) eindrücklich. Wie im Fall der heiligen Cäcilia werden zwei Tendenzen sichtbar, eine religiöse und eine naturwissenschaftliche, die durch das *argutia*-Verfahren literarisch vermittelt werden. Während die Paratexte die objektiven Daten und Umstände, Anlass und Gegenstand, sowie das *Objekt* selbst – die Leiche – kühl registrieren und referieren, nimmt das Epigramm eine erbauliche Deutung vor. Die vertraute Wendung vom Hier zum Dort, vom Sterblichen zum Ewigen bricht sich dabei jedoch am Gegenstand selbst, der beides zugleich ist. Die hermeneutische Bewegung vom Sinnlichen zum Sinn scheitert, weil das Epigramm einen Gryph'schen Elementartopos radikal in Frage stellt: die Hinfälligkeit alles Irdischen, die ‚Zerbrechlichkeit' des Leibes, von der *Thränen in schwerer Kranckheit* spricht. Damit steht nicht nur die christliche Metaphysik, sondern auch die aus ihr abgeleitete Hermeneutik der Leiche im Fall der konservierten Mumie vor einer Aporie. Dies zeigt sich vor allem im Vergleich zur topischen Behandlung des Themas in den *Gedancken/ Vber den Kirchhoff vnd Ruhestädte der Verstorbenen*:

47.
Vil/ die man groß und heilig scha(e)tzt;
Scha(e)tzt Gottes Außspruch vor verlohren!
Vil/ die man schmeht/ verspeyt/ verletzt:

---

[77] Vgl. Albert Zink: Ötzi. 100 Seiten. Stuttgart 2016.
[78] Über den Verbleib des ausgestellten Leichnams lässt sich nur spekulieren. Anscheinend liegen Inventare nur für die Gemälde vor. Vgl. für das Jahr 1623 Carolyn H. Wood: The Ludovisi Collection of Paintings in 1623. In: The Burlington Magazine 134 (1992), S. 515–523 und für 1633 Klara Garas: The Ludovisi Collection of Pictures in 1633. In: The Burlington Magazine 109 (1967), S. 287–289 und 291 (Teil 1) sowie S. 339–349 (Teil 2).

Sind zu dem grossen Reich erkohren.
Starrt ob dem scho(e)nen Marmel nicht/
Stein Schmuck vnd Grabschrifft ko(e)nnen tru(e)gen.
Die Leiche nur weiß nicht von Lu(e)gen;
Nichts von Betru(e)gen diß Gericht.

48.
Sie zeigt dir/ daß du must vergehn!
In Fa(e)ul in Angst/ in Stanck/ in Erden!
Daß auff der Welt nichts ko(e)nne stehn!
Daß jdes Fleisch mu(e)ß Aschen werden!
Daß/ ob wir hir nicht gleiche sind/
Der Tod doch alle gleiche mache!
Geh und beschicke deine Sache/
Daß dich der Richter wachend find.[79]

Die Gletschermumie der Villa Ludovisi zeigt, dass eben nicht „jdes Fleisch mu(e)ß Aschen werden" (V. 380). Die Ausnahme bestätigt die Regel oder hebt sie auf. In jedem Fall nimmt das notorische Immanenz-/ Transzendenz-Problem[80] eine neue Wendung. In den Epigrammen auf die heilige Cäcilia und die unbekannte Gletschermumie (denen das Epigramm *Uber die Gebaine der außgegrabenen Philosetten*[81] aus den *Freuden und Trawerspielen* hinzuzufügen wäre) lotet Gryphius die Möglichkeit einer Immanenz der Transzendenz, einer Unsterblichkeit des Körpers – nicht der Seele – aus. Zugleich erweist sich die Platonische σῶμα / σῆμα-Gleichung (Kratylos 400 c) als buchstäblich wahr, denn „die Glider / die du schawst / sind in sich selbst vergraben." Und dennoch bleibt die Wertung dieses Grenzphänomens ambivalent. Die *curiositas* des Anatomen, des Descartes- und Bacon-Lesers Gryphius[82] wird nicht zugunsten einer religiös-erbaulichen Reflexion aufgehoben. Die Klage über den Verfall des Körpers wird in dessen Studium verwandelt. Von christlichen Perspektiven ist am Ende nicht mehr die Rede. Der reale Gegenstand fordert den hermeneutisch-metaphysischen Dualismus heraus. Die Mumie wird hinsichtlich der ‚Lesbarkeit der Welt' zur Grenzfigur. Hier erkennen wir dieselbe Lust an den Grenzphänomenen der Wissenschaft, die auch aus dem Sonett *Quantum est quod nescimus* spricht (Nr. XVIII): „Ists! oder wissen wir weit minder als man sieht!"[83]

---

[79] Borgstedt, S. 160 (v. 369–384).
[80] Vgl. zusammenfassend Nicola Kaminski: Transzendenz/Immanenz. In: Kaminski und Schütze (Anm. 10), S. 724–739.
[81] I, 30 (S. 679).
[82] Vgl. Bach (Anm. 20), S. 230–234.
[83] Borgstedt (Anm. 28), S. 46; hier v. 14.

Astrid Dröse
Transformationen des Komischen
Gryphius' Übersetzung der italienischen Komödie *La Balia* von Girolamo Razzi

1 Komödie und *translational turn*

„Was man aber am meisten an diesem manne bewundern muß / ist / daß er in lustigen sachen eben so glücklich gewesen ist / als in traurigen. Welches sein schwärmender schäfer / Horribilicribrifax, Dorn-rose / und andere wercke gnug bezeugen".[1] So urteilt Benjamin Neukirch in der *Vorrede von der deutschen Poesie* zu seiner Anthologie über Andreas Gryphius' Komödien. Auch Gottsched und später die Romantiker interessierten sich für die Lustspiele des Schlesiers.[2] Neben *Cardenio und Celinde* nahm Ludwig Tieck *Horribilicribrifax* und *Peter Squentz* in die Sammlung seiner „merkwürdigsten Schauspiele" (*Deutsches Theater*, 1817) auf,[3] in August Wilhelm Schlegels Übersetzung von *A Midsummer Night's Dream* tragen einige Handwerker die Namen der Gryph'schen Figuren.[4] Auch in der Forschung ist das Interesse an Gryphius' Komödiendichtung nie verloren gegangen.[5] Standen in der älteren Forschung quellen- und entstehungsgeschichtliche Fragen im Zentrum,[6] so richtet sich neuerdings die Aufmerksamkeit auf die Selbstreflexionen dieser Komödien, ihre Spiel-im-Spiel-Situationen, die auktorialen Vexierspiele der Vorreden und andere metapoetische Pointen[7] – man befasste sich also genau mit den Aspekten, die schon den

---

[1] Herrn von Hoffmannswaldau und andrer Deutschen auserlesene und bißher ungedruckte Gedichte / nebenst einer Vorrede von der deutschen Poesie. Mit Churfl. Sächs. Gn. PRIVILEGIO LEJPZJG / Bey J. Thomas Fritsch. 1695, b3ʳ.
[2] Vgl. Dieter Martin: Rezeption durch die Romantiker. In: Gryphius-Handbuch. Hg. von Nicola Kaminski und Robert Schütze. Berlin, Boston 2016, S. 791–801.
[3] Deutsches Theater. Herausgegeben von Ludewig Tieck. Zweiter Band. Berlin 1817, S. 83–144, S. 145–231 und S. 233–271; Zitat Erster Band, S. IV.
[4] Shakspeare's dramatische Werke, übersetzt von August Wilhelm von Schlegel, ergänzt und erläutert von Ludwig Tieck. Bd. 3. Berlin 1830, S. 198 (Personenverzeichnis).
[5] Eine bibliographische Zusammenstellung der Forschungsliteratur zu Gryphius' Komödien findet sich bei Kaminski und Schütze (Anm. 2), S. 873–880.
[6] Einschlägig: Eberhard Mannack: Andreas Gryphius' Lustspiele – ihre Herkunft, ihre Motive und ihre Entwicklung. In: Euphorion 58 (1964), S. 1–40.
[7] Dirk Niefanger: Drama als ästhetische Reflexionsfigur. Christian Weises Nachspiel von *Tobias und der Schwalbe* (1682) und seine Prätexte. In: Annette Gerok-Reiter, Anja

Romantikern an den Barockstücken gefielen. Gryphius' Lust- und Scherzspiele fanden also vor allem als „Komödien über die Bedingungen von deren Möglichkeiten"[8] Beachtung. Derzeit dominiert eine kulturwissenschaftliche Perspektive,[9] die – das Paradigma ‚historischer Lachkulturen' und des Karnevalesken aufgreifend[10] – die Anthropologie und Medialität des Komischen bzw. die Verbindung von Sprache und Körperrepräsentation fokussiert.[11] Das Subversive, Obszöne, ‚Orgiastische' und Groteske[12] der Gryph'schen Komödienwelt, das sich an der „Grenze zur Blasphemie"[13] bewege, wird herausgestellt. Dabei stehen auch hier *Absurda Comica oder Herr Peter Squentz* (Erstdruck Breslau 1658) und *Horribilicribrifax Teutsch* (Erstdruck Breslau undatiert, vermutlich 1663) im Zentrum.

Wolkenhauer, Robert Jörg, Stefanie Gropper (Hg.): Ästhetische Reflexionsfiguren in der Vormoderne. Heidelberg 2019, S. 463–486, hier S. 463 f.
8 Bernhard Greiner: Die Komödie. Tübingen 1992, S. 131.
9 Zu diesem Paradigmenwechsel in der Barockforschung mit Blick auf Komödie, Satire etc.: Anthropologie und Medialität des Komischen im 17. Jahrhundert (1580–1730). Hg. von Stefanie Arend u. a. Amsterdam, New York 2008 (Chloe 40) mit programmatischer Einleitung (S. 9–25).
10 Werner Röcke, Helga Neumann (Hg.): Komische Gegenwelten. Lachen und Literatur in Mittelalter und Früher Neuzeit. Paderborn u. a. 1999; Bernhard Waldenfels: Das leibliche Selbst. Vorlesungen zur Phänomenologie des Leibes. Frankfurt am Main 2000.
11 Ralf Haekel: Von Bottom zum Pickelhering. Die Kunst des komischen Schauspiels in Shakespeares *A Midsummernight's Dream* und Gryphius' *Absurda Comica*. In: Arend (Anm. 9), S. 207–221; Daniela Toscan: Form und Funktion des Komischen in den Komödien von Andreas Gryphius. Bern 2000 (Deutsche Literatur von den Anfängen bis 1700 33); Florent Gabaude: Les comédies d'Andreas Gryphius (1616–1664) et la notion de grotesque. Bern 2004 (Contacts 1.23); Knut Kiesant: Inszeniertes Lachen in der Barock-Komödie – Andreas Gryphius' *Peter Squentz* und Christian Weises *Der niederländische Bauer*. In: Röcke und Neumann (Anm. 10), S. 199–214.
12 Vgl. Daniel Fulda: Komik. In: Kaminski und Schütze (Anm. 2), S. 643–654, hier S. 644ff.; Fulda hebt in Auseinandersetzung mit Toscan und Gabaude (Anm. 11) die „groteske Komik" der Gryph'schen Komödien (behandelt werden: *Horribilicribrifax, Peter Squentz, Verliebtes Gespenste/Die gelibte Dornrose*) hervor, die v. a. von einer „differenzierten, kunstvollen Sprache getragen" werde. Er betont also das Spielerische und Artifizielle dieser Komödien. Die Lustspiele zielten somit nicht auf ‚Verlachen' bzw. ‚Lachen über', sondern auf ‚Lachen mit'. Beim (zeitgenössischen) Publikum sei eine entsprechende Rezeptionshaltung anzunehmen: „Für den Rezipienten liegt es vielmehr nahe, die Anerkennung jener Kunst auszuweiten zu lachender Akzeptanz z. B. von Daradiridatumtarides' Aufschnedereien oder der obszönen Pointe in der Erzählung von Horribilicribrifax' Hirschjagd." Ebd., S. 653. Fulda sieht in Gryphius' Stücken folglich keine ‚Komik der Herabsetzung', er relativiert damit den sozialen Index des *Squentz* und des *Horribilicribrifax*. Ob diese Einschätzung mit der Autorintention in Einklang zu bringen ist und auf die beiden Texte *insgesamt*, nicht nur auf einzelne Sequenzen, zutrifft, bleibt zu prüfen.
13 Nicola Kaminski: Andreas Gryphius. Stuttgart 1998, S. 176.

Bei der Beschäftigung mit den Gryph'schen Komödien wird jedoch meist ein Drama völlig außer Acht gelassen: „Unter seinen [Gryphius'] Lustspielen findet sich eines, welches aus dem Italienischen übersetzt ist, die ‚Säugamme'", notiert Johann Elias Schlegel.[14] Im Komödien-Kapitel der *Critischen Dichtkunst* führt Gottsched dieses Stück sogar als erstes an, um die Qualität der komischen Werkgruppe zu betonen:

> Gryphius hat es ohne Zweifel in Comödien bey uns am weitesten gebracht. Seine Säugamme, sein Horribilicribrifax und Peter Sqvenz sind sehr wohl gerathen, und stellen solche lächerlichen Thorheiten vor, die dem Zuschauer viel Vergnügen und Nutzen schaffen können.[15]

Die literaturwissenschaftliche Vernachlässigung der *Seugamme* (Breslau und Jena jeweils 1663)[16] ist zwei Umständen geschuldet: Die Literaturgeschichtsschreibung des 19. Jahrhunderts konnte diesem Drama wenig abgewinnen. Der erste Herausgeber der Gesamtausgabe, Hermann Palm, spricht davon, dass es „sittliche abbscheu" errege. Man könne hier keinen Lustspielstoff erkennen, auch „charaktere und sprache" gäben keine Veranlassung zu dieser Gattungsbezeichnung. Einzig die Dienerfiguren lieferten hin und wieder „dürftige komik". Außerdem entfalte der Verfasser für seine „magre fabel einen unverhältnismäßig großen, zum teil ganz überflüsigen apparat an personen und scenen". Überhaupt hielten episodische Teile den Fortgang der Handlung auf, so dass es sich – wie Gryphius in der Vorrede andeutet[17] – tatsächlich um ein Jugendwerk handeln müsse, das der Dichter zu einem Zeitpunkt gewählt habe, als er noch bei „ziemlich unreifen anschauungen vom wesen eines dramas, insbesondere eines lustspieles" Gefallen

---

14 Johann Elias Schlegel: Werke. Hg. von Johann Heinrich Schlegel (1764–1773). Bd. 3 (1764). Repr. Frankfurt 1971, Vorbericht.

15 Johann Christoph Gottsched: Versuch einer Critischen Dichtkunst vor die Deutschen; Darinnen erstlich die allgemeinen Regeln der Poesie, hernach alle besondere Gattungen der Gedichte, abgehandelt und mit Exempeln erläutert werden: Uberall aber gezeiget wird Daß das innere Wesen der Poesie in einer Nachahmung der Natur bestehe. Anstatt einer Einleitung ist Horatii Dichtkunst in deutsche Verße übersetzt, und mit Anmerckungen erläutert von M. Joh. Christoph Gottsched. Leipzig 1730, S. 593.

16 Seugamme oder Untreues Hausgesinde. Lust-Spiell / Deutsch Auffgesetzet Von ANDREA GRYPHIO. Breßlau / Bey Veit Jacob Dreschern / Buchhändl. Jm Jahr M. DC. LXJJJ. Nach diesem Druck wird zitiert (Sigle im Folgenden: Seug.). Auch der Druck aus Jena (ebenfalls 1663) wurde durch den Breslauer Verlagsbuchhändler Veit Jacob Drescher (Trescher) vertrieben. Die Drucke unterscheiden sich in Schreibweisen und in Wahl der Typen. Vgl. Stefanie Stockhorst: Seugamme. In: Kaminiski, Schütze (Anm. 2), S. 300–312, hier S. 302 f.

17 „[...] ricordatus invertisse me adolescentem Itali Vatis Drama" Seug., Vorrede, A4ʳf. „[...] erinnerte ich mich, als junger Mann das Stück eines italienischen Dichters übersetzt zu haben" (Übersetzungen A.D.).

gefunden habe.[18] Zwar mögen diese zum Großteil ‚moralischen' Kriterien für die neuere Forschung keine Relevanz mehr besitzen, doch rückte Palms Einschätzung das Drama ins Abseits.

Hinzu kommt vor allem jedoch, dass es sich hier um eine Übersetzung, kein Originalwerk, handelt. Palm lag bei der Edition der *Seugamme* Razzis Komödie nicht einmal vor.[19] Damit ist ein generelles Problem und Desiderat der Barockforschung angesprochen: Deutsche Übersetzungen aus modernen europäischen Sprachen wurden bislang selten konsequent aus transkultureller, komparatistischer und kulturgeschichtlicher Perspektive untersucht. Erst in letzter Zeit macht sich im Zeichen des sog. *translational turn*[20] ein neues Interesse an Übersetzung als zentraler Kulturpraxis der Frühen Neuzeit bemerkbar.[21] Dem entspricht auch die Bedeutung von Übersetzung aus der Eigenperspektive der Epoche: Übersetzung (*interpretatio*) ist eine Sonderform der *imitatio*, des zentralen poetologischen Konzepts der Frühen Neuzeit.[22] Was Gryphius' Dramen anbelangt, ist der Anteil von Übersetzungen aus modernen Sprachen durchaus bemerkenswert. Gerade hier, als Übersetzer von volkssprachlichen Dichtungen in die eigene Muttersprache, erweist sich Gryphius als ‚Moderner'. Gewiss kann man bei Gryphius nicht wie bei Opitz oder Harsdörffer von einem systematisch durchgeführten Übersetzungsprojekt sprechen, das in der Orientierung an den modernen romanischen Sprachen und Literaturen ein kulturpatriotisches Programm verfolgen

---

18 Hermann Palm: Vorwort des Herausgebers. In: Andreas Gryphius. Werke in drei Bänden. Bd. 1: Lustspiele. Hg. von dems. Darmstadt (Neuausgabe) 1961, S. 441 f.
19 Palm (Anm. 18), S. 439–442. Vgl. auch Stockhorst (Anm. 16), S. 301. Der Druck ist in der Tat nicht sehr verbreitet. Das Exemplar der BSB München (Signatur: Res/P.o.it29#Beibd. 2.) liegt digitalisiert vor.
20 Doris Bachmann-Medick: Introduction. The translational turn. In: Translation Studies 2 (2009), Heft 1, S. 2–16; Thomas Bodenmüller: Literaturtransfer in der Frühen Neuzeit. Berlin, New-York 2001 (Communicatio 25); Armin Paul Frank, Harald Kittel: Der Transferansatz in der Übersetzungswissenschaft. In: Die literarische Übersetzung in Deutschland. Studien zu ihrer Kulturgeschichte in der Neuzeit. Hg. von Armin Paul Frank und Horst Turk. Berlin 2004, S. 3–70; Jürgen von Stackelberg: Kulturelle Beziehungen und Übersetzung in der Renaissance. 1550–1650. In: Übersetzung. Translation. Traduction. Ein internationales Handbuch zur Übersetzungsforschung. Teilband 2. Hg. von Harald Kittel u. a. Berlin, New York 2007 (HSK 26), S. 1383–1389.
21 Vgl. das DFG-Schwerpunktprogramm „Übersetzungskulturen der Frühen Neuzeit" (SPP 2130). Zuletzt auch: Regina Toepfer, Johannes Klaus Kipf, Jörg Robert (Hg.): Humanistische Antikenübersetzung und frühneuzeitliche Poetik in Deutschland (1450–1620). Berlin, Boston 2017 (Frühe Neuzeit 211).
22 Vgl. Theo Hermans: Concepts and theories of translation in the European Renaissance. In: Kittel (Anm. 20), S. 1420–1428, v. a. S. 1421; Arno Reiff: Interpretatio, imitatio, aemulatio: Begriff und Vorstellung literarischer Abhängigkeit bei den Römern. Düsseldorf 1959.

würde.[23] Eine eigene, umfassende Übersetzungspoetik hat Gryphius – von wenigen paratextuellen Kommentaren abgesehen – nicht vorgelegt. Doch verspricht der konzentrierte Blick auf die Übersetzungsarbeit neue Perspektiven auf Gryphius' Gesamtwerk zu eröffnen und davon ausgehend den frühneuzeitlichen Kulturtransfer exemplarisch zu beleuchten.

Als Vorlage diente Gryphius die Komödie *La Balia* des Florentiner Gelehrten und späteren Abts von Santa Maria degli Angeli Girolamo Razzi (1527–1611).[24] Sie erschien erstmals 1560 in der berühmten Humanistenoffizin Giunta in Florenz. Gryphius folgt Razzi in weiten Teilen wortgetreu und dokumentiert damit seine vorzüglichen Kenntnisse der italienischen Sprache. Die Relevanz der *Seugamme* für die Gryphius-Forschung im engeren Sinne, für die Frühneuzeit-Forschung im Zeichen des *translational turn* im weiteren Sinne, liegt auf mehreren Ebenen: Zunächst einmal bezeugt dieses Übersetzungswerk die internationale Ausrichtung der Gryph'schen Dramatik,[25] insbesondere seine Italophilie, die sich auch in anderen Segmenten des Œuvres manifestiert und die durch seine Italienreise befördert wurde.[26] Dennoch bleibt zu klären, warum Gryphius' Wahl gerade auf dieses Stück fiel. Das Korpus italienischer Cinquecento-Komödien ist kaum zu beziffern, man kann aber sicherlich von mehreren hundert ausgehen.[27] Wieso übersetzt Gryphius also ausgerechnet diese *commedia*, zumal Razzi nicht zum Kanon der rinascimentalen Komödienautoren gehört?

Zur Beantwortung dieser Frage müssen mehrere Dimensionen der Gryphius-Übersetzung in den Blick genommen werden. Ausgangspunkt ist eine sprachlich-linguistische bzw. komparatistische (,interlinguale') Perspektive, die sich konkret auf die Arbeit am Sprachmaterial bezieht. Damit verbinden sich zugleich die pragmatischen, situativen und kontextuellen Aspekte der Übersetzung: Wie gut kannte Gryphius die kulturgeschichtlichen Zusammenhänge, in denen die *Balia* zu verorten ist und trägt er den Zielkontexten Rechnung? Wie

---

23 Vgl. Jörg Robert: Im Silberbergwerk der Tradition. Harsdörffers Nachahmungs- und Übersetzungstheorie. In: Georg Philipp Harsdörffers Universalität. Beiträge zu einem uomo universale des Barock. Hg. v. Stefan Keppler-Tasaki und Ursula Kocher. Berlin, New York 2011 (Frühe Neuzeit 158), S. 1–22.
24 La Balia / Comedia di / M. Girolamo / Razzi. / Nuouamente stampata. / In Fiorenza / Apresso i Giunti, / 1560. (Im Folgenden: Balia). Laut Stockhorst (Anm. 15, S. 301) folgt Gryphius der Erstausgabe der *Balia* von 1560, berücksichtigt aber auch das Druckfehlerverzeichniss in der zweiten Ausgabe von 1564.
25 Vgl. auch die Beträge von Achim Aurnhammer und Marie-Thérèse Mourey in diesem Band.
26 Vgl. den Beitrag von Jörg Robert in diesem Band.
27 Manfred Brauneck: Die Welt als Bühne. Geschichte des europäischen Theaters. Bd. 1. Stuttgart, Weimar 1993, S. 421–493, v. a. 426 f.; Heinz Kindermann: Theatergeschichte Europas. Bd. 2. Salzburg 1959, S. 49.

begegnet er z. B. der Tatsache, dass die Florentinische Komödie aus einem spezifischen, urbanen Raum erwächst, dass sie auf konkret lebensweltlich gebundene, lokale und zeitliche Aspekte Bezug nimmt und in ihrer Handlungsstruktur auch an spezifische bühnentechnische Gegebenheiten gebunden ist?[28] Welche Transformationen erfahren zeit- und kontextgebundene Scherze sowie moralische Normen? Sind konfessionsspezifische Perspektiven der Adaption identifizierbar? Schließlich gilt es, die *Seugamme* unter poetologischen und werkpolitischen Aspekten in Gryphius' Gesamt-Œuevre einzuordnen.

2 Traditionen: *Commedia erudita*

Girolamo Razzi (später Don Silvano), der Autor der italienischen Vorlage, verkehrte in den Florentinischen Gelehrtenkreisen der zweiten Hälfte des 16. Jahrhunderts.[29] Seine vier Dramen entstanden vermutlich, bevor er um 1560 in den Karmeliterorden eintrat. Dort lebte er als Abt und Verfasser von Heiligenviten im Kloster Santa Maria degli Angeli bis zu seinem Tod 1616.[30] Razzi agierte im Umfeld Cosimos I., in freundschaftlicher Verbindung stand er zu Vincenzo Borghini, er pflegte Kontakt zu Benedetto Varchis Gelehrtenzirkel und zu Humanisten wie Leonardo Salviati, der Razzis drittes Stück *La Gonstanza* (1565) herausgab. Zuvor war bereits *La Cecca* (1556) erschienen, die Tragödie *La Gismonda* wurde erst 1569 publiziert. Giorgio Vasari bat Razzi außerdem um Unterstützung bei der Überarbeitung seiner Künstlerporträts, woran er dann tatsächlich Anteil hatte.[31] *La Balia*, Razzis letzte Komödie, wurde wenige Wochen nach seinem Eintritt in den Orden veröffentlicht, wie der Herausgeber, der Buchdrucker Filippo Giunta, berichtet.[32]

---

28 Vgl. Kindermann (Anm. 27), S. 42ff.
29 Zu Razzi: Stockhorst (Anm. 16), S. 300; Jean Balsamo unter Mitarb. von Franco Tomasi: De Dante à Chiabrera. Poètes italiens dans la bibliothèque de la Fondation Barbier-Mueller. Bd. 1. Genf 2007, S. 111f.; Wilhelm Creizenach: Geschichte des neueren Dramas. Bd. 2. Renaissance und Reformation, Teil I. 2. Auflage. Halle an der Saale 1918, S. 299–301; Giulio Negri: Storia degli scrittori fiorentini. Ferrara 1722, S. 500–502.
30 In seiner Zeit als Ordensmann verfasste er zahlreiche Heiligenviten (*Storia della Contessa Matilde*, 1587), *Vite di cinque uomini illustri* (Farinata degli Uberti, Gualtieri duca d'Atene, Silvestro de' Medici, Cosimo de' Medici il Vecchio, Francesco Valori. Firenze 1582) und übersetzte die Benedikt-Regeln ins Italienische. Seine Maler-Porträts wurden von Vasari übernommen.
31 Patricia Lee Rubin: Giorgio Vasari. Art and History. Hong Kong 1995, S. 219.
32 „Essendo mi venuto agli orecchi, poche settimane poi che M. GIROLAMO Razzi, si fu ritirato a piu quieta vita nel monasterio di S. MARIA degl'Angeli, ch'egli haueua lasciato in mano di certi amici suoi, vna Comedia da lui poco innanzi fornita: io feci ogni possibile opera, che la

Gattungsgeschichtlich gehören Razzis Komödien in die Tradition der *commedia erudita*, der humanistischen Gelehrtenkomödie: die textlich fixierte und von antiken Motiven ausgehende, Novellenelemente und andere autochthone Traditionen beifügende, ‚regelmäßige', in *volgare* und Prosa verfasste Komödie der Renaissance.[33] Zu seiner Zeit verfügten Razzis Stücke über ein gewisses internationales Renommee: *La Cecca* wurde von Pierre de Larivey,[34] dem bedeutendsten französischen Komödienautor des 16. Jahrhunderts, ins Französische übersetzt.[35] In der Vorrede betont der Übersetzer den Wert der von ihm ausgewählten Komödien als gleichsam dramatisierte „Moralphilosophie".[36] Gerade diese stark moralisierenden Züge, die Razzis Komödien insbesondere kennzeichnen und die sie von den meisten zeitgenössischen Stücken unterscheiden,[37] sorgten – so der poetologische Prolog der *Balia* – in Florenz

---

mi venissi nelle mani, ma per allora non mi venne cio fatto." Razzi, Balia (Anm. 24), Herausgebervorrede, Aij[r]. („Vor wenigen Wochen ist mir zu Ohren gekommen, dass M. Girolamo Razzi sich in das Kloster Santa Maria degli Angeli zurückgezogen hat, um ein ruhigeres Leben zu führen und dass er seinen Freunden eine Komödie übergeben hat, die er kurz zuvor vollendet hat: Ich habe alles mir Mögliche unternommen, dass sie in meine Hand kommt, aber es ist mir zunächst nicht gelungen." [Übersetzung: A. D.]) Schließlich sei das Manuskript aber dennoch an ihn, Filippo Giunti, gelangt, so dass die „povera fanciulla abandonata" unter seinem Schutz nun veröffentlicht werden könne (ebd.).

33 Benedetto Croce: La commedia del Rinascimento (1929). In: Poesia popolare e poesie d'arte, Scritti di storia letteraria e politica. Bd. 28. Hg. von dems. Bari 1957, S. 239–302; Johannes Hösle: Das italienische Theater von der Renaissance bis zur Gegenreformation. Darmstadt 1984 (Erträge der Forschung 210). Zur dramentheoretischen Diskussion bezüglich der Gattungsdifferenzen s. Rolf Lohse: Renaissancedrama und humanistische Poetik in Italien. Paderborn 2015 (Humanistische Bibliothek 64).
34 *Les Escollies* (= *La Cecca*) 1579; *La Constance* (= *La Gostanza*) 1611.
35 Ein Vergleich der Übersetzungsprinzipien der Razzi-Komödien von de Larivey und Gryphius wäre lohnenswert. So betont de Larivey beispielsweise in der Vorrede seiner gesammelten Komödien, dass es sich bei Razzis Stücken um Imitationen von Plautus und Terenz handle, und zählt den Autor neben Lorenzo di Medici und Ludovico Dolce zu den „bons auteurs italiens". Pierre de La-Rivey: Les comedies facecieuses [...] Lyon 1597, Epistre. Vgl. Katrin Eberle: Plautus' Aulularia in Frankreich. Die Rezeption der Figur des Geizigen von Pierre de Larivey bis Albert Camus. Tübingen 2006 (ScriptOralia 132), S. 46–59; Modesto Amato: La comédie italienne dans le théâtre de Pierre de Larivey. Dima, Girgenti 1910. *La Balia* blieb hingegen, abgesehen von Gryphius' Übersetzung, ohne internationale Resonanz.
36 „Toutesfois, considerant que la Comedie, vray miroûer de noz œuvres, n'est qu'une morale filosofie, donnant lumière à toute honneste discipline [...]." Pierre de La-Rivey (Anm. 35), S. 4.
37 Die Florentinische Humanistenkomödie gilt allgemein als wenig moraldidaktisch. Vgl. Joachim Schulze: Seugamme, Oder untreues Hausgesinde. In: Die Dramen des Andreas Gryphius. Eine Sammlung von Einzelinterpretationen. Hg. von Gerhard Kaiser. Stuttgart 1968, S. 339–362, hier S. 339.

auch für Kritik. Sie entsprachen damit nämlich nicht dem neuen, modischen Geschmack der Venezianischen Komödie ‚alla Zannesca'. Razzi bzw. der ‚Herausgeber' kündigt jedoch an, dass die moraldidaktische Tendenz seiner vorherigen Stücke trotz besagter Aburteilung in der *Balia* sogar verstärkt werde:

> Et tornando al proposito nostro dico, ch'essendo stata gia biasimata all'auttore della nostra, la sua prima Comedia, la quale molti di uoi, possano hauere ueduta, come troppo graue, & seuera, e per dir cosi poco alla Zannesca, & cio per considerarsi poco da quei tali biasimatori le cose dette di sopra, egli haueua deliberato, che questa sua BALIA, che cosi si chiama la Comedia, gl'inuecchiasse in casa, piutosto, che lasciandola andare a torno, fosse malamente da non sani giudicij, come fu gia la sua Cecca, lacerate, & morsa. Ma hauendola ueduta alcuni amici suoi, di non poco giudicio, & dettogli, che se bene ella non ha in se tutte quelle eccellenti parti, che in quelle de Greci, & de Latini si truouano, ella può però stare appresso l'altre di questi tempi; s'è finalmente risoluto farne quello, ch'è stato cagione, che uoi hoggi ne sarete, Spettatori, & giudici.[38]

Razzi, das ist hervorzuheben, verfasste sein Stück in einer Hochburg der Komödientradition: Florenz konnte in der Mitte des Cinquecento die reichste Lustspielproduktion Italiens aufweisen. Am Mediceer Hof entfaltete sich Ende des Jahrhunderts ein Höhepunkt der italienischen Szenenkunst, die sich beispielsweise in pompösen Intermedien und aufwendigem Bühnenbild manifestiert.[39] Francesco d'Ambra (gest. 1558), Antonio Francesco Grazzini (1503–1584), Firenzuola (1493–1543) und Giovanni Cecchi (1518–1587) sind als die bedeutendsten Autoren der Florentiner *commedia erudita* zu nennen. Ihre Intrigenstücke kontaminieren antike Komödientraditionen (Terenz, Plautus) mit volkssprachlichen Elementen. Lokalkolorit manifestiert sich vor allem in einem großen Sprichwort-Reichtum, den *motti fiorentini*. Dieses Merkmal tritt bei Razzi gleichfalls ausgiebig

---

38 Razzi, Balia (Anm. 24), Prologo, Aiij^v. („Und um wieder darauf zurückzukommen, sage ich, dass die erste Komödie unseres Autors bereits getadelt wurde. Anscheinend ist sie vielen von Euch als zu schwerfällig und ernst erschienen und sozusagen zu wenig nach Art der Zanni. Da er [der Autor] sich wenig an dieser Kritik stört, hat er beschlossen, dass seine *Balia*, so heißt die vorliegende Komödie, in Ruhe zuhause vor sich hin altern soll, bevor sie herumgereicht wird, um von Euch unverständigen Richtern, wie es schon seiner *Cecca* widerfahren ist, zerrissen und zerbissen zu werden. Aber auch einige seiner Freunde, die nicht weniger Urteilskraft besitzen, haben sie durchgelesen und dem Autor folgende Einschätzung mitgeteilt: Auch wenn sie [die *Balia*] nicht die herausragenden Stellen, die sich bei den Griechen und Römern fänden, aufweise, so könnte sie dennoch mit den Stücken aus diesen Zeiten mithalten. Daraufhin hat sich also der Autor doch dazu entschlossen, sie weiterzugeben, so dass Ihr heute ihr Zuschauer und Richter seid.")
39 Kindermann (Anm. 27), S. 113f. Zu den besonders bemerkenswerten Spezialeffekten ebd. S. 121 ff. Arthur R. Blumenthal: Theater Art of the Medici. Hannover 1980 (Zeitsprünge 20. H. 3/4).

zutage wie auch der typische Lokalpatriotismus: Wie viele andere Florentinische Komödien endet die *Balia* mit einer *laus urbis.*

Auf eine Inhaltsangabe der umfangreichen, fünfaktigen Komödie mit ihrer extrem verschlungenen Intrigenstruktur wird an dieser Stelle verzichtet,[40] die Figurenkonstellation und der dramatische Konflikt sollen jedoch in aller Kürze skizziert werden. Mit ihrem zum Teil schon aus der antiken Komödientradition bekannten Figurenarsenal präsentiert sich die *Balia* als typische *commedia erudita*. Dazu gehören das doppelte *innamorati*-Paar, die listigen Diener als Anführer der Intrigen, die Kupplerin, die von Piraten geraubte Schönheit, die gegen einen guten Gewinn weiterverkauft werden soll, der Sykophant, der in falsche Kleidung gesteckt wird und der lüsterne Alte, der gerade in den Florentinischen Komödien besonders vielfältig ausgestaltet wurde.[41] Die Figuren sind Requisit der Handlung, ihnen „Plastik und Bläße"[42] vorzuwerfen, geht an der Intention der Intrigen-Komposition vorbei.

Schauplatz ist eine Straße in Florenz. Aus der Handlungsstruktur ergibt sich, dass das Stück auf die Gegebenheiten der Florentiner Terenz-Bühne bezogen ist. Bei dieser bildet die Fassade der betreffenden Bürgerhäuser die Kulisse mit perspektivischer Straßendarstellung auf dem Hintergrundprospekt. Diese Raumgestaltung wird direkt für die Intrige nutzbar gemacht: Insbesondere *a-parte*-Sprechen und Belauschszenen lassen sich auf diese Weise besonders gut inszenieren. Ein Dekorationswechsel findet nicht statt. Alle Ereignisse, die sich im Inneren des Hauses abspielen, – wie diverse Betrugsszenen oder auch die entscheidende Inzest-Szene – werden teichoskopisch oder durch Botenberichte vermittelt. Die Häuser des Livio und des lüsternen Girolamo sind Austragungsorte der beiden Intrigenhandlungen, die durch den Austausch des Personals zwischen diesen Häusern verbunden werden. Die Bühne Razzis, das lässt sich aus der Handlungsführung rekonstruieren, muss recht groß gewesen sein und jedes Haus scheint über einen Seitenabgang verfügt zu haben. Schon vor diesem Hintergrund ist es fraglich, ob Gryphius eine Aufführung der *Seugamme*, z. B. auf der Breslauer Schulbühne, überhaupt in Erwägung gezogen hat. Auffällig ist die von Gryphius vorgenommene Ergänzung des Nebentexts: Ohne beispielsweise den (übrigens in größerer Type gedruckten) Hinweis „seit abwerts" wäre die Kommunikationssituation der Szene II.2 nicht nachvollziehbar: Mosca fürchtet, der eintretende Paganin würde die Entführung seiner Tochter in dieses Haus bemerken. Für den Razzi-Rezipienten (den Leser oder den

---

40 Ausführlich dazu Schulze (Anm. 37), S. 341 ff.
41 Heinrich Hitzigrath: Andreas Gryphius als Lustspieldichter. Wittenberg 1885, S. 252.
42 Schulze (Anm. 37), S. 341.

Schauspieler, der auf der Bühne performiert) ist es unmissverständlich, dass Mosca seine verzweifelten Fragen („Che farò?", „Che dirò?")⁴³ *a-parte* spricht. Es handelt sich um ein konventionelles Element der *commedia erudita*. Der Nebentext ist hier obsolet, bei Gryphius ist er für das Verständnis der Szene konstitutiv. Noch evidenter wird die notwendige Nebentextergänzung in der folgenden Szene: Musca belauscht ein Gespräch. Gryphius Regieanweisung „*gehet ab*" bezieht sich auf die Dialogpartner, dann spricht Musca „*welcher biß-her hinter der Thüren gestanden*" allein *ad spectatores*.⁴⁴ Auch hier klärt Gryphius die szenische Situation durch Ergänzung des Nebentextes, während Razzi, der mit Kenntnis der entsprechenden Konventionen und Bühnengestaltung rechnen kann, vollständig auf die Anweisungen verzichtet.

Die Handlung selbst wird durch die bekannten Elemente der Humanistenkomödie strukturiert: Das schon in der Antike vielverwendete Motiv, dass die umworbene Frau eigentlich die Schwester ist, kombiniert Razzi mit dem novellesken Element des heimlichen Bettentauschs. Dieser *inganno* wird durch die Planung und Durchführung der Amme umgesetzt. Dadurch kommt es zu einem drastischen Inzest-Skandal: Der Jurastudent Livio verbringt, so scheint es zunächst, nicht mit der Angebeteten Lesbia – frevelhafterweise der Geliebten seines besten Freundes Gismondo – eine stürmische Liebesnacht, sondern unwissend mit Silvia, der eigenen Schwester. Diese wollte ihrerseits mit Hilfe der Amme einen Liebesbetrug ausführen, da sie Gismondo liebt, dessen Besuch sie in Lesbias Bett erwartet hatte. Die Titelheldin wird so zum Dreh- und Angelpunkt der Handlungsentwicklung. Das Prekäre des Handlungskonflikts besteht darin, dass eine Säugamme für den moralisch einwandfreien Lebenswandel der ihr von Geburt an anvertrauten Bürgerstochter Sorge tragen muss. Doch weist Razzi darauf hin, dass eine solche Vertrauensposition einen Risikofaktor darstellt, denn das Gesinde ist potentiell unzuverlässig.⁴⁵ Das wird bereits deutlich, als die Amme auf die Frage einer Hausbediensteten von der Unterrichtung Silvias ‚in eroticis' mit frivolem Amüsement berichtet:

> BALIA: Se lo sa? E par che tu non sappia che non si vive piu all'antica & che le fanciulle sanne non che corna cozzano gli huomini, meglio che non sapeva al tempo nostro, una bene attempta. Se tu sapeßi I bei ragionamenti che facciamo di queste cose, Sivia & io quando siamo sole nell'anticamera à lavorare, ti strabiliaresti.⁴⁶

---

43 Razzi, Balia (Anm. 24), II,3, 13ᵛ.
44 Gryphius (Anm. 16), S. 143.
45 Hitzigrath (Anm. 41), S. 257.
46 Razzi, Balia, (Anm. 24), III, 1, S. 21.

("Ob sie das weiß? Es scheint, dass du nicht weißt, dass man nicht mehr in der Vorzeit lebt und dass die jungen Mädchen sehr wohl wissen, dass die Männer mit Hörnern stoßen, sogar besser als sie zu unserer Zeit darüber Bescheid wussten. Wenn du wüsstest, welche hübschen Unterredungen Silvia und ich darüber führen, wenn wir alleine in der Vorderkammer sind, würdest Du staunen.")

Gryphius übersetzt:[47]

AMME: Ob sie es wisse: Es scheinet / du verstehest nicht / daß man nicht mehr nach der alten Weise lebe / und daß die kleinen Mägdlein besser wissen / was die Wieder vor Hörner tragen: als da wir jung waren / eine zimliche Flederwisch Jungfer.[48] Wenn dir entdecket / wie artig ich und Sylvia von dieser Sachen zu reden pflegen / wenn wir alleine in der Förderkammer sitzen und mit einander arbeiten / du würdest dich zu einem Höltzlin lachen.[49]

Die Hausbedienstete reagiert entsetzt: „Erbarm es Gott / wem vertrauet man itzund die Töchter."[50] „Ja / ich kan mich sicher auff ihre [der Amme] Trew verlassen"[51], meint hingegen Livius bereits in der zweiten Szene. Die Situationskomik entwickelt sich aus dem Wissensvorsprung des Rezipienten, der mit dem Charakter der typisierten Figur – der Amme als Kupplerin – vertraut ist. Um das Liebesbegehren ihrer Anvertrauten erfüllen zu können, arrangiert die *Balia* im dritten Akt den besagten Bettentausch. Der Skandal fliegt auf, Livius erwartet im Kerker sein Todesurteil, denn Blutschande ist ein kapitales Vergehen. Die von der Amme mitorganisierten Intrigen haben zu einer Zerstörung der menschlichen sowie göttlichen Ordnung geführt. Die betroffenen Bürgerhäuser sind in tiefste Verwirrung gestürzt. „E la casa di Liuio tutta sotto sopra. In somma ogni cosa è in rouina" – es geht „gantz bund über ecke; mit kurtzem, alle Sachen sind in höchster Verwirrung"[52], übersetzt Gryphius. Das Haus ist „uno inferno"[53], eine „lebendige Helle"[54], die Liebenden, die ihren Affekten blind gefolgt sind, nur noch „disperati".[55]

---

47 Auf die Änderungen wird unten näher eingegangen.
48 Den Ausdruck erklärt Gryphius in den *Anmerckungen*, K1ʳ: „Flederwisch Jungfer: ein hochmüthiges damals unverheyrathetes Frawenzimmer".
49 Gryphius, Seug. (Anm. 16), III, 1, S. 54.
50 Ebd.
51 Gryphius, Seug. (Anm. 16), I, 2, S. 17; „Voglio, & posso fidarmene sicurißimamente". Razzi, Balia (Anm. 24), I, 2, S. 7.
52 Razzi, Balia, (Anm. 24), V,1, S. 41 f.; Gryphius, Seug. (Anm. 16), V, 1, S. 106.
53 Razzi, Balia (Anm. 24), V, 6, S. 47.
54 Gryphius, Seug. (Anm. 16), V, 6, S. 122.
55 Razzi, Balia (Anm. 24), V, 1, S. 41 („Girolamo è disperato").

Doch zieht die Blutschande noch weitere Kreise: Die ganze Stadt ist betroffen, durch den Frevel befleckt. Das Vergehen im bürgerlichen Haus ist nur Symptom für einen allgemeinen Sittenverfall. Dabei sind alle schuldig, alle verhalten sich unmoralisch. Diese allseitige Unmoral führt wiederum auch dazu, dass keiner wirklich schuldig ist. Jeder betrügt jeden, man ist Betrüger und zugleich Betrogener. Entlarvende Soliloquien, karnevaleske Travestien und unzählige Lauschszenen zeigen die Allgegenwärtigkeit von *simulatio* und *dissimulatio*.[56] Eine Nebenfigur bringt es auf den Punkt: „Così è. In questo mondo è piu l'esser tenuto buono; che l'essere."[57] Gryphius: „Also ists! Es ist besser in dieser Welt, dass man einen vor fromm ansehe, als dass er fromm sey".[58] Wirkliche Reue zeigt ohnehin niemand. Fortuna, das „Glücke", hole immer zum „gegen Anschlag" aus,[59] Gismondo macht die „sorte crudele"[60]für sein Unglück verantwortlich, daher sieht er auch die Schuldigkeit seines untreuen Freundes als eine Laune des Schicksals, nicht als persönliches moralisches Vergehen („ha piu peccato la fortuna che egli", „daß wegen des heutigen Verbrechens mehr das Glück als er zu beschulden"[61]); selbst der Inzest wird der Fortuna zugeschoben: „Questo è stato piu peccato della fortuna, che della Balia"[62] („Das Glück hat hir mehr gesündigt als die Amme"[63]). Diese Einsicht ist jedoch keinesfalls als religiöser Relativismus zu werten, der moraldidaktische Impetus wird vielmehr verstärkt, wenn die frevelnden Protagonisten die heilsgeschichtlichen Konsequenzen ihrer Untaten demonstrativ ignorieren. Das vorübergehende Chaos ist schließlich nur vordergründig und aus der Sicht der unmoralischen Figuren das Werk der planlosen Fortuna. Vielmehr wird hier das Strafgericht Gottes, des eigentlichen Spiellenkers, erkennbar. Das *lieto fine* ist dann andererseits als ein Gnadenakt der göttlichen Güte aufzufassen, die über die teuflische Intrige siegt, auch wenn die uneinsichtigen Beteiligten den guten Ausgang eigentlich nicht verdient haben.

Damit entspricht die *Seugamme* dem „gängigen poetologischen Lustspielverständnis im deutschsprachigen Barock", das „auf eine exemplarische Vorführung der zweiwertigen Ethik von Tugend (*bonum*) und Laster

---

56 Zum Machiavellismus in der Komödie der Renaissance und des Barock vgl. Pasquale Memmolo: Strategen der Subjektivität. Intriganten in Dramen der Neuzeit. Würzburg 1995 (Epistemata 141).
57 Razzi, Balia (Anm. 24), V,7, S. 50.
58 Gryphius, Seug. (Anm. 16), V, 7, S. 129.
59 Ebd., III, 5, S. 64.
60 Razzi, Balia (Anm. 24), V, 1, S. 41.
61 Razzi, Balia (Anm. 24), V, 1, S. 42; Gryphius, Seug. (Anm. 16), V, 1, S. 108.
62 Razzi, Balia (Anm. 24), V, 7, S. 48.
63 Gryphius, Seug. (Anm. 16), V, 7, S. 125.

(*malum*) abzielt."⁶⁴ Das System von Täuschungen und Verblendungen fällt in sich zusammen: Am Ende stellt sich heraus, dass Silvia und Livio gar keine Geschwister sind, sondern Adoptivkinder verschiedener Herkunft. Es kommt zu einer glücklichen Dreifachhochzeit, denn – das ist eher ungewöhnlich – auch der *senex* heiratet und fungiert sogar als neues Familienoberhaupt. Das allegorisch zu lesende Schlusstableau zeigt die Gründung eines wohlgeordneten, gemeinsamen Hausstandes, in dem tatsächlich jede der beteiligten Personen ihren Platz findet. Somit enden auch die anarchischen Zustände, in denen das unzuverlässige Gesinde für chaotische Zustände sorgt. Was im Kleinen für die Hausgemeinschaft gilt, wirkt sich sofort auf das städtische Gemeinwesen aus. Auch hier kehrt wieder gottgefällige Ordnung und Ruhe ein. Razzi endet mit einer *laus urbis* auf Florenz aus dem Munde Paganinos, des Pisaner Ziehvaters der Lesbia:

> Perche nessuna Prouincia è piu bella, piu felice, & per infinite cagioni piu desiderabile di questa, & cosi per esser questa Città tra l'altre sue magnifiche, nobilißima e bellißima, senza piu pensarci, son risoluto di far quanto uoi dite: & perciò uoglio, ridotto c'hauerò qui tutto il mio hauere, ò pocco ò assai, ch'egli si stia, con essouoi; & con questa honorata famiglia finir la mia uita.

Gryphius:

> Weil kein Land schöner als dieses / keines mehr glückselig / keines unzehlicher ursachen wegen mehr begehrens-würdig / weil diese Stadt für allen andern die prächtigste / die edelste / die lieblichste / bin ich entschlossen sonder weiters nachdencken zu thun / was ihr saget / will derowegen / sobald ich mein Vermögen / es sey nu weniger viel / herübergebarcht / mit euch und diesem hochgeehrten Geschlecht die Tage meines Lebens zu vollenden.⁶⁵

3 Motti fiorentini – Misogynie – Moraldidaxe

Gryphius hatte sich während des Studiums und dann vor allem auf seiner Akademischen Reise ein umfangreiches kulturelles Wissen über Italien sowie ausgezeichnete Sprachkenntnisse angeeignet. Das Gryph'sche Bibliotheksverzeichnis

---

64 Stockhorst (Anm. 16), S. 304; vgl. auch dies.: Lachen als Nebenwirkung der Barockkomödie. Zur Dominanz der Tugendlehre über das Komische in der Komödientheorie des 17. Jahrhunderts. In: Anthropologie und Medialität des Komischen im 17. Jahrhundert (1580–1730). Hg. von Stefanie Arend, Thomas Borgstedt, Nicola Kaminski und Dirk Niefanger. Amsterdam 2008 (Chloe 40), S. 27–48.
65 Razzi, Balia (Anm. 24), V, 10, S. 55. Gryphius, Seug. (Anm. 16), V, 10, 143.

weist eine Vielzahl von italienischen Büchern auf, darunter auch das *Vocabulario della Crusca* (Venezia 1608; Nr. 2789), die *Bravure del Capitano Spavento* (Venezia 1615; Nr. 2842) und zahlreiche Komödien u. a. von Aretino (1588; Nr. 2912), Girolamo Pico (*Honesta Schiava*, Ven. 1609; Nr. 3061) und Lodovico Riccato *(I Pazzi Amanti, o.J.*; Nr. 3061).[66] In welcher Form die *Seugamme* – von der *Balia* ist kein Exemplar im *Catalogus* nachgewiesen – bereits vor der Italienreise vorlag, lässt sich nicht rekonstruieren. Es ist kaum anzunehmen, dass Gryphius das Drama in Italien kennengelernt oder in Florenz gar eine Aufführung erlebt hat. Dass Gryphius einen bereits vorliegenden Übersetzungsentwurf der *Seugamme* (sollte ein solcher vorgelegen haben) für die Drucklegung 1660 überarbeitete, wie er in der Vorrede vorgibt, ist jedoch durchaus wahrscheinlich.

Insgesamt gesehen hält sich Gryphius in seiner Übertragung sprachlich und strukturell eng an die Vorlage: Er behält die Akt- und Szeneneinteilung exakt bei und nimmt keine Kürzungen oder Ergänzungen vor.[67] Die Abweichungen beschränken sich vor allem auf den Austausch von Metaphern oder Begriffen, die speziell aus dem florentinischen Kontext stammen. In den *Anmerckungen* weist Gryphius dezidiert auf die Schwierigkeit des kulturellen ‚frame-Wechsels' hin.[68] Unverständlich sei beispielsweise der Dialog in der Szene II,1, in der es um die fehlerhafte und somit komische Verwendung von Ehrentiteln geht: „Messere", einen „titolo di maggioranza", den Paganin irrtümlich für Girolamo verwendet, übersetzt Gryphius nicht mit „mein Herr", „weil dieser Tittel bey uns Deutschen mehr denn gemein" sei. Das Komische der inadäquaten Anrede komme also nicht zur Geltung. Also habe er „lieber einen etwas weniger gewöhnlichen" Ausdruck, nämlich „Ihre Herrlichkeit", verwendet.[69]

Besonders findig ist Gryphius bei der Übersetzung der *motti fiorentini*, der florentinischen *proverbi* – also Redewendungen, Flüchen und Sprichworten,

---

[66] Insgesamt weist der Katalog 342 Titel in der Abteilung Italica auf (Catalogus Bibliothecae Gryphianae. Breslau 1707; BU Wrosław, Mikrofilm BSB München): Nr. 2276–3118. Allerdings kann nicht geklärt werden, welche Bände aus dem Bestand Christians, und welche aus dem Andreas' stammen. Zu dieser insgesamt wenig beachteten Quelle vgl. Marian Szyrocki: Catalogus Bibliothecae Gryphianae. In: Germanica Wratislaviensia 69 (1986), S. 335–336.
[67] Zu stilistischen Besonderheiten s. Erik Lunding: Assimilierung und Eigenschöpfung in den Lustspielen des Andreas Gryphius. In: Stoffe, Formen, Strukturen, Studien zur deutschen Literatur. Festschrift für Hans Heinrich Borcherdt. Hg. von Albert Fuchs und Helmut Motekat. München 1962, S. 80–96, hier S. 83 ff. Dass Lundings Analyse (angebliche Worttiraden, Aneinandervorbeisprechen, „barocke Schwellung" etc.) nur bedingt zutrifft, zeigt Stockhorst (Anm. 16), S. 301 f. Vgl. auch Schulze (Anm. 37), S. 339 f.
[68] Gryphius, Seug. (Anm. 16), S. 145–154.
[69] Gryphius, Seug. (Anm. 16), S. 145.

die auch den Soziolekt der Figuren aus niederer Schicht charakterisieren.[70] Hier ist der Übersetzer vor besondere Herausforderungen gestellt, da diese Phraseologismen in der Regel eng an die Vorstellungswelt der Ausgangssprache geknüpft sind, selten haben sie ‚transnationale', im Fall des Italienischen (oder auch Deutschen) oft nicht einmal ‚transregionale' Reichweite. Eine Auswertung der *motti* in der *Balia* und ihrer Übersetzung bei Gryphius wäre vor diesem Hintergrund eine lohnenswerte Aufgabe.[71] Hier müssen wir uns auf wenige Beispiele konzentrieren: Im ersten Akt sprechen die Diener beispielsweise in zotigen Witzen über die schöne Fremde Lesbia. „No vi so dire s'ella è puldra, o s'ella è doma," feixt Mosca mit eindeutig anzüglicher Konnotation, also wörtlich: „Ich weiß nicht, ob es sich um ein weibliches Fohlen oder um eine bereits ‚Gezähmte' handelt". Gryphius Version mutet dezenter an, indem er den zotigen Scherz in ein gesuchtes Wortspiel transformiert, das vor allem durch die alliterativ-assonante Gegenüberstellung auffällt: „Ich weiß dem Herren nicht zusagen/ Obs ein Füllin [weibliches Fohlen] oder Fräulin sey."[72] Ähnlich verhält es sich mit dem (bereits oben erwähnten) Ausdruck „con che corna cozzano gli homini". Gryphius betont in den *Anmerckungen*, dass er „gewisser Ursachen wegen das [gemeint ist: diese Ausdrucksformel] Wort zu Wort nicht geben wolle".[73] Die ziemlich unverblümte, frivole Anspielung wird durch eine etwas ungelenke Umschreibung „was die Wieder vor Hörner tragen" ersetzt. Während der italienische Ausdruck die Phallus-Metapher „corna" direkt auf „gli homini" bezieht, zieht Gryphius mit der Tiermetaphorik eine weitere, abschwächende Bildebene ein. Zugleich wird das Verb „cozzare" (‚stoßen') zu „tragen" entschärft, wobei das assonant-alliterative Spiel der italienischen Phrase nicht übertragen wird.

Der Titel selbst ist mit der Bezeichnung „Seugamme" adäquat wiedergegeben.[74] Eine Säugamme ist, wie das Grimmsche Wörterbuch erklärt, eine „amme,

---

70 Hier müsste man die Feststellung Stockhorsts (Anm. 16, S. 301) – „Typischerweise übersetzt Gryphius selbst Redewendungen wortwörtlich, statt sie durch deutsche Pendants zu ersetzen." – modifizieren. Zu den *motti fiorentini* im Allgemeinen vgl. Carlo Lapucci: Proverbi e motti fiorentini. Firenze 1993.
71 Die Zusammenstellung von A. M. Ottow: Sprichwörter und sprichwörtliche Redensarten aus Andreae Gryphii Seug-Amme [...]. In: Deutscher Sprachwart. Zeitschrift für Kunde und Kunst der Sprache 6 (1871/72) S. 269–271 ist noch nicht ausgewertet worden.
72 Gryphius, Seug. (Anm. 16), I, 1, S. 14.
73 Gryphius, Seug. (Anm. 16), S. 146.
74 Das *Dittionario volgare [et] latino per Filippo Venuti da Cortona*, Roma 1576, das Gryphius besaß (den Druck Venedig 1598) und gewiss für diese Übersetzung konsultierte (laut *Catalogus Bibliothecae Gryphianae* Anm. 66, Nr. 2945), nennt als lateinische Entsprechungen für „balia" „nutrix" und „atrix" (Sp. 102). Vgl. auch *Das herrlich grosse teutsch-italiänische Dictionarium*

welche fremde kinder säugt".[75] Ein gewisses Misstrauen wird dem Berufsstand traditionell entgegengebracht. Gewarnt wird immer wieder vor „[g]ewissenlosen/ unverständigen und Abergläubischen Heb- und Säugammen".[76] Hinzu kommen moralische Vorbehalte, die nicht zuletzt sozial begründet werden: Der Einsatz von Säugammen ist ein Privileg der adeligen Oberschicht,[77] im ‚bürgerlichen' Haushalt zeugt das Vorhandensein einer Säugamme hingegen von Eitelkeit, Dekadenz und Verschwendungssucht.[78] Die Bezahlung für eine Handlung, die eigentlich ein natürlicher Ausdruck mütterlicher Liebe sein soll,[79] rückt die Säugamme sogar in die Nähe der Prostitution: „so hingegen der seugammen lieb nur eine entlänete untergelegte dienstbenötigte und unnatürliche freundlichkeit ist

---

(Nürnberg 1702), S. 430: „Säug-amme, Säug-mutter, Säugerin/f. Balia [...] Allatatrice, Nutrice."
75 Art. ‚säugamme, f. amme, welche fremde kinder säugt, nutrix, nutricula'. In: Deutsches Wörterbuch von Jacob und Wilhelm Grimm. 16 Bde. in 32 Teilbänden. Leipzig 1854–1961. Quellenverzeichnis Leipzig 1971. Online-Version vom 01.10.2018.
76 Janusz Abraham Gehema: Die sorgfältige und gewissenhaffte Säug-Amme fürstellende d. Mißbräuche, welcher man sich bißhero bey säugenden Kindern bedienet [...]. Berlin 1689, A6^r.
77 „Ein gantz andere Beschaffenheit hat es mit Königlichen / Fürstlichen / und Großer Herren Kinder / denn gleichwie Dero hohe Eltern von GOtt dem Herrn zu Göttern und Regenten ihrer Königreiche / Fürstenthümer und Herrschafften / allhie in der Welt gesetzet sind / als ist Ihnen aus erheblichen und sehr wichtigen Ursachen [...] auch ohne die geringste Beschwehrung des Gewissens wohl geschehen / daß sothane Köngliche und Fürstliche Eltern / [...] Dero Hochgebohrne Kinder / von qvalificirten / tüchtigen und gesungen Säug-Ammen stillen lassen [...]." Gehema (Anm. 76), A 8^{r}f.
78 „Oder wenn eine Mutter aus schändlicher hoffarth / (weil andere ihres gleichen / oder ihre Nachbarinnen Säug-Ammen gebrauchen / und sie demnach selbigen nicht nachgeben wollte) oder aus Furcht / umb nicht eine heßliche Haut und weiche Brüste zubekommen / wodurch sie alßdann ihrem Manne oder anderen inclinationen nicht gefallen würde / oder aus großer Zährtligkeit / da sie einer delicaten und gemächlicher Lebens-Art gewohnet wäre / und nicht eine Pein und Beschwerligkeit / aus schuldiger Liebe gegen ihr säugendes Kindlein / würde ertragen wollen / (da doch unter dem Geburth-Schmertzen / welche GOtt der Herr nach den Sünden-Fall dem Weiblichen Geschlechte zur Straffe aufferleget / auch dieses Beschwer zu verstehen ist) und demnach ihr Kind lieber von andern säugen lassen wollte / solche Mütter / sage ich / sind nicht werth / daß sie von GOtt mit Kindern / und einen so herrlichen Ehe-Seegen / begnadiget werden: Wir sehen ja / daß kein unvernünfftig Thier andere ihres gleichen zu ihren Jungen lassen / umb von denselben die Milch zu empfangen [...]." Gehema (Anm. 76), A7^{r}f.
79 „Wann nun eine Mutter so glücklich ist / daß sie mit wohlgestalteten Brüsten und Wartzen von Gott begabet / und eine gleichfals gesunde und wohl contituirte Milch / bald nach der Gebährung / ihres Kindes / sich häuffig darin einfindet / alßdann ist kein Zweiffel / daß es schwerlich für / GOtt und Menschen zuverantworten sey / ihr so theuer anbefohlenes / und mit so vielen Schmertzen auf die Welt gebohrnes Kind / einem frembden Weibesbilde anzuvertrauen." Gehema (Anm. 76), A 7^r.

als die umb verdingeten lons willen sich holdselig ercyget," heißt es in Fischarts *Ehezuchtbüchlein*.[80] Frühneuzeitliche gynäkologische Ratgeber warnen aus moralisch-medizinischen Gründen vor Säugammen:

> O Weib / Ich rede freundlichen mit dir/ unnd bitte dich/ du wollest deinem Kinde in allem eine gantze Mutter sein/ unnd nicht nur eine halbe. Dann wie ist das eine unvolkommene unnd unnatürliche gattunge einer Mutter / jetzo gebohren haben / und das Geborne gleich hinweg geben. [...] Der heilige Gregorius erzürnet sehr uber die Frawen so ihre Kinder verammen / unnd will denselben gebrachen gar nicht zulassen / sondern gantz und gar vernichtigen.[81]

Die ‚untreue Amme' bzw. Säugamme ist geradezu ein Topos der Moralistik und steht in der Komödientradition der Kupplerin nahe bzw. übernimmt deren Funktion.[82] Hinzu kommt eine allgemein misogyne Tendenz, die sich auch im Razzi-/Gryphius-Drama manifestiert und die der Frau stets die Disposition zur Sinnlichkeit und Ausschweifung zuschreibt (auch Silvia/Sylvia trägt in diesem Sinne Schuld an der ‚Beinahe'-Katastrophe).[83]

Schon auf paratexueller Ebene wird bei Gryphius die Hauptfigur entsprechend konnotiert. Der Doppeltitel – eine Zutat des deutschen Übersetzers – weist direkt auf den Exemplumscharakter der *Seugamme* und rückt das Drama zugleich augenfällig in einen biblischen Horizont ein: das Gleichnis vom ungetreuen Hausgesinde ist mehrfach Thema des Alten und des Neuen Testaments.

---

80 Zitiert nach Grimm (Anm. 75).
81 Vade mecum das ist: Ein künstlich new Artzneybuch, 1596; im gleichen Tenor: Gehema (Anm. 76), A8ʳ.
82 Vgl. exemplarisch eine moralische Anekdote, laut der eine untreue Säugamme den ihr anvertrauten Knaben heimlich mit Schweinemilch genährt habe, woraufhin sich der Knabe zu einem unreinlichen und psychisch auffälligen Kind entwickelt habe (Geist- und Weltliche Geschichtschule / Oder Ergetzliche nutz- und lehrreiche Geschichte / Beyspiele und Begebnüsse von mancherley wunderbare[n] Verhengnüssen / Gerichten / Wolthaten und Straffen Gottes: Als auch Seltsamen Zufällen / Eigenschafften und denckwürdigen Tugend- und Lasterthaten der Menschenkinder / Auß bewährten / gelährter Leute Geschicht- Zeit- und Kunstbüchern zusammenbracht Von Martino Grundman. [Zuerst Dresden 1655] Görlitz 1678, S. 425). Zur Figur der Amme als Kupplerin vgl. Creizenach (Anm. 29), S. 256 f.
83 So bereits in der Szene I,2: „Musca. [...] Perche delle dieci donne, che cascano nel peccato della carne, le noue ui cadono, per la commodità, che lor si porge. Non parlo delle publice, & infami. Ne per altro mezzo si come mette il piu delle uolte Adulterio, & Stupro fra uiuini cosi nelle città, come nelle uille, da donne con famigliari di casa, & da parenti l'un con l'altro." Razzi, Balia (Anm. 24), I,2, 8ᵛ. „Musca. [...] denn unter zehn Frawen welche durch die Lüste des Fleisches gefället / sind neune durch Gelegenheit / welche ihnen an die Hand gegeben / verführet / ich rede nicht von gemeinen und offenbaren Huren / mehrentheils wird Ehbruch und Unzucht unter den Benachbarten / so immer den Städten als auff den Dörffern / ja zwischen Blutsverwandten durch diß Mittel gestifftet." Gryphius, Seug. (Anm. 16), I,2, S. 21.

Insbesondere das Matthäus-Evangelium berichtet, welche katastrophalen Folgen die Abwesenheit des Hausvaters hat: Das dem Gesinde entgegengebrachte Vertrauen wird bitter enttäuscht.[84] Ohne eine ordnende Hand wird das redliche Haus zum chaotischen Sündenpfuhl. Schon bei Razzi ist der biblische Intertext erkennbar. Gryphius – das zeigt der Doppeltitel – erhebt die biblische Anspielung zur zentralen Deutungsebene.

Exemplarisch lässt sich diese Akzentuierung in Szene IV,10 aufzeigen: Hier wird die Amme *in absentia* vom Diener Brozzi, dem die Funktion des ‚Moralpredigers' zukommt, für ihre Unachtsamkeit gescholten. Der misogyne Grundtenor des Stücks kommt hier gleichfalls besonders zum Tragen – denn Schuld an der ganzen Misere sind letztlich die unmoralischen Frauen der unteren Schicht:

> Brozzi: Du bist dahin gebracht du Schandhure / da deine Schelmereyen verdienet / du hast die guten Tage / welche du in diesem Hause / (da du über Güter und Leute gestellet) genossen / nicht ertragen können. Es ist wol war / daß ein redliches Frawenzimmer ihre Ehre in keiner Gefährlichkeit setzet / bey offentlichen Zusammenkünften / sondern mehr achtung auff sich zu geben habe / in ihrem eigenen und ihrer Nachbarn Hause. Es mag sich ein ieder hüten / vor Mägden / Ammen / Bettelvolck / Kleider-Umbträgerin / und dergleichen liederlichem Gesinde / und nicht hergegen den Kindern verbitten / Kirchen und vornehme Oerter zu besuchen: Denn durch solch Teufels Geschmeisse werden sie beredet / zu Hurerey und Ehebruch. Schawe in welch einem Irrgange Livius itzt steckt.[85]

Der Vergleich zeigt abgesehen von bemerkenswerten Übersetzungen einzelner Begriffe („femminaccie" wird zu „Teufels Geschmeisse" – einen Ausdruck, der an die Diktion Luthers erinnert; „Kleider-Umbträgerin", d.i. ‚Hausiererin', für „rivenditrici" ist gut gewählt) gerade im ersten Satz eine auffällige Änderung. Während bei Razzi die Wohltaten gegenüber der Amme als Mitglied des Hauses in der Schelte aufgezählt werden, übersetzt Gryphius die Apposition auf merkwürdige Weise: Die Amme wird gleichsam als ‚Hauschefin' apostrophiert, die ihr Amt missbraucht hat. Die semantische Abweichung bei der Wahl dieses

---

84 Vgl. Schulze (Anm. 37), S. 352 f., der auch auf weitere Bibelstellen verweist, in denen vom untreuen Hausgesinde die Rede ist (Matthäus 10, 34–36; Michael 7, 4; Jeremia 9, 4).
85 Gryphius, Seug. (Anm. 16), IV, 10, S. 105. „Brozzi. Sei condotta dove meritano le tue ribalderie, poltrona. Tu potresti scontrare il bel tempo, che tu ti sei data in questa casa, dove ti sei doduta la roba & le persone. Eben vero, che ne per le piazza, ne per le chiese, portano pericolo dell'honore le donne da bene; ma nelle case pro prie, & de vicini. Da fantesche, balie, camaruccie plebee, rivenditrici & simili bisogna guardarsi & non da lascar andar le fanciulle alle chiese & alle feste. Perche da queste femminaccie & non per le case degli huomini da bene, s'imparano à commettere gli stupri, e gl'adulterij. Guarda in che laberinto si truova Livio." Razzi, Balia (Anm. 24), I, 2, S. 40.

Ausdrucks erhellt sich beim Blick in den biblischen Intertext. Der Wortlaut des Gleichnisses vom untreuen Knecht scheint hier Vorbild gewesen zu sein:

> Wilcher ist aber nu eyn trewer und kluger knecht, den sein herr gesetzt hatt über seyn gesind, daß er ihn speyß gebe zu rechter zeyt? Selig ist der knecht, wenn seyn herr kompt und findet yhn, daß er so thutt, warlich ich sage euch, er wirt yhn ubir all seyne guter setzen. So aber der bose knecht, wirt ynn seynem hertzen sagen, meyn herr kompt noch lange nicht, und sehet an zu schlagen seyne mit knecht, isset und trinckt mitt den truckenen, so wirt der herr deß selben knechtß komen, an dem tag deß er sich nit versihet, und zu der stund die er nicht weyß, und wirt yhn zu scheyttern, unnd wirt yhm seyn lohn geben mitt den heuchlern, da wirt seyn heulen und zeen klappen.   (Matth. 24, 45–51)[86]

Durch die wörtlichen Übernahmen aus der Lutherbibel wird bei Gryphius die moraldidaktische Botschaft akzentuiert und mit protestantischen Vorzeichen versehen. Dem bürgerlichen Hausvater wird zugleich in einer Paränese ein sozialdisziplinierender Auftrag erteilt: Er muss das Gesinde, auf das kein Verlass ist, unter Kontrolle halten. Gibt er die Zügel aus der Hand, oder ist er abwesend, stellt sich die Katastrophe ein. Das trifft insofern auf den Komödien-Haushalt zu, als dieser auch von keinem richtigen Hausvater regiert wird, sondern von einem liebestollen Jüngling (Livio). Die richtige Familienkonstellation, die am Ende des Stücks durch die Hochzeiten eintritt, spiegelt hingegen – in „eine[m] gedanklichen Brückenschlag von der *comoedia humana* zur *comoedia divina*"[87] – die göttlich-gewollte Ordnung.[88] Diese Vorstellung war für Gryphius im Sinne der lutherischen Analogie von obrigkeitlichem Regiment, Hausherrschaft und Gottesherrschaft gut adaptierbar.

In der Bibelstelle, die die Komödie anzitiert, folgt auf die Rückkehr des Hausherrn die Bestrafung des Knechtes, das „heulen und zeen klappen". Bei Razzi bzw. Gryphius gibt es jedoch eine andere Wendung, die der Gattungskonvention geschuldet ist. Am Ende ist man der Amme sogar dankbar, da ihre Kuppelei katalysatorische Wirkung hatte: Nur so konnten die verworrenen Verwandtschaftsverhältnisse ans Tageslicht kommen. „Amme/ du hast einen Crantz verdienet", heißt es in der Schlussszene.[89] Schließlich sind die Hausherren selbst moralisch nicht einwandfrei: Sie lügen, betrügen und geben

---

86 Vgl. Martin Luther: Werke. Kritische Gesamtausgabe. Die Deutsche Bibel. 12 Bde. Weimar 1906–1961, zitiert als WA DB mit Angabe von Bd.- und Seitenzahl, hier: WA DB 6, 110.
87 Stockhorst (Anm. 16), S. 310.
88 Für den sich im Herzogtum Toskana ausbildenden Frühabsolutismus wird diese Botschaft auch in der Vorlage intendiert gewesen sein. Razzi stand Cosimo nahe, weswegen die Komödie den Charakter eines Fürstenspiegels hat.
89 Gryphius (Anm. 16), V, 10, S. 141. „Balia tu meriti una corona". Razzi, Balia (Anm. 24) V, 10, S. 55.

sich erotischen Ausschweifungen hin. Die Lizenzen der Gattungspoetik ermöglichen diese Verkehrungen sozialer und moralischer Normen: Auch der Hausherr oder Herrscher darf im Zwielicht erscheinen – und sogar der biblische Bezugstext erfährt mit Blick auf das Gesamtdrama eine karnevaleske Travestie. In der *Balia* wird, so könnte man also die Grundstruktur des Stücks beschreiben, eine komische Kontrafaktur des Gleichnisses vom untreuen Knecht inszeniert. Dass Razzi die Handlung komödientypisch zur Karnevalszeit spielen lässt, unterstreicht die Inszenierung einer verkehrten Welt. Die moraldidaktische Sinnebene bleibt aber dabei dauerpräsent: Das Stück ist durchsetzt mit *ad-spectatores*-Passagen, in denen v. a. die Dienerfigur Brozzi aus ihrer Rolle fallend überzeitliche moralische Lehren, Tadel und Ermahnungen vorträgt, die keinesfalls komisch anmuten.[90] Florenz' Konkurrentin, die Universitätsstadt Pisa, wird gleichsam als gelehrtes Babylon gezeichnet, wo die studentischen Unsitten – unter anderem die Entführung sittsamer Bürgerstöchter durch liebeskranke *studiosi* – um sich greifen.

Vor allem aber wird vor den Gefahren gewarnt, denen junge Mädchen durch das Dienstpersonal im Haus selbst ausgesetzt sind. Deutlich wird auch: Intrige bzw. unmoralische Listigkeit ist der Versuch, die Weltlenkung zu usurpieren – also: Hybris. Die Amme wird zur moraldidaktischen Reflexionsfigur. Ihre List führt aber paradoxerweise in der verworrenen irdischen Welt des Scheins und Betrügens, im poetischen Schutzraum der Komödie, zur Wahrheit. Bei einer Komödie bleibt auch das Strafgericht am Ende aus. Alles ist noch einmal gutgegangen. Das glückliche Ende im Schlusstableau erweist sich als Zeichen der göttlichen Fügung und Gnade: „Et per'bisogna lasciar far 'a Dio", jubiliert der Diener Mosca, was Gryphius auch ‚gut protestantisch' übernehmen kann: „Derowegen soll man alle Sachen GOtt anheim stellen / und ihn machen lassen."[91]

4 Komödienpoetik und Werkpolitik

Die Analyse der Übersetzung hat gezeigt, dass Gryphius den moraldidaktischen Tenor der Komödie besonders akzentuiert und durch den hinzugefügten Doppeltitel von vornherein unterstreicht.[92] Doch es ist vor allem ein weiterer Paratext,

---

[90] Hinweise zum moralisierenden Anspruch der Gryphius-Komödien, die damit einer Tendenz in der Dichtungspraxis der zweiten Hälfte des 17. Jahrhunderts entsprechen: Stockhorst (Anm. 64), S. 37.
[91] Razzi, Balia (Anm. 24), V, 10, S. 55; Gryphius, Seug. (Anm. 16), V, 10, S. 141.
[92] So auch Stockhorst (Anm. 16), S. 300; Eberhard Mannack: Andreas Gryphius. Stuttgart 1968. 2. Auflage 1986, S. 99.

in dem Gryphius seine Beweggründe für die Übersetzung und Publikation des Dramas verdeutlicht: Die lateinische Widmungsrede an die Glogauer Juristen Johann Matthias Kettelbutter und Johann Röber.[93] Sie beginnt mit einer pathetischen, im taciteischen Duktus gehaltenen Zeitklage über die Zerstörungen des Krieges. Insbesondere die damit einhergehende sittliche Depravation wird thematisiert. Sie habe auch zur Verwirrung der häuslichen Verhältnisse geführt: „Durch Hass und Argwohn ist das Gesinde verdorben. Selbst die Tüchtigen geraten in Verruf, andere wieder werden sich durch Furcht und Trägheit selbst zum Feind."[94] Die Niederträchtigkeit des eigenen Hausgesindes wird ausführlich angeprangert. Es sei stets zu aller Untat bereit, pflege Betrügereien durch List zu vertuschen, säe Zwist unter den Verwandten, entzweie gegen Belohnung Freunde. Überhaupt zeichneten sich nicht wenige Angehörige des Gesindes durch Undankbarkeit und pflichtvergessene Untreue gegenüber dem Hausherrn aus. Allerorts im Herzogtum beklage man entwendeten Hausrat, unterschlagenes Geld, das von Unzüchtigkeit befleckte Heim.[95] Genau diesen Weltzustand, den Gryphius für seine Gegenwart diagnostiziert, scheint die Komödie des Italieners exemplarisch abzubilden. Der zerrüttete Familienverband und damit auch der Zustand eines ganzen Gemeinwesens, der sich mit einer düsteren Anthropologie verbindet, sichert aus Gryphius' Sicht das Aktualitätspotential der hundert Jahre alten Komödie. Der Übersetzer gibt nämlich vor, sich in Anbetracht der verderbten Gegenwart einer Übersetzungsarbeit aus der Jugend zu erinnern, die er nun zum Druck befördert habe: Das Stück eines italienischen Dichters, worin jener die Untaten des Dienstpersonals behandelt habe.[96]

---

93 Schulze (Anm. 37) erwähnt die Vorrede; eine eingehende Analyse fehlt jedoch.
94 „Odio & suspicione corrupti familiares. Improspera etiam strenuis fama, alius timore aut desidia sibimet ipsi hostis." [Übersetzung: AD]. Gryphius (Anm. 16), Vorrede, A3ᵛ.
95 „Crebris id passim sermonibus jactatum aliqui norunt: plures reapse experiuntur atque dolent. Quoties sollicitas aures circumstrepunt lamenta variorum! hic expilatam supellectilem, argentum interversum alius in criminis societatem adscitos, nullius ante flagitii compertos, hic venales inimicis in caput insontis Domini animas, hic libidine foedatam domum acerrime conqueritur." Gryphius (Anm. 16), Vorrede, A4ʳ. („Einige wissen, dass dies allenthalben Gesprächsthema ist. Mehr noch haben es selbst erfahren und leiden darunter. Wie oft tönen die verschiedenen Klagen in den sorgenvollen Ohren. Dieser beklagt entwendeten Besitz, unterschlagenes Geld, ein anderer, dass Menschen zu Komplizen von Verbrechen wurden, die sich zuvor keines Vergehens sich schuldig gemacht haben; wieder andere klagen, dass die Feinde gegen das Haupt des schuldlosen Herren käuflich seien; dieser beklagt bitter das durch Unzucht befleckte Haus.")
96 „Id dum molior, recordatus invertisse me adolescentem Itali vatis drama, quo servitiorum ille criminibus illusit, idipsum recensere mihi visum atque publico dare, vel ob id, quod perspectum mihi, arcendae vitiorum putredini haud incassum adhiberi ejuscemodi sales. Jocorum denique apud plerosque in longum memoria, qui sapientiae praecepta vix visu dignantur." Gryphius (Anm. 16), Vorrede, A4ʳ f. („Während ich dies bei mir dachte, erinnerte ich mich, als

Unverkennbar steht dieser Aspekt für Gryphius im Zentrum. Von der Adaptation erhoffe er sich, dass deren „beißender Spott" dazu beitrage „die Fäulnis des Lasters abzuwehren" („arcendae vitiorum putredini haud incassum adhiberi ejuscemodi sales"). Denn „bei den meisten bleiben Scherze am Längsten in Erinnerung" („Jocorum denique apud plerosque in longum memoria").[97]

Gryphius löst die Komödie somit in der Vorrede aus ihrem historischen und kommunikativen Zusammenhang und schafft zugleich neue Kontexte. Er habe, wie er schreibt, die florentinische Amme mit einem deutschen Gewand geschmückt („Germana veste Nutricem Florentinam exornavi") und sich angesichts des allgemeinen Sittenverfalls plötzlich an diese Jugendarbeit erinnert:

> Und beinahe hätte ich dieses Werk vergessen, wenn ich nicht, entzündet von den Missetaten der Dienerschaft, die weder Achtung noch Furcht im Zaum hält, der Meinung gewesen wäre, die Väter der bedeutenderen Familien zu ermahnen, dass sie sorgfältig erwägen mögen, wem von den Kindern und Enkeln sie Vermögen, Ansehen und vor allem Ehre und guten Ruf vermachen wollten.[98]

Der Renaissancekomödie wird dabei transhistorische Exemplarizität beigemessen – im Zeichen der biblischen Parabel vom untreuen Hausgesinde, wie der Titel annonciert. Mit Blick auf die Handlungsstruktur des Dramas scheint Gryphius die Intention der *Balia* in der Vorrede in genau diesem Sinne zu akzentuieren, ohne dass er im Stück selbst Änderungen vornimmt. Denn als ungebrochene Gesindeschelte präsentiert sich die Renaissancekomödie Razzis keineswegs. Gryphius' Behauptung, der italienische Humanist verurteile in seiner Komödie die Untaten der Dienerschaft, verhüllt die Ambivalenzen, mit denen die *commedia erudita* die Begebenheiten und die Akteure zeichnet – so erscheint in einigen Szenen das Hauspersonal sogar als moralisch überlegen, wenn beispielsweise der Diener Brozzi, aus der Rolle fallend, das Geschehen kritisch kommentiert.[99]

---

junger Mann das Stück eines italienischen Dichters übersetzt zu haben, in dem jener seinen Spott über die Missetaten der Dienerschaft ausgoss, und ich beschloss, dieses Stück noch einmal zu überarbeiten und zu veröffentlichen, gerade deswegen, weil ich eingesehen hatte, dass sich beißender Spott mit Erfolg einsetzen ließ, um die Fäulnis des Lasters abzuwehren. Denn bei den meisten bleiben Scherze am Längsten in Erinnerung, während man die weisen Lehren kaum eines Blickes würdigt.")
97 Ebd., A4^v.
98 „Et ferme oblivione transmisissem hancce operam, ni accensus ferocia servili quam neque reverentia neque formido continet; ad monendos censuissem familiarum paulo ampliorum patres, sollicite ut perpendant. Cui rem, decus, et quod potissimum, pudorem atque incolumitatem commiserint liberorum, nepotumque." Gryphius (Anm 16), Vorrede, A4^r.
99 Vgl. dazu auch Stockhorst (Anm. 15), S. 310.

Dadurch stehen umgekehrt bei Gryphius Paratext und Drama in einem Spannungsverhältnis.[100] Gewinnt die Übersetzung hierdurch „erheblich an Komplexität gegenüber der Vorlage" (so Stockhorst)[101] oder liegt nicht vielmehr ein *misreading* vor, durch das Gryphius die soziale Pointierung massiv verstärkt? Hier wie auch in den anderen Komödien des Autors scheint es jedenfalls fraglich, ob es sich bei Schelte und Spott wirklich um eine „durchweg gutmütige Variante" handelt.[102] Zumindest im Fall der *Seugamme* will Gryphius, das verdeutlicht die Vorrede, sein Drama bzw. seine Übersetzung dezidiert als Warnung vor dem unkontrollierbaren Hauspersonal verstanden wissen. Die misstrauische Haltung gegenüber den Vertretern der unteren Schichten geht über die durch die Ständeklausel vorgegebene Dramaturgie hinaus und wird im Stück selbst – wie auch im *Peter Squentz* – unmittelbar zum Thema.

Doch die Paratexte verdeutlichen auch, dass Gryphius die Renaissancekomödie nicht nur als Vehikel der Moralisierung, als Paränese an den Hausvater, schätzt. Zu Beginn der *Anmerckungen* hebt Gryphius darüber hinaus dramenästhetische und kompositorische Qualitäten hervor:

> Es ist unvonnöthen dieses Lust-Spiel weitläufftig auszustreichen: weil es wegen der schönen Erfindung / arthigen Eintheilung [gemeint: die regelmäßige Struktur: fünf Akte, A.D.] / künstliche [also kunstvolle, A.D.] Verwirrung / beweglichen Schliffungen [gemeint: *elocutio*, *ornatus*, A.D.] und Lehrreichen Reden sich selbst genugsam lobet.[103]

Dieses Lob ist durchaus bemerkenswert. Andernorts geht Gryphius hart mit seinen Vorlagen ins Gericht – man denke an die Kritik an Corneilles Tragödie *Polyeucte* in der Vorrede des *Leo Armenius*, in der er dem (nicht explizit genannten) Autor vorwirft, eine Liebesepisode in die Märtyrerhandlung eingeführt zu

---

100 Diese auffällige Akzentuierung, die bei Razzi in dieser Form nicht angelegt ist und auch in dessen Prolog keine Erwähnung findet, hat zu Spekulationen darüber geführt, ob die Wiederaufnahme der *Seugamme* vielleicht auch vor einem biographischen Hintergrund zu betrachten sei: Gryphius' Lieblingstochter, die begabte Anna Rosina, war im Kindesalter schwer erkrankt, was sie lebenslang beeinträchtigte. Die Familie machte dafür auch die Achtlosigkeit der Amme verantwortlich – davon berichtet Christian Gryphius, auch Andreas thematisiert die Begebenheit in einem Gedicht. Hier wird die Amme gleichsam als eine Hexe beschrieben, die dem Kind einen Dämon geschickt habe. Gryphius' Biograph Christian Stieff berichtet, dass die Amme des Hauses aus Rache für ihre wegen Unzuverlässigkeit erfolgte Entlassung Anna Rosina vergiftet habe. Zu den einzelnen Quellenhinweisen vgl. Stockhorst (Anm. 15), S. 308 f.
101 So auch Stockhorst (Anm. 16), S. 310.
102 Vgl. Michael Multhammer in diesem Band mit Blick auf *Peter Squentz*.
103 Gryphius (Anm. 16), S. 145.

haben.[104] Geht man entsprechend der Vorrede davon aus, dass die *Seugamme* Gryphius' Komödiendebut darstellt – vielleicht sogar eine seiner ersten Dramenarbeiten überhaupt – ist mit Effekten dieser produktiven Auseinandersetzung auf die folgenden Projekte zu rechnen. Gryphius lernt durch das intrigenreiche und mit Sprachwitzen durchzogene Stück Prinzipien, Motive und Stereotype der Komödie kennen. Der Liebesbetrug durch Bettentausch findet beispielsweise auch im *Horribilicribrifax* statt und könnte durch die Auseinandersetzung mit der *commedia erudita* Razzis inspiriert worden sein: Hier ist es die Kupplerin Cyrilla, die sich heimlich zur Schäferstunde in das Bett des Pedanten begibt, um ihn damit zur Ehe zu zwingen. Auch zwischen den Protagonist(inn)en werden Bezüge hergestellt; Sophia verhält sich ähnlich wie Lesbia/Lucrezia (!) als Tugendheldin, die den *senex* standhaft abwehrt. Lesbias/Lucrezias tugendhafte Abwehr erinnert an *Catharinas von Georgien* beständige Haltung gegenüber dem Schah: „Ich werde das Leben keinmahl höher achten als die Ehre / [...] Denn das Leben sonder Ehre bey einer Frawen / ist nicht Leben / sonder Tod / und eine Fraw sonder Ehre / ist keine Fraw."[105]

Auch der strenge Bauplan, der das scheinbar lockere Szenengefüge des *Horribilicribrifax* zusammenhält, ist an die Prinzipien der Humanistenkomödie angelehnt: Bei genauer Betrachtung sind die zahlreichen Handlungsstränge – wie auch bei der *Balia* – durchdacht verwoben. Die *Seugamme* fungiert also im Blick auf das komödiantische Gesamtwerk als ein ‚training in comedian diction'.[106] Durch die Übersetzungsarbeit erschreibt sich Gryphius ein Reservoir an Elementen der Komödientradition, die in den folgenden Dramen produktiv eingesetzt werden.

Doch darin erschöpft sich die Relevanz der *Seugamme* für das Gesamtwerk keineswegs. Mit dem ‚Lustspiel' *Seugamme*, dem ‚Scherzspiel' *Horribilicribrifax*, dem ‚Schimpff-Spiel' *Peter Squentz*, dem ‚Gesangspiel' *Verlibtes Gespenste/Dornrose*, dem ‚Satyrischen Lustspiel' *Der schwermende Schäfer* und dem ‚Lust- und Gesangspiel' *Piastus* legt Gryphius deutsche Exempla für nahezu alle Varianten der Komödientradition vor. Im *Horribilicribrifax* adaptiert er neben Elementen der *commedia erudita* Charakteristika der *commedia dell'arte*,[107] *Squentz* steht in

---

104 Dabei fällt der Name Corneilles freilich nicht explizit. Vgl. den Aufsatz von Marie-Thérèse Mourey in diesem Band.
105 Gryphius, Seug. (Anm. 16), IV, 6, S. 92.
106 Wie man in Anklang an Forsters Formel vom „training in poetic diction" mit Blick auf den Renaissance-Petrarkismus sagen könnte. Leonard Forster: European Petrarchism as Training in Poetic Diction. In: Italian Studies 18 (1963), S. 19–32.
107 Walter Hinck: Gryphius und die italienische Komödie. Untersuchung zum „Horribilicribrifax". In: Germanisch-Romanische Monatsschrift 13 (1963), S. 120–146.

der Tradition der englischen Wanderbühnen und des Fastnachtspiels bzw. ironisiert diese,[108] *Dornrose* und der *Schwermende Schäfer* partizipieren an der arkadischen Tradition des Schäferspiels, *Majuma*, das enkomiastische ‚Freuden-Spiel', ist mit einer komischen Nebenhandlung versehen; auch hier liegt die Adaptation einer italienischen Vorlage vor (die Oper *La Flora* Andrea Salvadoris, 1628).[109] Nicht umsonst weist Gryphius jeder seiner Komödien – im weiteren Sinne[110] – spezifische Gattungsbezeichnungen zu, die als Subgattungen das gesamte Spektrum der Makrogattung Komödie/Lustspiel abdecken. Insofern ist die Übersetzung der *Balia* ein wichtiger Bestandteil des Gryph'schen Dramen-Œuvres, das auf eine werkpolitisch motivierte Gesamtkonzeption schließen lässt.

---

108 Dazu Volkhard Wels: Der theologische Horizont in Andreas Gryphius' *Absurda comica*. In: Arend (Anm. 9), S. 371–402.
109 Vgl. den Beitrag von Achim Aurnhammer in diesem Band.
110 „Der Begriff *comoedia* meint im frühneuzeitlichen Gebrauch noch bis weit ins 17. Jahrhundert hinein zunächst nicht mehr als ein beliebiges ‚Schauspiel', das gut endet." Stockhorst (Anm. 64), S. 33.

Marie-Thérèse Mourey
Andreas Gryphius' Verhältnis zur französischen Literatur

Imitatio oder Ironisierung?

Was Andreas Gryphius' Verhältnis zur französischen Literatur betrifft, offenbart ein gründlicher Forschungsüberblick sachliche Lücken: Bis heute existiert keine umfassende, die jeweiligen Aspekte zusammenfassende Studie zu diesem spezifischen Thema. Die Frage der Rezeption der französischen Literatur durch Gryphius wird allenfalls bei der Behandlung einzelner seiner Werke berührt, aber nicht systematisch ins Auge gefasst. Das Gleiche gilt generell für Gryphius' Verhältnis zu den ausländischen (italienischen, englischen, niederländischen, evtl. auch spanischen) Literaturen seiner Zeit.[1]

Im begrenzten Rahmen eines Beitrags ist es unmöglich, diese Lücke zu füllen; es wird daher lediglich versucht, über eine bloße Bestandsaufnahme hinaus auf ein paar wichtige Fakten hinzuweisen, Stichworte zu nennen und einige Hypothesen zu wagen. Dabei sollte die Betrachtung auf das Verhältnis der deutschen Autoren des 17. Jahrhunderts überhaupt – insbesondere der Schlesier – zu den politischen, literarischen und kulturellen Kontexten in Frankreich erweitert werden. Über die Frankreichreise von Martin Opitz 1630 ist einiges bekannt, wie auch über die Kavalierstour von Christian Hoffmann von Hoffmannswaldau im Jahre 1640. Zu berücksichtigen wäre auch prinzipiell Gryphius' profunde Kenntnis der französischen Literatur, die auch Daniel Casper von Lohenstein und Johann Christian Hallmann teilten. Hier geht es darum, diese besondere Schriftstellerkonstellation neu zu perspektivieren und dabei Gryphius' eigentümliche literarische Selbstpositionierung ins Licht zu rücken.

---

[1] Vgl. Hans Kuhn: Gryphius als Übersetzer und Bearbeiter. In: Gryphius-Handbuch. Hg. von Nicola Kaminski und Robert Schütze. Berlin, Boston 2016, S. 594–603. Der Autor befasst sich am Beispiel von Bearbeitungen aus dem Holländischen vor allem mit metrischen bzw. sprachlichen Aspekten von Gryphius' Übersetzungsarbeiten.

https://doi.org/10.1515/9783110664898-023

1 Leben und Literatur

Trotz der widersprüchlichen Angaben zu Gryphius' Biographie bei Stosch und Stieff (in beiden Datierungen fehlt ein Jahr)[2] ist mit ziemlicher Sicherheit auszumachen, dass Andreas Gryphius in der zweiten Hälfte des Jahres 1644 Frankreich bereiste, und zwar für eine relativ kurze Zeit – allenfalls ein paar Monate, von Juli bis zum Ende des Jahres. Es folgte die wohl längere Reise durch Italien und insbesondere nach Rom, bevor die Rückkehr in die schlesische Heimat über Straßburg führte.[3] Hauptstationen seiner Frankreich-Reise waren drei Städte: Paris, Angers und Marseille. Frankreich befand sich damals in einer höchst unsicheren „Übergangszeit"[4], war doch Kardinal Richelieu im Dezember 1642 gestorben; König Ludwig XIII. war ihm nach nur wenigen Monaten im Mai 1643 gefolgt, und an der Spitze des Staates befand sich nun, an der Seite der verhassten Anne d'Autriche, die bis 1661 anstelle des noch minderjährigen Königs Ludwig XIV. regierte, ein Italiener, Kardinal Mazarin. Dessen politische Strategie war noch nicht festgelegt, zumal er mit den Verschwörungen und Kabalen von Gaston d'Orléans (dem Bruder des verstorbenen Königs) zu rechnen hatte. Im Jahre 1642 war der junge François de Thou wegen indirekter Unterstützung einer Verschwörung gegen die königliche Zentralmacht öffentlich hingerichtet worden. Auch in den französischen Provinzen war die politische Situation sehr gespannt, es erhoben sich zahlreiche Aufstände. In Paris besah sich Gryphius die Bibliothek von Kardinal Richelieu, wie es bereits vor ihm seine Landsleute Opitz (1630)[5] und Hoffmannswaldau (1640)[6] getan hatten. Letzterer war durch die Gebrüder Jacques und Pierre Dupuy in die gelehrten Zirkel der französischen Hauptstadt eingeführt worden und verfasste kurz darauf einige satirisch-erbauliche Epigramme (die um ca. 1643 datierbaren *Poetischen Grabschriften*) auf die führenden politischen Figuren Frankreichs, Richelieu, Ludwig XIII., den

---

[2] Siehe hierzu die Erklärungen von Nicola Kaminski: Andreas Gryphius. Stuttgart 1998, S. 34–37.
[3] Die Widmung zum Drama Leo Arminius, vom 31. Oktober 1646 datiert, wurde in „Argentorati" geschrieben, i.e. Straßburg. Ende Mai 1647 erfolgte die Rückreise. Siehe Kaminski (Anm. 2), S. 36 ff.
[4] Willi Flemming: Andreas Gryphius. Eine Monographie. Stuttgart 1965, S. 49.
[5] Klaus Garber: Im Zentrum der Macht. Martin Opitz im Paris Richelieus. In: Wege in die Moderne. Historiographische, literarische und philosophische Studien aus dem Umkreis der alteuropäischen Arkadien-Utopie. Hg. von Stefan Anders, Klaus Garber und Axel Walter. Berlin, New York 2012, S. 183–222.
[6] Lothar Noack: Christian Hoffmann von Hoffmannswaldau (1616–1679). Leben und Werk. Tübingen 1999 (Frühe Neuzeit 51), S. 109–114.

Marschall von Ancre Concini usw.[7] Ob Gryphius ebenfalls das Hôtel der Marquise von Rambouillet besuchte, um an der „neuen Art von Geselligkeit" Anteil zu nehmen, wie Flemming behauptet[8] (gemeint ist die galant-preziöse Geselligkeit), ist jedoch nicht belegt, ebensowenig ein vermuteter Besuch bei Hugo Grotius.[9] Der wohl kurze Aufenthalt Gryphius' in Angers ist hingegen durch ein Sonett dokumentiert, *Über Maria Henriettas Einzug in Angers 1644*. Die (katholische) Gattin des englischen Königs Karl I. Stuart, Schwester des verstorbenen Ludwig XIII., hatte vor dem Bürgerkrieg aus England fliehen müssen.[10] Ihr Gatte sollte bald vom englischen Parlament verurteilt und hingerichtet werden. Im Sonett thematisiert Gryphius den unangreifbaren, weil sakralen Charakter der königlichen Majestät. Im Gegensatz zu den vielen Rom-Gedichten[11] zeugen sonst wenige Gedichte von dieser Frankreich-Reise, wie Thomas Borgstedt im Nachwort zu seiner Gedichtedition bemerkte: nur ein kritisches Epigramm, *Auf seine vergebens vorgenommene Reise in Franckreich* betitelt, „das die konfessionelle Unterdrückung der Hugenotten thematisierte",[12] vielleicht eine Analogie zu der Situation in der Heimat,[13] vielleicht auch auf die politische Situation in Frankreich gemünzt, waren doch die protestantischen ständischen Vertretungen von der Zentralmacht unterdrückt.

Was Gryphius' Kenntnisse der französischen Literatur angeht, so sind letztere erwiesen, und zwar nicht nur der fiktionalen Literatur, wie der Rückgriff auf den Bericht von Claude Malingre de Saint Lazare als Quelle für den Stoff seines Trauerspiels *Catharina von Georgien* belegt.[14] Auch die wörtlichen Entlehnungen

---

7 Zu den *Poetischen Grabschriften* vgl. Marie-Thérèse Mourey: Poésie et éthique au XVIIe siècle. Les „Traductions et Poèmes allemands" de Christian Hoffmann von Hoffmannswaldau (1616–1679). Wiesbaden 1998 (Wolfenbütteler Arbeiten zur Barockforschung 30), S. 311–327, 336–341.
8 Flemming (Anm. 4), S. 49.
9 Ebd., S. 51. Die Vorrede zum 4. Buch der Oden von Gryphius enthält ein Lob des großen Juristen und Dramatikers.
10 Andreas Gryphius: Gesamtausgabe der deutschsprachigen Werke. Bd. 1: Sonette. Hg. von Marian Szyrocki und Hugh Powell. Tübingen 1963, S. 73 f. Dazu Erich Trunz: Auf den Einzug der durchläuchtigen Königin Mariae Henriettae in Angiers den 14. augusti anno 1664. In: Weltbild und Dichtung im deutschen Barock. Sechs Studien. Hg. von dems. München 1992, S. 97–104.
11 Siehe den Beitrag von Jörg Robert in diesem Band.
12 Thomas Borgstedt: Nachwort. In: Andreas Gryphius: Gedichte. Hg. von Thomas Borgstedt. Stuttgart 2012, hier S. 209. Das Epigramm ist ebd., S. 140 abgedruckt.
13 So Flemming (Anm. 4), S. 51.
14 Claude Malingre: Histoires tragiques de nostre temps. Dans lesqvelles se voyent plusieurs belles maximes d'Estat, & quantité d'exemples fort memorables, de constance, de corage, de generosité, de regrets, & repentances. Paris 1635, Nr. 16. Dazu Eugène Susini: Claude Malingre,

aus *L'Illusion comique* (1635) und dem *Cid* (1637) von Pierre Corneille, die uns in Gryphius' Komödien *Horribilicribrifax* und *Verliebtes Gespenst* begegnen, lassen keinen Zweifel an Gryphius' Sprachkenntnissen aufkommen: Ihm ist keine Pointe in den Dramen entgangen. Bereits in Danzig, bei Johannes Mochinger, und später bei seinem Gönner Georg von Schönborn, dürfte er die französische Sprache gelernt und geübt haben.

2 Die französische Literaturlandschaft in der ersten Hälfte des 17. Jahrhunderts

Zu den Rahmenbedingungen der Literaturlandschaft in Frankreich gehört die frühe Institutionalisierung des literarischen Feldes. Im Jahre 1635 war die Académie française von Kardinal Richelieu gegründet worden. Zu deren Aufgaben gehörte es, über die Konformität literarischer Werke nach bestimmten Kriterien der Poetik normativ zu urteilen.[15] Somit wurden Mechanismen der literarischen Kanonbildung institutionell in Gang gesetzt. Das Paradebeispiel lieferte bereits 1637 der sog. „Cid-Streit" um das ‚irreguläre' Drama (eine „tragi-comédie") von Pierre Corneille.[16] Während Georges de Scudéry die Unvollkommenheit der Sprache rügte, denunzierte es Jean Mairet als Plagiat – war doch der Stoff aus einer spanischen Quelle entlehnt. Die von Jean Chapelain und dem ersten Sekretär der neu gegründeten Akademie Valentin Conrart formulierten, offiziellen *Sentiments de l'Académie Française sur la tragi-comédie du Cid* (November 1637) markierten mit ihrer gemäßigten Kritik an den modernen, innovativen Formen eine Wende im literarischen Leben Frankreichs und die langsame Entstehung einer einheitlichen „doctrine classique".[17]

Ein sehr kurzer Überblick über die wichtigsten Namen der Zeit soll helfen, Gryphius in Bezug auf die französische Literatur besser einzuordnen: In der ersten Hälfte des Jahrhunderts sind zwei Autoren in der lyrischen Gattung tonangebend,

---

Sieur de Saint Lazare et son histoire de Catherine de Géorgie. In: Études Germaniques 23 (1968), S. 37–53.

15 Dazu Christoph Oliver Mayer: Institutionelle Mechanismen der Kanonbildung in der Académie française. Die Querelle des Anciens et des Modernes im Frankreich des 17. Jahrhunderts. Bern 2012.

16 Jean-Marc Civardi: Quelques critiques adressées au ‚Cid' de Corneille en 1637–1638 et les réponses apportées. In: L'information littéraire 54/1 (2002), S. 12–26.

17 Roger Zuber: Les „Belles Infidèles" et la formation du goût classique. Paris 1968 (2. Aufl. 1995).

wenn auch umstritten: Théophile de Viau (von ihm sollte Hoffmannswaldau um 1647 das ernste, epische Gedicht *La Mort de Socrate* [1619] übersetzen[18]), und Saint Amant (Marc Antoine Girard de Saint Amant). Théophile war das Sprachrohr der philosophisch und moralisch bedenklichen Strömung der „Libertins érudits".[19] Ihm wurde wegen seiner die Autorität von Staat und Kirche gefährdenden Schriften ein exemplarischer Prozess gemacht: Er wurde zum Exil verurteilt. In der dramatischen Gattung war Pierre Corneille einer der wichtigsten Vertreter, wohl aber nicht der einzige und noch nicht als ‚der beste' kanonisiert. Ebenso wichtig waren Tristan l'Hermite mit den bereits nach den Regeln der Gattung eingerichteten Tragödien *La Mariane* (1636) und *La mort de Sénèque* (1644), Jean Rotrou (*Le véritable Saint Genest*, 1644–46, ED 1647), Jean Mairet (*Sophonisbe*, 1634) und Jean Desmarets de Saint Sorlin (*Les Visionnaires*, 1637, 2. Aufl. 1639), beide übrigens Mitglieder der neu gegründeten Académie française. Als Hofdichter unter Richelieu verfasste Desmarets Textbücher zu Hofballets mit politischer Ausrichtung, so im Jahre 1642 das *Ballet de la prospérité des armes de la France*.[20] Tristan l'Hermite, Mairet und Desmarets de Saint Sorlin waren wichtige Quellen, die etwas später Lohenstein in seinem Dramenwerk (zumal in *Epicharis*) zu überbieten suchte,[21] von Hallmann und seiner *Mariamne* (1669/70) ganz zu schweigen.[22] In der

---

18 Théophile de Viau: Le traicté de l'immortalité de l'âme, ou la mort du Socrate. In: Les œuvres de Theophile, divisées en trois parties, Paris 1621. Nachdruck in: Oeuvres complètes de Theophile de Viau. Hg. von Guido Saba. Paris 1984. Zu Theophiles Werk: Jean-Pierre Chauveau: Le Traicté de l'immortalité de l'âme ou la Mort de Socrate. In: Théophile de Viau. Actes du colloque du CMR 17. Hg. von Roger Duchêne. Paris u. a. 1991 (Biblio 17), S. 45–61. Zu Hoffmannswaldaus Übertragung, siehe Mourey: Poésie et éthique (Anm. 7), S. 211–230.
19 Dazu immer noch grundlegend: René Pintard: Le libertinage érudit dans la première moitié du XVIIe siècle. Paris 1943 (Nachdruck Genf 1983).
20 Desmarets de Saint Sorlin: Théâtre complet. Hg. von Claire Chaineaux. Paris 2005 (Sources classiques 64).
21 Pierre Béhar: Silesia Tragica. Épanouissement et fin de l'école dramatique silésienne dans l'œuvre de Daniel Casper von Lohenstein (1635–1683). Wiesbaden 1988 (Wolfenbütteler Arbeiten zur Barockforschung 18), S. 113–116.
22 Hallmann dürfte mehrere literarische Vorlagen des Stoffes gekannt haben. Erwiesen ist seine Kenntnis von Gautier de Coste de La Calprenède: La Cléopâtre. Paris 1646 sowie von Scudéry (eigentlich Madeleine de): Les Femmes Illustres ou les Harangues Historiques. Paris 1642. In seiner Ausgabe von Hallmanns Tragödie erwähnt Gerhard Spellerberg Tristan L'Hermites *Mariane* (1637) als mögliche Quelle nicht (*Mariane*. Stuttgart 1973, S. 150 f.). Es scheint jedoch unwahrscheinlich, dass Hallmann, der in Breslau lebte und zu den Bibliotheken der beiden Gymnasien (Sankt Elisabeth und Maria Magdalenae) Zugang hatte, und der außerdem mit Lohenstein rivalisierte, das Werk nicht gelesen hätte.

Prosa hatten die galanten Romane von Honoré d'Urfé (*L'Astrée*, 1607–1627),[23] La Calprenède (*Cassandre*, 1642–45, *La Cléopâtre*, 1648–58) und Madeleine de Scudéry (*Ibrahim ou l'illustre Bassa*, 1641–44, 1645 von Philipp von Zesen übersetzt) einen anhaltenden Erfolg. Dabei darf man die von Charles Sorel oder Paul Scarron vertretene komische Tradition nicht vergessen, ebenso wenig die so wichtige Form der „Harangues héroïques", mit Scudérys *Les Femmes Illustres ou les Harangues Héroïques* 1642, oder Pierre Le Moynes 1647 gedruckte *Galerie des Femmes fortes*.

Über eine bloße Aufzählung hinaus stellt sich die Frage der Art und Weise, wie diese zeitgenössische französische Literatur von Gryphius rezipiert wurde: Erfolgte sie direkt oder über Vermittler? Beispielsweise ist es erwiesen, dass im Sommer 1644 aus verschiedenen Gründen keine theatralischen Darbietungen in Paris stattfanden (außer in der italienischen Komödie),[24] im Gegensatz zu der Situation in Amsterdam, wo das „Nederlandsche Schowburg" 1638 eröffnet worden war und Gryphius das neueste niederländische Theater erleben konnte.[25] Oder lernte er die internationale Literatur im Zuge seiner Übersetzungen und Übertragungen kennen? Ist bei Gryphius eine produktive Aneignung fremder Vorbilder erkennbar und wenn ja, wie?

3 Gryphius' literarische Produktion

Nach der frühen Veröffentlichung von eigenen Gedichten in Lissa und Leiden (*Lissaer Sonette* 1637, *Son- und Feyrtags-Sonnette* 1639, *Sonette, Oden, Epigramme* 1643) galt Gryphius' Ehrgeiz zunächst der dramatischen Gattung. Sein erstes Stück, das Trauerspiel *Leo Armenius*, verfasste er in Straßburg nach dem Vorbild des lateinischen Dramas des Jesuiten Joseph Simon. Zentral für diese Zeit und für den jungen Schlesier war die Auseinandersetzung mit der Gattung des Märtyrerdramas,[26] und speziell mit Corneilles 1640 aufgeführter und 1643 erstmals

---
[23] Renate Jürgensen: Die deutschen Übersetzungen der „Astrée" des Honoré d'Urfé. Tübingen 1990 (Frühe Neuzeit 2).
[24] Die Truppe des Hôtel de Bourgogne beherbergte italienische Komödianten, das Hôtel du Marais wurde im Januar 1644 durch Feuer zerstört, Molière kam erst im Oktober 1644 mit seinem *Illustre Théâtre* nach Paris, sein Unternehmen ging aber unter und er zog wieder in die Provinz. Möglich gewesen wären Darbietungen im Jeu de Paume, aber Flemming zufolge (Anm. 4, S. 49) war der Zeitpunkt eher ungünstig.
[25] Kaminski (Anm. 2), S. 33.
[26] Siehe Elida Maria Szarota: Künstler, Grübler und Rebellen. Studien zum europäischen Märtyrerdrama des 17. Jahrhunderts. Bern 1967, S. 190–215.

gedruckter Tragödie *Polyeucte*. Gerade in seiner Vorrede zu *Leo Armenius* erweist sich Gryphius als kritischer Leser des jungen Corneille[27] (wobei er übrigens dessen Namen verschweigt), nicht etwa, was die Sprache oder den Stil angeht, sondern in Bezeug auf die Postulate, die Figurenkonstellation und die Gesamtausrichtung. Ihm wirft er sowohl einen Mangel an historischer Treue vor – genau diese Wirklichkeitstreue beansprucht er für sich, denn Wahrscheinlichkeit ist ihm nicht gut genug – als auch die Hybridität des Dramas. Am schlimmsten scheint ihm wohl die ungebührliche Vermischung einer Liebesintrige mit der Staatshandlung zu sein: eine „Ketzerey", die außerdem bei den Alten völlig unbekannt sei. Für Thomas Borgstedt ist Corneilles „tragédie chrétienne" *Polyeucte Martyr* ein Beispiel für eine „politische Säkularisierung" des Märtyrertums. Dagegen (und wohl gegen die neustoizistisch gefärbte Affektbeherrschung) gestaltete Gryphius ganz bewusst seine *Catharina von Georgien* im Sinne einer „Poetik der Sakralisierung".[28] Dies bedeutet, dass Gryphius mit seiner „starken Frau" die Perspektive seines literarischen Vorbilds völlig umkehrte – womöglich orientierte er sich dabei an Pierre Le Moynes *Femmes fortes*. Ähnliches ist für die Bearbeitung des Stoffes von *Leo Armenius* festgestellt worden. In seinem letzten dramatischen Werk, *Großmüthiger Rechtsgelehrter oder sterbender Aemilius Paulus Papinianus* (1659), verweist der Schlesier in den Anmerkungen zur 5. Abhandlung auf eine französische Quelle, die *Histoires mémorables et tragiques de notre temps* (1614, 1619) von François Rosset, ein erbauliches Erfolgswerk, das Claude Malingre de Saint Lazare ein Vorbild für seine eigenen *Histoires tragiques* (1635) lieferte. Gryphius kennt das Buch wohl im Original (es erlebte nicht minder als vierzig Editionen), wenn er auch daraus „in Mangel deß französischen Buches"[29] nur in der Übersetzung von Martin Zeiller zitiert. Für die fünfte Edition des *Theatrum tragicum* verfertigte übrigens Martin Opitz kurz vor seinem Tode eine Adaption des Textes, „darinnen die deutschen Reimen gantz anders gemacht".[30] Die 19. Historia (in Zeillers

---

27 Florent Gabaude: Andreas Gryphius, lecteur critique du premier Pierre Corneille. In: Pierre Corneille et l'Allemagne. Hg. von Jean-Marie Valentin. Paris 2007, S. 134–152.
28 Thomas Borgstedt: Andreas Gryphius. Catharina von Georgien. Poetische Sakralisierung und Horror des Politischen. In: Interpretationen. Dramen vom Barock bis zur Aufklärung. Stuttgart 2000, S. 37–66; ders.: Angst, Irrtum und Reue in der Märtyrertragödie. Andreas Gryphius' „Catharina von Georgien" vor dem Hintergrund von Vondels „Maeghden" und Corneilles „Polyeucte Martyr". In: Text und Konfession. Neue Studien zu Andreas Gryphius. Hg. von Thomas Borgstedt und Knut Kiesant. Daphnis 28/3–4 (1999), S. 563–594.
29 Andreas Gryphius: Großmüttiger Rechts-Gelehrter/ oder Sterbender Aemilius Paulus Papinianus. Stuttgart 1965, S. 134.
30 Theatrum Tragicum, oder traurige Geschichten. Mit vielen alten und newen wahrhafften Geschichten vermehret [...] durch Martinum Zeillerum. Die Fünffte Edition darin[n]en die Deutsche Reimen gantz anders gemacht / Von dem Edlen vnd Ehrnvesten H. Martin Opitz von

Fassung) erwähnt den kuriosen Fall eines von einem Unwetter getroffenen Lorbeerbaums als Exemplum, das eine geistliche Botschaft transportiert („wunderliche und seltsame Sachen/ als Vorläuffer deß Zorns Gottes"). Im Original jedoch ist der Zorn Gottes eine verdiente Strafe für das schlimme Vergehen der Hauptfigur, die Sünde der *superbia* (die Erzählung ist übrigens eine Variation der Geschichte von Faustus und dem Pakt mit dem Teufel), während Papinian bei Gryphius als starker Mann mit stoischem Gleichmut dem Tod entgegentritt und als Unschuldiger für seine Beständigkeit und Tugend bestraft wird, was der Reyen der Frauen beklagt. Sein Ende ist ein paradigmatisches Beispiel für „das freche Glück." Auch hier verfährt Gryphius somit durch Umkehrung des ursprünglichen Sinns seiner Vorlage.

Ein zweiter Fokus auf Gryphius' Werke, auf die Komödie *Verliebtes Gespenst* (1660), verweist den Leser auf Philippe Quinaults „tragi-comédie" *Le Fantôme amoureux* (1656 aufgeführt, Erstdruck 1657), nach dem Spanischen *El Galan Fantasma* von Calderón de la Barca (1637).[31] Übrigens relativiert diese Entlehnung den Begriff der ‚französischen' Literatur, bestand doch ein großer Teil der zeitgenössischen Literatur in Frankreich, zumal in der dramatischen Gattung, aus Übertragungen aus dem Spanischen. Auf Grund der Titelgleichheit hat man Gryphius' Komödie lange für eine Übersetzung des französischen Vorbilds gehalten. Eberhard Mannack hingegen hielt das Stück für eine „weitgehend selbständige Schöpfung" des Dichters,[32] wohl auf Grund einer späten Datierung von Quinaults Vorlage, wenn auch „eine Beeinflussung des Schlesiers durch das Stück des Franzosen" nicht ausgeschlossen war.[33] Bei Gryphius hat das „Hochzeitsfest" bzw. „Gesangspiel" einen ganz anderen Status, von den Unterschieden in der Komposition und in der Figurenkonstellation sowie in der Auffassung des Gespensterspiels ganz zu schweigen. Wichtig ist die Figur des deutsch-französisch radebrechenden und dadurch komisch wirkenden Cassander, ähnlich wie die Figur des Daradiridatumtarides in *Horribilicribrifax*. Von der Forschung übersehen wurde allerdings

---

Boberfeldt. Dantzigk, Hünefeldt 1640. Herzog August Bibliothek: http://diglib.hab.de/drucke/xb-6666/start.htm. (zuletzt: 19. Mai 2019). Die von Gryphius exzerpierte Stelle befindet sich auf S. 578200Af.

31 Thomas Best: Calderon's Galan Fantasma, Quinault's Fantôme amoureux und Gryphius' Verliebtes Gespenst. In: Der Buchstab' tödt, der Geist macht lebendig. Festschrift für Hans Gert Roloff. Hg. von James Hardin u. a. Bern 1992, S. 283–296.

32 Eberhard Mannack: Nachwort. In: Andreas Gryphius: Verliebtes Gespenst. Die geliebte Dornrose. Hg. von Eberhard Mannack. Stuttgart 1985, S. 108. Siehe auch Kaminski (Anm. 2), S. 188–194 sowie Robert Schütze: Verlibtes Gespenst/ Die gelibte Dornrose. In: Kaminski und Schütze (Anm. 1), S. 381–399.

33 Eberhard Mannack: Kommentar. In: Andreas Gryphius: Dramen. Hg. von Eberhard Mannack. Frankfurt am Main 1991, S. 851–1317, hier S. 1250.

die Tatsache, dass einige französische Verse aus Gryphius' Komödie (z. B. „helas ce sont des visions, des histoires tragiques [...] per certains traicts tragiques")[34] aus Desmarets de Saint Sorlins Stück *Les Visionnaires* (1637) entnommen wurden – der Autor wiederum hatte auf Pierre Corneilles frühes Drama *L'Illusion comique* (1635–36) zurückgegriffen. Dabei hat Gryphius nicht nur willkürlich einige Ausdrücke und Klischees übernommen, sondern direkt und gezielt aus dem Dramenwerk beider Autoren zitiert, wenn auch in verschlüsselter Form und in einer übertriebenen, grotesken Dimension. So ist die Figur des Daradiridatumtarides im *Horribilicribrifax* eine Neuschöpfung des Matamore aus der *L'Illusion comique*. Andere Zitate[35] – und das ist überraschender – belegen Gryphius' Kenntnis von Saint Amants berühmtem Gedicht *Les Visions*; der zweite Teil von Saint Amants poetischem Œuvre war gerade 1643 in Paris erschienen. Dieser Text behandelt das Thema des Übernatürlichen, der angsteinflößenden, fantastischen Träume und Visionen mit grausigen Gespenstern geradezu grandios. Gryphius hatte auch von anderen, heute in Vergessenheit geratenen ‚minderwertigen' Autoren Kenntnis.[36] Wörtliche Zitate, Entlehnungen und intertextuelle Verweise, die jeweils ganz akkurat gebraucht, jedoch nicht erläutert werden (denn Gryphius hat seinem Text für den Druck keine Anmerkungen hinzugefügt), fungieren daher als Marker für ein elitäres, kompetentes Publikum, das im Idealfall in der Lage ist, die Vorlage zu erkennen, den Sinn der Aussage zu dekodieren und die ironische Brechung der Übernahme wahrzunehmen. Das Verhältnis von Text und Prätext sollte daher gründlich überdacht werden, ebenso Form und Grad der Intertextualität.[37]

Ein dritter, exemplarischer Fokus sei erlaubt, und zwar auf Gryphius' satirisches Schäferspiel *Der schwermende Schäffer* (1663), nach der „Pastorale

---

34 Verliebtes Gespenst (Anm. 32), S. 74.
35 Ebd., 3. Aufzug, S. 57: „les cheveux hérisséz", „Fort tristement vêtu d'un long drap mortuaire." Siehe Saint Amant: Les Visions, v. 15–23: „Moy, qu'un sort rigoureux outrage à tout propos/ [...] Les cheveux herissez, j'entre en des resveries/ de contes de sorciers, de sabaths, de furies; [...] Ce fantosme leger, coiffé d'un vieux suaire,/ Et tristement vestu d'un long drap mortuaire/ A pas affreux et lents s'approche de mon lit [...]."
36 Ebd., S. 30, „ne raille point, Amy." Aus: Le Déniaisé, Komödie von Gillet de la Tessonerie, Paris 1647.
37 Dazu Robert Schütze (Anm. 32), S. 388, der eine „allgemeine Typologie barocker Intertextualität" für ein Forschungsdesiderat hält. Schütze betont, dass „Gryphius sich weder im Wortmaterial noch in der Handlungsstruktur signifikant an seine Prätexte anlehnt, [daß er] vielmehr einzelne Elemente herausgreift, die de- und rekontextualisiert ebenso einer Resemantisierung unterliegen" (ebd.).

burlesque" von Thomas Corneilles *Le Berger Extravagant* (1652),[38] der selber einen Roman von Charles Sorel (1627) für die Bühne umgearbeitet hatte. Und Sorel, der sich formal an das Vorbild des *Don Quijote* angelehnt hatte, verulkte die modischen französischen Schriftsteller und ihre unnötigen, frechen Werke.[39] Die Verdeutschung durch Gryphius zeigt, dass er konkrete Anspielungen auf die französische Gegend der „Brie" (unweit von Paris) durch allgemeine Ortsangaben – einen *locus amoenus* – und manchmal durch einen Hinweis auf einen kleinen Fluss in Schlesien ersetzt hat; somit hat er sein Werk der Gelegenheit, einer Aufführung am Hofe der Piasten, angepasst. Trotz einiger Fehler (manche verschlüsselte Anspielungen auf Gestalten von *L'Astrée*, von *Virgile Travesti* von Scarron bzw. *Sylvie* von Mairet hat er nicht entziffert) ist es Gryphius meisterhaft gelungen, in diesem satirischen Schäferspiel den manieristischen Stil mit Oxymora, preziösen Bildern und Übertreibungen wiederzugeben.[40] Henri Plard lobt die Virtuosität des Übersetzers, der die komische Kraft des Originals gesteigert habe, hält das Werk jedoch für eines der schwächsten von Gryphius – wohl weil er die Übersetzung prinzipiell als minderwertig einstuft.[41]

Weniger bekannt ist ein Text von Gryphius, auf den im Folgenden kurz einzugehen ist. Zur deutschen Übersetzung des Romans *Ariane* (1632) von Desmarets de Saint Sorlin, die 1644 in Leiden erschienen war (Übersetzer war Georg Andreas Richter),[42] verfasste er ein langes Widmungsgedicht in Alexandrinern, das vom 28. Februar 1644 datiert (d. h. wenige Wochen vor Gryphius' Abreise aus Leiden), mitgedruckt wurde.[43] Kurz zuvor, 1643, hatte der Nürnberger Georg Philipp Harsdörffer unter dem Titel *Japeta. Heldengedicht. Im Holsteinischen Parnasso durch die Muse Calliope gesungen* Desmarets „heroische Komödie" *Europe*

---

[38] Henri Plard: Der schwermende Schäfer. In: Die Dramen des Andreas Gryphius. Eine Sammlung von Einzelinterpretationen. Hg. von Gerhard Kaiser. Stuttgart 1968, S. 363–379. Siehe auch Bernhard Jahn: Der Schwermende Schäffer. In: Kaminski und Schütze (Anm. 1), S. 347–356 sowie Irmgard Scheitler: Der deutschsprachige *Berger Extravagant*. In: Germanisch-Romanische Monatsschrift 67 (2017), S. 21–45.
[39] Charles Sorel: Le Berger Extravagant, ou Parmy des Fantaisies amoureuses on void les impertinences des Romans & de Poësies. Paris 1627.
[40] Davon zeugt übrigens auch das parodistische Gedicht: Capitain Schwermer. An die Schönste und Edelste dieser Welt. In: Gesamtausgabe der deutschsprachigen Werke. Bd. 3: Vermischte Gedichte. Hg. von Marian Szyrocki. Tübingen 1964, S. 192–196.
[41] Vgl. Plard (Anm. 38), S. 363–379.
[42] Ingeborg Springer-Strand: „Von der schönen ARIANA. Eine sehr anmüthige Historij (1643)" – Zur ersten Übersetzung von Desmarets „Ariane". In: Daphnis 8 (1979), S. 339–349.
[43] Wiederabgedruckt in: Gesamtausgabe der deutschsprachigen Werke. Bd. 3: Vermischte Gedichte (Anm. 40), S. 176–179.

übersetzt bzw. bearbeitet. Am Ende seines Gedichts verkündet Gryphius in einer rätselhaften Formulierung:

> Wofern mir Clotho nicht die Feder wird entzücken/
> Wil ich Eusebien nach Ariana schicken.[44]

Der sehr lange, historisch-erbauliche Roman von Desmarets (die Handlung spielt unter Kaiser Nero zur Zeit der Christenverfolgung) mit zahlreichen eingeflochtenen Binnenepisoden handelt von Liebessachen, jedoch nicht in einer primär ‚galant-frivolen' Ausrichtung. Vielmehr zeigt sich der Autor um Moralisierung der Liebe bemüht; und die Liebesgeschehnisse sind (wie bereits in *Arcadia* und *Argenis*) mit politischen Lehren verbunden. Die dargestellten Affekte werden von Gryphius nach theologischen Maßstäben beurteilt. Für ihn hat die Liebesleidenschaft hauptsächlich als Unzucht und Geilheit zu gelten; die Mode der galant-preziösen, unpolitischen Dichtung, die ab der Mitte des 17. Jahrhunderts triumphierte, war ihm wohl ein Dorn im Auge.[45] Dagegen gelten Desmarets Hauptfiguren, Ariana und Melintes, als Muster eines tugendhaften Herrscherpaars („Spiegel keuscher Zucht"), das in den Banden der Ehe lebt. Und die von dem jungen Gryphius geplante „Eusebie" (die Fromme) sollte also eine ähnlich tugendhafte Frauenfigur sein – vielleicht sind daraus die „Eugenien-Sonette" entstanden.[46] Das am Ende der Vorrede angekündigte Vorhaben, als deutscher Dichter ein großes Werk zu verfassen, in welchem er das Leiden seines Vaterlandes verarbeiten würde („Wofern ein Deutscher auch was tauglichs schreiben kann"), verwirklichte Gryphius jedoch nicht.[47]

---

44 Ebd., S. 179.
45 Vgl. Anne Wagniart: Zur politischen Funktion der Narren aus Liebe bei Gryphius, Hallmann und Lohenstein. In: Der Narr in der deutschen Literatur im Mittelalter und in der Frühen Neuzeit. Hg. von Jean Schillinger. Bern u. a. 2009 (Jahrbuch für internationale Germanistik 69), S. 205–234.
46 Zu Gryphius' Liebeslyrik siehe Andreas Solbach: Gryphius und die Liebe. Der poeta als amator und dux in den Eugenien-Sonetten. In: La poésie d'Andreas Gryphius (1616–1664). Hg. von Marie-Thérèse Mourey. Nancy 2012 (Le texte et l' idée), S. 35–46.
47 „Nimm dann / mein Vaterland / nimm an das werthe Pfand / | Das einer übergibt / der die Gelehrte Hand | Zu deinem Dienst verpflicht: [...] Wofern mir Clotho nicht die Feder wird entzücken: | Will ich Eusebien nach Ariana schicken: | Die meiner Zeiten Weh' und unerhörte Noth / | Und umgekehrte Kirch' / und Untreu wider Gott / |Und Zancksucht herber Jahr / und Lastervoll Gewissen | Das solches fromm seyn schminckt / und was wir noch verschliessen / | (*Wofern ein Deutscher auch was tauglichs schreiben kann /*)| Dir klar entwerffen sol." (V. 93–106). Hervorhebung M.-T.M.

4 Vorbild, *imitatio*, Ironisierung

Andreas Gryphius' Kenntnisse der französischen Literatur sind viel breiter als bislang angenommen – sein Wissen war enorm. Von diesen Vorbildern hat er zweifelsohne unzählige Impulse empfangen, jedoch keineswegs im Sinne einer bedingungslosen Bewunderung und undistanzierten Nachahmung und Übernahme. Vielmehr kennzeichnet seine Haltung (soweit man sie zu erfassen vermag) ein ambivalentes Verhältnis zur französischen Kultur überhaupt, zwischen Anerkennung der erbrachten Leistungen und kritischer Lektüre, ja Abneigung und dezidierter Umorientierung. Das Gleiche gilt übrigens auch für die deutsche Literaturszene seiner Zeit, die er nicht eben positiv beurteilte, außer seinen Freund Hoffmannswaldau. Gryphius' literarisches Selbstbewusstsein war sehr früh und sehr stark ausgeprägt; als er sich in Frankreich aufhielt, war er kein Anfänger mehr, sondern konnte bereits wichtige eigene Publikationen verzeichnen. Dass er sich an den großen zeitgenössischen Vorbildern, den ausländischen wie auch den deutschen und neulateinischen, messen wollte, ist eindeutig. Das tat er, indem er sie zu überbieten suchte. Für die französische Literatur und die dramatische Gattung war der Hauptvertreter Corneille, sowohl im Tragischen wie auch im Komischen. Für die deutsche Dichtung mag man Opitz nennen; von der durch seinen schlesischen Landsmann vorgeschlagenen Formenskala hat Gryphius kaum etwas ausgelassen, dennoch würdigt er nirgendwo den ‚Vater' der deutschen Dichtung, weder explizit noch implizit. Was die französische Literatur angeht, stellt Gryphius den Prozess einer gerade erst einsetzenden – und gar nicht bereits durchgesetzten – Kanonisierung der hohen Literatur im Lichte rein ästhetischer Kriterien stark in Frage und ironisiert möglicherweise die uneingeschränkte Bewunderung seiner Zeitgenossen für ein Vorbild, das in seinen Augen nicht als absolut zu gelten hat. Diese ambivalente Selbstpositionierung im literarischen Feld bleibt zu erforschen.

Ein anderer, wichtiger Aspekt ist Gryphius' Stellung zur *imitatio* durch Übersetzung bzw. Übertragung. Abermals in der Vorrede zu *Leo Armenius* begegnet uns am Ende ein kritischer Einwand („ein ander mag von der Außländer Erfindungen den Nahmen wegreissen und den seinen darvor setzen"),[48] der wahrscheinlich als ein kaum verschlüsselter Seitenhieb auf Opitz' Dramenübersetzungen nach Sophokles (*Antigone*) und Seneca (*Die Trojanerinnen*) zu deuten ist. Sonst verrät dieser Satz auch eine kritische Haltung der Übersetzung gegenüber, die ihm mehr Mühe

---

48 Andreas Gryphius: Leo Armenius. In: ders.: Dramen. Hg. von Eberhard Mannack. Frankfurt am Main 1991, S. 9–116, hier S. 13.

verursacht und Zeit geraubt als Vergnügen bereitet habe. Gewiss, diese Floskel findet man auch bei Hoffmannswaldau und bei anderen Autoren wieder. Als Folie dazu kann man jedoch einen Text lesen, *Breslau, die weit berühmte Stadt*, der 1679 in Brieg veröffentlicht wurde, dessen Widmung jedoch auf den 1.10.1677 datiert ist. Der anonyme Autor (Johann Andreas Mauersberger) rühmt die hervorragendsten schlesischen Dichter, darunter einen Dichter, „Fürst der Musen", dessen sinnreiche Gedichte der „Spanier Verstand", „die Anmuth der Frantzosen" und der Italiener „Scharffsinnigkeit" in einem seien. Überhaupt sei sein ganzes poetisches Werk an der ausländischen Dichtung orientiert.[49] Gemeint ist Hoffmannswaldau, der noch am Leben war und sogar das Amt des Ratspräses von Breslau bekleidete. Dessen Anlehnung an fremdsprachige Vorbilder wird im Text ausdrücklich gelobt, wohl weil er sie poetisch überboten hätte. Für seine Ausgabe ausgewählter Gedichte, die ebenfalls 1679, i.e. in seinem Todesjahr, erschien, hielt es der Dichter für nötig, eine Vorrede mit poetologischem Inhalt abzufassen. Diese „Gesamtvorrede"[50] trägt unverkennbar Züge einer intellektuellen Biographie, bietet sie doch eine rückblickende, teilweise selbstkritische Bilanz der eigenen poetischen Produktion. Das breit gemalte Panorama der europäischen Literaturen, das in einem patriotischen „Deutschen Parnaß" gipfelt, erweist sich eindeutig als der Versuch, aus der Geschichte der modernen Literatur eine Genealogie herauszuarbeiten. Zu dieser symbolischen Konstruktion mit identitärer Funktion gehört die Selbststilisierung und eigene Verortung zwischen Tradition und Innovation, zwischen den Ausländern und dem ‚Vater' Martin Opitz, dem Hoffmannswaldau ausdrücklich Anerkennung zollt.

Was für Hoffmannswaldau gilt, kann man eben für Gryphius nicht behaupten, und über die Gegensätze zwischen den beiden, miteinander befreundeten Dichtern stehen ausführliche Forschungen noch aus.[51] Nicht nur verzichtet Gryphius auf eine explizite poetologische Selbstaussage gänzlich; auch in Bezug auf den Stellenwert der literarischen Vorbilder drückt sich sein Konkurrenzdenken ganz anders aus. Er zeigt sich sehr früh als ein selbständig denkender und urteilender Schriftsteller, entwirft Gegenmodelle, überschreitet in Sprache und

---

[49] Johann Andreas Mauersberger: Breßlau. Die Weit-berühmte Stadt. Das Haupt Schlesiens, Brieg 1679. Digitalisat: http://gdz.sub.uni-goettingen.de/dms/load/img/?PID=PPN826937640 (Scan 39 f.; zuletzt: 17. Mai 2019).
[50] Klaus Günter Just: Zwischen Poetik und Literaturgeschichte. Christian Hofmann von Hofmannswaldaus „Gesamtvorrede". In: Poetica 2 (1968), S. 553–557. Der Ausdruck „Gesamtvorrede" wird wiederaufgenommen, um sie von den anderen Teilvorreden zu einzelnen Werken zu unterscheiden. Vgl. auch Marie-Thérèse Mourey: Poésie et éthique au XVIIe siècle (Anm. 7), S. 15–97.
[51] Zu dem jeweiligen Profil der beiden Dichter siehe den Beitrag von Thomas Borgstedt in diesem Band.

Stil nicht selten poetische Grenzen, entwickelt eine regelrechte Publikationsstrategie, die seinen Rang auf deutschem Boden besiegeln soll. Durch seine dezidierte Wendung zum Sakralen setzt er andere Akzente, sozusagen gegen den europäischen Mainstream der Säkularisierung, und versucht, sich an seiner eigenen, literarischen wie auch religiös-ethischen Identität zu orientieren, ein eigenes Ethos lutherischer Prägung zu behaupten und seinen singulären Status als deutscher, frommer, protestantischer Schriftsteller zu etablieren.

Anna Sebastian
Zum Einfluss der Übersetzungen Richard Bakers auf die theologische Konzeption der Sonn- und Feiertagssonette des Andreas Gryphius

1 Andreas Gryphius' Position innerhalb der Frömmigkeitsgeschichte

Im Fall von Andreas Gryphius ist es von essentieller Bedeutung, seine Texte in konfessionspolitischem und frömmigkeitsgeschichtlichem Kontext zu lesen. Dabei reicht das Spektrum der Forschungsmeinungen von der Ansicht, Gryphius sei als orthodoxer Lutheraner einzuordnen, über eine Verortung innerhalb der Mystik bzw. des Spiritualismus, bis hin zu der These, dass er eine überkonfessionelle Position vertrat.[1]

Gerade mit Blick auf die schwierige Interpretationslage seiner poetischen Texte verspricht ein anderer Text zusätzlichen Aufschluss. Es handelt sich um die Erbauungsschriften seines Zeitgenossen Sir Richard Baker (ca. 1568–1645), vornehmlich der *Meditations and disquisition upon the Lord's Prayer*, die Gryphius 1663 übersetzt, unter dem Titel *Frag-Stücke und Betrachtungen über das Gebett des Herrn* in Druck gab und mit einer Zuschrift sowie mit einer Leservorrede versieht.[2] Gryphius übersetzte dabei vermutlich nicht aus der Originalsprache, sondern mittelbar aus dem Niederländischen (*Meditatien oft overdenckingen, en gebeden*, Amsterdam 1651, 1655, 1663, 1670).[3]

Das Erbauungsbuch macht es sich zur Aufgabe, die Bedeutung der Worte Gottes, speziell des Vaterunsers, mit universalem Anspruch zu erläutern. In elf Kapiteln werden für die Zeit der konfessionellen Konflikte essentielle theologische Grundfragen behandelt. Von besonderer Relevanz sind nicht zuletzt

---

[1] Hans-Henrik Krummacher: Der junge Gryphius und die Tradition. München 1976, S. 477.
[2] Hugh Powell (Hg.): Die Übersetzungen der Erbauungsschriften Sir Richard Bakers. Bd. 1. Tübingen 1983 (Gesamtausgabe der deutschsprachigen Werke, Ergänzungsband 3/1).
[3] Hans Kuhn: Gryphius als Übersetzer und Bearbeiter. In: Gryphius-Handbuch. Hg. von Nicola Kaminski und Robert Schütze. Berlin, Boston 2016, S. 594–603, hier S. 594.

die Widmungsparatexte der Schrift; die Widmung eines Werkes ist in der frühen Neuzeit schließlich fester Bestandteil der literarischen Kommunikation.[4]

Der erste Teil des vorliegenden Beitrages versucht, die *Meditations* bzw. deren Gryph'sche Version in den Kontext der frömmigkeitsgeschichtlichen Entwicklung des 17. Jahrhunderts einzuordnen und die Frage nach der konfessionellen Positionierung des Textes zu klären. Die darauf folgende Analyse der Paratexte gibt Aufschluss über die Bedeutung der *Meditations* für Gryphius: Welchen Zweck verfolgt der deutsche Autor bei der Übersetzung der Erbauungsliteratur des Engländers und warum gilt ihm das Werk als vorbildlich? Nach einer anschließenden Einführung in Aufbau und Inhalt des Erbauungsbuches gilt es zu erläutern, ob sich das Werk des Anglikaners an strikt lutherische Grundsätze hält, oder ob Tendenzen spiritualistischer bzw. mystischer Natur zu erkennen sind.

Der zweite Teil der Untersuchung beschäftigt sich mit der Frage, ob ein Einfluss auf Gryphius' späte Lyrik, speziell auf die *Sonn- und Feiertagssonette* festzustellen ist. Fügt sich das Werk Bakers nahtlos in die bereits existierende theologische Konzeption von Andreas Gryphius oder lässt sich ein Wandel innerhalb seiner konfessionellen und frömmigkeitsgeschichtlichen Positionierung feststellen? Welche Intention verfolgt Gryphius überhaupt beim Verfassen der *Sonn- und Feiertagssonette* und in welchem konfessionellen Kontext stehen diese?

2 Richard Bakers Erbauungsbuch und Gryphius' Übersetzung

2.1 Deutsche Rezeption englischer Erbauungsliteratur im 17. Jahrhundert

Die Verbreitung der Frömmigkeitsbewegung im 17. Jahrhundert[5] zeigt sich vor allem anhand geistlicher Literatur, allen voran der Erbauungsliteratur,

---

4 Werner Leonard Gundersheimer: Patronage in the Renaissance. An Exploratory Approach. In: Patronage in the Renaissance. Hg. von Guy Fitch Lytle und Stephen Orgel. Princeton 1981, S. 3–23.

5 Zur Frömmigkeitsgeschichte des 17. Jahrhunderts vgl. Detlef Pollack: Religion und gesellschaftliche Differenzierung. Studien zum religiösen Wandel in Europa und den USA. Tübingen 2016 (Studien zum religiösen Wandel in Deutschland und Europa 3); Martin Brecht (Hg.): Der Pietismus vom siebzehnten bis zum frühen achtzehnten Jahrhundert. Bd. 1. Göttingen 1993

die aufgrund der sich erhöhenden Alphabetisierung bald einen Marktanteil von rund 44 % besaß.[6] Ein besonderes Phänomen der Erbauungsliteratur im Heiligen Römischen Reich war dabei die Tatsache, dass die meistrezipierten Werke hauptsächlich Übersetzungen aus dem Englischen waren. Elias Veiel, ein Freund Philipp Jacob Speners, stellte 1678 bereits kritisch fest, dass „die Buchläden [...] mit den aus dem Englischen übertragenen Schriften überfüllt" seien.[7]

Grundlage der zahllosen Übersetzungen englischer Erbauungsliteratur in Deutschland waren die wechselseitigen Beziehungen zwischen den beiden Territorien im ausgehenden 16. Jahrhundert. Als maßgebend für das Entstehen von Erbauungsliteratur in England gilt die geistige Strömung des Puritanismus, der als „selbstständige, aktive geistige Kraft zu verstehen ist, die auf der Grundlage eines von der Bibel geprägten Christentums Lösungsversuche kirchlicher, kultureller und sozialer Probleme unternahm".[8] Aufgrund der konfessionell ständig wechselnden Lage hatten ins Exil geratene englische Reformhumanisten sich Anfang der zweiten Hälfte des 16. Jahrhunderts in konfessionsverwandten Gebiete wie den Niederlanden, der Schweiz und Teilen des reformierten Deutschlands niedergelassen, weswegen sich die Verbreitung der Erbauungsliteratur zunächst auf diese Territorien beschränkte.

Nachdem der Protestantismus in England mit der Gründung der Anglikanischen Kirche 1559 wiedereingeführt worden war, kehrten viele der Exilanten in ihre Heimat zurück. Aus einem Streit mit der Staatskirche entstand die Gruppierung der Puritaner, die an einer konsequenten Durchführung der protestantischen Reformation im Reich interessiert war und die konfessionell kompromissbereite Regierung Elisabeths I. ablehnten. Jedoch konnten die Puritaner nie einen festen Sitz in der Politik erhalten und wandten sich aufgrund dessen stärker der Pastoraltheologie zu. Aus dem Wunsch zur aktiven

---

(Geschichte des Pietismus 1); Bernhard Lohse: Luthers Theologie in ihrer historischen Entwicklung und ihrem systematischen Zusammenhang. Göttingen 1995; Volkhard Wels: Manifestation des Geistes. Frömmigkeit, Spiritualismus und Dichtung in der Frühen Neuzeit. Göttingen 2014 (Berliner Mittelalter- und Frühneuzeitforschung 17).
6 Alberto Martino: Barockpoesie. Publikum und Verbürgerlichung der literarischen Intelligenz. In: Internationales Archiv für Sozialgeschichte der deutschen Literatur 1 (1976), S. 107–145, hier S. 110.
7 Udo Sträter: Sonthom, Bayly, Dyke und Hall. Studien zur Rezeption der englischen Erbauungsliteratur in Deutschland im 17. Jahrhundert. Tübingen 1987 (Beiträge zur historischen Theologie 71), S. 1. Zuerst wies August Tholuck: Das kirchliche Leben des siebzehnten Jahrhunderts. Bd. 2. Berlin 1862, S. 20 auf die Bedeutung der Übersetzungen aus dem Englischen für die deutsche Erbauungsliteratur hin.
8 Brecht (Anm. 5), S. 12f.

Seelsorge jedes Einzelnen entwickelte sich rasch die Gattung der Erbauungsliteratur, die zur religiösen Selbstexaminierung anhielt:[9] Da nur eine ausgewählte Gruppe an Menschen für die Ewigkeit bei Gott bestimmt war, konnte man sich durch Verinnerlichung und ein außerordentlich christliches Leben selbst beweisen, dass man zu dieser gehörte.[10]

Durch die Verbindung der Puritaner zu den reformiert-calvinistischen Gebieten des Heiligen Römischen Reiches nahm die kontinentaleuropäische Rezeption der englisch-puritanischen Erbauungsliteratur ihren Anfang. Durch die fundamentale Spaltung des deutschen Luthertums und der englischen Kirche fand die Rezeption der englischen Erbauungsliteratur zunächst vor allem in den Ländern der theologisch gleichgesinnten Partner Englands, wie den Niederlanden, der Schweiz und den reformierten Territorien des Heiligen Römischen Reiches, statt.[11] Da die Puritaner für ihre kirchenpolitischen Anliegen nie eine Mehrheit im Staat fanden und seit 1593 gesetzlich verfolgt wurden,[12] entwickelten sich die reformierten Länder zu Druckorten für puritanische Schriften, wie beispielsweise Basel, Hanau und Oppenheim.[13] Die heute bekanntesten Werke des Puritanismus sind die *Praxis Pietatis* von Lewis Bayly, Emanuel Sonthoms *Güldenes Kleinod der Kinder Gottes* und Daniel Dykes *Nosce te ipsum*.[14] Ihre Beliebtheit ist wohl aus der hohen Individualisierung sowie dem typischen Charakter einer handbuchartigen Anleitung zur religiösen Selbstexaminierung und Religionspraxis zu erklären, welche die Problematik der Frömmigkeitskrise berührten. Was jedoch die Drucklegung dieser Schriften maßgeblich begünstigte, war die Bearbeitung der Texte im Sinne der *Confessio Augustana* sowie der Druck in den lutherischen Städten ab den 1630er Jahren. Um 1660 ließen diese Editionen langsam den Unterschied von reformierter und lutherischer Literatur verschwimmen und somit nahmen Übersetzungen von

---

[9] Kaspar von Greyerz: England im Jahrhundert der Revolutionen 1603–1714. Stuttgart 1994, S. 82.
[10] Peter Damrau: The Reception of English Puritan Literature in Germany. London 2006, S. 3f.
[11] Sträter (Anm. 7), S. 5.
[12] Sowohl die Puritaner als auch die Quäker waren in England mit massiver Verfolgung konfrontiert. James I. drohte ihnen mit Landesverweisung und Hinrichtung, weswegen sich Auswanderungsbewegungen nach Nordamerika bildeten. (Vgl. Anette Julia Russer: The City upon a Hill vs. The Inner Light. Geschichte, Religion und Kultur von Puritanern und Quäkern und deren Einfluss auf die US-amerikanische Gesellschaft. Hamburg 2013, S. 14).
[13] Sträter (Anm. 7), S. 3: Studien zum Vordringen der Erbauungsliteratur innerhalb des Verlagsprogramms dieser Orte unterstützen diese These zur Entwicklung.
[14] Ebd., S. 38.

englischer Erbauungsliteratur weiter zu.[15] In diese Zeit lässt sich auch die Übersetzung der Schriften Richard Bakers durch Gryphius datieren.

2.2 Kontexte der Entstehung und Aspekte der Übersetzung

Beschäftigt man sich mit dem Verfasser der *Meditations and Disquisitions upon the Lords Prayer* Richard Baker näher, so sind die Erbauungsschriften nicht seine bedeutendsten, jedoch seine zahlreichsten Werke. Sir Richard Baker, der von 1568 bis 1645 lebte, schrieb eine große Anzahl an Andachtsschriften, die hauptsächlich während seiner Gefangenschaft im Fleet Prison entstanden.[16]

Die bestehende Forschungsliteratur zu Baker und zur Übersetzung durch Gryphius beschränkt sich auf die Betrachtung der sprachlichen Elemente in Bezug auf pietistische Literatur[17] und der Frage nach der Übersetzungsgrundlage, mit der Gryphius gearbeitet hatte.[18] Hans Kuhn thematisiert in seinen Studien die Problematik der Verfasserschaft Gryphius' bei den anderen Übersetzungen Bakers, die nach seinem Tod publiziert wurden,[19] sowie sprachliche Aspekte der Übersetzung selbst.[20] Jedoch fehlt eine genauere Betrachtung inhaltlicher Aspekte hinsichtlich der Beziehung von Gryphius zu den Baker-Schriften gänzlich.[21]

Auch in ihrer englischen Originalversion wurde den Werken Bakers nur geringes Forschungsinteresse gewidmet, da dessen Erbauungsliteratur meist,

---

15 Ebd., S. 11f.
16 Powell (Anm. 2), S. VIII.
17 Damrau (Anm. 10), S. 89 f.
18 Udo Sträter: Sir Richard Baker und Andreas Gryphius, oder: Zweimal London-Breslau via Amsterdam. In: Wolfenbütteler Barock-Nachrichten 2 (1984), S. 87–89 sowie in genauer Betrachtung: Hans Kuhn: Gryphius als Übersetzer aus dem Niederländischen. In: Zeitschrift für germanistische Linguistik 28/3 (2000), S. 346–376.
19 Hans Kuhn: Hier starb Gryphius. Zur Verfasserschaft der Baker-Studien. In: Wolfenbütteler Barock-Nachrichten 34 (2007), S. 51–55. Zu den anderen übersetzten Werken zählen „Betrachtungen über die sieben Buß-Psalmen", „Betrachtungen über die sieben Trost-Psalmen", „Betrachtungen über den 1. Psalm Davids (Glückseligkeit des Gerechten)", „Die Unsterblichkeit der Seelen (Geheim-Gespräch oder Pfeiler der Gedanken)" und „Betrachtungen auf Jedweden Tag der Wochen", die alle 1687 erstmalig in einem Sammelband gedruckt erschienen.
20 Hans Kuhn: Gryphius und die Fremdwörter. In: Zeitschrift für deutsche Philologie 126 (2007), S. 58–85. Sowie: Hans Kuhn: Andreas Gryphius am Schreibtisch. In: Wolfenbütteler Barock-Nachrichten 31 (2004), S. 149–180.
21 Blake Lee Spahr zählt die Übersetzungen zwar zum Gesamtkorpus der Arbeit des Dichters, hält sie jedoch nur für Experten für interessant. Blake Lee Spahr: Andreas Gryphius. A modern perspective. Columbia 1993, S. 138.

gerade wegen seiner geringen Rezeption, als weniger einflussreich galt.[22] Obwohl der Herausgeber der Gryphius' Gesamtwerkausgabe konstatierte, dass „eine Geschichte des Pietismus im Deutschland des achtzehnten Jahrhunderts sich auch mit den Schriften Sir Richard Bakers befassen [müsste], was bisher nicht geschehen ist",[23] so liegt die Relevanz der Schrift wohl weniger in der Auswirkung auf die Frömmigkeitsgeschichte des 17. und 18. Jahrhunderts im Allgemeinen. Interessanter ist es vielmehr, nach der Bedeutung der *Meditations* für ihren berühmten Übersetzer und dessen Werk zu fragen.

Geboren wurde Richard Baker in Sissinghurst, Kent, als Sohn eines Juristen und Enkel des Finanzministers Heinrichs VIII., Sir John Baker. Ab 1584 begann er sein Studium in Oxford, welches er jedoch bald darauf abbrach. Erst 1594 konnte er in London einen Abschluss erwerben. Baker war Mitglied des Parlaments und wurde 1603 von König Jakob I. zum Ritter geschlagen. Ab 1620 bekleidete er das Amt des High Sheriff of Oxfordshire. Nach der Hochzeit mit Margaret, der Tochter von Sir George Mainwaring of Ightfield, verschuldete sich Baker, da er für die Ausgaben seines Schwiegervaters bürgte, und verbrachte nach der Pfändung seines Grundbesitzes seine restlichen Lebensjahre im Fleet Prison in London. Dort begann seine aktive Schaffenszeit: Insgesamt erschienen die *Meditations and Disquisitions upon the Lord's Prayer* viermal: 1636, 1637, 1638, 1640.[24] Neben seinen zahlreichen Andachts-, bzw. Erbauungsschriften interessierte sich der Engländer auch für Geschichte: 1643 veröffentlichte er *A Chronicle of the Kings of England from the Time oft the Romans' Government unto the Death of King James*, das über seinen Tod hinweg elf Auflagen erfuhr und welches ihm den Namen „Baker, the Chronicler" einbrachte. Am 18. Februar 1645 starb Baker in der Haft.[25]

Es ist davon auszugehen, dass Andreas Gryphius bereits in den 1640er Jahren von Richard Bakers Werken erfahren hat.[26] Gryphius hatte sich während des Dreißigjährigen Krieges zwischen 1638 und 1644 in Leiden, dem Zentrum protestantischer Exilakademiker aus Deutschland, aufgehalten. In diesen Jahren hatte

---

22 Dazu Sträter (Anm. 7), S. 32.: „Hier ist die Bedeutung Bakers stark überschätzt. Gegenüber der Fülle von Ausgaben des ‚Sonthom' und der ‚Praxis Pietatis', hinter der Vielzahl der Übersetzungen von Schriften Baxters, Halls und Perkins' lassen die beiden Baker-Ausgaben mit ihrem jeweils einzigen Nachdruck ihren Verfasser zurücktreten in die hintere Reihe der englischen Autoren, deren Erbauungsschriften im 17. Jahrhundert in Deutschland verbreitet wurden, – und für das 18. Jahrhundert ist keine deutschsprachige Baker-Ausgabe nachweisbar."
23 Powell (Anm. 2), S. X.
24 Ebd., S. XV.
25 G. H. Martin: „Baker, Sir Richard (c.1568–1645)". In: Oxford Dictionary of National Biography. Oxford 2004, (http://www.oxforddnb.com/view/article/1131, [zuletzt: 17. Mai 2019]).
26 Powell (Anm. 2), S. VII.

er die niederländische Sprache erlernt und war mit englischer Kultur in Berührung gekommen, die aufgrund der calvinistischen Prägung, vor allem durch die Nähe des niederländischen Pietismus zum englischen Puritanismus, dort verwurzelt war.[27] Zudem waren die Niederlande ebenfalls von der Erbauungsliteratur der Puritaner aus England erfasst worden. Dies ist vor allem deswegen relevant, da es Gryphius erst den Zugang zu Bakers Werk ermöglichte, das zwar in seiner englischen Version vorhanden war, aber für Gryphius in diesem Maße vermutlich nur durch seine Übersetzung ins Niederländische zugänglich wurde: Der englische Text war zuvor von Jan de Brune übersetzt worden, der einen Teil seiner Jugend bei seinem Onkel Franciscus Junius in England verbracht hatte und deswegen des Englischen mächtig war. Der Umfang der niederländischen Übersetzung übertrifft den des Originals um ca. 30 Prozent.[28]

Gryphius' Übersetzung muss von Bakers Text schon wegen der Veränderungen des Textumfanges im ersten Übersetzungsschritt abweichen. Eine rein wörtliche Übersetzung würde darüber hinaus sprachlich-stilistisch beim Rezipienten „schwer- oder unverständlich tönen; sie muss durch Umschreibungen ersetzt oder durch erklärende Zusätze verständlich gemacht werden."[29] Kuhn kann jedoch plausibel aufzeigen, dass verhältnismäßig wenige dieser Ergänzungen in der deutschen Übersetzung existieren. Sie sind nicht von inhaltlich erweiternder Art, sondern präzisieren meist kurz den bereits zum Ausdruck gebrachten Gedanken.[30] Was die Änderungen betrifft, so zeigt sich, dass der größte Anteil durch die Konzeption der Bitten zu erklären ist. Gryphius zählt sieben Bitten, indem er die Bitten „Führe uns nicht in Versuchung" und „Erlöse uns von dem Übel" als getrennte Bitten betrachtet, während Baker diese zusammenfasst und deshalb nur sechs Bitten zählt.

Im Kontext der Untersuchung ergibt sich jedoch noch eine weitere Frage: Wie kann das Werk von Richard Baker überhaupt Einfluss auf die konfessionelltheologischen Konzeptionen des Übersetzers Andreas Gryphius nehmen? Italo Michele Battafarano bestimmt das Übersetzen und Vermitteln im Barock folgendermaßen: „Übersetzen ist die historisch erste und die qualitativ höchste Form der Interpretation, wenn es nicht mechanisch verstanden wird."[31] Dass die Übersetzertätigkeit für Gryphius nicht nur darin bestand, wird bei der Betrachtung

---

[27] Johannes Wallmann: Pietismus-Studien. Tübingen 2008 (Gesammelte Aufsätze 2), S. 40.
[28] Kuhn (Anm. 18), S. 348.
[29] Ebd.
[30] Ebd., S. 349.
[31] Italo Michele Battafarano: Übersetzen und Vermitteln im Barock im Zeichen der kulturellen Angleichung und Irenik. Opitz, Harsdörffer, Hoffmannswaldau, Knorr von Rosenroth. In: Morgen-Glantz 8 (1998), S. 13–61, hier S. 15.

seiner Lebensumstände und der paratextuellen Selbstzeugnisse schnell deutlich. Über die Beschaffung des Werkes schreibt Gryphius in seinen Paratexten bereits, dass Christian Hoffmann von Hoffmannswaldau das Buch nicht ohne Mühen aus dem Ausland besorgt und zudem selbst in den Übersetzungsprozess eingegriffen hatte. Die Übersetzung ist aufgrund der mangelnden Quellenlage auf einen unbestimmten Zeitraum zwischen dem Aufenthalt in Leiden und dem Publikationsdatum des Werkes zu datieren. Die einzig genauere Datierung, die man aus Präzisionsgründen über die Übersetzungsphase treffen kann, ist eine Textpassage, in der Gryphius auf seine Tätigkeit verweist. Der seit 1650 als Syndikus der Glogauer Landesstände angestellte Literat eröffnet dem Leser darin einen Blick auf seine eigene Lesens- und Übersetzungstätigkeit von Bakers Werk:[32]

> Ich meinen Theils bekenne daß ich dise Lust so ich auß dem Uberlesen und Verdolmetzschen dises Wercks in mir empfunden / weit allen Ergetzungen der Erden vor gezogen / so hat mir auch die wenige Arbeit / die ich zu keiner andern Zeit / als in denen von mir erkornen Ruhe und Nachtstunden bey andern unablaessigen und verwirreten Geschaefften hirauff wenden koennen / statt einer liblichen Erquickung in vilem und hohen Kummer gedinet / und meine Seele von der Erden zu Gott gefuehret. (13/22–29)

Die „Unablaessige[n] und verwirrende[n] Geschäfte" verweisen auf Gryphius' Amt als Syndikus, in dessen Rahmen er die herausfordernde Aufgabe hatte, die Interessen der Landesstände des Fürstentums Glogau gegenüber den zentralistischen Bestrebungen Habsburgs juristisch und diplomatisch zu vertreten.[33] Zudem ist davon auszugehen, dass die Übersetzung erst nach der Aneignung der niederländischen Sprache begonnen wurde. Dieses erste Selbstzeugnis lässt also bereits darauf schließen, dass es sich bei der Übersetzung um mehr als eine mechanische Tätigkeit, nämlich um einen von intrinsischer Motivation geleiteten Prozess handelte. Dies alleine kann noch als ein Demutsgestus verstanden werden, durch den sich Gryphius als treuer Diener Gottes zu stilisieren vermeint.[34] Jedoch wird die Wertschätzung des Werkes auch textintern in der Vorrede unter Anführung diverser Argumente aufgebaut.

---

32 Als Grundlage für die Untersuchung wird folgende Transkription verwendet: Powell (Anm. 2). Der Originaldruck GA1: Richard Bakers Engelländischen Ritters Frag-Stück und Betrachtungen über Das Gebett des Herren. Verdolmetschet durch Andream Gryphius, Breslau u. Leipzig 1663. [VD17 39:154401X] Zitiert wird nach dem folgenden Muster: (Seitenzahl/Verszahl).
33 Kaminski (Anm. 3), S. 13.
34 Schlüsse über die Beweggründe der Übersetzungsfähigkeit beruhen selbstverständlich immer auf Annahmen, weswegen sich das folgende Kapitel zur Aufgabe macht, diese zu plausibilisieren.

Der Übersetzung der *Meditations and Disquisitions upon the Lords Prayer* geht nach dem Titelbild (2) und Titelblatt (3) eine Widmung des Werkes von Andreas Gryphius an die Ehefrauen wichtiger Adeliger und Amtsträger voraus und zwar auch an Maria Hoffmann, die Frau des Dichters Christian Hoffmann von Hoffmannswaldau.[35]

Die Zuschrift an die Adressatinnen leitet mit allgemeinen christologischen Überlegungen ein. In für die Erbauungsliteratur üblicher Weise gilt Christus als „der Mittler zwischen Gott und Menschen / der Mann / der Herr / Gott und Mensch / unser Erloeser Jesus / in seinem Lehr = Ambt als ein Prophet" (7/2–4), der dem Menschen neben „hohen und unschaetzbaren Wolthaten" (7/1) das „unermaeßlichste[n] und unvergleichlichste[n]" (7/5) Geschenk gegeben hat, nämlich nicht nur die Eröffnung des göttlichen Willens, sondern auch Anweisung und Lehre, „wie wir unsern Willen / Verlangen und Begehren Gott eroeffnen / und was wir bitten / von ihm dem Koenige aller Koenige erlangen moegen" (7/6–9). Es handelt sich um das „heilige[n] Gebett daß Er uns vorgeschrieben / so wunderbar vollzogen / daß nicht unbillich aller (von seinem blutigen Soehn = Opfer an) folgender Zeiten sinnreicheste Gemuetter darueber / durch inbruenstige Verwunderung bestuertzet / sich zugleich erfreuen und entsetzen muessen" (7/9–14).

Mit den ersten Zeilen formuliert Gryphius die Grundlagen seiner Überlegungen. Christus ist der Versöhner zwischen Gott und dem Menschen. Nach hermeneutisch-theologischem Prinzip ist das Vaterunser, als Teil der Bibel, eine Offenbarung des göttlichen Willens und gleichzeitig ein Medium, mit dem der Mensch seine Bitten Gott eröffnen kann. Durch das Studium des Gebets, das die „sinnreichesten Gemuetter" (7/12) in Verwunderung, Entsetzen und Freude versetzt, weil es so „wunderbar vollzogen" (7/10) ist, ist es dem Menschen möglich, die Geheimnisse Gottes, die er dem Menschen offenbart, durch das Gebet des Herrn zu begreifen, denn die „Siben Bitten des heiligen Vater unsers" sind „die Siben Seulen [sind] auff welche die Weißheit Gottes ihren Baw gegruendet" (7/15f.)

In seinen Überlegungen beschäftigt sich Gryphius in einem zweiten Schritt mit dem Umgang und der Rezeption des Gebet Gottes:

> Unnoetig ists weitlaeufftiger darzuthun / wie hoch die seligsten Lehrer / und standhafftesten Bekenner des Namens Jesu / dise Beilage / die der Herr / seiner gelibtesten Braut /

---

[35] Die Adressatinnen sind: Hedwig Freiin von Dyhern, Gemahlin des Oberamtskanzlers des Herzogtums Ober- und Niederschlesiens Georg Abraham Freiherr von Dyhern, deren Schwester Ursula und schließlich Maria Hoffmann von Hoffmannswaldau (vgl. 5–6).

> der streitenden Kirchen / auf Erden hinterlassen geachtet: Wie geschaefftig sie gewesen / die sonderbaren Geheim=nuessen diser Wortte zu ergründen: Sie reden annoch mit geschlosse=nem Munde. (7/23–29)

Selbst die besten Theologen und Bekenner der Lehre Jesu waren demnach für Gryphius nicht erfolgreich in der Ergründung der hinter den Worten des Vaterunsers liegenden Weisheiten. Die Schriften dieser Theologen „schalle[n] [...] durch die Welt" (7/29 f.) und werden irdisch damit belohnt, als „Lob = Psalm und Dank = Lid" (7/31) zu enden, jedoch wurde eine vollkommene Eröffnung und ein Verstehen der Geheimnisse Gottes nicht ermöglicht. Das Oxymoron „Reden mit geschlossenem Mund" impliziert, dass eben jener essentielle Sinngehalt der Wahrheiten nicht ausgesprochen und erklärt wurde.

Als problematisch erachtet Gryphius des Weiteren die „Miß = gunst des Teuffels / welcher in disen Zeiten der letzten Gedult der Heiligen / sich mit vorhin unerhoeretem Eyver bemuehet / auch dises Werk der hoechsten Weißheit zu verlaestern" (8/34–36). Da er „den gesegneten Samen des Weibes [...] dessen Schlangentrettende Ferse [er] nicht verletzen kann" (8/37f.), verhöhnt er dessen „Meisterstuecke" (8/38). Es wird deutlich, dass der Teufel nicht Jesus, den er beispielsweise bereits in der Versuchung Jesu in den drei synoptischen Evangelien des NT (Mt 4, 1–11 bzw. Lk 4, 1–13) vergeblich versuchte zu verführen, selbst angreifen kann, sondern nur sein Werk auf Erden – die offenbarte Schrift und speziell das Gebet des Herrn. Nicht Gott und Teufel kämpfen miteinander, sondern der Mensch selbst steht zwischen beiden und lässt sich entweder zum Glauben und zur Gnade Gottes führen oder zur Sünde verführen.[36]

Auch das Bild des Teufels ist lutherisch, zeichnet er sich doch dadurch aus, das reine Wort Gottes verfälschen zu wollen.[37] Dem Teufel gelingt dies laut Gryphius, indem er beginnt

> in dem vor wenig Jahren erbaermlich zerruetteten Koenigreich Engelland einen abscheulichen Schwarm zuerwecken. Welcher dises Denkmal und richtigste Vorschrifft des Herren Jesu gaentzlich aus dem Hertzen und Gedaechtnueß der Menschen / zu reissen / und so vil an Ihm / aus der Welt zu bannen sich unterstanden. (8/38–43)

Zentrales Bestreben des Teufels ist es, dem Menschen die Offenbarung Gottes zu entziehen und die im Vaterunser enthaltenen Wahrheiten in Zweifel zu ziehen, indem er das Gebet „aus der Welt zu bannen" (8/43) versucht. Dies zeigt sich daran, dass es

---

36 Lohse (Anm. 5), S. 270.
37 Ebd., S. 271.

> (wie (a) vornehme Geschichtsschreiber einhellig bezeugen) schon so weit kommen / daß man in der Haubtstadt des Koenigreichs selbst / wenig Kirchenbedinete finden / oder mit Muehe erforschen koennen / welche bey der Tauffe oder andern Geistlichen Verrichtungen gewillet gewesen / das Gebett des Herren zugebrauchen / oder oeffentlich vorzubringen. (8/44–49)

Das Wirken des Teufels ist empirisch belegt, indem in der Kirche die Gebetspraxis des Vaterunsers in Verruf geraten ist. In die konfliktreiche Situation Englands schickt Gott den Gläubigen

> ein Werkzeug / [...] und selbstes mit unvergleichlichen Gaben darzu außgeruestet / daß diser Ritter / Richard Baker / seinen verfuehreten Landesgenossen vorstellen koennen; welch eine ueberauß koestliche Perle / sich jenige mit Fuessen zu tretten unterstuenden; die dises Gebet in welchem weit mer Geheimnueß als Wortte / sich zu verwerffen nicht entsetzeten. (8/53-60)

Gryphius beschreibt im Umfeld seiner Kritik an Gesellschaft und Kirche Richard Baker als „Werkzeug" Gottes mit „unvergleichlichen Gaben" (8/53), das „nicht nur uebermassen heilig und erbauend" ist,

> sondern auch so scharffsinnig / daß hochverstaendige Gemuetter nicht ohn Ursach zweifeln / ob einigem Menschen in solcher Schreib=Art Ihm gleich zu gehen moeglich (sintemal gewiß / daß Ihn noch kein einiger Außleger uebertroffen) in dem er nichts als eine stehts an einander hangende Verbindung anmuttigster Erfindungen / andaechtigster Gedanken / durchdringender Schluesse / und sinn=reichester Bewegung=gruende seinem Leser vorstellet. (8 f./61–68)

Zwei Dinge sind von essentieller Bedeutung: Bakers Ausführungen sind zum einen heilig und erbauend, gerade weil er das „Werkzeug" Gottes ist, zum anderen sind sie „scharffsinnig" (8/61), da sie rationale Verbindungen herstellen und Schlüsse ziehen, die den Wert des Gebets ins Gedächtnis rufen und die „schändliche" Behandlung der Offenbarung Gottes vor Augen führen sollen. Der Wortlaut lässt darauf schließen, dass Gryphius eine bessere Auslegung für eher zweifelhaft hält. Jedoch deutet die Formulierung „sintemal gewiß / daß ihn noch kein einiger Außleger uebertroffen" (9/64 f.) auch darauf hin, dass eine Überbietung nicht ausgeschlossen werden kann. So liegt es nahe, dass Gryphius, der sich vermutlich selbst zu diesem hochverständigen Menschen zählt, der Baker übertreffen könnte. Diese Aussage ist also nicht eindeutig.

Weil Baker seine *Betrachtungen* so ideal konzipiert hat, erklärt Gryphius, sei es „[s]einem Freunde unschwer gefallen" ihn zu überreden, „dise Ubersetzung auff [s]ich zu nehmen", doch nun habe er sich entschlossen, „dise Engellaendische Braut = Fackel des Sohnes Gottes auch der Deutschen Kirchen anzuenden" (9/69-71). Intention der Übersetzung ist also das Zugänglichmachen der für

Gryphius bisher besten Auslegung der Worte Gottes für die deutschen Gläubigen und damit das Erinnern an den Wert des Vaterunsers. Von der Erläuterung der Exzellenz und Unübertrefflichkeit Bakers kann also eine direkte Verbindung zu Gryphius' theologischer Intention, die er mit der Übersetzung verfolgt, gezogen werden.

Nach der Widmungsrede und einer Erklärung des Titelbildes erläutert Gryphius im Leservorwort erneut die Auslegungstradition durch „unterschiedene so Geist = als Weltlichen Manns und Weiblichen Standes und Geschlechts" (13/2f.), „worueber dann ich nimands zu verwundern hat / sintemal die Kuertze dises Gebetts wie Tertulianus, (lib. De Oratione) welcher vilen mit seiner Außlegung voran gegangen / redet durch eine grosse und selige Selbststaendikeit der Außlegung unterstuetzet wird." (13/5–9) Das folgende Zitat aus Tertullians *De Oratione*[38] postuliert, dass der Inhalt des Gebets trotz seiner Kürze vielfältig ist. Auch greift Gryphius abermals die Stilisierung Bakers als Spitze dieser Auslegung auf:

> Unter allen aber die biß anher sich unterstanden dise Wortte und Außsprüche der Ewigen Weißheit weitlaeufftiger vorzustellen / ist mir kaum jemand vorkommen der scharffsinniger in Nachforschungen und glueckseeliger in Ergruendung der verborgenen Geheimnueß dises Gebetts gewesen als Richard Baker ein Engellaendischer Ritter / dessen Fragen und Betrachtungen / hochgelehrteste und unvergleichlichste Sinnen nicht genung zu ruehmen und auszustreichen wissen. (13/15–22)

Erneut relativiert Gryphius jedoch seine Einschätzung mit dem Wort „kaum". Obwohl er Baker als Höhepunkt der Auslegungstradition sieht, scheint diese Formulierung darauf abzuzielen, anderen Auslegungstraditionen bzw. Erkenntnissen über das Vaterunser ihre Wahrheiten nicht abzusprechen. So wird beispielsweise Tertullians Aussage, die denselben Aussagegehalt über die Kürze und den Sinngehalt des Gebetes wie Baker hat, weiterhin als Wahrheit anerkannt und keine Herabstufung vorgenommen. Im Anschluss daran äußert sich Andreas Gryphius zu seinen eigenen Erfahrungen mit dem Werk, gibt Einblick in seine Lebenswelt und endet nach Informationen zu editorischen Maßnahmen über die Teilung der sechsten Bitte nach dem Vorbild Augustinus mit seiner Leservorrede.

---

38 „Magnae & beatae interpretationis substantia fulta est. Qvantumqve, substrigitur Verbis, tantum diffunditur sensibus. Neqve enim tantum propria Orationis officia complexa est Venerationem Dei, aut hominis petitionem: sed omnem paenè sermonem Domini, omnem commemorationem disciplinae. UT REVERA IN ORATIONE BREVIARIUM TOTIUS EVAGELII, COMPREHENDATUR." (13/9–15).

Rekapituliert man Gryphius' Paratexte zu seiner Übersetzung der *Meditations*, so lässt sich Folgendes feststellen: Das Vaterunser ist ein Geschenk Jesu, der durch seine ambivalente Natur zwischen Gott und dem Menschen steht. Es beinhaltet die offenbarten Wahrheiten Gottes und dient als Medium, um Bitten und Gebete an Gott zu richten. Die Missgunst des Teufels zielt darauf ab, dem Menschen diese Verbindung zu nehmen, indem das Vaterunser verunglimpft wird. Dies wird im Streit der Konfessionen und dem Verschwinden des Gebets in der Praxis des christlichen Lebens erkennbar. Die bisherige Auslegungstradition konnte die Offenbarung Gottes im Vaterunser nicht verdeutlichen. Allererst Baker, der als Werkzeug Gottes in der Welt den Wert des Gebetes und dessen grundlegenden Inhalte erklärt, übertrifft diese Tradition. Der Zweck besteht in der Wiedereinführung des Gebets in die christliche *praxis pietatis*, die Gryphius durch seine Übersetzung auch den Deutschen ermöglichen will. Gerade weil Gryphius Baker als Spitze der (bisherigen) Auslegungstradition ansieht, können aus seinen *Betrachtungen* Schlüsse auf die theologische Gedankenwelt des Barockdichters gezogen werden.

2.3 Aufbau und Inhalt des Erbauungsbuches

Die Übersetzung des Erbauungsbuches von Sir Richard Baker umfasst insgesamt elf Kapitel.[39] Diese beginnen mit einem einleitenden Kapitel zu den Grundlagen und der Durchführung des Gebets, zwei Kapiteln über die ersten Worte des Vaterunsers „Vater unser" und „Der du bist im Himmel", einem Kapitel über die Bitten im Allgemeinen und darauffolgend die Betrachtungen der drei Bitten zur göttlichen Natur und den drei Bitten für die Menschen, wobei die letzte Bitte in der augustinischen Tradition in zwei Einzelbitten unterteilt ist. Jedes der Kapitel besteht aus einer kurzen Inhaltszusammenfassung der Paragraphen und der nachfolgenden Ausführung. Die Inhaltsangaben in Paragraphen zu jeder Bitte sind ein Zusatz, den Gryphius selbst in der Ausgabe von 1663 (GA1) vorgenommen hat.[40] Am Rand des Textes befinden sich die Angaben zu den Bibelstellen, auf die im Text Bezug genommen wird und zur Orientierung die Nummerierung der Paragraphen.

Zentrale Intention des Werkes und literarisches Programm Bakers ist eine Erklärung der offenbarten Wahrheiten Gottes mit universalem Anspruch. Dies

---
39 Den folgenden Ausführungen liegt die Übersetzung Gryphius' zugrunde. Da diese sich inhaltlich kaum von Baker unterscheidet, werden die Zitate dem übersetzten Text entnommen.
40 Powell (Anm. 2), S. 17 (Fußnote).

zeigt sich nicht zuletzt darin, dass sich Baker nicht nur mit essentiellen theologischen Themenkomplexen wie der göttlichen Offenbarung im Allgemeinen (vgl. 47/15 f.) beschäftigt, sondern auch spezifisch natürliche Dinge wie die „Betrachtung der Gewaechse. Und insonderheit der Blumen" (124/24 f.) thematisiert und daran den Umfang der Wahrheit erklärt, die Gott dem Menschen eröffnet. Bakers Vorgehensweise vollzieht sich dabei nach einem durchgehenden Muster: So leitet er jeden Paragraphen mit einer Frage bezüglich des Abschnittes im Gebet ein und beginnt induktiv anhand von Bibelstellen, aber auch durch rein rationale Überlegungen die Offenbarungen und Geheimnisse Gottes zu erklären.

Eingeleitet wird das Werk mit dem Kapitel „Betrachtungen ueber Das Gebett unsers Herren. Eingang und Vorbereittung", welches aus elf Paragraphen besteht. Inhaltlich befasst sich das Kapitel zunächst mit grundlegenden Überlegungen zum Gebet des Vaterunsers im göttlichen Gesamtkosmos, in dem der Mensch steht. Daran anschließend wird handbuchartig erklärt, warum das Gebet in der Länge genauso ideal ist und nähere Fragen zur Praxis des Betens, wie Zeitpunkt, Iteration und Art des Vorgangs beantwortet. Das Kapitel endet mit dem von Gryphius benannten „Schluß = seufftzen", in dem die direkte Verbindung des Menschen mit Gott durch das Gebet betont und gleichzeitig die Relevanz des Gebetsusus als Aufgabe Gottes verdeutlicht wird. Nach diesen einleitenden Worten thematisiert das zweite Kapitel mit dem Titel „Betrachtungen / ueber die Wortte Vater Unser" in sechs Paragraphen den Namen Gottes und dessen Beziehung zu den Menschen.

In direktem Anschluss folgt das dritte Kapitel „Betrachtungen / ueber die Wortte Der du bist in dem Himmel" mit 18 Paragraphen. An das vorhergehende Kapitel anschließend, beschäftigt sich auch dieses Kapitel mit dem Wesen Gottes in Bezug auf dessen Beziehung zu den Menschen und zusätzlich mit seiner Verortung im Himmel. Innerhalb der Thematik über das Wesen Gottes wird auch die Verständnisfrage für die menschliche *ratio* verhandelt.

Darauffolgend beginnt das vierte Kapitel „Betrachtungen / ueber die Bitten in Gemein" mit einer allgemeinen Betrachtung der Bitten, aufgeteilt in sechs Paragraphen, die sich zunächst mit der Vollkommenheit des Gebetes und einer unmöglichen Verbesserung beschäftigt und dann die Vollendung des Vaterunsers mit der Schöpfung und dem Fall der Engel vergleicht.

Die Betrachtungen zu den einzelnen Bitten und die erste der Bitten, die die Konstitution Gottes betreffen, beginnt mit dem fünften Kapitel „Betrachtungen / ueber die erste Bitte Geheiliget werde dein Name", welches aus zwanzig Paragraphen besteht. Die erste Bitte wird im Kontext der anderen als „Thormeisterin" (88/31) bezeichnet, ohne die die anderen keinen Einlass finden. Sie bildet den Dreh- und Angelpunkt für alle weiteren Bitten. Zentrale Themen der enthaltenen

Überlegungen sind das Mysterium des Namen Gottes, dessen Heiligung und von wem dieser zu heiligen ist. Auch behandelt Baker darin Voraussetzungen und Modi, die Heiligung des göttlichen Namens durchzuführen. So changiert das Kapitel zwischen Gotteslehre und christlicher Glaubenspraxis, zwischen systematischer und praktischer Theologie.

Im darauffolgenden Kapitel „Betrachtungen / ueber die ander Bitte / Zukomme dein Reich", welche die Bitte der Heiligen genannt wird, werden Überlegungen zum kommenden Reich Gottes in 17 Paragraphen zusammengefasst. Zentrales Thema des Kapitels ist in den ersten fünf Paragraphen eschatologisch die Apokalypse und die Ankunft des prophezeiten Reich Gottes. Behandelt werden Fragen nach der Konstitution dieses Reiches und seiner Unterscheidung vom weltlichen Reich, kurz der Zwei-Reiche-Lehre. Nach der näheren Betrachtung „der Krafft des Nachdrucks" (116/213) in den Worten „Komme", „Reich" und „Dein" erklärt Baker die Stellung des Teufels auf Erden.

Die dritte Bitte, die im Kapitel „Betrachtungen / ueber die dritte Bitte. Dein Wille geschehe / wie in dem Himmel / also auch auff Erden" thematisiert wird, umfasst 25 Paragraphen und wird als die Bitte der Heiligen und Gläubigen auf Erden und nicht wie im vorherigen Kapitel als die der verstorbenen Heiligen bezeichnet. Das Kapitel umfasst Überlegungen zur Gotteslehre und der Anthropologie des Menschen in seiner Beziehung zu Gott und dessen Willen. Verhandelt werden dabei Fragen nach dem Verhältnis von Glauben und Handeln und damit einhergehend der inneren Struktur des göttlichen Willens.

Nachfolgend widmet sich das achte Kapitel „Betrachtungen / ueber die virdte Bitte / Unser taeglich Brodt gib und heute" in 28 Paragraphen den Gaben Gottes sowie weiteren anthropologischen, aber auch biologischen Überlegungen zur Konstitution des Menschen im Rahmen des göttlichen Heilsplans. Damit wird die zweite Gruppe der Bitten eingeleitet, die Baker als treuer Anglikaner in Anspielung auf das Ober- und Unterhaus des Parlaments als „die Unteren" (155/44) bezeichnet, da nun die tatsächlich den Menschen betreffenden Bitten beginnen. Baker erläutert darin die Hierarchie aller irdischen Geschöpfe im göttlichen System, deren Unterscheidung vom Menschen und der Differenzierung der Menschen untereinander. Damit einhergehend werden Themen der körperlichen und seelischen Nahrung und die Vergänglichkeit des Menschen verhandelt. Nach Überlegungen zur Art, Häufigkeit und den Empfängern der jeweiligen Nahrung, die Gott dem Menschen gewährt, endet das Kapitel mit der Betonung der Universalität der Bitte. Zudem nennt Baker sie die „Bitte der Vorsichtigkeit" (182/963), da sie nicht nur das zukünftige Leben bei Gott thematisiert, sondern auch das irdische Leben, in dem Mäßigkeit gefordert wird.

Das neunte Kapitel „Betrachtungen / ueber die fuenffte Bitte / Und vergib uns unsere Schuld / als auch wir vergeben unsern Schuldigern" beschäftigt sich mit der Existenz der Sünde, der Frage nach der Sündhaftigkeit des Menschen, der Beichte und damit einhergehend der Vergebung und der göttlichen Gnade sowie der zwischenmenschlichen Nächstenliebe, die erforderlich ist, um seinen Mitmenschen zu vergeben. Daher nennt Baker die fünfte Bitte auch die „bitte der Bußfertigkeit" (228/1533).

Im vorletzten Kapitel „Betrachtungen / ueber die sechste Bitte / Und fuehre uns nicht in Versuchung" widmet sich Baker der „Bitte der Bestaendikeit" (231/83), mit der die zuvorige Bitte der Bußfertigkeit verstärkt werden soll. (vgl. 231/68) Inhaltliches Zentrum ist die Natur des Menschen, dessen Sündhaftigkeit und die Überwindung derselben.

Die Erlösung wird als Abschluss des Heilsplans im letzten Kapitel „Betrachtungen / ueber die Siebende Bitte und letzten Wortte dieses Gebets / Sondern erloese uns von dem uebel / denn dein ist das Reich / und die Krafft / und die Herrlikeit von Ewikeit zu Ewikeit" behandelt. Baker schließt seine Betrachtungen mit den Worten des Vaterunsers „Denn dein ist das Reich / die Krafft / und die Herrlikeit und also zusammen enden werden. In dem was das Ende von allem / und selbst sonder Ende. Nemblich: Der Ehre Gottes." (260/431-435) sowie einer Bibelstelle aus dem ersten Brief des Paulus an Timotheus (260/436-440; 1. Tim 1, 17).

2.4 Frömmigkeitsgeschichtliche Kontexte

In seinen *Betrachtungen* beschreibt Richard Baker das Vaterunser als einen „auff eine vollkommene und ungewoehniche Artt" verfassten Text, der besonders durch seine Klarheit allen Menschen zugänglich sei („weil die Allereinfaeltigsten ihre Feiler in diser Vorschrifft sehen koennen / lernen auch die allerweistens ihre Gebrechen darauß verbessern". [79/16-20]) In dem Wort Gottes wird gleich zu Beginn Christus in seiner erlösenden Funktion für die Menschen zum Zentrum gemacht. Gerade in Bezug auf das Vaterunser macht Baker deutlich, dass „nimand als Christus allein bequem [war] uns [...] zu retten / und uns ein Gebett vor zustellen" (17/8-10), durch welches sich dem Menschen das Recht zur Bitte und damit einhergehend der Zutritt zu den Gnaden Gottes erschließt. Grundlage dieser Konzeption ist das alttestamentliche Vorstellung des zornigen Gottes, der dem Menschen „sehr offt und vilfaltig seine Ohren dargeboten" (21/99), welche jedoch aus „unermeßlich groß[er]" „Thorheit" (21/100) dieses Angebot nicht angenommen haben. Dies resultiert daraus, dass Gott, „der Schoepffer des allerquickenden Lichtes [...] uns [zwar] in das Licht gestellet" hat, jedoch der „Fuerst der erschrecklichen Finsternuß [...] uns überredet [hat], unser Licht were nur eine eitele Finsternuß" (19/26–29). In der jetzigen Form ist für Baker die „vornehmste[n] Ursach unseres suendlichen Wesens" (17/26) der Zustand der Unwissenheit, die aus dem fehlenden Empfinden für den Verlust der göttlichen Gnade resultiert und aus dem nur Jesus als „unser Lehrmeister" (17/21) befreien kann (*lumen gratiae*) – er ist „gleich wie wir / doch ohne Suende." (21/86–92) Gerade durch seine zwei Naturen steht Christus als Vermittler zwischen Gott, dessen Zorn nach der Erbsünde der Vergebung der Sünden im Weg stand, und dem Menschen, der durch seine Torheit die Möglichkeit zur Bitte nicht wahrgenommen hat.

Die Beziehung von Gott und Mensch verdeutlicht sich bei Baker durch die Bezeichnung Gottes als liebender Vater (40/22–25). Die Menschwerdung und Aufopferung des Sohnes Gottes veranschaulicht die Liebe und hilft gleichzeitig, die Verbindung noch enger werden zu lassen, indem Jesus als Mensch Bruder aller Menschen wird und die Distanz zu Gott überbrückt. (vgl. 42/41–46) Durch diese Verbindung haben die Kinder Gottes Anteil am Erbe Gottes, denn wie „[s]eine unerforschliche Genade" hat „aus Feinden [...] Kinderen gemachet" so hat Gottes „unendliche Barmhertzigkeit uns aus Kindern zu Erben eingesetzet". (42/49–51) Die Menschen sind jedoch „von Natur keine Kinder Gottes", sondern nur durch die Werke Christi nach dem reformatorischen Grundsatz *solus Christus*, der zentraler Bestandteil der Gnadenlehre ist[41] (44/128–134). Gleichzeitig macht Baker aber auch deutlich, dass Gott mit den Menschen zwar durch deren Vater-Kind-Beziehung „die allernaeheste Vereinigung" (48/45 f.) eingeht, jedoch gleichzeitig durch seinen Sitz im Himmel die „allerferneste Scheidung zu erkennen" (48/47) ist. Zunächst bedeutet dies, dass der sündhafte Mensch zwar Bitten an Gott richten kann, jedoch nur in Bezug auf sein Seelenheil (49/91–98). Die Grundlage für ein „erfolgreiches Bitten" ist also allein der Glaube, was zur Folge hat, dass der Mensch aufgrund seines Glaubens an die Ewigkeit in Gott seine Anliegen auch nur in diese Richtung lenken darf. Der Mensch, welcher aufgrund seiner fleischlichen bzw. körperlichen Konstitution an die Erde gebunden ist, kann nur mithilfe des Glaubens im Herzen zu Gott aufsteigen (50/108–111).

Das Wesen Gottes selbst wird bei Baker als für den Menschen unbegreiflich charakterisiert. Aufgrund seiner göttlichen Erwählung hat der Mensch die größte Gabe Gottes, die Vernunft, erhalten. Jedoch ist laut Baker diese Gabe nur allein deswegen „geschehen umb sie zu seinem Dinst zu bequemen". (127/123 f.) Die Vernunft ist kein Selbstzweck und verstandesmäßige Erkenntnis dem

---

41 Lohse (Anm. 5), S. 67.

Glauben insofern nicht übergeordnet, sondern die Vernunftbegabung ist ein Glaubensinstrument. Vollkommene Einsicht ergibt sich für den Menschen nach Baker, der sich am lutherischen Prinzip des *lumen gratiae* orientiert, erst nach dem Tod und der Ewigkeit in Gott (74/894 f.).[42] In Hinblick auf die Gotteslehre und Gottes Wesenhaftigkeit verdeutlicht Baker, dass anders als der Name von irdischen Geschöpfen „welche unveraenderlich / und derowegen betrueglich sind" bei Gott „keine Veraenderung noch Wechsel des Lichtes und der Fuensternueß", denn Gottes Natur ist sein Name; „Ja er selber ist sein Name." (92/ 182–187) Alles muss aus der Omnipotenz Gottes als *prima causa* erklärt werden. So bedeutet Baker, dass „Gott / von dessen Wille man mit mehrer Warheit sagen kan / daß selbigem die Beherrschung der Ursachen allein zukommen / als daß er von den Ursachen beherschet werde / angesehen / daß nur allein dises einigen Schein der Ursachen und Vernunfft haben kann / welches mit seinem Willen uebereinstimmet." (127/117–122)

Die Gabe der Vernunft ist also eingeschränkt durch die Omnipotenz Gottes, die dem Menschen die „gantz wunderlich[en] Geheimnueß seiner Natur geoffenbaret" (61/476–480). Der Mensch kann nicht erfassen,

> daß er gantz und alles die Gerechtikeit / und dennoch gantz und alles die Barmhertzikeit sey / daß er ganz und alles Weißheit / und dennoch gantz und alles Macht sey / daß er so vilerley gantz / und ebenwol nur ein insonderheit sey. Diß ist das jenige was wir nicht begreiffen koennen / und dennoch begreiffen muessen / ehe wir die Selbststaendikeit GOttes rechtschaffen verstehen koennen. (62/521–528)

Für den menschlichen Verstand, der „alles mit rechten Linien abmisset / ist es unmoeglich: Aber bey Gott / in dessen unendlicher Erkaentnueß die Circel Linien rechte sind / und die rechten Linien Winkel sind / ist dises und alles anders moeglich." (62f./525–534) Gerade die Möglichkeit der Quadratur des Kreises ist für Baker Beweis eines transrationalen Wissens, das Gott vorbehalten ist. So erklärt Baker weiter, dass diese und andere Wunder der göttlichen Offenbarung „ob sie wol von uns unbegreifflich" dennoch nicht „ueber unsere Erkaentnueß" gehen (53/234–236). Die Lehre Bakers entspricht auch hier der lutherischen Lehre, die die Existenz der Wissenschaften durch die göttliche Gabe der Vernunft erklärt. Auch hier geht es jedoch dabei um eine Unterscheidung des Begreifens, also des rationalen Durchdringens, und der Erkenntnis, welche den Menschen die Wahrheit erkennen, aber nicht vollkommen verstehen lässt. Exemplarisch dafür lässt sich die

---

42 Die tria-lumen Lehre Luthers bezog sich zwar größtenteils auf die Frage über die Existenz des Bösen in der Welt, behandelte jedoch auch andere essentielle Fragen, die weder von der Hl. Schrift noch von der irdischen Vernunft geklärt werden können. Lohse (Anm. 5), S. 212.

rationale Erklärung der Dreifaltigkeitslehre heranziehen, in welcher Baker die Vollkommenheit der göttlichen Trias durch mathematische Überlegungen verständlich zu machen versucht.[43]

Die Erkenntnis des Göttlichen scheint jedoch auch in der Natur selbst möglich zu sein:

> Die Himmel erzehlen die Ehre GOttes / und die Feste erzehlen seiner Haende Werck. Welches eben so vil gilt / als wann er gesaget haette / die Himmel verkuendigen / daß ein hocherhabener GOtt sey / und die Fest ist ein trefflich Meisterstueck / daß seinen Werkmeister genung=sam darthut. (52/200–205)

Sich auf den biblischen Psalm (Ps 19, 1) berufend, dient der Himmel als „zu einem solchen Augen = scheinlichen Beweiß in der unzehligen Zahl der himmlischen Leiber / daß man darauß / als klaren Buchstaben und deutlichen Abbildungen lesen kann / das GOtt sey / und daß er aldar sey." (52 f./205–208) Zentral ist jedoch, dass „dises geoeffnete Buch des Himmels" (53/209) nur dann zu lesen ist, wenn wir darauf achten. Baker verdeutlicht die Problematik damit, „daß wir vor den ueberedelen stummen Schrifften der Geschoepffe mit blinden Augen / und vor der Himmel klaren und hellen Ansprache mit tauben Ohren vorbey gehen [...]" (52 f./212–214) Die Wortfelder Buch, Schrift und Buchstaben setzen die Naturerkenntnis damit kategorial zur Erkenntnis aus der Hl. Schrift. Die göttlichen Wahrheiten sind also für den Menschen auch ersichtlich in der Exzellenz der Schöpfung des Herrn.

---

43 „Das endlich dieser Personen mehr dann eine / aber nicht mehr denn drey sind [...]. Wann ich nicht meine Gedancken alhir einziehen wolte / aus Furcht / daß in solche Geheimnueß ich aus Unehrerbittung suendigen moechte: So solt es mir nicht schwer fallen einige Beweiß = Gruende von den Welt = Weisen zu entlehnen / welche fest darauff bestanden / daß GOTT vor eine Zahl gehalten werden muese." (61 f./495–504) Unter Heranziehung von mathematischer Regeln wie Subtraktion und Multiplikation versucht Baker die Dreieinigkeit als vollkommenste Zahl zu erklären. Die Zahlen Eins und Zwei sind unvollkommen, da erstere „kleiner bleibet / wann sie durch sich selbst vermehret wird / als wann sie zu sich selbst gethan wird" und bei zweiterer „eben dasselbige darauß kommet / wann sie durch sich selbst gemehret / als wenn sie zu sich selbst gesetzet wird." (62/506–510) Die Zahl Drei jedoch erscheint Baker ideal, denn wenn man diese „durch sich selbst vermeheret / ist es ein mehrers als wenn es zu sich selbst gesetzet wird / und dises ists / darinn die wahre Vollkommenheit einer Zahl bestehet." (62/511–513) Der Mensch kann also durch diese Überlegung innerhalb seiner Wissenschaft erkennen, dass die Dreifaltigkeit denknotwendig ist, jedoch reicht dieses Erkennen nicht so weit, dass er rational Gott begreifen kann. Vgl. die systematische These, die Erkenntnis der Trinität setze notwendig im Vollzug des Satzes vom Widerspruch ein: Wilhelm Schmidt-Biggemann: Geschichte wissen. Eine Philosophie der Kontingenz im Anschluss an Schelling. Stuttgart-Bad Cannstatt 2014 (Problemata 156), S. 13 f.

> Denn gleich wie / wann wir ein schoen und unschaetzbarer Weise außgeziretes Hauß ansehen / von Stund an urtheilen / daß es nothwendig ein Schloß eines ueberauß ansehnlichen Fuersten seyn muesse. (54/264–267)

Baker stellt sich jedoch gleichzeitig die Frage, wie „unser Verstand recht auff den Weg gebracht werden". (105/608 f.) Denn obwohl wir die Himmel „ohn unterlaß anschauen / bringet doch die Gewohnheit des taeglichen Anblicks zu wege / daß wir dises nicht sonders achten". (105/610–612) Aber auch „sein Wortt aus dem Gesetz und Evangelio / in welchem das ewige Leben zu finden" hört der Mensch oft, jedoch weil wir es „durch die ander und dritte Hand" empfangen, „ruehret [es] unsere Hertzen nicht als mit dem Nachklang". (105/612–615) Weder die reine Erkenntnis in der Natur, wie sie die Spiritualisten und Mystiker zu erreichen versuchen, noch die reine Beschäftigung mit Gesetz und Evangelium alleine kann den Menschen leiten. Wenn nun aber der Mensch weder durch die Offenbarung der Natur noch durch das Wort des Herren, das den Menschen nicht direkt erreichen kann, auf den richtigen Weg und die dauerhafte Erkenntnis Gottes kommen kann, „durch was Weise dann / kan unser Verstand recht auff den Weg gebracht werden?" (105/608 f.)

Baker beantwortet diese Frage im Sinne des frühneuzeitlichen Frömmigkeitsideals, das grundlegend für die starke Verinnerlichung im Gebet und der Andacht plädiert. Obwohl der Mensch, weil er Gott weder direkt hören noch sehen kann, nicht vollkommen beten und Gott verehren kann, so ist dies doch der einzige Weg und damit Sinn und Zweck der Erbauungsliteratur.

> Dann wie unsere Wortte dem Verstand sehr langsam nachfolgen / und unser Verstand nicht mächtig das tausendeste Theil der Göttlichen Herrlikeit zu erwegen; Also gebühret uns GOttes Namen in unseren Hertzen anzuruffen / und gleichfalls zu gedencken / daß er unbegreifflich sey / und Ihn mit unsern Zungen zu heiligen / sondern in Vergeß zu stellen / daß er unaußsprechlich sey. (106/650–655)

Damit wird die Werkoffenbarung in den Kontext der Gotteserkenntnis des gemäßigten Spiritualismus integriert, welcher in der Reformorthodoxie der lutherischen Kirche etabliert wurde.[44] Die primäre Autorität in der Frage nach den zentralen Glaubensweisheiten ist das göttliche Wort, aber durch das Lesen im ‚Buch der Natur' ist Gotteserkenntnis zumindest in Ansätzen möglich. Wichtiger aber ist,

---

44 Zum Einfluss Arndts auf die Theologie Gryphius': Hans-Henrik Krummacher: Andreas Gryphius und Johann Arnd. Zum Verständnis der *Sonn- und Feiertags-Sonette*. In: Lyra. Studien zur Theorie und Geschichte der Lyrik vom 16. bis zum 19. Jahrhundert. Hg. von dems. Berlin, Boston 2013, S. 419–439.

dass beide Formen der Offenbarung nur durch die immer wieder zu erneuernde Andacht im tiefen Glauben erfassbar sind.

3 Gryphius' *Sonn- und Feiertagssonette* im theologischen Kontext

3.1 Entstehung, Widmungen und Intention

Neben der Erbauungsliteratur hatte im gesamten 17. und noch weit ins 18. Jahrhundert die geistliche Lyrik den größten Anteil am Buchmarkt. Dabei unterscheidet man zwischen Gelegenheitsdichtung geistlichen Inhalts, d.h. Leichen-, Trauer- und Trostgedichte u. ä., und der religiösen Lieddichtung, an der sich unter anderem viele Geistliche beteiligten, um ihre jeweilige Konfession zu stärken und zu verbreiten.[45] Die Wirkung des Arndtschen Frömmigkeitsideals auf die Literatur des 17. Jahrhunderts beschränkte sich also nicht nur auf die Gattung der handbuchartigen Erbauungs- und Andachtsliteratur. Auch die geistliche Lyrik war stark davon geprägt und versuchte das ‚innere Wort' des Geistes durch poetische und bildliche Formen zu verdeutlichen. Zählt man zur notwendigen Bestimmung der ‚Erbauungsliteratur', dass ihre maßgebliche Funktion ist, den Menschen durch *cogitatio*, *meditatio* und *contemplatio* über das Irdisch-Vergängliche und die damit einhergehende Gefährdung und Bedrohung seiner Existenz hinaus zu Gott zu leiten, so kann Andreas Gryphius selbst als Erbauungsdichter gelten.[46] Für die Frage, ob ein Einfluss Bakers auf Gryphius' geistliche Lyrik erkennbar ist, stellen insbesondere die *Sonn- und Feiertagssonette* ein geeignetes Untersuchungsobjekt dar, da sie in zwei unterschiedlichen Fassungen publiziert wurden und damit mögliche Veränderungen vor und nach der Baker-Rezeption enthalten können.

Die erste Version wurde 1639 in Leiden unter dem Titel *Son- und Feyrtags Sonete* herausgegeben. Bei den Sonetten handelt es sich um Perikopendichtung. Als Perikope bezeichnet man eine „zum Zweck der Lesung sowie der

---

[45] Volker Meid: Barock-Themen. Eine Einführung in die deutsche Literatur des 17. Jahrhunderts. Stuttgart 2015, S. 75 f.
[46] Peter Rusterholz: Andreas Gryphius und der Straßburger Theologe Johann Conrad Dannhauer. In: Aedificatio. Erbauung im interkulturellen Kontext in der Frühen Neuzeit. Hg. von Andreas Solbach. Tübingen 2005, S. 285–298, hier S. 285.

Auslegung im Gottesdienst ausgewähltes Textstück der Bibel".[47] Diese Bibelabschnitte sind im kirchlichen Jahreskreis in einer spezifischen Reihenfolge angeordnet. Vor allem in der lutherischen Kirche zwischen Reformation und 18. Jahrhundert bilden die Perikopen aufgrund der Lehre der Bibelautorität – *sola scriptura* – das Fundament von Predigten und Postillenliteratur.[48] Perikopendichtung hat ihren Sitz im Leben aber auch in der häuslichen Andacht, die im Zuge der Frömmigkeitsbewegung des 17. Jahrhunderts an Bedeutung gewann.

Die erste Ausgabe der *Sonn- und Feiertagssonette* wird in der Widmung auf den 3. Januar 1639 datiert. Da Gryphius erst im Sommer 1638 dort angekommen war, kann man davon ausgehen, dass der weitaus größere Teil der Sonette vor seiner Abreise nach Holland entstanden war.[49] Der Zyklus umfasst 100 Sonette, davon 65 Sonntagssonette im ersten Buch, 32 Festtagssonette im zweiten Buch, zwei Sonette auf Bibelsprüche sowie ein Beschlusssonett. Angefügt ist zudem das Sonett *Trenen-Klage aus dem XIII Psalm* sowie die zwei Lobgedichte der Brüder Schönborn. Den beiden Büchern geht zudem jeweils eine lateinische Widmungsrede vor, auf die im Folgenden genauer eingegangen wird.

Die zweite Fassung der *Sonn- und Feiertagssonette* entstand im Zuge der Planung der ersten Sammelausgabe der Dichtungen 1646/47 in Straßburg und erschien in Folge misslicher Umstände (unautorisiert) unvollständig 1650 in Frankfurt am Main.[50] Die erste vollständige Ausgabe liegt dann in der Breslauer Ausgabe von 1657 vor und weist einige Änderungen auf. In dieser Fassung fehlen die beiden Widmungsschriften sowie die Lobgedichte, welche nicht noch einmal abgedruckt wurden. Zudem ist das 37. Sonett „An den Heiligen Geist" herausgenommen, wodurch sich die Zählung verschiebt und das erste Buch 64 Sonntagssonette und, um die 100 Sonette zu erreichen, ein weiteres Sonett am Ende des zweiten Buches eingefügt wurde. Im Folgenden soll zunächst analysiert werden, welche Intention Gryphius mit seiner Dichtung verfolgt. Anschließend ist es erforderlich zu untersuchen, ob ein Einfluss der Baker-Schriften oder ein Unterschied zwischen den beiden Fassungen festzustellen ist und in welchem theologischen Feld sich die Sonette bewegen.

Um den Kontext und Beweggrund für das Verfassen der *Sonn- und Feiertagssonette* besser verstehen zu können, ist es wichtig, zunächst die lateinischen

---

[47] Patrick G. Boneberg: Hir schleußt er nimand aus. Interkonfessionalität in den Perikopensonetten von Andreas Gryphius. Marburg 2005, S. 88.
[48] Boneberg (Anm. 47), S. 90.
[49] Renate Gerling: Schriftwort und lyrisches Wort. Die Umsetzung biblischer Texte in der Lyrik des 17. Jahrhunderts. Meisenheim am Glan 1969 (Deutsche Studien 8), S. 47.
[50] Ebd., S. 49.

Widmungen des ersten und zweiten Buches der ersten Fassung genauer zu betrachten.[51] Diese sind in der Forschung bisher nur sehr gering betrachtet bzw. auch nur gesondert übersetzt worden, geben jedoch besondere Einblicke in Zielsetzung, Verwendung bzw. Rezeption der Sonette und Gryphius' frömmigkeitsgeschichtlicher Positionierung.

Im ersten Buch ist die angefügte Widmung an Johannes Friedrich von Sack, den Erbherrn auf Tiergarten in Schlesien, adressiert, mit welchem Gryphius aufgrund der gemeinsamen Zeit im Gymnasium in Danzig verbunden war, sowie an Jacob Ressius, einem Verwandten, über den keine näheren Informationen bekannt sind.[52] Gryphius führt die beiden Adressaten dabei zunächst in charakteristischer Übersteigerung in die zerstörerische Situation des Dreißigjährigen Krieges ein.[53]

Nach einer ausführlichen Beschreibung der Zerstörung während des Krieges verdeutlicht Gryphius zusammenfassend das Ausmaß der Grausamkeit. Zu den schlimmsten Kriegserfahrungen jedoch zählt es für Gryphius, dass vom wahrhaftigen Heiligen abgewichen und fremde Riten angenommen werden mussten. Beglaubigen will er den Bericht durch die Erklärung, dass er diesen mit seiner eigenen Erfahrung bezeugen und deswegen davon erzählen kann. Damit bezieht er sich auf die Situation in seiner Heimatstadt Glogau, auf die gewaltsamen Rekatholisierungsmaßnahmen, das Verbot des evangelischen Gottesdienstes usw.[54] Indem er auf seine persönliche Erfahrung hinweist, versucht Gryphius also seine Schilderungen empirisch zu untermauern. Weiter spezifizierend beschreibt er, wie eben jene gemeinschaftskonstituierenden, religiösen Riten wie z. B. die Taufe und Eheschließung nicht mehr ausgeführt werden können und dürfen. Ferner reiche es den Verfolgern nicht mehr, die Menschen grausam zu martern, sondern

---

51 Zitiert wird nach nachfolgender Edition: Marian Szyrocki, Hugh Powell (Hg.): Sonette. Bd. 1. Tübingen 1963 (Gesamtausgabe der deutschsprachigen Werke 1). Bei den Sonetten selbst wird bei Zitation der ersten Fassung in Anlehnung an die Edition nach folgendem Muster ([SS/FS]/[Nummierung des Sonnets]/[Versangabe]) zitiert, wobei die Nummer des Sonetts in arabischen Zahlen angegeben wird. In der zweiten Fassung wird ebenso zitiert mit der Ausnahme der Nummerierung des Sonetts in römischen Ziffern.
52 Stefan Kiedroń: Christian Hofman von Hofmanswaldau und seine ‚niederländische Welt'. Dresden 2007, S. 88.
53 „Vtcunque dolor iste nos habuerit vixdum perceptis vulneribus, vehementiore fulminis impetu afflati, caligavimus ad majora. Sacris abstinere & in aliorum ritus transire coactos, quis nisi qui experundo habet compertum, credit enarretque?" (133).
54 Vgl. den Beitrag von Klaus Garber in diesem Band sowie Arno Herzig: Die Rekatholisierung in deutschen Territorien im 16. und 17. Jahrhundert. In: Geschichte und Gesellschaft 26 (2000), S. 76–104; der.: Der Zwang zum wahren Glauben. Rekatholisierung vom 16. bis zum 18. Jahrhundert. Göttingen 2000.

diese machen darüber hinaus nicht einmal vor der Schändung der Leichen Halt.⁵⁵ Durch die Stilisierung des Gegners als unverhältnismäßig grausam kann Gryphius seine eigene Position besonders hervorheben. Gerade weil der Gegner den wahren Glauben unter der Androhung grausamer Qualen verbietet, postuliert Gryphius damit den Beginn der heimlichen Erbauung in der *Christiana Philosophica*. Zentral dabei ist dabei vor allem, dass – so die Vorrede – die Sonette nicht nur der Erbauung des Rezipienten dienen können, sondern für den Autor selbst diese Funktion erfüllen.⁵⁶

Dass sich der Autor dem Zweck seiner Werke, der Erbauung in der *Christiana Philosophica*, verpflichtet fühlt, wird dabei auch an dem Einfügen einer zentralen Bibelstelle aus dem zweiten Buch Petrus deutlich (2 Petr 1, 19).⁵⁷ Dabei beruft sich Gryphius auf eine Bibelstelle, die essentiell für die theologische Exegese des Pietismus und der lutherischen Orthodoxie war.⁵⁸ Das erste Kapitel des zweiten Petrusbriefes beschäftigt sich mit der Versicherung der späteren Generationen, dass die christliche Hoffnung zuverlässig und die Wahrheit Gottes gewiss ist. Nachdem zuvor die Glaubwürdigkeit durch Augenzeugenschaft des Petrus bei der Verklärung Jesu versichert wurde, folgt dann die Erklärung der Bedeutung des prophetischen Wortes, welches in seinem weissagenden Gehalt nicht selbst ausgelegt werden darf. Im Kontext des Luthertums steht sie exemplarisch für den Lehrsatz *sola scriptura*. Gryphius schreibt, diese Bibelstelle aufgreifend:

---

55 „Spectatum inde, necem ultra spirare odia, quae non faciles ad quaevis tormenta carnes, sed ad interitum deposcunt animas; & aliis quam hominum aestuare furoribus, qui hominem cruciasse non satiati, cassum sensu corpus involare, putant egregium." (133).

56 „Ipsum quoque qui me tum fovebat Virum summum celeberrimumque, ad patriae occidentis funus extabelscentem, ut perdidi, solus iam & invida pessimorum atrocitate turbatus, quod publice non licebat, per occultum abs Christiana Philosophia petere refectionem exorsus sum." (134).

57 In der Vulgata, die mit der lutherischen Übersetzung letzter Hand übereinstimmt, lautet die Originalstelle: „Et habemus firmiorem propheticum sermonem: cui benefacitis attendentes quasi lucernæ lucenti in caliginoso donec dies elucescat, et lucifer oriatur in cordibus vestris [...]." Übersetzung bei Luther 1545: „WJr haben ein festes Prophetisch wort / Vnd jr thut wol / das jr drauff achtet / als auff ein Liecht / das da scheinet in einem tunckeln ort / Bis der Tag anbreche / vnd der Morgenstern auffgehe in ewren hertzen."

58 Martin Schmidt: Teilnahme an der göttlichen Natur. 2. Petrus 1,4 in der theologischen Exegese des Pietismus und der lutherischen Orthodoxie. In: Dank an Paul Althaus. Eine Festgabe zum 70. Geburtstag, dargebracht von Freunden, Kollegen und Schülern. Hg. von Walter Künneth. Gütersloh 1958, S. 171–201.

> Quod enim aluid subsidium mei superesse poterat, praeter firmiorem illum propheticum sermonem, cui benefaciumus attendentes quasi lucernae, lucent in caliginoso loco, donec dies elucescat, & Lucifer oriatur in cordibus nostris. (134)

Aus der 2. Person Plural und dem damit verbundenen indirekten Appell der Verse der Bibel wird ein den Autor einschließendes „Wir". Hier zeigt sich: Zweck der verfassten Sonette ist demnach nicht nur die Erbauung des Rezipienten, sondern ganz zentral auch die Erbauung Gryphius' selbst beim Verfassen der Sonette.

Diesen ersten funktionalen Bestimmungen seiner Dichtung folgt die Anrede an die beiden Adressaten der Widmung:

> Hanc vero, Carminum centuriam, quam graviores illius studii curae exceperunt, ob id potissimum iam produco ut Tua, mi Ressi, desideria & locum & pondus apud me obtinere palam fiat. Habe ergo quod voluisti: tu vero, N. G. Sacci, quod ne sperasti quidem. (134)

Gryphius adressiert dabei das Verlangen des einen Adressaten Jacob Ressius, einem Verwandten des Barockdichters. Dieser strebe nach eben einer solchen Erbauung, der er aus diesem Grund besondere Aufmerksamkeit schenkt, indem er die *Sonn- und Feiertagssonette* anfertige. Zudem erwähnt er anschließend den zweiten Adressaten Johannes Friedrich von Sack, welcher gar nicht erst auf eine solche Arbeit zu hoffen gewagt habe. Im Hinblick auf diese Ansprache muss die Möglichkeit erwogen werden, dass es sich bei den Gedichten um eine Auftragsarbeit gehandelt haben könnte, bzw. zumindest um eine Reaktion auf Ressius' Verlangen nach Erbauung.

Im Anschluss stellt Gryphius dichtungstheoretische Überlegungen an: Mit dem Bild des dem Geist vorgehaltenen Spiegels offenbart sich eine implizite Poetik, die zu verdeutlichen versucht, dass der Geist vor dem Leid und Grauen seiner Zeit zusammenzubrechen droht, in den schweren Zeiten auf sich selbst und alles ‚Unsagbare und Schwere' blickt und diesem Umstand eben durch seine Verschriftlichung der Bibelstellen Ausdruck verleiht.[59] Damit ist bereits impliziert, was der Anfang der Widmung deutlich zeigt, nämlich das Individualisieren der biblischen Stellen auf den eigenen Erfahrungshorizont. Die Sonette sollen als Spiegel des eigenen Geistes fungieren, in welchem sich die Grauen der Zeit in theologischen Kontext reflektieren. Die Widmung des ersten Buches

---

[59] „Mentis nostrae, (ut ita dixerimus) speculum porrigimus, quam nox ea, aut habuit maestam, aut calamitate fatiscentem, aut nimia deniqe, ferocem clade, quicquid infandum & grave, despicientem. Exemptas e medio tempestatis horas aliquot, dum te, meq digniora manum fatigant, praeire jussi, nullo (ut fatear) Musarum mundo comtiores, quem hic potissimum te mecum novi non probare. Ut videantur languido quaedam pede niti: ad languentes & non nisi dolore animum exstimulati panximus an planximus ista?" (134).

formuliert eine Intention, welche jeder Erbauungsliteratur innewohnt: Die eigene immerwährende Vergewisserung der zentralen Glaubensinhalte, die die Frömmigkeit fördern und selbst in den schwersten Zeiten den Geist zu Gott bewegen soll.

Das zweite Buch der *Sonn- und Feiertagsonette* widmet Gryphius seinem Neffen Paul Gryphius, der als Pastor in Sehren wirkte. In dieser Widmung wird deutlich, dass die Sonette nicht nur zur eigenen, sondern auch zur gemeinschaftlichen Erbauung verfasst wurden: „Nec enim quicquam notabile in singulis, nisi quod in commune devotioni promovendae scripta sunt." (165) Die Perikopensonette des Autors sind unmittelbar für die Gebetspraxis verfasst und dienen der gemeinschaftlichen Erbauung. Verfasst in dieser ‚dunklen Zeit des Jahrhunderts', welches von der Grausamkeit des Krieges geprägt ist, macht Gryphius gemäß der lutherischen Rechtfertigungslehre deutlich, dass denjenigen Menschen das ewige Höllenfeuer bevorsteht, die diese Pflege der Seele sträflich missachten. Zentral ist dabei eine Abwendung von der Werkgerechtigkeit des Katholizismus, in der nicht das moralisch gute oder schlechte Handeln direkte Konsequenzen hat, sondern die Hinwendung zu oder die Abwendung von Gott im Glauben.[60] Jedoch scheint gleichzeitig im nächsten Satz ein Bruch mit der reinen lutherischen Orthodoxie erkennbar zu sein, denn Gryphius postuliert, dass der tugendfreie Verstand die Früchte dieser Pflege der Seele verhöhnt: „Sterilis virtutum mens, quia ne ullum quidem bonae frugis semen excepit, spinis luxuriat, & faecunda, sed in rogos, spem expectantis Domini, quantum in se fraudat." (165) Unter Tugend ist „die Einheit von Wissen um das sittlich Gute und der Bereitschaft und Tatkraft, dieses zu verwirklichen" zu verstehen. Gerade diese Verwirklichung impliziert einen Handlungsbegriff, der im eschatologischen Kontext stark mit dem Gedanken der Werkgerechtigkeit verknüpft ist, von welchem sich die Lutherische Lehre eigentlich zu lösen versuchte.[61] So hatte bereits der frühe Luther sich langsam von einem Tugendbegriff entfernt. Dieser Widerspruch lässt sich jedoch mit der lutherschen Rezeption des Tugendbegriffes von Aristoteles auflösen. Dieser verstand unter *virtus* nicht nur das Resultat von moralischen Handlungen, sondern sah darin auch deren Voraussetzung. Dies ändert sich bei Luther, denn er differenziert die Definition des antiken Philosophen aus. „Entweder: Jemand wird durch wiederholtes Tun gerecht, oder: Allein der, der schon gerecht ist, handelt gerecht.

---

60 „Scio ego, plerosque hac seculi vespera inumbrante, non iisdem artibus ordiri vitam, non prosequi; at, nec fallor, inde est, quod fracti animos, miseroque errore fessi, ante catastrophe salute declinant, & in praecipitia aeternis infamia ustulationibus irruunt." (165).
61 Thomas Zwenger: Art. „Tugend". In: Handwörterbuch der Philosophie, Hg. von Wulff D. Rehfus. Göttingen 2003, S. 653.

Im weiteren Verlauf der Widmung lobt der Dichter seinen Adressaten hingegen, die „studium divini Timoris, amorisque" verinnerlicht zu haben.[62] Gerade im Kontext der Widmung offenbart sich also der wahre Sinngehalt. Die Ungläubigen, welche aufgrund ihres Unglaubens auch keine Tugend besitzen, verhöhnen die Gläubigen, welche allererst durch ihren Glauben als tugendhafte Menschen agieren.

Auch wenn die Terminologie abweicht, referiert diese Passage einen Gedanken, welcher seit Petrus Lombardus auch bei Augustinus in seinem Werk *De civitate Dei* in der Unterscheidung zwischen der *timor filialis* und der *timor servilis* besteht. Bei Augustinus heißt es:

> Sie fürchten Gott zwar, aber mit jener knechtischen Furcht, die nicht in Liebe ist, denn völlige Liebe treibt die Furcht aus. Deshalb erweist er denen, die auf ihn hoffen, seine Süßigkeit, indem er ihnen seine Liebe einflößt, auf daß sie in keuscher Furcht, die die Liebe nicht austreibt, sondern die ewiglich bleibt, sich im Herrn rühmen, wenn sie ihn rühmen.[63]

Es wird also erklärt, dass eben jene Furcht vor Gott, die nur aus der Angst vor Strafe resultiert, keine Liebe sein kann, da diese die Furcht austreibt. Auch Thomas von Aquin verfolgt diesen Gedanken in seiner *Summa Theologica*:

> Die Hoffnung und die Furcht hängen innig miteinander zusammen und vollenden sich gegenseitig. Denn durch die Furcht fürchten wir nicht, daß uns das mangle, was wir kraft des göttlichen Beistandes zu erlangen hoffen; sondern wir fürchten, uns dem göttlichen Beiständen zu entziehen.[64]

In seiner Lehre über die Furcht geht Thomas dabei im engen Sinn von einem Übel aus. Die „knechtliche Angst" (*timor servilis*) ist dabei die Angst vor einer Strafe, die Gott dem Menschen auferlegen kann und bezieht sich auf eine „Minderung der Gutheit des eigenen Zustandes". Die „kindhafte Angst" (*timor filialis*) dagegen ist eine Furcht vor Schuld und deswegen ein Übel, da sie eine Beleidigung des Schöpfers ist und damit mit einer Trennung einhergeht.[65]

---

62 „Hinc tibi potissimum gratulor, quod summum in te diligio: studium divini Timoris, amorique, in quo ut dignos mea expectatione facias progressus, non tam ego, quam quos domi habes praesentes horantur & urgent." (165).
63 Aurelius Augustinus: Vom Gottesstaat. Buch 11 bis 22. Übers. von Wilhelm Thimme, eing. u. komm. von Carl Andresen. München 1978, S. 726 (Lib. 21, Cap. 24).
64 Thomas von Aquin: STh II–II q. 19, art. 9–12, hier vor allem art. 9, ad 1 (Die katholische Wahrheit oder die theologische Summa des Thomas von Aquin. Übers. von Ceslaus Maria Schneider. Bd. 7. Regensburg 1888, S. 131).
65 Albert Zimmermann (Hg.): Thomas von Aquin. Berlin 1988 (Miscellanea mediaevalia 19), S. 45 f.

Keine von beiden kann deswegen wahre Gottesliebe sein. Eben aus diesem Grund steht mit Referenz auf diese Unterscheidung Gryphius' impliziter Appell, sich um das eigene Seelenheil zu kümmern – jedoch nicht aus Furcht vor der Strafe Gottes, sondern aus der Liebe zum Vater der Menschen.

In einer Geste der *Captatio benevolentiae* versichert Gryphius, dass er als Dichter nur das zusammenfasst, was Paul Gryphius als Theologe bereits weiß. Die Heilsbotschaft ist transrational jenseits von Scholastik und dem Menschen nur in der Erlösungsbotschaft Jesu, der für den Menschen gekreuzigt wurde, zugänglich: „Facies, si quid ego conjicio, Musique operates, esse aliquid ultra scholam, ultra humanum scire disces, Scire nimirum IESVM, & hunc crucifixum, quem toties docentem [...]." (165 f.) Entgegen den üblichen Forschungsnarrativen stellt sich diese Erläuterung damit gegen den aufkommenden Rationalismus seiner Zeit und vertritt gegenüber der christlichen Scholastik ein lutherisches Weltbild, welches erweitert im Sinne des Pietismus und des Frömmigkeitsideals Arndts für die gemeinschaftliche und innige Erbauung des Menschen plädiert.

3.2 Sonette als Erbauungsliteratur

Die Konzentration der Widmungsreden auf die lutherischen Lehrsätze zu Glaube, Gnade und Schrift spiegelt sich auch in den Sonetten wider. Gryphius verfolgt zunächst in seiner Christologie die lutherische Zwei-Naturen-Lehre, in der Gott als Mensch geboren wird und „als ein schwaches Kind" lebt, jedoch nichts verloren hat, „was Groß und Goettlich heist." (SS/VII/1–5). Die beiden Eigenschaften Jesu vereinen sich in einer Person und sind miteinander verschränkt. Im Zentrum der meisten Gedichte steht in der Tradition der Perikopenliteratur Christus, „den keiner [...] ab mag wenden" (SS/III/ 9–14). Als „Loesegeld der Welt" (SS/III/1) und „der Vaeter langes Hoffen" (SS/III/1) ist Christus derjenige, der den Menschen „auß dem Suenden-Koth" reißt und „die Seelen / die Gesetz vnd Suenden-Last beschweret", (SS/I/3 f.) erlöst, indem er „fuer unser Leben stuerb[s]t" (SS/XXV/13). Die Christologie ist damit untrennbar mit der Soteriologie verschränkt. Durch diese essentielle Erlösungstat, wegen der sich Christus „von dem Thron der Ewigkeit begeben", um im „Raube-Schloß der Welt/ die mehr denn feste Macht / Mit der der Höllen Fürst/ der Printz der schwartzen Nacht / Sein Rüsthaus hat verschrenckt/ auff ewig auffzuheben" (SS/XXII/1–4), macht Christus den Menschen zum Kind Gottes: „O Blut! O reines Blutt! das meine Blutschuld wendet! / O Werthes Kind/ das mich zu Gottes Kinde mach't [...]" (SS/VIII/1f.) Nach dem Grundsatz *solus Christus* ist er „der Weg / [...] die Warheit / die dich nimmermehr / Mit falsch ertichten Worten kann verwirren." (FS/XIV/9–11)

In seiner Konzeption des Bösen ist Satan bzw. der Teufel „der ergrimmte Fuerst der Erden" (SS/V/2), welcher sich bemüht, den Menschen in „die Nacht der Traurigkeit" (SS/V/3) zu hüllen. Dies äußert sich darin, dass man „auff allen Aeckern [...] falsche Lehr vnd Neyd vnd Ketzer Pracht" (SS/XV/5 f.) schauen kann. „Der Sathan seet vnd wacht / Der Sathan / dem vor deinem Segen grauet." (SS/XV/7 f.) Als Widersacher Gottes, vor dem er sich fürchtet, verführt Satan stattdessen die Menschen, indem er „emsig [s]ein Wort vnd" des Menschen „Hertz zu versehren" (SS/XVIII/4) versucht, was sich in der derzeitigen Verbreitung einer falschen Lehre und dem Aufkommen von Neid und Ketzern widerspiegelt.

> Ist solche Grausamkeit? sind so viel Sünd vnd Schanden/
> Gantz ohne Furcht verübt? nun Redligkeit in Banden
> Vnd Heiligkeit verjagt: nun sich die Sünde mehrt/
> In dem der WiederChrist in Gottes Tempel lehrt/
> Vnd schwere Ketzerey sich heckt in allen Landen. (SS/LXII/4–8)

Der „Widerchrist", also Satan, existiert als die treibende Kraft für die „Ketzerey" auch in der zeitgenössischen Lebensrealität des Dichters.[66] Dem Menschen, welchen „die Nacht der trüben Sünden" (SS/X/4) verblendet hat, kann nur durch die Liebe Gottes geholfen werden, welche „Tod vnd Suende tilge[s]t" (SS/X/11), sodass, „wenn der Coerper faull't [...] die Seele leben" (SS/X/14) wird. Als Gegenleistung dafür darf nicht an „falsche[r] Treu" (SS/X/9) festgehalten werden, sondern es muss „fuer Weyrauch/ Andachts Feu'r/ für Myrrhen ernste Reu" (SS/X/10) gezeigt werden. Dies verweist auf die Ablehnung des Werkgerechtigkeitsgedankens, an dessen Stelle Frömmigkeit durch Andacht und ernste Reue durch den wahren Glauben gefordert werden.

In diesem System von Gut und Böse, Gott und Teufel zeigt sich zudem die Bedeutung des Wortes nach dem Prinzip *sola scriptura*.

---

[66] Vor allem die verhandelte Bibelstelle (hauptsächlich: Matth. 24, 5–8) wird dabei in der prophetischen Vorschau Christi auf die grausamen Konfessionsstreitigkeiten seiner Zeit gemünzt: „Denn es werden viel komen vnter meinem Namen / vnd sagen / Jch bin Christus / vnd werden viel verfüren. JR werdet hören Kriege vnd geschrey von kriegen / Sehet zu / vnd erschreckt nicht / Das mus zum ersten alles geschehen / Aber es ist noch nicht das ende da. Denn es wird sich empören ein Volck vber das ander / vnd ein Königreich vber das ander / vnd werden sein Pestilentz vnd Thewre zeit / vnd Erdbeben hin vnd wider / Da wird sich allererst die Not anheben."

> Das wesentliche Wort/ das in den Ewigkeiten
> Eh' eine Zeit entstund/ Gott ist/ vnd Gott geschau't
> Das Wort/ durch das Gott hat der Erden Haus gebau't
> Durch das Himmel stund/ das Licht das vns wird leiten
> (Das mehr denn lichte Licht)!
> [...]
> Wer diesen Gast auffnim't wird augenblicks erkennen
> Wie herrlich seine Gunst/ Er wird in Lieb' entbrennen
> In Liebe/ die mit Lust/ vnd für vnd für ergetz't. (SS/VI)

Da Gott das Wort selbst ist, ist es vor der menschlichen Zeit entstanden, welche vor Gott ohnehin nichtig wird. Das heißt, dass im Wort seine Weisheiten und Geheimnisse enthalten sind und diese uns deswegen leiten können. Gerade die Menschen, welche das Wort aufnehmen und sich in „Christi Lieb entzünd[t]en, pfleg[t]en Christi Wort zu trauen." (SS/XXXVI/1) Die Liebe zu Gott und der Glaube an das offenbarte Wort sind für Gryphius die entscheidenden Bedingungen, die Gott dem Menschen die göttliche Liebe, ein Leben nach dem Tod und das ewige Seelenheil schenken lassen. „Nvn kan ich/ wenn ich sol/ voll Trost die Augen schliessen/ Vnd sagen Welt Ade/ wer Christi Worten trau't/ Schlaefft/ wenn er stirb't/ nur ein!" (SS/XXIV/1–3) Deswegen bittet Gryphius in seinen Sonetten, die zur gemeinschaftlichen Erbauung verfasst sind:

> Der Sorgen Angst/ (Ach! scharffe Dornen Zucht!)
> Erstöckt in mir schier alle gute Lehren.
> Schrecke die Vögel Herr/ die mich berauben
> Laß mich auch in der Versuchung dir glauben. (SS/XVIII/7–10)

Gerade in Zeiten der Angst und Sorge, welche den Menschen dazu bringen können von der göttlichen Lehre abzuweichen, ist es erforderlich, nach dem lutherischen Lehrsatz *sola fide* weiterhin an Gott zu glauben.

Gryphius argumentiert in seinen Sonetten des Weiteren nicht gegen den Verstand. So gibt es eine „reiche Wissenschaft", jedoch kann diese nicht „die Kunst ergruenden/ Durch die man Gott erkenn't" (SS/XXXVII/1f.) Der Verstand und vor allem die Wissenschaft, welche im Humanismus immer mehr an Bedeutung gewinnen, erreichen gleichwohl ihre Grenzen „vor seinen Wercken" (SS/XXXVII/5): „Wir wissen was die Erd/ vnd was sie einschleust/ nicht: Wer sol verstehn was Er von seinem Himmel spricht." (SS/XXXVII/6 f.) Der Mensch muss vor Gottes Omnipotenz kapitulieren, welcher als „der weise Gott/ [der] aller Sinne obsieget" (SS/IX/5) und an Gott glauben, um die göttliche Gnade zu erhalten.

An diesem Punkt unterscheiden sich die Menschen letztendlich, denn das „Osterlamb geht nur die reinen an", welches „der Boesen Gifft/ der Frommen Staerck vnd Wonne" ist. (SS/XXVI/9–11) Wer den „Haß fuer Freundschafft libt/

thut allzu theuren Kauff/ Vnd zwing't Gott/ daß er muß/ ihm Recht für Gnade geben". (SS/XLIII/7 f.) Um die göttliche Gnade zu erhalten, ist es deswegen von Nöten „Jesu/ zu bekennen": „Ich bin's ja/ der recht Geist- vnd Mutt- vnd Eyvers voll/ Dich in dem wüsten Thal der Welt außruffen sol/ Vnd dich mit hoher Stimm in aller Ohren nennen!" (SS/IV/2–4) Bedingung ist also das wiederholte Bekenntnis zu Gott, welches sich in der Gebetspraxis realisiert.

4 Erbauung im Zeichen des Frömmigkeitsideals

In der Analyse der beiden Werke – der Baker-Übersetzung und der *Sonn- und Feiertagssonette* – unter besonderer Berücksichtigung ihres theologischen Gehalts werden einige inhaltliche Parallelen offenbar. So bestimmen sowohl die *Betrachtungen* Bakers als auch die Sonette Christus und seine Erlösungstat nach dem lutherischen Prinzip *solus christus* als das Zentrum ihrer Theologie. Er ist durch seine zwei Naturen dazu befähigt, als Medium des göttlichen Wortes und damit Gottes selbst für den Menschen zu agieren. Damit versöhnt er den Menschen mit Gottvater. Der Mensch selbst ist bei Baker und Gryphius in seiner Konstitution immer wieder als sündhaftes Wesen charakterisiert, welches allein durch das göttliche Wort im Glauben und durch die Liebe zu Gott zu diesem aufsteigen und das ewige Seelenheil erhalten kann. Nur dadurch kann der Mensch die Gnade Gottes erhalten, als unwürdiger Mensch in Gott zu sterben und wiederaufzuerstehen. In beiden Werken gibt Gott dem Menschen als allerhöchste Gabe den Verstand, der sich vor allem in der Existenz der Wissenschaften äußert. Jedoch findet dieser seine Grenzen in der göttlichen Omnipotenz, welche jegliche Gesetzmäßigkeiten geschaffen hat und kontrollieren kann. So kann der Mensch mit dem Verstand nie das Wesen und den Verstand Gottes durchdringen, sondern nur erkennen, dass diese vorhanden sind. Alles was Gott den Menschen wissen lässt, befindet sich im Wort Gottes. In dieser Wissenschaft erfolgt gleichzeitig ein bedingtes Erkennen Gottes in der Natur, denn in der Schönheit und Vollkommenheit der Schöpfung schlägt sich die Kraft des Schöpfers nieder. Jedoch handelt es sich sowohl bei Baker als auch bei Gryphius um eine Naturerkenntnis, die in keiner Weise unabhängig von der Heilsordnung zu verstehen ist. Zudem geht diese Offenbarung nicht über die Gotteserkenntnis hinaus, so lassen sich zum Beispiel die spezifischen Glaubensinhalte nur aus dem Wort und aus einer starken Andachts- und Glaubenshaltung heraus erkennen. Dies äußert sich in der iterativen Rezeption der erbauenden Literatur, zu der sowohl Bakers *Betrachtungen* als auch Gryphius' Perikopensonette zählen. Sowohl in der Zuschrift der *Betrachtungen*, als auch in den Widmungsschriften der Sonette wird die Funktion von Erbauungsliteratur in der starken Verinnerlichung des Glaubens überdeutlich: Die Erbauung der eigenen Person und die Übertragung einer solchen Erbauung auf den Rezipienten sind zentrale Anliegen des Dichters. Wenn also etwas besonders aus der Untersuchung hervorsticht, dann erstens die Konzentration auf die lutherische Lehre bei beiden Autoren, welche jedoch nach dem Arndtschem Frömmigkeitsideal neben der Wortautorität die iterative Erbauung in Andacht und Glauben predigen und zweitens die Bedeutung der Erbauungsliteratur, welche sowohl für den Verfasser als auch den Rezipienten wirksam ist. Als solche stehen beide exemplarisch im Kontext der Erbauung und im Zeichen des Frömmigkeitsideals ihrer Zeit. Betrachtet man diese Parallelen in ihrer Gesamtheit, kann daraus nicht ein Einfluss von Bakers Werken auf Gryphius geschlussfolgert werden. Vielmehr scheint es so, dass Gryphius seine theologischen Ansichten in Bakers Schriften bestätigt fand. Eine Übersetzung hielt er aus inhaltlichen und ästhetischen Gründen für erstrebenswert. Dem Bedarf des deutschen Publikums nach Andachtsliteratur schien dieser Text somit in idealer Weise zu entsprechen. Bakers *Meditations*, die Gryphius vor diesem Hintergrund so ideal konzipiert schienen, deckten sich also bereits mit dem eigenen konfessionellen Standpunkt des Dichters.

VI Intermedialität

Achim Aurnhammer
Aspekte der Opernästhetik im Werk des Andreas Gryphius

Die Erforschung des deutschen Barockdramas hat sich lange zu sehr an den poetologischen Theorien und zu wenig an der dramatischen Praxis orientiert. Daher trennte man ebenso scharf zwischen Komödie und Tragödie wie zwischen Sprech- und Musiktheater. Vor allem aber unterschätzte man den Stilradius der einzelnen Gattungen und ihre interne Dynamik. So blieb das Nebeneinander unterschiedlicher Typen ein und derselben Gattung ebenso unterbelichtet wie die Veränderung dramatischer Muster, die schließlich zu einem ‚Versiegen' des Trauerspiels um 1700 führte. Erst in jüngerer Zeit wurde das immer noch dominante Zerrbild einer einheitlichen Barocktragödie bzw. einer stereotypen Verlachkomödie revidiert zugunsten der vielfältigen und dynamischen Gattungstransgressionen und -mischungen, welche die Theaterproduktion des siebzehnten Jahrhunderts viel stärker prägen als die pedantischen Dichtungslehren der Zeit.

Blieb die sukzessive Verernstigung des Schimpfspiels zum Schauspiel zwar weitgehend ausgeklammert, wurde doch die tendenzielle Annäherung des Trauerspiels an die Opernästhetik erkannt. Den Wandel der deutschen Tragödie vom ‚vorbarocken Klassizismus' eines Martin Opitz (Richard Alewyn)[1] zum ‚Schwulststil' der sogenannten ‚Zweiten Schlesischen Schule' hat schon die Barockforschung der 1930er Jahre als ‚Veroperung' bezeichnet.[2] Unter ‚Veroperung' sei nicht die nachträgliche Vertonung von Sprechdramen verstanden,

---
1 Richard Alewyn: Vorbarocker Klassizismus und griechische Tragödie. Analyse der Antigone-Übersetzung des Martin Opitz. Heidelberg 1926 (Neue Heidelberger Jahrbücher. Neue Folge 1).
2 Paul Hankamer: Deutsche Gegenreformation und Deutsches Barock. Die deutsche Literatur im Zeitraum des 17. Jahrhunderts. Stuttgart 1935 (Epochen der deutschen Literatur 2.2), S. 327 und 318, konstatiert für das gesamte Barock eine „Bereitschaft zu sogenannter Veroperung" und im Falle Hallmanns eine Tendenz zum „Veropern des Wortdramas". Bereits vor der Einführung des Begriffs ‚Veroperung' hat die ältere Forschung auf Phänomene der Gattungsmischungen im Barock hingewiesen: Felix Bobertag: Die deutsche Kunsttragödie des XVII. Jahrhunderts. In: Archiv für Litteraturgeschichte 5 (1876), S. 152–190, hier S. 158 und 160, hat Daniel von Czepkos *Pierie* (1636) als „Buchoper" bestimmt, die eine Affinität der Kunsttragödie zur Oper andeute, wie auch später „die Tragödie der Schlesier [...] in den achtziger Jahren, gleichsam unfähig, sich ihren eigenen Weg zu bahnen, mit den Erzeugnissen Christian Hallmanns wieder in den breiten und wasserreichen Strom des musicalischen Schauspiels einlenkt" (S. 158). Und in Hallmanns Stücken diagnostiziert Bobertag „eine Hinneigung zur Oper" (S. 160), bleibt in den Kriterien aber vage. Auch Werner Richter: Liebeskampf 1630 und Schaubühne 1670. Ein Beitrag zur deutschen

sondern eine zunehmende ästhetische Orientierung des Barockdramas in der zweiten Hälfte des siebzehnten Jahrhunderts an der Oper sowie die Übernahme opernspezifischer Elemente. Auch wenn die politisch-kulturelle Bindung Schlesiens an das Haus Habsburg, die sich in Widmungen und Hommagen der Repräsentanten des Schlesischen Kunstdramas an das Kaiserhaus niederschlägt, als maßgeblicher Grund für die Veroperung ins Feld geführt wurde,³ sind die

---

Theatergeschichte des siebzehnten Jahrhunderts. Berlin 1910 (Palaestra 78), S. 398, beobachtet „Hallmanns Neigung zum Opernhaften" und setzt diese in Beziehungen zu Hallmanns Verhältnis zur Wanderbühne, erklärt jedoch eine „allzu umfangreiche[] dichterische[] Würdigung" für unnötig. Etwa zeitgleich mit Hankamer erkennt Willi Flemming: Einführung. Theater und Kultur im 17. Jahrhundert. In: Das schlesische Kunstdrama. Leipzig 1930 (Deutsche Litratur 13.1), S. 5–54, hier S. 52, die Entwicklung einer „opernhaft[en]" Ausdehnung der Reyen zu „allegorischen Zwischenspielen" bei Lohenstein und, verbunden mit einer ästhetischen Abwertung des „Epigonen" (S. 53), vor allem bei Hallmann. Bis in die 1990er Jahre wurde das Schlagwort der Veroperung häufiger zitiert, jedoch meist nur im Zusammenhang mit Hallmann und ohne nennenswerten Forschungsfortschritt. Vgl. die Überblicke bei Judith P. Aikin: What Happens When Opera Meets Drama, and Vice Versa? J. C. Hallmann's Experiment and their Significance. In: Studien zur Literatur des 17. Jahrhunderts. Gedenkschrift für Gerhard Spellerberg (1937–1996). Hg. von Hans Feger. Amsterdam, Atlanta/GA 1997 (Chloe. Beihefte zum Daphnis 27), S. 137–158, hier S. 137 f.

3 In jüngerer Zeit haben Pierre Béhar: Der unmögliche Weg zur deutschen Oper im habsburgischen Schlesien. In: Österreichische Oper oder Oper in Österreich? Hg. von Pierre Béhar und Herbert Schneider. Hildesheim u. a. 2005 (Musikwissenschaftliche Publikationen 26), S. 1–14, den Prozeß der Veroperung des schlesischen Dramas vor dem politisch-konfessionellen Hintergrund untersucht. Nach Béhar setzt sich der „schwelende" (S. 1) Konflikt zwischen den protestantischen Dichtern und den katholischen Habsburgern auf der Ebene der Gattungen fort. Während die Dramen Gryphius', Lohensteins, und Haugwitz' nur vordergründig und erzwungenermaßen dem Hause Österreich huldigten, sei die tendenzielle Abkehr von der reinen Oper zugunsten der volkssprachlichen ‚schlesischen Kunsttragödie' als Akt der Auflehnung sowohl gegen den „Einfluß der neulateinischen Tragödie als auch [gegen] den der italienischen Hofoper" zu verstehen. Haugwitz' „Lust-Spiel" „Flora", eine „Synthese von Deklamation, Gesang, Tanz, Malerei und Architektur" widerstrebe noch stärker der „Veroperung des Dramas", indem es als „Anti-Oper [...] der Hofkunst eine Alternative zur Oper" bieten wolle. Erst die „Gegenreaktion" (S. 14) des freiwillig zum Katholizismus übergetretenen Hallmann initiiere die Veroperung des Dramas und führe diese zugleich zu ihrem Höhepunkt. Meine Studie geht demgegenüber von einem allgemeinen Einfluss der habsburgischen Opernkultur auf die schlesische Dramatik aus und versucht, eine lineare Entwicklung der Veroperung im schlesischen Drama bereits vor Hallmann nachzuvollziehen. Béhars These eines fundamentalen Unterschieds zwischen Hallmanns Veroperung und Haugwitz' Versuch eines „„Gesamtkunstwerk [s]'" (S. 11) interpretiert meines Erachtens zu Unrecht durchaus vergleichbare Phänomene entgegengesetzt. Gegen eine einseitige Fixierung auf Hallmann in der Rezeptionsforschung der italienischen Oper sprechen sich auch Bernhard Jahn und Bodo Plachta: Zur Edition deutschsprachiger Opernlibretti (1660–1740). In: Editionsdesiderate zur Frühen Neuzeit. Hg. von Hans-Gert Roloff. Amsterdam, Atlanta/GA 1997 (Chloe. Beihefte zum Daphnis 24), S. 231–245,

Übergänge zum Libretto noch immer unzureichend erkundet. Irmgard Scheitlers monumentale Dokumentation der „durchgehenden Ausstattung der Schauspiele mit Musik" entkräftet keineswegs die „These von der ‚Veroperung' des Sprechstücks",[4] da sie Libretti dezidiert ausklammert[5] und die fließenden Übergänge von Schauspielen mit Musik zu musikalischen Schauspielen nicht erfasst.[6] Statt auf der angeblichen Konstanz der musikalischen Elemente im frühneuzeitlichen Schauspiel zu beharren und im Sinne eines Entweder-Oder die Differenz von „Schauspielen mit Musik von ganz gesungenen Spielen" fest- und fortzuschreiben[7] – sie scheint mir ebenso wenig hilfreich wie die vormalige Opposition von Rhetorik und Poesie, wie sie etwa Gerhard Fricke dekretierte[8] –, möchte ich im Sinne eines Mehr oder Weniger das Augenmerk auf die Vielfalt und Dynamik der musikalischen Elemente in Andreas Gryphius' dramatischem Werk legen. Dankbar knüpfe ich an Scheitler an, die, wie ein Rezensent hervorhebt, nach Willi Flemming[9] das hohe „Maß der Musikalisierung in den Dramentexten von Andreas

---

hier S. 234, aus. Vgl. dazu auch Achim Aurnhammer: Melpomene musiziert. Vom Einzug der Oper in das schlesische Schauspiel des Barock. In: Wort und Ton. Hg. von Günter Schnitzler und Achim Aurnhammer. Freiburg im Breisgau u. a. 2011, S. 43–57, hier S. 45: „Die Wiener Hofmode überformt die patrizische Geschmackskultur Breslaus."
4 Irmgard Scheitler: Schauspielmusik. Funktion und Ästhetik im deutschsprachigen Drama der Frühen Neuzeit. 2 Bde. Bd. 1: Materialteil. Tutzing 2013 (Würzburger Beiträge zur Musikforschung 2,1), Bd. 2: Darstellungsteil. Beeskow 2015 (Ortus-Studien 19), hier Bd. 1, S. XI, sowie Bd. 2, S. 9 f.
5 Daher kommt ein so bedeutender Repräsentant der Veroperung wie Christian Heinrich Postel im Katalog gar nicht vor. Problematisch ist Scheitlers unhistorischer Terminus ‚Schauspiel', der die spezifischen Differenzen zwischen den Dramentypen einebnet.
6 Jahn, Plachta (Anm. 3), S. 235, plädieren für die Zeit ab 1660 generell für eine „weitgefaßte Definition von Musiktheater", da die zeitgenössischen Gattungstermini (‚Singspiel', ‚Opera') vage blieben und „von einem kontinuierlichen Übergang vom reinen Sprechtheater bis hin zum musikalisch vollständig [...] vertonten Text" auszugehen sei. Vgl. auch Bodo Plachta: Zwischen Musiktheater und Sprechtheater. Zur literaturwissenschaftlichen Begründung einer Edition deutschsprachiger Operntexte des 17. und 18. Jahrhunderts. In: Der Text im musikalischen Werk. Editionsprobleme aus musikwissenschaftlicher und literaturwissenschaftlicher Sicht. Hg. von Walther Dürr u. a. Berlin 1998 (Beihefte zur Zeitschrift für Deutsche Philologie 8), S. 147–156.
7 Vgl. Scheitler (Anm. 4), Bd. 2, S. 147. In dieser doppelten Festlegung sehe ich die konzeptionelle Schwäche von Scheitlers Ansatz, die damit hybride Formen ausschließt.
8 Vgl. Gerhard Fricke: Die Bildlichkeit des Andreas Gryphius. Materialien und Studien zum Formproblem des deutschen Literaturbarock. Berlin 1933 (Neue Forschung 17), S. 255: „Der Rhetor G[ryphius] war stärker als der Poeta."
9 Vgl. Willi Flemming: Andreas Gryphius und die Bühne. Halle an der Saale 1921 sowie ders.: Andreas Gryphius. Eine Monographie. Stuttgart u. a. 1965, bes. S. 143–150.

Gryphius [...] klar gemacht" hat,[10] um die opernaffinen Tendenzen im dramatischen Werk des Andreas Gryphius exemplarisch zu rekonstruieren und differenzieren.[11]

Bereits um die Mitte des siebzehnten Jahrhunderts sind am Wiener Hof viele theatralische Mischformen von Wortkunst und Musik (Tanzspiel, Rossballett, Wirtschaft, Pastorale) sowie „Kombinationen höfischer Festspiel-Elemente" wie Tanz und Rollenspiel bezeugt.[12] Erste italienische Opern sind dort bereits vor 1650 nachgewiesen. Allerdings unterscheidet sich die italienische Oper am Wiener Hof grundlegend vom Idealtyp des barocken Trauerspiels. Während das Trauerspiel auf den heroischen Alexandriner festgelegt ist, den Chor der antiken Tragödie durch vier Zwischenakte, sogenannte ‚Reyen', nachbildet, an der Ständeklausel festhält und auf ein tragisches Ende hinzielt, prägen die barocke Oper ganz andere Merkmale: Dazu zählen neben dem gattungskonstitutiven Vorrang des gesungenen vor dem gesprochenen Wort eine Vielfalt an Versarten, die offene Form und nummernhafte Szenenfolge, das glückliche Ende (*lieto fine*), theatralischer Prunk, isolierte Affekte, komische Kontrastfiguren, Ballette und Tutti-Finale. Für die Frage nach der ‚Veroperung' im dramatischen Werk des Andreas Gryphius wird neben solchen musikdramatischen Elementen insbesondere zu prüfen sein, inwieweit er sich „die sechs musikalischen Gattungen" zunutze macht, „aus denen" sich nach Werner Braun „eine Barockoper hauptsächlich zusammensetzt: Rezitativ, Arie, Duett/Terzett, Chor, Sinfonie, Tanz".[13] Da sich Gryphius' dramatisches Schaffen auf den relativ engen Zeitraum 1646 bis 1660 beschränkt und überdies Abfolge wie Datierung der Werke unsicher sind, werde ich gattungsspezifisch vorgehen und nach einem Überblick über Gryphius' Kenntnisse des europäischen Musiktheaters jeweils Komödien, Tragödien und Festspiele nach ihren opernästhetischen Elementen skalieren, und zwar in der Bandbreite vom reinen Sprechtheater bis zur Oper.[14]

---

10 Cord-Friedrich Berghahn: [Rez.] Irmgard Scheitler: Schauspielmusik. In: Arbitrium 32 (2014), S. 310–314, hier S. 313.
11 Zitiert wird nach: Andreas Gryphius: Dramen. Hg. von Eberhard Mannack. Frankfurt am Main 1991. Auf diese Ausgabe (bezeichnet mit der Sigle „D") beziehen sich im Folgenden die eingeklammerten Nachweise der Zitate aus Gryphius' Dramen. Der Sigle mit Seitenzahl folgen die Angaben von Akt und Vers, ggf. Zeilenzähler.
12 Werner Braun: Die Musik des 17. Jahrhunderts. Wiesbaden 1981 (Neues Handbuch der Musikwissenschaft 4), S. 55.
13 Ebd., S. 94. Da wir über die szenische Realisation der Dramen wenig wissen und etwaige Vertonungen kaum überliefert sind, bleibt der Nachweis der ‚Veroperung' leider allein auf den Text angewiesen und daher in mancher Hinsicht hypothetisch.
14 Da Andreas Gryphius Tragödie und Komödie noch deutlich unterschieden hat, ist eine solche gattungsspezifisch differenzierte Untersuchung der opernaffinen Elemente geboten.

1 Gryphius' Kenntnis der italienischen Oper

Dass sich Andreas Gryphius für die zeitgenössische italienische Oper interessierte, hat die Forschung auf seine Reise in Frankreich und Italien 1644 bis 1646 zurückgeführt.[15] Die musiktheatralische Affinität des Andreas Gryphius ist aber auch durch die Bibliothek bezeugt, die nach dem Tod seines Sohnes Christian 1707 versteigert wurde. In ihrem Bestand, der bis zum Todesjahr 1664 wohl zum großen Teil Andreas Gryphius zuzuschreiben ist, ist die zeitgenössische Literatur der italienischen Renaissance stark repräsentiert, außerdem sind darin mindestens acht italienische Libretti vor 1662 aufgeführt.[16] Die zum Teil schütteren Angaben aus dem Versteigerungskatalog lassen sich bis auf den letzten Eintrag leicht identifizieren:

ALCAINI, Giorgio Giacomo: L'Oronte. Dramma Musicale. Monaco 1657 [Oper für Kurfürst Ferdinand Maria von Bayern; Musik: Johann Kaspar von Kerll].
[2882. L'Oronte Drama del Alcaini, Monaco 57.]

BARGAGLI, Girolamo et al.: La Pellegrina. Commedia. Venedig 1606 [Komödie mit musikdramatischen Intermedien zur Hochzeit von Ferdinando I. de' Medici mit Christine von Lothringen; Musik u. a. von Luca Marenzio und Jacopo Peri, Florenz 1589].
[3059. La Pellegrina di Girol. Bargagli, Ven. 1606.]

CICOGNINI, Giacinto Andrea: La Gelosie fortunate del Prencipe Rodrigo. Opera. [ED: 1654] Venedig 1658 [Prosakomödie mit madrigalischen Passagen].
[3015. La Gelosie Fortunate del Rodrigo di Ciacinto Andrea, 1658.]

GALLINI, Agustino da: Le false querele d'Amore. Comedia. Siena 1612 [Komödie mit musikdramatischen Intermedien].
[3059. Le false querelle di Agost. Gallini, Siena 1612.]

MONIGLIA, Giovanni Andrea et al.: Ercole in Tebe. Festa Teatrale. Florenz 1662 [Oper zur Hochzeit von Cosimo III. de' Medici mit Marguerite Louise d'Orléans; Musik von Jacopo Melani].
[2801. Ercole in Tebe Festa Fiorentina, in Fiorenza 1661.]

---

15 Vgl. Eberhard Mannack: Andreas Gryphius. 2. Aufl. Stuttgart 1986, S. 15 f.: „Wer das Venedig jener Tage besuchte, wird sich gewiß die glanzvollen Opernaufführungen nicht haben entgehen lassen, denen schon bald die Theater anderer europäischer Länder nachzueifern suchten." Vgl. auch die oberflächliche Studie von Ryszard Ligacz: Fremde Einflüsse auf das Kunstdrama der schlesischen Tragiker im 17. Jahrhundert. Posen 1962, S. 30 f., der auf Einflüsse von Marino, Ariosto und Tasso spekuliert, ohne dies zu begründen.
16 Vgl. Catalogus Bibliothecae Gryphianae. Breslau 1707 (Kopie des seltenen Exemplars in der Bibliothek des Deutschen Seminars der Universität Freiburg). Die Katalogangaben mit Nummer habe ich jeweils unter meine Titel-Auflösungen gesetzt. Gemeinsam mit Dieter Martin arbeite ich derzeit an einer Online-Edition des Bücherverzeichnisses.

RINUCCINI, Ottavio: L'Euridice composta in musica. Florenz 1600 [Oper zur Hochzeit von Kg. Heinrich IV. von Navarra mit Maria de' Medici; Musik von Jacopo Peri und Giulio Caccini].
[2821. L'Euridice d'Ottavio Rinuccini.]

SALVADORI, Andrea: La Flora, overo il natal de' fiori. Florenz 1628 [Oper zur Hochzeit von Herzog Odoardo Farnese von Parma mit Margherita de' Medici; Musik von Marco da Gagliano und Jacopo Peri].
[2839. La Flora di Salvadori, Fior. 1628.]

TEOFILO [d. i. Ximenes Arragona, Francesco]: La Forza della Fortuna e della virtù o vero gl'amori d'Irena. Dramma per musica. Wien 1661 [Geburtstagsoper für Kaiserin Eleonora; Libretto mit Kupferstichen der Bühnenbilder Burnacinis; Musik von Giacomo Tiberti].
[3091. Drama musicum, Viennae 1661]

Diese Libretti in der Gryphius-Bibliothek erweisen, dass dem schlesischen Dichter die aktuelle musikdramatische Produktion, besonders in ihrer Florentiner Ausprägung, durchaus vertraut war. Und die Liste zeigt auch, wie strukturell dominant höfisch die Oper noch um die Mitte des siebzehnten Jahrhunderts war und wie diese höfische Ästhetik erst allmählich in die patrizische Geschmackskultur eindrang.

2 Opernaspekte in den Komödien

Erstaunlicherweise sind die Komödien trotz des *lieto fine* relativ schwach musikalisiert und kaum opernaffin: So enthält Gryphius' Übersetzung von Girolamo Razzis *Seugamme* (*Balia*, dt.) (1663) „keine Musikhinweise",[17] und das komische Brunnenlied, das Meister Lollinger in der Gryphius zugeschriebenen *Absurda Comica oder Herr Peter Squentz* (1663) herleiert, hat mit Opernästhetik ebenso wenig zu tun wie das Nachtwächterlied oder das bescheidene Trinklied des Florianus im *Horribilicribrifax* (1663). Lediglich *Der Schwermende Schäffer* (1661), Gryphs Übersetzung von Thomas Corneilles *Le berger extravagant*, enthält einige, teilweise als Bühnenmusik eingesetzte Lieder, sogar mehr als das französische Original. Aber sie dienen hier dazu, den sentimentalischen Pseudo-Schäfer Lysis in seinem pastoralen Wahn „satyrisch" zu verspotten.

Selbst in dem „Schertz-Spiel" *Die gelibte Dornrose* (1660), das Gryphius dem „Gesang-Spil" *Verlibtes Gespenste* zwischengeschaltet hat, finden sich trotz der inhaltlichen Korrespondenzen „keine Musikhinweise".[18] Auch wenn zum Schluss die „Reyen der Bauren / die in dem untergemischten Schertz-Spil erschienen"

---

17 Scheitler (Anm. 4), Bd. 1, S. 271. Nr. 381/382.
18 Ebd., Bd. 1, S. 193, Nr. 275, und Bd. 2, S. 159.

mit den „Reyen der Verlibten welche in dem Gesang-Spiel auffgezogen" (D 846), gemeinsam auftreten und singen, ändert das nichts an dem Gesamtergebnis der dürftigen Musikalisierung, das erkennen lässt, für wie wenig opernaffin Gryphius die Komödie erachtete.[19]

3 Opernaspekte in den Tragödien

Andreas Gryphius verwendet in seinen Tragödien noch keinen fünften Schluss-Reyen wie Lohenstein, doch immerhin endet *Cardenio und Celinde* (1657), dem wegen seiner novellistischen Vorlage ohnehin ein Sonderstatus zukommt, nicht tragisch. Auch wenn die allgemeine Entsagung und Aufgabe der Liebesleidenschaft noch keinem *lieto fine* gleichkommt, ähnelt der Schluss mit dem anaphorisch akzentuierten, mit Binnenreimen rhythmisierten, auf sechs Rollen verteilte Sprechen einem Tutti-Finale:

> CELINDE. O wol vnd mehr denn wol!
>   Dem / der so fern sich kennt; weil er noch leben sol /
>   Nicht / wenn der Tod schon rufft.
> PAMPHILIUS. Wol dem der stets geflissen;
>   Auff ein nicht flüchtig Gut / vnd vnverletzt Gewissen!
> LYSANDER. Wol dem; der seine Zeit / (nimmt Weil noch Zeit) in acht!
> VIREN. Wol disem; der die Welt mit ihrer Pracht verlacht.
> PAMPHILIUS. Wol dem; dem GOttes Hand wil selbst das Hertze rühren!
> OLYMPIA. Wol dem; der sich die Hand des Höchsten lässet führen!
> CELINDE. Wol dem; der jden Tag zu seiner Grufft bereit!
> PAMPHILIUS. Wol dem; den ewig krönt die ewig' Ewikeit.
> CARDENIO. Wer hir recht leben wil vnd jene Kron ererben /
>   Die vns das Leben gibt; denck jde Stund ans Sterben.
> (D 306, V, 419–430)

Zu weiteren beachtenswerten musikdramatischen Elementen in den Trauerspielen zählen vor allem die Reyen, die mindestens teilweise vertont waren.[20] Darauf

---

19 Entsprechend finden sich in den Einträgen des eben erschienenen Gryphius-Handbuchs, die den Lustspielen gewidmet sind, keine Hinweise auf opernhafte Elemente in Gryphius' Komödien (Stefanie Stockhorst: Seugamme; Bernhard Greiner: Absurda Comica. Oder Herr Peter Squentz; Daniel Fulda: Horribilicribrifax Teutsch; Bernhard Jahn: Der Schwermende Schäffer. In: Gryphius-Handbuch. Hg. von Nicola Kaminski und Robert Schütze. Berlin, Boston 2016, S. 300–312, 313–329, 330–346 und 347–356).
20 Zu den Reyen in Gryphius' Trauerspielen vgl. Bettine Menke: Reyen. In: Kaminski und Schütze (Anm. 19), S. 692–709.

deuten die liedhaften kurzversigen Strophenformen und einzelne Szenenanweisungen hin, die Irmgard Scheitler übersichtlich zusammengestellt hat. So heißt es am Ende der Zweiten Abhandlung des *Papinianus* (1659): „Themis steigt unter dem Klang der Trompeten auß den Wolcken auff die Erden." Nachdem sie ein sechstrophiges Klagelied singt,[21] „steiget" die *dea ex machina* „unter dem Trompeten-Schall wider in die Wolcken" (D 354–356). Der Instrumenteneinsatz charakterisiert die unparteiische Göttin, denn hergeleitet von den Posaunen des Jüngsten Gerichts sind Trompeten ein Attribut der Gerechtigkeit. Vier der insgesamt sieben Trauerspiele des Andreas Gryphius, die Übersetzungen von Nicolas Caussins *Felicitas* (aufgeführt 1658) und Joost van den Vondels *Gibeoniter* (*De Gebroeders*, dt.) (postum 1698) eingerechnet, sehen solche Bühnenmusiken ausdrücklich vor, auch wenn die sparsamen Nebentexte die Musikalisierung nur lückenhaft dokumentieren dürften.

Ganz eigenständig ist das allegorische Intermedium nach dem vierten Akt der *Catharina von Georgien* (1657), in dem sich Liebe und Tod, gerahmt von den Tugenden, einen Wettstreit um den Vorrang liefern (D 203–206, IV). Eine ähnlich selbständige allegorische Miniaturoper bietet in *Cardenio und Celinde* der Reyen über die „Zeit", in dem die Vergänglichkeit alles Irdischen gesungen dargestellt und durch vier stumme Personen pantomimisch verkörpert wird (D 273–276, III). Aus dem *Carolus Stuardus* (1657/1663), in dem die Reyen als „Chor" bezeichnet sind, sei der „Chor der Syrenen" angeführt. In dem wohl als Ritornell-Arie konzipierten Wechselgesang bestreiten zunächst ein „Chor" und ein „Gegen-Chor" jeweils eine Odenstrophe und dann einen gemeinsamen „Abgesang" (D 484 f., III, 533–564).

Vereinzelt lockerte Andreas Gryphius auch schon die Bindung des Trauerspiels an den Alexandriner. Solche Wechsel der Versformen, der Einsatz madrigalischer Verse oder von Strophenliedern entsprechen der Oper, auch wenn daraus keineswegs immer geschlossen werden kann, dass diese Passagen gesungen wurden.[22] In der *Catharina von Georgien* (1657) sprechen beispielsweise sowohl der Tyrann Chach Abas als auch die Märtyrerin Catharina jeweils zwei heterometrische Monologe (D 139, I, 190–408, und D 197, IV, 261–304), die durch formale Korrespondenz und sprachliche Interferenz wie kontrastiv aufeinander bezogene Arien wirken. Auf die achtversigen madrigalischen Strophen, in denen der tyrannische Chach Abbas umständlich die Alternative plausibilisiert, vor die er Catharina stellt – „sein Ehbett oder Tod" (D 184, III, 408) –, antworten die strophisch

---

[21] Zur Strophenform vgl. Horst Joachim Frank: Handbuch der deutschen Strophenformen. 2. Aufl. Tübingen, Basel 1993, Nr. 6.4: Sechszeiler aus jambischen Dreihebern im Schweifreim mit männlich schließenden Reimpaaren und weiblichem Reim der verklammernden Verse 3 und 6.
[22] Vgl. hierzu Scheitler (Anm. 4), Bd. 2, S. 153–156.

gefassten Entschlussmonologe Catharinas. Indem sie bedeutsame Reime („brechen | rächen", „Noth | Tod", „verschwinden | finden") und zentrale Begriffe wie „Kercker", „Freyheit" und „Cron" des Chach Abbas-Monologs aufgreifen und spiritualisieren, stellen sie der Tyrannen-Rede ein christliches Credo entgegen. Chach Abbas spricht nie von sich selbst in erster Person und apostrophiert fortwährend die geliebte Königin. Noch deutlicher wird die Selbstentfremdung in seiner zweiten madrigalischen Passage, in der er verwirrt auf die Nachricht vom Tod Catharinas reagiert, von sich in dritter Person redet und zugleich die Tote apostrophiert. Dagegen sind die beiden metrisch isolierten Entschlussmonologe Catharinas stark personalisierte Gebete. Vor allem in dem zweiten Gebet schildert Catharina ausschließlich die Überwindung ihrer „ängsten Angst" (D 198, IV, 276), die sie in der glaubensgewissen Schlussstrophe erlangt, welche die „Blut"-Metapher für den Tod der Eingangsstrophe aufgreift. In der weltlich-metaphysischen Spannung und in ihrer intensivierenden Ausmalung entsprechen die metrisch in der Alexandrinertragödie isolierten liedähnlichen Monologe funktional zwei unterschiedlichen Arientypen, wie sie in der Oper des siebzehnten Jahrhunderts geläufig sind: Liebesarie und Gebetsarie.

Bedeutsamer noch für die Veroperung des schlesischen Sprechdramas sind die Übergriffe der opernähnlichen Reyen auf das Bühnengeschehen (Akteröffnung). So entlässt *Leo Armenius* (1657) in III 1 seinen Vertrauten Papias und verlangt nach Musik:

> LEO. Entweiche. ruffe du die Sänger vor die Thür.
> Wir wündschen uns allein! O kummerreiches Leben!
> [...]
> [...] Wir schweben auff der See.
> Doch wenn die grimme Fluth den Kahn bald in die Höh'
> Bald in den Abgrund reißt! und in den Haven rücket/
> Wird an der rauen Klipp' ein grosses Schiff zustücket.
> *Violen.*
> *Vnter wehrendem Seitenspill und Gesang entschläfft Leo auff dem Stule sitzend.*
> (D 62 f., III, 7–32)

Es folgen acht Kreuzreimstrophen in *Vers communs*, welche die „Reyen der Spilleute und Sänger" bestreiten. Sie erfüllen die Funktion einer Schlummer-Arie, wie sie in der zeitgenössischen Oper begegnet,[23] bevor wieder „Violen"

---

[23] Zur Herausbildung des Typs der Schlummer-Arie, der *aria del sonno*, vgl. Wolfgang Ruf u. a.: Art. Arie. In: Die Musik in Geschichte und Gegenwart. Allgemeine Enzyklopädie der Musik. 26 Bde. in zwei Teilen. Sachteil in neun Bde., Personenteil in siebzehn Bde. Mit einem Register zum Sachteil und einem Register zum Personenteil. Begr. von Friedrich Blume. Hg. von Ludwig Finscher. 2., neubearb. Ausg. Bd. 1: A–Bog. Kassel, Basel 1994, Sp. 809–841, hier Sp. 812–815.

erklingen, die von einer „trawer Drompette" übertönt werden, welche die Erscheinung eines Rachegeistes einleitet.²⁴

Die Bühnenmusik ist in dieser Szene inhaltlich motiviert: Sie dient der Wiederherstellung seelischer Harmonie, doch scheitert der Versuch ebenso wie in der bedeutsamen Szene II, 1 aus *Cardenio und Celinde*. Dort singt die liebeskranke Celinde ein Lied zur Laute, dessen vier sechsversige Strophen (jeweils fünf trochäische Vierheber, die ein sechshebiger Vers abschließt) eine bekannte Liedstrophe variieren, bevor sie das Instrument – ein Spiegel ihrer zerbrochenen Seele – zerschlägt.²⁵ Doch gebraucht Gryphius Bühnenmusik und Instrumentensymbolik, sieht man von den Reyen ab, die sich stärker zur Oper hin öffnen, in seinen Tragödien insgesamt zurückhaltend.²⁶

4 Opernaspekte in den Festspielen

Wie sehr Gryphius von der höfischen Opernästhetik affiziert war, zeigen dagegen seine Festspiele. Mit dem *Verlibten Gespenste* („Gesang-Spil" [für die Hochzeit des Herzogs Georg III. zu Liegnitz und Brieg mit Pfalzgräfin Elisabeth Maria Charlotte], 1660), dem *Piastus* („Lust- und Gesang-Spiel" [zur Geburt eines Piastenprinzen], 1660) und der *Majuma* (1653) hat er drei ganz für die Musik gemachte Werke verfasst. Nicht zufällig sind diese opernhaften Bühnenwerke des Andreas Gryphius Gelegenheitsdichtungen zu höfisch-politischen Anlässen. Hier wird die

---

24 Tarasius ist ehemaliger Patriarch von Constantinopel. Als Leo von der gespenstischen Vision geängstigt erwacht und nach der Zeit fragt, erklärt ihm ein Trabant: „Die Burgtrompete bläst jetzt aus die sechste Stunden" (D 66, III, 108).
25 Die Folge der Strophen 3 und 4 wechselt von der Erstausgabe 1657 zur Ausgabe letzter Hand 1663. Vgl. dazu Peter Michelsen: „Wahn". Gryphius' Deutung der Affekte in *Cardenio und Celinde*. In: Wissen aus Erfahrungen. Werkbegriff und Interpretation heute. Festschrift für Herman Meyer. Hg. von Alexander von Bormann, Karl Robert Mandelkow und Anthonius H. Touber. Tübingen 1976, S. 64–90, hier S. 77 mit Anm. 24, und Dieter Martin: Barock um 1800. Bearbeitung und Aneignung deutscher Literatur des 17. Jahrhunderts von 1770–1830. Frankfurt am Main 2000 (Das Abendland. Neue Folge 26), S. 342.
26 Auf die Bedeutung von Chor und Instrumentalmusik im Kontext von Gryphius' Trauerspielen verweist zumindest Barbara Mahlmann-Bauer in ihrem Handbuchartikel zu *Cardenio und Celinde* (in: Kaminski und Schütze [Anm. 19], S. 233–259, hier S. 233). Die übrigen Handbuchartikel zu den hier besprochenen Trauerspielen übergehen die opernaffinen Elemente (Barbara Mahlmann-Bauer: Felicitas, S. 162–184; Albrecht Koschorke: Leo Armenius, S. 185–202; Joachim Harst: Catharina von Georgien, S. 203–220; Dirk Niefanger: Carolus Stuardus [A-Fassung], S. 221–232; ders.: Carolus Stuardus [B-Fassung], S. 260–271; Armin Schäfer: Papinianus, S. 272–288).

Affinität zur Oper vor allem durch den variablen Einsatz sangbarer Strophenformen deutlich.

4.1 *Verlibtes Gespenste*

Erstaunlicherweise bestimmt der wenig musikalische Alexandriner, zudem durch viele stichomythische Passagen rhetorisch beschleunigt, das „Gesang-Spill" *Verlibtes Gespenste* (1660), dem Gryphius das „Schertz-Spill" *Die gelibte Dornrose* zwischengeschaltet hat. Die Alexandriner, welche das vornehme Personal des Gesangspiels und die Diener unterschiedslos sprechen, sind möglicherweise als Rezitativverse zu denken.²⁷ Sukzessive, zunächst etwa bei Briefzitaten (D 782, I, 15–21) oder bei erregter Gestimmtheit der Personen (etwa wenn Sulpice scheintot darniederliegt [D 800 f.]), werden die Alexandrinerverse madrigalisch aufgelockert. So wechselt Sulpice, wenn er sein Sterben simuliert, Reden zwischen Alexandrinern und jambischen Dreihebern (D 805 f., II). Trotz zunehmender metrischer Auflockerung sind aber die strophischen Passagen in dem Rezitativkontext klar isoliert: In langen Strophenliedern beklagen Chloris (elf Strophen jambische Vierzeiler, mit denen sie sich selbst in den Schlaf singt [D 796 f., II]) und ihre Mutter Cornelia (sieben Strophen jambische Sechszeiler [D 797 f., II]) ihre unglückliche Liebe zu Sulpice. In ihren jeweiligen Personalstrophen reagieren Cornelia (jambischer Sechszeiler, bestehend aus fünf Vierhebern und einem Alexandriner [D 804, D 807, D 817 f.]) und Chloris (jambischer Vierzeiler, bestehend aus Dreihebern mit einem Alexandriner als drittem Vers [D 804, D 807, D 818 f.]) auf das fingierte Krankenlager des Sulpicius und auf dessen gespielten Tod. Es zeigt Gryphs hohe metrische Sensibilität, wenn der als Gespenst wiederkehrende

---

27 Hier widerspricht sich Scheitler (Anm. 4) selbst. In Bd. 1, S. 267, Nr. 376, stellt sie die Frage, ob „diese Passagen [in Alexandrinern, AA] gesungen wurden. Dagegen deutet sie in Bd. 2, S. 159, die Alexandriner „als Rezitativverse". Sie widerlegt zwar das Gerücht einer angeblichen Komposition durch Wolfgang Carl Briegel und einer Aufführung am Darmstädter Hof (ebd., Bd. 1, S. 267), übergeht aber ansonsten das „Gesang-Spil" als angeblich „ganz gesungenes Stück". Der Diener Cassander ist durch deutsch-französisches *à la mode*-Sprechen und durch Sprachkomik überdies als komische Figur charakterisiert, vgl. etwa die Stelle D 795, II, 19–21: „[...] CASSANDER. Bey meiner Ehren. | *Je Iure*. FLAVIA. Was? Jsts von der Huren! | CASSANDER. *Ah! pure*. FLAVIA. Jch weiß nichts von der Fuhren." Erik Lunding: Assimilierung und Eigenschöpfung in den Lustspielen des Andreas Gryphius. In: Fuchs, Motekat (Anm. 27) S. 80–96, bes. S. 91–93, hat instruktiv erläutert, wie Gryphius im *Verlibten Gespenste* und in anderen Lustspielen die Gesellschaftsstruktur der Romania (hier Quinaults *Le fantôme amoureux*) bearbeitet.

Sulpice die Personalform der von ihm geliebten Chloris aufgreift (D 819, II,I 26–29), bevor er eine Arie in seiner eigenen Strophenform singt (jambische Sechszeiler, bestehend aus vier kreuzgereimten Vierhebern und einem Alexandriner-Paar [D 819 f., III]). Nach Sulpicens gespielter Rückkehr ins Leben, die zu einer harmonischen Neuordnung der verwickelten erotischen Konfiguration führt, bleibt seine Geliebte Chloris weiterhin ihrer Personalstrophe treu, während ihre Mutter Cornelia, die ihren Anspruch auf Sulpice aufgibt und sich dem Liebhaber Levin zuwendet, ihre vorgängige Personalform nicht mehr gebraucht. Das Stück endet operntypisch mit einer dreifachen Hochzeit: Da neben Sulpice und Chloris sowie Cornelia und Levin sich auf der Dienerebene auch Flavia und Fabricius finden, geht nur Cassander leer aus, dessen komische Einrede das fröhliche Tutti-Finale eher ergänzt als unterminiert (D 832, IV, 1–25).[28]

4.2 *Piastus*

Dem *Piastus*, von Gryphius als „Lust- und Gesang-Spiel" bezeichnet, bescheinigt Eberhard Mannack „die meisten opernhaften Züge" unter Gryphs Freuden- und Gesangsspielen.[29] Auch wenn der genaue Anlass strittig ist, handelt es sich bei dem schmalen Versdrama zweifellos um eine genealogisch-panegyrische Huldigung an das Piastenhaus.

Die sechs Abhandlungen rekurrieren auf die Genealogie des Piastenhauses, indem sie dessen Gründung mit der sagenhaften Gestalt des tyrannischen Fürsten Popiel verknüpfen. Zwei Engel nehmen Menschengestalt an, um „in Bilgram" verkleidet, „ein sehr hohes Haus", nämlich das des Tyrannen Popiel, „zu stürzen" und „ein nicht hohes", nämlich das der Piasten, „zu erheben" (D 748, I, 16 und 3 f.). Die groben Diener des Sarmatenfürsten, welche die frommen Pilger vom Hof jagen, sind doch nur ein matter Spiegel ihres grausamen Herrn. Popiel verlangt die Köpfe seiner Widersacher, verachtet Eingaben und lässt Unschuldige richten. Als er sogar Gott schmäht, fordern die Engel Rache, die bühnenwirksam als *dea ex machina* erscheint: „Die Rache erscheinet in einem Feuer-Wercke. Alle entlauffen /

---

28 Weitere Tutti-Partien (D 807, II, 16–19; D 831, IV, 7–10) zeigen die ästhetische Anlehnung an die Oper. Die deutlichen opernästhetischen Bezüge bleiben bei Robert Schütze: Verlibtes Gespenste / Die gelibte Dornrose. In: Kaminski und Schütze (Anm. 19), S. 381–399, gleichwohl vernachlässigt.
29 Andreas Gryphius: Piastus. (Anm. 11), S. 745–770 [Text], und S. 1235–1247 [Kommentar], hier S. 1239. Da der Druck keine Verszahlen anführt, beschränken sich auch meine Stellennachweise zum *Piastus* auf die Seitenzahlen.

Popiel bleibt alleine" (D 754, II, 29 f.). Sie droht dem Tyrannen in achthebigen Trochäen mit Hebungsprall, bis „Popiel fleucht" und „die Rache verschwindet mit einem Feuerwerck" (D 755, II, 20). Nach Absetzung des Tyrannen treffen die Engel im dritten Akt auf Piastus, der sie gastfreundlich in sein „Hütlein" einlädt („Vielleicht ziert den Tisch | Ein Brodt / ein frischer Fisch / | Und möcht auch wohl ein Trunck verhanden seyn" [D 757, III, 23–25]). Das anschließende Festmahl vergnügt vor allem die Knechte und Mägde, da sich Speis und Trank wundersam vermehren und nie ausgehen. Die Engel ermuntern den gastfreundlichen Piastus und seine Frau Repicha, die Reichsfürsten zum „Haarabschneiden" ihres Sohnes Ziemovit, zur Feier von dessen Mündigkeit, einzuladen (D 760, IV, 8 und 18). Der Folgeakt schildert die Zeremonie dieser Jugendweihe und Investitur Ziemovits durch die Fürsten mit theatralischen Effekten und unter Begleitung eines Priesterchors. Im Schlussakt vermitteln die Engel in einer retrospektiven Genealogie, wie sie für panegyrische Passagen in Heldenepen typisch und folgerichtig auch in heroischen Alexandrinern verfasst ist, dem glücklichen Piastus die glückliche Zukunft seines Hauses. Die Wahrheit ihrer Prophezeiung verbürgen die Engel, indem sie sich demaskieren und als göttliche Boten zu erkennen geben, um dann zu „verschwinden mit einem Feuerwerck" (D 770, VI, 20). Tänze beschließen das Drama.

Anders als Mannack, der wegen des Einsatzes von Feuerwerk, Allegorie, Bankett, Säbeltanz und Priesterchor Gryphs *Piastus* als „opernhaft" charakterisiert, hebt Scheitler ausschließlich auf „die metrisch geregelten Abschnitte" ab.[30] Doch finden sich im *Piastus* über die metrische Vielfalt hinaus mehrere gattungskonstitutive Merkmale der Oper. Dazu zählen die nummernhafte Szenenfolge, das glückliche Ende (*lieto fine*) und der theatralische Aufwand, wie Feuerwerk und drastischer Requisiteneinsatz (etwa die abgeschlagenen Häupter der Feinde, die Popiel vorgeführt werden, und Schauessen).[31] Opernhaft wirken auch die isolierten Affekte, wie sie etwa in der übersteigerten Grausamkeit

---

[30] Scheitler (Anm. 4), Bd. 2, S. 161. Scheitler sucht das Feuerwerk als unspezifisches Kriterium zu entkräften, indem sie auf drei Nummern ihres Materialteils verweist (125, 602, 1313). Bei allen drei Nummern – die zwei letzteren sind nur in Berichtsform überliefert – handelt es sich aber um offiziöse musikalisierte Festspiele, die eben gerade eine starke Affinität zur Oper prägt. Auch kann von „Personalstrophen" der Engel (S. 162) kaum die Rede sein, wenn diese in mindestens vier verschiedenen Versformen (trochäische Vierheber, jambische Strophen aus Drei- und Vierhebern, jambische Dreiheber und Alexandriner) sprechen. Scheitlers Argument, die Opernhaftigkeit resultiere aus den „metrisch geregelten Abschnitten", die Gryphius nur in Werken verwende, „die er für den Gesang vorsah" (S. 161), ist freilich ein Kreisschluss.
[31] Auf den „Einsatz visuell-akustisch pompöser Theatertricks" hebt auch Robert Schütze: Piastus. In: Kaminski und Schütze (Anm. 19), S. 368–380, hier S. 377, ab, führt dies allerdings auf die jesuitische Bühnenpraxis zurück.

Popiels und seiner Diener zum Ausdruck kommen („ausländscher Huren Sohn" [D 750, I, 12]), oder die komischen Kontrastfiguren, wie der betrunkene Knecht Stransky, der von der ebenso groben Magd Ville gescholten und „gestossen" wird (D 766, V, 31). Sie kontrastieren als operntypischer Ausgleich mit dem hohen Stil der panegyrischen Allegorie. Darüber hinaus kommen im *Piastus* sämtliche sechs musikalischen Gattungen vor, die nach Werner Braun eine Barockoper hauptsächlich ausmachen: Rezitativ, Arie, Duett/Terzett, Chor, Sinfonie, Tanz.

Die madrigalischen Verse sind relativ sparsam eingesetzt und erscheinen hauptsächlich in den Redeanteilen des Titelhelden Piastus. Dies kennzeichnet sie in ihrer dramatischen Funktion als Rezitative. In Piasts Dialogen mit den Engeln übermitteln sie als ‚Ausdrucksrezitativ' die affektische Gestimmtheit des einfachen Christenmenschen.

Auch Arien sind relativ selten: Dazu zählt etwa Popiels Wutarie, mit der er die Klagen seiner Untertanen ins Feuer wirft.[32] Auch Repichas einfaches Strophenlied über die Güte der beiden Gäste entspricht in ihrer sentimentalen Intensivierung ebenso der Funktion einer Arie wie das Strophenlied, das beide Engel abwechselnd singen. Der Stimmenwechsel spricht für eine Ritornello-Form mit instrumental untermalten Pausen. Überdies prägen den *Piastus* Duette. So bekräftigen die beiden Engel, die vor allem zu Beginn und Ende „beyde zusammen" (D 761, IV, 13, vgl. D 747, I, 2) singen, ihre Harmonie sowie ihre überindividuelle und überirdische Natur. Auch setzt Gryphius operntypische Tutti-Formen ein, um etwa der Akklamation stimmlich Nachdruck zu verleihen, mit der „[d]ie Fürsten und alle Anwesende" (D 762, V, 30) und später „alle zusammen" (D 765, V, 17) dem jungen Ziemovit huldigen. Chorische Partien gewinnen in den Schlussszenen an Bedeutung.[33] Die Chöre der Fürsten und Priester beschränken sich auf den fünften Akt, der die Investitur Ziemovits zeigt, und untermalen so unisono die breite weltlich-kirchliche Zustimmung. Hinweise zur Instrumentation und Musikalisierung finden sich im knappen Textbuch kaum, doch ist die Präsenz der operntypischen Ballette gut belegt. Sie rahmen den Schlussakt: Er wird eröffnet durch „einen Tartarischen Tantz mit blossen Sebeln" (D 767, VI, 11 f.) und durch Ballette beschlossen, die als choreographische Option eine pantomimische Darstellung von Popiels Ende und dem Aufstieg des Piastus erwägen:

> *Das Polnische Gesinde der Fürsten kommet tantzend hervor / und schliesset mit einem Tantz / in welchem lauter trunckene und fröhliche abgebildet.*

---

[32] Zwei Strophen mit umarmendem Reim werden von einem Paarreim abgeschlossen.
[33] Der Umstand, dass Chöre auch in Schauspielen mit Musik vorkommen, wie Scheitler betont, spricht nicht dagegen, in ihnen dennoch ein opernaffines Element zu sehen.

Nachmals kann ein Ballet eingeführet werden / in welchen Popiel von den Geistern der ermordeten Vätern geängstet / Piasto aber von den zwölff Fürsten die Cron angetragen wird. (D 770, VI, 23–28)

4.3 *Majuma*

Der Oper am nächsten kommt die *Majuma*.[34] Mit dem „gesangsweise vorgestellet[en] Freuden-Spiel" feierte Gryphius die Königskrönung Ferdinands IV. 1653. Gryphius allegorisiert darin den Westfälischen Frieden zum Sieg der Blumengöttin Chloris über Mars. Realistisch konterkarieren die mythologische Handlung, der Auftritt eines Kriegsinvaliden und die Huldigung auf Ferdinand IV. In seiner opernaffinen Darstellung übertrifft es auch die zahlreichen allegorischen Friedensspiele (Birken, Rist) um und nach 1648.

Das dreiaktige Stück enthält zwar nur wenige Strophenlieder, ähnelt aber in seiner metrischen Vielfalt einem Libretto. Allerdings wirkt es in seiner mythologisch-realistischen Mischung ebenso merkwürdig disparat, wie manche Personen und Episoden nur unzureichend motiviert sind. Dies trifft etwa auf den „Wald-Gott" zu, der in seiner Prosa-Vorrede den Titel „Majuma" als Analogie zu ähnlichen nach Gottheiten benannten antiken Festen wie „Faunalia" oder „Floralia" erklärt (D 724) und zugleich das Ende der „bluttigen Traurspile des Krieges" (D 724, 11) avisiert. Unmotiviert wirkt auch die Eingangsklage der Chloris, die von rezitativischen Alexandrinern in eine Reflexionsarie aus jambischen Vierhebern wechselt (D 727, II, 1–22), über die vermeintliche Untreue ihres Geliebten Zephyr. Denn die Klage, die Mercurius in einem Alexandriner-Rezitativ bekräftigt, das die Inkonstanz der Liebe und die Vergänglichkeit der Schönheit drastisch ausmalt (D 728f., I, 49–80), ist unbegründet. Da Zephyrus, ein Muster treuer Liebe, nur durch äußere Umstände ferngeblieben war, löst sich die vermeintliche Klage in ein Lob konstanter Liebe auf.

Im zweiten Akt, der als Gerichtsszene konzipiert ist, hat Chloris dagegen Grund zur Klage. Denn ihr „[b]lumenreiche[s] Feld", zu dem es ihren Geliebten Zephyrus in trochäischen Vierhebern zieht (D 731f., II, 1–24), hat sich durch das Wüten des Mars in einen *locus terribilis* verwandelt. In ihrer Not wendet

---

[34] Bernhard Jahn: Majuma. In: Kaminski und Schütze (Anm. 19), S. 357–367, bes. S. 363–367, hat die *Majuma* auch schon unter opernästhetischen Aspekten im Kontext des habsburgischen Musiktheaters gemustert. Da ihm der intertextuelle Bezug zu Salvadoris Libretto entgangen ist, den ich im Folgenden genauer erörtere, bleibt die Würdigung jedoch defizitär.

sich Chloris an Juno, die Mutter von Mars: Sie habe Mars – hier folgt Gryphius Ovid – „Krafft Blumen" geboren, die ihr Chloris „gewehret" (D 733, II, 71).[35] Ihre rezitativische Klage in *vers communs* mündet in einen pointierten Alexandriner-Schluss, mit dem Chloris selbstbewusst von den Göttern Genugtuung fordert: „Recht Götter! schafft mir Recht! ist die Gewalt zu loben? | Recht Götter! schafft mir Recht! steurt disem grimmen Toben[!]" (D 733, 77 f.) Tatsächlich willfährt Jupiter der Anklage, liefert den beschuldigten Mars durch Mercurius aus und ermächtigt Chloris zur Bestrafung („Rache" [D 734, 87]). In seiner langen durch Anaphern und Parallelismen strukturierten Verteidigungsrede, deren daktylische Vierheber die sonst vorherrschende Alternation stören,[36] bekennt Mars, dass es ihn zwar unbedingt zum Kriegen verlustiere, doch nicht er, sondern die Menschen trügen die Schuld an der Zerstörung. Danach übergibt Zephyrus den Angeklagten den Scharen des Pan zur Verwahrung.

Das Gerichtsurteil wird im Schlussakt von Zephyrus angekündigt und von Pan in ausschließlich männlich kadenzierenden Alexandrinern verlesen: Mars wird „[e]ntharnischt und entwehrt" (D 737, III, 7), um nun als Gärtner („der Blumen Wächter" [D 737, III, 9]) dafür zu sorgen, „[d]as volle Käysers Kron noch disen Tag auffblüh" (D 737, III, 10). Während sein Helm als Bienenstock dienen soll – ein emblematisch geläufiges Friedensbild[37] –, wird sein Schwert dem zunächst antonomastisch verrätselten „Helden" Ferdinand (D 737, III, 17) übergeben, damit er es gegen die Türken einsetze. Ein Tutti-Chor – „Alle Personen *zusammen*" (D 738, III) – beschließt die nun auch explizite Huldigung an „Ferdinand" (D 738, III, 38). Sie wird unterbrochen durch den Auftritt eines Kriegsinvaliden. Ein „verlähmeter Soldat" (D 738, III) rühmt sich in einem sechsstrophigen Lied (acht Verse in jambischen Vierhebern) seiner grausamen Kriegstaten, bis seine großsprecherische Rede in der vierten Strophe in ein heftiges Liebeswerben für Chloris umschlägt. Der wahnwitzige „Soldat wird von den Wald-Göttern [...] weggetragen", bevor nun auch „Mars in Gestalt eines Gärtners" (D 740, III) seinerseits seine Liebe zu Chloris gesteht, um dann die Metamorphose von Zephyr, Chloris und Maja in „Käyser Kronen" zu vervollständigen, indem er selbst „in einen Adler verwandelt" wird (D 740, III, 104 f.). Mercurius liefert die Allegorese dieser Metamorphose: Die drei Kaiserkronen verweisen auf Ferdinands (dritte) Krönung, der Adler symbolisiert

---

35 Vgl. Ovid: Fasti. Festkalender Roms. Lateinisch-Deutsch. Hg. von Wolfgang Gerlach. München 1960, S. 270–273, lib. V, V. 229–260.
36 Bei Sigmund von Birken: Teutscher Kriegs Ab- und Friedens Einzug. In etlichen Aufzügen, bey allhier gehaltenem hochansehnlichen Fürstlichen Amalfischen Freudenmahl, Schauspielweiß vorgestellt. Nürnberg 1650, S. 29–32, spricht Mars vorzugsweise ebenfalls in Daktylen.
37 Vgl. dazu Arthur Henkel, Albrecht Schöne (Hg.): Emblemata. Handbuch zur Sinnbildkunst des XVI. und XVII. Jahrhunderts. [Sonderausgabe] Stuttgart 1978, Sp. 926 f.

das Reichswappen. In anaphorischen Optativen („blüh" [...] | Blüh [...] schlag ewig also aus | [...] | Grün' ewig | [...] | Grünn' ewig" [D 741, III, 126–132]) beschwört Mercurius eine blühende Zukunft des Reichs. Die Form des abschließenden Chorliedes aus trochäischen Vierhebern, eine übliche Form für frohe Anlässe,[38] preist analog zu dem wiederhergestellten Garten der Chloris Ferdinand als „der Erden Zir" (D 743, III, 157). Ganz operntypisch endet das „gesangsweise vorgestellet[e]" „Freuden-Spiel" mit „unterschidenen Auffzügen und Täntzen" (D 743, III).

Abb. 1: Andrea Salvadori: La Flora, o vero il Natal de' fiori, favola [...]. Florenz 1628, Frontispiz und Titelblatt.

Manche Besonderheit und die opernhafte Gestaltung der *Majuma* blieben ungedeutet, da Gryphs Quelle des „Freuden-Spiels" bislang unbekannt war.[39] Meine These von der Opernhaftigkeit der Festspiele lässt sich aber auch durch die Quelle der *Majuma* plausibilisieren: Andrea Salvadoris *La Flora, o vero il Natal de' fiori* (1628).

---

38 Vgl. Frank (Anm. 21), 6.23. Einen Vierzeiler im Kreuzreim ergänzt ein männlich kadenzierendes Reimpaar.
39 Man hat bislang nur auf die Parallele zu Ovids Gestaltung des Flora-Zephyrus-Mythos hingewiesen (Fasti V), während Salvadoris Libretto auch von Jahn (Anm. 34) bislang außer Acht blieb.

Das Libretto der florentinischen Oper findet sich im Versteigerungskatalog der Gryphius-Bibliothek.[40] Wie die starken intertextuellen Bezüge zeigen, repräsentiert Gryphs *Majuma* eine Kurzform der – auch durch die Kupferstiche der Bühnenbilder – europaweit bekannten florentinischen Hochzeitsoper, deren Libretto mit der *Interpretatio nominis* ‚Flora/Florenz' auch dem *Genius loci* huldigt.

Salvadoris fünfaktiges Libretto ist umfänglicher angelegt: Es stellt dar, wie Zeus beschließt, dass die Erde künftig als Entsprechung zu dem Sternenhimmel Blumen zieren sollten, die der Verbindung von Clori und Zeffiro entspringen sollten. Da Venus und Mercurius diese Verbindung ohne das Zutun Amors ins Werk setzen wollen und Amor gar entwaffnen, spinnt dieser eine Gegenintrige. Mit Hilfe der ‚Eifersucht' („Gelosia") nährt er bei Clori Zweifel an der Treue ihres Geliebten Zeffiro. Nachdem Cloris ihren Geliebten fortweist, verdunkeln und zerstören die feindlichen Winde Austro und Borea die vormals blühenden Lande, was ein gewaltsamer Tanz der Stürme am Ende des vierten Akts illustriert. Im Schlussakt intervenieren die Götter und geben Amor die entwendeten Waffen, den goldenen Bogen und den bleiernen Pfeil, wieder zurück. Nachdem der besänftigte Amor das Missverständnis bei Clori ausgeräumt hat, bittet diese Zeffiro, zu ihr zurückzukehren. Mit der Erneuerung ihrer Liebe kehrt auch der Frühling wieder. Zeffiro tauft seine Geliebte in „Flora" um und verwandelt sie in die Göttin des Frühlings und der Blumen. Sie prophezeit ihrerseits der Stadt Florenz eine blühende Zukunft. Zum Schluss kommt Apoll auf dem Pegasus eingeritten mit den Musen, um mit der Hippocrene die Blumen zu wässern. Apolls Lobpreis der Lilie, des Wappens von Florenz wie der Farnese, schließt sich ein Ballett der sanften Lüfte an.

Aus der Handlungsskizze treten die strukturellen Homologien wie Differenzen zwischen Salvadoris Libretto und Gryphs *Majuma* klar zutage. Salvadoris Oper liegt ein triadisches Modell zugrunde: Sie präsentiert zunächst das kulturschaffende Liebesglück zwischen Chloris und Zephyr, das dann ein Streit zwischen Amor und den Göttern ins Unglück verkehrt, dessen Befriedung schließlich eine

---

40 Der Eintrag lautet: „La Flora di Salvadori, Fior. 1628". In: Catalogus Bibliothecae (Anm. 16), Nr. 2839. Der vollständige Titel lautet: Andrea Salvadori: La Flora, o vero il Natal de' fiori, favola [...], rappresentata in musica recitativa nel Teatro del Serenissimo Granduca, per le reali nozze del Serenissimo Odoardo Farnese, e della Serenissima Margherita di Toscana, Duchi di Parma e Piacenza, etc. Florenz 1628. In Musik gesetzt haben es Marco da Gagliano und Jacopo Peri. Das Exemplar der BSB München ist in digitalisierter Form leicht zugänglich: http://reader.digitale-sammlungen.de/resolve/display/bsb10686970.html (zuletzt: 17. Mai 2019).

blühende Landschaft ermöglicht. Das erste Stadium des Prätexts kappt Gryphius. Sein Festspiel setzt unmittelbar mit der Krise ein, dem Zwist zwischen Chloris und Zephyr sowie der durch Mars und den Krieg brachliegenden Kultur, und schildert dann die Rekultivierung durch die Transformation der kriegerischen in zivilisatorische Energie.

Unübersehbar sind auch die situativen Übereinstimmungen und Korrespondenzen zwischen Gryphs *Majuma* und der florentinischen Oper. So imitiert die Entwaffnung des Mars die Entwaffnung des schlafenden Amor; die Metamorphose von Chloris, Zephyr und Maja in drei Kaiserkronen entspricht der Verwandlung der Chloris in Flora. Selbst in der symbolischen Deutung der blühenden Blumen folgt Gryphius Salvadoris Libretto. Verweist *Flora* auf die blühende Zukunft der Stadt Florenz, so gelten die blühenden Kaiserkronen der dritten Krönung Kaiser Ferdinands IV.

Aus dem Umstand, dass Gryphs *Majuma* mit der Eifersuchtsarie der Chloris einsetzt, die im italienischen Prätext der Szene V, 7 entspricht, erklären sich manche Eigenheiten und Ungereimtheiten des „Freuden-Spiels". Die Eifersucht ist bei Gryphius, anders als bei Salvadori, wo Amors Intrige mit Hilfe der tückischen „Gelosia" breit ausgeführt wird, kaum motiviert. Deswegen ist sie gedämpfter und vor allem nicht auf eine Rivalin bezogen wie bei Salvadori, sondern selbstbezüglich: Gryphs Chloris fürchtet, sie habe ihre Attraktivität eingebüßt. Dass Gryphius die Eifersuchtsklage der Chloris dennoch dem italienischen Original nachgebildet hat, zeigt neben den Zephyr-Apostrophen und der antithetischen Argumentation die erotische Bildlichkeit wie „Sonne" für den Geliebten oder der petrarkistische Feuer-Eis-Vergleich am Ende:

Jch war sein Licht / er meiner Seelen Sonne.	Altra gode il mio sole;
Jch lag als todt / wenn er mich stündlich nicht kam grüssen.	io misera m'agghiaccio, lontana a' dolci rai:
Wo ist die Edle Zeit gebliben?	io misera mi sfaccio,
Anitzt kan Zephir nicht mehr liben!	perché troppo credei, troppo bramai:
Mein Zephir (ach) hass't diß Gesicht /	
Vnd achtet seiner Chloris nicht.	crudel, cui tanto amai,
Treuloser! wohin ist dein theurer Schwur!	sono le tue dolcezze a me veleno,
Dein hoher Eyd der dich gebunden /	e mentre tu gioisci, io vengo
Vil stärcker denn die Gordiansche Schnur!	meno.
Jst alles in die Lufft verschwunden?	(Salvadori: *La Flora*, V, 7, S. 92)
Verfällt die heisse Glut in solchen Schnee!	
Die Zuckersüsse Lust in solches Weh?	
(D 727, I, 11–22)	

Breiter ausgeführt, stärker pathetisiert und sentimentalisiert sind bei Salvadori die wechselseitigen Liebesbeteuerungen wie -zweifel zwischen Clori und Zeffiro. So verbürgen Entschlüsse zum Freitod oder pathetische Liebesschwüre die hohe Liebe, die durch das Assistenzpaar Corilla und Lirindo verstärkt und durch den triebhaften Liebeswahn des hässlichen Pan kontrastiv verbürgt wird. Dagegen bleibt die Eifersucht bei Gryphius nur eine vordergründige Episode.

Gryphius hat Salvadoris Personal und Handlung deutlich reduziert. Von den über 20 mythischen Figuren übernimmt er nur fünf, und von den zahlreichen Halbgöttern wie Tritonen und Nereiden ist lediglich das Gefolge Pans, die „Satyren oder Wald-Götter", geblieben. Doch Salvadoris Konfiguration, die onomastisch markierten Protagonisten Chloris und Zephyr als Liebespaar zwischen feindlichen und freundlichen Gottheiten, hier Mars statt Amor, dort Pan und Mercurius stellvertretend für die übrigen Götter, bleibt gewahrt. Sogar die Figur der Maja, die vertraute Freundin der Chloris, hat ihren Widerpart in der Corilla des Prätexts, auch wenn ihr bei Gryphius nurmehr die bloß passive Rolle einer Zuhörerin und Ratgeberin zukommt.

Im intertextuellen Vergleich gewinnt Gryphs schöpferische Anverwandlung von Salvadoris Libretto klare Kontur. Nicht nur die Ersetzung Amors durch Mars, mehr noch die Einspielung des ruhmsüchtigen Kriegsinvaliden, dessen Selbstheroisierung durch den Umschlag in ein Liebesrasen als Wahn entlarvt wird, konterkarieren zeitkritisch die mythologische Handlung und verleihen dem „Freuden-Spiel" einen doppelten Boden. In den realistisch-drastischen Kriegsreminiszenzen wird die Panegyrik für den Friedenskaiser Ferdinand IV. zum verpflichtenden Appell zum Gewaltverzicht oder zur ausschließlichen Gewaltanwendung gegen äußere Feinde.

5 Fazit

Das dramatische Werk des Andreas Gryphius ist in seinem Verhältnis zur zeitgenössischen Oper vielschichtig und nach den Gattungen zu differenzieren. Während die Komödien kaum musikalische Elemente zeigen, findet sich in den Tragödien ein beachtlicher Einsatz von Schauspielmusik. Die vorsichtige Loslösung des tragischen Genres vom Alexandriner durch die Verwendung sangbarer Kurzverse, die Relativierung des tragischen Endes und die Aufwertung der Reyen zu eigenständigen Intermedien zeigen durchaus eine Affinität zur zeitgenössischen Oper. Unverkennbar ist der Einfluss der Opernästhetik in den Festspielen. Doch während die Forschung unter der Veroperung auch eine

Relativierung des Tragischen bis hin zur Komisierung sieht, vertritt Gryphius, wie der intertextuelle Vergleich der *Majuma* mit dem bislang unbekannten Prätext, Andrea Salvadoris Libretto *Flora*, zeigt, eine andere Option. Gryphius vermischt Spiel und Realistik, Mythos und Wirklichkeit, so dass seine Tendenz der Veroperung nicht mit einer Komisierung, sondern vielmehr mit einer Verernstigung einhergeht.

Gudrun Bamberger
Geisterexperimente in Andreas Gryphius' *Cardenio und Celinde*

1 Einführung

In einer ausführlichen Vorrede zu seinem wohl bereits 1650 entstandenen, 1657 gedruckten und 1658 am Elisabethanum erstmals aufgeführten Drama[1] *Cardenio und Celinde* macht Andreas Gryphius deutlich, was den Zuschauer oder Leser des Stückes erwartet: Um zwei Formen von Liebe wird es gehen und um Gespenstererscheinungen. Außerdem muss der Rezipient sich auf ein für eine Tragödie eher ungewöhnliches Personal einstellen, sieht man von den Gespenstern einmal ab.[2] Schließlich möchte der Autor dem Rezipienten den „Traur-Spiegel" (Vorrede, S. 6)[3] vorhalten, um den moraldidaktischen Hintergrund der Bekehrungsgeschichte zu verdeutlichen. Diese Absicht hinter der Dramatisierung der ursprünglichen Prosaerzählung des Spaniers Juan Pérez de Montalbán wird entsprechend betont:

> Mit einem Wort man / wird hierinnen als in einem kurtzen Begrieff / alle diese Eitelkeiten in welche die verirrete Jugend gerathen mag / erblicken. Cardenio suchet was er nicht finden kan vnd nicht suchen solte. Lysander bauet seine Liebe auff einen so vnredlichen als gefährlichen Grund / welches gar übel außschlägt; biß seine Fehler von Vernunfft / Tugend vnd Verstand ersetzet werden. Olympe schwebet in steten Schmertzen; biß sie bloß nach der Ehre als dem einigen Zweck zielet.
> (Vorrede, S. 6)

Darüber hinaus gibt Gryphius den Inhalt des Trauerspiels[4] selbst in einer Zusammenfassung wieder, die als Paratext dem Stück vorangestellt ist:

---

1 Vgl. Barbara Mahlmann-Bauer: Cardenio und Celinde. In: Gryphius-Handbuch. Hg. von Nicola Kaminski und Robert Schütze. Berlin, Boston 2016, S. 233–260, hier S. 233 ff.
2 Gespenstererscheinungen sind für Gryphius allerdings nicht außergewöhnlich: In allen seinen Trauerspielen erscheinen in unterschiedlicher Intensität Geister. Vgl. Egon Treppmann: Besuche aus dem Jenseits. Geistererscheinungen auf dem deutschen Theater im Barock. Konstanz 1999, S. 77.
3 Zitiert wird nach der Ausgabe Andreas Gryphius: Cardenio und Celinde, Oder Unglücklich Verliebte. Hg. von Rolf Tarot. Stuttgart 1968; für Zitate aus dem Stück werden Abhandlung und Vers angegeben.
4 Die Zugehörigkeit zur Gattung Trauerspiel wird diskutiert von: Judith P. Aikin: Genre definition and Genre Confusion in Gryphius' Double Bill *Cardenio und Celinde* and *Herr Peter Squentz*. In: Colloquia Germanica 16 (1983), S. 1–12.

> CArdenio welcher in Olympien verliebet / entschleust sich Lysandern jhren Ehe-Gemahl / der durch eine vnbillche List / jhre Heurath erlanget / zu ermorden / Bononien zu verlassen / vnd sich nach Toleto in sein Vaterland zu begeben. Celinde von Cardenio verlassen / vnd von seinem Abschied verwitziget / suchet allerhand / auch endlich zauberische Mittel jhn in jhrer Liebe fest zu halten. Beyde aber werden durch ein abscheuliches Gesicht von jhrem Vorsatz abgeschrecket / vnd durch Betrachtung deß Todes von jhrer Liebe entbunden. (S. 12)

In der Vorrede schildert der Autor, dass er mit dem Stoff auf einer seiner wissenschaftlichen Reisen in die Niederlande in Berührung gekommen sei.[5] Wahrscheinlich lag ihm die italienische Übersetzung des P. D. Biasio Cialdini (1628) von Juan Pérez de Montalbáns Novela *La fuerça del desengaño* (1624) vor, zu denken wäre aber auch an die französische Fassung des Philippe Daniel Rampalle (1644).[6] Damit erweist sich der Novellenstoff als ein bemerkenswertes Beispiel für den europäischen Kulturtransfer in der Frühen Neuzeit. Eine ‚europäische Dimension' kommt dem Text auch dadurch zu, dass der Schauplatz Bologna, „die Mutter der Wissenschafften vnd freyen Künste" (S. 12), gewählt wird, wo ein junger Spanier, Cardenio, mit einigem, ja sogar zu viel Erfolg studiert. Eine der Versuchungen, mit der die Jugend konfrontiert wird, ist daher mehrfach genannt: Es handelt sich um die Wissenschaft als Gefahrenquelle, die zur Abkehr von Gott verleiten kann. Cardenio selbst greift in diesem Sinne in der ersten Abhandlung seinen Studienerfolg auf:

> Wie fern ich von dem Pfad der Tugend außgeirret?
> [...] Durch vnerschöpfften Fleiß
> Zu kauffen Wissenschafft vnd nicht geschminckten Preiß
> [...]
> Ich lehrt vnd ward gelehrt; vnd klüger vor den Jahren [...]. (I, 34–49)

Auch wenn man diese Selbstaussage in der Exposition des Stückes als Hinweis auf Wissenschaftskritik lesen kann – wobei nicht eigentlich die Wissenschaft in Kritik gerät, sondern vielmehr der Umgang mit derselben – wird das Gespräch zwischen Pamphilus und Cardenio thematisch von der heiklen Liebessituation bestimmt, in der Cardenio sich befindet. Ebensowenig steht Liebe an sich in der Kritik, wie der Bezug auf *Catharina von Georgien* zeigt („Wie nun Catharine den Sieg der heiligen Liebe über dem Tod vorhin gewiesen" [S. 12]). Es geht Gryphius

---

[5] Vgl. dazu auch den quellen- und kulturhistorischen Beitrag von Helmut Göbel: Andreas Gryphius' *Cardenio und Celinde* im Spannungsfeld französischer und deutscher Spanien-Rezeption. In: Konvention und Konventionsbruch. Wechselwirkungen deutscher und französischer Dramatik – 17.–20. Jahrhundert. Hg. von Horst Turk und Jean-Marie Valentin. Bern u. a. 1992 (Jahrbuch für internationale Germanistik 30), S. 9–25.
[6] Vgl. Mahlmann-Bauer: Cardenio und Celinde (Anm. 1), S. 235.

darum, dass sich der Mensch im Rahmen seiner Lebenszeit die richtigen Lebensziele setzen muss, die – so ein wiederkehrendes Motiv im Stück – der Wahl jedes Individuums obliegt. Dazu müsste Cardenio, der als gelehrter Mann in die Handlung eingeführt wird, fähig sein. Der Einzelne bleibt dabei nicht gänzlich alleine: Der Lebensvollzug misst sich an der Interaktion mit anderen, aber auch und vor allem an der Ausrichtung auf die ewige Einkehr in Gottes Reich, die bereits zu Lebzeiten mit christlich-tugendhafter Verinnerlichung beginnt. Gryphius nimmt, um dies zu verdeutlichen, in seiner Vorrede Bezug auf zwei Geistergeschichten, in denen jeweils in eine Totengruft eingebrochen wird, um den Leichnam zu bestehlen, der sich zur Wehr setzt. Auf der Handlungsebene ist es Funktion der auftretenden Gespenster im gesamten Text, das Eingreifen Gottes darzustellen, das die diesseitigen Delinquenten bestraft oder von der schändlichen Tat abbringt und zur Umkehr bewegt.

Dem Sprachgebrauch des Dramas folgend, werden im Folgenden ‚Gespenst' und ‚Geist' als transzendentes Phänomen weitgehend synonym verwendet. Ziel der weiteren Ausführungen ist es zu zeigen, wie und in welchem Ausmaß die Gespensterinszenierungen technisch wie dramaturgisch im Stück funktionalisiert sind, um den moraldidaktischen Inhalt zu vermitteln. Die (technische) Inszenierung einer transzendenten Instanz erzeugt einen theologischen und zugleich poetologischen Kommentar, der die Möglichkeiten der Schaubühne kritisch beleuchtet.

2 Gespenster und Bühnentechnik als Verlängerung der Reyen

Indem Gryphius eine Dramatisierung des Novellenstoffes vornimmt, entschließt er sich bewusst dazu, die Möglichkeiten und Techniken des Theaters zum Zweck der religiös-didaktischen Unterweisung einzusetzen. Er richtet sich dabei nach den Vorlieben der Zeit, die sich mit Georg Philipp Harsdörffer auf das Schlagwort ‚Multimedialität des Theaters' bringen lassen:[7] „Mahl- Reim- und Musickunst / solche drey Stüke nun [...] können einen prächtigen Aufzug bringen."[8]

---

[7] Irmgard Scheitler: Die Verthönung – Illustration auf dem Theater. In: Intermedialität in der Frühen Neuzeit. Hg. von Jörg Robert. Berlin, Boston 2017 (Frühe Neuzeit 209), S. 21–38, hier S. 23.
[8] Georg Philipp Harsdörffer: Frauenzimmer Gesprächsspiele. Nachdruck der Ausgabe Nürnberg 1644–1649. Teil 3. Hg. von Irmgard Böttcher. Tübingen 1968, S. 171.

Besonders Gespenster und geisterhafte Erscheinungen, aber auch die Verhandlung von Geist und Vernunft in den Reyen, „bilden einen selbstreferentiellen Bestandteil des Dramas des 17. Jahrhunderts, insofern sie als zentrales Reflexionsmoment der Theatralität und ihrer Aufführungspraxis figurieren [...]".[9] Behandelt wird in der Vorrede vorwiegend der Typus des Totengespensts, während die Dramenhandlung unterschiedliche Varianten von Gespenst/Geist verhandelt.[10] Festzuhalten ist, dass die Gespenster im Stück unter den *dramatis personae* geführt werden und anders als große Teile der Handlung werden ihre Auftritte nicht teichoskopisch oder als Bericht vermittelt. Während das Gespenst des Ritters Marcellus, den Cardenio im Liebeswahn für Celinde ermordet, ein Totengespenst ist, bleibt der Status des „Geist[s] in Gestalt Olympiens" (S. 13) ungeklärt. Cardenio sucht das Haus Olympias in der Nacht auf, um ihren Mann, Lysander, zur Rede zu stellen und herauszufordern. Bereit sich an Lysander dafür zu rächen, dass dieser Olympia wegen eines Betrugs und Verbrechens heiraten durfte, trifft Cardenio auf eine geisterhafte Gestalt. Die Deutungen der Beteiligten in Bezug auf die Gespenster sind vielfältig. Das Gespräch zwischen dem Olympia-Geist und Cardenio befindet sich sodann auch im Spannungsfeld der bisherigen Beziehungskonstellationen:[11] Das Gespenst zeigt Cardenios Hoffnung auf eine noch immer anhaltende – falsche – Liebe seitens Olympias, indem es behauptet, Olympia gräme sich nachts, weil sie Cardenio und nicht Lysander, ihren Ehemann, liebe.[12] Auch von Beständigkeit und leidenschaftlicher Glut ist die Rede,[13] sodass der Eindruck entsteht, Cardenio werde dadurch weiter angestachelt, seinen Mordplan zu erfüllen.

Dass sich Reyen und Geistererscheinungen in diesem Stück unter Zuhilfenahme eigener Inszenierungsstrategien nicht nur ergänzen, sondern gegenseitig weiterentwickeln, soll im Folgenden gezeigt werden: Das Drama der Frühen

---

9 Natalie Binczek: Bannung des Geistes. Gespenstische Erscheinungen in Andreas Gryphius' *Cardenio und Celinde*. In: Bann der Gewalt. Studien zur Literatur- und Wissensgeschichte. Hg. von Maximilian Bergengruen und Roland Borgards. Göttingen 2009, S. 69–103, hier S. 69.
10 Vgl. Jörg Wesche: Die Leibhaftigkeit der Gespenster. Theatergeists Rollenspiel bei Gryphius und *Der Höllische Proteus* Erasmus Franciscis. In: Wolfenbütteler Barock-Nachrichten 32 (2005), S. 69–90, hier S. 75; Wolfgang Neuber: Theologie der Geister in der Frühen Neuzeit. In: Gespenster. Erscheinungen – Medien – Theorien. Hg. von Moritz Baßler, Bettina Gruber und Martina Wagner-Egelhaaf. Würzburg 2005, S. 25–38, hier S. 25 ff.
11 Jörg Wesche sieht das Spannungsfeld allerdings in der Haltung zwischen erotischer Liebe und Todesdarstellung. (Wesche: Die Leibhaftigkeit der Gespenster [Anm. 10], S. 87).
12 „Die bey geheimer Nacht nur winselst über dir" (IV, 84) und später „warumb ich nicht verweile / In dem verhasten Bett'? [...] Daß ich vor weinen offt verschluck vnd in mich fresse // Ich / die / Cardenio, dein ewig nicht vergesse [...]." (IV, 99–105).
13 IV, 89–91.

Neuzeit ist prinzipiell als literarisch-performative Form gedacht, die konzeptionell die bühnentechnischen Errungenschaften der Zeit nicht nur unter dem Gesichtspunkt einer eventuellen Aufführung aufnimmt.[14] Zu den technischen Hilfsmitteln gehören, neben der *laterna magica* und der *camera obscura*, Heb-Senk-Bühnen,[15] Flugmaschinen[16] oder Lichteffekte,[17] die in *Cardenio und Celinde* nicht nur in engem Zusammenhang mit den Geistererscheinungen Anwendung finden. An der Schnittstelle von Bühnendramaturgie und Textkonzeption stehen außerdem die sogenannten ‚Verthönungen', d. h. die multimediale Darstellung – u. a. Kombinationen von optischen Effekten, Tableaux vivants, musikalischen Einlagen – auf der Theaterbühne.[18] Auch die Bühnenarchitektur spielt hier eine entscheidende Rolle: Vorder- und Hinterbühne gewährleisten das simultane Bespielen von zwei unterschiedlichen Räumen, wodurch rasche Szenenwechsel möglich sind.[19] Bewegliche Kulissen sind hingegen, anders als in Frankreich oder Italien, Mitte des 17. Jahrhunderts in Deutschland noch nicht verbreitet.[20] Es wird sich zeigen, dass die Gespenster nicht in erster Linie zur Entlarvung „der eingesetzten Illusionsapparatur" dienen,[21] sondern die Maschinerie dazu genutzt wird, eine grundsätzlichere Vorstellung von der Welt als Theater aufzuzeigen. Dabei geht es weniger darum, die Vorstellungskraft der Rezipienten anzuregen, obwohl der Gespensterdiskurs der Vorrede das vermuten ließe, sondern unterschiedliche Formen der Wirkmacht Gottes für den Einzelnen auf der Bühne zu visualisieren. Gryphius macht sich hierfür die Stellung der *Artes mechanicae* im 16. und 17. Jahrhundert zu Nutzen, die den Begriff *machina* mit neuem Bedeutungsgehalt versehen und „an die Stelle einer eher statisch begriffenen Ordnung der *machina mundi* ein dynamisches *theatrum machinarum* treten lassen".[22] Die Gespenster

---

14 Vgl. Binczek: Bannung des Geistes (Anm. 9), S. 70.
15 Vgl. Maximilian Bergengruen: Heilung des Wahns durch den Wahn. Psychologie, Theologie und Technik der Geistererscheinungen in Gryphius' *Cardenio und Celinde*. In: Daphnis 44 (2016), S. 374–395, hier S. 388.
16 Vgl. Viktoria Tkaczyk: Himmels-Falten. Zur Theatralität des Fliegens in der Frühen Neuzeit. München 2011, S. 151–156.
17 Vgl. Jürgen Kühnel: Mediengeschichte des Theaters. In: Handbuch der Mediengeschichte. Hg. von Helmut Schanze. Stuttgart 2001, S. 316–346, hier 322f.
18 Vgl. Scheitler: Verthönung (Anm. 7).
19 Vgl. Bergengruen: Heilung des Wahns durch den Wahn (Anm. 15), S. 388.
20 Ebd., S. 389.
21 Binczek: Bannung des Geistes (Anm. 9), S. 71.
22 Jan Lazardzig: Die Maschine als Spektakel. Funktion und Admiration im Maschinendenken des 17. Jahrhunderts. In: Instrumente in Kunst und Wissenschaft. Zur Architektonik kultureller Grenzen im 17. Jahrhundert. Hg. von Helmar Schramm u. a. Berlin, New York 2006 (Theatrum scientiarum 2), S. 167–193, hier S. 167.

des Stücks werden als *dei ex machina* im wahrsten Sinne des Wortes verstanden. Technische Inszenierungsmöglichkeiten[23] und emblematische Denkart des mittleren 17. Jahrhunderts[24] überlagern sich nicht nur, sondern ergeben zusammen ein Tragödienexperiment. Dieses Experiment speist sich einerseits aus der augustinischen Vorstellung, dass Gespenstererscheinungen als *suggestio* innere Wahrnehmungen und Eingebungen in bildhafte Verfahren übersetzten.[25] Andererseits konstituiert es sich aus dem Umgang mit typischen Dramenelementen, die für eine lehrhaft-theologische Unterweisung medienwirksam funktionalisiert werden: Die textuellen Randgebiete des Dramas wie Reyen, Exposition oder Epilog,[26] aber auch die Paratexte ragen mithilfe der Gespenster und anderer medialer Inszenierungsformen in die Dramenhandlung hinein. Gryphius setzt Gespenster/Geister auf der Handlungs- und Sprechebene ein,[27] wodurch diese über die vierte Abhandlung, dem Zeitpunkt ihrer Visualisierung, hinaus annähernd während des gesamten Stücks präsentiert und verhandelt werden, auch wenn sie nicht explizit Teil der Bühnenhandlung sind.

Durch ihre ohnehin ausgeprägte Markierung (als verschleierte Gestalten, durch die besondere Beleuchtung/Kostümierung, die geschildert wird) erfüllen sie simultan mehrere Funktionen: eine theologisch-moralische wie eine theatralisch-poetische-technische. Gespenster werden als Mittel der Pragmatik und Phantasmatik gleichermaßen eingesetzt, sind Schockelement, aber auch Gewissensrepräsentationen.[28]

---

23 Einen naturwissenschaftlichen Nebeneffekt, der daraus entspringt und dem die Wissenschaftskritik der Paratexte entgegenwirkt, formuliert Lazardzig: „In der Analogisierung von Maschine und Natur konnte das isolierte, gleichsam der Natur abgerungene mechanische Funktionieren eindrucksvoll in Szene gesetzt werden, konnten Wind- und Wassermühlen ihre übermenschliche Kraftanstrengung nutz- und vergnügenbringend entfalten. Die bewunderungswürdige Tätigkeit der Maschine geriet hier in Einklang mit einer am Wunderbaren, am Staunenswerten bemessenen Ordnung der Dinge." (Lazardzig: Die Maschine als Spektakel [Anm. 22], S. 168).
24 Vgl. Albrecht Schöne: Emblematik und Drama im Zeitalter des Barock. München ²1968. In Emblemen des 17. und frühen 18. Jahrhunderts finden sich außerdem ebenfalls gelegentlich Gespenster/Geister in den *picturae* dargestellt. Vgl. http://mdz1.bib-bvb.de/~emblem/loadframe.html?toc_name=emble_trecen.html&img_id=img_emble_trecen00046 (zuletzt: 17. Mai 2019).
25 Marcel Lepper: Allegorische Gespenster. Bewegte Bilder bei Andreas Gryphius. In: Gespenster und Politik. 16. bis 21. Jahrhundert. Hg. von Claire Gantet. München 2007, S. 145–159, hier S. 154.
26 Vgl. Wesche: Die Leibhaftigkeit der Gespenster (Anm. 10), S. 89.
27 Vgl. Lepper: Allegorische Gespenster (Anm. 25), S. 154, Anm. 50.
28 Vgl. Gero von Wilpert: Die deutsche Gespenstergeschichte. Motiv – Form – Entwicklung. Stuttgart 1994, S. 84, auch wenn von Wilpert gerade für *Cardenio und Celinde* eine andere

Die beiden Gespenster des Stücks werden zur bühnenwirksamen Überbietung menschlicher Fähigkeiten, indem sie den beiden Bezugspersonen Cardenio und Celinde jeweils den richtigen Weg weisen, auf den sie nicht ohne gespenstische Hilfe gekommen wären: Sie werden mit sehr ähnlichen symmetrischen Affekten vorgestellt, Cardenio als unglücklich verliebt in Olympia, Celinde als unglücklich verliebt in Cardenio, beide sind in leidenschaftlicher Liebe entbrannt, die jedoch eine blinde, gottlose Liebe ist,[29] während ihnen entgegengestellt Olympia und Lysander als Liebende auftreten, die ihr Glück in der Ehe finden. Die Betonung liegt jedoch auf ‚in der Ehe', denn der Weg dorthin gestaltet sich als ebenso wenig ideal wie die wiederum unglückliche Liebe Celindes zum Ritter Marcellus.[30]

Was technisch im Bühnenraum möglich ist, weckt, so die Vorrede, offenbar dennoch das Staunen des Rezipienten. Gryphius rechtfertigt seine Geistererscheinungen, ohne auf die „eigentümliche Form von Körperlichkeit" einzugehen,[31] in der sie „einerseits körperloser ‚Geist' zu sein haben, andererseits jedoch nur in einer gewissen Körperlichkeit für den Menschen wahrnehmbar zu werden vermögen".[32] Es geht ihm vielmehr darum, zu betonen, dass Geister nicht in den Bereich des Aberglaubens gehören: „Deren Meynung aber / die alle Gespenster vnd Erscheinungen als Tand vnd Måhrlin oder traurige Einbildungen verlachen: Sind wir in kurtzem vernůnfftig an seinem besondern Ort / zu erwegen entschlossen" (Vorrede, S. 11). Gryphius verbindet Naturwissenschaft und Theologie, wenn er den Zweck des ganzen Stücks und der Gespensterinszenierung im Besonderen klar ausweist und angibt, an anderer Stelle eine wissenschaftliche Abhandlung (*Dissertationes de Spectris*) über Gespenstererscheinungen nachzureichen, die sich jedoch nicht erhalten hat (Vgl. Vorrede, S. 11f.). Er misst ihnen wissenschaftlichen Wert bei und zeigt in der konkreten Umsetzung im Stück, dass er dabei nicht nur seiner Konfession folgt. Denn Gespenstererscheinungen

---

Lesart, der von außen herantretenden Figur im Gegensatz zum sichtbar gewordenen Gewissen, bevorzugt (S. 90).
29 Vgl. Jean-Louis Raffy: Leidenschaft und Gnade in Gryphius' Trauerspielen. In: Die Affekte und ihre Repräsentation in der Literatur der Frühen Neuzeit. Hg. von Jean-Daniel Krebs. Bern u. a. 1996 (Jahrbuch für internationale Germanistik 42), S. 189–206, hier S. 199.
30 Auf die nur scheinbare Symmetrie der Konzeption weist M. R. Speerberg-McQueen hin, die die weibliche Position jeweils als deutlich schwächer besetzt versteht (M. R. Speerberg-McQueen: Deceitful Symmetry in Gryphius' *Cardenio und Celinde* Or What Rosina Learned at the Theater and Why She Went. In: The Graph of Sex and the German Text. Gendered Culture in Early Modern Germany 1500–1700. Hg. von Lynne Tatlock. Amsterdam 1994 [Chloe 19], S. 269–294).
31 Wesche: Leibhaftigkeit der Gespenster (Anm. 10), S. 75.
32 Ebd.

erfahren unterschiedliche Bewertungen in den christlichen Konfessionen.[33] Der Protestantismus geht vornehmlich davon aus, dass Geistererscheinungen primär vom Teufel inszenierte Täuschungsabsichten und Verblendungswerk sind. Nach katholischem Glauben kehren unsterbliche Seelen in Gestalt von Geistern zurück, um Erlösung aus dem Fegefeuer zu erhalten oder aber sie dienen als Vermittlungsinstanzen für göttliches Eingreifen.[34] Gegen diese katholische Sichtweise wendet der Protestantismus im Rekurs auf die Bibel ein, dass sich weder die purgatorische Existenz belegen lasse, noch die fromme Seele nach dem Tod einen anderen Ort kenne als die ewige Ruhe.[35] Die Abweichung vom protestantischen Standpunkt in Gryphius' Stück mag zum einen an den Prätexten katholischer Autoren liegen, denn sowohl die Erzählungen aus der Vorrede[36] als auch der eigentliche Cardenio-Stoff sind von einem weitgehend ‚positiven' Gespenster-Bild geprägt.[37] Gespenster fungieren dort als Boten des Himmelreichs und stehen damit im Dienste des göttlichen Heilsversprechens, indem sie an den Stellen in menschliches Handeln eingreifen, an denen die Erfüllung wegen menschlicher Verfehlung gefährdet wird. Zum anderen lässt sich dieser Zwiespalt ebenfalls für die didaktische Stoßrichtung instrumentalisieren, denn genau diesen Weg bestreitet das Stück.

Nun handelt es sich trotz zeitweisem Zweifel der Protagonisten bei den Gespenstererscheinungen nicht um teuflische Verblendung, sondern – und das macht vor allem die *conclusio* der fünften Abhandlung deutlich – um göttliche Boten zur Bekehrung sündig gewordener Seelen, „als göttliche Werkzeuge, die die Katharsis bewirken, als dramaturgisches Äquivalent des *deus ex machina*".[38]

---

33 „Damit ist das Problem beschrieben, das sich der Lutheraner Gryphius mit den oben bereits erwähnten Beispielen aus der Vorrede zu Cardenio und Celinde sowie den Olympia- und Marcellus-Gespenstern einhandelt: Die Gespenster sind, wie gezeigt, Träger göttlicher Wahrheit und Gnade, obwohl man ihnen nach lutherischer Lehre kein Gehör schenken dürfte. Die jeweiligen Prätexte können dieses Problem insofern umgehen, als Gespenster im katholischen Kontext nicht nur verstorbene Seelen oder Dämonen sein können, sondern auch – zumindest wird diese Möglichkeit nicht vollständig ausgeschlossen – gute Geister [...]." (Bergengruen: Heilung des Wahns durch den Wahn [Anm. 15], S. 385).
34 Vgl. Neuber: Theologie der Geister in der Frühen Neuzeit (Anm. 10), S. 25–38; Wesche: Leibhaftigkeit der Gespenster (Anm. 10); Barbara Mahlmann-Bauer: Grimmelshausens Gespenster. In: Simpliciana 36 (2004), S. 105–140.
35 Vgl. Wesche: Leibhaftigkeit der Gespenster (Anm. 10), S. 75.
36 Als Quelle gibt Gryphius selbst Johannes Moschus an, es handelt sich um Kapitel 77 des *Leimon*. (Vgl. Binczek: Bannung des Geistes [Anm. 9], S. 75).
37 Vgl. Bergengruen: Heilung des Wahns durch den Wahn (Anm. 15), S. 386.
38 Mahlmann-Bauer (Anm. 1), S. 258.

Dennoch sind die Erscheinungen unabhängig von ihrer finalen Wirkung mindestens ambivalent inszeniert. Folgt man meiner These der Zusammengehörigkeit von Gespenstern und Reyen, findet sich eine Ergänzung zur Einschätzung transzendenter Erscheinungen im ersten Reyen. Hier geht es um den Ursprung der Rasereien, denen die Protagonisten unterworfen sind:

> [...] der Fůrst der zu gebitten hat
> Der Vntern-Welt / der wenn er vmb sich blickt /
> Neid / Haß vnd Grimm in vnser Licht außschickt
> Er schůttelte dreymal sein Schlangen-Har
> Die Hőll erbeb't; was vmb vnd vmb jhn war
> Versanck in Furcht [...]. (I, 546–551)

Der Grund für die Gespenstererscheinungen, die hassgetriebene Raserei, kommt mit dem Teufel in die Welt,[39] der sich allerdings der Allmacht Gottes fügen muss. Trotz der Ambivalenz, die durch die Nähe der Höllenbeschreibung mit einer der späteren Gespenstererscheinung betont wird, in deren Umfeld ebenfalls mithilfe von visuellen und auditiven Eindrücken aus dem Wandel des Umfelds Furcht erzeugt wird, herrscht Gott auf „dem Thron der hőchsten Weißheit" (I, 542). Dennoch verfallen die Protagonisten nicht nur ihrer leidenschaftlichen Liebe, sondern auch in „Schwermutt" (I, 196), Rachsucht, Verzweiflung und übersteigerte Selbstrechtfertigung. All diese Affekte gelten in der christlichen Tradition als sündhaft.[40] Während Schwermut, Rachsucht und Verzweiflung im Sinne eines gottgefälligen Lebens gänzlich ausgemerzt werden müssen, gibt es eine Form von Liebe, die den Kern des Glaubens bildet – und folglich schon in der Vorrede als Gegensatz zu der von Cardenio und Celinde eingeführt wird. Der Zusammenhang zwischen Reyen und Gespenstererscheinungen wird im ersten Reyen deutlich. Dort ist vom hohen Geist die Rede, der offensichtlich auf Gott ausgerichtet ist und damit die Zielsetzung für den weiteren Verlauf der Handlung vorgibt.

3 Cardenio und der Geist in Gestalt der Olympia

Die eigentliche Einsicht in die Notwendig zur Umkehr erfolgt für Cardenio erst, als der Geist der Olympia seine Gestalt wandelt und der Protagonist den Umschlag

---

[39] Vgl. Rainer Hillenbrand: Cardenios Wahn und Schuld. Moralischer und religiöser Konservatismus bei Gryphius. In: GRM 45 (1995), S. 279–287, hier S. 279.
[40] Vgl. Hillenbrand: Cardenios Wahn und Schuld (Anm. 39), S. 282.

der Umgebung als Sinnbild für seine eigene Situation erkennt. Das Bewusstsein für die falsche Geisteshaltung, die sich auf sein vergangenes mehr als sein zukünftiges Verhalten bezieht, scheint jedoch schon im Initialdialog mit dem Freund Pamphilus gegeben.[41] Trotz der Besinnung auf das eigene Fehlverhalten deutet Cardenio die Ereignisse um die Hochzeit Olympias als Ungerechtigkeit. Er ist im Gegensatz zu Olympia, die sich in diesen unerwarteten Lebensvollzug fügt, noch nicht fähig, die Lenkung Gottes zu erkennen.[42] Wutentbrannt macht sich Cardenio auf den Weg zu Lysanders und Olympias Wohnhaus, um an Lysander Rache zu nehmen. Bereits die dramaturgische Einführung der Gespenstererscheinung Olympias spiegelt *en miniature* die gesamte Handlung des Stückes wider: Cardenio lässt sich vom augenscheinlich schönen Äußeren der Gestalt locken. Während das Gebäude, aus dem sie kommt, als vom Kerzenschein entseelt beschrieben wird („Die Fenster stehn entseelt von jhrer Kertzen Schein", IV, 19), wirkt die Gestalt umrahmt von der Türeinfassung, in der sie erscheint, lebendig und doch nur als „ein verschleirtes Bild" (IV, 25). Die räumliche Gestaltung verweist auf Olympias Eigenschaft als Schwellengestalt: Das Gespenst überschreitet nicht nur eine konkret wahrnehmbare Schwelle von einem Innen- in einen Außenraum, sondern tritt zugleich auch von der Transzendenz in die Immanenz hinüber.[43] Der schöne Schein, der ihm leuchtend entgegenstrahlt, lenkt Cardenios Aufmerksamkeit. Als er der Gestalt im sich anschließenden Dialog vergeblich den Hof macht, kehrt er sich jedoch rasch ab. Das Gespenst reagiert, indem es Cardenio aufzeigt, inwiefern er sich in der Vergangenheit bereits falsch entschieden hat und wie dies zu bewerten war bzw. ist:

> Heist diß beståndig seyn! auff ewig sich verschweren!
> Bist du so meiner Gunst / so indenck meiner Zehren?" (IV, 89 f.).

Cardenios Schnelligkeit der Abkehr wie das trotzige Ausschlagen der Hand Olympias in der Vorgeschichte, nachdem Lysander in Olympias Gemach eingedrungen

---

[41] So auch: Ferdinand van Ingen: Wahn und Vernunft, Verwirrung und Gottesordnung in *Cardenio und Celinde* des Andreas Gryphius. In: Theatrum Europaeum. Hg. von Richard Brinkmann u. a. München 1982, S. 253–289, hier S. 260 ff.
[42] Vgl. Horst Turk: Cardenio und Celinde, Oder Unglücklich Verliebte. In: Die Dramen des Andreas Gryphius. Eine Sammlung von Einzelinterpretationen. Hg. von Gerhard Kaiser. Stuttgart 1968, S. 73–116, hier S. 95.
[43] Die Beobachtung Binczeks, Olympia überschreite die Grenze zwischen Jenseits und Diesseits, ist unpräzise, da hier Diesseits mit der Welt der Lebenden und das Jenseits mit der Welt der Toten gleichgesetzt wird (Binczek: Bannung des Geistes [Anm. 9], S. 84). Immerhin handelt es sich nicht um einen Totengeist, der hier erscheint. Vgl. außerdem Neuber: Die Theologie der Geister (Anm. 10), S. 33.

ist und Cardenio fälschlich als der Schuldige identifiziert wird, korrespondieren mit dem Zeitmotiv hier und im vorangegangenen Reyen. Es geht nicht nur darum, die rechte Zeit zu wählen, wie der Reyen der Jahreszeitenallegorien zeigt, sondern auch darum, die Dinge angemessen zeitlich zu bewerten. Eine Wahl lässt sich nicht dem ersten Augenschein nach treffen, so der Tenor der allegorischen Instanzen. Indem Olympia Cardenio allzu schnell als den Eindringling in ihr Gemach ausmacht, bringt sie selbst das erste Unglück über sich und Cardenio als Liebespaar. Parallel verläuft nun der weitere Gesprächsgang:

> So indenck meiner Glut! daß auch der Namen nicht
> Dir in den Sinnen kömmt: Ob schon dir im Gesicht'
> Olympe lebend steht! ob die vor sůssen Worte!
> Schon streichen in dein Ohr! [...] (IV, 91–94)

Diese Selbstkennzeichnung als lebende Olympia wurde bislang vor allem als Trug und List des Gespensts bewertet.[44] Auch wenn Cardenio erst zu erkennen meint, dass es sich um die Gestalt Olympias handelt, nachdem das Gespenst die obigen Verse spricht, verweist die Erscheinung auf die tatsächliche Olympia. Die Zuschreibung erfolgt jedoch von Cardenio, während der Geist die Vergangenheit anspricht, in der sich Cardenio von Olympia distanziert hat. Erst dann wendet sich das Gespenst über die nähere Vergangenheit der Zukunft zu:

> Was vnvergleichlich Ehr' vnd Ansehn dir erwarb.
> Dein / den die tolle Brunst verknůpfft hat mit Celinden:
> Dem Fråulein sonder Zucht / dem Zunder årgster Sůnden!
> Dem Vrsprung deiner Noth! Der Qåulle meiner Pein /
> Vnd die Cardenio, dein Vntergang wird seyn! (IV, 108–112)

Cardenio, der glaubt, Olympia leibhaftig vor sich zu haben, würdigt zunächst den vorbildlichen Wandel Olympias, um sofort wieder auf Äußerlichkeiten zurückzugreifen: „Sie gönne mir doch nur jhr lieblich Angesichte / Das Mond vnd Sternen trotzt!" (IV, 209 f.). Er lüftet ihren Schleier: diese Requisite, der Schleier, ermöglicht die unmittelbare Verwandlung der schönen Scheingestalt in ein „Todten-Gerippe" (IV, Nebentext nach V. 216). Theaterpraktisch wirksam knüpft diese Inszenierung der Gestalt so an die typische Darstellungsform eines Gespenstes an, das sich bis in die Moderne fortsetzt. Das Aufdecken führt erst desillusionierend zur ungetrübten Wahrnehmung des Kunstcharakters dieser szenischen Begegnung. Cardenio stellt sich unfreiwillig einem Schreckensbild, indem er es unaufgefordert aufdeckt. Dieses Aufdecken des schönen Scheins provoziert den

---

44 Turk: Cardenio und Celinde (Anm. 42), S. 98.

Umschlag der Szenerie und den Wandel des Gespenstes zur Schreckgestalt. Cardenio wähnt sich an einem Ort, der bis zum Umschlag als *locus amoenus*, als „Lust-Garten" mit der Lichterscheinung dargestellt wird, sich aber aufgrund seiner bisherigen Verfehlung und dem noch immer nicht vollzogenen Wandel als *locus terribilis* entpuppt. Auf der Theaterbühne vollzieht sich der Gegensatz, in dem der Schauplatz zur Einöde wird. Ort des Geschehens und das Gespenst befinden sich simultan in einer Verwandlung, die vor allem von der Bühne auf das Gespenst hin ausgerichtet ist und Cardenio räumlich umgibt und vollständig einnimmt. Aus der Bühne wird der Schauplatz von Affekten,[45] worüber der Nebentext eindeutige Auskunft gibt, denn es findet kein Wechsel von der Vorder- auf die Hinterbühne statt, er „verwandelt sich in einen Lust-Garten" und „verändert sich plötzlich in eine abscheuliche Einöde / Olympie selbst in ein Todten-Gerippe / welches mit Pfeil vnd Bogen auf den Cardenio zielet" (IV, Nebentext nach 216).[46] Das ordnungsbedrohende Innenleben wird dem Zuschauer sichtbar als allegorischer Raum präsentiert – und das Ganze findet zudem „plötzlich" statt. Wie dieser Wandel technisch realisiert werden sollte, lässt sich dem (Neben-)Text nicht entnehmen; zu denken wäre aber an das Telari-System.[47] Joseph Furttenbach gilt als der Archeget dieser Theaterarchitektur in Deutschland: Nach dem Vorbild seines italienischen Lehrmeisters Guilio Parigi führte er das Telari-System ein, um 1641 in Ulm einen Entwurf für ein Theatergebäude vorzulegen, das speziell auf diese Lichttechnik hin konzipiert war.[48] Bei dieser Technik werden durch ein dreiseitiges, bewegliches und bemaltes Prisma Lichteffekte genutzt, um das Bühnenbild auf dem Bühnenhintergrund zu erzeugen,[49] ohne auf in Deutschland noch nicht gebräuchliche, bewegliche Kulissen zurückgreifen zu müssen. Dabei werden links und rechts auf der Bühne jeweils mehrere perspektivisch bemalte Wendeprismen so platziert, dass je zwei Prismen einander zugeordnet werden. Auf diese Weise entsteht ein Gesamtbild, dessen Erzeugung für den Zuschauer nicht einsehbar ist.

---

45 Vgl. Lepper: Allegorische Gespenster (Anm. 25), S. 159.
46 Vgl. Bergengruen: Heilung des Wahns durch den Wahn (Anm. 15), S. 390.
47 Vgl. dazu die Szenarbeschreibung zur Aufführung am Breslauer Gymnasium 1661: Gerhard Spellerberg: Szenare zu den Breslauer Aufführungen Gryphischer Trauerspiele. In: Daphnis 7 (1978), S. 235–265, hier S. 262.
48 Vgl. Martina Groß: Die Vorstellung vom Zuschauer. In: Episteme des Theaters. Aktuelle Kontexte von Wissenschaft, Kunst und Öffentlichkeit. Hg. von Milena Cairo u. a. Bielefeld 2016, S. 287–297, hier S. 289f.
49 Vgl. Bergengruen: Heilung des Wahns durch den Wahn (Anm. 15), S. 391.

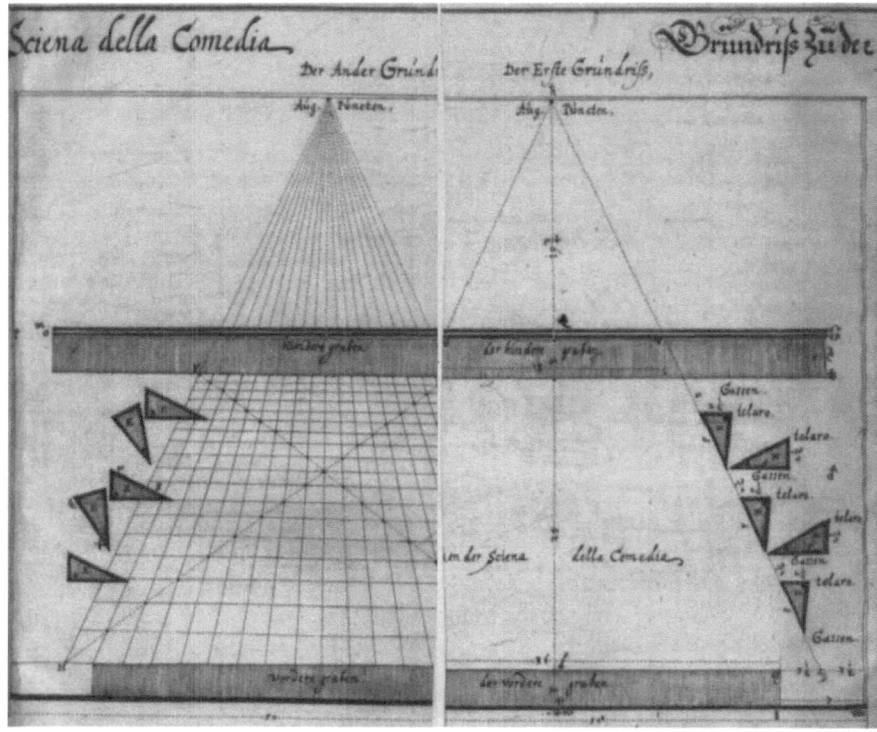

Abb. 1: Ausschnitte des Telari-Systems Joseph Furttenbachs, 1640.[50]

Die Veränderung ist umfassend, denn statt der vermeintlichen Erscheinung der Geliebten – die jedoch gar nicht unverhüllt zu sehen war – tritt die Verkörperung des Todes hervor.[51] Anders als jüngst angenommen,[52] muss hier kein Schauspielerwechsel vorgenommen werden, sofern es sich um einen blickdichten Schleier handelt. Da Cardenio die Gestalt nicht sofort als Olympia erkennt, muss dieses Nichterkennen plausibilisiert werden – die Verhüllung, die explizit im Text genannt wird („Doch nur die Hüll abzieh" IV, 216), dient dazu. Entsprechend ist an dieser Stelle keine Hebebühne nötig, um die Schauspieler auszutauschen – der bloße Enthüllungseffekt reicht aus, um die Veränderung zu

---

50 Joseph Furttenbach: Architectura Recreationis. Augsburg: Schultes 1640, Einlegebogen Nr. 22 zwischen S. 64 und S. 65; Exemplar der Bayerischen Staatsbibliothek München, Signatur: 999/2Art.50.
51 Vgl. Turk: Cardenio und Celinde (Anm. 42), S. 99.
52 Vgl. Bergengruen: Heilung des Wahns durch den Wahn (Anm. 15), S. 392.

vollziehen. Der Umschlag des Schauplatzes zusammen mit der Verwandlung der ehemals schönen Olympia lässt an die Allegorie der Frau Welt denken, die im einen Augenblick noch schön, im anderen verfallen ist. Dabei vollzieht sich der Wandel ohne Teilung des gezeigten Körpers, z. B. durch eine schöne Vorderseite und eine hässliche Rückseite. Vielmehr kommt es zu einem kompletten, blitzartigen Verschwinden der Schönheit, der bekannten Gestalt und des bekannten Ortes. Entsprechend kommentiert das Gespenst die Verwandlung: „Schaw an so blitz mein Stral / dein Lohn / die Furcht der Sůnde" (IV, 218), was in Einklang mit dem Reyen der Jahreszeiten am Äußeren der Erscheinung evident wird: Der Vergänglichkeitstopos einerseits und die drohende Zukunft andererseits, sofern keine Abkehr von der leidenschaftlichen Raserei stattfindet, verdichten sich in der Erscheinung des Gerippes,[53] das zusätzlich mit den Pfeilen Cupidos den erschrockenen Cardenio aktiv handelnd bedroht. Die erotischen Attribute Cupidos werden zu echten Waffen – eine spannungsvolle Dialektik, die Lust und Schrecken gleichermaßen erzeugt, indem sowohl die vormalige Liebe zu Olympia präsent bleibt, als auch der Eindruck des „Todten-Geripp[es]" (IV, Nebentext nach V. 216).[54]

Es ist die Ambivalenz dieser Erscheinung, die den Umschlag erst bewirken kann und zu einer moralischen Deutung führt. Der Geist ist zunächst eine Lichtgestalt, der sich dann als die bekannte Schöne, Olympia, ausgibt. Die ganze Bühnenszenerie befindet sich wiederum in einer Schwellensituation zwischen Vergangenem und Gegenwärtigem/Zukünftigem und changiert zwischen dem Inneren und der Außenwahrnehmung Cardenios.[55] Obwohl die Metamorphose des Gespenstes zum „Todten-Gerippe", was mit der Verwandlung des Bühnenbilds in eine Einöde einhergeht, schockierend auf Cardenio wirkt, ist genau dieser Schreckensmoment der zentrale Umschlagspunkt, der Cardenio endgültig von seiner Rachsucht ablenkt. Verdichtet erscheint der

---

53 Thomas Rahn sieht in dieser Verwandlung der Erscheinung die stoische Tradition der Verekelung zur Heilung des Liebesaffekts (Thomas Rahn: Gryphius' *Cardenio und Celinde*. Zwei dramatische Krankheitsgeschichten. In: Die Affekte und ihre Repräsentation in der Literatur der Frühen Neuzeit [Anm. 29], S. 93–106, hier S. 97f.). Das verkennt jedoch das allegorische Potential dieser Szene.
54 Vgl. Wesche: Leibhaftigkeit der Gespenster (Anm. 10), S. 87. Zu denken wäre auch an die sehr gängigen Todesdarstellungen in der Frühen Neuzeit, z. B. an Meister hw: Die Macht des Todes; oder Albrecht Dürers Reitender Tod mit Pfeil und Bogen. Dazu: Christian Kiening: Das andere Selbst. Figuren des Todes an der Schwelle zur Neuzeit. München 2003, S. 11 ff.
55 Vgl. Michael Titzmann: Gryphius' *Cardenio und Celinde, Oder Unglücklich Verliebete*. Die dramatische Inszenierung eines ideologischen Systems und ihr Platz in der Epoche. In: Literaturgeschichte als Profession. Hg. von Hartmut Laufhütte. Tübingen 1993 (Mannheimer Beiträge zur Sprach- und Literaturwissenschaft), S. 99–118, hier S. 109.

ganze Prozess des bisherigen Stückes in dieser Begegnung und ebenso konzentriert verläuft die Umkehr, die dieses Mal eine vollkommene ist. War zuvor die Einsicht in ein Fehlverhalten gegeben, ist es nun die konsequente Abkehr von der affektiven Leidenschaft, die eintritt. Gegengleich zur Begegnung mit der Erscheinung, die von moralischer Bewertung zur Äußerlichkeit überging, vollzieht sich das Erkennen nun umgekehrt. Von der Hässlichkeit des Äußeren abgeschreckt, sucht Cardenio sein Heil mit Verweis auf den Himmel:

> Ach! tödtlich Anblick! ach! abscheulichstes Gesicht!
> Ach grausamstes Gespenst! vmbringt mich noch das Licht?
> Wie! oder ist der Geist bereits der Last entbunden
> Vnd hat die Frucht der Schuld / der Sünden Sold gefunden?
> [...] ich schaw den Himmel zittern;
> Ich schaw der Sternen Heer Blut-rothe Stralen schittern!
> Wo bin ich! ists ein Traum / heischt mich der Richter vor?
> Klingt seine Rechts-Posaun durch mein erschällztes Ohr? (IV, 271–280)

Deutlich wird, dass Cardenio sich mit einem Nahtoderlebnis konfrontiert sieht und damit zugleich auf den Realitätsstatus der Erscheinung verweist: Einerseits wähnt er sich in einem Traum,[56] einem Zustand des unwirklichen Seins, andererseits rückt bereits der Traum in die Nähe des Schlafes in Analogie zum Tod. Tatsächlich scheint sein Herz einen Moment auszusetzen und ein notwendiges Innehalten tritt ein,[57] wie er selbst im späteren Bericht wiedergibt:

> [...] als mich der Geist verließ /
> Vnd grimmig auff mich zielt / als ich in Schwindel stürtzte
> Vnd Ohnmacht mir zugleich so Furcht als Athem kürtzte /
> So fällt ein Rittersmann / der vor dem Feinde steht /
> Wenn jhm das heisse Bley durch Brust vnd Rücken geht
> [...]
> Nachdem sich mein Geblüt anfangen zu bewegen;
> Vnd ich gleich als erweckt die Glieder konte regen. (V, 200–214)

Die Nähe zur Auferstehung Christi ist evident. Es handelt sich um einen religiösen Nachvollzug, wie das gesamte Stück einschließlich der Paratexte verdeutlicht. Der Zuschauer erlebt eine Konversion mit, die ihm mehrfach bildlich vor

---

[56] So interpretiert auch die leibhaftige Olympia das Geschenis, als sie Cardenio auffordert, ihr die gesamte Begebenheit zu schildern: „Cardenio so ists / schwermütige Gedancken / /Benebeln die Vernunfft / die ausser allen Schrancken //Auff solche Träume fällt!" (V, 145–147).
[57] Vgl. dazu auch die Lesart Rahns, die hier ein Therapeutikum sieht, durch das das Herz so stimuliert wird, dass der zuvor von gelber Galle zürnende und rasende Blutfluss gesundet. (Rahn: Gryphius' *Cardenio und Celinde* [Anm. 53], S. 97).

Augen geführt wird, während immer wieder vor der Anfälligkeit des Sehsinns für Täuschung gewarnt wird.

Ferner weisen die folgenden Verse auf den jüngsten Tag. Apokalyptisch wirkt der Himmel mit des „Sternen Heer Blut-rothe Strahlen" (IV, 278) am zitternden Himmel. Cardenio fühlt sich zunächst der Verdammnis anheimgegeben:

> Wie! oder geh ich wol durch dunckel grause Wege
> So einsam / so allein / durch vngebåhnte Stege /
> Wo deß Gewissens Wurm stets die Verbrecher nagt:
> Wo ein verdammter Geist / der von sich selbst verklagt /
> Vnd durch sich überzeugt in ewig-neuem Schrecken
> Sucht seine Missethat vergebens zu verstecken? (IV, 281–286)

Der Weg, den Cardenio für den Zuschauer sichtbar beschreitet, führt ihn über den Kirchhof, der nach dieser Begegnung ebenfalls ambivalent erscheint. Als Ort der Totenruhe, den Cardenio betritt, scheint der Bezug zum Geschehen eindeutig: Cardenio ist den Toten, wie bereits dem Gespenst, näher als den Lebenden. Allerdings liegt hierin die allegorische Verkettung von Handlung und Ort: Anders als auf dem Weg zu Lysander bewegt er sich – zumindest partiell – auf heiligem Boden, in der Obhut Gottes. Der Weg suggeriert das eigentliche Ziel, wovon Cardenio später berichtet:

> Ich HErr / bin von der Bahn der Tugend abgeglitten:
> Ich bins der in dem Koth der Laster sich gewühlt
> Mehr viehisch als ein Vieh / der nimmermehr gefühlt
> (Wie hart du angeklopfft) dein innerlich anschreyen /
> Der mehr denn lebend tod / (ob schon du wilst befreyen)
> Doch an der Sünden Joch / die schwere Ketten zeucht!
> Der vor dir (Heil der Welt) in sein Verterben fleucht [...] (IV, 294–299)

Cardenio sieht nun in der Racheabsicht wie in seiner Abkehr von Gott eine fehlgeleitete Eigenliebe,[58] die ihn „[m]ehr viehisch als ein Vieh" hat werden lassen. Diese Selbsterniedrigung hebt die Sündhaftigkeit der Hoffart, die sich hinter der übersteigerten Eigenliebe verbirgt,[59] auf. Der Bezug zur lutherischen Theologie ist deutlich: Selbsterkenntnis bedeutet die Erkenntnis menschlicher Nichtigkeit

---

[58] Vgl. van Ingen: Wahn und Vernunft 1982 (Anm. 41), S. 262; Thomas Borgstedt: Romeo und Julia, Cardenio und Celinde. Andreas Gryphius' Umkehrung der novellistischen Liebestragödie. In: Memoria Silesiae. Leben und Tod, Kriegserlebnis und Friedenssehnsucht in der literarischen Kultur des Barock. Hg. von Miroslawa Czarnecka u. a. Wrocław 2003 (Acta Universitatis Wratislaviensis 2504), S. 203–219, hier S. 214 f.
[59] Vgl. van Ingen: Wahn und Vernunft (Anm. 41), S. 266.

und die „Vergegenwärtigung von Gottes Zorn und Gericht".[60] Die wahrnehmbaren Eindrücke führt er auf Gottes Wirken in sich selbst zurück: „(Wie hart du angeklopfft) dein innerlich anschreyen" (Ebd.). Die Stimme des Gespensts wird mit einem Warnschrei gleichgesetzt, der gesamte Vorgang des Schreckens als Seelenreinigung verstanden, die notwendig ihre Umsetzung in der Lebenswelt haben muss.

Das Olympia-Gespenst ist die Allegorie der vergangenen Hoffart der leibhaftigen Olympia und die Nichtigkeit des äußeren Scheins gleichermaßen,[61] die wiederum metonymisch mit Olympia verbunden bleibt,[62] insofern Cardenio vor allem von ihrem Äußeren jeweils angezogen wird. Sie weist in ihrem Handeln jedoch den richtigen Weg, der nicht nur den Titelfiguren Cardenio und Celinde offen gestanden hätte, sondern auch dem Zuschauer offensteht. Es handelt sich nicht um eine idealtypische Beständigkeit, die in der Figur der Olympia vorgeführt wird, sondern im Gegenteil um diejenige, die Irrweg, Fehlverhalten und Umkehr bereits zum Teil hinter sich gelassen hat.[63] Sie bildet damit ein zweifaches Korrektiv: zum einen als leibhaftige Person, zum anderen als Geistererscheinung, die Cardenio die Scheinhaftigkeit seines verfehlten Tuns und der irdischen, d. h. leidenschaftlichen Liebe, die zu blinder Rachsucht führt, aufzeigt.

Die hässliche Gespenstererscheinung als der sichtbare, körperliche Überrest der Verfehlung Olympias erwirkt Cardenios Verständnis und bietet ihm letztlich Hilfe zur Selbsthilfe. Freilich scheint die Interpretation der zunächst verfehlten Liebe Olympias nicht recht mit der Vorrede vereinbar. Dort äußert sich der Autor zur Konzeption: „Mein Vorsatz ist zweyerley Liebe. Eine keusche / sitsame vnd doch inbrůnstige in Olympien: Eine rasende / tolle vnd

---

60 Ebd., S. 278.
61 Zur allegorischen Lesart: Walter Benjamin: Ursprung des deutschen Trauerspiels. Berlin 1928; Waltraud Wiethölter: „Schwartz und Weiß auß einer Feder". Allegorische Lektüren im 17. Jahrhundert. Gryphius, Grimmelshausen, Greiffenberg. In: DVjs 72 (1998), S. 537–591; außerdem die Auseinandersetzung mit Benjamin: Lepper: Allegorische Gespenster (Anm. 25), S. 145–159.
62 Siehe hierzu die Auseinandersetzung Andreas Kablitz' mit den beiden Grundpositionen der jüngeren Allegorietheorie: 1.) „Die Allegorie generiert Bedeutung vor allem durch Negation", 2.) „Die Allegorie ist selbstreflexiv [...]: Allegorische Zeichen verweisen nicht nur auf sich selbst, sie reflektieren zugleich ihren eigenen Zeichengebrauch", die er in der ‚poetischen Praxis' nicht prinzipiell gegeben sieht. Ähnliches gilt für die metonymische Beziehung, die ich hier im Fall der Olympia annehme. (Andreas Kablitz: Zwischen Rhetorik und Ontologie. Struktur und Geschichte der Allegorie im Spiegel der jüngeren Literaturwissenschaft. Heidelberg 2017 [Neues Forum für allgemeine und vergleichende Literaturwissenschaft 50], S. 15).
63 So auch Turk: Cardenio und Celinde (Anm. 42), S. 78.

verzweifflende in Celinden, abzubilden" (Vorrede, S. 6). Hier stellt Gryphius in erster Linie die beiden Frauen in Kontrast zueinander, die Abhandlungen hingegen berichten zuvorderst von Cardenios Liebesverhalten, ergänzt um das der Celinde. Die Aussage der Vorrede und die Ausgestaltung der Vorgeschichte Olympias schließen sich jedoch nicht aus. Betrachtet man die weitere Entwicklung der Handlung, stellt sich Olympias Liebeshaltung als abgeschlossen ideal dar, während Celinde – auch anders als Cardenio – fast bis zuletzt immer weiter auf Abwege gerät, ja sogar Hilfe bei der Magierin Tyche sucht. Hier findet nicht nur eine dramatische Zuspitzung der Verzweiflung Celindes statt, Gryphius integriert zudem einen Diskurs über Phänomene der Magie als vermeintliches Heilmittel für den melancholischen Wandel Celindes.[64] Ähnlich wie Cardenio erkennt sie dabei selbst, dass sie wider die Vernunft handelt, wird jedoch von einer dritten Figur, der Magierin Tyche, dazu verleitet, Hilfe abseits des Glaubens zu suchen.

Nach der Begegnung mit dem Gespenst irrt Cardenio über den Kirchhof und verarbeitet die Eindrücke verbal, bis er explizit von seiner Umkehr spricht: „Mein Vater! Ich kehr' vmb!" (VI, 301). Kaum spricht er aus, dass er nun – geläutert von der Schreckenserfahrung – auf Gottes Gnade vertraut, wird er geprüft.[65] Cardenio befindet sich auch räumlich in Gottes Obhut, er kniet nun vor den Türen „Vor dein geweyhtes Hauß" (IV, 302). Simultan versucht Celinde die Leiche des Marcellus zu schänden, um eine Zaubermedizin herzustellen,[66] die Cardenio wieder in Liebe zu ihr verfallen lassen soll. Diese Simultanität wie das glimpfliche Ende wird durch den letzten Redeanteil Celindes vor Cardenios Auftritt verdeutlicht: „Wohin verfällt ein Weib die so viel leiden müssen" (IV, 270). Cardenio vollzieht hier bereits, was für Celinde folgen wird und die Antwort auf ihre gestellte Frage ist. Als Cardenio nun Celinde mit der Leiche ihres ehemals Geliebten, des Ritters Marcellus, entdeckt, findet eine zweifache Anagnorisis statt: Er meint zunächst in Celinde das Gespenst zu erkennen, das schon einmal die Gestalt gewechselt hat, um dann jedoch seine eigene überwundene Situation anhand dessen zu begreifen, was er an Celinde beobachtet. In der Verunsicherung zeigt sich eine

---

64 Vgl. Eberhard Mannack: Schwarze Magie in Gryphs *Cardenio und Celinde*. In: Studien zur Literatur des 17. Jahrhunderts. Hg. von Hans Feger. Amsterdam 1997 (Chloe 27), S. 35–44, hier S. 37.
65 Es handelt sich hier jedoch m. E. nicht um eine Gewissensprüfung, wie van Ingen ausführt, sondern um eine Prüfung der tatsächlichen Umkehr (van Ingen: Wahn und Vernunft [Anm. 41], S. 277).
66 An die anfänglich geäußerte Wissenschaftskritik ist auch hier zu denken. Eine medizinisch-magisch wirksame Substanz aus einem Leichnam zu gewinnen, speist sich aus den neuzeitlichen Verfahren der Leichenöffnung, aber auch der Mumienneugier. Vgl. dazu den Beitrag von Jörg Robert in diesem Band.

weitere Einsicht in die Nichtigkeit der Welt und die grundlegende Wahrheit, die jener Eitelkeit und Vergänglichkeit innewohnt,[67] wie der Reyen der Jahreszeiten verkündet:[68]

> O häßlich Frauen-Bild! [...]
> O lebend Sichen-Hauß / O Muster von dem Tod. (III, 244 f.)

Zudem verstärkt sich die Einsicht in das Fehlverhalten, als Cardenio den Vollzug schwarzer Magie beobachtet. Indem er nun erst vor Celinde, dann in der fünften Abhandlung vor Olympia und Lysander seine Schuld in Form falscher Bewertungen und affektiver Handlungen zu erkennen gibt, deutet er auf „die heilsgeschichtliche Figuration und moralische Wiederherstellung",[69] die Ziel des Stückes sind.

Er rettet damit zugleich Celinde und bewährt sich selbst vor Gott, denn er ist nun fähig, seine Verfehlungen zu bekennen und Celinde von jener Schuld loszusprechen, die noch das Gespenst in Gestalt Olympias ihr zusprach:

> Celind' ich bin durch mich / vnd nicht durch sie verführet!
> Dafern sie meinen Gang als auff der Jagt verspůret;
> Rieth mir doch mein Verstand den Netzen zu entgehn /
> In die ich willig lieff [...]. (V, 365–368)

Cardenio vollzieht damit nicht nur den Gnadenakt des Verzeihens, sondern liefert den Hinweis darauf, dass er sich in einem Wahnzustand befunden hat. Dieser Wahn ist jedoch weniger als Krankheit zu deuten denn als fehlende Einsicht: Es handelt sich um eine Art Verstockung,[70] die ihn dazu brachte, trotz der Warnung des funktionierenden Verstandes affektgeleitet zu handeln.[71]

4 Olympia und ihr Abbild als Gespenst

Nach diesen Einsichten hält Cardenio es für notwendig, sich nicht nur bei Olympia und Lysander zu entschuldigen, sondern sein Schicksal in deren Hände zu geben, um Demut und Reue zu zeigen. Olympia glaubt allerdings nicht an die

---

67 Vgl. Binczek: Bannung des Geistes (Anm. 9), S. 93.
68 Vgl. Gerd Hillen: Andreas Gryphius' *Cardenio und Celinde*. Zur Erscheinungsform und Funktion der Allegorie in den Gryphischen Trauerspielen. Den Haag 1971 (De proprietatibus litterarum. Series practica 45), S. 92.
69 Turk: Cardenio und Celinde (Anm. 42), S. 104.
70 Vgl. zum Konzept der Verstockung: Turk: Cardenio und Celinde (Anm. 42), S. 95.
71 Vgl. Rahn: Gryphius' *Cardenio und Celinde* (Anm. 53), S. 98.

Umkehr Cardenios und möchte im Detail wissen, wie sich diese zugetragen habe. Diesem Wunsch nachkommend erzählt Cardenio beinahe die gesamte Handlung noch einmal nach. Als er bei der Gespenstererscheinung Olympias ankommt, kann diese noch weniger glauben, was sie hört. Bestürzt davon, dass der Geist ihre Gestalt angenommen hat, sieht sie in diesem Moment des Berichts über die Wirkung dieser Begebenheit lediglich ihr eigenes Ansehen – im Wortsinn – gefährdet und nicht den heilsrelevanten Hintergrund:

> [...] Was soll mein Hertz vermutten?
> Ziehlt diß auff meine Schmach / geschicht es mir zum gutten!
> Soll ich zu eigner Schand' vnd eines andern Pein /
> Hör an gerechter Gott! Der Geister masque sein. (V, 209–212)

Die Öffentlichkeit ist ihr bewusster als ihre eigene Todes- und Schuldverfallenheit, wodurch sie „die Weltverfallenheit ihrer Tugend"[72] bezeugt, während Cardenio fähig ist, seine Einsicht mit anderen zu deren und zugleich zum eigenen Wohl zu teilen. Das Erscheinen des Gespensts wirkt jenseits seines eigentlichen Auftretens auf der Bühne durch Cardenios Bericht nach. Olympia bleibt jedoch zu Beginn der fünften Abhandlung ebenfalls unbekehrt, denn weder glaubt sie an Cardenios Umkehr, noch versteht sie die Gespenstererscheinung richtig zu deuten. Denn indem die Erscheinung hässlich verbleibt, wird nahegelegt, dass auch Olympia noch nicht gänzlich bekehrt ist, sondern sich lediglich in der konkreten Situation heilskonform verhalten hat.

Die gesamte fünfte Abhandlung, die zunächst vor allem der Rekapitulation des bisherigen Handlungsverlaufs zu dienen scheint, verweist so zurück auf die theologische und dramaturgische Bedeutung der Olympia-Erscheinung. Letztlich bewirkt dieser Bericht Cardenios auch Olympias Einsicht in die Vergänglichkeit irdischer Schönheit:

> An mir Cardenio wird man nichts preisen können /
> Ich preise mehr / was jhm der Höchste wollen gönnen!
> Was bißher je von jhm / zu wider mir geschehn /
> Rührt daher / daß er mich nicht selbst hat angesehn /
> Ihn hat mein nichtig Fleisch / der falsche Schnee der Wangen
> Vnd deß Gesichtes Larv / vnd dieser Schmuck gefangen
> Den mir die Zeit abnimmt [...]. (V, 401–407)

Damit stellt sich die leibhaftige Olympia abschließend in ein metonymisches Verhältnis zum Gespenst, das zum intermedialen Deutungsrahmen wird. Die rasend-leidenschaftliche Liebe Cardenios war nicht auf die überdauernde Seele,

---

72 Turk: Cardenio und Celinde (Anm. 42), S. 112.

sondern auf das vergängliche Äußere gerichtet, das den Lebenden im Diesseits anhaftet.[73] Das ganze weltliche Handeln wird dem Vorwurf der Scheinhaftigkeit anheimgestellt,[74] indem der Bericht die gegenwärtige Handlung stillstehen lässt und aus einer erhöhten Position das Geschehene und die Konsequenzen daraus reflektiert. Cardenio hält im Bericht seinen Gesprächspartnern wie den Zuschauern den ‚Trauer- und Warnspiegel' vor, der die Funktion eines Identifikationsmediums erhält,[75] indem Olympia mit ihrer gespenstischen Daseinsform konfrontiert wird – und ablehnend reagiert. Sie wird zur beobachteten Rezipientin der Geschichte, in ihrer Figur spiegelt sich der didaktische Prozess, den das Publikum ebenfalls durchläuft: Zweifel – Erschauern – Erkennen.

5 Celindes Medieneinsatz

Inwiefern der übrige Medieneinsatz mit den Gespensterinszenierungen zusammenhängt, zeigt die zweite Abhandlung. Sie beginnt mit Celinde, die sich „singend vnd spielend auff der Laute" in einem „Lust-Garten" (II, anfänglicher Nebentext) befindet. Beschreibt der zuvor beschlossene Reyen, der die Vorgeschichte über die rasende Liebe Cardenios mit der Nichtigkeit von „Macht vnd Trug [...] Geitz / Hochmut / Angst / Einbildung / Wahn vnd Pracht" (I, 559 f.) verbindet,[76] den Schaden, den die Seele in der Raserei, d. h. der Leidenschaft davonträgt,[77] nimmt das Lied Celindes die Motivik des Reyens wieder auf.

> Vberfällt mich diese Pein!
> So verkehrt sich mein entseelter Leib in Stein.
> Falscher! hat mein feurig lieben
> Nie dein frostig Eiß erweicht
> Hab ich diese Klipp erreicht
> Auff der mein Hertz gantz zutrieben
> Vnd durch dein verkehrt Gesicht
> In verzweiffelns-Sturm auff tausend Stücken bricht.

---

73 Vgl. van Ingen: Wahn und Vernunft (Anm. 41), S. 281.
74 Vgl. Werner Eggers: Wirklichkeit und Wahrheit im Trauerspiel von Andreas Gryphius. Heidelberg 1967 (Probleme der Dichtung 9), S. 77.
75 Vgl. Binczek: Bannung des Geistes (Anm. 9), S. 79.
76 Vgl. Nicola Kaminski: Der Liebe Eisen = harte Noth. *Cardenio und Celinde* im Kontext von Gryphius' Märtyrerdramen. Tübingen 1992 (Untersuchungen zur deutschen Literaturgeschichte 63), S. 161.
77 „Sie [die Rasereien, GB] reissen (ach!) deß Menschen reine Seel [...] in deß Verterbens Hōl" (I, 577 f.).

[...]
Flisst jhr herben Threnen-Båche /
Lescht der Augen Fackeln auß /
[...]
Ich selbst zubreche /
Weil der Donner vmb mich kracht /
Vnd mich in dem nun / zur Handvoll Aschen macht. (II, 5–24)

Der besungene Wunsch eines Endes des momentanen Zustands, in dem Celinde von Schmerz und Verzweiflung geplagt ist, realisiert sich zunächst im Abbruch des Liedes und der Zerstörung ihres Instruments. Das zentrale Thema des Reyens, die Herrschaft des ‚hohen Geistes', nimmt Celinde ebenfalls auf, wenn sie schildert, wie ihr der eigene Geist entflieht bzw. wie sie sich selbst von ihrem Geist lossagen will. Im Lied und in der darauf folgenden Passage sieht sie sich nicht im Stande, Vernunft zu wahren. Die Verzweiflung wegen des Verlusts beider Männer (Marcellus und Cardenio) lässt sie mit ihrer eigenen Existenz hadern. Das Scheitern der Lieddarbietung in der Umgebung des Lust-Gartens bildet einen wahrnehmbaren Gegensatz.

Mit dem Beginn der Abhandlung in Form eines Liedes findet eine Überschreitung der theatralen Grenzen statt: Celinde übernimmt mit dem Gesang einen Teil der Aufgaben des Reyen, den sie weiterführt, indem sie selbst im Medium der Musik innerhalb der Abhandlung eine Bewertung der Situation vornimmt.[78] Bedenkt man die Verwandtschaft der Reyen mit dem Chor im antiken Drama und dem Singspiel,[79] überschneiden sich vorangehender Reyen und anschließendes Lied. Diese Abfolge erzeugt eine multimediale Perspektivierung der Verzweiflung Celindes, die darin gipfelt, die Kunst pars pro toto in Form ihrer Laute zu zerstören. Damit schließt sie in einer *vanitas*-Motivik die Vergänglichkeit alles Schönen und die Flüchtigkeit klanglicher und performativer Künste ein. Zudem verweist der Kunstvollzug mit anschließendem Abbruch auf Celindes Entschluss zum Selbstmord. Die Szene generiert eine metonymische Verbindung von Kunst und über die stellvertretende Laute hinausgehend mit der Figur Celindes.

---

78 Zur Musik in den Dramen Gryphius' vgl. den Beitrag von Irmgard Scheitler in diesem Band.
79 Vgl. Schöne: Emblematik und Drama im Zeitalter des Barock (Anm. 24), S. 164 ff.; Dirk Niefanger: Barocke Vielfalt. Trauerspiele auf deutschen und niederländischen Bühnen des 17. Jahrhunderts. In: Die Tragödie. Eine Leitgattung der europäischen Literatur. Hg. von Werner Frick. Göttingen 2003, S. 158–178, hier S. 169; Anders: Roger Paulin: Gryphius' *Cardenio und Celinde* und Arnims *Halle und Jerusalem*. Eine vergleichende Untersuchung. Tübingen 1968 (Studien zur deutschen Literatur 11), S. 92.

6 Celinde und das Gespenst des Ritters Marcellus

Die zweite Gespenstererscheinung betrifft nun ebenfalls Celinde. In ihrem Teil des Berichts in der fünften Abhandlung schildert sie, dass auch sie vom Anblick eines Gespenstes bekehrt wurde (in ihrem Fall ist das der erweckte Leichnam des Marcellus):

> Deß Todes Fackel zeigt das Ende meiner Pein.
> Marcell dein blasser Mund / dein rauh' vnd heischer Stimme
> Låst nun vnd ewig nicht / daß hier ein Funck entglimme /
> Von dem verfluchten Brand / den du in mir ersteckt
> Als dein entseelter Mund mich Thörichte geschreckt /
> Ade verfålschte Lust! Ade nicht reine Flammen!
> Ihr Vorbild höllscher Glut! Celinde wil verdammen /
> Was jhr Verdammen würckt! Celinde wil allein
> Von dieser Stund an Gott ein reines Opffer seyn!
> Weg Perlen! weg Rubin / vnd Indiansche Steine! (V, 344–353)

Handlungslogisch ist Cardenios Mord an Marcellus ein erster Schritt der Besserung beider leidenschaftlich Liebender. Marcellus Redeanteil als Gespenst ist zwar deutlich geringer als derjenige des Olympia-Gespenstes, die heilsrelevante Wirkung erfolgt jedoch zwei Mal: Die erste Handlung erfolgt kurz vor seinem Tod, indem er Cardenio und Celinde von ihrer Schuld losspricht. Es ist jedoch weniger der Gnadenakt des Sterbenden, sondern vielmehr die Tötung selbst, die beide von ihrer Liebe befreit: „Indem Marcell den Fall auch sterbend wil verdammen Vnd durch die Brust Blut auff die Glut außsprützt" (II, 279 f.). Sein Blut löscht die metaphorische Glut der Leidenschaft[80] und initiiert damit die weitere Entwicklung der Affekte über Celindes Verzweiflung und Cardenios Umlenkung der Rachegelüste[81] auf Lysander hin zur endgültigen Tilgung der sündhaften Affekte.

In der Bühnenumsetzung zeigt sich jedoch die Bedeutung dieser zweiten Gespenstererscheinung für das gesamte Stück. Das Gespenst spricht das Publikum und gleichzeitig die auf der Bühne Anwesenden an und leitet unmittelbar in den anschließenden Reyen über und nimmt dabei einen Teil von dessen

---

[80] Vgl. Hillen: Andreas Gryphius' *Cardenio und Celinde* (Anm. 68), S. 61.
[81] Vgl. Waltraud Wiethölter: „Schwartz und Weiß auß einer Feder". Allegorische Lektüren im 17. Jahrhundert. Gryphius, Grimmelshausen, Greiffenberg (Teil II.). In: DVjs 73 (1999), S. 122–151, hier S. 146.

Aussage vorweg. Das Gespenst verweist auf den Sinn seiner eigenen Erscheinung als *Deus ex machina*:

> Deß Höchsten vnerforschliches Gerichte
> Schreckt eure Schuld durch dieses Traur-Gesichte
> Die jhr mehr tod denn ich! O selig ist der Geist
> Dem eines Todten Grufft den Weg zum Leben weist. (IV, 381–384)

Indem das Marcellus-Gespenst einerseits die Rampe und andererseits die Grenze der Abhandlung zum Reyen überspielt, zeigt es die auf dem Theaterboden verfügbare Transzendenz an. Explizit erklärt es die Lebenden für ‚toter' als sich selbst und beschreibt die Totengruft als „Weg zum Leben". Es nimmt damit die Position Gottes ein, der für das Leben als ewiges Leben nach dem Tod steht.[82] Da Cardenio zu dieser Erkenntnis gelangt, bevor er die Kirche und damit die neue Gespensterszenerie betritt, reagiert er kaum schockiert auf den erweckten Leichnam des Ritters. Gryphius inszeniert damit ein übergangsloses Ineinandergreifen von Abhandlung und Reyen, an deren Schnittstelle die Rede des Totengespenstes steht.

Gespenster, Reyen und das Handeln der Protagonisten innerhalb der Theaterwelt verweisen auf den Topos der Welt als Theater und das Ziel irdischen Lebens im Tod.[83] Durch das Eingreifen der Gespenster als Erscheinungen unklarer bzw. wandelbarer Gestalten offenbart sich nicht nur der Schein der Theaterwelt, sondern auch der des Welttheaters, das von der Wahrnehmung des Einzelnen abhängig ist. In den vermeintlich transzendenten Gestalten wird eine Weltfixierung angesprochen, die die Titelfiguren nur in Auseinandersetzung mit jenen Erscheinungen auf dem Theaterboden überkommen können. Diese Komposition ist nur ein scheinbares Paradox, das sich jedoch sowohl im Geisterglauben der Zeit als auch in Gryphius' Bezeichnung des Dramas als „Getichte" im Sinn einer Fiktion (Vorrede, S. 11) auflöst. Gleichzeitig veranschaulichen die Gespenster ihren Gesprächspartnern das *Memento mori*, obwohl wenigstens der Geist des Ritters Marcellus als sprechender Toter den Tod überwunden zu haben scheint. Daran lässt sich erkennen, dass es um ein didaktisches Ziel geht: *Memento mori* bedeutet keine Absage an das Leben schlechthin, sondern eine Aufforderung, das Leben richtig leben zu lernen.[84]

---

82 Vgl. Binczek: Bannung des Geistes (Anm. 9), S. 96.
83 Richard Alewyn: Das große Welttheater. In: Das große Welttheater. Die Epoche der höfischen Feste in Dokument und Deutung. Hg. von dems. und Karl Sälzle. Hamburg 1959, S. 9–70, hier S. 48; Turk: Cardenio und Celinde (Anm. 42), S. 96.
84 Vgl. Ferdinand van Ingen: Vanitas und Memento Mori in der deutschen Barocklyrik. Groningen 1966, S. 307; Kaminski: Der Liebe Eisen = harte Noth (Anm. 76), S. 56 und S. 112.

Entsprechend will das Theater zugleich seine eigene Nichtigkeit anzeigen und als Medium didaktisch-theologischer Unterweisung fungieren. Das Gespenst bleibt im Zusammenhang des moralisch-theologisch vernünftigen Lebens die Verbildlichung der *renovatio*[85] aller Beteiligten im Sinne einer Wiederherstellung des in den Reyen entworfenen hohen Geists als reuige Seele. Christlich-moralisches Verhalten beschließt das Stück weniger in Form der Liebes-Entsagung als vielmehr durch den wiederholten Gnadenakt, der von jeder Figur am Ende mindestens einmal ausgeübt wurde. In diesem irdischen Geschehen spiegelt sich die Gnade Gottes wider, die (über-)natürliche Phänomene nicht ausschließt, die insofern konsequent bühnentechnisch-medial, dramaturgisch und theologisch funktionalisiert werden. Am Ende steht wie am Anfang wieder die Liebe im Zentrum, nun ist es aber ein gemäßigter, gottgefälliger Affekt. Damit ist nicht das neostoizistische Ideal der Affektfreiheit bewirkt, sondern eine Tilgung der sündhaften Affekte. Der Schluss weist darauf hin, dass Cardenio – wie auch die anderen Figuren – keine Ermahnungen in Form transzendenter Eingriffe braucht:

> PAMPHIL. Wol dem der stets geflissen Auff ein nicht flüchtig Gut / vnd vnverletzt Gewissen!
> LYSAND. Wol dem / der seiner Zeit / nimmt (Weil noch Zeit) in acht!
> [...]
> PAMPHIL. Wol dem / dem GOttes Hand wil selbst das Hertze rühren!
> OLYMP. Wol dem / der sich die Hand deß Höchsten lässet führen!
> [...]
> CARDEN. Wer hier recht leben wil vnd jene Kron ererben / Die vns das Leben gibt; denck jede Stund ans Sterben. (V, 421–430)

Olympia betont die Fügung in den Willen Gottes und verweist auf die Richtigkeit ihres Wegs in die Ehe mit Lysander zurück, d. h. auf den von ihr schon zu Beginn des Stückes eingeschlagenen Erkenntnisweg, der nun aber gefestigt und um die innere Beständigkeit ergänzt ist. Das Motiv wird an dieser Stelle aufgenommen, um anzuzeigen, dass keine der Figuren des Stückes frei von sündhaftem Verhalten und Affekt ist, sodass Olympias scheinbar idealer Lebenswandel, der zu Beginn des Dramas propagiert wird, noch einmal relativiert wird. Die abschließende Sentenz spricht Cardenio. Diese vollzieht noch einmal seinen Erkenntnisgewinn nach und beschließt damit das Stück. Alle Lebenden bleiben nun gleich vor Gott zurück. Die Einsicht ist zwar verinnerlicht, wird aber, aufgeteilt auf (fast) alle Handelnden, für den Rezipienten in stichomythischer Rede nachvollzogen.

---

85 Den Begriff prägt für *Cardenio und Celinde* Ferdinand van Ingen, übersieht aber einerseits, dass es sich um eine allseitige, d. h. alle betreffende, renovatio handelt und andererseits deren theatral-bildliche Verdichtung im gesamten Stück (van Ingen: Wahn und Vernunft [Anm. 41], S. 276).

Irmgard Scheitler
Gryphius und die Musik

1 Grundsätzliche Überlegungen

Einer Verbindung von Musik und Dichtung im Werk des Andreas Gryphius nachzugehen, scheint entweder überflüssig, weil es nach verbreiteter Meinung solch eine Verbindung nicht gibt,[1] oder doch heikel. Gemäß dem weithin herrschenden Literaturbegriff nehmen Selbstständigkeit und Adel von Dichtung Schaden durch solch eine Vergesellschaftung.[2] Die deutsche Literaturwissenschaft glaubt, in der Opitzianischen Reform die Wende hin zu einer von der Musik emanzipierten Literatur erkennen zu dürfen. Dabei bleibt außer Betracht, dass Martin Opitz selbst neue Versformen und Strophenmodelle aus der Sing- und Spielmusik erlernte, Melodien übernahm und besonders stolz darauf war, seine Gedichte überall gesungen zu hören.[3] Dass Musik den Worten erst Leben einhauche, war im 17. Jahrhundert ein ebenso oft gebrauchter Topos wie im Jahrhundert vorher.[4]

Blickt man auf das lyrische Gesamtwerk des Gryphius, so wird man zugeben müssen, dass ein hoher Prozentsatz seiner Gedichte von vornherein mit einer Melodieangabe versehen war und andere Texte sich dem Melodiewissen der

---

1 Weder die ursprüngliche Verbindung von Werken mit Musik, noch deren Rezeption durch Kompositionen sind im Gryphius-Handbuch berücksichtigt, sieht man ab von Dieter Martin: Gryphius-Vertonungen seit dem Ersten Weltkrieg. In: Gryphius-Handbuch. Hg. von Nicola Kaminski und Robert Schütze. Berlin, Boston 2016, S. 812–814.
2 Paul Hankamer sieht in der Verbindung mit Musik Verführung und Gefährdung des sprachlichen Kunstwerks und seines Logos. Paul Hankamer: Deutsche Gegenreformation und deutsches Barock. Die deutsche Literatur im Zeitraum des 17. Jahrhunderts. Stuttgart 1935 (Epochen der deutschen Literatur 2,2), S. 326 f.; 332; 347. Vgl. die Kontroversen um den Literaturcharakter von Bob Dylans Texten anlässlich der Verleihung des Literaturnobelpreises. Tobias Rüther: „Falscher Preis für den Richtigen" (FAZ.net, Feuilleton 17. 10. 2016 http://www.faz.net/aktuell/feuil leton/literaturnobelpreis-2016-fuer-bob-dylan-ist-falsche-entscheidung-14482992.html [zuletzt: 17. Mai 2019]) betrachtet den Preis als Fehlentscheidung, denn er wendet ein: Dylans Dichtung ist „nie nur Text und wird auf Papier immer nur weniger". Gleiches gilt freilich auch, um nur einige Beispiele zu nennen, für die Versdichtung Martin Luthers, Johann Hermann Scheins oder Simon Dachs.
3 Quellen zur Geschichte des geistigen Lebens in Deutschland während des siebzehnten Jahrhunderts. Nach Handschriften hg. und erl. von Alexander Reifferscheid, Bd. I: Briefe G. M. Lingesheims, M. Berneggers und ihrer Freunde, Heilbronn 1889: Martin Opitz an Christoph Coler 1628, Brief Nr. 259, Z. 27–32.
4 Vgl. Martin Luthers Ausspruch „Die Noten machen den Text lebendig". Martin Luthers Tischreden 1531–46. Weimarer Ausgabe Bd. I. Weimar 1912, S. 490, Nr. 968.

https://doi.org/10.1515/9783110664898-027

Zeitgenossen sehr leicht als Kontrafakturen enthüllten. Es wird schwer halten, diese Texte als minder qualitätvoll abzutun. Die Gedichte des Gryphius sind, obgleich Höhenkammliteratur, im Zusammenhang mit seiner Epoche zu sehen, die Lyrica als Gesangswerke verstand.

Doch nicht nur die Lyrik, sondern auch Gryphius' zweite Domäne, das Sprechtheater, verschwisterte sich zu allen Zeiten mit Vokal- und Instrumentalmusik. Musikalische Ausstattung findet sich in allen dramatischen Formen, seien es die im 17. Jahrhundert nach wie vor zahlenmäßig weit überwiegenden Mischstücke, die Schäfereien, Prosa- und Verskomödien oder Trauerspiele.[5] Es bedurfte nicht des Erscheinens vollständig gesungener Gattungen, wie es die Singposse oder die Oper waren, um Musik ins Drama einzuschleusen. Die Bühnenstücke von Gryphius' schlesischem Landsmann Christian Hallmann werden, so reich sie an Musikhinweisen auch sind, von Hans von Rütes *Noe* (1546) oder Georg Lyttichs' *Miles christianus* (1586) musikalisch in den Schatten gestellt. In Rütes Osterspiel (1552) halten sich Musik- und Sprechanteil etwa die Waage. Ähnliches dürfte auch für Christian Roses von einem Opernerlebnis weit entfernten Neuruppiner Schulaufführungen zutreffen.

Die Forschung macht Musik und „Schaugepränge", kurz die „Veroperung" verantwortlich für den Niedergang des Schlesischen Trauerspiels, ja für das „Versiegen des deutschen Trauerspiels um 1700". „Opernhafte Elemente schieben sich damit zwischen die dramatischen Abhandlungen; wenn Hallmann das Erbe Lohensteins übernimmt, werden sie das Trauerspiel überwuchern und zugrunde richten."[6] Ist die Musik, wie eben gezeigt, nicht zur Verantwortung zu ziehen, weil sie traditionell zum Schauspiel gehörte, so gilt dies auch für zahlreiche Bühneneffekte. Tanz, Akrobatik („Springen"), Feuer, Raketen, Kanonen, „Auffzüge" wurden seit alters als besonders attraktiv empfunden.[7]

---

5 Zur Korrektur des geläufigen Epochenbildes vgl. Bernhard Jahn, Irmgard Scheitler: Nicht-aristotelisches Theater in der Frühen Neuzeit. In: Morgen-Glantz 26 (2016), insbesondere die Einleitung der Herausgeber: Nicht-aristotelisches Theater in der Frühen Neuzeit. Eine Problemskizze, S. 9–23.

6 Albrecht Schöne: Emblematik und Drama im Zeitalter des Barock. 3. Aufl. München 1993, S. 173; 174. Zur Auseinandersetzung mit dem Begriff der „Veroperung" vgl. Irmgard Scheitler: Schauspielmusik. Funktion und Ästhetik im deutschsprachigen Drama der Frühen Neuzeit. Bd. II. Darstellungsteil. Beeskow 2015 (ortusstudien 19), S. 8–10. Neuerdings vertritt den Begriff wieder Achim Aurnhammer: Melpomene musiziert. Vom Einzug der Oper in das schlesische Schauspiel des Barock. In: Wort und Ton. Hg. von Günter Schnitzler und Achim Aurnhammer. Freiburg im Breisgau 2011 (Rombach Wissenschaften Reihe Litterae 173), S. 43–57.

7 Vgl. Irmgard Scheitler: Schauspielmusik. Funktion und Ästhetik im deutschsprachigen Drama der Frühen Neuzeit. Bd. I: Materialteil. Tutzing 2013 (Würzburger Beiträge zur Musikforschung 2.1), Nr. 153, S. 332–334 (Valentin Boltz: Der welt spiegel. Basel 1551); ebd. Nr. 448, Akt

Auf den heutigen Rezipienten spektakulär wirkende Visualisierungen von Worten und Gedanken im hintersten Bühnenabschnitt sind keineswegs eine Besonderheit des Gryphius. Es handelt sich vielmehr um jene von den englischen Komödianten im deutschsprachigen Raum eingeführten Verthönungen, die man seither bei deutschen Autoren sehr häufig antrifft. In den protestantischen Niederlanden und auf der katholischen Ordensbühne hatten sie gleicherweise Konjunktur.[8] Flugmaschinen wurden schon im Spätmittelalter eingesetzt und sind keine Erfindung der Musikbühne.[9] Lange, bevor man in Deutschland von Operneffekten etwas wusste, experimentierte Dionys Klein in seiner Esslinger *Tragi-Comoedia* (1620) mit außergewöhnlichen special effects, die er sogar in Kupfer stechen ließ. Dies mag ein kurioser statistischer Ausreißer sein, jedoch war die multimediale Einrichtung der Oster- und Weltspiele des Spätmittelalters so sehr die Regel, dass sie den Reformator Luther gegen diese Spektakel aufbrachte.

Eine Interferenz zwischen den dramatischen Gattungen ist unbezweifelbar. Sie betrifft jede Art theatraler Darbietungen,[10] folglich auch Sprechstück und Oper. Hingegen ist es fraglich, ob die Tendenz der schlesischen Dramatiker zum Intermedium und zu Bühneneffekten von der Oper herrührt. Durchaus Vergleichbares weisen bereits 40 Jahre früher die lateinischen Aufführungen in Straßburg zu Caspar Brülows Zeit auf und werden 40 Jahre später die Schauspiele eines Johann Christoph Losius in Hildesheim aufweisen. Wie diese beiden, aus mehreren möglichen Beispielen herausgegriffenen Schulen, standen auch die Breslauer Gymnasien in Konkurrenz zu den Jesuiten. Deren mit Emblematik, Tanz und Musik breit angelegte Intermedien sind bekannt. Es läge meines Erachtens näher, das Ordenstheater als Motor anzusehen, zumal die praktische Erfahrung der Schlesier mit Opernaufführungen beschränkt war.[11]

V, Bl. M1^r (Andreas Hartmann: Comoedia. Magdeburg 1600); Nr. 524, Bl. 29^r (Andreas Hoppenrodt: Das Gulden Kalb. Straßburg 1563); ebd. Nr. 892, Beginn von Akt I (Jakob Ruf: Erschaffung Adams und Heva. Zürich 1550).
8 Vgl. Scheitler (Anm. 6), S. 335–347 mit zahlreichen Beispielen, in denen Verthönungen breiter als bei Gryphius eingesetzt werden.
9 Vgl. Viktoria Tkaczyk: Himmels-Falten. Zur Theatralität des Fliegens in der Frühen Neuzeit. München 2011, S. 163. Vgl. Heinz Kindermann, Theatergeschichte Europas. Bd. 1: Das Theater der Antike und des Mittelalters, 2. verbesserte und ergänzte Aufl. Salzburg 1966, S. 293 f. und 312.
10 Vgl. Scheitler (Anm. 6), S. 208.
11 Eine Oper gab es erst 1725–1734, freilich in italienischer Sprache. Andrej Wolanski, Fritz Feldmann: Artikel Breslau, III. Breslau unter Habsburger Oberhoheit. In: Die Musik in Geschichte und Gegenwart. Allgemeine Enzyklopädie der Musik. 2. neubearb. Ausg. Hg. von Ludwig Finscher. Kassel 1994 ff. (Im Folgenden zit. als MGG2), Sachteil Bd. 2 (1995), Sp. 149–152, hier Sp. 152.

Die These vom Untergang des Schlesischen Trauerspiels durch „Veroperung" dürfte nicht nur durch die angeführten Überlegungen ins Wanken kommen. Sie verkennt auch, dass die Alexandriner-Tragödie insgesamt nur einen äußerst schmalen Sektor im Korpus des deutschen Schauspiels einnimmt. Mit Ausnahme der Stücke von Gryphius, Lohenstein und Hallmann liegen zwischen 1629 und 1685 nur ein Dutzend Alexandrinertragödien vor.[12] Gemischte Schauspiele beherrschen das Feld nicht nur zahlenmäßig, sondern bekamen auch starken Rückhalt von der Poetik.[13] Das Prosaspiel war voll anerkannt und wurde von manchen Theoretikern sogar bevorzugt.[14] Auf höfischen Bühnen[15] und nicht wenigen Schulen lebte das Sprechstück weiter. Es muss wohl andere Gründe gehabt haben, dass die beiden Breslauer Gymnasien 1669 bzw. 1671 ihren Theaterbetrieb einstellten bzw. von nun an keine Programme mehr überliefert sind.[16] Andere Gymnasien in der Lausitz waren von theaterfeindlicher Stimmung etwa zur gleichen Zeit betroffen wie Breslau.[17] 1718 entsprach der preußische König Friedrich Wilhelm I. einer herrschenden Tendenz, indem er verordnete: „Die Comödien und Actus dramatici, dadurch nur Kosten verursacht und die Gemüther vereitelt werden, sollen in Schulen gänzlich abgeschaffet seyn."[18] Während in Zittau nach zwölf Jahren die Spielpraxis wieder aufgenommen werden konnte, scheint in Breslau die Karenzzeit

---

12 Martin Opitz (1629; 1636); Andreas Kaldenbach (1646); Josua Wetter (1654); Michael Johansen (1652); Tobias Fleischer (1666); Jacob Hieronymus Lochner (1676); Ludwig Prasch (1681); Hieronymus Thomae (1681); August Adolph von Haugwitz (1683); Daniel Symonis (1685). Ein Kuriosum sind die Alexandriner bei dem Kremsmünsterer Benediktiner Simon Rettenbacher (1682), während die einzige Dramatikerin Sibylla Schuster (1685) Alexandriner mit anderen Versen mischt.
13 Die Tragödien sind dem Nürnberger Sigmund von Birken zufolge Produkt der Grausamkeit früherer Zeiten. Seit der christlichen Veredelung ziehe man Schauspiele mit gutem Ausgang, „TraurFreudenspiele", vor. Sigmund von Birken: Teutsche Rede-bind und Dicht-Kunst. Nürnberg 1679, S. 323; 335–337. Ebd. S. 332f. bricht Birken eine Lanze für die Prosa. Der Nürnberger bringt die Argumentation auf den Punkt, steht mit dieser Gewichtung aber keineswegs allein. Vgl. z. B. Johann Rist: Neüer Teütscher Parnass. Lüneburg 1652, Bl. b9ʳ.
14 Vgl. Scheitler (Anm. 6), S. 235; 238; 246; 252f.
15 Nicht selten wurden bei Hofe, etwa in Rudolstadt und Weißenfels, für den Fürsten Opern, für die Fürstin aber Sprechstücke aufgeführt.
16 Das Breslauer Schultheater im 17. und 18. Jahrhundert. Einladungsschriften zu den Schulactus und Szenare zu den Aufführungen *förmlicher Comödien* an den protestantischen Gymnasien. Hg. und mit einem Nachwort versehen von Konrad Gajek. Tübingen 1994, S. 248; 506.
17 Scheitler (Anm. 6), S. 639–642.
18 August Hagen: Geschichte des Theaters in Preußen. 2. Abtheilung. Preussische Provinzial-Blätter, Band 10, S. 355–387, hier S. 380. In seinem Politischen Testament 1722 gebot der König seinem Nachfolger, Theateraufführungen gänzlich zu verbieten, „weil es Gottlohse und Teuffelichts ist". Georg Küntzel, Martin Hap (Hg.): Die politischen Testamente der Hohenzollern. Bd. 1. Leipzig, Berlin 1911, S. 69.

wesentlich länger gedauert zu haben. Erst aus dem Jahr 1750 liegt ein Beleg für ein Anknüpfen an die Zeit vor 1670 vor: Aufgeführt wurde Racines *Athalie*, wobei die intermedienhaften, konzertierenden Chöre vom Musikdirektor des Magdalenen-Gymnasiums, Martin Wirbach, komponiert wurden.[19] Für die Aufführung und Übersetzung war der als Musiktheoretiker wohlbekannte Gottfried Ephraim Scheibel verantwortlich.

Angesichts des Fehlens von Noten haftet der Behauptung einer reichen Musikausstattung der Stücke von Gryphius etwas Phantomhaftes an. Fest steht aber, dass beide Breslauer Gymnasien musikalisch äußerst leistungsfähig waren. In der Stadt pflegte man eine Tradition mehrchörigen Musizierens. Reich bestückte Musikaliensammlungen zeigen, dass die zahlreichen Musikhinweise in den überlieferten Schauspielen durchaus realistisch sind.[20] Umso mehr irritiert der Mangel an überlieferten Originalnoten. Es mag sein, dass die jungen Leute des Breslauer Magdalenen-Gymnasiums bei ihrer Aufführung von Opitz-Tschernings *Judith* die gedruckten Kompositionen von Löwenstern benutzten.[21] Beide, Matthäus Apelles von Löwenstern und Andreas Tscherning, waren den Breslauer Schulen verbunden. Von den für Breslauer Aufführungen geschriebenen Originalmusiken hat sich leider nur eine außerordentlich groß angelegte Komposition für einen Schulactus erhalten: Der Druck dieser Festmusik wurde, weil es sich um eine Ehrengabe an den Gefeierten handelte, großzügig finanziert.[22] Ein Tragödienchor von 1660 überlebte, weil der Komponist ihn geistlich umarbeitete.[23]

---

19 Breslauer Schultheater (Anm. 16), S. 441–444.
20 Vgl. die Sammlung des Hans von Assig, Scheitler (Anm. 6), S. 495. Die Bestände der Schulen gingen im Wesentlichen in die örtlichen Bibliotheken ein. Emil Bohn: Die musikalischen Handschriften des XVI. und XVII. Jahrhunderts in der Stadtbibliothek zu Breslau. Ein Beitrag zur Geschichte der Musik im XVI. und XVII. Jahrhundert. Breslau 1890, Hildesheim 1970; ders.: Bibliographie der Musikdruck-Werke bis 1700 welche in der Stadtbibliothek, der Bibliothek des Academischen Instituts für Kirchenmusik und der Königlichen und Universitäts-Bibliothek zu Breslau aufbewahrt werden. Ein Beitrag zur Geschichte der Musik im XV., XVI. und XVII. Jahrhundert. Berlin 1883, Hildesheim 1969. Richard Charteris: Newly discovered music manuscripts from the private collection of Emil Bohn. Holzgerlingen 1999 (Musicological studies & Documents 53).
21 Vgl. Scheitler (Anm. 7), Nr. 761.
22 Ebd., Nr. 1254.
23 Bohn: Die musikalischen Handschriften (Anm. 20), S. 438: Parodia über des Artaxerxes Sänger = Chor Dem allein unsterblichen Erlöser Jesu Christo zu Ehren auffgesetzt und auß wolgemeintem Gemütte übergeben. Brieg 1663. Auch in Tobias Zeutschner: Musicalische Hausandacht erstes Zehen. Brieg 1667, Nr. 8. Gemeint ist Chor I oder III aus: [Karl Stanislaus Teutschmann:] Artaxerxes Mnemon Oder Unglükseliger Vater/ Trauer = Spil. Durch di [sic] Studirende Jugend Bey dem Gymnasio zu St. Mar. Magdalen [sic] in Breslau/ auf offentlichen Schauplaz vorgestellet/ Im Jahr 1660. Breslau [Szenar]. In: Breslauer Schultheater (Anm. 16),

Für das Fehlen von Noten gibt es aber eine plausible Erklärung.[24] Schauspielmusik pflegte gesondert tradiert zu werden und ging, wenn nicht mehr gebraucht, verloren. Sie zu drucken war so teuer, dass dieses Risiko nur durch erwarteten Wiedergebrauch zu rechtfertigen gewesen wäre. Da Schauspielmusik nicht nur stets neu sein sollte, sondern auch von der Leistungsfähigkeit der jeweiligen Truppe abhing, ließ sich mit einer Wiederverwertbarkeit nicht unbedingt rechnen. Im Generalbasszeitalter konnte ein weiteres Motiv für Drucklegung die Hoffnung auf häusliche Verwendung von Arien sein. In Breslau war das offenbar nicht der Fall; auch besaß Tobias Zeutschner, sicher der wichtigste Komponist für Gryphius' Zeit, keinen Ehrgeiz dazu, denn er veröffentlichte ausschließlich Geistliches. – Die Fülle der erhaltenen Noten aus den Bühnenwerken des 16. und 17. Jahrhunderts, über 500 Einzelmusikstücke und viele vollständige Bühnenmusiken, darf nicht darüber hinwegtäuschen, dass es sich um die Spitze des Eisberges handelt.

Analoges gilt für Noten zu lyrischen Gedichten. Auch hier war der teure Musikaliendruck nur sinnvoll, wenn aus bestimmten Gründen ein guter Absatz erwartet werden durfte. Dies abzuschätzen war meist Angelegenheit der Komponisten oder Herausgeber. Einige wenige deutsche Dichter sorgten durch gezielte Zusammenarbeit mit einem Musiker für Liederbuchausgaben. Gryphius gehörte nicht zu ihnen.

So bedauerlich die mangelhafte Überlieferung ist, so hat es doch auch den Anschein, dass der Idealtypus einer musikfreien Dichtung den Blick auf tatsächlich vorhandene Kompositionen und nachweislich musikalische Verwendung verstellt – dies jedenfalls legen erhebliche Lücken, ja blinde Flecke in unserer Forschung nahe. Gryphius, der „vornehmste" Dichter des Barock, ist ein besonders deutliches Beispiel dafür. Nicht einmal der moderne Tonträgermarkt wollte sich bislang an eine Aufnahme mit Gryphius-Liedern wagen. Stattdessen rezitiert Dietrich Fischer-Dieskau die Texte im Wechsel mit Instrumentalmusik.[25] Dem Bayrischen Rundfunk, dem Ensemble Bell'arte Salzburg und der Sopranistin Monika Mauch kommt das Verdienst einer erstmaligen Produktion der Arien von Wolfgang Carl Briegel zu (Frühjahr 2020).

Die folgenden Untersuchungen zur Rolle der Musik im Werk des Gryphius werden vorhandenen, aber vergessenen Kompositionen nachgehen, gleicherweise aber auch in der Dichtung die zahlreichen und manchmal nicht offen

---

S. 475–478. Das Stück hat Chöre nach den Akten I–IV. Bei den Chören nach I oder III handelt es sich um Trauerchöre. Dies könnte dem Charakter der Parodie entsprechen, einem Karfreitagslied.
24 Vgl. zu diesen Fragen auch Scheitler (Anm. 6), S. 12–22.
25 „Die Herrlichkeit der Erden muss Rauch und Aschen werden." Musik und Poesie aus der Zeit des Dreißigjährigen Krieges. Ensemble Musica Fiorata, Dietrich Fischer-Dieskau. Ars musici 2010.

zutage liegenden Spuren der Musik suchen. Und schließlich darf der moderne Beobachter nicht übersehen, dass Gryphius geradezu ein Lieblingsdichter der Tonsetzer des 20. Jahrhunderts geworden ist.

2 Frühneuzeitliche Kompositionen und Singvorlagen zur Lyrik

Gryphius hinterließ Sonette sowie pindarische und ‚gemeine' Oden. Nur letztere, die Strophenlieder, scheinen für Musik geeignet. Das Sonett freilich hat einen musikalischen Ursprung. Wie kaum eine andere Form eignet es sich zur Kontrafaktur, vielleicht ist dies sogar der Grund seiner Entstehung.[26] Zahlreiche Beispiele aus Italien, Frankreich, Spanien, England und Deutschland belegen den Sonett-Gesang, wobei auch ein Stegreifvortrag auf musikalische Vorlagen möglich war.[27] Pierre de Ronsard bestimmte seine Sonette für die Musik und ließ der *Editio princeps* seiner *Amours* (1552) Mustervertonungen für Texte mit *Vers communs* beidrucken. Diese sechs vierstimmig notierten Sätze deckten die geläufigen Typen musikalisch ab. Daneben legten viele Komponisten eigene Vertonungen der Ronsardschen Sonette vor.

Prominente Beispiele für Sonettvertonung bietet *Seelewig* von Georg Philipp Harsdörffer und Sigmund Theophil Staden (1644) im IV. Teil der *Gesprächspiele*. In diesem ganz gesungenen deutschsprachigen „Hirtenspiel" sind vier Sonette als Arien eingesetzt.[28] Staden hat die beiden ersten wie große Kanzonen behandelt,

---

[26] Thomas Borgstedt: Topik des Sonetts. Gattungstheorie und Gattungsgeschichte. Tübingen 2009 (Frühe Neuzeit 138), S. 228, Anm. 53.
[27] Sonettvertonungen des 16. und 17. Jahrhunderts aus verschiedenen Ländern sind belegt bei Scheitler (Anm. 6), S. 158; 169; 472; 479–482. Vgl. zu Belegen aus dem Italien des 16. Jahrhunderts: Lexikon der Musik der Renaissance. Hg. von Elisabeth Schmierer. Bd. II: L–Z. Laaber 2012 (Handbuch der Musik der Renaissance 6), Nicole Schwindt: Artikel Sonett, S. 458–460, hier S. 459. In Romanen des 17. Jahrhunderts, z. B. Cervantes' *Don Quijote*, werden wiederholt Sonette aus dem Stegreif gesungen. Zur Beziehung zwischen Sonett und Musik vgl. auch Borgstedt (Anm. 26), S. 262–264 sowie Sara Springfeld, Norbert Greiner und Silke Leopold (Hg.): Das Sonett und die Musik. Beiträge zum interdisziplinären Symposium in Heidelberg vom 26. bis 28. September 2012. Heidelberg 2016 (Beiträge zur neueren Literaturgeschichte 320) und Sara Springfeld: Modi di cantar sonetti. Italienische Sonettvertonungen bis ins 17. Jahrhundert. Heidelberg 2018.
[28] I,1 (Künsteling: „Zerfließender Spiegel und silberne Flut"), II,6 (Hertzgild: „Ihr Schwestern hört mich und merckt was ich werd sagen"; Seelewigs Klage: „Düstere Wolcken/ schwarz brausende Winde") und III,3 (Sinnigunda: „Die schwancke Nachtigal/ so Flügel schnell sich schwingt").

die beiden anderen aber hat er – ebenso wie Heinrich Albert Martin Opitzens „Ich armer Madensack"[29] – durchkomponiert. Harsdörffer geht frei mit dem Ideal um: Er verwendet neben den Alexandrinern auch Daktylen und Anapäste oder Kreuzreime im Oktett. Nur Hertzegilds Sonett weist die klassischen umarmenden Reime in den Quartetten auf, bringt aber in den Terzetten eine weniger geläufige Variante.

Gryphius hat sich die Lizenz zur formalen Neuerung nur selten genommen. Die Harsdörfferschen Muster finden sich bei ihm nicht, ebenso wenig das „Madensack"-Muster. Er bleibt zu allermeist in strengen Formen. Von seinen *Vers commun*-Sonetten lassen sich drei auf eine der Mustervertonungen in den *Amours* singen, wobei zwei davon spätere Umarbeitungen aus der Gruppe der *Sonn- und Feiertagssonette* darstellen: *Mittag*: „Auff Freunde! last uns zu der Taffel eylen" (Sonette II,2); „Der Feind streu't auß auffs Land/ das du erbauet" (Sonette III,15); „Mein Ertzhirt ach! Ich durch dein Blutt und Sterben" (Sonette III,30). Die dazu passende einfache Komposition von Marc-Antoine Muret (1526–1585) aus dem *Amours*-Anhang „Las, je me plain de mille et mille et mille souspirs" eignet sich für vierstimmigen Vortrag, aber auch für Einzelgesang zur Laute. Sie zerfällt in zwei Teile: die stollenartig wiederholten Quartette und als ganz neuer, bewegterer Teil, ebenfalls mit einer Brevis beginnend, das Sextett, dessen letzte Zeile wiederholt wird.[30] Es fällt auf, dass die *Vers commun*-Sonette des Gryphius sämtlich eine Zäsur zwischen Z. 8 und 9 setzen und ungleiche Terzette haben.[31] Sie zeigen sich somit in kanzonenhafter Barform oder ‚pindarisch' und sind entsprechend sanglich, indem sich das Sextett als Abgesang darstellt.

Die meisten Sonette des Gryphius sind in Alexandrinern geschrieben und weisen nur eine begrenzte Zahl von formalen Variationen auf. Auf das Quartett mit umarmenden Reimen folgen, zumeist nach einem syntaktischen Einschnitt, die

---

[29] Heinrich Albert: Arien. Hg. von Eduard Bernoulli, in Neuaufl. hg. und kritisch revidiert von Hans Joachim Moser. 2 Bde. Wiesbaden, Graz 1968 (Denkmäler deutscher Tonkunst 12; 13), Bd. I. S. 114f. Arien IV,4.

[30] Eine Abschrift des Notenanhangs der Amours durch Hans Kulla aus dem Jahr 1953 in N1 [Germanisches Nationalmuseum Nürnberg, Bibliothek]: HS 2825. Noten in moderner Umschrift: https://oeuvresderonsard.wordpress.com/2015/02/16/muret-las-je-me-plain/, [zuletzt: 17. Mai 2019]). Zu Ronsards Sonett liegen weitere Kompositionen vor: Anthoine de Bertrand: Les Amours de P. de Ronsard. Paris 1576, Bl. 10^v, vierstimmig (zwei weitere Auflagen); François Regnard: Poésies de P. de Ronsard. Paris 1579, Bl. 10^r, vierstimmig. Vgl. Bibliographie des Poésies de P. de Ronsard mises en musique au XVIe Siècle, par G. Thibault, Louis Perceau. Paris 1941 (Publications de la Société Française de Musicologie Seconde Séries Tom VIII), Nr. 77; 89, 121; 105.

[31] Victor Manheimer: Die Lyrik des Andreas Gryphius. Studien und Materialien. Berlin 1904, S. 50: „Ein Zufall ist ausgeschlossen."

Terzette, die in der Regel mit einem Reimpaar beginnen.[32] Ronsard verwendete hingegen erst in späteren Jahren den Alexandriner im Sonett. Diese seine späteren Alexandriner-Sonette wurden zwar weniger vertont als seine frühen im *Vers commun*; dennoch finden sich unter den immer noch zahlreichen Tonsätzen solche, die sich auf Gryphius-Sonette anwenden lassen. Nachdem sie von bedeutenden Komponisten stammen, dürften sie in Deutschland bekannt gewesen sein. Besonders Guillaume Bonis Vertonungen wurden wieder und wieder aufgelegt. Auf das Muster aBBa aBBa CCd EEd verfasste Gryphius einige seiner bekanntesten, ernsten Alexandriner-Sonette und die Mehrzahl der *Sonn- und Feiertagssonette*. Ihm folgt auch Ronsards selbstreflexives „Que me servent mes vers et les sons de ma Lyre", für das der in Deutschland hochgeschätzte Philipp de Monte einen Tonsatz ausgeprägt motettischen Charakters schrieb.[33] Das gleiche Muster benutzte Gryphius aber auch für einige seiner Hochzeitsgaben sowie für Nr. LCVI an Eugenien und Nr. LXXI an Clelien (Sonette aus dem Nachlass). Ronsards in dieser Form verfasste amouröse oder liebeskritische Texte fanden ihrerseits eine Reihe von Komponisten.[34] Das Problem einer Übertragung von Ronsard-Vertonungen auf Gryphius' gedanklich komplexe oder religiöse Poesie liegt in der Thematik: Ronsard schreibt vornehmlich – freilich nicht ausschließlich – Liebesgedichte. Wie eben gezeigt, tritt diese Schwierigkeit aber nicht immer auf. Ein Sonett des Gryphius, das sicher musikalisch vorgetragen werden sollte, findet sich im *Verlibten Gespenste*, einem ganz gesungenen Theaterstück. Es ist der Prolog des Eros und er steht im genannten Muster. Gerade für diesen Monolog kommen die mehrstimmig notierten, für Singstimme mit Lautenbegleitung realisierbaren Kompositionen zu Ronsard-Texten in Frage.

---

32 Davon gibt es bei den Alexandrinersonetten nur wenige Ausnahmen, z. B. Buch II, Nr. XXXIV („Auß eines andern Frantzösischen") „Das Glück/ so fruchtbar ist nur wunder zu gebehren" und Nr. XL („Du fragst wie Bibulus die zeit zu Rom vertreibe") beide singbar z. B. auf die Kompositionen von Guillaume Boni oder Nicolas Millot für Ronsards „Hé que voulez-vous dire? Êtes-vous si cruelle". Bibliographie (Anm. 30), Nr. 80; 101; 132; 140; 37; 51; 99.
33 Philipp de Monte: Sonetz de P. de Ronsard, mis en musique a 5. 6. et 7. Parties. Paris 1575, Bl. 2^v. Drei weitere Ausgaben. Bibliographie (Anm. 30), Nr. 70, 71, 137, 138.
34 „Rossignol mon mignon, qui par cette saulaie", vertont von Guillaume Boni: Sonetz de P. de Ronsard. Paris 1576, Bl. 12^v, vierstimmig (drei weitere Ausgaben). Bibliographie (Anm. 30), Nr. 80; 101; 132; 140. Von Claude Le Jeune: Mellange de Chansons tant des vieux autheurs. Paris 1572; fünfstimmig (sechs weitere Ausgaben). Bibliographie Nr. 54; 119; 120 (zweifach), 124, 137; 138. Von Jehan de Maletty: Les Amours de P. de Ronsard. Paris 1578, Bl. 18^v, vierstimmig. Bibliographie Nr. 92. Von Corneille de Montfort: Le II Livre du Jardin de Musique. Lyon 1579, S. 22, vierstimmig. Bibliographie Nr. 104. „Mignonne vous avez la joue aussi vermeille" [Marie vous avez la joue aussi vermeille], vertont von Boni (1576), Bl. 8^v und Maletty (1578), Bl. 20^v.

Noch weniger geläufig als Sonettvertonungen ist dem heutigen Gryphius-Forscher Musik zu pindarischen Oden. Weniger deren italienische Vorbilder waren für Deutschland maßgeblich,[35] entscheidend war vielmehr Pierre de Ronsard.[36] Dessen Gedichtsammlung *Les Amours* enthält im musikalischen Anhang („Supplement musical") der ersten Ausgabe 1552 eine Mustervertonung. Es handelt sich um den vierstimmigen Satz von Claude Goudimel zur Ode für Ronsards Gönner Michel d'Hôpital: „Errant par les champs de la Grace."[37] Goudimel schuf einen gemeinsamen Tonsatz für Strophe und Antistrophe, Gebilde von jeweils zwölf Zeilen, sowie eine eigene Komposition „En qui respandit le ciel" für die neunzeilige Epode. Obgleich vierstimmig notiert, ist von einer Realisierung durch Sologesang und Laute auszugehen.[38]

Ronsard, der meistkomponierte Dichter seiner Zeit, der seine Werke großenteils für die Musik bestimmte, nahm auch seine Oden davon nicht aus. Er stellte sie sich zur Lyra (modern Laute) gesungen vor: „laquelle lire seule doit et peut animer les vers, et donner le juste poix de leur gravité."[39] Im Unterschied zu den anderen lyrischen Formen fanden die pindarischen Oden nur bei Pierre Cléreau Widerhall. Von ihm liegen Kompositionen zu Ronsards Oden in mehreren Bänden vor.[40]

---

35 Der Italiener Gian Giorgio Trissino ließ schon 1529 neun pindarische Oden („Canzwni") in seinen Rime drucken (entstanden sind sie wohl schon früher), auch wenn diese Form wegen der sehr kurzen Strophen und Epoden und der fehlenden Überschriften (Strophe etc.) nur schwer erkennbar ist. Thomas Schmitz: Pindar in der französischen Renaissance. Studien zu seiner Rezeption in Philologie, Dichtungstheorie und Dichtung. Göttingen 1993 (Hypomnemata 101), S. 22 Anm. 49. Trissino selbst betont, dass seine triadische Komposition von Pindar abhängig ist. Unter Gabriello Chiabreras „Canzoni" befinden sich sowohl weltliche wie auch geistliche pindarische Oden. Opere de Gabriello Chiabrera e lirici del classicismo barocco. A Cura di Marcello Turchi. 2. ed., ampl., rist. Torrino 1984 (Classici italiani 47), S. 327–334 (zwei Oden auf die Wahl Urbans VIII.), S. 335–338 (auf Maria Magdalena), jeweils mit mehreren Sequenzen von Strofe, Antistrofe, Epodo.
36 Manheimer (Anm. 31), S. 52. Ronsard, der sich rühmte, als erster Franzose zu pindarisieren („Le premier de France / l'ai pindarizé"), verfasste insgesamt 14 triadische Oden. Schmitz (Anm. 35), S. 19; S. 20, Anm. 36. Von Paul Melissus Schede liegen in Schediasmata (1586) 23 triadische Oden vor. (Schmitz [Anm. 35], S. 23). Einen direkten Einfluss der Italiener auf Ronsard kann Schmitz (S. 26) nicht anerkennen.
37 Les Amours III, S. 118 ff.
38 Nicole Schwindt: Art. Ode. In: Lexikon der Musik der Renaissance (Anm. 27), S. 253–255, hier S. 254.
39 Pierre de Ronsard: Les quatre premiers livres des odes. Paris 1550, „Au lecteure" Bl. A4^v (Vorwort zum 1. Buch).
40 Les Odes de Pierre de Ronsard, mis en Musique à troys parties, par Pierre Cléreau. Imprimé en trois volumes. Paris 1575 (39 Nummern, dreistimmiger Gesang a cappella). Ausgabe: Les odes de Pierre de Ronsard mis en musique à troys parties (Paris, 1575); Dixiesme livre de

Wahrscheinlich war den Ronsard-Bewunderern Opitz oder Gryphius bekannt, dass auch dessen Oden vertont wurden. Doch gibt es auch aus dem deutschen Bereich Beispiele. In Philipp von Zesens *Gekreutzigten Liebesflammen* 1653 findet sich ein „Weinacht-lied nach Pindarischer art. gesetzt durch Peter Meiern."[41] Zesen spricht in seiner germanisierenden Art von „Lied" und wählt die Bezeichnungen Satz, Gegensatz und Nachklang. Bereits die Bezeichnung „Nachklang" für die *Epodos* zeigt, dass er die Ode durchaus musikalisch auffasste. Im „Weihnacht-lied" stehen die beiden Sätze in Trochäen, der Nachklang aber in Daktylen, sodass er das Aussehen eines Nachtanzes hat. Peter Meier schuf ein Generalbass-Sololied für Cantus (mit vielen schönen Wortausdeutungen): Die Sätze stehen im geraden Takt, der Nachklang 6/4. Dieser hat eine ganz neue Melodie und weist keine Anklänge an die Strophen auf. Meier fasste mithin – ebenso wie lange vor ihm schon Claude Goudimel – die Ode als große Kanzone auf. Noten zu einer großen Odenkomposition liegen aus einer Leipziger studentischen Huldigungsmusik von 1652 vor.[42] Zeugnisse gesungener Oden gibt es von einer fürstlichen Begräbnismusik von 1672,[43] einem Gregorius-Actus aus Brieg von 1674[44] und einer Funeralode, komponiert von Johann Samuel Drese 1691 – diese letztere freilich mit einer formalen Variante.[45]

---

chansons composé en musique à quatre parties (Paris, 1564). Hg. von Jane A. Bernstein. New York, London 1988. Cléreau vertonte – wie üblich – die Epode als gesondertes Stück. Vgl. z. B. Le comble de ton Scavoir – Epode 2 aus Ronsard: A la roine [Je suis troublé de fureur]. Cléreau: Les Odes. Hg. von Jane A. Bernstein, S. 34.
41 Philipp von Zesen: Sämtliche Werke. Hg. von Ferdinand van Ingen. Bd. I/2. Berlin 1993, S. 38.
42 Danck- und Denck-Wahl/ Seiner Excellentze Dem Wohl-Ehrenvesten [...] Johanni Strauchen [...] Glückwünschend auffgerichtet/ Und in eine Musicalische Zusammen-Stimmunge versetzet/ Die/ zu Bezeigunge danckbares Gemüthes wegen der an seiner Excell. gegen Ihm stätz verspürten hochgeneigten Gunst-gewogenheit/ Mit allerhand Instrumenten bey stiller Nacht überbracht von Wernero Fabricio, Itzehöensi-Holsato. Leipzig 1652.
43 Christliches Sterb-Lied. Uber den Hochbetrawrlichen/ doch seligen Abschied Der [...] Frawen Sibyllae Ursulae, Gebohrnen zu Braunschweig Lüneburg/ Vermählten Hertzoginnen zu Schleßwig Holstein/ Stormarn und der Ditmarschen [...]: Nach Anleitung des erwehlten Leich-Texts Apoc. III. 5./ Aus wehmütigen Hertzen [...] in gebundener Rede verfasset Von Henningo Petersen [...] Nachmahls Durch Casparum Förchelrath [...] in die Music gebracht Und Anno 1672. den 6. Febr. bey dero HochFürstl. Leich-Bestätigung gesungen und musiciret worden. Schleßwig 1672.
44 Musen = Oder Jugend = Spiel Auff das Georgii-Fest. Vorgestellet Von A.B. Brieg 1674. Im II. Akt schläfert Apollo von seiner entfernten Position aus Mars ein: „Und läst hören die Kraft seiner Leyre/ durch eine Music nach der Pindarischen Oden von der WunderKraft der Leyre des Apollo, die auch die möchtigsten Dinge zwingen kan/ wird gesungen und mit einer Lauten darein gespielet werden."
45 Nach Pindarischer Erfindung eingerichtete Trauer-Arie [...]. In einer Trauer-Musik abgesungen und [...] überreichet/ von Johann Samuel Dresen/ F. S. ges. Kapellmeister zu Weimar.

Dass die Form noch im kritischen 18. Jahrhundert als durchaus sanglich angesehen wurde, beweist eine Stelle aus Christian Gottfried Krauses Abhandlung *Von der musikalischen Poesie*.

> Der griechische Dichter Aeschylus erhielt sehr großen Beyfall, als er die Chöre der Tragödien nicht mehr, wie zuvor, nach einerley Versart oder in Strophen abfassete, sondern sie in einen Satz, Gegensatz und Schlußsatz [...] abtheilete [...]. Pindar that solches nach, und wenn sich jetzo noch eine Art der Oden gut componiren ließe, so wären es die Pindarischen [...]. Eine pindarische Ode könnte auch so in die Musik gesezt werden, daß der Satz eine Arie, der Gegensatz recitativisch, und der Schlußsatz wiederum eine Arie würde; nur müßte alsdenn das Recitativ recht lebhaft und feurig, oder gar ariosenmäßig componirt werden.[46]

Während sich keine Original-Vertonung eines Sonetts oder einer pindarischen Ode von Gryphius erhalten hat, liegen für eine Reihe von Strophenliedern zeitgenössische Melodien vor. Hier ist an erster Stelle Wolfgang Carl Briegels in Gotha entstandene Odensammlung zu nennen. Die Residenz Gotha, 1651–1671 Ort von Briegels Wirken, zeichnete sich unter Ernst dem Frommen durch ein bemerkenswertes Interesse an Kunst aus.[47] Der Herzog schuf eine Schulordnung, die der Musik einen beachtlichen Platz einräumt[48] und ließ seine zahlreichen Kinder vom Hofkapellmeister unterrichten. Im Zusammenhang mit dieser privaten Musikpflege entstand die einzig erhaltene frühneuzeitliche Sammlung von Generalbassarien, die ausschließlich Texte der beiden Gryphius vertont: Wolfgang Carl Briegels *Geistliche Oden Andreae Gryphii, etc. Mit Melodeyen beleget/ so/ daß zwischen jeden Verß mit zweyen Violn nach Beliebung kan gespielet werden*. Gotha 1670.[49] Der Tonsetzer widmete sie dem Thronfolger in Gotha, Friedrich I., sowie dessen Gattin und Schwester. Auf die Hochzeit des herzoglichen

---

Weimar 1691. Strophe und Antistrophe sind nicht identisch. Diese Variation kennt aber auch Hallmann.

46 Christian Gottfried Krause: Von der musikalischen Poesie. 2. mit einem Register verm. Aufl. Berlin 1753 ([1]1752). Nachdruck Leipzig 1973, S. 119 f.

47 Vgl. Irmgard Scheitler: Das Geistliche Lied im deutschen Barock. Berlin 1982 (Schriften zur Literaturwissenschaft 3), S. 91.

48 Vgl. den vom Herzog initiierten „Gothaer Schulmethodus": Andreas Reyher: Special- und sonderbahrer Bericht, wie nächst göttlicher Verleyhung die Knaben und Mägdlein auf den Dorfschaften und den Städten, die unteren Classes der Schuljugend im Fürstenthum Gotha, kürtzlich und nützlich unterrichtet werden können und sollen, auf gnädigen Fürstl. Befehl auffgesetzt. Gotha 1642.

49 Ein Jahr nach der Veröffentlichung wurde Briegel nach Darmstadt berufen (1671), wo er am hessischen Hof seiner ehemaligen Schülerin Elisabeth Dorothea eine beachtliche Kapelle aufbaute.

Paares 1669 hatte Briegel einen Actus oratorius komponiert[50] und David Pohle hatte David Elias Heidenreichs Schauspiel *Heirat macht Friede* mit Musik versehen.[51]

Briegels Sammlung enthält zehn Oden nach Texten von Andreas Gryphius. Zwei, nämlich die letzten beiden der Sammlung, stammen von Christian Gryphius, dem Sohn. Der Druck wird eingeleitet von zwei Ehrengedichten. Deren erstes, lateinisches, stammt von Magister Johann Rosenberg, dem damaligen Lehrer und Prinzenerzieher in Gotha:[52]

> Hic exculta suo Germania vate superbit,
> Hic dat Glogaviae, Mantua, Roma, manus,
> Vergilio Gryphius par est dulcedine Musae,
> Praecedit, quantum sacra profana solent.
> Vatem hunc commendat modulis Germanicus Orpheus,
> Ut lectu & cantu corda movere queat.
> *Haec in honorem et celeberrimi olim Poetae; et praestantissimi Musici scribere debui volui*
> *M. Johannes Rosenberg.*
>
> [Hier ragt durch seinen Dichter das hochkultivierte Deutschland heraus,
> Hier reichen Mantua und Rom Glogau die Hand,
> Dem Vergil ist Gryphius durch die Anmut seiner Muse gleich,
> Er übertrifft ihn, insofern das Heilige das Weltliche überragt.
> Der deutsche Orpheus übergibt diesen Dichter der Musik
> Damit er die Herzen durch Lektüre und durch Gesang bewegen kann.
> *Das musste und wollte ich zur Ehre des verewigten hochberühmten Dichters und des herausragenden Musikers schreiben. Magister J.R., Übers. I.S.*]

Rosenbergs Formulierung „durch Lektüre und Gesang" stellt beide Rezeptionsarten komplementär nebeneinander. Weiter geht Christian Knorr von Rosenroth als Dichter des zweiten Ehrengedichtes.

> *Auff (Tit.) Herrn Wolffgang Carl Briegels in Composition gebrachte Gryphische Oden. Sonnet.*
>
> So recht/ so fahret fort/ so recht/ mein werther Briegel/
> Bringt der Gelährten Thun und Lieder an das Liecht/
> Und lasset eh nicht nach/ biß euch die Seel außbricht/
> Ihr schwinget euch hierdurch biß an der Sternen = Hügel/

---

50 Scheitler (Anm. 7), Nr. 158.
51 Ebd., Nr. 468.
52 Der aus Buckow bei Züllichau gebürtige Rosenberg war 1661–1672 Lehrer der Spezialklasse Selecta und 1666–1669 zusätzlich Prinzenerzieher in Gotha, bis er 1672 Konrektor und 1680–1709 Gymnasial-Rektor in Bautzen wurde. Max Schneider: Die Lehrer des Gymnasium Illustre zu Gotha (1524–1859). (Programm des Herzoglichen Gymnasium Ernestinum zu Gotha Nr. 768). Tl. 1 Gotha 1901, Nr. 65. Teil 2 (Programm des Herzoglichen Gymnasium Ernestinum zu Gotha Nr. 784). Gotha 1902, S. 23.

> Und eurer klugen Hand/ die durch der Tugend Zügel
> So künstlich wird geführt/ gleicht sonsten keine nicht/
> Kein Dichter wird fast seyn/ der seine Schuld und Pflicht
> Bey euch nicht leget ab durch wahrer Freundschafft Sigel.
> Es lobt euch Thüringen/ als das euch sieht und höret/
> Es lobt euch Schlesien/ das euch darumb verehret/
> Weil ihrer Leute Fleiß und Kunst der weiten Welt
> (O Werck/ das Lobens werth!) ihr unter Augen stellt:
> Thut künfftig so auch mir: Ich sage Trotz dem Neid/
> Daß ihr der Poesi ein Feld = Trompeter seyd.
> *Dieses wenige setzte seinem werth = geschätzten Freunde/ an dessen anmuthigen Composition [sic] seine zwar schlechte Poesi/ sich öffters belustigte*
> Christian Knorr

Autor der Verse könnte Christian Anton Knorr von Rosenroth (1653–1721) aus Glogau sein, Neffe des bekannten Dichters Christian Knorr von Rosenroth und Sohn von dessen wesentlich älterem Stiefbruder Caspar, Seelsorger in Glogau. Er hielt 1669 als Schüler des Gymnasiums einen akademischen Vortrag in Gotha, zu dem Rosenberg einlud.[53] Die Familien Caspar Knorr und Gryphius waren durch Gevatternschaft verbunden.[54] Freilich passt die Jugend des Christian Anton, eines „Adolescentulus" und 1670 17-jährigen Gymnasiasten nicht recht zu den Versen. Diese bekunden nicht nur eine hohe Wertschätzung des Komponisten, sondern teilen in der Unterschrift auch mit, dass Briegel schon „öffters" Verse des Autors komponiert habe und geben der Hoffnung auf fernere Kompositionen Ausdruck („thut künfftig so auch mir"). Christian Anton Knorr hat verschiedentlich Casualia in alexandrinischen Sprechversen verfasst, ist aber kein Dichter liedhafter Lyrik. Sein Onkel hingegen veröffentlichte 1684 die Liedsammlung *Neuer Helicon mit seinen Neun Musen*, deren 75 Generalbasssoloarien über mehrere Jahre hinweg entstanden waren. So könnte der Unterzeichner „Christian Knorr" auch Christian Knorr von Rosenroth, der aus

---

53 Amicitiam a nullo Bono, quantumcunque etiam fuerit excludi. [Gotha] 1669. „Glogavia Silesius, selectae classis discipulus, adolescentulus [...], examinata SOLDURIORUM societate."
54 Caspar leitete die Trauerfeierlichkeiten für Gryphius. Christian Gryphius war sein Patenkind. Vgl. die Widmung zur Trauerschrift Signaculum Dei, Das ist Der hochschätzbare Pitschafft = Ring Gottes. aus dem Propheten Hagg. II. v. 24. Bey des [...] Hn. Andreae Gryphii [...] Beerdigung Der Freyherrl. Hoch = Adlichen und hochansehnlichen Trauer = Versammlung d. 27. Iul. [...] bey der Grufft in der Evangel. Lutherischen Kirchen vor Groß = Glogau In einer Station gezeiget und auff Begehren den Hochleidtragenden übergeben von Caspar Knorren/ Diac. daselbst. S. l. 1665. Caspar Knorr unterschreibt die Widmung an die Witwe und die Kinder mit „Meiner hochgeehrten Fr. Gevatterin und hertzgeliebten Paten". Christian Anton Knorr ehrte Christian Gryphius mit der Trauerschrift Die gegen den vortrefflichen Gryphium jederzeit getragene Hochachtung wolte an dessen Beerdigungs = Tage [...] legen. Breslau 1706.

Schlesien stammende Sulzbacher Dichter sein. Die Beziehung zu Gryphius ist durch eine pindarische Ode zu dessen *Leich = Abdanckungen* belegt;[55] es bestanden aber auch Verbindungen nach Gotha.[56]

Briegels Widmung enthält keinerlei nähere Auskünfte über die intendierte Verwendung der Musikstücke, doch zeigt die Faktur der Stücke deutlich deren Eignung zum privaten Gebrauch. Dazu kommt, dass zwei der Widmungsträger, nämlich die beiden Gothaer Herzogskinder Friedrich und Dorothea Maria, aller Wahrscheinlichkeit nach Briegels Schüler gewesen waren. Die für hohe Stimme notierten Soloarien mit Generalbass werden durch Spielmusik, Ritornelle, ergänzt. Zwei Streicher genügen dafür – in seinen Kirchenstücken setzt Briegel bis zu fünf obligate Instrumente ein. Der Komponist schreibt von „Violen", notiert aber im Violin-Schlüssel. Zu spielen sind die Parts auf Violinen, allenfalls könnte bei ein paar wenigen angesichts der vorgeschriebenen Stimmung der Saiten auch ein größeres Instrument verwendet werden.[57] Nahezu alle Nummern verlangen nämlich eine veränderte Stimmung, die sog. Verstimmung oder Skordatur.[58] Überraschend ist die Vielfalt der Skordaturen und der Tonarten. Nur in einer einzigen Ode, Nr. 3 der Sammlung, musizieren die Streicher mit der Singstimme. Die Melodien sind bewegt und harmonisch interessant, enthalten sich aber als Musik für den Liebhaber schwieriger Koloraturen und Wiederholungen. Die musikalische Deklamation ist in feinsinniger Weise auf den Vers abgestimmt (vgl. die Punktierungen zum Ausdruck des Trochäus in Nr. 8 und 9).

---

[55] Eine Beziehung zwischen Andreas Gryphius und Knorr von Rosenroth ist belegt durch einen Brief des Sulzbachers aus dem Jahr 1660. Drei Briefe von Christian Knorr von Rosenroth an Gottlieb Spizel. Hg. und kommentiert von Klaus Jaitner, Rosmarie Zeller. In: Morgen-Glantz 23 (2013), S. 309–328, hier S. 313; 318. Andreae Gryphii Dissertationes Funebres, Oder Leich-Abdanckungen. Bey Unterschiedlichen hoch- und ansehnlichen Leich-Begängnüssen gehalten/ Auch Nebenst seinem letzten Ehren-Gedächniß und Lebens-Lauff zum Druck befördert. Leipzig 1683, S. 86–90 unter Klag- und Trostschriften, „Ode", signiert C.K.v.R. Sein Sohn „Johannes Christianus a Knor" besuchte das Elisabeth-Gymnasium in Breslau, wo er ebenso wie „Daniel Caspar a Lohenstein", wohl der Sohn des Dichters, 1682 in einem von Christian Gryphius' veranstalteten Actus mitwirkte. Breslauer Schultheater (Anm. 16), S. 96.
[56] Knorr schuf 1685 ein Schauspiel für den Geburtstag der Schwiegertochter Ernsts des Frommen, die Coburger Herzogin Maria Elisabeth: Die höchste Glückseligkeit bestehend In der Vereinigung der Seelen mit Gott. Siehe Scheitler (Anm. 7), Nr. 569. Dafür verwendete er Lieder aus seinem Helicon.
[57] Bei Nr. 5, 9 und 12.
[58] Eine Ausnahme macht nur Nr. 3: „So oft der grimme Schmerz" (g-Moll). Michael Praetorius kennt als höchstes Viola da braccio-Instrument die „Klein Discant Geig" in c', g', d", a". Mit ihr wären die Verstimmungen wegen der hochliegenden a-Saite nur schwer möglich. Syntagmatis Musici Tomus Secundus De Organographia. Wolfenbüttel 1619, Kap. 22 und Tafel 21.

Die Ritornelle nehmen bisweilen die rhythmischen Besonderheiten der Singstimme auf (die Punktierungen von Nr. 5, die Abwärtsbewegung der *Fusae* bei Nr. 7), bisweilen auch deren Melodie (Nr. 8 und 9). Nr. 2 „Was ist die Welt!" und Nr. 6 „Was frag ich nach der Welt!" – beides Texte, die mit einem Ausruf beginnen – führen, wohl zum Ausdruck innerer Erregung, die Ritornellstreicher im Fugato. Rhythmischer Grundwert ist meist die *Semiminima* (Viertel), manchmal sogar die *Fusa* (Achtel). Nur *Psalmus CXX* „So offt der grimme Schmertz" greift auf die ‚altmodische' *Minima* zurück und wahrt so den sakralen Charakter. Selbst das Streicherritornell ist davon betroffen. Auch harmonisch ist diese Komposition eher konservativ und sie steht als einzige in einem ungeraden Metrum, dem Tempus perfectum, das seit alters als dem Heiligen eigen galt.

Einzig in Nr. 10 sind zwei Soprane eingesetzt, während sonst für alle Sätze nur eine Singstimme vorgeschrieben ist. Bei einem Dichter, der so genau dem Wort nachspürt, dürfte dafür wohl der schon in der ersten Zeile auftauchende Plural verantwortlich sein: „Je mehr wir Jahre zählen" ist das einzige Lied der Sammlung, das diese Besonderheit aufweist. Der Plural in Nr. 4, „Die Herrlichkeit der Erden" ist demgegenüber verdeckt; er erscheint erst in Zeile 4. Alle anderen Lieder sprechen in der 1. Person Singular.

Zeichen für die an der Dichtung orientierte Deklamation sind häufig auftretende, durch Pausen hervorgehobene Zeilenzäsuren. Um einen Eindruck von Kurzatmigkeit zu vermeiden, werden die Zäsuren in der Gesangsstimme vom weiterspielenden oder doch -klingenden Generalbass zumeist verstrichen. Besonders fällt diese kurze Phrasierung in Nr. 6 mit seinen nun dreihebigen Zeilen auf. Hängen in diesem Lied („Was frag ich nach der Welt") wenigstens die letzten beiden Zeilen zusammen, so ist in Nr. 10 „Je mehr wir Jahre zählen", ebenfalls mit nur dreihebigen Strophen, nicht einmal dies der Fall.

Briegels Textvorlagen sind nur jambisch oder trochäisch und der Komponist bleibt sehr genau beim Metrum. Er liebt es, in jambischen Versen den Bass eine halbe Zählzeit vorausspielen und die Singstimme erst dann einsetzen zu lassen, um so die Auftaktigkeit zu gewährleisten. Fehlende Generalvorzeichen deuten darauf hin, dass für den Komponisten das Dur-Moll-System noch nicht selbstverständlich war. Doch ist die Vorzeichnung im Notentext konsequent. Die Kadenzen und das häufige Auftreten der – modern gesprochen – Dominante, ja sogar der Folge 5., 4., 5., 1. Stufe (Schluss von Nr. 6) weisen auf die Dur-Moll-Tonalität voraus. Der Bass bleibt an Bewegung hinter der Gesangsstimme oder den Streichern kaum zurück.

Die Texte hat Briegel den Odenbüchern I–III entnommen und zwar erstaunlich exakt; auch die Überschriften fehlen nicht. Der von Richard Hinton Thomas mit Nachdruck vertretenen Meinung, es handle sich bei der Sammlung um einen konzentrisch angeordneten Zyklus, kann ich mich nicht anschließen.[59] Zyklisch wirkt weder die Folge der Tonarten, noch die der Gedichte. Die Texte sind auf einen individuellen Beter ausgerichtet: Sie sprechen von persönlicher Not, Verachtung der Welt, Hoffnung auf Errettung und Ergebung in Gottes Willen. Dabei beziehen sie sich immer wieder auf den Psalter. Ferner gibt es ein Abend-, ein Weihnachts- und ein Jahresschlusslied.

Für die Gesangbuchaufnahme eignen sich zunächst Gedichte, die nach geläufigen Melodien gesungen werden können.[60] In den ersten drei Odenbüchern sind dies nicht besonders viele, jedoch gehören bekannte Texte dazu. „Je mehr wir Jahre zählen" und „Die Herrlikeit der Erden" folgen dem Muster des alten Liedes „O Welt, ich muss dich lassen"; „Schöpfer dessen Wunder Güte" und „Süsses Kind der Väter hoffen" lassen sich auf „Mein Dankopfer, Herr, ich bringe" von Heinrich Albert singen. Obgleich vier der zehn Andreas Gryphius-Texte aus Briegels Sammlung relativ verbreitete Gesangbuchlieder wurden, behielt doch kein Text seine Melodie.[61] Briegels Kompositionen wurden nicht als geeignet betrachtet.

Sämtliche Lieder nach Texten aus den Odenbüchern I–III müssen als Andachtslieder zur persönlichen Erbauung betrachtet werden. Sie finden sich daher in entsprechenden Liedersammlungen. Erwähnenswert ist dabei v. a. die Frankfurter *Praxis Pietatis Melica,* die seit 1668 bei Wust verlegt wurde. In diesem Hausgesangbuch erschienen Texte von Gryphius mit neuen phantasievollen und ausdrucksstarken Generalbasssätzen des Elbinger Musikers Peter Sohr [en].[62] Das auch von Briegel komponierte Jahresschlusslied „Je mehr wir Jahre

---

59 Richard Hinton Thomas: Poetry and song in the German baroque. A study of the Continuo Lied. Oxford 1963, S. 80 f.; vgl. Scheitler: Geistliches Lied (Anm. 47), S. 279.
60 Über Gryphius' geistliches Liedœuvre und sein Verhältnis zum Kirchenlied vgl. ausführlich Scheitler: Geistliches Lied (Anm. 47), S. 272–346.
61 Briegel Nr. 2; 4; 8; 10: Was ist die Welt; Die Herrlikeit der Erden; Schöpfer dessen Wunder Güte und Je mehr wir Jahre zählen. Johannes Zahn: Die Melodien der deutschen evangelischen Kirchenlieder aus den Quellen geschöpft. 6 Bde. Gütersloh 1889–1893. Hildesheim 1963, Nr. 2094 f.; 2317; (2302); 3718; 2312.
62 Johann Crügers Neu zugerichtete Praxis pietatis melica. Frankfurt 1668. Bis 1700 reichende Publikationsserie. Titel 1674: Neu zugerichtete Praxis Pietatis Melica: Das ist: Übung der Gottseligkeit/ in Christlichen und trostreichen Gesängen Herrn D. Martin. Lutheri fürnehmlich/ wie auch anderer seiner getreuen Nachfolger/ und reiner Evangelischer Lehr Bekenner. Ordentlich zusammen gebracht/ Und zur Beförderung des so Kirchen = als Privat-Gottesdiensts/ mit bißhero gebräuchlichen/ wie auch neuen Melodeyen/ neben darzu gehörigen Fundament verfertigt/ und mit vielen trostreichen Gesängen vermehret Von Peter Sohren. Frankfurt am Main 1674, Nr. 754, S. 916. Gez. A. Gryphius.

zählen" (Oden III,9) findet sich hier mit einer Komposition von Peter Sohr (1668, wieder 1693). In der Ausgabe von 1674 steht „Ade verfluchtes Threnen = Thaal" (oder: du bittres) (Oden II,7) unter den Sterbeliedern mit einer eigenen Komposition.[63] Dieser 1642 erschienene Text, der sich grundsätzlich auf Melodien für die Lutherstrophe singen lässt, muss aber schon viel früher seine eigene Melodie gehabt haben, denn Gryphius gibt schon 1652 für Oden IV,14 an: „Auf die Melodie Ade verfluchtes Thränenthal."

Auch die anderen Sammlungen, die Gryphius' Texte aufnahmen, sind echte Hausgesangbücher oder doch Anhänge zu persönlichen Erbauung. Dies zeigen ihre blumigen Titel, ihre Liederfülle und die Einrichtung mit modernem Generalbass anstelle des vierstimmigen Kantionalsatzes. Zu nennen sind das von Sebastian Goebel redigierte Nürnbergische Gesangbuch von 1676 (1677) und seine Nachfolger, ferner die in Nürnberg 1703 erschienene *Glauben = schallende und Himmel = steigende Hertzens = Music Bestehend in 1052. [...] Liedern* sowie das schlesische Hausgesangbuch *Gläubiger Christen Seelen = Lust* (1688) mit Generalbassliedern von dem nur unter seinen Initialen bekannten Herausgeber „G.B.".[64]

Im Unterschied zu Oden I–III versah Gryphius alle seine Texte im IV. Odenbuch (1657) mit Melodieangaben und bestimmte sie somit von vornherein für den Gesang auf bekannte geistliche Melodien. Die Sammlung trug bei ihrer (heute verschollenen) Erstveröffentlichung 1652 den Titel *Thränen über das Leiden Jesu Christi*. Ihre 19 Texte stellen gleichsam eine Passionsgeschichte in Liedern dar, die von der Einsetzung des Abendmahls bis zu Grablegung reicht. Vermutlich handelt es sich um ein Frühwerk, das schon in den 30er Jahren entstanden ist.[65]

In zwei Fällen benennt Gryphius lateinische Hymnen als Singweisen (Nr. 9 und 12), einmal rekurriert er auf „O Gott du frommer Gott" (Nr. XVIII). Dessen bis heute bekannte Singweise gab Johann Heermann als Generalmelodie für Alexandrinerlieder seiner *Devoti Musica Cordis* 1630 bei.[66] Dies ist die einzige

---

63 Praxis Pietatis Melica 1674 (Anm. 62), S. 916.
64 Gläubiger Christen Seelen = Lust/ Bestehend In unterschiedenen zum täglichen geistlichen Opfer dienenden Liedern/ und mit zugehörigen Sang = Weisen/ außgefertiget Von G. B. Brieg 1688.
65 Vgl. Hans-Henrik Krummacher: Der junge Gryphius und die Tradition. München 1976, S. 309: „ungefähr in den Jahren 1635–1638 entstanden."
66 Johann Heermann: Devoti Musica Cordis. Hauß = und Hertz = Musica. Das ist: Allerley geistliche Lieder/ aus den H. Kirchenlehrern und selbst eigner Andacht / Auff bekandte/ und in unsern Kirchen ubliche Weisen verfasset. Breslau 1630, S. 136. In der letzten Abteilung des Buches („Etliche Gebet und Andachten") stehen lauter Alexandrinertexte. Der Text „O Gott du frommer Gott" (nicht strophisch gedruckt) S. 140.

‚moderne' Melodie im IV. Odenbuch. Ansonsten hält sich Gryphius an Singweisen aus dem 16. Jahrhundert. Dies ist bemerkenswert, denn damit zeigt er seine enge persönliche Bindung an das Korpus kanonisierter Kirchenlieder, zu dem er auch Lieder aus dem Genfer Psalter zählt.

Die Rezeption der 19 Lieder des IV. Odenbuches ist wiederum weitestgehend auf reine Hausgesangbücher beschränkt.[67] Unter ihnen ist das *Passionale Melicum* des Martin Janus hervorzuheben.[68] Als genuin schlesisches Werk, das den Herzögen von Liegnitz und Brieg gewidmet ist, enthält es 27 Liedtexte von Gryphius, darunter alle 19 des IV. Odenbuches.[69] Fünf von ihnen sind mit neuen Melodien samt (unbeziffertem) Bass versehen, ohne dass verzeichnet wäre, von wem diese stammen.[70]

1698 nahm Christian Gryphius unter dem Titel *Geistliche Lieder* 20 Texte ohne Melodieangaben in seine Ausgabe *Andreae Gryphii um ein mercklichen vermehrte Teutsche Gedichte* auf.[71] Die zahlreichen Kontrafakturen darunter zeigen uns, dass Gryphius genauso wie andere Autoren der Zeit – Opitz nicht ausgenommen – beim Verfertigen von Strophentexten Melodien im Sinn hatte. Besonders auffallend sind zwei Parodien von sehr charakteristischen Strophenformen: „Jesu meine Stärcke" (Nr. 3) ist eine offensichtliche Nachahmung von Johann Francks „Jesu meine Freude". „Mein Gott wie soll ich diß verstehn" (Nr. 10) hält sich an das sehr markante Muster von „In dich hab ich gehoffet Herr". Als Vorbild mag Simon Dachs im Affekt recht ähnliches Lied „Ach frommer Gott, wo soll ich hin" gedient haben, das Gryphius wiederum aus der Berliner *Praxis Pietatis Melica* kennen konnte, in der es seit 1653 mit eigener Melodie stand.[72] „Mein

---

67 Siehe Scheitler: Geistliches Lied (Anm. 47), S. 295f. Ergänzen ließe sich das eindeutig für die Hausandacht bestimmte Passional = Hand = Büchlein. Leipzig 1681 (Vorrede von Andreas Glauch). Es benutzt das Nürnbergische Gesangbuch von 1676 (1677) und bringt weder Noten noch benennt es die Dichter. Unter seinen 62 Passionsliedern führt es jeweils mit Angabe von Melodien aus dem 16. Jahrhundert die Texte Oden IV,6 (S. 37); 10 (S. 59); 14 (S. 78); 16 (S. 83) an.
68 Martin Janus: Passionale Melicum. Das ist: Außerlesene Geist = und Trostreiche Betrachtungen deß allerschmertzlichsten Leydens und Todes unsers Einigen Heylandes und Erlösers Jesu Christi. Bestehende in Zweyhundert und Funffzig/ nach reiner Teutscher Poesy gesetzten Liedern/ Benebenst jhren Melodien. Görlitz 1663.
69 Zahn (Anm. 61), Bd. VI, Nr. 694. Ebd. eine Reihe von Komponisten, die Zahn als Verfasser von Melodien feststellen konnte.
70 Gryphius Nr. 1; 2; 4; 5; 6. Janus (Anm. 68), S. 58; 89; 120; 126; 152.
71 In: Andreae Gryphii Poetische Wälder Anderer Band. In: Andreae Gryphii um ein merckliches vermehrte Teutsche Gedichte. Breslau, Leipzig 1698, S. 269–296.
72 Praxis pietatis melica. Edition und Dokumentation der Werkgeschichte. Hg. von Hans Otto Korth und Wolfgang Miersemann unter Mitarbeit von Maik Richter. Bd. II, Teil 2. Tabellarische Übersicht über die Entwicklung des Liedbestands. Halle an der Saale 2016, S. 14.

Heiland! was wird' ich beginnen!" (Nr. 14) hingegen ist in einer ungewöhnlichen Strophenform geschrieben. Das Nürnbergische Gesangbuch von Goebel (1676/1677) versah es mit einer neuen Generalbasskomposition eines ungenannten Musikers.[73]

Übersetzete Lob = Gesänge/ Oder Kirchen = Lieder veröffentlichte Gryphius 1660 in Breslau.[74] Die Sammlung entstand aus dem Bestreben, die lateinischen Gesänge, die außer Gebrauch gerieten, vielen Gebildeten aber sehr vertraut waren, mit adäquaten deutschen Dichtungen zu versehen und sie somit für die Nachwelt zu erhalten. Nur einige der 17 Texte bewahrten die Melodien ihrer Vorlagen, die übrigen suchen sich ihre Singweisen im Genfer Psalter (zwei Fälle) oder kontrafazierten moderne Singweisen. Gryphius war im neueren Liedgut ebenso zuhause wie im älteren.

Von herausragendem Interesse ist die letzte Nummer (18) dieser Veröffentlichung, denn sie gehört inhaltlich nicht dazu, hat einen eigenen Titel und ist nur beigefügt, um das kleine Werk vor dem Vergessen zu bewahren. Ursprünglich handelt es sich um ein Textbuch für die Zuhörer und die Gemeinde in Glogau. Beim Wiederabdruck schlichen sich Fehler ein, weil die ursprünglichen Druckstöcke nicht mehr zur Verfügung standen: *Thränen und Danck = Lid, An dem Tage der Barmhertzigkeit des Herren nach überstandener Sterbens = Gefahr Dem Erlöser der Welt Von der unveränderten Augsburgischen Bekänenüß zugethanen gemeine Glogawischen Fürstenthumbs demüttig gesungen. In den 1657. Jahr.*

Der ursprüngliche 4 Blatt starke kleine Libretto-Druck hat den Titel:

> Thränen und Danck-Lied Der unveränderten Augspurgischen Bekändtnuß zugethanen Gemeine Glogawischen Fürstenthumbs/ Welches Sie nach überstandener/ vergangenen Jahrs Giftigen Sterbens = Gefahr Dem Erlöser aller Welt demüttigst gesungen [...] In dem 1657 Jahr. Bresslaw; In der Baumannischen Druckerey/ gedruckt durch Gottfried Gruendern [1657].

Dieser Druck geriet durch die Kriegsläufe von Berlin in die Biblioteka Narodowa Warschau. Es handelt sich nachweislich um ein gesungenes mehrsätziges Werk zum Dank für das Ende der Pest.

Gryphius schuf ein abwechslungsreiches und theatralisches Kirchenstück, dessen zwei Teile im Vormittags- und Nachmittagsgottesdienst musiziert wurden. Das Werk ist uns nicht zuletzt wertvoll als ein sprechendes Beispiel für die musiktragende Poesie, wie Gryphius sie schrieb und wie sie ihm wohl auch für seine Dramen vorschwebte. Als singende Personen sind beteiligt: Würgengel

---

73 Nürnbergisches Gesangbuch. Nürnberg 1676 (1677), S. 672.
74 Zu diesen Liedern vgl. Scheitler: Geistliches Lied (Anm. 47), S. 301–315 und öfter.

(eine Figur aus der Apokalypse); Tod, Schmerz, Angst und Furcht, Engel des Bundes, Chor der Notleidenden (10 Strophen); Chor der Erretteten. Nachmittags traf nur noch ein Lied von neun Strophen, eine Versfassung von Klg 3,22. Das Werk stellt in den Randkatenen seine generelle Bibelbezogenheit unter Beweis.

Am Anfang steht ein 14-zeiliger Alexandrinertext, gesungen vom Würgengel – ein Sonett, das die gleiche Form wie der Prolog des Eros in den Wolken im *Gespenste* hat. Es folgt die Selbstvorstellung der Allegorien Tod, Schmerz, Angst und Furcht. Jede der vierzeiligen Strophen von vierhebigen Trochäen wird zweimal gesungen, dies schreibt die Anweisung am Rande vor. Zu Beginn treten die Allegorien in zeilenweisem Wechsel auf. Die 2. Strophe singen alle zusammen. Die 3. Strophe wird im halbzeiligen Wechsel vorgetragen. – Dieser Abschnitt hat solch außerordentliche Ähnlichkeit mit Georg Justus Schottels *Neu erfundenem Freuden Spiel genandt Friedens Sieg* (1648), dass er zweifellos davon angeregt wurde.[75] Dort tritt im Nebenaufzug zum II. Akt eine klagende Nymphe auf, gefolgt von dem wütenden Mars und seinen Gefolgsleuten, den Allegorien Tod, Hunger, Armut und Ungerechtigkeit. Deren Gesang muss, das legt die bis ins Detail gehende Analogie nahe, Vorbild für den Auftritt der Pest-Allegorien bei Gryphius gewesen sein; aller Wahrscheinlichkeit nach übernahm die Glogauer Andacht auch den bei Schottel notierten Gesang.[76] Die Kompositionen zu Schottels sehr bekannt gewordenem Stück stammen von Herzogin Sophie Elisabeth von Braunschweig-Lüneburg.

Aufschlussreich für Gryphius' Behandlung von Singtexten ist die Verwendung von Personalstrophen. Der nun auftretende Engel des Bundes hat ein recht individuelles Muster: vier Zeilen, bestehend aus zwei *Vers communs* gefolgt von einer jambischen zweihebigen Zeile und einer weiteren Zeile im *Vers commun*. Dieses Muster und sicherlich die mit ihm verbundene Melodie behält die Figur auch bei ihrem erneuten späteren Auftritt bei. Nach drei Strophen des Engels wird die allegorische Halbzeilenstrophe wiederholt.

Der nächstfolgende Chor heißt *Thränen der Notleidenden*. Sein über zehn Strophen ausgebreitetes jambisches Muster ist innovativ, hat aber ein interessantes Nachleben. Christian Fürchtegott Gellert kannte den Text des Gryphius vermutlich und verwendete dessen Muster für zwei Gedichte in seinen *Geistlichen Oden und Liedern*,[77] die ihrerseits mehrfach vertont wurden.

---

75 Scheitler (Anm. 7), Nr. 991, 2. Handlung S. 98 f.
76 Ebd. Nr. 991, Noten neben S. 98.
77 Christian Fürchtegott Gellert: Werke. Hg. von Gottfried Honnefelder. Bd. I. Frankfurt 1979, S. 255: „Dir dank ich heute für mein Leben"; S. 296 „Du klagst, o Christ, in schweren Leiden." Gellert konnte Gryphius' Text kennen aus Adam Heinrich Lackmann: Sammlung Geistreicher

Nach dem Klagechor verscheucht der Engel des Bundes die Plagen. Diese ziehen unter Gesang einer Strophe der ihnen eigenen Form ab. Wieder steht „doppelt gesungen" am Rande, eine Angabe, die auch Schottel für seinen Text macht. Den Schluss der Vormittagsandacht bildet das „Dancklied der Erretteten" mit zehn Strophen. Seine teils vier-, teils zweihebigen daktylischen Zeilen sind äußerst charakteristisch. Wiederum hat Gryphius sie – wohl mit ihrer Musik – von Schottels *Friedensspiel* geborgt. Der Gesang heißt dort „Freudengejauchtze".[78]

Auch das nachmittags gesungene neunstrophige Danklied, „Übersetzung der Wort auß den Klaglidern deß Propheten Cap. 3 v.22. Die Güte deß Herrn ists" folgt dem genannten daktylisch mengzeiligen Muster des Dankliedes. Gryphius wiederholt sogar wie Schottel die erste Strophe am Ende.[79] Aus dem Tonsatz entnehmen wir, dass am Welfenhof die Kurzzeile jeweils „piano" wiederholt wurde, d. i. als Echo. Dies passt nun leider auf Gryphius' Strophen wegen eines häufiger auftretenden Enjambements zwischen Z. 2 und 3 nicht sehr gut, während Schottels Text darauf abgestimmt ist. Gryphius hat das gleiche Muster, sogar mit dem gleichen Incipit „Jauchzet" für die Ode „Auf des unüberwindlichsten Kaysers Leopoldi des Grossen Krönungs = Fest" verwendet.[80] Auch diese dürfte nach der freudigen Komposition der Herzogin gesungen worden sein.

Andachten, die anlässlich der Pest gehalten und mit neukomponierter Musik versehen wurden, kennen wir von verschiedenen Orten, freilich eher aus der Pestwelle zu Beginn der 80er Jahre. Die gebräuchlichste Gattung sind Liedkompositionen, die gegebenenfalls auch von der Gemeinde gesungen werden können.[81] Aus diesen Jahren sind aber auch Werke erhalten, die dramatischen

---

Lieder. Hamburg 1730, einem Standardwerk, wo es als Gesang zur Fastenzeit steht. Vgl. Zahn (Anm. 61), Nr. 2971 ff.; 2983 ff.
78 Scheitler (Anm. 7), Nr. 991, S. 148, Noten bei S. 150.
79 Die Abhängigkeit von Schottels Friedensspiel bemerkte und beschrieb schon Manheimer (Anm. 31), S. 167 f. Dass die Gemeinde die Danklieder singen sollte, wie Manheimer meint, ist in Anbetracht ihrer Herkunft aus reiner Vortragsmusik eher unwahrscheinlich.
80 Der letzte Text aus der Gruppe Geistliche Lieder in: Andreae Gryphii um ein merckliches vermehrte Teutsche Gedichte (Anm. 71), S. 295.
81 Johann Rudolf Ahle: Drei neue vierstimmige Behtlieder an den DreiEinigen Gott/ um gnädige beschirmung für der zu dieser zeit hin und wieder sich einschleichenden grausamen Pest/ auf bußfärtiger Hertzen begehren gesetzet. Mühlhausen 1681. Ahle ist Dichter und Komponist der vierstimmigen Tonsätze mit Generalbass. Alternativ sind für den Gesang der Gemeinde Kirchenliedmelodien angegeben. Albrecht Christian Rotth: Vollständige Deutsche Poesie, Tl. II. Kunstmäßige und deutliche Anleitung. Leipzig 1688, S. 550 f. (ohne Angabe bekannter Melodien).

Charakter haben und musikalisch mehrsätzig sind.[82] Gryphius' Kirchenstück freilich ist viel früher und daher außerordentlich innovativ. Es ist aus mehreren poetischen und musikalischen Formen zusammengesetzt: Am Beginn steht ein Alexandriner-Sonett. Satz 2 ist ein Quartett mit solistischen und Tutti-Teilen, musikalisch ein Concerto. Es folgen ein Strophenlied, sodann zwei vielleicht arios gesungene Repliken und ein weiteres, abschließendes Strophenlied. Das Werk wurde in der Kirche aufgeführt. Ohne begleitende Textlektüre würde sich der Hörer schwerlich zurechtfinden, weil die Identität der Figuren – trotz ihrer Selbstvorstellung – zu unsicher bliebe. Deshalb wurde schon damals ein Libretto gedruckt. Leicht kann man sich noch – gewöhnlich nicht verzeichnete – Instrumentalmusik vor oder zwischen den Vokalsätzen vorstellen, aber auch ohne diese stellt das Werk einen sehr frühen Vertreter des konzertierenden Kirchenstückes dar, etwa in der Art, wie es in den 1660er Jahren von David Pohle und David Elias Heidenreich als sog. Concerto-Aria-Kantate gepflegt wurde.

Gryphius' verschiedene Veröffentlichungen von Lyrik bieten, wie demonstriert, eine reiche musikalische Ernte. Johann Caspar Wetzels *Analecta Hymnica*,[83] das hymnologische Standardwerk des 18. Jahrhunderts, nennt nicht weniger als 55 Liedtexte, die durch Gesangbücher Verbreitung fanden. Freilich handelt es sich – das sei wiederholt – nicht um Kirchengesangbücher, sondern Werke zur persönlichen Erbauung, in denen die Texte des Schlesiers mit älteren Melodien, aber auch oft mit neu komponierten Generalbasssätzen verbunden waren. Damit ist der Lyrik des Gryphius eine reiche musikalische Rezeption bescheinigt und man wird Johann Sigmund John zustimmen, der in seinem *Schlesischen Parnass* resümiert, Gryphius habe der Welt in seinen geistlichen Liedern gezeigt, was gebildete Frömmigkeit und fromme Bildung ist („qui in odis sacris conficiendis pietatem eruditam et piam eruditionem orbi commonstravit").[84]

---

82 Von Albrecht Christian Rotth liegt eine bemerkenswert frühe dialogische Kantate mit madrigalischen Rezitativen und Arien vor. Sie ist laut Vorbemerkung „einem Componisten zu Gefallen aufgesetzt worden" und zwar „Bey schon angegangener Pest". Vollständige Deutsche Poesie (Anm. 81), Tl. II S. 576–582. Friedrich Funcke: Opera sacra, Oder Der lüsternde/ von Gott durch die Pest gezüchtigte und wiederum begnadigte David/ Bey diesen Pest = Gefährlichen Zeiten dem gnädigen Gott zu Ehren/ und der schlaffenden Sicherheit zur bußfertigen Auffmunterung aus Göttlicher Schrifft in einer Musikalischen Abhandelung den 25. Sonntag nach Trinitatis, zum Beschluß des Kirchen = Jahres vor der Nachmittags = Predigt in der Haupt = Kirchen zu St. Johannis in Lüneburg der Christlichen Gemeine vorgestellet. Lüneburg 1681. Es handelt sich um ein oratorienartiges Werk; vgl. Irmgard Scheitler: Deutschsprachige Oratorienlibretti. Von den Anfängen bis 1730. Paderborn 2005 (Beiträge zur Geschichte der Kirchenmusik 12), S. 82–84.
83 Johann Caspar Wetzel: Analecta hymnica. Gotha 1751, S. 145–148.
84 Zitiert bei Wetzel (Anm. 83), S. 148.

3 Die Dramen

Gryphius' Dramen sind – wie Schauspiele in der Frühen Neuzeit allgemein – ohne Musik nicht zu denken. Erhalten hat sich freilich eine einzige Melodie – das komische Brunnenlied aus dem *Squentz*. Dies scheint ein kuriser Zufall, ist jedoch erklärlich, denn ein einfache Melodiezeile ließ sich relativ problemlos einfügen, wohingegen alle anderen Musikstücke, die zum wenigsten einen Generalbass neben der Singstimme, zumeist aber verschiedene Vokal- und Instrumentalstimmen umfassen, eine komplizierte Drucklegung in Stimmbüchern, mithin umfangreiche Anhänge erfordert hätten. Zum anderen ließ sich der musikalische Witz nur durch die Noten überliefern. Die Melodie gibt sich den Anschein einer Meistersingerweise, obwohl sie keine ist, denn sie hat keine Bar-Form. Um die Mitte des 17. Jahrhunderts war die Vorstellung von der Meisterkunst mehr als vage und unrichtig.[85] Das Brunnenlied zieht sich behelfsweise eine meistersingerische Maske über: durch Tonrepetitionen, Wiederholungen und Melismen, sog. Gesangsblumen. Mit Koloraturen eines sog. Kälbertons amüsierte schon 1641 Harsdörffers Lustige Figur Alägre sein Publikum[86] und noch Jahre später wird Christian Weise durch auf- und niederstolpernde Melismen in seinen *Absurdis comicis* Heiterkeitserfolge erzielen.[87] Das Zittauer Lied zeigt Ähnlichkeit mit dem Brunnengesang und steht auch in der gleichen Tonart, ist aber in seiner Zweistimmigkeit noch weniger meistersingerisch. Welch krause Vorstellungen sich inzwischen eingeschlichen hatten, beweist ein Breslauer Actus von 1656, der das responsorische Psallieren als „der sogenanten Meister = Singers Kunst nicht ungleich" bezeichnet.[88] In den Breslauer Schulactus von 1670 und 1678 kommen erfundene bzw. gefälschte Meisterlieder vor.[89] Solche musikhistorischen Irrtümer sind Grundlage der Melodieerfindung für Gryphius' Brunnenlied. Dessen Funktion wiederum liegt deutlich zutage. Es ist ein musikalischer Exponent für eine als veraltet empfundene und deswegen diskreditierte Ästhetik. Antiquiert und lächerlich sind die Vorstellungen, die die Handwerker und ihr Anführer von einem Drama haben, antiquiert und lächerlich ist ebenso die Melodieführung. Diese wird noch zusätzlich komisiert durch die sinnlosen Silben, die aus der grotesken Darstellung einer Sache, nämlich des Brunnens, durch einen Schauspieler resultieren.

---

85 Vgl. Scheitler (Anm. 6), S. 454–456.
86 Vgl. Scheitler (Anm. 7), Nr. 439, II,3.
87 Vgl. ebd., Nr. 1115, III,5.
88 Vgl. ebd., Nr. 1253, Abschnitt 7.
89 Vgl. ebd., Nr. 1254, S. 255; ebd. Nr. 1255, Abschnitt 14.

Da überall sonst die Noten fehlen, hat man die musikalische Einrichtung von Gryphius' Stücken aus Text und Nebentext zu erschließen. Darüber hinaus hilft ein Blick auf die Jesuitendramatik, die für die protestantischen Schulen Ansporn und Vorbild war. In Breslau spielten die Jesuitenzöglinge seit 1639 Theater.[90] Die beiden evangelischen Gymnasien hatten sich vor dieser Zeit mit Schauspielen nicht hervorgetan. Es gab zwar schon im 16. Jahrhundert gelegentlich Aufführungen, zumeist aber beschränkte man sich auf Redeactus.[91] Für wie wenig bedeutend man die frühen Versuche auf der Bühne hielt, beweist eine Aussage des Breslauer Gelehrten und Schulmannes Johann Caspar Arletius im 18. Jahrhundert. Er gibt an, erst 1648 hätte man mit eigentlichen Schauspieldarbietungen angefangen, weil die Jesuiten am Matthias-Stift und auf der Kaiserlichen Burg „lateinische Lust = und Trauerspiele mit den möglichsten Verzierungen" zur Aufführungen gebracht hätten.[92] Diese Darbietungen übten eine solche Anziehungskraft aus, dass Rektor Elias Major sie als Bedrohung ansah und seine Schüler vom Besuch abzuhalten suchte.[93] Außer Zweifel steht, dass die Nähe der Societas Jesu die Schauspieltätigkeit der sog. Schlesischen Schule beflügelte. Diese Nachbarschaft erklärt auch die auffallende Ähnlichkeit zwischen den Jesuitenspielen und den Dramen der Breslauer. Sie besteht nicht

---

90 Breslauer Schultheater (Anm. 16), S. 9*.
91 Vgl. Konrad Gajeks Nachwort zu Breslauer Schultheater S. 5*–8*. Genaueres bei Gustav Bauch: Geschichte des Breslauer Schulwesens in der Zeit der Reformation. Der Universität Breslau zum hundertjährigen Jubiläum überreicht. Breslau 1911 (Codex diplomaticus Silesiae 26), S. 157 f.: „Die Einweihung des neuerbauten Gymnasiums zu St. Elisabeth am 29. Januar 1562 brachte die Aufführung einer deutschen Komödie mit der traurigen Fabel von Abel und Kain und einer lateinischen Komödie von Terenz." Andreas Calagius bezeugt die Aufführung weiterer Komödien (ebd. S. 158) und ließ seine Schüler selbst 1599 eine deutsche Rebecca spielen (ebd. S. 159). Eine weitere Komödie kam 1613 auf die Bühne (ebd. S. 161).
92 Johann Caspar Arletius: Historischer Entwurf von den Verdiensten der Evangelischen Gymnasien in Breßlau um die deutsche Schaubühne (1762), Bl. A2ʳ. Zit.: Klaus Garber: Ein Sammler im Breslau des 18. Jahrhunderts. Johann Caspar Arletius und seine Sammlung der Dichtungen Simon Dachs. In: Aufklärung. Stationen – Konflikte – Prozesse. Festgabe für Jörn Garber zum 65. Geburtstag. Hg. von Ulrich Kronauer und Wilhelm Kühlmann. Eutin 2007, S. 63–104, hier S. 67. Breslauer Schultheater (Anm. 16), S. 3–17 reproduziert das Programm von Georg Seidel: Tragicocomoedia Tychermaea seu Stamatus, 1618 aufgeführt. Die Ritmologie macht den Eindruck, es habe sich wirklich um ein Schauspiel, und zwar ein Reihenspiel gehandelt, auch wenn die Sammlung das Stück unter die Schulactus einordnet. Die Serie der durch Szenare belegten „Förmlichen Comödien" beginnt 1658 (Elisabeth-Gymnasium) bzw. 1660 (Maria Magdalena-Gymnasium).
93 Max Hippe: Aus dem Tagebuche eines Breslauer Schulmannes im 17. Jahrhundert. In: Breslauer Studien. Festschrift des Vereins für Geschichte und Alterthum Schlesiens. Breslau 1901, S. 159–192, hier S. 180 f. Wilfried Barner: Barockrhetorik. Untersuchungen zu ihren geschichtlichen Grundlagen. Tübingen 1970, S. 365 Anm. 232 spricht von einem „Konkurrenzkampf".

nur in Hinblick auf Stoff, Motivik, Struktur und emblematische Doppelbödigkeit,[94] sondern auch in Hinsicht auf die Musik.

Betrachtet man die Breslauer Schulactus, über deren Musikeinsatz wir recht gut unterrichtet sind, so bekommt man einen Eindruck von der musikalischen Praxis und der Breite des Repertoires. Am Schluss des Actus von 1656 wurde eine Komposition von Tobias Zeutschner 30stimmig musiziert.[95] Dies übertrifft noch die Besetzung von Heinrich Schütz' 150. Psalm (SWV 38), der im Original neben den vierstimmigen Capell- und Favoritchören noch acht Instrumente vorsieht. In Breslau führte man eben diesen Psalm denn auch mit 22, statt mit 16 Stimmen auf.[96] Erhalten hat sich Zeutschners Abschlusschor zum Breslauer Actus von 1670, bei dem ein fünfstimmiger Chor, fünf Streicher, drei Posaunen und Generalbass eingesetzt sind.[97]

In einem Schauspiel sind generell Rahmenmusik, Bühnenmusik und Tanz als Kategorien von Musikeinsatz zu unterscheiden. Ob in Breslau Ouvertüren gespielt wurden, so wie es von Görlitz, Zittau oder Nürnberg belegt ist, ist unbekannt. Jedoch scheint Gryphius an gesungenen Prologen, wie er sie aus dem Jesuitentheater kannte, Gefallen gefunden zu haben.[98] In *Die Gibeoniter* fügt er den Prolog sogar in Abweichung von der Vorlage ein. Es wäre sicher zu kurz gegriffen, die freimadrigalischen Verse, die er hier wie auch bei *Catharina von Georgien* verwendete, als alleiniges Indiz zu werten. Grundsätzlich ist beim Rückschluss von Versgestalt auf musikalische Realisierung Vorsicht geboten; jeder Automatismus verbietet sich. Sicherlich aber sollte das Metrum oder auch ein musikalischer Vortrag welcher Art auch immer den Einsatz einer unirdischen Figur hervorheben: das Erscheinen der Ewigkeit in den Wolken bzw. des Geists Sauls.[99] Später beliebt werdende musikalische Prologe bei Stieler oder Heidenreich zeigen ebenfalls beides: freimadrigalische Verse und eine unirdische Figur. Wichtiger als die Versart ist die Prologgestalt: Amor, im singenden Prolog zum *Gespenste*, bedient sich der Sonettform. Der Prolog zum *Schwermenden Schäffer* (erste Fassung 1661) ist in paargereimten Alexandrinern geschrieben und St. Michael in den Mund

---

94 Vgl. Willi Harring in seiner hervorragenden Dissertation: Andreas Gryphius und das Drama der Jesuiten. Halle an der Saale 1907 (Hermaea 5).
95 Scheitler (Anm. 7), Nr. 1253, Abschnitt 22.
96 Ebd., Nr. 1253, Abschnitt 21.
97 Scheitler (Anm. 7), Nr. 1254.
98 Harrings Dissertation (Anm. 94) spart die Musik grundsätzlich aus, verweist aber auf die Ähnlichkeit zu jesuitischen Prologen, S. 18–20. Zu sicheren und möglichen Musikanteilen bei Gryphius vgl. Scheitler (Anm. 7), S. 255–272; Scheitler (Anm. 6), S. 159–163; 668 f. Die dort ausgebreiteten Ergebnisse müssen hier nicht wiederholt werden.
99 Vgl. das Kapitel ‚Prolog' bei Scheitler (Anm. 6), S. 281–291, insbesondere S. 285–288 zum rezitativischen Prolog.

gelegt. Die darbietende Figur und ihre Funktion legen wiederum Gesang nahe, zumal Alexandriner in der frühdeutschen Oper oft als Rezitativverse dienten;[100] allerdings lässt sich der gesungene Vortrag an dieser Stelle nicht beweisen.

Epiloge waren bei den Jesuiten als musikalische Konzentrations- und Höhepunkte sowie als Ausblicke in eine überirdische Welt gestaltet. Angesichts der Ähnlichkeit der Schlussszenen von *Catharina* oder *Carolus Stuardus* ist eine wenigstens stellenweise, wenn nicht überwiegend musikalische Gestaltung zu bedenken. Schach Abas' dithyrambische Verse sowie die Geistererscheinung, die eine jenseitige Gerechtigkeit vor Augen rückt, legen dies ebenso nahe wie die intermedienhafte Gestaltung am Ende von *Carolus*.

Der wichtigste Ort der Musik ist selbstverständlich der Zwischenakt. Gryphius' Tragödien waren für Schulen gedacht und wurden auch in Gymnasien aufgeführt. Während Schulen Chöre einsetzen können, ja müssen, weil möglichst viele Knaben sich auf der Bühne ihren stolzen Eltern zeigen sollen, kann sich eine Wandertruppe keinen Chor leisten und ersetzt ihn durch Solisten. Gleiches gilt für städtische Liebhaberbühnen, die in St. Gallen, Kaufbeuren oder Memmingen Stücke von Gryphius aufführten. Die Besetzung eines Chores hängt von der Schülerzahl und der altersmäßigen Zusammensetzung der Schülerschaft ab. In kleineren Gymnasien musste die Zahl der Chorsänger gegebenenfalls reduziert[101] oder Änderungen mussten vorgenommen werden, wenn etwa keine Männerstimmen zur Verfügung standen. Ein durchschnittlicher Zwischenaktchor bestand aus sechs bis zehn Personen.[102] Bei einigermaßen geschulten Sängern waren für mehrstimmigen Gesang nur wenige Personen pro Stimme nötig.

---

100 Vgl. Scheitler (Anm. 6), S. 155; 163–173; 186 und öfter. Trotz des partiellen Widerspruchs bei Bernhard Jahn halte ich an meiner These vom Alexandriner als frühem Rezitativvers fest. Bernhard Jahn: Anton Ulrichs „Singe-Spiele" und die welfische Musikkultur. Überlegungen zur Sonderentwicklung des deutschen Musiktheaters in der ersten Hälfte des 17. Jahrhunderts. In: Schütz-Jahrbuch 35 (2013), S. 41–49, hier S. 42. Jahns Gegenargument beruht auf einer doppelten Fehlinterpretation, wenn er schreibt: „So werden etwa in Johann Sebastianis Pastorello (1663), dessen Libretto auf Andreas Gryphius Schwermenden Schäffer basiert, die Alexandriner der Vorlage für die Vertonung in madrigalische Verse umgewandelt." Weder besteht das Pastorello aus durchgehend madrigalischen Versen, sondern benutzt eine Vielzahl von Versarten für das Rezitativ, darunter zahlreiche Alexandriner; noch ist der *Schwermende Schäffer* die Vorlage für das Pastorello, das diesen erwiesenermaßen nicht heranzog, sondern seinen Text direkt aus Thomas Corneilles *Le Berger Extravagant* übersetzte. Vgl. Scheitler: Der deutschsprachige *Berger Extravagant*. In: Germanisch-Romanische Monatsschrift 67 (2017), S. 1–25, hier S. 9–17.
101 Vgl. die Altenburger Aufführungen von *Carolus Stuardus* (Scheitler [Anm. 7], Nr. 366); *Felicitas* (ebd. Nr. 368) *Papinian* (ebd. Nr. 371).
102 Näheres bei Scheitler (Anm. 6), S. 329–331.

Üblich waren geteilte Chöre; man kannte diese Praxis aus dem Alternatim-Singen im Gottesdienst. Ein Beispiel bietet der Chor nach Akt III im *Carolus Stuardus*, bei dem die Engelländischen Frauen und Jungfrauen im Wechsel singen. Nachdem aber in der leistungsschwächeren Altenburger Schule bereits der Jungfrauen-Chor mit sieben Sängern besetzt war, dürfen wir davon ausgehen, dass die Halbchöre ihrerseits mehrstimmig singen sollten. Ein anderes, bei Gryphius oft angewandtes Modell ist konzertierender Gesang. Dies ist immer dann angesagt, wenn die Chöre zu Intermedien mit eigener Handlung ausgeweitet sind. Ein Beispiel für konzertierenden Gesang zwischen Soli und Chor bietet *Felicitas* nach Akt IV: „Die Christliche Kirche betrauret die Marter der Heiligen/ und wird von den Reyen der Himmlischen getröstet." In der zwischenspielartigen Szene Chor nach Akt IV im *Carolus* konzertieren hingegen Einzelstimmen, nämlich die Religion und neun solistisch singende Ketzer. Auch der Reyen nach Akt IV der *Catharina* ist wohl mit zehn Personen zu besetzen. Gryphius' Schauspiele zeigen eine Tendenz zur intermedienhaften Ausweitung und verlangen folglich nach einer entsprechenden Zahl von Darstellern. Für die von einer Bürgervereinigung getragene Aufführung des *Papinian* 1680 in St. Gallen kamen solche Besetzungen nicht in Frage. Chor I des *Papinian* wurde von vier Einzelsängern im Wechsel vorgetragen.

Es spricht vieles dafür, dass man die Faktur der kleinen geistlichen Konzerte von Tobias Zeutschner, dem Magdalenen-Organisten, auf die Chöre bei Gryphius übertragen darf: Es handelte sich wohl auch bei den Reyen um „einprägsam gegliederte Kompositionen mit kleinen Sinfonien, kurzen instrumentalen Zwischenspielen, instrumental begleiteten Sologesängen und mit Tutti- und Ritornellabschnitten." Zeutschners schlichte Harmonik und Bevorzugung wiederkehrender Wendungen entspricht ebenso den Erfordernissen von Schauspielmusik wie sein „unverkennbares Bemühen um gute, zuweilen sogar ausdrucksvolle Deklamation".[103]

Bei den Strophenmustern der Chöre rekurriert Gryphius bisweilen auf Bekanntes, bringt aber auch Innovatives. Bei keinem seiner Schauspiele kann man die Lieder ganz mit Kontrafakturen in Musik übersetzen. Bisweilen liegt eine Parodie aber sehr nahe. Der Reyen nach Akt III in *Carolus Stuardus*, ein Abendlied, verwendet das gleiche Strophenmuster wie Gryphius' „Haupt und Beistand deiner Glieder", wiederum ein Abendlied.[104] Tertium comparationis

---

[103] Werner Braun: Art. Tobias Zeutschner. In: Die Musik in Geschichte und Gegenwart. Allgemeine Enzyklopädie der Musik. Hg. von Friedrich Blume. Kassel 1949 ff., Bd. 14 (1968), Sp. 1251–1253, hier 1253.
[104] Andreas Gryphius: Geistliche Lieder Nr. 6. Gesamtausgabe der deutschsprachigen Werke. Bd. 3: Vermischte Gedichte. Hg. von Marian Szyrocki. Tübingen 1964, S. 98.

freilich ist Rists Abendlied „Werde munter mein Gemüte", nach dessen Melodie „Haupt und Beistand" nach Angabe des Gesangbuchs *Praxis Pietatis Melica* (seit der Ausgabe Berlin 1679) gesungen wurde.[105] Wir können nicht wissen, ob der Reyen „Güldnes Licht der Erden Wonne" nach der mit Rists Lied verbundenen Melodie vorgetragen wurde, wir dürfen aber davon ausgehen, dass sie Gryphius beim Dichten vorschwebte.

Sind strophig gebaute Chöre für uns leicht gesungen vorstellbar, so gilt dies weniger für die dreiständigen Odenchöre, die aus Satz, Gegensatz und Nachsatz bestehen. Ihr Vorbild haben sie im Stasimon der griechischen Antike. Als erster verwendete schon 1515 Gian Giorgio Trissino triadische Oden für die Zwischenakte seiner italienischen Tragödie *Sophoniba* (1515). Im neulateinischen Drama sind sie selten,[106] doch kommen sie schon 1587 im Straßburger *Aiax Lorarius* des Sophokles vor (ins Lateinische übersetzt von Scaliger).[107] Man vermeidet es mit Grund, antistrophische Chöre als pindarische Oden zu bezeichnen.[108] Es ist jedoch bemerkenswert, dass das Straßburger Gymnasium bei seiner Aufführung von Euripides' *Medea* in griechischer Sprache 1598 Oden Pindars im Zwischenakt singen ließ.[109] In deutscher Sprache verwendet wohl zuerst Johannes Micraelius in *Agathander* (1633) die „dreiständige" Ode.[110] Opitz setzte sie 1636 in *Antigone*, einem Schauspiel ohne notierte Akteinteilung, ein und weicht dabei sogar vom griechischen Original ab. Joost van den Vondel, der in seinem Frühwerk Chöre als Strophenlieder, zum Teil mit Melodieangaben, geschrieben hatte, führte seit *Maagden Treurspel* (1639) die Gestaltung Zang, Gegenzang, Toezang ein, die sich gegebenenfalls mit einer zweiten Serie verlängern ließ. Diese dreiteilige Form von zwei gleichen Strophen und einem ungleichen andersartigen Abgesang, die wie eine riesenhafte Erweiterung der Kanzonenform wirkt, wurde von Gryphius in *Leo, Catharina, Carolus, Papinianus* und in *Die Gibeoniter* aufgegriffen. Für das letztgenannte Schauspiel war Vondels *Gebroeders* mit seinen Chören in dreiteiliger Form die Vorlage. Sieht man von dem sicherlich unter niederländischem Einfluss stehenden Gryphius ab, so treten die antistrophischen Oden insgesamt im deutschsprachigen Raum

---

105 Praxis Pietatis Melica. Berlin 1679, Nr. 128, Berlin 1684, Nr. 106 und Folgeausgaben.
106 Volker Janning: Der Chor im neulateinischen Drama. Formen und Funktionen. Münster 2005 (Symbolische Kommunikation und gesellschaftliche Wertesysteme 7), S. 61.
107 Scheitler (Anm. 6), S. 48 f.
108 Harsdörffer rügt die falsche Terminologie: Poetischen Trichters zweyter Theil. Nürnberg 1648, S. 74.
109 Scheitler (Anm. 6), S. 54.
110 Chor nach Akt I verdoppelt das Paar von Strophe und Gegenstrophe.

nur ganz vereinzelt auf.[111] Aufschlussreich ist, dass Vondel von den Reyen in *Gebroeders* sagt, sie sollten von den Priestern gesungen und von den Instrumentalisten gespielt werden und an anderer Stelle von einem vierstimmigen Gesang und mitgehenden Instrumenten schreibt.[112] Vondel arbeitete mit dem Haarlemer Stadtpfeifer Cornelis Tijmensz Padbrué zusammen. Zumindest einer von dessen vierstimmig vertonten dreiständigen „Rey von der gekerstende Soldaten" für das Trauerspiel *Peter en Pauwels* (1641) lässt sich rekonstruieren: Chor nach Akt I „Voor Jesus Naem En Caesars Rijck".[113] Auch aus dem französischen Sprachraum gibt es sichere Beispiele für Gesang. *L'histoire tragique de la Pucelle d'Orleans* des Jesuiten Fronton du Duc, die für Karl III. Herzog von Lothringen 1580 aufgeführt wurde, hatte dreiständige Chöre nach allen Akten, wobei die musikalische Aufführung ausdrücklich vermerkt ist, allerdings, und das ist bemerkenswert, jeweils nur für die Epodos.[114] Offenbar ist es ein Aufführungsmodell, nur diese zu singen – das Phänomen beobachten wir nämlich auch bei den pindarischen Oden.[115]

Doch gibt es auch die musikalische Realisierung aller Teile. Für den Straßburger *Aiax Lorarius* aus dem Jahr 1587 hat sich ein Beispiel für Vertonung von antistrophischen Chören durch den Komponisten Johann Cless erhalten. Harsdörffer bespricht die dreiständigen Chöre im *Trichter* und versteht die ersten beiden Teile als „Reyendantz/ auf die linke Hand" oder auf die rechte Hand, der Nachsatz sei stehend zu singen bzw. – wenn nicht die Choristen selbst singen – von diesen anzuhören.[116] Wie so oft, ist dabei nicht klar zu entscheiden,

---

111 Von Prasch (1691), Rettenpacher (1682) und Lohenstein (1653) aufgegriffen. Bei Hallmann gibt es dreiteilige Oden, in denen Satz und Gegensatz verschieden und in *Catharina* (nach Akt IV) sogar eine, in der alle drei Strophen metrisch gleich sind.
112 Chöre der Gebroeders: „van den priesteren gezongen en van spelluijden gespeelt". De Werken von Vondel. Bd. 3. Hg. von Jacob van Lennep. Amsterdam 1857, S. 654, Anm. 152. Camille Looten: Étude sur le poète néerlandais Vondel (Phil. Diss. Paris). Lille 1889, S. 147. Roeland A. Kollewijn: Über den Einfluß des holländischen Dramas auf Andreas Gryphius. Amersfoort [ca. 1880], S. 67. Louis Peter Grijp, Jan Bloemendal: Vondel's Theatre and Music. In: Joost van den Vondel (1587–1679). Dutch Playwright in the Golden Age. Hg. von Jan Bloemendal und Frans-Willem Kosten. Leiden, Boston 2012, S. 139–156, hier S. 149.
113 Louis Grijp: Booklet zu der CD Theatermuziek uit de Gouden Eeuw. Camerata Trajectina. Globe 2007.
114 L'histoire tragique de la pucelle d'Orléans. Représentée à Pont-à-Mousson, le 7e Sept. 1580 devant Charles III, Duc de Lorraine et publiée en 1581 par J. Barnet. Nancy 1581. Genève 1970 (Reprint der Ausg. Paris 1859). Bei allen fünf Chören heißt es vor der Epode: „Chantant en musique."
115 Vgl. oben Anm. 40.
116 Harsdörffer: Trichter (Anm. 108), S. 74.

ob der Nürnberger antike Verhältnisse erfassen will oder ob er von der Choreographie seiner Zeit spricht.

Gerade die Mehrsätzigkeit und damit die Möglichkeit zu musikalischer Variation waren reizvoll an der antistrophischen Ode. Sie bot sich geradezu an, die Stimmgruppen zu wechseln und die Epodos im Tutti singen zu lassen, wie es Gryphius als „Chor", „GegenChor", „Chor und GegenChor" in *Catharina* nach Akt I und Akt II angibt. In dieser Hinsicht ist sie auch ein Vorgriff auf dialogisch gestaltete Intermedien. Von daher scheint es konsequent, dass Lohenstein nach seinem Erstling *Ibrahim* die dreiteilige Odenform zugunsten von Zwischenspielen aufgab und auch Gryphius von ihr abrückte.[117]

Das Wort ‚Reyen' legt die Verbindung mit Tanz nahe. Bisweilen ist sie mit Sicherheit anzunehmen, wie etwa im Reyen nach Akt III von *Cardenio und Celinde*, wo die vier Jahreszeiten „schweigend eingeführt werden" – d. h. sicherlich tanzten und oder gestikulierten. Nun sind für den Gesang jener Zeit die Grenzen zum Tanz ohnedies fließend, weil zum Singen Bewegungen, Stellungen und Gesten gehörten, um die Sprache sinnenfällig zu machen. Aber auch davon abgesehen, ist ein ausdrucksstarker Tanz für Gryphius ebenso wahrscheinlich wie für die Jesuiten, bei denen er belegt ist. In jenen Reyen, die zu Intermedien mit Bühnenaktion ausgeweitet sind – wie nach Akt II und IV von *Papinian* – ist er ohnedies ganz selbstverständlich. Ausdrücklich von Tanz ist am Ende des Doppeldramas *Gespenste/Dornrose* die Rede: „Tantz der Geister", „Tantz der Liben" [Genien], „Reyen der Verlibten", „Reyen der Bauren". Der Tanz ist zugleich Hochzeitstanz und Lustspielabschluss. Auch *Horribilicribrifax* endet mit einem Tanz.

Bühnenlieder finden sich in allen Stücken. Der Gesang hebt die Worte und gibt ihnen besondere Bedeutung; daher ist er in bestimmten Situationen geradezu notwendig anzutreffen.[118] Celindes Auftrittslied (Akt II) lässt den Zuschauer in ihre Seele blicken. Sie begleitet sich auf der Laute, deren Saiten sie hernach aus Ausdruck äußerster Verzweiflung abreißt. Topisch ist der Gesang vor dem Tode, auf den Gryphius in *Felicitas* (Akt III) ebenso wenig verzichtet wie in *Catharina* (Akt IV). Auch bei *Carolus* (Akt V) ist er sehr wahrscheinlich. Obligatorisch ist auch das Schlummerlied. Bereits *Leo Armenius* (III,1) macht daraus eine Musikszene: Zu dem Gesang treten Violen hinzu, wohl in Ritornellen. Ihr sanfter Ton ist zu solchen Gelegenheiten sehr passend. Noch während die Streicher spielen, erschallt von Ferne die „Trauertrompete", die die Erscheinung des Geistes

---

117 Im *Leo* sind es drei Chöre, in der *Catharina* zwei, im *Carolus Stuardus* einer, in *Cardenio* keiner. Manheimer (Anm. 31), S. 53 f.
118 Zur Topik der Verbindung von gewissen Bühnensituationen und Musik vgl. Scheitler (Anm. 6), S. 571–584.

von Tarasius ankündigt. Der Ausdruck hat seinen Ursprung im Bläsersignal, das ein Todesurteil und den Zug zur Hinrichtung begleitet.[119] Im *Carolus Stuardus* erklingt die „Blut-Trompet" in gleicher Funktion (Akt IV). Es sind die bekannten Situationen, die auch in Gryphius' Trauerspielen ebenso wie in denen anderer Dramatiker Bühnenlieder evozieren: Schlaf, Tod, Geistererscheinung. Im Unterschied zu Johann Christian Hallmann ist Gryphius sparsam mit Instrumenten-Angaben, jedoch sind Pauken und Trompeten, Violen und Laute vorgeschrieben.

Komödien haben bei Gryphius, anders als bei vielen Dichtern, keine Chöre, sehr wohl aber Bühnenmusik. Ist beim *Squentz* das Überlebte ulkig, so gibt im *Horribilicribrifax* das allzu Volkstümliche und Linkische Anlass zu Spott. Der närrische Florianus macht sich durch Inkongruenz von hochgestochenem Text und allzu populärer Melodie lächerlich. Er verwendet nämlich die Singweise von „Lustig, ich habe die Liebste bekommen", einem Lied aus der Studentenszene.[120] Die Melodie musste der Dichter nicht angeben. Sie war durch das Incipit klar. Den Witz, dass Melodie und Text nicht zusammenpassen, erfassten natürlich nur die Zeitgenossen. Florianus offenbart auch sonst seine Unwissenheit und Unbildung bei all seiner Anmaßung. So weiß er nicht, was eine Posaune ist und beschreibt deswegen den Umgang mit ihr so: „Der hat ein krummes Eisen von Messing/ das stecket er in den Hals/ und zeucht es immer auff und nieder/ biß seine Gedärme zu schnurren beginnen." (Akt IV)

Als Pastorale ist der *Schwermende Schäfer* sehr reich an Musik. Ursprünglich ein Festspiel für den ersten Geburtstag des Piastenprinzen Georg Wilhelm (1661), gab es der Dichter zwei Jahre später gegenüber dem Spieltext leicht verändert in Druck. So sorgfältig und genau Gryphius aus seiner Vorlage *Le Berger Extravagant* von Thomas Corneille sonst übersetzt, so hat er doch die Lieder gegenüber dem Französischen von zwei auf sechs vermehrt. Fünf davon gehören Lysis, dessen Darsteller mithin ein tüchtiger Sänger und vermutlich ein Berufsmusiker am Piastenhof war. Ein Lied übernimmt die Waldnymphe

---

119 Scheitler (Anm. 6), S. 398.
120 Text in: *Tugendhaffter Jungfrauen und Jungengesellen Zeit = Vertreiber/ Das ist: Neu = vermehrtes/ und von allen Fantastischen groben unflätigen und ungeschickten Liedern gereinigtes/ Weltliches Lieder = Büchlein [...]. Alle/ von bekannten annehmlichen Melodeyen/ in ein ordentlich verfastes Register zusammen getragen/ Durch Hilarium Lustig von Freuden = Thal.* Gedruckt im gegenwärtigen Jahr [o.O. ca. 1670]. Vgl. z. B. den Stil der recht freimütigen Strophen III und IV: „Liebste! Verbleibe beständig im Lieben/ last uns die Sinne zusammen fein schieben/ glaubet den Kläffern nicht/ was sie thun sagen/ daß sie die Liebe zurücke nicht jagen." „Bleibe gedultig/ es wird sich bald schicken/ daß wir im Bettgen zusammen thun rücken/ und uns nach Adams Gebrauche thun üben/ schlaffen und wachen/ nach unserm Belieben." Die Melodie hat sich im Liederbuch des Studenten Clodius (Nr. 69) erhalten.

Sinope; dafür kam ein Knabe, vermutlich ein am Hof angestellter Sopranist oder ein Schüler in Frage.

Entgegen der herrschenden Forschungsmeinung,[121] hat Johann Rölings Bearbeitung des gleichen Stoffes, die 1663 mit der Musik Johann Sebastianis als ganz gesungenes Werk auf die Bühne kam, gar nichts mit Gryphius' Text zu tun, sondern ist eine eigenständige Übertragung der Komödie Corneilles. Gryphius' feine Übersetzung wurde trotzdem noch einmal aufgeführt: 1717 nahm der Blankenburger Rektor Heinrich Christoph Käse die glückliche Rückkunft der Landesmutter aus Wien zum Anlass, mit der Schuljugend ein Schäferspiel mit Nachspiel aufzuführen und den Druck zu überreichen: *Bey der Höchst = erfreulichen Rückkunfft Der [...] Frau/ Christina Louisa/ Herzogin zu Braunschweig und Lüneburg/ [...] Wolte mit gnädigster Erlaubniß Dero Durchl. Hrn. Gemahls/ [...] Die hiesige Schul = Jugend in nachgesetzten Schau = Spiel Dero unterthänigste Devotion bezeugen/* H.C.K. Blankenburg 1717.[122] Käse übernimmt getreu den Text des Gryphius, fügt aber nach jedem Akt eine Arie als Zwischenaktchorus hinzu. Vermutlich sind alle diese Gesangsstücke mit Da capo auszuführen, auch wenn dies nur nach Akt IV vermerkt ist. Auch das neue Nachspiel, *Die irrenden Liebhaber in einem lustigen Schäffer = Spiel vorgestellet*, enthält mit sieben Gesangsstücken reichlich Musik.[123]

Wie schon die Pastorale stehen auch die musikalischen Dramen des Andreas Gryphius in einem höfischen Zusammenhang. Der Charakter von *Verlibtes Gespenste* ist durch den Untertitel „Gesang-Spil" klar.[124] Von *Majuma* liest man im Titel: „Gesangsweise vorgestellet." Gleichwohl sorgte das metrische Erscheinungsbild der Texte in der Forschung für Verwirrung und ließ daran zweifeln, ob es sich wirklich um ganz gesungene Aufführungen handeln könne, da doch ihre Textstruktur nicht ins Vorstellungsschema passt. Dietrich Walter Jöns schreibt: „Es fehlen in ‚Majuma' auch die Arien, die später ein- oder zweimal in jeder Opernszene vorkommen, von dem Wechsel von Arie und Rezitativ ganz

---

121 Vgl. oben Anm. 100 (mit Hinweis zur Richtigstellung). Wieder in Bernhard Jahn: Der Schwermende Schäffer. In: Kaminski und Schütze (Anm. 1), S. 347–356, hier S. 347 nach Michael Maul: Johann Sebastiani: Pastorello musicale oder Verliebtes Schäferspiel. Beeskow 2005, Vorwort, bes. S. VII–IX.
122 Vgl. Scheitler (Anm. 7), Nr. 541.
123 Vgl. Scheitler: Berger Extravagant (Anm. 100), S. 19–21.
124 Irrig – oder jedenfalls unbegründbar – ist die immer wieder anzutreffende Meinung, Briegel habe das Stück in Darmstadt mit eigener Komposition aufgeführt. Vgl. Scheitler (Anm. 7), Nr. 376 Kommentar.

zu schweigen."[125] Mit dem „Wechsel von Arie und Rezitativ" ist der Wechsel von Arien und madrigalischen Versen gemeint – eine für diese frühe Zeit unrealistische Erwartung. Wie fremd Gryphius die – für uns heute scheinbar eherne – Forderung nach madrigalischen Versen war, zeigt sein Umgang mit seiner italienischen Vorlage, die bereits eben diese Abfolge von madrigalischen Rezitativversen und Arien aufwies.[126]

Majuma gehört der pastoralen Gattung an, hat ein geringes Personal, einen mythologischen Stoff und schließt mit einem Ballett. Dies sind typische Opernmerkmale. Die metrische Analyse des Textes zeigt ein Konstrukt von kleineren Textabschnitten, die in sich gleich strukturiert sind, und zwar meist im Sinne von lyrischen Mustern. Dort wo diese strophenähnliche Folgen zeigen, wird man ein Arioso annehmen dürfen. Der Dichter legte seinen Ehrgeiz in ungewöhnliche Muster, die Zeilen verschiedener Länge zusammenbinden. Der ganze Text ist abschnittsweise wohl geordnet. Bezeichnend sind personenbezogene Metren: Zu Merkur gehören stets die Alexandriner, zu Mars die wilden Daktylen. Ansonsten kontrastiert Gryphius die Dialogpartner in kleinen Abschnitten durch ihre Strophenmuster. Diese geben in Verbindung mit einer Melodie der Figur für diese Szene ihr Gesicht. Man kennt dieses Verfahren aus Sigmund Theophil Stadens und Harsdörffers *Seelewig* und ebenso aus Johann Sebastianis und Johann Rölings *Pastorello*.

Die von Jöns vermissten „Arien" lassen sich relativ zahlreich finden, jedenfalls viel öfter als in der von der Forschung fälschlich als „Oper" angesehenen *Dafne* von Opitz, ja auch öfter als in der wirklich ganz gesungenen *Dafne* von Giovanni Andrea Bontempi und Marco Giuseppe Peranda. Das Lied des Soldaten widerspricht als Auftritt einer irdischen Figur und als komische Einlage der hohen Gattung, doch waren burleske Einsprengsel noch in den Opern des 18. Jahrhundert beliebt. Dass die sechs Liedstrophen durchgezählt sind, weist auf die Selbstständigkeit der volkstümlichen Einlage hin. Man muss für diesen Gesang einen anderen, niedrigeren musikalischen Stil annehmen.

Den *Piastus* nennt Gryphius ein „Lust = und Gesang = Spiel", eine Bezeichnung, die auch auf eine Zusammensetzung aus gesprochen und gesungen hindeuten könnte. Das Werk entstand vielleicht 1660, wahrscheinlich für Christian Herzog von Wohlau und seine Gattin Luise von Anhalt, scheint aber

---

[125] Dietrich Walter Jöns: Majuma. Piastus. In: Die Dramen des Andreas Gryphius. Eine Sammlung von Einzelinterpretationen. Hg. von Gerhard Kaiser. Stuttgart 1968, S. 285–301, hier S. 295.
[126] Vgl. den Beitrag von Achim Aurnhammer in diesem Band.

nicht aufgeführt worden zu sein.[127] Gryphius selbst hat den Text nicht veröffentlicht. Er wurde erst in der Ausgabe seines Sohnes 1698 gedruckt. Erstaunlicherweise hat die Forschung just hier keinen Zweifel an der Opernhaftigkeit angemeldet. Wenn Mannack von allen Schauspielen des Gryphius im *Piastus* die „meisten opernhaften Züge" entdeckt,[128] so muss dies schon angesichts des Personals erstaunen. Es ist mit Ausnahme der beiden Engel und der Allegorie der Rache irdisch, sowie mit elf Personen und drei verschiedenen Chören deutlich umfangreicher als in *Majuma*. Auch ist das historische Sujet zu dieser Zeit eher ungewöhnlich für eine Oper. Als opernhaft gelten Mannack das Feuerwerk, die Allegorie, das Bankett mit Säbeltanz und der Priesterchor. Allegorien, Säbeltänze und Priesterchöre aber kennen wir zu Genüge aus Schauspielen und gelegentlich erhöht auch ein Feuerwerk den Festcharakter.[129]

Für einen Gesangscharakter des Werkes scheinen mir vielmehr andere Merkmale zu sprechen. Strukturbildend sind wiederum metrisch geregelte Abschnitte, die womöglich noch stärker strophisch geprägt sind als in *Majuma*. Dieser Art von Gestaltung hat sich Gryphius nur in Werken bedient, die er für den Gesang vorsah. Wesentlich öfter als in *Majuma* kommen personenspezifische Metren vor. Zweifel am Gesangscharakter kann man freilich im V. Akt bekommen, wenn das burleske Zwischenspiel von Stranßky und Ville einsetzt. Angesichts der nicht ganz klaren Gattungsbezeichnung „Lust = und Gesang = Spiel" ist es immerhin fraglich, ob die *Vers communs* der beiden Domestiken gesungen oder gesprochen waren. Der Schluss bringt sowohl einen Lustspieltanz mit nationalem Kolorit und etwas derbem Einschlag („lauter trunckene und fröhliche") als auch ein Ballett.

Ein Opernlibretto ganz aus freimadrigalischen Versen für die Rezitative und kurzen lyrischen Abschnitten für die Arien bestehen zu lassen, setzte sich erst im 18. Jahrhundert durch. Hingegen war eine lyrische Textgestalt wie bei Gryphius in den wenigen ganz gesungenen Stücken seiner Zeit verbreitet (*Seelewig* von Sigmund Theophil Staden 1644, *Raptus Proserpinae* von Samuel Friedrich Capricornus 1662, *Pastorello* von Johann Sebastiani 1663, *Die siegende Liebe* von Wolfgang Carl Briegel 1673) und ist selbst in den 1680er Jahren immer noch anzutreffen.[130] Besonders auffallend ist die Ähnlichkeit zu

---

127 Zu den schwierigen und letztlich wohl nicht lösbaren Entstehungsfragen vgl. Eberhard Mannack in: Andreas Gryphius. Hg. von Eberhard Mannack. Frankfurt am Main 1991, S. 1235–1237.
128 Ebd., S. 1239.
129 Z. B. am Ende von Sigmund von Birken: Teutschlands Krieges = Beschluß und Friedens-Kuß. Nürnberg 1650.
130 Vgl. Michael Kongehl: Die Erzürnte und wiederbesänftigte Mutter. Anhang zu: Der Unschuldig = beschuldigten Innocentien Unschuld. Königsberg 1680. Christian Weise: Die unbewegliche

musikdramatischen Formaten katholischer Provenienz, die bis ins 18. Jahrhundert liedhaft geprägt sind. Angesichts des Einflusses, den das Jesuitendrama auf die Breslauer auch in anderer Beziehung ausübte, muss diese strukturelle Nähe nicht verwundern.

4 Gryphius in der Musik der Gegenwart

Seit der Wiederentdeckung des Barock in der krisenhaften Zeit des frühen 20. Jahrhunderts hat speziell Gryphius eine geradezu atemberaubende Renaissance erlebt. Die wohl ersten Vertonungen stammen von dem Dirigenten und konservativen Komponisten Georg Göhler (1916).[131] Seither kann man ca. 50 einschlägige Werke zählen. Unter den Tonsetzern sind so bekannte Künstler wie Armin Knab, Heinrich Sutermeister, Harald Genzmer und Karl Amadeus Hartmann. Neben den Liedern gibt es zahlreiche Kantaten, die mehrere Gedichte zusammenfügen, ferner Oratorien, Chorwerke und ein Konzert für Tänzer (Heiner Goebbels). Die formale Freiheit moderner Kompositionsweise erleichterte den Zugriff auf die Sonette, die als besonders bekannte und hochgeschätzte Dichtungen immer wieder in Musik gesetzt wurden.

Karl Amadeus Hartmann hatte bereits 1936 das umfangreiche Werk *Friede anno 48* für Sopran, vierstimmig gemischten Chor und Klavier geschrieben. Der Komponist bezeichnete es 1956 als „vernichtet", es erschien aber postum 1968.[132] Hartmann, der zutiefst beunruhigt über die Entwicklung in Deutschland war, wollte mit dem Werk eine Analogie zwischen den Schreckensjahren des Dreißigjährigen Krieges und der Angst vor dem Nazi-Regime aufzeigen.[133] Ergebnis mehrfacher Überarbeitungen des noch unedierten Werkes war die

---

Fürsten = Liebe. Zittau 1685. Die beiden Dichter verwenden in anderen Kleinopern schon Rezitativ und Arie.

131 Georg Göhler: Drei Sonette auf die Vergänglichkeit. Für eine Singstimme und Klavier. Leipzig [1916]. Vgl. Martin (Anm. 1), S. 812. Vgl. auch Wolfgang Zellers Vertonungen von 1921 *Abend* und 1923 *Eitelkeit der Welt*, beides für Mezzosopran und Streichquartett. Christine Raber: Art. Wolfgang Zeller. In: Die Musik in Geschichte und Gegenwart (Anm. 103), Bd. 17, Sp. 1400 f., hier Sp. 1400.

132 Andrew D. McCredie: Karl Amadeus Hartmann. Thematic catalogue of his works. Wilhelmshaven 1982 (Quellenkataloge zur Musikgeschichte 18), S. 165–170. Vertont wurden oft nur einige Zeilen aus den Gedichten des Gryphius, ganz hingegen „Wir sind doch nunmehr ganz ja mehr denn ganz verheeret", „Ist jemals weil der Bau der grossen Welt gestanden" und „Zeuch hin betrübtes Jahr zeuch hin mit meinen Schmerzen".

133 Vgl. auch Ulrich Dibelius: Karl Amadeus Hartmann. Tutzing 1995 (Komponisten in Bayern 27), S. 39 f.; S. 117.

vom Komponisten 1955 im Auftrag der Deutschen Grammophongesellschaft fertiggestellte Kantate *Lamento* für Sopran und Klavier. Sie vereinigt drei Gedichte: das Sonett *Elend* „Ist jemals weil der Bau der großen Welt gestanden" – eine bewegende Klage über den Zustand einer zerrütteten Welt; das Sonett *An meine Mutter* „Ach edle Blum an welcher recht zu schauen" – ein Gedenken für die im Krieg verstorbene Mutter, sowie umbenannt in *Friede*, das Sonett *Schluss des 1648sten Jahres* „Zeuch hin betrübtes Jahr zeuch hin mit deinen Schmerzen", das Hartmann nach dem Oktett um das erste Quartett und das zweite Terzett aus *Schluss des 1650sten Jahres* erweitert hat.[134]

Seit Jahren versteckt sich der deutsche Komponist und Blockflötist Winfried Michel hinter den Pseudonymen Giovanni Paolo Simonetti oder Giovanni Paolo Tomesini.[135] Als letzterer edierte er (d. i. verfasste er) mehrere Kompositionen auf Lyrik von Andreas Gryphius, die sich am Stil der Zeit Johann Sebastian Bachs orientieren.

Das Sonett *Abend* „Der schnelle Tag ist hin" für Sopran oder Tenor, Violine und Basso continuo, ist weder im Kanzonenschema gesetzt, noch durchkomponiert, sondern als „Solokantate" (Titel) mehrsätzig aufgefasst.[136] Das erste Quartett bildet die Textgrundlage für die Aria, das zweite für das Rezitativ; mit den Terzetten wird ähnlich verfahren. Das Sonett wird mithin so behandelt wie Strophentexte in Choral- oder Liedkantaten, etwa bei Johann Sebastian Bach, von dem Michel die Vorgehensweise wohl übernommen hat.[137] Das ist insofern interessant, als Briegel in der einzigen Darmstädter Oper, die sich aus einer Beschreibung wenigstens grob formal rekonstruieren lässt, mit strophischen Liedtexten ebenso umging – auch wenn Michel dies wohl kaum bewusst gewesen sein dürfte.[138] Andere Kantaten, die auf den Sonetten *An die Sternen* bzw. *Was*

---

134 Karl Amadeus Hartmann: Lamento. Kantate nach Gedichten von Andreas Gryphius für Sopran und Klavier. Mainz 1956; McCredie (Anm. 132), S. 171–174.
135 Mit Simonetti wählte Michel – vielleicht nicht einmal bewusst – einen Namen aus dem weiteren Umkreis der Familie Bach: Johann Wilhelm Simonetti war Konzertmeister an verschiedenen Fürstenhöfen. Hans-Joachim Schulze: Kantor Kühnhausen und Concertmeister Simonetti – Weggefährten der Bach-Familie? In: Bach-Jahrbuch 101 (2015), S. 257–271, hier S. 261–271.
136 Giovanni Paolo Tomesini: Abend. Cantata *Der schnelle Tag ist hin*. Solokantate für Sopran oder Tenor, Violine und Basso continuo. Text: Andreas Gryphius. Hg. und Continuo-Aussetzung von Winfried Michel. Münster 2012.
137 Vgl. Johann Sebastian Bach BWV 97; 117.
138 Die siegende Liebe (1673). Vgl. Scheitler (Anm. 6), S. 167–171.

sind wir Menschen doch beruhen, variieren diese Verfahrensweise.[139] Winfried Michel komponiert nicht im Stil der Gryphius-Zeit, sondern imitiert die Schreibweise einer fast 100 Jahre späteren Epoche. Allerdings versteht der durchschnittliche Musikliebhaber gerade den Stil des mittleren 18. Jahrhunderts als ‚barock'.[140] Insofern kommen die Kantaten Michels der Erwartungshaltung des Hörers entgegen, obgleich sie in mehrfacher Hinsicht anachronistisch sind.

---

[139] Giovanni Paolo Tomesini: Cantata *An die Sternen*. Solokantate für Sopran oder Tenor, Flöte und Basso continuo. Text: Andreas Gryphius. Hg. und Continuo-Aussetzung von Winfried Michel. Münster 2013; ders.: Cantata „*Was sind wir Menschen doch!*" Generalbaß-Aussetzung von Winfried Michel. Text: Andreas Gryphius. Münster 2013.
[140] Der populäre Begriff ist unangefochten von Versuchen der Musikwissenschaft, das Barockzeitalter zu verkürzen oder ‚barock' als Epochenbegriff ganz zu vermeiden. Anders als die Musik des 17. Jahrhunderts ist die Musik der Bachzeit im Konzertbetrieb und Musikmarkt fest etabliert.

Personenregister

Das Register umfasst ausschließlich Namen historischer Personen. Literarische Figuren, die historischen Personen nachgebildet sind, werden nicht verzeichnet.

Achenwall, Gottfried 217, 228
Aebel, Barbara → Gerlach, Barbara
Aebel, Philipp 263
Ahle, Johann Rudolf 622
Albert, Heinrich 608, 617
Albrecht Friedrich (Herzog von Preußen) 195
Aldrovandi, Ulisse 166
Alexander VII. (Papst) 416
Alpino, Prospero 187
Anne d'Autriche 508
Apelles von Löwenstern, Matthäus 605
Aquin, Thomas von → Thomas von Aquin
Aretäus von Kappadokien (Arethas von Caesarea) 202
Aretino, Pietro 377, 495
Ariosto, Lodovico 559
Aristophanes 284
Aristoteles 9, 13, 16, 72, 121, 128, 157, 246, 285 f., 288–290, 337–339, 341, 384, 438, 546
Arletius, Johann Caspar 625
Arndt, Johann 14, 19, 97 f., 112, 148, 151–155, 158 f., 540 f., 548, 552
Arnim, Achim von 3
Arnim, Hanns Georg von 42
Arnisaeus, Henning 260
Augustinus von Hippo 76, 146, 199–201, 204, 232, 236, 281 f., 532 f., 547, 581
Avancini, Nicolaus 18, 429–432, 434, 437–439, 441–443, 445–447, 450–452, 455 f.
Ayrers, Jacob 392

Bacon, Francis 9, 300 f., 481
Baker, John 526
Baker, Richard 19, 253, 521 f., 525–528, 531–542, 551 f.
Balde, Jacob 111 f., 345, 421
Baltzer, Siegmund von Stosch 9, 55, 414 f., 420
Baronio, Cesare 166, 425, 468

Barth, Caspar von 319–323, 325 f.
Basilius von Caesarea 96
Bayly, Lewis 524
Bembo, Pietro 162
Benjamin, Walter 4 f., 52–54, 121 f., 477 f., 592
Berge auf Herrendorf, Joachim vom 34 f.
Bernhard von Clairvaux 96
Bidermann, Jakob 373
Birck, Sixt 334 f.
Birken, Sigmund von 569 f., 604, 635
Blotius, Hugo 190
Bodenstein, Adam 152
Bodin, Jean 185, 224–226, 243, 260, 285 f., 288, 302 f.
Bolzanio, Pierio Valeriano → Valeriano Bolzanio, Piero
Bontempi, Giovanni Andrea 634
Borghini, Vincenzo 487
Bosio, Antonio 468, 473–476
Botero, Giovanni 228
Boxhorn, Marcus Zuërius 10, 166, 303
Brahe, Tycho 190
Breler, Melchior 151
Brentano, Sophie 3
Bressler, Ferdinand von 256
Bressler, Marianne von 256
Briegel, Wolfgang Carl 20, 142, 565, 606, 612–617, 633, 635, 637
Brindisi, Laurentius von 192
Brune, Jan de 527
Burrus, Sextus Afranius 240

Caccini, Giulio 560
Calixt, Georg 155
Calvin, Johannes 88, 96 f.
Capricornus, Samuel Friedrich 635
Casaubon, Isaac 150, 167, 170 f., 174, 180, 183
Casper von Lohenstein, Daniel 65, 69, 126, 203, 236, 292, 305, 329, 363, 507, 511, 517, 556, 561, 602, 604, 615, 630 f.
Castelvetro, Lodovico 338

Cato, Marcus Porcius (d. Ä.) 295 f.
Cato, Marcus Porcius (d. J.) 71–73
Caussin, Nicolas 421, 425, 442, 451, 562
Cecchi, Giovanni 489
Cialdini, Biasio 577
Cicero, Marcus Tullius 71–77, 84, 139, 192, 196, 467
Clairvaux, Bernhard von → Bernhard von Clairvaux
Clapmarius, Arnold 225–229
Clemens, Wenceslaus 322
Cléreau, Pierre 610 f.
Cless, Johann 630
Clusius, Carolus 190
Colberg, Daniel 152
Comenius, Jan Amos 26
Conring, Hermann 226
Contarini, Federico 177
Corneille, Pierre 19, 504 f., 509–513, 515, 518
Corneille, Thomas 10, 19, 253, 515 f., 560, 627, 632 f.
Cornelius Nepos 65
Coste La Calprenède, Gautier de 511 f.
Cromwell, Oliver 207, 393, 430, 445, 447, 452
Cudworth, Ralph 152
Cunitz, Maria 253
Cunrad, Caspar 24, 50
Cunrad, Johann Heinrich 24
Czepko, Daniel von 50–52, 555

d'Ambra, Francesco 489
Dach, Simon 11, 601, 619
Dannhauer, Johann Conrad 13, 127–131
Dee, John 190
Descartes, René 9, 14, 193, 209, 290 f., 481
Desmarets de Saint Sorlin, Jean 511, 514–517
Deutschländer, Jonas (Schwager) 254
Deutschländer, Jonas (Schwiegervater) 254
Deutschländer, Rosina (Gattin) 15, 253 f., 260, 264
Deutz, Rupert von → Rupert von Deutz
Dilherrs, Johann Michael 113 f.
Diodorus Siculus 179
Dohna, Karl Hannibal von 37, 42
Drese, Johann Samuel 611
Dyke, Daniel 524

Eberti, Johann Christian 252 f.
Eder, Maria → Rißmann, Maria
Eder, Michael (Stiefvater) 15, 249, 251, 367
Eder, Paul 249
Ehrhardt, Siegismund Justus 25–28, 34 f., 38 f., 45
Eleonora Magdalena (Pfalzgräfin von Pfalz-Neuburg, Kaiserin) 560
Elisabeth I. (Königin von England) 523
Elisabeth Marie Charlotte von Pfalz-Simmern 564
Emlich, Georg 249
Emlich, Maria 248 f.
Erasmus von Rotterdam 74 f., 223
Erhard, Anna 249–251
Euripides 629
Eusebius von Caesarea 179, 435, 437, 451
Evelyn, John 479 f.

Fabrizio, Nicolo 177
Farnese, Odoardo 560, 572
Fehlau, Georg 127
Ferdinand I. (Kaiser HRR) 33
Ferdinand I. de Medici 559
Ferdinand II. (Kaiser HRR) 36, 228, 416
Ferdinand III. (Kaiser HRR) 267, 278, 419, 432, 436 f., 440
Ferdinand IV. (König HRR) 19, 432, 440, 443, 569, 573 f.
Ferrand, Jacques 196
Ferreri, Giovanni Stefano 189
Ficino, Marsilio 149, 151, 153, 158
Firenzuola, Agnolo 489
Fischart, Johann 335, 498
Fleischer, Tobias 604
Fleming, Paul 11, 134, 325, 345, 352, 364
Franck, Johann 619
Franck, Sebastian 151, 154, 420
Franckenberg, Abraham von 151
Franzius, Wolfgang 88
Friedrich II. (Herzog von Liegnitz und Brieg) 33
Funck, Wigand 266, 270
Furttenbach, Joseph 587 f.

Gagliano, Marco da 560, 572
Gehema, Janusz Abraham 497

Gellert, Christian Fürchtegott 621
Genzmer, Harald 636
Georg III. zu Liegnitz und Brieg 564
Gerhard, Johann 148, 174
Gerlach, Barbara 263
Girard de Saint Amant, Marc Antoine 511
Giunta, Filippo 487
Glassius, Salomon 91, 111
Goebel, Sebastian 618, 620
Göhler, Georg 636
Golius, Jacob 166
Golz, Margarethe (Großmutter) 251 f.
Gottsched, Johann Christoph 3, 482, 484
Goudimel, Claude 610 f.
Grazzini, Antonio Francesco 489
Gregor I. der Große (Papst) 498
Gregor XV. (Papst) 478
Greiffenberg, Catharina Regina von 81 f.
Grimmelshausen, Hans Jakob Christoffel von 1, 4, 210, 379
Grotius, Hugo 15, 42, 113, 219, 244, 286 f., 299, 302, 509
Gryphius, Anna (Mutter) → Erhard, Anna
Gryphius, Anna (Schwester) 251
Gryphius, Anna Rosina (Tochter) 68, 260
Gryphius, Barbara (erste Frau des Vaters) → Noack, Barbara 248 f.
Gryphius, Christian (Sohn) 2, 12 f., 55–70, 105 f., 121, 167, 247, 254, 256, 258, 260, 316, 504, 559, 613–615, 619
Gryphius, Maria (zweite Frau des Vaters) → Emlich, Maria
Gryphius, Paul (Halbbruder) 249, 267, 272–275, 348, 367
Gryphius, Paul (Neffe) 546
Gryphius, Paul (Vater) 248
Gryphius, Rosina (Gattin) → Deutschländer, Rosina
Gryphius, Susanna Rosina (Enkelin) → Leubscher, Susanne Rosina
Gustav Adolf, König von Schweden 41, 322–324
Gwinne, Matthew 166

Haganaeus, Melchior 288 f.
Hallmann, Johann Christian 392, 396, 507, 511, 555 f., 602, 604, 612, 630, 632

Harsdörffer, Georg Philipp 11, 485, 516, 578, 607 f., 624, 629 f., 634
Hartmann, Andreas 603
Hartmann, Karl Amadeus 636 f.
Haugwitz, August Adolph von 556, 604
Heermann, Johann 51, 618
Heidenreich, David Elias 613, 623, 626
Heinrich IV. von Navarra 560
Heinrich VIII. (König von England und Irland) 526
Heinsius, Daniel 10, 166
Helwig, Christoph 88
Hennenfeld, Nikolaus Henel von 23, 49
Herberger, Zacharias 251
Herder, Johann Gottfried 345 f.
Hessus, Helius Eobanus 133, 136, 139
Heurnius, Otto 166
Hieronymus, Sophronius Eusebius 95, 178
Hildebert von Lavardin 461, 466
Hirsch, Christoph 151
Hobbes, Thomas 15, 219, 225, 230, 235, 244
Hoburg, Christian 98
Hoffmann von Hoffmannswaldau, Christian 17, 62, 363 f., 367 f., 370–374, 376–380, 382–389, 462, 507 f., 511, 518 f., 528 f.
Hoffmann, Barbara → John, Barbara
Hoffmann, Maria 529
Homer 314, 318–320, 322, 325
Hoppenrodt, Andreas 603
Horaz (Quintus Horatius Flaccus) 57, 69 f., 123, 136, 178
Hunnius, Aegidius 88
Hüttner, Johann 463

Immermann, Karl 3
Irenaeus von Lyon 95

Jacobus a Voragine 473
Jakob I. (König von England, Schottland und Irland) 524, 526
Janus, Martin 619
Jehan de Maletty 609
Jessenius, Johannes 190
Jesus Christus 13, 93, 103, 106, 112, 324, 326, 529 f., 537
Johansen, Michael 604

John, Barbara 263
Junius, Franciscus 527
Justinian I. (Kaiser Römisches Reich) 294, 302

Kaldenbach, Andreas 604
Kant, Immanuel 222 f., 228, 231, 243 f.
Karl I. (Herzog von Münsterberg-Oels) 33
Karl I. (Kaiser HRR) 433 f.
Karl I. (König von England, Schottland und Irland) 447, 509
Karl II. (König von England, Schottland und Irland) 393, 444
Karl III. (Herzog von Lothringen) 630
Kelly, Edward 190
Kepler, Johannes 190
Kettelbutter, Johann Matthias 502
Khunrath, Heinrich 151
Kircher, Athanasius 9, 183, 460–462, 479
Klein, Dionys 603
Klopstock, Friedrich Gottlieb 311, 315 f.
Knab, Armin 636
Knorr von Rosenroth, Christian Anton 613–615
Knorr, Anna 263
Knorr, Caspar 614
Köhler, Christoph 60
Kongehl, Michael 130
Konstantin (Kaiser römisches Reich) 430, 437 f.
Kopernikus, Nikolaus 160
Krause (Crusius), Jakob 462
Krause, Christian Gottfried 612
Küsel, Melchior 114 f.

L'Empereur van Oppyck, Constantin 166
L'Hermite, François Tristan 511
L'Hôpital, Michel de 610
Lackmann, Adam Heinrich 621
Laktanz (Lucius Caecilius Firmianus Lactantius) 145, 179, 196, 435, 437 f.
Lange, Elias 268 f.
Larivey, Pierre de 488
Lauterbach, Christian 35
Lavardin, Hildebert von → Hildebert von Lavardin

Le Jeune, Claude 609
Le Moyne, Pierre 260 f., 512 f.
Leisentritt, Johann 110 f.
Leopold I. (Kaiser HRR) 419, 432–441
Leszinski, Raphael 26
Leubscher, Johannes Theodor 55–59, 63, 68, 249, 258, 353, 358 f., 459
Leubscher, Susanna Rosina (geb. Gryphius, Enkelin) 247, 258, 264
Lingesheim, Georg Michael 256, 601
Lipsius, Justus 71, 74–84, 193, 206, 241, 284, 288–296, 305
Livius, Titus 295
Löben, Elias von 253
Lochner, Jacob Hieronymus 604
Lohenstein, Daniel Casper von → Casper von Lohenstein, Daniel
Lombardus, Petrus 547
Lucae, Friedrich 24, 34, 50
Ludovisi, Ludovico 478–481
Ludwig II. (König von Ungarn und Böhmen) 33
Ludwig XIII. (König von Frankreich) 508 f.
Ludwig XIV. (König von Frankreich) 508
Lukan (Marcus Annaeus Lucanus) 321
Luther, Martin 13 f., 87–102, 106, 122, 132–147, 154, 194, 209, 248, 295, 338, 381, 424, 428, 440, 466, 499 f., 538, 544, 546, 601, 603
Lyttichs, Georg 602

Machiavelli, Niccolò 200, 215, 220–228, 232, 285
Maderno, Stefano 474–476
Mainwaring of Ightfield, George 526
Mainwaring of Ightfield, Margaret 526
Mairet, Jean 510 f., 516
Major, Elias 423, 625
Malingre de St. Lazare, Claude 429, 509, 513
Marcianus von Syrakus 179
Marguerite Louise d'Orléans 559
Marino, Giambattista 386 f., 559
Masen, Jakob 392, 440 f.
Matthias (Kaiser HRR, König von Ungarn [Matthias II.]) 190, 278, 416

Matthioli, Pierandrea 190
Mauersberger, Johann Andreas 519
Maxentius, Marcus Aurelius Valerius 361, 434–440, 445, 447, 453–456
Medici, Cosimo I. de' 152, 487, 500
Medici, Cosimo III. de' 559
Medici, Lorenzo de' 488
Medici, Margherita de' 560
Medici, Maria de' 560
Meier, Peter 611
Melanchthon, Philipp 89, 136, 155, 194, 207, 423 f.
Melani, Jacopo 559
Melissus, Paul Schede 135 f., 610
Michail I. (russischer Zar) 301
Michel, Winfried 637 f.
Micraelius, Johannes 629
Minucius Felix 179
Mocenigo, Giovanni 177
Mochinger, Johannes 510
Montalbán, Juan Pérez de 576 f.
Monte, Philipp de 609
More, Henry 207
Mosheim, Johann Lorenz 152
Müller, Margarethe 251
Muret, Marc-Antoine 608
Mylius, Martin 357

Narsius, Johannes 322
Neukirch, Benjamin 62, 368, 373 f., 376, 383–387, 482
Neumark, Georg 3, 65
Neumeister, Erdmann 60
Noack, Barbara 248

Oemeken, Gerdt 103 f., 108
Olearius, Adam 322 f.
Opitz, Martin 2, 8, 16, 26, 29 f., 32 f., 36 f., 42, 46 f., 65 f., 106, 135, 256, 278 f., 314 f., 317–320, 323, 325 f., 345, 367, 381, 485, 507 f., 513, 518 f., 555, 601, 604 f., 608, 611, 619, 629, 634
Oppersdorf, Johann Otto Freiherr von 37, 43
Origenes Adamantius 96
Ovid (Publius Ovidius Naso) 319, 322, 325, 332, 350, 461, 480, 570 f.

Padbrué, Cornelis Tijmensz 630
Paracelsus (Theophrastus Bombast von Hohenheim) 151–153
Pareus, David 96
Parigi, Guilio 587
Paulinus von Nola 96
Peranda, Marco Giuseppe 634
Peri, Jacopo 559 f., 572
Petrarca, Francesca 133, 213, 350, 385 f.
Piccolomini, Alessandro 338
Pico, Girolamo 495
Pignoria, Lorenzo 14, 162–167, 171, 175–183, 187 f.
Plutarch 179
Pohle, David 613, 623
Porphyrios 180
Postel, Christian Heinrich 557
Prasch, Ludwig 604, 630
Properz (Sextus Aurelius Propertius) 289 f.
Pufendorf, Samuel von 15, 234 f., 244, 297

Quinault, Philippe 10, 514, 565

Rabanus Maurus 96
Racine, Jean 605
Radziwill, Nicolaus Christoph 184, 187
Raffael (Raffaello Sanzio da Urbino) 468
Ramler, Karl Wilhelm 70
Razzi, Girolamo 10, 18, 253, 482, 485–505, 560
Rebhun, Paul 334
Reimarus, Albertus 467
Ressius, Jakob 271, 274, 279, 543, 545
Rettenbacher, Simon 604
Riccato, Lodovico 495
Richelieu, Armand-Jean du Plessis Duc de 508, 510 f.
Richter, Georg Andreas 516
Richter, Maria 249
Rinuccini, Ottavio 560
Rißmann, Georg 250
Rißmann, Margarethe → Müller, Margarethe
Rißmann, Maria 15, 249
Rist, Johann 11, 113, 143, 604, 629
Rivet, André 174
Röber, Johann 502

Robortello, Francesco 338
Röling, Johann 633 f.
Ronsard, Pierre de 607–611
Rosenberg, Johann 613 f.
Rotrou, Jean 511
Rotth, Albrecht Christian 622 f.
Rubens, Peter Paul 111 f., 475
Rudolf II. (Kaiser HRR) 35 f., 189–195, 416
Rupert von Deutz 96
Rüte, Hans von 602

Sabundus, Raimundus 153
Sachs, Hans 333–335
Sack, Johannes Friedrich von 543, 545
Salmasius, Claudius → Saumaise, Claude
Salvadori, Andrea 19, 506, 560, 569–575
Salviati, Leonardo 487
Sanderson, Robert 234 f.
Sannazaro, Jacopo 326
Saumaise, Claude 10, 166 f.
Scaliger, Julius 338, 629
Scarron, Paul 512, 516
Schaidenreisser, Simon 74
Schede, Paul Melissus 135 f., 610
Schein, Johann Hermann 601
Schlegel, August Wilhelm 482
Schlegel, Johann Elias 3, 236, 484
Schlegel, Wilhelm 19, 403, 459
Schmallandt, Jakob 272, 274
Schmalz, Valentin 113
Schmitt, Carl 228 f., 233
Schönborner, Elisabeth 251
Schönborner, Eva 263
Schönborner, Georg 17, 23, 48–50, 263, 267, 271, 284, 291–297, 304, 345–362, 367, 510, 542
Schottelius, Justus Georg 621 f.
Schuster, Sibylla 604
Schwab, Gustav 3
Scudéry, Georges de 510
Scudéry, Madeleine de 260, 511 f.
Sebastiani, Johann 627, 633–635
Selden, John 182 f.
Selnecker, Nikolaus 135 f.
Seneca, Lucius Annaeus 76 f., 81, 111, 126, 196, 205, 239 f., 247, 289–293, 296, 518
Servet, Michael 112

Sfondrati, Paolo Emilio 473 f.
Shakespeare, William 3, 331, 337, 340
Simon, Joseph 122, 421, 427, 442, 461, 512
Simonetti, Giovanni Paolo (Pseudonym) → Michel, Winfried
Sohr, Peter 617 f.
Sokrates 240, 252, 357, 451
Sonthom, Emanuel 524, 526
Sorel, Charles 512, 516
Spee, Friedrich von 158, 305
Spener, Philipp Jacob 97, 523
Staden, Sigmund Theophil 607, 634 f.
Statius, Publius Papinius 65 f., 286
Stegmann, Josua 257
Stieff, Christian 55–65, 69, 249 f., 459–461, 478, 508
Stosch, Baltzer Siegmund von 9, 55–58, 69, 127, 183, 249, 250, 414 f., 420, 459, 462, 508
Strauch, Georg 114 f.
Suárez, Francisco 218 f., 222, 224, 232–235, 244, 282, 287 f., 299
Sutermeister, Heinrich 636
Symonis, Daniel 604

Tacitus, Publius Cornelius 289 f., 293
Tentzel, Wilhelm Ernst 60
Teutschmann, Karl Stanislaus 605
Thomae, Hieronymus 604
Thomas von Aquin 76, 234, 244, 547
Thou, François de 508
Tiberti, Giacomo 560
Tieck, Ludwig 3, 482
Titschard, Caspar 35, 38
Tomesini, Giovanni Paolo (Pseudonym) → Michel, Winfried
Trissino, Gian Giorgio 610, 629
Tscherning, Andreas 70, 605

Unverzagt, Wolfgang 190
d'Urfé, Honoré 512

Valeriano Bolzanio, Piero 165
Varchi, Benedetto 487
Vasari, Giorgio 487
Vechner, Johann 250 f.

Veiel, Elias 523
Vergil (Publius Vergilius Maro) 69, 180, 252, 314, 319, 322 f., 325, 346, 350, 352, 475, 613
Viau, Théophile de 511
Vico, Enea 165
Vida, Marco Gerolamo 326
Vitoria, Francisco de 15, 218 f., 222, 299
Vondel, Joost van den 63, 166, 425, 513, 562, 629 f.

Waldis, Burkard 135
Wallenstein (Albrecht Wenzel Eusebius von Waldstein) 41 f.
Wazin, Johannes 418
Weckherlin, Georg Rodolf 323–326
Weigel, Valentin 98

Wetter, Josua 604
Wieland, Johann Sebastian 323
Wilhelm zu Sachsen-Weimar (Herzog) 61
Winnemer, Jacob 459
Wirbach, Martin 605
Wolff, Christian 217

Xaverius, Franciscus 431
Ximenes Arragona, Francesco 560

Young, Edward 66

Zeiller, Martin 513
Zesen, Philipp von 11, 370, 445, 448 f., 512, 611
Zeutschner, Tobias 605 f., 626, 628

www.ingramcontent.com/pod-product-compliance
Lightning Source LLC
Chambersburg PA
CBHW020602300426
44113CB00007B/471